D1664307

Enzyklopädie Erziehungswissenschaft

Handbuch und Lexikon der Erziehung
in 11 Bänden und einem Registerband

Herausgegeben von
Dieter Lenzen

unter Mitarbeit von
Agi Schründer

Klett-Cotta

Enzyklopädie Erziehungswissenschaft

Enzyklopädie
Erziehungswissenschaft

Band 9:
Sekundarstufe II –
Jugendbildung zwischen Schule und
Beruf

Teil 2: Lexikon

Herausgegeben von
Herwig Blankertz
Josef Derbolav
Adolf Kell
Günter Kutscha

Klett-Cotta

CIP-Kurztitelaufnahme der Deutschen Bibliothek

Enzyklopädie Erziehungswissenschaft: Handbuch u. Lexikon d. Erziehung in 11 Bd.
u.e. Reg.-Bd./hrsg. von Dieter Lenzen unter Mitarb. von Agi Schründer. –
Stuttgart: Klett-Cotta

NE: Lenzen, Dieter [Hrsg.]

Bd. 9. → Sekundarstufe II [zwei] – Jugendbildung zwischen Schule und Beruf

Sekundarstufe II [zwei] – Jugendbildung zwischen Schule und Beruf/hrsg. von
Herwig Blankertz ...
– Stuttgart: Klett-Cotta
(Enzyklopädie Erziehungswissenschaft; Bd. 9)

NE: Blankertz, Herwig [Hrsg.]

Teil 2. Lexikon. – 1983. ISBN 3-12-932300-7.

Benutzungshinweise

Aufbau

Jeder Band der Enzyklopädie Erziehungswissenschaft umfaßt zwei Teile, das *Handbuch-* und das *Lexikon*.

- Die Beiträge des *Handbuchteils* stellen in ihrer *systematischen Anordnung* eine Gesamtdarstellung des Bereiches dar, dem der ganze Band gewidmet ist. Einzelne Beiträge des Handbuchteils können als umfassende Einführung in das jeweilige Gebiet gelesen werden, dem sich der Beitrag zuwendet. Die Zusammenfassung in 3 Sprachen und die Gliederung am Anfang des Beitrags ermöglichen eine schnelle Orientierung über den Inhalt des Textes.
- Der *Lexikonteil* ist *alphabetisch* geordnet. Er enthält kürzere Artikel, die Informationen über ausgewählte Sachverhalte des in dem Band behandelten Bereichs geben.

Informationssuche

- Der *Zugang zum Handbuchteil* kann über das Inhaltsverzeichnis im Band 9.1 (S. 7) oder über das Sachregister dieses Bandes (S. 736) erfolgen.
- Die Suche nach einem bestimmten *Stichwort* beginnt in der Regel im *Sachregister*. Es enthält Verweise auf die Titel im Lexikon und auf alle Textstellen des Handbuch- *und* des Lexikonteils, die Auskünfte über das betreffende Stichwort geben.
- Alle Namen von *Personen* und *Institutionen,* die in den Texten oder Literaturverzeichnissen vorkommen, sind im *Namenregister* dieses Bandes (S. 715) mit entsprechenden Verweisen zu finden.

Nur die Benutzung beider Register erschließt alle Informationen des Bandes.

Bei der alphabetischen Anordnung der lexikalischen Artikel, des Sach- und des Personenregisters, des Abkürzungsverzeichnisses für Zeitschriftentitel, des Autorenspiegels und aller Literaturverzeichnisse werden Umlaute wie Selbstlaute behandelt und die Buchstaben „I" und „J" getrennt aufgeführt.

Literaturverzeichnisse

Jedem Artikel ist ein Literaturverzeichnis beigegeben, das die zitierte und weiterführende Literatur enthält. Die in KAPITÄLCHEN gedruckten Namen (MEYER 1913, S. 24 ff.) verweisen grundsätzlich auf das Literaturverzeichnis. Die Angaben im Literaturverzeichnis sind alphabetisch geordnet. Publikationen, die keinen Verfasser nennen, werden nach dem ersten Wort ihres Titels zugeordnet. Gesetze von Bund und Ländern sind in der Regel nicht gesondert im Literaturverzeichnis der Einzelbeiträge ausgewiesen. Sie werden bei Inkrafttreten im Bundesgesetzblatt oder in den Gesetz- und Verordnungsblättern der Bundesländer veröffentlicht und sind in dem Jahrgang aufzufinden, der im Text für das Inkrafttreten genannt wird (Beispiel: Berufsbildungsgesetz von 1969 in: Bundesgesetzblatt 1969).

Abkürzungen

Aus Umfangsgründen werden deutsch-, englisch- und französischsprachige Zeitschriftentitel abgekürzt. Um identische Abkürzungen für verschiedene Zeitschriften auszuschließen, wurde ein an der DIN-Vorschrift für Zeitschriftenabkürzungen orientiertes System entwickelt, das die Rekonstruktion des vollständigen Titels in der Regel mühelos ermöglicht. Dabei konnten eingeführte Abkürzungen für Zeitschriften nicht berücksichtigt werden. Die Groß- und Kleinschreibung in den Abkürzungen folgt den Titeln der Zeitschriften. Alle Zeitschriftenabkürzungen sind in einem Abkürzungsverzeichnis enthalten (S. 709).

Vorwort des Herausgebers der Enzyklopädie Erziehungswissenschaft*

Die Enzyklopädie Erziehungswissenschaft, deren neunter Band aus zwei Teilen besteht, ist ein auf insgesamt zwölf Bände mit etwa 6 000 Druckseiten angelegtes Nachschlagewerk der Erziehungswissenschaft.

Der Band „Sekundarstufe II – Jugendbildung zwischen Schule und Beruf" gehört zur *zweiten Abteilung* der Enzyklopädie Erziehungswissenschaft; die einzelnen Bände dieses Teils beziehen sich auf *eine bestimmte Phase des Erziehungsprozesses* (Band 6: Erziehung in früher Kindheit, Band 7: Erziehung im Primarschulalter, Band 8: Erziehung im Jugendalter – Sekundarstufe I, Band 9, Teil 1 und 2: Sekundarstufe II – Jugendbildung zwischen Schule und Beruf, Band 10: Ausbildung und Sozialisation in der Hochschule, Band 11: Erwachsenenbildung). Die Bände der *ersten Abteilung* stellen demgegenüber *Probleme dar, die die Erziehungswissenschaft und den Prozeß der Erziehung generell betreffen* (Band 1: Theorien und Grundbegriffe der Erziehung und Bildung, Band 2: Methoden der Erziehungsforschung, Band 3: Ziele und Inhalte der Erziehung und des Unterrichts, Band 4: Methoden und Medien der Erziehung und des Unterrichts, Band 5: Organisation, Recht und Ökonomie des Bildungswesens).

Mit diesem Aufbau erweist sich die Enzyklopädie Erziehungswissenschaft als *problemorientiert.* Auf eine Gliederung, die einer Struktur der Disziplin „Erziehungswissenschaft" folgt, wurde bewußt verzichtet, zum einen, weil unter den Vertretern der Erziehungswissenschaft eine verbürgte Auffassung über *die* Struktur einer so jungen Disziplin nicht existiert, und zum anderen deshalb, weil ein problemorientierter Aufbau dem Leser das Auffinden *seiner* Probleme erleichtert. Um die volle Informationskapazität der Enzyklopädie Erziehungswissenschaft auszuschöpfen, genügt nicht die Suche in einem einzelnen Band. Zu diesem Zweck ist vielmehr der *Registerband* heranzuziehen, in dem die Begriffe aufgenommen sind, die in der Enzyklopädie Erziehungswissenschaft erfaßt werden.

Beiträge und Ergebnisse der *Nachbarwissenschaften* zu erziehungswissenschaftlichen Problemen z. B. der Psychologie, Soziologie, Ökonomie oder Philosophie werden in die einzelnen Beiträge integriert, ebenso *historische Sachverhalte* und *internationale Entwicklungen,* die besonders dann Berücksichtigung erfahren, wenn Strukturen und Entwicklungen des Bildungswesens im Ausland Perspektiven vermitteln, die aus der Sicht der Herausgeber als Alternativen zur Diskussion über das Bildungssystem in der Bundesrepublik Deutschland anregen können.

Die Enzyklopädie Erziehungswissenschaft ist ein *integriertes Handbuch und Lexikon:* Jeder Band enthält einen Handbuchteil mit systematischen Beiträgen, die Auskünfte über den Gegenstand eines größeren Bereichs geben, und einen Lexikonteil mit alphabetisch geordneten Artikeln zu einzelnen Stichwörtern.

Daß der neunte Band der Enzyklopädie Erziehungswissenschaft als erster erscheint, ist kein Zufall. Dieser Umstand ist der stringenten Editionsarbeit der Herausgeber zu verdanken. Ihnen, den Autoren, dem Verlag und der Berliner Arbeitsstelle unter der Leitung von Agi Schründer gilt deshalb mein besonderer Dank.

Berlin, im September 1982   Dieter Lenzen

---

* Eine ausführliche Einleitung in die Enzyklopädie Erziehungswissenschaft enthält Band 1.

Vorwort der Herausgeber von Band 9

Ein Band doppelten Umfangs („Sekundarstufe II – Jugendbildung zwischen Schule und Beruf") der Enzyklopädie Erziehungswissenschaft versteht sich nicht von selbst. Er hat in der thematischen Zusammenfassung von pädagogischen Problemstellungen der schulischen und der außerschulischen, der institutionalisierten und der nichtinstitutionalisierten, der studienvorbereitenden und der berufsqualifizierenden Bildung kein Vorbild. Ob diese Zusammenfassung sinnvoll und die Durchführung gelungen sind, muß der Leser entscheiden.

Die Herausgeber des Doppelbandes möchten an dieser Stelle nur einige Hinweise zur Benutzung geben: Der Band besteht aus zwei Teilen, einem Handbuch- und einem Lexikonteil. Der Handbuchteil ist in die vier Abschnitte Jugend, Gymnasium (Oberstufe), Berufsbildung und Entwicklungen (im Gesamtbereich der Sekundarstufe II) gegliedert. Jeder Abschnitt wird durch drei oder vier Aufsätze differenziert behandelt. Die Autoren haben ihre Beiträge unabhängig voneinander geschrieben. Sie sind in der Thematik aber so abgegrenzt, daß sie sich ergänzen, ohne sich zu überschneiden. Daraus folgt, daß jeder Beitrag für sich genommen als Aussage zu einem bestimmten Aspekt gelesen und verstanden werden kann – kein Beitrag setzt die Kenntnis eines anderen voraus –, daß aber andererseits der Leser, der die 15 Handbuchbeiträge nacheinander studiert, Schritt für Schritt in ein Gesamtbild eingeführt wird.

Dieses „Gesamtbild" ist durch Problemstellungen konstituiert, nicht durch ein einheitliches, positionell definiertes Urteil. Dazu zwei Beispiele:

1. Der Handbuchteil wird eröffnet mit einem Beitrag von Wolfgang Fischer, der „Jugend" als eine spezifisch pädagogische Kategorie behandelt und dabei deutlich macht, wie die Erziehungswissenschaft „Jugend" im Unterschied zu anderen Wissenschaften sehen und behandeln kann. Es ist klar, daß ein solcher Versuch einen scharf akzentuierten – und das heißt notwendigerweise auch provozierenden – methodologischen Standpunkt einschließt. Jürgen Wilbert läßt sich in dem folgenden zweiten Beitrag zwar ebenfalls von einer pädagogischen Fragestellung leiten, geht im Unterschied zu Fischer aber interdisziplinär vor und analysiert dementsprechend repräsentative Beiträge zum Thema „Jugend" aus Psychologie, Psychoanalyse, Soziologie und Sozialisationsforschung. Dadurch kann der Leser sich in doppelter Weise in den Problemkreis „Jugend" einführen lassen, nämlich einmal durch eine in gewisser Spannung zu den empirischen Wissenschaften vom Menschen geschriebene Abhandlung, die in philosophischer Weise die erkenntnisleitende Rolle der Pädagogik als Prinzipienwissenschaft bei der Behandlung von Jugendfragen reklamiert, dann aber auch durch eine breite Information über den erfahrungswissenschaftlichen Erkenntnisstand zum gleichen Problemfeld, wie er Erziehungswissenschaftlern und praktisch tätigen Pädagogen heute angeboten wird. Die Konfrontation dieser beiden Ansätze ist exemplarisch; die daraus zu ziehenden Konsequenzen bleiben dem Leser überlassen. In ähnlicher Weise ist der Band auch in allen anderen wichtigen Streitfragen strukturiert. Die Herausgeber haben keinen Wert darauf gelegt, Kontroversfiguren der wissenschaftlichen und bildungspolitischen Auseinandersetzung durch eine Harmonisierung der Beiträge zu verwischen, sondern sie haben sich gerade umgekehrt darum bemüht, diese deutlich sichtbar zu machen.

2. Ein oberflächlicher Blick auf den Aufbau des Handbuchteils könnte den Ein-

druck aufkommen lassen, als ob der Band „Sekundarstufe II" auf die Integration von gymnasialer Oberstufe und den Einrichtungen der Berufsausbildung hin angelegt sei. Das ist aber nicht der Fall. Herausgeber und Autoren des Bandes vertreten zur Integrationsfrage unterschiedliche Einschätzungen; sie haben diese Einschätzungen mit Begründungen in Handbuch- wie Lexikonbeiträgen eingebracht. Allerdings besteht für wissenschaftliche Analysen etwa seit einem Jahrzehnt – jenseits von parteipolitischem und sogenanntem ideologischen Gezänk – kein Zweifel mehr daran, daß in gymnasialer Oberstufe und in den Einrichtungen der Berufsausbildung konvergierende Tendenzen wirksam sind. Diese Feststellung war die Voraussetzung dafür, einen Band „Sekundarstufe II" zu konzipieren und daran mitzuarbeiten. Aber zu welchen Lösungen diese Tendenzen führen werden, ist offen; Prognosen können nur in Verantwortung einzelner Autoren abgegeben werden, nicht von einem Enzyklopädieband insgesamt. Um dieser Offenheit noch besonderen Nachdruck zu verleihen, enthalten die Handbuchteile B bis D je einen Beitrag zu alternativen Lösungen in einem anderen europäischen Land. Diese Beiträge sollen nicht vortäuschen, der Band erfasse die Probleme der Sekundarstufe II auf europäischer Ebene. Das konnte in der Differenziertheit, die von uns angestrebt wurde, nicht in einem Doppelband gelingen. Wohl aber können die drei Beiträge über Entwicklungsaspekte der Sekundarstufe II in der Sowjetunion (Detlef Glowka), in Frankreich (Jürgen Schriewer) und in Schweden (Egon Jüttner) den auf die Bundesrepublik Deutschland beschränkten Blick erweitern und deutlich machen, daß auch unter der Voraussetzung eines ähnlichen technologischen Entwicklungsstandes ganz andere Lösungen im Bildungswesen möglich sind. Die von diesem Befund nahegelegte Rückfrage nach der Traditionslinie, in der das deutsche Bildungswesen seine spezifischen Strukturmöglichkeiten ausgebildet hat, ist sowohl für die gymnasiale Oberstufe als auch für die Berufsbildung mit je einem eigenen Handbuchbeitrag von Hans-Georg Herrlitz beziehungsweise Karlwilhelm Stratmann beantwortet worden.

Der Lexikonteil unseres Doppelbandes reicht von „Abitur" bis „Zivildienst". Dazwischen findet der Benutzer zu etwa 250 Stichworten aus dem gesamten durch die Handbucharteil thematisierten Umkreis knappe Erläuterungen und Informationen. Die Stichworte beziehen sich zunächst einmal auf häufig benutzte Begriffe aus dem Alltag des Gymnasiums (wie Abitur, Aufgabenfelder, Jahrgangsstufe 11, Kurssystem, Latinum – Graecum) und der berufsbildenden Schulen (wie Berufsfachschule, Berufsschule, Berufsvorbereitungsjahr, Fachschulreife), aber ebenso auch der betrieblichen Berufsausbildung (wie Ausbildung der Ausbilder, Ausbildungsberuf, Ausbildungsfinanzierung, Erwerbstätigkeits-/Berufsstruktur, Lehrwerkstatt, Meisterlehre – Meisterprüfung, Stufenausbildung). Informationen zur Ausbildungssituation in den einzelnen Wirtschaftszweigen finden sich nacheinander unter „Berufsausbildung (Bergbau)", (...). Ein weiterer Teil der Stichworte bezieht sich auf Begriffe, die den Reformkonzepten des letzten Jahrzehnts entstammen (wie doppeltqualifizierende Bildungsgänge, Entschulung, Kollegschule, Oberstufen-Kolleg). Besondere Aufmerksamkeit wurde dabei auch darauf gelegt, solche Begriffe aufzunehmen, die bisher nur in Spezialliteratur verwandt wurden und deren Bedeutung sich aus dem Wort nicht unmittelbar erschließen läßt (beispielsweise Äquivalenz der Lerninhalte, Lernorte, Normenbücher, Studio).

Entschieden umfangreicher geraten sind die Stichworte, die Aufgabe und Situation der Unterrichtsfächer der Schulen der Sekundarstufe II und deren Fachdidaktik behandeln. Diese Stichworte erscheinen alle unter „Unterricht: ..." (wie Alte Sprachen, Betriebliches Rechnungswesen, Elektrotechnik, Geschichte, Technisches Zeichnen). Ein nicht unbeträchtlicher Teil der Stichworte ist Problemen und Institutionen gewidmet, mit denen Jugendliche, die Einrichtungen der Sekundarstufe II besuchen, in Berührung kommen können, die aber nicht im Aufmerksamkeitshorizont der Schulen und der institutionellen Berufsausbildung liegen (wie Drogenkonsum, Frauenarbeit, Heimerziehung, Identität, Jugendarbeitslosigkeit, jugendliche Subkulturen, Jugendwohnkollektive, Militärdienst, Sexualverhalten Jugendlicher, Zivildienst). Die Stichworte aus dem Bereich der institutionalisierten und nichtinstitutionalisierten Jugendbildung finden sich ergänzt durch verbindende Begriffe aus dem Rechtsbereich (wie Berufsausbildungsrecht, Berufsbildungsgesetz, Jugendrecht, Selbstverwaltung der Wirtschaft, Volljährigkeit). Schließlich gibt es Stichworte, die theoretische Probleme (wie Allgemeinbildung – Berufsbildung, Wissenschaftspropädeutik), historische Fragen von nachwirkender Bedeutung (wie Neuhumanismus, Fortbildungsschule, Jugendbewegung) oder Wissenschaftsbereiche (wie Arbeitsmarkt-/Berufsforschung, Berufs-/Wirtschaftspädagogik, Verwissenschaftlichung) betreffen.

Natürlich konnte nicht jeder einschlägige Begriff ein eigenes Stichwort erhalten. Deshalb ist dem Doppelband ein umfangreiches Begriffsregister beigegeben worden. Dieses Register verweist den Benutzer auf diejenigen Stellen der Handbuchbeiträge und der Lexikonartikel an denen der gesuchte Begriff erläutert ist. Ein separates Personenregister ermöglicht zusätzlich die Erschließung des Bandes von den Autoren her, die zu den in den Texten erläuterten Sachverhalten etwas Wichtiges beigetragen haben oder zu deren Analyse herangezogen wurden.

Die Handbuchartikel haben ein umfangreiches Literaturverzeichnis, welches eine repräsentative Auswahl der für das jeweilige Thema maßgeblichen Literatur nachweist. Die Lexikonartikel können demgegenüber nur eine kleine Auswahl von Literatur bieten, darunter diejenigen Werke, die besonders umfangreiche Informationen zum Problemfeld bereitstellen. Für die in den Literaturhinweisen häufiger genannten Zeitschriften wurden Abkürzungen gewählt, die dem Zeitschriftenverzeichnis zu entnehmen sind.

Der Doppelband „Sekundarstufe II" ist 1979/80 geschrieben worden. Er hat den Ehrgeiz, den Stand des Wissens über die Probleme der Sekundarstufe II von diesem Zeitpunkt aus zu präsentieren und in der Summe der Analysen so viel prognostische Kraft zu entfalten, daß er für die 80er Jahre aktuell bleiben kann.

Herwig Blankertz, Münster
Josef Derbolav, Bonn
Adolf Kell, Siegen
Günter Kutscha, Duisburg

Abitur

Funktionen des Abiturs. Das Abitur hat von Beginn an – das heißt: seit seiner Einführung im Jahre 1788 als „Abiturientenexamen" im preußischen „Reglement über die Prüfung an den Gelehrten Schulen" (vgl. SCHWARTZ 1910, S. 122 ff.) – immer wieder im Mittelpunkt bildungstheoretischer und bildungspolitischer Kontroversen gestanden und dabei vielfältige Wandlungen in seinen inhaltlichen Bestimmungen wie in seiner formalen Gestaltung erfahren. Der Grund dafür ist in den verschiedenen Funktionen zu sehen, die in ihm zusammenkommen. Zum einen ist das Abitur eine Eingangsprüfung: Als Instrument staatlicher Normierung des Hochschulzugangs bescheinigt es die Befähigung und die Berechtigung zur Aufnahme eines akademischen Studiums und wird daher von Entwicklungen in den einzelnen Wissenschaftsdisziplinen und von Veränderungen in den Studiengängen des Hochschulbereichs beeinflußt. Zum anderen ist das Abitur eine Abschlußprüfung: Es kontrolliert den Bildungserfolg einer mehrjährigen Ausbildung in einer bestimmten Schulform und wird daher mitbestimmt von den Wandlungen im pädagogischen Selbstverständnis und in den didaktischen Zielsetzungen der betreffenden schulischen Institution. Beide Funktionen des Abiturs stehen in einem Spannungsverhältnis zueinander, das sich ausdrückt in Auseinandersetzungen insbesondere um Anzahl und Zusammensetzung der Prüfungsfächer, um Prüfungsinhalte und -formen und um Anforderungsstandards und Beurteilungskriterien. Die Intensität dieser Auseinandersetzungen wiederum verweist auf eine dritte Funktion des Abiturs: Es öffnet nicht nur den Weg in den Hochschulbereich, sondern ist auch unabhängig davon in aller Regel die entscheidende Voraussetzung dafür, in berufliche Positionen zu gelangen, die durch Einkommen und soziale Sicherheit, durch Prestige, Einfluß und selbstverantwortliche Tätigkeit besonders privilegiert sind. Daher werden die institutionellen Regelungen für das Abitur – die Festsetzungen also, wer es an welcher Einrichtung und unter welchen Bedingungen erwerben kann – auch mitbestimmt von umfassenderen gesellschaftspolitischen Auseinandersetzungen. In diesem Sinne kann das Abitur auch verstanden werden als Indikator für jeweils bestehende ökonomische und politische Kräftekonstellationen in der Gesellschaft.

Zur Geschichte des Abiturs bis 1945. Die Vorgeschichte des Abiturs reicht bis in die Mitte des 17. Jahrhunderts zurück. Sie ist ablesbar etwa an einzelnen Schulordnungen und Entwürfen für Maturitätskataloge, die darauf abzielten, das Gymnasium zu einer Art Vor-Schule der Universität zu machen. Dabei sollte das Gymnasium auch Selektionsfunktionen übernehmen, die von den – nach Art und Qualität höchst unterschiedlichen – universitären Aufnahmeprüfungen immer weniger erfüllt werden konnten. Wirksam wurden diese Bestrebungen, seit sich im absolutistischen Staat ein zunehmendes Interesse an einer qualifizierten, nicht mehr allein geburtsständisch rekrutierten Beamtenschaft und damit zugleich auch an den Ausbildungsfunktionen der Universität herausbildete (vgl. HERRLITZ 1973, S. 11). Vor dem Hintergrund der aus diesem Interesse erwachsenen Zentralisierungs- und Verstaatlichungstendenzen im Bildungswesen des 18. Jahrhunderts lassen sich in den Debatten um die beiden ersten Abiturientenprüfungsreglements in Preußen von 1788 und 1812 drei grundsätzliche Kontroversen um die Bestimmung des Abiturs aufzeigen. Es ging damals erstens um das Gegeneinander von utilitaristischen Bestrebungen der Aufklärungszeit (mit ihrer Tendenz zur weitgehenden Anpassung an aktuelle gesellschaftliche Bedürfnisse und zur

Vermittlung studienfach- beziehungsweise berufsorientierter Spezialkenntnisse) und von neuhumanistischen Bildungsvorstellungen (mit ihrer Betonung der Distanz zum praktischen Leben und der Zweckfreiheit gymnasialer Allgemeinbildung). Im Zusammenhang damit stand zweitens der Streit um die wissenschaftspropädeutische Gleichrangigkeit der sogenannten Realienfächer (insbesondere der Naturwissenschaften, der Mathematik und der modernen Fremdsprachen) mit den traditionellen Fächern des altsprachlichen Unterrichts. Kontrovers diskutiert wurde schließlich drittens die Frage, ob das Abitur als Instrument einer restriktiven Sozialpolitik zur Einschränkung des Stipendienwesens und damit zur Bekämpfung der „Studiersucht" der „niederen Stände" dienen sollte und ob darüber hinaus eine vertikal gegliederte Ständeschule die Reproduktion der bestehenden sozialen Ordnung sichern sollte oder ob umgekehrt das Recht auf ein Studium als eine Art Menschenrecht propagiert und ob dementsprechend der Zugang zum Studium über eine horizontal gegliederte Stufenschule ermöglicht werden sollte.

Diese Kontroversen spiegeln die mannigfachen Verflechtungen der oben erwähnten drei Hauptfunktionen des Abiturs wider. Ihrer zeitbedingten Terminologie entkleidet, verweisen sie zugleich auf allgemeinere Probleme, die – mit unterschiedlichen Akzentuierungen und wechselnder Begrifflichkeit – die Geschichte des Abiturs bis in die Gegenwart hinein bestimmen und keineswegs befriedigend gelöst erscheinen.

Das im Zuge der Humboldt-Süvernschen Reformen erlassene Reglement von 1812 (vgl. BLÄTTNER 1960, S. 124 ff.) begründete die für das ganze 19. Jahrhundert gültige Monopolstellung des (neuhumanistischen) Gymnasiums bei der Zuerkennung der Hochschulzugangsberechtigung im Rahmen eines ständisch und obrigkeitsstaatlich orientierten, vertikal gegliederten Schul-

systems. Dabei erscheint der das Abitur prägende Fächerkanon dieses Gymnasiums – mit den Hauptfächern Griechisch, Latein, Mathematik und Deutsch – als Ausdruck einer „geistesaristokratischen Bildungsästhetik" (HERRLITZ 1968, S. 206), die in entschiedenem Gegensatz zu jeder Form pragmatischer Berufsorientierung steht.

Die weitere Entwicklung des Abiturs nach 1812 (vgl. BLÄTTNER 1960, PAULSEN 1919/1921) kann allgemein als Prozeß zunehmender Aufgliederungen der Zugangsmöglichkeiten zum Studium und damit auch kontinuierlicher Relativierungen der beherrschenden Stellung des neuhumanistischen Gymnasiums beschrieben werden. Sie ist im Zusammenhang zu sehen einerseits mit der Entfaltung der Wissenschaften in eine Vielzahl spezialisierter Einzeldisziplinen und entsprechenden institutionellen Differenzierungen im Hochschulbereich und andererseits mit Entwicklungen der gesellschaftlichen Produktionsverhältnisse und entsprechenden Ausbildungsbedürfnissen und Aufstiegsinteressen insbesondere der neuen wirtschaftlichtechnischen Intelligenz, aber auch der Arbeiterschaft und der Frauenbewegung des ausgehenden 19. Jahrhunderts.

Im ersten Jahrzehnt nach der Jahrhundertwende errangen zunächst das Realgymnasium und die (lateinlose) Oberrealschule die volle Gleichberechtigung mit dem Gymnasium: Seit 1901 waren im schriftlichen Abitur Fächer zugelassen, die nicht in allen Schulformen vertreten waren – beispielsweise Englisch und Physik im Realgymnasium, Chemie in der Oberrealschule. Im gleichen Zeitraum erfolgten in Preußen staatliche Regelungen des höheren Schulwesens für Mädchen: Nachdem Frauen erstmals 1895 mit dem Reifezeugnis eines (Jungen-)Gymnasiums zum Studium zugelassen worden waren, konnten sie seit 1908 auch an Mädchengymnasien (den „Studienanstalten") die allgemeine Hochschulreife erwerben. Schließlich konnten Frauen seit 1911 auch auf dem Weg über das Oberlyzeum und eine zweijährige Berufspraxis zum Universitätsstudium zugelassen werden, um die Oberlehrerprüfung abzulegen: ein erster Ansatz für einen „zweiten Weg" zur Hochschule über eine Fachschulausbildung.

In den Jahren der Weimarer Republik wurde 1925 im Rahmen der Richertschen Reformen (vgl. BLÄTTNER 1960, S. 259 ff., S. 269 ff.) als weitere Schulform mit Abiturabschluß die Deutsche Oberschule mit ihrer betonten Nähe zur sogenannten Volksbildung eingeführt. Daneben wurden besondere Zugangsmöglichkeiten zur Universität eröffnet, zum Beispiel über Abendgymnasien, über Ergänzungsreifeprüfungen an höheren Fachschulen, über Sonderreifeprüfungen für besonders Begabte. Trotz des Versuchs, die Bildungseinheit im Bereich der höheren Schulen durch die Betonung der sogenannten deutschkundlichen Fächer (Deutsch, Geschichte, Erdkunde, Kunst- und Musikerziehung) und der „Lebens-" beziehungsweise „Gegenwartsreife" als Komplement zur Hochschulreife zu sichern, entstand in dieser Zeit eine schwer überschaubare Fülle von Sonderbestimmungen zum Abitur in den einzelnen deutschen Ländern: Um 1930 war endgültig der Grund für die heutige Vielfalt von Hochschulzugängen gelegt, war der neuhumanistische Begriff der Hochschulreife endgültig aufgegeben zugunsten eines vielgestaltigen Systems möglicher Prüfungsfächerkombinationen auf der Basis eher äußerlicher Zuordnungen von Schulfächern zu Hochschuldisziplinen.

Im Dritten Reich erfolgte im Kontext rigider Zentralisierungs- und Gleichschaltungsmaßnahmen für das gesamte Bildungswesen auch ein radikaler Eingriff der Nationalsozialisten in den Bereich der höheren Schulen: Seit 1938 gab es nur noch die achtklassige uniforme Oberschule und – als zahlenmäßig eng begrenzte Sonderform – das ebenfalls achtklassige Gymnasium für Jungen. Neben dieser umfassenden Umgestaltung stand im Zusammenhang mit dem Abitur noch eine Reihe einzelner Willkürakte: so der bereits 1933 statuierte Ausschluß aller „Nichtarier" – trotz bestandener Reifeprüfung – vom Studium, die Begrenzung des Anteils weiblicher Abiturienten auf höchstens 10 %, die Zuerkennung der Hochschulreife ohne eine Prüfung – über den sogenannten Reifevermerk – für Primaner, die vorzeitig zum Wehrdienst einberufen werden sollten, und die Auslese von Studienberechtigten über Parteischulen und Parteigliederungen.

Zur Entwicklung des Abiturs nach 1945. Die strukturbestimmenden Organisationsformen des Schulwesens, die vor 1933 in Deutschland bestanden hatten, wurden in den Aufbaujahren der Bundesrepublik Deutschland weitgehend unverändert wiederhergestellt. Eine Ausnahme von dieser grundsätzlichen Feststellung ist allerdings für den Bereich der gymnasialen Oberstufe zu machen (vgl. TENORTH 1975, S. 25). Die hier eingetretenen Veränderungen lassen sich in zwei Phasen untergliedern und zusammenfassend ablesen an den Beschlüssen der Ständigen Konferenz der Kultusminister der Länder in der Bundesrepublik Deutschland (KMK) vom 29. 9. 1960 („Saarbrücker Rahmenvereinbarung" – vgl. KMK 1963) und vom 7. 7. 1972 („Bonner Vereinbarung" – vgl. KMK 1972).

Die Diskussionen in der ersten Phase waren weithin bestimmt von den immer unlösbarer erscheinenden Problemen der Stoffülle und der Fächervielfalt und von Auseinandersetzungen um einen zeitgemäßen Allgemeinbildungs- und Hochschulreifebegriff. Entscheidend geprägt wurden sie durch die – an die neuhumanistischen Traditionen anknüpfenden – Arbeiten W. FLITNERS (vgl. 1959), auf denen insbesondere der „Tutzinger Maturitätskatalog" (vgl. SCHEUERL

1962, S. 155 ff.) ruhte: Er war Ausdruck eines Versuchs, ein als gültig angenommenes humanistisch-christliches Wert- und Normensystem und eine allgemeine Konvention über mögliche Inhalte des Fächerkanons zur Grundlage auch für die Bestimmung des Abiturs zu machen (vgl. SCHINDLER 1980, S. 171).

Ihre institutionellen Entsprechungen fanden diese Diskussionen vor allem in der Ausbildung der sogenannten Typengymnasien (neben das altsprachliche, das neusprachliche und das mathematisch-naturwissenschaftliche Gymnasium traten unter anderem sozialwissenschaftliche, technische, musische, pädagogische Gymnasien, Wirtschafts- und Sportgymnasien), in der damit zusammenhängenden endgültigen Etablierung einer fachgebundenen Hochschulreife (der Begriff löste 1964 den älteren Terminus „Fakultätsreife" ab) und in den Reifeprüfungsbestimmungen der „Saarbrücker Rahmenvereinbarung" (danach waren sechs Fächer ohne Einschränkung Gegenstand der Prüfung: vier schriftliche Fächer – Deutsch, Mathematik, ferner eine Fremdsprache und ein naturwissenschaftliches Fach oder zwei Fremdsprachen – sowie Gemeinschaftskunde und ein Wahlfach).

Die Diskussionen in der zweiten Phase waren weithin geprägt vom Ungenügen an Theorie und Praxis der Typengymnasien und in ihrer Zielrichtung bestimmt von sozialpolitischen Ansätzen zur Förderung auch materialer Chancengleichheit im Bildungswesen, von bildungsökonomischen Untersuchungen zum Verhältnis von Ausbildungs- und Beschäftigungssystem und von bildungstheoretischen Forderungen nach einer umfassenden Curriculumrevision. Auf das Abitur bezogen diskutiert wurden dabei – in kritischer Wendung gegen tradierte Vorstellungen von einer „kyklischen Grundbildung" mit ihren inhaltlichen und ethisch-normativen Implikationen – vor allem die Möglichkeiten und Grenzen produktiver Einseitig-

keit und individueller Schwerpunktbildung im Rahmen einer wissenschaftspropädeutischen Oberstufenausbildung, die der Emanzipation des Menschen verpflichtet sein und mittelfristig zur Aufhebung der Dichotomie von Allgemeinbildung und Berufsbildung führen sollte.

Einen tiefen Einschnitt in diese Debatten stellt die „Bonner Vereinbarung" der KMK vom 7. 7. 1972 dar. Sie markiert zugleich die folgenreichste Wendung in der Geschichte des Gymnasiums seit der Zeit des Neuhumanismus. Die hier intendierte „Neugestaltung der gymnasialen Oberstufe in der Sekundarstufe II" soll den organisatorischen Rahmen bieten für die praktische Lösung der oben stichwortartig angedeuteten inhaltlichen Probleme. Sie hebt die Typengliederung des Gymnasiums zugunsten individueller Bildungsgänge auf, die Jahrgangsklasse zugunsten eines Kurssystems, die Unterscheidung von Haupt- und Nebenfächern zugunsten der Einteilung in Grund- und Leistungskurse, den fixierten Kanon von Einzelfächern zugunsten der Zuordnung der prinzipiell gleichwertigen Fächer zu drei Aufgabenfeldern (I: sprachlich-literarisch-künstlerisches, II: gesellschaftswissenschaftliches, III: mathematisch-naturwissenschaftlich-technisches Aufgabenfeld), die Ziffernbenotung zugunsten eines Punkt-Kredit-Systems. Die Abiturprüfung wird in vier Fächern abgenommen (in den beiden vom Schüler gewählten Leistungsfächern und in zwei Grundkursfächern; dabei müssen alle drei Aufgabenfelder abgedeckt sein); bei erfolgreichem Abschluß wird die allgemeine Hochschulreife bescheinigt.

Das Abitur ist in seiner Geschichte von 1788 bis in die Gegenwart immer wieder auf vehemente und vielfältig begründete Kritik gestoßen. In seiner wichtigsten Funktion im Rahmen des schulischen Berechtigungswesens, nämlich den Zugang zur Hochschule zu regeln, ist es gleichwohl bis heute nicht durch grundsätzlich andere Lösungen (vgl. v. HENTIG 1980) ersetzt worden. Das gilt ebenso für seine primäre Anbindung an das Gymnasium: Noch 1977 wurden rund 90 % aller Hochschulzugangsberechtigungen in Gestalt der allgemeinen Hochschulreife an Gymnasien beziehungsweise an den gymnasialen Oberstufen von Gesamtschulen erworben und nur rund 10 % als fachgebundene oder allgemeine Hochschulreife an beruflichen Gymnasien, Abendgymnasien, Kollegs und dergleichen (vgl. STATISTISCHES BUNDESAMT 1979, S. 343). Ob beides auch in Zukunft so bleibt, dürfte weitgehend von zwei Faktoren abhängen: zum einen von der Frage, inwieweit

es künftig gelingt, im Rahmen der neugestalteten gymnasialen Oberstufe – jenseits von technisch-funktionalen Organisationsregelungen und Äquivalenzberechnungen – curricular und didaktisch stimmige Ausbildungsgänge zu entwikkeln, die eine sinnvolle Vorbereitung auf ein akademisches Studium im zunehmend komplexer werdenden Hochschulbereich darstellen, zum anderen von der noch umfassenderen Frage, inwieweit künftig die vorliegenden Konzepte für eine Integration allgemeinbildender und berufsbezogener Ausbildungsgänge im Rahmen der gesamten Sekundarstufe II praktisch umsetzbar und politisch durchsetzbar sind.

BLÄTTNER, F.: Das Gymnasium, Heidelberg 1960. FLITNER, W.: Hochschulreife und Gymnasium, Heidelberg 1959. HASEMANN, K.: Kriterien der Hochschulreife, Weinheim 1970. HENTIG, H. V.: Die Krise des Abiturs und eine Alternative, Stuttgart 1980. HERRLITZ, H.-G. (Hg.): Hochschulreife in Deutschland, Göttingen 1968. HERRLITZ, H.-G.: Studium als Standesprivileg, Frankfurt/M. 1973. KMK: Rahmenvereinbarung zur Ordnung des Unterrichts auf der Oberstufe der Gymnasien. Beschluß vom 29. 9. 1960, Neuwied 1963. KMK: Vereinbarung zur Neugestaltung der gymnasialen Oberstufe in der Sekundarstufe II. Beschluß vom 7. 7. 1972, Neuwied 1972. PAULSEN, F.: Geschichte des gelehrten Unterrichts auf den deutschen Schulen und Universitäten vom Ausgang des Mittelalters bis zur Gegenwart. Mit besonderer Rücksicht auf den klassischen Unterricht, 2 Bde., Berlin/Leipzig 1919/1921. SCHEUERL, H.: Probleme der Hochschulreife, Heidelberg 1962. SCHINDLER, I.: Die gymnasiale Oberstufe – Wandel einer Reform. In: Z. f. P. 26 (1980), S. 161 ff. SCHWARTZ, P.: Die Gelehrtenschulen Preußens unter dem Oberschulkollegium (1787–1806) und das Abiturientenexamen, Bd. 1. In: GESELLSCHAFT FÜR DEUTSCHE ERZIEHUNGS- UND SCHULGESCHICHTE (Hg.): Monumenta Germaniae Paedagogica, Bd. 46, Berlin 1910. STATISTISCHES BUNDESAMT (Hg.): Statistisches Jahrbuch 1979 für die Bundesrepublik Deutschland, Stuttgart/Mainz 1979. TENORTH, H.-E.: Hochschulzugang und gymnasiale Oberstufe in der Bildungspolitik von 1945–1973, Bad Heilbrunn 1975.
Wolfgang Harder

Abiturientenberatung

Die Abiturientenberatung stellt das Bindeglied zwischen der Schullaufbahnberatung in der Sekundarstufe II und der Studienberatung an der Hochschule dar. Lange wurde die Auffassung vertreten, daß die Abiturientenberatung ausschließlich Bestandteil der Studienberatung sei. Dazu ist anzumerken, daß die traditionelle Studienberatung in der Bundesrepublik Deutschland von der Bundesanstalt für Arbeit – als Trägerin der (akademischen) Berufsberatung –

beansprucht wird (Monopol der Berufsberatung). Diese Auffassung geriet jedoch im Zusammenhang mit dem Auf- und Ausbau der neukonzipierten Beratung im Bildungswesen in das Kreuzfeuer der Kritik, bis dann Ende der 60er Jahre die ersten Bildungsberatungsstellen in Baden-Württemberg (die dem Kultusministerium unterstanden) offiziell auch mit der Abiturienten- und Studentenberatung beauftragt wurden (vgl. HELLER 1975, S. 687 ff.). Abgesehen von Kompetenzstreitigkeiten gehören zu den Hauptgründen für diese Entwicklung ei-

19

nerseits die Unzufriedenheit über die methodisch und strategisch unbefriedigende konventionelle Studienberatung sowie andererseits die prekäre Situation der Hochschulzulassung (Numerus clausus). Der Terminus Abiturientenberatung bezieht sich auf die bereits in der Sekundarstufe II einsetzende Studienberatung, die hier als ein *kontinuierlicher Prozeß* über alle drei Schuljahre (11 bis 13) hinweg bis zum Übergang auf die Hochschule verstanden wird. Die Bezeichnung Abiturientenberatung steht somit (als „pars pro toto") für ein umfassenderes Beratungskonzept.

Aufgaben. Die Beratungsanlässe in der Sekundarstufe II umfassen Fragen der Studieneignung, Ursachen von Lern- und Leistungsschwierigkeiten, psychosoziale Probleme, bildungsökonomische Überlegungen. Für die Abiturientenberatung (in der Schule) lassen sich folgende *Aufgaben* nennen:

- Erfassung der Studieneignung, das heißt der Begabungs- und Interessenschwerpunkte jedes einzelnen Schülers, sowie gegebenenfalls Beratung und Hilfe bei entsprechenden Fördermaßnahmen,
- Information über spätere Berufsaussichten nach dem beabsichtigten Studium,
- Aufklärung der Beziehungen zwischen gewähltem Studienfach und späteren Berufsanforderungen,
- Information über Hochschulkapazitäten in einzelnen Fächern unter besonderer Berücksichtigung der Problematik des Numerus clausus,
- Beratung „geeigneter" Abiturienten, die jedoch aus motivationalen oder sozialen Gründen (wie etwa Vorurteilen gegenüber Abiturientinnen) ihre Begabung nicht aktivieren wollen oder können,
- Beratung bei allgemeinen psychosozialen Schwierigkeiten (zum Beispiel Rollenproblemen, Identitätskrisen, sexuellen Problemen),

- Information über finanzielle Förderungsmöglichkeiten.

Schwerpunkte der Abiturientenberatung in der gymnasialen Oberstufe sind studienvorbereitende Maßnahmen und Studienentscheidungshilfen. Nach PFAU (vgl. 1975, S. 705 ff.) sollte die *Studienvorbereitung* bereits in der 11. Klassenstufe – zusammen mit der Fächer- und Kurswahlberatung – beginnen. Um die Nachteile und Fehlprognosen punktueller oder verspätet (erst zum Zeitpunkt des Abiturs) einsetzender Studienberatungen zu vermeiden, muß die Studienwahl längerfristig geplant und in einem mehrjährigen Entscheidungsprozeß geklärt werden. Somit ist eine kontinuierliche Beratung während der letzten drei Schuljahre erforderlich. Unter der Zielperspektive, die Entscheidungsfähigkeit der Schüler zu fördern, sind neben „äußeren" Informationen auch psychologische Befunde von großer Bedeutung. Mit deren Hilfe können nämlich potentielle Studienabbrecher oder Studienfachwechsler frühzeitig erkannt und somit möglicherweise „falsche" Entscheidungen reduziert werden, was letztlich auch zu einer besseren Nutzung der Ausbildungskapazitäten führt.

In der Praxis hat sich nach PFAU (1975, S. 706 f.) folgendes Vorgehen bewährt: „Die Beratung sollte im Regelfall auf validen psychologischen Befunden hinsichtlich Interessen, Motivation, Begabung u. a. gegründet sein. Diese Befunde werden im Rahmen von Gruppenuntersuchungen in den Schulen erhoben. Die sich in den 11. Klassen anschließenden Einzelberatungen sollen einmal die weitere schulische Laufbahn angehen, zum anderen eine erste Orientierung über die nachschulischen Pläne ermöglichen. In Gruppeninformationsveranstaltungen werden weitere Orientierungshilfen angeboten. Mit einer ergänzenden psychodiagnostischen Untersuchung wird das Programm in der 12. Klasse fortgesetzt, in Gruppenveranstaltungen werden Informationen über

Hochschulzugang und Hochschulstudium konkretisiert, in Einzelgesprächen werden Schüler auf ein beabsichtigtes Fachhochschulstudium vorbereitet. Als Abschluß der vorbereitenden Maßnahmen wird allen Schülern des Abiturjahrgangs ein zusammenfassendes Gespräch angeboten (Abiturientenberatung). Damit ist die vorbereitende Phase abgeschlossen."

Die *Studienentscheidungshilfe* dient der rational begründeten Entscheidungsfindung des Schülers unmittelbar vor oder nach dem Abitur. Ohne Vorwegnahme seiner eigenen Urteilsbildung soll hierbei dem Ratsuchenden eine kritische Auseinandersetzung mit den verschiedenen Informationen und Rahmenbedingungen in der aktuellen Situation (Abiturabschluß) ermöglicht werden. Der Studienberater kann zwar konkrete Hilfen beisteuern, etwa wichtige Zusatzinformationen geben oder falsche Vorstellungen über die Anforderungen und Inhalte eines bestimmten Studienfaches ausräumen, die Entscheidung über Aufnahme oder Nichtaufnahme eines Studiums kann er jedoch dem Abiturienten nicht abnehmen. Hier ist der Schüler im Spannungsfeld zwischen Schulerfolg (Abiturnote, Fähigkeiten) und Studienwunsch (Hochschulzulassungsbedingung) letztlich auf seine – in der Studienvorbereitung zu fördernde – eigene Entscheidungsfähigkeit und Selbstverantwortung angewiesen. Andererseits dürfen Beratungshilfen, die neben Aussagen zur Studienerfolgsprognose auch brauchbare Alternativen enthalten sollten, nicht unterschätzt werden, zumal dadurch nicht nur eine angemessene Entscheidung erleichtert, sondern auch mit falschen Entscheidungen verbundenen Konflikten prophylaktisch begegnet wird.

Organisations- und Methodenprobleme. Die verschiedenen Aufgaben im Rahmen einer kontinuierlichen Studienberatung in der Sekundarstufe II erfordern ein differenziertes Beratungssystem, in dem der Bildungsberater und der Akademische Berufsberater – solange ein integriertes Modell der Berufsbildungsberatung in der Bundesrepublik nicht realisierbar ist – möglichst eng zusammenarbeiten.

In dem von PFAU (vgl. 1975) geschilderten Ulmer Organisationsmodell haben sich (in der Abschlußberatung) „Tisch-an-Tisch-Beratungen" von Berufs- und Bildungsberatern bewährt. Darüber hinaus sind frühe Kontaktaufnahmen mit der Studienberatungsstelle der regionalen Hochschule(n) wünschenswert, um die notwendigen fachlichen Informationen zu erhalten und die Kontinuität der Studienberatung nach dem späteren Hochschulübertritt zu sichern. Stärker noch als auf der Sekundarstufe II, wo viele Experten für eine obligatorische Studienberatung plädieren, wäre allerdings hier das Prinzip der Freiwilligkeit der Beratungsbeanspruchung zu respektieren.

Die Effizienz der Abiturientenberatung hängt nicht nur von der Lösung organisatorischer Probleme ab; eng damit verbunden sind *methodische* Fragen der Informationsbeschaffung und Datenverarbeitung, wobei aus psychologischer Sicht die Prognose des Studienerfolgs zum Kernproblem wird (vgl. OSTERLAND/WEISS 1975, TROST 1975). Darüber hinaus können unterschiedliche Strategiekonzepte die Qualität der Beratungsarbeit entscheidend beeinflussen; deren Ergebnisse müssen deshalb im Sinne einer formativen *und* summativen Evaluation (vgl. ROTHE/WEISS 1978, S. 206 ff.) überprüft werden.

HELLER, K. (Hg.): Handbuch der Bildungsberatung, Bd. 2, Stuttgart 1975. HEYSE, H./ARNHOLD, W. (Hg.): Texte zur Schulpsychologie und Bildungsberatung, Bd. 3, Braunschweig 1978. OSTERLAND, J./WEISS, R. H.: Bildungsberatung in der Sekundarstufe II. In: KULTUSMINISTERIUM BADEN-WÜRTTEMBERG (Hg.): Bildungsberatung in der Praxis, Villingen 1975, S. 170 ff.

PFAU, D.: Kontinuierliche Begleitung und Kooperation: Grundgedanken eines Modells zur Studienberatung. In: HELLER, K. (Hg.): Handbuch . . ., Bd. 2, Stuttgart 1975, S. 705 ff. ROTHE, C./WEISS, R. H.: Praktische Ergebnisse zur Abiturientenberatung. In: HEYSE, H./ARNHOLD, W. (Hg.): Texte zur Schulpsychologie . . ., Bd. 3, Braunschweig 1978, S. 206 ff. TROST, G.: Vorhersage des Studienerfolgs, Braunschweig 1975.

Kurt A. Heller

Abstimmung (Duales System)

Verteilung der Zuständigkeit im dualen System. Die für die Bundesrepublik Deutschland typische Form der Berufsausbildung Jugendlicher ist das „duale System". Kennzeichnend für dieses System ist die fachlich-zeitliche Verbindung der – überwiegend fachpraktischen – Ausbildung in einem Betrieb oder einer überbetrieblichen Ausbildungsstätte mit dem – vornehmlich fachtheoretischen – Unterricht der (Teilzeit-)Berufsschule, die in der Regel an einem oder zwei Tagen in der Woche mit acht bis zwölf Unterrichtsstunden besucht wird. In diesem dualen System liegt das Schwergewicht der beruflichen Erstqualifizierung in der Bundesrepublik Deutschland; zirka 1,4 Millionen Jugendliche erhalten eine derartige Ausbildung. Daneben ist auch eine vollzeitschulische Ausbildung in Berufsfachschulen möglich. Gegenwärtig beträgt die Zahl der Berufsfachschüler etwa 300 000. Im wesentlichen ist zu unterscheiden zwischen Berufsfachschulen, die wie im dualen System in anerkannten Ausbildungsberufen ausbilden, und solchen, die auf eine derartige Ausbildung vorbereiten.

Mit der „Dualität" der Lernorte Betrieb und (Teilzeit-)Berufsschule ist im dualen System gleichzeitig eine Zweiteilung der Zuständigkeiten für die gesetzliche Regelung der Berufsausbildung in diesen Lernorten verbunden. Nach der gegenwärtigen Verfassungslage regelt der Bund die betriebliche Berufsausbildung, während die Kultusminister oder -senatoren der Länder entsprechend dem föderativen Aufbau der Bundesrepublik Deutschland für den schulischen Teil der Berufsausbildung zuständig sind. Die rechtliche Zuständigkeit des Bundes ergibt sich aus dem „Recht der Wirtschaft" (vgl. Art. 74, Ziff. 11 Grundgesetz), da die Berufs*ausbildung* als wesentlicher Teil der Berufs*ausübung* des Unternehmerberufs interpretiert wird. So hat das Bundesverfassungsgericht zum Umfang des gesetzlichen Regelungsbereichs des Bundes bestimmt, daß der Bund die Kompetenz hat, sowohl den Inhalt der beruflichen Tätigkeit als auch die Voraussetzungen für die Berufsausübung (Ausbildung und Abschluß) zu regeln (vgl. Entscheidungen des Bundesverfassungsgerichts 26. 246 und 26. 255 vom 25. 6. 1969). Der Bund hat von seiner Gesetzgebungskompetenz am 14. 8. 1969 durch Inkraftsetzung des Berufsbildungsgesetzes (BBiG) Gebrauch gemacht. Dementsprechend regelt der Bund die Berufsausbildung in den Betrieben, insbesondere durch bundeseinheitliche Rechtsvorschriften: die Ausbildungsordnungen. Die nach dem BBiG vom zuständigen Bundesminister – für die überwiegende Zahl der Ausbildungsberufe ist der Bundesminister für Wirtschaft zuständig – im Einvernehmen mit dem Bundesminister für Bildung und Wissenschaft erlassenen bundeseinheitlichen Ausbildungsordnungen sind als Rechtsverordnungen unmittelbar geltendes Recht. Sie legen die Ausbildungsziele und -inhalte sowie Qualitätsmerkmale der *betrieblichen* Berufsausbildung in den Ausbildungsberufen fest und sollen als „Grundlage für eine geordnete und einheitliche Berufsausbildung sowie zu ihrer Anpassung an die technischen, wirtschaftlichen und gesellschaftlichen Erfordernisse und deren Entwicklung" (§ 25 BBiG) dienen. Die Bedeutung der Ausbildungsordnungen wurde auch dadurch unterstrichen, daß Jugendliche unter 18 Jahren nur noch in anerkannten Ausbildungsberufen nach Ausbildungsordnungen ausgebildet werden dürfen (vgl. § 28 BBiG). Die Bundeskompetenz für die rechtliche Regelung der betrieblichen Berufsausbildung wirkt sich jedoch auch auf andere Weise aus: So erhalten Jugendliche während ihrer Berufsausbildung im dualen System eine Ausbildungsvergütung und werden als Erwerbstätige in die Tarifverhandlungen der Sozialparteien einbezogen. Bundeseinheitliche gesetzliche Regelungen bestimmen beispielsweise Arbeitszeit, Erholungsurlaub und gesundheitliche Betreuung der Jugendlichen.

Die rechtliche Zuständigkeit der Länder für den schulischen Teil der Berufsausbildung ergibt sich aus der Grundsatznorm des Art. 30 des Grundgesetzes. In Verbindung mit Art. 70 GG leitet sich daraus die Zuständigkeit der Länder für die gesetzliche Regelung des Schulwesens ab. Das Bundesverfassungsgericht hat die grundsätzlich vorgegebene „Kulturhoheit" der Länder schon frühzeitig hervorgehoben. Entsprechend dieser Zuständigkeit erlassen für den *schulischen Teil* der Berufsausbildung die einzelnen Kultusminister und -senatoren der Länder für jedes Land gesondert *Rahmenlehrpläne.*

Schritte zur Abstimmung zwischen Bund und Ländern. Die unterschiedlichen Zuständigkeiten für die Regelung der betrieblichen und schulischen Berufsausbildung haben in der Vergangenheit zu erheblichen Schwierigkeiten bei der Planung und Durchführung der Berufsausbildung geführt. So sind zum Beispiel die einzelnen Ausbildungsunterlagen für den betrieblichen und für den schulischen Teil der Berufsausbildung voneinander unabhängig entwickelt worden.

Dabei standen sich auf der einen Seite eine bundeseinheitliche Ausbildungsordnung und auf der anderen Seite bis zu elf verschiedene Rahmenlehrpläne der Länder für ein und denselben Ausbildungsberuf gegenüber. In der Regel wurden die Länderrahmenlehrpläne den schon vorher bestehenden Ausbildungsordnungen nur angepaßt. Das hatte unter anderem zur Folge, daß die berufliche Ausbildung im Betrieb und diejenige in der Berufsschule nur wenig aufeinander abgestimmt waren.

Eine umfassende und wirksame Regelung des Erwerbs von Berufsvoraussetzungen, wie sie durch das – spätestens seit Inkrafttreten des BBiG aktuell werdende – veränderte Selbstverständnis der beruflichen Bildung nahegelegen hätte, ist kaum möglich, ohne daß neben den fach- und berufsbezogenen Inhalten zugleich allgemeinen Lernzielen zuzuordnende Inhalte mitgeregelt werden. Eine der Voraussetzungen hierfür wäre die Möglichkeit einer einheitlichen lernortübergreifenden Curriculumentwicklung für die Festlegung der Ausbildungsziele und -inhalte. Sie findet jedoch ihre Grenzen in der zuvor dargestellten Kompetenzverteilung. Um die durch die Zuständigkeitsregelungen hervorgerufenen Schwierigkeiten in der beruflichen Bildung abzubauen, haben Bund und Länder nach über einjährigen Verhandlungen im Jahre 1972 ein *Gemeinsames Ergebnisprotokoll* (vgl. KMK 1973) über ein Abstimmungsverfahren unterzeichnet. Auf der Grundlage des Gemeinsamen Ergebnisprotokolls wurde ein mit Vertretern der Bundesregierung und der Länderregierungen besetzter *Koordinierungsausschuß* eingesetzt, der unter anderem die Aufgabe hat, Grundsätze für die Abstimmung der Ausbildungsordnungen und Rahmenlehrpläne zu vereinbaren, Absprachen darüber zu treffen, welche Ausbildungsordnungen und Rahmenlehrpläne für eine Neuordnung vorbereitet und welche Ausschüsse damit befaßt werden sollen. Das Verfahren sieht für die Erarbeitung von Ausbildungsordnungen und Rahmenlehrplänen getrennt arbeitende Gremien vor: auf der Bundesseite Sachverständige unter Beteiligung von Vertretern der Arbeitgeber- und Arbeitnehmerseite sowie des Bundesinstituts für Berufsbildung, auf der Länderseite Rahmenlehrplanausschüsse.

Nach dem Beschluß des Koordinierungsausschusses erarbeiten die Sachverständigen des Bundes und die Rahmenlehrplanausschüsse der Länder die Ausbildungsordnungen und die Rahmenlehrpläne getrennt und stimmen sie dann untereinander ab.

Weitere Initiativen zur Verbesserung der Abstimmung zwischen Bund und Ländern. Bei der Einschätzung des Abstimmungsverfahrens ist zu berücksichtigen, daß es lediglich eine freiwillige Übereinkunft darstellt, durch die gesetzliche Zuständigkeiten nicht berührt werden, und daß der Koordinierungsausschuß keine mehrheitlichen Beschlüsse fassen sowie, rechtlich gesehen, die einzelnen Partner nicht zwingen kann, sich an getroffene Vereinbarungen zu halten. Problematisch ist weiterhin, daß sich der Koordinierungsausschuß lediglich aus Vertretern der Bundesregierung und Vertretern der Kultusministerien (-senatoren) der Länder zusammensetzt. Denn die Bundesregierung als Verordnungsgeberin der Ausbildungsordnungen ist nicht gleichzeitig Trägerin der betrieblichen Berufsausbildung.

Während die Länder, die die Rahmenlehrpläne erlassen, auch Träger der (öffentlichen) Berufsschulen sind, wird die betriebliche Berufsausbildung zumeist von privaten Unternehmungen getragen. Unter anderem daraus ergab sich die Notwendigkeit, bei den Überlegungen um die Verbesserung der Abstimmung zwischen Bund und Ländern auch die an der beruflichen Bildung Beteiligten – vor allem die Sozialpartner –, die bislang im Koordinierungsausschuß

nicht vertreten sind, von Anfang an einzubeziehen.

Im 1976 verabschiedeten Ausbildungsplatzförderungsgesetz (APlFG) wurde der Verbesserung der Abstimmung von Ausbildungsordnungen und Rahmenlehrplänen besondere Bedeutung beigemessen. Mit dem nach dem APlFG neu geschaffenen Bundesinstitut für Berufsbildung ist der Zusammenarbeit von Bund und Ländern bei der Erarbeitung der inhaltlichen Grundlagen der Berufsausbildung ein umfassender organisatorischer Rahmen gegeben worden. Der beim Bundesinstitut für Berufsbildung eingerichtete *Länderausschuß* bezieht auch die Gewerkschaften und Arbeitgeber in den Abstimmungsprozeß ein. Da auch diese Regelung nur ein Angebot an die Länder darstellt und sie wegen der jetzigen Kompetenzverteilung nicht an das Abstimmungsergebnis gebunden ist, sollte das APlFG durch eine Verwaltungsvereinbarung zwischen Bund und Ländern ergänzt werden. Gegenwärtig erfolgt die Abstimmung weiterhin auf der Grundlage des im Gemeinsamen Ergebnisprotokoll festgelegten Verfahrens, weil die Verhandlungen über den Abschluß einer Verwaltungsvereinbarung bisher ohne Erfolg geblieben sind. Die Gremien des Bundesinstituts für Berufsbildung – der Länderausschuß und der Hauptausschuß – nehmen ihre im APlFG beschriebene Aufgabe im Rahmen des Abstimmungsverfahrens dennoch bereits gegenwärtig wahr. Für die Einbeziehung dieser Gremien hat der Hauptausschuß des Bundesinstituts das Abstimmungsverfahren im Mai 1979 präzisiert. Vor allem die im Bundesinstitut vorbereiteten Ausbildungsordnungen werden dem Länder- und Hauptausschuß zur Stellungnahme zugeleitet. Der Koordinierungsausschuß trifft seine Entscheidungen unter Einbeziehung von deren Voten. Allerdings ist das APlFG durch Urteil des Bundesverfassungsgerichts vom 10. 12. 1980 aus formalen Gründen für nichtig erklärt worden. Die Regelungen über die Abstimmung sollen jedoch durch ein in Vorbereitung befindliches „Gesetz zur Förderung der Berufsbildung durch Planung und Forschung (Berufsbildungsförderungsgesetz)" weiter gelten.

ADLER, S./ADLER, T.: Anmerkungen zu dem zwischen Bund und Ländern vereinbarten Projektformular für die Einleitung einer Ordnungsmaßnahme der beruflichen Bildung. In: Berb. in W. u. Prax. 4 (1975), 1, S. 11 ff. ADLER, S. u. a.: Probleme der Abstimmung von Ausbildungsordnungen des Bundes mit den Rahmenplänen der Länder für die Teilzeitberufsschule. In: D. Dt. Ber.- u. Fachs. 70 (1974), S. 953 ff. FRIAUF, K. H.: Die Abgrenzung der Gesetzgebungskompetenzen im Bereich der beruflichen Bildung unter besonderer Berücksichtigung des Fernunterrichts und berufsbezogener schulischer Bildungsgänge, Hamburg 1975. KMK: Gemeinsames Ergebnisprotokoll betr. das Verfahren bei der Abstimmung von Ausbildungsordnungen und Rahmenplänen im Bereich der beruflichen Bildung zwischen der Bundesregierung und den Kultusministern (-senatoren) der Länder. Beschluß vom 30. 5. 1972, Neuwied 1973.

Tibor Adler

Aditur

Unter Aditur versteht man eine über die übliche Gymnasialabschlußprüfung (Abitur) hinaus zusätzlich zu absolvierende Prüfung, die über die Zulassung zu bestimmten Studiengängen an den Hochschulen entscheidet.

In der geschichtlichen Entwicklung schälte sich das Gymnasium immer stärker als Instanz heraus, die allein über die Befähigung zum Universitätsbesuch entschied. Formell war diese Befähigung zum Studium durch das Abitur bescheinigt. Zwar war dem Anspruch nach mit dem Abitur auch ein bestimmter Status der Persönlichkeit angesprochen (die „Reife" des Absolventen), seine gesellschaftliche Bedeutung bestand jedoch weniger in dieser *Personalisationsfunktion* als vielmehr in seinem *Gratifikationscharakter:* Wer mit dem Abschlußzeugnis des Gymnasiums versehen war, hatte Anrecht auf die höheren Berufspositionen der Gesellschaft erworben, meist über den noch zu bewältigenden Weg des Studiums. Dieser Mechanismus der Statuszuweisung über den – fast immer notwendigen – Weg des Hochschulstudiums funktionierte so lange störungsfrei, wie zwischen beiden Teilsystemen des Bildungswesens – dem Gymnasium und der Universität – keine Disparitäten bestanden.

In dem Maß jedoch, wie das Angebot an Studienplätzen mit der Nachfrage nach ihnen nicht mehr Schritt halten konnte, und in dem Augenblick, als die wie selbstverständlich hingenommene Allokationsfunktion des Abiturs Risse erhielt, geriet es selbst auch in den Bereich des Veränderbaren.

Sollte die Vergabe von (knappen) Studienplätzen nicht nur an sachfremde Kriterien gebunden bleiben (wie Wohnort, soziale Lage, Wartezeit), sondern auch mit Maßstäben gemessen werden, die aus den sachlich-inhaltlichen Anforderungen des Studiums gewonnen waren, dann mußten hier entsprechende Prüfverfahren installiert werden. Hierzu reichte auch nicht der Notendurchschnitt der Abiturnote aus, da er über die Qualifikation zu einem bestimmten Studiengang nichts aussagt; darüber hinaus war auch der Anspruch auf Chancengleichheit im Verweis auf die Abiturnote nicht durchzuhalten, da die Vergleichbarkeit der Zensuren bundesweit nicht zu gewährleisten ist.

Man meinte daher, dieses Problem sinnvollerweise nicht mehr in der Schule, durch die gymnasiale Abschlußprüfung, sondern in der Universität als dem betroffenen Abnehmersystem lösen zu können (vgl. HINRICHSEN 1976).

Nach dieser Argumentation wird dann die Vergabe von Studienplätzen an eine Prüfung gebunden, die zusätzlich zum Abitur für je spezifische Studiengänge von den Hochschulen veranstaltet wird. Dieses *Aditur (Zusatzprüfung)* könne – und darin lägen seine Vorteile – eher etwas über den zu erwartenden *Studienerfolg* aussagen als das studienunspezifische Abitur. Darüber hinaus wäre das Gymnasium aus der unmittelbaren Verzahnung mit der Universität entlassen und könne sich wieder stärker auf seine allgemeinbildenden Aufgaben besinnen. Allerdings ist mit dem Konzept des Aditurs eine Reihe von Problemen verbunden, die es doch nicht als eine so glatte Lösung der Schwierigkeiten beim Hochschulzugang erscheinen lassen, wie es zunächst den Eindruck macht.

Das Aditur – will es tatsächlich studienbezogene Kriterien als Prüfungsmaßstab anlegen – wird bestimmte inhaltliche Forderungen des Studiums schon vorweg an die Bewerber stellen. Die Studienbewerber müssen also ein erhebliches Maß studienrelevanten Wissens mitbringen, wollen sie das Aditur bestehen. Die Frage stellt sich, wo dieses Wissen vermittelt wird. Geschähe es auf dem Gymnasium, dann wäre die Hoffnung endgültig reine Illusion, es vom Hochschulbetrieb entkoppeln zu können. Vielmehr geriete die gymnasiale Oberstufe zu einer Art Propädeutikum für die jeweiligen Studiengänge, auf deren Anforderungen hin das Bildungsangebot des Gymnasiums spezialisiert werden müßte. Damit wäre auch der Anspruch auf Allgemeinbildung ad absurdum geführt. Da sich dieser Weg als nicht sehr sinnvoll erweist, bliebe als Alternative die Einrichtung entsprechender Vorbereitungskurse (in der Art eines Vorsemesters) an der Universität. Damit aber wäre das Problem der nur begrenzten Ausbildungskapazitäten an dieser Institution nicht gelöst, denn in diese

Vorsemester müßte jeder Bewerber aufgenommen werden. Dazu käme die Erschwernis, daß sich im Bewußtsein der Studienbewerber das Aditur fast wie eine Zwischenprüfung (oder besser: Vorprüfung) ausnähme, mit der beim Nichtbestehen die Vorstellung des Scheiterns schon vor dem eigentlichen Studienbeginn verbunden ist. Da auch diese Lösung nicht sonderlich praktikabel erscheint, das Aditur daher recht besehen nur als Hochschuleingangsprüfung oder Hochschuleingangstest konzipiert werden kann, wird die Entwicklung in diesem Fall doch auf eine stärkere Belastung der gymnasialen Oberstufe hinauslaufen. Die Studienbewerber werden in der bundesweit eingeführten reformierten gymnasialen Oberstufe verstärkt solche Kurse belegen, die inhaltlich in Affinität zu ihren späteren Studienfächern stehen. Es ist dann auch nicht ausgeschlossen, daß sich eine Entwicklung verstärkt durchsetzt, die jetzt schon teilweise bedenkliche Folgen nach sich zieht: Es können sich nämlich auf dem kommerziellen Sektor zunehmend Unternehmen etablieren, die von der Nachhilfe bis zur gezielten Prüfungsvorbereitung ihre Dienste anbieten. Womit dann die Frage nach der Chancengleichheit beim Aditur unter einem ganz anderen Vorzeichen wieder neu zu stellen wäre.

Eine akzeptable Alternative wird hier im Vorschlag zur Differenzierung des Abiturs in zwei voneinander unabhängige Abschlußprüfungen angeboten (vgl. LEMPP 1976): in das Abitur I nach der 12. Klasse als dem Ausweis allgemeiner Hochschulreife und in das Abitur II, das nach Abschluß der Klasse 13 eine studiengangbezogene Prüfung darstellt. Dieses Abitur II – das im Vergleich zum Abitur I genauer ein Aditur wäre – könnte in der Klasse 13 als einer Art Vorstudienklasse vorbereitet werden, so daß die Grundlagen der für einen bestimmten Studiengang erforderlichen Kenntnisse und Fertigkeiten noch auf dem Gymnasium geschaffen würden, ohne aber damit die gesamte Oberstufe in ein unmittelbares Bezugsverhältnis zur Hochschule zu setzen.

HERRLITZ, H.-G.: Studium als Standesprivileg. Die Entstehung des Maturitätsproblems. Lehrplan- und gesellschaftsgeschichtliche Untersuchungen, Frankfurt/M. 1973. HINRICHSEN, K.: Aktive Qualifikation beim Hochschulzugang zu den Engpaßfächern („Abitur plus"). In: FLITNER, A. (Hg.): Der Numerus clausus und seine Folgen. Auswirkungen auf die Schüler, die Schule, die Bildungspolitik – Analysen und Gegenvorschläge, Stuttgart 1976, S. 108 ff. HOPF, D.: Zensuren und Tests zur Hochschulauswahl. In: FLITNER, A. (Hg.): Der Numerus clausus und seine Folgen, Stuttgart 1976, S. 100 ff. LEMPP, R.: Das 13. Schuljahr als Zugangsklasse. Neuvorschlag für Abitur I und II. In: FLITNER, A. (Hg.): Der Numerus clausus und seine Folgen, Stuttgart 1976, S. 116 ff.

Arnim Kaiser

Allgemeinbildung – Berufsbildung

Geschichtliches. Die Unterscheidung zwischen Allgemeinbildung und Berufsbildung ist der Sache nach bereits in der antiken griechischen Pädagogik getroffen worden, geht von da in die römische Welt und in die christliche Tradition ein und in zahlreichen Wandlungen und Neubestimmungen auf die Neuzeit über. Mit dem Auftreten der Sophisten seit der Mitte des 5. Jahrhunderts v. Chr. entstand ein fester Zusammenhang von Disziplinen, die in dieser Zusammengehörigkeit das allgemeinübliche Wissen und Können des freien Mannes ausmachten. Nach der bis ins mittlere Jugendalter reichenden Elementarbildung kam es den Freien im späten Jugend- und frühen Erwachsenenalter zu, sich eine Zeitlang den „freien Künsten" (der *enkyklios paideia*, den *artes liberales*) zu widmen, im Studium von Arithmetik, Geometrie, Astronomie und Musik(theorie), von Grammatik, Rhetorik und Dialektik (zunächst: Disputierkunst) für das gemeinsame öffentliche Leben tüchtig zu werden. Mit diesen Disziplinen befaßte man sich ausdrücklich um der „Bildung" willen. Dem allgemein orientierenden „bildenden" Lernen war die Vorbereitung auf eine einzelne Fachtüchtigkeit entgegengestellt, die als bloß besondere, auf ein Gewerbe gerichtete, für „banausisch" gehalten wurde. Andererseits konnte sich jedoch auch das höhere Spezialistentum – des Arztes, Redners und Architekten – dadurch Anerkennung verschaffen, daß es den umfassenden Kenntnis- und Urteilshorizont der Allgemeinbildung voraussetzte.

Bei manchen Denkern des Altertums blieb der pädagogische Sinn einer allgemeinbildenden Beschäftigung mit den sogenannten freien Künsten trotz verbreiteter Anerkennung umstritten. Eine Fülle von Argumenten gegen die Allgemeinbildung trägt insbesondere Seneca (4 v. – 65 n. Chr.) in seinem 88. Brief an Lucilius zu einer vernichtenden Kritik zusammen (vgl. SENECA 1949, S. 411 ff.): Alle diese Disziplinen verbleiben in Wirklichkeit in ihrem speziellen Sachhorizont und erreichen nicht, worum es dem Menschen zu tun sein müßte. Das philologisch-historische Sprachstudium bleibt gelehrsame Sprachpflege, die aus eigenen Mitteln Wesentliches nicht von Unwesentlichem zu unterscheiden vermag, noch das Urteil über Wert oder Unwert der in der Dichtung dargestellten Taten und Ereignisse anleitet. Die Zuwendung zur musikalischen Harmonielehre läßt das erforderliche Streben nach Einstimmigkeit der eigenen Grundsätze ganz unberührt. Die mathematischen Meß- und Rechenkünste leisten für sich genommen eher dem Gewinnstreben Vorschub. Das Ermessen seiner mitmenschlichen Aufgabe lehren sie sowenig wie die Einschätzung menschlicher Größe und das Innehalten des geraden Lebenswegs. Astronomische Kenntnisse schützen nicht vor astrologischem Aberglauben. Die „freien Künste" verdienen diesen Namen nicht; denn sie machen den Menschen nicht frei, sondern verraten ihn an das ihm Fremde, anstatt ihn auf seine eigenste Aufgabe, auf das besonnene Leben (virtus), zu verweisen. Allenfalls zur Vorbereitung des Geistes, um ihn für das Bedenken der wesentlichen Fragen tauglich zu machen, haben sie einen gewissen Wert. Notwendig sind sie in der eingespielten Zusammenstellung nicht einmal dafür, weil kein Lernen des einzelnen zwingend zum allein bildenden Philosophieren hinführt. Und obendrein trügen die Fächer der Allgemeinbildung den Nimbus der reinen Geistbezogenheit völlig zu Unrecht. Aufs Geld gehen sie alle aus, um Erwerbskünste handele es sich auch bei ihnen. Die Begründung eines Vorrangs der Allgemeinbildung über die Berufsbildung aus der Überzeugung der Zweckfreiheit von Allgemeinbildung ist damit unterminiert. Höhere gelehrte Spezialkenntnisse und das Aufgehen im Beruf sind im Grunde trotz unterschiedlicher sozialer Anerkennung von gebildeter Menschlichkeit gleich weit entfernt (vgl. STÜCKELBERGER 1965).

Die neuzeitliche Disjunktion zwischen allgemeiner und beruflicher Bildung ist bis in die Gegenwart von den Konzeptionen des ausgehenden 18. und frühen 19. Jahrhunderts bestimmt, die deutsche wesentlich durch W. v. Humboldt. Gegen die aufklärungspädagogische Ineinssetzung von Bildung und Brauchbarkeit, Menschenbildung und Ertüchtigung für den gesellschaftlich vorgegebenen ständischen Beruf wird im Neuhumanismus die Differenz zwischen einer rein auf die Menschlichkeit abzielenden, allgemeinen und einer besonderen beruflichen Bildung scharf betont und von Humboldt als Grundsatz in die Reorganisation des Schulwesens eingebracht. Die Allgemeinbildung erhält den zeitlichen und sachlichen Vorrang. Sie soll gewährleisten, daß jeder Mensch in seiner unverfälschten Eigentümlichkeit hervortritt, fähig zur Selbstbestimmung und zur Gestaltung der Welt und der menschlichen Verhältnisse nach der Maßgabe von Vernunft und Einbildungskraft. Unter dieser Voraussetzung wird die Gefahr der Vereinseitigung und Selbstentfremdung gebannt, die in jedem speziellen Beruf liegt. Wahl und Wechsel des Berufs werden durch die Möglichkeit der Distanzierung von dem, „was das Bedürfnis des Lebens oder eines einzelnen seiner Gewerbe erheischt" (v. HUMBOLDT 1920, S. 276), gesichert. Die Berufsstruktur selber würde sich auf Dauer wandeln, weil die vorgängige, auf „vollständige Einsicht der streng aufgezählten Gründe" (v. HUMBOLDT 1920, S. 277) einer Kenntnis oder Fertigkeit abzielende Allgemeinbildung auch in die Berufstätigkeit die „Geschicklichkeit und die Freiheit" hineintragen würde, „Erweiterungen und Verbesserungen vorzunehmen" (v. HUMBOLDT 1903, S. 206), die Nötigung zu mechanischer Nachahmung und zur Anwendung unverstandener Resultate mehr und mehr entfiele. Die Differenzierung von Allgemeinbildung und Berufsbildung erfolgt also bei Humboldt durchaus nicht im Sinne einer grundsätzlichen Abwertung spezialisierter Berufstätigkeit, sondern deshalb, um diese zu „humanisieren", ihr den entfremdenden Zwangscharakter zu nehmen. Gegen die Intention der Reform setzte sich jedoch im Schulwesen des 19. Jahrhunderts weder eine in der sozialen Funktion allgemeine und den Inhalten rein bildende Allgemeinbildung durch, noch kam es zu dem erstrebten Ergänzungsverhältnis von Allgemeinbildung und Berufsbildung. „Aus der allseitigen Kraftbildung" (die nach Humboldt an

Sprache, Mathematik und Kunst erfolgen sollte) „wird eine allseitige Sachbildung [...] Die allgemeinbildende Schule mit ihrer materialisierten Auffassung allgemeiner Bildung kapselte sich von dem beruflichen Bildungswesen nahezu perfekt ab und kultivierte gerade diese Trennung [...] als entscheidenden Vorzug" (MENZE 1977, S. 86). Berufsvorbereitung geriet weithin aus dem pädagogischen Blickfeld und wurde der Eigenläufigkeit der ökonomischen Entwicklung überlassen. Erst zu Beginn des 20. Jahrhunderts gelang ihre Wiedereinholung in den pädagogischen Gesichtskreis, insbesondere durch Kerschensteiners Reklamation der allgemein sittlich und staatsbürgerlich bildenden Bedeutung der Berufserziehung (vgl. BLANKERTZ 1969, S. 148 ff.).

Zur gegenwärtigen Problemlage. Die Rechtmäßigkeit einer pädagogisch begründeten Unterscheidung zwischen Allgemeinbildung und Berufsbildung ist heute fraglich geworden. Die radikalste theoretische Position ist durch BLANKERTZ (1963, S. 121) auf die Formel gebracht worden, daß „die Wahrheit der Allgemeinbildung in besonderer oder beruflicher Bildung" bestehe, womit auch ein bloß gleichwertiges Neben- und Nacheinander überwunden wäre. Der dahin führende Gedankengang greift auf Hegels These zurück, daß allein in der bildenden Arbeit am Besonderen das unselbständige, knechtische Bewußtsein zum selbständigen Bewußtsein zu werden vermag. Bildung ist demzufolge grundsätzlich eine inhaltlich verbesonderte. Der „allgemeine" pädagogische Gesichtspunkt fordert nicht eine ohnehin unglaubwürdige, von jeder beruflichen und gesellschaftlichen Funktion abgetrennte „Allgemeinbildung", sondern die Ermöglichung von Mündigkeit, von „Urteil und Kritik" im Lernen spezieller fachlicher Inhalte. Mit der Wissenschaftsabhängigkeit der Arbeitsvollzüge in der modernen Gesell-

schaft entfällt auch ein prinzipieller Unterschied zwischen einer höheren gelehrten, durch „vollständige Einsicht in die Gründe" definierten Bildung und einer Berufsbildung, die darauf verzichten könnte. Eine auf „Fertigkeiten zur Anwendung" (v. Humboldt) eingeschränkte Berufsbildung ist zwar heute noch möglich, nicht aber aus einer vorgegebenen, undurchsichtigen Berufsstruktur gleichsam automatisch gefordert. Andererseits gerät bei fortlaufender Differenzierung der Wissenschaft die am Gedanken wissenschaftlicher Gründlichkeit orientierte, gelehrte „Allgemeinbildung" von sich aus in die Nötigung zur Spezialisierung. Schulorganisatorisch ergibt sich daraus, auf der Ebene der Sekundarstufe II, die Legitimation zur Integration von unmittelbar berufsvorbereitenden und studieneröffnenden Bildungsgängen, zumal dann, wenn das Festhalten an getrennten Institutionen Privilegierungen auf der einen, Chancenminderung auf der anderen Seite mit sich bringt, für die ein pädagogischer Grund fehlt. Stillschweigend vorausgesetzt ist dabei, daß den berufsfeldbezogenen Bildungsgängen eine weit angelegte vorberufliche, in die wesentlichen Kulturbereiche einführende, gemeinsame Grundbildung auf der Sekundarstufe I vorangeht, die den einzelnen überhaupt erst dazu befähigt, Schwerpunkte als zugleich ihm individuell zukommende Aufgaben zu wählen (vgl. BLANKERTZ 1963).

Das pädagogisch zentrale Problem der inhaltlich in berufsvorbereitende Spezialisierung mündenden, den Gegensatz von Allgemeinbildung und Berufsbildung „aufhebenden" Bildung bleibt die Frage, ob es gelingt, in der ausschließlichen Hinwendung zum Besonderen das Aufgehen darin zu verhindern. Wenn eine das Ganze umspannende, alles in einen einsichtigen Zusammenhang einordnende zentrale Disziplin heute unmöglich geworden ist und wenn auch gerade verhindert werden soll, an ihre

Stelle weltanschauliche Surrogate treten zu lassen, die die Funktion einer das Besondere übersteigenden Sinnorientierung etwa an „die" Gesellschaft oder die Wissenschaftsentwicklung abgeben, wenn andererseits diese Sinnorientierung im ganzen als Problem unabweislich ist und sich weder durch einzelwissenschaftliches Erkennen-Lernen noch durch eine immanente Tendenz zur Interdisziplinarität und beruflichen Entspezialisierung erledigt, dann dürfte um der Bildung willen das Philosophieren als eine auch „material" eigenständige Aufgabe geboten sein (vgl. FISCHER 1979). In der die methodische Richtigkeit und Zweckmäßigkeit übersteigenden Frage nach der Wahrheit im ganzen wird der junge Mensch erst in einem fundamentalen Sinne vereinzelt und zur Selbständigkeit im Denken aufgerufen, ein Denken, das über allgemeine und besondere Qualifikationen hinaus zu beunruhigen, zu binden und zu verbinden vermag, ohne absoluter Antworten zu bedürfen oder mächtig zu sein.

BLANKERTZ, H.: Berufsbildung und Utilitarismus, Düsseldorf 1963. BLANKERTZ, H.: Bildung im Zeitalter der großen Industrie. Pädagogik, Schule und Berufsbildung im 19. Jahrhundert, Hannover 1969. FISCHER, W.: Die berufliche Bildung vor dem Anspruch allgemeiner Menschenbildung. In: Z. f. P. 25 (1979), S. 807 ff. HUMBOLDT, W. v.: Bericht der Sektion des Kultus und Unterrichts (1. Dezember 1809). Gesammelte Schriften, hg. v. der Königlich Preußischen Akademie der Wissenschaften, Bd. 10, Berlin 1903, S. 199 ff. HUMBOLDT, W. v.: Generalverwaltungsberichte für den Kultus und öffentlichen Unterricht. Der Königsberger und litauische Schulplan. Gesammelte Schriften, hg. v. der Königlich Preußischen Akademie der Wissenschaften, Bd. 13, Berlin 1920, S. 259 ff. KÜHNERT, F.: Allgemeinbildung und Fachbildung in der Antike, Berlin 1961. MENZE, C.: Die Bildungsreform Wilhelm von Humboldts, Hannover/Dortmund/Darmstadt/Berlin 1975. MENZE, C.: Zur Entstehung der Diskussion von allgemeiner und beruflicher Bildung und ihrer Auswirkungen auf die Bildungsorganisation. In: Vjs. f. w. P. 53 (1977), S. 75 ff. SENECA: Ad Lucilium epistulae morales, hg. v. A. Beltrami, Bd. 1, Rom 1949. STÜCKELBERGER, A.: Senecas 88. Brief, Heidelberg 1965.

Jörg Ruhloff

Äquivalenz (Lerninhalte)

Schulische Bildungsgänge werden formal durch Eingangsvoraussetzungen, Abschlüsse und Lerninhalte (in Form von Fächern, Kursfolgen und Kursen) beschrieben. Obwohl Eingangsvoraussetzungen und Abschlüsse zweifellos Hinweise für die Auswahl von Lerninhalten geben, sind diese doch keineswegs durch jene festgelegt. Dies aus zwei Gründen: Zum einen sind Eingangsvoraussetzungen und Abschlüsse inhaltlich nicht präzise beschreibbar. Selbst bei relativ eng gefaßten beruflichen Bildungsgängen der Sekundarstufe II können die betrieblichen Qualifikationsanforderungen nur ungenau beschrieben werden, es bleibt also für die Festlegung und Interpretation der Anforderungen in berufli-

chen Abschlußprüfungen einiger Spielraum. Zum anderen lassen aber auch präzise Angaben von Abschlußanforderungen keine logischen Schlüsse auf Lerninhalte zu.

Die Entscheidung über die Lerninhalte eines Bildungsganges erfolgt demnach innerhalb mehr oder weniger breiter Entscheidungsräume. Bei der Planung eines Bildungsganges können, um ein bestimmtes Ziel zu erreichen, unterschiedliche Lerninhalte ausgewählt und auf das Ziel hin ausgelegt werden. Umgekehrt können in bestehenden Bildungsgängen äquivalente Lerninhalte identifiziert werden: „Äquivalenz liegt vor, wenn die Kurse zwar nicht stofflich identisch sind, der vollzogene Lernprozeß in einem bestimmten Teil des Bildungsganges aber als gleichwertig mit stofflich anders ausgerichteten Lernprozessen gelten kann. Solche Äquivalenzen sind daher nicht einfach aus Lehrplänen und Ausbildungsordnungen abzulesen. Es bedarf dazu der Erarbeitung von Grob- und Feinlernzielen (nicht nur im kognitiven, sondern auch im affektiven und psychomotorischen Bereich) und insbesondere der Erforschung der Transferwirkungen von Lernprozessen" (PETRY 1974, S. A 71). Die Erzeugung oder Identifikation äquivalenter Bildungsgangteile, die in unterschiedlichen Bildungsgängen, bezogen auf die Abschlußqualifikation, den gleichen Wert haben, wird in der gymnasialen Oberstufe traditionell zur Freigabe der Wahl zwischen äquivalenten Lerninhalten für die Schüler genutzt. Im beruflichen Schulwesen sind Wahlmöglichkeiten innerhalb von bestimmten Bildungsgängen kaum vorgesehen. Für die integrierte Sekundarstufe II stellen Äquivalenz und Polyvalenz von Lerninhalten Möglichkeiten zur Verzahnung unterschiedlicher Bildungsgänge dar.

Äquivalenz von Lerninhalten in der gymnasialen Oberstufe. Das Ziel aller Bildungsgänge der gymnasialen Oberstufe ist die allgemeine Hochschulreife. Sie wird über die Erfüllung von Mindestanforderungen in drei Aufgabenfeldern sowie den Fächern Religion und Sport und über die Erfüllung gehobener Anforderungen in zwei bis drei wissenschaftlichen Fächern definiert.

Die Anerkennung der Äquivalenz unterschiedlicher Lerninhalte in bezug auf die allgemeine Hochschulreife wurde bereits 1900 mit der Vergabe des Rechts auf Abnahme von Reifeprüfungen an Realgymnasien und Oberrealschulen vollzogen, das bis dahin allein den Gymnasien zustand. Danach war es möglich, die allgemeine Hochschulreife ohne Kenntnisse in bestimmten Fächern (Griechisch und Latein) zu erwerben. Andere Fächer (Naturwissenschaften und neue Fremdsprachen) wurden als

Äquivalente anerkannt. Die Äquivalenz der neuen Fächer bedeutete keinesfalls, daß die drei Bildungsgänge (Oberrealschule, Realgymnasium und Gymnasium) auf alle Studien material gleich gut vorbereiteten. Jedoch war bereits am Ende des 19. Jahrhunderts kritisiert worden, daß der bestehende humanistische Kanon im Grunde nur die schulische Vorbildung für Juristen, Philologen und Theologen darstelle und die materiale Studienvorbereitung der Ärzte, Naturwissenschaftler und Techniker vernachlässige (vgl. MACH 1896). Insofern stellen die drei gymnasialen Bildungsgänge nach 1900 material unterschiedliche Formen der Studienvorbereitung dar; die Realschulen bereiten besser für Studien an technischen Hochschulen, die Gymnasien besser auf die der Universitäten vor; jedoch wird unterstellt, daß die „allgemeine" Studienvorbereitung weniger davon abhänge, was man lerne, als davon, wie man lerne (vgl. PAULSEN 1912). In seinem Essay über den relativen Bildungswert naturwissenschaftlicher und philologischer Fächer begründet MACH (vgl. 1896), daß wissenschaftspropädeutisches Lernen gerade in den Naturwissenschaften möglich sei und daß Wissenschaftspropädeutik, ausgedrückt durch geistige Übung und die Fähigkeit zum kritischen Urteil, nicht aber positives Faktenwissen das Maß der erreichten Bildung darstelle.

Auch für die heutige gymnasiale Oberstufe gilt das Kriterium der Wissenschaftspropädeutik. Gegenüber der großen Zahl spezialisierter Wissenschaften, die gemäß diesem Kriterium als Leitdisziplinen für Unterrichtsfächer oder -kurse herangezogen werden könnten, ist jedoch das Kriterium für die Äquivalenz von Lerninhalten verschärft worden: Lerninhalte sollen nur jeweils innerhalb eines Aufgabenfeldes gegeneinander verrechnet werden dürfen. Jedes Aufgabenfeld repräsentiert jeweils einen besonderen Bereich menschlichen Lebens: die Sprache und Kunst, die Gesellschaft und die Natur. Diese drei Bereiche sind für die Genese der Person eines jeden Menschen unverzichtbar; insofern müssen in jedem Aufgabenfeld Mindestbedingungen des Lernens erfüllt werden. Innerhalb des einzelnen Aufgabenfeldes jedoch kann grundsätzlich jeder zugeordnete Kurs der Aufgabenstellung des Feldes genügen, indem er die fachspezifischen Denkweisen und Methoden exemplarisch für das Aufgabenfeld vermittelt. „Gleichwertig sind die Fächer deswegen, weil sie im Hinblick auf die Studierfähigkeit gleich berechtigen. Das ist deswegen anzunehmen, weil sie über Anteile (Begriffe, Methoden, Regeln) verfügen, die ausnahmslos wissenschaftsorientiert sind und wissenschaftspropädeutisch fungieren, so daß sie Übertragungen auf auf andere Lernsituationen (Transfer) zulassen" (FLÖSSNER u. a. 1977, S. 37). Das Äquivalenzkriterium müßte demnach für jeden Kurs beziehungsweise jede Kursfolge der gymnasialen Oberstufe über die Didaktik des jeweiligen Aufgabenfeldes entfaltet werden. Solange das nicht geleistet ist, ist die Äquivalenz der Kurse und Fächer ein formales Kriterium, das die Anrechnung der belegten Kurse für die Abschlußqualifikation sichert.

Äquivalenz der Lerninhalte im beruflichen Schulwesen. Die Bildungsgänge des beruflichen Schulwesens sind weitgehend parallel zueinander entwickelt und dabei gegeneinander abgegrenzt worden. Verzahnungen beruflicher Bildungsgänge untereinander gelingen in der Regel nur über den Nachweis identischer Lerninhalte in unterschiedlichen Bildungsgängen. Auch die Äquivalenz zwischen dem Berufsgrundbildungsjahr und dem ersten Jahr einer betrieblichen Ausbildung wird nicht über die Äquivalenz von Lerninhalten begründet; statt dessen wird die Gleichwertigkeit schulischer und betrieblicher Ausbildung über die Auswahl und den Nachweis identischer Lerninhalte in beiden Bildungsgängen hergestellt. Jede Abweichung der Lerninhalte untereinander gefährdet die Anerkennung der Gleichwertigkeit.

Äquivalenz der Lerninhalte in der integrierten Sekundarstufe II. Eine Integration der Sekundarstufe II ist nur dann denkbar, wenn die Lerninhalte der berufs- und studienqualifizierenden Bildungsgänge nicht grundsätzlich verschieden sind. Die curriculare Integration, ausgedrückt in (teilweise) gemeinsamen Lehrplänen und Kursprogrammen, muß nicht allein über den Nachweis identischer Lerninhalte (Polyvalenz) geführt werden. „Die von Gutachtern für den Deutschen Bildungsrat unternommene ‚Darstellung ausgewählter beruflicher Bildungsgänge und deren Analyse hinsichtlich des Erreichens allgemeiner Lernziele' hat ergeben, daß es möglich ist, in beruflichen Bildungsgängen neben den fachlich-inhaltlichen Lernzielen die fachlich-prozessualen und allgemeinen Lernziele aufzuzeigen bzw. berufliche Inhalte so zu vermitteln, daß dabei allgemeine Lernziele vermittelt werden. Entsprechend sind die Bildungsgänge aller beruflichen Vollzeitschulen und die Lehrpläne der gymnasialen Oberstufe daraufhin zu analysieren, welche allgemeinen Lernziele, welche fachlichen und welche berufsrelevanten Lernziele dort vermittelt werden" (PETRY 1974, S. A 71).

Da die gymnasialen Bildungsgänge einen erheblichen Variantenreichtum aufweisen, der über Äquivalenzkriterien (Wissenschaftsorientierung aller Lerninhalte, Zuordnung von Lerninhalten zu Aufgabenfeldern) strukturiert und begrenzt ist, können einzelne in Kursen oder Kursfolgen organisierte Lerninhalte berufsqualifizierender Bildungsgänge curricular so ausgelegt werden, daß sie den Äquivalenzkriterien der gymnasialen Oberstufe genügen. Damit ist es möglich, den Schülern unterschiedlich strukturierte, aber äquivalente Kurse zur Wahl anzubieten. Jedoch müssen solche Äquivalenzen auch formal abgesichert sein, indem die mit den Kursen akkumulativ zu erwerbenden Berechtigungen explizit benannt werden. In diesem Sinn können äquivalente Kursangebote die vertikale Durchlässigkeit und Doppelqualifikation in der integrierten Sekundarstufe II sichern. Sind jedoch Äquivalenzen zwischen berufsqualifizierend und studienbezogen ausgelegten Lerninhalten curricular ausgewiesen und über Transferwirkungen von Lernprozessen begründet, dann sollte es auch möglich sein, die Äquivalenz von Lerninhalten unterschiedlicher berufsqualifizierender Bildungsgänge auszuweisen und die horizontale Durchlässigkeit berufsqualifizierender Bildungsgänge in der integrierten Sekundarstufe II zu verbessern.

FLÖSSNER, W. u. a.: Theorie: Oberstufe, Braunschweig 1977. MACH, E.: Über den relativen Bildungswert der philologischen und der mathematisch-naturwissenschaftlichen Unterrichtsfächer der höheren Schulen. In: MACH, E.: Populärwissenschaftliche Vorlesungen, Leipzig 1896, S. 305 ff. PAULSEN, F.: Das Prinzip der Gleichwertigkeit der drei Formen der höheren Schule. Gesammelte pädagogische Abhandlungen, hg. v. E. Spranger, Stuttgart/Berlin 1912, S. 262 ff. PETRY, L.: Zum Aufbau eines Qualifikationssystems in der Sekundarstufe II. In: DEUTSCHER BILDUNGSRAT: Zur Neuordnung der Sekundarstufe II. Konzept für eine Verbindung von allgemeinem und beruflichem Lernen. Empfehlungen der Bildungskommission, Stuttgart 1974, S. A 66 ff.

Barbara Schenk

Arbeitsmarkt-/Berufsforschung

Begriff. Arbeitsmarkt- und Berufsforschung als eigene Wissenschaftsdisziplin hat seit Ende der 60er Jahre methodisch, theoretisch und empirisch eigenständige Ansätze, Betrachtungsweisen und Antworten entwickelt. Ausdruck dafür sind auch die an mehreren Hochschulen bestehenden Lehrstühle für dieses Fach. Arbeitsmarkt- und Berufsforschung ist die methodische Untersuchung zurückliegender Entwicklungen und gegenwärtiger Gegebenheiten sowie die Abschätzung künftiger Tendenzen auf dem Arbeitsmarkt. Dazu gehört die Untersuchung und Beurteilung der Ursachen für die festgestellten Veränderungen, der Bedingungen, unter denen Arbeitsmarktvorgänge sich vollziehen, und der Einflußgrößen, die auf diese Vorgänge einwirken. Das schließt die Untersuchung der Berufstätigkeiten und auch die Berücksichtigung der Berufsbildung ein. *Arbeitsmarktforschung* hat sich als Teilgebiet der theoretischen Volkswirtschaftslehre und der Theorie der Wirtschaftspolitik entwickelt, in engem Zusammenhang mit Fragestellungen der Konjunktur-, Beschäftigungs-, Einkommens- und Wachstumstheorie. Die Betrachtung von Zuständen (Strukturen) und Vorgängen (Prozessen) auf dem Arbeitsmarkt und auf Teilarbeitsmärkten führt auch zu wirtschaftspolitisch und sozialpolitisch begründeten Forschungsaufgaben, ergänzt durch soziologische und technologische Fragestellungen. Insbesondere werden untersucht die quantitativen und qualitativen Bestimmungsgrößen des Arbeitskräfteangebots und der Arbeitskräftenachfrage in Gleichgewichts- und in Ungleichgewichtssituationen sowie die etwaigen Möglichkeiten für die Erlangung des Gleichgewichts zwischen Angebot und Nachfrage auf den jeweiligen Arbeitsmärkten. Erarbeitet werden auch kurzfristige, mittelfristige und langfristige Vorausschätzungen für den Gesamtarbeitsmarkt oder für Teilarbeitsmärkte. *Berufsforschung,* im Sinne einer aus der allgemeinen Berufskunde entwickelten umfassenden „Berufswissenschaft" betrieben, müßte Forschungen auf sehr vielen verschiedenen Wissenschaftsgebieten umfassen. Im Rahmen der Arbeitsmarkt- und Berufsforschung wird aber die Entwicklung des einzelnen Berufes, entsprechend der übergeordneten Zielsetzung der Arbeitsmarktforschung, im Zusammenhang mit dem Zustand und der Entwicklung des Gesamtarbeitsmarktes gesehen. Diese arbeitsmarktorientierte Berufsforschung untersucht und beurteilt das Verhältnis, in dem die verschiedenen Gruppen von Arbeitskräften zueinander und zur Gesamtheit der Beschäftigten stehen, und die Ursachen, Formen und Auswirkungen der dabei festgestellten Veränderungen. Sie ermittelt Arbeitsmarktungleichgewichte nach Ausbildungskategorien und Regionen und erörtert die gegenseitigen Anpassungsmöglichkeiten der Arbeitskräfte und der Arbeitsplätze. Die Berufsforschung beschäftigt sich mit den beruflichen Tätigkeiten und ihren Zugangsmöglichkeiten mittels der Berufsstruktur- und der Berufsprozeßforschung im Hinblick auf Berufsinhalte und Berufsverwandtschaften auf Arbeitsmärkten der Vergangenheit, der Gegenwart und der Zukunft. Dabei kommt der *Flexibilitätsforschung,* die die Mobilität und die Substitution auf Arbeitsmärkten untersucht, in Verbindung mit der Bildungs- und Berufsbildungsforschung eine besondere Bedeutung zu.

Aufgaben und Problemstellungen. Nach der Definition des Arbeitsförderungsgesetzes (AFG), das der Bundesanstalt für Arbeit (BA) den Auftrag erteilt, Arbeitsmarkt- und Berufsforschung zu betreiben, handelt es sich darum, „Umfang und Art der Beschäftigung sowie Lage und Entwicklung des Arbeitsmarktes, der Berufe und der beruflichen Bildungsmöglichkeiten im allgemeinen und in den einzelnen Wirtschaftszweigen und Wirtschaftsgebieten, auch nach der sozialen Struktur, zu beobachten [und] zu untersuchen", ergänzt um den für die BA geltenden Auftrag, die Ergebnisse für die anderen Aufgaben der BA auszuwerten. Dies ist auch der weite Rahmen für die Forschungstätigkeit des Instituts für Arbeitsmarkt- und Berufsforschung (IAB) der Bundesanstalt für Arbeit.

Die *Problemfelder* der Arbeitsmarkt- und Berufsforschung ergeben sich anschaulich aus einer Auffächerung und Konkretisierung des gesetzlichen Forschungsauftrages, der zu folgenden Arbeitsgebieten des IAB geführt hat:

– Analyse der längerfristigen Zusammenhänge zwischen Bevölkerungsentwicklung, Wirtschaftswachstum und Arbeitsmarkt,
– Untersuchung des Wandels der sektoralen, beruflichen und regionalen Beschäftigungsstrukturen,
– kurzfristige Arbeitsmarktanalyse, Konjunkturforschung unter besonderer Berücksichtigung des Arbeitsmarktes,
– Arbeitszeitforschung,
– Beobachtung und Analyse der technischen Entwicklung und ihrer Auswirkungen auf den Arbeitsmarkt,
– Forschung über Berufsinhalte, Berufsverwandtschaften und Berufserfordernisse und deren Veränderungen,
– Untersuchungen über Ausbildungs- und Berufsverläufe,
– Arbeiten über die Flexibilitäten am Arbeitsmarkt,
– Qualifikationsforschung,
– Arbeiten über Probleme der Klassifikationen und Systematiken,
– Untersuchungen über Methoden und Aussagen arbeitsmarktstatistischer Forschungsgrundlagen, statistische Analyse und Methodenentwicklung, Ökonometrie,
– Entwicklung von Arbeitsmarktmodellen unter Berücksichtigung prognostischer Verfahren und Verfahren der Substitutionsforschung,
– Regionalaspekte des Arbeitsmarktes,
– Forschungen zu Fragen des interna-

tionalen Arbeitsmarktes, Arbeitskräftewanderungen, Arbeitsmarktvergleiche, Auswirkungen der internationalen Arbeitsteilung,
– Untersuchungen über besondere Probleme einzelner Personengruppen am Arbeitsmarkt.

Ziel der Arbeitsmarkt- und Berufsforschung ist die Bereitstellung von Informationen für den einzelnen, damit er seine Entscheidungen bei der Ausbildungs- und Berufswahl und bei der dauernden beruflichen Anpassung rational vollziehen kann, sodann für die Arbeitsmarktpolitik zur Vermeidung künftiger struktureller Ungleichgewichte auf dem Arbeitsmarkt und schließlich auch für die Bildungspolitik. Die *Methoden* der Arbeitsmarkt- und Berufsforschung entstammen vor allem den Wirtschafts- und Sozialwissenschaften. Sie konzentrieren sich auf die mathematisch-statistische Analyse globaler quantitativer Informationen unter Zuhilfenahme der technischen Möglichkeiten der Datenverarbeitung, die Verfahren der Analyse sozialwissenschaftlicher Erhebungsdaten, die Feld- und Einzeluntersuchung, die Literaturanalyse und die kritische Diskussion von herrschenden Urteilen und Vorstellungen. Die Arbeitsmarkt- und Berufsforschung als Wissenschaftszweig beteiligt die Fachrichtungen Volkswirtschaftslehre, Betriebswirtschaftslehre, technische Wissenschaften, analytische Statistik und Soziologie und zieht Ergebnisse der Bildungs- und Berufsbildungsforschung, der Berufspädagogik, der Berufskunde und der Zukunftsforschung heran. Sie greift zurück auf Daten der amtlichen und nichtamtlichen Wirtschafts-, Sozial- und Bildungsstatistik und wertet solche aus, die direkt bei Erwerbspersonen oder in Betrieben erhoben wurden. Die Arbeitsmarkt- und Berufsprognostik steht denselben Schwierigkeiten gegenüber wie jede Prognostik im Bereich der Wirtschafts-, Sozial- und Ingenieurwissenschaften.

Arbeitsmarktforschung wird außer in der Bundesrepublik Deutschland vor allem in den USA, in Großbritannien, Frankreich und Schweden betrieben. Weitere Industrieländer bemühen sich auf Initiative ihrer einschlägigen Regierungsressorts – auch unter Auswertung der in der Bundesrepublik gewonnenen Erfahrungen – um den Aufbau entsprechender Forschungseinrichtungen. Auch in sozialistischen Ländern wird der Arbeitsmarktforschung hoher Wert beigemessen, dort stark geprägt von Aufgaben, die sich aus dem Wirtschaftssystem zentraler Planung und Lenkung ergeben.

Politisches, wirtschaftliches und wissenschaftliches Umfeld. Politische und wirtschaftliche Entwicklungen haben die Akzentuierung der Forschungsansätze seit 1973 entscheidend mitbestimmt: Energiekrise, weltweite wirtschaftliche Rezession, Nachrücken geburtenstarker Jahrgänge in das Erwerbsleben, Beschäftigungskrise. Auch viele Einstellungen, wie zur Quantität und Qualität des Wachstums und zur Rolle der Technologie, haben sich in den letzten Jahren stark verändert. Eine Rückkehr zum früheren hohen Beschäftigungsstand ist nur unter großen Anstrengungen vorstellbar. Auf der Angebotsseite des Arbeitsmarktes vollzieht sich etwa seit Mitte der 60er Jahre ein grundlegender Tendenzwandel. Während zunächst das Angebot an deutschen Erwerbspersonen um rund zwei Millionen zurückging, strömen in den 80er Jahren mit den geburtenstarken Jahrgängen der Nachkriegszeit („Schülerberg") über eine Million mehr Deutsche in das Erwerbsleben als gleichzeitig ausscheiden. Danach wird dann der jetzige Geburtenrückgang zu einer neuen Tendenzwende führen. Die allgemeine wissenschaftliche Diskussion hat sich zugleich auch auf Fragen der Arbeitsmarkttheorie und Arbeitsmarktpolitik verlagert. Diese Verlagerung findet ihren Ausdruck in der Weiterentwicklung der Jahresgutachten des Sachverständigenrates zur Begutachtung der gesamtwirtschaftlichen Entwicklung, in denen beschäftigungspolitische Fragen immer mehr in den Vordergrund rücken, und weiter in den Arbeiten der Kommission für wirtschaftlichen und sozialen Wandel, die 1976/77 das Vollbeschäftigungsziel zu einem primären Ziel erklärt hat. Der in den vergangenen zehn Jahren durch vielfältige Erkenntnisfortschritte bestimmte Wissensstand (Ergebnisse einer zunehmenden Zahl von Untersuchungen, Erhebungen und Gutachten von Forschungsinstituten, Beiräten, Wissenschaftlern und Verbänden) beginnt unüberschaubar zu werden, was auch die Dringlichkeit erhöht, die Ergebnisse der Arbeitsmarkt- und Berufsforschung zusammenzuführen.

BOLLE, M.: Arbeitsmarkttheorie und Arbeitsmarktpolitik, Opladen 1976. BUNDESANSTALT FÜR ARBEIT: Überlegungen II zu einer vorausschauenden Arbeitsmarktpolitik, Nürnberg 1978. BUNDESMINISTER FÜR ARBEIT UND SOZIALORDNUNG: Perspektiven der Arbeitsmarktpolitik, Bonn 1974. ENGELEN-KEFER, U.: Beschäftigungspolitik. Eine problemorientierte Einführung mit einem Kompendium beschäftigungspolitischer Begriffe, Köln 1976. GAGEL, A./JÜLICHER, F.: Arbeitsförderungsgesetz-Kommentar, München 1979. KARR, W.: Arbeitsmarktpolitik. In: ALBERS, W. u. a. (Hg.): Handwörterbuch der Wirtschaftswissenschaften, Bd. 1, Stuttgart/New York/Tübingen/Göttingen/Zürich 1977, S. 292 ff. KOMMISSION FÜR WIRTSCHAFTLICHEN UND SOZIALEN WANDEL: Wirtschaftlicher und sozialer Wandel in der Bundesrepublik Deutschland, Bonn 1976. KÜHLEWIND, G./MERTENS, D.: Die arbeitsmarktpolitischen Strategien im Spiegel der IAB-Forschung. In: MARKMANN, H./SIMMERT, D. B.: Krise der Wirtschaftspolitik, Köln 1978, S. 375 ff. LAMPERT, H. u. a.: Arbeitsmarktpolitik, Stuttgart/New York 1979. MERTENS, D.: Rationale Arbeitsmarktpolitik, Frankfurt/M. 1970. MERTENS, D./KÜHL, J.: Arbeitsmarktpolitik. In: ALBERS, W. u. a. (Hg.): Handwörterbuch der Wirtschaftswissenschaften, Bd. 1, Stuttgart/New York/Tübingen/Göttingen/Zürich 1977, S. 279 ff.

Hermann Joachim Schulze

Arbeitsverwaltung

Geschichtliche Grundlagen und Aufgaben der Arbeitsverwaltung. In der Bundesrepublik Deutschland sind die Aufgaben der öffentlichen Arbeitsvermittlung, der Berufsberatung und Vermittlung beruflicher Ausbildungsstellen, der Förderung der beruflichen Bildung sowie der Arbeitslosenversicherung der Bundesanstalt für Arbeit (BA) mit dem Sitz in Nürnberg gesetzlich übertragen (vgl. Arbeitsförderungsgesetz von 1969). Die BA wurde am 1. Mai 1952 errichtet und knüpft rechtlich, organisatorisch und funktionell an die im Jahre 1927 gegründete Reichsanstalt für Arbeitsvermittlung und Arbeitslosenversicherung an. Sie ist eine Körperschaft des öffentlichen Rechts mit Selbstverwaltung. Ihre Selbstverwaltungsorgane setzen sich zu je einem Drittel aus Vertretern der Arbeitnehmer, der Arbeitgeber und der öffentlichen Körperschaften (Bund, Länder, Gemeindeverbände, Gemeinden) zusammen. Die BA untersteht der Rechtsaufsicht des Bundesministers für Arbeit und Sozialordnung, ihre Entscheidungen im Rahmen der Fachaufgaben unterliegen der Nachprüfung durch die Sozialgerichte. Die Erledigung ihrer Aufgaben ist finanziell durch einen Beitrag gesichert, den Arbeitnehmer und Arbeitgeber je zur Hälfte tragen (je 1,5 % der Bruttoarbeitsentgelte im Rahmen der Beitragsbemessungsgrundlage der gesetzlichen Rentenversicherung); hinzu kommt die verfassungsrechtlich gesicherte Finanzgarantie des Bundes. Die BA versteht sich mit ihren Dienststellen, den Arbeitsämtern, als moderne Dienstleistungseinrichtung, die durch ihre Aufgaben vielfältig mit der Wirtschaft, dem Bildungswesen und den

Einrichtungen der sozialen Sicherung verbunden ist.

Die der Bundesanstalt für Arbeit nach dem Arbeitsförderungsgesetz (AFG) von 1969 übertragenen Aufgaben sind im Rahmen der Sozial- und Wirtschaftspolitik der Bundesregierung darauf auszurichten, daß ein hoher Beschäftigungsstand erzielt und aufrechterhalten, die Beschäftigungsstruktur ständig verbessert und damit das Wachstum der Wirtschaft gefördert wird. Die Maßnahmen nach diesem Gesetz sollen insbesondere dazu beitragen, daß

– weder Arbeitslosigkeit und unterwertige Beschäftigung noch ein Mangel an Arbeitskräften eintreten oder fortdauern,
– die berufliche Beweglichkeit der Erwerbstätigen gesichert und verbessert wird,
– nachteilige Folgen, die sich für die Erwerbstätigen aus der technischen Entwicklung oder aus wirtschaftlichen Strukturwandlungen ergeben können, vermieden, ausgeglichen oder beseitigt werden,
– die berufliche Eingliederung körperlich, geistig oder seelisch Behinderter gefördert wird,
– Frauen, deren Beschäftigung unter den üblichen Bedingungen des Arbeitsmarktes erschwert ist, weil sie verheiratet oder aus anderen Gründen durch häusliche Pflichten gebunden sind oder waren, beruflich eingegliedert werden,
– ältere und andere Erwerbstätige, deren Unterbringung unter den üblichen Bedingungen des Arbeitsmarktes erschwert ist, beruflich eingegliedert werden,
– die Struktur der Beschäftigung nach Gebieten und Wirtschaftszweigen verbessert wird.

Der Bundesanstalt für Arbeit obliegen die Berufsberatung, die Arbeitsvermittlung, die Förderung der beruflichen Bildung (soweit sie ihr im AFG übertragen ist), die Gewährung von berufsfördernden Leistungen zur Rehabilitation (soweit sie ihr in diesem Gesetz übertragen ist), die Gewährung von Leistungen zur Erhaltung und Schaffung von Arbeitsplätzen, die Gewährung von Arbeitslosengeld, die Gewährung von Konkursausfallgeld. Sie hat Arbeitsmarkt- und Berufsforschung zu betreiben. Die Bundesregierung kann ihr durch Rechtsverordnung weitere Aufgaben übertragen, die im Zusammenhang mit ihren Aufgaben nach diesem Gesetz stehen. Im Auftrag und auf Rechnung des Bundes werden die Arbeitslosenhilfe gewährt und die Leistungen nach dem Kindergeldgesetz erbracht. Ihre Aufgaben führt sie im Rahmen der Sozial- und Wirtschaftspolitik der Bundesregierung durch. Diese bestimmt sich wesentlich nach dem Gesetz zur Förderung der Stabilität und des Wachstums der Wirtschaft (StabG) von 1967. Danach wird die Wirtschaftspolitik verpflichtet, die Postulate wirtschaftliches Wachstum, Vollbeschäftigung, Preisstabilität und außenwirtschaftliches Gleichgewicht gleichermaßen zu verwirklichen. Dem Ziel der Vollbeschäftigung ist die BA in erster Linie verpflichtet. Ihre Maßnahmen setzen sowohl auf der Angebots- als auch auf der Bedarfsseite an (Arbeitsmarkt als System von Angebot und Nachfrage).

Organisation und Finanzierung. Die Dienststellen der BA erstrecken sich über das Bundesgebiet einschließlich Berlin (West). Ihre Bezirke sind unter Berücksichtigung wirtschaftlicher Zusammenhänge abgegrenzt. Sie gliedert sich in eine Hauptstelle, neun Landesarbeitsämter und 146 Arbeitsämter (zuzüglich Neben- und Hilfsstellen), denen die unmittelbare Erledigung der Fachaufgaben obliegt. Die Hauptstelle in Nürnberg, zu der auch das Institut für Arbeitsmarkt- und Berufsforschung (IAB) gehört, stellt durch grundsätzliche Weisungen sicher, daß die Aufgaben im gesamten Bundesgebiet sachdienlich und einheitlich erfüllt werden. Als besondere Dienststellen für zentrale und überbezirkliche Aufgaben sind ihr unmittelbar nachgeordnet das Zentralamt und das Vorprüfungsamt in Nürnberg, die Zentralstelle für Arbeitsvermittlung in Frankfurt am Main, die Verwaltungsschulen in Lauf bei Nürnberg (sowie in allen Landesarbeitsamtsbezirken) und die Fachhochschule in Mannheim (Fachbereich Arbeitsverwaltung der Fachhochschule des Bundes für öffentliche Verwaltung). Die Bezirke der Landesarbeitsämter umfassen jeweils ein oder zwei Bundesländer; Bayern ist auf zwei Landesarbeitsamtsbezirke aufgeteilt. Die ehrenamtlichen Mitglieder der Selbstverwaltungsorgane stellen die notwendige enge Verbindung zwischen den Einrichtungen der Bundesanstalt für Arbeit und den Kräften des sozialen und wirtschaftlichen Geschehens her und sichern die praxisnahe Aufgabenerledigung. Bei den Landesarbeitsämtern und Arbeitsämtern bestehen Verwaltungsausschüsse; ihre zentralen Organe sind der Verwaltungsrat mit der Stellung eines Legislativorgans (Satzung, Haushaltsfeststellung, Anordnungsgebung) und der Vorstand als Exekutivorgan. Der Präsident führt die laufenden Verwaltungsgeschäfte. Das Personal (1979 rund 55 000 Mitarbeiter) besteht aus Angestellten mit privatrechtlichem Vertrag und Beamten, das heißt in einem öffentlich-rechtlichen Dienst- und Treueverhältnis stehenden Personen. Als Körperschaft des öffentlichen Rechts hat die Bundesanstalt für Arbeit einen eigenen Haushalt (1979 Einnahmen in Höhe von 17,5 Milliarden DM und Ausgaben in Höhe von 19,7 Milliarden DM). Der Ausgleich erfolgt durch Entnahmen aus der Rücklage oder durch Bundeszuschüsse (1979 mit einem Finanzierungsdefizit von 2,2 Milliarden DM). Der Haushalt ist ein arbeitsmarktpolitischer Programmhaushalt. Der Anteil der Personalkosten am Gesamthaushalt beträgt etwa ein Neuntel.

Arbeitsverwaltung und Arbeitsmarktpolitik. Arbeitsmarktpolitik ist die Summe aller Regelungen, Aktivitäten und Einrichtungen, welche die Beziehungen zwischen Angebot und Nachfrage auf den Arbeitsmärkten außerhalb, zwischen und innerhalb der Betriebe/Verwaltungen beeinflussen sollen. Unter Beschäftigungspolitik werden alle Maßnahmen öffentlicher und privater Institutionen verstanden, die auf Vollauslastung der vorhandenen Arbeits- und auch Ausbildungsplätze sowie auf deren Vermehrung abzielen und die eine möglichst vollwertige Beschäftigung auf einem hohen Stand stabilisieren. Kaum eine Politik kann beschäftigungsneutral gesehen werden. Politikbereiche, die sich am Ziel des hohen Beschäftigungsstandes orientieren müssen, sind außer der Beschäftigungs- und Arbeitsmarktpolitik insbesondere die Wirtschafts-, Sozial-, Bildungs-, aber auch Steuer-, Fiskal- und Notenbankpolitik. Eine aktive, vorausschauende Arbeitsmarktpolitik mit dem Ziel, daß unterwertige Beschäftigung weder eintritt noch fortdauert und sich die Beschäftigungsstruktur ständig verbessert, wird auf gesellschaftspolitische, sozialpolitische und bildungspolitische Ziele verpflichtet und hat zur Selbstverwirklichung des einzelnen durch freie Berufs- und Arbeitswahl, zu einer gerechten Einkommensverteilung und zur Einheitlichkeit der Lebensverhältnisse in der Bundesrepublik Deutschland beizutragen. Seit dem Anwerbestopp gegenüber Drittländern gewinnt die Freizügigkeit innerhalb der Europäischen Gemeinschaft besondere Bedeutung.

Maßnahmen für die Wiedererlangung von Vollbeschäftigung. Arbeitsbeschaffungsmaßnahmen haben sich als Instrument für eine unmittelbar wirkende Verringerung der Arbeitslosigkeit bewährt, auch im Hinblick auf ihre gesamtwirtschaftlichen Auswirkungen. Maßnahmen zur Förderung der Arbeitsaufnahme wurden durch das Programm der Bundesregierung vom November 1976 (Mobilitätszulagen, Umzugskostenzuschüsse, Einrichtungs- wie Eingliederungsbeihilfen) besonders betont und waren für die Vermittlungsarbeit der Arbeitsämter hilfreich (zur Zeit finden – bei 21 Millionen abhängig Beschäftigten – jährlich rund fünf bis sechs zwischenbetriebliche Arbeitsplatzwechsel bzw. Neubesetzungen von Arbeitsplätzen statt; sie sind Ausdruck der laufenden Anpassung des Arbeitskräftepotentials an die längerfristigen Strukturveränderungen in der Wirtschaft). Mit der Förderung der ganzjährigen Beschäftigung in der Bauwirtschaft kann die Winterarbeitslosigkeit im Baugewerbe mit ihren Folgen in Grenzen gehalten werden. Berufsqualifizierende und berufsfördernde Maßnahmen, die den Arbeitsmarkt entlasten und gleichzeitig den gegenwärtigen und langfristigen Qualifikationserfordernissen dienen, sind ein unverzichtbarer Bestandteil vorausschauender Arbeitsmarktpolitik. Im Sinne einer Arbeitsmarktausgleichspolitik kommt Maßnahmen zur Verminderung des Arbeitskräfte- oder Arbeitszeitangebots eine nachrangige Bedeutung zu, allerdings ist die Summe der arbeitsmarktentlastenden Wirkungen der in anderen Politikbereichen zu verantwortenden Maßnahmen nicht unbeträchtlich: etwa die im Bildungsgesamtplan vorgesehene Einführung eines 10. Schuljahres beziehungsweise eines Berufsgrundbildungsjahres, die Verlängerung der bezahlten Mutterschutzfrist, die weitere Senkung des Eintrittsalters in den Ruhestand (auch mit mehr Freiheitsspielraum, wie der Teilruhestand oder andere gleitende Übergangsmöglichkeiten), die Verkürzung und Flexibilisierung der Arbeitszeiten mit unterschiedlichen Auswirkungen (je nachdem, ob die Wochen-, die Jahres- oder die Lebensarbeitszeit verändert wird), Arbeitszeitverkürzung durch Abbau von Überstunden, Kurzarbeit, Übergang zur Teilzeitarbeit. Eine

Schutzpolitik für Arbeitskräfte und Arbeitsplätze beeinflußt zwar nicht das gesamtwirtschaftliche Niveau der Beschäftigung und der Arbeitslosigkeit, trägt aber die Arbeitsmarktrisiken und -chancen aller Erwerbstätigen und jener Personen, die eingestellt werden wollen beziehungsweise entlassen werden sollen. Deshalb gehört eine auf den rechtlichen, wirtschaftlichen, gesundheitlichen und sozialen Schutz von Arbeitskräften und Arbeitsverhältnissen abstellende Politik dazu, zumal sie neben den anderen Aktionsbereichen der Vollbeschäftigungspolitik unmittelbar Einfluß auf die Bewahrung und Verteilung von Arbeitsplätzen hat.

Arbeitsverwaltung und Bildungswesen. Abgesehen von der engen Verzahnung der Entwicklungen und Strukturen von Bildungssystem und Beschäftigungssystem und der daraus resultierenden engen Verbindung der Aktivitäten der Arbeitsverwaltung mit dem Bildungswesen ist die berufliche Bildung als Anforderung der modernen Industriegesellschaft ein Kernpunkt der Arbeitsmarktpolitik. Es gibt ein unabweisbares legitimes Interesse der Arbeitsmarktpolitik an der Förderung beruflicher Bildung, da sonst im Netz sozialer Sicherheit eine wesentliche Lücke klaffen würde. Durch eigene Haushaltmittel oder Mittel des Bundes beteiligt sich die Bundesanstalt für Arbeit in beträchtlichem Umfang an der (individuellen und institutionellen) finanziellen Förderung der beruflichen Bildung. Die Bedeutung von Berufsausbildung und beruflicher Qualifikation für das Beschäftigungsrisiko spiegelt sich zum Beispiel darin wider, daß 1978 mehr als 54 % Ungelernte unter den Arbeitslosen waren; fast 44 % (76 300) der im Laufe des Jahres 1978 in berufliche Bildungsmaßnahmen eingetretenen Personen waren bis dahin arbeitslos. Bis Mitte der 80er Jahre ist es von größter Bedeutung, den geburtenstarken Jahrgängen, die in das Erwerbsleben drängen, eine qualifizierte Berufsausbildung zu ermöglichen. Die Steigerung des Ausbildungsangebotes für insgesamt rund 1,5 Millionen zusätzlicher Absolventen des allgemeinbildenden Schulwesens in Industrie, Handel, Handwerk und bei öffentlichen Beschäftigern sollte mit dem Gesetz zur Förderung des Angebots an Ausbildungsplätzen in der Berufsbildung von 1976 erreicht werden; bis 1980 wurde es nicht angewandt.

AMTL. NACHR. D. BUNDESANST. F. ARB., Nürnberg 1953 ff. Arb. u. Ber. Fachzeitschrift für die Aufgaben der Bundesanstalt für Arbeit, Nürnberg 1975 ff. BUNDESANSTALT F. ARBEIT: Aufgaben und Praxis der Bundesanstalt für Arbeit, Stuttgart 1970 ff. INTERNATIONAL LABOUR OFFICE: Int. Lab. Rev., Genf 1921 ff. KOMMISSION DER EUROPÄISCHEN GEMEINSCHAFTEN: Jahresberichte über die Tätigkeit der Arbeitsverwaltungen der Mitgliedstaaten der Gemeinschaft, Brüssel. KUSTER, F.: Fachkunde für den Dienst beim Arbeitsamt, Stuttgart ⁵1976. MERTENS, D.: Der Arbeitsmarkt als System von Angebot und Nachfrage. In: Mitt. a. d. Arbmarkt.- u. Berfo. 6 (1973), S. 229. PRESSE- UND INFORMATIONSAMT DER BUNDESREGIERUNG: Gesellschaftliche Daten, Bonn 1977. UHLIG, O.: Arbeit – amtlich angeboten, Stuttgart 1970.

Hermann Joachim Schulze

Assistentenausbildung

Assistentenberufe. Die Bezeichnung „Assistent" beschreibt keine einheitliche Gruppe von Berufen. Auf Mitarbeiter in Forschung, Dienstleistung und Produktion angewendet, bezeichnete der Begriff zunächst das Anfangsstadium einer beruflichen Karriere in einer akademisch qualifizierten Position, das der Einarbeitung in die betriebliche Praxis diente. In dieser Form existierte die Berufsbezeichnung „Wissenschaftlicher Assistent" an Hochschulen und verwandten Einrichtungen und die Bezeichnung „Medizinalassistent" im klinischen Bereich.

Als besondere Form werden Assistentenberufe in Bereichen entwickelt, die eine hohe Dichte akademischer Berufsträger aufweisen. Soweit dort heterogene Hilfsfunktionen in größerem Umfang benötigt werden, können sie in den Berufsfunktionen von Assistenten zusammengefaßt werden. Charakteristisches Beispiel sind die Pharmazeutisch-Technischen Assistenten, die als Nachfolger der vorexaminierten Apothekenanwärter zahlreiche Hilfstätigkeiten in den Apotheken übernehmen; ebenso entlasten die Medizinisch-Technischen Assistenten in den Laboratorien der Krankenanstalten, in Untersuchungsämtern und Privatpraxen das ärztliche Personal mit der Durchführung umfangreicher technischer Untersuchungsaufgaben. Die Positionen dieser Assistenten liegen hierarchisch unter denen des akademischen Personals, in die die Assistenten keine Aufstiegsmöglichkeiten haben.

Assistentenberufe sind ferner durch eine gewisse Distanz zum Produktionsbereich beziehungsweise allgemein zu den Arbeitsbereichen qualifizierter Ausbildungsberufe des dualen Systems gekennzeichnet. Denn soweit geeignete Fortbildungsmaßnahmen beziehungsweise die beruflichen Erfahrungen zur Qualifizierung von Facharbeitern für die den Assistententätigkeiten korrespondierenden Hilfsfunktionen ausreichen, besteht kein Bedarf zur Fremdrekrutierung von Assistenten. Daraus erklärt sich, daß etwa im Maschinenbau mit seiner engen Verflechtung von Produktion, Prüffeld, Entwicklung und Forschung das Berufsbild eines Assistenten bisher nicht entwickelt wurde, während die Elektroindustrie und die chemische Industrie Ingenieurassistenten, Elektroassistenten und Chemisch-

Technische Assistenten beschäftigen und auch die pharmazeutische Industrie Pharmazeutisch-Technische Assistenten einsetzt. Jedoch ist das Berufsbild des Chemisch-Technischen Assistenten, abweichend vom allgemeinen Bild der Assistentenberufe, näher an den Tätigkeiten im Produktionsbereich orientiert; seine Aufgaben überschneiden sich mit denen der dual ausgebildeten Chemielaboranten und denen der Chemotechniker. Die Assistentenausbildung ist eine Alternative zur betrieblichen Laborantenausbildung in Mittel- und Kleinbetrieben, soweit diese die Ausbildungsplatzanforderungen für Chemielaboranten nicht mehr erfüllen können. Dort und in öffentlichen Institutionen liegt das Haupttätigkeitsfeld der Chemisch-Technischen Assistenten. Diese Sonderstellung erklärt auch den verhältnismäßig hohen Männeranteil in diesem Beruf (etwa 50 % von 20 000 Chemisch-Technischen Assistenten im Jahre 1979).

Abgesehen von diesem Typ sind die Assistentenberufe in der Regel speziell für Frauen konzipiert; die Ausbildung wird insbesondere Abiturientinnen als Alternative zum Studium angeboten. Vorteilhaft erscheinen hierbei die relativ hochqualifizierte schulische Vorbildung der Abiturientinnen, ihre geringen Aufstiegs- und Einkommenserwartungen und ihre soziale Herkunft, die eine problemarme Zusammenarbeit mit Wissenschaftlern erwarten läßt (vgl. NUBER/ KRINGS 1973, S. 190 ff.). Bei der Entwicklung des Berufsbildes des Pharmazeutisch-Technischen Assistenten hat deshalb der Wissenschaftsrat insbesondere auf die Eignung dieses Berufes für Frauen verwiesen: „Die Ausbildung für Technische Assistenten in den verschiedenen Fachrichtungen wird fast ausschließlich oder ganz überwiegend von Frauen in Anspruch genommen. So setzt sich zum Beispiel die Berufsgruppe der Medizinisch-Technischen Assistenten fast ausschließlich aus Frauen zusammen. [... Es] wird deutlich, daß bei

den Zahlen der Frauen, die die [akademische] pharmazeutische Laufbahn einschlagen, während der Ausbildung und besonders mit dem Eintritt in den Beruf ein erheblicher Schwund eintritt. Auch muß bei Frauen allgemein mit einer stark verkürzten Berufsdauer beziehungsweise Teilbeschäftigung gerechnet werden. Daher ist anzunehmen, daß die Einrichtung eines gegenüber dem wissenschaftlichen Studium kürzeren Ausbildungsganges, der zu einem qualifizierten Abschluß führt, für die weibliche Jugend besonders anziehend wird" (WISSENSCHAFTSRAT 1965, S. 14). Auch die Ausbildung von Mathematisch-Technischen Assistenten in der Großindustrie ist überwiegend Abiturientinnen vorbehalten (vgl. BARTH/NICKLAUS 1974, S. 33). Dasselbe gilt für die betriebliche Ausbildung von Ingenieurassistentinnen und Elektroassistentinnen.

Ausbildungsgänge. Die Berufe „Medizinisch-Technischer Laboratoriumsassistent", „Medizinisch-Technischer Radiologieassistent", „Veterinärmedizinisch-Technischer Assistent" und „Pharmazeutisch-Technischer Assistent" sind durch Bundesgesetze abgesichert. Darüber hinaus hat die Ständige Konferenz der Kultusminister der Länder in der Bundesrepublik Deutschland (KMK) eine generelle Vereinbarung für die Ausbildung und Prüfung Technischer Assistenten getroffen (vgl. KMK 1965). Diese Vereinbarung wird bundesweit angewandt auf die Ausbildung der Chemisch-Technischen Assistenten, Landwirtschaftlich-Technischen Assistenten, Diätassistenten, Elektrotechnischen Assistenten, Physikalisch-Technischen Assistenten und Biologisch-Technischen Assistenten (die Reihenfolge der Auflistung folgt der Zahl der Ausbildungsstätten für die einzelnen Berufe); zum Teil werden auch Wirtschaftsassistenten und Mathematisch-Technische Assistenten gemäß der Vereinbarung der KMK ausgebildet.

Die Ausbildung setzt den erfolgreichen Abschluß der Sekundarstufe I (Klasse 10) voraus; sie erfolgt vollzeitschulisch an staatlich anerkannten oder (seltener) öffentlichen Berufsfachschulen und dauert in der Regel zwei Jahre; hinzu kommt in einzelnen Berufen ein zusätzliches Praktikum. Die Ausbildung kann – je nach Lehranstalt – kostenlos sein oder bis zu 10 000 DM Schulgeld erfordern. Analog zu den Bildungsgängen der Technischen Assistenten werden in Bayern Pädagogische Assistenten für die Arbeit an Grund- und Hauptschulen ausgebildet. Darüber hinaus sind zahlreiche Assistenten-Bildungsgänge mit staatlich anerkannten Abschlüssen eingerichtet, für die häufig nur eine einzige Ausbildungsstätte im gesamten Bundesgebiet existiert (beispielsweise Dokumentationsassistent, Hauswirtschaftlicher Assistent, Metallographisch-Technischer Assistent, Milchwirtschaftlich-Technischer Assistent, Präparationstechnischer Assistent, Technischer Assistent – Fachrichtung Gestaltung, Technischer Assistent für naturkundliche Museen und Forschungsinstitute).

Neue Ausbildungsformen. Für die Integration studienbezogener und berufsqualifizierender Bildungsgänge in der Sekundarstufe II bietet das generelle Berufsbild der Assistenten augenfällige Anknüpfungspunkte, denn die Tätigkeiten von Assistenten erfordern relativ umfangreiche Kenntnisse wissenschaftlicher Methoden und Ergebnisse in Disziplinen, die auch im Unterricht der gymnasialen Oberstufe verankert sind (Mathematik, Physik, Chemie, Biologie). Zugleich erscheint die Orientierung der Assistentenausbildung an wissenschaftlichen Attitüden, wie sie gerade für den fachwissenschaftlich ausgerichteten Unterricht der Sekundarstufe II häufig gefordert wird, funktional im Sinne der Bewältigung der sozialen Arbeitsformen dieser Berufe, die die einsichtige und zuverlässige Durchführung

von Dienstleistungen gemäß den Anordnungen der akademischen Leiter erfordern: „Eine Verknüpfung der sogenannten berufsbezogenen mit den sogenannten studienbezogenen Bildungsgängen ist dann am ehesten möglich, wenn die beruflichen Lerninhalte selbst so wissenschaftspropädeutisch sind, daß an ihnen die für die Studierfähigkeit gewünschten Verhaltensweisen und Attitüden trainiert werden können. Die Vorbereitung auf die Berufsrolle ist dann identisch mit der auf das Studium. Das ist aber nur der Fall bei jenen Berufen, die als theoretische, theoriebetonte oder auch ‚gehobene‘ Berufe bezeichnet werden" (GRÜNER 1974, S. 17).

Entsprechend setzen Modellversuche zur Integration studienbezogener und berufsqualifizierender Bildungsgänge im technischen Bereich, soweit sie eine volle berufliche Qualifikation einbeziehen, gerade bei den Bildungsgängen der Assistenten an. Jedoch spielen für diesen Integrationsversuch neben den didaktischen Überlegungen auch die schulorganisatorisch-rechtlichen Bedingungen eine entscheidende Rolle: Sowohl für die Zuerkennung der Hochschulreife als auch für die Anerkennung des beruflichen Abschlusses sind jeweils die Kultusbehörden zuständig. Die Abstimmung innerhalb dieser Behörden wird darüber hinaus durch die formal weitgehend gleichwertigen Eingangsvoraussetzungen der beiden zu integrierenden Bildungsgänge erleichtert. So sind denn auch keine Integrationsversuche für die Bildungsgänge der Medizinisch- und Pharmazeutisch-Technischen Assistenten bekannt, für deren berufliche Qualifikation die Kultusbehörden nicht zuständig sind.

Am weitesten fortgeschritten ist die Einführung doppeltqualifizierender Assistenten-Bildungsgänge an den Berufskollegs in Baden-Württemberg, die zusammen mit der beruflichen Qualifikation im Rahmen einer sehr begrenzten Zusatzausbildung die Fachhochschulreife vermitteln. Hier wird ebenso wie in Schleswig-Holstein auch im kaufmännischen Bereich eine Assistentenausbildung angeboten, die des Wirtschaftsassistenten. Darüber hinaus werden in Baden-Württemberg in den für die berufliche Ausbildung von Abiturienten geschaffenen Berufsakademien Wirtschaftsassistenten und Ingenieurassistenten als erste Stufe der Ausbildung zum Betriebswirt beziehungsweise Ingenieur ausgebildet. Diese Bildungsgänge werden dual an den Lernorten „Betrieb" und „Berufsakademie" durchgeführt. Sie dauern insgesamt drei Jahre; der Assistenten-Abschluß wird nach zwei Jahren erreicht.

BARTH, D./NICKLAUS, J.: Abitur – und kein Studium, Teil 1. Gutachten und Studien der Bildungskommission des Deutschen Bildungsrates, Bd. 2, Stuttgart 1974. GRÜNER, G.: Facharbeiterschule und Berufliches Gymnasium. Vorschläge für eine Verknüpfung berufs- und studienbezogener Bildungsgänge. In: DEUTSCHER BILDUNGSRAT: Verknüpfung studien- und berufsbezogener Bildungsgänge. Gutachten und Studien der Bildungskommission, Bd. 29, Stuttgart 1974, S. 9 ff. KMK: Rahmenverordnung für die Ausbildung und Prüfung von Technischen Assistenten (Assistentinnen). Beschluß vom 17./18. 12. 1964, Neuwied 1965. NUBER, Ch./ KRINGS, I.: Abiturienten ohne Studium. Möglichkeiten und Grenzen des beruflichen Einsatzes, Frankfurt/M. 1973. WISSENSCHAFTSRAT: Empfehlungen des Wissenschaftsrates für die Ausbildung im Fach Pharmazie, Tübingen 1965.

Barbara Schenk

Aufgabenfelder (Gymnasiale Oberstufe)

Auf der Grundlage der von der Ständigen Konferenz der Kultusminister der Länder in der Bundesrepublik Deutschland (KMK) 1972 beschlossenen „Vereinbarung zur Neugestaltung der gymnasialen Oberstufe in der Sekundarstufe II" wird das Fächerangebot der neugestalteten gymnasialen Oberstufe nach Aufgabenfeldern gegliedert. Der Oberstufenschüler hat im Halbjahr in der Regel zwanzig Kurswochenstunden aus Fächern zu wählen, die den Aufgabenfeldern sowie Sport und Religionslehre zugeordnet sind. Dabei muß der Schüler bestimmten, in der Vereinbarung genannten und in späteren Beschlüssen und den Regelungen der einzelnen Bundesländer näher beschriebenen Mindestbedingungen folgen. In der Regel sind zehn Wochenstunden im Halbjahr im *Wahlbereich*, der der Schwerpunktbildung der Schüler dienen soll, zu belegen. Die Fächer des Wahlbereichs sind ebenfalls den Aufgabenfeldern zugeordnet.

„Die Vereinbarung nennt drei Aufgabenfelder:
– das sprachlich-literarisch-künstlerische,
– das gesellschaftswissenschaftliche,
– das mathematisch-naturwissenschaftlich-technische.
Sport bleibt außerhalb der Aufgabenfelder. Religionslehre wird je nach den Bestimmungen der Länder einem Aufgabenfeld zugeordnet oder bleibt außerhalb der Aufgabenfelder" (KMK 1978, Punkt 2.3.2).
Die einzelnen Bundesländer haben als Fächer des *Pflichtbereichs* zunächst fast alle Kernpflichtfächer, verbindliche Fächer und Wahlpflichtfächer zugelassen, die in der Saarbrücker Rahmenvereinbarung aufgeführt wurden. Unterschiedlich wird das Fach Gemeinschaftskunde behandelt, das in einzelnen Bundesländern in seine Herkunftsfächer: Geschichte, Geographie und Sozialkunde, aufgeteilt ist. Ausgenommen ist in einigen Ländern die Fremdsprache Russisch. Abweichend zur Saarbrücker Rahmenvereinbarung wird bei der Zu-

ordnung des Faches Erdkunde dieses Fach nicht als naturwissenschaftlich, sondern als gesellschaftswissenschaftlich eingestuft. Hinsichtlich der Zulassung weiterer Fächer unterscheiden sich die Bundesländer. Als Beispiel folgt die Zuordnung der Fächer zu den Aufgabenfeldern nach den nordrhein-westfälischen Bestimmungen. Danach werden die in der Oberstufe unterrichteten Fächer wie folgt den Aufgabenfeldern zugeordnet: erstens dem *sprachlich-literarisch-künstlerischen Aufgabenfeld* (Aufgabenfeld I): Deutsch, Musik, Kunst, Englisch, Französisch, Russisch, Spanisch, Niederländisch, Italienisch, Lateinisch, Griechisch, Hebräisch; zweitens dem *gesellschaftswissenschaftlichen Aufgabenfeld* (Aufgabenfeld II): Geschichte, Erdkunde, Philosophie, Sozialwissenschaften mit den Schwerpunkten Soziologie und Wirtschaftswissenschaft, Rechtskunde, Erziehungswissenschaft; drittens dem *mathematisch-naturwissenschaftlich-technischen Aufgabenfeld* (Aufgabenfeld III): Mathematik, Physik, Biologie, Chemie, Hauswirtschaftswissenschaft, Informatik, Technik. Die Unterrichtsfächer Religionslehre, Sport, Psychologie sind keinem Aufgabenfeld zugeordnet (vgl. KULTUSMINISTER DES LANDES NORDRHEIN-WESTFALEN 1979, § 7.1).
Die Problematik solcher Zuordnungen wird dadurch deutlich, daß andere Bundesländer andere Zuordnungen von Fächern zu den Aufgabenfeldern vornehmen: So ist das in Nordrhein-Westfalen keinem Aufgabenfeld zugeordnete Fach Psychologie in Berlin dem gesellschaftswissenschaftlichen Aufgabenfeld zugeordnet; die Fächer Philosophie und Informatik gehören in Nordrhein-Westfalen in die Aufgabenfelder II und III, im Saarland sind sie keinem Aufgabenfeld zugewiesen. Durch diese Beispiele wird deutlich, daß das Konzept der Aufgabenfelder inhaltlich unterschiedlich ausgelegt wird. Die Beschlüsse der KMK liefern nur allgemeine Hinweise, die zur

Klärung unterschiedlicher Auffassungen zu unbestimmt sind: „Die Zuordnung der Fächer zu den Aufgabenfeldern folgt dem Prinzip der Affinität. Fächer, die neu in das schulische Angebot aufgenommen werden sollen, werden in der Regel einem Aufgabenfeld zugewiesen, wobei sich die Entscheidung an der bereits vorgefundenen Besetzung der Aufgabenfelder orientiert. Fach- und aufgabenfeldübergreifende Inhalte bleiben in der Regel Fächern zugeordnet" (KMK 1978, Punkt 2.3.3).
Die Auffassungen über die Affinität (Verwandtschaft) hängen von unterschiedlichen wissenschaftstheoretischen und fachdidaktischen Positionen sowie der Berücksichtigung solcher Positionen in den Richtlinien (Lehrplänen, Curricula) ab. Fachdidaktische Trends können Zuordnungen verändern: Seit der Saarbrücker Rahmenvereinbarung bis zur Auslegung der Vereinbarung der KMK von 1972 in den Bundesländern hat ein Wandel des didaktischen Selbstverständnisses der Fachvertreter des Faches Erdkunde stattgefunden, so daß eine Zuordnung des Faches zum Aufgabenfeld II nun für selbstverständlich gehalten wird.
In den Schwierigkeiten der Zuordnung von Fächern zu den Aufgabenfeldern kommt der ursprüngliche pragmatische Kompromißcharakter des Konzepts der Aufgabenfelder zum Ausdruck. Die Westdeutsche Rektorenkonferenz (WRK) hatte mit ihren „Kriterien der Hochschulreife" im Jahre 1969 drei Aufgabenfelder zur Diskussion gestellt (vgl. SCHEUERL 1969). Diese Aufgabenfelder unterscheiden sich von den mit der Reform von 1972 vorgeschriebenen vor allem darin, daß der Aspekt des Technischen in den „Kriterien der Hochschulreife" weniger berücksichtigt wurde und auch nicht in der Bezeichnung eines Aufgabenfeldes vorkam.
Durch die Formulierung der (von der WRK inhaltlich beschriebenen) Grundanforderungen in den drei Aufgabenfel-

dern sollten Lösungsvorschläge für die Probleme formuliert werden, die bei der Realisierung der Saarbrücker Rahmenvereinbarung festgestellt wurden. Gegenüber der Vereinbarung von 1960 sollte zugleich eine größere Wahlfreiheit und ein größeres Maß inhaltlicher Verbindlichkeit gesichert werden. So sollte zum Beispiel die in der Folge der Saarbrücker Rahmenvereinbarung viel kritisierte Möglichkeit vermieden werden, eine Hochschulreife zu erwerben, ohne in den Jahrgangsstufen 12 und 13 in einer Naturwissenschaft unterrichtet worden zu sein. Die Saarbrücker Rahmenvereinbarung war durch die Möglichkeit des Stufenabiturs (Möglichkeit, Fächer nach den Klassenstufen 11 oder 12 durch eine Prüfung abzuschließen) und durch die Verbindlichkeit einer Naturwissenschaft nur im mathematisch-naturwissenschaftlichen Schultyp vom Grundsatz der „kyklischen Bildung" abgewichen. „Kyklische Bildung" meinte in Anlehnung an Überlegungen von W. Flitner den geschlossenen Kreis (kyklos) der Einführung in „vier Ursprungsfelder moderner Humanität": in das elementare Verstehen der christlichen Glaubenswelt, in das philosophisch-wissenschaftlich-literarische Problembewußtsein, in das Verständnis der exakt-naturwissenschaftlichen Forschung und der Bedeutung für die Technik sowie in das Begreifen der politischen Ordnung. Diese Vorstellungen waren inhaltlich für die einzelnen Unterrichtsfächer im Tutzinger Maturitätskatalog ausgelegt worden (vgl. SCHEUERL 1962, S. 155 ff.). Die „Kriterien der Hochschulreife" waren ein erneuter Versuch, wie im Tutzinger Maturitätskatalog ein inhaltliches Minimum für den Erwerb der allgemeinen Hochschulreife festzulegen. Mit den „Kriterien" wurde vorgeschlagen, den Oberstufenschülern eine wissenschaftspropädeutische Vertiefung in zwei, höchstens drei Fächern zu ermöglichen und zugleich durch die Beschreibung

von inhaltlichen Mindestanforderungen in drei Aufgabenfeldern Grundanforderungen zu definieren. Dadurch hielten diese Vorschläge am Prinzip der kyklischen Bildung fest (vgl. SCHEUERL 1969, S. 25). SCHEUERL (vgl. 1969, S. 29) verweist ausdrücklich auf den vorläufigen Charakter der so gefundenen Aufgabenfelder. Die aufgestellten Grundanforderungen stellten notwendig einen historischen Kompromiß dar. Die Anforderungen seien grundsätzlich nicht auf „ein überzeitliches, allgemeingültiges ‚System' [zu] bringen" (SCHEUERL 1969, S. 29). Bei dem „Aufriß" der Grundanforderungen müsse „von einer *Mehrheit von Einteilungsprinzipien* ausgegangen werden, die sich wechselseitig durchgittern" (SCHEUERL 1969, S. 30). Im Gegensatz zu dem von den Urhebern des Konzepts der Aufgabenfelder hervorgehobenen vorläufigen Charakter stellen FLÖSSNER u. a. (1977, S. 46) die Aufgabenfelder als anthropologische Konstanten dar: „Der anthropologischen Grundsituation entsprechen mehrere gleichermaßen notwendige Lernbereiche; die KMK-Vereinbarung spricht von Aufgabenfeldern. Diese Aufgabenfelder unterscheiden sich voneinander und lassen sich weder insgesamt ersetzen noch untereinander austauschen. Bezogen auf die Entwicklung und Lebenssituation des Schülers stellen sie zugleich didaktische Systeme dar." Ein Jahr später stellt er fest: „Die Einrichtung des Aufgabenfeldes muß zu den bedeutsamsten Leistungen gerechnet werden, die die Kultusministerkonferenz in ihrer Vereinbarung zur Neugestaltung der gymnasialen Oberstufe erbracht hat" (FLÖSSNER 1978, S. 282). Bei Flössner und seinen Mitautoren erhält das Konstrukt des Aufgabenfeldes ein solches Maß vermeintlicher Schlüssigkeit, daß die Möglichkeit abweichender Festlegungen, wie sie bei Scheuerl noch angemerkt werden, ganz aus dem Blick gerät: „Sprache und Mathematik sind als ‚artes' und als Instrumentarium und

Medium letztlich jedem inhaltlich spezifizierbaren Weltbezug vorzuordnen, weshalb im Schulausschuß [der WRK] auch der Vorschlag diskutiert wurde, man solle Sprache und Mathematik als erstes Aufgabenfeld benennen, um dann die inhaltlichen Bereiche des Literarisch-Künstlerischen, des Gesellschaftlich-Humanen und des Naturwissenschaftlichen, eventuell noch eigens und längs durch diese Einteilungen hindurch den Gesichtspunkt des Geschichtlichen folgen zu lassen. Dem stand jedoch die Auffassung entgegen, die sich dann durchsetzte, daß eine Konzentration auf wenige generelle Bereiche im Sinne einer Profilierung und Akzentuierung besser sei als eine theoretisch zwar perfektere, dafür in ihren Differenzierungen aber wieder unübersichtlich werdende und zur Stoffaddition verführende Mehrgliedrigkeit" (SCHEUERL 1969, S. 26).

Angesichts der Versuche einzelner Vertreter des herkömmlichen Gymnasiums, die Aufgabenfelder ideologisch zu überhöhen und so den Normierungsanspruch gegenüber neuen Formen (beispielsweise Berufliche Gymnasien, Kollegschule Nordrhein-Westfalen, Berufsfeldbezogene Oberstufenzentren) zum unhintergehbaren Zwang werden zu lassen, wird die scharfe Kritik aus der Sicht der Berufs- und Wirtschaftspädagogik verständlich: „Die drei Aufgabenfelder des Pflichtbereichs sind curricular-empirisch nicht abgesichert, sie sind spekulativer Ausdruck bildungspolitischer Macht und Weltauffassung. Die Wirtschafts- und Berufspädagogik wird es nicht schwer haben zu beweisen, daß die Normenrechtfertigung des KMK-Beschlusses weder formal noch substantiell dem Stand der Curriculum-Forschung entspricht, daß also die vorgesehene Neugestaltung der gymnasialen Oberstufe mehr Ergebnis bildungspolitischer Kräfte als wissenschaftlicher Erkenntnis ist" (DAUENHAUER 1973, S. 194).

DAUENHAUER, E.: Die Neugestaltung der gymnasialen Oberstufe in wirtschafts- und berufspädagogischer Sicht – Anmerkungen zum KMK-Papier vom 7. Juli 1972. In: P. Rsch. 27 (1973), S. 191 ff. FLÖSSNER, W.: Sechs Jahre KMK-Vereinigung zur Neugestaltung der gymnasialen Oberstufe. In: N. Uprax. 11 (1978), S. 279 ff. FLÖSSNER, W. u. a.: Theorie: Oberstufe, Braunschweig 1977. KMK: Vereinbarung zur Neugestaltung der gymnasialen Oberstufe in der Sekundarstufe II. Beschluß vom 7. 7. 1972, Neuwied 1972. KMK: Einheitliche Durchführung der Vereinbarung zur Neugestaltung der gymnasialen Oberstufe. Beschluß vom 2. 6. 1977, Neuwied 1977. KMK: Empfehlungen zur Arbeit in der gymnasialen Oberstufe gemäß Vereinbarung zur Neugestaltung der gymnasialen Oberstufe in der Sekundarstufe II. Beschluß vom 2. 12. 1977, Neuwied 1978. KULTUSMINISTER DES LANDES NORDRHEIN-WESTFALEN: Verordnung über den Bildungsgang und die Abiturprüfung in der Oberstufe des Gymnasiums vom 28. März 1979. In: Gem. Amtsbl. d. Kultusminist. u. d. Minist. f. W. u. Fo. d. Ld. Nordrh.-Westf. (1979), 5, S. 174 ff. SCHEUERL, H.: Probleme der Hochschulreife, Heidelberg 1962. SCHEUERL, H.: Kriterien der Hochschulreife. Eine neue Diskussionsgrundlage aus dem Schulausschuß der Westdeutschen Rektorenkonferenz. In: Z. f. P. 15 (1969), S. 21 ff.

Karlheinz Fingerle

Ausbilder

Abgrenzung des Personenkreises. Die besondere Zuständigkeit und Verantwortlichkeit eines abgegrenzten Personenkreises für die berufliche Qualifizierung des Arbeitskräftenachwuchses in den verschiedensten Betrieben hat Tradition: Ausbildungsmeister, Ausbildungsgesellen, Lehrgesellen oder Lehrlingspaten waren teils haupt-, teils nebenberuflich damit beauftragt, diese Qualifizierungsbemühungen zu planen, durchzuführen und zu überwachen. Am prägnantesten war diese Aufgabe traditionell innerhalb des Handwerks institutionalisiert. Erst mit Vollzug des Berufsbildungsgesetzes (BBiG) von 1969 wurde für die gewerbliche Wirtschaft diese Personengruppe begrifflich einheitlich gefaßt, die Ausbildungsfunktion damit auch rechtlich verankert. Diese gesetzliche Bestimmung läßt jedoch offen, welche Personen in den Betrieben tatsächlich als Ausbilder anzusehen sind, das heißt, für wen die für ihre persönliche und fachliche Eignung geforderten Eignungsvoraussetzungen gelten sollen (vgl. §§ 20, 21, 76 BBiG; § 25 Jugendarbeitsschutzgesetz; Ausbildereignungsverordnung von 1972). In der betrieblichen Ausbildungspraxis führte dies zu der Regelung, daß nur diejenigen als Ausbilder im Sinne des BBiG gelten, die die Ausbildung leiten und überwachen. Dies ist eine sehr enge Interpretation, die den Kreis jener Personen, die für Ausbildungsaufgaben zu qualifizieren sind, erheblich einschränkt. Darin zeigt sich die bildungs*politische* Dimension dieser Abgrenzung. Die Gewerkschaften streben an, durch eine weite begriffliche Festlegung einen größeren Kreis des Ausbildungspersonals in den Betrieben unter die gesetzlichen Bestimmungen zu stellen; die Unternehmer und ihre Verbände sind hingegen am Status quo interessiert. Entsprechend diesen interessenbestimmten Gesetzesinterpretationen bewegen sich die geschätzten Zahlen für den Personenkreis der betrieblichen Ausbilder zwischen 250 000 und einer Million.

Die novellierte Fassung des BBiG aus dem Jahre 1974 sah vor, Funktion und Position des Ausbilders neu zu definieren. Ausbilder sollte demnach sein, wer den Ausbildungsinhalt in der Ausbildungsstätte unmittelbar, verantwortlich und im wesentlichen Umfang vermittelt, also derjenige, der den Auszubildenden tatsächlich ausbildet. Das Scheitern der Gesetzesnovelle hat diese notwendige

Präzisierung jedoch verhindert. In das Ausbildungsplatzförderungsgesetz von 1976 konnte diese Regelung nicht mehr aufgenommen werden. Die bildungspolitische Brisanz der gesetzlichen Abgrenzungen, die das betriebliche Ausbildungspersonal betreffen, zeigte sich auch in der Art und Weise, wie die Regelungen der Ausbildereignungsverordnung von 1972 im Jahre 1976 unter Legitimationsdruck gerieten. Von seiten der Unternehmerverbände wurde der Verordnung vorgeworfen, sie sei ohne Verständnis für die Wirtschaftspraxis entworfen und enthalte „einschnürende Regelungen" wie die Festlegung von Qualifikationsniveau und -dauer der Ausbildung der Ausbilder. Ihre „Reform" hatte deshalb den Zweck, dafür zu sorgen, daß künftig auch alle diejenigen Ausbilder als qualifiziert gelten, die nur eine relativ kurze Ausbildungserfahrung (1980: 5 Jahre) nachweisen können. Anfang der 80er Jahre galten zwei Drittel aller Ausbilder durch Erfahrungsnachweis, ein Drittel durch Prüfung als qualifiziert.

Bedingungsrahmen und Funktionen der Ausbildertätigkeit. Der Ausbilder bringt seine Arbeitskraft an einem Ort ein, der nicht primär zur Ausbildung, sondern zum Zwecke der Produktion mit dem Ziel der Verwertung von Arbeitskraft im Kapitalinteresse eingerichtet wurde. Das Verwertungsinteresse des Betriebes ist dem Ausbildungsinteresse vorgeordnet, wobei die ökonomische Zweckbestimmung restriktiv auf die pädagogisch orientierten Einflußmöglichkeiten der Ausbilder im Betrieb wirkt. Diese im Gegensatz zur Tätigkeit des Lehrers unmittelbare Zuarbeit zum Verwertungsprozeß unternehmerischer Interessen wird unter anderem durch die nur ansatzweise tarifvertraglich geregelte, rechtlich vielfach ungeklärte und wirtschaftlich unsichere (zum Beispiel konjunkturabhängige) Position des Ausbilders sichergestellt. Die Disponibilität der Einzelkapitale wird hierdurch gestärkt, die Position des Ausbilders geschwächt. Dieser Bedingungsrahmen gewährleistet die Repräsentanz der unternehmerischen Entscheidungs- und Verfügungsgewalt im Ausbildungsprozeß und damit die Vermittlung von Arbeitsqualifikationen durch den Ausbilder an die Auszubildenden im Sinne der Kapitalinteressen. Neben diesen der Ausbildung vorgeordneten und dominanten Unternehmerinteressen ist der Ausbilder in seinem Ausbildungsverhalten durch vielfältige, zum Teil widersprüchliche Bedingungen und Anforderungen beeinflußt: so durch die Qualifizierungsinteressen der Auszubildenden und die ihrer Eltern, die rechtlich abgesicherten Anforderungen des Betriebsrates (vgl. § 98 Betriebsverfassungsgesetz), die eher informellen Kontrollinteressen der Ausbilderkollegen und der produktiv tätigen Arbeiter und Angestellten, die interessenpolitischen Standpunkte von Arbeitgeberverbänden, Gewerkschaften und neuerdings den Ausbilderverbänden sowie durch die (eher gering einzuschätzenden) Anforderungen seitens der Fachwissenschaftler und der Erziehungswissenschaftler. Dies alles bestimmt die Ausbildertätigkeit als eine sehr komplexe Arbeit, in der sich komplementäre und widersprüchliche Interessen treffen und zu grundlegenden Konflikten führen, in denen die Ausbilder die Parteilichkeit ihrer Ausbildertätigkeit erleben und vollziehen. Die rechtlich und politisch abgesicherte Dominanz des Kapitalinteresses über die überwiegend in privatwirtschaftlichen Unternehmungen durchgeführte und der sogenannten Selbstverwaltung der Wirtschaft überlassene Berufsausbildung regelt die Ausbildung jedoch einseitig.

Nach seiner rechtlichen Stellung ist der Ausbilder im Sinne des Bürgerlichen Gesetzbuches als Erfüllungsgehilfe des Ausbildenden tätig, indem er in dessen Pflichten aus dem Berufsausbildungsvertrag mit dem Auszubildenden bezie-

hungsweise dessen Erziehungsberechtigten eintritt. Diesem formalen Rechtsverhältnis entspricht die auf das materielle Interesse des Ausbildenden bezogene Funktion des von ihm abhängigen Ausbilders, menschliche Arbeitskraft (eingeschränkt auf Jugendliche) zu qualifizieren, und zwar ausgerichtet auf den historisch und interessenspezifisch ausgeprägten Stand der Produktivkräfte und auf die etablierten, ebenso historisch und interessenspezifisch zu begreifenden Formen der Produktionsverhältnisse. Die Ausbildung ist unter diesem Blickwinkel einerseits (instrumentelle) Qualifizierung des Jugendlichen und späteren Lohnarbeiters zu einem Teil des gesamten Arbeitsprozesses einer arbeitsteilig verfahrenden Produktionsstruktur, andererseits die Qualifizierung zu einem bestimmten Verhältnis (Einstellungen, Erwartungen) des Auszubildenden zum Arbeitsprozeß und zu dessen Makro- und Mikroorganisation. Diese strukturellen Bestimmungen erhalten ihre inhaltliche Konkretisierung durch das unternehmerische Interesse, so zu qualifizieren, daß die Auszubildenden den unternehmerischen Willen möglichst funktional, das heißt insbesondere konfliktlos und kostenoptimal umzusetzen bereit sind und die spezifischen Interessen der Kapitaleigner als die allgemein gültigen anerkennen. Die Ausbildungsordnungen setzen auf dieser generellen Ebene inhaltliche Akzente.

Dieser Bedingungsrahmen bestimmt die konkrete Ausübung der Tätigkeit des Ausbilders, die jedoch im Handlungsfeld vom Umfang her und von der Zuständigkeit stark differiert. Es gibt Ausbilder, die für die gesamte Berufsausbildung für ein Berufsfeld (mehrere Ausbildungsberufe) oder für einen Ausbildungsberuf organisatorisch, planend, durchführend, überprüfend und beratend tätig sind (zum Beispiel Lehrstellenbewerber auswählen, den Ausbildungsablauf planen, Ausbildungsmittel erstellen, unterrichten, unterweisen, Ausbildungserfolge feststellen); andere Ausbilder haben die Primärverantwortung für einzelne Ausbildungsabschnitte eines Ausbildungsberufs oder nur für Einzelteile eines Ausbildungsabschnittes. Die Art der Tätigkeit unterscheidet sich daher in der Komplexität erheblich.

Beschreibungen der Tätigkeit von Ausbildern liegen zwar vor, sind jedoch häufig insofern problematisch, als sie nur für ganz bestimmte Betriebsstrukturen erarbeitet wurden und eine Vergleichbarkeit und Übertragbarkeit nur in sehr geringem Maße zulassen. Insgesamt ist dabei festzustellen, daß diese Beschreibungen weitgehend den tatsächlichen Einfluß des konkreten und inhaltlich bestimmbaren Verwertungsinteresses verschleiern. Die Formbestimmtheit der Ausbildung wird darin negiert, das heißt, die Ausbildertätigkeit wird historisch und interessenspezifisch abgehoben und nur auf einer formalen Handlungsebene festgelegt (wie üben, planen, leiten).

Professionalisierung der Ausbilder. Noch 1970 konnte WINTERHAGER (S. 72) feststellen: „Tatsächlich sind bis heute die Ausbilder als Gruppe nicht wirksam. Sie sind bisher nicht einmal organisiert; es gibt im Gegensatz zu vielen anderen Berufen keinen Verband der betrieblichen Ausbilder, keine Regeln, die Anforderungen an die Ausübung dieses Berufes stellen, und keine Interessenvertretung [. . .] Diese mangelnde ‚Professionalisierung‘ mutet bei der Größe dieser Gruppe [. . .] und ihrer meist eher niedrigen Einstufung in den Betrieben zunächst erstaunlich an.“

Mittlerweile sind jedoch Ansätze erkennbar, den Ausbilderberuf zu organisieren: über tarifrechtliche Absicherungen, bundesweite berufsständische Organisationen sowie gesetzlich geregelte Qualifizierungswege mit anerkannten Berufsabschlußprüfungen. Diesen notwendigen Professionalisierungsbestrebungen stehen noch erhebliche Defizite im Hinblick auf ein klares bildungspolitisches Selbstverständnis der Ausbilder gegenüber. Zur Zeit stützen die Ausbilderorganisationen in der berufsbildungspolitischen Diskussion vor allem die Unternehmerpositionen; gewerkschaftlich organisierte Ausbilder-Arbeitsgruppen sind noch ohne großes Gewicht.

Dies resultiert unter anderem aus der Heterogenität der Qualifikationen und der Arbeitsfelder der Ausbilder, die eine einheitliche, deutlich von anderen Ansprüchen (zum Beispiel Unternehmerinteressen) abgrenzbare Interessenposition nur schwer entstehen lassen.

PÄTZOLD, G.: Auslese und Qualifikation. Institutionalisierte Berufsausbildung in westdeutschen Großbetrieben, Hannover 1977. PAUL-KOHLHOFF, A.: Betriebliche Position und berufliche Identität des Ausbilders, Diss., Hannover 1977. WINTERHAGER, W. D.: Lehrlinge – Die vergessene Majorität, Weinheim/Berlin/Basel 1970.

Karlheinz A. Geißler/Kurt R. Müller

Ausbildung (Ausbilder)

Die fachliche Qualifizierung der Ausbilder. Fragen der Ausbilderqualifizierung waren in der Ausbildungspraxis von jeher umstritten; dies gilt auch gegenwärtig. In den Betrieben werden vorrangig jene Personen mit der Wahrnehmung der Ausbildung beauftragt, die sich in berufsfachlicher Hinsicht besonders qualifiziert haben (zum Beispiel Meister, Abteilungsleiter, Spezialisten). Hinter dieser Praxis steht die problematische Auffassung, daß eine auffällige berufsfachliche Qualifikation die beste Eignungsvoraussetzung für den Ausbilderberuf sei. Eine solche Ansicht vernachlässigt die Tatsache, daß die große Mehrzahl aller Ausbilder ihre Qualifikationen im Betrieb produktions- und nicht ausbildungsbezogen verwerten müssen. Die aus dieser Doppelbeanspruchung resultierenden Schwierigkeiten für eine an pädagogischen Prinzipien orientierte Berufsausbildung sind: geringer Grad der Ausbildung, ungenügende Beratung und Betreuung der Auszubildenden, mangelhafte Berücksichtigung und Kontrolle der Ausbildungs-, insbesondere der Schutzvorschriften für die Ausbildung.

Im Berufsbildungsgesetz werden gemäß §§ 20, 76 für die berufsfachliche Eignung der Ausbildungspersonen Rahmenbedingungen gesetzt: Mindestalter, Nachweis von Fachkenntnissen durch Prüfungen beziehungsweise berufspraktische Tätigkeit. Diese zunächst für den Zuständigkeitsbereich der Industrie- und Handelskammern erlassenen Vorschriften gelten mittlerweile auch in anderen Bereichen. Sie belassen jedoch Ermessensspielräume bei der Zuerkennung der berufsfachlichen Eignung für Ausbilder.

Das Hauptproblem der Berufsausbildung liegt in der Notwendigkeit, die fachliche Übereinstimmung von Ausbildungsberuf der Auszubildenden und Ausbildungsberuf des Ausbilders zu gewährleisten. Es ist zu erwarten, daß die Ausbilder mit zunehmender Professionalisierung fordern werden, ihre fachlichen Qualifikationen laufend und systematisch den Veränderungen im Beschäftigungssystem anpassen zu können.

Die pädagogische Qualifizierung der Ausbilder. Bildungspolitisch brisanter als die Forderung nach einer hinreichenden fachlichen Qualifikation der Ausbilder ist jene nach dem Ausweis von pädagogischen Kompetenzen. Die Forderung reicht bis in die 20er Jahre dieses Jahrhunderts zurück und hat ihre stärksten Verfechter in den Gewerkschaften. Im Handwerk wurde die Berechtigung zur Ausbildung von Lehrlingen bereits durch Verordnung des kleinen Befähigungsnachweises im Jahre 1908 an Zulassungsbedingungen gebunden: Nur Meister durften ausbilden. In allen anderen Ausbildungsbereichen war es in das Belieben jedes Ausbilders gestellt, sich pädagogisch zu qualifizieren. Möglichkeiten dazu wurden zwar schon frühzeitig, so ab 1925 vom Deutschen Institut für Technische Arbeitsschulung (DINTA), insgesamt jedoch in bescheidenem Umfange von den Unternehmerorganisationen, überbetrieblichen Institutionen und von Einzelbetrieben geschaffen; generelle Regelungen unterblieben. In der Regel galt das Modell: pädagogische Eignung durch Berufserfahrung. Hierbei wird die pädagogische Qualifikation der Ausbilder als Ergebnis der betriebsspezifischen Erfahrungen der Ausbilder gedeutet, was darin seinen Ausdruck fand und noch heute findet, daß altgediente Industriemeister mit langjähriger Berufserfahrung und altersbedingter Leistungsschwäche in der Produktion für Ausbildungsaufgaben abgestellt werden.

Die pädagogische Qualifizierung der betrieblichen Ausbilder unterlag – im Unterschied zu jener der Lehrer aller Schularten – bis Ende der 60er Jahre keiner bildungspolitischen und -rechtlichen Regelung. Erst mit dem Berufsbildungsgesetz von 1969 wurde eine rechtliche Grundlage geschaffen, die pädagogische Eignung von Ausbildern in der gewerblichen Wirtschaft einzufordern. Den in der Folge für andere Ausbildungsbereiche erlassenen Eignungsverordnungen (bisher für Handwerk, öffentlichen Dienst, Landwirtschaft) liegen zwei Qualifizierungsmodelle zugrunde: Zum einen wird die pädagogische Qualifizierung der Ausbilder durch praktische Ausbildungtätigkeit als erworben angesehen, zum anderen wird die pädagogische Qualifizierung der Ausbilder durch speziellen Kenntniserwerb und dessen Nachweis in einer Prüfung als notwendig erachtet.

Dem erstgenannten Modell entspricht die Bestimmung der Eignungsverordnungen, daß Ausbilder mit hinreichend langer Ausbildungserfahrung ihre pädagogische Eignung nicht mehr besonders dokumentieren müssen. Diese Regelung geht auf den maßgeblichen Einfluß der Unternehmerverbände in der Berufsbildungspolitik zurück und wird gegenwärtig von zwei Drittel der Ausbilder, für die Qualifizierungsverpflichtungen gelten, in Anspruch genommen. An dieser Form der Rekrutierung von Ausbildern sind insbesondere folgende Voraussetzungen kritisch zu beurteilen:

– Tendenziell werden die Ausbilder ihre selbsterlebte Ausbildungsrealität reproduzieren. Es wird unterstellt, daß diese als Maßstab für die Gestaltung gegenwärtiger und künftiger Ausbildung geeignet ist.

– Der Erfahrungsumfang wird zum Maßstab für die Eignung gemacht, nicht jedoch der Reflexionsgrad gegenüber Erfahrungen. Dies heißt zum Beispiel, daß bei den Ausbildern bewährte Verhaltensweisen praktiziert und vermittelt werden; diese sind solche, die ihnen ihren beruflichen Aufstieg gewährleisteten und ein hohes Maß an unkritischer Anpassung an betrieblich-ökonomische Leistungsnormen erforderten.

Soweit Ausbilder sich nicht aufgrund mehrjähriger praktischer Ausbildertätigkeit von dem Nachweis ihrer berufs- und arbeitspädagogischen Eignung befreien können, müssen sie gemäß den Bestimmungen der Ausbilder-Eignungsverordnungen eine schriftliche und mündliche Prüfung ablegen. Für die Abnahme der Prüfungen haben die zuständigen Stellen (zum Beispiel die Industrie- und Handelskammern) einen Prüfungsausschuß einzurichten sowie eine Prüfungsordnung zu erlassen. Die Prüfungsinhalte sind in den Ausbilder-Eig-

nungsverordnungen nur grob umrissen; sie umfassen folgende Sachgebiete: Grundfragen der Berufsbildung, Planung und Durchführung der Ausbildung, der Jugendliche in der Ausbildung, Rechtsgrundlagen. Der zeitliche Umfang der Qualifizierungsmaßnahmen und die Intensität der Ausbildung von Ausbildern sind gesetzlich nicht geregelt. Deshalb hat sich eine unübersehbare Vielfalt an Qualifizierungsmaßnahmen entwickelt. Allein vom zeitlichen Rahmen her ergeben sich annähernd 100 Varianten (vom Einzelvortrag bis zum 200-Stunden-Seminar). Vielfach orientiert sich die Ausbildung an dem vordergründigen Interesse, die Vielzahl an Ausbildern durch die Prüfungen zu schleusen, und zwar so, daß in der Ausbildungspraxis keine ernsthaften Friktionen entstehen. Kammernahe Qualifizierungsmaßnahmen haben wegen der den Kammern gesetzlich eingeräumten Zuständigkeiten für die Prüfungen gegenwärtig den weitaus größten Zulauf. Für die inhaltliche Konkretisierung der Rahmenvorschriften in den einzelnen Ausbildungsveranstaltungen gibt es zwar keine Vorschriften, gleichwohl wird das Ausbildungsangebot einseitig bestimmt durch die von den Kammern festgelegten Prüfungsinhalte. Explizit pädagogisch legitimierte Qualifizierungskonzepte wurden bisher kaum erarbeitet. Ein aufwendiger Apparat an Qualifizierungs- und Prüfungstechniken ist ohne angemessene erziehungswissenschaftliche und berufsbildungspolitische Kontrolle aufgebaut worden. Das gravierendste Defizit ist in dieser Hinsicht der fehlende Bezug der Qualifizierungsmaßnahmen zu einer ausgearbeiteten Theorie der betrieblichen Berufsausbildung, von der her erst Maßstäbe für Konzepte der Ausbilderqualifizierung begründet werden können. Implizite liegt den zur Zeit durchgeführten Maßnahmen und deren rechtlicher Absicherung das Interesse zugrunde, die Ausbilder zu befähigen, die betriebliche

Berufsausbildung im Interesse einzelwirtschaftlicher Kapitalverwertung zu optimieren.

Perspektiven. Die institutionelle Trennung von fachlicher und pädagogischer Qualifizierung, wie sie oben beschrieben wurde und wie sie in der Bundesrepublik Deutschland gesetzlich festgeschrieben ist, spiegelt in ihrer Tendenz jene Parzellierung von Einzelqualifikationen wider, die sich aus der gegenwärtig dominierenden Organisationsform von Arbeit ergibt. Pädagogisches Handeln wird dabei nicht als eine von ökonomisch determinierten Arbeitsverrichtungen grundsätzlich unterschiedene Tätigkeit angesehen. Eine an pädagogischen Prinzipien orientierte Ausbilderqualifizierung müßte jedoch die Trennung von Fachkompetenz und Erziehungskompetenz überwinden, um nicht blind an den Interessen spezifisch organisierter Produktionsanforderungen gebunden zu bleiben. Dementsprechend wäre eine Konzeption zur Qualifizierung der Ausbilder zu entwickeln, die die Möglichkeit eröffnet, das alltäglich angewandte Hintergrundwissen der routinierten Handlungsabläufe und die betrieblich-organisatorischen sowie die gesellschaftlichen Bedingungen der Ausbildung kritisch zu analysieren und zu problematisieren. Denn erst durch die reflexive und selbstreflexive Thematisierung des Zusammenhanges von Arbeits- und Lernprozessen kann ein sinnverstehendes Verhältnis zwischen Ausbildern, Auszubildenden und den gemeinsamen Ausbildungsaufgaben hergestellt werden. Der Verzicht auf eine wissenschaftsorientierte, auf die Befähigung von fachlicher und kritischer Urteilsbildung gleichermaßen ausgerichtete Qualifizierung der Ausbilder würde diese auf ihre unproblematisiert vollzogenen Erfahrungen und die Identifikation mit den betrieblichen Ausbildungs- und Arbeitsbedingungen zurückwerfen.

Komplementär zur inhaltlichen Revision der Ausbilderqualifizierung müßte auch die Organisation der Ausbildung von Ausbildern verändert werden; und zwar alternativ zu den vorherrschenden institutionellen Formen der Ausbilderqualifizierung, bei denen aus strukturbedingten Gründen ökonomische Gesichtspunkte gegenüber pädagogisch legitimierten Ansprüchen dominieren und Lernprozesse für Ausbilder und Auszubildende eher Anpassungsprozesse fördern als Bildung im Sinne persönlicher Selbstentfaltung ermöglichen.

GEISSLER, K. A.: Die pädagogische Qualifikation betrieblicher Ausbilder. In: Gewerksch. Bpol. 26 (1976), S. 73 ff. HANISCH, C. u. a.: Pädagogische Ausbildung der Ausbilder. Schriften zur Berufsbildungsforschung, Bd. 42, Hannover 1976. MÜLLER, K. R.: Überlegungen zur „Pädagogisierung" von Veranstaltungen zur Ausbilderqualifizierung. In: BAUMGARDT, J. u. a.: Modellversuch zur pädagogischen Qualifizierung betrieblicher Ausbilder. Bericht über die wissenschaftliche Begleitung der Modellseminare V und VI, München 1975.

Karlheinz A. Geißler/Kurt R. Müller

Ausbildungsberatung

Abgrenzung und Einordnung der Ausbildungsberatung. Ausbildungsberatung umfaßt die mit der Durchführung der beruflichen Ausbildung im dualen System korrespondierenden Aufgaben der Beratung und Überwachung. Ausbildungsberatung als Einrichtung der zuständigen Stellen (zum Beispiel der Kammern) ist Teil einer umfassenden Beratungsfunktion im Bildungswesen, dessen Aufgaben im einzelnen unterschiedlich organisiert sind, von verschiedenen Institutionen wahrgenommen werden, jeweils andere rechtliche

Grundlagen haben und für die es trotz des offenkundigen Zusammenhangs kaum Ansätze der Kooperation gibt. Eine zusammenfassende Beschreibung und Analyse des Beratungswesens steht noch aus.

Indem einerseits eine enge Beziehung zur Schullaufbahn- und Bildungsberatung, andererseits aber auch zur Berufs- und Arbeitsberatung besteht, nimmt Ausbildungsberatung eine enge Verbindungsrolle zwischen Bildungssystem und Beschäftigungssystem, zwischen Jugendlichen, Erziehungsberechtigten, Ausbildenden und Ausbildern und auch Schulen wahr, wobei Ausbildungsberatung sowohl während als auch (in geringerem Umfang) vor Beginn der Berufsausbildung in Anspruch genommen wird.

Die Ausbildungsberatung ist nach dem Berufsbildungsgesetz eine Aufgabe der „zuständigen Stellen", das sind zum Beispiel die Industrie- und Handelskammern (IHK) und die Handwerkskammern (HWK) für die jeweiligen Mitglieds-Unternehmungen.

Bei der Ausbildungsberatung ist ferner zu berücksichtigen, daß die betriebliche Berufsausbildung von weiteren arbeits- und sozialrechtlichen Gesetzen und Rechtsvorschriften berührt wird. Die Ausbildungsberater teilen über die zuständigen Stellen den entsprechenden Aufsichtsbehörden auch Wahrnehmungen mit, die für die Durchführung des Jugendarbeitsschutzgesetzes von Bedeutung sein können.

Entwicklung der Ausbildungsberatung und gesetzliche Grundlagen. Die Ausbildungsberatung hat sich historisch als eine Reaktion auf die sich gegen Ende des vorigen Jahrhunderts verschärfenden Mißstände im Lehrlingswesen als eine Art Selbstschutz des Handwerks entwickelt. Die Novellierung der Gewerbeordnung von 1869 im Jahr 1897 sah erstmals Beauftragte bei den Innungen und Handwerkskammern vor, die die Einhaltung gesetzlicher und statutarischer Vorschriften überwachen sollten. Diese Beauftragten sollten in „kollegialer Verbindung von Handwerkern und Handwerkskammer" auf das Abstellen von Mißständen drängen und hatten den „Charakter einer privaten Gewerbeaufsicht". Von Gewerkschaftsseite wurde 1919 erstmals der Abbau von Vorrechten der Innungen und die Einsetzung von paritätisch besetzten Kommissionen zur Regelung und Überwachung der Berufsausbildung gefordert. Die Handwerksordnung (HwO) von 1953 hat die Überwachung der Berufsausbildung als eine Selbstverwaltungsaufgabe des Handwerks bestätigt und die freiwillige Bestellung sogenannter Beauftragter als Aufsichtsorgane der Berufsausbildung den berufsständischen Wirtschaftsorganisationen überlassen (Lehrlingswarte).

Der Begriff „Ausbildungsberater" wurde mit den „Richtlinien für die Tätigkeit von Lehrwarten bei den Industrie- und Handelskammern" 1965 eingeführt und 1969 in das Berufsbildungsgesetz (BBiG) übernommen. Trotz der Forderung der Gewerkschaften nach öffentlicher Kontrolle der Berufsausbildung blieb im Berufsbildungsgesetz die Grundstruktur des dualen Ausbildungssystems unangetastet; jedoch wurde mit dem „Ausbildungsberater" der jeweils zuständigen Stelle die Möglichkeit und rechtliche Verpflichtung aufgetragen, „die Durchführung der Berufsausbildung zu überwachen und sie durch Beratung der Ausbildenden und Auszubildenden zu fördern" (§ 45 BBiG und § 41 a HwO). Diese Aufgaben erstrecken sich auch auf Maßnahmen der Umschulung (vgl. § 47, Abs. 4 BBiG und § 42 a, Abs. 4 HwO).

Aufgaben des Ausbildungsberaters. Mit der gesetzlichen Bestimmung, daß die nach dem Berufsbildungsgesetz jeweils zuständige Stelle zum Zweck der Überwachung der Berufsausbildung und der

Beratung Ausbildungsberater zu bestellen hat, wurde der Beruf des Ausbildungsberaters rechtlich begründet. Eine Präzisierung der Aufgaben der Ausbildungsberatung wurde von dem Bundesausschuß für Berufsbildung 1973 mit dem Beschluß über die „Grundsätze für die Beratung und Überwachung der Ausbildungsstätten durch Ausbildungsberater" gegeben. Diese „Grundsätze" enthalten die folgenden vier Hauptaufgabengebiete: Überwachung der Durchführung der Berufsbildung, Kooperationsaufgaben, Beratung der Ausbildenden und Ausbilder und Beratung der Auszubildenden. Gegenüber dem Berufsbildungsgesetz, das als zu beratende Personen Ausbildende und Auszubildende nennt, wird in der Empfehlung des Bundesausschusses die Beratung auch auf Ausbilder und die Erziehungsberechtigten der Auszubildenden ausgedehnt. Der Bundesausschuß empfiehlt ferner eine Mitwirkung der Ausbildungsberater bei der Zusammenarbeit der zuständigen Stellen mit betrieblichen und außerbetrieblichen Stellen.

Die Zusammenfassung der Überwachungs- und Beratungsfunktion in der Person des Ausbildungsberaters hat Vor- und Nachteile. Sie kann einerseits zu Schwierigkeiten bei der Beratung führen, weil die Beratung gegenseitiges Vertrauen des Beratenen und der Berater voraussetzt, die mit der Überwachung gegebene Kontrolle aber nicht auf dieses Vertrauen setzt, sondern den Ausbildenden beziehungsweise Ausbilder verpflichtet, die für die Überwachung notwendigen Auskünfte zu erteilen und Unterlagen vorzulegen sowie die Besichtigung der Ausbildungsstätten zu gestatten. Andererseits wird betont, daß der Vorteil der Verbundfunktion Beratung und Überwachung, die sich aus der Beratertätigkeit ergebende Informationsfülle, nicht durch eine formale Überwachung beseitigt werden sollte. Der Ausbildungsberater ist, soweit er diese Tätigkeit nicht ehrenamtlich aus-

übt, in der Regel bei der zuständigen Stelle beschäftigt. Er ist der zuständigen Stelle verantwortlich, in deren Auftrag er handelt. Von gewerkschaftlicher Seite wird eine stärkere Verantwortlichkeit der Ausbildungsberater gegenüber dem paritätisch zusammengesetzten Berufsbildungsausschuß der jeweiligen zuständigen Stelle unterstützt.

Zur Erfüllung der verschiedenen Aufgaben soll der Ausbildungsberater nach der Empfehlung des Bundesausschusses folgende Maßnahmen durchführen: Besuche der Ausbildungsstätten, regelmäßige Sprechstunden beziehungsweise Sprechtage, Einzel- und Gruppenberatungen und Informationsveranstaltungen für Ausbildende, Ausbilder und Auszubildende.

Umfang der Ausbildungsberatung. Nach Angaben des Statistischen Bundesamts waren 1977 im Bereich der Industrie- und Handelskammern 426 (davon 340 hauptberuflich) und im HWK-Bereich 6 489 (davon 114 hauptberuflich) Ausbildungsberater tätig.

Nach der Empfehlung des Bundesausschusses für Berufsbildung sollte die Anzahl der Ausbildungsberater so gewählt werden, daß jede Ausbildungsstätte einmal im Jahr aufgesucht und überprüft werden kann, wobei noch die Zahl der Ausbildungsstätten, die geographische Verteilung der Auszubildenden auf die Ausbildungsstätten sowie die jeweiligen Ausbildungsbereiche zu berücksichtigen sind. Die Bildungskommission des DEUTSCHEN BILDUNGSRATES (vgl. 1969) schlug bereits 1969 in ihrer Empfehlung „Zur Verbesserung der Lehrlingsausbildung" als Richtgröße 300 Lehrlinge je Ausbildungsberater vor. 1973 waren nach einer Untersuchung im Handwerk an den 45 Handwerkskammern der Bundesrepublik 79 hauptamtliche Ausbildungsberater angestellt; von 1973 bis 1977 stieg deren Anzahl um 44. Die Mehrzahl der Ausbildungsberater hatte nach dieser Unter-

suchung 2 001–4 000 Ausbildungsverhältnisse zu betreuen (vgl. ALBERS-
WODSACK 1975, S. 65 f.). Insgesamt
dürfte für 1978 ein Verhältnis von etwa
einem Ausbildungsberater zu 1 800 Auszubildenden beziehungsweise einem
Ausbildungsberater zu 535 Betrieben
anzunehmen sein (vgl. DGB-LANDESBE-
ZIRK NORDRHEIN-WESTFALEN 1978).
Die absolute Zahl der Ausbildungsberater sowie die Relation der Zahl der Ausbildungsberater zu den Ausbildungsbetrieben und Auszubildenden hat sich in
den letzten Jahren zwar verbessert, doch
bleibt die Realität damit noch weit hinter den bildungspolitischen Forderungen zurück.

Ausbildung der Ausbildungsberater. Die
rechtliche Legitimation zur Einstellung
von Ausbildungsberatern hat bislang
noch kein anerkanntes Funktionsbild
zur Folge gehabt, das zumindest Zugangsvoraussetzungen zum Beruf, Bildungsgang und Bildungsinstitution verbindlich zu beschreiben hätte. In der
Empfehlung des BUNDESAUSSCHUSSES
FÜR BERUFSBILDUNG (vgl. 1973, S. 31)
wurde festgehalten, daß der Ausbildungsberater die Eignung zum Ausbilder zu erfüllen und eine mehrjährige Berufserfahrung nachzuweisen habe. Seminare zur Fortbildung und Anpassung an
die Anforderungen der Praxis und der
wissenschaftlichen Erkenntnisse werden
seit 1972 zentral für das Handwerk
durchgeführt. Diese Schulungsmaßnah-
men umfassen für hauptamtliche Ausbildungsberater Grund-, Aufbau- und
Fortbildungsseminare zu folgenden
Themenbereichen: Rechtsgrundlagen,
neue pädagogische und psychologische
Entwicklungen und Beratungstechnik
sowie Beratungsanalyse.
Nach Auffassung des DGB soll die
Qualifizierung von Ausbildungsberatern
in einer Rechtsverordnung als Weiter-
bildungsberuf geregelt werden. Als Zugangsvoraussetzungen werden abgeschlossene Berufsausbildung und mehrjährige Berufserfahrung genannt. Danach soll sich ein sechssemestriges Studium an einer Fachhochschule mit Abschluß als Verwaltungswirt – Fachrichtung Ausbildungsberatung – anschließen, das zugleich die Ausbildereignung
einschließt.

ALBERS-WODSACK, G.: Der Ausbildungsberater im Handwerk. Berufsbildung im Handwerk,
Reihe A, Heft 36, Laasphe 1975. BUNDESAUSSCHUSS FÜR BERUFSBILDUNG: Grundsätze für die
Beratung und Überwachung der Ausbildungsstätten durch Ausbildungsberater. Beschluß vom
24. August 1973. In: Z. f. Berbfo. 3 (1973), 4, S. 31. DEUTSCHER BILDUNGSRAT: Zur Verbesse-
rung der Lehrlingsausbildung. Empfehlungen der Bildungskommision, Stuttgart 1969. DGB-
LANDESBEZIRK NORDRHEIN-WESTFALEN (Hg.): Zur Qualifizierung der Ausbildungsberater,
Düsseldorf 1978. RADDATZ, R.: Der Ausbildungsberater – Gesprächspartner des Ausbildungs-
betriebes. In: Wirtsch. u. Ber.-E. 30 (1978), 7, S. 206 ff. ROSSBERG, J.: Ausbilder unter der Lupe.
Zur Situation des Ausbildungsberaters im Handwerk. In: Ber. u. B. 5 (1975), 4, S. 5 ff.

Konrad Kutt/Herbert Tilch

Ausbildungsberuf

Rechtssituation und Begriffsbestimmung.
Das Berufsbildungsgesetz (BBiG) vom
14. 8. 1969 führte den Terminus „Ausbildungsberuf" als Rechtsbegriff ein. Es
bestimmte ihn aber nicht durch eine Legaldefinition. Der Ausbildungsberuf
wird im BBiG lediglich seinem Zweck
nach charakterisiert: Ausbildungsberufe
dienen gemäß § 25 BBiG als Grundlage
für eine geordnete und einheitliche Berufsausbildung sowie zu ihrer Anpassung an die technischen, wirtschaftlichen und gesellschaftlichen Erfordernisse und deren Entwicklung. Die staatliche Anerkennung beziehungsweise die
Aufhebung der Anerkennung von Aus-

bildungsberufen erfolgt durch Rechtsverordnungen des Bundesministers für
Wirtschaft (BMWi) oder des sonst zuständigen Fachministers im Einvernehmen mit dem Bundesminister für Bildung und Wissenschaft. Handwerke,
das heißt die in der Anlage A der Handwerksordnung (HwO) aufgelisteten Gewerbe, sind gemäß § 25 HwO zugleich
staatlich anerkannte Ausbildungsberufe.
Jugendliche unter 18 Jahren dürfen
nach § 28, Abs. 2 BBiG nur in anerkannten Ausbildungsberufen ausgebildet werden. Die curriculare Grundlage
für die betriebliche Berufsausbildung
sind die nach § 25 BBiG oder § 25 HwO
erlassenen Ausbildungsordnungen beziehungsweise die nach § 108 BBiG oder
§ 122 HwO fortgeltenden Regelungen
(Berufsbild, Berufsbildungsplan, Prüfungsanforderungen beziehungsweise
fachliche Vorschriften zur Regelung des
Lehrlingswesens und der Gesellenprüfung). Zwischen den im BBiG gebrauch-
ten Begriffen „Ausbildungsberuf",
„Ausbildungsordnung" und „Berufsausbildung" besteht insofern eine wechselseitige Beziehung, als daß der staatlich geregelte und betrieblich durchzuführende Ausbildungsgang als Ausbildungsberuf, die Rechtsverordnung, die
diesen Ausbildungsgang materiell bestimmt, als Ausbildungsordnung und
der pädagogische Vorgang, der danach
durchzuführen ist, als Berufsausbildung
bezeichnet werden. Der Ausbildungsberuf ist ein Konstrukt, mit dessen Hilfe
technische, wirtschaftliche, gesellschaftliche und pädagogische Anforderungen
zum Ausdruck gebracht werden, die der
Staat für die Berufsausbildung Jugendlicher verbindlich vorgibt. Ausbildungsberufe stellen Qualifikationsbündel auf
Facharbeiter- / Fachangestelltenniveau
dar und werden inhaltlich-curricular in
Ausbildungsordnungen festgelegt.

Geschichtlicher Rückblick. Für die durch
die arbeitsteilige Differenzierung entstandenen Berufe entwickelte sich früh
die Ausbildungsform der Lehre. Obwohl
die betriebliche Berufsausbildung und
ihre berufsständische Regelung durch
Zünfte oder Gilden eine jahrhunderte-
lange Tradition aufweisen, wurde erst
zu Beginn dieses Jahrhunderts damit begonnen, die Berufsausbildung in der
Weise zu ordnen, daß ein verbindlicher
Katalog von Fertigkeiten und Kenntnissen festgelegt wurde, der in einer bestimmten Ausbildungszeit zu vermitteln
war. Dieser Ansatz zur Ordnung der Berufsausbildung orientierte sich zwar am
Ideal der handwerklichen Lehrlingsausbildung, betraf aber zunächst den industriellen Bereich. Der 1908 gegründete
Deutsche Ausschuß für Technisches
Schulwesen (DATSCH) stellte im Jahre
1911 „Leitsätze für die Erziehung und
Ausbildung des Nachwuchses der Facharbeiterschaft für die mechanische Industrie" auf. HEILANDT (vgl. 1926) veröffentlichte eine erste Liste von Facharbei-
ter-Grundberufen. Sie umfaßte 53 Berufe, die sich untereinander in fachlich-in-
haltlicher Hinsicht unterschieden und
sich ihrem Qualifikationsniveau nach
gegenüber den Spezialarbeiterberufen
(Angelernten) und Hilfsarbeiterberufen
(Ungelernten) abgrenzten. Die Facharbeiterberufe wurden durch ein Berufsbild charakterisiert, das sowohl das Arbeitsgebiet beschrieb als auch die während der Ausbildung zu vermittelnden
Fertigkeiten und Kenntnisse auflistete.
Mit der Entwicklung von Facharbeiterberufen wurde zugleich eine vertikale
und horizontale Berufsdifferenzierung
sowie eine Vereinheitlichung des Ausbildungsniveaus und eine Anhebung des
Ausbildungsstandards angestrebt. Um
diese komplexe Zielsetzung durchsetzen
zu können, entwickelte der DATSCH
ferner Prüfungsanforderungen, die –
wie die Berufsbilder – von der „Reichsgruppe Industrie" und der „Arbeitsgemeinschaft der Industrie- und Handelskammern" anerkannt wurden. Die allgemeine und einheitliche Anwendung
der Ordnungsmittel (hierzu gehörten

auch die Berufsbildungspläne) in der betrieblichen Ausbildungspraxis war dadurch gewährleistet, daß die Industrie- und Handelskammern mit der organisatorischen Regelung und Überwachung der Berufsausbildung betraut wurden. Sie ließen Lehrverhältnisse nur in anerkannten Lehrberufen zu und führten auch nur für sie Abschlußprüfungen durch. Der DATSCH entwickelte im Jahr 1937 Leitsätze, in denen die Bedingungen für die Anerkennung von Facharbeiterberufen aufgelistet waren. Die ursprüngliche Zielsetzung, eine relativ beschränkte Anzahl (etwa 100) von Facharbeiterberufen anzuerkennen, ließ sich gegenüber den Fachorganisationen nicht verwirklichen (1944 bestanden 333 Lehrberufe). Gegen Ende der 30er Jahre kam die Ordnung von Anlernberufen hinzu. Die Angelernten (Spezialarbeiter) sollten sich von den Gelernten (Facharbeiter) darin unterscheiden, daß sie für ein selbständiges, begrenztes Spezialgebiet kürzer und damit schneller, aber dennoch gründlich auszubilden waren, die Facharbeiter sollten hingegen für ein vielseitiges berufliches Einsatzgebiet durch gründliche praktische und theoretische Schulung vorbereitet werden. Die Ordnung der Anlernberufe erfolgte ebenfalls durch Ordnungsmittel. Der Begriff Ausbildungsberuf galt schon zu dieser Zeit als Oberbegriff für Lehrberuf und Anlernberuf. Die letzte vom Reichsinstitut für Berufsausbildung in Handel und Gewerbe (Nachfolgeorganisation des DATSCH) im Jahre 1944 veröffentlichte Liste beinhaltete 599 anerkannte Lehr- und Anlernberufe für Industrie und Handel, davon waren 266 Anlernberufe. Die Unterscheidung zwischen Lehr- und Anlernberufen wird seit dem Erlaß des BBiG nicht mehr getroffen, unbeschadet der Tatsache, daß es auch heute noch zweijährige Ausbildungsberufe gibt, die ein anderes Qualifikationsniveau als drei- und dreieinhalbjährige Ausbildungsberufe ausweisen.

Die Entwicklung industrieller Ausbildungsberufe blieb nicht ohne Auswirkungen auf die Ordnung der handwerklichen Ausbildungsberufe. Die Organisationen des Handwerks erarbeiteten insbesondere für diejenigen der 227 durch Rechtsverordnung (Gewerbeverzeichnis von 1934) festgelegten Handwerke „Fachliche Vorschriften für das Lehrlingswesen und die Gesellenprüfung", die eine breit angelegte und umfassende Berufserziehung erforderten. Die handwerklichen Ordnungsmittel wurden vom Reichswirtschaftsminister durch Erlaß anerkannt. Prinzipiell galten für die Entwicklung von Ausbildungsberufen in allen Bereichen dieselben Konstruktionsmerkmale: Die Ausbildungsberufe sollten eine grundlegende, umfassende, planmäßig gestaltete, einzelbetrieblich unabhängige Berufsausbildung bieten, um den Ausgebildeten eine vielseitige berufliche Einsatzfähigkeit, Freizügigkeit (Mobilität) und Austauschbarkeit (Substitution) zu gewährleisten. Selbst wenn die Bemühungen um diese Ordnungsgrundsätze teilweise durch die politischen, wirtschaftlichen und gesellschaftlichen Verhältnisse konterkariert wurden, blieben diese Ziele der Ordnungsarbeit kontinuierlich bestehen und fanden schließlich im BBiG ihren Niederschlag. In der Zeit nach 1945 bis zum Inkrafttreten des BBiG erfolgte – ausgehend von einer durch die britische Militärregierung eingeführten Regelung (vgl. ZIERTMANN 1953) – die Anerkennung der Ausbildungsberufe durch Erlaß des Bundesministers für Wirtschaft, wobei etwa seit 1966/67 diese Erlasse im förmlichen Einvernehmen mit dem Bundesminister für Arbeit und Sozialordnung ergangen sind. Die Ordnungsarbeit leistete in jener Zeit die Arbeitsstelle für Betriebliche Berufsausbildung (ABB), eine von Arbeitgeberorganisationen getragene Institution. Das gemäß § 60 BBiG errichtete Bundesinstitut für Berufsbildungsforschung (BBF) löste die ABB in dieser Funktion ab. Im Rahmen seines gesetzlichen Auftrages hatte das BBF auch die Entwicklung der Ausbildungsberufe durch Forschung zu fördern. Aufgrund des Ausbildungsplatzförderungsgesetzes (APlFG) wurde im Jahre 1976 das BBF in das Bundesinstitut für Berufsbildung (BIBB) umgewandelt. Nach dem APlFG zählte die Vorbereitung von Ausbildungsordnungen und anderen die Berufsausbildung betreffenden Rechtsverordnungen zu den gesetzlich ausdrücklich aufgelisteten Aufgaben dieses Instituts. Zwar ist das APlFG durch Urteil des Bundesverfassungsgerichts vom 10. 12. 1980 aus formalen Gründen für nichtig erklärt worden, doch ist davon auszugehen, daß die Aufgaben des Bundesinstituts in Zukunft durch ein neues Gesetz in ähnlicher Weise wie bisher festgelegt werden.

Sozial- und berufspolitische Aspekte. Die sozial- und berufspolitische Bedeutung der Ausbildungsberufe war neben der berufspädagogischen bereits in der Zielsetzung ihrer Entwicklung (zum Beispiel Berufsabgrenzung) angelegt. Die an der Ordnung der Berufsausbildung Beteiligten gingen aber davon aus, daß nicht allein den in einer Lehre Ausgebildeten die Facharbeitereigenschaft zuzuerkennen ist, sondern auch solchen Beschäftigten, die während langjähriger Berufstätigkeit dieselben Fertigkeiten und Kenntnisse erworben haben. Diese Auffassung hat sich generell auch im Sozialversicherungsrecht durchgesetzt. Dem Ausbildungsberuf kommen nach wie vor in sozialer Hinsicht entscheidende Funktionen zu. Das gesellschaftliche Ansehen, die Eröffnung von Lebens- und Sozialchancen, die soziale Sicherheit einer Person werden in hohem Maße durch Art, Dauer und Umfang der Berufsausbildung mitbestimmt. Beispielsweise sind Absolventen von Ausbildungsberufen weniger häufig von Arbeitslosigkeit bedroht als Ungelernte, sie haben Anspruch auf den Nachweis hinreichend qualifizierter Berufstätigkeiten,

staatliche Förderung bei Umschulungs- und Weiterbildungsmaßnahmen, Rente im Fall einer Berufsunfähigkeit, eine bestimmte tarifliche Eingruppierung. Die Einbindung der Ausbildungsberufe in das Spannungsfeld tarif-, sozial- und berufspolitischer Interessen und die mit einem Ausbildungsberuf erwerbbaren Berechtigungen lassen umgekehrt auch den Ausbildungsberuf zum Vehikel werden (zum Beispiel Bemühungen um die Anerkennung von Berufstätigkeiten als Ausbildungsberuf), um für eine bestimmte Gruppe von Berufstätigen diese Berechtigungen zu erlangen. Zur Objektivierung der Entscheidung über die Neuentwicklung oder das Fortbestehen von Ausbildungsberufen hat der BUNDESAUSSCHUSS FÜR BERUFSBILDUNG (vgl. 1975) in einer Empfehlung vom 25. 10. 1974 „Kriterien für die Anerkennung und die Beibehaltung anerkannter Ausbildungsberufe" aufgestellt, die – den DATSCH-Leitsätzen vergleichbar – den Entscheidungsträgern eine Beurteilungsgrundlage bieten sollen. Sie lauten:
„– Hinreichender Bedarf an entsprechenden Qualifikationen, der zeitlich unbegrenzt und einzelbetriebsunabhängig ist,
– Ausbildung für qualifizierte, eigenverantwortliche Tätigkeiten auf einem möglichst breiten Gebiet,
– Anlage auf dauerhafte, vom Lebensalter unabhängige berufliche Tätigkeit,
– breit angelegte berufliche Grundbildung,
– Möglichkeit eines geordneten Ausbildungsganges,
– ausreichende Abgrenzung von anderen Ausbildungsberufen,
– Operationalisierbarkeit der Ausbildungsziele,
– Ausbildungsdauer zwischen zwei und drei Jahren,
– Grundlage für Fortbildung und beruflichen Aufstieg,
– Erwerb von Befähigung zum selbständigen Denken und Handeln bei

der Anwendung von ‚Fertigkeiten und Kenntnissen'."

Diese – wenn auch interpretationsfähigen – Kriterien sind von den Initiatoren der Entwicklung von Ausbildungsberufen (meist Arbeitgeber- und Arbeitnehmerorganisationen) ebenso zu berücksichtigen wie von dem auf Weisung des zuständigen Bundesministers mit der Entwicklung von Ausbildungsordnungen beauftragten BIBB und dem Verordnungsgeber selbst.

Bildungspolitische Bedeutung. Mit der Entwicklung der Ausbildungsberufe werden gleichzeitig einerseits individuelle Erwartungen und gesamtgesellschaftliche Erfordernisse sowie andererseits bildungs- und beschäftigungssystembezogene Anforderungen und Bedingungen zu realisieren versucht. Mit der Anerkennung des Beruflichen als Bildungskategorie und der stärkeren Einbeziehung der Ausbildungsberufe in die Sekundarstufe II des Bildungssystems rückte der Ausbildungsberuf aus seiner primären Wirtschafts- und Arbeitsrechtsbezogenheit heraus und wurde in stärkerem Maße zum Gegenstand staatlicher Bildungspolitik. Fragen, die die Berufsausbildung als Ganzheit betreffen, die jedoch die Zuständigkeitsbereiche von Bund und Ländern berühren (Ordnungskompetenz des Bundes für die betriebliche Berufsausbildung und der Länder für die schulische Berufsausbildung), wie beispielsweise die Frage der Abstimmung von Ausbildungsordnungen und Rahmenlehrplänen, der Ausbildungsorganisation (zum Beispiel Berufsgrundschuljahr), der sogenannten Lernortzuweisung von Ausbildungsinhalten, der Gleichstellung und Anrechnung schulischer Ausbildungsgänge treten damit in den Vordergrund. Bei der Klärung solcher Fragen ist zu berücksichtigen, daß für die schulische und betriebliche Berufsausbildung unterschiedliche pädagogische und rechtliche Rahmenbedingungen bestehen und sich

bildungspolitische Entscheidungen im schulischen Bereich unmittelbar auf die Gestaltung der betrieblichen Berufsausbildung auswirken und umgekehrt.

Im Rahmen seiner ordnungspolitischen Maßnahmen und im Hinblick auf die Konzentration der Ausbildungsberufe hat der BMWi bis 1969 275 Ausbildungsberufe gestrichen. Seit Erlaß des BBiG wurde ihre Zahl von 606 im Jahr 1971 auf 451 im Jahr 1979 reduziert (vgl. BUNDESINSTITUT FÜR BERUFSBILDUNG 1979). Ein Indiz für die Bedeutung eines Ausbildungsberufes ist die Zahl der abgeschlossenen Ausbildungsverhältnisse. Neben diesem quantitativen Merkmal sind, wie die Kriterien verdeutlichen, für die Anerkennung von Ausbildungsberufen pädagogische, technische, wirtschaftliche, gesellschaftliche, kulturelle Gesichtspunkte zu berücksichtigen. Die unterschiedlich starke Besetzung der Ausbildungsberufe verdeutlichen folgende Beispiele: Von den 1977 zirka 1,3 Millionen abgeschlossenen Ausbildungsverhältnissen bestanden allein 61,8 % in den 25 am stärksten besetzten Ausbildungsberufen. Auf die zehn am häufigsten gewählten Ausbildungsberufe entfielen 37 % der abgeschlossenen Ausbildungsverhältnisse. Die weiblichen Auszubildenden konzentrierten sich in noch stärkerem Maße auf eine beschränkte Zahl von Ausbildungsberufen. Bei ihnen waren die zehn am häufigsten gewählten Ausbildungsberufe mit 63 % der Auszubildenden besetzt (vgl. BUNDESMINISTER FÜR BILDUNG UND WISSENSCHAFT 1978, S. 92 ff.). Ein Ziel der Bildungspolitik ist es deshalb, den weiblichen Auszubildenden ein breites Spektrum von Ausbildungsberufen und damit größere Bildungschancen zu eröffnen. Die Rangfolge der am stärksten besetzten Ausbildungsberufe ist keine statische Größe; sie hängt sowohl vom Angebot und der Nachfrage bei Ausbildungsplätzen als auch von den übrigen Bildungsmöglichkeiten und deren individueller Einschätzung ab.

BENNER, H.: Der Ausbildungsberuf als berufspädagogisches und bildungsökonomisches Problem, Hannover 1977. BUNDESAUSSCHUSS FÜR BERUFSBILDUNG: Empfehlungen des Bundesausschusses für Berufsbildung betreffend Kriterien und Verfahren für die Anerkennung und Aufhebung von Ausbildungsberufen. Beschluß vom 25. 10. 1974. In: Wirtsch. u. Ber.-E. 27 (1975), 1, S. 23. BUNDESINSTITUT FÜR BERUFSBILDUNG (Hg.): Die anerkannten Ausbildungsberufe, Bielefeld 1977 ff. BUNDESMINISTER FÜR BILDUNG UND WISSENSCHAFT (Hg.): Grund- und Strukturdaten, Bonn 1978. HEILANDT, A.: Berufsabgrenzung in Metallindustrie, Schiffbau und chemischer Industrie. In: Tech. E. 1 (1926), 1, S. 4 ff. ZIERTMANN, P.: Wirtschaftsminister oder Kultusminister? Eine grundsätzliche Erörterung über die Frage der Zuständigkeit für das berufsbildende Schulwesen. In: D. Dt. Ber.- u. Fachs. 49 (1953), S. 81 ff.

Hermann Benner

Ausbildungsdauer

Zu den gesetzlich geforderten Angaben in einem Berufsausbildungsvertrag gehört laut Berufsbildungsgesetz (BBiG) die Dauer der Berufsausbildung (vgl. § 4, Abs. 1 BBiG). Die Ausbildungsdauer in den anerkannten Ausbildungsberufen soll nicht mehr als drei und nicht weniger als zwei Jahre betragen (vgl. § 25, Abs. 2, Ziff. 2 BBiG). Wenn somit der Gesetzgeber 1969 versucht hat, die Ausbildungsdauer einzugrenzen, so kommt darin die Absicht zum Ausdruck, auf der einen Seite zu gewährleisten, daß jede Berufsausbildung tatsächlich eine breit angelegte berufliche Grundbildung, die für die Ausübung einer qualifizierten beruflichen Tätigkeit notwendigen fachlichen Fertigkeiten und Kenntnisse sowie die erforderlichen Berufserfahrungen (vgl. § 1, Abs. 2 BBiG), vermittelt. Auf der anderen Seite sollte eine Abgrenzung erfolgen zwischen der beruflichen Erstausbildung und einer darauf aufbauenden beruflichen Fortbildung.

Von dieser Vorschrift über die Ausbildungsdauer gibt es noch zahlreiche Abweichungen, die teils in der Fortgeltung älterer Berufsordnungen begründet sind, teils aber auch der Forderung nach mehr Flexibilität in der Berufsausbildung Rechnung tragen (Stufenausbildungen):

– Unter den vor Inkrafttreten des BBiG anerkannten Ausbildungsberufen, deren Regelungen fortgelten (vgl. § 108, Abs. 1 BBiG), gibt es einige mit anderthalbjähriger Ausbildungsdauer (etwa den des Gerätezusammensetzers, anerkannt 1939), aber auch zahlreiche mit dreieinhalbjähriger Ausbildungsdauer (etwa den des Zahntechnikers, anerkannt 1964).

– Für die Stufenausbildung gelten besondere Bedingungen (vgl. § 26, insbesondere Abs. 6 BBiG). Die Ausbildungsdauer für die erste Stufe kann unter zwei Jahren liegen, die Ausbildungsdauer der gesamten Stufenausbildung kann über oder unter drei Jahren liegen. Beispiele hierfür sind die

– Stufenausbildung in der Bekleidungsindustrie (erste Stufe: Bekleidungsnäher, 12 Monate; zweite Stufe: Bekleidungsfertiger, 12 Monate; dritte Stufe: Bekleidungsschneider, 12 Monate; insgesamt *drei Jahre*), die

– Stufenausbildung in der Elektroindustrie (erste Stufe: Elektroanlageninstallateur, 24 Monate; zweite Stufe: Energieanlagenelektroniker, 18 Monate; insgesamt *dreieinhalb Jahre*) und die

– Stufenausbildung in der Bauwirtschaft (erste Stufe: Hochbaufacharbeiter, 24 Monate; und zweite Stufe: Maurer, 9 Monate; insgesamt *zweidreiviertel Jahre*).

Der Notwendigkeit, die Ausbildungsdauer bei Berücksichtigung individueller Voraussetzungen und Leistungen flexibel zu handhaben, wird durch eine Reihe von Ausnahmeregelungen Rechnung getragen. In diesem Zusammenhang erscheint es als zweckmäßig, zwischen der in der Berufsordnung festgelegten Ausbildungsdauer eines Ausbildungsberufes und der tatsächlichen Ausbildungszeit eines Auszubildenden zu unterscheiden – obgleich der Gesetzgeber beide Begriffe synonym verwendet. Eine Differenz zwischen Ausbildungsdauer und Ausbildungszeit kann durch folgende Regelungen begründet sein:

– Der Besuch eines (schulischen) Berufsgrundbildungsjahres oder der Besuch einer einjährigen Berufsfachschule wird auf die Ausbildungszeit in anerkannten Ausbildungsberufen angerechnet. Einzelheiten sind geregelt in der „Verordnung über die Anrechnung auf die Ausbildungszeit in Ausbildungsberufen der gewerblichen Wirtschaft – Anrechnung des Besuchs eines schulischen Berufsgrundbildungsjahres und einer einjährigen Berufsfachschule (Berufsgrundbildungsjahr-Anrechnungs-Verordnung)" vom 17. 7. 1978. Dies bedeutet in der Regel eine Verkürzung der Ausbildungszeit um ein Jahr.

– Der Besuch einer zweijährigen Berufsfachschule wird auf die Ausbildungszeit in anerkannten Ausbildungsberufen angerechnet. Die Bedingungen hierfür sind festgelegt in der „Verordnung über die Anrechnung auf die Ausbildungszeit in Ausbildungsberufen der gewerblichen Wirtschaft und der wirtschafts- und steuerberatenden Berufe – Anrechnung des Besuchs einer zwei- oder mehrjährigen Berufsfachschule mit einem dem Realschulabschluß gleichwertigen Abschluß (Berufsfachschul-Anrechnungs-Verordnung)" vom 4. 7. 1972. Die Ausbildungszeitverkürzung beträgt in diesem Fall ein bis anderthalb Jahre.

– „Die zuständige Stelle hat auf Antrag die Ausbildungszeit zu kürzen, wenn zu erwarten ist, daß der Auszubilden-

de das Ausbildungsziel in der gekürzten Zeit erreicht" (§ 29, Abs. 2 BBiG). Der Antrag kann vom Auszubildenden oder vom Ausbildenden vor oder während der Ausbildung gestellt werden. Grundlage für eine solche Ausbildungszeitverkürzung können sein: die Fachoberschulreife, Fachhochschulreife, allgemeine Hochschulreife, eine andere vorangegangene Berufsausbildung, einschlägige Arbeitstätigkeiten. Die Verkürzung kann sechs Monate bis zwei Jahre betragen, dabei sollen jedoch bestimmte Mindestausbildungszeiten (bei dreieinhalbjährigen Ausbildungsberufen 24 Monate, bei dreijährigen Berufen 18 Monate und bei zweijährigen Berufen 12 Monate) nicht unterschritten werden.

– „Der Auszubildende kann nach Anhören des Ausbildenden und der Berufsschule vor Ablauf seiner Ausbildungszeit zur Abschlußprüfung zugelassen werden, wenn seine Leistungen dies rechtfertigen" (§ 40, Abs. 1 BBiG). Als Grundlage für einen entsprechenden Leistungsnachweis können die Ergebnisse von Zwischenprüfungen, die vorgeschriebenen Berichtshefte, die Berufsschulzeugnisse herangezogen werden. Eine vorzeitige Zulassung zur Abschlußprüfung kann zusätzlich zu den zuvor genannten Möglichkeiten einer Ausbildungszeitverkürzung ausgesprochen werden.

– Eine regelmäßige, vom Umfang her unerhebliche Verkürzung der Ausbildungszeit ergibt sich schließlich dadurch, daß der Prüfungstermin im allgemeinen vor dem Ablauf der vereinbarten Ausbildungszeit liegt und die bestandene Abschlußprüfung zugleich der Zeitpunkt für die Beendigung des Ausbildungsverhältnisses ist (vgl. § 14, Abs. 2 BBiG). Das bedeutet, daß das Ausbildungsverhältnis am Tage nach der bestandenen Abschlußprüfung in ein Arbeitsverhältnis übergeht (vgl. §§ 17 und 5 BBiG).

- „Besteht der Auszubildende die Abschlußprüfung nicht, so verlängert sich das Berufsausbildungsverhältnis auf sein Verlangen bis zur nächstmöglichen Wiederholungsprüfung, höchstens um ein Jahr" (§ 14, Abs. 3 BBiG). Diese Vorschrift besagt, daß der Ausbildende verpflichtet werden kann, das Ausbildungsverhältnis bis zur Wiederholungsprüfung fortzusetzen. Da nach § 34, Abs. 1 BBiG die Abschlußprüfung zweimal wiederholt werden kann, kann bei Nichtbestehen eine nochmalige Verlängerung des Ausbildungsverhältnisses (im Rahmen eines Verlängerungsjahres) verlangt werden.
- Eine Verlängerung der Ausbildungszeit kann der Auszubildende bereits vor der Abschlußprüfung bei der zuständigen Stelle beantragen. Dem Antrag wird entsprochen, wenn erkennbar ist, daß die Verlängerung notwendig ist, damit der Auszubildende das Ausbildungsziel erreicht (vgl. § 29, Abs. 3 BBiG). Als Grund für einen solchen Antrag kann zum Beispiel eine längere Krankheit des Auszubildenden gelten.
- Schließlich ist darauf hinzuweisen, daß für die Berufsausbildung körperlich, geistig oder seelisch Behinderter von der Ausbildungsordnung, auch von der darin festgelegten Ausbildungsdauer, abgewichen werden kann (vgl. § 48, Abs. 1 BBiG). Grundsätzlich gilt, daß auch Behinderte, soweit das möglich ist, nach den Bestimmungen des BBiG ausgebildet werden sollen. Das Ausmaß der Abweichung von der Ausbildungsordnung richtet sich daher nach der Art und Schwere der Behinderung.

Damit ist eine Reihe von Möglichkeiten gegeben, die generell geltende Ausbildungsdauer im Sinne individueller Voraussetzungen und Lernfähigkeit zu variieren. Gerade die Möglichkeit einer flexiblen Handhabung der Ausbildungsdauer läßt noch einmal die Frage nach dem Zusammenhang von Ausbildungsdauer und Ausbildungsziel hervortreten. Denn nicht nur läßt sich die Ausbildungsdauer überhaupt erst auf der Grundlage definierter Ausbildungsziele bestimmen und rechtfertigen, das Erreichen bestimmter vorgegebener Ziele legt auch die Grenzen möglicher Abweichungen von der Ausbildungsdauer fest. Das allgemeine Ziel der beruflichen Erstausbildung ist im Sinne eines modernen Berufsverständnisses zutreffend formuliert worden in den von dem Gesamtverband der metallindustriellen Arbeitgeberverbände und der Industriegewerkschaft Metall gemeinsam beschlossenen „Eckdaten zur Neuordnung der industriellen Metallberufe". Darin heißt es:

„Ziel der Berufsausbildung gemäß § 1, Abs. 2 BBiG in den neu zu ordnenden Ausbildungsberufen ist die Facharbeiterqualifikation. Aufgrund dieser Ausbildung soll der Ausgebildete befähigt sein:

- in unterschiedlichen Betrieben und Branchen den erlernten Beruf auszuüben sowie – ggf. nach Aneignung fehlender Fertigkeiten – artverwandte Facharbeitertätigkeiten ausführen zu können;
- sich auf neue Arbeitsstrukturen, Produktionsmethoden und Technologien flexibel einstellen zu können mit dem Ziel, die berufliche Qualifikation zu erhalten;
- an Maßnahmen der Weiterbildung, Fortbildung und Umschulung teilnehmen zu können, um die berufliche Qualifikation und Beweglichkeit zu sichern [. . .].

Die Ausbildung ist so zu gestalten, daß ein Auszubildender nach Absolvierung der Abschlußklasse der Hauptschule ohne zusätzliche Hilfen das Ausbildungsziel erreichen kann" (GESAMTMETALL 1978, S. 1).

Eine solche gemeinsame Erklärung der Tarifvertragsparteien in einem wesentlichen Bereich der Berufsausbildung darf jedoch nicht darüber hinwegtäuschen, daß die Festlegung der Ausbildungsdauer für die einzelnen Berufe nach wie vor mit zahlreichen Problemen verbunden ist:

- Von der Ausbildungsdauer hängen die Kosten/Erträge, die für die Ausbildungsbetriebe mit der Berufsausbildung verbunden sind, ab.
- Die Ausbildungsdauer entscheidet mit über die tarifrechtliche Eingruppierung der Ausgebildeten.
- Die Festlegung der Ausbildungsdauer für einen Beruf erfordert einen zwischenberuflichen Vergleich, von dem mehrere Ausbildungsbereiche (zum Beispiel bei den Elektroberufen: Industrie, Handwerk und öffentlicher Dienst) betroffen sein können.
- Die Ausbildungsdauer muß abgestimmt werden mit den Maßnahmen der beruflichen Fortbildung (tertiärer Bereich).
- Die Ausbildungsdauer muß vergleichbar sein mit anderen schulischen Bildungsgängen/Abschlüssen der Sekundarstufe II.

Die Diskussion um die Ausbildungsdauer bestimmter Berufe wird daher nach wie vor kontrovers geführt. Der Gesamtverband der metallindustriellen Arbeitgeberverbände vertritt in dieser Kontroverse folgende Position:

„Das Bundesinstitut für Berufsbildung wird [. . .] aufgefordert, die anerkannten Ausbildungsberufe mit einer Ausbildungszeit von weniger als drei Jahren zu analysieren.

Die IG Metall fordert, die anerkannten Ausbildungsberufe mit einer Ausbildungszeit von weniger als drei Jahren [. . .] aufzuheben.

Gesamtmetall spricht sich für eine Beibehaltung und Fortgeltung der anerkannten Ausbildungsberufe mit einer Ausbildungszeit von weniger als drei Jahren aus" (GESAMTMETALL 1978, S. 3).

Eine Versachlichung der Diskussion kann ausgehen von der Berufsforschung, insbesondere aber auch von wissenschaftlich begleiteten Modellversuchen, wie dem Versuch über eine fortlaufende Lernleistungskontrolle (System „Contrôle continu") (vgl. „Verordnung über die Entwicklung und Erprobung einer neuen Ausbildungsform" vom 24. 7. 1975). Dabei wird die Ausbildung in einzelne Ausbildungsabschnitte gegliedert. Am Ende jedes Abschnitts erhält der Auszubildende einen Leistungsnachweis von der zuständigen Stelle (Kammer) auf der Grundlage fortlaufender Arbeitsproben und Tests der Betriebe sowie Klassenarbeiten der Berufsschule. Die Zwischenzeugnisse werden am Ende der Ausbildungszeit zu einem Abschlußzeugnis zusammengefaßt; die Facharbeiterabschlußprüfung entfällt damit. Eine solche Auflösung der punktuellen Abschlußprüfung zugunsten einer fortlaufenden Leistungsbewertung bedeutet zunächst die Einführung eines Punkt-Kredit-Systems in die Berufsausbildung und damit eine Annäherung zwischen Berufsausbildung und allgemeinen schulischen Bildungsgängen (siehe das Punktsystem in der neugestalteten gymnasialen Oberstufe). Darüber hinaus gestattet ein solches flexibles Ausbildungs- und Prüfungssystem eine stärkere Individualisierung der Bildungsgänge: Leistungsschwachen Auszubildenden können frühzeitig Stützungsmaßnahmen angeboten werden, „Schnellerner" können zusätzlich zum Normalprogramm Ergänzungs- und Vertiefungskurse erhalten (etwa mit dem Ziel, Doppelqualifikationen zu erwerben, wie Facharbeiterbrief und Fachoberschulreife). Damit würden die Vorteile der Stufenausbildung (unterschiedliche Abschlüsse) ohne deren diskriminierenden Charakter (kürzere Ausbildung) in ein neues Ausbildungssystem übernommen werden. Bei einer für alle Jugendlichen gleich langen, in sich differenzierten Ausbildung würde dem Gesichtspunkt der Chancengleichheit ohne gleichzeitige Benachteiligung einzelner Gruppen entsprochen werden. Die Diskussionen um die Dauer der beruflichen Erstausbildung ließen sich so auf eine neue Grundlage stellen, und der pädagogische Aspekt bekäme eindeutig Priorität.

BUNDESINSTITUT FÜR BERUFSBILDUNG (Hg.): Verzeichnis der anerkannten Ausbildungsberufe – Stand: 1. Juli 1978, Bielefeld 1978. GESAMTMETALL (Gesamtverband der metallindustriellen Arbeitgeberverbände e. V.): Eckdaten zur Neuordnung der industriellen Metallberufe, Köln 1978. HAASE, H. u. a.: Berufsbildungsgesetz mit Erläuterungen, Köln 1979. LEMPERT, W./ EBEL, H.: Lehrzeitdauer, Ausbildungssystem und Ausbildungserfolg. Grundlagen für die Bemessung des Zeitraums der Ausbildung bis zum Facharbeiterniveau, Freiburg 1965. SACHVERSTÄNDIGENKOMMISSION KOSTEN UND FINANZIERUNG DER BERUFLICHEN BILDUNG: Kosten und Finanzierung der außerschulischen beruflichen Bildung. Abschlußbericht, Bielefeld 1974.

Peter Werner

Ausbildungsfinanzierung

Entsprechend der geteilten Zuständigkeit von Schule und Betrieb im dualen System der Berufsausbildung muß auch hinsichtlich der Finanzierung zwischen schulischer und außerschulischer beruflicher Bildung unterschieden werden.

Finanzierung der schulischen Berufsausbildung. Die von den Ländern verantwortete schulische Berufsausbildung (die Ausbildung an Berufsschulen, Berufsaufbauschulen, Berufsfachschulen, Fachober- und Fachschulen) wird – mit Ausnahme der Ausbildung an Privatschulen – ausschließlich aus den öffentlichen Haushalten finanziert. Die Ausgaben für berufsbildende Schulen betragen fast 7 % aller *öffentlichen Bildungsausgaben* (vgl. MATTERN 1979, S. 56). Diese Schulen werden von den Ländern und Gemeinden entsprechend der Aufgabenverteilung zwischen inneren und äußeren Schulangelegenheiten getrennt finanziert. Die Personalausgaben (etwa zwei Drittel der Gesamtausgaben für berufsbildende Schulen) werden überwiegend vom Land, die Sachausgaben (Lehr- und Lernmittel) und die Investitionen (Errichtung von Schulgebäuden und ihre Erstausstattung) werden dagegen vom Schulträger, das sind in der Regel die Gemeinden, getragen.

Pro Schüler wurde an beruflichen Schulen 1975 bedeutend weniger ausgegeben (1 940,– DM) als an allgemeinbildenden Schulen (2 950,– DM). Ein Vergleich der Ausgabenhöhe pro Schüler nach Schularten muß jedoch berücksichtigen, daß es sich im Bereich der beruflichen Schulen häufig um Teilzeiteinrichtungen handelt, die von den Auszubildenden zusätzlich zur praktischen Unterweisung im Betrieb besucht werden. Hier sind also nicht die Ausgaben pro Schüler, sondern pro Schülerplatz entscheidend. Rechnet man die Teilzeitschüler im Verhältnis 3 : 1 in Vollzeitschüler um, so ergeben sich Ausgaben von 3 870,– DM pro Schülerplatz an beruflichen Schulen, die deutlich über den Ausgaben pro Schüler an allgemeinbildenden Schulen liegen (vgl. BUNDESMINISTERIUM FÜR BILDUNG UND WISSENSCHAFT 1977 a, S. 59). Diese Ausgabendifferenz ist unter anderem bedingt durch die spezifischen Anforderungen der einzelnen Ausbildungsberufe an die Ausstattung der Schulen sowie durch die zum Teil kleineren Lerngruppen.

Die öffentlichen Ausgaben für das berufliche Schulwesen sind jedoch nicht einheitlich hoch, sondern weisen je nach der Finanzkraft der zuständigen Länder und Gemeinden regionale Unterschiede auf. Zur Angleichung der regional verfügbaren Finanzmittel existiert ein kompliziertes System der Mittelumverteilung (Finanzausgleich) zwischen unterschiedlich finanzkräftigen Gebietskörperschaften.

Finanzierung der außerschulischen Berufsausbildung. Die betriebliche Berufsausbildung wird von den einzelnen ausbildenden Unternehmungen finanziert. Dem Gewinnmaximierungsziel privater Unternehmen entsprechend, werden auch *betriebliche Ausbildungsausgaben* als Produktionskosten betrachtet, die zumindest langfristig durch ausbildungsbedingte Produktivitätssteigerung der Arbeitskräfte Mehreinnahmen erbringen sollen. Ausgehend von Kosten-Ertrags-Überlegungen hat BECKER (vgl. 1970, S. 131 ff.) bereits Anfang der 60er Jahre versucht, die Ausbildungsbereitschaft privater Unternehmen zu analysieren: Diese ist um so größer, je sicherer für das ausbildende Unternehmen die Aneignung der Ausbildungserträge ist. Hier ergeben sich besonders für solche Ausbildungsleistungen Probleme, deren Anwendung nicht auf den Ausbildungsbetrieb beschränkt ist. Das sind Ausbildungsleistungen, die im Falle eines Arbeitsplatzwechsels des Ausgebildeten auch von anderen Betrieben genutzt werden können. Der Ausgebildete wird sich dann für einen Arbeitsplatzwechsel entscheiden, wenn der ihm vom abwerbenden Betrieb gebotene Lohn über seinen derzeitigen Bezügen liegt. Durch die Abwanderung ausgebildeter Arbeitskräfte kann dem Ausbildungsbetrieb aber ein finanzieller Verlust dadurch entstehen, daß er mehr in die Ausbildung investiert hat, als er durch Aneignung der Ausbildungserträge kompensieren kann, während der abwerbende Betrieb die Ausbildungserträge nutzt, ohne sich an den Ausbildungskosten beteiligt zu haben. Aus dem Verlustrisiko durch Abwanderung von ausgebildeten Arbeitskräften resultieren für den Ausbildungsbetrieb verschiedene Konsequenzen:

– Der Betrieb kann versuchen, seine Ausbildungskosten in die Preise der von ihm produzierten Güter und Dienste zu kalkulieren und so an die Endverbraucher weiterzugeben.

– Der Betrieb kann versuchen, die Auszubildenden bereits während ihrer Ausbildungszeit produktiv einzusetzen, um so wenigstens die ihm entstehenden Ausbildungskosten zu decken.

– Der Betrieb kann versuchen, die Arbeitsmarktchancen (Mobilität) und damit die Abwanderungsmöglichkeiten seiner Auszubildenden zu begrenzen, indem er die Ausbildung auf Vermittlung von betriebsspezifischen Kenntnissen und Fertigkeiten beschränkt.

– Der Betrieb kann ganz auf Ausbildungsinvestitionen verzichten, das heißt: seine Ausbildungsaktivitäten einstellen und seinen Bedarf an qualifizierten Arbeitskräften ebenfalls durch Abwerbung decken.

Solche durch die gegebene Form der einzelbetrieblichen Ausbildungsfinanzierung notwendigen Rentabilitätsüberlegungen der Ausbildungsbetriebe können in ihren praktischen Auswirkungen durchaus gesamtwirtschaftlichen und bildungspolitischen Notwendigkeiten hinsichtlich Vereinheitlichung und Qualitätsverbesserung der Berufsausbildung entgegenstehen. Hierin liegt ein Ursachenkomplex für die vielbeklagten Mängel des dualen Systems.

Nach den Ergebnissen der SACHVERSTÄNDIGENKOMMISSION KOSTEN UND FINANZIERUNG DER BERUFLICHEN BILDUNG (vgl. 1974, S. 355 ff.) resultieren aus dem bestehenden Finanzierungssystem folgende Tatbestände:

– Nur ein Zehntel der Industrie-und-Handelskammer-Betriebe und ein Viertel der Handwerkskammer-Betriebe erbringen überhaupt Ausbildungsleistungen.

– Die Kosten, die den Ausbildungsbetrieben durch ihre Ausbildungsleistungen entstehen, schwanken stark. So erwirtschafteten 10 % der untersuchten Betriebe mit den produktiven Leistungen der Auszubildenden Erträge, die über ihren aufgewendeten

Ausbildungskosten lagen, während 7 % der Ausbildungsbetriebe netto mehr als 10 000,- DM pro Auszubildenden und Jahr ausgaben.
- Kosten und Qualität der Ausbildung nehmen mit der Betriebsgröße zu.
- Das Angebot an Ausbildungsplätzen stimmt weder mit dem Bedarf an qualifizierten Arbeitskräften noch mit der Nachfrage der Jugendlichen nach Ausbildungsplätzen überein, streut regional stark und ist konjunkturabhängig.

Insgesamt gilt für die außerschulische Berufsausbildung, daß der größte Teil der Ausgaben auf Personalkosten und Ausbildungsvergütungen entfällt. Die Höhe der dem Auszubildenden vom Ausbildungsbetrieb zu zahlenden Ausbildungsvergütung ist nicht einheitlich geregelt. Das Berufsbildungsgesetz sieht lediglich eine jährliche Steigerung sowie Altersangemessenheit vor. Die Ausbildungsvergütung soll dem Abbau materieller Bildungshindernisse sowie größerer Elternunabhängigkeit des Auszubildenden dienen, steht also nicht, wie von den Gewerkschaften gefordert, in direktem Zusammenhang mit der Tätigkeit des Auszubildenden. Tatsächlich variiert die Ausbildungsvergütung pro Auszubildenden und Monat zwischen den Ausbildungsbetrieben und Berufen erheblich.

Der Ausbau überbetrieblicher Ausbildungsstätten wird entsprechend dem Bedarf an überbetrieblichen Ausbildungsplätzen finanziell von Bund und Ländern gefördert.

Hinsichtlich einer Neuordnung der Ausbildungsfinanzierung hat die SACHVERSTÄNDIGENKOMMISSION KOSTEN UND FINANZIERUNG DER BERUFLICHEN BILDUNG (vgl. 1974, S. 390 ff.) die Ablösung der einzelbetrieblichen Ausbildungsfinanzierung durch einen zentralen, sich selbst verwaltenden Berufsausbildungsfonds vorgeschlagen. Die Fondsmittel sollen durch eine einheitliche Umlage (1 % der Bruttolohn- und -gehaltssumme) von allen öffentlichen und privaten Unternehmen aufgebracht werden.

An die Vergabe der Fondsmittel zur Refinanzierung einzelbetrieblicher Ausbildungsleistungen soll ein die Ausbildungseignung des ausbildenden Betriebes überprüfendes Akkreditierungsverfahren gekoppelt werden, wodurch die Einhaltung festgesetzter Qualitätsstandards regelmäßig kontrolliert werden kann. Dieses Modell der Ausbildungsfinanzierung hat ansatzweise Eingang in das Ausbildungsplatzförderungsgesetz von 1976 gefunden. Die Umlagefinanzierung war hier jedoch lediglich noch als Notsystem enthalten.

Das Gesetz sah vor: Wenn das von der Bundesregierung jährlich im Berufsbildungsbericht zu ermittelnde Ausbildungsplatzangebot die Nachfrage um weniger als 12,5 % übersteigt, müssen alle Betriebe, deren Bruttolohn- und -gehaltssumme über einem bestimmten Freibetrag liegt, 0,25 % der Bemessungsgrundlage in einen zentralen Ausbildungsfonds einzahlen. Mit diesen Mitteln sollen neu geschaffene Ausbildungsplätze gefördert sowie die Erhaltung bestehender Ausbildungsplätze (Bestandsschutz) honoriert werden. Übersteigt das Angebot die Ausbildungsplatznachfrage wieder um mehr als 12,5 %, dann kann die Umlagefinanzierung eingestellt werden.

Die Bundesregierung hat in den vier Jahren des Bestehens dieses Gesetzes darauf verzichtet, eine Berufsbildungsabgabe zu erheben, obwohl das Ausbildungsplatzangebot weit unter dem geforderten Überschuß von 12,5 % lag (vgl. BUNDESMINISTERIUM FÜR BILDUNG UND WISSENSCHAFT 1977 b). Ende de 1980 hat das Bundesverfassungsgericht aufgrund einer Klage der bayerischen Staatsregierung dieses politisch sehr umstrittene Gesetz für nichtig erklärt, weil es seinerzeit ohne die Zustimmung des Bundesrates zustande gekommen war.

Die individuelle Ausbildungsfinanzierung. Sowohl bei den Kosten als auch bei den Erträgen der Ausbildung muß zwischen gesellschaftlichen und individuellen Kosten und Erträgen unterschieden werden. Mit den Personal-, Sach- und Investitionsausgaben der öffentlichen Haushalte sind aber erst die direkten oder gesellschaftlichen Kosten des schulischen Teils beziehungsweise mit den Ausbildungsleistungen der Betriebe die des betrieblichen Teils der Berufsbildung erfaßt. Die indirekten oder individuellen Kosten, zu denen neben den Lebenshaltungskosten besonders die entgangenen Einkommen gehören, müssen die Auszubildenden selbst tragen. Als entgangenes Einkommen oder auch als Opportunitätskosten bezeichnet man das Einkommen, das ein Jugendlicher hätte erzielen können, wenn er, statt weiterzulernen, berufstätig geworden wäre. Diese indirekten Kosten wird der Lernende aber nur dann auf sich nehmen, wenn sich durch längere und bessere Ausbildung sein subjektiver Nutzen steigern läßt. Der subjektive Ausbildungsnutzen drückt sich objektiv primär im zukünftigen, ausbildungsbedingten Einkommen aus. Um die individuelle Effizienz von Ausbildungsentscheidungen zu bestimmen, müßte der einzelne Investitionsrechnungen durchführen, indem er die ihm entstehenden (indirekten) Ausbildungskosten seinen zukünftig erwarteten Ausbildungserträgen gegenüberstellt. Solche Kosten-Ertrags-Analysen in bezug auf Ausbildungsentscheidungen setzen voraus, daß
– die Ausbildungskosten individuell kalkulierbar sind,
– die zukünftigen Einkommen prognostiziert werden können,
– höhere Einkommen ihre Ursache in qualifizierter Ausbildung haben.
Abgesehen von methodischen Problemen muß aber bezweifelt werden, daß der einzelne Auszubildende derartig langfristige Investitionsüberlegungen hinsichtlich seiner Ausbildungsentscheidung überhaupt in Erwägung zieht. Jedoch beeinflußt bei sozial benachteiligten Bevölkerungsgruppen das direkt verfügbare Einkommen die Ausbildungsentscheidung erheblich und kann zum Ausbildungsverzicht zugunsten einer ungelernten Tätigkeit führen. Ausgleichend soll hier die individuelle finanzielle Förderung nach dem Bundesausbildungsförderungsgesetz (BAFöG) und nach dem Arbeitsförderungsgesetz (AFG) wirken.

Ausbildungsfinanzierung in anderen westeuropäischen Staaten. Auch in *Frankreich* wird das berufsbildende Schulwesen aus öffentlichen Mitteln finanziert beziehungsweise subventioniert. Die Betriebe sind jedoch durch eine „Lehrlingssteuer" an der Finanzierung der beruflichen Aus- und Weiterbildung beteiligt. Diese seit 1972 regelmäßig von den Betrieben abzuführende Steuer umfaßt einen bestimmten Prozentsatz der Bruttolohn- und -gehaltssumme. Aufwendungen der Betriebe für eigene Ausbildungsleistungen können mit der Steuerschuld verrechnet werden.
In *Großbritannien* werden die beruflichen Schulen von den örtlichen Schulträgern aus deren Steuereinnahmen finanziert. Diese Schulen erhalten außerdem staatliche Subventionen und erheben zum Teil Teilnehmergebühren. An der Aufbringung der Mittel der von den „Industrial Training Boards" finanzierten betrieblichen Ausbildung sind neben dem Arbeitsministerium alle Betriebe über eine Ausbildungssteuer beteiligt. Teilweise werden betriebliche Ausbildungsleistungen refinanziert, sofern sie den von den Boards genehmigten Ausbildungsgängen entsprechen.
Das berufliche Schulwesen der *Niederlande* wird je nach Schulart direkt oder über Kostenrückerstattung von der Zentralregierung finanziert. Betriebe erhalten ebenfalls von der Zentralregierung pro Lehrvertrag eine bestimmte staatliche Unkostenbeteiligung.
Ähnliches gilt für *Schweden,* wo das in

die Gymnasialschulen integrierte berufsbildende Schulwesen staatlich finanziert wird. Die ausbildenden Betriebe erhalten nur für solche Ausbildungsleistungen staatliche Zuschüsse, die wenigstens teilweise schulisch organisiert sind und bestimmten Mindeststandards entsprechen.

Die Finanzierung der Berufsbildung in *Österreich* und der *Schweiz* entspricht weitgehend der in der Bundesrepublik Deutschland. Der schulische Teil der beruflichen Bildung wird von Bund und Ländern aus deren Steuereinnahmen finanziert, die Kosten für die betriebliche Ausbildung übernimmt in der Regel die ausbildende Unternehmung (vgl. WEMA-INSTITUT . . . 1973).

BECKER, G. S.: Investitionen in Humankapital – Eine theoretische Analyse. In: HÜFNER, K. (Hg.): Bildungsinvestitionen und Wirtschaftswachstum, Stuttgart 1970, S. 131 ff. BUNDESMINISTERIUM FÜR BILDUNG UND WISSENSCHAFT (Hg.): Grund- und Strukturdaten, Bonn 1977 a. BUNDESMINISTERIUM FÜR BILDUNG UND WISSENSCHAFT (Hg.): Berufsbildungsbericht, Bonn 1977 b. MATTERN, C.: Bildungsfinanzierung – Probleme und neue Ansätze, Frankfurt/M. 1979. SACHVERSTÄNDIGENKOMMISSION KOSTEN UND FINANZIERUNG DER BERUFLICHEN BILDUNG: Kosten und Finanzierung der außerschulischen beruflichen Bildung. Abschlußbericht, Bielefeld 1974. WEMA-INSTITUT FÜR EMPIRISCHE SOZIALFORSCHUNG, INFORMATIK UND ANGEWANDTE KYBERNETIK (Hg.): Bildungswesen im Vergleich. Darstellung der Lehrlingsausbildung in ausgewählten Ländern, Bonn 1973.

Cornelia Mattern

Ausbildungsförderung

Kennzeichnung. Mit Ausbildungsförderung wird im weiteren Sinne die finanzielle Unterstützung von auszubildenden Personen und Ausbildungsinstitutionen bezeichnet. Durch Ausbildungsförderung sollen Ausbildungskosten weitgehend oder teilweise gedeckt und dadurch ökonomische Hemmnisse für einen über die Schulpflicht hinausgehenden weiterführenden Schulbesuch, ein Studium oder eine Berufsausbildung abgebaut werden. Sie erfolgt durch staatliche oder private Stellen in sehr vielfältigen Formen bei zum Teil unterschiedlicher Zielsetzung. Die öffentliche Ausbildungsförderung steht als ein Bestandteil des Systems der finanziellen Bildungsförderung neben den finanziellen Erleichterungen für die Berufsfortbildung, Umschulung und Rehabilitation. Nach den Vorstellungen des 1973 verabschiedeten Bildungsgesamtplans (vgl. BUND-LÄNDER-KOMMISSION FÜR BILDUNGSPLANUNG 1973) war diese finanzielle Bildungsförderung schrittweise zu einem umfassenden Förderungssystem auszubauen.

Ausbildungsförderung umfaßt im engeren Sinne die individuelle Förderung der Ausbildung, wofür im Sprachgebrauch unter anderem auch die Begriffe Erziehungsbeihilfe, Stipendium, Berufsausbildungsförderung verwendet werden.

Zielsetzung. Die staatliche Ausbildungsförderung in der Bundesrepublik Deutschland hat ihre Grundlage in dem Anspruch, möglichst jedem jungen Menschen zu helfen, die Ausbildung zu erlangen, die seiner Eignung, Neigung und Leistung am ehesten entspricht. Diese Verpflichtung basiert auf der Sozialstaatsklausel des Grundgesetzes (GG) und den im GG enthaltenen Grundrechten wie dem Gleichheitsgrundsatz, dem Recht der freien Berufswahl und der freien Entfaltung der Persönlichkeit; sie fußt weiterhin auf der Erkenntnis, daß für die technische, wirtschaftliche und soziale Weiterentwicklung der Gesellschaft und die zunehmend erforderliche internationale Konkurrenzfähigkeit eine steigende Zahl von Menschen mit besonders qualifizierter Ausbildung notwendig ist; dabei ist das Interesse des Staates besonders auf die Aktivierung von Bildungsreserven bei den Bevölkerungsschichten gerichtet, die infolge sozioökonomischer Beeinträchtigungen früher keine Möglichkeit zu qualifizierter Ausbildung fanden.

Der finanzielle Bedarf für Lebensunterhalt und Ausbildung der Auszubildenden soll, wenn dafür bei den Unterhaltsverpflichteten ausreichende Mittel nicht zur Verfügung stehen, durch öffentliche verlorene Zuschüsse oder langfristige unverzinsliche Darlehen sichergestellt werden.

Die Ergebnisse einer besseren Ausbildung liegen sowohl im Interesse der Gesellschaft und des Staates, gleichzeitig bewirken sie aber meist auch persönliche Vorteile des Geförderten, etwa eine besser bezahlte oder angesehenere Berufsposition, eine persönlich befriedigendere Arbeit oder ein geringeres Risiko, in wirtschaftlich schwierigen Zeiten den Arbeitsplatz zu verlieren.

Entwicklung. Die Notwendigkeit zu einer besonderen finanziellen Unterstützung während der Ausbildung zeigte sich bereits, seit im Zuge der Industrialisierung und des Ausbaues eines schulischen und betrieblichen Berufsausbildungssystems die Ausbildungsjahre in zunehmendem Maße auch außerhalb der Familiengemeinschaft zugebracht werden mußten. Aber erst nach dem Zweiten Weltkrieg entwickelte sich dann unter den sozialstaatlichen Zielsetzungen des Grundgesetzes und der Verfassungen der einzelnen Bundesländer eine zunehmende öffentliche Verantwortung für eine finanzielle Sicherung der Ausbildung und insbesondere der Berufsausbildung Jugendlicher.

Zunächst wurden von der öffentlichen Sorgepflicht die Personengruppen erfaßt, die vom Zweiten Weltkrieg und von seinen Folgen besonders hart betroffen waren: Kriegswaisen, Heimatvertriebene, Evakuierte, politisch Verfolgte, Flüchtlinge. Aus den Motiven des Schadensausgleichs, der Wiedergutmachung oder einer Härteregelung heraus sollte auch die Ausbildung der zu diesen Gruppen gehörenden jungen Menschen finanziell unterstützt werden. Diese auf bestimmte Personenkreise eingegrenzte, sogenannte „Kategorienförderung" ging und geht zurück. Sie hat jedoch die staatliche Initiative auf dem Gebiet der allgemeinen Ausbildungsförderung entscheidend beeinflußt.

Die öffentliche finanzielle Förderung einer betrieblichen Berufsausbildung sowie der beruflichen Fortbildung und Umschulung von Arbeitnehmern wurde mit dem Arbeitsförderungsgesetz (AFG) vom 25. 6. 1969 auf eine neue rechtliche Grundlage gestellt. Daneben erhielt zunächst die Ausbildungsförderung für Schüler bestimmter Ausbildungsstätten eine erste bundeseinheitliche Regelung für die Zeit vom 1. 7. 1970 bis zum 30. 9. 1971 durch das Erste Gesetz über individuelle Förderung der Ausbildung (Ausbildungsförderungsgesetz).

Nach Klärung von Verfassungskompetenz- und Finanzfragen zwischen Bund und Ländern wurden dieses Gesetz und auch die Studienförderung nach dem „Honnefer Modell" abgelöst durch das Bundesgesetz über individuelle Förderung der Ausbildung (Bundesausbildungsförderungsgesetz – BAFöG –) vom 26. 8. 1971.

Die Ausbildungsförderung nach dem BAFöG wurde seitdem mehrfach verbessert, insbesondere durch Anpassung der Bedarfssätze und Freibeträge an die gestiegenen Lebenshaltungskosten. Die Aufwendungen, die vom Bund zu 65 % und von den Ländern zu 35 % getragen werden, sind von 1972 mit einem Volumen von knapp 1,6 Milliarden DM auf 3,6 Milliarden DM im Jahre 1980 angestiegen. Durch das BAFöG wurde und wird die wirtschaftliche und soziale Lage vieler Schüler und Studenten verbessert und auch für sie mehr Chancengleichheit geschaffen, weil auf diese individuelle Ausbildungsförderung „für eine der Neigung, Eignung und Leistung entsprechende Ausbildung ein Rechtsanspruch nach Maßgabe dieses Gesetzes" besteht, wenn dem auszubildenden Schüler oder Studenten „die für seinen Lebensunterhalt und seine Ausbildung erforderlichen Mittel anderweitig nicht zur Verfügung stehen" (§ 1 BAFöG).

Bereiche der individuellen Förderung. Die öffentliche Ausbildungsförderung nach dem BAFöG wird geleistet für Schüler an öffentlichen allgemeinbildenden und beruflichen Vollzeitschulen ab Klasse 11, teilweise bereits ab Klasse 10, sowie für Studierende an Hochschulen aller Art und, mit Einschränkungen, auch für Teilnehmer an Fernunterrichtslehrgängen und für Praktikanten. In Anknüpfung an das sich ändernde Bildungssystem wurden in kleineren Korrekturen ab 1971 weitere Ausbildungsbereiche einbezogen, so ab 1978 Schüler des Berufsgrundbildungsjahres und der 10. Klassen von Berufsfachschulen.

Durch den starken Ausbau der öffentlichen Ausbildungsförderung sind die vielen privaten Stiftungen und Fördervereine zwar entlastet worden, sie erfüllen aber weiterhin unter ihren speziellen Zielsetzungen wichtige Aufgaben.

Prinzipien der individuellen Förderung. Eine öffentliche Ausbildungsförderung wird nur gewährt bei Vorliegen von Bedürftigkeit und Eignung. Bedürftigkeit wird angenommen, wenn der Auszubildende weder allein noch mit Hilfe seiner Unterhaltsverpflichteten in zumutbaren Grenzen die Kosten seiner Ausbildung aufzubringen vermag. Die öffentliche Ausbildungsförderung beachtet somit das Prinzip der Subsidiarität, das heißt, eine öffentliche und im allgemeinen auch eine private Förderung erfolgt nur, wenn die finanzielle Belastung durch die Ausbildung dem Ausbildungswilligen, seinem Ehegatten oder seinen Eltern nicht zumutbar ist. Die geforderten Eignungsvoraussetzungen schwanken je nach der besonderen Zwecksetzung der Förderung. Sie reichen von der sogenannten „schlichten Eignung", die angenommen wird, wenn das Ausbildungsziel voraussichtlich ohne nennenswerte Schwierigkeiten erreicht wird, beispielsweise beim BAFöG, bis zum Erfordernis einer erheblich über dem Durchschnitt liegenden Qualifikation.

Förderungsformen. Die Ausbildung wird finanziell durch individuelle und institutionelle Förderungsmaßnahmen unterstützt. Die von der Größenordnung her bedeutendste individuelle Förderung nach dem BAFöG umfaßt Zuschüsse und langfristige zinslose Darlehen an Schüler und Studenten. Bei der Berechnung der Förderung wird für Schüler und Studenten von einem unterschiedlichen Regelbedarf ausgegangen. Dieser wird vom Gesetzgeber nach dem Grundsatz der möglichst kostendeckenden Unterstützung festgelegt und in bestimmten Zeitabständen an die übrigen sozialen Leistungsrechte angepaßt. Er beträgt für Bewilligungszeiträume ab 1. 4. 1982 monatlich zum Beispiel für Schüler ab Klasse 10 275,– DM, für Fachoberschüler 490,– DM und für Studierende 535,– DM, für letztere erhöht er sich auf 660,– DM, wenn ein Student nicht bei seinen Eltern wohnt. Auf diese Förderungshöchstbeträge werden unter dem Gesichtspunkt der allgemein für Sozialleistungen geltenden Subsidiarität Einkünfte des Auszubildenden und seiner Unterhaltsverpflichteten angerechnet, soweit sie bestimmte, im Gesetz festgelegte Freibeträge übersteigen, die ebenfalls von Zeit zu Zeit den gestiegenen Lebenshaltungskosten angepaßt werden.

Zur weiteren individuellen Förderung der Ausbildung durch den Staat zählen auch die indirekt wirkenden steuerlichen Vergünstigungen, wie zum Beispiel die Ausbildungsfreibeträge bei der Einkommen- oder Lohnsteuer für Eltern, deren Kinder für einen Beruf ausgebildet werden. Die öffentliche institutionelle Förderung begünstigt die privaten Träger von Ausbildungsmaßnahmen erheblich, weil sie aus Finanzhilfen und aus indirekt wirkenden steuerlichen Erleichterungen, besteht. Solche finanziellen Hilfen können gewährt werden etwa nach dem Arbeitsförderungsgesetz, nach dem Ausbildungsplatzförderungsgesetz oder nach den unterschiedlichen Förderungprogrammen in den einzelnen Bundesländern.

Ausbildungsvergütung. Personen, die sich in einem Berufsausbildungsverhältnis befinden, haben nach dem Berufsbildungsgesetz (BBiG) vom 14. 8. 1969 als Auszubildende einen Anspruch gegenüber dem Ausbildenden auf Gewährung einer angemessenen Vergütung; diese ist aufgrund ihres lohnähnlichen Charakters so zu bemessen, daß sie nach dem Lebensalter (ab 18. Lebensjahr) und mit fortschreitender Berufsausbildung ansteigt. Die Ausbildungsvergütungen werden im allgemeinen in Tarifverträgen zwischen dem Arbeitgeberverband und den Gewerkschaften für ihren Bereich festgelegt. Für den Ausbildungsbereich der Eisen-, Metall- und Elektroindustrie betrugen die Ausbildungsvergütungen 1981 im Land Hessen für das erste Ausbildungsjahr monatlich 535,– DM, das zweite Jahr 575,– DM, das dritte 625,– DM und das vierte Ausbildungsjahr 665,– DM. Die Ausbildungsvergütungen variieren in ihrer Höhe nach dem Sektor und der Region der jeweiligen Berufsausbildung.

BUNDESMINISTER FÜR BILDUNG UND WISSENSCHAFT (Hg.): Studenten-Service-Broschüre, Bonn 1978. BUND-LÄNDER-KOMMISSION FÜR BILDUNGSPLANUNG: Bildungsgesamtplan, 2 Bde., Stuttgart 1973. JARON, G./KNUDSEN, H. (Hg.): Die gesamte Ausbildungsförderung in der Bundesrepublik Deutschland, Berlin/Neuwied 1971 ff. ROTH, F./BLANKE, E. A.: Bundesausbildungsförderungsrecht, Köln ⁸1976. UTHMANN, K. J./KREKLAU, C.: Handbuch der Ausbildungsförderung, Köln o. J. (1978).

Heinz Kiepe

Ausbildungsmedien

Begriffliche Klärungen und Funktionsbereiche. Vor dem Hintergrund der Bedeutung des Begriffs „Medium" können Ausbildungsmedien als Träger und/oder Vermittler von Informationen in Ausbildungsprozessen beschrieben werden. Die „Träger-Funktion" weist auf die Phase der Planung und Entwicklung hin, in der für bestimmte Ausbildungsprozesse Informationen (Lerninhalte) zusammengestellt und für eine spätere Verwendung auf Apparate/Materialien gespeichert werden. Die „Übermittlungs-Funktion" rückt die Benutzer (Lehrende und/oder Lernende) der Ausbildungsmedien in den Vordergrund. Für den letztgenannten Aspekt des Begriffs Ausbildungsmedien wird in der beruflichen Bildung häufig der Terminus Ausbildungsmittel verwandt.

In dem Begriff Ausbildungsmittel vereinigen sich didaktisch-methodische und rechtliche Gesichtspunkte. Die rechtliche Komponente ergibt sich insbesondere durch § 6 Berufsbildungsgesetz (BBiG), in dem es heißt: „Der Ausbildende hat [...] dem Auszubildenden kostenlos die Ausbildungsmittel, insbesondere Werkzeuge und Werkstoffe zur Verfügung zu stellen, die zur Berufsausbildung und zum Ablegen von Zwischen- und Abschlußprüfungen [...] erforderlich sind." Das Gesetz nennt „Werkzeuge" und „Werkstoffe" nur beispielhaft. Hinzu kommen grundsätzlich alle „originalen Lerngegenstände" des Berufes, soweit diese als Mittel für die Durchführung der beruflichen Ar-

71

beiten benötigt werden, für die der Auszubildende nach der Ausbildungsordnung Qualifikationen erwerben soll.

Zwei Kategorien von Ausbildungsmitteln sind bei der Vermittlung und dem Erwerb beruflicher Qualifikationen grundsätzlich zu unterscheiden. Einmal können die Ausbildungsmittel originale Gegenstände aus dem Arbeitsgebiet selbst sein, und zum anderen können sie in Form von „Mittlern" auftreten. Es lassen sich weitere Unterscheidungen angeben: Sind die Ausbildungsmittel für die Hand des Auszubildenden/Schülers bestimmt, dann werden diese als Lernmittel (oder als Arbeitsmittel) bezeichnet, setzt dagegen der Ausbilder/Lehrer diese ein, dann spricht man von Lehrmitteln. Viele Ausbildungsmittel sind beides zugleich: Ein Stück Kreide oder ein Arbeitsblatt in der Hand eines Ausbilders/Lehrers sind Lehrmittel, in der Hand eines Auszubildenden/Schülers werden sie zu Lernmitteln. Der Funktionsbereich der Ausbildungsmittel läßt sich außerdem nach den Sinnesorganen klassifizieren. Es werden auditive (zum Beispiel die Sprache des Menschen, eine Schallplatte, ein Radio), visuelle (zum Beispiel eine Zeichnung, ein Bild, Präparate) und audiovisuelle (zum Beispiel der Tonfilm, das Fernsehen) Mittel voneinander abgegrenzt. Weitere unterscheidende Merkmale sind der Grad der Selbsttätigkeit und das Maß an Selbstkontrolle, das Medien erlauben. Nach der Lernzielbezogenheit werden außerdem monovalente (nur auf Kenntnisse bezogene) und polyvalente (auf Kenntnisse sowie auf Einstellungen zielende) Ausbildungsmittel unterschieden.

Bedeutung für berufliche Ausbildungsmaßnahmen. Die Erarbeitung von Ausbildungsmitteln ist für Ausbildungsmaßnahmen an den einzelnen Lernorten der beruflichen Bildung aus mehreren Gründen unverzichtbar. Ausbildungsmittel bilden einerseits ein wesentliches Ordnungselement für eine systematisch-planmäßige und vollständige Berufsausbildung in Betrieb und Schule, wodurch ihnen eine pädagogische Rationalisierungswirkung sowie ein – zumindest überregionaler – Vereinheitlichungseffekt (hinsichtlich der Lehrinhalte und Prüfungen) zukommt. Andererseits erhalten sie Bedeutung bei der didaktischen und organisatorischen Abstimmung zwischen den einzelnen Lernorten. Die Notwendigkeit der Erstellung von Ausbildungsmitteln zeigt die von der Arbeitsstelle für Betriebliche Berufsausbildung (ABB) bereits Ende 1957 gegebene Auflistung:

1. „Es kommt heute mehr denn je auf eine gediegene Grundausbildung an, auf der die weitere fachliche Ausbildung aufbauen muß.

2. Die heute für die Ausbildung zur Verfügung stehende Zeit ist erheblich kürzer als früher. Um trotzdem noch das Ausbildungsziel zu erreichen, muß systematischer, sorgfältiger und gründlicher ausgebildet werden.

3. Der Umfang des Ausbildungsinhaltes ist größer geworden, weniger hinsichtlich der Grundfertigkeiten an sich als hinsichtlich ihrer Anwendung auf die verschiedenen Fertigungsaufgaben, insbesondere aber hinsichtlich der Komplizierung von Werkzeugen, Maschinen und Arbeitsverfahren.

4. Der Umfang des erforderlichen Wissens hat ebenfalls stark zugenommen. Der Wissensvermittlung im Betrieb kommt zunehmende Bedeutung zu. Damit spielt die betriebliche Unterweisung zur Vermittlung praktischen Wissens, das dem Können dient, eine größere Rolle.

5. Diese Entwicklung setzt eine spezielle Schulung der Ausbilder voraus. Daneben benötigt der Ausbilder Unterlagen, die ihm eine systematische Ausbildung seiner Jugendlichen ermöglichen" (ARBEITSSTELLE FÜR BETRIEBLICHE BERUFSAUSBILDUNG 1957, S. 57).

Aus empirischen Untersuchungen geht hervor, daß sich hauptsächlich in Großbetrieben mit Lehrwerkstätten der hohe Stand der Bildungstechnologie vorteilhaft auf die Güte der Ausbildung auswirkt (vgl. SACHVERSTÄNDIGENKOMMISSION KOSTEN UND FINANZIERUNG DER BERUFLICHEN BILDUNG 1974). In diesen Ausbildungsbereichen aber befindet sich nur eine Minderheit der Auszubildenden. Als dringend notwendig wird deshalb hauptsächlich von Bildungspolitikern und von wissenschaftlicher Seite, aber auch von Berufspraktikern selbst gefordert, bei der Entwicklung, Gestaltung und Verbreitung von Ausbildungsmedien vermehrt die Belange und Gegebenheiten der Klein- und Mittelbetriebe zu berücksichtigen. Der berufsschulische Einsatz von Ausbildungsmedien läßt sich an den Initiativen von Berufsschullehrern verdeutlichen. Als Beispiel kann das Bünde-Löhner-Modell dienen (vgl. DRESING 1974). Dort wurden Erkenntnisse der pädagogischen Technologie, vermittelt über die Lehrerschaft, bei der Planung und dem Bau einer beruflichen Schule eingebracht. Die pädagogische und bauliche Grundkonzeption wurde durch vier Leitideen bestimmt:
- Flexibilität der Raumordnungen, Installationen und ähnliches,
- konsequente Realisierung von unterrichtstechnologischen Systemen,
- optimale Ausstattung mit fachspezifischen Einrichtungen und
- Rationalisierung der Unterrichtsarbeit.

Didaktisch-methodische Funktionen. Welche Medien ein Ausbilder/Lehrer einsetzen will, hängt unter anderem davon ab, welche Ziele er anstrebt, wen er auszubilden hat, wann und wo er unterrichtet, welche Inhalte er zugrunde legen möchte und welche methodischen Wege er einzuschlagen gedenkt. Ein Buch, ein Film, ein Meßgerät oder ähnliche Ausbildungsmittel werden erst dann zu *didaktischen* Medien, wenn ihnen be-stimmte Funktionen in einem auf explizite Intentionen bezogenen Lehr- und Lernprozeß zukommen. Als didaktisch-methodische Funktionen sind unter anderem zu nennen:
- Veranschaulichung abstrakter Zusammenhänge,
- Objektivierung der Ausbildung und Freistellung des Ausbilders/Lehrers für individuelle Beratung,
- Erleichterung einer inneren Differenzierung,
- Steigerung der Auszubildenden-/Schüleraktivität,
- Individualisierung von Lernprozessen,
- intensivere Motivation der Auszubildenden/Schüler,
- bessere Übertragung des Gelernten und
- Förderung der emotionalen Beteiligung der Auszubildenden/Schüler an der Ausbildung durch weitere Identifikationsangebote.

Dort, wo Geräte/Materialien (Hardware) und Informationen/Lerninhalte (Software) systematisch auf bestimmte didaktische Funktionen miteinander verbunden werden, kann von einem Medium gesprochen werden.

Medienforschung. Als bundesunmittelbare Körperschaft des öffentlichen Rechts hat das Bundesinstitut für Berufsbildung (BiBB) nach dem Ausbildungsplatzförderungsgesetz unter anderem den gesetzlichen Auftrag, Berufsbildungsforschung zu betreiben und die Bildungstechnologie zu fördern. Es hat die durch das Berufsbildungsgesetz bestimmten Aufgaben des Bundesinstituts für Berufsbildungsforschung (BBF) in erweitertem Rahmen übernommen. Nachdem das Ausbildungplatzförderungsgesetz durch Urteil des Bundesverfassungsgerichts vom 10. 12. 1980 für nichtig erklärt wurde, sollen die das BBiG betreffenden Aufgaben in Zukunft durch ein Berufsbildungsförderungsgesetz neu geregelt werden.

Das BBF setzte auf dem Gebiet der Medienentwicklung die Arbeiten der Arbeitsstelle für Betriebliche Berufsausbildung (ABB) und deren Vorgänger fort (insbesondere sind der Deutsche Ausschuß für Technisches Schulwesen [DATSCH] und das Reichsinstitut für Berufsausbildung in Handel und Gewerbe, aber auch das Deutsche Institut für Technische Arbeitsschulung [DINTA] zu nennen). Die Ausbildungsmittel der ABB entsprachen im Ansatz einem mehrteiligen Lehrsystem, bestehend aus Materialien, praktischen Übungen und Demonstrationsmitteln für den Ausbilder und den Auszubildenden. Der Ausbilder hatte bei Anwendung dieser Materialien alle wesentlichen Lehrfunktionen selbst auszuüben. Die ihm an die Hand gegebenen Unterlagen stellten nur ein unterstützendes Mittel bei seiner Lehr- und Ausbildungstätigkeit dar. Die ABB übernahm und systematisierte vorliegende innerbetrieblich entwickelte Unterlagen oder erarbeitete neue Ausbildungsmittel auf der Grundlage von Arbeitsplatzanalysen. Dazu wurden Arbeitskreise gebildet, die sich aus Mitarbeitern der Ausbildungsbetriebe, im allgemeinen Ausbildungsleitern, zusammensetzten. Mit der Übertragung der Aufgaben auf das BBF/BiBB sind die Arbeitskreise zugunsten von paritätisch besetzten Fachausschüssen aufgelöst worden. Diese setzen sich aus Vertretern der Arbeitgeber, der Gewerkschaften und Lehrern an beruflichen Schulen (beratende Funktion) zusammen. Um eine Unterbrechung bei der Erstellung von Ausbildungsmitteln zu verhindern, bevorzugte das BBF ein zweigleisiges Verfahren, das heißt, es wurden die vorliegenden Ausbildungsmittel der ABB so lange weiterentwickelt und veröffentlicht, bis effektivere Lehrsysteme erstellt und erprobt waren.

Die vom Gesetzgeber ausdrücklich vorgesehene Aufgabe des BiBB, die Bildungstechnologie zu fördern, führte zu der erwarteten Intensivierung der Forschungs- und Entwicklungsarbeiten im Medienbereich. So wird seit Oktober 1972 gemeinsam mit 56 berufsbildenden Schulen aus allen Bundesländern, seit 1974 auch mit 19 Ausbildungsbetrieben der Elektroindustrie, ein Modellversuch durchgeführt, der sich um die stufenweise Entwicklung, Erprobung, Revision und Einführung des „Mehrmediensystems Elektrotechnik/Elektronik" (MME) zentriert und zur Curriculumentwicklung in diesem Berufsfeld wirksam beitragen soll. Seit August 1976 wird ebenfalls in einem weiteren Modellversuch unter Beteiligung von insgesamt 30 Berufsschulen und Betrieben mit rund 900 bis 1 000 Auszubildenden ein „Mehrmediensystem Metall" (MMM) in der Berufsgrundbildung, sowohl in schulischer als auch in dualer beziehungsweise kooperativer Form, erprobt.

Mit den Mehrmediensystemen ist eine bildungstechnologische Innovation zur Diskussion gestellt und die Möglichkeit geboten, mit den einzelnen Bausteinen der Mehrmediensysteme (zum Beispiel programmierte Bücher, programmierte Tonbildschauen, programmierte Experimentalübungen) unter unterschiedlichen regionalen, kulturpolitischen, organisatorischen und personalen Bedingungen Erfahrungen zu sammeln. Zwei übergeordnete Zielsetzungen liegen deshalb den wissenschaftlichen Untersuchungen zugrunde: Zum einen sollen sie einen Beitrag zur Theorieentwicklung im Bereich der Bildungstechnologie leisten, und zum anderen sollen auf der Basis der empirisch gewonnenen Erkenntnisse konkrete sowie differenzierte und für den Praktiker brauchbare Handlungshinweise und Planungshilfen für eine möglichst effiziente Anwendung komplexer objektivierter Lehrsysteme erarbeitet werden. Die wissenschaftlichen (Begleit-)Untersuchungen zentrieren sich deshalb auf die folgenden drei Bereiche:

– Prüfung der Lehr-Lern-Effektivität der objektivierten Lehrsysteme,

74

– Analyse der Effizienzdeterminanten dieser Lehrsysteme unter bildungstechnologischen, psychologischen und soziologischen Aspekten,
– Untersuchung von affektiven Nebenwirkungen eines unter Anwendung des Mehrmediensystems realisierten Unterrichts.

Zugleich haben diese Projekte eine Reformfunktion, indem sie eine neue – auch emanzipatorische – Qualität von Ausbildung initiieren, die zur Überwindung eingefahrener Strukturen, traditioneller Rollenmuster und in ihrem Erfolg unsicherer Formen von Berufsausbildung beitragen kann. Die enge Zusammenarbeit zwischen Berufspraktikern, Ausbildern/Lehrern und Wissenschaftlern bei der Weiterentwicklung der Mediensysteme im Zuge der Modellversuche soll verhindern, daß Lehrende und Lernende durch Mediensysteme zu bloßen Objekten vorprogrammierter Entscheidungen werden.

Medienbank. Emanzipatorische Ansprüche können dann eher durch Mediensysteme erfüllt werden, wenn die (potentiellen) Benutzer über die Vielfalt des Angebots an Medien informiert und ihnen die jeweiligen Ziele, Voraussetzungen, spezifischen Ansätze und Verwendungsmöglichkeiten transparent sind, so daß sie Medien selbst auswählen und zusammenstellen können. Im BiBB wird seit 1974 am Aufbau einer Medienbank gearbeitet, in der speziell Daten über Ausbildungsmedien (Videoprogramme, Diareihen, Buchprogramme, Arbeitstransparente und ähnliches) für den beruflichen Bereich gespeichert werden. Seit Anfang 1977 steht diese Medienbank für Anfragen zur Verfügung. Ihr Ziel ist es, Ausbildern, Lehrern und anderen interessierten Personen Informationen über geeignete auf dem Markt befindliche Ausbildungsmedien für spezielle Fachprobleme zu geben. Mit einem ähnlichen Ansatz wurden auch von anderen Institutionen Datenbanken für Unterrichtsmedien erstellt, die jedoch zum Teil eine andere Zielsetzung haben: so unter anderem vom Institut für Film und Bild in Wissenschaft und Unterricht (FWU) für Eigenproduktionen (audiovisuelle Medien) und von der Forschungs- und Entwicklungsstelle für objektivierte Lehr- und Lernverfahren GmbH (FEoLL) für Buchprogramme und Arbeitstransparente.

Arbeitsstelle für Betriebliche Berufsausbildung: Zehn Jahre Arbeitsstelle für Betriebliche Berufsausbildung, Bielefeld 1957. Dresing, H.: Flexibler Schulbau, konsequente Pädagogische Technologie und Rationalisierung der Unterrichtsarbeit – dargestellt am Beispiel der August-Griese-Schule/Löhne. In: D. berb. S. 26 (1974), S. 611 ff. Grunwald, K. H.: Medienforschung für die berufliche Bildung als Aufgabe des Bundesinstituts für Berufsbildungsforschung. In: Z. f. Bebfo. 1 (1972), 1, S. 11 ff. Hecker, O./Wehner, Ch.: Die Medienbank des BiBB – Auskunfts- und Informationssystem über Unterrichtsmedien der beruflichen Bildung. In: Berb. in W. u. Prax. 6 (1977), 2, S. 10 ff. Laur, U.: Forschung im Modellversuch MME. In: Berb. in W. u. Prax. 3 (1974), 4, S. 17 ff. Sachverständigenkommission Kosten und Finanzierung der beruflichen Bildung: Kosten und Finanzierung der außerschulischen beruflichen Bildung. Abschlußbericht, Bielefeld 1974.

Günter Pätzold

Ausbildungsordnung

Begriffsbestimmung. Der Begriff Ausbildungsordnung soll hier – entgegen seiner Verwendung im allgemeinen Sprachgebrauch, wo jede Art von Regelung eines Ausbildungsganges als Ausbildungsordnung bezeichnet werden kann – lediglich im Sinne des Berufsbildungsgesetzes (BBiG) verstanden werden.

Ausbildungsordnungen sind hiernach

Rechtsverordnungen, die gemäß § 25 BBiG beziehungsweise § 25 der Handwerksordnung (HwO) vom Bundesminister für Wirtschaft (BMWi) oder von dem sonst zuständigen Fachminister im Einvernehmen mit dem Bundesminister für Bildung und Wissenschaft (BMBW) erlassen werden. Sie dienen als Grundlage für eine geordnete und einheitliche Berufsausbildung sowie zur Anpassung der Berufsausbildung an die technischen, wirtschaftlichen und gesellschaftlichen Verhältnisse und deren Entwicklung. Nach § 28, Abs. 1 BBiG darf für einen anerkannten Ausbildungsberuf nur nach der Ausbildungsordnung ausgebildet werden. Die Begriffe Ausbildungsordnung und Ausbildungsberuf sind insofern aufeinander bezogen, als die Ausbildungsordnung inhaltlich-curricular den Ausbildungsgang des Ausbildungsberufs festlegt. Ausbildungsordnungen besitzen als Rechtsverordnungen Gesetzesqualität und binden die an der betrieblichen Berufsausbildung beteiligten Personen und Institutionen unmittelbar. Die in einer Ausbildungsordnung vorgegebenen Ausbildungsnormen stellen somit für den Auszubildenden einen einklagbaren Rechtsanspruch dar.

Geschichtlicher Rückblick. Vorläufer der Ausbildungsordnungen sind die sogenannten Ordnungsmittel der Berufsausbildung. Im Bereich von Industrie und Handel gehören hierzu das Berufsbild, der Berufsbildungsplan sowie die Prüfungsanforderungen; im handwerklichen Bereich sind es die fachlichen Vorschriften zur Regelung des Lehrlingswesens und der Gesellenprüfung. Die Verbindlichkeit der Ordnungsmittel beruhte lediglich auf privatrechtlicher Vereinbarung (Lehrvertrag). In den 20er Jahren dieses Jahrhunderts hat der Deutsche Ausschuß für Technisches Schulwesen (DATSCH) mit der Entwicklung von Berufsbildern für industrielle Lehrberufe begonnen. Sie charakterisierten den Einsatzbereich der Ausgebildeten und die während der Lehre zu vermittelnden Fertigkeiten und Kenntnisse. Hinzu kam die Herausgabe von Prüfungsanforderungen, um ein einheitliches Prüfungsniveau sicherzustellen. Der darüber hinaus veröffentlichte Berufsbildungsplan bot für die Ausbildungspraxis eine sachliche und zeitliche Gliederung des Ausbildungsgegenstandes. Ab Mitte der 30er Jahre wurden Ordnungsmittel für Anlernberufe entwickelt. Der DATSCH wurde 1939 in das Reichsinstitut für Berufsausbildung in Handel und Gewerbe umgewandelt. Gleichzeitig dehnte man seine Aufgabe, Lehr- und Anlernberufe in der Industrie zu ordnen, auf die übrigen Gewerbebereiche aus. Bereits seit 1935 war der DATSCH beratendes pädagogisches Organ des Reichswirtschaftsministers für alle Fragen der Facharbeiterausbildung und des technischen Schulwesens. Die Anerkennung der Berufsbilder und Prüfungsanforderungen für die Lehr- und Anlernberufe in Industrie und Handel erfolgte bis 1945 durch die Organisationen der Wirtschaft (Reichsgruppe Industrie, Arbeitsgemeinschaft der Deutschen Industrie- und Handelskammern), während die handwerklichen Ordnungsmittel auf dem Erlaßwege vom Reichswirtschaftsminister anerkannt wurden.

Nach dem Zweiten Weltkrieg führte die Arbeitsstelle für Betriebliche Berufsausbildung (ABB) die Ordnung der Lehr- und Anlernberufe in Handel und Industrie durch. Die ABB, eine vom Deutschen Industrie- und Handelstag und von Arbeitgeberorganisationen getragene Institution, erfüllte diese Ordnungsaufgabe in der gleichen Weise wie der DATSCH. Diese Ordnungsmittel wurden seit Bestehen der Bundesrepublik Deutschland durch Erlaß des BMWi anerkannt, wobei etwa seit 1966/67 diese Erlasse im förmlichen Einvernehmen mit dem Bundesminister für Arbeit und Sozialordnung ergangen sind.

Die mit dem BBiG erstmals geschaffene

gesetzliche Grundlage für die betriebliche Berufsausbildung baute inhaltlich auf diesen historisch entwickelten Gegebenheiten auf. Das aufgrund des BBiG errichtete Bundesinstitut für Berufsbildungsforschung (BBF) erhielt den gesetzlichen Auftrag, die Grundlagen der Berufsbildung zu klären, Inhalte und Ziele der Berufsbildung zu ermitteln und die Anpassung der Berufsbildung an die technische, wirtschaftliche und gesellschaftliche Entwicklung vorzubereiten. Damit kam dem BBF mittelbar auch die Aufgabe zu, die Ordnung der Ausbildungsberufe durchzuführen. Das BBF wurde durch das am 7. 9. 1976 erlassene Ausbildungsplatzförderungsgesetz (APlFG) in das neu zu errichtende Bundesinstitut für Berufsbildung (BIBB) übergeleitet. Mit § 14, Abs. 2, Ziff. 1 des APlFG wurde nun dem BIBB diese Ordnungsaufgabe ausdrücklich übertragen. Die vor Inkrafttreten des Berufsbildungsgesetzes erlassenen Regelungen für die Berufsausbildung (Ordnungsmittel) gelten gemäß § 108 BBiG und § 122 HwO bis zum Erlaß von Ausbildungsordnungen nach § 25 BBiG und der Handwerksordnung fort.

Regelungen in Ausbildungsordnungen. In § 25, Abs. 2 BBiG sind diejenigen Sachverhalte vorgegeben, die eine Ausbildungsordnung mindestens festzulegen hat:
- die Bezeichnung des Ausbildungsberufes,
- die Ausbildungsdauer; sie soll nicht mehr als drei und nicht weniger als zwei Jahre betragen,
- die Fertigkeiten und Kenntnisse, die Gegenstand der Berufsausbildung sind (Ausbildungsberufsbild),
- eine Anleitung zur sachlichen und zeitlichen Gliederung der Fertigkeiten und Kenntnisse (Ausbildungsrahmenplan),
- die Prüfungsanforderungen.
In einer Ausbildungsordnung kann ferner vorgesehen werden, daß berufliche

Bildung durch Fernunterricht zu vermitteln ist. § 25, Abs. 2 HwO gibt außer der Ausbildungsberufsbezeichnung (sie wird bei Handwerksberufen durch die Anlage A zur Handwerksordnung bestimmt) dieselben Regelungssachverhalte einer Ausbildungsordnung an. Gemäß § 27 BBiG beziehungsweise § 26 a HwO kann die Ausbildungsordnung auch festlegen, daß die Berufsausbildung in geeigneten Einrichtungen außerhalb der Ausbildungsstätte durchgeführt wird, wenn und soweit es die Berufsausbildung erfordert. Neben diesen gesetzlichen Bestimmungen gibt es weitere, für die Gestaltung von Ausbildungsordnungen wesentliche Vorgaben; sie sind in der vom BUNDESAUSSCHUSS FÜR BERUFSBILDUNG am 28./29. 3. 1972 herausgegebenen „Empfehlung eines Schemas für Ausbildungsordnungen der Monoberufe" enthalten und betreffen beispielsweise das Erstellen eines betrieblichen Ausbildungsplanes, die Führung eines Berichtsheftes, die Eignung der Ausbildungsstätte. Schließlich nennen Ausbildungsordnungen als Rechtsverordnungen auch gesetzestechnische Angaben wie Aussagen über die Rechtsgrundlage, den Geltungsbereich, die Aufhebung bisher geltender Vorschriften, die Übergangsregelung, das Inkrafttreten.

Konzeptionelle Gestaltung der Ausbildungsordnungen. Ihrer Konzeption nach lassen sich drei Arten von Ausbildungsordnungen unterscheiden: Ausbildungsordnungen für Monoberufe, Ausbildungsordnungen für Monoberufe mit Spezialisierungen (in Form von Fachrichtungen oder Schwerpunkten) und Stufenausbildungsordnungen für mehrere Ausbildungsberufe.
Als Monoberuf wird ein in sich geschlossener Ausbildungsgang für einen einzelnen Ausbildungsberuf bezeichnet (beispielsweise Tischler). Die Ausbildungsordnung ist für alle Auszubildenden, die diesen Beruf erlernen, in glei-

cher Weise und inhaltlich undifferenziert anzuwenden. Der Monoberuf mit Spezialisierungen stellt ebenfalls einen einzelnen Ausbildungsberuf dar, jedoch sind bei ihm fachlich-inhaltliche Differenzierungen im Ausbildungsgang vorgesehen, und zwar entweder in Form von Schwerpunkten (Buchhändler mit den Schwerpunkten Sortiment, Verlag, Antiquariat, Zwischenbuchhandel) oder in Form von Fachrichtungen (Kraftfahrzeugmechaniker mit den Fachrichtungen Allgemeine Kraftfahrzeuginstandsetzung und Motoreninstandsetzung). Die Auszubildenden, die einen Ausbildungsberuf mit Differenzierungen erlernen, können die Ausbildungsziele entweder, den Schwerpunkten entsprechend, an verschiedenen Ausbildungsinhalten erreichen, oder sie können während eines Teiles ihrer Ausbildung (maximal ein Drittel der Ausbildungsdauer), den Fachrichtungen entsprechend, unterschiedliche Fertigkeiten und Kenntnisse erwerben. Die fachlich-inhaltlichen Differenzierungen bei Fachrichtungen werden im Ausbildungsberufsbild und Ausbildungsrahmenplan ausgewiesen, die fachlichen Besonderheiten bei Schwerpunkten kommen hingegen lediglich im Ausbildungsrahmenplan zum Ausdruck. Beide Arten der Spezialisierung des Ausbildungsgegenstandes werden bei den Prüfungsanforderungen berücksichtigt.

Die Stufenausbildung besitzt in § 26 des Berufsbildungsgesetzes und in der Handwerksordnung eine besondere rechtliche Regelung. Sie faßt mehrere inhaltlich verwandte oder aufeinander bezogene Ausbildungsberufe in einer Ausbildungsordnung zusammen. Die grundlegenden gemeinsamen Ausbildungsinhalte sind in einer ersten Ausbildungsstufe angeordnet. Auf ihr bauen dann, in Stufen zunehmender Spezialisierung, die Ausbildungsinhalte der weiteren Ausbildungsberufe auf, wobei die einzelnen Ausbildungsstufen zugleich berufsqualifizierende Abschlüsse sein

können. Die Stufenausbildung wurde ursprünglich als Ideallösung für die Ordnung der Ausbildungsberufe angesehen, weil sie scheinbar pädagogisch-didaktische und qualifikationsbedarfsbezogene Aspekte der Berufsausbildung in Einklang zu bringen versprach. Darüber hinaus glaubte man, mit dieser Ordnungskonzeption auch solchen Auszubildenden eine angemessene Qualifikation vermitteln zu können, die keinen Hauptschulabschluß erreicht haben. In der Praxis erwies sich die Stufenausbildung jedoch als problematisch. Schwierigkeiten, die sich bei gestuften Ausbildungsordnungen ergaben, betreffen den Vertragsabschluß, das Berufsgrundbildungsjahr, den Berufsschulbesuch, die Eingangsvoraussetzungen für den Besuch von Fachschulen und die tarif- und sozialrechtliche Eingruppierung der Absolventen. Obwohl die konzeptionelle Gestaltung der Ausbildungsordnungen vordergründig nur einen organisatorischen Rahmen darstellt, besteht eine wechselseitige Abhängigkeit zwischen der Konzeption, den Inhalten und den Zielen einer Ausbildungsordnung.

Entwicklung von Ausbildungsordnungen. Im Hinblick auf die Zielsetzung der Ausbildung, berufliche Handlungsfähigkeit auf Facharbeiter- oder Fachangestelltenniveau zu vermitteln, ist es notwendig, den in eine Ausbildungsordnung aufzunehmenden Ausbildungsgegenstand aus den relevanten Berufsinhalten zu erheben. Aus der Summe der beruflichen Funktions- und Tätigkeitsbereiche sind deshalb, unter didaktischen Gesichtspunkten, Ausbildungsziele und -inhalte auszuwählen und zu Ausbildungsberufen zu bündeln. Berufsinhalte werden methodisch durch Literaturstudium, Betriebsbesichtigungen, Tätigkeitsanalysen, Expertenbefragungen ermittelt. Ein im BIBB konzipiertes Verfahren zur Entwicklung von Ausbildungsordnungen sieht vier Arbeitsschritte vor (vgl. FERNER u. a. 1975):

– In einem Problemaufriß sollen zunächst die Ausgangslage eines Ordnungsvorhabens untersucht und dabei Arbeitshypothesen für das vorgesehene Projekt aufgestellt werden.
– Hieran sind Fallstudien in bezug auf typische Arbeitsplätze anzuschließen, und zwar in der Absicht, die im Problemaufriß aufgestellten Arbeitshypothesen zu prüfen und zu ergänzen sowie Erkenntnisse über einzusetzende Erhebungsinstrumentarien zu sammeln.
– Mit Hilfe von Tätigkeitsanalysen soll dann in repräsentativer Weise das Anforderungsspektrum in den betroffenen Tätigkeits- und Berufsbereichen ermittelt werden.
– In der folgenden Phase der Auswertung und Curriculumerarbeitung ist schließlich unter Berücksichtigung bildungspolitischer Eckdaten eine Ausbildungskonzeption zu entwickeln.

Diese vier Arbeitsschritte sind zwar bei einer planmäßigen Entwicklung in dieser Reihenfolge zu vollziehen, jedoch kann je nach dem Stand bereits vorliegender Ergebnisse und unter dem Druck aktueller Bedürfnisse auch von dieser Systematik abgewichen werden. Die Zusicherung des Verordnungsgebers, keine Ausbildungsordnungen ohne Beteiligung und gegen das Votum der Verbände zu erlassen, bedingt, daß ein grundsätzliches Einvernehmen der an der Neuordnung beteiligten Organisationen (Tarifparteien, Kammern, Verbände) über die für eine Ordnungsmaßnahme wesentlichen bildungspolitischen Eckdaten vorausgesetzt werden muß. Klärungsbedürftig sind in diesem Zusammenhang folgende Fragen: Welche bestehenden Ausbildungsberufe sollen in die Neuordnung einbezogen werden? Welche und wieviel neue Ausbildungsberufe sollen entwickelt werden? Welche Konzeption soll die neue Ausbildungsordnung aufweisen? Wie lange soll der Ausbildungsgang dauern? Wie

soll der neue Ausbildungsberuf bezeichnet werden? Besteht zwischen den Spitzenorganisationen bei der Beantwortung dieser Grundsatzfragen Konsens, so läßt sich die inhaltliche Gestaltung einer Ausbildungsordnung mit Sachverständigen der Arbeitgeber- und Arbeitnehmerseite in der Regel rasch erreichen.

Die gemeinsame Zielsetzung von Betrieb und Schule als Institutionen der dualen Berufsausbildung erfordert eine inhaltlich-curriculare Abstimmung der Ausbildungsordnungen und schulischen Rahmenlehrpläne. Aufgrund der Verfassungsrechtslage mußte hierüber zwischen Bund und Ländern eine Vereinbarung getroffen werden; sie ist in dem Gemeinsamen Ergebnisprotokoll zwischen der Bundesregierung und den Kultusministern (-senatoren) der Länder vom 30. 5. 1972 (vgl. KMK 1973) festgelegt. Ein auf dieser Basis am 8. 8. 1974 beschlossenes Verfahren zur Entwicklung und Abstimmung von Ausbildungsordnungen und Rahmenlehrplänen sieht vor, daß in getrennten Arbeitssitzungen von Sachverständigen des Bundes und Rahmenlehrplankommissionen der KMK Ausbildungsordnungs- und Rahmenlehrplanentwürfe eigenverantwortlich erarbeitet und daß in gemeinsamen Sitzungen dieser Arbeitsgremien die Entwürfe beider Ausbildungsvorschriften miteinander abgestimmt werden. Dieses Abstimmungsverfahren beginnt mit der Einbringung eines Projektantrages im Koordinierungsausschuß (für Ausbildungsordnungen und Rahmenlehrpläne) und endet mit der Empfehlung zum gemeinsamen Erlaß der beiden abgestimmten Ausbildungsvorschriften, die dann nach dem rechtsförmlichen Erlaßverfahren gemeinsam im Bundesanzeiger veröffentlicht werden. Aufgrund § 17 AP/FG wurde beim BIBB der *Länderausschuß* eingerichtet, ein Beratungsgremium, in dem alle an der Berufsausbildung beteiligten Gruppen vertreten sind. Seine gesetzliche Aufgabe ist es vor allem, auf eine Abstimmung zwischen den Ausbildungsordnungen und den schulischen Rahmenlehrplänen der Länder hinzuwirken. Der Hauptausschuß des BIBB hat am 18. 5. 1979 ein Verfahren zur Erarbeitung von Ausbildungsordnungen und ihrer Abstimmung mit den Rahmenlehrplänen der Länder beschlossen, das auf den gegebenen Vereinbarungen und Rechtsgrundlagen basiert (vgl. BEN-

NER 1979).
Das APlFG wurde durch Urteil des Bundesverfassungsgerichts vom 10. 12. 1980 aus formalen Gründen für nichtig erklärt. Die hier angegebenen Sachverhalte bezüglich des Bundesinstituts für Berufsbildung und der Entwicklung von Ausbildungsordnungen sollen in Zukunft durch ein Berufsbildungsförderungsgesetz in ähnlicher Weise wie bisher rechtlich neu geregelt werden.

BENNER, H.: Der Ausbildungsberuf als berufspädagogisches und bildungsökonomisches Problem, Hannover 1977. BENNER, H.: Zur Problematik der Erarbeitung von Ausbildungsordnungen und ihrer Abstimmung mit schulischen Rahmenlehrplänen – Das neue Entwicklungs- und Abstimmungsverfahren. In: Berb. in W. u. Prax. 8 (1979), 5, S. 14 ff. BUNDESAUSSCHUSS FÜR BERUFSBILDUNG (Hg.): Empfehlungen eines Schemas für Ausbildungsordnungen der Monoberufe. In: Bundesarbbl. 23 (1972), S. 341 ff. BUNDESMINSTER FÜR BILDUNG UND WISSENSCHAFT (Hg.): Ausbildungsordnungen nach § 25 Berufsbildungsgesetz (bzw. § 25 Handwerksordnung). Erläuterungen und Hinweise, Bonn 1976. BUNDESMINISTER FÜR BILDUNG UND WISSENSCHAFT (Hg.): Ausbildung und Beruf. Rechte und Pflichten während der Berufsausbildung, Bonn 1978. FERNER, W. u. a.: Zur Neuordnung von Ausbildungsgängen und Entwicklung von Ausbildungsordnungen – einleitende Arbeiten. In: Berb. in W. u. Prax. 4 (1975), 6, S. 3 ff. KMK: Gemeinsames Ergebnisprotokoll betr. das Verfahren bei der Abstimmung von Ausbildungsordnungen und Rahmenlehrplänen im Bereich der beruflichen Bildung zwischen der Bundesregierung und den Kultusministern (-senatoren) der Länder. Beschluß vom 30. 5. 1972, Neuwied 1973. MASLANKOWSKI, W.: Ausbildungsordnungen – eine erste Zwischenbilanz. In: Z. f. Berbfo. 3 (1974), 2, S. 1 ff. SCHMIEL, M.: Problemkreis der Ordnungsunterlagen für die Berufsausbildung, Köln 1972.

Hermann Benner

Ausbildungsplatzstruktur, regionale

Bestimmungsgrößen. Die regionale Ausbildungsplatzstruktur ist ein Ergebnis bildungspolitischer Entscheidungen, vor allem aber der regionalen Wirtschaftsstruktur und einzelbetrieblicher Ausbildungsentscheidungen. Die Wahl einer Ausbildung und damit die Wahl der Schullaufbahn in der Sekundarstufe II wird zunächst durch individuelle Merkmale wie Schichtzugehörigkeit, Geschlecht, Nationalität, Konfession und den Schulerfolg in der Sekundarstufe I weitgehend bestimmt. Wegen ihres Alters und ihrer finanziellen Situation sind Jugendliche in der Sekundarstufe II darüber hinaus in aller Regel auf das Aus-

bildungsangebot der Region, in der sie wohnen, verwiesen. Im Rahmen der Bildungsreformdiskussion der 60er Jahre wurde der enge Zusammenhang zwischen der Studienfachwahl und dem Fächerangebot von *Hochschulen* in der Nähe des Wohnortes der Studierwilligen nachgewiesen (vgl. GEISSLER 1965). Studenten mit einem Wohnsitz in der Nähe technischer Hochschulen wählten deutlich häufiger einen ingenieurwissenschaftlichen Studiengang als Studenten mit Wohnsitz in der Nähe einer Universität. Im Einzugsbereich einer Universität wurden deutlich häufiger gesellschafts- und geisteswissenschaftliche Studiengänge gewählt. Hieraus wurde die Forderung (vgl. GEISSLER 1965, BUNDESASSISTENTENKONFERENZ 1970) nach Regionalisierung des Hochschulangebots im Zuge des Ausbaus der Hochschulen abgeleitet. Durch Gründung einer Vielzahl von Hochschulen in sogenannten „hochschulfernen" Regionen und den Ausbau des Angebotsspektrums bestehender Hochschulen wurde für den tertiären Bereich tendenziell das *Determinationsverhältnis* zwischen Wohnsitz und Studienfachwahl durchbrochen. Eine parallele Entwicklung ist für den allgemeinbildenden Teil der Sekundarstufe II – die *gymnasiale Oberstufe* – zu verzeichnen.

Regionaler Ausbildungsmarkt. Mit dem quantitativen Ausbau der Gymnasien, einer stärkeren regionalen Streuung ihrer Standorte und bei gleichzeitiger Enttypisierung der Gymnasien wurde auch hier tendenziell das Determinationsverhältnis zwischen Wohnort und Wahrnehmung des gymnasialen Bildungsangebots aufgehoben. Ansätze zur Abschwächung dieses Determinationsverhältnisses sind ebenfalls in den *beruflichen Vollzeitschulen* zu verzeichnen. Zwar ist die regionale Streuung der Standorte von Fachoberschulen und Berufsfachschulen immer noch erheblich geringer als diejenige der Gymnasien. Trotzdem ist ein – wenn auch häufig eingeschränktes – Angebotsspektrum von Fachoberschulen und Berufsfachschulen in aller Regel auf Kreisebene vorhanden. Für ländliche Regionen konnte das Determinationsverhältnis zwischen Wohnort und der Wahl der Fachrichtung in beruflichen Vollzeitschulen nachgewiesen werden (vgl. BAUER/HANSEN 1977). Demgegenüber gilt das Determinationsverhältnis zwischen Wohnort und Ausbildungsberuf im Bereich der *betrieblichen Ausbildung/Berufsschule* weiterhin voll.

Das Ausbildungsangebot im Bereich der betrieblichen Ausbildung ist nach wie vor von *außerschulischen Faktoren* abhängig. Die Anzahl, Qualität und Vielfalt des Ausbildungsplatzangebots wird durch die Struktur, Größe, Vielfalt, Leistungskraft und den vermuteten betrieblichen Fachkräftebedarf der in einer Region vorhandenen Betriebe bestimmt. Regionen mit einseitiger *Wirtschaftsstruktur* bieten ein geringeres Spektrum unterschiedlicher Ausbildungsberufe an als Regionen mit einer stark gemischten Wirtschaftsstruktur. So konnte 1975 in der Ruhrgebietsgroßstadt Essen zwischen 150 verschiedenen Ausbildungsberufen gewählt werden, in der ländlichen Region Ahaus im Westmünsterland nur zwischen 75 Ausbildungsberufen. Konjunkturelle Einflüsse und strukturelle Probleme einzelner Branchen oder von Einzelbetrieben können das regionale Ausbildungsplatzangebot zusätzlich verringern. Darüber hinaus wirken sich Entwicklungen der internationalen Arbeitsteilung (zum Beispiel in der Textilbranche) und technologische Innovationen (beispielsweise im Druckgewerbe) auf das Ausbildungsplatzangebot aus. In Regionen mit entsprechend einseitiger Wirtschaftsstruktur kann auch dies zu einer erheblichen zusätzlichen Einschränkung des Ausbildungsplatzangebots führen. Ein weiterer außerschulischer Faktor ist die *demographische Entwicklung*. Zwar beeinflußt die demographische Entwicklung nicht die Anzahl und Qualität des Ausbildungsplatzangebots; aber dafür wird die Nachfrage nach Ausbildungsplätzen durch sie bestimmt. Je nachdem, wieviel Jugendliche zu einem bestimmten Zeitpunkt um ein bestimmtes, in Anzahl und Qualität von der regionalen Wirtschaftsstruktur abhängiges Ausbildungsplatzangebot konkurrieren, ist die Möglichkeit, einen Ausbildungsplatz auszuwählen, mehr oder weniger eingeschränkt. Im Zusammenwirken mit konjunkturellen, strukturellen oder technologischen Entwicklungen kann die demographische Entwicklung zu einer Deckungslücke zwischen Angebot und Nachfrage auf dem regionalen Ausbildungsmarkt führen.

81

Folgen. Dieses *Determinationsverhältnis* zwischen dem *regionalen Ausbildungsplatzangebot* und dem *Wohnort* einerseits und den *Berufswahlmöglichkeiten* von Jugendlichen in der betrieblichen Ausbildung andererseits hat Konsequenzen für die betroffenen Jugendlichen und den regionalen Arbeitsmarkt mit seinen Entwicklungsmöglichkeiten: Zum einen wird ein relativ hoher Anteil der Jugendlichen nicht ausgebildet, sondern arbeitet nach dem Abschluß der Sekundarstufe I als Jungarbeiter, Jungangestellter, mithelfender Familienangehöriger oder ist arbeitslos. In aller Regel führt dies zu einer Qualifikation, die den Anforderungen an *Flexibilität* (individuell und gesellschaftlich) im Laufe eines Berufslebens nicht entspricht. Des weiteren wird ein großer Teil der Jugendlichen zwar betrieblich ausgebildet, wandert nach der Ausbildung aber in andere Regionen ab. Sehr häufig entspricht die betriebliche Ausbildung in diesen Fällen nicht den Qualifikationsanforderungen der Arbeitsplätze in der Zielregion, so daß diese Jugendlichen trotz betrieblicher Ausbildung als unqualifizierte Arbeitskräfte tätig sind. Ein Spezialfall dieser *regionalen Mobilität* sind die Jugendlichen, die gleich nach Abschluß der Sekundarstufe I einer betrieblichen Ausbildung in einer anderen Region nachgehen und dabei in Lehrlingswohnheimen untergebracht sind (zum Beispiel im Ruhrbergbau in den 50er Jahren). In jedem Fall führen die beschriebenen Entwicklungen dazu, daß das *regionale Arbeitskräftepotential* schrumpft.

Konsequenzen. Eine Aufhebung des Determinationsverhältnisses zwischen Wohnort und betrieblicher Ausbildung wie für den Hochschulsektor und die gymnasiale Oberstufe setzt voraus, daß das Ausbildungsangebot in Regionen mit einseitiger Wirtschaftsstruktur erweitert wird. Da in aller Regel Betriebe, die diese Erweiterung der Ausbildungsplatzstruktur auf der Basis der bestehenden Arbeitsplatzstruktur und des betrieblichen Fachkräftebedarfs vornehmen könnten, nicht in diesen Regionen vorhanden sind, läßt sich die regionale Ausbildungsplatzstruktur nur durch *zusätzliche* Ausbildungsangebote verbessern. Diese zusätzlichen Ausbildungsangebote sind zum Beispiel in der Form einer Facharbeiterausbildung in öffentlicher Trägerschaft denkbar. Bisher findet eine solche *betriebliche Ausbildung in öffentlicher Trägerschaft* in der Bundesrepublik nur vereinzelt statt, in anderen Ländern (Österreich) wird sie in größerem Umfang betrieben. Dabei muß eine solche Facharbeiterausbildung berücksichtigen, daß nicht für spezifische, eng begrenzte Qualifikationen ausgebildet wird, sondern daß diese Ausbildung ein Höchstmaß an Flexibilität sichert. Dies ist unter zwei Aspekten erforderlich: einerseits, um die individuellen Verwertungsmöglichkeiten der erworbenen Qualifikation zu optimieren, und andererseits, um die Entwicklungsmöglichkeiten der regionalen Wirtschaftsstruktur durch ein flexibles Arbeitskräftepotential zu erweitern.

Ohne diese oder ähnliche Maßnahmen kann eine Verbesserung der regionalen Ausbildungsplatzstruktur im Bereich der betrieblichen Ausbildung – und damit eine Angleichung an die bereits erfolgte Verbesserung der Ausbildungsplatzstruktur im tertiären Bereich und im allgemeinbildenden Bereich der Sekundarstufe II – nicht erreicht werden.

BAUER, K. O./HANSEN, G.: Bildungsbarriere Schulweg? In: HANSEN, G. u. a.: Ausbildungschancen ..., Weinheim 1977, S. 153 ff. BUNDESASSISTENTENKONFERENZ: Bergneustädter Gesamthochschulplan. Schriften der BAK 8, Bonn 1970. GEISSLER, G.: Hochschulstandorte – Hochschulbesuch, Hannover 1965. HANSEN, G. u. a.: Ausbildungschancen in der beruflichen Bildung. Daten und Analysen zur Situation von Schülern berufsbildender Schulen im regionalen Vergleich, Weinheim 1977. SCHWARZ, U.: Zur regionalen Ungleichheit der beruflichen Bildungschancen und Vorschläge zum Abbau des Gefälles. In: Mitt. a. d. Arbmarkt.- u. Berfo. 3 (1973), S. 121 ff.

Georg Hansen

Auszubildender

Begriff. Mit dem Berufsbildungsgesetz (BBiG) von 1969 ist der Begriff Auszubildender eingeführt worden. In der Handwerksordnung (HwO), soweit sie durch § 100 BBiG geändert wurde, ist dagegen an der traditionellen Bezeichnung Lehrling (jedoch mit Klammerzusatz: Auszubildender) festgehalten worden. Auszubildende beziehungsweise Lehrlinge sind Personen, die aufgrund eines Berufsausbildungsvertrages eingestellt werden, um ihnen im Rahmen einer Berufsausbildung (nach dem BBiG) die für die Ausübung einer qualifizierten beruflichen Tätigkeit notwendigen fachlichen Fertigkeiten und Kenntnisse in einem geordneten Ausbildungsgang zu vermitteln sowie ihnen die erforderlichen Berufserfahrungen zu ermöglichen.

Wandel des Lehrlingsbegriffs. Noch im Mittelalter bezeichnete der Begriff „Lehrling" jeden Lernenden, und er ist bis ins 18. Jahrhundert auch in Schulordnungen zu finden. Der Begriffsumfang reduzierte sich während des Übergangs zur Industrieepoche und bezog sich dann ausschließlich auf jenen Jugendlichen, der sich bei einem Lehrherrn einer betrieblich-beruflichen Ausbildung, der sogenannten Lehre, unterzog. In der Lehre hatte die ständische Handwerkererziehung eine institutionalisierte Form der Berufsausbildung geschaffen, in der sich analog zur adeligen Ausbildung (Knabe–Knappe–Ritter) eine Dreistufung (Lehrling–Geselle–Meister) herausgebildet hatte. In der Regel trat der Lehrling zu Erziehungs- und Ausbildungszwecken in das Haus seines Meisters ein und unterstand dessen „väterlicher Zucht". Der Lehrherr vertrat gegenüber seinem Lehrling zugleich die Funktion des Hausvaters und des Zunftmeisters. Dieses ständisch-handwerkliche Selbstverständnis spiegelt sich noch in der Handwerksordnung von 1953, nach der „der Lehrling [. . .] der väterlichen Obhut des Lehrherrn anvertraut" wurde.

Der Durchbruch wirtschaftsliberalistischer Auffassungen und die mit der Industrialisierung verbundene Auflösung der traditionellen Lebensgemeinschaft des „ganzen Hauses" hatte einen tiefgreifenden Wandel handwerklicher Ordnungen mit strukturellen Konsequenzen für die in sie eingebundene Berufserziehung zur Folge. Mit der Trennung von Lebens- und Arbeitsstätte zerfiel mehr und mehr die Hauptkraft der handwerklichen Berufserziehung. Der immer wieder beschworene erzieherische Akzent der familial strukturierten Lehre wurde durch einen weitgehend ökonomischen verdrängt, das Lehrverhältnis reduzierte sich zu einem auf gesellschaftliche Arbeit eingeschränkten und privatrechtlichen Abmachungen unterliegenden Vertrags- und Rechtsverhältnis. Ihren juristischen Ausdruck fand diese Entwicklung in der Gewerbeordnung des Norddeutschen Bundes von 1869. Zur Abgrenzung gegenüber dem vor allem in den Manufakturen und Fabriken wachsenden Anteil jugendlicher Hilfsarbeiter definierte diese in § 115: „Als Lehrling ist jeder zu betrachten, welcher bei einem Lehrherrn zur Erlernung eines Gewerbes in Arbeit tritt, ohne Unterschied, ob die Erlernung gegen Lehrgeld oder unentgeltliche Hülfsleistung stattfindet, oder ob für die Arbeit Lohn gezahlt wird." Diese Definition wurde aber bereits bei der Gewerbeordnungsnovelle von 1878 deshalb gestrichen, weil sie als ungenügend, bedenklich und letztlich entbehrlich angesehen wurde. In der Folgezeit wurden kaum mehr als allgemeine Merkmale aufgestellt, die Lehrlinge global als jugendliche Personen kennzeichneten, die zum Zwecke der Berufsausbildung in einem fremden Betrieb beschäftigt wurden. Art und Umfang der betrieblichen Ausbildung blieben betriebs- und situationsbedingt, was im Handelsgesetzbuch und in der Gewerbeordnung von 1897 selbst zum Ausdruck kam: „Der Lehrherr ist verpflichtet, den Lehrling in den bei seinem Betriebe vorkommenden Arbeiten des Gewerbes dem Zwecke der Ausbildung entsprechend zu unterweisen [...]" (§ 127 Gewerbeordnung).

Die fehlende Definition des Lehrlingsstatus erschwerte nicht nur statistische Erhebungen (Übergänge zum ungelernten oder angelernten jugendlichen Arbeiter wurden im Laufe der Zeit immer fließender), sondern trug zu einer inneren Auflockerung des Lehrverhältnisses bei und wirkte so auf die Ausbildungsorganisation zurück. Das Ziel der Ausbildung blieb beliebig. Insbesondere in der Industrie bereitete es Schwierigkeiten, den Begriff Lehrling zu bestimmen, weshalb die Verbände der Industrie auf eine definitorische Abgrenzung drängten. Mehrfache Definitionsversuche in den 20er Jahren befriedigten nicht, da sie zu eng waren und nicht alle Lehrlinge erfaßten. Diesen Unklarheiten wurde erst ein Ende bereitet, als 1926 der von Arbeitgebervereinigungen getragene Arbeitsausschuß für Berufsausbildung ein Verzeichnis sogenannter *Grundberufe* aufstellte (vgl. PÄTZOLD 1980, S. 134 ff.). Als Lehrling galt künftig, wer in einem solchen „Grundberuf" mit entsprechendem Berufsbild ausgebildet wurde. Industrielehrlinge waren daher Personen, die aufgrund eines Lehrvertrages in einem Grundberuf theoretisch und praktisch zum industriellen Facharbeiter ausgebildet wurden.

Rechte der Auszubildenden. Die berufliche Sozialisation des Auszubildenden erfolgt in organisierten, vom Staat hinsichtlich ihrer Rahmenbedingungen gesetzlich geregelten Ausbildungsprozessen. Er steht in einem arbeitsrechtsähnlichen Berufsausbildungsverhältnis. Von daher ergeben sich die Rechte und Pflichten im wesentlichen aus dem BBiG, den arbeitsrechtlichen und tarifrechtlichen Vorschriften, dem Berufsausbildungsvertrag und dem Bürgerlichen Gesetzbuch. In Streitfällen entscheidet ein Arbeits-, nicht ein Verwaltungsgericht. Vor Inanspruchnahme des Arbeitsgerichtes ist der bei der jeweiligen Kammer nach dem Arbeitsgerichtsgesetz zu errichtende Schlichtungsausschuß anzurufen. Der Auszubildende unterscheidet sich damit vom Schüler, der sich in Streitfällen an die Verwaltungsgerichte wenden muß.

Auszubildende sind berufsschulpflichtig; der Ausbildende hat den Auszubildenden zum Besuch der Berufsschule freizustellen. Die Berufsschulpflicht ist durch die Schulgesetzgebung der einzelnen Bundesländer geregelt. Entsprechend sind die Auswirkungen beider Rechtsbereiche (Kompetenz des Bundes für die betriebliche Berufsausbildung und Kompetenz der Bundesländer für die berufsschulische Ausbildung) auf den Auszubildenden grundsätzlich zu unterscheiden. Der Ausbildende hat nach § 6 BBiG dafür zu sorgen, daß dem Auszubildenden die Fertigkeiten und Kenntnisse vermittelt werden, die zum Erreichen des Ausbildungszieles erforderlich sind, wobei in der Abschlußprüfung die bundeseinheitlich festgelegte Ausbildungsordnung zugrunde zu legen ist (vgl. § 35 BBiG). Ausbildungsordnungen sind Rechtsverordnungen mit unmittelbarer Rechtsverbindlichkeit in bezug auf die im Ausbildungsberufsbild festgelegten Kenntnisse und Fertigkeiten, auf deren ordnungsgemäße Vermittlung der Auszubildende Anspruch hat.

Nach § 28 BBiG dürfen Jugendliche unter 18 Jahren (mit Ausnahme von körperlich, geistig oder seelisch Behinderten gemäß § 48 BBiG) nicht in anderen als anerkannten Ausbildungsberufen ausgebildet werden, soweit die Berufsausbildung nicht auf den Besuch weiterführender Bildungsgänge vorbereitet. Für einen anerkannten Ausbildungsberuf darf nur nach der Ausbildungsordnung ausgebildet werden. Entsprechend wird durch die Ausbildungsordnung (vgl. § 25 BBiG, § 25 HwO) die Ausbildung des Auszubildenden inhaltlich gesteuert.

Beschreibung der Gruppe der Auszubildenden. Wie aus dem Berufsbildungsbericht des BUNDESMINISTERS FÜR BILDUNG UND WISSENSCHAFT (vgl. 1980) hervorgeht, standen Anfang 1979 etwa 1,51 Millionen Jugendliche, davon 566 300 Mädchen, in einer betrieblichen Berufsausbildung. Damit hat die Zahl der Auszubildenden den höchsten Stand der vorausliegenden 20 Jahre erreicht. Im Handwerk waren 614 900 (40,5 %) Auszubildende beschäftigt. Industrie und Handel hatten mit 692 000 Auszubildenden (45,6 %) wie in den vergangenen Jahren den absolut größten Anteil. Im Jahr 1970 betrug die Gesamtzahl der Auszubildenden lediglich 1,27 Millionen, davon befanden sich 420 900 (33,1 %) im Handwerkskammerbereich und 723 400 (56,9 %) im Bereich der Industrie- und Handelskammern. Der Vergleich der Zahlen von 1979 und 1970 veranschaulicht die Verschiebungen zwischen den beiden größten Ausbildungsbereichen (vgl. BUNDESMINISTER FÜR BILDUNG UND WISSENSCHAFT 1979).

Die Jugendlichen können auf ein breiteres Spektrum an Ausbildungsberufen (1979: 451) zurückgreifen. Jedoch konzentrieren sie sich auf einige wenige der anerkannten Ausbildungsberufe. In 29 Ausbildungsberufen werden etwa 70 % aller Auszubildenden ausgebildet. Die zwei am stärksten mit männlichen Jugendlichen besetzten Ausbildungsberufe sind: Kraftfahrzeugmechaniker (1977: 80 259) und Elektroinstallateur (1977: 46 470). Bei den Mädchen sind es die Ausbildungsberufe: Verkäuferin (1977: 59 205) und Friseuse (1977: 59 070).

Nur 16 % aller westdeutschen Betriebe bilden Auszubildende aus. Die meisten Auszubildenden befinden sich in mittleren und kleineren Unternehmen des Handwerks und des Handels und sind dort überwiegend auf die Lernmöglichkeiten angewiesen, die die nach betriebswirtschaftlichen Gesichtspunkten organisierten Arbeitsprozesse jeweils bieten. Lehrwerkstätten mit hauptberuflichen Ausbildern werden in erster Linie von größeren Industrieunternehmen unterhalten.

Wie aus Untersuchungen zur Lehrlingsausbildung Anfang der 70er Jahre hervorgeht, stammen Auszubildende häufiger aus der sozialen Unterschicht als der Durchschnitt ihrer Alterskollegen in anderen Bildungsgängen der Sekundarstufe II. Dabei ist die obere Unterschicht am stärksten vertreten. Lehrlinge aus den oberen Schichten findet man hauptsächlich bei Bankkaufleuten. Die meisten Auszubildenden kommen aus der Hauptschule (etwa 80 %). Vor allem Berufe wie Bank- und Versicherungskaufmann, aber auch Zahntechniker, Optiker, technische Sonderfachkräfte und Datenverarbeitungskaufmann sind Berufe, die einen mit hohem Anteil an Jugendlichen mit mittlerer Reife oder Abitur aufweisen. Es gibt aber auch Berufe mit hohem Anteil an Sonderschülern oder Jugendlichen ohne Hauptschulabschluß, wie zum Beispiel Maler, Lackierer, Fleischer und viele Bauberufe. Aufgrund der Expansion der weiterführenden allgemeinen Bildungswege seit Mitte der 60er Jahre und des Verdrängungseffekts auf dem Markt der Ausbildungsstellen ist festzustellen, daß immer mehr Jugendliche mit höherer allgemeiner Schulbildung eine betriebliche Berufsausbildung beginnen.

Adoleszenzkrise und beruflich-betriebliche Berufsausbildung. Auszubildende sind in der Regel Jugendliche. Sie befinden sich in einer Entwicklungsphase des Überganges von der Kindheit zum Erwachsenen – der sogenannten Adoleszenz. Diese Phase läßt sich entwicklungspsychologisch als konfliktreicher Übergang von der Rollenidentität zur Ich-Identität des Jugendlichen fassen, in der die Gefahr der Identitätsdiffusion (große Unsicherheit in allen Bereichen der Persönlichkeit des Jugendlichen) gegeben ist. Während die *Rollenidentität* dadurch charakterisiert ist, daß das Individuum von sich selbst und von anderen als Träger einer bestimmten Rolle, von der es sich weder distanzieren kann noch muß, perzipiert und definiert wird, setzt die *Ich-Identität* den einzelnen erst in die Lage, sich als identisches Selbst trotz Rollenvielfalt und biographischer Veränderungen durchzuhalten, sich also „situationsadäquat und dennoch prinzipiengeleitet flexibel verhalten zu können" (DÖBERT/NUNNER-WINKLER 1975). Die betriebliche Berufsausbildung müßte gerade auch in pädagogischer Sicht danach beurteilt werden, ob sie diese – für das weitere (berufliche) Leben des Jugendlichen entscheidende – Entwicklungsphase eher fördert oder behindert. Hierzu einige Aspekte: Auszubildende treten – im Unterschied zu anderen gleichaltrigen Jugendlichen, denen ein weitgehend von ökonomischen Zwängen freier Entfaltungsspielraum durch die gesellschaftlichen Bildungsinstitutionen eingeräumt wird, bereits mehr oder weniger vollständig und unmittelbar in den wirtschaftlichen Leistungsprozeß ein und haben sich dort als abhängige Beschäftigte zu behaupten. Solche Bedingungen scheinen sich auf den Verlauf der Adoleszenz und auf die Genese der Ich-Identität tendenziell negativ auszuwirken, wenn auch zu berücksichtigen ist, daß das praxisgebundene Lernpotential der Betriebe neue Erfahrungs- und damit positive Entwicklungsmöglichkeiten für Jugendliche bieten kann. Der zuletzt angedeutete Vorteil der betrieblichen Berufsausbildung gegenüber dem schulischen Unterricht muß allerdings relativiert werden: Infolge der fortschreitenden Rationalisierung von Arbeitsabläufen lassen sich am Arbeitsplatz selbst zunehmend weniger ausbildungsrelevante praktische Erfahrungen machen, weshalb insbesondere Großbetriebe dazu übergegangen sind, die betriebliche Ausbildung in Lehrwerkstätten zu verlegen und sie auf diese Weise zumindest partiell zu „verschulen". Der Mehrzahl der Ausbildungsplatzbewerber sind solchermaßen pädagogisierte Ausbildungsplätze angesichts des knappen Angebots aber verschlossen. Hierzu gehören gerade diejenigen Jugendlichen, die in ihren sozialen und familiaren Herkunftsmilieus die geringsten Chancen zu einer persönlichen Selbstentfaltung hatten. Sie geraten schließlich am ehesten in das Dilemma, auf Berufsausbildung überhaupt verzichten oder ein Ausbildungsverhältnis um jeden Preis annehmen zu müssen, ohne Rücksicht darauf, ob die betrieblichen Arbeits- und Ausbildungsbedingungen Qualifikations- und Identifikationsmöglichkeiten zulassen, die der Ausbildung Sinn und Perspektive geben.

BLANKERTZ, H.: Bildung im Zeitalter der großen Industrie. Pädagogik, Schule und Berufsbildung im 19. Jahrhundert, Hannover 1969. BUNDESMINISTER FÜR BILDUNG UND WISSENSCHAFT (Hg.): Grund- und Strukturdaten 1979, Bonn 1979. BUNDESMINISTER FÜR BILDUNG UND WISSENSCHAFT (Hg.): Berufsbildungsbericht 1980, Bonn 1980. DAVITER, J.: Der Lehrling im Betrieb, München 1973. DÖBERT, R./NUNNER-WINKLER, G.: Adoleszenzkrise und Identitätsbildung. Psychische und soziale Aspekte des Jugendalters in modernen Gesellschaften, Frankfurt/M. 1975. PÄTZOLD, G. (Hg.): Die betriebliche Berufsbildung 1918–1945, Köln/Wien 1980.

Günter Pätzold

Befähigungsnachweis

Ganz allgemein wird unter einem Befähigungsnachweis der Nachweis der zur Ausübung einer bestimmten Tätigkeit erforderlichen Qualifikation verstanden. „Als Befähigungsnachweis im engeren Sinne kann jeder fakultative oder obligatorische Nachweis eines bestimmten beruflichen Bildungsstandes und beruflicher Bewährung gelten. Er wird meist im Rahmen einer Prüfung erbracht und ist häufig mit der Verleihung eines Titels verbunden" (SCHLIEPER u. a. 1964, S. 50).

Die oft nur schwer auseinanderzuhaltenden Gründe für die Einführung eines Befähigungsnachweises können wirtschafts- oder standespolitischer Natur sein (Leistungssteigerung oder -erhaltung, Zugangsbeschränkung), sie können wirtschaftspädagogischen Überlegungen entspringen (Hebung des Berufsbildungsniveaus) oder auch auf gesetzliche Initiativen zurückgehen wie im Falle von Berufen, deren Ausübung schutzwürdige oder -bedürftige öffentliche Interessen berührt, wie zum Beispiel der Beruf des Arztes oder Apothekers (vgl. SCHLIEPER u. a. 1964, S. 50).

Sieht man von speziellen Befähigungsnachweisen für bestimmte Berufe einmal ab, so läßt sich der Prototyp des gewerblichen Befähigungsnachweises in den strengen Zulassungsbedingungen der Zünfte im Hoch- und Spätmittelalter ausmachen. Neben der handwerklichen Fertigkeit mußte für die damalige selbständige Gewerbeausübung (und damit für die Lehrlingsausbildung) bereits eine Reihe zusätzlicher Bedingungen erfüllt sein: eheliches und ehrliches Herkommen, Bürgerrecht, Vermögensnachweis und andere. In enger Verbindung mit diesen Pflichten standen Privilegien in Form von Monopol- und Bannrechten, die von den Zünften gesichert wurden, indem diese den Handwerksmeistern und Händlern das ausschließliche Recht auf den Betrieb eines selbständigen Handwerks erteilten, gleichzeitig jede unzünftige Tätigkeit in diesem Bereich verboten und damit ihren Mitgliedern „angemessene Nahrung" gewährleisteten (vgl. WATRIN 1958, S. 16 f.).

Mit der Ablösung des mittelalterlichen Welt- und Menschenbildes diente der Befähigungsnachweis verschiedenen Zielen. Der Zunftverfall brachte eine immer engherzigere und kleinlichere Ausformung und Auslegung der bis dahin wirtschafts- und gesellschaftspolitisch gut funktionierenden Zugangsbestimmungen mit sich; Außenseiter wurden rücksichtslos verfolgt. Die diesen dysfunktionalen Überformungen letztlich zugrunde liegende Konkurrenzangst der etablierten Meister, die in der zunehmenden Bedrohung des Handwerks und seiner Privilegien durch Fabriken und Handelsgeschäfte und in den aufkommenden grundlegenden Veränderungen des Zeitgeistes neue Nahrung fand, führte über eine engstirnige Abkapselung gegenüber allen Neuerungen zum verhängnisvollen Verbleib in weithin überlebten Prinzipien und gerade dadurch unweigerlich zur Abkopplung vom Zug des technischen und geistig-sozialen Fortschritts. So war es in mancher Hinsicht nicht zuletzt eine vom Handwerk selbst verschuldete Entwicklung, die schließlich mit den Stein-Hardenbergschen Reformen des Jahres 1810 in Preußen die grundsätzliche Gewerbefreiheit und somit die endgültige Abschaffung des Befähigungsnachweises brachte. Nur für bestimmte Berufe, beispielsweise Ärzte, Apotheker, Gastwirte, blieb im Interesse der Öffentlichkeit noch eine besondere Zulassung erforderlich.

Nachdem den 1848 einsetzenden Bemühungen der sogenannten Handwerkerbewegung um Wiedereinführung eines obligatorischen Befähigungsnachweises ein unmittelbarer Erfolg versagt blieb, unternahm der Gesetzgeber im Handwerkergesetz von 1897 einen ersten

Schritt in diese Richtung: Zum Erwerb der Anleitungsbefugnis im Bereich der handwerklichen Berufserziehung wurde ein Mindestalter von 24 Jahren und die bestandene Gesellenprüfung oder eine fünfjährige selbständige Tätigkeit verlangt.

Schließlich führte das „Gesetz betr. die Abänderung der Gewerbeordnung" vom 30. 5. 1908 zum Zweck der Sicherung einer geregelten und qualitätsvollen Nachwuchsausbildung und damit als Mittel zur Hebung des Leistungsstandes den *„kleinen" Befähigungsnachweis* ein, welcher das Prinzip der Meisterlehre wieder aufgriff und die Befugnis zur Anleitung von Lehrlingen im Handwerk vom Bestehen der Meisterprüfung abhängig machte.

Mit der „Dritten Verordnung über den vorläufigen Aufbau des deutschen Handwerks" (3. HVO) vom 18. 1. 1935 trat schließlich der *„große" Befähigungsnachweis* in Kraft, der – unter Einschließung des „kleinen" Befähigungsnachweises – die selbständige Ausübung eines Handwerks an das Ablegen der Meisterprüfung und in Verbindung damit an die Eintragung in die Handwerksrolle band (vgl. MÜLLER 1939, S. 73 ff.).

Ende 1948 wurde der „große" Befähigungsnachweis in der amerikanischen Besatzungszone abgeschafft; die Handwerksordnung (HwO) brachte jedoch 1953 seine Wiedereinführung im gesamten Gebiet der Bundesrepublik Deutschland. Eine Unterscheidung zwischen „großem" und „kleinem" Befähigungsnachweis wird nun nicht mehr gemacht: Das Handwerksrecht kennt grundsätzlich nur noch die *Meisterprüfung als einheitlichen Befähigungsnachweis.* Dieser berechtigt zur Eintragung in die Handwerksrolle, in Verbindung mit dieser Eintragung zum selbständigen Betrieb eines Handwerks, zur Führung des Meistertitels und zum Einstellen und Ausbilden von Lehrlingen.

Ebenso wie die 3. HVO von 1935 macht also auch die nun geltende Regelung den selbständigen Betrieb eines Handwerks in formeller Hinsicht von der Eintragung in die Handwerksrolle (vgl. § 1, Abs. 1 HwO) und diese wiederum in materieller Hinsicht vom Befähigungsnachweis in Form der Meisterprüfung abhängig (vgl. § 7, Abs. 1 HwO). Umgekehrt muß der Anspruch eines jeden Handwerksmeisters auf Eintragung in die Handwerksrolle erfüllt werden. Da die Zulassung somit an von jedermann zu erbringende Voraussetzungen geknüpft ist und da das Gesetz in Ausnahmefällen zudem die Möglichkeit eines erleichterten Fähigkeitsnachweises erlaubt oder im Falle der „handwerksähnlichen Gewerbe" (§§ 18 ff. HwO) ganz auf ihn verzichtet, bejahte das Bundesverfassungsgericht (BVerfG) im Jahre 1961 die Vereinbarkeit des handwerklichen Befähigungsnachweises mit dem Grundrecht der Berufsfreiheit in Art. 12, Abs. 1 des Grundgesetzes. Demgegenüber wurde von derselben Instanz der *Befähigungsnachweis für den Einzelhandel* („kaufmännischer Befähigungsnachweis") in einer Entscheidung aus dem Jahre 1965 in weiten Teilen als grundgesetzwidrig bezeichnet: Ein *Sachkundenachweis* darf nur noch für den Einzelhandel mit Lebensmitteln, Arzneimitteln und ärztlichen Hilfsmitteln verlangt werden (vgl. EYERMANN/ FRÖHLER 1967, S. 62, S. 77; vgl. FRÖHLER 1971, S. 43 ff.).

Das Urteil des BVerfG von 1961 hebt in seiner Begründung ausdrücklich die Bedeutung und Besonderheiten des handwerklichen Berufsstandes unter anderem im Hinblick auf die Sicherung des Nachwuchses für die gesamte gewerbliche Wirtschaft hervor, leitet daraus ein besonderes wirtschafts- und sozialpolitisches Gemeinschaftsinteresse ab und sieht in diesem eine Notwendigkeit zur Erhaltung des Leistungsstandes und der Leistungsfähigkeit des Handwerks durch besondere Zulassungsbedingungen. Es zeigt sich damit ein deutlicher

Wandel in der Motivierung des Befähigungsnachweises: Waren die handwerkspolitischen Forderungen im 19. Jahrhundert noch überwiegend auf Konkurrenzabwehr gerichtet, so steht nun – nachdem das BVerfG auch die sogenannte Gefahrentheorie als Begründung eines Fähigkeitsnachweises für bestimmte Handwerke ablehnte – die *qualitative Leistungserhaltung und -steigerung auf dem Wege der Gewährleistung einer geregelten und umfassenden Berufsbildung* eindeutig im Vordergrund (vgl. STRATENWERTH 1956, S. 21 f.; vgl. WATRIN 1958, S. 25 ff.) Überlegungen, zur Sicherung einer qualifizierten Berufsausbildung auch in anderen Wirtschaftsbereichen einen „kleinen" Befähigungsnachweis einzuführen, fanden in den Bestimmungen des Berufsbildungsgesetzes von 1969 ihren Niederschlag. Nach den Vorschriften der Handwerksordnung ist der Befähigungsnachweis ausschließlich auf einen der 125 Berufe in der „Positivliste" (vgl. Anlage A zur HwO) beschränkt. Für die selbständige Ausübung mehrerer Handwerke oder den Erwerb der Ausbildungsbefugnis in verschiedenen Handwerken ist grundsätzlich der Nachweis mehrerer Meisterprüfungen erforderlich. Angesichts der Problematik einer exakten Berufsbestimmung und -abgrenzung (vgl. STRATENWERTH 1956, S. 7 ff.) sah sich der Gesetzgeber dazu veranlaßt, in der HwO-Novelle von 1965 den Geltungsbereich des Befähigungsnachweises auszudehnen: Bei der Ausübung mehrerer „verwandter Handwerke" oder für den Erwerb der Ausbildungsbefugnis braucht der Nachweis der Meisterprüfung nur in einem dieser Handwerke geführt zu werden (vgl. § 7, Abs. 1, Ziff. 2 HwO).

EYERMANN, E./FRÖHLER, L.: Handwerksordnung. Kommentar, München/Berlin ²1967. FRÖHLER, L.: Das Berufszulassungsrecht der Handwerksordnung, dargestellt anhand der Rechtsprechung, München 1971. MÜLLER, H.: Der handwerkliche große Befähigungsnachweis und seine volkswirtschaftliche Bedeutung. Veröffentlichungen der Hochschule für Politik, Forschungsabteilung, Sachgebiet: Wirtschafts- und Sozialpolitik, Bd. 1, Berlin 1939. SCHLIEPER, F. u. a.: Handwörterbuch der Berufserziehung, Köln 1964. STRATENWERTH, W.: Die Berufsabgrenzung im Handwerk. Berufserziehung im Handwerk, Bd. 12, Köln 1956. WATRIN, C.: Der Befähigungsnachweis in Handwerk und Einzelhandel, Diss., Köln 1958. ZENTRALVERBAND DES DEUTSCHEN HANDWERKS (Hg.): Gesetz zur Ordnung des Handwerks (HwO), Bergisch Gladbach 1976.

Bruno Schurer

Berufsakademien

Als Berufsakademien werden Einrichtungen bezeichnet, die theoretisch anspruchsvolle berufsqualifizierende Ausbildungsgänge für Abiturienten anbieten. In ihnen wirken Ausbildungsbetriebe und hochschulähnliche Lehrinstitutionen (Studienakademien, Verwaltungs- und Wirtschaftsakademien) in Ausrichtung am Modell der „dualen" Berufsausbildung zusammen.

Entstehung. Der Anstoß für die Errichtung von Berufsakademien wurde zu Beginn der 70er Jahre von der privaten Wirtschaft gegeben. Sie verfolgte das Ziel, für dispositiv-operative Funktionen – zunächst im kaufmännischen Bereich – optimal qualifizierte Nachwuchskräfte heranzubilden. Die Entscheidung für eine wissenschaftsorientierte und zugleich praxisnahe Abiturientenausbildung wurde jedoch nicht nur von der Absicht bestimmt, ein an spezifische Leistungsanforderungen angepaßtes Qualifikationsprofil zu vermitteln. Sie war auch eine Reaktion auf Veränderungen im Bildungswesen. Der Sog zum Gymnasium lenkte bereits die vorhandenen „Begabungsreserven" von dem über mittlere Abschlüsse führenden herkömmlichen Zugangsweg zu dispositiv-operativen Funktionen ab. Bei einer Übergangsquote der Abiturienten in den Hochschulbereich von mehr als 90 % entstand nun die Gefahr, daß durch Überbetonung der theoretischen und Vernachlässigung der praktischen Ausbildungskomponente die Übernahme operativer Funktionen zumindest erheblich erschwert würde. Hinzu kam, daß in dieser Zeit das Vertrauen der Wirtschaft in die Qualität eines Hochschulstudiums zu schwinden begann: Im Zeichen der Studentenrevolte und mit der Einführung der Gruppenuniversität hatte der politische Konflikt nicht selten die akademische Lehre verdrängt.

Die Bildungspolitik der sozialliberalen Koalition stand dem Konzept einer Abiturientenausbildung außerhalb der Hochschule von vornherein ablehnend gegenüber, da es sich im Widerspruch zu dem erklärten Ziel befand, die integrierte Gesamthochschule unter Einschluß aller Einrichtungen des tertiären Ausbildungsbereichs generell einzuführen. Kritisch äußerte sich unter anderem auch die Bildungskommission des DEUTSCHEN BILDUNGSRATES (vgl. 1973) in ihrer Empfehlung „Zur Planung berufsqualifizierender Bildungsgänge im tertiären Bereich". Ihr Urteil stützte sich insbesondere auf die Annahme, Abiturienten würden sich für einen Sonderausbildungsgang in der Wirtschaft kaum interessieren, zumal sie künftig keine Beschäftigungschancen hätten, die denen der Hochschulabsolventen vergleichbar wären.

Das Land Baden-Württemberg übernahm 1974 das von drei Großfirmen konzipierte und seit 1972 realisierte „Stuttgarter Modell" unter der Bezeichnung „Berufsakademie Baden-Württemberg", ergänzte es um die Ausbildungsbereiche Technik (1974) und Sozialwesen (1975) und baute es als Modellversuch flächendeckend aus (Standorte: Stuttgart, Mannheim, Villingen-Schwenningen, Heidenheim, Ravensburg, Karlsruhe). Unter Bezugnahme auf den von der Wirtschaft angemeldeten Bedarf und in der Annahme, ein nicht unerheblicher Anteil der Abiturienten habe praktische Berufsinteressen, wurde die Einrichtung der Berufsakademie Baden-Württemberg als eine bildungspolitische Maßnahme zur besseren Verknüpfung von Bildungs- und Beschäftigungssystem interpretiert.

Dem baden-württembergischen Beispiel – auf das im folgenden vornehmlich Bezug genommen wird – ist bisher nur Schleswig-Holstein vorsichtig gefolgt; in ihrer Struktur der Berufsakademie ähnliche Ausbildungsgänge bestehen darüber hinaus in Köln, Hamburg, Bochum, Koblenz und Hannover.

Strukturmerkmale. Das auf sechs Semester angelegte Berufsakademie-Studium bietet eine wissenschaftsbezogene und zugleich praxisorientierte Ausbildung, die die Absolventen zur Wahrnehmung qualifizierter Sachbearbeitertätigkeiten und mittlerer bis gehobener Führungspositionen befähigen soll. *Organisation und Curriculum* der Berufsakademie sind auf dieses Ausbildungsziel ausgerichtet. Kennzeichnend für die Berufsakademie Baden-Württemberg sind insbesondere folgende Strukturmerkmale:
- Wechselausbildung an verschiedenen Lernorten: Der Studierende verbringt je zwölf Semesterwochen im Betrieb und an der Staatlichen Studienakademie.
- Verzahnung von Theorie und Praxis: Die Studien- und Ausbildungspläne werden von Fachkommissionen erarbeitet, denen zu gleichen Teilen Vertreter des Landes und der beteiligten Ausbildungsstätten angehören.

– Stufung des Bildungsgangs: Nach zwei Jahren wird die erste Ausbildungsstufe durch eine staatliche Prüfung zum Wirtschaftsassistenten, Ingenieurassistenten oder Erzieher abgeschlossen. Nach einem weiteren Jahr folgt die Prüfung zum Betriebswirt (BA), Ingenieur (BA) oder Sozialpädagogen (BA).

– Differenzierter Lehrkörper: Die Dozenten sind – von wenigen hauptamtlichen Kräften abgesehen – nebenamtlich tätig. Sie stammen aus dem Hochschul-, Fachhochschul-, Fachschul- und Berufsschulbereich sowie aus der betrieblichen Praxis.

Entsprechend den im dualen System der beruflichen Bildung allgemein geltenden Regelungen ist die Zulassung zur Berufsakademie und damit zugleich die Aufnahme in die Studienakademie an den Abschluß eines Ausbildungsvertrages mit einem geeigneten Betrieb gebunden. Das Auswahlverfahren liegt allein in der Verantwortung der Betriebe; es wird in der Praxis unterschiedlich gehandhabt. Eine innere Ausdifferenzierung der Berufsakademien in verschiedene Ausbildungsbereiche und Fachrichtungen gibt es außerhalb Baden-Württembergs nicht; hier beschränkt sich das Angebot auf ein kaufmännisches Qualifikationsprofil. Die Berufsakademie Baden-Württemberg bietet die folgenden Ausbildungsmöglichkeiten: Wirtschaft (Fachrichtungen: Industrie, Bank, Versicherung, Handel, Datenverarbeitung, Spedition), Technik (Fachrichtungen: Automatisierungstechnik, Energietechnik, Nachrichtentechnik, Fertigungstechnik, Konstruktion, Verfahrenstechnik, Strahlenschutz) und Sozialwesen (Fachrichtungen: Heimerziehung, Arbeit mit Straffälligen, offene Jugendarbeit, Arbeit mit Behinderten und psychisch Kranken, Sozialadministration).

Stellung im Bildungswesen. Mit der Entscheidung für die Einrichtung von Berufsakademien erfährt das Prinzip der pädagogischen Differenzierung eine bestimmte bildungspolitische Auslegung. Danach ist es Aufgabe des Staates, die institutionellen Voraussetzungen dafür zu schaffen, daß die Abschlußprofile des Bildungswesens auf die Anforderungsprofile hin ausgerichtet werden können, die sich mit den in der modernen Gesellschaft ablaufenden sozioökonomischen Differenzierungsprozessen stetig verändern. Die Annahme, daß in einem breiten Band gehobener Sachbearbeiter- und mittlerer Managementpositionen jenes dispositiv-operative Anforderungsprofil vorherrscht, auf das das Ausbildungsbemühen der Berufsakademie ausgerichtet ist, wenn sie auf die Bewältigung vorgegebener Aufgaben vorbereitet, zugleich jedoch fachwissenschaftliche Kenntnisse und Methoden vermittelt sowie deren Anwendung in praktischen Problemlösungssituationen trainiert, wurde von der wissenschaftlichen Begleitung des Modellversuchs Berufsakademie bestätigt (vgl. ZABECK u. a. 1978, S. 67 ff., S. 220 ff.). Offenbar waren die herkömmlichen Bildungseinrichtungen nicht in der Lage, adäquat zu qualifizieren. Hochschulabsolventen haben nach dem einhelligen Urteil der Praxis beim Berufseintritt erhebliche Schwierigkeiten, komplexen dispositiv-operativen Leistungsanforderungen zu genügen. Das gleiche dürfte für Fachhochschulabsolventen gelten, soweit sie – was erst seit kurzem die Regel ist – keine berufliche Erstausbildung abgeschlossen haben.

Die von der Bildungskommission des DEUTSCHEN BILDUNGSRATES (vgl. 1973) hinsichtlich des Ausbildungsinteresses der Abiturienten gestellte negative Prognose wurde in der Praxis widerlegt. 1976 betrug in Baden-Württemberg der Anteil der aufgenommenen Studienbewerber nur 6 % (Wirtschaft und Technik) beziehungsweise 9,7 % (Sozialwesen). Die Studierenden begründen ihre Entscheidung für die Berufsakademie in der Mehrzahl mit ihrer „praktischen Lebenszuwendung". Sie betrachten die Berufsakademie als gleichwertige Alternative zum Hochschul- oder Fachhochschulstudium. Nur ein relativ geringer Prozentsatz (1977/1978: 4,3 %) beabsichtigt, im Anschluß an die Ausbildung ein Hochschulstudium anzunehmen (vgl. ZABECK u. a. 1978, S. 90 ff.).

Rein quantitativ hat die Berufsakademie im Lande Baden-Württemberg zu keiner bedeutsamen Entlastung des Hochschulbereichs geführt. 1978 betrug die Zahl der Studierenden an der Berufsakademie 1 552; bis zum Jahre 1985 ist ein Ausbau auf 2 800 Studienplätze geplant (1976: 2 % der Abiturienten; 1985: 1,7 % eines Altersjahrgangs der 19- bis 21jährigen). Bei Würdigung der ausbildungspolitischen Wirkung der Berufsakademie ist jedoch zu beachten, daß von ihr auch indirekte quantitativ wirkende Impulse ausgehen können, und zwar durch ihren Beitrag zur Aufwertung einer außeruniversitären Ausbildung für Abiturienten überhaupt.

Offene Fragen. Das Land Baden-Württemberg strebt an, die Berufsakademie nach Ablauf des Modellversuchs (1979) in eine Regeleinrichtung überzuführen. Es ist offen, ob sich andere Länder dem anschließen werden. Die in der Bund-Länder-Kommission für Bildungsplanung (BLK) angelaufene Auswertung des Modellversuchs wird prüfen müssen, ob eine Eingliederung in den Gesamthochschulbereich möglich ist, ohne daß die Praxisbezogenheit Beeinträchtigungen erfährt und negative Auswirkungen auf die Ausbildungsbereitschaft der Betriebe eintreten.

Über die Bewährung der Absolventen der Berufsakademien in der Praxis lassen sich erst vorläufige Feststellungen treffen. Unter den Aspekten „Einarbeitungzeit" und „Prozeß der sozialen Eingliederung" werden die Absolventen der Ausbildungsrichtung Wirtschaft von ihren Vorgesetzten vergleichsweise besser beurteilt als die Absolventen von Hochschulen und Fachhochschulen. In bezug auf „fachliche Urteilsfähigkeit", „Umstellungsfähigkeit" sowie „fachliche Anerkennung" sind sie den Fachhochschulabsolventen ebenbürtig; im Vergleich mit Hochschulabsolventen schneiden sie ein wenig schlechter ab. Für den Ausbildungsbereich Technik zeichnet sich ein ähnliches Bild ab. Nach dem gegenwärtigen Stand (1979) der Karriereverlaufsuntersuchung im Ausbildungsbereich Wirtschaft gibt es keine Anhaltspunkte dafür, daß die betriebsgebundene praktische Ausbildung zu einer Beeinträchtigung der Mobilität führt. Für die Ausbildungsbereiche Technik und Sozialwesen liegen zu dieser Frage jedoch noch keine Ergebnisse vor.

BUND-LÄNDER-KOMMISSION FÜR BILDUNGSPLANUNG (Hg.): Stufenplan zu Schwerpunkten der beruflichen Bildung, Stuttgart 1975. DEUTSCHER BILDUNGSRAT: Zur Planung berufsqualifizierender Bildungsgänge im tertiären Bereich. Empfehlungen der Bildungskommission, Bonn 1973. HÜBNER, H.: Neue Ausbildungswege und entsprechende Beschäftigungen für Abiturienten ohne Hochschulstudium in der Wirtschaft. Untersuchung im Auftrage des Ministeriums für Wirtschaft, Mittelstand und Verkehr des Landes Nordrhein-Westfalen, Düsseldorf 1977. MINISTERIUM FÜR WISSENSCHAFT UND KUNST BADEN-WÜRTTEMBERG (Hg.): Berufsakademie Baden-Württemberg. Eine Alternative zum Hochschulstudium, Villingen-Schwenningen 1978. ZABECK, J. u. a.: Die Berufsakademie Baden-Württemberg, Mannheim 1978.

Jürgen Zabeck

Berufsaufbauschule

Begriff. Berufsaufbauschulen, die erstmals in Nordrhein-Westfalen 1949 und anschließend in allen übrigen Bundesländern auf der Basis einer Rahmenvereinbarung von 1959 der Ständigen Konferenz der Kultusminister der Länder in der Bundesrepublik Deutschland (vgl. KMK 1979 a) eingerichtet wurden, „sind Schulen, die neben einer Berufsschule oder nach erfüllter Berufsschulpflicht von Jugendlichen besucht werden, die in einer Berufsausbildung stehen oder eine solche abgeschlossen haben. Sie vermitteln eine über das Ziel der Berufsschule hinausgehende allgemeine und fachtheoretische Bildung und führen zu einem dem Realschulabschluß gleichwertigen Bildungsstand (Fachschulreife). Der Bildungsgang umfaßt in Vollzeitform mindestens ein Jahr, in Teilzeitform einen entsprechend längeren Zeitraum" (vgl. KMK 1979 b).

Aufnahmevoraussetzung für den Eintritt in die Berufsaufbauschule sind der Hauptschulabschluß und der mindestens halbjährige erfolgreiche Besuch von Berufsschule und Berufsausbildung. Voraussetzung für die Aushändigung des Zeugnisses über die bestandene Fachschulreifeprüfung ist der Nachweis einer berufspraktischen Tätigkeit, der durch eine abgeschlossene Berufsausbildung oder eine mindestens dreijährige Berufstätigkeit erbracht werden muß.

Die Bezeichnung „Berufsaufbauschule" signalisiert die Zielsetzung, den Absolventen einen Aufstieg über die *Plattformen* von Berufsabschlüssen (vgl. CONRADSEN 1951) zu eröffnen. Neben der Vermittlung einer allgemeinen Berechtigung zum Besuch weiterführender Schulformen in der Sekundarstufe II zielt die Berufsaufbauschule auch auf eine auf dem Arbeitsmarkt unmittelbar verwertbare gehobene berufliche Qualifikation.

Geschichte. Mit der sich gegen Ende des 19. Jahrhunderts verfestigenden hierarchischen Gliederung des Schulsystems und der inhaltlichen Bindung der Hochschulreife und des „Einjährigen"-Privilegs (später: „mittlere Reife") an die Abschlüsse des allgemeinbildenden höheren Schulwesens blieb den Absolventen der Volksschule und der beruflichen Ausbildungsgänge der Zugang zu den mittleren und höheren Berufspositionen und den dahin führenden Bildungsgängen prinzipiell versperrt. Das bedeutete den schichtenspezifischen Ausschluß des überwiegenden Teils der Bevölkerung von weiterführenden Bildungsabschlüssen. Die 1949 in dieser Gestalt zum erstenmal geschaffene Einrichtung der Berufsaufbauschule steht in der Tradition der Bemühungen um die Entwicklung eines durchgängigen beruflichen Schulwesens. Diese Bemühungen verfolgten vor allem auch ein sozialpolitisches Ziel: Der Sackgassencharakter der Volks- und Berufsschule sollte durch eine verstärkte vertikale Durchlässigkeit zwischen den beruflichen Schul- und Qualifikationsstufen abgebaut werden. Entsprechende Forderungen nach einem gestuften Fachschulsystem, das auch den Volksschulabsolventen den Erwerb der bis dahin an den Besuch höherer allgemeinbildender Schulen geknüpften Berechtigungen ermöglichen sollte, standen insbesondere auf der Tagesordnung der Reichsschulkonferenz von 1920.

Erste Ansätze eines solchen durchlässigen Schulsystems hatten sich bereits gegen Ende des 19. Jahrhunderts entwickelt, als die höheren technischen Fachschulen als Eintrittsvoraussetzung die Obersekundareife verlangten, zugleich jedoch durch die Einrichtung von Vorkursen und Vorklassen Volksschulabsolventen zumindest partiell den Anschluß ermöglichten. In der Weimarer Republik übernahm verstärkt auch die Berufsschule die Aufgabe, den zusätzlichen Unterricht für die Vorbereitung auf die Aufnahmeprüfung an der höheren Fachschule zu vermitteln. Nach 1949 entwickelte sich die Berufsaufbauschule zum Kernstück des zweiten Bildungsweges, der Volks- beziehungsweise Hauptschulabsolventen über den Abschluß einer Berufsausbildung den Erwerb der Fachschulreife und damit den Besuch einer höheren Fachschule (Ingenieurschule oder höhere Wirtschaftsfachschule) sowie über deren Abschluß den Zugang zum Hochschulstudium öffnen sollte. Durch die Umwandlung der höheren Fachschulen in Fachhochschulen und die damit verbundene Anhebung der Eintrittsvoraussetzungen („Fachhochschulreife") ist die unmittelbare Anschlußmöglichkeit für die Absolventen der Berufsaufbauschule entfallen. Die Fachschulreife verlor ihren Sinn. Die fehlende berufliche Verwertbarkeit und die Aufhebung des direkten Zugangs zum Ingenieurberuf haben die Berufsaufbauschule stark an Bedeutung verlieren lassen; ihre Schülerzahlen sind seit 1968 rückläufig.

Organisation und Inhalte. In Vereinbarungen, die in den Jahren 1959, 1965, 1970 und 1971 getroffen wurden, hat die KMK Organisation und Inhalte der Berufsaufbauschule präzisiert (vgl. KMK 1978, 1979 a, 1979 c, 1979 d). Außer einigen besonderen Organisationsformen wie speziellen Lehrgängen, Telekollegs, Fernkursen und Fachschulkursen zur Vorbereitung auf die Prüfung zum Nachweis der Fachschulreife ist die Berufsaufbauschule im allgemeinen der Berufsschule angegliedert und steht mit dieser in einem engen organisatorischen Verbund. Die meisten Lehrer der Berufsaufbauschule sind zugleich Berufsschullehrer; die Schüler sind zugleich oder waren Berufsschüler.

Berufsaufbauschulen werden in Teilzeitform und auch in Vollzeitform angeboten, und zwar in folgenden Varianten:
- Berufsaufbauschulen in Vollzeit- oder in „Tagesform", die in zwei bis drei Halbjahren mit durchschnittlich 34 Wochenstunden Schüler mit abgeschlossener Berufsausbildung (oder mehrjähriger Berufspraxis) zur Fachschulreifeprüfung führen,
- Berufsaufbauschulen in Teilzeit- oder „Abendform", die in sechs bis sieben Halbjahren mit etwa 11 bis 12 Wochenstunden Abendunterricht parallel zur dualen Berufsausbildung oder zur Berufstätigkeit auf die Fachschulreifeprüfung vorbereiten, und
- kombinierte Berufsaufbauschulen, in denen einem Vollzeitblock Teilzeitunterricht folgt oder umgekehrt. So schließt sich zum Beispiel in Bayern einem zweijährigen Teilzeitunterricht mit acht Wochenstunden (oder einem Halbjahr Vollzeitunterricht) ein Jahr Vollzeitunterricht nach abgeschlossener Berufsausbildung an.

Ähnlich der Berufsschule ist die Berufsaufbauschule nach Fachrichtungen gegliedert; es gibt allgemein-gewerbliche, gewerblich-technische, kaufmännische, hauswirtschaftlich-pflegerische und sozialpädagogische sowie landwirtschaftliche Fachrichtungen.

Neben einem weitgehend gemeinsamen Kern „allgemeiner" Unterrichtsfächer (Deutsch, Fremdsprache, Geschichte, Geographie, Mathematik, zum Teil Sport, Religion, Musik oder Werken, im gewerblichen Bereich Physik, Chemie) wird die Stundentafel der Berufsaufbauschule je nach Fachrichtung um berufskundliche Fächer wie Betriebs- und Volkswirtschaftslehre, Technisches Zeichnen und Technologie ergänzt. Dabei gilt das Ziel, neben der abgeschlossenen beziehungsweise parallel zu absolvierenden fachpraktischen Ausbildung „Allgemeinbildung" auf dem Niveau des Realschulabschlusses und eine über das Berufsschulniveau hinausgehende fachtheoretische Ausbildung zu vermitteln.

Funktion. Die ursprüngliche Aufgabe der Berufsaufbauschule, mit dem mittleren Abschluß auch eine vertiefte berufliche Fachausbildung zu vermitteln, hat sich bald zugunsten einer einseitigen Betonung des realschuladäquaten Abschlusses verschoben; entsprechend ist der allgemeine Unterrichtsanteil allmählich auf Kosten des berufsbezogenen erweitert worden. Da im Beschäftigungssystem die Fachschulreife als eigenständige berufliche Qualifikation kaum verwertbar ist, konzentrierte sich das Ziel der Berufsaufbauschule darauf, Hauptschulabsolventen die Möglichkeit zum Nachholen des mittleren Abschlusses zu geben. Inzwischen hat sich die Funktion der Berufsaufbauschule vollends auf die Vermittlung der Zugangsberechtigung zu Fachoberschulen, beruflichen Gymnasien und Kollegs reduziert.

Auch die Erwartungen an die Berufsaufbauschule als soziale Korrekturinstanz der Abwehr- und Selektionsmechanismen des gymnasialen Bildungsweges haben sich kaum erfüllt. Ein erheblicher Teil der Schüler und Studierenden des zweiten Bildungsweges sind Abbrecher des ersten und im allgemeinen nicht Angehörige sozial benachteiligter Schichten. Kinder aus Arbeiterfamilien sind auch in der Berufsaufbauschule unterrepräsentiert geblieben. Die ursprünglich mit der Berufsaufbauschule beabsichtigte Funktion eines „sozialen Reservemechanismus", der die Sperren des traditionellen Schulsystems in der vertikalen sozialen Mobilität kompensieren sollte, ist eher der Funktion einer sozialen Statussicherung gewichen.

Statistik. Nach einem sehr expansiven Ausbau der Berufsaufbauschulen bis 1968 sind die Schülerzahlen seit der Umwandlung der höheren Fachschulen in Fachhochschulen und dem Funktionsverlust der Fachschulreife wieder stark rückläufig. Durch die explosive Zunahme der Absolventen eines 10. Schuljahres der Sekundarstufe I mit mittlerem Bildungsabschluß wie dem Realschulabschluß oder der Fachoberschulreife hat die Berufsaufbauschule zusätzlich an Attraktivität eingebüßt.

Abbildung 1: Berufsaufbauschüler (1965–1979)

Jahr	Berufsaufbauschüler	darunter Teilzeit
1965	53 000	41 600
1968	60 000	43 800
1970	40 400	27 000
1975	27 800	13 700
1976	22 600	10 500
1977	18 300	8 400
1978	16 100	6 900
1979	17 600	6 000

(Quelle: BUNDESMINISTER FÜR BILDUNG UND WISSENSCHAFT 1980, S. 27)

ASENDORF-KRINGS, I. u. a.: Reform ohne Ziel? Zur Funktion weiterführender beruflicher Schulen. Eine bildungspolitische Analyse auf empirisch-statistischer Grundlage, Frankfurt/ Köln 1975. BUNDESMINISTER FÜR BILDUNG UND WISSENSCHAFT: Grund- und Strukturdaten. Ausgabe 1980/1981, Bonn 1980. CONRADSEN, B.: Der Bildungsaufstieg der begabten Werktätigen als Kernstück einer sozialen Bildungsreform. In: D. berb. S. 3 (1951), S. 289 ff. HEID, H.: Die Berufsaufbauschule. Bildungsideologie und Wirklichkeit, Freiburg 1966. JUNGK, D.: Probleme des sozialen Aufstiegs berufstätiger Jugendlicher. Ein Beitrag zur empirisch-soziologischen Grundlegung der Bildungsorganisation, Stuttgart 1968. KMK: Rahmenordnung für die

Prüfung zum Nachweis der Fachschulreife an Berufsaufbauschulen. Beschluß vom 24. 11. 1971, Neuwied 1978. KMK: Rahmenvereinbarung über die Errichtung von Berufsaufbauschulen (Aufbaulehrgängen) im berufsbildenden Schulwesen. Beschluß vom 24./25. 9. 1959, Neuwied 1979 a. KMK: Bezeichnungen zur Gliederung des beruflichen Schulwesens. Beschluß vom 8. 12. 1975, Neuwied 1979 b. KMK: Zweite Rahmenvereinbarung über die Berufsaufbauschule. Beschluß vom 4. 2. 1965, Neuwied 1979 c. KMK: Empfehlungen für den Unterricht an den Berufsaufbauschulen. Beschluß vom 18. 3. 1970, Neuwied 1979 d.

Walter Georg

Berufsausbildung

Wird der Begriff „Berufsausbildung" sehr weit gefaßt, dann sind darunter alle Vorgänge zu verstehen, die der beruflichen Qualifizierung dienen. Bezeichnet man als Beruf alle „auf Erwerb gerichteten, charakteristische Kenntnisse und Fertigkeiten sowie Erfahrungen erfordernden und in einer typischen Kombination zusammenfließenden Arbeitsverrichtungen, durch die der einzelne an der Leistung der Gesamtheit im Rahmen der Volkswirtschaft mitschafft" (STATISTISCHES BUNDESAMT WIESBADEN 1970, S. 10), so gehören zu den Berufen beispielsweise ebenso der des Hilfsarbeiters ohne nähere Tätigkeitsangabe wie der des Facharztes für Laboratoriumsdiagnostik. Mithin ist zur Berufsausbildung sowohl eine kurzfristige Unterweisung und Einarbeitung in einer laufenden Produktion zu zählen als auch eine mehrjährige akademische Ausbildung. Stätten der Berufsausbildung sind dann einerseits jene Orte, an denen Berufe ausgeübt werden, Produktionsstätten im weitesten Sinne, andererseits Orte, an denen speziell auf die Ausübung einer Berufstätigkeit systematisch vorbereitet wird: von den Lehrwerkstätten, Übungskontoren, Simulationseinrichtungen und Werkschulen über die verschiedenen Formen berufsbildender Schulen bis zu den Hochschulen. Träger der Berufsausbildung in diesem Sinne sind die privaten und öffentlichen Arbeitgeber sowie der Staat.

Das Berufsbildungsgesetz (BBiG) von 1969 gebraucht den Begriff der Berufsausbildung demgegenüber in einem sehr viel engeren Sinne. Es faßt unter dem Oberbegriff „Berufsbildung" die „Berufsausbildung", die „berufliche Fortbildung" und die „Umschulung" zusammen. Unter „Berufsausbildung" ist dann die Ausbildung in einem der staatlich anerkannten Ausbildungsberufe zu verstehen. Hierzu gehören die
– nach § 25, Abs. 1 BBiG und § 25, Abs. 1 Handwerksordnung (HwO) anerkannten Ausbildungsberufe wie die Berufe der Stufenausbildung in der Elektroindustrie und der Kraftfahrzeugmechaniker (1978 insgesamt 108 Berufe),
– gemäß § 108, Abs. 1 BBiG vor Inkrafttreten des BBiG anerkannten und fortgeltenden Regelungen für Lehrberufe wie für den des Maschinenschlossers (1938 anerkannter Industrieberuf) und den des Glasers (1939 anerkannter Handwerksberuf) (1978 insgesamt 321 Berufe),
– gemäß § 108, Abs. 1 BBiG vor Inkrafttreten des BBiG vergleichbar geregelten und fortbestehenden Ausbildungsberufe wie der des mathematisch-technischen Assistenten und der der Stenosekretärin/Büroassistentin (1978 insgesamt 23 Berufe),
– nach § 28, Abs. 3 BBiG in der Erprobung befindlichen Ausbildungsberufe, wie der Beruf des Berg- und Maschinenmanns (1978 insgesamt 3 Berufe).

Gemeinsam ist allen Ausbildungsberufen, daß sie berufliche Erstausbildung bedeuten – im Unterschied etwa zu den Fachschulberufen – und daß sie mit ihrem Ausbildungsabschluß die volle Berufsreife bescheinigen und nicht noch weitere Phasen geregelter Ausbildung folgen lassen – im Unterschied zu akademischen Berufen mit Referendariaten, Assistenten- und Vorbereitungszeiten. Jede berufliche Erstausbildung ist geregelt (oder: sollte geregelt sein) durch eine Ausbildungsordnung, in der die Berufsbezeichnung, die Ausbildungsdauer, die zu vermittelnden Fertigkeiten und Kenntnisse, ein Ausbildungsrahmenplan sowie die Prüfungsanforderungen festgelegt sind. Rechtsgrundlage der Ausbildung ist ein zwischen dem Ausbilder und dem Auszubildenden abzuschließender Ausbildungsvertrag. Darin verpflichtet sich der Ausbildende, dafür zu sorgen, daß dem Auszubildenden die Fertigkeiten und Kenntnisse vermittelt werden, die zum Erreichen des Ausbildungszieles erforderlich sind (vgl. § 6, Abs. 1 BBiG). Bestehende Ausbildungsverhältnisse werden in entsprechende Verzeichnisse der „zuständigen Stellen" eingetragen. Zuständige Stellen können sein: Handwerkskammern, Industrie- und Handelskammern, Landwirtschaftskammern, Bundesministerien, Regierungspräsidien, die Kirchen, Rechtsanwaltkammern, Notarkammern, Steuerberaterkammern, Ärztekammern, Zahnärztekammern, Apothekenkammern. Träger der Berufsausbildung sind mithin die privaten und öffentlichen Arbeitgeber und ihre Organisationen. Da in allen wesentlichen Bereichen der Berufsausbildung die Arbeitnehmer und ihre Organisationen ein Mitspracherecht haben, ist es angemessener, davon zu sprechen, daß die Berufsausbildung, bezogen auf die anerkannten Ausbildungsberufe, von der Wirtschaft getragen wird.

Die dominierende Funktion der Wirtschaft in der Berufsausbildung wird bisher auch nicht dadurch eingeschränkt, daß der Auszubildende verpflichtet ist, neben der betrieblichen Berufsausbildung die Berufsschule zu besuchen.

Erstmalig wurde in der Weimarer Reichsverfassung (Art. 145) bestimmt: „Es besteht allgemeine Schulpflicht. Ihrer Erfüllung dient grundsätzlich die Volksschule [. . .] und die anschließende Fortbildungsschule bis zum vollendeten achtzehnten Lebensjahre." Eine entsprechende und einheitliche gesetzliche Regelung kam jedoch erst mit dem Reichsschulpflichtgesetz von 1938 zustande. Heute ist die Berufsschulpflicht fest verankert in den Schulpflichtgesetzen der Länder der Bundesrepublik Deutschland. Die Berufsschulpflicht schließt an die allgemeine Schulpflicht an, sie dauert in der Regel drei Jahre oder bis zum Abschluß eines Ausbildungsverhältnisses, und sie schließt die Jugendlichen ohne Ausbildungsverhältnis (Jungarbeiter, Jungangestellte, arbeitslose Jugendliche) mit ein. Die Lehrpläne für den berufsbegleitenden Teilzeitunterricht (in der Regel ein Schultag pro Woche) waren bis etwa 1970 überwiegend an der einzelberuflichen Spezialisierung im Bereich der Handfertigkeiten, an der konkreten Arbeitssituation orientiert (Fachkunde, Fachrechnen, Fachzeichnen, Sozial- oder Bürgerkunde, Wirtschaftskunde). In den letzten Jahren ist dieses Konzept der „Berufskunden" durch einen stärker wissenschaftsorientierten Unterricht verdrängt worden (Technologie, Mathematik, Darstellende Geometrie/Technisches Zeichnen, Politik, Wirtschaftslehre). Gleichwohl bleibt der Bezug auf das Berufsbild des Ausbildungsberufes und die unterstützende Funktion für die betriebliche Ausbildung unverändert. Ob der Berufsschulunterricht nach seiner wissenschaftsorientierten Wendung den weit gesteckten Ansprüchen der Berufsbildungstheorien eher entsprechen kann, muß vorerst noch offenbleiben. Auf jeden Fall aber gilt für den Auftrag der Berufsschule als Bildungsschule das, was Kerschensteiner, Spranger und A. Fischer seit 1900 dem Selbstverständnis der Berufsschullehrer einzuschärfen suchten. In einer

Formulierung von LITT (1957, S. 92) lautet dieses Selbstverständnis: „Es kommt [...] darauf an, die Humanisierung recht eigentlich in das Herz der sachlich-fachlichen Schulung vorzutragen, nicht aber in ein Jenseits dieser Schulung zu verbannen [...] Gerichtet ist die summierende Anreihung von ‚Ausbildung' und ‚Bildung'." OFFE (1975, S. 113) kommt in seiner Analyse der Berufsausbildung jedoch zu dem Ergebnis, „daß die Quantität und berufsspezifische Verteilung des Ausbildungsangebots der Unternehmen, die regionale, branchenmäßige und geschlechtsspezifische Verteilung des Angebots, seine langfristige Entwicklung und konjunkturelle Schwankung sowie sein höchst unzuverlässiger Bezug auf spätere Verwertungschancen der Berufsqualifikation mit der Tatsache zusammenhängen, daß die unternehmerische Entscheidung über Art und Menge des Ausbildungsangebotes unter Kosten- und Ertragskriterien steht und auch bei der gegenwärtigen Organisation der Berufsausbildung unter gar keinen anderen Gesichtspunkten stehen *kann*". Insofern steht der Berufsschulunterricht, sosehr er die Betriebsausbildung unterstützen und ergänzen muß, zugleich auch in einer gewissen Spannung, zumindest in reflektierender Distanz zu den Intentionen der betrieblichen Ausbildung. Bisher hatte diese Distanz nur eine sehr begrenzte Wirkungsmöglichkeit. In dem Maße aber, in dem der staatliche Einfluß in der Berufsausbildung (etwa durch eine Verlängerung des begleitenden Berufsschulunterrichts und durch ein vollzeitschulisches Berufsgrundbildungsjahr in Verbindung mit der Anrechnungsverordnung) wächst, steigen auch die Chancen für die kritische Funktion des Berufsschulunterrichts.

Die Berufsausbildung verfolgt mehrere Ziele gleichzeitig. Die Vermittlung berufsspezifischer Kenntnisse und Fertigkeiten dient in erster Linie der fachlichen Qualifizierung, so daß bestimmte Arbeiten den jeweiligen (zeitbedingten und branchenüblichen) Standards entsprechend ausgeführt werden können. Dieses Ausbildungsziel wird überlagert durch die Anforderung an den Auszubildenden, bestimmte, mit dem Arbeitsergebnis, dem Arbeitsablauf und der Arbeitsorganisation verbundene Wertvorstellungen zu verinnerlichen und bestimmte Verhaltensweisen zu übernehmen. Beide Momente, die Qualifizierung und die Sozialisation, sind Kriterien für die Auswahl des geeigneten Nachwuchses in dem für die Existenz eines Berufes erforderlichen Umfang. Diese Zielsetzungen sind nicht neu. Aber unter den Einflüssen von technischen Entwicklungen und beruflicher Mobilität haben sie andere Begründungszusammenhänge erhalten. Es wird nicht mehr eine festgefügte Gesellschaftsordnung vorausgesetzt und aus ihr die Ausbildungsform abgeleitet, vielmehr bilden den Ausgangspunkt die Produktionsprozesse (und die dahinterstehende Wirtschaftsordnung). Diese erfordern weniger die ursprünglich stark material-, objekt- oder verfahrensbezogenen Qualifikationen als vielmehr prozeßübergreifende Schlüsselqualifikationen (vgl. MERTENS 1974). In diesem Zusammenhang steht die nach wie vor starke Betonung allgemeiner Arbeitstugenden wie Leistungswille, Kooperationsbereitschaft, Ausdauer, Ordnung und Pünktlichkeit. Derartige allgemeine Qualifikationen und Haltungen können jedoch nicht an sich erlernt werden, sondern immer nur in konkreten Arbeitssituationen. Insofern konnte das Grundmuster der Berufsausbildung beibehalten bleiben: Obschon akkumulierte Umgangserfahrung der einzelnen Berufe und spezielle Handfertigkeiten infolge der Verwissenschaftlichung der Berufsarbeit weniger wichtig geworden sind, haben sie doch eine erzieherische Funktion behalten. Diese erzieherische Funktion wird aber pädagogisch und politisch problematisch, wenn sie gesellschaftlich dysfunktionale schulische und berufliche Selektionsprozesse bewirkt, nämlich die Gliederung der Gesellschaft in Gruppen

– ohne geregelte Ausbildung (Ungelernte oder Angelernte),
– mit einer Ausbildung in anerkannten Ausbildungsberufen (Facharbeiter, Gesellen und Gehilfen),
– mit einer gehobenen schulischen Aus-
– bildung (Berufsfachschul- beziehungsweise Fachschulabsolventen) und
– mit einer Hochschulausbildung (Akademiker).

Die Starrheit dieses Ausbildungssystems, das auf der einen Seite eine Integration von Jugendlichen ohne Ausbildungsvertrag und ohne Arbeitsverhältnis nicht zuläßt und das auf der anderen Seite einen Zugang zu „gehobenen Berufen" mit schulischen Abschlüssen nur in Ausnahmefällen gestattet, steht im Gegensatz zu einer dynamischen technisch-wirtschaftlichen Entwicklung und einer sich selbst als offen verstehenden Gesellschaft. Diese Starrheit ist daher der Hauptkritikpunkt an dem dualen System der Berufsausbildung (vgl. BUNDESREGIERUNG 1970, S. 64 f.). Nachdem der DEUTSCHE BILDUNGSRAT (1969) in seiner Empfehlung „Zur Verbesserung der Lehrlingsausbildung" Kriterien zur Beurteilung der Ausbildung aufgestellt hat, sind durch eine Reihe empirischer Untersuchungen weitere Kritikpunkte festgestellt worden. Dazu gehören:

– Aufgrund der unterschiedlichen Zuständigkeiten (des Bundes für die betriebliche und der Länder für die berufsbegleitende schulische Ausbildung) sind die Ausbildungsinhalte von Betrieb und Schule nicht aufeinander abgestimmt.
– Die Ausbildungsordnungen sind zu einem großen Teil veraltet.
– Die Durchführung der Berufsausbildung wird nur ungenügend überwacht. Kontrollen haben zahlreiche Verstöße gegen geltendes Recht aufgedeckt.

– Die Ausbildung erfolgt oft in Berufen (und Betrieben), die nach Abschluß der Ausbildung gewechselt werden müssen; dann sind in vielen Fällen nur Teile der Ausbildung verwertbar.
– Betriebliche Ausbilder sind zum Teil fachlich, vor allem aber pädagogisch nicht genügend auf ihre Aufgaben vorbereitet.
– Einige Betriebe benutzen die Berufsausbildung, um dadurch Nettoerträge zu erzielen.
– Es sind nicht für alle Berufe in den Berufsschulen aufsteigende Fachklassen eingerichtet; auf diese Situation bezogene Fachdidaktiken und Maßnahmen zu einer planmäßigen Binnendifferenzierung fehlen.
– Nicht alle Berufsschüler erhalten die gesetzlich vorgesehene Anzahl von Unterrichtsstunden.
– Die in der Berufsausbildung erbrachten Lernleistungen werden auf allgemeine schulische Abschlüsse nicht angerechnet.
– Die Jungarbeiter stellen innerhalb der Berufsschüler eine isolierte Gruppe dar (vgl. KELL/LIPSMEIER 1976, LEMPERT/FRANZKE 1976).

Hinzuzufügen ist hier jedoch, daß die Untersuchungen auch zu dem Ergebnis geführt haben, daß generelle Kritik verfehlt ist. Sowohl zwischen den einzelnen Berufen als auch zwischen Branchen, Regionen und Betrieben besteht eine starke Streuung in der Ausbildungsqualität. Zieht man weiterhin in Betracht, daß nach wie vor auch gewichtige Argumente für die duale Ausbildung sprechen, nämlich daß

- technisch-wirtschaftliche Entwicklungen am ehesten in den Betrieben erkennbar werden (die Berufsbildungsforschung hat demgegenüber eine erhebliche zeitliche Verzögerung; die Umsetzung der Forschungsergebnisse in vollzeitschulische Bildungsgänge erfolgt abermals verzögert),
– die finanziellen Aufwendungen der Wirtschaft für die Berufsausbildung

derzeit nicht vom Staat übernommen werden könnten – und

– der Lernort Betrieb für den Erwerb beruflicher Handlungskompetenz unverzichtbar ist,

dann kann es im Hinblick auf die weitere Entwicklung der Berufsausbildung trotz aller Kritik nicht um eine Abschaffung des dualen Ausbildungssystems gehen, sondern um Reformen, bei denen die Mängel überwunden werden, das Spannungsverhältnis zwischen betrieblicher und schulischer Ausbildung aber erhalten bleibt und pädagogisch genutzt wird.

Die Reform der Berufsausbildung besteht demgemäß nicht aus einer einzigen radikalen Veränderung, sondern aus einer Vielzahl unterschiedlicher Maßnahmen. Hierzu gehören

– eine Verbesserung der Rechtsgrundlagen (zum Beispiel des Berufsbildungsgesetzes von 1969, des Ausbildungsplatzförderungsgesetzes von 1976, der Ausbilder-Eignungverordnung von 1972, der Vereinbarung zwischen der Bundesregierung und den Kultusministern der Länder über das Verfahren bei der Abstimmung von Ausbildungsordnungen und Rahmenlehrplänen im Bereich der beruflichen Bildung von 1972, der Berufsgrundbildungsjahr-Anrechnungs-Verordnung von 1978),

– eine Ausweitung der finanziellen Förderung (beispielsweise für Modellversuche, die Einrichtung überbetrieblicher Ausbildungswerkstätten),

– eine ständige Überarbeitung der Liste der anerkannten Ausbildungsberufe (Streichungen und Neuanerkennungen von Ausbildungsberufen) und der Ausbildungsordnungen (wie der „Eckdaten zur Neuordnung der industriellen Metallberufe" von Gesamtmetall und IG Metall),

– die grundsätzliche Gliederung der Berufsausbildung in Grundstufe und Fachstufe,

– der Ausbau von Berufsvorbereitungs-

jahr und Berufsgrundbildungsjahr,

– die Gliederung auch des berufsbegleitenden Unterrichts in die Lernbereiche: obligatorischer Bereich, Schwerpunktbereich und Wahlbereich und, darauf aufbauend, die zunehmende Einführung von Kurssystemen,

– die zunehmende Verzahnung der Schulformen des beruflichen Schulwesens, wie Berufsgrundschuljahr, Berufsschule, Berufsfachschule, Berufsaufbauschule, Fachoberschule, und

– die zunehmende Integration von Berufsausbildung und Allgemeinbildung und als Konsequenz daraus die Vermittlung von Doppelqualifikationen (etwa Facharbeiter plus Fachhochschulreife als Abschluß *eines* Bildungsganges).

Den am weitesten reichenden Vorschlag hat in diesem Zusammenhang der DEUTSCHE BILDUNGSRAT (1974) mit seiner Empfehlung „Zur Neuordnung der Sekundarstufe II" gemacht. Leitgedanken dieser Empfehlung sind die Verbindung von allgemeinem und beruflichem Lernen sowie die Herstellung gleicher Ausbildungschancen für alle Jugendlichen. Die gesamte Sekundarstufe II soll demnach eine in sich nach fachlichen Schwerpunkten differenzierte Einheit bilden, in die alle Lernorte: Schule, betriebliche und überbetriebliche Ausbildungswerkstätten, Betriebe und Studios, einbezogen sind. Die Organisationseinheit für das Bildungswesen der Sekundarstufe II auf lokaler Ebene ist dann das Kolleg. Die Jugendlichen würden nicht mehr mit Einzelbetrieben Ausbildungsverträge abschließen, sondern ein vertragliches Verhältnis mit dem Kolleg eingehen und ihr Lernprogramm in einem planmäßigen Wechsel der verschiedenen Lernorte absolvieren. Das bedeutete auf der einen Seite, daß die gesamte Ausbildung als eine öffentliche Aufgabe anerkannt und durch die öffentliche Hand finanziert werden müßte. Auf der anderen Seite könnten mehr, auch kleinere Betriebe in das Ausbildungsprogramm einbezogen werden, da sie nur spezielle Ausbildungsleistungen erbringen müßten, nicht aber den Gesamtumfang der jeweiligen Ausbildungsordnungen zu erfüllen hätten. Das Kolleg könnte also durch eine übergreifende Planung die Mängel des dualen Ausbildungssystems überwinden, gleichzeitig würde es die positiven pädagogischen Möglichkeiten unterschiedlicher Lernorte, wie das Spannungsverhältnis zwischen Theorie und Praxis, nicht nur beibehalten, sondern eigentlich erst zur vollen Entfaltung bringen.

Diese Reformansätze tendieren zu einem in Stufen gegliederten integrierten Ausbildungssystem. Dabei ließen sich folgende Schwerpunkte unterscheiden:
– Sekundarstufe I: Berufsvorbereitung,
– Sekundarstufe II: berufliche Erstausbildung, und
– tertiärer Bereich: Hochschulausbildung, Weiterbildung.

Der Begriff der Berufsausbildung muß, wenn er für die damit angedeuteten Planungsaufgaben tauglich sein soll, die eingangs genannte weite Fassung bekommen. Denn die engere Fassung des Begriffs bedeutet zugleich eine verengte Blickweise für die Probleme der Berufsausbildung und ihre zeitgemäßen Lösungsmöglichkeiten.

BUNDESREGIERUNG: Bildungsbericht '70, Bonn 1970. DEUTSCHER BILDUNGSRAT: Zur Verbesserung der Lehrlingsausbildung. Empfehlungen der Bildungskommission, Bonn 1969. DEUTSCHER BILDUNGSRAT: Zur Neuordnung der Sekundarstufe II. Konzept für eine Verbindung von allgemeinem und beruflichem Lernen. Empfehlungen der Bildungskommission, Bonn 1974. KELL, A./LIPSMEIER, A.: Berufsbildung in der Bundesrepublik Deutschland. Schriften zur Berufsbildungsforschung, Bd. 38, Hannover 1976. LEMPERT, W./FRANZKE, R.: Die Berufserziehung, München 1976. LITT, TH.: Technisches Denken und menschliche Bildung, Heidelberg 1957. MERTENS, D.: Schlüsselqualifikationen. Thesen zur Schulung für eine moderne Gesellschaft. In: Mitt. a. d. Arbmarkt.- u. Berfo. 7 (1974), S. 36 ff. OFFE, C.: Berufsbildungsreform. Eine Fallstudie über Reformpolitik, Frankfurt/M. 1975. STATISTISCHES BUNDESAMT WIESBADEN (Hg.): Klassifizierung der Berufe. Systematisches und alphabetisches Verzeichnis der Berufsbenennungen. Ausgabe 1970, Stuttgart/Mainz 1970.

Peter Werner

Berufsausbildung (Behinderte)

Zum Begriff „Behinderte". Der Begriff „Behinderte" ist bisher nicht klar definiert. Es steht jedoch fest, daß der Begriff „Behinderte" die so bezeichneten Personen stigmatisiert. Die Konsequenz dieser Stigmatisierung kann von reduzierten Bildungsangeboten bis hin zur Einschätzung behinderter Personen als „Arbeitskraft minderer Güte" führen.

In der *Umgangssprache* wird „behindert" häufig mit körperbehindert, gelegentlich auch mit geistig behindert assoziiert. Es kommt auch vor, daß körperbehinderte Menschen über Stigmatisierungsprozesse gleichzeitig als geistig behindert eingestuft werden.

Im *juristischen Bereich* gelten Personen mit einer erheblichen Beeinträchtigung der Bewegungs-, der Seh-, Hör- oder Sprachfähigkeit oder einer erheblichen Beeinträchtigung der geistigen oder körperlichen Kräfte als *behindert*. Als *schwerbehindert* gelten Personen, deren Erwerbsfähigkeit aufgrund dieser Beeinträchtigungen erheblich (mindestens 50 %) gemindert ist.

Im *pädagogischen und sonderpädagogischen Bereich* werden diejenigen Kinder und Jugendlichen als behindert bezeichnet, die – aus welchen Gründen auch immer – nicht erfolgreich am normalen schulischen Unterricht teilnehmen können. Dies sind neben den genannten Behindertengruppen vor allem „lernbehinderte" und „verhaltensgestörte" Schüler; etwa 85 % aller sonderpädagogisch betreuten Schüler gehören in die Gruppe der „Lernbehinderten" und „Verhaltensgestörten". Dieser hohe Anteil von Schülern mit Lern- und Leistungsschwächen sowie kritische Untersuchungen über die Funktion der Sonderschule (vgl. JANTZEN 1974) haben innerhalb der Sonderpädagogik zu einer intensiven Auseinandersetzung über den Behindertenbegriff geführt. Diskussionspunkte sind dabei erstens angeborene versus sozial verursachte Behinderungen, zweitens Behinderungen und Störungen (verfestigte und reversible Behinderungen) und drittens Behinderung als Eigenschaft behinderter Menschen oder als Zustand, in dem sich Menschen befinden.

Behinderung und Arbeitswelt. Unter dem Aspekt der Arbeitswelt läßt sich die Gruppe der als behindert geltenden Personen unterscheiden in
– nicht erwerbstätige Personen, die ausschließlich von der Pflege anderer Personen abhängen,
– Personen, die in Werkstätten für Behinderte arbeiten,
– schwerbehinderte Personen, denen über gesetzliche Regelungen (Schwerbehindertengesetz) und finanzielle Hilfen für den Arbeitgeber eine Integration in die normale Arbeitswelt ermöglicht werden soll, und
– Personen, die als voll erwerbsfähig angesehen werden, die jedoch aufgrund einer Behinderung spezieller berufsvorbereitender Maßnahmen oder spezieller Hilfen bei der Berufsausbildung bedürfen.
Berufspädagogische Überlegungen setzen notwendigerweise im Qualifikationsbereich ein; die Arbeitsmarktchancen behinderter Personen werden jedoch primär auf dem Arbeitsmarkt bestimmt. In Zeiten wirtschaftlicher Konjunktur gibt es für behinderte oder wenig qualifizierte Arbeitskräfte genügend Arbeitsplätze. In Krisenzeiten und Zeiten steigender Arbeitslosigkeit kristallisieren sich sogenannte Problemgruppen des Arbeitsmarktes heraus: ältere Arbeitnehmer, Frauen, die Teilzeitarbeit suchen; ungelernte Arbeiter; Gastarbeiter; behinderte Personen.

Die hohe Arbeitslosigkeit schlecht qualifizierter Arbeitnehmer legt die These nahe, daß als Folge innerbetrieblicher Rationalisierungsmaßnahmen vor allem die monotonen und anspruchslosen Arbeitsplätze abgebaut werden. Mit fortschreitender Rationalisierung gibt es demnach immer weniger Arbeitsplätze für diesen Personenkreis. Eine staatliche Interventionspolitik, die von dieser Annahme ausgeht, muß sich daher auf eine Höherqualifizierung ungelernter Arbeiter konzentrieren. Diese These ist plausibel und populär; sie trifft allerdings nur einen Teil des Problems. Arbeitslosigkeit ist primär die Konsequenz fehlender Arbeitsplätze und nicht die Folgewirkung mangelnder Qualifikation. Die Problemgruppen des Arbeitsmarktes sind das Ergebnis eines Verdrängungswettbewerbs um die vorhandenen Arbeitsplätze. Unter diesen Umständen müßte eine staatliche Interventionspolitik im Beschäftigungssystem einsetzen. Ansatzpunkte sind hier die Schaffung neuer Arbeitsplätze oder die Umverteilung der vorhandenen Arbeit.

Die berufliche Ausbildung behinderter Jugendlicher. Die berufliche Ausbildung behinderter Jugendlicher wurde lange Zeit weder in der Berufspädagogik noch in der beruflichen Bildungspraxis besonders problematisiert. Das Berufsbildungsgesetz (BBiG) von 1969 geht davon aus, daß Jugendliche nur nach den gemäß § 25 anerkannten Ausbildungsberufen ausgebildet werden dürfen (vgl. § 28 BBiG). Für Jugendliche mit körperlichen, geistigen oder seelischen Behinderungen gilt dieser Ausschließlichkeitsgrundsatz nicht, soweit es Art und Schwere der Behinderung erfordern (vgl. § 48, Abs. 1 BBiG). Nach § 48, Abs. 2 sind die zuständigen Stellen befugt, besondere Vorschriften zur Ausbildung von Behinderten zu erlassen. Wenn es sich im Einzelfall als notwendig erweist, können darüber hinaus Individualregelungen hinsichtlich der Zulassung zur Abschlußprüfung getroffen werden (vgl. § 48, Abs. 3 BBiG).

Diese gesetzlichen Regelungen stoßen in der Praxis auf erhebliche Schwierigkeiten. Die Betriebe entscheiden über die Einstellung der Jugendlichen als Auszubildende. Seit Beginn der Ausbildungskrise finden Jugendliche mit schlechten schulischen Leistungen (Sonderschüler, Jugendliche ohne Hauptschulabschluß) immer seltener einen Ausbildungsplatz; die Ausbildung in Berufen mit guten Zukunftsaussichten ist ihnen so gut wie verschlossen. In öffentlichen Stellungnahmen wird diese Ausbildungskrise mit der Berufsunreife der Jugendlichen oder mit deren Leistungsdefiziten begründet; zugleich werden die Jugendlichen als „behindert" eingeordnet. Dies zielt auf eine Entlastung der zuständigen Institutionen und ermöglicht den Rückgriff auf finanzielle Mittel, die zur Förderung Behinderter zur Verfügung stehen. Aufgrund dieser Praxis stieg die Zahl der als behindert geltenden Jugendlichen; zugleich wurde die berufliche Bildung Behinderter zu einem öffentlichen Problem.

Als Reaktion auf dieses Problem wurde 1976/77 im Bundesinstitut für Berufsbildung ein Bundesausschuß für Behinderte eingerichtet. Daneben wurden – teil früher, teils zeitlich parallel – *Sondermaßnahmen* für behinderte Jugendliche eingeführt (vgl. APEL u. a. 1979):

- Ausbau von Lehrgängen der Bundesanstalt für Arbeit (maximal einjährige Grundausbildungs-, Förderungs- oder Eingliederungslehrgänge, erstmalige Einführung 1967, Ausbau Anfang der 70er Jahre, seit 1977/78 Rückgang zugunsten schulischer Maßnahmen),

- Maßnahmen im schulischen Bereich (Berufsvorbereitungsjahr, berufsbefähigende Lehrgänge, Berufsgrundbildungsjahr in Sonderform),
- Maßnahmen im betrieblichen Bereich (Einarbeitungsverträge; Einführung von Ausbildungen nach § 48 BBiG, finanzielle Hilfen für Betriebe, die behinderte Jugendliche einstellen),
- Ausbau von Berufsbildungswerken (teilweise vollständige Ausbildung, teilweise Ausbildung nach § 48 BBiG).

Einige dieser Sondermaßnahmen orientieren sich am bestehenden System der beruflichen Bildung. Sie verhelfen Jugendlichen zu einem Ausbildungsplatz, ersetzen fehlende Ausbildungsplätze oder führen auf einen eventuellen späteren Ausbildungsplatz hin. Ein Teil dieser Sondermaßnahmen schafft jedoch neue, „behindertenspezifische" Ausbildungen, beispielsweise nach § 48 Berufsbildungsgesetz, in die Jugendliche dadurch abgedrängt werden, daß durch eine am jeweiligen Bedarf orientierte Neubestimmung des Behindertenbegriffs im Prinzip ausbildungsfähige Jugendliche für ungeeignet erklärt werden, eine Ausbildung in einem anerkannten Ausbildungsberuf zu absolvieren.

Die Funktion spezieller Berufsausbildungen für Behinderte. Berufliche Bildungsmaßnahmen für Behinderte können nur auf dem Hintergrund des Bildungs- und Beschäftigungssystems in der Bundesrepublik Deutschland beurteilt werden. Die Zielsetzungen beider Systeme sind gegenläufig: Das *Bildungssystem* verfolgt pädagogische Zielsetzungen: eine qualifizierte Berufsausbildung für alle Jugendlichen, Bildungsinhalte, die die Mitbestimmung am Arbeitsplatz ermöglichen, die Integration von Berufs- und Allgemeinbildung als Voraussetzung zur Teilnahme an der gesellschaftlichen Kultur. Die Forderungen des Bildungssystems zielen auf eine Ausweitung der Bildungsprozesse.

103

Das *Beschäftigungssystem* folgt der Profitorientierung. Gegenwärtig wird das Beschäftigungssystem durch einen Rückgang der Erwerbstätigenquote und – von Ausnahmen abgesehen – durch Dequalifizierungsprozesse gekennzeichnet. Eine kostenintensive, qualitativ hochwertige Berufsausbildung für alle, die zugleich hohe, tariflich abgesicherte Lohnkosten nach sich zieht oder konfliktträchtige Dequalifizierungsprozesse impliziert, ist nicht im Interesse der Unternehmer. Betriebliches Interesse zielt auf die Anpassung des Bildungssystems an die veränderten Bedingungen des Beschäftigungssystems und damit auf die Reduktion der Ausbildung eines Teils der Arbeiterschaft.

Im Prinzip gelten die pädagogischen Ziele für alle Jugendlichen, also auch für Jugendliche, die als „behindert" bezeichnet werden. Mit der Einführung spezieller Behindertenausbildungen werden diese Ziele faktisch aufgegeben; die Bildungsmöglichkeiten werden für einen Teil der Jugendlichen beschränkt. Behindertenausbildungen sind daher keine Maßnahme zur Integration behinderter Jugendlicher; es sind Anpassungsmaßnahmen des Bildungssystems an die veränderten Bedingungen des Beschäftigungssystems, zu deren Durchsetzung die Gruppe der „Behinderten" lediglich als Vehikel benutzt wird.

APEL, H. u. a.: Berufsausbildung und Behinderte. In: Gewerksch. Bpol. 28 (1978), S. 208 ff. BRAUN, F./DREXEL, I.: Bewältigung des Ausbildungsplatzdefizits durch Sonderausbildungsgänge. In: Dem. E. 5 (1979), S. 65 ff. BUNDESANSTALT FÜR ARBEIT: Behinderte Jugendliche vor der Berufswahl, Nürnberg 1979. JANTZEN, W.: Sozialisation und Behinderung, Gießen 1974. OFFE, C.: Opfer des Arbeitsmarktes. Zur Theorie der strukturierten Arbeitslosigkeit, Neuwied/Darmstadt 1977.

Doris Elbers

Berufsausbildung (Bergbau)

Wenn man sagt, daß die Berufsausbildung im Bergbau einen der Fachbereiche innerhalb des Schultyps Technik bildet, so ist das eine zutreffende fachliche Klassifizierung. Eine verwaltungsmäßige Zuordnung in dem Sinne, daß die beruflichen Schulen des Bergbaus ohne Unterschied neben die anderen Schulen desselben Typs einzureihen wären, ist es hingegen nicht. So bestimmt das Schulverwaltungsgesetz des Landes Nordrhein-Westfalen vom 5. 7. 1977 in § 15 zunächst in Absatz 2, daß die obere Schulaufsichtsbehörde für die berufsbildenden Schulen der Regierungspräsident ist; dann heißt es jedoch in Abs. 4, daß abweichend von den Vorschriften des Absatzes 2 die obere Schulaufsichtsbehörde für die bergmännischen berufs-bildenden Schulen das Landesoberbergamt ist. Die damit angedeutete Sonderstellung der beruflichen Schulen des Bergbaus und ihre Spezifika innerhalb unseres Schulsystems sind im folgenden darzustellen und zu erklären, und es wird nach einer Berechtigung dieses Status zu fragen sein.

Das Ausbildungssystem des Bergbaus. Die beruflichen Schulen des Bergbaus bilden insgesamt ein Ausbildungssystem in privater Trägerschaft. Schulträger sind zum Beispiel die Westfälische Berggewerkschaftskasse, die Saarbergwerke AG, der Eschweiler Bergwerksverein, der Bergwerks-Verein Sophia Jacoba, die Preußag AG. Folgende Schulformen sind von diesen Trägern eingerichtet worden: Bergberufsschulen, Fachoberschulen für Technik, Bergfachschulen, eine Fachhochschule Bergbau und eine Bergingenieurschule.

Im Bergbau werden ausgebildet:

– die „Jungbergleute" in einem nicht nach dem Berufsbildungsgesetz (BBiG) anerkannten, jedoch seit 1977 tarifvertraglich geregelten, zwölfmonatigen Ausbildungsgang,

– der Berg- und Maschinenmann (mit den Fachrichtungen Vortrieb und Gewinnung oder Transport und Instandhaltung) in einem zweijährigen Bildungsgang (1979 als Ausbildungsberuf anerkannt),

– der Bergmechaniker (1976 anerkannter Ausbildungsberuf, der an die Stelle des Knappen getreten ist) in einem dreijährigen Ausbildungsgang,

– der Bergvermessungstechniker als unter- und übertägiger Ausbildungsberuf in einem ebenfalls dreijährigen Ausbildungsgang und

– eine Reihe von Ausbildungsberufen, die es auch in anderen Industriezweigen gibt, die hier jedoch eine spezielle Ausrichtung auf die Arbeiten im Bergbau erhalten: Betriebsschlosser, Elektroanlagen-Installateur/Energieanlagen-Elektroniker, Meß- und Regelmechaniker, Aufbereiter oder Chemielaborant.

Den praktischen Teil der Berufsausbildung führen die Bergwerksgesellschaften in aller Regel nach dem System der „abgestuften Zentralisierung" in Basis- und/oder Zentralausbildungsstätten durch. Während in den Basis-Ausbildungsbetrieben der Schachtanlagen neben der Grund- und Anwendungsausbildung die Wiederholungsunterweisungen und die Vorbereitung auf die Facharbeiterprüfungen durchgeführt werden, sind besonders aufwendige Ausbildungsabschnitte den zentralen Ausbildungsstätten vorbehalten. Jeder Zentralausbildungswerkstatt ist eine „technische Übungsstätte" zugeordnet, in die die erworbenen Kenntnisse und Fertigkeiten ihre reale betriebliche Umsetzung an maschinellen Anlagen und Einrich-

tungen des Grubenbetriebes finden. Die theoretische Ausbildung findet in den Bergberufsschulen statt. Die theoretische und die praktische Ausbildung sind aufs engste miteinander verzahnt. Zu den traditionellen Besonderheiten des bergbaulichen Ausbildungssystems gehört die enge Kooperation schulischer und betrieblicher Ausbildung. Oft bilden betriebliche Ausbildungsstätten und Bergberufsschulen trotz organisatorischer und personeller Trennung räumliche Einheiten. Ein sehr großer Teil des Lehrpersonals verfügt über praktische Erfahrungen im Bergbau, und in gemeinsamen Arbeitskreisen von Lehrern und Vertretern der Ausbildungsbetriebe werden Materialien für den Unterricht sowie lernzielorientierte Lehrpläne auf der Grundlage der staatlichen Ausbildungsordnungen erarbeitet. Die Facharbeiterprüfungen werden vor einem Prüfungsausschuß der jeweils zuständigen Industrie- und Handelskammer abgelegt.

Die Fachoberschulen für Technik ermöglichen den Zugang zum Ingenieurstudium. Während die Absolventen der Fachrichtung Bergbau durchweg ein Studium an der Fachhochschule Bergbau aufnehmen, steht den Absolventen der übrigen Fachrichtungen – Maschinentechnik, Elektrotechnik, Verfahrenstechnik und Bergvermessungstechnik – auch der Weg zum Studium an den Fachhochschulen in staatlicher Trägerschaft offen.

Die Bergfachschulen – Bergschulen, Bohrmeisterschule – bilden die mittleren Führungskräfte aus. In der Technikerausbildung werden folgende Fachrichtungen unterschieden: Bergtechnik, Maschinentechnik, Elektrotechnik, Bergvermessungstechnik, Aufbereitungstechnik und Kokereitechnik. Absolventen der Bohrmeisterschule übernehmen in der Erdölindustrie sowie in artverwandten Betrieben als Bohrmeister Aufgaben in der allgemeinen Bohrtechnik für den Bergbau, für das Bauwesen und beim Bohren nach Erdöl, Erdgas und Wasser.

Die Fachhochschule Bergbau in Bochum bildet ebenso wie die Bergingenieurschule Saarbrücken graduierte Ingenieure in fünf Fachrichtungen aus: Bergtechnik mit den Schwerpunkten Arbeitsschutz und Betriebstechnik; Allgemeine Vermessung, Berg- und Ingenieurvermessung; Maschinentechnik; Verfahrenstechnik mit den Schwerpunkten Aufbereitungsanlagen sowie Kokereien und chemische Anlagen; Elektrotechnik mit den Schwerpunkten Energietechnik und Nachrichtentechnik.

Der Bergbau verfügt somit über ein Ausbildungssystem, das von einer beruflichen Qualifizierung unterhalb des Facharbeiterniveaus bis in den Hochschulbereich hineinreicht und das ein breites Spektrum von Fachrichtungen umfaßt. Dieses System hat seine besondere Entwicklungsgeschichte, deren Ursprünge weiter zurückliegen als die anderer Industrieberufe. Die Tradition der Berufsausbildung im Bergbau ist der Schlüssel zum Verständnis ihrer Sonderstellung.

Geschichtliche Entwicklung der Berufsausbildung im Bergbau. Bereits 1681 wurde in Leoben (Steiermark) die erste Bergakademie gegründet (vgl. BEIER 1979, S. 481 ff.). Es folgten dann mit einigem Abstand weitere Gründungen bergmännischer Hochschulen: 1765 in Freiberg (Sachsen), 1770 in Berlin und 1775 in Clausthal. Diese Akademien dienten der Heranbildung der Führungskräfte im Bergbau und in den Bergaufsichten, also der höheren Bergbeamten. Kurze Zeit später wurden die ersten Fachschulen im Bergbau gegründet. Bergschulen entstanden 1800 in Freiberg, 1811 in Clausthal, 1816 in Bochum (die für den Ruhrbergbau sehr bedeutsame Bergschule), 1817 in Eisleben, 1818 in Siegen und Saarbrücken (vgl. BUTTCHEREIT 1960, S. 199). An diesen Schulen wurden die mittleren und unteren technischen Aufsichtspersonen, die Bergbeamten, ausgebildet. Um 1880 entstanden im Ruhrgebiet die ersten Bergvorschulen als Zubringereinrichtungen für die Bergschulen.

Die genannten Schulen wurden in privater Trägerschaft von den Bergbaubetrieben ihres Einzugbereichs gegründet und werden zum Teil noch von ihnen unterhalten. Sie sind als Vorläufer der heutigen Fachschulen (Technikerschulen) und Fachhochschulen des Bergbaus anzusehen. Eine plan- und regelmäßige Schulausbildung für die Bergarbeiter folgte erst später, etwa mit dem Beginn des 20. Jahrhunderts. Das Schulwesen des Bergbaus hat sich somit „von oben nach unten", ausgehend von den Akademien bis hin zu den Bergberufsschulen, entwickelt.

Die betriebliche Ausbildung des jugendlichen Bergmanns erfolgte im 18. und 19. Jahrhundert vor allem durch Erfahrungsvermittlung bei der Arbeitsausübung. Sie war durch die Stufen Pferdejunge – Schlepper – Gedingeschlepper – Lehrhauer gekennzeichnet. Der nach betriebsinterner Prüfung zum Hauer ernannte Bergmann war angesehener und anerkannter Fachmann in seiner beruflichen Umgebung. Er schloß das Gedinge ab, hatte Lohnvorteile innerhalb seiner Kameradschaft, und er hatte insbesondere die Letztverantwortung für die Sicherheit von Arbeitsplatz und Arbeitsablauf. Die hier angedeuteten ausbildungsähnlichen Maßnahmen waren zunächst je nach Bergbauzweig und auch regional recht unterschiedlich.

Eine Vereinheitlichung und Systematisierung der Berufsbildung im Bergbau trat erst um 1900 ein. Zwar hatte die Novellierung des Allgemeinen Berggesetzes vom 24. 6. 1892 bereits den Gemeinden und Kommunalverbänden das Recht eingeräumt, jugendliche Bergarbeiter unter 18 Jahren mit Zustimmung der Landesoberbergämter zum Besuch einer Fortbildungsschule zu verpflichten. Die Realisierung einer solchen „Berufsschulpflicht" scheiterte zunächst am Veto der Bergbehörden, die eine verstärkte Abwanderung jugendlicher Bergleute in solche Betriebe befürchtete, in denen eine Schulpflicht noch nicht bestand (vgl. THÜMMLER 1959, S. 22 ff.). „Daraufhin schuf der Preußische Staat auf seinen Bergwerken an der Saar 1900 und in Oberschlesien 1905 bergmännische Fortbildungsschulen. Es kostete aber große Mühe, den privaten Bergbau [...] zur Errichtung bergmännischer Fortbildungsschulen zu bewegen. Das wurde erst anders, als es gelang, in den einzelnen Bergbaurevieren geschlossen für die gesamte männliche berufstätige Jugend durch Ortsstatut die Fortbildungsschulpflicht einzuführen. Jetzt erklärte sich der Bergbau unter bestimmten Voraussetzungen bereit, die Trägerschaft für die bergmännischen Fortbildungsschulen zu übernehmen und diese einzurichten. Die so errichteten bergmännischen Fortbildungsschulen wurden gemäß § 87 des Allgemeinen Berggesetzes als Ersatzschulen anerkannt" (BUTTCHEREIT 1960, S. 199 f.). Wesentlicher Anstoß für diese Entwicklung waren die steigenden Qualifikationsansprüche im Bergbau sowie die erforderliche berufliche und soziale Eingliederung vieler bergfremder Arbeitskräfte aus allen Teilen Deutschlands. Aus gleichem Grunde verfügte am 30. 12. 1920 der preußische Minister für Handel und Gewerbe per Erlaß die Eröffnung bergmännischer Berufsschulen im Oberbergamtsbezirk Dortmund und am linken Niederrhein. Damit war dann der Grundstein für das Bergberufsschulwesen gelegt (vgl. NATTKEMPER 1929, S. 215 ff.).

Nach Einführung der Schulpflicht für die im Bergbau beschäftigten jungen Männer im Jahre 1921 wurden innerhalb von wenigen Jahren in allen bedeutenden deutschen Bergbaugebieten „bergmännische Berufsschulen", später Bergberufsschulen eingerichtet (vgl. SCHUNDER 1964, S. 151; vgl. WIEGEL

1971, S. 14 ff.). In der Zeit von 1920 bis 1940 wurde der junge Bergmann in sogenannten Lernschichten in den werkseigenen Schulen berufsbegleitend zumeist so lange ausgebildet, wie er noch über Tage tätig war. Erst 1940 wurde der traditionell bergmännische Lehrberuf des Knappen anerkannt, die Ausbildung erfolgte ab 1941 nach festgelegten Ausbildungsplänen. Seit 1976 wird die Knappenausbildung in Auswirkung der fortschreitenden Mechanisierung der Gruben durch die Ausbildung zum Bergmechaniker ersetzt.

Der geschichtliche Rückblick läßt drei Aspekte der Berufsausbildung im Bergbau erkennen:

– die lange Tradition, die in den besonderen Arbeitsbedingungen, vor allem des untertägigen Bergbaus, sowie der sich daraus ergebenden Verantwortung gegenüber Menschen und technischen Einrichtungen, die mit hohen Investitionen verbunden sind, begründet ist,

– die Orientierung an dem jeweils unmittelbaren Qualifikationsbedarf, die ihren Grund in den für den privaten Träger hohen Ausbildungskosten hat, und

– das Selbstverständnis der Ausbildung als eine berufsständische, die nie nur die Vermittlung fachlicher Qualifikationen zum Gegenstand hatte, sondern immer auch eine soziale Eingliederung leistete.

Von daher ist die Sonderstellung der Berufsausbildung des Bergbaus innerhalb unseres Bildungssystems verständlich. Sie muß in Zeiten der beruflichen Mobilität, der permanenten Strukturwandlungen und des „Bürgerrechts auf Bildung" gegen manche, auch ideologisch begründete Problematisierung verteidigt werden, speziell in der Legitimation für eine private Trägerschaft beruflicher Schulen.

Zukunftsorientierte Berufsausbildung im Bergbau. Von einer zukunftsorientierten

Berufsausbildung wird heute erwartet, daß sie

- zur qualifizierten Arbeit nach kurzer Einarbeitungszeit befähigt,
- die Nutzung der Chancen des beruflichen Aufstiegs, gegebenenfalls auch im Ausland, ermöglicht,
- die Grundlage bildet für eine ständige Weiterbildung und damit die qualifizierte Mitbestimmung der Arbeitnehmer in Bereichen des technisch-ökonomischen Wandels ermöglicht,
- die Möglichkeit eröffnet, auch in anderen Regionen und anderen Branchen Arbeit zu finden, sowie
- allen interessierten Jugendlichen offensteht.

Eine so verstandene Berufsausbildung kann sich nicht auf die Einübung von bestimmten Fertigkeiten und die Vermittlung spezieller Kenntnisse konzentrieren, sie wird vielmehr als eine Grundbildung angelegt werden müssen, in der über die besonderen beruflichen Inhalte allgemeine Einsichten gewonnen werden.

Für den Bergbau folgt daraus, daß in der Erstausbildung noch nicht die Vorbereitung auf einzelne Arbeitsplätze zu geschehen hätte, sondern die Grundlagen des Bergbaus überhaupt erarbeitet werden müßten. Der Bergbau wäre dann nicht isoliert als eine bestimmte Technologie der Kohle- oder Erzförderung zu sehen, sondern als ein Teil des umgreifenden Feldes der Rohstofftechnik. Fragen der Rohstofftechnik reichen von der Prospektion und Exploration über die Gewinnung (im Tagebau, Untertagebau, durch Erdbohrungen, auch Off-shore-Bohrungen) bis zur Rohstoffaufbereitung, -verarbeitung und -rückgewinnung und sie beziehen sich auf alle Energierohstoffe (neben der Steinkohle vor allem Braunkohle, Erdöl, Erdgas, Uranerz), Metall-Rohstoffe, Nichtmetall-Rohstoffe und Wasser. Die Hochschulausbildung hat bereits entsprechende Konsequenzen gezogen. Das Studium des Diplom-Ingenieurs der

Fachrichtung Bergbau bezieht mehr als 20 Studienfächer ein; das sind mathematisch-naturwissenschaftliche, technologische sowie rechts-, wirtschafts- und sozialwissenschaftliche Fächer. Ein solches Studium bildet die Grundlage für spätere Berufsmöglichkeiten im Bergbau (Steinkohle, Braunkohle, Erdöl, Eisenerz, Blei-/Zinkerz, Kali, Steinsalz, Steine und Erden) für die Aufgabengebiete Aufsuchen von Lagerstätten, Betriebsleitung, Aufbereitung, Verkauf, Forschung, Beratung sowie Tätigkeiten in Stabsstellen und der Zulieferindustrie; aber ebenso auch in anderen Industriezweigen (Rohstoffeinsatz, Rohstoffversorgung) und in den Verwaltungen (vgl. GÄRTNER 1977). Zwar ist ein solches Ausbildungsprogramm nicht unmittelbar auf die Facharbeiterausbildung übertragbar, durchgängiges Prinzip für alle Ausbildungsstufen könnte aber sehr wohl die Vermittlung einer (beim Hochschulabsolventen besonders deutlich zu erkennenden) breit angelegten Grundbildung und die darin eingeschlossene Verbindung spezieller und übergreifender Kenntnisse und Einsichten sein. Denn erst wenn die Konstruktionsprinzipien für alle Bildungsgänge einer Fachrichtung – hier: der Rohstofftechnik – die gleichen sind, läßt sich auf der Basis von Polyvalenzen und Äquivalenzen ein Optimum an Durchlässigkeit und damit an individuellen Förderungsmöglichkeiten erreichen. Die Ausbildung des Ingenieurs und der Jungbergleute würde dadurch nicht die gleiche, wohl aber würde sie in Teilen vergleichbar. Die Unterschiede zwischen den einzelnen Bildungsgängen im Schulsystem des Bergbaus würden dann genau angebbar und damit zugleich die einzelnen notwendigen Schritte bei einem Bildungsgangwechsel planbar und begründbar.

Ansätze für die Entwicklung eines solchen in sich abgestimmten Schulsystems sind, wie oben dargestellt, im Bergbau vorhanden. Eine heutige Planung der

Bildungsgänge „von oben nach unten" könnte zur Schaffung eines auf die zukünftigen beruflichen Aufgaben und sozialen Erfordernisse hin ausgerichteten Schulsystems im Bergbau führen. Sofern die privaten Träger aufgrund der Nähe zu den heute weltweiten technisch-wirtschaftlichen Entwicklungen und in gesamtgesellschaftlicher Verantwortung diese Aufgabe der Schulentwicklung besser lösen, als es der Staat vermag, ist die Sonderstellung des Bergbaus auch in Zukunft gerechtfertigt.

BEIER, E.: Von der Bochumer Bergschule zur Fachhochschule Bergbau. In: Glückauf 115 (1979), S. 481 ff. BUTTCHEREIT, H.: Die Bergberufsschule. In: BLÄTTNER u. a. (Hg.): Handbuch für das Berufsschulwesen, Heidelberg 1960, S. 199 ff. GÄRTNER, E.: Optimale Rohstoffnutzung. In: VEREIN DEUTSCHER INGENIEURE (Hg.): Optimale Rohstoffnutzung – eine Aufgabe für den Ingenieur, Düsseldorf 1977, S. 13 ff. NATTKEMPER, W.: Bergmännische Berufsschulen. In: KÜHNE, A. (Hg.): Handbuch für das Berufs- und Fachschulwesen, Leipzig 1929, S. 215 ff. SCHUNDER, F.: Lehre und Forschung im Dienste des Ruhrbergbaus – Westfälische Berggewerkschaftskasse 1864–1964, Herne 1964. THÜMMLER, W.: Die Stellung der bergbaulichen Schulen in der Gliederung der Berufsbildenden Schulen, Bochum 1959. WIEGEL, J.: 50 Jahre Bergberufsschulen 1921–1971, Bochum 1971.

Udo Butschkau / Peter Gelhorn

Berufsausbildung (Entwicklungsländer)

Die berufliche und technische Erziehung in Entwicklungsländern ist bisher sehr stark beeinflußt worden von den Ausbildungsmodellen der Industrieländer. Dies hat zu Fehlentscheidungen geführt, weil die Verschiedenartigkeit der gesellschaftlichen Bedingungen nicht hinreichend berücksichtigt wurden. Berufsausbildung läßt sich nur im Zusammenhang mit den gesellschaftlichen Rahmenfaktoren konzipieren. Im folgenden werden die für Entwicklungsländer typischen Bedingungen skizziert.

Schwächen der Bildungssysteme. Die schwerwiegendsten Schwächen zeigen sich im Analphabetismus. Trotz der positiven Wirkung des Alphabetisierungsprogramms der Vereinten Nationen ist die absolute Zahl der Analphabeten in den letzten Jahren gestiegen. Derzeitige Schätzungen sprechen von je 50 Millionen in Afrika und mehr als 600 Millionen Analphabeten in Asien. Fast drei Viertel der erwachsenen Bevölkerung in Entwicklungsländern können nicht lesen und schreiben.

Im engen Zusammenhang mit dem Analphabetismus steht das vorzeitige Verlassen der Schule. In den Entwicklungsländern beendet kaum die Hälfte der Schüler die Primarschule. Es sind allerdings große Unterschiede feststellbar: In ländlichen Gebieten und bei Mädchen sind die Abbruchsquoten besonders hoch. Indikator für ein Schulversagen ganz anderer Art ist die hohe Quote arbeitsloser Absolventen höherer und langjähriger Bildungsgänge. Wenn man bedenkt, daß für sie ein unverhältnismäßig großer Anteil des öffentlichen Bildungsbudgets aufgewandt und damit das Gleichheitsprinzip beträchtlich strapaziert wurde, ist dieses Ergebnis als paradox anzusehen. Ursache sind hauptsächlich zwei Fehlentwicklungen: Erstens sind die Ausbildungsinhalte nicht an die wirtschaftlichen Bedürfnisse angepaßt. Es fehlt an Theorie-Praxis-Verschränkung, so daß es zur Ausbildung nicht benötigter theoretischer Fähigkeiten und zur Nichtausbildung erforderlicher praktischer Fertigkeiten kommt. Zweitens handelt es sich um eine weltweit verbreitete Fehlorientierung des Wertsystems: die öffentliche Geringschätzung technischer und manueller Ausbildung zugunsten akademischer Bildung – das viel zitierte „blue-and white-collar"-Syndrom.

Diese Mängel wirken sich auch auf das berufliche Ausbildungswesen aus. Die Schwächen zeigen sich auf mehreren Ebenen: im technischen und didaktischen Ausbildungsniveau der Ausbilder, in der Qualität der Curricula und der Lehrmittel. Wegen der zumeist vorherrschenden prinzipiellen Trennung von Berufsausbildung in staatlichen Ausbildungsinstitutionen und der nicht ausbildenden produzierenden Wirtschaft sind die Ausbildungseinrichtungen und -verfahren vielfach veraltet und ineffektiv. Die Ausbilder sind wenig veränderungsorientiert, mehr auf ständige Reproduktion einmal erworbenen Wissens und von Grundfertigkeiten bedacht.

Staatliche Ausbildungsinstitutionen können weder nach Umfang noch nach Einrichtung und Personal die betrieblichen Ausbildungspotentiale hinreichend ersetzen. Die nationalen Budgets sind bis auf wenige Ausnahmen (zum Beispiel Staaten, die der Organisation Erdöl produzierender und exportierender Länder angehören) zu beschränkt, um ein allen zugängliches und ausreichend ausgestattetes berufliches Ausbildungswesen aufzubauen.

Syndrom Unterentwicklung. Die Bezeichnung „Entwicklungsländer" ist ein Euphemismus und kann als Indiz für eine „semantische Konspiration" der reichen Länder gedeutet werden. Die Verwendung des Begriffs „Unterentwicklung" ist nicht frei von kultureller Arroganz. Notgedrungen werden diese Termini weiterverwendet, im folgenden aber in ihrer Komplexität umrissen.

Wichtige Indikatoren von *Unterentwicklung* sind:
– *Niedriges Pro-Kopf-Einkommen:* Mindestens ein Drittel der ländlichen Be-

völkerung lebt unterhalb der Armutsgrenze von 100 US-Dollar Jahreseinkommen pro Kopf. Alle einschlägigen Untersuchungen machen zudem zwei Erscheinungen deutlich: die erheblichen makroökonomischen Disparitäten im Nationaleinkommen der Industrie- und Entwicklungsländer und zugleich – dies besonders in den marktwirtschaftlich orientierten Wirtschaftssystemen – die enormen mikroökonomischen Disparitäten innerhalb der Länder und Regionen. Etwa 10 % der Haushalte verfügen über ungefähr 40 % des gesamten Nationaleinkommens.

– *Beschäftigung in der Landwirtschaft:* Entwicklungsländer zeichnen sich dadurch aus, daß große Anteile der Erwerbsbevölkerung im Agrarsektor tätig sind. Die Tätigkeit im Agrarbereich ist weitgehend durch rückständige Arbeitsmethoden gekennzeichnet. Land- und Viehwirtschaft erbringen einen so geringen Ertrag, daß sie vielfach nur in Form der Subsistenzwirtschaft möglich sind. Daraus ergibt sich die geringe Entwicklung eines Binnenmarktes in den ländlichen Regionen.

– *Arbeitslosigkeit:* Es muß davon ausgegangen werden, daß etwa 30 % der Bevölkerung in den Entwicklungsländern von Arbeitslosigkeit betroffen sind. Die Prozentwerte variieren zwischen Stadt und Land, Alt und Jung, Mann und Frau sowie anderen sozialen und ethnischen Merkmalen. Besonders betroffen sind die Altersgruppen der 15- bis 24jährigen in ländlichen und Slumregionen. Wegen der hohen Zuwachsrate der Bevölkerung in Entwicklungsländern verschärft sich das Problem der Arbeitslosigkeit bedrohlich, denn das Wachstum der Wirtschaft bleibt hinter dem Bevölkerungswachstum erheblich zurück. In den 80er Jahren muß mit einer Arbeitslosenzahl von mehr als 400 Millionen gerechnet werden.

– *Unzulänglichkeit wirtschaftlicher und sozialer Infrastruktur:* Sie behindert die Entwicklung in nahezu allen Bereichen. Es mangelt an Erschließung der Wirtschaftsregionen durch Verkehrswege und -mittel, an Wasser- und Energieversorgung, an ausgeglichener Versorgung der Bevölkerung mit Ausbildungseinrichtungen und hygienisch-sanitären Diensten. Als Folge früherer Fehlentwicklungen haben sich in vielen Entwicklungsländern Fortschrittsinseln mit Industriezentren in den Städten gebildet. Dadurch etablierten sich reiche Bevölkerungsgruppen, um die sich die große Masse der Bevölkerung am Rande der Städte drängt. Es setzte – zugleich mit der Entstehung von städtischen Ballungsgebieten und ländlichen Entleerungsgebieten – ein Prozeß der sozialen Auflösung und politischen Desintegration ein. Ländliche Selbstversorger mit anspruchsloser, aber stabiler sozialer Struktur und Sicherung wurden zu unversorgten und sozial instabilen städtischen Arbeitslosen.

Fragwürdige Industrialisierung. Die Ansiedlung von Industriebetrieben mit Großserienfertigung hat häufig zu einer ganzen Kette nicht berücksichtigter und für das Entwicklungsland negativer Nebenwirkungen geführt, wie Importabhängigkeit (von Kapital, Know-how, Ersatzteilen) oder Substitution einheimischer Produkte durch industrielle, mit den Folgen einer Rückentwicklung traditioneller Technologien, einheimischer Märkte, arbeitsintensiver Beschäftigungsformen, Veränderung von Arbeitsrhythmus, sozialer Arbeitsorganisation, Konsumgewohnheit, Wohnen, Familienstruktur, sozialer Sicherung. Eine kooperative Verbindung der Industrie mit dem traditionellen Gewerbe durch wechselseitige Zulieferung (linkage effect) erfolgt nur selten. Hinzu kommt, daß häufig zur Umgehung der Lohnkosten in den Industrieländern nur eine selektive Auslagerung von solchen industriellen Fertigungen in Entwicklungsländer vorgenommen wird, bei denen eine relativ hohe Arbeitsintensität erforderlich ist. Diese Industrieanlagen sind dann komplementär nur im Hinblick auf die Hauptwerke in den Industrieländern.

Für die Entwicklungsländer ist die Vorstellung zu verabschieden, daß ihre technischen Probleme nach dem Beispiel der historischen Entwicklung der Technologien der Industrieländer gelöst werden müßten. Andere ökonomische, soziopolitische und historische Bedingungen erfordern auch andere Technologien und Ausbildungsformen.

Leitgedanke der Beschäftigungspolitik. Die wichtigsten Grundforderungen hierzu sind im Weltbeschäftigungsprogramm der International Labour Organization (ILO) formuliert. Das Kernthema dieses Programms ist, die Entwicklung durch Anhebung der Beschäftigung in Gang zu setzen. Die Strategie des Beschäftigungsprogramms steht auf drei Grundpfeilern: Entwicklung ländlicher Gebiete, Initiierung arbeitsintensiver öffentlicher Projekte und Senkung der Kapitalintensität industrieller Produktion. Ziel ist die Substitution des knappen Produktionsfaktors Kapital durch den im Überfluß vorhandenen Produktionsfaktor Arbeitskraft.

Aus dem breiten Spektrum der im Weltbeschäftigungsprogramm vorgeschlagenen Maßnahmen seien nur einige wesentlich erscheinende herausgegriffen:
– Förderung der arbeitsintensiven Kleinproduktion durch abgestimmte Maßnahmen wie Bodenreform, Kredithilfen, Steuerhilfen und Beratungszentren;
– Entwicklung von Ausbildungsprogrammen zur Vermittlung von örtlich erforderlichen technischen Fertigkeiten und Kenntnissen in ökonomischen und sozialen Fragen des Haus-

halts, der genossenschaftlichen Betriebsführung und Gemeindeentwicklung;
- Organisation kommunaler Arbeitsprogramme mit hohem wirtschaftlichem und sozialem Vervielfältigungseffekt durch Schaffung von Arbeitsplätzen und Einkommen, Nutzung einheimischer Materialien und Technologien, Steigerung der lokalen Produktivität, Belebung des Binnenmarktes und Erhöhung des Lebensstandards in den ländlichen und kleinstädtischen Regionen;
- Umorientierung der industriellen Produktion auf Substitution von Importwaren durch leichte ortsübliche Konsumgüter und arbeitsintensive Exportwaren unter Einbeziehung von Arbeitsteilung mit dem örtlichen Kleingewerbe.

Die Überlegung läuft auf zwei Konsequenzen hinaus: die bewußte Anwendung einfacher, den lokalen Verhältnissen im Hinblick auf Kapital, Markt, Rohstoffe, Qualifikation und Sozialstruktur angepaßter Technologien und die Förderung dezentralisierter gewerblicher, ländlicher und kleinindustrieller Betriebe in großer Zahl mit niedrigem Kapitalaufwand und hoher Arbeitsproduktivität.

Realität der Ausbildung. Abgesehen von seltenen Ausnahmen findet die Berufsausbildung in Entwicklungsländern in Schulen und diesen angegliederten Lehrwerkstätten statt. Sie erfolgt also nicht in dem Verbund betrieblicher und schulischer Ausbildung, der in der Bundesrepublik Deutschland als duales System bezeichnet wird. Träger der Berufsausbildung in Entwicklungsländern ist in der Regel das Arbeitsministerium. Die technische Erziehung ist zumeist eingebunden in das allgemeinbildende Schulwesen oder in Hochschulen, für die das Erziehungsministerium zuständig ist. In der Berufsausbildung und technischen Erziehung wirken neben

staatlichen auch nichtstaatliche Trägerorganisationen: Kirchen, Gewerkschaften, Berufsverbände, Stiftungen. Internationale Organisationen unterstützen die Berufsausbildung und technische Erziehung (finanziell, konzeptionell und generell) grundsätzlich über die jeweilige Landesregierung. Das gleiche gilt für die bilaterale Bildungshilfe, nicht aber für die anderen Hilfsorganisationen, die direkt mit Partnerorganisationen kooperieren. Neben dem formalen Ausbildungssystem existiert in vielen Ländern eine informelle, an familiale Strukturen gebundene Ausbildung. Die Jugendlichen wachsen nach dem Imitatio-Prinzip in die Berufstätigkeit hinein, weil die Großfamilien zugleich Produktionsgemeinschaften sind (family gangs).

Reformansätze. Die generelle Richtung der Neuorientierung im Bildungswesen läßt sich als Verberuflichung oder Praxisorientierung der abstrakten allgemeinen Erziehung umschreiben. Für die *Reform der beruflichen Bildung* ist ein Entwicklungsprojekt der ILO bedeutsam, das als *Berufsausbildung nach dem Modulsystem* bezeichnet werden kann. Es sieht eine Ausbildung in kleinen beschäftigungsorientierten Einheiten vor. Diese „Module" sind Lerneinheiten, die theoretische, praktische und technologisch-ökonomische Elemente sowie die entsprechenden Lernmedien und Lernkontrollen umfassen. Die einzelnen Module sollen nach dem Baukastenprinzip zu horizontal und vertikal unterschiedlichen beruflichen Qualifikationen zusammengefügt werden. Aus berufspädagogischer Sicht ist zu fordern, daß die einzelnen Module nicht so winzig werden dürfen, daß ein verständnisvoller Zusammenhang beruflicher Tätigkeit verlorengeht. Eine so weit gehende Modularisierung wäre identisch mit einer Taylorisierung von Ausbildung und Berufstätigkeit. Eine weitere Forderung geht dahin, die Ausbildung nach dem Modulsystem zu verbinden mit der Förderung des Lesens, Schreibens, Rechnens. Es ist eine vielbestätigte Erfahrung, daß die Fähigkeit zum Schreiben, Lesen, Rechnen, Zeichnen besonders gut im Zusammenhang mit der Lösung technisch-praktischer Aufgaben gefördert wird. Man spricht daher zu Recht von „functional literacy and numeracy".

Ein ganz wesentliches *Strukturmerkmal* bei der Konzeptionierung von Berufsausbildung in Entwicklungsländern ist der Bezug zu den Lebens- und Arbeitsräumen der Auszubildenden. Drei Typen sind hervorzuheben:
- der Lebens- und Arbeitsraum auf dem Lande: primitive Lebensbedingungen, Arbeit vorwiegend „unter freiem Himmel", orientiert an Subsistenzwirtschaft,
- der Lebens- und Arbeitsraum in Slums und Kleinstädten: einfache Lebensbedingungen, Arbeit vorwiegend „auf der Schwelle des Hauses", orientiert an Dienstleistung, Reparatur, Kleinproduktion,
- der Lebens- und Arbeitsraum in Städten: gesicherte Lebensbedingungen, Arbeit in Werkstätten und Betrieben mit geregelter Arbeitsorganisation und moderner Energieversorgung, orientiert an industrieller Produktion und Dienstleistung.

Je nach den regionalen Strukturmerkmalen lassen sich auch unterschiedliche Merkmale bei den Auszubildenden feststellen:
- bei der Landbevölkerung: vorwiegend Analphabeten,
- bei der Bevölkerung von Slums und Kleinstädten: Semi-Analphabeten, Out-of-School-Youth,
- bei der städtischen Bevölkerung: Alphabeten, Abschluß der Primarschule.

Natürlich vereinfacht diese Typologisierung. Sie macht aber deutlich, daß es sich bei den Berufsausbildungsaufgaben keineswegs um einen einheitlichen Adressatenkreis handelt. Es ist zu beachten, mit welchen typischen Werkzeugen und Arbeitsmitteln die Jugendlichen in ihrem Lebens- und Arbeitsraum umgehen. Das sind im ländlichen Arbeitsraum Primitivwerkzeuge wie zum Beispiel Hacke, Schaufel und Beil sowie menschliche und tierische Muskelkraft, in Slums und Kleinstädten einfaches Handwerkszeug wie Säge, Bohrer, Schraubenzieher, einfache Maschinen, elektrische Energie und im städtischen Arbeitsraum differenzierte Werkzeugsätze, Maschinenausstattung, volle Energieversorgung.

Wenn die Prämisse ernst genommen wird, daß sich Berufsausbildung auf die Lebensumstände sowie deren Bewältigung und Verbesserung beziehen sollte, dann müssen sich die unterschiedlichen Situationen auch in den ausgewählten Ausbildungsinhalten und Projekten widerspiegeln. Dafür kämen in Betracht im ländlichen Arbeitsraum: Bauen, Obdach schaffen; Transportieren, Fahrbarmachen (Schiebkarren, Zugkarren, Rollen); Wasser fördern, Bewässern; Nahrungsmittel produzieren, Acker bebauen, Tiere aufziehen; Nahrungsmittel zubereiten, lagern, konservieren; Hygiene schaffen, Körperpflege, sanitäre Anlagen schaffen; Energieversorgung, Erschließung und Umgang mit Energiequellen (Elektrizität, Gasflaschen) vorwiegend für Beleuchtung und Kochen; in Slums und Kleinstädten: Bauen (Lohnarbeit); Reparieren, Warten (Fahrzeuge, Leitungen, Wege, Installationen, Haushaltsgegenstände); Kleinproduktion (Bedarfsartikel, Kleinwaren, Kunstgewerbe); Dienstleistungen (Hotel und Gaststätten, Verkehrseinrichtungen), und im städtischen Arbeitsraum: Produktion von (heimischen) Konsumgütern; Montage von Apparaten und Geräten (heimischer und importierter Herkunft); Reparatur von Konsum- und Investitionsgütern unter Verwendung heimischer Ersatzteilproduktion; Verarbeitung von Nahrungsmitteln.

Nationale und internationale Institutionen. Berufsausbildung in Entwicklungsländern wird auch von deutscher Seite gefördert. In der Bundesrepublik existiert eine Reihe von Institutionen, die sich mit berufs- und wirtschaftspädagogisch relevanten Projekten der Entwicklungshilfe befassen. Auf der staatlichen Ebene ist zuerst das Bundesministerium für wirtschaftliche Zusammenarbeit (BMZ) zu nennen. Es operiert im berufspädagogischen Raum über die ihm direkt zugeordnete Organisation „Deutsche Gesellschaft für Technische Zusammenarbeit" (GTZ) und koordiniert die Aktivitäten anderer staatlicher Stellen. Hier sind die Fachministerien und die Bundesforschungsanstalten zu nennen, von denen Experten entsandt oder Kapitalhilfe vermittelt werden. Hinzu kommen rund 400 wissenschaftliche Einrichtungen zur Forschung und Dokumentation über Entwicklungsländer und Entwicklungspolitik, die immer auch Berufsbildungspolitik als ein Kernproblem einschließt.

Eine bedeutende Rolle in der praktischen Entwicklungshilfe spielen auch nichtstaatliche Organisationen. Hier sind die Kirchen zu nennen, die neben der Missionsarbeit besonders Ausbildungsvorhaben in der Landwirtschaft, dem Gesundheitswesen, in Handwerk und Kleinindustrie organisieren. Weiter sind die politischen Stiftungen wie die Friedrich-Ebert-Stiftung (SPD), die Konrad-Adenauer-Stiftung (CDU) und die Friedrich-Naumann-Stiftung (FDP) zu erwähnen. Sie bauen in der Dritten Welt Bildungszentren auf, entsenden Experten für Aus- und Fortbildung und organisieren Seminare. Im ähnlichen Sinne wirken ferner Institutionen wie der Deutsche Entwicklungsdienst, die Deutsche Stiftung für internationale Entwicklung, die Carl-Duisberg-Gesellschaft und das Deutsche Institut für Entwicklungspolitik. Zu erwähnen sind weiterhin die Institutionen der deutschen Wirtschaft und die zahlreichen Initiativen von Einzelfirmen.

Die pluralistische Fülle der inländischen Stellen findet ihre Entsprechung in den internationalen Institutionen. Hier sind zuerst die ILO (Genf) und die UNESCO (Paris) zu nennen. Weitere UN-Organisationen, die in Berufsausbildungsprojekten ein wichtiges Wort mitreden und konzeptionell hervortreten, sind zum Beispiel die Welternährungsorganisation, das Weltkinderhilfswerk, die Weltbank, die Organisation für wirtschaftliche Zusammenarbeit und Entwicklung, aber auch die regionalen UN-Wirtschaftskommissionen für Afrika, Asien und Lateinamerika.

BLAUG, M.: Education and the Employment Problem in the Developing Countries, Genf ²1974. COOMBS, PH. H.: New Paths to Learning for Rural Children and Youth, New York 1973. DEUTSCHE GESELLSCHAFT FÜR TECHNISCHE ZUSAMMENARBEIT (GTZ) (Hg.): 51 × Ausbildung. Förderung der beruflichen Bildung in Entwicklungsländern, Eschborn 1977. FAURE, E. u. a.: Wie wir leben lernen. Der UNESCO-Bericht über Ziele und Zukunft unserer Erziehungsprogramme, Reinbek 1973. INTERNATIONAL LABOUR OFFICE: World Employment Programme, Genf 1969. INTERNATIONAL LABOUR OFFICE: Employment Growth and Basic Needs: A One-World Problem. Report of the Director-General of the International Labour Office, Genf 1976. SCHOENFELDT, E. (Hg.): Polytechnik und Arbeit, Bad Heilbrunn 1979.

Helmut Nölker/Eberhard Schoenfeldt

Berufsausbildung (Handwerk)

Handwerk als Wirtschaftsbereich. Das Handwerk ist als Wirtschaftsbereich von den übrigen Wirtschaftsbereichen nur schwer abgrenzbar (vgl. WERNET 1965, S. 81). Juristisch eindeutig ist lediglich die Legaldefinition der Handwerksordnung, wonach als Handwerksbetrieb alle Unternehmungen zählen, die in der bei den Handwerkskammern geführten Handwerksrolle eingetragen sind (vgl. § 1, Abs. 1 des Gesetzes zur Ordnung des Handwerks – Handwerksordnung [HwO] vom 17. 9. 1953). Danach umfaßt das Handwerk etwa 500 000 Betriebe, die mit insgesamt 4,1 Millionen Beschäftigten 1978 einen Umsatz von 322 Millionen DM erzielten.

Handwerk als Ausbildungsbereich. Die Berufsbildung im Handwerk umfaßt die Berufsausbildung (berufliche Erstqualifizierung), die berufliche Fortbildung bis zur Meisterprüfung und die berufliche Umschulung. Für die Berufsbildung in den 126 Gewerben, die gemäß Anlage A der HwO als Handwerk betrieben werden können, gelten nicht die §§ 20 bis 49, 56 bis 59, 98 und 99 des Berufsbildungsgesetzes (BBiG), sondern die (analogen) Regelungen der HwO.

Das Handwerk steht als Ausbildungsbereich nach Industrie und Handel an zweiter Stelle: Die seit Mitte der 70er Jahre vollzogene Erweiterung der Ausbildung hat dazu geführt, daß 1980 mit über 700 000 Ausbildungsverhältnissen ein Höchststand seit 20 Jahren und mit einem Zuwachs von 10,6 % im Jahr 1978 ein Anteil von 40,5 % aller Auszubildenden erreicht wurde (vgl. BUNDESMINISTER FÜR BILDUNG UND WISSENSCHAFT 1980, S. 17). Von den Handwerksbetrieben sind etwa vier Fünftel ausbildungsberechtigt, von denen mehr als die Hälfte tatsächlich ausbildet, so daß etwa jeder dritte Handwerksbetrieb sich an der Ausbildung beteiligt. Während die durchschnittliche Betriebsgröße der aus-

bildenden Handwerksbetriebe 14 Beschäftigte beträgt, liegt die der nichtausbildenden Handwerksbetriebe mit durchschnittlich fünf Beschäftigten weit darunter (vgl. DAMM-RÜGER 1980, S. 2, S. 9).

Berufsausbildung als Nachwuchssicherung. Die überdurchschnittlich hohe Zahl von Ausbildungsverhältnissen im Handwerk ist auf die Einsicht zurückzuführen, daß nur über die eigene Ausbildung ein ausreichend qualifizierter Nachwuchs gewonnen werden kann. Für diese Qualifizierung ist neben der Vermittlung von Fertigkeiten und Kenntnissen die Förderung der Persönlichkeit des Jugendlichen von Bedeutung. Da funktionale und intentionale Erziehung bei der Ausbildung im Betrieb zusammenwirken, die erworbenen Fertigkeiten und Kenntnisse unmittelbar in der Produktion eingesetzt und kontrolliert werden können, kommt nach wie vor der Berufsausbildung im Betrieb die größte Bedeutung zu. Neben dem Betrieb als dominantem Lernort und der Berufsschule, die durch ihren Unterricht an ein bis zwei Tagen in der Woche die Ausbildung begleitet, gewinnt die überbetriebliche Ausbildungsstätte an Bedeutung. Die Zahl der Unterrichts- und Werkstattplätze, die vom Handwerk genutzt werden, liegt weit über 50 % aller Plätze; 68 % der ausbildenden Handwerksbetriebe entsenden ihre Lehrlinge zur überbetrieblichen Unterweisung, wobei im Gesamtdurchschnitt der einzelne Betrieb 90 % seiner Lehrlinge an diesen Maßnahmen beteiligt (vgl. DAMM-RÜGER 1980, S. 1, S. 34 f.).

Auszubildende im Handwerk. Den Hauptanteil der Lehrlinge im Handwerk stellen die Hauptschüler mit neunjährigem Schulbesuch (1974 = 67,7 %; 1977 = 69,2 %). Einen steigenden Anteil weisen die Realschüler auf (1974 = 9,2 %; 1977 = 17,8 %). Obwohl auch die Zahl

der Abiturienten gestiegen ist (1974 =
1,2 %; 1977 = 2,7 %), bleibt deren Ausbildung auf wenige Berufe beschränkt
(Zahntechniker 40,5 %, Tischler 13,7 %,
Augenoptiker 10,7 %, Goldschmied/Sil-
berschmied 4,6 %, Fotograf 4,6 %, Ra-
dio- und Fernsehtechniker 3,1 %, Elektroinstallateur 2,3 %, Kraftfahrzeugmechaniker 2,3 %, Damenschneider 2,3 %).
Die Jugendlichen aus Sonderschulen
finden sich hauptsächlich in der Gewerbegruppe I: Bau- und Ausbaugewerbe,
und zwar mit etwa 40 % der im Handwerk ausgebildeten Sonderschüler. Jeweils etwa 20 % der Sonderschüler absolvieren eine Berufsausbildung in der
Gewerbegruppe II: Metall, und in der
Gewerbegruppe V: Nahrungsmittelge-
werbe, sowie etwa 10 % in der Gewerbegruppe III: Holz- und kunststoffverar-
beitendes Handwerk. Etwa 10 % der
Sonderschüler verteilen sich auf die übrigen Gewerbegruppen. Eine ähnliche
Verteilung findet sich bei den Jugendli-

chen ohne Hauptschulabschluß (vgl.
SCHMIEL 1979).

Ausblick. Die Berufsausbildung soll vornehmlich für einen handwerklichen Beruf qualifizieren. Sie ermöglicht jedoch
nicht nur den beruflichen Aufstieg im
Handwerk, sondern eröffnet auch Führungspositionen in anderen Wirtschaftsbereichen. Mehr Qualität durch handwerkliche Berufsbildung soll erreicht
werden durch neue Organisationsformen wie Berufsgrundbildungsjahr und
überbetriebliche Ausbildung und durch
eine verstärkte Pädagogisierung der
Ausbildung. Die bewußte Gestaltung
der funktionalen und intentionalen Hilfen und die Verbesserung der pädagogischen Ausbildung der Ausbilder und
Lehrkräfte sollen die betriebliche Berufsausbildung auch langfristig als eine
Alternative zu rein schulischen Bil-
dungswegen bleiben lassen.

BUNDESMINISTER FÜR BILDUNG UND WISSENSCHAFT: Berufsbildungsbericht 1980, Bonn 1980.
DAMM-RÜGER, S.: Die Bedeutung überbetrieblicher Ausbildung für ausbildende und derzeit
nicht ausbildende Handwerksbetriebe, Berlin 1980. SCHMIEL, M.: Schulabschluß und Berufsausbildung im Handwerk, Laasphe 1979. WERNET, W.: Zur Frage der Abgrenzung von Handwerk und Industrie, Münster 1965.

Helmut Schubert

Berufsausbildung (Hauswirtschaft)

Zur geschichtlichen Entwicklung. Die
Entwicklung einer Berufsausbildung in
der Hauswirtschaft ist im engen Zusammenhang mit der Frauenbewegung in
der zweiten Hälfte des 19. Jahrhunderts
zu sehen, in deren Mittelpunkt Fragen
der Bildung der Frauen, ihrer gesellschaftlichen und wirtschaftlichen Stellung standen (vgl. ALBRECHT 1955,
1956, 1957, 1958). Die Einrichtungen
der Frauenerwerbs- und Ausbildungs-
vereine gewannen um 1900 besondere
„volkserziehliche" und soziale Bedeu-

tung. Mit dieser Entwicklung eng verbunden waren die Gründungen von
Frauenschulen, Seminaren für Haus-
wirtschafts- und Handarbeitslehrerin-
nen sowie Einrichtungen, die auf sozialen, sozialpädagogischen und hauswirtschaftlichen Gebieten eine abgeschlossene Berufsausbildung beispielsweise als
Wirtschafterin oder Hauswirtschaftsleiterin vermittelten.
Ansätze zur Ordnung der Lehrverhältnisse für hauswirtschaftliche Berufe gehen zurück auf die Bestrebungen der
„Kommission zur Heranbildung weiblicher Dienstboten", die um 1900 auf diesem Gebiet eine Lehrlingsrolle einführte. In Königstein wurden 1924 erstmalig

Hauswirtschaftsgehilfinnen nach einer Prüfungsordnung geprüft und 1926 die ersten Meisterprüfungen in der Hauswirtschaft durchgeführt. Der „Hauptausschuß für hauswirtschaftliche Berufsausbildung" – ein Zusammenschluß der Berufsorganisationen der Hausfrauen und der Hausgehilfinnen – erarbeitete Lehrverträge, Lehrzeugnisse, Lehrbriefe und Richtlinien für die Vertrauensfrauen, die bei der Auswahl der Lehrstellen mitwirkten, und traf Abmachungen über die Lehrbewilligung für Hausfrauen, die „Meisterhausfrauen", wie die Hauswirtschaftsmeisterinnen damals genannt wurden. Ab 1956 erfolgte die Überprüfung der Ausbildung in der Hauswirtschaft durch den „Bundesausschuß für hauswirtschaftliche Berufsausbildung". Nach Inkrafttreten des Berufsbildungsgesetzes (BBiG) von 1969 wurde das Prüfungswesen für die Berufsausbildung und für die berufliche Fortbildung in der Hauswirtschaft den „zuständigen Stellen" gemäß §§ 79 und 93 BBiG übertragen und zum Teil durch Rechtsverordnungen auf Bundesebene geregelt.

Allgemeine Ziele und Aufgaben der hauswirtschaftlichen Berufsausbildung und Fortbildung. Das gemeinsame Merkmal der hauswirtschaftlichen Berufsbildung in den verschiedenen Bildungsgängen der Berufsausbildung und Fortbildung ist die Dominanz des Berufsbezugs. Hauswirtschaftliche Berufsbildung hebt sich damit von der hauswirtschaftlichen Allgemeinbildung in den Schulformen der Sekundarstufe I und der gymnasialen Oberstufe der Sekundarstufe II ab. Im letzteren Fall wird das Sachleistungsfeld des Haushalts und der Familie (Ernährung, Haushaltsführung, Wohnung, Kleidung, Hygiene) primär als Lebensfeld und Erfahrungsbereich des Kindes und des Jugendlichen, mithin nicht unter dem spezifischen Aspekt professionalisierter Rollen im Haushalt betrachtet.

Hauswirtschaftliche Berufsbildung ist nach Art und Abschlußebenen ausgerichtet auf hauswirtschaftliche Tätigkeitsfelder in sozialen, pflegerischen und sozialpädagogischen Einrichtungen der öffentlichen und frei gemeinnützigen Wohlfahrtspflege, auf Sozialleistungen in der Industrie, auf Dienstleistungen im Hotel- und Gaststättengewerbe sowie auf den Bereich der Beratung, Forschung und Lehre des Privat-, Familien- und Großhaushalts. Die entsprechenden Ausbildungs- und Fortbildungsmaßnahmen sollen dazu befähigen,

– die Anforderungen eines hauswirtschaftlichen Berufes in der Mitwirkung zur unmittelbaren Bedarfsdeckung als Beratender oder Lehrender besser zu bewältigen,

– den Versorgungsauftrag des Haushalts, des Familien- wie des Großhaushalts, als Sorge um die menschliche Qualität des Lebens zu verstehen,

– im Umgang mit den Ressourcen verantwortlich zu handeln,

– die auf hauswirtschaftliche Funktionen ausgerichteten erwerbswirtschaftlichen Sach- und Dienstleistungsangebote kritisch zu prüfen und auf deren zweckmäßige und bedarfsgerechte Gestaltung einzuwirken.

Die technische und ökonomische Entwicklung in der Hauswirtschaft und die sozioökonomische Einheit des Haushalts steigern fortwährend die beruflichen Anforderungen und führen zu ständigen Veränderungen der Berufsqualifikationen. Um die dafür erforderliche Mobilität, Lernfähigkeit und Lernbereitschaft entwickeln und erhalten zu können, sind die Inhalte der hauswirtschaftlichen Berufsbildung auf die sachlichen Erfordernisse der Berufspraxis unter Berücksichtigung haushaltswissenschaftlicher Erkenntnisse auszurichten.

Die hauswirtschaftliche Berufsbildung in der Bundesrepublik Deutschland umfaßt ein ausgebautes und differenziertes

System von Ausbildungs- und Fortbildungswegen. Neben berufsqualifizierenden Abschlüssen können im hauswirtschaftlichen Berufsbildungswesen auch studienqualifizierende Abschlüsse erworben werden, wobei zwischen den unterschiedlichen Qualifikationsebenen eine gewisse Durchlässigkeit besteht.

Bildungsgänge und Abschlüsse in der hauswirtschaftlichen Berufsbildung. Unter hauswirtschaftlicher Berufsbildung sind entsprechend der Terminologie des BBiG alle Bildungsgänge zu verstehen, die auf eine berufliche Erstausbildung (Berufsausbildung), berufliche Fortbildung oder auf die berufliche Bildung Behinderter im hauswirtschaftlichen Bereich abzielen. Folgende Abschlüsse werden in der Regel nach einer Aus oder Fortbildung in der beruflichen Praxis mit ergänzendem Teilzeitunterricht erworben:

– hauswirtschaftstechnische(r) Helfer (-in), hauswirtschaftlich-technischer Betriebshelfer, Helfer in der Hauswirtschaft (als Abschluß der Berufsausbildung Behinderter gemäß den Regelungen nach §§ 44, 48 BBiG),
– Hauswirtschafter(in) (als Abschluß in einem nach § 25, Abs. 1 BBiG anerkannten Ausbildungsberuf),
– Hauswirtschaftsmeisterin und Meisterin der städtischen/ländlichen Hauswirtschaft (als Fortbildungsabschluß nach § 46, Abs. 2 BBiG).

Die Ausbildung zum *hauswirtschaftstechnischen Helfer* ist insbesondere für behinderte Jugendliche ohne Schulabschluß konzipiert. Es wird angestrebt, diesen Jugendlichen die Möglichkeit einer Berufsausbildung zu geben und sie soweit wie möglich planmäßig zu fördern, so daß sie nach Anweisung möglichst selbständig berufliche Tätigkeiten ausführen können. Für die zweijährige Ausbildung wurde ein Ausbildungsrahmenplan nach einer Empfehlung des Bundesministers für Arbeit und Soziales erstellt. Angeboten wird dieser Bildungsweg zur Zeit in den Ländern Baden-Württemberg, Bremen, Berlin, Hamburg, Niedersachsen, Rheinland-Pfalz und Schleswig-Holstein. Die betriebliche Ausbildung in Grundtechniken der hauswirtschaftlichen Bereiche Ernährung, Textil- und Hauspflege wird durch die Vermittlung einfacher Grundkenntnisse in Sonderberufsschulen begleitet.

Einsatzbereiche des hauswirtschaftstechnischen Helfers nach Abschluß der Ausbildung sind – entsprechend seinen Neigungen und Fähigkeiten – Familienhaushalte, Hotel- und Gaststättengewerbe, Großhaushalte wie Heime, Tagungsstätten, Anstalten.

Die Ausbildung zum (zur) *Hauswirtschafter(in)* im städtischen oder ländlichen Bereich wird als berufliche Erstausbildung geregelt durch die „Verordnung über die Berufsausbildung in der Hauswirtschaft". Die Ausbildungsdauer beträgt ab Ende August 1979 nicht wie bisher zwei, sondern drei Jahre. Dieser Berufsabschluß kann in einigen Bundesländern, wie in Bayern, durch den Besuch einer Berufsfachschule für Hauswirtschaft erworben werden. Obwohl der Ausbildungsberuf Hauswirtschafter(in) wegen der fehlenden Zuständigkeit des Verordnungsgebers nicht in die Berufsgrundbildungsjahr-Anrechnungs-Verordnungen von 1972 und 1978 einbezogen wurde, wird der erfolgreiche Besuch des Berufsgrundbildungsjahrs im Berufsfeld „Ernährung und Hauswirtschaft" in der Praxis als erstes Jahr der Berufsausbildung angerechnet. Auch der abgeschlossene Besuch einer hauswirtschaftlichen Berufsfachschule oder eines Berufskollegs in Baden-Württemberg gilt als erstes Ausbildungsjahr. Parallel zur Ausbildung im Betrieb oder Haushalt läuft der berufsbegleitende Unterricht mit wöchentlich zwölf Stunden (und eine Stunde Religion – vgl. SCHNEIDER 1978, S. 129 ff.).

Die berufsspezifische Fachbildung der Auszubildenden berücksichtigt die

Funktionsbereiche Ernährung, Wohnung, Wäscherei, Bekleidung und Gesundheitspflege im Familien- und Großhaushalt mit den Ausbildungsschwerpunkten der städtischen und ländlichen Hauswirtschaft. Darüber hinaus werden berufsunabhängige Qualifikationen vermittelt, die den Auszubildenden befähigen sollen, verantwortliche soziale und politische Aufgaben in der Gesellschaft zu übernehmen. Zum Nachweis der Kenntnisse erfolgen mündliche und schriftliche Prüfungen als Zwischenprüfung nach 18 Monaten Ausbildungszeit und als Abschlußprüfung in den Fächern Haushaltskunde, Haushaltstechnik sowie Wirtschafts- und Sozialkunde. In den Fertigkeitsprüfungen sind Arbeitsproben durchzuführen. Das Ausbildungsziel ist der (die) fachlich qualifizierte Hauswirtschafter(in), der (die) im ländlichen und städtischen Familienhaushalt und im hauswirtschaftlichen Großbetrieb die anfallenden Aufgaben arbeitstechnisch ausführen und die Leitung einfacher Teilbereiche nach einer Einarbeitungszeit übernehmen kann. Gemäß dem didaktischen Prinzip gestufter Ausbildungsgänge berechtigt der Ausbildungsabschluß nach entsprechender Berufstätigkeit zum Einstieg in die berufliche Fortbildung.

Die Prüfung zur *Hauswirtschaftsmeisterin* erfolgt gemäß § 46, Abs. 2 BBiG nach der „Verordnung über die Anforderungen in der Meisterprüfung in der Hauswirtschaft" vom 5. 8. 1977. Zugelassen wird nach § 95 BBiG, „wer eine Abschlußprüfung in einem hauswirtschaftlichen Ausbildungsweg bestanden hat und danach eine mindestens dreijährige Tätigkeit in dem Beruf nachweist, in dem er die Prüfung ablegen will". Der Besuch eines Vorbereitungslehrganges zur Ablegung der Prüfung ist nicht Voraussetzung, wird aber in der Regel wahrgenommen und ist in den Bundesländern unterschiedlich geregelt. In Schleswig-Holstein, Hamburg und Nordrhein-Westfalen werden die Fortbildungsmaßnahmen in der Fachschule für Hauswirtschaftsmeisterinnen durchgeführt. In Baden-Württemberg und im Saarland werden die Lehrgänge an Volkshochschulen angeboten, während in den Ländern Bayern, Bremen, Hessen, Niedersachsen und Rheinland-Pfalz die Vorbereitung auf die Meisterprüfung durch Hausfrauenverbände und Landesarbeitsgemeinschaften in Zusammenarbeit mit den Volkshochschulen organisiert wird.

Die Fortbildung zur Hauswirtschaftsmeisterin umfaßt in der Regel 600 Stunden in Teilzeitform über zwei bis drei Jahre. Die Ausbildungspläne sind ausgerichtet auf den Erwerb fachtheoretischer Kenntnisse und fachpraktischer Fertigkeiten sowie die Vermittlung wirtschaftlicher, rechtlicher, berufs- und arbeitspädagogischer Grundlagen. Durch die Meisterprüfung soll der Nachweis erbracht werden über eine vertiefte hauswirtschaftliche Bildung sowie über die Fähigkeit, Auszubildende in der Hauswirtschaft ordnungsgemäß anzuleiten und auszubilden, die sozialpolitische und volkswirtschaftliche Bedeutung des Haushalts für Familie und Staat zu erkennen und den Haushalt entsprechend zu führen.

Das Tätigkeitsfeld der Hauswirtschaftsmeisterin war zunächst auf den eigenen Haushalt und die Ausbildung von Lehrlingen entsprechend den Aufgaben der früheren Meisterhausfrau ausgerichtet. Der Anteil der Ausbildungsplätze im Privathaushalt nimmt aber immer stärker ab, und der Schwerpunkt verlagert sich auf den Großhaushalt. Die außerhäusliche Tätigkeit der Hauswirtschaftsmeisterinnen, zum Beispiel im hauswirtschaftlichen Großbetrieb, Beratungs- und Unterrichtsbereich, nimmt zu.

Neben dem Abschluß der Hauswirtschaftsmeisterin gibt es im hauswirtschaftlichen Bereich weitere Fortbildungsabschlüsse, die in der Regel nach einer Fachschulausbildung in *Vollzeitform* erworben werden. Es handelt sich um

- die staatlich geprüfte Wirtschafterin und
- den/die staatlich geprüfte(n) Hauswirtschaftsleiter(in) beziehungsweise den/die staatlich geprüfte(n) Ökotrophologen(-in).

Die zweijährige Fortbildung zur staatlich geprüften Hauswirtschaftsleiterin beziehungsweise Ökotrophologin erfordert den mittleren Bildungsabschluß (Fachschulreife). Dies wird nicht für den Besuch der einjährigen (oder wie zum Beispiel in Bayern der zweijährigen) Fachschule für Wirtschafterinnen vorausgesetzt.

Die Fortbildung zur Wirtschafterin setzt den Abschluß einer hauswirtschaftlichen Erstausbildung und ein einjähriges Praktikum in einem hauswirtschaftlichen Betrieb oder den Nachweis einer entsprechenden Tätigkeit und eines Schulbesuches voraus. Die Ausbildung soll dazu befähigen, einen fremden Familienhaushalt selbständig zu führen, in hauswirtschaftlichen Großbetrieben Teilbereiche zu übernehmen und hauswirtschaftliche Hilfskräfte anzuleiten. Den Schwerpunkt der Ausbildung bilden die fachtheoretischen und fachpraktischen Unterrichtsgebiete der Hauswirtschaft; weiterhin werden die Fächer Deutsch, Gemeinschaftskunde und musische Fächer angeboten.

Die Fortbildung zur staatlich geprüften *Hauswirtschaftsleiterin* oder *Ökotrophologin* erfolgt in der Fachschule für Ernährung und Hauswirtschaft/Hauswirtschaft/Hauswirtschaftsleiterinnen beziehungsweise im Berufskolleg für Hauswirtschaft und Textilarbeit (Baden-Württemberg). Sie dauert zwei Jahre nach einem ein- beziehungsweise zweijährigen überwachten Praktikum in einem Großbetrieb. Die Lern- und Lehrinhalte sowie die Fachbezeichnungen in dieser Ausbildung sind zwar in den einzelnen Bundesländern unterschiedlich, doch wird deutlich, daß die praktische Ausbildung gegenüber einer stärkeren Vermittlung von theoretischen Kenntnissen zurücktritt. Die Ausbildungsinhalte sind mehr auf Problembereiche des Berufsfeldes bezogen, wie den Umgang mit Mitarbeitern, Fragen der Beschaffung und des ökonomischen Einsatzes verfügbarer Mittel finanzieller, arbeitsmäßiger und zeitlicher Art. Darüber hinaus werden in verstärktem Maße berufs- und arbeitspädagogische Fragen behandelt und Gebiete aufgenommen, die den Richtlinien der Ausbildereignungsprüfung entsprechen. Staatlich geprüfte Hauswirtschaftsleiter(innen)/Ökotrophologen sind berechtigt, hauswirtschaftliche Betriebe mittlerer Größenordnung – zum Beispiel Heime, Tagungsstätten – sowie differenzierte Teilbereiche in großen Betrieben zu leiten. Außerdem können sie verantwortlich tätig sein in den Beratungs- und Unterrichtsabteilungen der Lebensmittelindustrie, der Geräteindustrie und der Energieversorgungsunternehmungen, in der Verbraucherberatung und in Familienbildungsstätten.

In den Ländern Baden-Württemberg (bedingt), Bayern, Hessen, Niedersachsen, Nordrhein-Westfalen, Berlin erhalten die Absolventen der Fortbildung zum (zur) staatlich geprüften Hauswirtschaftsleiter(-in) / Ökotrophologen (-in) die Fachhochschulreife. Damit besteht für sie die Möglichkeit, ein Fachhochschulstudium aufzunehmen, um das Diplom zu erlangen.

Abbildung 1: Struktur der Berufsausbildung in der Hauswirtschaft

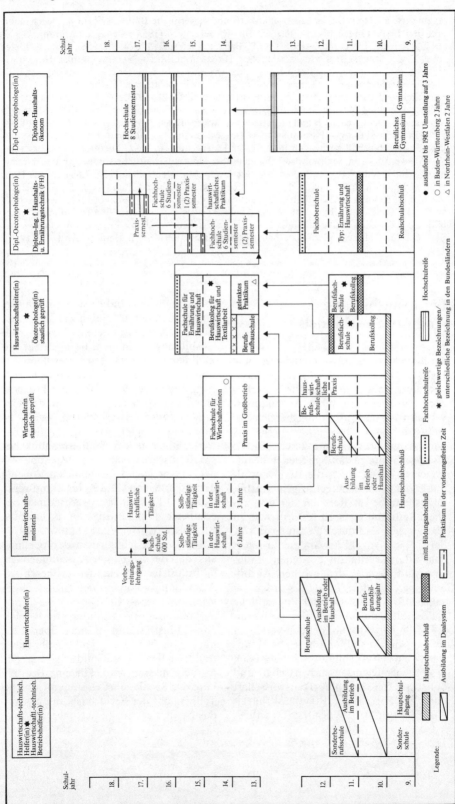

ALBRECHT, E. (Hg.): Das hauswirtschaftliche und gewerbliche Bildungswesen in Deutschland von den Erstanfängen bis zur Jetztzeit. In: D. berb. S. 6 (1955), Beilage, Lieferung 1–8, 7 (1956), Beilage, Lieferung 9–16, 8 (1957), Beilage, Lieferung 17–24, 9 (1958), Beilage, Lieferung 25–28. DEUTSCHE GESELLSCHAFT FÜR HAUSWIRTSCHAFT – FACHAUSSCHUSS HAUSWIRTSCHAFTLICHE BILDUNG: Zur Reform des Bildungswesens – Strukturierung der hauswirtschaftlichen Berufsausbildung – Tätigkeitsmerkmale hauswirtschaftlicher Fachkräfte in hauswirtschaftlichen Versorgungsbetrieben. In: Hauswirtsch. u. W. 22 (1974), S. 135 ff. DEUTSCHE GESELLSCHAFT FÜR HAUSWIRTSCHAFT (Hg.): Zur Reform des Beratungswesens für Haushalt und Verbrauch – Tätigkeitsmerkmale für Beratungskräfte, Essen 1976. DEUTSCHE GESELLSCHAFT FÜR HAUSWIRTSCHAFT – FACHAUSSCHUSS HAUSWIRTSCHAFTLICHE BILDUNG: Neuorientierung der auf den Haushalt bezogenen Bildung. In: Hauswirtsch. u. W. 27 (1979), S. 31 ff. FISCHER, W.: Auswertung von Sachstandserhebungen über hauswirtschaftliche Bildung in den Pflichtberufsschulen und Lehrhaushalten der Bundesrepublik Deutschland. In: LIPPERT, E. (Hg.): Hauswirtschaftliche Bildung in der Bundesrepublik Deutschland, Bonn 1966, S. 169 ff. HELFBEREND, I.: Reform des beruflichen Bildungswesens in der Hauswirtschaft. In: Hauswirtsch. u. W. 23 (1975), S. 30 ff. SCHNEIDER, CH.: Analyse hauswirtschaftlicher Berufsausbildung unter bildungspolitischen Zielvorstellungen. In: Hauswirtsch. u. W. 26 (1978), S. 129 ff. SCHWERTFEGER, G.: Ausbildung und Einsatz hauswirtschaftlicher Berufe. In: Heim u. Anst. 10 (1979), 3/4, S. 43 ff.

Margarete Sobotka

Berufsausbildung (Industrie – Handel)

Ausbildungsverhältnisse in Industrie und Handel. Die Berufsausbildung in Industrie und Handel umfaßt alle gewerblichen und kaufmännischen Ausbildungsverhältnisse im Ausbildungsbereich der Industrie- und Handelskammern, die nach dem Berufsbildungsgesetz (BBiG) als sogenannte zuständige Stellen beauftragt und befugt sind, die Berufsausbildung der kammerzugehörigen Ausbildungsbetriebe im Rahmen der gesetzlichen Bestimmungen zu regeln sowie zu überwachen und durch Beratung zu fördern. Nach Anzahl der abgeschlossenen Ausbildungsverhältnisse stellen Industrie und Handel den größten Ausbildungsbereich dar. In ihm wurden im Jahre 1977 rund 644 000 Jugendliche ausgebildet, die übrigen der insgesamt 1,4 Millionen Auszubildenden verteilten sich auf die Ausbildungsbereiche Handwerk (556 000 Ausbildungsverhältnisse), öffentlicher Dienst, Landwirtschaft und Sonstige: freie Berufe, Hauswirtschaft und Seefahrt (vgl. BUNDESMINISTER FÜR BILDUNG UND WISSENSCHAFT 1979,

S. 31). Obwohl Industrie und Handel hinsichtlich der absoluten Zahl der Auszubildenden dominieren, bleiben die Ausbildungsleistungen, bezogen auf die Zahl der Erwerbstätigen dieses Bereichs, weit hinter denen des Handwerks zurück. Im Jahre 1975 betrug der Prozentanteil der Auszubildenden an der Gesamtzahl der Erwerbstätigen in Industrie und Handel, wo 43,8 % aller Erwerbstätigen in der Bundesrepublik beschäftigt waren, nur 5,7 % gegenüber einer entsprechend berechneten Ausbildungsquote von 13,8 % im Handwerk, das nur 14,5 % aller Erwerbstätigen beschäftigte (vgl. BUNDESMINISTER FÜR BILDUNG UND WISSENSCHAFT 1977, S. 14). Berücksichtigt man darüber hinaus, daß der Anteil der Auszubildenden in Industrie und Handel am gesamten Ausbildungsvolumen tendenziell abgenommen hat, so drängt sich die Frage auf, ob die Berufsausbildung im Bereich von Industrie und Handel überhaupt noch jene Bedeutung hat, die ihr nach traditionellem Berufsbildungsverständnis beigemessen wird. Für eine Beurteilung der Sachlage ist es sinnvoll, solche Teilbereiche der Berufsausbildung in Industrie und Handel einer näheren Ana-

122

lyse zu unterziehen, die hinsichtlich der Zahl der Ausbildungsverhältnisse am stärksten ins Gewicht fallen. Das sind:
– die gewerbliche Ausbildung in der industriellen Produktion,
– die kaufmännische Ausbildung für Bürotätigkeiten in der Industrie,
– die kaufmännische Ausbildung im Einzelhandel.

Berufsausbildung in der industriellen Produktion. Ausgangspunkt der berufsbildungspolitischen Diskussion in der Bundesrepublik Deutschland war die zu Beginn der 60er Jahre geäußerte Befürchtung, daß mit der Mechanisierung und Automatisierung im Bereich der industriellen Produktion die Anforderungen an die Arbeitskräfte gestiegen und die Lehrlinge deshalb auf der Basis der in der Berufsausbildung vermittelten traditionellen Facharbeiterqualifikationen unzureichend auf das Beschäftigungssystem vorbereitet seien. Diese Befürchtung wurde von der Berufs- und Wirtschaftspädagogik weitgehend übernommen und der Analyse und Kritik der beruflichen Bildung zugrunde gelegt. Inzwischen lassen die Befunde aus der Qualifikationsforschung eher die gegenteilige Annahme plausibel erscheinen, nämlich daß sich mit dem ökonomisch bestimmten technisch-organisatorischen Wandel im Bereich der unmittelbaren Produktion Polarisierungs- und Dequalifizierungstendenzen durchsetzen und daß infolgedessen der Fachkräfte- beziehungsweise der Facharbeiterbedarf zurückgeht und viele Facharbeiter entweder unterwertig beschäftigt sind und/oder den Beruf wechseln müssen. Die Entwicklungen im Produktionsbereich geben Anlaß zu der Hypothese, daß mit dem technisch-organisatorischen Strukturwandel zwar in relativ begrenztem Umfang Berufstätigkeiten mit höheren Qualifikationsanforderungen entstanden sind, daß jedoch die meisten Tätigkeiten den Charakter von Anlerntätigkeiten angenommen haben, die somit keine längere systematische Berufsausbildung voraussetzen (vgl. FRANZKE 1978). Für diese Tätigkeiten absorbiert die Industrie Absolventen der handwerklichen Berufsausbildung, von denen viele ohnehin gezwungen sind, nach Ablauf der Ausbildungszeit den Betrieb und/oder den Beruf zu wechseln, weil das Handwerk über den eigenen Fachkräftebedarf hinaus ausbildet.

Für die wenigen qualifizierten und hochqualifizierten Facharbeitertätigkeiten bieten die industriellen Großunternehmen eine relativ kostenintensive Berufsausbildung an. Insgesamt aber ist die Ausbildungseigenleistung der Industrie äußerst gering, so daß nur wenige Auszubildende in den Vorzug dieser Ausbildung kommen. Darüber hinaus wurden in den letzten Jahren im Bereich der Industrie mehrere Stufenausbildungsordnungen eingeführt. Im Gegensatz zu dem ursprünglichen Konzept der beruflichen Grundbildung vermitteln diese Ausbildungsordnungen zwischenzeitliche Abschlüsse, die die Jugendlichen befähigen, bereits nach der ersten Stufe im Arbeitsprozeß produktiv tätig zu sein. Insofern können die industriellen Stufenausbildungsordnungen als ein Instrument angesehen werden, mit dem die Fachkräftenachwuchsbildung dem jeweiligen einzelbetrieblichen Bedarf angepaßt werden soll. Statistische Untersuchungen zeigen außerdem, daß wichtige Industriebereiche in den letzten Jahren die Ausbildungsintensität (Zahl der Ausbildungsverhältnisse bezogen auf die Facharbeiter) reduziert und damit dem rückläufigen Fachkräftebedarf weitgehend angepaßt haben. Diese Entwicklung stellt sich auf dem betrieblichen Ausbildungsmarkt in der Form des Lehrstellenmangels beziehungsweise in der Form von Jugendarbeitslosigkeit dar.

Berufsausbildung im industriellen Bürobereich. Der Wandel der Büroarbeit

123

wurde zwar schon in den 50er Jahren – mit dem Einsatz der Hollerith-Technik – und in den 60er Jahren – mit dem ersten Einsatz elektronischer Datenverarbeitung – diskutiert, doch gravierende Veränderungen der Büroarbeit traten erst zu Beginn und Mitte der 70er Jahre ein. Diese Phase ist vor allem durch einen generellen Durchbruch der EDV-Technik sowie durch neue Technologien gekennzeichnet, wie etwa durch den Einsatz von Mikroprozessoren, vor allem aber durch einen radikalen Wandel der Schreibarbeit beziehungsweise der Textverarbeitung (Schreibautomaten, Bildschirmterminals). Bereits der Einsatz der EDV hatte nicht nur neue, qualifizierte (Systemanalytiker, Programmierer) und unqualifizierte (Maschinenbedienung, Locherin) Arbeitstätigkeiten geschaffen, er hatte vor allem auch die traditionellen Sachbearbeitertätigkeiten im Büro stark verändert, so beispielsweise die Tätigkeiten im Rechnungswesen, in der Buchhaltung und in der Abrechnung. Da die Buchhaltungs- und Rechentätigkeiten weitgehend vom Rechner (Computer) erledigt werden, reduzieren sich die im Büro verbleibenden Tätigkeiten auf die Vorbereitung maschinengerechter Unterlagen und auf eine bloß formale Kontrolle der Computerausdrucke. Das bedeutet: Mit dem Einsatz der EDV konnten nicht nur viele qualifizierte Fachkräfte (wie etwa Industriekaufleute) eingespart werden, auch die verbleibenden Tätigkeiten haben vielfach den Charakter von einfachen Angelernten- oder Hilfsarbeitertätigkeiten angenommen. Die meisten im Büro anfallenden Arbeitstätigkeiten können nach einer Anlernzeit von nur wenigen Tagen, Wochen oder Monaten ausgeübt werden. Die wenigen Tätigkeiten, die höhere Anforderungen stellen, sind meist nur mit einem Abschluß an einer Fachhoch- oder Hochschule zu erreichen. Diese sich auch im Bürobereich durchsetzenden Polarisierungs- und Dequalifizierungstendenzen korrespondie-

ren mit einem Rückgang der kaufmännischen Ausbildungsverhältnisse. Bereits heute sind die meisten Büroangestellten unterwertig beschäftigt, und der größte Teil der kaufmännischen Ausbildung hat kaum noch Relevanz im Hinblick auf die spätere Berufstätigkeit.

Berufsausbildung im Einzelhandel. Seit Beginn der 60er Jahre sind auch im Einzelhandel gravierende Veränderungen zu beobachten. Diese sind zum einen gekennzeichnet durch das Vordringen der Warenhauskonzerne, Supermärkte und des Versandhandels, zum anderen durch die Einführung der Selbstbedienung als verkaufsorganisatorische Maßnahme. Diese Entwicklung hat dazu geführt, daß auch im Einzelhandel die traditionell recht komplexe Verkaufstätigkeit in einfache Arbeitstätigkeiten zerlegt wurde. Dabei sind neue, spezialisierte Tätigkeiten, wie zum Beispiel die Kassiertätigkeit, entstanden; andere Arbeitstätigkeiten, wie das Abpacken, die Werbung und Schaufenstergestaltung, aber auch die Buchhaltung, wurden entweder auf Vorlieferanten, andere Institutionen und Berufsgruppen übertragen, oder sie wurden abgeschafft beziehungsweise auf die Kunden abgewälzt. Die – neben der Kassiertätigkeit – verbleibenden Tätigkeiten sind vor allem Lager- und Transportarbeiten, das Sortieren, Kontrollieren und Auspreisen der Waren sowie das Auffüllen der Regale. Diese Tätigkeiten haben in der Regel den Charakter von Anlern- und Hilfsarbeitertätigkeiten. Da auf der anderen Seite mit der Vergrößerung der Verkaufsstellen auch die dispositiven Tätigkeiten an Bedeutung gewonnen haben, setzen sich auch im Einzelhandel deutliche Polarisierungs- und Dequalifizierungstendenzen durch.
Diesen Entwicklungstendenzen scheint die im Jahre 1968 eingeführte gestufte Ausbildungsordnung zum Verkäufer (zwei Jahre) beziehungsweise Einzelhandelskaufmann (ein zusätzliches Jahr)

Rechnung zu tragen; denn mit dem rückläufigen Fachkräftebedarf im Einzelhandel sowie mit der umfangreichen Freisetzung von „Warenkaufleuten" ist ein deutlicher Rückgang des gesamten Ausbildungsvolumens, insbesondere des Anteils der Ausbildungsverhältnisse in der Aufbaustufe zum Einzelhandelskaufmann, zu beobachten. Vor dem Hintergrund der Polarisierungs- und Dequalifizierungstendenzen stellt sich auch hier die Frage nach der berufspraktischen Relevanz und der Legitimation der Inhalte kaufmännischer Berufsausbildung. Es scheint, daß auch in diesem Fall die kaufmännische Berufsausbildung langfristig nur dann Bestand haben kann, wenn die sich durchsetzenden Formen der Arbeitsteilung und Arbeitsorganisation problematisiert, im Berufsschulunterricht alternative Konzepte der Verkaufsorganisation entwickelt und die Berufsausbildung primär an den virtuellen Anforderungen einer humanen und demokratischen Form der Arbeitsteilung und Arbeitsorganisation und nicht allein an den tatsächlichen und absehbaren Anforderungen kapitalistischer Arbeitsteilung und Arbeitsorganisation orientiert werden.

BUNDESMINISTER FÜR BILDUNG UND WISSENSCHAFT (Hg.): Berufsbildungsbericht 1977, München 1977. BUNDESMINISTER FÜR BILDUNG UND WISSENSCHAFT (Hg.): Berufsbildungsbericht 1979, München 1979. FRANZKE, R.: Berufsausbildung und Arbeitsmarkt. Funktionen und Probleme des „dualen Systems", Berlin 1978. LEMPERT, W./FRANZKE, R.: Die Berufserziehung, München 1976.

Reinhard Franzke

Berufsausbildung (Landwirtschaft)

Begriff. Landwirtschaftliche Berufsausbildung umfaßt die Ausbildung in anerkannten Ausbildungsberufen der Landwirtschaft und landwirtschaftsnahen Tätigkeiten. Nach erfolgreichem Abschluß der Berufsausbildung ist ein Übergang in eine Fachschule, über die Fachoberschule auch in den Fachhochschulbereich möglich. In der Regel wird das erste Jahr der Ausbildung als Berufsgrundbildungsjahr und die anschließende zweijährige Fachstufe in Verbindung von Berufsschulbesuch und betrieblicher Berufsausbildung absolviert. Jedoch gibt es in einigen Bundesländern auch andere Ausbildungsmöglichkeiten, zum Beispiel den Besuch von zweijährigen Berufsfachschulen; ein Teil der Ausbildungszeit entfällt hier auf eine Ausbildung in überbetrieblichen Ausbildungsstätten. Eine praktische Berufsausbildung im Agrarbereich läßt sich bis in die erste Hälfte des 19. Jahrhunderts zurückverfolgen.

Die Ausbildungsberufe des Agrarbereichs. In den landwirtschaftlichen Ausbildungsberufen werden etwa 40 000 bis 45 000 Auszubildende ausgebildet. Die Mehrzahl von ihnen befindet sich in den drei Ausbildungsberufen Landwirt (etwa 44 %), Gärtner (etwa 32 %) und Hauswirtschafterin (etwa 12 %) (vgl. BUNDESMINISTER FÜR ERNÄHRUNG, LANDWIRTSCHAFT UND FORSTEN 1980). Die restlichen 12 % verteilen sich auf die Ausbildungsberufe: Forstwirt, Winzer, Pferdewirt, Molkereifachmann, Milchwirtschaftlicher Laborant, Tierwirt, Fischwirt, Landwirtschaftlicher Laborant, Veterinärmedizinischer Laborant und Landwirtschaftlicher Brenner. Die Zahl der Auszubildenden zeigt eine leicht ansteigende Tendenz. Weibliche Jugendliche finden sich hauptsächlich in der Ausbildung zur Hauswirtschafterin und in den Laborantenberufen.

125

In einigen der genannten Ausbildungsberufe sind im Verlauf der Berufsausbildung wegen der Heterogenität der Anforderungen Schwerpunkte zu wählen. Die in ihnen vermittelten Fertigkeiten und Kenntnisse sind in der Abschlußprüfung zu berücksichtigen. Beim Tierwirt sind es Rindvieh-, Schweine-, Schaf-, Geflügel-, Pelztier- und Bienenhaltung. Davon sind im zweiten Ausbildungsjahr zwei Schwerpunkte, im dritten von diesen einer zu wählen. Beim Ausbildungsberuf Gärtner sind es: Zierpflanzenbau, Gemüsebau, Baumschulen, Obstbau, Pflanzenzüchtung und Samenbau, Garten- und Landschaftsbau sowie Friedhofsgärtnerei; beim Ausbildungsberuf Pferdewirt: Pferdezucht und -haltung, Reiten, Rennreiten, Trabrennfahren; beim Ausbildungsberuf Fischwirt: Haltung und Zucht, Seen- und Flußfischerei, Kleine Hochsee- und Küstenfischerei. Die 1979 erlassene „Verordnung für die Berufsausbildung in der Hauswirtschaft" führt die bis dahin getrennte Ausbildung für die städtische und ländliche Hauswirtschaft in den ersten beiden Ausbildungsjahren zusammen. Im dritten Ausbildungsjahr kann einer von diesen beiden Bereichen als Schwerpunkt gewählt werden.

Rechtsgrundlagen. Rechtsgrundlagen sind für die Berufs- und Berufsfachschulen die schulgesetzlichen Bestimmungen und Lehrpläne der Bundesländer. Die betriebliche Berufsausbildung stützt sich auf das Berufsbildungsgesetz von 1969 und auf die auf dieser Grundlage erlassenen Verordnungen über die Berufsausbildung in den einzelnen Ausbildungsberufen des Agrarbereichs. Die Ausbildungsordnungen gelten bundeseinheitlich, die Lehrpläne der Berufsschulen nur für das jeweilige Bundesland, doch ist die Vereinheitlichung zwischen den Bundesländern im Agrarbereich bereits weitgehend vollzogen. Da die Berufsausbildung um so erfolgreicher ist, je besser sich Berufsschule und

betriebliche Berufsausbildung ergänzen und unterstützen, stellt sich die Aufgabe, beide Ordnungen in gegenseitiger Absprache zu entwickeln und gemeinsam in Kraft zu setzen.

Das Berufsgrundbildungsjahr im Berufsfeld Agrarwirtschaft. Die traditionelle Form der bisherigen dreijährigen dualen Berufsausbildung erfuhr durch die Einführung des Berufsgrundbildungsjahres als erstes Jahr der beruflichen Erstausbildung eine wichtige Veränderung. Die mit Wirkung vom 1. August 1979 auf Bundesebene erlassene Berufsgrundbildungsjahr - Anrechnungs - Verordnung für die Landwirtschaft bestimmt, daß es als erstes Jahr der Berufsausbildung anzurechnen ist. Damit wird die weitere Einführung des Berufsgrundbildungsjahres erleichtert. Der auf diese Weise erhöhte Theorieanteil macht es möglich, auf einen zweiten Berufsschultag in der Woche zu verzichten. Die 1979 erlassene Verordnung zur Ausbildungsdauer sieht außerdem vor, daß ab 1983 für die agrarischen Ausbildungsberufe generell eine dreijährige Ausbildung gilt (vgl. BLASUM 1979, S. 122). Damit entfällt die Verkürzung auf zwei Jahre, die bisher für Personen mit mittlerem Bildungsabschluß erfolgte.
Für das Berufsgrundbildungsjahr gilt ein lernzielorientiert gestalteter Rahmenlehrplan, der von der Ständigen Konferenz der Kultusminister der Länder in der Bundesrepublik Deutschland 1978 beschlossen wurde (vgl. KMK 1978) und sowohl für die vollzeitschulische als auch für die kooperative Form des Berufsgrundbildungsjahres gilt. Neben den dort aufgeführten, für alle Berufsfelder geltenden Zielen sollen die Schüler im Berufsfeld Agrarwirtschaft lernen, mit Geräten und Maschinen umzugehen sowie grundlegende Arbeitstechniken zu beherrschen. Sie sollen mathematische, chemische, physikalische, biologische und fachliche Grundlagen erwerben, naturwissenschaftliche und

ökonomische Gesetzmäßigkeiten verstehen und die entsprechenden Sachverhalte auf ihre Wirksamkeit und Anwendbarkeit bewerten können, bei komplexen Vorgängen das Wirken der einzelnen Faktoren erkennen und bereit sein, eine harmonische Entwicklung der Natur und Umwelt zu fördern sowie die Unfallverhütungsvorschriften zu beherrschen, ihre Notwendigkeit einzusehen und sie zu beachten.

Der Unterricht erstreckt sich ohne Wahlfächer über 35 bis 36 Wochenstunden und umfaßt einen berufsfeldübergreifenden und einen berufsfeldbezogenen Bereich. Für den ersteren sehen die Bundesländer zumeist sieben, wenn Englisch vorgesehen ist, neun Wochenstunden vor, und zwar in den Fächern Deutsch, Gemeinschaftskunde, Leibesübungen und Religion. Der berufsfeldbezogene Lernbereich gliedert sich in Fachtheorie und Fachpraxis. Die Fachtheorie liegt zumeist bei 14 oder 15 Stunden und umfaßt Fachkunde, Grundlagen der Betriebslehre, Fachrechnen und – bei den einzelnen Bundesländern in unterschiedlichem Umfang – naturwissenschaftliche und bodenkundliche Grundlagen, zum Teil auch Maschinenkunde. Der Umfang der Fachpraxis differiert zwischen 12 und 14 Stunden, je nach dem Anteil der noch angebotenen Wahlfachstunden. Schwerpunkte sind hier die Fachpraxis (Boden, Düngung, Pflanze, Tier), Landtechnik sowie Zeichnen und Gestalten. Im zweiten Halbjahr hat der Schüler die Wahl zwischen zwei Schwerpunkten: dem tierischen Bereich (mit den Berufen Landwirt, Tierwirt, Pferdewirt, Fischwirt, Molkereifachmann, Berufsjäger) und dem pflanzlichen Bereich (mit den Berufen Gärtner, Florist, Forstwirt, Winzer). Eine wichtige Aufgabe des Berufsgrundbildungsjahres besteht darin, Grundkenntnisse und Grundfertigkeiten für alle Einzelberufe des Berufsfeldes Agrarwirtschaft in angemessener Weise einzubeziehen und diejenigen Kenntnisse und Fertigkeiten herauszuarbeiten und zu vermitteln, die den Auszubildenden helfen, Qualifikationsanforderungen unter schnell sich verändernden Bedingungen bewältigen zu können.

Fachstufe in der Berufsschule. Die im Bundesgebiet weitgehend einander angeglichenen Lehrpläne für den Berufsschulunterricht in der Fachstufe der landwirtschaftlichen Berufsausbildung umfassen die Fächer Gemeinschaftskunde (eine Wochenstunde), Betriebswirtschaft (eine Stunde), Landwirtschaftskunde (drei Stunden), Fachrechnen (eine Stunde) und Landtechnik (zwei Stunden). Die Landtechnik wird zumeist in Blockform in den Deutschen Lehranstalten für Agrartechnik (DEULA) vermittelt. Die Betriebswirtschaft schließt die früher eigenständigen Fächer Geschäftskunde und Schriftverkehr mit den Behörden ein. Das Fachrechnen wird in vielen Bundesländern mit dem Fachunterricht verbunden.

Fachstufe in der betrieblichen Berufsausbildung. Ziele, Inhalte, Zeitplanung und Prüfungsanforderungen ergeben sich aus den entsprechenden Teilen der Verordnung für den jeweiligen agrarischen Ausbildungsberuf. So sieht zum Beispiel die Verordnung über die Berufsausbildung zum Landwirt neben der Abschlußprüfung auch eine Zwischenprüfung vor. Weiter wird die Führung eines Berichtsheftes gefordert. Ihm kommt die Aufgabe zu, die Arbeit im Betrieb durchschaubarer zu machen und den Blick für die Notwendigkeiten in der Feld- und Viehwirtschaft zu schärfen.

Da die Betriebe zumeist über einen sehr geringen Personalbestand verfügen – häufig handelt es sich um reine Familienbetriebe –, stößt die Durchführung einer Fremdlehre auf erhebliche innerbetriebliche Schwierigkeiten. Das bildungspolitische Bestreben geht dahin, wenigstens ein Lehrjahr zu einem Jahr der Fremdlehre zu machen.

127

Überbetriebliche Berufsausbildung. Die Weiterentwicklung der Berufsausbildung im Agrarbereich zeigt sich auch im Ausbau der überbetrieblichen Ausbildung. Sie wird in den zur Zeit 13 Deutschen Lehranstalten für Agrartechnik (DEULA) und den Lehr- und Versuchsanstalten in den einzelnen Bundesländern durchgeführt. Die Aufgabe der überbetrieblichen Ausbildung besteht darin, die zumeist aus wirtschaftlichen Gründen gebotenen Spezialisierungen oder Einseitigkeiten der Ausbildungsbetriebe auszugleichen und durch systematische Vermittlung grundlegender praktischer Fertigkeiten den Zeitverlust zu kompensieren, der der Vermittlung der praktischen Berufsanforderungen durch die Erweiterung des schulischen Unterrichts entstand. Schließlich soll in der überbetrieblichen Ausbildung mit neuen technischen Einrichtungen und Produktionsverfahren vertraut gemacht und ein einheitliches Qualitätsniveau der Berufsausbildung herbeigeführt werden. Etwa 70 % der Berufsausbildungszeit entfallen auf die Vermittlung von Fertigkeiten, während etwa 30 % der Ausbildungszeit für die Theorie vorgesehen sind. Als Ausbilder werden Fachkräfte des höheren Dienstes, Agraringenieure mit Ausbildereignung und Meister eingesetzt. Im Bundesgebiet gab es 1978 67 überbetriebliche Ausbildungsstätten für den Agrarbereich mit rund 350 hauptamtlichen Lehrkräften, 3 350 Internatsplätzen, 1 824 Lehrgängen und rund 44 000 Teilnehmern (davon 6 375 weiblich – vgl. HINRICHSEN 1978, S. 204). Die Lehrgänge sind in der Regel einwöchig, seltener zweiwöchig und haben durchschnittlich 25 bis 30 Teilnehmer, die in kleine Unterweisungsgruppen mit fünf bis sechs Auszubildenden aufgeteilt werden.

Bisher sind die Inhalte der überbetrieblichen Ausbildung in den Ausbildungsordnungen nicht enthalten. Es ist auch zweifelhaft, ob eine bundeseinheitliche Angleichung im Hinblick auf die starken regionalen Unterschiede zweckmäßig ist. Wohl aber ist es dringend geboten, die Lehrgegenstände von Betrieb, Schule und überbetrieblicher Ausbildungsstätte inhaltlich und zeitlich aufeinander abzustimmen.

BLASUM, J.: Neue Regelungen für die Berufsbildung. In: Ausb. u. Berat. in Land- u. Hauswirtsch. 32 (1979), S. 122. BUNDESMINISTER FÜR ERNÄHRUNG, LANDWIRTSCHAFT UND FORSTEN: Bundesübersicht. Zusammenstellung über die praktische Berufsausbildung in der Landwirtschaft. Berichtszeit 1. 1. 1977–31. 12. 1979, Bonn 1980. HINRICHSEN, K.: Überbetriebliche Ausbildung in der Landwirtschaft. In: Ausb. u. Berat. in Land- u. Hauswirtsch. 31 (1978), S. 203 ff. KMK: Rahmenlehrplan für den berufsfeldbezogenen Lernbereich im Berufsgrundbildungsjahr – Berufsfeld Agrarwirtschaft. Beschluß vom 19. 5. 1978, Neuwied/Darmstadt 1978.

Martin Schmiel

Berufsausbildung (Öffentlicher Dienst)

Der öffentliche Dienst in der Dienstleistungsgesellschaft. Die Entwicklung des öffentlichen Dienstes in der Bundesrepublik Deutschland wird strukturell geprägt von dem – in der zweiten Hälfte unseres Jahrhunderts dominierenden – Umbruch von der Industrie- zur Dienstleistungsgesellschaft. Innerhalb dieses Trends haben öffentliche Dienstleistungen einen zunehmenden Anteil erlangt, der sich im Hinblick auf die Expansion der an den Staat gerichteten Sozialansprüche eher noch erhöhen wird.

Hierzu stehen die Ausbildungsfunktionen des öffentlichen Dienstes in einem offenkundigen quantitativen Widerspruch: Von den rund 450 anerkannten Ausbildungsberufen sind nur 20 dem öffentlichen Dienst zuzurechnen, der Anteil der Auszubildenden im öffentlichen Dienst hat im Durchschnitt der letzten Jahre den Wert von 3 % nicht überschritten. Zu berücksichtigen ist zwar, daß hierin die in einem öffentlich-rechtlichen Ausbildungsverhältnis stehenden Personen nicht erfaßt sind und ein überproportional hoher Anteil der Nachwuchskräfte im Hochschulbereich ausgebildet wird; dennoch läßt sich insgesamt ein erhebliches Ausbildungsplatzdefizit im öffentlichen Dienst feststellen.

Die Berufsausbildung im dualen System. Das nach Laufbahnen gegliederte Dienstrecht unterscheidet zwischen einfachem, mittlerem, gehobenem und höherem Dienst, dem eine entsprechend abgestufte Hierarchie von Eingangs- und Ausbildungsvoraussetzungen zugeordnet ist. Obwohl das strenge Laufbahnprinzip nur für das Beamtenrecht zwingend ist, hat sich dieses System mit einer größeren Laufbahndurchlässigkeit auch auf den Bereich der Angestellten und Arbeiter im öffentlichen Dienst mit ihren Ausbildungsberufen übertragen. Da der Zugang zum gehobenen und höheren Dienst in der Regel einen (Fach-)Hochschulabschluß voraussetzt, der einfache Dienst im Zuge einer generellen Tendenz zur Anhebung der Dienstposten nur noch eine untergeordnete Bedeutung hat (mit Ausnahme von Bundesbahn und -post), kommen für die Berufsausbildung im dualen System vor allem (Angestellten-)Ausbildungsberufe des mittleren Dienstes in Betracht. Hierzu gehören insbesondere (in der Reihenfolge der quantitativen Bedeutung) die Ausbildungsberufe Verwaltungsfachangestellter in der Kommunal- und staatlichen Innenverwaltung, Sozialversicherungsfachangestellter, Justizangestellter, Angestellter bei der Bundesanstalt für Arbeit und bei anderen Körperschaften des öffentlichen Rechts (Handwerksorganisationen, Industrie- und Handelskammern, kirchlicher Dienst).

Insgesamt ist die Situation der Berufsausbildung im dualen System durch eine erhebliche Zersplitterung der Ausbildungsgänge und -zuständigkeiten gekennzeichnet. Die Ursache liegt in der durch das Berufsbildungsgesetz festgeschriebenen Eigenverantwortlichkeit der Träger der öffentlichen Verwaltung für die Berufsausbildung ihrer Nachwuchskräfte. Die durch das Berufsbildungsgesetz vergebene Chance einer Integration des öffentlichen Dienstes in das allgemeine Ausbildungssystem wirkt sich dabei sowohl auf den Lernort Betrieb als auch auf den Lernort Schule nachteilig aus.

Lernort Betrieb. Die Ausbildungsberufe des öffentlichen Dienstes sind in der Regel nicht bundeseinheitlich durch (verwaltungszweigübergreifende) Ausbildungsordnungen geregelt, sondern auf Länder- beziehungsweise Verwaltungsebene durch den jeweiligen Ausbildungs- oder Verwaltungsträger vorgegeben. Die Folge ist eine an den Anforderungen des jeweiligen Verwaltungszweiges orientierte Spezialisierung und Ausfächerung der Ausbildung, wobei das Interesse der Auszubildenden an einer der Dynamik und Mobilität des Berufslebens entsprechenden verwaltungszweigübergreifenden Fachkompetenz außer acht bleibt. Zugleich hat die Vernachlässigung des berufs- und bildungspolitischen Ziels einer gemeinsamen Grundbildung in der Verwaltung dazu geführt, daß die Anrechnungsverordnungen und damit die Verkürzung der Ausbildungsdauer durch vorausgegangenen Besuch eines Berufsgrundschuljahres oder einer Berufsfachschule im allgemeinen für den öffentlichen Dienst keine Gültigkeit haben.

Lernort Schule. Die rechtliche und institutionelle Sonderstellung der Ausbildung im öffentlichen Dienst hat sich auch auf den Lernort Schule übertragen und zu einer Randstellung des öffentlichen Dienstes im beruflichen Schulwesen geführt: Zunächst unterliegen alle Auszubildenden in einem öffentlich-rechtlichen Dienstverhältnis (Vorbereitungsdienst für eine Beamtenlaufbahn) nicht der Berufsschulpflicht; darüber hinaus werden die berufsschulpflichtigen Auszubildenden durch verwaltungsinterne Lehrgänge zeitweise vom Berufsschulbesuch ausgenommen, wodurch die in der betrieblichen Ausbildung bereits angelegte Spezialisierung auch im schulischen Bereich fortgesetzt und verstärkt wird. Auf der anderen Seite zeigt sich auch in der Kultus- und Schulverwaltung ein gegenüber dem öffentlichen Dienst geringer ausgeprägtes Verantwortungs- und Zuständigkeitsbewußtsein, was sich beispielsweise in Defiziten der Richtlinien- beziehungsweise Curriculumentwicklung für berufsspezifische Fächer des öffentlichen Dienstes zeigt.

Daraus ergibt sich für den Lernort Schule insgesamt ein schwer aufhebbares Dilemma: Die Vernachlässigung der Auszubildenden des öffentlichen Dienstes durch das berufliche Schulwesen führt zu einer Verstärkung schulexterner beziehungsweise verwaltungsinterner Ausbildung, wodurch letztlich das Zuständigkeits- und Verantwortungsbewußtsein des öffentlichen Schulwesens für diese Auszubildenden weiter gemindert wird. Zurück bleiben einige „Restgruppen", die dann wegen des geringen Schüleraufkommens nicht immer nach dem Fachklassenprinzip unterrichtet werden können.

Es zeigt sich hiernach, daß die (teilweise) Ausklammerung des öffentlichen Dienstes aus der Berufsschulpflicht, aus dem Berufsbildungsgesetz und den Ausbildungsordnungen bis hin zu den Anrechnungsverordnungen ein erhebliches Übergewicht der verwaltungsinternen Ausbildung bewirkt hat, so daß das duale System in diesem Bereich der Ausbildung in Frage gestellt wird beziehungsweise allenfalls akzidentiell existiert.

Der Kulturföderalismus der Bundesrepublik wird im Bereich des öffentlichen Dienstes noch durch einen Verwaltungspluralismus ergänzt, der mit einer nicht mehr überschaubaren und unkoordinierten Vielfalt der zuständigen Stellen für die Berufsbildung verbunden ist.

Reform der Berufsausbildung im öffentlichen Dienst. Eine Reform des Dienstrechts und damit des Ausbildungs- und Laufbahnsystems ist eine seit Jahrzehnten immer wieder erhobene Forderung, die aber in der Realität im Spannungsfeld zwischen den verfassungsmäßig festgeschriebenen hergebrachten Grundsätzen des Berufsbeamtentums (vgl. Art. 33, Abs. 5 Grundgesetz) und den an Besoldungs- und Standesfragen ausgerichteten Gruppeninteressen nicht so recht vorangekommen ist. Immerhin hat der Bund für die öffentlich-rechtlichen Dienst- und Ausbildungsverhältnisse bereits Anfang der 70er Jahre von seiner Gesetzgebungskompetenz Gebrauch gemacht und Rahmengesetze für das Beamten- und Besoldungsrecht von Bund, Ländern und Gemeinden erlassen; für die Berufsausbildung auf privatrechtlicher Grundlage zeigten sich erst seit Ende der 70er Jahre Ansätze zu einer länder- und verwaltungszweigübergreifenden Harmonisierung des öffentlichen Dienstes. So sieht die Rahmenvereinbarung über das (schulische) Berufsgrundbildungsjahr der Ständigen Konferenz der Kultusminister der Länder in der Bundesrepublik Deutschland (vgl. KMK 1978) im Berufsfeld Wirtschaft und Verwaltung einen eigenständigen Schwerpunkt Recht und öffentliche Verwaltung mit einem entsprechenden Rahmenlehrplan vor. Darüber hinaus ist für den nach der Zahl der Auszubildenden bedeutendsten Ausbildungsberuf, den Verwaltungsfachangestellten mit den Fachrichtungen: allgemeine innere Verwaltung des Bundes und der Länder, Kommunalverwaltung, Handwerksorganisation und Industrie- und

Handelskammern sowie Bundesverkehrsverwaltung, durch Verordnung vom 2. 7. 1979 eine gemeinsame und damit bundeseinheitliche Grundbildung vorgegeben worden; für die Fachbildung blieb allerdings aus verfassungsrechtlichen Gründen die Zuständigkeit der Länder und insofern auch der Länderföderalismus beziehungsweise Verwaltungspluralismus in der Berufsausbildung des öffentlichen Dienstes erhalten.

KMK: Rahmenlehrplan für den berufsfeldbezogenen Lernbereich im Berufsgrundbildungsjahr – Berufsfeld Wirtschaft und Verwaltung. Beschluß vom 19. 5. 1978, Neuwied 1978.

Gerd Rohlfing

Berufsausbildungsrecht

Es gibt öffentliche und private Berufsschulen und öffentliche und private Ausbildungsbetriebe. Der Unterscheidung der Ausbildungsbereiche folgt die Unterscheidung des Rechts in öffentliches und privates Schulrecht und öffentliches und privates Ausbildungsrecht. Hinzu kommen übergreifende Regelungsbereiche wie die Ausbildungsförderung, der Jugendarbeitsschutz oder die Ausbildungsplatzförderung.

Ein „Recht der Berufsausbildung" läßt sich nur legitimieren, wenn der Beruf als Ziel der Ausbildung die Einheit des Rechtsgebietes begründet. Es stellt sich die Frage, ob aus dem Ziel der Ausbildung Rechte und Pflichten der Beteiligten folgen, die für alle Regelungsbereiche bestimmend sind.

Der Art. 12, Abs. 1 des Grundgesetzes (GG) sagt, daß alle Deutschen das Recht haben, Beruf und Ausbildungsstätte frei zu wählen. Die Beschränkung dieses Grundrechtes auf deutsche Staatsbürger schließt die Gastarbeiter und ihre Kinder von dem Schutz dieses Grundrechtes aus. Es ist jedoch mit Recht die Frage gestellt worden, ob nicht das Bekenntnis des Grundgesetzes zu den Menschenrechten in Art. 1, Abs. 2 GG und zur Gewährleistung freier Persönlichkeitsentfaltung für alle Menschen in Art. 2, Abs. 1 GG die verfassungsrechtliche Diskriminierung der Ausländer im Berufsrecht ausschließt.

Für die Mitgliedsstaaten der Europäischen Gemeinschaft hat sich diese Frage inzwischen durch die Ansätze zur Entwicklung eines einheitlichen Ausbildungsrechtes der Gemeinschaft im Prinzip erübrigt; für die übrigen Staaten bleibt sie bestehen.

Das Bundesverfassungsgericht hat erklärt, daß das Grundrecht der Berufsfreiheit uneingeschränkt gilt, für Selbständige und Unselbständige, für Arbeitgeber und Arbeitnehmer (vgl. Entscheidungen des Bundesverfassungsgerichts, Bd. 7, S. 377), also auch für Schüler und Lehrlinge. Ein solches Verständnis übersieht jedoch wesentliche Unterschiede in der Anwendbarkeit dieses Grundrechtes. Freiheitsrechte richten sich nämlich grundsätzlich gegen den Staat. Art. 12 GG schützt die Arbeitgeber und die Arbeitnehmer, die Ausbildungsbetriebe und die Auszubildenden gegen staatliche Eingriffe in Arbeit und Ausbildung; Art. 12 GG schützt jedoch grundsätzlich nicht die Arbeitnehmer gegen die Arbeitgeber, die Auszubildenden gegen die Ausbilder. Das Arbeits- und Ausbildungsverhältnis bleibt als Privatrecht einer unmittelbaren Bestimmung durch das Staatsrecht entzogen. Hier herrscht grundsätzlich das Prinzip der Vertragsfreiheit. Hieraus erklärt sich, daß das Grundrecht der Berufsfreiheit für die Abwehr staatlicher Eingriffe in die Berufsfreiheit der Unternehmen von großer Bedeutung sein kann, daß es jedoch

131

für die Ausbildungsfreiheit im Unternehmen ohne Bedeutung ist.

Die Formulierung des Art. 12, Abs. 1 GG legt die Vermutung nahe, daß das Grundgesetz allen Lernenden einen Anspruch auf einen Ausbildungsplatz gewähren will. Das Bundesverfassungsgericht hat in der Tat in seiner Numerusclausus-Rechtsprechung (vgl. Entscheidungen des Bundesverfassungsgerichts, Bd. 33, S. 303) den Abiturienten ein – beschränkbares – Recht auf den Hochschulzugang gewährt, und verallgemeinert kann man sagen, daß zu den Grundrechten auf Bildung das Recht auf den Zugang zu Schulen und Hochschulen gehört. Die Begründung für dieses Zugangsrecht liegt in der Tatsache, daß der Staat für Schule und Hochschule in weiten Bereichen ein Quasimonopol besitzt und daß nur der Staat die freie Wahl der Ausbildungsstätte verwirklichen kann. Ganz anders im Bereich der betrieblichen Ausbildung: Hier herrscht das Prinzip des freien Wettbewerbs; das Grundrecht auf die freie Wahl der Ausbildungsstätte behält seine ursprüngliche Bedeutung, es dient also zur Abwehr von staatlichen Eingriffen in diesen Wettbewerb. Die Lernenden haben keinen Anspruch auf Zugang zu einem öffentlichen oder gar privaten Ausbildungsbetrieb. Was aber, wenn das System des freien Wettbewerbs nicht mehr befriedigend arbeitet, wenn es kein ausgeglichenes Verhältnis von Angebot und Nachfrage bei den Ausbildungsplätzen mehr gibt, wenn Ausbildungsplatzmangel herrscht? Verwandelt sich in einer solchen Situation das Grundrecht auf Abwehr staatlicher Eingriffe in die Ausbildung in ein Grundrecht auf einen Ausbildungsplatz?

Das Grundgesetz hat die Bundesrepublik Deutschland als einen demokratischen und sozialen Rechtsstaat bestimmt (vgl. Art. 20, Abs. 1 GG; vgl. Art. 28, Abs. 1 GG). Dieser Staat soll nicht nur Eingriffe in die Grundrechte der Bürger vermeiden; er soll vielmehr darüber hinaus die Voraussetzung dafür schaffen, daß die Bürger ihre Grundrechte auch wahrnehmen können. Somit ist der Staat dazu verpflichtet, durch seine Arbeits-, Wirtschafts- und Bildungspolitik für ein angemessenes Angebot an Ausbildungsplätzen zu sorgen und die Qualität der Ausbildung zu gewährleisten. Aus dieser verfassungsrechtlichen Verpflichtung folgen nun zwar keine Rechtsansprüche auf einen Ausbildungsplatz in öffentlichen oder privaten Betrieben oder Schulen; die Art und Weise, in der der Staat seiner verfassungsrechtlichen Verpflichtung nachkommt, bleibt vielmehr der Festlegung durch die staatliche Gesetzgebung überlassen. So, wie der Staat im Hochschulbereich durch das Bundesverfassungsgericht im Zeichen des Numerus clausus zur Kapazitätserweiterung verpflichtet worden ist, so besteht auch eine verfassungsrechtliche Pflicht zur Kapazitätserweiterung im Bereich der Berufsausbildung in der Sekundarstufe II. Der Staat kann dieser Verpflichtung auf die unterschiedlichste Art und Weise nachkommen, zum Beispiel durch die Ausweitung des Ausbildungsplatzangebotes in öffentlichen Schulen und Betrieben oder durch die Schaffung eines Umlagesystems zur Ausbildungsplatzförderung, so wie es im Jahre 1976 durch das Ausbildungsplatzförderungsgesetz geschehen ist.

Art. 12, Abs. 1 GG begründet also durchaus die Einheit eines Rechts der Berufsausbildung; Art. 12, Abs. 1 GG gewährt allerdings innerhalb dieses Rechtes der Berufsausbildung den verschiedenen Gruppen von Betroffenen in den verschiedenen Organisationsformen der Berufsausbildung unterschiedliche Rechte und begründet unterschiedliche Pflichten: Die Inhaber von Ausbildungsbetrieben können sich auf die Berufsfreiheit berufen, die ihnen das Recht zur Einstellung und Ausbildung von Lehrlingen gibt. Dieses Recht kann allerdings durch die staatliche Gesetzgebung beschränkt werden, wie es durch das Berufsbildungsgesetz von 1969 und mittelbar auch durch das Ausbildungsplatzförderungsgesetz von 1976 geschehen ist. Ob sich auch die Organisationen der Selbstverwaltung der Wirtschaft auf die kollektive Wahrnehmung dieses Grundrechtes berufen können, ist juristisch umstritten (vgl. IPSEN 1967, S. 29 ff.; vgl. RICHTER 1973, S. 120); der Gesetzgeber besitzt in jedem Falle einen weiten Gestaltungsspielraum bei der Ausgestaltung dieser Organisationen im einzelnen. Grundsätzlich gilt das Grundrecht der Berufsfreiheit auch für die Privatschulunternehmer; deren Rechtsstellung ist jedoch in Art. 7, Abs. 4 GG in einer Spezialvorschrift verfassungsrechtlich abgesichert.

Das Grundrecht der Berufsfreiheit gilt auch für diejenigen, die einen Beruf erst erlernen wollen, und zwar insbesondere in der Form der freien Wahl der Ausbildungsstätte. Dieses Grundrecht untersagt es dem Staat, berufslenkend in die Ausbildung einzugreifen, beispielsweise durch eine präzise staatliche Festlegung sämtlicher Ausbildungskapazitäten, was jedoch eine planende Steuerung der Ausbildungskapazitäten nicht grundsätzlich ausschließt. Aus dem Sozialstaatsprinzip des Grundgesetzes folgt darüber hinaus eine Verpflichtung des Staates, für ausreichende Ausbildungskapazitäten zu sorgen, sei es im Bereich der öffentlichen Betriebe und Schulen oder durch eine mittelbare Steuerung der Ausbildungsbereitschaft privater Betriebe.

FRIAUF, K. H.: Verfassungsrechtliche Probleme einer Reform des Systems zur Finanzierung der beruflichen Bildung. Sachverständigenkommission Kosten und Finanzierung der beruflichen Bildung. Studien und Materialien, Bd. 4, Bielefeld 1974. IPSEN, H. P.: Berufsausbildungsrecht, Tübingen 1967. RICHTER, I.: Bildungsverfassungsrecht. Studien zum Verfassungswandel im Bildungswesen, Stuttgart 1973. RICHTER, I.: Ausbildungsplätze – eine Planung des Mangels oder eine mangelhafte Planung. In: R. d. J. u. d. Bwes. 25 (1977), S. 94 ff.

Ingo Richter

Berufsausbildungsverhältnis

Begriff und Rechtsgrundlagen. Das Berufsausbildungsverhältnis ist das rechtliche Verhältnis zwischen den an dem Berufsausbildungsprozeß Beteiligten, nämlich dem Ausbildenden (der einen anderen zur Berufsausbildung einstellt) und dem Auszubildenden (der zur Berufsausbildung eingestellt wird). Es gehört zu den zeitlich begrenzten Dauerschuldverhältnissen und wird entsprechend durch einen (Berufsausbildungs-)Vertrag (Lehrvertrag) begründet. Der Berufsausbildungsvertrag kommt durch die Abgabe von übereinstimmenden Willenserklärungen der vertragschließenden Parteien beziehungsweise ihrer gesetzlichen Vertreter zustande, wobei zunächst die allgemeinen Vorschriften des Bürgerlichen Gesetzbuches Anwendung finden. Ob ein Berufsausbildungsverhältnis begründet werden soll oder nicht, ist dem Belieben der Beteiligten überlassen (Grundsatz der Vertragsfreiheit). Ist es jedoch zustande gekommen, unterliegt die inhaltliche Gestaltung zahlreichen arbeits- und ausbildungsrechtlichen Vorschriften. Obwohl das Berufsausbildungsverhältnis ein privatrechtliches Verhältnis ist, dominieren dabei die öffentlich-rechtlichen Bestandteile gegenüber den privatrechtlichen. Der Eingriff des öffentlichen Rechts in den privatrechtlichen Gestaltungsraum des Berufsausbildungsverhältnisses ist durch das Berufsbildungsgesetz (BBiG) und durch die jeweilige

Ausbildungsordnung sowie durch weitere tarifvertragliche und arbeitsrechtliche Bestimmungen bestimmt. Zu nennen sind vor allem: das Jugendarbeitsschutzgesetz, die Arbeitszeitordnung, das Bundesurlaubsgesetz, das Mutterschutzgesetz, das Tarifvertragsgesetz und das Arbeitsgerichtsgesetz. Entsprechend kennzeichnet das BBiG (vgl. § 3) das Berufsausbildungsverhältnis als ein besonderes Vertragsverhältnis und verwendet den Begriff Arbeitsvertrag neben dem Begriff Berufsausbildungsvertrag. Im Unterschied zu einem Arbeitsverhältnis ist beim Berufsausbildungsverhältnis nicht die Arbeitsleistung Gegenstand des Vertrages, sondern die Berufsausbildung mit erziehungsrechtlicher Komponente (vgl. § 6 BBiG); eine alleinige Anwendung der üblichen arbeitsrechtlichen Gesichtspunkte ist schon deshalb nicht möglich.

Der Berufsausbildungsvertrag kommt bereits durch mündliche Übereinkunft zustande. Doch hat der Ausbildende unverzüglich nach Vertragsabschluß, spätestens vor Beginn der Berufsausbildung, den wesentlichen Inhalt des Vertrages schriftlich niederzulegen. Das BBiG regelt in den §§ 3 bis 19 einheitlich für das Bundesgebiet die formellen und inhaltlichen Mindestanforderungen an einen Berufsausbildungsvertrag. Die Niederschrift muß nach § 4 BBiG mindestens Angaben enthalten über:

- die Art, die sachliche und zeitliche Gliederung sowie das Ziel der Berufsausbildung, insbesondere die berufliche Tätigkeit, für die ausgebildet wird,
- den Beginn und die Dauer der Berufsausbildung,
- die Ausbildungsmaßnahmen außerhalb der Ausbildungsstätte,
- die Dauer der regelmäßigen täglichen Ausbildungszeit,
- die Dauer der Probezeit,
- die Zahlung und die Höhe der Vergütung,
- die Dauer des Urlaubs sowie

- die Voraussetzungen, unter denen der Berufsausbildungsvertrag gekündigt werden kann.

Das BBiG trifft Regelungen über den *wesentlichen* Inhalt des Berufsausbildungsvertrages, die die Vertragsparteien ergänzend durch eigene Vereinbarungen regeln können. Es dürfen jedoch keine Abmachungen getroffen werden, die vom Gesetz zuungunsten des Auszubildenden abweichen (vgl. §§ 5, 18 BBiG). Der Ausbildende hat unverzüglich nach Abschluß des Berufsausbildungsvertrages die Eintragung des wesentlichen Vertragsinhalts in das von der zuständigen Stelle (zum Beispiel Handwerkskammer, Industrie- und Handelskammer) zu führende Verzeichnis der Berufsausbildungsverhältnisse zu beantragen (vgl. §§ 31, 33 BBiG).

Zum Inhalt des Berufsausbildungsverhältnisses gehören vor allem die Pflichten der Vertragsparteien. Das BBiG beschränkt sich auf die Normierung der wesentlichsten beiderseitigen Pflichten. Der Bundesausschuß für Berufsbildung hat 1971 – um Bundeseinheitlichkeit zu gewährleisten – das Muster eines Berufsausbildungsvertrages erarbeitet und zur Anwendung empfohlen (vgl. BUNDESMINISTER FÜR BILDUNG UND WISSENSCHAFT 1980, S. 111 ff.). In diesem Ausbildungsvertragsmuster sind die grundsätzlichen Regelungen zusammengestellt, die von den Vertragsparteien zu beachten sind. Danach verpflichtet sich der Ausbildende insbesondere,

- dafür zu sorgen, daß dem Auszubildenden die Fertigkeiten und Kenntnisse in der vorgesehenen Ausbildungszeit vermittelt werden, die zum Erreichen des in der Ausbildungsordnung festgelegten Ausbildungszieles erforderlich sind, und daß der Auszubildende charakterlich gefördert sowie sittlich und körperlich nicht gefährdet wird, und
- den Auszubildenden zum Besuch der Berufsschule und gegebenenfalls der überbetrieblichen Ausbildungsveran-

staltungen anzuhalten und ihn dafür freizustellen.

Der Auszubildende verpflichtet sich insbesondere,

– sich zu bemühen, die Fertigkeiten und Kenntnisse zu erwerben, die erforderlich sind, das Ausbildungsziel zu erreichen, und die ihm im Laufe seiner Berufsausbildung aufgetragenen Verrichtungen und Aufgaben sorgfältig auszuführen,

– am Berufsschulunterricht, an überbetrieblichen Ausbildungsmaßnahmen und an den Zwischen- und Abschlußprüfungen teilzunehmen sowie

– den Weisungen zu folgen, die im Rahmen der Berufsausbildung vom Ausbildenden, vom Ausbilder oder von anderen weisungsberechtigten Personen erteilt werden, und die für die Ausbildungsstätte geltende Ordnung zu beachten.

Zur Veränderbarkeit der inhaltlichen Ausformung des Lehrverhältnisses. Bis zum Inkrafttreten des BBiG am 1. 9. 1969 gab es in der Bundesrepublik Deutschland kein einheitliches Vertragsrecht der Berufsausbildung. Gesetzliche Vorschriften des Lehrverhältnisses waren sehr zersplittert, lückenhaft und unübersichtlich. Sie waren für den gewerblichen Lehrling in der Gewerbeordnung, für den kaufmännischen Lehrling im Handelsgesetzbuch und für den handwerklichen Lehrling in der Handwerksordnung zu finden. Das landwirtschaftliche Lehrverhältnis war, außer in Bayern und Baden-Württemberg, ungeregelt. Auf die durch diese Gesetze nicht erfaßten Lehrverhältnisse (öffentlicher Dienst, Haushalt, freie Berufe) fanden lediglich die Regeln des Arbeitsrechts und die allgemeinen Bestimmungen des Bürgerlichen Gesetzbuches Anwendung, soweit nicht die bei den kaufmännischen und gewerblichen Lehrlingen entwickelten Vertragsnormen übernommen wurden.

Zwar ist die Frage einer zusammenfassenden und einheitlichen Regelung des Berufsbildungsrechts seit 1919 erörtert worden, die erarbeiteten Gesetzentwürfe haben jedoch nie Gesetzeskraft erlangt. Lediglich in West-Berlin war dieses Rechtsgebiet durch das Gesetz zur Regelung der Berufsausbildung sowie der Arbeitsverhältnisse Jugendlicher von 1951 einheitlich geordnet. Dieses Gesetz hatte in § 1 bestimmt: „Den Vorschriften dieses Gesetzes unterliegt die Berufsausbildung in den privaten und öffentlichen Betrieben des Handels, des Handwerks, der Industrie, der Landwirtschaft, des Verkehrs, der Versorgung sowie in Banken und Versicherungen." Damit hatte es die seit der Novelle zur Gewerbeordnung von 1897 (Handwerkerschutzgesetz) existierende Teilung des Ausbildungsrechts zwischen Handwerk und Nichthandwerk – wenn auch nur bis zum Erlaß der bundeseinheitlichen Handwerksordnung von 1953 – rückgängig gemacht.

Das Handwerkerschutzgesetz vom 26. Juni 1897 teilte die die Lehrlinge betreffenden Bestimmungen in „allgemeine" sowie „besondere für Handwerker" und statuierte eine durchgreifende Regelung des gesamten Innungswesens. Es übertrug allen Innungen die Aufgabe der Fürsorge für das Lehrlingswesen, ließ die Bildung von Zwangsinnungen zu und schuf Handwerkskammern mit weitgehenden Befugnissen auf dem Gebiet des Lehrlingswesens. Mit der Gewerbeordnungsnovelle vom 30. Mai 1908, die den sogenannten kleinen Befähigungsnachweis einführte, nach welchem nur solche Handwerker Lehrlinge anleiten durften, die eine Meisterprüfung und das 24. Lebensjahr vollendet hatten, lebte der Grundsatz der alten Handwerkerzünfte wieder auf, nach dem nur derjenige den Nachweis seiner Befähigung zur Berufsausbildung erbracht hatte, der seinen Beruf erlernt hatte und ihn als Fachmann auch ausübte.

Das geltende Recht für den nichthandwerklichen Bereich basierte dagegen weiterhin auf der Gewerbeordnung des Norddeutschen Bundes von 1869, die sich – den damaligen liberalen Auffassungen entsprechend – auf ein unumgängliches Minimum an gesetzlicher Regelung für sämtliche gewerbliche Lehrverhältnisse beschränkte. In solchen Betrieben, die nicht Handwerksbetriebe waren, durften also Lehrlinge eingestellt werden, ohne daß ein Befähigungsnachweis von dem Betriebsinhaber oder von seinem mit der Ausbildung von Lehrlingen beauftragten Vertreter gefordert wurde. Eine Einschränkung der Ausbildungsbefugnis war aber dadurch gegeben, daß Personen, denen die bürgerlichen Ehrenrechte aberkannt worden waren, keine Lehrlinge beschäftigen und anleiten durften. In Fällen wiederholter grober Pflichtverletzung oder durch körperliche oder geistige Gebrechen verursachte Unfähigkeit konnte die Befugnis zum Halten und Anleiten von Lehrlingen sogar entzogen werden. Im Handelsgesetzbuch war allerdings eine solche Aberkennung nicht vorgesehen.

Auch das handwerkliche Lehrverhältnis verlor mehr und mehr seinen gesellschaftlich-rechtlichen Schutz. Es erhielt privatrechtlichen Charakter, wobei der erzieherische Akzent des Lehrverhältnisses zunehmend durch einen ökonomischen verdrängt wurde. Art und Umfang der betrieblichen Berufsausbildung blieben nämlich auf die im *Betriebe vorkommenden Arbeiten* beschränkt, was – wie die vielen zeitgenössischen Klagen über die berufsfremde Beschäftigung der Lehrlinge und über den Mangel an planmäßiger methodischer Unterweisung belegen – zu einer Ausnutzung der jugendlichen Arbeitskraft führte. Erst die Einführung der (nach 1942 reichseinheitlich für allgemein verbindlich erklärten) Lehrvertragsmuster führte dazu, das Ausbildungsgeschehen nicht nur zu vereinheitlichen, sondern auch zu systematisieren, indem (etwa seit 1935) der

Lehrvertrag mit dem jeweils in Betracht kommenden Berufsbild gekoppelt wurde. Für den Lehrherrn war damit erstmals vertraglich festgelegt, welche Kenntnisse und Fertigkeiten der Lehrling in seinem Beruf zu erlernen hatte. Eine weitere Beeinflussung des Inhalts des Lehrverhältnisses geschah durch die Registrierung in den bei den jeweiligen Kammern nach 1933 in verstärktem Maße (ein)geführten Lehrlingsrollen.

Ob sich ein Betrieb zur Ausbildung von Lehrlingen eigne, darüber wurde selbst im Handwerk, das doch die am weitesten gehende Regelung des Lehrverhältnisses besaß, ursprünglich keinerlei Nachweis gefordert. Entsprechende Bestimmungen wurden erst mit der Verabschiedung des Berufsbildungsgesetzes von 1969 und der damit korrespondierenden Änderung der Handwerksordnung festgelegt. Nach § 22, Abs. 1 BBiG dürfen Auszubildende nur dann eingestellt werden, wenn die Ausbildungsstätte nach Art und Einrichtung für die Berufsausbildung geeignet ist und die Zahl der Auszubildenden in einem angemessenen Verhältnis zur Zahl der Ausbildungsplätze oder zur Zahl der beschäftigten Fachkräfte steht. Soweit ein Betrieb nach Art und Einrichtung der Ausbildungsstätte nicht gemäß den nach der Ausbildungsordnung zu vermittelnden Kenntnissen und Fertigkeiten ausbilden kann, dürfen Auszubildende nur unter der Voraussetzung eingestellt werden, daß die Ausbildungsmängel des Betriebes durch Ausbildungsmaßnahmen außerhalb der Ausbildungsstätte behoben werden (vgl. § 22, Abs. 2 BBiG).

Zur Problematik des Rechtscharakters des Berufsausbildungsverhältnisses. Die Problematik des Rechtscharakters des Berufsausbildungsverhältnisses läßt sich exemplarisch an der widersprüchlichen Rechtsprechung in bezug auf das Streikrecht von Auszubildenden aufzeigen (vgl. BUNDESMINISTER FÜR BILDUNG UND WISSENSCHAFT 1978, S. 29 f.).

Nach einem Urteil des Arbeitsgerichts Düsseldorf vom 21. 8. 1972 steht den Auszubildenden nicht das Recht zu, an Arbeitskämpfen teilzunehmen. In der Urteilsbegründung wird aus dem BBiG abgeleitet, daß dem Ausbildungsverhältnis wesentliche Züge eines Arbeitsverhältnisses fehlen, ohne die eine Einbeziehung Auszubildender in Arbeitskämpfe nicht möglich erscheint. Zweck des Ausbildungsverhältnisses sei die Berufsausbildung und nicht der Austausch von Arbeit gegen Entgelt. Auch hinsichtlich der Ausbildungsvergütung bestehe ein solches Verhältnis nicht; sie bilde keine Gegenleistung für eine produktive Arbeit des Auszubildenden. Demgegenüber hatte das Arbeitsgericht Solingen in einem früheren Urteil vom 16. 9. 1971 festgestellt, daß den Lehrlingen das Streikrecht zustehe, jedenfalls insoweit, als die Arbeits- und Ausbildungsbedingungen der tarifvertraglichen Regelung unterliegen.

Die Kontroverse in der Rechtsauslegung des Ausbildungsverhältnisses betrifft die seit der Weimarer Zeit diskutierte Streitfrage, ob der Lehr- beziehungsweise Ausbildungsvertrag primär nach den Bestimmungen des Arbeitsvertragsrechts zu normieren sei oder ob durch ihn allein ein Ausbildungs- und Erziehungsverhältnis begründet sei. Arbeitgeberverbände und Gewerkschaften vertreten in dieser Frage unterschiedliche Standpunkte. Neuerdings scheint sich die Auffassung durchzusetzen, daß es sich bei dem Ausbildungsvertrag um eine „Mischform" handelt (vgl. KNOPP/KRAEGELOH 1978, S. 18), womit freilich die angedeuteten Auslegungsprobleme nicht behoben sind.

BLANKE, TH.: Funktionswandel des Streiks im Spätkapitalismus, Frankfurt/M. 1972. BUNDESMINISTER FÜR BILDUNG UND WISSENSCHAFT (Hg.): Rechtsprechung zur Berufsbildung, Bonn 1978. BUNDESMINISTER FÜR BILDUNG UND WISSENSCHAFT (Hg.): Ausbildung und Beruf, Bonn 1980. HOFFMANN, E.: Zur Geschichte der Berufsausbildung in Deutschland, Bielefeld 1962. KNOPP, A./KRAEGELOH, W.: Berufsbildungsgesetz/Ausbildungsplatzförderungsgesetz, Köln/Berlin/Bonn/München 1978.

Günter Pätzold

Berufsberatung

Gesetzlicher Auftrag und Aufgaben der Berufsberatung. Die Berufsberatung ist eine gemeinnützige öffentliche Dienstleistung und wird nach dem Arbeitsförderungsgesetz (AFG) durch die Bundesanstalt für Arbeit (BA) mit ihren Landesarbeitsämtern und Arbeitsämtern wahrgenommen. In den §§ 25 bis 32 des AFG sind der Aufgabenrahmen, die Grundsätze und Qualitätsmerkmale sowie die wichtigsten Teilbereiche der Berufsberatung beschrieben.

Im Kernfeld berufsberaterischer Tätigkeit hat danach die berufliche Beratung, im Gesetz als „Erteilung von Rat und Auskunft in Fragen der Berufswahl einschließlich des Berufswechsels" (§ 25 AFG) definiert, zu stehen. Mit dieser Begriffsbestimmung wird das Problemfeld gekennzeichnet, in dem durch Angabe weiterer Merkmale über das „Wie" und die Grundsätze beraterischen Tuns berufliche Beratung als gezielte individuelle Hilfe bei der Lösung von Berufswahlproblemen verstanden wird. Danach ist bei der beruflichen Beratung von den persönlichen Voraussetzungen des Ratsuchenden auszugehen, die die Beratung je nach den individuellen Lebensumständen und Situationen im Berufswahlprozeß entsprechend den unterschiedlichen Anliegen nach Inhalt und Form unterschiedlich strukturieren.

Neben der Berufsberatung, die vor allem als persönliche Entscheidungshilfe gedacht ist, verpflichtet der Gesetzgeber die Bundesanstalt, umfassende *Berufsorientierung* zur Informationsvermittlung (vgl. § 31 AFG) über Berufe und deren Anforderungen sowie Entwicklungen auf dem Arbeitsmarkt und die Möglichkeit der Förderung beruflicher Bildung für den einzelnen und die Allgemeinheit zu leisten. Damit soll zugleich auf berufliche Beratung hingeführt und die berufliche Entscheidung vorbereitet werden. Schließlich werden mit dem Auftrag der Vermittlung in betriebliche Ausbildungsstellen und dem Nachweis schulischer Berufsbildungsangebote Realisierungsmöglichkeiten für getroffene Entscheidungen angeboten. Die Förderung der beruflichen Ausbildung durch die Gewährung von Berufsausbildungsbeihilfen soll im erforderlichen Fall die berufliche Ausbildung finanziell sicherstellen.

Dieser gesetzliche Auftrag zur Berufsberatung korrespondiert mit dem im Grundgesetz (GG) garantierten Recht auf freie Wahl des Berufs, des Arbeitsplatzes und der Ausbildungsstätte (vgl. Art. 12 GG). Deswegen ist es grundlegendes *Ziel der Berufsberatung,* durch Schaffung institutioneller Voraussetzungen und individueller Hilfen in dem oben beschriebenen Rahmen dazu beizutragen, daß junge Menschen befähigt werden, dieses Grundrecht selbständig und bewußt wahrnehmen zu können. In § 3, Abs. 2 des Sozialgesetzbuches (SHG) ist nunmehr ein Rechtsanspruch auf berufliche Beratung garantiert. Allerdings korrespondiert diesem Rechtsanspruch das Prinzip der Freiwilligkeit der Inanspruchnahme als konstitutive Voraussetzung der beruflichen Einzelberatung im Sinne eines auf Vertrauen beruhenden zwischenpersonalen Geschehens.

Mit dieser auf Befähigung und Persönlichkeitsentfaltung ausgerichteten Zielsetzung der Berufsberatung in Verbindung mit dem in Artikel 12 GG implizierten Verbot von Berufslenkung ist jede Lenkung der Ratsuchenden durch Beratung zur Erreichung ausschließlich arbeitsmarktpolitischer Zwecke rechtlich ausgeschlossen. Dieser Anspruch wird zugleich durch die institutionelle Zuordnung der Berufsberatung zur Bundesanstalt für Arbeit als einer Selbstverwaltungskörperschaft gewährleistet, womit Unabhängigkeit und Neutralität gesichert werden, ohne daß eine interessengeleitete Beeinflussung der Beratung durch Arbeitgeber oder Arbeitnehmer möglich ist. Dem steht auch nicht die Forderung des Gesetzgebers entgegen, „Lage und Entwicklung des Arbeitsmarktes und der Berufe angemessen zu berücksichtigen" (§ 26 AFG). Denn die realistische Beurteilung der konkreten Möglichkeiten der vorhandenen Arbeitsmarktverhältnisse unter Einbeziehung der absehbaren zukünftigen Entwicklungen ist die Voraussetzung für die Realisierung getroffener Entscheidungen. Ein Rat, der die tatsächlichen Verhältnisse nicht berücksichtigt und nur Wünsche bestätigt, die keine Chance auf Verwirklichung haben, liegt auch nicht im Interesse des Ratsuchenden. Wegen der oft bestehenden Unsicherheiten im Hinblick auf die tatsächlichen Möglichkeiten des Arbeitsmarktes werden in der beruflichen Beratung unter Berücksichtigung der Risiken von einseitigen Entscheidungen meist mehrere alternative Berufswegplanungen einbezogen, so daß auch von daher eine direkte Lenkungsmöglichkeit ausgeschlossen bleibt.

Methoden. Nach den neueren berufswahltheoretischen Ansätzen wird die Berufswahl nicht als ein einmaliger Wahlakt, sondern als ein sich über längere Zeit erstreckender mehrfächiger und vielschichtiger Prozeß verstanden, der aspekthaft sowohl als entwicklungs-, allokations-, entscheidungs- wie auch interaktionstheoretisches Modell erklärt und dargestellt werden kann. Die Berufsberatung versucht, ihre Methoden und Verfahren unter Berücksichtigung dieser verschiedenen theoretischen Erklärungsansätze zu strukturieren und weiterzuentwickeln.

Im Rahmen der Informationsschriften der Berufsberatung wird, entsprechend der jeweiligen inhaltlichen Zielsetzung, unterschieden nach berufsorientierenden Schriften, berufs- und studienkundlichen Materialien und berufswahlvorbereitenden Selbsterkundungsprogrammen.

Eine neue Form der Informationsvermittlung, die vor allem auf selbständige Eigeninformation abstellt, bieten Berufsinformationszentren mit dem Angebot unterschiedlicher, vor allem audiovisueller Medien.

Die von den Berufsberatern in enger Zusammenarbeit mit den Schulen durchgeführten berufsorientierenden Maßnahmen sind vor allem Gruppenbesprechungen in Schulen, Elternversammlungen, Vortragsveranstaltungen in Zusammenarbeit mit Praxisvertretern der Ausbildung, berufskundliche Ausstellungen, Filmveranstaltungen sowie Mitwirkung an Betriebserkundungen und Betriebspraktika.

Da die Schule im Rahmen der Hinführung zur Wirtschafts- und Arbeitswelt vornehmlich im Lernbereich Arbeitslehre ebenfalls Berufsvorbereitung zu leisten hat und diese Aufgabe zunehmend didaktisch gestaltet, ist die Abstimmung von Schule und Berufsberatung in diesem Bereich immer bedeutungsvoller geworden. Über institutionelle Rahmenregelungen in der Rahmenvereinbarung der Kultusminister zur Zusammenarbeit von Schule und Berufsberatung (1971) und entsprechender Ländervereinbarungen wurde in verschiedenen Modellversuchen mit der Zielsetzung eines kooperativen Berufswahlunterrichts diese Zusammenarbeit inhaltlich und methodisch erprobt und weiterentwickelt (vgl. DIBBERN u. a. 1974, KLEDZIK/JENSCHKE 1979).

Berufliche Einzelberatung. Die Berufswahl wird mit verschiedenen theoretischen Ansätzen zu erklären versucht. Welche Einflußfaktoren dabei auch immer berücksichtigt werden, so bleibt sie doch auch immer ein individueller Entscheidungsprozeß, der beraterische Hilfe zur Ausnutzung von Entscheidungsspielräumen möglich, ja sogar erforderlich macht. Berufliche Beratung kann in unterschiedlichen Phasen des Entscheidungsverlaufs vom Ratsuchenden in Anspruch genommen werden, so daß sich je nach den verschiedenen Anlässen unterschiedliche Formen der Beratung in Inhalt und Ablauf ergeben. Unter Reduzierung auf gewisse Standarderwartungen werden drei *Grundtypen* von Beratungsformen unterschieden: zum einen Hilfestellung beim Sammeln von Informationen (Informationsberatung), zum anderen bei der Anwendung von Entscheidungsregeln (Entscheidungsberatung) und schließlich bei der Verwirklichung von getroffenen Entscheidungen (Realisierungsberatung). Bei der Methodik der beruflichen Beratung werden auch Aspekte aus dem Ansatz sogenannter „klientenzentrierter (auch: nichtdirektiver) Beratung" aufgenommen, die in Ergänzung zur rein kognitiven Entscheidungsrationalität auf das Berücksichtigen von Gefühlen und Empfindungen des Ratsuchenden durch deren Verbalisieren abstellen und die unvoreingenommene Akzeptierung des Klienten fördern.

Auch Formen der Gruppenberatung unter Berücksichtigung von Elementen gruppendynamischer Ansätze werden angeboten.

Ausbildungsvermittlung. Als besondere Form der Hilfe bei der Verwirklichung von getroffenen Entscheidungen bietet (ausschließlich) die Berufsberatung die Vermittlung von Ausbildungsstellen an. Die Funktion dieses Vermittlungsmonopols (vgl. § 4 AFG) zielt auf den Schutz vor einseitiger interessenorientierter

Einflußnahme. Die Berufsberatung ist gesetzlich gehalten, geeignete Ratsuchende nur in fachlich, gesundheitlich und erzieherisch einwandfreien Ausbildungsstellen unterzubringen. Für die Beurteilung der Eignung einer Ausbildungsstelle legt sie die gutachtliche Äußerung der nach dem Berufsbildungsgesetz zuständigen Stellen (Kammern) zugrunde. Nach Möglichkeit werden den Bewerbern mehrere Vermittlungsvorschläge für unterschiedliche Ausbildungsplätze im gleichen Beruf (oder je nach Fall auch in verschiedenen Berufen) unterbreitet, gleichzeitig wird den Betrieben auch eine Vielzahl von Bewerbern vorgeschlagen. Mit diesem Verfahren soll der Grundsatz der Gleichbehandlung und der Freiheit der Wahl möglichst weitgehende Berücksichtigung finden.

Neben der Vermittlung in Ausbildungsstellen werden von der Berufsberatung berufsvorbereitende Maßnahmen für Jugendliche angeboten und finanziert, die noch einer besonderen Vorbereitungsphase zur Berufsfindung bedürfen (Förderungslehrgänge) oder direkt im Anschluß an die Schule keine Ausbildung aufnehmen können (Grundausbildungs- und Eingliederungslehrgänge). Zur sozialen Absicherung der Ausbildung gewährt die Berufsberatung auch Berufsausbildungsbeihilfen an Auszubildende.

Die Wahrnehmung der Aufgaben der Berufsberatung erfolgt durch an der Fachhochschule des Bundes ausgebildete Beratungsfachkräfte. Berufsberater von Abiturienten und Hochschülern müssen ein Hochschulstudium abgeschlossen und eine einjährige Einweisungszeit absolviert haben. Für die spezifischen Belange von behinderten Ratsuchenden stehen entsprechend qualifizierte Fachkräfte zur Verfügung.

DIBBERN, H. u. a.: Berufswahlunterricht in der vorberuflichen Bildung. Der didaktische Zusammenhang von Berufsberatung und Arbeitslehre, Bad Heilbrunn 1974. JENSCHKE, B.: Berufsberatung und Schule – Aufgaben und Möglichkeiten der Zusammenarbeit. Fernstudienlehrgang Arbeitslehre. Deutsches Institut für Fernstudien an der Universität Tübingen, Tübingen 1979. KLEDZIK, U.-J./JENSCHKE, B.: Berufswahlunterricht als Teil der Arbeitslehre. Ergebnisse eines von Schule und Berufsberatung in Berlin erprobten Projekts, Hannover 1979. MEISEL, H.: Die deutsche Berufsberatung. Aufgaben und Praxis der Bundesanstalt für Arbeit, Heft 10, Stuttgart 1978. SCHAEFER, J.: Praxis der beruflichen Beratung, Stuttgart 1977.

Bernhard Jenschke

Berufsbildungsforschung

Der Terminus „Berufsbildungsforschung" wird erst seit Mitte der 60er Jahre für einen Bereich sozialwissenschaftlicher Forschung verwandt. Zu diesem Zeitpunkt, der bildungspolitisch gekennzeichnet war durch Initiativen zur Reduktion des Facharbeitermangels und durch die Kritik an der ungerechten Verteilung von Bildungs- und Berufschancen der Abgänger verschiedener Schularten, wurde deutlich, daß ein nicht mehr zu übersehendes Defizit bei jenem Teil der Erziehungswissenschaft vorlag, der sich vornehmlich mit den Problemen der beruflichen Bildung befaßte. Berufsbildungsforschung wurde jedoch schon sehr viel früher betrieben, und dies in einer Art, die für das konstatierte Defizit selbst eine gewisse Mithaftung trägt.

Die *unmittelbare* Nähe des Gegenstandes der Berufsbildungsforschung zu der Verwertung von Arbeitskraft läßt vermuten, daß die gesellschaftsformative Verfaßtheit des Produktionsprozesses auch die Strukturen der Berufsbildungsforschung bestimmen. Tatsächlich dienten die Forschungsinstitutionen einem durchgängigen interessenspezifischen Zweck: Sie sollten die Anforderungen der Berufserziehung unter den Bedingungen der „großen Industrie" bestimmen und Maßnahmen entwickeln, um diese zu erfüllen. Dabei wurde immer wieder „Neutralität" und politische „Enthaltsamkeit" als Maßstab der Forschung proklamiert. Ideologiekritische Analysen haben aber gerade hieraus die Anfälligkeit der Berufsbildungsforschung, vorwiegend für Unternehmerinteressen legitimatorisch tätig zu sein, abgeleitet. „Bisher", so schreibt LEMPERT (1974, S. 101) über Berufsbildungsforschung, „hat die Bildungsforschung [...] sich in Westdeutschland als weniger frei erwiesen, als man nach dem Text unserer Verfassung annehmen könnte; sie orientierte sich vielmehr stark, wenn auch nicht ausschließlich an den Problemdefinitionen der wirtschaftlich Mächtigen und reagiert vielfach eher auf deren Kapitalverwertungsschwierigkeiten, als daß sie im Kontext einer aktiven Bildungspolitik betrieben worden wäre."

Wieweit diese Einschätzung haltbar ist, muß vorerst offenbleiben; denn es gibt zur Zeit keine ausgearbeitete Geschichte der Berufsbildungsforschung. Die folgenden, sehr reduzierten Betrachtungen jener *Institutionen,* die Berufsbildungsforschung maßgeblich betrieben haben und gegenwärtig betreiben, können ein solches Desiderat nicht erfüllen.

Deutscher Ausschuß für Technisches Schulwesen (DATSCH). Der DATSCH wurde 1908 auf Initiative der deutschen Maschinenbauindustrie (Verband Deutscher Maschinenbauanstalten) und des Verbandes Deutscher Ingenieure (VDI) gegründet; als genereller Zweck wurde die Herstellung einer Verbindung zwischen Schule und Praxis, die bis dahin weitgehend fehlte, angegeben. Konkret widmete der DATSCH sich dem Ausbau des technischen Fachschulwesens und der technischen Hochschulen und,

nach einer mehrjährigen Anlaufphase, auch den spezifischen Ausbildungsproblemen in den Betrieben. Als Reaktion auf die gewandelten Qualifikationsanforderungen durch technologische Veränderung wurden die Lehrplaninhalte in den technischen Schulen mit den Anforderungen aus der Produktion und deren sozialer und rechtlicher Verfassung abgestimmt.

Für die Bildungsarbeit in den Betrieben wurden Leitsätze einer planmäßigen Berufsausbildung entwickelt, die dann zu Lehrgängen und Berufsbildern ausgearbeitet wurden (Lehrgänge für Maschinenbauer, Schlosser, Schmiede, Modelltischler). In diesem Zusammenhang wurden im DATSCH Richtlinien für Ausbilder erstellt und Lehrmittel (Schautafeln, Modelle, Merkblätter, Lehrbücher) für die betrieblichen Bildungskräfte entwickelt.

Ab 1933 wurde die betont technisch-rationale Arbeit des DATSCH den Prinzipien und Richtlinien des nationalsozialistischen Staates untergeordnet. „Insofern war der Deutsche Ausschuß für Technisches Schulwesen ein typisches Beispiel für die Zusammenarbeit von Wirtschaft und Staat, bei der die Wirtschaft nach außen hin die nationalsozialistische Ideologie übernahm, auch wenn sie sich nicht damit identifizierte, im Grunde aber nur auf den ökonomischen Vorteil und Nutzen solcher Parolen bedacht war" (WOLSING 1977, S. 277). Ab 1935 beriet der DATSCH das Reichswirtschaftsministerium in berufspädagogischen Fragen. 1939 wurde mit der Ankoppelung an die Deutsche Arbeitsfront (DAF) der DATSCH in „Reichsinstitut für Berufsausbildung in Handel und Gewerbe" umbenannt. War die Tätigkeit bis dahin auf industrielle Berufe beschränkt, so erfolgte mit der institutionellen Veränderung eine Ausweitung des Kompetenzbereiches auf alle Gruppen der gewerblichen Wirtschaft. Das Publikationsorgan des DATSCH war die Zeitschrift „Technische Erziehung", später „Berufsausbildung in Handel und Gewerbe".

Deutsches Institut für Technische Arbeitsschulung (DINTA). Das DINTA wurde 1925 durch die Initiative (und mit maßgeblicher Unterstützung) der Kohle- und Stahlindustrie gegründet und von den Gewerkschaften heftig bekämpft. Es war das erklärte Ziel des DINTA, die in den Betrieben Arbeitenden mit pädagogischen Mitteln für den jeweiligen Stand der Produktivkräfte optimal zu qualifizieren und mit der betrieblichen Sozialverfassung zu identifizieren (Werkgemeinschaftsideologie). Die Wiederherstellung des gefährdeten Arbeitsfriedens unter Wahrung der Unternehmerinteressen stellte Gründungsmotiv und Leitgedanke des DINTA dar. Eine interdisziplinäre Arbeitsforschung (besonders Ingenieurwissenschaften, Psychologie, Pädagogik) diente der Entwicklung von Formen der Eignungsuntersuchung für Arbeitsverrichtungen, von Regeln und Grundsätzen des Anlernens und der Vorgesetztenschulung. Sogenannte DINTA-Ingenieure auszubilden, die psychotechnische, arbeitsphysiologische und arbeitspädagogische Kenntnisse und Verfahren beherrschten, war ein Qualifikationsziel der institutionellen Aktivitäten.

Widmete sich der DATSCH vornehmlich der Qualifikation des Arbeiters *als Teil* des veränderten Arbeitsprozesses (diese Erfahrungen wurden von dem DINTA weitgehend übernommen), so das DINTA der Qualifikation zu einem spezifischen *Verhältnis* zur gegebenen Verfassung des Arbeitsprozesses. Dazu sollte besonders eine als „humanistische Menschenbildung" ausgegebene Integrationspädagogik dienen. In der Parole „Kampf um die Seele unseres Arbeiters" drückte sich der totale Anspruch auf die gesamte Person des Lohnarbeiters aus. Diese Ideologie war unfähig, dem Nationalsozialismus auch nur den geringsten Widerstand entgegenzuset-

zen, so daß das DINTA direkt 1933 in die DAF eingegliedert werden konnte. 1935 ging das DINTA gänzlich im „Amt für Berufserziehung und Betriebsführung der Deutschen Arbeitsfront" auf. Die Kontinuität in der Leitungsspitze kann als ein äußeres Zeichen für die problemlose Integration der inhaltlichen DINTA-Arbeit in die herrschende nationalsozialistische Ideologie gelten. Als Publikationsorgan diente (ab 1929) die Vierteljahresschrift „Arbeitsschulung".

Reichsinstitut für Berufsausbildung in Handel und Gewerbe. Das Reichsinstitut für Berufsausbildung in Handel und Gewerbe ging 1939 aus dem DATSCH hervor. 1941 wurde ein Teil der Befugnisse an die DAF abgetreten, nachdem seitens der DAF schon lange vorher Bemühungen angestellt wurden, Einfluß auf den DATSCH (beziehungsweise auf das Reichsinstitut) zu nehmen. Die Kompetenzen des Reichsinstituts wurden auf alle Bereiche der gewerblichen Wirtschaft, auch auf das Handwerk, ausgeweitet. Die Umbenennung des DATSCH in „Reichsinstitut" drückte weniger eine Änderung inhaltlicher Arbeit aus als das Ergebnis eines Machtkampfes zwischen der DAF auf der einen Seite und der Industrie und des Handwerks auf der anderen. Die DAF forcierte in den Kriegsjahren Aktivitäten im Hinblick auf nationalsozialistische Erziehungsziele wie körperliche Ertüchtigung und „Charakterbildung". Aus der Arbeit des Institutes ging der Grundlehrgang für Berufe der Eisen- und Metallindustrie „Eisen erzieht" hervor, der im Auftrag des Reichswirtschaftsministeriums erarbeitet worden war (vgl. ARNOLD 1940, RIEDEL 1940; vgl. SCHLIEPER 1963, S. 179).

Arbeitsstelle für Betriebliche Berufsausbildung (ABB). Die ABB wurde 1947 als eine Treuhandstelle der Wirtschaft gegründet. Die Trägerschaft übernahmen die Spitzenverbände der deutschen Wirtschaft, zu 50 % der Deutsche Industrie- und Handelstag, zu 25 % der Bundesverband der Deutschen Industrie und zu 25 % die Bundesvereinigung der Deutschen Arbeitgeberverbände. Erklärtes Ziel der Arbeitsstelle war, die Kontinuität der bis zum Ende des nationalsozialistischen Systems betriebenen Berufsbildungsforschung fortzusetzen: „Mit der Aufnahme der Arbeiten zur Berufsordnung im industriellen Bereich ergab sich für die ABB zunächst als wesentliche Aufgabe die Erhaltung eines Ordnungsbestandes, der durch die umfangreichen Arbeiten des DATSCH und des Reichsinstituts seit Beginn der dreißiger Jahre bis in die letzten Kriegsjahre hinein begründet worden war. Ausgangspunkt der Bemühungen der ABB war damit also die Sicherung der beruflichen Ordnung in der bis dahin bewährten Form" (ARBEITSSTELLE FÜR BETRIEBLICHE BERUFSAUSBILDUNG o. J., S. 24). Hauptaufgabe der ABB war die Ordnung der Ausbildungsberufe in Industrie, Handel und Verkehr. Dafür wurden die sogenannten „Berufsordnungsmittel" (Berufsbild, Berufsbildungsplan, Prüfungsanforderungen, Berufseignungsanforderungen) für industrielle und kaufmännische Ausbildungsberufe erstellt oder revidiert. Diese wurden nach interner Überprüfung durch Fachausschüsse und Unternehmerverbände dem Bundeswirtschaftsminister zur Genehmigung vorgelegt. Auch die bereits von den Vorläufern der ABB in Angriff genommene Aufgabe, für die betriebliche Ausbildung Unterweisungsunterlagen, wie Schautafeln oder Demonstrationsgegenstände, zu entwickeln, wurde fortgesetzt.

Die Berufsbildungsforschung in der Arbeitsstelle orientierte sich maßgeblich an den ökonomischen und technologischen Gegebenheiten der betrieblichen Praxis einschließlich ihrer sozialen und rechtlichen Verfaßtheit. Vernachlässigt und in einigen Äußerungen explizit abgelehnt

wurde die systematische sozialwissenschaftliche Analyse der Voraussetzungen des Systems der betrieblichen Bildungsarbeit (vgl. KRAUSE 1969, S. 34 ff.).

Bundesinstitut für Berufsbildungsforschung (BBF). Das BBF wurde durch das Berufsbildungsgesetz (BBiG) vom 14. August 1969 als bundesunmittelbare Körperschaft des öffentlichen Rechts gegründet. Die Aufgaben des Instituts sind in § 60 BBiG genannt: die Grundlagen der Berufsbildung zu klären, Inhalte und Ziel der Berufsbildung zu ermitteln und die Anpassung der Berufsbildung an die technische, wirtschaftliche und gesellschaftliche Entwicklung vorzubereiten. Bei der Formulierung des Forschungsprogramms hat sich das BBF an den Zielen der Bildungspolitik, an den Forderungen der Bildungspraxis und am Stand der Wissenschaft auszurichten.

Im Unterschied zum Monopol der Interessen der Arbeitgeber in den bis 1969 maßgeblichen Institutionen der Berufsbildungsforschung wird das Forschungsprogramm des BBF von einem paritätisch besetzten Gremium bestimmt. Gewerkschaftsvertreter sind in dem zuständigen Ausschuß in gleicher Anzahl vertreten wie die Vertreter der Unternehmerverbände (hinzu kommen noch Vertreter des Bundes). Da für die Genehmigung des Forschungsprogramms eine Dreiviertelmehrheit erforderlich ist, können allerdings nur solche Probleme untersucht werden, die im gemeinsamen Interesse von Unternehmern und Gewerkschaften liegen. Die Forschungshauptabteilungen im BBF beschäftigen sich mit Strukturforschung (Grundlagen für die Planung, die Organisation und die Finanzierung beruflicher Bildung), Curriculumforschung (berufliche Bildungspläne), Ausbildungsordnungsforschung, Erwachsenenbildungsforschung und der Medienforschung (speziell des Fernunterrichtswesens).

Bundesinstitut für Berufsbildung (BIBB). Durch das Ausbildungsplatzförderungsgesetz vom 7. 9. 1976 wurde das BBF in das neu gegründete Bundesinstitut für Berufsbildung (BIBB) integriert. Grundsätzliche Veränderungen in den das Forschungsprogramm bestimmenden politischen Gremien ergaben sich dabei nicht.

Neue Aufgaben, speziell solche der Zuarbeit für politische Instanzen, binden die Forschungsaktivitäten des BIBB sehr eng an politische Interessen und deren Konstellationen.

Publikationsorgan des BBF (BIBB) ist die Zeitschrift „Berufsbildung in Wissenschaft und Praxis".

ARBEITSSTELLE FÜR BETRIEBLICHE BERUFSAUSBILDUNG: 15 Jahre Arbeitsstelle für Betriebliche Berufsausbildung, Bielefeld o. J. ARNOLD, K.: Die Stimme der Front zu dem Gedanken „Eisen erzieht". In: Arbsch. 11 (1940), S. 50 f. KRAUSE, E.: Neustrukturierung der beruflichen Bildung, Berlin/Köln/Frankfurt 1969. LEMPERT, W.: Berufliche Bildung als Beitrag zur gesellschaftlichen Demokratisierung. Vorstudie für eine politisch reflektierte Berufspädagogik, Frankfurt/M. 1974. RIEDEL, J.: Der Stufenbau der Berufserziehung in der Praxis. Lehrmittelzentrale der Deutschen Arbeitsfront Verlagsgesellschaft mbH, Berlin-Zehlendorf 1940. SCHLIEPER, F.: Allgemeine Berufspädagogik, Freiburg 1963. WOLSING, T.: Untersuchungen zur Berufsausbildung im Dritten Reich, Kastellaun 1977.

Karlheinz A. Geißler

Berufsbildungsgesetz

Voraussetzungen und Geltungsbereich. Kennzeichnend für die Rechtsverhältnisse auf dem Gebiet der Berufsbildung in der Bundesrepublik Deutschland ist die durch unterschiedliche Gesetzgebungszuständigkeiten hervorgerufene *Zersplitterung des Berufsbildungsrechts* in Teile, die das betriebliche Berufsbildungswesen betreffen, und solche, die die Berufsbildung an öffentlichen und gleichgestellten privaten Schulen regeln. Hierfür sind verfassungsrechtliche Gründe maßgebend. Nach Art. 30 und 70, Abs. I des Grundgesetzes (GG) obliegt die Wahrnehmung der staatlichen Aufgaben im Bereich der Gesetzgebung den einzelnen Bundesländern, soweit dem Bund nicht bestimmte Befugnisse im Sinne der ausschließlichen oder konkurrierenden Gesetzgebung verliehen sind. Entsprechend diesem *Prinzip der „Spezialzuweisungen"* (FRIAUF 1975, S. 12) verfügt der Bund nach Rechtsprechung und herrschender Meinung aufgrund der Kompetenztitel für das *Arbeitsrecht* (vgl. Art. 74, Ziff. 12 GG) und für das *Recht der Wirtschaft* (vgl.

Art. 74, Ziff. 11 GG) über die Gesetzgebungszuständigkeit für das Recht der außerschulischen Berufsbildung, während für die gesetzlichen Regelungen der beruflichen Schulen und der Schulverwaltung ausschließlich die Länder zuständig sind. Obwohl die *betriebliche Berufsbildung* anders als die Berufsbildung an Schulen nicht nach föderativen Grundsätzen, sondern bundeseinheitlich zu regeln ist, gibt es keine alle Bereiche umfassende Rechtseinheitlichkeit. Darin wirken historische Entwicklungen nach. Lehrlingsrecht entstand aus dem Gewerberecht, womit eine Vielfalt an rechtlichen Kodifizierungen korrespondierte: so im Allgemeinen Landrecht für die Preußischen Staaten (1794), in der Gewerbeordnung des Norddeutschen Bundes (1869) beziehungsweise in der Reichsgewerbeordnung (1871) und deren Novellen sowie in Sondergesetzen für einzelne Wirtschaftszweige, etwa im Handelsgesetzbuch (1897). Der erste parlamentsreife Entwurf eines *Berufsbildungsgesetzes,* der die rechtliche Einheitlichkeit der Berufsausbildung in Handwerk, Industrie und Handel vorsah, wurde dem Reichstag im Jahre 1929 zugeleitet, wo er jedoch am Widerstand der Sozialparteien scheiterte (vgl. KÜMMEL 1978). Während der darauffolgenden Jahrzehnte wurden weitere Gesetzentwürfe zur Diskussion gestellt, aber erst 1969 gelang es, gestützt auf die große Parteienkoalition von CDU/CSU und SPD, ein „Berufsbildungsgesetz" für das gesamte Hoheitsgebiet der Bundesrepublik und für West-Berlin zu verabschieden. (In West-Berlin gab es bereits seit 1951 das „Gesetz zur Regelung der Berufsbildung sowie der Arbeitsverhältnisse Jugendlicher".) Nach dem Bericht des federführenden „Ausschusses für Arbeit" war es das Ziel des Berufsbildungsgesetzes (BBiG), „eine umfassende und bundeseinheitliche Grundlage für die Berufsbildung (Berufsausbildung, berufliche Fortbildung und berufliche Umschulung) zu schaffen" (Bundestagsdrucksache V/887). Bei näherer Betrachtung erweist es sich jedoch als nicht eingelöst. Zwar sind die Bestimmungen des Berufsbildungsgesetzes als Bundesrecht bundeseinheitlich verbindlich, aber sie regeln nicht umfassend alle Bereiche der Berufsbildung. Vom *Geltungsbereich des Gesetzes* sind ausgenommen:

– die Berufsbildung in Schulen, die dem Länderrecht unterliegen (vgl. § 2, Abs. 1 BBiG),
– die Berufsbildung in einem öffentlich-rechtlichen Dienstverhältnis (vgl. § 2, Abs. 2 BBiG) beziehungsweise mit dem ausschließlichen Ziel einer späteren Verwendung als Beamter (vgl. § 83 BBiG),
– die Berufsbildung in der Seeschifffahrt, mit Ausnahme einzelner Bereiche (vgl. § 2, Abs. 2 BBiG),
– die Berufsbildung in landesgesetzlich geregelten Heil- und Heilhilfsberufen (vgl. § 107, Abs. 1 BBiG),
– partiell die Berufsbildung im Handwerk (vgl. § 73 BBiG).

Hinsichtlich des letztgenannten Bereichs war die Überlegung von besonderer Bedeutung, daß die *handwerkliche Berufsausbildung* in einem engen Zusammenhang mit dem in der Handwerksordnung (HwO) geregelten Befähigungsnachweis und dem damit verbundenen Meisterrecht stünde und eine Herausnahme der Berufsausbildungsregelungen die HwO in einem wesentlichen Punkt unvollständig gemacht hätte. Der Gesetzgeber entschied unter diesen Voraussetzungen, alle Vorschriften zur vertraglichen Seite der Berufsausbildung ersatzlos aus der HwO herauszunehmen und das BBiG unmittelbar auf die Ausbildung im Handwerk anzuwenden, demgegenüber jedoch die ordnungsrechtlichen Vorschriften (beispielsweise in bezug auf die Eignung der Ausbildenden und Ausbilder sowie der Ausbildungsstätten) in der HwO zu belassen, sie jedoch den Bestimmungen des BBiG weitgehend anzupassen (vgl. KNOPP/KRAEGELOH 1978, S. 2).

Nicht nur wegen des eingeschränkten Geltungsbereichs, sondern auch im Hinblick auf den begrenzten Umfang der vom Gesetz erfaßten vertrags- und ordnungsrechtlichen Regelungstatbestände wäre es verfehlt, das BBiG von 1969 als Grundlage einer einheitlichen und umfassenden Regelung der betrieblichen Berufsbildung in der Bundesrepublik zu qualifizieren. Als besonders ergänzungsbedürftig erwies sich das BBiG angesichts der durch Konjunktureinflüsse, wirtschaftlichen Strukturwandel und demographische Sonderentwicklungen bedingten Verschlechterung des *Ausbildungsplatzangebots* seit Anfang der 70er Jahre. Ausgelöst durch derartige exogene Bedingungskonstellationen, aber auch veranlaßt durch Komplikationen bei der Auslegung und Durchsetzung des BBiG, legte die Bundesregierung dem Deutschen Bundestag bereits im Juni 1975 den Entwurf eines neuen Berufsbildungsgesetzes vor, der allerdings am Einspruch des Bundesrates scheiterte. Wesentliche Teile der nichtzustimmungsbedürftigen Rechtsmaterie wurden daraufhin in der Form eines eigenen Gesetzentwurfs in den Bundestag eingebracht und von diesem am 7. September 1976 als *„Gesetz zur Förderung des Angebots an Ausbildungsplätzen in der Berufsausbildung" (Ausbildungsplatzförderungsgesetz* [APlFG]) verkündet. Das Ausbildungsplatzförderungsgesetz ergänzte das BBiG durch Regelungen zur Finanzierung der Berufsausbildung (Gewährung finanzieller Hilfen zur Sicherung eines qualitativ und quantitativ ausreichenden Angebots an Ausbildungsplätzen nach dem Umlageverfahren), Planung und Statistik (Vorschriften über den jährlich zu erstellenden Berufsbildungsbericht, Durchführung einer Bundesstatistik für Berufsbildung) und Einrichtung eines Bundesinstituts für Berufsbildung. Durch Urteil des Bundesverfassungsgerichts vom 10. 12. 1980 ist das Ausbildungsplatzförderungsgesetz für nichtig erklärt worden, weil hinsichtlich der im Gesetz vorgesehenen Regelungen von Verwaltungsverfahren bei der Erhebung der Ausbildungsabgabe die Zustimmung des Bundesrates erforderlich gewesen wäre. Wesentliche Bestimmungen des Ausbildungsplatzförderungsgesetzes betreffend die Berufsbildungsplanung, die Berufsbildungsstatistik und das Bundesinstitut für Berufsbildung sind in das Berufsbildungsförderungsgesetz von 1981 übernommen worden.

Grundsätzliche Regelungen und Konstruktionsprobleme des Berufsbildungsgesetzes. Der materielle Geltungsbereich des BBiG umfaßt nach der im *ersten Teil* des Gesetzes enthaltenen Legaldefinition des Begriffes „Berufsbildung" sowohl die berufliche Erstausbildung („Berufsausbildung") als auch die berufliche „Fortbildung" und „Umschulung". Dem weitgefaßten Berufsbildungsbegriff liegt die Auffassung des Gesetzgebers zugrunde, daß die technischen, wirtschaftlichen und gesellschaftlichen Entwicklungen eine zukunftsgerichtete und mobilitätsorientierte Be-

rufsbildungsordnung erforderten, die auf das Konzept eines das ganze Arbeitsleben begleitenden Lernprozesses („lifelong learning") angelegt sei. Dieser Grundsatz kommt für die berufliche Erstausbildung in dem Leitziel zum Ausdruck, daß die *Berufsausbildung* „eine breit angelegte Grundbildung und die für die Ausübung einer qualifizierten beruflichen Tätigkeit notwendigen fachlichen Fertigkeiten und Kenntnisse in einem geordneten Ausbildungsgang zu vermitteln" habe (§ 1, Abs. 2 BBiG). Anders als frühere Regelungen der Gewerbeordnung, die die Unterweisungspflicht des Lehrherrn auf die in seinem Betrieb vorkommenden Arbeiten begrenzten, geht das BBiG von einer präskriptiven „Berufsbild-Lehre" (vgl. HESSE 1969, S. 893) aus: Danach ist nicht die jeweils vorgefundene spezielle Berufsrealität eines Unternehmens oder Betriebes Maßstab der Ausbildung, sondern der in öffentlich-rechtlich geordneten Berufsbildern fixierte Mindeststandard an Kenntnissen und Fertigkeiten, die Gegenstand einer breit angelegten und auf qualifizierte berufliche Tätigkeiten abzielenden Berufsausbildung zu sein haben. Diese vom Gesetzgeber ausdrücklich gewollte *Gestaltungsfunktion* des BBiG und der auf seiner Grundlage vom zuständigen Bundesminister zu erlassenden Ausbildungsordnungen findet verfassungsrechtlich ihre Grenzen in Art. 12, Abs. 1 GG, wonach alle Deutschen das Recht haben, Beruf, Arbeitsplatz und Ausbildungsstätte frei zu wählen. Als sogenanntes Individualrecht schützt Art. 12 GG gegen ungerechtfertigte Eingriffe des Staates in die persönliche Freiheit, sich nach eigener Wahl ausbilden zu lassen (Berufausbildung als Teil der *Berufswahl des Auszubildenden*) oder andere auszubilden (Berufsausbildung als Teil der *Berufsausübung des Ausbildenden*). Das BBiG entspricht diesem Grundrecht in seinem *zweiten Teil* mit dem *Prinzip der Vertragsfreiheit*. Berufsausbildungsverhältnisse sind nach den Bestimmungen des BBiG (vgl. § 3) durch privatrechtlichen Vertrag nach freiem Willen der Vertragsparteien (Ausbildender, Auszubildender) zu begründen. Demnach haben private Träger von Ausbildungsstätten das Recht, aber nicht die Pflicht, auszubilden, wie umgekehrt Jugendliche das Recht, aber nicht die Pflicht *zur* Ausbildung bei Ausbildungstätten ihrer Wahl besitzen, was indessen nicht das Recht *auf* Ausbildung einschließt.

Das *Prinzip der Vertragsfreiheit* wird im BBiG durch den Grundsatz der *öffentlich-rechtlichen Verantwortung* für die ordnungsgemäße Ausbildung der Jugendlichen ergänzt, wozu der Gesetzgeber insoweit berechtigt ist, als vernünftige Erwägungen des Gemeinwohls und die Sozialstaatsverpflichtung gemäß Art. 20, Abs. 1 GG es zweckmäßig und erforderlich erscheinen lassen, materielle Standards der privaten Berufsausbildung im Interesse der Auszubildenden zu sichern und in dieser Absicht die Berufsausübung der Auszubildenden zu regeln (vgl. RICHTER 1970, S. 73 f.). Hierzu enthält das BBiG in seinem *dritten Teil* als vertraglich unabdingbare Bestimmungen des *öffentlich-rechtlichen Berufsordnungsrechts* unter anderem folgende Vorschriften:

– Für einen anerkannten Ausbildungsberuf darf nur nach der als Rechtsverordnung des zuständigen Bundesministers erlassenen Ausbildungsordnung ausgebildet werden (vgl. § 28, Abs. 1 BBiG).
– In anderen als anerkannten Ausbildungsberufen dürfen Jugendliche unter 18 Jahren nicht ausgebildet werden, soweit die Berufsausbildung nicht auf den Besuch weiterführender Bildungsgänge vorbereitet (vgl. § 28, Abs. 2 BBiG).
– Auszubildende darf nur einstellen, wer persönlich geeignet ist, und nur ausbilden, wer persönlich und fachlich geeignet ist; Eignungsvoraussetzungen werden durch Gesetz und Rechtsverordnungen festgelegt (vgl. § 20 BBiG).
– Ausbildungsstätten müssen nach Art und Einrichtung für die Berufsausbildung geeignet sein, und die Zahl der Auszubildenden hat in einem angemessenen Verhältnis zur Zahl der Ausbildungsplätze oder zur Zahl der beschäftigten Fachkräfte zu stehen (vgl. § 22 BBiG).

Die Einhaltung der öffentlich-rechtlichen Vorschriften zu überwachen, obliegt den im BBiG und in den Ausführungsverordnungen bestimmten „zuständigen Stellen". Das sind für den Bereich des Handwerks die Handwerkskammern (vgl. § 74 BBiG), für die sonstigen Gewerbebetriebe die Industrie- und Handelskammern (vgl. § 75 BBiG), für die Landwirtschaft die Landwirtschaftskammern (vgl. § 79 BBiG); für den öffentlichen Dienst, den kirchlichen Bereich, die wirtschafts- und steuerberatenden Berufe, die ärztlichen Berufe und die Hauswirtschaft gelten Sondervorschriften. Neben das *Prinzip der Vertragsfreiheit* bei der Begründung von Ausbildungsverhältnissen und den *Grundsatz der öffentlich-rechtlichen Verantwortung* für die Ordnung der Berufsausbildung tritt im Zusammenhang mit den Vorschriften über die „zuständigen Stellen" als drittes konstitutives Merkmal der betrieblichen Berufsausbildung im dualen System das *Prinzip der „mittelbaren Staatsverwaltung"* durch Selbstverwaltungseinrichtungen der Wirtschaft. Gemeint ist, daß Kammern als Körperschaften des öffentlichen Rechts durch das BBiG und im Rahmen dieses Gesetzes beauftragt und befugt sind, die Berufsausbildung im Wege der Selbstverwaltung zu *regeln* (vgl. § 44 BBiG) sowie zu *überwachen* und durch *Beratung zu fördern* (vgl. § 45 BBiG). Als Beschlußorgan der „zuständigen Stellen" ist ein Berufsbildungsausschuß zu errichten, dem sechs Beauftragte der Arbeitgeber, sechs Beauftragte der Arbeitnehmer und – mit beratender Stimme –

sechs Lehrer an berufsbildenden Schulen angehören (vgl. § 56 BBiG).

Das Prinzip der Selbstverwaltung der Wirtschaft kann nicht, wie etwa das im Grundrecht der Berufsfreiheit (Art. 12, Abs. 1 GG) implizierte Prinzip der Vertragsfreiheit, unmittelbar aus dem Grundgesetz abgeleitet werden. Zwar ist unbestritten, daß die Regelung und Überwachung der Berufsausbildungsverhältnisse durch die Selbstverwaltungseinrichtungen der Wirtschaft nicht gegen die *Verfassungskonformität* verstößt, fraglich dagegen ist, ob eine *verfassungsrechtliche Garantie* des Selbstverwaltungsrechts angenommen werden darf (kontrovers hierzu: vgl. IPSEN 1967, RICHTER 1969, 1970). Dessenungeachtet gibt es keine Anhaltspunkte, die darauf hindeuten, daß die Regelung und Kontrolle der Berufsausbildung durch die zuständigen Kammern in absehbarer Zeit aufgehoben würden. Damit bliebe die Wirksamkeit *öffentlich-rechtlicher Ordnungsmaßnahmen* weiterhin prekär: Denn einerseits nehmen Kammern Aufgaben der Staatsverwaltung wahr, andererseits erwachsen ihnen aus der tradierten Funktion kollektiver Selbsthilfe Verpflichtungen gegenüber den in Form der Zwangsmitgliedschaft angeschlossenen Unternehmen, die ihre Interessen gegen staatliche Eingriffe in die privatwirtschaftliche Entscheidungsfreiheit vertreten sehen wollen. Unter diesen Voraussetzungen können staatliche Reformmaßnahmen im Bereich der Berufsbildung leicht ins Leere stoßen, weil bei der ambivalenten Regelungs- und Aufsichtspraxis der Kammern eine effektive Umsetzung gesetzlicher Normen nicht in allen Fällen gewährleistet ist. Hierbei geht es weniger um manifeste Gesetzesverletzungen als mehr um Strategien des Unterlaufens von Reformen im Zwischenbereich auslegungsbedürftiger Normen, die nach den Durchsetzungsmodalitäten der Kammerselbstverwaltung tendenziell an den Interessen der ausbildenden Unternehmen ausgerichtet werden (vgl. OFFE 1975, S. 133). Überdies verbleibt den einzelnen Unternehmen nach dem Prinzip der Vertragsfreiheit noch die Möglichkeit, sich den gesetzlichen Gestaltungsnormen für die Berufsausbildung durch Nichtbesetzung von Ausbildungsplätzen zu entziehen und die Rekrutierung von Arbeitskräften anderweitig zu lösen. Die hieraus resultierenden *Steuerungsdefizite öffentlich-rechtlicher Ordnungsmaßnahmen* lassen das BBiG in berufspädagogischer Sicht nicht nur partiell zweifelhaft erscheinen, sondern stellen es in seiner Gesamtkonstruktion in Frage (vgl. NÖLKER/SCHOENFELDT 1979, S. 69).

ALEX, L. u. a.: Das Berufsbildungsgesetz in der Praxis, Bonn 1973. FRIAUF, K. H.: Verfassungsrechtliche Probleme der Neuordnung des Bildungswesens im Sekundarbereich. Gutachten und Studien der Bildungskommission des Deutschen Bildungsrates, Bd. 39, Stuttgart 1975. HESSE, H. A.: Die berufsrechtliche Rechtsprechung des Bundesverfassungsgerichts im Lichte der Berufs-Soziologie. In: D. Dt. Ber.- u. Fachs. 65 (1969), S. 881 ff. IPSEN, H. P.: Berufsausbildungsrecht für Handel, Gewerbe und Industrie, Tübingen 1967. KNOPP, A./KRAEGELOH, W.: Berufsbildungsgesetz/Ausbildungsplatzförderungsgesetz. Text und Kommentar, Köln/Berlin/Bonn/München 1978. KÜMMEL, K.: Zur Genese des Berufsbildungsgesetzes. In: D. Dt. Ber.- u. Fachs. 74 (1978), S. 32 ff. NÖLKER, H./SCHOENFELDT, E.: Berufsbildung im Herrschaftsbereich der Wirtschaft. In: NOLTE, H./RÖHRS, H. J. (Hg.): Das Berufsbildungsgesetz, Bad Heilbrunn 1979, S. 62 ff. OFFE, C.: Berufsbildungsreform. Eine Fallstudie über Reformpolitik, Frankfurt/M. 1975. RICHTER, I.: Die Rechtsprechung zur Berufsausbildung, Stuttgart 1969. RICHTER, I.: Öffentliche Verantwortung für berufliche Bildung. Gutachten und Studien der Bildungskommission des Deutschen Bildungsrates, Bd. 14, Stuttgart 1970.

Günter Kutscha

Berufsbildungspolitik

Gegenstand und gesellschaftliche Voraussetzungen der Berufsbildungspolitik.
Unter Berufsbildungspolitik soll die direkte und indirekte staatlich organisierte Gestaltungsmöglichkeit zur Weiterentwicklung des beruflichen Bildungsprozesses verstanden werden. Historisch betrachtet, bestand Berufsbildungspolitik vorrangig (zumindest bis Anfang der 60er Jahre) in der Form der Berufsschulpolitik. Das duale Ausbildungssystem konstituierte ein Rechtsverhältnis zwischen Lehrlingen und Lehrherren, das einen vorrangig privaten Rechtscharakter hatte und somit eine weitreichende berufsbildungspolitische Kompetenz nicht zuließ. Die seit Beginn des 20. Jahrhunderts aus den Fortbildungsschulen hervorgegangenen Berufsschulen hingegen unterlagen der staatlichen Aufsicht, und zwar auch dann, wenn sie in privater Trägerschaft geführt wurden.
Die Berufsbildungspolitik in der Bundesrepublik Deutschland ist eng mit der wirtschaftlichen Entwicklung seit Ende des Zweiten Weltkrieges verflochten. Nach Abschluß des nachkriegsbedingten Wiederaufbaues wurden Befürchtungen (vgl. BOURDIEU/PASSERON 1971) über eine aufkommende technologische Lücke, Facharbeitermangel, einen bildungsmäßig bedingten Mangel an Know-how und einen nicht eingelösten Bedarf an Innovationsqualifikationen laut. Das Berufsbildungssystem sollte den veränderten Wachstumserfordernissen angepaßt werden. Zunehmend mehr wurde das berufliche Ausbildungswesen als von besonderer infrastruktureller Bedeutung für die Wachstumsmöglichkeiten der Volkswirtschaft angesehen. Dieser Einstellungswandel veränderte auch die Bedingungen von beruflicher Bildung, die bis 1960 kein vollwertiger Bestandteil des öffentlichen Bildungswesens war und daher nur begrenzt zum Gegenstand von Bildungspolitik werden konnte.

Für den Bereich der betrieblichen Berufsausbildung gilt auch heute noch keineswegs als unbestritten, daß aufgrund der wirtschaftlichen Entwicklung gesamtstaatliche Bildungspolitik notwendig ist. So wird insbesondere von Vertretern der Arbeitgeberorganisationen noch immer der Standpunkt vertreten (vgl. DEUTSCHER INDUSTRIE- UND HANDELSTAG 1974), notwendige Anpassungsprozesse in der Berufsausbildung würden von den Unternehmen selbst veranlaßt. Entsprechend dieser Vorstellung von selbstregulierenden Mechanismen werden staatliche Ordnungs- und Reformmaßnahmen vielfach als unzulässige Eingriffe abgelehnt und zu verhindern versucht. Die Tatsache, daß Berufsbildungspolitik sich unmittelbarer als in anderen bildungspolitischen Bereichen auf wirtschaftliche und soziale Interessen auswirkt, hat zur Folge, daß staatliches Handeln die besondere Aufmerksamkeit der Tarifparteien auf sich lenkt und sehr leicht auf entschiedenen Widerstand stößt. Dies zeigte sich vor allem (vgl. OFFE 1975) bei der Entstehung, Verabschiedung und Anwendung des Berufsbildungsgesetzes (BBiG) sowie des Ausbildungsplatzförderungsgesetzes (APlFG).

Ziele der Berufsbildungspolitik. Die Berufsbildungspolitik der Bundesregierung zielt seit Verabschiedung des BBiG im Jahre 1969 darauf ab, berufliche Bildung der öffentlichen Verantwortung zu unterstellen und sie als bedeutsamen Teil des gesamten Bildungssystems aufzuwerten. Damit sollen zugleich gesellschaftliche Demokratisierungsprozesse gefördert und soziale Chancen gerechter verteilt werden.
Als maßgebliche Orientierungspunkte der Berufsbildungspolitik lassen sich folgende Zielkomplexe identifizieren:
– das Angebot an Ausbildungsplätzen zu sichern, insbesondere mit Hilfe einer gesetzlichen Regelung zur Finanzierung der Berufsausbildung,

- die berufliche Bildung zu einem gleichwertigen Bestandteil im Bildungswesen zu entwickeln,
- eine organisatorische Ordnung der beruflichen Bildung zu schaffen, so daß die öffentliche Verantwortung und Mitbestimmung der an beruflicher Bildung Beteiligten miteinander in einem Bundesinstitut verbunden werden können,
- einen Beitrag zu leisten, daß vorausschauende und koordinierte Planung in der beruflichen Bildung möglich wird und wirtschaftlicher und technischer Wandel nicht zu Lasten der Ausbildungsansprüche der Jugendlichen gehen, und
- durch ein offenes System beruflicher Weiterbildung Chancenungleichheiten abzubauen und die Möglichkeiten des beruflichen Aufstiegs zu verbessern (vgl. BUNDESMINISTERIUM FÜR BILDUNG UND WISSENSCHAFT 1976, S. 16 f.).

Instrumente der Berufsbildungspolitik. Mit der Verabschiedung des BBiG im Jahre 1969 wurde erstmals eine bundesstaatliche Kompetenz für den Bereich der betrieblichen Berufsbildung rechtsverbindlich begründet. Dieses Gesetz schuf gemeinsame Regelungsbereiche und -inhalte für alle Ausbildungsverhältnisse. Insbesondere wurde das Instrument der Ausbildungsordnung geschaffen, durch das die bislang unverbindlichen Empfehlungen der Arbeitsstelle für Betriebliche Berufsausbildung (ABB) zur Gestaltung der beruflichen Bildung abgelöst wurden. Ausbildungsordnungen regeln rechtsverbindlich die Bezeichnung des Ausbildungsberufes, die Ausbildungsdauer, die Fertigkeiten und Kenntnisse als Gegenstand der Berufsausbildung, die Prüfungsanforderungen, und sie enthalten eine Anleitung zur sachlichen und zeitlichen Gliederung der Fertigkeiten und Kenntnisse (vgl. § 25 BBiG). Eine Mißachtung der Ausbildungsordnung, die eine mangel-

hafte Ausbildung zur Folge hat, kann zu Schadensersatzansprüchen des Auszubildenden an den Ausbildenden führen. Mit der Errichtung eines Bundesausschusses für Berufsbildung, bestehend aus sechs Beauftragten der Arbeitgeber und Arbeitnehmer, fünf Beauftragten der Länder sowie einem Beauftragten der Bundesanstalt für Arbeit, schuf der Gesetzgeber ein Gremium, das von 1969 bis 1976 weitreichende Empfehlungen zu Fragen der beruflichen Bildung verabschiedete; zum Beispiel Richtlinien zur Durchführung von Prüfungen, Grundsätze für die Beratung und Überwachung der Ausbildungsstätten durch die Ausbildungsberater, Empfehlungen zur pädagogischen Eignung der Ausbilder und zur Einführung des Berufsbildungspasses. Dieses Gremium hatte ferner die Aufgabe, die Bundesregierung in allen grundsätzlichen Fragen der Berufsbildung zu beraten.

Entsprechend der Regelung auf Bundesebene wurden auf der Länderebene Landesausschüsse zur beruflichen Bildung und bei den „zuständigen Stellen" (unter anderem auch bei den Industrie- und Handelskammern) Berufsbildungsausschüsse geschaffen. Zusätzlich wurde ein Bundesinstitut für Berufsbildungsforschung (BBF) eingerichtet mit dem Ziel, die Berufsbildung, insbesondere die Forschung, zu fördern. Die Aufgaben des Instituts bestanden darin, die Grundlagen der Berufsbildung zu klären, Inhalte und Ziele der Berufsbildung zu ermitteln und die Anpassung der Berufsbildung an die technisch-wirtschaftliche und gesellschaftliche Entwicklung vorzubereiten. Das Institut sollte ferner die Gegebenheiten und Erfordernisse der Berufsbildung ständig beobachten, untersuchen und auswerten. Die Forschungsergebnisse und sonstige einschlägige Unterlagen sollten gesammelt und die wesentlichen Ergebnisse der Öffentlichkeit zugänglich gemacht werden. Mit der Verabschiedung des APlFG (1976) wurde das berufsbildungspolitische Instrumentarium neuerlich verändert und erweitert. Das bisherige Bundesinstitut für Berufsbildungsforschung wurde mit dem Bundesausschuß für Berufsbildung verbunden. Für das neu entstandene Bundesinstitut für Berufsbildung (BIBB), mit einem Generalsekretär und einem Hauptausschuß an der Spitze, wurde eine veränderte Aufgabenstellung konzipiert, die sich stärker als bislang auf die Bildungspolitik der Bundesregierung bezog. Der Hauptausschuß wurde erweitert, so daß neben dem Bund auch alle Bundesländer Sitz- und Stimmrecht haben. Durch die Verabschiedung von Empfehlungen (zum Beispiel zur Berufsausbildung behinderter Jugendlicher) suchte der Hauptausschuß Einfluß auf die Ausbildungspraxis zu gewinnen. Wurde im BBiG eher ein Rechtsrahmen für die berufliche Bildungspraxis kodifiziert, entstanden mit dem APlFG neue wichtige, über den Einzelbetrieb hinausgehende bildungspolitische Instrumente, nämlich die Berufsbildungsfinanzierung und die Berufsbildungsplanung.

Das Instrument der Berufsbildungsfinanzierung führte die Berufsbildungspolitik erstmals weg von ihren bislang vorrangig ordnenden und empfehlenden Aufgaben hin zu einer aktiv steuernden Politik. Die Finanzierungsmöglichkeiten in der beruflichen Bildung wurden jedoch in der vom APlFG vorgesehenen Weise als Umlage zur Sicherung eines ausreichenden Angebots an Ausbildungsplätzen nicht erhoben. Für gezielte Förderungsprogramme (Ausbau der überbetrieblichen Ausbildungsstätten) und Modellversuche (Mädchen in gewerblich-technischen Berufen) wurden indes erhebliche finanzielle Mittel von Bund und Ländern bereitgestellt.

Das Instrument der Berufsbildungsplanung gemäß APlFG ermöglicht es, die wichtigsten statistischen Daten jährlich zu erheben, um zuverlässige Aussagen zu erhalten, die als Grundlage für politisches Handeln unerläßlich sind. In diesem Zusammenhang steht auch der Berufsbildungsbericht der Bundesregierung, der jährlich die Entwicklung von Angebot und Nachfrage bei den Ausbildungsplätzen bilanziert. Der Berufsbildungsbericht enthält außerdem eine Fülle anderer Daten zur beruflichen Bildung, so daß man vom Berufsbildungsbericht als dem „Hauptbuch der beruflichen Bildung" sprechen kann.

Eine neue Rechtslage ist dadurch entstanden, daß das Bundesverfassungsgericht durch sein Urteil vom 10. 12. 1980 die Nichtigkeit des APlFG feststellte, weil hinsichtlich der Regelung von Verwaltungsverfahren bei der Durchführung der Abgabeerhebung die Zustimmung des Bundesrates erforderlich gewesen wäre. Wesentliche Bestimmungen des APlFG betreffend die Berufsausbildungsplanung, die Berufsbildungsstatistik und das Bundesinstitut für Berufsbildung sind durch das Berufsbildungsförderungsgesetz von 1981 rechtlich neu abgesichert worden. Das Gesetz enthält jedoch keine Regelungen zur Berufsbildungsfinanzierung.

Interessengruppen in der Berufsbildungspolitik. In der Berufsbildungspolitik sind es vorrangig die Arbeitgeberverbände (Kuratorium der Deutschen Wirtschaft für Berufsbildung, Bundesvereinigung der Deutschen Arbeitgeberverbände, Bundesverband der Deutschen Industrie, Deutscher Industrie- und Handelstag und der Deutsche Handwerkskammertag) und Gewerkschaften (Deutscher Gewerkschaftsbund, Industriegewerkschaft Chemie, Papier, Keramik, Gewerkschaft Öffentliche Dienste, Transport und Verkehr, Industriegewerkschaft Druck und Papier, Industriegewerkschaft Metall und die Deutsche Angestellten-Gewerkschaft) sowie nachrangig die Lehrerverbände (Gewerkschaft Erziehung und Wissenschaft und der Bundesverband der Lehrer an berufsbildenden Schulen), die im Bereich der beruflichen Bildung an Entscheidungsprozessen teilnehmen oder darauf Einfluß nehmen. Aufgrund des BBiG sind Arbeitgeberverbände und Gewerkschaften direkt auf allen Ebenen der Berufsbildungsverwaltung beteiligt. Die Berufsschullehrer haben indessen nur im Bereich der sogenannten *zuständigen Stellen* (unter anderem Kammern) ein Mitwirkungsrecht. In der Berufsbildungspolitik agieren die Interessengruppen der Arbeitgeber und Arbeitnehmer mit sehr unterschiedlichen Standpunkten. Während die Arbeitgeber darauf bedacht sind, das vorhandene duale System der beruflichen Bildung zu stabilisieren und Ordnungsmaßnahmen als Reglementierungen durch den Staat entschieden ablehnen (vgl. BAETHGE 1970, S. 167 ff.), votieren die Gewerkschaften für eine stärkere staatliche Verantwortung und Kompetenz (vgl. HEIMANN 1980, S. 234 ff.).

Ebenso kontrovers sind die Auffassungen in bezug auf Fragen der pädagogischen Systematisierung von Ausbildungsprozessen sowie der Berufsausbildungsfinanzierung. Die Vertreter der Arbeitgeberverbände sehen in diesen Maßnahmen die bisher dominierende Betriebsgebundenheit der Ausbildung gefährdet. Demgegenüber interpretieren die Gewerkschaften einen solchen Standpunkt als prinzipielle *Reformunwilligkeit* der Arbeitgeber und folgern daraus, daß eine grundlegende Neuverteilung von Macht und Herrschaftskompetenz in der beruflichen Bildung notwendig sei, um Reformen überhaupt zu ermöglichen.

BAETHGE, M.: Ausbildung und Herrschaft. Unternehmerinteressen in der Bildungspolitik, Frankfurt/M. 1970. BOURDIEU, P./PASSERON, J.-C.: Die Illusion der Chancengleichheit. Untersuchungen zur Soziologie des Bildungswesens am Beispiel Frankreichs, Stuttgart 1971. BUNDESMINISTERIUM FÜR BILDUNG UND WISSENSCHAFT (Hg.): Jahresbericht des Bundesministeriums für Bildung und Wissenschaft 1975, Bonn 1976. DEUTSCHER INDUSTRIE- UND HANDELSTAG: Berufsbildungsreform, Bonn 1974. HEIMANN, K.: Gewerkschaftliche Berufsbildungsprogrammatik zwischen Tradition, Qualifikation und Emanzipation, Frankfurt/M. 1980. OFFE, C.: Berufsbildungsreform. Eine Fallstudie über Reformpolitik, Frankfurt/M. 1975.

Klaus Heimann

Berufsbildungswerke

„Berufsbildungswerke dienen der erstmaligen Berufsausbildung vornehmlich jugendlicher Behinderter, die nur in einer auf ihre Behinderungsart und deren Auswirkungen eingestellten Ausbildungsorganisation und bei einer auf die jeweiligen Belange ausgerichteten kontinuierlichen ausbildungsbegleitenden Betreuung [...] zu einem Ausbildungsabschluß nach dem Berufsbildungsgesetz und dadurch zur Eingliederung auf dem allgemeinen Arbeitsmarkt befähigt werden können" (ARBEITSGEMEINSCHAFT DER BERUFSBILDUNGSWERKE 1976, S. 2).
Auf der Grundlage dieser allgemeinen Definition lassen sich verschieden konzipierte Berufsbildungswerke unterscheiden. Den Behinderungsarten entsprechend gibt es Berufsbildungswerke für Körperbehinderte, Seh- und/oder Hörbehinderte oder auch für Lernbehinderte beziehungsweise Verhaltensgestörte. Auch wenn die Ausbildungsorganisation entsprechend den Behinderungen differiert, so lassen sich doch für alle Berufsbildungswerke die folgenden Gemeinsamkeiten feststellen:
Der Personenkreis umfaßt behinderte Jugendliche im oben beschriebenen Sinne, die auf eine begleitende Betreuung durch Sozialpädagogen, Psychologen, Ärzte und andere Fachkräfte der Rehabilitation angewiesen sind.

Als Ziele werden angestrebt:
- die Erreichung einer Berufsqualifikation auf Facharbeiterebene, Gesellenbeziehungsweise Gehilfenebene gemäß § 25 Handwerksordnung (HwO) oder § 25 Berufsbildungsgesetz (BBiG) – Vollausbildung – oder
- eine Berufsausbildung nach § 48 BBiG oder § 42 HwO, die auf einen Abschluß unterhalb der Facharbeiterebene in den von den Kammern anerkannten Ausbildungsgängen gerichtet ist (zum Beispiel Gartenbaufachwerker oder Tischlerfachwerker) – von dem in drei Jahren zu erreichenden Fachwerkerabschluß werden in der Regel zwei Jahre für eine dreijährige Vollausbildung, die grundsätzlich angestrebt wird, anerkannt –, und
- die Integration der Jugendlichen in die Berufs- und Arbeitswelt durch Verknüpfung von Ausbildungsmaßnahmen mit sozialpädagogischer Betreuung und gelenkten Erfahrungspraktika.

Diese Ziele sollen mit Hilfe folgender Maßnahmen erreicht werden:
- Berufsfindung und Arbeitserprobung in verschiedenen Berufsfeldern (zum Beispiel Holz, Metall, Textil, Bau),
- Vermittlung der beruflichen Kenntnisse und Fertigkeiten entsprechend den oben genannten Zielen (das Spektrum der angebotenen Ausbildungsberufe ist insgesamt groß, aber in den einzelnen Berufsbildungswerken begrenzt und abhängig von regionalen und arbeitsmarktpolitischen Faktoren),
- Freizeitgestaltung und persönliche Betreuung sowie „soziale Erziehung" der Jugendlichen und
- Gewährung von besonderen medizinischen und pädagogisch-psychologischen Hilfen zum weitestmöglichen Abbau der Behinderungsauswirkungen.

Die Dauer der Maßnahmen erstreckt sich, je nachdem, welcher Ausbildungsgang durchlaufen wird, auf zwei bis vier Jahre; im Regelfall dauert der Aufenthalt im Berufsbildungswerk drei Jahre. Ein besonderes Problem stellt die *Verschränkung der praktischen mit der theoretischen Ausbildung* dar. Die *theoretische* Ausbildung wird entweder von öffentlichen Berufsschulen oder durch eine eigene Sonderberufsschule, als integrierter Bestandteil des Berufsbildungswerkes, unter Absprache mit Meistern und Sozialarbeitern vermittelt. Der Unterschied in der Organisationsform ist durch die Tatsache begründet, daß die Beschulung von Jugendlichen bis 18 Jahre eine staatliche Aufgabe ist und von den einzelnen Bundesländern, in denen Berufsbildungswerke liegen, unterschiedlich organisiert wird. Die *praktische* Ausbildung erfolgt in eigenen Werkstätten mit entsprechend geschulten Ausbildungsmeistern. Sie wird durch das BBiG geregelt. Die Werkstätten sind so eingerichtet, daß sie zur Übernahme auch produzierender Aufgaben geeignet sind, um eine möglichst praxisnahe Ausbildung zu gewährleisten.

Kostenträger für die auszubildenden Jugendlichen in Berufsbildungswerken ist im Regelfall die Bundesanstalt für Arbeit. Bei der Entwicklung curricularer Konzeptionen ergeben sich für die Berufsbildungswerke aus der Überbewertung des Leistungsaspektes besondere Probleme. Da unter beruflicher Qualifikation heute in der normalen betrieblichen Ausbildung vor allem der funktionale Aspekt gesehen wird, stehen die produktionsorientierten Tätigkeiten stark im Vordergrund. Diese Einseitigkeit versuchen die Berufsbildungswerke dadurch zu relativieren, daß sie eine Ausbildung betreiben, die im ganzheitlichen Sinne zu gleichen Teilen prozeßgebundene (funktionale) als auch prozeßunabhängige (extrafunktionale) – mehr auf das Problemlösungsverhalten zielende – Qualifikationen vermitteln soll.

ARBEITSGEMEINSCHAFT DER BERUFSBILDUNGSWERKE: Grundsätze für Berufsbildungswerke. Auszug aus dem Dienstblatt A der Bundesanstalt für Arbeit Nr. 55/1976. BACH, H.: Berufsbildung behinderter Jugendlicher, Bonn 1973. BÄRSCH, W.: Bildung und Ausbildung von Jugendlichen mit besonderem Lernverhalten. In: DEUTSCHER BILDUNGSRAT (Hg.): Zur Neuordnung der Sekundarstufe II. Empfehlungen der Bildungskommission des Deutschen Bildungsrates, Stuttgart 1974, S. A 5 ff. BEGEMANN, E.: Die Erziehung der sozio-kulturell benachteiligten Kinder, Hannover 1970. DEUTSCHER BILDUNGSRAT: Zur pädagogischen Förderung behinderter und von Behinderung bedrohter Kinder und Jugendlicher. Empfehlungen der Bildungskommission, Stuttgart 1974. DEUTSCHER HANDWERKSKAMMERTAG (Hg.): Modell zur Berufseingliederung und Berufsausbildung ,,Lernbehinderter'', Bonn 1975.

Herbert Ebermann/Ulrich Wittwer

Berufsfachschule

Begriff. Der Begriff ,,Berufsfachschule'' ist im deutschen Sprachraum nur in der Bundesrepublik Deutschland als Schulbezeichnung üblich, nicht in der DDR, der Schweiz und der Republik Österreich. Er wurde erstmals in dem Erlaß des Reichsministers für Wissenschaft, Erziehung und Volksbildung: ,,Reichseinheitliche Benennungen im Berufs- und Fachschulwesen'', vom 29. 10. 1937 erwähnt: ,,Berufsfachschulen sind alle Schulen, die, ohne eine praktische Berufsausbildung vorauszusetzen, freiwillig im ganztägigen Unterricht, der mindestens ein Jahr umfaßt, zur Vorbereitung auf einen handwerklichen, kaufmännischen oder hauswirtschaftlichen Beruf besucht werden.'' Wesentliche Begriffsmerkmale waren also: Vollzeitschule im Gegensatz zur Teilzeitschule (Berufsschule), freiwilliger Schulbesuch im Gegensatz zur Pflichtberufsschule und, im Gegensatz zur ebenfalls freiwilligen Fachschule mit Vollzeitunterricht, der Verzicht auf betriebspraktische Vorbildung. Die Wortverbindung Berufsfachschule sollte also andeuten, daß es sich um einen zwischen Berufs- und Fachschule stehenden Schultyp handelt. Nach 1945 wurde in den Ländern der Bundesrepublik Deutschland diese Bezeichnung beibehalten und schließlich durch die Vereinbarung der Ständigen Konferenz der Kultusminister der Länder in der Bundesrepublik Deutschland (KMK) in der ,,Gruppenbezeichnung im beruflichen Schulwesen'' vom 18. 1. 1968 fixiert: ,,Berufsfachschulen sind alle Schulen, die, ohne eine praktische Berufsvorbildung vorauszusetzen, freiwillig in ganztägigem Unterricht, der mindestens ein Jahr umfaßt, zur Vorbereitung auf einen handwerklichen, kaufmännischen oder hauswirtschaftlichen Beruf besucht werden'' (KMK 1968). Auch im KMK-Beschluß ,,Bezeichnung zur Gliederung des beruflichen Schulwesens'' vom 8. 12. 1975 wurde diese Definition leicht geändert beibehalten: ,,Berufsfachschulen sind Schulen mit Vollzeitunterricht von mindestens einjähriger Dauer, für deren Besuch keine Berufsausbildung oder berufliche Tätigkeit vorausgesetzt wird. Sie haben die Aufgabe, allgemeine und fachliche Lerninhalte zu vermitteln und den Schüler zu befähigen, den Abschluß in einem anerkannten Ausbildungsberuf oder einem Teil der Berufsausbildung in einem oder mehreren anerkannten Ausbildungsberufen zu erlangen oder ihn zu einem Berufsausbildungsabschluß zu führen, der nur in Schulen erworben werden kann'' (KMK 1979, Lz. 319).

Geschichte. Die als Berufsfachschulen bezeichneten Schulen gab es schon lange vor 1937. Beuths 1821 in Berlin gegründetes, zunächst zweijähriges Technisches Institut, die ihm zugeordneten, zuerst einjährigen preußischen Provinzialgewerbeschulen, die 1833 entstandenen drei- und zweijährigen bayerischen Gewerbeschulen, die teilweise aus den preußischen Provinzialgewerbeschulen entstandenen Fachschulen mit Werkstattbetrieb (in Iserlohn, Siegen, Remscheid, Schmalkalden, Göttingen) und Gewerbevorschulen, die um 1868 gegründeten bayerischen Industrieschulen (in München, Augsburg, Nürnberg, Kaiserslautern), die ihnen folgenden dreijährigen Fachschulen für Maschinenbau und Elektrotechnik (in Ansbach, Augsburg, Landshut, Kaiserslautern, Würzburg), die bayerischen Tagesfortbildungsschulen, die Uhrmacherschulen (in Furtwangen, Schwenningen und Glashütten), die Web-, Schnitz-, Töpfer- und Korbflechterschulen entsprachen alle der Begriffsbestimmung der Berufsfachschule ebenso wie die zahlreichen Handels- und höheren Handelsschulen (in Preußen 1916 geordnet) und die nach 1860 meist durch Frauenvereine geschaffenen hauswirtschaftlichen und frauenberuflichen Vollzeitschulen. Für die gewerblichtechnischen Schulen waren die 1803 so benannten dreijährigen „écoles des arts et métiers" ebenso anregend wie die nach 1861 entstandenen österreichischen zweijährigen Staatsfachschulen. Laut einer Aufstellung des preußischen Handelsministers gab es 1930 im Deutschen Reich 177 Schulen, die nach der Gewerbeordnung ganz oder teilweise eine handwerkliche Berufsausbildung ersetzten.

Erst nach Stabilisierung der Handwerkslehre um 1900 und der Lehre in Industrie und Handel im ersten Drittel des 20. Jahrhunderts entwickelte sich eine Konkurrenzsituation dieser Schulen zur Kombination Betriebslehre und Fortbildungs(berufs)schule. Die Industrie hat in Leitsätzen zur Lehrlingsausbildung von 1911 (vgl. DEUTSCHER AUSSCHUSS FÜR TECHNISCHES SCHULWESEN 1912, S. 100) die beruflichen Vollzeitschulen als Ausnahmen und die industrieeigene Lehrlingsausbildung, möglichst in Verbindung mit Werkberufsschulen, zum Normalfall erklärt. Dabei wurde das didaktische Konzept dieser Schulen von den industriellen Ausbildungsstätten weithin übernommen (produktionsunabhängige systematische Anfangsausbildung in „Fertigkeiten", dann Produktionsausbildung; Ausbildung durch professionelle betriebliche Ausbilder). Der nationalsozialistische Staat, in dem die Betriebslehre eine außerordentliche Hochschätzung erfuhr, versuchte durch reichseinheitliche Benennungen im Berufs- und Fachschulwesen (1937) die Berufsfachschulen auf die Ebene von Vorbereitungsschulen auf eine Lehre abzudrängen. Nach 1938 kamen jedoch zahlreiche berufliche Vollzeitschulen Österreichs und des Sudetenlandes, die eine Lehre voll ersetzten, in die Zuständigkeit des Reichserziehungsministers, der sie nicht auflöste. Handel und Industrie förderten – im Gegensatz zu ihrer ablehnenden Haltung gegenüber den gewerblich-technischen Berufsfachschulen – lange Zeit die kaufmännischen Vollzeitschulen. Heute betrachtet die Wirtschaft die betriebliche Ausbildung, kombiniert mit der Berufsschule (duales System), in allen Fachrichtungen als erstrebenswertes Optimum und sieht in einer Ausweitung der Berufsfachschulen die Gefahr der unvernünftigen „Verschulung" der Berufsausbildung und eine Ausweitung der Aktivitäten des Staates bei gleichzeitiger Einschränkung der Privatinitiative (vgl. GÖBEL/SCHLAFFKE 1979, S. 31). Besonders im westlichen Ausland sind den Berufsfachschulen ähnliche Schultypen kennzeichnend für die Lehrlingsausbildung. Deshalb haben Berufspädagogen auch schon vom „romanischen Modell" im Gegensatz zum „deutschen Modell" (duales System) der Berufsausbildung gesprochen (vgl. MÜNCH 1971, S. 29).

Situation. Die Berufsfachschulen können nach verschiedenen Gesichtspunkten eingeteilt werden:
– nach der *Fachrichtung:* kaufmännische, gewerblich-technische, haus-

wirtschaftliche, pflegerische, sozialpädagogische, landwirtschaftliche Berufsfachschulen; zum Teil erfolgt diese Einteilung auch in Anlehnung an die 13 Berufsfelder,

- nach der *Vorbildung:* Berufsfachschulen, die noch während der Vollzeitschulpflicht besucht werden können (dreijährige Wirtschaftsschulen Bayerns nach dem siebenten Schuljahr, zweijährige Berufsfachschulen Hessens und des Saarlandes nach dem achten Schuljahr), Berufsfachschulen, die nach dem neunten Schuljahr (Ende der Vollzeitschulpflicht) besucht werden können, und Berufsfachschulen, die nach einem mittleren Schulabschluß besucht werden können (gelegentlich höhere Berufsfachschulen genannt),
- nach dem *Bezug zu den* durch Rechtsverordnungen geregelten *Ausbildungsberufen:* Berufsfachschulen, die einen Teil der Ausbildung in einem Ausbildungsberuf übernehmen (Anrechnung durch die Berufsfachschul-Anrechnungsverordnung), Berufsfachschulen, die die ganze Ausbildung in einem Ausbildungsberuf übernehmen (Anerkennung nach dem Berufsbildungsgesetz), Berufsfachschulen, die die Ausbildung in einem nicht zu den Ausbildungsberufen gehörenden Beruf übernehmen (zum Beispiel Assistentenberufe),
- nach der *allgemeinen Schullaufbahnberechtigung,* die mit dem Berufsfachschulabschluß zusätzlich erreicht wird (Doppelqualifikation): die Berufsfachschule ohne Berechtigung, wenn die parallel zur Berufsfachschule laufende und nachfolgende Berufsaufbauschule nicht besucht wird (Berufsfachschulen in Bayern und Baden-Württemberg), die Berufsfachschule mit einem Abschluß, der dem Realschulabschluß gleichgestellt ist, und die Berufsfachschule, die zur Fachhochschulreife führt.

Nicht mehr zu den Berufsfachschulen werden folgende berufsfachschulähnliche Vollzeitschulen gerechnet: das Berufsvorbereitungsjahr, das Haupt- und Sonderschulabgänger meist in zwei Berufsfelder einführt, und das Berufsgrundbildungsjahr in schulischer Form, welches das erste Lehrjahr ersetzt (die einjährigen Berufsfachschulen Baden-Württembergs erfüllen jedoch auch diese Aufgabe). Berufliche Vollzeitschulen, die zur allgemeinen oder teilweisen Hochschulreife führen, werden meist berufliche Gymnasien (technische Gymnasien, Wirtschaftsgymnasien, Hauswirtschaftsgymnasien) und ähnlich genannt. Auch die Berufskollegs Baden-Württembergs für Realschulabsolventen sind berufsfachschulähnlich, die praktische Ausbildung erfolgt jedoch in Betrieben.

Die meisten Berufsfachschulen haben öffentliche Träger; private Berufsfachschulen gibt es vor allem unter den nichtgewerblichen Berufsfachschulen. Als Lehrer wirken fast ausschließlich Lehrer mit Lehrbefähigungen für das berufliche Schulwesen; der Anteil an Lehrern für Fachpraxis ist dabei groß.

Die Schülerzahlen der Berufsfachschulen sind von 1960 (139 200) bis 1979 (339 200) stetig gestiegen (vgl. BUNDESMINISTER FÜR BILDUNG UND WISSENSCHAFT 1980, S. 27). Sie waren auf die Fachrichtungen sehr unterschiedlich verteilt. Die höchsten Besucherzahlen wiesen 1974 die kaufmännischen Berufsfachschulen (Handels- und höhere Handelsschulen) mit 132 576 Schülern auf. An zweiter Stelle standen die hauswirtschaftlichen Berufsfachschulen mit wesentlich mehr Schülern als im dualen System in diesen Berufen ausgebildet werden (52 627). Die Schülerzahlen der gewerblich-technischen Berufsfachschulen liegen mit 35 699, der sozialpädagogischen und pflegerischen mit 23 133 und der landwirtschaftlichen mit 1 433 Schülern niedriger (vgl. BUNDESMINISTER FÜR BILDUNG UND WISSENSCHAFT/STATISTISCHES BUNDESAMT 1977, S. 89).

Didaktik. Im Curriculum der Berufsfachschulen sind berufstheoretische (Technologie, Betriebswirtschafts-, Ernährungslehre), berufspraktische (Metallgrundfertigkeiten, Maschinenschreiben, Kochen) und allgemeine (Deutsch, Englisch, politischer Unterricht) Fächer miteinander verbunden. Je nach Zielsetzung überwiegt die eine oder andere dieser Fächergruppen. Häufig wird der im engeren Sinne berufsqualifizierende Unterricht als „didaktische Mitte" angesehen, die auch den allgemeinen Unterricht beeinflußt. Das Curriculum der Berufsfachschule „kippt" jedoch oft in Richtung der allgemeinbildenden Fächergruppe, weil die Schullaufbahnberechtigung als wichtigstes Ziel angesehen wird. Im vorigen Jahrhundert wiesen die Berufsfachschulen mehr als 60 Wochenstunden auf; die Angleichung an die Wochenstundenzahlen allgemeinbildender Schulen (30 bis 36) bringt das *Integrationscurriculum* in Schwierigkeiten und verlangt Priorität bei der Zielsetzung.

BEINKE, L.: Die Handelsschule – eine bildungssoziologische Analyse, Düsseldorf 1971. BUNDESMINISTER FÜR BILDUNG UND WISSENSCHAFT: Grund- und Strukturdaten 1980/81, Bonn 1980. BUNDESMINISTER FÜR BILDUNG UND WISSENSCHAFT/STATISTISCHES BUNDESAMT (Hg.): Bildung im Zahlenspiegel, Stuttgart/Mainz 1977. DEUTSCHER AUSSCHUSS FÜR TECHNISCHES SCHULWESEN: Abhandlungen und Berichte über technisches Schulwesen, Bd. 3, Leipzig/Berlin 1912. GÖBEL, U./SCHLAFFKE, W.: Bericht zur Bildungspolitik des Instituts der deutschen Wirtschaft, Köln 1979. GRÜNER, G.: Die gewerbliche Berufsfachschule. Begriff–Idee–Gestalt. Berufspädagogische Beiträge der Berufspädagogischen Zeitschrift, Heft 11, Braunschweig 1960. GRÜNER, G.: Die gewerblich-technischen Berufsfachschulen in der Bundesrepublik Deutschland, Weinheim/Berlin 1968. GRÜNER, G.: Die hauswirtschaftlichen und sozialpädagogischen Vollzeitschulen in der Bundesrepublik Deutschland, Weinheim 1979. GRÜNER, G./JUNG, H.: Die Ausbildung von technischen Assistenten in der BRD, Weinheim/Berlin/Basel 1969. KMK: Pressemitteilung aus Anlaß der 120. Plenarsitzung der Ständigen Konferenz der Kultusminister der Länder in der Bundesrepublik Deutschland vom 18./19. Januar 1968 in Berlin vom 21. 1. 1968, Anlage 2. KMK: Bezeichnungen zur Gliederung des beruflichen Schulwesens. Beschluß vom 8. 12. 1975, Neuwied 1979. MÜNCH, J.: Berufsbildung und Berufsbildungsreform in der Bundesrepublik Deutschland, Bielefeld 1971.

Gustav Grüner

Berufsförderungswerke

Ziel und Aufgabe der Berufsförderungswerke. Berufsförderungswerke sind gemeinnützige überbetriebliche Ausbildungsstätten für Erwachsene, die aus gesundheitlichen Gründen ihren ursprünglich erlernten Beruf oder ihre bisherige Tätigkeit nicht mehr oder in absehbarer Zeit nicht länger ausüben können. Berufsförderungswerke sollen Behinderte möglichst in anerkannten Berufen ausbilden, um eine dauerhafte Wiedereingliederung in Beruf und Gesellschaft zu ermöglichen. Während der Ausbildung sorgen Berufsförderungswerke für medizinische Betreuung sowie soziale und psychologische Hilfe zur Selbsthilfe. Es gibt in der Bundesrepublik Deutschland insgesamt 21 Berufsförderungswerke mit rund 12 000 Ausbildungsplätzen, davon fünf Spezialeinrichtungen, drei für Blinde und zwei für besonders schwer Querschnittsgelähmte (vgl. BUNDESMINISTER FÜR ARBEIT UND SOZIALORDNUNG 1978).

Einordnung der Berufsförderungswerke. Berufsförderungswerke erfüllen ihre Aufgaben der Berufsfindung, Rehabilitationsvorbereitung und beruflichen Ausbildung im Rahmen eines Netzes

von Rehabilitationsmaßnahmen zur Eingliederung der Behinderten. „Unter *Rehabilitation* werden alle Maßnahmen verstanden, die darauf gerichtet sind, körperlich, geistig oder seelisch behinderten Menschen zu helfen, ihre Fähigkeiten und Kräfte zu entfalten und einen angemessenen Platz in der Gemeinschaft zu finden; dazu gehört vor allem eine dauerhafte Eingliederung in Arbeit und Beruf" (JUNG/PREUSS o. J., S. 3). Die Rehabilitation ist in das Leistungssystem der verschiedenen Zweige der sozialen Sicherung eingebettet und wird von den Trägern der gesetzlichen Renten- und Unfallversicherung, der Kriegsopferfürsorge und von der Bundesanstalt für Arbeit durchgeführt (vgl. FLÖRKEMEIER 1979, S. 16 f.). Die Träger arbeiten nach verschiedenen Rechtsvorschriften, die mit dem Gesetz über die Angleichung der Leistungen zur Rehabilitation vom 7. 8. 1974 im Hinblick auf die Rehabilitationsleistungen angeglichen worden sind. Das Aktionsprogramm zur Förderung der Behinderten vom 14. 4. 1970 enthält als einen Schwerpunkt die Schaffung eines bundesweiten bedarfsdeckenden Netzes von modernen und leistungsfähigen Einrichtungen für die verschiedenen Bereiche der Rehabilitation (vgl. BUNDESMINISTER FÜR ARBEIT UND SOZIALORDNUNG 1970, S. 340). Dazu gehören auf dem Sektor der *beruflichen Rehabilitation*
- die Berufsförderungswerke zur Umschulung erwachsener Behinderter,
- die Berufsbildungswerke zur Erstausbildung jugendlicher Behinderter,
- Spezialzentren für die sozialmedizinisch bedeutsamsten Krankheiten und Behinderungen, in denen bereits am Krankenbett mit beruflichen Maßnahmen der Rehabilitation begonnen wird, und
- die Werkstätten für Behinderte.
Die behinderten Erwachsenen werden je nach Schwere der Behinderungsauswirkungen, ihren in psychologischen Untersuchungen erfaßten Fähigkeiten und

ihren Neigungen in Betrieben, privaten Umschulungseinrichtungen oder – insbesondere bei Behinderungsauswirkungen, die eine medizinische, psychologische und soziale Betreuung erforderlich erscheinen lassen – in Berufsförderungswerken für einen neuen Beruf ausgebildet.

Die Rehabilitanden der Berufsförderungswerke. Alle Rehabilitanden sind durch Folgen von Erkrankungen oder Unfall – in Einzelfällen auch Geburtsleiden – behindert. Die Mehrzahl der Rehabilitanden in Berufsförderungswerken leidet an Behinderungen des Stütz- und Bewegungssystems sowie an inneren Erkrankungen. Hinter den Behinderungsklassifikationen verbergen sich erhebliche Streubreiten subjektiv empfundener und objektiv nachweisbarer Einschränkungen, beispielsweise arbeitsplatzbedingte Allergien, Querschnittslähmungen (vgl. HALLWACHS/v. TÖRNE 1980, S. 31 ff., S. 51 ff.). Das Durchschnittsalter der Rehabilitanden liegt bei etwa 30 Jahren und streut von 18 bis über 50 Jahren. Bezüglich der Schulbildung dominieren Volks- und Hauptschüler. Da im Durchschnitt die Schulausbildung etwa 15 Jahre zurückliegt und von sehr unterschiedlicher Qualität war, bestehen erhebliche Unterschiede in der Allgemeinbildung. Hinsichtlich der beruflichen Vorerfahrungen sind Facharbeiter, vor allem aus den Bau- und Metallberufen, gegenüber Angestellten und angelernten Arbeitern überrepräsentiert (vgl. HOFBAUER 1977, S. 50). Nur 5 bis 10 % der Rehabilitanden sind Frauen, was unter anderem darauf zurückzuführen ist, daß Frauen von vornherein in körperlich weniger belastenden Berufen tätig sind als Männer. Die wirtschaftliche Lage der Rehabilitanden ist gesichert. Nach den maßgeblichen gesetzlichen Vorschriften, insbesondere dem Gesetz über die Angleichung der Leistungen zur Rehabilitation (vgl. BUNDESVERSICHERUNGSANSTALT

FÜR ANGESTELLTE 1979, S. 32 ff.), werden die Kosten der Maßnahme und ein Übergangsgeld für den Lebensunterhalt des Rehabilitanden und der Familie, das sich an dem vor der Maßnahme erzielten Einkommen orientiert, von den Rehabilitationsträgern übernommen.

Die Vorbereitung auf die Ausbildung. Vor der Entscheidung über die durchzuführende Maßnahme findet nach weitgehend abgeschlossener oder abgeklärter medizinischer Rehabilitation eine umfassende Eignungsfeststellung statt. Bei den Arbeitsämtern werden psychologische Eignungsuntersuchungen und ausführliche Berufsberatungen vorgenommen. Kommt es zu keinem eindeutigen Berufsvorschlag oder wird der Vorschlag nicht akzeptiert, kann in Berufsförderungswerken eine ein- oder mehrwöchige Berufsfindung und Arbeitserprobung besucht werden (vgl. SCHOLZ 1979, S. 653 ff.). Neben medizinischer und psychologischer Begutachtung werden anhand praktischer Arbeitserprobungen in diversen Berufsfeldern Neigungen und Fähigkeiten des Rehabilitanden festgestellt und verglichen. Sein Arbeitsverhalten und seine Auffassungsfähigkeit werden beobachtet und erfaßt. Werden bei den Voruntersuchungen erhebliche Kenntnislücken in der Allgemeinbildung festgestellt oder fehlt zum Beispiel ein Hauptschul- oder Fachschulabschluß, der Voraussetzung für die Techniker- oder die Graduiertenebene ist, so kann der Rehabilitand an drei- bis fünfmonatigen Vorbereitungslehrgängen in Berufsförderungswerken teilnehmen. Die Rehabilitationsvorbereitungslehrgänge werden auch zur Gewöhnung an die Lernsituation und zum langsamen Training der schulischen Belastbarkeit vorgeschlagen (vgl. HALLWACHS/v. TÖRNE 1980, S. 29 f.).

Ausbildung in Berufsförderungswerken. In Berufsförderungswerken werden über 70 verschiedene Berufe angeboten.

Arbeitsmarktbeobachtungen und Kooperation mit Institutionen der beruflichen Bildung haben ein Berufsspektrum entstehen lassen, das den sich wandelnden Bedingungen der Arbeitswelt immer wieder angepaßt wird. Es werden solche Berufe in das Spektrum aufgenommen, in denen möglichst viele Behinderungsauswirkungen kompensierbar sind oder sich nicht einschränkend bemerkbar machen. Die Berufe sollen zukunftsorientiert sein und damit möglichst auf Dauer nicht von Rationalisierung, Strukturwandel oder einem Überangebot von ausgebildeten Fachkräften bedroht sein. Sie sollen möglichst viel soziale Sicherheit bieten.

Die Berufspalette reicht von Anlern- über Facharbeiter- bis hin zu Techniker- und Fachhochschulberufen, wobei für erstere wegen häufig besserer Möglichkeiten der Betriebe und für letztere wegen mangelnder Qualifikation der Betroffenen relativ wenig Kapazität geschaffen wurde. Schwerpunkt bilden anerkannte Ausbildungsberufe im kaufmännischen, elektro- und feinwerktechnischen Bereich.

Die Ausbildungszeit in Berufsförderungswerken ist in anerkannten Ausbildungsberufen in der Regel kürzer als die von nichtbehinderten Jugendlichen. Trotzdem werden die für die Prüfung und die Berufspraxis notwendigen Kenntnisse und Fertigkeiten, das heißt Fach- und Sozialkompetenz, vermittelt. Die umfassende Ausbildung wird durch didaktische Parallelität von Theorie und Praxis ohne Produktionszwänge ermöglicht. Es wird nur in vertretbaren Gruppengrößen unterrichtet. Kleingruppenunterweisung und Individualförderung, insbesondere bei schwereren Behinderungsauswirkungen, sind sichergestellt. Die Ausbilder entwickeln und revidieren in Kooperation mit Kammern und Schulen ständig die Curricula. Die meisten Ausbilder kommen aus der wirtschaftlichen und industriellen Praxis und werden ständig fortgebildet. Zur

159

Optimierung ihres Unterrichts stehen ihnen Medienverbundsysteme zur Verfügung. Für die praktische Unterweisung sind Lehrwerkstätten, Labore und Übungsfirmen mit Maschinen und Geräten ausgerüstet, wie sie in der heutigen technisierten Arbeitswelt Verwendung finden. Die Berufsförderungswerke halten enge Kontakte zur Wirtschaft und befragen regelmäßig ihre Absolventen, um Veränderungen des Arbeitsmarktes in den Berufen möglichst wirkungsvoll berücksichtigen zu können.

Ausbildungsbegleitende Maßnahmen. Berufsförderungswerke – mit Ausnahme der Spezialeinrichtungen – haben eine Mindestgröße von 400 Ausbildungsplätzen, um jeweils ein gewisses Spektrum verschiedener Berufe anbieten zu können. Außerdem ermöglicht diese Mindestgröße die Einrichtung medizinischer, psychologischer und sozialer Dienste zu vertretbaren Kosten. Ausbildungsbegleitend können sowohl medizinische als auch psychologische Beratungen und Therapien durchgeführt werden. Sozialpädagogen übernehmen die soziale Betreuung in versicherungsrechtlichen, versorgungstechnischen, ausbildungsbezogenen und familiären Problemen. Außerdem verfügen alle Berufsförderungswerke über moderne Sportstätten wie Gymnastik-, Turn- und Schwimmhallen und ein umfangreiches Freizeitangebot.

Erfolg der Ausbildung in den Berufsförderungswerken. Durch die soziale, medizinische und psychologische Betreuung ist eine Beobachtung des Rehabilitationsverlaufs gewährleistet. Ausbildungsbezogene, behinderungsspezifische, aber auch persönliche Probleme werden frühzeitig erkannt und individuell zu lösen versucht. Um- oder Rückversetzungen oder Rehabilitationsunterbrechungen sind möglich und ersparen zeitaufwendige Fehlentwicklungen. Die Rehabilitanden unterziehen sich den gleichen Prüfungen wie andere Auszubildende. Über 95 % bestehen die anerkannten Abschlußprüfungen. In Nachbefragungen wurde festgestellt, daß mit leichten Schwankungen entsprechend der Arbeitsmarktlage 70 bis 90 % der Rehabilitanden spätestens ein Jahr nach Abschluß der Rehabilitationsmaßnahme auf dem Arbeitsmarkt vermittelt sind (vgl. HALLWACHS/V. TÖRNE 1980, S. 50 ff.).

BUNDESMINISTER FÜR ARBEIT UND SOZIALORDNUNG: Verstärkte Hilfen für die Behinderten. Aktionsprogramm der Bundesregierung zur Förderung der Rehabilitation verkündet. In: Bundesarbbl. 21 (1970), S. 339 ff. BUNDESMINISTER FÜR ARBEIT UND SOZIALORDNUNG (Hg.): Aktionsprogramm Rehabilitation, Berufsförderungswerke, Einrichtungen zur beruflichen Eingliederung erwachsener Behinderter. Verzeichnis über Leistungen und Beginntermine. Stand: 1979/80, Bonn 1978. BUNDESMINISTER FÜR ARBEIT UND SOZIALORDNUNG (Hg.): Einander verstehen – miteinander leben. Aktionsprogramm Rehabilitation in den 80er Jahren, Bonn 1980. BUNDESVERSICHERUNGSANSTALT FÜR ANGESTELLTE (Hg.): Rehabilitation in der Rentenversicherung, Berlin 1979. FLÖRKEMEIER, V.: Die Rehabilitation Behinderter als neue Aufgabe für den Kassenarzt, Köln 1979. HALLWACHS, H./TÖRNE, O. v.: Berufliche Rehabilitation bei Erkrankungen des Bewegungsapparates. In: JESSERER, H. (Hg.): Rheuma-Forum 9, Karlsruhe 1980, S. 5 ff. HOFBAUER, H.: Verlauf und Erfolg der beruflichen Umschulung bei Rehabilitanden. In: Mitt. a. d. Arbmarkt.- u. Berfo. 10 (1977), S. 47 ff. JOCHHEIM, K.-A./SCHOLZ, F. (Hg.): Gesetzliche Grundlagen, Methoden und Maßnahmen. Rehabilitation, Bd. 1, Stuttgart 1975. JUNG, K./PREUSS, D.: Rehabilitation. Kommentar zum Rehabilitationsangleichungsgesetz, Bonn-Bad Godesberg o. J. SCHOLZ, J. F. (Hg.): Rehabilitation als Schlüssel zum Dauerarbeitsplatz, Berlin/Heidelberg/New York 1979. STIFTUNG REHABILITATION HEIDELBERG (Hg.): Bibliographien zur Rehabilitation, 14 Bde., Heidelberg 1978.

Henning Hallwachs/Ulrich Wittwer

Berufsgrundbildung

Definition. Mit dem Berufsbildungsgesetz (BBiG) vom 14. August 1969 hat der Bundesgesetzgeber erstmals in Deutschland aufgrund der ihm verfassungsrechtlich zustehenden Gesetzeskompetenz gemäß Art. 74, Ziff. 11 Grundgesetz (GG) (Recht der Wirtschaft) den Versuch einer umfassenden Normierung der Berufsausbildung unternommen. *Berufsbildung* im Sinne dieses Gesetzes sind die Berufsausbildung, die berufliche Fortbildung und die berufliche Umschulung (vgl. § 1, Abs. 1 BBiG). Die Beruf*sausbildung* (berufliche Erstqualifizierung) soll in einem gesonderten Ausbildungsgang mit einer „breit angelegten beruflichen Grundbildung" (Berufsgrundbildung) und einer darauf aufbauenden beruflichen Fachbildung zur Ausübung einer qualifizierten beruflichen Tätigkeit befähigen (vgl. § 1, Abs. 2 BBiG). Im Rahmen der Regelungen zur Stufenausbildung wird weitergehend definiert: „In einer ersten Stufe beruflicher Grundbildung sollen als breite Grundlage für die weiterführende berufliche Fachbildung und als Vorbereitung auf eine vielseitige berufliche Tätigkeit Grundfertigkeiten und Grundkenntnisse vermittelt sowie Verhaltensweisen geweckt werden, die einem möglichst großen Bereich von Tätigkeiten gemeinsam sind" (§ 26, Abs. 2 BBiG). Diese auf die Eingangsphase der beruflichen Erstqualifizierung gerichtete Reformmaßnahme zielte darauf ab, die bis dahin praktizierte Spezialisierung der Ausbildung in etwa 600 Ausbildungsberufen zumindest für das erste Ausbildungsjahr zurückzunehmen und durch die Vermittlung sogenannter berufsfeldbezogener Kenntnisse und Fertigkeiten eine breite, einzelberufsübergreifende Basis für die anschließende berufliche Qualifizierung zu schaffen.

Zum Kontext, in dem die Einführung des Berufsgrundbildungsjahres gesehen werden muß, ist auf die Veränderungen im System der Berufsausbildung (vgl. KUTSCHA 1982), auf die Integrationskonzepte in der Sekundarstufe II (vgl. BLANKERTZ 1982) sowie auf die Maßnahmen zur vorberuflichen Bildung in der Sekundarstufe I, die ebenfalls auf die Bewältigung der Probleme von Jugendlichen beim Übergang vom allgemeinen Schulwesen in das Ausbildungs- und Beschäftigungssystem gerichtet sind (vgl. KELL 1978 a), zu verweisen. Unter dem Aspekt der Übergangsproblematik hat der Problemkomplex „Berufsgrundbildung" Interpretationen und Akzentsetzungen erfahren, die sich in folgenden Bedeutungsvarianten des Begriffs niederschlagen (vgl. KELL 1978 b):

– Berufsgrundbildung als Teil des Unterrichtskomplexes Arbeitslehre/Polytechnik: *allgemeine vor*berufliche Bildung zum Erwerb einer Berufswahlfähigkeit;
– Berufsgrundbildung als Vorlehre/Grundausbildungslehrgang / Berufsfindungsjahr: *spezielle vor*berufliche Qualifizierung für den Eintritt in ein Ausbildungs- oder unmittelbar in ein Arbeitsverhältnis;
– Berufsgrundbildung als Berufsgrund*aus*bildung: systematische betriebliche oder überbetriebliche Einübung von Grundfertigkeiten *innerhalb* der Ausbildung in *einem* Ausbildungsberuf;
– Berufsgrundbildung als Grundausbildung: *spezielle,* als wesentlich (im Sinne von Schlüsselqualifikationen) angesehene *Teile* der *beruflichen Erstausbildung;*
– Berufsgrundbildung als erster Teil einer gestuften Berufsausbildung: *allgemeine berufliche* Qualifizierung für ein bestimmtes Ensemble von Ausbildungsberufen;
– Berufsgrundbildung als Berufsgrundbildungsjahr: *erstes Ausbildungsjahr,* das diejenigen Ausbildungsinhalte vermittelt, die allen einem *Berufsfeld* zugeordneten Ausbildungsberufen gemeinsam sind;

161

- Berufsgrundbildung als berufliche Erstausbildung: die *gesamte* berufliche Erstausbildung im Stufengang Lehrling–Geselle–Meister;
- Berufsgrundbildung als schwerpunktbezogene Grundbildung: erste Phase des gemeinsamen Lernens in berufsqualifizierenden und/oder studienvorbereitenden Bildungsgängen eines Schwerpunktes der integrierten Sekundarstufe II.

Ziele, didaktische Ansätze und Organisationsformen. Die in diesen Bedeutungsvarianten zum Ausdruck kommenden unterschiedlichen Akzentuierungen des Begriffs Berufsgrundbildung finden grundsätzlich ihre Entsprechung auf den Ebenen der Zielsetzungen, der didaktischen Konzeptionen und der organisatorisch-rechtlichen Regelungen. Dabei bleiben die Zusammenhänge zwischen den begrifflichen Festlegungen und den Entscheidungen auf diesen drei Ebenen allerdings weitgehend ungeklärt. Die theoretischen Bemühungen um eine Klärung des Problemkomplexes „Grundbildung", sowohl unter dem Aspekt *wissenschaftlicher* Grundbildung (vgl. KUTSCHA 1978) als auch unter dem der *Berufs*grundbildung (vgl. KELL 1978 b), haben die in der Schul- und Ausbildungspraxis getroffenen Entscheidungen auf den drei Ebenen nur begrenzt beeinflussen können. Durch die juristischen Normierungen im Berufsbildungsgesetz werden zwar für die Berufsgrundbildung gewisse Rahmendaten vorgegeben, von denen aber ebenfalls kein stringenter Zusammenhang zwischen Ziel-, Inhalts- und Lernorganisationsentscheidungen herzustellen ist. Deshalb kann am Beispiel des Berufsgrundbildungsjahres nur aufgezeigt werden, welche bildungspolitischen Entscheidungen bisher getroffen und welche praktischen Maßnahmen eingeleitet worden sind.
Über die globalen Zielformulierungen für das Berufsgrundbildungsjahr besteht ein breiter Konsens zwischen den entscheidungsrelevanten gesellschaftlichen Gruppen. Er hat unter anderem seinen Niederschlag gefunden in der Rahmenvereinbarung der Ständigen Konferenz der Kultusminister der Länder in der Bundesrepublik Deutschland (KMK) über das Berufsgrundbildungsjahr. Als alle Berufsfelder übergreifende Lernziele werden in den Rahmenlehrplänen für den berufsfeldbezogenen Lernbereich die folgenden allgemeinen Lernziele vorangestellt: „Der Schüler soll

- Zusammenhänge zwischen beruflicher Tätigkeit, Wirtschaft und Gesellschaft sowie seine eigene berufliche und soziale Situation, verstehen und beurteilen können;
- seine Berufsentscheidung mit größerer Sicherheit treffen können;
- zu beruflicher Mobilität befähigt werden;
- befähigt werden, den Anforderungen in der Fachbildung gerecht zu werden" (vgl. KMK 1978, S. 9).

Über die Konkretisierung dieser Globalziele und ihre Realisierung besteht dagegen aufgrund divergenter bildungspolitischer Vorstellungen zur Berufsgrundbildung (vgl. LORKE 1976) keine Einigkeit. Diese Differenzen lassen sich jedoch nicht auf den nächsten Stufen einer Zielhierarchie nachweisen, weil zwischen den relativ konkreten Lernzielformulierungen für das Lernen in den einzelnen Berufsfeldern und den Globalzielen kein oder allenfalls ein loser Zusammenhang hergestellt wird (zur Problematik der Zielanalyse vgl. RÖMER 1975) und auch zum Zusammenhang von didaktischen und lernorganisatorischen Entscheidungen und den Globalzielen begründende und legitimierende Argumentationen fehlen. Deshalb erweist es sich als außerordentlich schwierig, die Ergebnisse von Modellversuchen vergleichend auszuwerten und daraus Gesichtspunkte für bildungspolitische Maßnahmen zu gewinnen (vgl. BUND-LÄNDER-KOMMISSION FÜR BILDUNGSPLANUNG 1979, GERDS 1978).

Die wichtigste Entscheidung auf der didaktischen Ebene ist die Bildung von *Berufsfeldern*. Berufsfelder wurden erstmals konstituiert durch die in der Anlage zur Berufsgrundbildungsjahr-Anrechnungs-Verordnung vom 4. 7. 1972 gruppierten 217 (von 463) Ausbildungsberufen zu elf Berufsfeldern. Unter einem Berufsfeld wird dabei eine Gruppe von Ausbildungsberufen verstanden, die aufgrund von gemeinsamen Ausbildungsinhalten als „miteinander verwandt" gelten und sich dadurch von anderen Ausbildungsberufsgruppen deutlich abgrenzen lassen (eine Legaldefinition fehlt). Die Probleme bei der Realisierung dieser Anrechnungsverordnung sowie die bildungspolitischen Kontroversen haben zu einer Revision geführt (zur Problematik der Berufsfeldschneidung und der Zuordenbarkeit aller Ausbildungsberufe vgl. GLASER 1975, LEMKE u. a. 1975). Die neugefaßte Anrechnungsverordnung (vom 17. 7. 1978) sieht eine Erweiterung auf 13 Berufsfelder und eine Schwerpunktbildung innerhalb von sechs Berufsfeldern vor. Die Berufsfelder und ihre Schwerpunkte sind:
- Wirtschaft und Verwaltung mit den Schwerpunkten „Absatzwirtschaft und Kundenberatung", „Bürowirtschaft und kaufmännische Verwaltung", „Recht und öffentliche Verwaltung";
- Metalltechnik mit den Schwerpunkten „Fertigungs- und spanende Bearbeitungstechnik", „Installations- und Metallbautechnik", „Kraftfahrzeugtechnik";
- Elektrotechnik;
- Bautechnik;
- Holztechnik;
- Textiltechnik und Bekleidung;
- Chemie, Physik und Biologie mit den Schwerpunkten „Laboratoriumstechnik", „Produktionstechnik";
- Drucktechnik mit den Schwerpunkten „Druckvorlagen- und Druckformherstellung", „Drucktechnik und

Druckverarbeitung/Buchbinderei";
- Farbtechnik und Raumgestaltung;
- Gesundheit;
- Körperpflege;
- Ernährung und Hauswirtschaft mit den Schwerpunkten „Gastgewerbe und Hauswirtschaft", „Back- und Süßwarenherstellung", „Fleischverarbeitung";
- Agrarwirtschaft mit den Schwerpunkten „Tierischer Bereich", „Pflanzlicher Bereich".

Mit Bezugnahme auf die Anrechnungsverordnung des Bundes hat die Kultusministerkonferenz aufgrund der den Bundesländern zustehenden Regelungsbefugnis für das Schulwesen eine Rahmenvereinbarung über das Berufsgrundbildungsjahr beschlossen. Danach umfaßt „der Unterricht [...] einen berufsfeldübergreifenden und einen berufsfeldbezogenen – fachtheoretischen und fachpraktischen – Lernbereich" (vgl. KMK 1978, S. 2). Im berufsfeldübergreifenden Lernbereich sollen je zwei Wochenstunden in Deutsch, Sozialkunde und Sport sowie der Religionsunterricht nach Landesrecht und können weitere Fächer, zum Beispiel eine Fremdsprache, erteilt werden. Für den berufsfeldbezogenen Lernbereich sind 26 Wochenstunden vorgesehen, die auf den fachtheoretischen und fachpraktischen Bereich entsprechend der Anrechnungsverordnung aufgeteilt sind (Berufsfeld I: ungeteilt; fachtheoretischer Anteil im Berufsfeld XIII = 54 %; X = 48 %; VII = 43 %; IX = 39 %; VIII = 35 %; II bis VI, XI und XII = 31 %). Die Rahmenlehrpläne für den berufsfeldbezogenen Lernbereich, auf deren Grundlage in den Bundesländern die Lehrpläne, Unterrichtsempfehlungen und so weiter erlassen werden, sind zwischen den Kultusministern abgestimmt. Sie werden aufgrund einer im April 1980 getroffenen Übereinkunft zwischen der Kultusministerkonferenz und der Bundesregierung beim Erlaß neuer Ausbildungsordnungen mit diesen abgestimmt.

Die Entscheidungen über die Organisationsformen des Berufsgrundbildungsjahres sind weniger von didaktischen Einsichten als von bildungspolitischen Postulaten und von organisationsrechtlichen Rahmenbedingungen beeinflußt worden. Aufgrund der Zuständigkeit der Länder für das Schulwesen und gefördert durch die bildungspolitischen Vorbehalte der Unternehmerverbände gegenüber Konzeptionen zur Berufsgrundbildung stand bei dessen Einführung die schulische Variante im Vordergrund. In der Lerninstitution „Schule" werden die Lernprozesse zwar an verschiedenen Lernorten (wie Demonstrations-, Labor-, Simulationsräume – vgl. KELL 1975) organisiert, die Lerninstitution „Betrieb" mit den Möglichkeiten des Lernens am Arbeitsplatz bleibt jedoch ausgeschlossen (zur Lernortproblematik vgl. MÜNCH 1977). Auf die Einbeziehung des Betriebs und die Sicherung der Dominanz dieses Lernorts entsprechend seiner im dualen System überkommenen Stellung ist die Etablierung des Berufsgrundbildungsjahres in kooperativer Form gerichtet. Die Änderungen der Anrechnungsverordnung vom 17. 7. 1978, die oben erwähnte Übereinkunft zwischen der Kultusministerkonferenz und der Bundesregierung über die Darstellung des Berufsgrundbildungsjahres in kooperativer Form sowie die Neufassung der Ausbildungsordnungen, die dieser Übereinkunft entsprechend in den Paragraphen über die Ausbildungsdauer, die berufsfeldbreite Grundbildung und den Ausbildungsrahmenplan Regelungen vorsehen (vgl. die Verordnung über die Berufsausbildung im Gastgewerbe vom 25. 4. 1980, Bundesgesetzblatt 1980, Teil I, S. 468), kommen diesen Bestrebungen entgegen. Deshalb ist zu erwarten, daß die steigenden Zuwachsraten, die sich bei der Durchführung von Modellversuchen zum kooperativen Berufsgrundbildungsjahr bereits zeigen (vgl. KELL 1982), den allgemeinen Trend markieren.

Probleme. Neben den bereits angesprochenen systemimmanenten Problemen des Berufsgrundbildungsjahres – wie Lernzielkonkretisierung, Verschränkung der Lernbereiche, insbesondere im berufsfeldbezogenen Bereich, Verschränkung von Fachtheorie und Fachpraxis, Herstellung eines Lernortverbundes und Abstimmung der Lernprozesse in den verschiedenen Lernorten – soll abschließend auf vier übergreifende Problemkomplexe hingewiesen werden.

Erstens: Die Berufsgrundbildung darf nicht nur im Zusammenhang mit der beruflichen Erstqualifizierung gesehen und konzipiert werden, sondern sie hat in einem horizontal gestuften Bildungswesen eine „Gelenkfunktion" zwischen der vorberuflichen Bildung und der beruflichen Fachbildung zu erfüllen. Auf die Bedeutung, die der Herstellung eines *didaktischen Zusammenhangs* zwischen den beiden Bereichen zukommt, hat der DEUTSCHE BILDUNGSRAT (vgl. 1970, S. 183 f.) bereits im Strukturplan hingewiesen, und die BUND-LÄNDER-KOMMISSION FÜR BILDUNGSPLANUNG (vgl. 1975, S. 29 f.) hat diese Perspektive als Forderung in die Bildungsplanung aufgenommen. Die unterschiedlichen Einflüsse, die einerseits von der Struktur des allgemeinen Schulwesens auf die vorberufliche Bildung und andererseits von der Struktur des Beschäftigungssystems auf die berufliche Fachbildung einwirken (vgl. KELL 1978 b, S. 20 f.), haben die Realisierung dieser Forderung bisher verhindert. Die Frage, ob bei einem Festhalten an dieser Forderung für die Berufsgrundbildung die Gefahr droht, „statt zum Gelenk zu werden, zum ungesicherten Sitz zwischen den Stühlen zu verkommen" (STRATMANN 1976, S. 5), bleibt zunächst unbeantwortet.

Zweitens: Berufsgrundbildung als erstes Jahr der Berufsausbildung nimmt das gemeinsame Lernen in berufsqualifizierenden *und* studienvorbereitenden Bildungsgängen in einer integrierten Sekundarstufe II nicht einmal als Zielperspektive auf. Dadurch begrenzen die bildungspolitischen Entscheidungen zum Berufsgrundbildungsjahr Modellversuche, die auf eine das Ausbildungssystem und die gymnasiale Oberstufe als Teilsysteme der Sekundarstufe II übergreifende Reform gerichtet sind (wie die Kollegschulen in Nordrhein-Westfalen oder die Oberstufenzentren in Berlin), und erschweren die Erprobung einer weitergreifenden *schwerpunktbezogenen Grundbildung* (vgl. SCHENK/KELL 1978).

Drittens: Durch das ungeklärte Verhältnis von Berufsbezug und Wissenschaftsbezug in der Berufsgrundbildung bleibt das Lernen im allgemeinen (obligatorischen, berufsfeldübergreifenden) Bereich und im berufsfeldbezogenen Bereich weitgehend voneinander isoliert. Das hat zu einem bloß additiven Nebeneinanderstellen beider Lernbereiche geführt, das sich einmal an den spärlichen Aussagen, die über deren Beziehungen zueinander in den Rahmenlehrplänen zu finden sind, zum Ausdruck kommt. Zum anderen ist diese Beziehungslosigkeit daran ablesbar, daß für den berufs-

feldübergreifenden Lernbereich ein reduzierter „Allgemeinbildungskanon" traditionellen Verständnisses vorgegeben und der berufsfeldübergreifende Lernbereich auf die traditionellen Ausbildungsberufe eingeengt wird (vgl. KUTSCHA 1975, S. 189 ff.).

Viertens: Die Vermittlung einer Berufsgrundbildung für lernschwächere Schüler ist bisher fast ausschließlich als Berufsgrundbildungsjahr in Sonderform erprobt worden. Dabei haben Zielreduktionen und Zielveränderungen stattgefunden, die diese Variante des Berufsgrundbildungsjahres in die Gefahr bringen, unter veränderter Bezeichnung zur bei der Fortführung unbefriedigender Konzepte zur Beschulung von Jungarbeitern zu gelangen oder als Berufsvorbereitungsjahr mit der Verwahrung jugendlicher Arbeitsloser eine neue Funktion zu übernehmen. Dem müßte mit einer systematischen Verbindung von Berufsvorbereitungsjahr und Berufsgrundbildungsjahr, wie sie in einem Modellversuch zur Zeit in Nordrhein-Westfalen erprobt wird, begegnet werden (vgl. KELL u. a. 1981).

BLANKERTZ, H.: Die Sekundarstufe II. In: Enzyklopädie Erziehungswissenschaft, Bd. 9, Teil 1, Stuttgart 1982, S. 321 ff. BUND-LÄNDER-KOMMISSION FÜR BILDUNGSPLANUNG: Stufenplan zu Schwerpunkten der beruflichen Bildung, Bonn 1975. BUND-LÄNDER-KOMMISSION FÜR BILDUNGSPLANUNG: Berufsgrundbildungsjahr. Bericht über eine Auswertung von Modellversuchen, Stuttgart 1979. DEUTSCHER BILDUNGSRAT: Strukturplan für das Bildungswesen, Stuttgart 1970. DEUTSCHER BILDUNGSRAT: Zur Neuordnung der Sekundarstufe II, Stuttgart 1974. GERDS, P.: Zusammenfassende Darstellung und Auswertung von Modellversuchen zum Berufsgrundbildungsjahr in kooperativer Form, Berlin 1978. GLASER, P.: Daten zur Verteilung von Auszubildenden nach Ausbildungsberufen und Berufsfeldern (1965–1973), Hannover 1975. KELL, A.: Planung und Koordination des Curriculum im Verbund von mehreren Lernorten. In: FREY, K. u. a. (Hg.): Curriculum-Handbuch, Bd. 1, München 1975, S. 582 ff. KELL, A.: Die Bedeutung von Grundbildungs-Konzeptionen für den Übergang von der Sekundarstufe I zur Sekundarstufe II. In: SCHENK, B./KELL, A. (Hg.): Grundbildung ..., Königstein 1978, S. 1 ff. (1978 a). KELL, A.: Berufsgrundbildung – Berufspädagogische Perspektiven und berufsbildungspolitische Hoffnungen. In: SCHENK, B./KELL, A. (Hg.): Grundbildung ..., Königstein 1978, S. 12 ff. (1978 b). KELL, A.: Berufsgrundbildung als Teil der Berufsausbildung. In: BONZ, B. u. a.: Berufspädagogische Grundprobleme, Stuttgart 1982, S. 98 ff. KELL, A. u. a.: Lernschwache Jugendliche – Möglichkeiten und Schwierigkeiten ihrer Integration in das Ausbildungs- und Beschäftigungssystem. In: Siegener Hochschulblätter 4 (1981), 1, S. 74 ff. KMK: Rahmenvereinbarung über das Berufsgrundbildungsjahr. Beschluß vom 19. 5. 1978. Neufassung des Beschlusses vom 6. 9. 1973, Neuwied 1978. KUTSCHA, G.: Qualifikationsbestimmung und Bezugssysteme in der didaktisch-curricularen Theorie der kaufmännischen Berufsgrundbildung. In: D. Dt. Ber.- u. Fachs. 71 (1975), S. 189 ff. KUTSCHA, G.: Wissenschaftliche Grundbildung – ein ungelöstes Problem in Praxis und Theorie der Lehrplanung für die gymnasiale Oberstufe. In: SCHENK, B./KELL, A. (Hg.): Grundbildung ..., Königstein 1978, S. 33 ff. KUTSCHA, G.: Das System der Berufsausbildung. In: Enzyklopädie Erziehungswissenschaft, Bd. 9, Teil 1, Stuttgart 1982, S. 203 ff. LEMKE, I. u. a.: Probleme und Aspekte der Berufsfeldeinteilung. Schriften zur Berufsbildungsforschung, Bd. 36, Hannover 1975. LORKE, I.: Stellungnahmen und Äußerungen zur Berufsgrundbildung. Materialien zur Berufsgrundbildung, Teil I. Manuskript des Bundesinstitutes für Berufsforschung, Mimeo, Berlin 1976. MÜNCH, J. (Hg.): Lernen – aber wo? Der Lernort als pädagogisches und lernorganisatorisches Problem, Trier 1977. RÖMER, S.: Die Anwendung moderner Problemlösungsverfahren für die Planung der curricularen Rahmenbedingungen beruflicher Grundbildung, Hannover 1975. SCHENK, B./KELL, A. (Hg.): Grundbildung: Schwerpunktbezogene Vorbereitung auf Studium und Beruf in der Kollegschule, Königstein 1978. STRATMANN, K.: Kernprobleme der Berufsgrundbildung. In: D. Dt. Ber.- u. Fachs. 67 (1971), 2, S. 652 ff. STRATMANN, K.: Die Berufsgrundbildung als „Gelenk" zwischen vorberuflicher und Berufsfachbildung? In: Berb. i. W. u. Prax. 5 (1976), 2, S. 2 ff.

Adolf Kell

Berufsschule

Begriff. Schon Herbart gebrauchte das Wort Berufsschule, allerdings im umfassenden Sinn von „Spezialschule", die er als außerhalb „der pädagogischen Sphäre" angesiedelt ansah. Gegen Ende des 19. Jahrhunderts wurde der Ausdruck „Berufsschule" häufig von Förderern der Fortbildungsschulen verwendet, um damit programmatisch anzudeuten, daß die Fortbildungsschulen die Vermittlung beruflichen Wissens zum Mittelpunkt ihrer Arbeit machen sollten. So forderte der Fortbildungsschulpionier Scharf 1899: „In ihrer äußeren und inneren Organisation muß jede Fortbildungsschule den Charakter einer Berufsschule haben" (LIPSMEIER 1966, S. 171). Während noch 1919 in der Weimarer Verfassung von der „Fortbildungsschulpflicht" die Rede war, setzte sich 1920 in der Reichsschulkonferenz die Bezeichnung Berufsschule durch. Sie wurde 1921 im Preußischen Gewerbe- und Handelslehrer-Diensteinkommensgesetz erstmals amtlich verwendet. Bis in die 30er Jahre verdrängte sie die Bezeichnungen Fortbildungs-, Gewerbe- und (für die kaufmännische Teilzeitschule) Handelsschule. Im Erlaß des Reichsministers für Wissenschaft, Erziehung und Volksbildung vom 29. 10. 1937 („Reichseinheitliche Benennungen im Berufs- und Fachschulwesen") wurden die Berufsschulen folgendermaßen definiert: „Berufsschulen sind sämtliche Schulen, die pflichtmäßig von gleichzeitig in der praktischen Ausbildung (mit Lehr- und Anlernverhältnis u. dgl.) oder in Arbeit befindlichen jungen Menschen sowie von erwerbslosen Jugendlichen besucht werden. Dazu sind auch sämtliche als Ersatzschulen anerkannte ‚Werkschulen', ‚Innungsfachschulen' usw. zu rechnen." Seit 1938 werden auch in Österreich die Fortbildungsschulen als Berufsschulen bezeichnet, während sich in der deutschsprachigen Schweiz die alte Bezeichnung „Gewerbeschule" zum Teil bis 1980 gehalten hat.

Nach 1945 wurde die Bezeichnung Berufsschule nicht in Frage gestellt; die Ständige Konferenz der Kultusminister der Länder in der Bundesrepublik Deutschland (KMK) definierte in der Vereinbarung „Gruppenbezeichnung im beruflichen Schulwesen" vom 18. 1. 1968 die Berufsschule neu: „Berufsschulen sind berufsbegleitende Teilzeitschulen für berufsschulpflichtige Jugendliche. Sie haben die Aufgabe, die Allgemeinbildung der Schüler unter besonderer Berücksichtigung ihrer Berufsausbildung oder ihrer beruflichen Tätigkeit zu erweitern und die praktische Berufsausbildung zu ergänzen. In Ausnahmefällen kann die oberste Schulaufsichtsbehörde genehmigen, daß statt des Teilzeitunterrichts Vollzeitunterricht in zusammenhängenden Zeitabschnitten erteilt wird. In einigen Ländern wird als neue Schulform die unmittelbar an die Hauptschule bzw. die Realschule anschließende Berufsgrundschule erprobt. In ihr werden die Schüler bei einjährigem Vollzeitunterricht auf die Entscheidung für einen speziellen Beruf oder für eine Berufsgruppe vorbereitet" (vgl. KMK 1968).

Schließlich hat die KMK mit Beschluß vom 8. 12. 1975 („Bezeichnungen zur Gliederung des beruflichen Schulwesens") die zur Zeit gültige Definition verabschiedet: „Berufsschulen sind Schulen, die von Berufsschulpflichtigen/Berufsschulberechtigten besucht werden, die sich in der beruflichen Erstausbildung befinden oder in einem Arbeitsverhältnis stehen. Sie haben die Aufgabe, dem Schüler allgemeine und fachliche Lerninhalte unter besonderer Berücksichtigung der Anforderungen der Berufsausbildung zu vermitteln. Der Unterricht erfolgt in Teilzeitform an einem oder mehreren Wochentagen oder in zusammenhängenden Teilabschnitten (Blockunterricht); er steht in enger Beziehung zur Ausbildung in Betrieben einschließlich überbetrieblicher Ausbildungsstätten. Im Rahmen einer in Grund- und Fachstufe gegliederten Berufsausbildung kann die Grundstufe als Berufsgrundbildungsjahr mit ganzjährigem Vollzeitunterricht oder im dualen System in kooperativer Form geführt werden" (vgl. KMK 1979).

Geschichte. Die Wurzeln der Berufsschule reichen bis ins 18. Jahrhundert zurück; während in den Sonntagsschulen für die schulentlassene Jugend die religiöse und die allgemeine Bildung fortgesetzt wurde, dienten die Handwer-

ker- oder Gewerbeschulen (Gründung in Baden 1834) der realistischen und berufstheoretischen Bildung von Lehrlingen und Gesellen. Gegen Ende des 19. Jahrhunderts breitete sich die Fortbildungsschule aus, die als Teilzeitschule (sonntags, werktagsabends, spätnachmittags) die aus der Volksschule Entlassenen allgemein fortbildete, wobei staatsbürgerliche Belehrungen, auch als Mittel zur Bekämpfung der Sozialdemokratie gedacht, von Anfang an eine große Rolle spielten. Als Lehrer wirkten vor allem Volksschullehrer im Nebenamt. 1892 entstand der Deutsche Verein für das Fortbildungsschulwesen, der eine Monatsschrift herausgab und „Fortbildungsschultage" veranstaltete. Von Fortbildungsschulmännern wie Pache (Leipzig), Rücklin (Pforzheim), Scharf (Magdeburg), Schanze (Eschwege) vorangetrieben, wurde das Fortbildungsschulcurriculum immer stärker berufsbezogen ausgerichtet. Die dadurch entstandene fachlich gegliederte Fortbildungsschule wies gewerbliche, kaufmännische, landwirtschaftliche und hauswirtschaftliche Richtungen auf. Besonders weit ging Kerschensteiner in München mit dieser Verfachlichung der Fortbildungsschule, zu deren didaktischem Mittelpunkt er Schulwerkstätten machte, in denen Meister nebenamtlich unterrichteten. Er wollte den berufspraktischen mit dem berufstheoretischen Unterricht und beide mit dem staatsbürgerkundlichen Unterricht verbinden. Als Abschluß dieser Entwicklung können die preußischen Lehrplanbestimmungen von 1911 angesehen werden, die vom Handelsminister, dem (bis 1934) diese Schulen unterstanden, erlassen wurden, weil ein Fortbildungsschulpflicht-Gesetz nicht zustande kam. Die Weimarer Verfassung sah dann eine Fortbildungsschulpflicht bis zum 18. Lebensjahr vor, die aber erst durch das Reichsschulpflichtgesetz von 1938 als Berufsschulpflicht reichseinheitlich gestaltet wurde. Nach 1945 wurde in den

167

Ländern der Bundesrepublik Deutschland die auf die Vollzeitschulpflicht folgende dreijährige Teilzeit-Berufsschulpflicht beibehalten.

In den 20er und 30er Jahren erfolgte die innere Umwandlung der Fortbildungsschulen in fachlich gegliederte Berufsschulen. Dazu trug die Ausbildung von speziellen Lehrern für die Berufsschulen wesentlich bei, nämlich der *Handelslehrer* an den Handelshochschulen, der *Gewerbelehrer* an Gewerbelehrerseminaren, berufspädagogischen Instituten, technischen Hochschulen und Universitäten sowie der *Landwirtschaftslehrer* an Staatsinstituten für landwirtschaftlichen Unterricht und Hochschulen für Lehrerbildung. Erziehung zur fachlichen Tüchtigkeit und staatsbürgerliche Erziehung wurden als Hauptaufgaben der Berufsschulen angesehen; sie sollten in sechs bis acht Wochenstunden erfüllt werden. Nach 1945 wurden auch allgemeinbildende Fächer in das Berufsschulcurriculum aufgenommen (Religion, Sport, Deutsch); die Wochenstundenzahl erhöhte sich nach 1970 auf zwölf Stunden.

Situation. Die Berufsschulen werden herkömmlicherweise hinsichtlich der *Fachrichtungen* eingeteilt in gewerblich-technische, kaufmännische, hauswirtschaftliche, landwirtschaftliche, gartenbauliche und bergbauliche Berufsschulen.

Nach 1970 setzt sich die Einteilung nach den (13) *Berufsfeldern* durch, zu denen die „Fachrichtungen des beruflichen Schulwesens" der Ausbildung der Lehrer für berufliche Schulen (vgl. KMK 1974) korrespondieren.

In Großstädten gibt es Berufsschulen für die einzelnen Fachrichtungen, oft auch nur für Teile davon (Berufsschule für Einzelhandel); in den Berufsschulen auf dem Lande sind meist mehrere Fachrichtungen miteinander verbunden (Kreisberufsschule). Die drei aufsteigenden Klassen der Berufsschule heißen Unter-, Mittel- und Oberstufe. Sind die

Schüler Auszubildende eines Ausbildungsberufes, spricht man von Einberufsklassen; meist handelt es sich aber um Berufsgruppenklassen. Der Unterricht findet an einem oder zwei Wochentagen statt; dieser Teilzeitunterricht wird aber in zunehmendem Maße durch Blockunterricht ersetzt. Für Behinderte gibt es Sonderberufsschulklassen, zum Teil auch selbständige Sonderberufsschulen. Mit den Berufsschulen sind fast immer andere berufliche Schulen (Berufsfachschulen, Berufsaufbauschulen, Fachschulen, berufliche Gymnasien) verbunden, so daß berufliche Schulzentren (Bayern: Berufsbildungszentren) entstanden sind.

In den meisten Bundesländern werden die Sachkosten der Berufsschulen von Städten und Kreisen, die Personalkosten vom Land getragen; die Zahl der Werkberufsschulen als private Ersatzschulen ist gering. In der DDR besuchen dagegen zwei Drittel der Lehrlinge Betriebsberufsschulen (vgl. AKADEMIE DER PÄDAGOGISCHEN WISSENSCHAFTEN DER DEUTSCHEN DEMOKRATISCHEN REPUBLIK 1979, S. 111).

Die Schülerzahlen der rund 1 800 Berufsschulen in der Bundesrepublik Deutschland sind in den letzten Jahren bei 1,6 Millionen ziemlich konstant geblieben. Davon haben rund 1,3 Millionen Schüler einen Ausbildungsvertrag, der Rest sind Jungangestellte, Jungarbeiter, mithelfende Familienangehörige, Berufs- und Arbeitslose.

Didaktik. Das Curriculum der Berufsschule besteht heute aus drei Teilen:
– berufstheoretischer Unterricht (zum Beispiel Technologie, Technische Mathematik, Technisches Zeichnen; Betriebswirtschaftslehre, Rechnungswesen, Ernährungslehre),
– berufspraktischer Unterricht (zum Beispiel praktische Fachkunde, Laborübungen, Maschinenschreiben, Kochen),
– allgemeiner Unterricht (zum Beispiel

Politischer Unterricht, Religion, Sport, Deutsch). Die Berufsschuldidaktik und die ihr zugeordneten Fachdidaktiken sind nicht sehr weit entwickelt, obwohl es eine Fülle von Veröffentlichungen zu methodisch-unterrichtstechnischen Fragen gibt.

AKADEMIE DER PÄDAGOGISCHEN WISSENSCHAFTEN DER DEUTSCHEN DEMOKRATISCHEN REPUBLIK (Hg.): Das Bildungswesen der Deutschen Demokratischen Republik, Berlin (DDR) 1979. BLÄTTNER, F. u. a. (Hg.): Handbuch für das Berufsschulwesen, Heidelberg 1960. GREINERT, W.-D.: Schule als Instrument sozialer Kontrolle und Objekt privater Interessen. Der Beitrag der Berufsschule zur politischen Erziehung der Unterschichten, Hannover 1975. GRÜNER, G.: Bausteine zur Berufsschuldidaktik, Trier 1978. KMK: Pressemitteilung aus Anlaß der 120. Plenarsitzung der Ständigen Konferenz der Kultusminister der Länder in der Bundesrepublik Deutschland vom 18./19. Januar 1968 in Berlin vom 21. 1. 1968, Anlage 2. KMK: Rahmenvereinbarung über die Ausbildung und Prüfung für das Lehramt mit Schwerpunkt Sekundarstufe II – Lehrbefähigung für Fachrichtungen des beruflichen Schulwesens. Beschluß vom 5. 10. 1973, Neuwied 1974. KMK: Bezeichnungen zur Gliederung des beruflichen Schulwesens. Beschluß vom 8. 12. 1975, Neuwied 1979. LIPSMEIER, A.: Geschichte der Bezeichnung „Berufsschule". In: D. berb. S. 18 (1966), S. 169 ff. LIPSMEIER, A.: Technik und Schule. Die Ausformung des Berufsschulcurriculums unter dem Einfluß der Technik als Geschichte des Unterrichts im technischen Zeichnen, Wiesbaden 1971. MONSHEIMER, O.: Drei Generationen Berufsschularbeit – Gewerbliche Berufsschulen, Weinheim 1970. THYSSEN, S.: Die Berufsschule in Idee und Gestaltung, Essen 1954.

Gustav Grüner

Berufsschullehrer

Geschichte der Ausbildung von Berufsschullehrern. Als das berufliche Schulwesen zu Beginn des 19. Jahrhunderts entstand und sich differenzierte, wurde auch eine eigenständige Lehrerausbildung zunehmend erforderlich, da für den Unterricht bis dahin lediglich Volksschullehrer, Geistliche und Handwerker zur Verfügung standen. An einer der ersten technischen Hochschulen, nämlich an der Polytechnischen Schule in Karlsruhe, wurde im Jahre 1834 die erste akademische Ausbildungsmöglichkeit für Gewerbelehrer eingerichtet. Baden war damit anderen Ländern weit voraus; doch nach 1880 wurde die Gewerbelehrerausbildung hier wieder aus dem Bereich der Technischen Hochschule ausgegliedert und den Fachhochschulen übertragen. Eine eigenständige Gewerbe- und Handelslehrerausbildung wurde vor dem Ersten Weltkrieg in Bayern, Württemberg, Preußen und Sachsen aufgenommen. Während die Handelslehrerausbildung von den Handelshochschulen etwa seit 1900 wahrgenommen wurde, dehnte die staatliche Unterrichtsverwaltung im gewerblichen Bereich für die meist nebenamtlich an den Fortbildungsschulen tätigen Volksschullehrer die anfangs eingerichteten mehrwöchigen Kurse lediglich auf einjährige Dauer aus. Zu diesen Kursen, die teils an eigens gegründeten Instituten durchgeführt wurden, waren auch häufig Fachschulabsolventen und Meister, die sogenannten Praktiker, zugelassen.

Mit diesen Hinweisen auf die *Akademisierung der Berufsschullehrerausbildung* und die Zulassung von Praktikern zu diesem Studium beziehungsweise die Praxiskompetenz von Berufsschullehrern sind zentrale Problembereiche angesprochen, die jahrzehntelang im Zentrum der berufspädagogischen Diskussion standen (vgl. LEMPERT 1962, WAINER 1979) und bis heute noch nicht endgültig gelöst sind. Während die Handelslehrerausbildung etwa seit 1900 an den wissenschaftlichen Hochschulen zumeist sehr eng an den Studiengängen von Diplom-Volks- und Diplom-Betriebswirten orientiert wurde, blieb die Gewerbelehrerausbildung vorerst am seminaristischen Ausbildungsmodell der Volksschullehrerausbildung ausgerichtet. Erst mit Beginn der 60er Jahre wurde auch die Gewerbelehrerausbildung von den Instituten und Akademien an die wissenschaftlichen Hochschulen verlagert. Das führte auch zu einer Veränderung der Zugangsqualifikationen zu diesem Studium: Statt abgeschlossener Berufsausbildung in einem Ausbildungsberuf (zum Beispiel Maschinenschlosser), mittlerer Reife und dem Abschluß einer Fachschule (etwa als Meister oder Techniker) oder dem Abschluß einer höheren Fachschule (zum Beispiel als Ingenieur) waren nunmehr mit der Akademisierung der Gewerbelehrerausbildung Abitur und Kurzpraktikum für die Aufnahme des Studiums erforderlich.

Neuordnung in den 60er Jahren. Die Integration der Gewerbe- und Handelslehrerausbildung in die wissenschaftlichen Hochschulen war allerdings mit der Gefahr verbunden, an dort schon bestehenden Studiengängen und Berufsbildern orientiert zu werden, einer Gefahr, der die Handelslehrerausbildung durch ihre Identifizierung mit dem Leitbild des Diplom-Kaufmanns durchweg, die Gewerbelehrerausbildung durch ihre Akzeptierung des Leitbildes des Diplom-Ingenieurs in vielen Studienorten unterlag. Das hatte zur Folge, daß die Studiengangskonstruktion in den verschiedenen Studienorten während der 50er und 60er Jahre zu sehr unterschiedlichen Modellen führten, vor allem hinsichtlich der Studiendauer, des Umfangs und der Anzahl der studierbaren Wahlfächer, des Anteils der Erziehungs- und Sozialwissenschaften und des Umfangs der für erforderlich angesehenen Praxis-

kompetenz der Studierenden (Schul- und Betriebspraxis). Diese unter curricular-organisatorischen Aspekten nahezu unübersichtliche Situation in den Hochschulen wäre freilich wohl noch kein Anlaß gewesen, diese Studiengänge curricularer Forschung zu unterwerfen beziehungsweise nach Alternativen zu suchen. Erst die Situation, die in den 60er Jahren durch die stärkere öffentliche und wissenschaftliche Beachtung der Berufsausbildung ins Bewußtsein gekommen ist, daß nämlich die Ursachen für die stark kritisierten Mißstände in der Berufsausbildung auch im überaus großen Mangel an Berufsschullehrern sowie im nicht ausreichenden Zulauf zu diesem Studium zu suchen seien, gab der Öffnung dieser Studiengänge und der Entwicklung curricularer Alternativen eine echte Chance, realisiert zu werden.

Ausbildungsmodelle. Das traditionelle *Ausbildungsmodell* für Berufsschullehrer mit einer Lehrbefähigung in einer beruflichen Fachrichtung, zum Beispiel Metallgewerbe oder Wirtschaft, und zusätzlich einer beziehungsweise zwei Lehrbefähigungen in einzelnen Fächern, zum Beispiel Mathematik oder Religion, ist durch die „Rahmenvereinbarung über die Ausbildung und Prüfung für das Lehramt mit Schwerpunkt Sekundarstufe II – Lehrbefähigung für Fachrichtungen des beruflichen Schulwesens" vom 5. 10. 1973 von der Ständigen Konferenz der Kultusminister der Länder in der Bundesrepublik Deutschland (vgl. KMK 1974) grundsätzlich gefestigt worden. Nach dieser Rahmenvereinbarung stehen die curricularen Bausteine des Studienganges (Berufliche Fachrichtung, Wahlfach, Erziehungswissenschaften) in einem Verhältnis von 80 : 40 : 40 (in Semesterwochenstunden).
In der curricularen Kritik an den traditionellen Berufsschullehrer-Studiengängen sind besonders Inhalt und unzureichender Umfang des erziehungs- und

gesellschaftswissenschaftlichen Studiums sowie die völlig unzureichende fachdidaktische Durchdringung der fachwissenschaftlichen Studien hervorzuheben.

Zusammengefaßt lassen sich die gegenwärtig vorfindbaren Studiengangmodelle nahezu in einem Kontinuum darstellen. An einem Ende steht die Ausbildung des reinen Fachmannes für eine Fachrichtung ohne Erziehungs- und Gesellschaftswissenschaften, am anderen Ende die gleichrangige Behandlung der drei Bestandteile Hauptfach, zweites Fach und Erziehungs- und Gesellschaftswissenschaften:

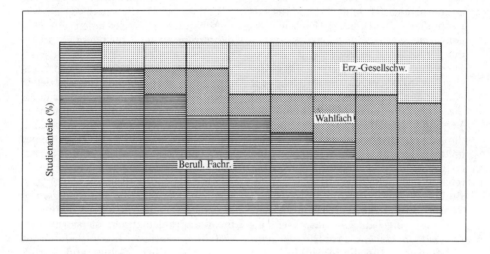

Prinzipiell ließe sich jedes gegenwärtig praktizierte Modell in der oben dargestellten Graphik unterbringen. Diese schematische Betrachtung läßt die Unterschiede im Anteil von Fachdidaktik, in Stellenwert und Umfang von Praktika (Schul- und/oder Betriebspraktika) sowie die Alternativen in den hochschuldidaktischen Konzepten noch außer Betracht; die Berücksichtigung dieser Aspekte würde noch weitere Differenzierungen ergeben.

Hauptproblembereiche. Folgende Hauptproblembereiche in der Berufsschullehrerausbildung sind national wie international auszumachen:

Praxiskompetenz: Die unverzichtbare Praxiskompetenz von Berufsschullehrern hat zwei Seiten: Außer der für alle Lehrer selbstverständlichen Kompetenz für das Praxisfeld „Schule" – recht umstritten sind allerdings der Erwerb und Umfang dieser Kompetenz – muß für diese Lehrer auch eine Kompetenz für das Praxisfeld „Betrieb" gefordert werden. Diese Kompetenz kann in extensiver Anlegung wohl nicht mehr, wie bis gegen Ende der 50er Jahre, das Niveau eines Facharbeiters oder gar eines Technikers oder Meisters umfassen; die Qualifikation sollte jedoch außer berufspraktischen Basiskenntnissen und -fertigkeiten vor allem die Kenntnis der „Arbeitswelt als die Welt seiner Schüler und insbesondere als Ausbildungsstätte der Auszubildenden [...] und die Verflechtung eines speziellen Arbeitsbereiches mit der Gesamtwirtschaft" beinhalten (DEUTSCHER BILDUNGSRAT 1970,

S. 243). Das Problem der Praxiskompetenz in der Berufsschullehrerausbildung ist wohl für alle west- und osteuropäischen Länder existent; die Lösungen, die in den verschiedenen Ländern anzutreffen sind und die höchst unterschiedlich ausfallen, hängen nicht nur von Funktion und Position des Lehrers in der staatlichen Bildungspolitik ab, sondern auch von der Konzeption des Sekundarbereichs II. Je nach Grad der horizontalen (Berufsfelder, Fachrichtungen) und vertikalen (Lehrlingsausbildung; niedere, mittlere und höhere Fachschulen) Differenzierung dieses Bereichs variieren auch die Modelle der Ausbildung von Berufsschullehrern, in die weiterhin auch offensichtlich der Verschulungsgrad von Berufsausbildung (Vollzeitschulen) sowie das Verhältnis des beruflichen Sekundarbereichs II zum allgemeinen Sekundarbereich und zu den anderen Bereichen des Bildungswesens (Sekundarbereich I, Tertiär- und Quartärbereich) als Determinanten eingehen. Um das allseits als relevant angesehene Problem der Praxiskompetenz für die Ausbildung der Lehrer in der Berufsausbildung („Berufsschullehrer") in den Griff zu bekommen, wird in fast allen west- und osteuropäischen Ländern die Ausbildung vertikal differenziert (vgl. LIPSMEIER 1979).

Vertikalisierung der Berufsschullehrerausbildung: Vereinfachend lassen sich drei Ebenen unterscheiden:

– Lehrer für Fachpraxis (Fachlehrer); dieser Lehrertyp wird überwiegend gemäß der Rahmenvereinbarung der KMK von 1973 ausgebildet (mittlerer Bildungsabschluß, Meister- beziehungsweise Technikerprüfung, 18monatige theoretische und schulpraktische Ausbildung in einem Fachseminar);
– Lehrer für den berufstheoretischen Unterricht ersten Grades (Theorielehrer I) und
– Lehrer für den berufstheoretischen Unterricht zweiten Grades (Theorielehrer II).

Während in der Bundesrepublik die beiden Typen von Theorielehrern zu einer Kategorie zusammengefaßt sind, haben viele Länder die vorstehende, teilweise sogar eine noch weitergehende Differenzierung eingeführt, wie Frankreich, die Niederlande, Österreich, England und die osteuropäischen Länder. Die Theorielehrer II, die durchweg an wissenschaftlichen Hochschulen ausgebildet werden, unterrichten zumeist an beruflichen mittleren und höheren Vollzeitschulen, während die Theorielehrer I, die überwiegend von speziellen (nichtwissenschaftlichen) Hochschulen, Akademien und Instituten kommen, in der (anspruchsloseren) Lehrlingsausbildung eingesetzt werden. Die Fachlehrer verfügen zumeist über eine Meister- oder Technikerausbildung.

Die mit der Vertikalisierung der Berufsschullehrerausbildung notwendigerweise einhergehende Aufgabenverteilung ist nicht unproblematisch, da sie mit der Gefahr verbunden ist, daß dadurch die für das berufliche Schul- und Ausbildungswesen als curriculares Spezifikum hochgepriesene Einheit von Theorie und Praxis auseinanderfallen oder der Praxisbezug ganz verlorengehen könnte; deswegen wird zum Beispiel in Polen überlegt, die Theorielehrer- und die Fachpraxislehrerausbildung wieder zusammenzuführen.

Pädagogische Qualifikation: Von den Lehrern für die Sekundarstufe II wird traditionell verlangt, daß sie für die Fächer, die sie unterrichten sollen, fachlich kompetent sind, was durch ein wissenschaftliches Studium nachzuweisen ist. So berechtigt diese Forderung, der ja auch für die Gymnasiallehrer und für die Theorielehrer II in der Berufsausbildung durchweg entsprochen wird, sein mag, so ist dadurch doch die Möglichkeit gegeben, das Berufsbild und das Berufsethos auf das Fachliche zu verkürzen; die erzieherische Funktion des Lehrers, der eine pädagogische Qualifikation zu entsprechen hätte, gerät dabei allzu leicht aus dem Blickfeld. Diese Gefahr wird noch verstärkt, wenn als Theorielehrer wissenschaftlich ausgebildete Praktiker (zum Beispiel Diplom-Ingenieure, Diplom-Volkswirte, Diplom-Landwirte) ohne pädagogische Zusatzqualifikation in den Schuldienst übernommen werden, wie das in vielen östlichen und westlichen Ländern gang und gäbe ist und in der Bundesrepublik Deutschland in den Zeiten des Berufsschullehrermangels lange praktiziert wurde. Mit den in vielen Ländern betriebenen Programmen zur pädagogischen Nachqualifizierung dieser Lehrer in Abendkursen, Vollzeitlehrgängen oder im Fernstudium ist dieser Zustand nur langsam zu verbessern; deshalb empfiehlt die Europäische Gemeinschaft, gerade für diesen Personenkreis die Ausbildungsbemühungen zu verstärken.

In der Bundesrepublik Deutschland ist die Berufsschullehrerausbildung in den letzten Jahrzehnten immer stärker an die allgemeine Lehrerausbildung angeglichen worden. Neben der Gefahr einer curricularen Nivellierung, etwa unter Verlust des Praxisbezugs, ist jedoch dieser Prozeß bildungspolitisch gesehen sehr weitreichend: Die Einbindung der Berufsschullehrerausbildung in das Konzept der gesamten Lehrerausbildung bricht mit der Tradition beziehungslos nebeneinander herlaufender Lehrerausbildung für das allgemeine und berufliche Schulwesen, das die Geschichte der Lehrerausbildung seit der Trennung der vorgeblich der Humanität verpflichteten allgemeinen Schulen von den der bloßen Utilität verdächtigen beruflichen Schulen begleitet. Die Vorgabe des Deutschen Bildungsrates, daß die „Berufsschul"-Lehrer trotz der Besonderheiten der Ausbildung und des Tätigkeitsfeldes „grundsätzlich die gleichen allgemeinen Lernziele bei ihren Schülern anstreben [sollten] wie die Lehrer

anderer Bildungseinrichtungen" (DEUTSCHER BILDUNGSRAT 1970, S. 243), ist in dieser Deutlichkeit der erstmalige Bruch einer bildungspolitisch bedeutsamen Instanz mit dem Schisma von Allgemeinbildung und Berufsbildung in der Lehrerausbildung.

Zur Rollenproblematik. Diese Polarität von Allgemeinbildung und Berufsbildung prägt auch die Rolle des Berufsschullehrers, die an die Ziele der Berufsausbildung gebunden ist. Der gesellschaftliche Konsens über die beiden Ziele „berufliche Tüchtigkeit" und „berufliche Mündigkeit" hat jedoch nicht ein problemloses Rollenbild zur Folge, sondern im Gegenteil: Dieser Konsens steht vielmehr für das Spannungsgefüge, das die Berufsausbildung bestimmt. Während das allgemeine Schulwesen als gesellschaftliches Subsystem in der Zielsetzung relativ autonom ist, wird für die Berufsausbildung, die der unmittelbaren Verwertbarkeitsprüfung der von ihr vermittelten Qualifikation durch das Beschäftigungssystem unterliegt, der enge Zusammenhang von Ausbildung und Arbeitsleben determinierend. Für den Berufsschullehrer konkretisiert sich nun seine Rolle durch die Institutionen und Bezugsgruppen seines Berufsfeldes: die beruflichen Schulen in ihren vielfältigen vertikalen und horizontalen Differenzierungen, die Betriebe der Auszubildenden, die überbetrieblichen Ausbildungswerkstätten, den Arbeitsmarkt, die gesellschaftlichen Interessengruppen (insbesondere Arbeitgeber- und Arbeitnehmerorganisationen), die Schulaufsicht und die Elternschaft. Der vermeintliche Ziel-Konsens, der in der oben genannten Allgemeinheit auch besteht, offenbart bei der Konkretisierung von Sozialisation, Qualifikation und Allokation die für den Berufsschullehrer in seine Tätigkeit von vornherein installierten Rollenkonflikte. In das konkrete Lehrerverhalten geht über die objektiv vorhandenen Determinanten (Institutio-

173

nen und Bezugsgruppen) hinaus bewußt oder unbewußt die pädagogische Selbstrolle ein, die sowohl von den die Ausbildung des Berufsschullehrers tragenden Wissenschaften wie auch von sozialen Faktoren geprägt wird: Die Herkunft des Berufschullehrers vornehmlich aus der Unter- und Mittelschicht vermittelt ihm Wertorientierungen, Interessen, Gesellschaftsbilder und Verhaltensstandards, die den Mikrobereich von Berufsschule und Berufsausbildung mitbestimmen und insgesamt stärker von konservativer Mentalität als von kritischem Innovationspotential gekennzeichnet sind.

Zum Verbandswesen. Diese Einschätzung findet eine gewisse, in allgemeinpolitischen und bildungspolitischen Konzeptionen und Aktivitäten jedoch sehr vorsichtig zu interpretierende Bestätigung im *Verbandswesen der Berufsschullehrer:* Von den rund 70 000 hauptberuflichen Berufsschullehrern sind im Jahre 1979 knapp 9 000 in der „Gewerkschaft Erziehung und Wissenschaft" (GEW) und rund 17 000 im „Bundesverband der Lehrer an beruflichen Schulen" (BLBS) organisiert; hinzu kommen noch die dem „Bundesverband der Lehrer an Wirtschaftsschulen" (VLW) angehörenden Lehrer des kaufmännischen beruflichen Schulwesens (13 000; teilweise Doppelzählung durch gleichzeitige Mitgliedschaft im BLBS). Damit sind gut 50 % aller Berufsschullehrer in standespolitischen Interessenverbänden organisiert.

BRECHMACHER, R. u. a.: Berufspädagogen in Studium und Beruf, Frankfurt/New York 1980. COLLINGRO, P. u. a. (Hg.): Irrwege und Weg der Gewerbelehrer-Ausbildung, Frankfurt/M. 1979. DEUTSCHER BILDUNGSRAT (Hg.): Strukturplan für das Bildungswesen. Empfehlungen der Bildungskommission, Stuttgart 1970. GEORG, W./LAUTERBACH, U.: Studiengänge für das Lehramt an beruflichen Schulen in der Bundesrepublik Deutschland, Weinheim/Basel 1979. HESSE, H. u. a.: Berufsbild und Studienplan, Hannover 1975. KMK: Rahmenvereinbarung über die Ausbildung und Prüfung für das Lehramt mit Schwerpunkt Sekundarstufe II – Lehrbefähigung für Fachrichtungen des beruflichen Schulwesens. Beschluß vom 5. 10. 1973, Neuwied 1974. LEMPERT, W.: Der Gewerbelehrer. Eine soziologische Leitstudie, Stuttgart 1962. LEMPERT, W.: Gewerbelehrerbildung und Schulreform, Heidelberg 1965. LINKE, W.: Der Gewerbelehrer und die Gewerbelehrerin. In: BLÄTTNER, F. u. a. (Hg.): Handbuch für das Berufsschulwesen, Heidelberg 1960, S. 236 ff. LIPSMEIER, A.: Die Ausbildung von Berufsschullehrern in den Ländern der Europäischen Gemeinschaft. In: Berb. Infobull. 5 (1979), 4, S. 2 ff. PLEISS, U.: Wirtschaftslehrerbildung und Wirtschaftspädagogik, Göttingen 1973. RAUNER, F. u. a. (Hg.): Berufliche Bildung. Perspektiven für die Weiterentwicklung der Berufsschule und die Ausbildung ihrer Lehrer, Braunschweig 1980. WAINER, U.: Die Ausbildung der Handelslehrer in der Bundesrepublik Deutschland. In: Wirtsch. u. E. 31 (1979), S. 212 ff.

Antonius Lipsmeier

Berufsschulpflicht

Begriff und allgemeine Charakterisierung. Die Berufsschulpflicht ist Teil der Schulpflicht. Sie setzt eine nach Schuljahren bemessene *allgemeine (Vollzeit-) Schulpflicht* (Pflicht zum Besuch allgemeinbildender Schulen) voraus und ist von dieser im Regelfall durch den *Teilzeit*-Charakter unterschieden (Teilzeitschulpflicht). Insofern ist die Berufsschulpflicht gerade durch ihre von der allgemeinen Schulpflicht abweichende Regelform eine wesentliche Komponente des *dualen Systems der Berufsausbildung.* Doch kann die Berufsschulpflicht auch durch den Besuch von berufsbildenden Vollzeitschulen, wie etwa von Berufsfachschulen, erfüllt oder durch den Besuch von weiterführenden allgemeinbildenden Schulen ersetzt werden. Ausbildungsgänge, die auf den Abschlüssen weiterführender allgemeiner Schulen aufbauen, wie das Studium an Fachschulen und wissenschaftlichen Hochschulen, sind dadurch von der Berufsschulpflicht völlig ausgenommen, ebenso in der Regel die Ausbildungsgänge von Beamtenanwärtern und Medizinalhilfspersonen, zum Beispiel Krankenpflegern und Krankenschwestern. Das in der Bundesrepublik Deutschland geltende System der Berufsschulpflicht weist im wesentlichen eine auf die geschichtliche Entwicklung zurückführbare einheitliche Grundstruktur auf. In Einzelheiten gibt es aber zahlreiche Länderbesonderheiten, die hier nicht vollständig dargestellt werden können (vgl. die Landesschulpflichtgesetze von Bayern, Hessen, Nordrhein-Westfalen und dem Saarland beziehungsweise die entsprechenden Teile der Landesschulgesetze von Baden-Württemberg, Bremen, Hamburg, Niedersachsen, Rheinland-Pfalz und Schleswig-Holstein).

Die bundesstaatliche Kompetenzabgrenzung zwischen Berufsschulpflichtrecht als Gegenstand der *Landes*gesetzgebung und Berufsbildungsrecht als Gegenstand der konkurrierenden Gesetzgebung des *Bundes* (vgl. Art. 74, Abs. 11 des Grundgesetzes) folgt aus dem dualen System der Berufsausbildung.

Geschichte. Mit der Entwicklung der Fortbildungsschulen im letzten Drittel des 19. Jahrhunderts wurde es aufgrund der Gewerbeordnung von 1869 (vgl. §§ 106, 142) den Gemeinden als Trägern der Fortbildungsschulen freigestellt, männliche Lehrlinge, Gesellen und Gehilfen unter 18 Jahren durch Ortsstatut zum Fortbildungsschulbesuch zu verpflichten; diese Fortbildungsschulpflicht wurde schrittweise auf weitere Personengruppen ausgedehnt: seit 1878 auf junge Industriearbeiter, seit 1900 auf weibliche Lehrlinge und Handlungsge-

hilfinnen, seit 1911 auf Fabrikarbeiterinnen. In einigen Staaten des damaligen Deutschen Reiches, aber nicht in Preußen, wurde eine Fortbildungsschulpflicht schon ab 1870 landesrechtlich eingeführt beziehungsweise mit der Volksschulpflicht gesetzlich verkoppelt; später wurde die Fortbildungsschulpflicht auf Teilgebieten auch reichsrechtlich weiter ausgedehnt (vgl. § 120 der Gewerbeordnungsnovelle von 1891; vgl. § 76 Handelsgesetzbuch).

Die Umwandlung der allgemeinen Fortbildungsschule in eine am Beruf orientierte Pflichtschule (seit 1900) stand im Zusammenhang mit der Neuordnung der Lehrlingsausbildung (1897) und führte zu dem noch heute geltenden dualen System; erst in diesem System kann man von einer Berufsschulpflicht sprechen. Die Weimarer Reichsverfassung forderte eine allgemeine, an die mindestens achtjährige Volksschulpflicht anschließende Fortbildungsschulpflicht bis zum vollendeten 18. Lebensjahre (vgl. Art. 145). Die Umsetzung auf die Gesetzesebene gelang jedoch nicht, weil die Länder die finanziellen Folgelasten nicht übernehmen wollten; statt dessen blieb es bei den gewerberechtlichen Bestimmungen des Reiches (vgl. §§ 127, 103 e Gewerbeordnung) und Teillösungen der Länder. Das einheitliche Reichsschulpflichtgesetz von 1938 galt nach 1945/49 in den Ländern zunächst als Landesrecht fort, ehe die Länder nach und nach eigene Schulpflichtgesetze oder umfassende Schulgesetze mit Regelungen der Schulpflicht erließen.

Dauer und Erfüllung der Berufsschulpflicht. Die Berufsschulpflicht schließt sich an die meist neunjährige (in Berlin zehnjährige) Vollzeitschulpflicht an und umfaßt im allgemeinen drei Jahre. Die Dauer der Berufsschulpflicht entspricht der im Regelfall dreijährigen Lehr-(Ausbildungs-)Zeit der Lehr-(Ausbildungs-)Berufe; jedoch besteht eine Berufsschulpflicht auch ohne Berufsausbildungsverhältnis. Sie endet grundsätzlich mit der Vollendung des 18. Lebensjahres, geht inzwischen aber praktisch meist darüber hinaus, zum Beispiel durch den Abschluß des laufenden Schuljahres oder die Synchronisierung mit dem Ende des Ausbildungsverhältnisses; sie kann in Einzelfällen auch schon vorher enden, etwa nach Abschluß eines zweijährigen Ausbildungsverhältnisses, nach einem Berufsfachschulabschluß ohne anschließendes Ausbildungsverhältnis oder durch individuelle oder allgemein für bestimmte Fallgruppen von der Schulaufsichtsbehörde ausgesprochene Befreiung. In einigen Ländern endet die Berufsschulpflicht spätestens mit dem 21. Lebensjahr (so in Bayern und im Saarland); teilweise erstreckt sie sich aber – unabhängig von Volljährigkeitsoder sonstigen Altersgrenzen – auch auf Erwachsene, die sich in einem Ausbildungsverhältnis befinden (so ausdrücklich in Schleswig-Holstein), während die meisten Länder hierfür nur einen fakultativen Berufsschulbesuch vorsehen.

Die Berufsschulpflicht wird im Regelfall durch den Besuch einer Fachklasse, bei Jugendlichen ohne Berufsausbildungsverhältnis einer Allgemeinklasse einer öffentlichen Berufsschule an ein bis zwei Wochentagen erfüllt; entsprechend verringert sich die betriebliche Arbeitsbeziehungsweise Ausbildungszeit. Für einzelne Ausbildungsberufe, insbesondere solche mit geringer Ausbildungskapazität oder/und mit aufwendiger Spezialschulung, werden zentrale Fachklassen gebildet (zum Teil auf Bundesebene) und die Berufsschulausbildung blockweise zusammengefaßt. Die Berufsfachschule ist eine Weiterentwicklung dieses Modells: Der hier praktizierte Vollzeitschulbesuch ermöglicht eine Verkürzung der Berufsschulpflicht, meist auf zwei Jahre. Die Berufsschulpflicht kann auch an beruflichen Schulen in privater Trägerschaft erfüllt werden, soweit es sich um Ersatzschulen handelt.

Beim Besuch weiterführender allgemeiner Schulen *ruht* die Berufsschulpflicht, lebt aber wieder auf, sobald die allgemeine Schule vor Ende der Berufsschulpflicht (das heißt: vor Vollendung des 18. Lebensjahrs ohne entsprechenden Abschluß) verlassen wird. Hierin liegt eine indirekte Ausdehnung der allgemeinen Vollzeitschulpflicht auf weiterführende Schulen: Das Ruhen der Berufsschulpflicht kann nur durch den Besuch einer allgemeinen weiterführenden Schule „erkauft" werden. Die Verantwortlichkeit für den Berufsschulbesuch trifft zunächst, wie bei der allgemeinen Schulpflicht, den Schulpflichtigen und seine Erziehungsberechtigten. Anmeldung und regelmäßige Teilnahme am Unterricht können durch Schulzwang (zwangsweise Zuführung), durch Ordnungswidrigkeitsmaßnahmen (Bußgelder), in Berlin, Bremen, Hamburg, Hessen und im Saarland auch durch Strafmaßnahmen aufgrund dauernder oder hartnäckig wiederholter Entziehung von der Schulpflicht erzwungen werden. Bei der Berufsschulpflicht haben Arbeitgeber oder betriebliche Ausbilder Anmelde- und Freistellungspflichten und sind damit auch ihrerseits für die Erfüllung der Berufsschulpflicht verantwortlich; teilweise besteht die ausdrückliche Pflicht, den Berufsschulpflichtigen zum Schulbesuch anzuhalten. Bei Verletzung dieser Pflicht können Ordnungswidrigkeits- und gegebenenfalls Strafmaßnahmen auch gegen Arbeitgeber/Ausbilder ergriffen werden.

Probleme und Reformvorstellungen. Ein gewichtiges praktisches Problem ist die Durchsetzung der Berufsschulpflicht für Jugendliche, die nicht in einem Ausbildungsverhältnis stehen. Für sie hat die Berufsschulpflicht vor allem die Funktion einer Sicherung weiterer Allgemeinbildung. Die Lernmotivation ist aber gerade bei diesen Problemgruppen häufig gering, und die Zusammenfassung in Allgemeinklassen und die praktische

Durchführung des Unterrichts tragen häufig eher noch zur Verhärtung dieses Motivationsmangels bei; das schlägt sich in unregelmäßigem Schulbesuch bis zu hartnäckiger Schulpflichtverletzung nieder. Sofern dem durch Bußgelder oder gar strafgerichtliche Maßnahmen abzuhelfen versucht wird, wird häufig gerade das Gegenteil erreicht. Andererseits erweist sich die Berufsschulpflicht als Handicap bei der Suche nach einem Arbeitsplatz. So stehen die Schulaufsichtsbehörden nur zu oft vor der unbefriedigenden Alternative, auf Antrag eine Befreiung vom Berufsschulbesuch auszusprechen oder aber die Jugendlichen in die Arbeitslosigkeit zu treiben. Die allgemeine Einführung eines Berufsgrundbildungsjahres und die Verlängerung der allgemeinen Vollzeitschulpflicht sind Ansätze zu einer Milderung des Problems, können es aber nicht ganz beseitigen. (So ist zum Beispiel in Rheinland-Pfalz eine allgemeine Befreiung von der Schulpflicht möglich, sofern der Jugendliche das Berufsgrundbildungsjahr oder das zehnte Schuljahr einer Haupt- oder Realschule oder eines Gymnasiums erfolgreich abgeschlossen hat und kein Berufsausbildungsverhältnis eingeht.) Andererseits wären an die Arbeitgeber adressierte Beschäftigungspflichten für Jugendliche ohne Berufsausbildung, etwa nach dem Vorbild der Beschäftigungspflichten für Schwerbeschädigte und andere Problemgruppen, unter bildungspolitischen Gesichtspunkten problematisch, weil sie die bei Jugendlichen mit defizitärer Schulbildung ohnehin vorhandene Tendenz zu einem frühen Übergang in den Produktionsprozeß noch verstärken würden. Die Aufteilung der Schulpflicht in eine allgemeine (Vollzeit-) und eine Berufsschul-(Teilzeit-)Komponente setzt im Ansatz neben dem dualen Berufsbildungssystem auch ein nach Schulformen gegliedertes Schulwesen voraus.

Die Ablösung der *Schulformgliederung* durch die *Stufengliederung* des Schulwesens legt entsprechende Änderungen des Schulpflichtsystems nahe. So verzichtet das *Hamburger* Schulgesetz auf die traditionelle Konstruktion einer ruhenden Berufsschulpflicht und geht von vornherein von einem zwölfjährigen Pflichtschulbesuch aus, wobei für neun Schuljahre Vollzeitschulpflicht besteht, während die restliche Schulpflicht an einer Vollzeit- oder einer Teilzeitschule erfüllt werden kann; sie endet gegebenenfalls erst nach dem zwölften Schuljahr mit dem Ende der Ausbildungszeit. Noch konsequenter bezieht *Rheinland-Pfalz* eine einheitliche zwölfjährige Schulpflicht in der Weise auf die Stufengliederung des Schulwesens, daß eine Schule der Sekundarstufe II erst nach neun Schuljahren besucht werden kann; die Unterscheidung von Vollzeit- und Teilzeitschulpflicht wird damit entbehrlich, weil Schulen der Primarstufe und der Sekundarstufe I nur als Vollzeitschulen, Schulen der Sekundarstufe II hingegen entweder als Vollzeit- oder als Teilzeitschulen organisiert sind, wobei beide Typen hinsichtlich der Schulpflicht grundsätzlich gleichrangig behandelt werden. Der Entwurf der vom Deutschen Juristentag eingesetzten Schulrechtskommission sieht alternativ ein ähnliches Grundmodell vor: einheitliche Schulpflicht, nach Schulstufen unterschieden; Schulpflicht für Primarstufe und Sekundarstufe I zusammen neun, eventuell zehn Schuljahre; Schulpflicht für die Sekundarstufe II (allgemeine oder berufliche Schule) entweder zwei Schuljahre Vollzeit oder drei Schuljahre Teilzeit; Berufsschule in Teilzeitform als Auffangschule, sofern keine Vollzeitschule besucht wird; für die Teilzeitberufsschule Synchronisierung mit der Dauer eines Berufsausbildungsverhältnisses (vgl. KOMMISSION SCHULRECHT DES DEUTSCHEN JURISTENTAGES 1981).

Berufsvorbereitungsjahr

BLANKERTZ, H.: Bildung im Zeitalter der großen Industrie. Pädagogik, Schule und Berufsbildung im 19. Jahrhundert, Hannover 1969. BLÄTTNER, F. u. a. (Hg.): Handbuch für das Berufsschulwesen, Heidelberg 1960. CAMPENHAUSEN, A. v./LERCHE, P. (Hg.): Deutsches Schulrecht – Sammlung des Schul- und Hochschulrechts des Bundes und der Länder, München 1971 ff. GREINERT, W.-D.: Schule als Instrument sozialer Kontrolle und Objekt privater Interessen. Der Beitrag der Berufsschule zur politischen Erziehung der Unterschichten, Hannover/Dortmund/Darmstadt/Berlin 1975. HECKEL, H./SEIPP, R.: Schulrechtskunde, Neuwied/Berlin ⁵1979. KOMMISSION SCHULRECHT DES DEUTSCHEN JURISTENTAGES: Schule im Rechtsstaat, Bd. 1: Entwurf für ein Landesschulgesetz, München 1981. RÖHRS, H. (Hg.): Die Berufsschule in der industriellen Gesellschaft, Frankfurt/M. 1968.

Wolfgang Perschel

Berufsvorbereitungsjahr

Definition. Zur Lösung der Probleme des Übergangs vom allgemeinen Schulwesen in das Ausbildungs- oder unmittelbar in das Beschäftigungssystem ist mit dem Berufsvorbereitungsjahr eine neue vollzeitschulische Variante im Lehrangebot der Sekundarstufe II eingeführt worden oder befindet sich in der Erprobung.

Das Berufsvorbereitungsjahr *kann* von Jugendlichen besucht werden, die nach Erfüllung der allgemeinen Schulpflicht noch keine Entscheidung für eine Berufsfachschule, für eine Berufsgrundbildung in einem Berufsfeld oder für einen Ausbildungsberuf getroffen haben. Soweit eine allgemeine zehnjährige Schulpflicht besteht, wird für leistungsschwache Hauptschüler und Sonderschüler die Möglichkeit eingeräumt, im zehnten Schuljahr anstelle einer allgemeinen Schule (Hauptschule) einen berufsvorbereitenden Bildungsgang zu besuchen (vgl. § 39, Abs. 8 Schulgesetz von Berlin). In einigen Bundesländern sehen Neuregelungen der (Berufs-)Schulpflicht vor, daß Jugendliche das Berufsvorbereitungsjahr besuchen *müssen*, wenn sie nach Beendigung der allgemeinen Schulpflicht weder einen vollzeitschulischen Bildungsgang wählen noch ein Ausbildungsverhältnis eingehen. Adressaten dieser Schulpflichtregelungen sind vom Ausbildungsplatzmangel

und von Arbeitslosigkeit betroffene Jugendliche, vor allem Schüler ohne Hauptschulabschluß und Sonderschüler, aber auch Mädchen mit einem Abschluß der Sekundarstufe I. Die auf diese Adressatengruppen gerichteten berufsvorbereitenden Maßnahmen werden nur zum Teil unter der Bezeichnung Berufsvorbereitungsjahr durchgeführt (Baden-Württemberg, Hessen, Nordrhein-Westfalen). Andere Bezeichnungen sind: Berufsgrundschuljahr Zug J (Bayern), berufsbefähigende Lehrgänge (Berlin, Schleswig-Holstein), Lehrgänge (in Vollzeitunterricht) für Schüler ohne Ausbildungsvertrag (Bremen), Werkklassen (Hamburg), Sonderberufsgrundschuljahr (Rheinland-Pfalz, ähnlich im Saarland).

Bedingungsanalyse. Auf die Einführung berufsvorbereitender Maßnahmen haben mehrere Einflüsse eingewirkt. Auslösender Faktor waren die zunehmenden Schwierigkeiten bei der Abstimmung von Bildungs- und Beschäftigungssystem, die am Ende der Sekundarstufe I Koordinierungsprobleme zwischen dem allgemeinen Schulwesen und dem beruflichen Ausbildungs- beziehungsweise dem Beschäftigungssystem verursachten. Als Maßnahmen gegen Jugendarbeitslosigkeit und Ausbildungsplatzmangel folgten sie vorwiegend arbeitsmarkt- und sozialpolitischen Erwägungen. Ihre bildungspolitischen Implikationen sind vor dem Hintergrund der in der Bundesrepublik Deutschland tradierten Polarität von Allgemeinbildung und Berufsbildung zu sehen, die bisher verhindert hat, daß die Aufgaben der Vermittlung einer Berufswahlfähigkeit im Rahmen vorberuflicher Bildung vom allgemeinen Schulwesen angemessen erfüllt worden sind. Die darauf gerichteten Maßnahmen, wie die Einführung des Unterrichtskomplexes Arbeitslehre, eines Berufswahlunterrichts und die Zusammenarbeit von Schule und schulexterner Berufsberatung, hatten bislang nur begrenzten Erfolg. Von diesem allgemeinen Defizit sind die Hauptschulabgänger ohne Abschluß sowie die Sonderschüler deshalb besonders betroffen, weil sie im Verdrängungswettbewerb um Ausbildungsplätze keine berufsbezogenen Qualifikationen vorweisen können, die den fehlenden Hauptschulabschluß zu kompensieren vermögen.

Weitere Einflüsse auf die Einführung berufsvorbereitender Maßnahmen gingen vom beruflichen Schulwesen aus. Seit der Einführung der Berufsschulpflicht in *Teilzeitform* in der Weimarer Republik gibt es das berufspädagogisch unbefriedigend gelöste Problem der „Jungarbeiter": Die auf die betriebliche Berufsausbildung gerichtete (Teilzeit-) Berufsschule hat für die Jugendlichen ohne Ausbildungsverhältnis, die neben einer vollen Erwerbstätigkeit einmal wöchentlich zum Schulbesuch verpflichtet sind, kein schulorganisatorisch und didaktisch befriedigendes Konzept entwickelt (vgl. RÖHRS/STRATMANN 1975); sie stand dieser um die jugendlichen Arbeitslosen erweiterten und damit noch heterogener gewordenen Gruppe hilflos gegenüber. Durch die Einführung eines Berufsvorbereitungsjahres als *vollzeit*schulische Maßnahme haben sich die Rahmenbedingungen zur Inangriffnahme der Problematik „Jugendliche ohne Ausbildungsverhältnis" verbessert. In Verbindung mit der Einführung eines

Berufsgrundbildungsjahres, die für die Reform der Berufsausbildung von zentraler Bedeutung ist, ergeben sich Zielperspektiven und didaktische Bezugspunkte für eine sinnvolle Gestaltung des neu vorgegebenen Rahmens. Aus diesem Zusammenhang ist verständlich, daß die Erfahrungen, die die Bundesländer aus den von ihnen durchgeführten Modellversuchen zum Berufsgrundbildungsjahr in Sonderform (für Jugendliche ohne Hauptschulabschluß und Sonderschüler) gewonnen haben, auf die Gestaltung des Berufsvorbereitungsjahres eingewirkt haben. Damit kommen aber auch problematische Ansätze des Berufsgrundbildungsjahres in Sonderform bei der Gestaltung des Berufsvorbereitungsjahres zur Geltung.

Ziele, didaktische Ansätze und schulorganisatorische Maßnahmen. Die Problematik der Konzipierung des Berufsvorbereitungsjahres auf der Basis der Erfahrungen mit dem Berufsgrundbildungsjahr in Sonderform besteht auf der Zielebene darin, daß einerseits an der Zielkategorie „Berufsgrundbildung" festgehalten wird. Mit der Kennzeichnung als „Sonderform" wird lediglich signalisiert, daß die spezifischen Lernvoraussetzungen der Adressaten mit besonderen didaktisch-methodischen Maßnahmen berücksichtigt werden sollen. Andererseits werden aus dieser Zielkategorie nicht die notwendigen schulorganisatorischen Konsequenzen gezogen, so daß sich die Ziele unterderhand verändern: Da mit lernschwächeren Schülern in der *gleichen Zeit* (ein Jahr) auch bei Modifikationen auf der didaktisch-curricularen Ebene und intensiven Bemühungen auf der didaktisch-methodischen Ebene nicht die Ziele erreicht werden können, die für eine andere Adressatengruppe konzipiert worden sind, werden Zielreduktionen oder Zielveränderungen vorgenommen. Bei einer *Zielreduktion* auf „Teile" einer Berufsgrundbildung ist ungeklärt, nach welchen Kriterien sich die Teilziele bestimmen lassen und ein entsprechendes didaktisch-curriculares Konzept entwickelt werden kann. Außerdem wird nicht begründet, weshalb statt einer Zielreduktion nicht eine Verlängerung der Lernzeit als schulorganisatorische Maßnahme zur Erreichung des unverkürzten Zieles in Betracht gezogen wird. Eine *Zielveränderung* kommt im Wechsel der Bezeichnungen wie „berufsbefähigende Lehrgänge" und „Berufsvorbereitungsjahr" zum Ausdruck: Die Vorbereitung auf den unmittelbaren Eintritt in das Beschäftigungssystem (die Vermittlung einer „Betriebsreife" oder „Berufsreife") beziehungsweise die schulische Verwahrung der Jugendlichen ohne Ausbildungs- oder Arbeitsplatz rückt in den Vordergrund (zur Genese der Sonderformen des Berufsgrundbildungsjahres und die Übersicht über die derzeitigen Regelungen zum Berufsvorbereitungsjahr vgl. STRATMANN 1981). Dahin gehende Zielveränderungen führen unter den neuen Rahmenbedingungen des Vollzeitunterrichts zu einem Wiederaufleben oder zu einer modifizierten Übernahme berufspädagogisch problematischer didaktischer Konzepte aus der Jungarbeiterbeschulung.

Die Ziele des Berufsvorbereitungsjahres können aber auch gegenüber denen des Berufsgrundbildungsjahres verändert werden und doch darauf bezogen bleiben. Wenn davon ausgegangen wird, daß unabhängig von der Art des Abschlusses der Sekundarstufe I (Hauptschulabschluß bis Versetzungsvermerk in die Klasse 11 des Gymnasiums) aufgrund von Mängeln in der vorberuflichen Bildung Jugendliche zu einer qualifizierten Entscheidung für eine Berufsgrundbildung in *einem* Berufsfeld erst befähigt werden sollen, läßt sich eine darauf gerichtete Wahlfähigkeit als *ein* spezielles Ziel des Berufsvorbereitungsjahres formulieren. Das Berufsvorbereitungsjahr hätte als „Vorstufe" einen eindeutigen Zielbezug zum Berufsgrundbil-

dungsjahr und müßte entsprechend didaktisch-curricular ausgelegt werden. In diese Richtung weisen Konzeptionen des Berufsvorbereitungsjahres, die eine *Orientierung* über mehrere Berufsfelder anbieten (vgl. STRATMANN 1981, S. 36 ff.). Am Beispiel des Landes Nordrhein-Westfalen, dem aufgrund seiner Größe, seiner strukturellen Probleme und seiner bildungspolitischen Aktivitäten im Bereich des Berufsvorbereitungsjahres exemplarische Bedeutung zukommt, soll eine dahin gehende Konzeption kurz dargestellt werden. Als Zielsetzung wird in den Richtlinien formuliert, „den Jugendlichen so zu fördern, daß er fähig wird,

- eine Berufsentscheidung zu treffen und eine nachfolgende Berufsausbildung zu bewältigen,
- eine berufliche Tätigkeit zu wählen und auszuüben,
- Beeinträchtigungen seines Lern- und Sozialverhaltens zu kompensieren bzw. ggf. abzubauen" (KULTUSMINISTER NW 1976, S. 7).

Die Klassen des Berufsvorbereitungsjahres werden nach den Lernvoraussetzungen der Schüler dreifach differenziert gebildet. Schüler mit Hauptschul- oder darüber hinausgehendem Schulabschluß werden im allgemein-obligatorischen Bereich und in Mathematik nach den Richtlinien des Berufsgrundschuljahres unterrichtet. Abgänger aus neunten Klassen, die ihre Schulpflicht erfüllt haben, werden im allgemein-obligatorischen Bereich nach den Richtlinien der Hauptschule unterrichtet und können einen dem Hauptschulabschluß gleichwertigen Abschluß erwerben. Schüler mit schwächeren Lernleistungen werden ausschließlich nach den besonderen „Richtlinien für den Unterricht im Berufsvorbereitungsjahr" unterrichtet (vgl. KULTUSMINISTER NW 1976). Die Stundentafel des Berufsvorbereitungsjahres sieht in einem „allgemein-obligatorischen Bereich" zehn Wochenstunden (je zwei in Religionslehre, Politik, Sport und vier in Deutsch), im „obligatorischen Schwerpunktprofilbereich" 20 Wochenstunden (Wirtschaftslehre zwei, Mathematik und Naturwissenschaften vier, übrige berufsfeldbezogene Theorie vier, berufsfeldbezogene Praxis zehn) und im Wahlbereich vier Wochenstunden vor. Der Unterricht in berufsfeldbezogener Theorie und Praxis soll als didaktische Einheit aufgefaßt werden und nicht auf den Ersatz einer Berufsgrundbildung, sondern darauf gerichtet sein, „die Schüler mit typischen Fertigkeiten und Kenntnissen sowie mit dem sozialen und wirtschaftlich-technischen Bedingungsgefüge von zwei bis drei Berufsfeldern bekannt zu machen" (KULTUSMINISTER NW 1976, S. 14). Bei der Umsetzung dieses Konzeptes in den beruflichen Schulen ergeben sich Schwierigkeiten (vgl. SPIES u. a. 1981) vor allem bei der Realisierung der vorgesehenen Differenzierungen und Wahlmöglichkeiten von Berufsfeldern. Begrenzungen ergeben sich einerseits durch die Spezialisierung der beruflichen Schulen auf ein oder wenige Berufsfelder (Fachberufsschulen in Ballungszentren) oder/und durch das Schüleraufkommen (Kreisberufsschulen im ländlichen Raum).

Probleme. Wenn das Berufsvorbereitungsjahr „als Vorstufe" zum Berufsgrundbildungsjahr konzipiert wird, ist aus dieser Verbindung, die in Richtung auf eine „zweijährige Berufsgrundschule" weist, eine eindeutige Zielsetzung zu gewinnen. Unverträglich mit einem solchen Konzept ist eine Schulpflichtregelung, die es erlaubt, mit dem Besuch des Berufsvorbereitungsjahres die Berufsschulpflicht ganz zu erfüllen oder auf einen angehängten Unterrichtsblock (von 16 Wochen, wie bisher in Nordrhein-Westfalen) zu beschränken. Dadurch können Jugendliche, die auf den Erwerb der Berufsgrundbildung orientiert und vorbereitet worden sind, ohne das erworben zu haben, worauf sie orientiert

worden sind, unmittelbar und damit unvorbereitet in das Beschäftigungssystem eintreten. Denn die Ziele „Vorbereitung auf die Übernahme einer (ungelernten) Erwerbstätigkeit" (Arbeit) und „Vorbereitung auf eine mit der Berufsgrundbildung zu beginnende Berufsausbildung" sind wegen ihrer Inkompatibilität nicht durch eine einheitliche didaktische Konzeption für das Berufsvorbereitungsjahr zu erreichen. Dieser Zielkonflikt wird durch die Verwendung des gleichen Terminus „*Berufs*vorbereitung" für die auf verschiedene Adressatengruppen bezogenen Maßnahmen und die damit verbundene definitorische Gleichsetzung von Arbeit und Beruf kaschiert. Die arbeitsmarkt- und sozialpolitischen Motive für die Einführung und den Ausbau des Berufsvorbereitungsjahres, die hauptsächlich auf eine Integration der Jugendlichen ohne Berufsausbildung in ein *Arbeits*verhältnis gerichtet sind, gefährden unter dem Deckmantel „*Berufs*vorbereitung" das berufspädagogisch weitergesteckte Ziel der Vermittlung einer Berufsgrundbildung für *alle* Jugendlichen. Dadurch besteht die Gefahr, daß die lernschwächsten Schüler über das Berufsvorbereitungsjahr nicht an die Berufsgrundbildung als ersten Teil der Berufsausbildung herangeführt werden, sondern daß sich im Gegenteil das Berufsvorbereitungsjahr als Cooling-out-Phase erweist (vgl. STRATMANN 1981, S. 171 f.). Wenn darüber hinaus die (Lern-)„*Behinderung*" der Schüler zum dominierenden Merkmal des Berufsvorbereitungsjahres wird, kann eine Stigmatisierung aller Berufsvorbereitungsjahr-Schüler eintreten. Das würde einmal dazu führen, daß Schüler mit Hauptschul- oder höherem Schulabschluß, auch wenn sie noch berufsfeldunentschieden sind, einem Besuch des Berufsvorbereitungsjahres distanziert gegenüberstehen. Zum anderen würden Jugendliche, die nur aufgrund von Restriktionen auf dem Ausbildungsstellen- und Arbeitsmarkt in Verbindung mit neuen Schulpflichtregelungen das Berufsvorbereitungsjahr besuchen müssen, zu „Behinderten" abgestempelt (zur Problematik des Behindertenbegriffs und zum Zusammenhang von Berufsausbildung und Behinderung vgl. APEL u. a. 1978, KLEIN 1974).

Vor dem Hintergrund dieser Problemlage kommt einem in Nordrhein-Westfalen begonnenen Modellversuch zur Verbindung des Berufsvorbereitungsjahres mit dem Berufsgrundschuljahr (vgl. KELL u. a. 1981, LÜBKE 1978) besondere Bedeutung zu. In diesen Schulversuch werden Schüler ohne Hauptschulabschluß und Sonderschüler aufgenommen, die in einem zweijährigen Bildungsgang die Berufsgrundbildung in einem Berufsfeld entsprechend der Berufsgrundschuljahr-Anrechnungs-Verordnung und in Verbindung damit den Hauptschulabschluß nachholen sollen. Entsprechend den besonderen Lern- und Sozialisationsdefiziten dieser Schüler soll ein differenziertes Lernangebot ein praxisbezogenes und projektorientiertes Lernen ermöglichen. Die organisatorische Grobstruktur des Bildungsgangs sieht vor, daß durch eine zwölfwöchige Orientierungsphase und eine anschließende einwöchige Beratungsphase die Schüler zu einer Entscheidung für das Lernen in einem von drei angebotenen Berufsfeldern befähigt werden sollen. Eine Einarbeitungsphase von 26 Wochen in diesem Berufsfeld sowie die einjährige Qualifizierungsphase im zweiten Schuljahr sollen die Schüler zum erfolgreichen Abschluß des Bildungsgangs führen.

APEL, H. u. a.: Berufsausbildung und Behinderte. In: Gewerksch. Bpol. 28 (1978), S. 208 ff. KELL, A. u. a.: Lernschwache Jugendliche – Möglichkeiten und Schwierigkeiten ihrer Integration in das Ausbildungs- und Beschäftigungssystem. In: Siegener Hochschulblätter 4 (1981), 1, S. 74 ff. KLEIN, K.-P.: Chancen und Probleme der beruflichen Integration von Schulabbrechern ohne Hauptschulabschluß, Göttingen 1974. KULTUSMINISTER NW: Richtlinien für den Unterricht im Berufsvorbereitungsjahr Nordrhein-Westfalen, Köln 1976. KULTUSMINISTER NW: Durchführung des Berufsvorbereitungsjahres. Runderlaß vom 17. 4. 1978. In: Gem. Amtsbl. d. Kultusminist. u. d. Minist. f. W. u. Fo. d. Ld. Nordrh.-Westf. 30 (1978), 5, S. 148 ff. LÜBKE, O. S.: Modellversuch zur Verbindung des Berufsvorbereitungsjahres mit dem Berufsgrundschuljahr in Nordrhein-Westfalen. In: Gew. Bpol. 28 (1978), S. 242 ff. RÖHRS, H.-J./ STRATMANN, K.: Die Jungarbeiterfrage als berufspädagogisches Problem. In: SCHWEIKERT, K. u. a.: Jugendliche ohne Berufsausbildung – ihre Herkunft, ihre Zukunft, Hannover 1975, S. 309 ff. SPIES, W. u. a.: Das Berufsvorbereitungsjahr in NW (Abschlußbericht der wissenschaftlichen Begleitung zum Problemkreis „Verhaltensbeeinflussung, Erziehungsstrategien" im Berufsvorbereitungsjahr in Nordrhein-Westfalen), Mimeo, Dortmund 1981. STRATMANN, K. (Hg.): Das Berufsvorbereitungsjahr, Hannover 1981.

Adolf Kell

Berufswechsel

Zum Begriff „Berufswechsel". Veränderungen in der beruflichen Tätigkeit gehören zur Alltagserfahrung nahezu aller Menschen, die im Erwerbsleben stehen. Teilweise sind diese Veränderungen nur geringfügig und vollziehen sich nahezu unbemerkt über einen längeren Zeitraum; sie können aber auch von schwerwiegenden Umstellungen begleitet sein, denen die Betroffenen häufig unvorbereitet gegenüberstehen.

Sicher sind nicht alle Veränderungen in der beruflichen Tätigkeit mit einem Berufswechsel gleichzusetzen. Ebenso wie beim komplexen Begriff „Beruf" verschiedene Dimensionen zu beachten sind (Tätigkeitsinhalte, Qualifikationen oder Arbeitsbedingungen), hat auch die Definition des „Berufswechsels" dieser Mehrdimensionalität Rechnung zu tragen. So ist zu fragen, ob ein Wechsel innerhalb der Betriebshierarchie, ein Wechsel des Betriebes oder eine neue Aufgabenstellung an demselben Arbeitsplatz mit einem Berufswechsel gleichzusetzen ist. Nach MOLLE (1968, S. 240) liegt ein „echter" Berufswechsel erst dann vor, „wenn der neue Beruf (die neue Berufstätigkeit) sich vom (von der) bisher ausgeübten hinsichtlich Aufgaben und Anforderungen (einschließlich beruflicher Verhaltensweisen) völlig unterscheidet, d. h. zwischen beiden keine wesentliche innere Verwandtschaft besteht". Auch diese Definition unterstreicht jedoch nur die Problematik, bei schätzungsweise etwa 27 000 Berufen einheitliche Kriterien zur Beurteilung eines Berufswechsels aufzustellen. Die begrifflichen Abgrenzungsschwierigkeiten setzen sich bei der empirischen Erfassung des Berufswechsels auf der methodischen Ebene fort. Neben dem Expertenurteil und dem Kennziffernvergleich wird in empirischen Untersuchungen in verstärktem Maße die Methode der Selbsteinstufung angewendet, bei der die befragten Erwerbspersonen selbst darüber entscheiden, ob sie einen Berufswechsel vollzogen haben.

Alle drei Verfahren haben Vor- und Nachteile und führen auch teilweise zu unterschiedlichen Ergebnissen (vgl. HOFBAUER/KÖNIG 1973, S. 42). Nicht zuletzt wegen dieser methodischen Schwierigkeiten wird ein Berufswechsel zusätzlich unter folgendem Aspekt gesehen: In welchem Ausmaß können Kenntnisse und Fertigkeiten aus dem alten Beruf in der neuen beruflichen Tätigkeit verwertet werden? Die Beantwortung dieser Frage gibt Aufschluß über den „harten Kern" der Personen, die den Beruf gewechselt haben und dabei nichts oder nur wenig von ihren Kenntnissen verwerten können.

Berufswechsel in der Bundesrepublik Deutschland. Zum Problemfeld „Berufswechsel" liegen für die Bundesrepublik Deutschland zahlreiche Studien mit widersprüchlichen Ergebnissen vor (vgl. BOLTE 1959, HOFBAUER/KÖNIG 1973, STATISTISCHES BUNDESAMT 1971, WERTH 1974). So schwankt der Anteil der männlichen Erwerbspersonen, die im Laufe ihres Erwerbslebens einen Berufswechsel vollzogen haben, in den Untersuchungen zwischen knapp 30 und fast 70 %. Die Abweichungen in den Ergebnissen gehen jedoch meist auf differierende methodische Ansätze und/oder auf die unterschiedlichen Personenkreise zurück, über die Aussagen getroffen werden.

Das Institut für Arbeitsmarkt- und Berufsforschung (IAB) der Bundesanstalt für Arbeit hat in zwei repräsentativen Untersuchungen Daten zum Berufswechsel von männlichen und weiblichen Erwerbspersonen – nach der Methode der Selbsteinstufung – erhoben (vgl. HOFBAUER 1978, HOFBAUER/KÖNIG 1973). Die vorliegenden Ergebnisse zeichnen ein detailliertes Bild vom Phänomen „Berufswechsel" in der Bundesrepublik Deutschland.

Zum *quantitativen Ausmaß* des Berufswechsels bei männlichen Erwerbspersonen ist dabei ermittelt worden, daß ein Drittel der Männer, die 1970 erwerbstätig waren, zwischen 1955 und 1970 mindestens einen Berufswechsel vollzogen hat, und daß fast jede zehnte männliche Erwerbsperson (9,2 %) in diesem Zeitraum zweimal oder noch öfter den Beruf gewechselt hat.

Bei der zusätzlichen Frage nach der Verwertbarkeit zeigt sich, daß mehr als die Hälfte aller männlichen Erwerbspersonen (54 %), die mindestens einmal den Beruf gewechselt haben, nichts oder nur wenig an Kenntnissen und Fertigkeiten aus der bisherigen Tätigkeit auch im neuen Beruf anwenden konnte.

Bei weiblichen Erwerbspersonen ergeben sich in bezug auf den Berufswechsel einige Abweichungen, die jedoch hauptsächlich auf die Besonderheiten des Erwerbsverhaltens von Frauen zurückzuführen sind. Generell zeigt sich zwar, daß weibliche Erwerbspersonen den Beruf seltener wechseln als männliche Erwerbspersonen (23 zu 33 %). Werden aber nur diejenigen Frauen berücksichtigt, die mindestens 15 Jahre erwerbstätig waren, dann sind die Berufswechselquoten (Anteil der Personen mit Berufswechsel an der Gesamtzahl der untersuchten Personen) von männlichen und weiblichen Erwerbspersonen nahezu gleich. Zusätzlich ist bei diesen Frauen von Bedeutung, ob ihre Erwerbstätigkeit einen kontinuierlichen Verlauf hatte: Frauen mit über 15jähriger Erwerbstätigkeit, die ihre Erwerbstätigkeit aber unterbrochen haben, wechseln im Durchschnitt häufiger den Beruf als alle männlichen Erwerbspersonen.

Bedingungsfaktoren des Berufswechsels.
Hinter der allgemeinen Aussage, daß etwa jede dritte männliche und fast jede vierte weibliche Erwerbsperson mindestens einmal in ihrem Erwerbsleben den Beruf gewechselt hat, verbergen sich zahlreiche Gründe, die für einen Berufswechsel verantwortlich sind. Diese „Bedingungsfaktoren" sind dabei nicht isoliert zu betrachten, sondern sie stehen in einem engen Wirkungszusammenhang, das heißt, ein Berufswechsel erfolgt in verstärktem Maße dann, wenn mehrere dieser Faktoren gleichzeitig auftreten.
Es zeigt sich, daß mit steigendem *Schulabschluß an einer allgemeinbildenden Schule* der Anteil männlicher Erwerbspersonen mit Berufswechsel abnimmt. Je höher der allgemeinbildende Schulabschluß ist, desto geringer ist demnach der Anteil der Erwerbspersonen mit Berufswechsel; selbst wenn der Beruf gewechselt wird, ergeben sich mit höherem allgemeinbildendem Schulabschluß größere Chancen, Kenntnisse aus dem alten Beruf in der neuen beruflichen Tätigkeit zu verwerten.
Bei Hochschulabsolventen ist – im Vergleich mit allen anderen männlichen Erwerbspersonen – der niedrigste Anteil

an Berufswechslern festzustellen (12 %). Allgemein zeigt sich, daß männliche Erwerbspersonen mit schulischer *Berufsausbildung* den Beruf nicht so häufig wechseln wie Erwerbspersonen mit einer betrieblichen Berufsausbildung (24 zu 32 %). Dagegen gaben nahezu 40 % der Erwerbspersonen ohne Berufsausbildung an, mindestens einmal den Beruf gewechselt zu haben, wobei zwei Drittel nichts oder nur wenig von den Kenntnissen und Fertigkeiten aus dem alten Beruf verwerten konnten. Beide Anteilswerte liegen weit über dem Durchschnitt aller männlichen Erwerbspersonen.
Innerhalb einzelner Ausbildungsberufe ergeben sich ebenfalls sehr unterschiedliche Berufswechselquoten, die zwischen 12 % (Bankfachmann, Fernmeldemonteur) und 69 % (Bergmann) liegen.
Die höchste Berufswechselquote ergibt sich bei den un- und angelernten Arbeitern mit 60 %. Ebenfalls überdurchschnittlich wechseln Angestellte in einfacher und mittlerer Stellung den Beruf (43 %). Bei selbständigen Landwirten und Handwerkern sowie bei höheren Beamten wird ein Berufswechsel dagegen nur in einem sehr geringen Umfang vollzogen. Aber auch bei Angestellten in gehobener und leitender Stellung sowie bei Facharbeitern liegt der Anteil der Erwerbspersonen mit mindestens einem Berufswechsel um zehn Prozentpunkte unter dem Durchschnitt.
Ein analoges Bild zu den Berufswechselquoten ergibt sich bei der Kenntnisverwertung: Statusgruppen, bei denen ein hoher Prozentsatz den Beruf wechselt, können auch in überdurchschnittlichem Maße nur wenig oder nichts an Kenntnissen aus dem vorhergehenden Beruf verwerten.
Über den Zusammenhang von *Alter und Berufswechsel* konnte festgestellt werden, daß bei männlichen Erwerbspersonen besonders viele Berufswechsel nach dem Übergang von der beruflichen Ausbildung in das Beschäftigungssystem

vollzogen werden. Demnach ist mit zunehmendem Alter ein Rückgang des Berufswechsels festzustellen. Hier zeigt sich jedoch nicht nur der Einfluß des Lebensalters: Einmal ist auch der Zeitpunkt des Eintritts in das Erwerbsleben zu berücksichtigen, da die höhere Berufswechselquote bei jüngeren männlichen Erwerbspersonen zumindest teilweise durch den beschleunigten technischen Wandel bedingt ist. Zum anderen werden Strukturdiskrepanzen zwischen Bildungs- und Beschäftigungssystem gerade in der Anfangsphase der Erwerbstätigkeit wirksam.

Bei erwerbstätigen Frauen finden die meisten Berufswechsel dagegen in mittlerem Alter (30 bis 40 Jahre) statt. Dieses gegenüber den Männern abweichende Ergebnis dürfte damit zusammenhängen, daß Frauen in diesem Alter häufig nach Unterbrechung der Erwerbstätigkeit wieder in das Erwerbsleben zurückkehren und teilweise nicht mehr im früher ausgeübten Beruf tätig werden.

Wird nach den *Gründen für einen Berufswechsel* gefragt, so spielt bei den subjektiven Stellungnahmen der Betroffenen das höhere Einkommen im neuen Beruf die wichtigste Rolle. Daraus läßt sich der Schluß ziehen, daß mit einem *freiwilligen Berufswechsel* meist ein beruflicher Aufstieg verbunden ist oder

Abbildung 1: Umfang und Häufigkeit des Berufswechsels bei männlichen Erwerbspersonen in der Bundesrepublik Deutschland zwischen 1955 und 1970 (in %)

Umfang und Häufigkeit des Berufswechsels	Männliche Erwerbspersonen insgesamt	Grad der Verwertbarkeit der Kenntnisse und Fertigkeiten aus dem letzten Beruf
Kein Berufswechsel	65,7	–
Ein Berufswechsel	23,4	52,1
Zwei Berufswechsel	6,3	57,6
Drei und mehr Berufswechsel	2,9	63,0
Berufswechsel insgesamt	32,6	54,1
Ohne Angabe	1,7	–
Summe	100,0	–

(Quelle: HOFBAUER/KÖNIG 1973, S. 42)

Abbildung 2: Berufswechsel und allgemeinbildender Schulabschluß bei männlichen Erwerbspersonen

Schulabschluß	Berufswechselquote	Berufswechsel mit keiner bzw. geringer Verwertbarkeit
Volksschulbildung	36 %	56 %
Mittlere Reife	22 %	35 %
Abitur	12 %	27 %

(Quelle: HOFBAUER/KÖNIG 1973, S.44)

von den Betroffenen in jedem Falle angestrebt wurde. Diese Folgerung verkennt aber die Tatsache, daß ein großer Teil der Berufswechsel durch unterschiedliche Strukturen im Bildungs- und Beschäftigungssystem bereits vorprogrammiert ist:

- Knapp zwei Drittel aller Facharbeiter werden im Handwerk ausgebildet, aber nur ein Viertel aller Ausgebildeten ist im Handwerk beschäftigt. Ein großer Teil der Auszubildenden im Handwerk muß also nach der Ausbildung den Wirtschaftsbereich wechseln, was meist mit einem Berufswechsel verbunden ist (vgl. HOFBAUER 1977, S. 253).

- Jede fünfte männliche Erwerbsperson mit einer abgeschlossenen betrieblichen Ausbildung ist nicht im Ausbildungsberuf beschäftigt, sondern ist als Hilfs- oder angelernter Arbeiter tätig (vgl. HOFBAUER 1977, S. 253). Diese Strukturdiskrepanzen können somit einen großen Teil *erzwungener Berufswechsel* erklären. Zur Beurteilung des Berufswechsels ist zusätzlich zu berücksichtigen, daß sich dessen Vor- und Nachteile häufig nicht sofort, sondern erst langfristig auswirken. Gerade unter diesem zeitlichen Aspekt beinhaltet ein Berufswechsel Chance und Risiko zugleich.

BOLTE, K. M.: Sozialer Aufstieg und Abstieg, Stuttgart 1959. HOFBAUER, H.: Strukturdiskrepanzen zwischen Bildungs- und Beschäftigungssystem im Bereich der betrieblichen Berufsausbildung für Facharbeiterberufe. In: Mitt. a. d. Arbmarkt.- u. Berfo. 10 (1977), S. 252 ff. HOFBAUER, H.: Die Untersuchung des IAB über Berufsverläufe bei Frauen. Bericht über Methode und erste Ergebnisse. In: Mitt. a. d. Arbmarkt.- u. Berfo. 11 (1978), S. 131 ff. HOFBAUER, H./ KÖNIG, P.: Berufswechsel bei männlichen Erwerbspersonen in der Bundesrepublik Deutschland. In: Mitt. a. d. Arbmarkt.- u. Berfo. 6 (1973), S. 37 ff. MOLLE, F.: Handbuch der Berufskunde, Köln/Berlin/Bonn/München 1968. STATISTISCHES BUNDESAMT: Der Berufswechsel erwerbstätiger Männer und Frauen. In: Wirtsch. u. Stat. 22 (1971), S. 174 ff. WERTH, M.: Analyse mobilitätshemmender Motivationen. Kommission für wirtschaftlichen und sozialen Wandel 13, Göttingen 1974.

Heinz Stegmann

Berufs-/Wirtschaftspädagogik

Die Berufs- und Wirtschaftspädagogik ist jene Teildisziplin der Erziehungswissenschaft, die die pädagogischen Probleme beruflicher Bildungs- und Sozialisationsprozesse, vor allem Jugendlicher, erforscht, reflektiert und konstruktiv zu klären sucht. Da berufliche Ausbildung in ganz verschiedenen Wirtschaftszweigen und Branchen erfolgt, hat sich schon früh eine Ausdifferenzierung dieser Teildisziplin vollzogen: Bis heute gilt die Berufspädagogik als ihr „gewerblicher", die Wirtschaftspädagogik als ihr „kaufmännischer" Zweig. Daneben gibt es eine Landwirtschafts- und eine Hauswirtschaftspädagogik. Auch unterschei-

det man eine Industrie- von einer Handwerkspädagogik. Würde man diesem Prinzip der bereichsorientierten Differenzierung weiter folgen, dann müßten noch andere Spezialisierungen vorgenommen werden, denn fraglos hat jeder Bereich, in dem Berufsausbildung geschieht, zumal unter didaktischen Aspekten, seine spezifischen Probleme. Zugleich aber würde die Beförderung solcher Differenzierung nur den didaktischen Besonderheiten folgen und darüber aus dem Auge geraten lassen, daß die pädagogischen Fragen der Berufserziehung darin nicht aufgehen. Was lange unter dem Titel „Eigenständigkeit der Berufs- und Wirtschaftspädagogik" diskutiert und – mit guten Argumenten

– für die Lösung „Teildisziplin der Erziehungswissenschaft" entschieden wurde, würde sich hier auf der nächsten Ebene nur erneut wichtig machen und damit die Gefahr verstärken, den nur erst nach und nach gefundenen Anschluß an die Erziehungswissenschaft und das inzwischen von ihr her bestimmte (Selbst-)Verständnis zugunsten einer einseitigen Rückkoppelung an die sogenannten Fachwissenschaften wieder aufzugeben.

Davor zu warnen heißt nicht, besondere Akzentuierungen abzulehnen. Im Wissenschaftsbetrieb sind sie sogar erforderlich. Dazu veranlaßt schon die Orientierung an den verschiedenen Lernorten beruflicher Bildung. So gibt es neben der *Berufsschulpädagogik,* die sich analog zur Gymnasial- oder Realschulpädagogik und in enger Nachbarschaft zur Schulpädagogik überhaupt der spezifischen Probleme einer schulischen Berufsausbildung annimmt, die *Betriebspädagogik.* Diese hat in Deutschland eine bedeutende Tradition, denn anders als in vielen Ländern findet hier für die überwiegende Mehrzahl der Jugendlichen die berufliche Ausbildung in Betrieben statt. Daraus erwachsen der Betriebspädagogik Aufgaben, die sie auf die enge Kooperation mit den Sozialwissenschaften verweisen und sie nicht in der Aufstellung von Ausbildungsplänen aufgehen lassen.

Das gilt auch für die *Arbeitspädagogik,* die weit mehr zu bearbeiten hat als die methodische Raffinierung von Lehr-Lern-Prozessen im Bereich der Fertigkeitsvermittlung. So sehr sie dazu auf die Kooperation mit der Arbeitswissenschaft und mit der Arbeitspsychologie verwiesen ist, so sehr muß sie zugleich über ihre Wurzeln in Taylorismus und Psychotechnik hinausgehen, wenn sie den Verdacht loswerden will, nur den Druck der Arbeitssituation zum Zwecke der einträglicheren Verwertung der Arbeitskraft wegzurationalisieren. Statt sich dafür in Dienst zu stellen, erwartet man von der Arbeitspädagogik auch Antwort auf die Fragen der pädagogischen Dimension der Arbeit, was ihre Anbindung an jene Disziplinen erfordert, die die anthropologischen und bildungstheoretischen, die sozialen und die politischen Probleme von Arbeit und Beruf untersuchen und darin mehr erarbeiten als gängige Topoi zur Humanisierung der Arbeitswelt.

Diesen Anspruch ernst nehmen heißt für die Berufs- und Wirtschaftspädagogik zugleich, ihre Disziplingeschichte kritisch zu durchleuchten. Als besonderes Fach an den deutschen Hochschulen konnte sich die Disziplin im Zusammenhang mit der Etablierung der Berufsschullehrerausbildung durchsetzen, fand also in und seit den 20er Jahren ihren hochschulmäßigen Ausbau. Das hat beides großen Einfluß gehabt: Einmal ist daraus die starke Konzentration auf die Berufsschulfragen zu erklären, zum anderen resultiert daraus die Bemühung um eine bildungstheoretische Begründung der Berufsarbeit; denn nur auf dem Weg, den Beruf als Bildungsgut zu erklären und so Bildung durch den Beruf, ja „nur über den Beruf" zu ermöglichen, war die Berufs- und Wirtschaftspädagogik als Disziplin „hoffähig" zu machen. Nicht zuletzt daher erklärt sich das hohe Ansehen der Berufsbildungstheorie, der die Berufspädagogen erlagen und die sie fast trotzig darauf insistieren ließ, daß Hobeln und Sägen auch bildeten und „daß die Berufsfertigkeiten gar nicht auf Nutzen und Tüchtigkeit, sondern ‚eigentlich' auf ‚Bildung' gerichtet seien – was ihnen mit Recht niemand glaubt" (BLÄTTNER 1959, S. 39). Jenseits einer standespolitischen Bedeutung der Berufsbildungstheorie verlor dieser Ansatz aber auch deshalb an Wirksamkeit, weil er an einem Berufsbegriff orientiert war, der von kulturpädagogischen Verklärungen, nicht aber von empirisch einholbaren Aussagen bestimmt war und insofern nur zu leicht für Ziele in Dienst zu nehmen war, die der Theorie der Bildung konträr waren.

Die Geschichte des Berufsbegriffs zeigt, daß solche Indienstnahme nichts Neues war. Er spiegelte seit eh mehr eine Deutung sozialer Verhältnisse und also bestimmte Absichten, als daß er half, geschichtliche „Lagen" der Arbeitswelt zu beschreiben. Zuerst Ausdruck der Distributio divina, die jedem seinen gesellschaftlichen Platz anweist, und als solcher Teil der Legitimation der ständischen Gesellschaft, die mit dem Verweis auf das Prinzip des Gemeinwohls alle den Ordo socialis sprengenden individuellen Interessen und Strebungen abwehren konnte – „Ein jeglicher bleibe in dem Beruf, darinnen er berufen ist" (1. Korintherbrief 7, 20) –, wird er mit Erstarken der bürgerlichen Gesellschaft durch Säkularisation der Vocatio- zur Begabungstheorie genau zum Recht (und Kalkül!) des einzelnen auf seinen privaten Erfolg und damit Teil des jetzt sich durchsetzenden Leistungs- und Konkurrenzprinzips. Daß sich „der optimistische Glaube an Harmonie durch Konkurrenz" (CONZE 1972, S. 182) als Irrtum erwies, wurde zwar schon in der Romantik bewußt – „die Universalfabrik des städtischen Lebens" als Folge der „Verblendung des Kalküls" heißt es bei MÜLLER (1931, S. 140 f.) im frühen 19. Jahrhundert –, aber das hielt die Entwicklung im Zeichen der Industrie keineswegs auf.

Nur: So sehr letztere zur Signatur der Modernisierung wurde, so wenig gelang es, das Berufsdenken neu zu bestimmen. Im Gegenteil! Es verstand sich mehr und mehr als Ausdruck antiindustriellen Bemühens, einer Abwehr des „modernen Aufklärichts" (Kolping) und schließlich des „Fordismus", was einerseits die auch politische Macht der sich durch die Industrie bedroht gebenden sozialen Gruppen, allen voran das Handwerk, verdeutlicht und andererseits zeigt, welcher Verlust an deskriptiver Kraft hier zu beachten ist. Selbst die Erfahrungen mit der Verpflichtung des Berufsgedankens auf die Ziele des nationalsozialistischen Staates haben später davor nicht bewahrt.

Auch nach 1945 blieb der Berufsbegriff, zumal der von der Pädagogik rezipierte, für betriebliche Ausbildungsgänge, deren Begründung wie Kritik ohne Relevanz. Als oberstes Kriterium galt, wie schon bei Kerschensteiner, die „innere Berufenheit". Die Industrie, ihm nicht genügend, verfällt dem Vorwurf, „nur das sinnlose animalische Leben zur Arbeitsleistung" übrigzulassen (KERSCHENSTEINER 1926, S. 40). Nach wie vor ist die Technik eine „jener Antinomien, welche die Lösung des Bildungsproblems mehr erschweren als alles andere" (KERSCHENSTEINER 1926, S. 197). Für die Berufsbildungstheorie erwiesen sie sich als so gravierend, daß sie an ihnen scheiterte. Litt erklärte deshalb 1947, es gehe darum, „die altvertraute Fragestellung nicht sowohl preiszugeben, als vielmehr so von Grund aus umzudenken, wie es die völlig gewandelte Lage erfordert" (LITT 1960, S. 17), nämlich zu prüfen, wie die Bildungsidee „in den Niederungen der Lebensnotdurft und des Daseinskampfes zu ihrem Recht kommen könne"; denn „gelingt es uns nicht, in der Sphäre der Berufsarbeit selbst die menschenbildenden Motive zu entdecken und zur Wirksamkeit zu bringen, so heißt es jeglicher Hoffnung auf Bildung entsagen" (LITT 1960, S. 24).

Damit war der vocationstheoretische Grundzug der sogenannten Klassischen Berufsbildungstheorie aufgegeben und die Berufs- und Wirtschaftspädagogik darauf verwiesen, sich frei von kulturpädagogisch-kulturpessimistischem Widerwillen auf die industrielle Arbeitswelt einzulassen. Die Einlösung dieser Aufgabe hat, abgesehen von einzelnen Stimmen, mehr als zehn Jahre auf sich warten lassen. Erst in den 60er Jahren begann man ernsthaft mit einer berufspädagogischen Analyse der industrietypischen Bestimmung des Ausbildungssektors. Den Anstoß gaben historische Arbeiten, die einerseits der kategorialen Selbstvergewisserung dienten und andererseits gefährlich werdenden Verdinglichungen zu begegnen suchten. Anschließend setzte – in Verbindung mit empirischen Arbeiten zur Berufsausbildung – eine jetzt zum erstenmal auch wissenschaftstheoretisch rückgekoppelte und gesellschaftspolitisch beziehbare Diskussion in der Berufs- und Wirtschaftspädagogik ein, die die Unterschiedlichkeit der Positionen nicht länger verdeckt hielt, sondern bis zur Konfrontation offenlegte, festgemacht vor allem in der Kontroverse um die emanzipatorische oder empirisch-analytische Ausrichtung der Berufspädagogik.

Wie nicht anders zu erwarten, haben sich im Zusammenhang mit der Ausdifferenzierung wissenschaftstheoretischer Positionen klischeehafte Vereinfa-

chungen festgesetzt, und es wird eine Weile dauern, bis man hinter sie auf die Forschungsbedeutsamkeit der Ansätze zurückgeht. Erkennbar ist sie relativ deutlich etwa an der Behandlung der Frage nach dem Verhältnis von Bildungs- und Beschäftigungssystem, materialiter vorangebracht in der Qualifikationstheorie und -forschung, in Arbeiten zur beruflichen Sozialisation, in sozialgeschichtlich bestimmten Forschungen sowie in handlungs- und verhaltenstheoretischen Arbeiten. Man kann diese Auffächerung der Forschungsansätze als Verlust der wissenschaftlichen Konzentration deuten. Man kann in ihr aber auch die Spiegelung der Fragenvielfalt sehen, die in Rezeption heterogener Problemstellungen die verschiedenen Dimensionen der Berufserziehung weit besser entfalten, als es je vorher der Fall war.

BLÄTTNER, F.: Lehrjahre sind keine Herrenjahre. In: SPRANGER, E. (Hg.): Pädagogische Wahrheiten und Halbwahrheiten kritisch beleuchtet, Heidelberg 1959, S. 11 ff. CONZE, W.: Arbeit. In: BRUNNER, O. u. a. (Hg.): Geschichtliche Grundbegriffe. Historisches Lexikon zur politischsozialen Sprache in Deutschland, Bd. 1, Stuttgart 1972, S. 182 ff. KERSCHENSTEINER, G.: Theorie der Bildung, Leipzig 1926. LITT, TH.: Berufsbildung, Fachbildung, Menschenbildung, Bonn 1960. MÜLLER, A.: Ausgewählte Abhandlungen (1808–1819), Jena 1931. STRATMANN, K.: Berufs- und Wirtschaftspädagogik. In: GROOTHOFF, H.-H. (Hg.): Die Handlungs- und Forschungsfelder der Pädagogik (Differentielle Pädagogik). Erziehungswissenschaftliches Handbuch, Bd. 5, Königstein 1979, S. 285 ff.

Karlwilhelm Stratmann

Betriebspädagogik

Gegenstand und Erkenntnisinteressen der Betriebspädagogik. Mit dem Begriff „Betriebspädagogik" wird sowohl ein Gegenstand erziehungswissenschaftlicher Forschung und Lehre als auch eine pädagogische Praxis umschrieben.

Die *praktisch-pädagogische Tätigkeit* in Betrieben der Wirtschaft und der öffentlichen Verwaltung wird auch als betriebliche Bildungsarbeit, im Hinblick auf bestimmte Zielgruppen als Ausbildung, Training, Weiterbildung, Management-Bildung beziehungsweise -Schulung und, im Anschluß an bildungsökonomi-

sche Überlegungen, als Qualifizierung bezeichnet.

Diese Vielfalt der verwendeten Begriffe deutet auf Unklarheiten in der theoretischen (erziehungswissenschaftlichen) Begründung betriebspädagogischer Aktivitäten und auf unterschiedlich ausgeprägte soziale und ökonomische Interessen an der Betriebspädagogik als Wissenschaft und als pädagogischer Praxis hin.

In *erziehungswissenschaftlicher* Betrachtung ist die Betriebspädagogik eine Forschungsaufgabe der Berufs- und Wirtschaftspädagogik (Analyse, Beschreibung, Erklärung, Kritik und Gestaltung von geplanten und ungeplanten betrieblichen Lernvorgängen). Es ist umstritten, ob diese Aktivitäten zu ergänzen sind durch spezifische theoretische Begründungsleistungen für die praktische betriebliche Bildungsarbeit.

Herausgefordert wird die betriebspädagogische Forschung und Lehre durch die Tatsache, daß in Betrieben geplante und ungeplante Lernvorgänge die Einstellungen, Verhaltensweisen und Kompetenzen der Beschäftigten mitbeeinflussen und daß sich hieraus Veränderungen in der betrieblichen Kooperations- und Kommunikationsstruktur und in der beruflichen Handlungsmotivation und Handlungskompetenz der Beschäftigten ergeben oder ergeben können.

Auf die Gestaltung betrieblichen Handelns als Umgang mit Sachen, Informationen (Symbolen) und Menschen und ihre Bedeutung für den in einer konkreten betrieblichen Situation Beschäftigten ist neben der betriebspädagogischen auch die industrie- und betriebssoziologische, die industrie- und betriebspsychologische und die arbeitswissenschaftliche Forschung ausgerichtet. Die Betriebspädagogik unterscheidet sich von ihren Nachbarwissenschaften durch ihr spezifisches Erkenntnisinteresse, nämlich die Frage, ob und wie sich die betrieblich organisierten Formen strategischer und instrumenteller Kooperation im Arbeitsprozeß als Bildungsprozesse arbeitender Menschen theoretisch begründen und praktisch verwirklichen lassen. Bisher liegen nur Vorarbeiten für die Entfaltung eines solchen Begründungszusammenhangs vor. In ihnen wird deutlich, daß betrieblich organisierte Arbeitsprozesse zwar als spezifische Ausprägungen von Formen menschlicher Rationalität gedeutet werden können; doch der Hinweis auf die Rationalität qualifiziert diese Arbeitsprozesse noch nicht als Bildungsprozesse; es kann sich auch um rigide Anpassungsprozesse an inhaltlich anspruchs-lose Teilverrichtungen handeln, die den Beschäftigten physisch einseitig belasten, ohne ihm die Möglichkeit zu bieten, seine Fähigkeiten zu entfalten (vgl. GROSKURTH 1979).

Damit Bildungsprozesse in betrieblich organisierten Arbeitssituationen möglich werden, müssen die Beschäftigten die Chance erhalten, an der Entwicklung und Gestaltung der betrieblichen Arbeitsorganisation teilzunehmen. Darüber hinaus gehört zur Verwirklichung einer substantiellen Rationalität in betrieblichen Bildungsprozessen auch die Partizipation an der unternehmerischen Zielsetzung.

In der betriebspädagogischen Reflexion herrscht vielfach die Meinung vor, daß eine immanente Analyse der empirisch vorfindbaren betriebspädagogischen Konzeptionen und ihre theoretische Verdichtung zu Modellen (vgl. BUNK 1972) oder ihre systematische Zuordnung zu einem Gesamtzusammenhang der Sozialwissenschaften (vgl. MÜLLER 1973, S. 23 ff.) hinreiche, um die Rationalität betrieblicher Bildungsarbeit erziehungswissenschaftlich zu erklären und sie eben dadurch als bedeutsam für den Bildungsprozeß zu legitimieren. Der Fortschritt betriebspädagogischer Theoriebildung ist dann nichts anderes als ein Reflex auf empirisch konstatierbare Veränderungen in der betrieblichen Praxis: Strategien der *Menschenbehandlung* werden abgelöst durch solche der *Menschenführung* und schließlich durch Formen der *Kooperation* zwischen Menschen im betrieblichen Zusammenhang (vgl. ABRAHAM 1978, DÖRSCHEL 1975). Sofern man sich um die Begründung einer spezifischen Form von Rationalität im betrieblichen Arbeitshandeln bemüht, muß auch die Frage nach den Bedingungen für deren Verwirklichung und hiermit in wechselseitigem Bezug nach der Entwicklung und Beurteilung von betriebspädagogischen Maßnahmen geklärt werden. In diesen Aufgaben realisiert sich eine Betriebspädagogik in der Vermittlung von Theorie und Praxis, die sich als praktische Wissenschaft versteht und als solche – statt gesellschaftlichen, speziell betrieblichen Entwicklungen in theoretischer Reflexion nachzufolgen – diese als theoretisch begründungsfähige und im Lichte der Konsequenzen für die Beschäftigten begründungspflichtige begreift. Erst in der pädagogischen Entfaltung von begründeten Handlungsorientierungen für die Gestaltung des betrieblichen Arbeitsprozesses wird der Sinn betriebspädagogischer Forschung und Praxis manifestiert.

Theorien und Forschungsansätze der Betriebspädagogik. Für die traditionelle kulturpädagogische Betriebspädagogik war es eine unbezweifelbare Tatsache, daß der Betrieb durchdrungen sei von einer Wertordnung, die dem betrieblichen Handeln jedes einzelnen Beschäftigten ihren Sinn verleiht. Träger dieser „spezifischen Geistigkeit" ist nach dieser Theorie der „Lebensbereich Betrieb". In dieser Sichtweise ist es die Aufgabe der Betriebspädagogik, die geistige Prägung des Menschen durch seine Mitgliedschaft in einem Betrieb zu erforschen (vgl. ABRAHAM 1978). Demgegenüber wird in einer Reihe neuerer Beiträge versucht, den Gegenstandsbereich der Betriebspädagogik und damit auch den Sinn betriebspädagogischen Handelns metatheoretisch zu begründen, statt ihn als gegeben anzunehmen.
Nach Müller ist der Begriff der Entscheidung konstitutiv für die betriebspädagogische Theorie. In Anlehnung an entscheidungstheoretische Forschungsansätze geht es ihm um „eine Konkretisierung der entscheidungslogischen Modellbildung für die Betriebspädagogik" (MÜLLER 1973, S. 106). Abgesehen davon, daß diese Konzeption bisher nur als Programm vorliegt, ist der Begriff der Entscheidung als theoretische Kategorie zwar empirisch bedeutsam für die Analyse von betrieblichen Interaktions-

prozessen, er vermag diese jedoch nicht zu begründen und reicht daher nicht hin zur metatheoretischen Grundlegung einer Betriebspädagogik. Außerdem werden nichtdezisionistische Lernvorgänge im Rahmen betrieblicher Abläufe ex definitione nicht erfaßt, obwohl ihre Bedeutung für die Entfaltung von Handlungskompetenzen auf seiten der Beschäftigten und für die Interaktionsstruktur des Betriebes außer Frage steht (vgl. WITT 1978).
Versuche zu einer systemtheoretischen Begründung der Betriebspädagogik liegen von Freyer und Hertel vor. FREYER (1974) beabsichtigt, durch eine systemtheoretische Integration die verschiedenen Formen betriebspädagogischen Handelns systematisch zu ordnen und damit zu zeigen, daß die Zielsetzung der Betriebspädagogik in jedem Fall das Ergebnis rationaler betrieblicher Entscheidungen ist und keinesfalls eine passive Anpassung an einen übermächtigen Systemzwang. HERTEL (vgl. 1976, S. 351) will durch eine Analyse der Funktionen betrieblicher Berufsbildung mit den systemtheoretischen Kategorien Input–Transformation–Output zeigen, daß der Systemansatz als einheitlicher Bezugsrahmen zur systematischen Darstellung aller verfügbaren Informationen über die praktisch vorfindbaren Probleme betrieblicher Berufsbildung geeignet ist und Ansatzpunkte für ihre Reform zu liefern vermag.
Auch wenn entscheidungs- und systemtheoretische Ansätze mehr zur Analyse und Beschreibung betrieblicher Bildungsprozesse beitragen können, als es auf der Grundlage kulturpädagogischer Deutungskonzepte möglich war, bleiben sie wie diese für eine pädagogisch legitimierte Handlungsorientierung und für die Begründung innovativer Maßnahmen defizitär, nämlich beschränkt auf den Nachvollzug beziehungsweise auf die Rechtfertigung des jeweils Vorfindlichen. Es fehlen der System- und Entscheidungstheorie jene Maßstäbe, die

vorausgesetzt werden müßten, um der Eigendynamik betrieblicher Entwicklung und den auf lange Sicht geplanten Infrastrukturmaßnahmen mit begründeter Kritik und konstruktiven Alternativen entgegentreten zu können. Hierzu wäre notwendig, den Betrieb als eine nach inhaltlichen Kriterien gestaltbare soziotechnische Organisationsstruktur zu begreifen und Innovationsvorhaben zu initiieren, wissenschaftlich zu begleiten und auszuwerten, in denen das organisatorische und technische Entwicklungspotential der Betriebe im dialektischen Zusammenhang mit den Entfaltungsmöglichkeiten der Beschäftigten und deren Handlungskompetenzen erprobt und gefördert wird (vgl. GOHL 1978).

Von einem solchen Ansatz her ließe sich aufzeigen, daß die auf technologische Zweck-Mittel-Beziehungen restringierten Strategien der Rationalisierung von Arbeitsplätzen, die in der Regel auf eine Wegrationalisierung von Arbeitskraft hinauslaufen, aus betriebspädagogischer Sicht wie nach personalwirtschaftlichen Optimierungskriterien beurteilt keineswegs so vernünftig sind, wie es der Ausdruck Rationalisierung vermuten läßt. Insofern nämlich die Beschäftigten nur unter dem Aspekt ihrer Ersetzbarkeit durch Technologien bedeutsam erscheinen, bewirken die diesem Begriff von Rationalisierung folgenden betrieblichen beziehungsweise unternehmerischen Strategien einen Verlust an Arbeits- und Leistungsmotivation sowie an Sinnorientierung bei den Beschäftigten, der nachträglich durch eine kompensatorische betriebliche Weiterbildung aufgefangen werden muß, wenn herkömmliche Mechanismen bei der Integration der Beschäftigten in den betrieblichen Leistungsprozeß versagen (vgl. SCHMITZ 1978).

Damit sind Fragestellungen und Probleme angedeutet, die die Betriebspädagogik in Kooperation mit anderen Forschungsdisziplinen angemessen nur wird bearbeiten können, wenn sie sich als praktische und kritische Wissenschaft zugleich konstituiert und der Gestaltung betrieblicher Entwicklungs- und Bildungsprozesse in pädagogischer Absicht zuwendet. Entsprechende Konzepte zur Weiterentwicklung der Betriebspädagogik zeichnen sich gegenwärtig im Zusammenhang mit Forschungsvorhaben, unter anderem zur Humanisierung der Arbeitswelt, ab. Zu nennen sind insbesondere

- Analysen zur Struktur komplexen Arbeitshandelns und zur Herausbildung von Planungsstrategien auf seiten der Beschäftigten (vgl. VOLPERT 1974),
- Analysen der Beziehungen zwischen Arbeitserfahrungen und Persönlichkeitsentwicklung (vgl. LEMPERT u. a. 1979),
- Untersuchungen zur Beteiligung abhängig Beschäftigter an Innovationen der Arbeits- und Betriebsstrukturen (vgl. DÜRR 1973).

ABRAHAM, K.: Der Betrieb als Erziehungsfaktor. Die funktionale Erziehung durch den modernen wirtschaftlichen Betrieb, Freiburg 1957. ABRAHAM, K.: Betriebspädagogik, Berlin 1978. BARTÖLKE, K. u. a. (Hg.): Arbeitsqualität in Organisationen, Wiesbaden 1978. BUNK, G. P.: Erziehung und Industriearbeit, Weinheim/Basel 1972. DÖRSCHEL, A.: Betriebspädagogik, Berlin 1975. DÜRR, W.: Vorüberlegungen zu einer Theorie der Betriebspädagogik. In: FRICKE, W./GEISSLER, A. (Hg.): Demokratisierung der Wirtschaft, Hamburg 1973, S. 87 ff. DÜRR, W.: Zur Grundlegung und Konzeption handlungsorientierter betrieblicher Bildungsarbeit. In: BRAND, W./BRINKMANN, D. (Hg.): Tradition und Neuorientierung in der Berufs- und Wirtschaftspädagogik, Hamburg 1978, S. 117 ff. FREYER, W.: Der Betrieb als Erziehungssystem, Darmstadt 1974. FRICKE, W.: Arbeitsorganisation und Qualifikation, Bonn-Bad Godesberg 1975. GOHL, J.: Zum instrumentellen Charakter organisatorischer Veränderungen oder: Ist eine dominante Interessendurchsetzung methodisch begründet aufzuhalten? In: BARTÖLKE, K.

u. a. (Hg.): Arbeitsqualität in Organisationen, Wiesbaden 1978, S. 41 ff. GROSKURTH, P. (Hg.): Arbeit und Persönlichkeit, berufliche Sozialisation in der arbeitsteiligen Gesellschaft, Reinbek 1979. HERTEL, H. D.: Systemanalyse betrieblicher Berufsbildung, Frankfurt/M. 1976. LEMPERT, W. u. a.: Konzeptionen zur Analyse der Sozialisation durch Arbeit. Theoretische Vorstudien für eine empirische Untersuchung. Max-Planck-Institut für Bildungsforschung. Materialien aus der Bildungsforschung, Bd. 14, Berlin 1979. MÜLLER, K. R.: Entscheidungsorientierte Betriebspädagogik, München/Basel 1973. MÜNCH, J.: Bildungsarbeit im Betrieb, Kaiserslautern 1975. SCHMITZ, E.: Leistung und Loyalität. Berufliche Weiterbildung und Personalpolitik in Industrieunternehmen. Veröffentlichung des Max-Planck-Instituts für Bildungsforschung, Stuttgart 1978. STIEFEL, R. TH.: Bestimmung der Lehrziele in der Management-Schulung, Frankfurt/M. 1973. VOIGT, W.: Betriebliche Bildung, Weinheim 1972. VOLPERT, W.: Handlungsstrukturanalyse als Beitrag zur Qualifikationsforschung, Köln 1974. WITT, J. W. R.: Themen und Argumentationsfiguren älterer und neuerer betriebspädagogischer Theorieansätze. In: BRAND, W./BRINKMANN, D. (Hg.): Tradition und Neuorientierung in der Berufs- und Wirtschaftspädagogik, Hamburg 1978, S. 89 ff.

Walter Dürr

Bildungsberatung

Begriff und ideengeschichtliche Entwicklung. Der Begriff „Bildungsberatung" ist Mitte der 60er Jahre geprägt worden. Er spiegelt drei problemgeschichtliche Entwicklungsstadien der Beratung im Bildungswesen wider (vgl. BERDIE 1972):

– Konfliktreduzierung beziehungsweise pädagogisch-psychologische Behandlung ex post („Feuerwehrfunktion" und „Pannenhilfe"),
– Konfliktvermeidung durch Individualisierung schulischer Lernbedingungen und Erziehungsmaßnahmen, Unterrichtsdifferenzierung (Prophylaxe) und
– Beitrag zur Selbstverwirklichung durch gezielte Beratung (counseling) und Anleitung (guidance) des jungen Menschen mit dem Ziel, dessen Bildungschancen effektiv zu steigern (augmentative Funktion).

Alle drei Aspekte sind für die Bildungsberatung charakteristisch, wenn auch unterschiedliche Akzentuierungen und/oder inhaltliche Erweiterungen das äußere Erscheinungsbild variieren.
Als Vorläufer dieser Entwicklung, die in Deutschland durch die Psychologen Stern, Döring, Bobertag, Hylla und Lämmermann sowie die Pädagogen und Wundt-Schüler Meumann und Lay, später auch Petersen entscheidend gefördert wurde, sind die frühen Ansätze einer angewandten pädagogischen Psychologie anzusehen. Auf dieser Tradition beruhen auch die ersten deutschen schulpsychologischen Beratungsdienste in Mannheim (1921) und Hamburg (1947). Interessanterweise ist die kontrovers diskutierte Frage, ob sich Beratung zuallererst dem einzelnen Schüler und seinen Nöten zuwenden oder mehr als (vorbeugende) Schullaufbahn- und Systemberatung etablieren soll, hier bereits grundgelegt. Während nämlich im Mannheimer Schulsystem die Begabungsförderung und Schullaufbahndifferenzierung im Vordergrund der Arbeit des Schulpsychologen standen, dominierte im Hamburger Beratungskonzept von Anfang an die Schüler-(Einzelfall-)Hilfe, das heißt die Konfliktberatung bei Lern-, Leistungs- und Verhaltensschwierigkeiten. Mit der Errichtung weiterer schulpsychologischer Beratungsdienste nach dem Zweiten Weltkrieg, besonders aber der Bildungsberatungsstellen in Baden-Württemberg (1966) und entsprechender Beratungsmodelle, wie in Hessen (1969), zeichnete sich dann immer deutlicher jene Konzeption ab, die heute weithin das Aufgabenfeld der (schulischen) Bildungsbera-

193

tung bestimmt. Diese kann allgemein als Orientierungs- und Entscheidungshilfe bei der Verwirklichung intendierter (schulischer) Bildungsziele definiert werden (vgl. HELLER 1975 a, S. 16). Damit ist die Abgrenzung gegenüber verwandten Ansätzen, etwa der Erziehungs- und Berufsberatung, möglich, ohne daß hier die Notwendigkeit einer engen Kooperation dieser (unterschiedlichen) Beratungsformen in Frage gestellt werden soll.

Beratungsanlässe und Beratungsziele. Obwohl Anfang der 80er Jahre weder eine einheitliche Beratungskonzeption noch eine stringente Theorie der Bildungsberatung existieren, fehlt es andererseits nicht an praktischen Beratungsanlässen, deren Zahl und Vielfalt ständig zunehmen. Als Gründe für die Notwendigkeit der Bildungsberatung werden vor allem gesellschaftliche und bildungspolitische Veränderungen genannt, die wiederum mit den allgemeinen Sozialisationsbedingungen interagieren. Diese sind nicht unabhängig vom Beschäftigungssystem und beeinflussen ihrerseits schulische Ausbildungskonzepte. Damit einher gehen Veränderungen in bezug auf Einstellungen, Rollenkonzepte, Werthaltungen oder allgemeine Lebensgewohnheiten, aber auch ein gesteigertes Selbstbewußtsein und differenzierteres Demokratieverständnis. Schließlich haben die Forschungsergebnisse der Human- und Sozialwissenschaften neue Erkenntnisse über den Bedingungszusammenhang schulischer und familiärer Lern- und Erziehungsprozesse vermittelt, die entsprechende Innovationen im Bildungsbereich erfordern (vgl. KULTUSMINISTER NW 1980, S. 19 ff.). Schüler, Eltern und Lehrer sind somit zur Erfüllung ihrer Aufgaben auf fachkundige Beratungshilfen angewiesen, ohne die eine wirksame Verbesserung der Bildungschancen jedes einzelnen kaum möglich ist. Im „Strukturplan für das Bildungs-

wesen" der Bildungskommission des DEUTSCHEN BILDUNGSRATES (1970) wird deshalb der Bildungsberatung eine konstitutive Bedeutung für das Bildungssystem zuerkannt.

Daraus ergeben sich nun die *Ziele* der Bildungsberatung. Neben dem grundlegenden Prinzip der Selbstverwirklichung und Eigenverantwortlichkeit des jungen Menschen sowie der sozialintegrativen Funktion der Demokratisierung von Schule und Gesellschaft als übergeordneten *Beratungszielen* sind noch die ökonomische Funktion (zum Beispiel Prophylaxe „falscher" Bildungskarrieren und damit verbundener – unnötiger – Aufwendungen) sowie die bildungsinnovatorische Zielsetzung der Beratung hervorzuheben. Im „Bildungsgesamtplan" der BUND-LÄNDER KOMMISSION FÜR BILDUNGSPLANUNG (BLK – vgl. 1973, S. 79) werden deshalb folgende konkrete Beratungsintentionen aufgeführt: Förderung der schulischen Sozialisationsbedingungen (zum Beispiel durch individuelle Lernangebote und Maßnahmen zur Unterrichtsdifferenzierung); Orientierungs- und Entscheidungshilfen bei der Bildungsweg- und Berufswahl; Vermeidung individueller Fehlentscheidungen durch Beratung; gezielte Begabungs- und Bildungsförderung sowie Hilfen bei Lern-, Leistungs- und Verhaltensstörungen; Beiträge zur Planung, Durchführung, Evaluierung und Modifikation schulischer Prozesse und Modelle. Daraus resultiert der „klassische" Aufgabenkatalog der Bildungsberatung.

Aufgabenfelder. Eine Systematisierung der verschiedenen *Beratungsaufgaben* kann einmal adressatenbezogen erfolgen; in diesem Falle spricht man von Schüler-, Eltern- und Lehrerberatung. Zum andern ist eine problemorientierte Differenzierung möglich, die nicht nur hinsichtlich des Gegenstandsbezuges, sondern auch unter Methodenaspekten und im Hinblick auf die jeweils geforderte (unterschiedliche) Beratungskompetenz die größere Stringenz aufweist. Als allgemeine Aufgaben der Bildungsberatung kommen demnach in Betracht: die Schullaufbahnberatung, die pädagogisch-psychologische Einzelfallhilfe und die Systemberatung. In der Sekundarstufe II kommen als spezifische Aufgaben noch die Studienberatung und die Berufs(bildungs)beratung hinzu.

Die *Einzelfallhilfe* in der Bildungsberatung dient der Identifizierung und Behandlung vorwiegend schulisch bedingter oder dort in Erscheinung tretender Verhaltensprobleme im weiteren Sinne, soweit sie bei einzelnen Schülern zu beobachten sind. Aufgaben der vorwiegend schulpsychologischen Einzelfallhilfe sind demnach die Bedingungsanalyse und gegebenenfalls Behandlung von Lernschwierigkeiten, partiellen oder generellen Schulleistungsdefiziten sowie Behinderungen, Verhaltensauffälligkeiten und sozialen Konflikten (in der Schulklasse). Zum besonderen Problem in der Sekundarstufe II werden die wechselnden Bezugs- und Lerngruppen, deren Komplexität die Überschaubarkeit für alle Beteiligten mitunter sehr erschwert. „Das kann zu sehr differenzierten soziodynamischen Vorgängen und damit auch zu sozialen Spannungen führen – nicht nur auf der Ebene der Lernenden unter sich, sondern auch zwischen den Lernenden und Lehrenden" (BÄRSCH/LEISCHNER 1974, S. A 95). Weitere Schwerpunkte der Beratungsarbeit in der Sekundarstufe II, deren Leitziel die Erziehung zur Mündigkeit und eigenverantwortlichen Entscheidungfähigkeit des Jugendlichen ist, sind unterstützende Maßnahmen der schulischen Sozialisation sowie eine an individuellen Bedürfnissen orientierte Motivierung zu sinnvoller Freizeitbeschäftigung.

Da Lern-, Leistungs- und Verhaltensstörungen einschließlich entwicklungsbedingter Krisen fast immer multikausal determiniert sind, schließt eine umfassende Diagnose die Analyse des sozialen Lernumfeldes (Schule, Familie, Peer-group, Einzelpartner) ein. Entsprechende Interventionen sollten deshalb gegebenenfalls, besonders bei „schweren" Problemfällen und/oder längerfristigen Therapiemaßnahmen (aus Kapazitätsgründen), in Zusammenarbeit mit der Erziehungsberatung, der Drogenberatung oder dem ärztlichen Gesundheitsdienst erfolgen. (Zur Einzelfallhilfe vgl. AURIN u. a. 1973, HELLER 1975 b, S. 589 ff.; vgl. HELLER u. a. 1978, HORNSTEIN u. a. 1977, SCHWARZER 1977.)

Die Aufgaben der *Systemberatung* beziehen sich vor allem auf Hilfen im Rahmen der Lern- und Unterrichtsorganisation sowie die Umsetzung der in der Schullaufbahnberatung und Einzelfallhilfe gewonnenen Erfahrungen in strukturelle Verbesserungen des Bildungssystems. Die Beratung von Schule und Lehrern (Systemberatung) dient einerseits der Optimierung bestehender Bildungssysteme, andererseits der Reform und Innovation im Bildungsbereich. Im einzelnen sind dazu erforderlich: Mitarbeit in der Curriculumplanung und -revision innerhalb der Sekundarstufe II (zum Beispiel Koordination der einzelnen Fächer und Kurse im Hinblick auf konkrete Abschlußqualifikationen, Abstimmung zwischen betrieblichen und schulischen Ausbildungsprogrammen), Eingliederungs- und Förderungsmaßnahmen einzelner Schülergruppen (Ausländerkinder, Schüler aus bestimmten Schulformen der Sekundarstufe I oder Jugendliche ohne Ausbildungsvertrag), Beratung und Hilfe bei allgemeinen Organisationsproblemen und dysfunktionalen Prozessen in der Schule, bei systembedingten Disziplin- oder anderen psychosozialen Schwierigkeiten. Ferner gehören zur Beratung von Schule und Lehrern Informationen über Möglichkeiten unterrichtlicher Differenzierung, Methoden der Schülerbeurteilung und Leistungsmessung sowie die Evaluation von Schulmodellversuchen (vgl. AURIN u. a. 1977; vgl. HELLER 1975 b, 1983; vgl. HEYSE/ARNHOLD 1978, HORNSTEIN u. a. 1977).

Im Hinblick auf die Beratungspraxis muß jedoch einschränkend angemerkt werden, daß die skizzierten Aufgaben nur ansatzweise realisiert worden sind. Die Ursachen mögen sowohl in der lange Zeit auf Einzelfallhilfe fixierten schulpsychologischen Arbeit liegen als auch in einer gewissen Skepsis und Zurückhaltung vieler Lehrer und Schulverwaltungsleute, die hier einen „Einbruch" in ihren Kompetenzbereich befürchten. Der Erfolg künftiger Beratungsarbeit auf diesem Gebiet wird deshalb zuerst von gegenseitigem Vertrauen und einer wechselseitigen Kooperationsbereitschaft zwischen Schul und Beratungsexperten abhängen. Darüber hinaus wird man in der Lehreraus- und -fortbildung die Aufmerksamkeit verstärkt auf diese Probleme richten müssen.

Beratungs- und Behandlungsverfahren. Als *Beratungsverfahren* kommen zunächst das diagnostische Interview (Anamnese und Exploration) sowie Techniken der Verhaltensbeobachtung und Ratingsysteme in Betracht. Bei der Informationsgewinnung ist man vielfach noch auf Testverfahren (insbesondere Schulleistungs- und Fähigkeitstests, standardisierte Persönlichkeitsfragebögen) sowie die Auswertung schulischer Dokumente (zum Beispiel Zeugnisse, Arbeitshefte, Schülerbeobachtungs- beziehungsweise -beurteilungsbögen) angewiesen. Zentrale Bedeutung erlangt jedoch das persönliche Beratungsgespräch, in dem die einzelnen Untersuchungsbefunde mitgeteilt werden und das der eigentlichen Entscheidungsfindung dient. Dabei sind neben kommunikationspsychologischen Voraussetzungen einschlägige Prinzipien der klient- und themenzentrierten Gesprächsführung gleichermaßen wichtig, um eine

sachlich fundierte und vom Ratsuchenden akzeptierte Problemlösung zu ermöglichen (vgl. HELLER 1976, HELLER u. a. 1978).

Im Rahmen der psychologischen Einzelfallhilfe werden außerdem gezielte *Behandlungsverfahren* notwendig. In der schulischen Beratungspraxis dominieren gesprächs- und verhaltenstherapeutische Methoden. Zu deren Anwendung sind spezielle Wissens- und Handlungskompetenzen erforderlich, die in der Regel nur in einer fachpsychologischen Ausbildung vermittelt werden können.

Beratungsinstanzen. Als *Beratungsagenten* fungieren vor allem Lehrer, Beratungslehrer und Schulpsychologen/Bildungsberater. Schulberatung ist zunächst eine Aufgabe des Lehrers, also auch unabdingbarer Bestandteil der Aus- und Fortbildungslehrpläne. Solange diesbezügliche Forderungen nicht oder nur unzureichend realisiert sind, nützen – im Prinzip berechtigte – Warnungen vor einer Dequalifizierung des Lehrers durch die Delegierung von Beratungsaufgaben an professionelle Berater nur wenig. Außerdem wird auch bei optimistischer Einschätzung der Beratungsmöglichkeiten von Lehrern stets nur ein Teil des Aufgabenkataloges durch Schulpädagogen zu bewältigen sein. Jeder Lehrer sollte jedoch ausreichend für die Schullaufbahnberatung sowie durch eine gewisse Problemsensitivität auf die anderen Aufgaben der Bildungsberatung vorbereitet sein. Darüber hinaus braucht die Schulberatung speziell ausgebildete Experten, wobei Beratungslehrer und Schulpsychologen die Hauptlast zu tragen haben. *Beratungslehrer* sind Lehrer im Hauptamt, die aufgrund ihrer Zusatzqualifikation nebenamtlich als Berater tätig werden (wofür in der Regel eine Deputatsermäßigung von fünf Wochenstunden gewährt wird). In der Sekundarstufe II übernehmen sie die hier besonders komplizierte Aufgabe der Kurswahlberatung und Laufbahnkontrolle (Schullaufbahnberatung) sowie damit zusammenhängende Funktionen der Lehrer-(Kollegen-)Beratung. Vereinzelt wird von ihnen auch Einzelfallhilfe, etwa in „einfacheren" Konfliktfällen, geleistet, wenngleich das Schwergewicht ihrer Arbeit auf diesem Gebiet in der Früherkennung von Beratungsproblemen sowie in der Zusammenarbeit mit dem Schulpsychologen auf der einen und dem Klassen- oder Fachlehrer auf der anderen Seite liegt.

Der Schulpsychologe oder Bildungsberater (Diplom-Psychologe) ist Vollzeitberater und aufgrund seiner fachlichen Ausbildung mit den Schwerpunkten auf der Pädagogischen oder Klinischen Psychologie am ehesten geeignet, die vielfältigen Funktionen im Rahmen der Bildungsberatung angemessen auszufüllen. Dessenungeachtet ist eine noch größere Praxisorientierung des Universitätsstudiums erwünscht und in vielen Fällen nur durch berufsbegleitende Fortbildungsveranstaltungen einigermaßen zufriedenstellend erreichbar (vgl. HEYSE/ARNHOLD 1978, S. 97 ff.).

In bezug auf die Organisationsform der Bildungsberatung in der Sekundarstufe II plädieren BÄRSCH/LEISCHNER (vgl. 1974) für zentrale Einrichtungen am Lernort, also schulintegrierte Dienste. Dessen Kernteam sollten ein Psychologe, ein Sozialpädagoge, ein oder mehrere Beratungslehrer (Koordinatorfunktion) sowie Verwaltungspersonal und (zeitweise) ein Berufsberater bilden. Diese – sachlich durchaus begründete – Teambesetzung dürfte bislang jedoch nur in Ausnahmefällen realisiert worden sein. Auch wäre zu fragen, ob ein Mischsystem von interner und externer Bildungsberatung (mit schulintegrierten *und* regionalen Diensten) nicht vorteilhafter ist. Bescheidenere Zielvorstellungen sind im Bildungsgesamtplan der BLK formuliert; danach sollen (bis 1985) im Bundesdurchschnitt auf 5 000 Schüler 1 Schulpsychologe/Bildungsberater und auf 500 Schüler 1 Beratungslehrer kommen. Bei derzeitigen Bildungsberater-Schüler-Relationen zwischen 1 zu 10 000 (Stadtstaaten) und 1 zu 25 000 (Flächenstaaten) sind wir jedoch von diesen Zielen noch weit entfernt (vgl. AURIN u. a. 1977, KULTUSMINISTER NW 1980). Es wird gewaltiger – zusätzlicher – Anstrengungen bedürfen, um die Bildungsberatung der Bundesrepublik Deutschland dem internationalen Standard anzupassen.

AURIN, K. u. a. (Hg.): Bildungsberatung, Perspektiven ihrer Entwicklung in der Bundesrepublik Deutschland, Frankfurt/Berlin/München 1973. AURIN, K. u. a.: Beratung im Schulbereich, Weinheim 1977. BERDIE, R.: The 1980 Counselor: Applied Behavioral Scientist. In: Pers. and Guid. J. 50 (1972), S. 451 ff. BÄRSCH, W./LEISCHNER, D.: Beratung in der Sekundarstufe II. In: DEUTSCHER BILDUNGSRAT (Hg.): Zur Neuordnung der Sekundarstufe II. Empfehlungen der Bildungskommission, Stuttgart 1974, S. A 90 ff. BUND-LÄNDER-KOMMISSION FÜR BILDUNGSPLANUNG: Bildungsgesamtplan, Bd. 1, Stuttgart 1973. DEUTSCHER BILDUNGSRAT (Hg.): Strukturplan für das Bildungswesen. Empfehlungen der Bildungskommission, Stuttgart 1970. HELLER, K. (Hg.): Handbuch der Bildungsberatung, 3 Bde., Stuttgart 1975/1976 (Bd. 1: 1975 a; Bd. 2: 1975 b; Bd. 3: 1976). HELLER, K. A.: Schullaufbahnberatung. In: Enzyklopädie Erziehungswissenschaft, Bd. 9, Teil 2, Stuttgart 1983, S. 488 ff. HELLER, K. u. a.: Beurteilen und Beraten. In: HELLER, K./NICKEL, H. (Hg.): Psychologie in der Erziehungswissenschaft, Bd. 4, Stuttgart 1978, S. 193 ff., S. 286 ff. HEYSE, H./ARNHOLD, W. (Hg.): Texte zur Schulpsychologie und Bildungsberatung, Bd. 3, Braunschweig 1978. HORNSTEIN, W. u. a. (Hg.): Beratung in der Erziehung, 2 Bde., Frankfurt/M. 1977. KULTUSMINISTER NW: Schulberatung. Gesamtkonzeption der Schulberatung in Nordrhein-Westfalen. Strukturförderung im Bildungswesen des Landes Nordrhein-Westfalen, Bd. 39, Köln 1980. SCHWARZER, R. (Hg.): Beraterlexikon, München 1977.

Kurt A. Heller

Bildungsgänge, doppeltqualifizierende

Bildungsgänge im Sekundarbereich II (beispielsweise in Fachoberschulen, beruflichen Gymnasien/Fachgymnasien, in der Kollegschule Nordrhein-Westfalen, Berufsfeldbezogene Oberstufenzentren) werden doppeltqualifizierend genannt, wenn sie zu Abschlüssen führen, die einerseits als schulische Abschlüsse zum Eintritt in weiterführende schulische Bildungsgänge oder in Hochschulstudien berechtigen und andererseits einen Abschluß einer anerkannten Berufsausbildung oder zumindest eine berufliche Teilqualifikation vermitteln, deren Anrechnung auf eine anerkannte Berufsausbildung durch anerkannte Zertifikate rechtlich gesichert ist. Eine *volle* Doppelqualifikation vermittelt ein doppeltqualifizierender Bildungsgang, der neben dem schulischen zu einem beruflichen Abschluß (wie Facharbeiter-, Gesellen-, Gehilfenprüfung; staatlich geprüfter Assistent; staatliche geprüfte Erzieherin) führt. Von einer *partiellen* Doppelqualifikation spricht man, wenn neben einer vollen beruflichen oder schulischen Abschlußqualifikation nur eine Teilqualifikation des anderen Bereichs (in Berufsausbildung oder allgemein schulischem Bildungsgang) vermittelt wird (beispielsweise neben einer allgemeinen Hochschulreife nur der erfolgreiche Abschluß eines Berufsgrundbildungsjahrs oder neben einer Ausbildung als Bankkaufmann der Besuch von Kursen, die auf den Bildungsgang in einem Wirtschaftsgymnasium angerechnet werden).

„Danach sind als doppeltqualifizierend solche Bildungsgänge zu bezeichnen, die gleichzeitig, nacheinander oder ineinander versetzt zu zwei Berechtigungen führen, von denen zur Zeit
– die eine im Bereich allgemeine Qualifikationen,
– die andere im Bereich der beruflichen Qualifikationen

erworben wird" (KÖTHE/STRUCKMEYER 1975, S. 528).

Nach dieser Definition können in der Kategorie „Berufliche Vollqualifikationen" verschiedene Formen beruflicher Erstausbildung im dualen System oder in vollzeitschulischer Form mit unterschiedlichen Eintrittsvoraussetzungen (ohne oder mit Hauptschulabschluß oder Realschulabschluß), Formen gehobener Berufsausbildung (Techniker-, Assistentenausbildung mit/ohne vorhergehende berufliche Erstausbildung) und verkürzte Formen solcher Berufsausbildungen berücksichtigt werden. Als „Berufliche Teilqualifikationen" kommen in Frage: Berufsgrundbildungsjahr und Teile einer Stufenausbildung (ebenfalls mit unterschiedlichen Eintrittsvoraussetzungen). Als allgemeine (schulische) Qualifikationen kommen in Betracht: die Fachhochschulreife, die allgemeine Hochschulreife, eine fachgebundene Hochschulreife oder ein Abschluß des Sekundarbereichs I. Köthe und Struckmeyer beziehen das Nachholen des Hauptschulabschlusses als allgemeine Grundqualifikation nicht in die doppeltqualifizierenden Bildungsgänge des Sekundarbereichs II ein. Diese Auffassung erscheint inkonsequent, weil die Möglichkeit, über ein Berufsgrundbildungsjahr oder über eine Berufsausbildung bei Erfüllung bestimmter Leistungsanforderungen einen dem Hauptschulabschluß gleichwertigen Abschluß zu erwerben, nicht nur in Reformmodellen, sondern auch in den Schulen des Regelsystems gegeben ist. Letztlich ist aber diese terminologische Festlegung unerheblich gegenüber der weiterreichenden begrifflichen Differenz zu anderen Autoren und bildungspolitischen Instanzen, die in den Begriff „doppeltqualifizierende Bildungsgänge" nur solche allgemeinen (schulischen) Abschlüsse einbeziehen wollen, die zu einer Studienqualifikation (allgemeine Hochschulreife, fachgebundene Hochschulreife und Fachhochschulreife) führen

(vgl. BUNDESAUSSCHUSS FÜR BERUFS-
BILDUNG 1976, BUND-LÄNDER-KOM-
MISSION FÜR BILDUNGSPLANUNG UND
FORSCHUNGSFÖRDERUNG 1978).
Die Vorschläge, Planungen und Reali-
sierungen doppeltqualifizierender Bildungsgänge wurden seit 1970 vor allem
von folgenden Motiven geleitet:
– Ausländische Modelle, die Hochschulreife mit einem Berufsabschluß
  verbinden, wurden bekannt (vgl.
  GRÜNER 1970).
– Angeregt durch die Veröffentlichung
  des Strukturplans des Deutschen Bildungsrates, wurden Modelle zur Integration oder Verzahnung beruflicher
  und studienvorbereitender Bildungsgänge diskutiert (vgl. DEUTSCHER
  BILDUNGSRAT 1974 a, b, c; vgl. KUL-
  TUSMINISTER NORDRHEIN-WESTFA-
  LEN 1972).
– Unter dem Eindruck von Hochschul-
  zulassungsbeschränkungen wurde
  diskutiert, wie zum Abitur führende
  Bildungsgänge so verändert werden
  können, daß sie auch für den unmittelbaren Eintritt in eine Erwerbstätigkeit qualifizieren.
Die Bestrebungen zur Entwicklung doppeltqualifizierender Bildungsgänge wurden gestützt durch Entwicklungen in
den Gymnasien, Fachoberschulen und
Einrichtungen der Berufsausbildung:
– Berufliche Bildungsgänge mit hohen
  Theorieanteilen – bedingt durch die
  technologische Entwicklung und
  durch Formen betrieblicher Arbeitsteilung – können durch weitere Stärkung wissenschaftspropädeutischer
  Anteile so ausgebaut werden, daß sie
  auch auf ein Studium vorbereiten.
– Die Öffnung der Gymnasien mit der
  Umgestaltung der gymnasialen Oberstufe durch die Reform von 1972 für
  anwendungsbezogene und berufsbezogene Inhalte bedarf eines Regula-
  tivs, um die Wahlfreiheit für diese Inhalte nicht der Beliebigkeit preiszugeben mit der Gefahr des Verlusts des
  Anwendungs- und Berufsbezugs. Ei-

ne Sichtung dieser Inhalte unter den
Anforderungen für den Erwerb eines
beruflichen Abschlusses liefert einen
Schlüssel für die Auswahl und Kombination der Inhalte.
Für die zur Fachhochschulreife führende Fachoberschule gibt es zwei Formen.
Bei der ersten tritt der Schüler erst nach
einer abgeschlossenen Berufsausbildung
in die Klasse 12 ein. Hier wird in additi-
ver Form (im zeitlichen Nacheinander)
eine Doppelqualifikation vermittelt. In
der zweiten Form wird die berufliche
Praxis durch ein Praktikum in der Klasse 11 in den Bildungsgang einbezogen.
Dieses Modell hat Probleme bei der Organisation des Praktikums und, ebenso
wie das erste Modell, Schwierigkeiten
bei der Abstimmung des Unterrichts mit
der Berufserfahrung. Das Ziel, eine stärkere Verzahnung zwischen Berufserfahrung und Fachoberschule herzustellen,
wird in doppeltqualifizierenden Bildungsgängen, die zur Fachhochschulreife und zugleich zum Abschluß einer Berufsausbildung (oder zur Anrechnung
des Fachoberschulpraktikums auf eine
Berufsausbildung) führen, erprobt.
Für die Curriculumentwicklung und für
die Entwicklung neuer Formen der
Schulorganisation stellen vor allem Modelle doppeltqualifizierender Bildungsgänge neue Aufgaben, die beide Teile
der Doppelqualifikation nicht im zeitlichen Nacheinander vermitteln, sondern
die durch Ausnutzung von übereinstimmenden (polyvalenten) und gleichwertigen (äquivalenten) Teilen der Bildungsgänge eine Integration erstreben.
Neben den Begriffen „doppeltqualifizierende Bildungsgänge" und „Doppelqualifikation" werden auch die Begriffe
„doppeltprofilierte Bildungsgänge" und
„Doppelprofilierung" verwendet (vgl.
BUNDESAUSSCHUSS FÜR BERUFSBIL-
DUNG 1976, PISCHON u. a. 1977). Mit
diesen Begriffen soll, unabhängig von
dem Problem der Zertifikate (der Vergabe anerkannter Abschlüsse), auf die
Verstärkung von allgemeinen, theorie-

bezogenen Inhalten in berufsqualifizierenden Bildungsgängen und die Verstärkung von beruflichen Inhalten in allgemeinen (meist: studienvorbereitenden) Bildungsgängen verwiesen werden (vgl. BUNDESAUSSCHUSS FÜR BERUFSBILDUNG 1976). Die begriffliche Differenzierung macht auf den Sachverhalt aufmerksam, daß mit der Vermittlung zusätzlicher Inhalte, zum Beispiel des Curriculums einer Berufsgrundbildung im Gymnasium oder wissenschaftspropädeutischer Kurse im schulischen Teil einer Berufsausbildung, zwar eine Annäherung an die Bildungsgänge des jeweils anderen Systems (also beispielsweise Berufsausbildung oder Gymnasium) erreicht werden kann (Doppelprofilierung), daß aber damit nicht notwendig ein Erwerb anerkannter Abschlüsse verbunden sein muß. Bildungsgänge mit Doppelqualifikation schließen die Vergabe solcher Abschlüsse oder anrechnungsfähiger Zertifikate ein. Da Inhalte und Fächer nicht aus einer inneren Sachlogik heraus „berufsbezogen" oder „studienbezogen" sind (vgl. HEID 1978), sondern durch soziale, politische, rechtliche und pädagogische Konventionen als solche bestimmt werden, gehören zur Anerkennung doppeltprofilierter Bildungsgänge als doppeltqualifizierender Bildungsgänge immer auch eine soziale Abstimmung (wie Absprache mit den zuständigen Stellen für die Berufsbildung), eine politische Durchsetzung (wie in der Kultusministerkonferenz und in der Bund-Länder-Kommission für Bildungsplanung und Forschungsförderung), eine rechtliche Absicherung (etwa durch Anrechnungsverordnungen für Berufsausbildungen und durch schulrechtliche Regelungen) und eine Darstellung und Analyse von Curricula und Schullaufbahnprofilen (wie in der wissenschaftlichen Begleitung von Modellversuchen), mit denen die Grundlagen für die sozialen, politischen und rechtlichen Abstimmungsverfahren geschaffen werden.

Kontrovers ist in der pädagogischen Diskussion die Frage, welche Berufsausbildungen (oder Teile von Berufsausbildungen) in doppeltqualifizierenden Bildungsgängen mit dem Erwerb einer Studienqualifikation verknüpft werden können. GRÜNER (vgl. 1974, S. 17 f.) und HÖNES (vgl. 1972, S. 524 ff.) haben die Auffassung vertreten, daß nur Berufsausbildungen mit hohen Theorieanteilen geeignet seien für solche doppeltqualifizierenden Bildungsgänge, die zugleich zu einer Studienqualifikation und zu einem Abschluß einer Berufsausbildung führen. Diese Auffassung wendet GRÜNER (1978, S. 694) kritisch gegen weiterreichende Modelle: „Einige Enthusiasten meinen jedoch, daß jede Berufsarbeit ständig theoretischer werde, daß dagegen handwerkliche Qualifikationen sehr an Bedeutung verlören, so daß auch mit den theoretisch aufgeladenen heutigen Ausbildungsberufen die Doppelqualifikationen funktionieren müßten. – Wir halten dies nicht für ganz falsch, meinen aber, daß dies nur für eine schmale ‚Elite' der Handwerker und Facharbeiter und für die zahlenmäßig nicht sehr zu Buch schlagenden sogenannten Assistentenberufe gelten wird." Im Gegensatz zu den Auffassungen von Grüner und Hönes werden von anderen Autoren die überlieferten Trennungen von wissenschaftsfernen und stark theoriebezogenen Berufsausbildungen nicht akzeptiert (vgl. BLANKERTZ 1977). In den Berufsfeldbezogenen Oberstufenzentren in Berlin, in den Kollegschulen Nordrhein-Westfalens und Modellversuchen einzelner Schulen anderer Bundesländer werden auch doppeltqualifizierende Bildungsgänge entwickelt, in denen die von Grüner und Hönes ausgeschlossenen (weil in ihrer Sicht theorieärmeren) Berufsausbildungen und Berufsgrundbildungen berücksichtigt und mit studienvorbereitenden Bildungsgängen verbunden werden.

BLANKERTZ, H.: Die Verbindung von Abitur und Berufsausbildung. Konzept und Modellversuche zur Fortsetzung expansiver Bildungspolitik. In: Z. f. P. 23 (1977), S. 329 ff. BUNDESAUSSCHUSS FÜR BERUFSBILDUNG: Stellungnahme zu „doppelqualifizierenden Bildungsgängen". Beschlüsse des Bundesausschusses für Berufsbildung vom 3. 6. und 25. 8. 1976. In: Berb. in W. u. Prax. 5 (1976), 5, Beilage, S. 2 ff. BUND-LÄNDER-KOMMISSION FÜR BILDUNGSPLANUNG UND FORSCHUNGSFÖRDERUNG: Vorschläge zum Sekundarabschluß II. Drucksache A 54/77 und K 36/78, Mimeo, Bonn 1978. DEUTSCHER BILDUNGSRAT (Hg.): Verknüpfung studien- und berufsbezogener Bildungsgänge. Gutachten und Studien der Bildungskommission, Bd. 29, Stuttgart 1974 a. DEUTSCHER BILDUNGSRAT (Hg.): Berufliche Bildungsgänge und Studienbefähigung. Gutachten und Studien der Bildungskommission, Bd. 44, Stuttgart 1974 b. DEUTSCHER BILDUNGSRAT (Hg.): Zur Neuordnung der Sekundarstufe II. Konzept für eine Verbindung von allgemeinem und beruflichem Lernen. Empfehlungen der Bildungskommission, Stuttgart 1974 c. FINTELMANN, K. J.: Studie über die Integrierbarkeit von beruflicher und allgemeiner Bildung, 2 Bde., München 1978/1979. GRÜNER, G.: Hochschulreife mit Berufsabschluß. Beispiele für die Neugestaltung der Abschlüsse im Sekundarschulwesen in Ost und West, Hannover/Berlin/Darmstadt/Dortmund 1970. GRÜNER, G.: Facharbeiterschule und Berufliches Gymnasium. Vorschläge für eine Verknüpfung berufs- und studienbezogener Bildungsgänge. In: DEUTSCHER BILDUNGSRAT (Hg.): Verknüpfung ..., Stuttgart 1974, S. 9 ff. GRÜNER, G.: Doppelqualifikation ... In: D. berb. S. 30 (1978), S. 693 ff. HEID, H.: Berufsbezogenheit als didaktisches Prinzip? In: BAUMGARDT, J./HEID, H. (Hg.): Erziehung zum Handeln, Trier 1978, S. 123 ff. HÖNES, W. J.: Das berufsbezogene Abitur. Zur Theorie und Praxis der Integration von beruflicher und allgemeiner Bildung. In: D. Dt. Ber.- u. Fachs. 68 (1972), S. 513 ff. HÖNES, W. J.: Das Naturwissenschaftlich-technische Gymnasium. In: D. Dt. Ber.- u. Fachs. 71 (1975), S. 677 ff. KÖTHE/STRUCKMEYER, H.: Zur Implementations-Problematik doppelt-qualifizierender Bildungsgänge. In: N. Uprax. 8 (1975), S. 459 ff., S. 528 ff. KULTUSMINISTER NORDRHEIN-WESTFALEN (Hg.): Kollegstufe NW. Strukturförderung im Bildungswesen des Landes Nordrhein-Westfalen, Heft 17, Ratingen/Kastellaun/Düsseldorf 1972. PISCHON, J. u. a.: Doppelprofilierte Bildungsgänge im Sekundarbereich II, Hannover 1977.

Karlheinz Fingerle

Bildungsweg, zweiter

Abgrenzung. Zu den Einrichtungen des zweiten Bildungsweges zählen die Schulen der allgemeinen Fortbildung: Abendrealschulen, Abendgymnasien und Kollegs. *Abendrealschulen* sind Einrichtungen, die in der Regel Berufstätige in Abendkursen (sechs Ausbildungshalbjahre) zum Realschulabschluß führen. *Abendgymnasien* sind Einrichtungen, die Berufstätige in einem Lehrgang (Hauptkurs) von mindestens drei Jahren zur Reifeprüfung (Abitur) führen. Es muß eine abgeschlossene Berufsausbildung oder eine mindestens dreijährige geregelte Berufstätigkeit nachgewiesen werden, der Bewerber muß mindestens 19 Jahre alt sein und in der Regel vor Eintritt in den Hauptkurs einen Vorkurs von mindestens halbjähriger Dauer absolvieren. Die Teilnehmer müssen mit Ausnahme der letzten eineinhalb Studienjahre berufstätig sein. *Kollegs* sind Institute zur Erlangung der Hochschulreife (Abitur) in Vollzeitform. Der Bewerber muß mindestens 19 Jahre alt sein und in der Regel eine abgeschlossene Berufsausbildung oder einen gleichwertigen beruflichen Werdegang nachweisen. Die Ausbildungsdauer beträgt im Hauptkurs fünf Halbjahre. Häufig ist dem Hauptkurs ein halbjähriger Vorkurs vorgeschaltet. Die Kollegiaten dürfen keine berufliche Tätigkeit ausüben.

Entwicklungstrends. Seit dem Ende der 60er Jahre hat sich im Bildungssystem der Bundesrepublik Deutschland einiges geändert: Der Anteil der Abiturienten an einem Geburtsjahrgang ist, schätzt man den Anteil der Schulabgänger mit allgemeiner und fachgebundener Hochschulreife an der Wohnbevölkerung im

Alter von 18 bis 20 Jahren (vgl. STATI-
STISCHES BUNDESAMT 1970 ff.), von weniger als 5 % (1969) auf über 10 % (1976)
angestiegen. Die Unterrepräsentierung
unterer Sozialschichten im höheren Ausbildungswesen ist nicht mehr so stark
wie früher: Der Anteil der Arbeiterkinder an den Hochschulstudenten stieg
von knapp 5 % 1952 auf etwa 15 % im
Jahre 1977 (vgl. UNTERRICHT UND BIL-
DUNG 1954, S. 431; vgl. BILDUNG UND
KULTUR 1978, S. 720). An den Fachhochschulen kommt sogar ungefähr ein
Drittel der Studenten aus einer Arbeiter-
familie. Die höherqualifizierenden berufsnahen Ausbildungsgänge, die mit einer Studienberechtigung abschließen,
wurden stark ausgebaut (vgl. Abbildung
1, 2). Der durch Kriegs- und Nach-
kriegsfolgen bedingte Bedarf zur Korrektur des einmal erworbenen Bildungsabschlusses ist nicht mehr nachfrage-
wirksam. Die durch Kriegs- und Nach-
kriegssituation besonders Betroffenen
der Geburtenjahrgänge 1930 bis 1950
sind 1980 zwischen 30 und 50 Jahre alt
und kommen als Interessenten für den
zweiten Bildungsweg kaum noch in Fra-

ge. Alle diese Faktoren könnte man auf-
führen, um eine Stagnation des zweiten
Bildungsweges vorherzusagen. Eine solche Prognose wäre jedoch mit der Realität völlig unvereinbar.
Seit 1969 ist für die Oberstufe des zweiten Bildungsweges für die Abendgymnasien und Kollegs eine weitaus stärkere Expansion beobachtbar als für das
Gymnasium: Die Zahl der Absolventen
des zweiten Bildungsweges stieg um den
Faktor 2,4, während die Anzahl der
Schulabgänger von Gymnasien mit allgemeiner Hochschulreife nur um den
Faktor 1,6 gewachsen ist. Hinzufügen
muß man allerdings, daß die quantitative Bedeutung der berufsnahen Studienberechtigungen, fachgebundene Hochschulreife und Fachhochschulreife, noch
viel stärker zugenommen hat als die des
zweiten Bildungsweges. Insgesamt muß
man jedoch feststellen, daß der zweite
Bildungsweg keineswegs stagniert: 1969
gab es 91 Abendrealschulen, 42 Abendgymnasien und 40 Kollegs; 1977 waren
es 121 Abendrealschulen, 58 Abendgymnasien und 73 Kollegs (vgl. STATI-
STISCHES BUNDESAMT 1978, S. 338).

Abbildung 1: Schulabgänger mit Hochschul- und Fachhochschulreife

Jahr	insgesamt	allgemeine Hochschulreife		berufsnahe Studien-berechtigungen:
		Gymnasium, Gesamt-schule	Zweiter Bil-dungsweg: Abendgymn., Kolleg	fachgeb. Hochschulreife, Fachhochschulreife (bis 1973 Abschluß von Fachoberschulen
1976	189 084	126 382	6 787	55 915
1975	169 640	112 655	6 368	50 617
1974	163 929	109 967	5 850	48 112
1973	143 743	96 890	4 982	41 871
1972	122 504	91 229	4 340	26 935
1971	102 517	81 946	3 664	16 907
1970	87 837	80 363	3 137	4 337
1969	85 013	77 190	2 805	5 018

(Quelle: Eigenberechnung nach Daten der STATISTISCHEN BUNDESAMTES – vgl.
1971 ff.)

Abbildung 2: Anteile verschiedener Abschluß- bzw. Schultypen an den Schulabgängern mit Hochschul- beziehungsweise Fachhochschulreife (in Prozent)

Jahr	allgemeine Hochschulreife		berufsnahe Studienberechtigungen:
	Gymnasium u. Gesamtschule	Zweiter Bildungsweg: Abendgymnasium, Kolleg	fachgeb. Hochschulreife Fachhochschulreife (bis 1973: Abschluß von Fachoberschulen
1976	66,8	3,6	29,6
1975	66,5	3,8	29,8
1974	67,1	3,6	29,3
1973	67,4	3,5	29,1
1972	74,4	3,5	22,0
1971	79,9	3,6	16,5
1970	91,6	3,5	4,9
1969	90,8	3,3	5,9

(Quelle: Eigenberechnung nach Daten des STATISTISCHEN BUNDESAMTES – vgl. 1971 ff.)

Funktionen des zweiten Bildungsweges – Teilnahmemotivationen. Angesichts dieser Entwicklungen muß man sich fragen, welche bildungs- und gesellschaftspolitischen Funktionen der zweite Bildungsweg heute wahrnimmt und welche Motive einer Entscheidung zur Teilnahme zugrunde liegen. Bis zum Ende der 60er Jahre hat man ihm vor allem die folgenden gesellschaftlichen Funktionen zugeschrieben (vgl. DAHRENDORF 1959, S. 37 ff.):
– der zweite Bildungsweg als Institution, die das Prinzip der Chancengleichheit verwirklichen soll,
– der zweite Bildungsweg als „Reservemechanismus der Sozialstruktur", der flexibler als die etablierten Bildungswege eine Anpassung an geänderte sozialstrukturelle Erfordernisse ermöglichen soll, und
– der zweite Bildungsweg als Institution, die zu einer Integration von Theorie und Praxis in verschiedenen Berufsbereichen beitragen soll.
Die zuletzt genannte Funktion sollte durch die *Berufsbezogenheit* des Unterrichts verwirklicht werden. Dabei wurde von der Vorstellung ausgegangen, daß der Unterricht an den Berufserfahrungen der Studierenden anknüpfen soll und daß auf diese Weise dann eine Verbindung zwischen mehr theoretischen Wissensformen und praktischen Erfahrungen zustande kommt. Dieses Prinzip wurde nie verwirklicht. Der Unterricht an den Einrichtungen des zweiten Bildungsweges unterscheidet sich nicht wesentlich von dem Unterricht am Gymnasium. Es wird nach den gleichen Stoffplänen gearbeitet, und auch die Prüfungen werden in der gleichen Weise gehandhabt (vgl. BLINKERT 1974, S. 41 ff.). Wie Umfragen bei Studierenden und Absolventen gezeigt haben, wäre eine Berufsbezogenheit der Ausbildung in einem engen Sinne auch von den meisten Teilnehmern unerwünscht. Sie erwarten viel eher die Möglichkeit zu einer Um- und Neuorientierung und haben nur ein sehr geringes Interesse daran, den alten Beruf auf einer etwas höheren Ebene fortzusetzen (vgl. BLINKERT 1974, S. 38 ff.; vgl. KNEPPER 1971, S. 118). Wer das will, kann die in fast jedem Berufsbereich gegebenen Möglich-

keiten zu einer berufsnahen Höherqualifikation nutzen. Der Gesichtspunkt der Berufsbezogenheit kann zur Erklärung der expansiven Tendenz des zweiten Bildungsweges kaum herangezogen werden. Auch die anderen beiden Funktionen, Sicherung der *Chancengleichheit* und Steigerung der *Flexibilität*, konnte der zweite Bildungsweg nie erfüllen. Um diese Funktionen wahrnehmen zu können, müßte er eine viel größere quantitative Bedeutung haben. Auf dem zweiten Bildungsweg haben nie mehr als 5 % der Schulabgänger mit Studienberechtigung ihre Hochschulreife erworben (vgl. Abbildung 2).

Mit diesem geringen Anteil des zweiten Bildungsweges lassen sich weder Starrheiten des übrigen Bildungssystems ausgleichen, noch läßt sich damit die Forderung nach mehr Chancengleichheit in einer wirksamen Weise durchsetzen. Untersuchungen bei Studierenden und Absolventen zeigen auch, daß benachteiligte Gruppen im zweiten Bildungsweg unterrepräsentiert sind, wennschon nicht so stark wie am Gymnasium (vgl. BLINKERT 1974, S. 24 ff.). Hier sind allerdings seit dem Ende der 60er Jahre einige Veränderungen spürbar. Das betrifft vor allem die Gruppe der Frauen, die 1969 nur 20 % der Absolventen von Abendgymnasien und Kollegs ausmachten, 1976 dagegen ungefähr 43 % (vgl. STATISTISCHES BUNDESAMT 1970 ff.).

Verschiedene Untersuchungen zu den Erwartungen und Teilnahmemotiven der Studierenden im zweiten Bildungsweg zeigen, daß das „Kontinuitätsmotiv" – Fortsetzen des einmal erlernten Berufs auf einer höheren Ebene – für die meisten Teilnehmer nur eine sehr geringe Bedeutung hat. Viele haben ihren ersten Beruf nicht aus Neigung und Interesse gewählt; ungefähr die Hälfte gibt „Unzufriedenheit mit der Art der Arbeit" als ein sehr wichtiges Motiv an; für die Mehrheit stehen allgemeine kulturelle und politische Interessen eindeutig im Vordergrund (vgl. BLINKERT 1974, S. 38

f.). Auch in den Studienentscheidungen kann nur eine sehr geringe Kontinuität mit dem Vorberuf festgestellt werden (vgl. BLINKERT 1974, S. 77). Die meisten Teilnehmer erwarten eine Horizonterweiterung, einen Prozeß der psychischen und sozialen Mobilisierung, der sie aus einer biographisch und gesellschaftlich unbefriedigenden Situation herausführt. Das ist sicher keine Aufstiegsmotivation. Wer nur einen höheren sozialen Status anstrebt, wird das heute viel leichter und sicherer erreichen, wenn er sich um eine berufsnahe Höherqualifikation bemüht. Für einen sehr großen Teil der Studierenden des zweiten Bildungsweges ist dagegen der Wunsch nach einer weitreichenden Umorientierung die entscheidende Triebkraft. Der zweite Bildungsweg ermöglicht „Karrieren" wie den Weg vom Briefträger zum Universitätsprofessor, vom Metzger zum Theaterintendanten, vom Textilverkäufer zum Chirurgen. Es ist sicher nicht leicht, für solche Umwege eine „gesellschaftliche Notwendigkeit" aufzuzeigen. Aber gerade darin ist eine nicht unwichtige gesellschaftliche Funktion des zweiten Bildungsweges erkennbar, durch die man auch erklären kann, warum diese Einrichtung nicht stagniert, sondern weiter an Bedeutung gewinnt: Er übt in unserer Gesellschaft eine „Ventilfunktion" aus und ist eine Institution, die es ermöglicht, in einer legitimen und sozial anerkannten Weise aus einem als unbefriedigend empfundenen Rollenzusammenhang auszusteigen. Funktionale Alternativen dazu sind die verschiedenen mehr oder weniger außerhalb der Gesellschaft stehenden Rückzugssubkulturen. Im Unterschied zu diesen ermöglicht der zweite Bildungsweg jedoch einen Neuanfang innerhalb der bestehenden Positions- und Rollenstruktur. Offensichtlich ist ein solches Ventil für jede nicht perfekt organisierte Gesellschaft notwendig, und die Bedeutung solcher Institutionen steigt in dem Maße, in dem Widersprüche in der Sozialstruktur zu einer Zunahme von generalisierten Motivationskrisen und zu einem Anstieg von Rückzugsdispositionen führen.

Eng mit dieser Ventilfunktion sind auch einige der didaktischen Probleme verbunden: Wenn Motivationskrisen der Anlaß für die Teilnahme sind, dann ist das Interesse an einer kritischen Aufarbeitung der bisher erworbenen Erfahrungen sicher größer als an dem Erlernen des noch immer verbindlichen gymnasialen Fächerkanons. Dazu treten Schwierigkeiten allgemeiner Art auf, die mit den Problemen von Institutionen

der Resozialisierung vergleichbar sind (vgl. BLINKERT 1974, S. 67 ff.). Die vom zweiten Bildungsweg angebotene Möglichkeit einer radikalen Umorientierung in Verbindung mit der Umstellung von einer Berufsrolle auf die Rolle eines Schülers sowie der in der Regel auch sehr weitgehende Wechsel der Bezugsgruppen lassen Schwierigkeiten und Krisen entstehen. Eine Entrümpelung des Curriculums und die konsequente Einordnung des zweiten Bildungsweges in den Bereich der Erwachsenenbildung wären wichtige Schritte, um diese Probleme zu lösen.

BILDUNG UND KULTUR. Deutsche Studienanfänger 1977 bis 1973. In: Wirtsch. u. Stat. 30 (1978), S. 716 ff. BLINKERT, B.: Die Situation von Abendgymnasien und Kollegs in der Bundesrepublik Deutschland. Gutachten und Studien der Bildungskommission des Deutschen Bildungsrates, Bd. 31, Stuttgart 1974. DAHRENDORF, R.: Die vier Bildungswege der modernen Gesellschaft unter besonderer Berücksichtigung des Zweiten Bildungsweges in den hochindustrialisierten Gesellschaften des Westens. In: DAHRENDORF, R./ORTLIEB, H.-D. (Hg.): Der Zweite Bildungsweg im sozialen und kulturellen Leben der Gegenwart, Heidelberg 1959, S. 37 ff. HAMACHER, P.: Bildung und Beruf bei Studierenden des Zweiten Bildungsweges, Stuttgart 1968. KNEPPER, H.: Kritische Bildung – Zur Theorie einer integrierten Kollegstufe, München 1971. STATISTISCHES BUNDESAMT (Hg.): Statistisches Jahrbuch für die Bundesrepublik Deutschland, Stuttgart/Mainz 1952 ff. UNTERRICHT UND BILDUNG. Die soziale Herkunft der Studierenden an den wissenschaftlichen Hochschulen. In: Wirtsch. u. Stat. 6 (1954), S. 429 ff. ZAPF, W.: Der nachgeholte Aufstieg. Untersuchungen über Absolventen des Zweiten Bildungsweges. In: N. Samml. 11 (1971), S. 249 ff.

Baldo Blinkert

Blockunterricht

Anlässe und Zielsetzungen für die Einführung. Der Ausdruck „Blockunterricht" bezeichnet sehr allgemein die Zusammenfassung der ein oder zwei Unterrichtstage pro Woche an Berufsschulen zu einer meist mehrwöchigen Periode vollzeitschulischen Unterrichts. Die Einführung des Blockunterrichts zielt mithin auf eine strukturelle Änderung der *Periodisierung* der Ausbildungszeiten in den Lernorten des sogenannten dualen Systems beruflicher Bildung ab. Für das herkömmliche Regelsystem der Berufsausbildung in der Bundesrepublik Deutschland ist typisch, daß die Auszu-

bildenden im Durchschnitt drei Jahre lang – einschließlich der Ferien- und Urlaubszeiten – wöchentlich vier Tage an Lernorten des Ausbildungsbetriebes unterwiesen und einen Tag (in der Regel acht Unterrichtsstunden) in der Teilzeitberufsschule unterrichtet werden. Diese Ausbildungsform basiert nicht auf berufspädagogisch oder lernpsychologisch begründeten Erkenntnissen über optimale Lernzeitstrukturen, sondern spiegelt den unterschiedlichen Einfluß von Wirtschaft und Staat auf die Gestaltung der Ausbildungsverhältnisse im Bereich der beruflichen Bildung wider. Die zu Beginn des 20. Jahrhunderts vollzogene Umwandlung der allgemeinen Fortbildungsschule in die nach Berufen und aufsteigenden Fachklassen gegliederte Pflichtberufsschule war nicht frei von Konflikten; sie mußte der Wirtschaft in zähen Auseinandersetzungen mit den Meistern und Unternehmern, mit Innungen, Kammern und Berufsverbänden abgerungen werden, mit dem Ergebnis, daß zunächst ein halber (bei zirka vier bis sechs Unterrichtsstunden) und später ein ganzer Tag (im Umfang von zumeist acht Unterrichtsstunden) für den praxisergänzenden Schulunterricht zur Verfügung stand. Allerdings machte das Prinzip der aufsteigenden Berufsfachklassen, sollte es konsequent angewendet werden, schon frühzeitig Abweichungen von der Regel des dualen Systems notwendig. Das Fachklassenprinzip setzt nämlich voraus, daß im regionalen Einzugsbereich der Berufsschule eine hinreichend große Anzahl von Auszubildenden der entsprechenden Berufe, für die Fachklassen gebildet werden sollen, besteht. Das ist bei den sogenannten *Splitterberufen* (zum Beispiel beim Schornsteinfeger) nicht der Fall, so daß für sie Landes-, Landesbezirks- oder Bezirksfachklassen mit mehrwöchigem geblocktem Unterricht und Internatsunterbringung eingerichtet wurden, sofern man die Auszubildenden nicht in gemischten Berufsschulklassen unterrichtet. Entsprechende Vorläufer des Blockunterrichts bestehen auch für *Saisonberufe* (zum Beispiel im Hotel- und Gaststättengewerbe), um den berufstypischen Anforderungen und wirtschaftlichen Interessen der Ausbildungsbetriebe Rechnung zu tragen.

Seit Ende der 60er Jahre zeichnen sich starke Bestrebungen ab, den Unterricht an Berufsschulen nicht nur für Sonderfälle und aus primär wirtschaftlichen Gründen, sondern für alle Fachklassen in Form des Blocksystems zu organisieren, ausgehend von der Zielsetzung, die Effizienz des Berufsschulunterrichts und damit die Bildungschancen für die berufstätigen Jugendlichen zu verbessern.

Der Bildungsbericht der Bundesregierung aus dem Jahre 1970 und noch deutlicher das „Aktionsprogramm Berufliche Bildung" des BUNDESMINISTERS FÜR ARBEIT UND SOZIALORDNUNG (vgl. 1970) enthielten hierfür richtungweisende Akzente: „Die Bundesregierung wird darüber hinaus alle Vorhaben der Länder unterstützen, den Berufsschulunterricht effektiver zu gestalten [...] Der Zusammenfassung des Berufsschulunterrichts zu größeren, mit der betrieblichen Ausbildung abwechselnden Zeitabschnitten (Blockunterricht) kommt dabei besondere Bedeutung zu" (BUNDESMINISTER FÜR ARBEIT UND SOZIALORDNUNG 1970, S. 15). Nach weiter ausdifferenzierten Zielvorstellungen, wie sie im Kontext der Reformdiskussion, aber auch später – unter dem Druck knapper Ausbildungskapazitäten – vorgetragen wurden (vgl. FRANKE/ KLEINSCHMITT 1979, S. 69 ff.), wird mit der Einführung des Blockunterrichts angestrebt,

– die Lernbereitschaft und -intensität der Auszubildenden durch größere Kontinuität sowie durch Verbesserung des sozialen Lernklimas zu steigern,

– die curriculare Abstimmung schulischer, betrieblicher und gegebenenfalls überbetrieblicher Ausbildungsanteile zu verbessern,

– organisatorische Voraussetzungen für die inhaltliche Gestaltung des Unterrichts (insbesondere auch in den allgemeinen Fächern der Berufsschule), für die Unterrichtsdifferenzierung (zum Beispiel in Form des Kursunterrichts) und für die Ermöglichung systemübergreifender Reformmaßnahmen (etwa der Integration allgemeiner und beruflicher Bildungsgänge in der Sekundarstufe II) zu schaffen und

– die Ausbildungsbereitschaft der Betriebe und die optimale Ausnutzung der vorhandenen Ausbildungskapazitäten zu fördern (zum Beispiel durch Erprobung von Ausbildungsmodellen, bei denen im Rahmen des Block-systems die schulischen und betrieblichen Ausbildungsplätze mit einem Minimum an brachliegenden Ausbildungskapazitäten belegt werden).

Konzeptionen und Formen. Entsprechend den jeweils in den Vordergrund gestellten Zielsetzungen variieren Praxis und Begriff jener Maßnahmen, die global und ungenau mit „Blockunterricht" bezeichnet werden. Da die Blockung einzelner Unterrichtstage der Berufsschule zu längeren Sequenzen periodischen Vollzeitunterrichts zugleich auch die zeitliche Organisation der betrieblichen Ausbildung mitbestimmt, repräsentiert der Blockunterricht als schulische Maßnahme nur einen Teilausschnitt eines umfassenderen und deshalb zutreffender als „Blocksystem" bezeichneten Zusammenhangs (vgl. KLEINSCHMITT/SCHWIEDRZIK 1977, S. 175 ff.). Der Terminus Blocksystem hat nun zwar den Vorzug, die Interdependenz der zeitlichen Organisation von schulischen und betrieblichen Bildungsmaßnahmen hervorzuheben, ist aber ohne weitere Differenzierung insofern irreführend, als mit der Bezeichnung „System" die Vorstellung einer umfassenden und wohlgeordneten Beziehung zwischen den Ausbildungsblöcken der unterschiedlichen Lernorte suggeriert wird, was in der gegenwärtigen Ausbildungspraxis die Ausnahme, zumindest nicht die Regel sein dürfte.

Versuchsmodelle mit dem besonderen Ziel der curricularen Abstimmung geblockter Ausbildungsanteile in Betrieb und Schule sind unter der Bezeichnung der „phasenorientierten Berufsausbildung" oder, kurz, „Phasenausbildung" erprobt und zur Diskussion gestellt worden. Das Konstruktionsprinzip der Phasenausbildung läßt sich einprägsam am sogenannten Frankfurter Modell, einer von betrieblichen Ausbildungsleitern und Berufsschullehrern entwickelten und durchgeführten Organisationsform

für die Ausbildung zum Industriekaufmann, veranschaulichen (vgl. KRUSE/NAHM 1979): Nach diesem Modell ist die gesamte Ausbildungszeit in fünf Phasen aufgeteilt, die den Grundfunktionen des Industriebetriebes entsprechen, nämlich in Material-, Produktions-, Personal- und Absatzwirtschaft sowie Rechnungswesen mit Datenverarbeitung. Die Berufsschule vermittelt zunächst im Vorlauf die fachtheoretischen Grundkenntnisse eines betrieblichen Produktionsbereichs, wonach für alle Auszubildenden die praktische Ausbildung in den entsprechenden Abteilungen des Ausbildungsbetriebes folgt. Sowohl Schule als auch Betrieb sind nach diesem Konzept gezwungen, die vereinbarten Abläufe (Funktionsphasen) genau einzuhalten.

Im Unterschied zur Phasenausbildung beschränkt sich der Blockunterricht im engeren Sinne auf die periodische Zusammenfassung der vorgegebenen Unterrichtszeiten an Berufsschulen zu größeren, mit der betrieblichen Ausbildung abwechselnden Zeitabschnitten, ohne diese curricular verbindlich aufeinander abzustimmen. Um eine Gleichbehandlung der Berufsschüler im Blocksystem und im Teilzeitsystem zu gewährleisten, wird der Blockunterricht in mehreren Ländern der Bundesrepublik – ausgehend von einer Vergleichsbasis von 40 Schulwochen pro Jahr und zwölf Unterrichtsstunden pro Woche – auf 13 Wochen pro Jahr festgelegt. Die Aufteilung dieser Unterrichtszeit erfolgt in der Regel nach folgenden Varianten (vgl. KLEINSCHMITT/SCHWIEDRZIK 1977, S. 177):

– Blockunterricht mit Langzeit- oder Trimesterblöcken von 13 Wochen pro Jahr; hierbei wird angestrebt, daß der Blockunterricht während des ersten Ausbildungsjahres (bei Vorlauf der betrieblichen Ausbildung) im dritten Trimester, während des zweiten Jahres im zweiten Trimester mit anschließender Zwischenprüfung und wäh-

rend des dritten Jahres im dritten Trimester mit anschließender schriftlich-theoretischer Abschlußprüfung stattfindet (vgl. KULTUSMINISTER NW 1973, S. 62).
- Blockunterricht mit zwei Halbtrimesterblöcken von je sechseinhalb Wochen pro Jahr.
- Blockunterricht mit drei oder vier Kurzzeitblöcken von vier oder drei Wochen jährlich. Kürzere Schulblökke von ein bis zwei Wochen sind die Ausnahme.

Probleme bei der Durchführung. Obwohl der Blockunterricht an Berufsschulen im Prinzip nur eine organisatorische Variante des herkömmlichen Teilzeitunterrichts im dualen System darstellt, ist die Durchsetzung dieser Ausbildungsform in der Praxis der Berufsausbildung mit erheblichen Schwierigkeiten und Konflikten belastet. Verwaltungsrechtlich ist der Streit darüber, ob die Einführung des Blockunterrichts wegen des damit verbundenen Eingriffes in den Gestaltungsbereich der betrieblichen Berufsausbildung der Zustimmung durch die Ausbildenden bedürfe oder nicht, mit einem Grundsatzurteil des Bundesverwaltungsgerichts (Beschluß VII B 40/76) dahingehend entschieden worden, daß die Befugnis des Staates zur Organisation des Schulwesens, etwa in Form der Blockung des Berufsschulunterrichts, prinzipiell nicht unter dem Vorbehalt der Zustimmung durch die jeweils davon Betroffenen stehe (vgl. BUNDESMINISTER FÜR BILDUNG UND WISSENSCHAFT 1979, S. 245 f.). Inwieweit jedoch die staatlichen Instanzen von ihrer Regelungskompetenz Gebrauch machen, hängt – insbesondere bei knappem Ausbildungsplatzangebot – maßgeblich von der Einstellung der Betriebe, von deren Ausbildungsbereitschaft und Reaktion auf die Regelungen des Staates sowie der regionalen Schulträger ab.
Da sich die Umstellung des Teilzeit- auf den periodischen Vollzeitunterricht an Berufsschulen auf die Ausbildungs- und Arbeitsorganisation der Betriebe entsprechend ihrer Größe, Struktur und Branche unterschiedlich auswirkt, fällt die Bewertung von Blockungsmaßnahmen aus betrieblicher Sicht widersprüchlich aus. Nach einer von FRANKE/KLEINSCHMITT (vgl. 1979) durchgeführten Befragung bei rund 300 Ausbildungsbetrieben aus dem kaufmännischen und gewerblichen Bereich beurteilten etwa 40 % der Befragten das Blocksystem negativ, 46 % äußerten sich positiv. Interessanter als derartige Auszählungen ist die Differenzierung der Globalurteile nach den der Meinungsbildung zugrunde liegenden Bedingungsfaktoren. Hierzu liefert das Untersuchungsmaterial aus der zitierten Befragung bemerkenswerte Hinweise: Je größer der Betrieb, je größer das Ausbildungsplatzangebot im Verhältnis zur Nachfrage bei den jeweiligen Ausbildungsberufen, je besser die Betriebe mit speziellen Ausbildungseinrichtungen (mit Lehrwerkstätten, Übungsräumen und ähnlichen) ausgestattet sind und je länger die Nutzungsdauer dieser Einrichtungen ist, desto positiver fällt die Bewertung des Blockunterrichts und desto negativer die des Teilzeitunterrichts aus. Geringe Ausstattung mit besonderen Ausbildungseinrichtungen ist dagegen charakteristisch für jene Betriebe, die sämtliche Formen von Blockunterricht negativ beurteilen. Diese Befunde deuten darauf hin, daß sich mit zunehmender Systematisierung der betrieblichen Berufsausbildung und damit korrespondierender Auslagerung beruflicher Lernprozesse aus dem unmittelbaren Produktions- und Verwertungszusammenhang (Verschulungstendenzen im betrieblichen Ausbildungsbereich) die Voraussetzungen für die Einführung des periodischen Vollzeitunterrichts an Berufsschulen verbessern. Demgegenüber sind Auszubildende in Betrieben mit niedrigem Organisiertheitsgrad in

ihren Ausbildungschancen doppelt beeinträchtigt. Sie unterliegen schlechteren betrieblichen Ausbildungsbedingungen und entbehren weitgehend einer systematischen, von den Zufälligkeiten der betrieblichen Auftragslage unabhängigen Berufsqualifizierung, zugleich gehören sie jener Gruppe von Auszubildenden an, denen die Teilnahme am Blockunterricht mit den Möglichkeiten intensiveren schulischen Lehrens und Lernens von seiten der auf Lehrlingsarbeit angewiesenen Ausbildungsbetriebe erschwert wird.

Unter dem Einfluß der konfligierenden Meinungsbildung auf seiten der Ausbildungsbetriebe und unter Bedingungen des unzureichenden Angebots an Ausbildungsplätzen seit Mitte der 70er Jahre verhielt sich die staatliche Bildungsplanung in den Ländern der Bundesrepublik beim Ausbau des Blockunterrichts äußerst zurückhaltend. Obwohl die BUND-LÄNDER-KOMMISSION FÜR BILDUNGSPLANUNG (vgl. 1972) die Erprobung des Blockunterrichts ausdrücklich als eine der vordringlichen Maßnahmen zur Reform der Berufsausbildung im dualen System empfahl, zeigt die Auswertung der Schulstatistiken der Länder aus dem Schuljahr 1976/77, daß der Blockunterricht, bei langsam steigender Ausbautendenz, im Durchschnitt der Bundesländer noch relativ wenig verbreitet ist. Lediglich im Stadtstaat Hamburg hatte mit 54 % die Mehrheit der Berufsschüler Blockunterricht. In den anderen Ländern lag der Anteil der Berufsschüler mit Blockunterricht an der Gesamtzahl der Teilzeitberufsschüler zwischen weniger als 3 % (Berlin, Schleswig-Holstein) und rund 15 % (Baden-Württemberg, Bayern, Rheinland-Pfalz – vgl. BUNDESINSTITUT FÜR BERUFSBILDUNG 1978). Neben manifesten oder erwarteten Konflikten mit den Ausbildungsbetrieben und deren Interessenverbänden sind als Gründe für die restriktive Durchführung der angekündigten Blockmaßnahmen auch Unsicherheiten der staatlichen Planungsinstanzen in bezug auf die tatsächlich erreichbaren Innovationseffekte zu vermuten.

Solche Unsicherheiten wurden durch das bisher in Forschungsprojekten gesammelte empirische Material eher verstärkt als abgebaut. Hierzu muß zunächst konstatiert werden, daß die vorliegenden Untersuchungsergebnisse aus Schüler-, Lehrer-, Ausbilderbefragungen, aus dem Vergleich von Unterrichtsleistungen und Kammerprüfungen, aus soziometrischen Messungen und anderen Erhebungen (vgl. DAUENHAUER 1978, DAUENHAUER u. a. 1973, FRANKE/KLEINSCHMITT 1979, KRUMM 1978, MÜLLER u. a. 1980) wegen der heterogenen methodischen Vorgehensweise, aber auch wegen der unterschiedlichen Bedingungen des Untersuchungsfeldes (etwa bezüglich der erprobten Blockformen, der in die Untersuchungen einbezogenen Fachklassen, der Zusammensetzung der Schüler nach Art und Größe ihrer Ausbildungsbetriebe) kaum auf andere als die jeweils erfaßten Situationen übertragbar sind. „Man mißt Effekte (zum Beispiel erhöhte Kontaktbereitschaft), ohne sagen zu können, auf welche Ursachen diese Effekte zurückgehen und ob die Effekte andauern (fehlende Langzeitstudien)" (DAUENHAUER 1978, S. 300).

Nachdenklicher als solche methodologischen Erwägungen stimmen Untersuchungen, deren Quintessenz in dem Ergebnis liegt, daß Schülereinstellungen vom Blockunterricht überhaupt nicht oder nur in einem geringen Ausmaß tangiert werden (vgl. KRUMM 1978, S. 171 ff.). Dieses Ergebnis spricht – schon aus Gründen fehlender Repräsentativität der Untersuchungen – zwar nicht gegen die Einführung des Blockunterrichts, zeigt aber deutlich die Grenzen beziehungsweise die Unzulänglichkeit isolierter organisatorischer Reformmaßnahmen an. Es scheint die Hypothese zu stützen, „daß die Schülereinstellungen von der äußeren Organisationsform weniger beeinflußt werden als vom Unterrichtsverhalten ihrer Lehrer und deren Einstellung zur Klasse [. . .]" (KRUMM 1978, S. 172). Sollte sich diese Hypothese als begründet erweisen, so läge darin der Schlüssel zur Interpretation der mutmaßlich geringen Auswirkungen des Blockunterrichts auf Verhalten und Einstellungen der betroffenen Schüler. Denn, so konnte in den Untersuchungen von Krumm über die Unterrichtsaktivitäten bei Lehrern im Blockunterricht (BU-Lehrern) und im herkömmlichen Teilzeitunterricht (TZ-Lehrern) ermittelt werden: „BU-Lehrer verhalten sich im Unterricht nicht anders als TZ-Lehrer und nützen somit die angeblichen Möglichkeiten des BU-Unterrichts nicht aus" (KRUMM 1978, S. 172).

Es wäre kurzschlüssig, aus den referierten Untersuchungen und Analysen die Folgerung zu ziehen, der Blockunterricht habe sich nicht bewährt oder lohne, wo sich geringe Erfolge zeigen, den Aufwand nicht. Eher scheint die Annahme gerechtfertigt zu sein, daß der Blockunterricht nicht konsequent genug, das heißt unter Ausschöpfung der im periodischen Vollzeitunterricht erweiterten pädagogischen Handlungs- und Gestaltungsmöglichkeiten, wie etwa durch die im Phasenkonzept vorgesehene curriculare Verzahnung von schulischer und betrieblicher Ausbildung oder durch Erprobung neuer Sozialformen des Lehrens und Lernens beziehungsweise durch den Einsatz lernfördernder Methoden und Medien, durchgesetzt wurde. So gesehen ist nicht die angebliche Variationsvielfalt der Bedingungen das eigentliche Problem, an dem der Nachweis der Effizienz von Blocksystemen scheitert, sondern gerade die Invarianz überlieferter Bedingungskonstellationen, unter denen der Blockunterricht kaum mehr wird leisten können als der herkömmliche Teilzeitunterricht. Losgelöst aus dem Gesamtzusammenhang lernortübergreifender Reformen der Berufsausbildung, ihrer Ziele, Inhalte und Interaktionsformen, läuft der Blockunterricht Gefahr, zum Selbstzweck hochstilisiert zu werden und, daran gemessen, zu versagen, statt als Rahmenbedingung für die Erprobung neuer Möglichkeiten pädagogischen Handelns in der Berufsausbildung genutzt zu werden.

BUNDESINSTITUT FÜR BERUFSBILDUNG: Blockunterricht an Berufsschulen nimmt zu. Pressemeldung Nr. 10/1978, Berlin 1978. BUNDESMINISTER FÜR ARBEIT UND SOZIALORDNUNG (Hg.): Aktionsprogramm Berufliche Bildung, Bonn 1970. BUNDESMINISTER FÜR BILDUNG UND WISSENSCHAFT (Hg.): Rechtsprechung zur Berufsausbildung, Bonn 1979. BUND-LÄNDER-KOMMISSION FÜR BILDUNGSPLANUNG: Vorschläge für die Durchführung vordringlicher Maßnahmen, Stuttgart 1972. DAUENHAUER, E.: Das Blocksystem – Entwicklung und Stand. In: Ew. u. Ber. 26 (1978), S. 299 ff. DAUENHAUER, E. u. a.: Schulversuche zum Blockunterricht an Berufsschulen in Rheinland-Pfalz. Zwischenbericht 1971–1973, Mainz 1973. FRANKE, G./KLEINSCHMITT, M.: Das Blocksystem in der dualen Berufsausbildung, Berlin 1979. KLEINSCHMITT, M./ SCHWIEDRZIK, B.: Blocksystem. In: BUNDESINSTITUT FÜR BERUFSBILDUNGSFORSCHUNG (Hg.): Schlüsselwörter zur Berufsbildung, Weinheim/Basel 1977, S. 175 ff. KRUMM, V.: Auswirkungen des Blockunterrichts auf Einstellungen von Berufsschülern und Berufsschullehrern, Hannover/Dortmund/Darmstadt/Berlin 1978. KRUSE, J./NAHM, K.: Phasenausbildung – ein Erfahrungsbericht zur Weiterentwicklung beruflicher Bildung, Köln 1979. KULTUSMINISTER NW (Hg.): Neuordnung des beruflichen Schulwesens NW, Ratingen/Kastellaun/Düsseldorf 1973. MÜLLER, J. u. a.: Der Blockunterricht im Urteil von Schülern, München 1980. SEITZ, H.: Blockunterricht – Forschungsergebnisse und Schulversuche. In: Wirtsch. u. E. 30 (1978), S. 245 ff.

Günter Kutscha

Bundesjugendplan

Entstehungsgeschichte. Als der Deutsche Bundestag 1950, ein Jahr nach der Gründung der Bundesrepublik, ein neues jugendpolitisches Förderungsprogramm – den Bundesjugendplan – verabschiedete, sollte damit insbesondere ein Beitrag zur Lösung der sozialen Probleme von Jugendlichen, die in den ersten Nachkriegsjahren besonders gravierend waren, geleistet werden. Der Bundesjugendplan, flankiert von den gleichzeitig oder bald darauf erstellten Landesjugendplänen, hatte die Aufgabe, die vorhandenen oder im Aufbau befindlichen Institutionen und Instrumente der Jugendhilfe zu unterstützen, zu ergänzen und zu erweitern. Er wurde offiziell als das „Kernstück der Jugendpolitik des Bundes" bezeichnet und stellte „nach Anlage und Durchführung eine Gemeinschaftsleistung der staatlichen Stellen und der freien Organisationen" dar (Bundestagsdrucksache II/166). Die Tätigkeit der freien Träger in der Jugendhilfe sollte durch dieses staatliche Förderinstrument nicht beschnitten, sondern die materiellen Voraussetzungen ihrer Arbeit sollten vielmehr gesichert werden.

Ende 1950 betrug die allgemeine Arbeitslosigkeit 11,9 %. Die Jugendarbeitslosigkeit lag noch über dieser Quote. Hieraus erklärt sich, daß die Behebung der „materiellen Jugendnot" – insbesondere die Förderung von Maßnahmen zur Behebung der Jugendarbeitslosigkeit, der Bau von Jugendwohnheimen in Regionen mit günstiger Arbeits- und Ausbildungssituation sowie von Wohnheimen für jugendliche Aussiedler und Flüchtlinge oder die Finanzierung von Integrationshilfen – im Mittelpunkt der ersten Bundesjugendpläne stand.

Wandel der Zielsetzungen. In dem Maße allerdings, in dem die beschäftigungspolitischen Probleme zurückgingen und die Eingliederung der jugendlichen Zuwanderer Fortschritte machte, kam der Förderung der staatsbürgerlichen Erziehungsarbeit in der deutschen Jugend zur Verwurzelung einer geistigen, sittlichen und sozialen Ordnung im Rahmen der Bundesjugendpläne eine größere Bedeutung zu.

„Staatsbürgerliche Erziehungsarbeit" meinte hier insbesondere – in der Phase des kalten Krieges – die politisch-ideologische Integration Jugendlicher in das politische und ökonomische System der Bundesrepublik. Dem Bundesjugendplan kam danach die Funktion zu, „die nachwachsende Generation weltanschaulich-politisch nach dem Muster der Erwachsenengesellschaft zu strukturieren" (GIESECKE 1971, S. 125).

Indem die bildungsbezogenen Programme des Bundesjugendplans bis zu Beginn der 60er Jahre weitgehend unkritisch die Restauration in Westdeutschland bestätigten und bekräftigten, so waren sie darin ein Spiegel des herrschenden politischen Selbstverständnisses. Erst nach Abschluß der Rekonstruktionsphase der westdeutschen Wirtschaft konnte sich allmählich, später auch verstärkt durch die „antiautoritäre Bewegung" und deren Auswirkungen auf den Bereich der Jugendarbeit, eine inhaltliche Neuorientierung der politischen Bildung durchsetzen. Statt unbefragter Lernziele rückten nun Orientierungen an Zielen wie Kritikfähigkeit, Konfliktbewußtsein und Konfliktverhalten in den Vordergrund. Das Globalziel der Integration wurde dabei nicht aufgegeben, nur sollte dieses jetzt über Partizipation und Beteiligung erreicht werden (vgl. BUNDESMINISTER FÜR JUGEND, FAMILIE UND GESUNDHEIT 1975). Mit dieser inhaltlichen Neudefinition der Programme des Bundesjugendplanes erfolgte gleichzeitig auch eine Öffnung in Richtung auf neue, bislang vernachlässigte Zielgruppen. Sonderprogramme für Arbeiterjugendliche, Jugendliche aus „sozialen Randgruppen" oder ausländische Jugendliche wurden eingerichtet. Vor allem mit Einsetzen der wirtschaftlichen Rezession 1974/75 zeichnete sich dann deutlich diese neue Tendenz in der Förderungspolitik ab, die die „kompensatorischen Programme" wieder stärker zur Geltung brachte. Damit erfolgte erneut eine tendenzielle Angleichung an die Förderungsprioritäten der ersten Jugendpläne.

Förderungsschwerpunkte. Die gesetzliche Grundlage für die finanzielle Förderung der Jugendhilfe auf Bundesebene ergibt sich nach § 25, Abs. 1 des Jugendwohlfahrtsgesetzes, wonach die Bundesregierung „die Bestrebungen auf dem Gebiet der Jugendhilfe anregen und fördern [kann], soweit sie über die Verpflichtungen der Jugendämter, Landesjugendämter und obersten Landesjugendbehörden hinaus zur Verwirklichung der Aufgaben der Jugendhilfe von Bedeutung sind". Die zur Förderung dieser Jugendhilfeaufgaben verfügbaren Bundesmittel sind fast ausschließlich im Bundesjugendplan ausgewiesen.
Die Schwerpunkte des Bundesjugend-

planes liegen in den Bereichen
– allgemeine Jugendarbeit (Jugendbildung, Jugendbegegnung),
– Jugendsozialarbeit (Betreuung und Förderung jugendlicher Zuwanderer, Modellprogramme zur Förderung ausländischer Jugendlicher und arbeitsloser Jugendlicher),
– Förderung bundeszentraler Träger (Jugendverbände, Wohlfahrts- und Fachorganisationen, Bildungsstätten).
Ein Vergleich der Gesamtaufwendungen des Bundes mit den Leistungen anderer öffentlicher Träger der Jugendhilfe (Kommune, Land) macht deutlich, daß das finanzielle Engagement des Bundes quantitativ nicht ins Gewicht fällt. Die Aufwendungen des Bundes haben aber ihre Bedeutung insbesondere für die bundeszentralen Träger und die Verbandsspitzen, die ohne diese Subventionen eine landesübergreifende Koordination und Planung sowie eine bundeseinheitliche Vertretung der verbandsspezifischen Interessen kaum vollbringen könnten.

BUNDESMINISTER FÜR JUGEND, FAMILIE UND GESUNDHEIT: Perspektiven zum Bundesjugendplan, Bonn-Bad Godesberg 1975. DEHLER, J.: Jugend und Politik im Kapitalismus. Zur Kritik der staatlichen Jugendpolitik am Beispiel von politischer Bildung als Schwerpunkt des Bundesjugendplans, Gießen 1973. EPPE, H./JORDAN, E.: Jugendförderung als Instrument staatlicher Jugendpolitik. In: BARABAS, F. u. a. (Hg.): Jahrbuch der Sozialarbeit 1978, Reinbek 1977, S. 281 ff. GIESECKE, H.: Die Jugendarbeit, München 1971. KEIL, A.: Jugendpolitik und Bundesjugendplan. Analyse und Kritik der staatlichen Jugendförderung, München 1969.

Erwin Jordan

Chancengleichheit

Als bildungspolitische Forderung (vgl. DEUTSCHER BILDUNGSRAT 1975, S. 30) drückt Chancengleichheit die Legitimationsproblematik von Kriterien aus, auf deren Grundlage das Schulsystem seine Klientel auf hierarchisch geordnete Karrieren verteilt und insofern der Weichenstellung beruflich-sozialer Lebensmöglichkeiten dient (vgl. BOLTE u. a. 1974, S. 68 ff.). Chancengleichheit verweist auf das staatlichen Schulzwang rechtfertigende Versprechen, Schule der Förderung individueller Anlagen und Fähigkeiten vorrangig zu verpflichten. Die erziehungswissenschaftliche Kritik am nativistischen Begabungsbegriff (vgl. ROTH 1952, S. 398) hat an der materialen Einlösung dieses Versprechens Zweifel aufkommen lassen: In dem Maße, wie ein solcher Begabungsbegriff im Rahmen der Erklärung von Schulerfolgsdifferenzen versagt, tritt die Frage, inwieweit Schule über die Registrierung solcher Differenzen hinaus auch an deren Zustandekommen beteiligt ist, in den Vordergrund. Diesbezügliche Forschungsergebnisse lassen sich wie folgt zusammenfassen:

Die Wahl weiterführender Schulen ist nach wie vor nicht schichtenneutral. In der Wahl von Hauptschule und Gymnasium wie auch im weiteren Karriereverlauf (vgl. SIERONSKI/ZIEGENSPECK 1977, S. 681 ff.) schlagen Berufs- und Bildungsstatus der Eltern deutlich durch, während die entsprechenden Realschulquoten in etwa den sozialen Herkunftsanteilen der Grundschule entsprechen und insofern vorhandene Karriereaspirationen von Unterschichteltern am ehesten absorbieren. Diesem Zusammenhang entspricht schulsoziologisch (vgl. CLARK 1974, S. 379 ff.) und mittlerweile auch schulgeschichtlich (vgl. MÜLLER 1977, S. 20 ff.) die These von der Abkühlungsfunktion („cooling out") gestufter Bildungskarrieren. Ergänzt und kumuliert wird dieser Zusammenhang nicht nur durch die schichtenspezifischen Versagerquoten der gymnasialen Sekundarstufen I und II (vgl. GERSTEIN 1972, S. 80), sondern auch durch die Übergangs- und Erfolgschancen im System der beruflichen Bildungsgänge.

Jeweils zirka die Hälfte derer, die einen Haupt- oder Realschulabschluß vorweisen, wechselt direkt in ein Ausbildungsverhältnis. Weit unter dieser Quote bleiben Sonderschüler wie auch Hauptschüler ohne Abschluß (vgl. STEGMANN/HOLZBAUER 1978, S. 160), die auch den höchsten Anteil an „Nachfrageverzichtern" stellen. Vollzeitschulische Ausbildungsangebote unterhalb der Fachoberschule (hier vor allem: Berufsfachschule/Berufsgrundbildungsjahr) werden vor allem von erfolgreichen Hauptschulabsolventen und solche unterhalb dieser Ebene (hier aufgrund entsprechender Schulpflichtregelungen der Länder vor allem das Berufsvorbereitungsjahr) vorwiegend von erfolglosen ehemaligen Haupt- beziehungsweise von Sonderschülern frequentiert (vgl. STEGMANN/HOLZBAUER 1978, S. 152). Geschlechts- und regionalspezifische Determinanten treten teils überlagernd, teils verstärkend hinzu: Die Berufsfachschule besuchen eher weibliche, die Fachoberschule eher männliche Schüler. Die Entscheidung zwischen Ausbildungs- und Arbeitsplatz wird eher von Mädchen zu Lasten der Berufsausbildung gefällt. Der Anteil solcher Entscheidungen erhöht sich je nach regionalem Ausbildungsplatzspektrum, konjunkturellen Bedingungen und branchenspezifischem Fachkräftebedarf (vgl. HANSEN u. a. 1977, S. 81; vgl. MÜNCH u. a. 1979, S. 56). Diese Ergebnisse belegen nicht nur die hierarchische Struktur des durch den verengten Ausbildungsmarkt verstärkten Aspirationsabbaus. Sie zeigen auch, daß das berufliche Bildungssystem auf diese Strukturierung zugeschnitten wurde und sie bis in den betrieblichen Lernort hinein fortsetzt: Der durch Güte-indikatoren (Lehrwerkstatt, planmäßige Ausbildung, Anleitung durch Fachpersonal, fachtheoretischer Unterricht) segmentierte Ausbildungsmarkt benachteiligt Sonder- und Hauptschulabgänger, deren Ausbildungs- hinter der diesbezüglichen Gesamtquote der entsprechend ausbildungsintensiven Betriebsgrößenklassen deutlich zurückbleibt (vgl. STRATMANN 1977, S. 168). Dieser Verteilungsmodus geht über die zwischenbetriebliche Ebene hinaus und behält seine Gültigkeit auch auf der Ebene einzelbetrieblicher Berufswahlspektren. Vor allem Großbetriebe, bei denen in der Regel die Betriebs- die Berufswahl überlagert (vgl. PÄTZOLD 1977, S. 50), „feinregulieren" ihr Verhältnis zwischen Angebot und *akzeptierter* Nachfrage: Ausbildungsaspiranten aus Familien der un- und angelernten Arbeiterschaft sowie Haupt- und Sonderschüler realisieren in wesentlich geringerem Ausmaß ihren ursprünglichen Berufswunsch und unterliegen überwiegend der Umsortierung in weniger attraktive, theoriearme Berufsgruppen (vgl. PÄTZOLD 1977, S. 55 ff.).

In der Sprache der Sozialisationstheorie ausgedrückt heißt das: Unterschichteltern weisen eine stärker extrinsische, von kontinuierlichen schulischen Erfolgsrückmeldungen wesentlich abhängigere Leistungsbeurteilung und dementsprechende Karriereaspiration ihren Kindern gegenüber auf (vgl. FEND u. a. 1976, S. 350). Ähnliches gilt für die Beteiligung an schulischen Belangen, die in der Regel von größerer Passivität und Schwellenangst gekennzeichnet ist (vgl. BAUR 1972). Die insgesamt größere – durch schulfremde Sprach- und Verhaltensmuster befestigte (vgl. BERTRAM/BERTRAM 1974) – Distanz zu schulisch kultivierten Kommunikationsmustern schlägt sich auf seiten der Schüler in Form schichtbezogener Schulangstwerte nieder (vgl. SCHWARZER 1975). Resignation und Perspektivenarmut sind die

keineswegs auf den weiterführenden Schulbesuch beschränkten Folgen, sondern charakterisieren neben geschlechts- und beschäftigungsspezifischen Faktoren auch den Anteil der Jugendlichen, die auf jede Berufsausbildung verzichten beziehungsweise zum vorzeitigen Abbruch tendieren (vgl. MÜNCH u. a. 1979, S. 52).

Trotz solcher Zusammenhänge sind nativistische Rechtfertigungsversuche schulischer Selektion bis heute nicht verstummt: Der Veränderung des bundesrepublikanischen Schulsystems zugunsten integrierter Schulformen wird immer wieder mit dem Hinweis auf die angeblich einhergehende Begabungsnivellierung begegnet (vgl. ROSEMANN 1979, S. 291). Dieses Argument unterstellt Analogien zwischen schulischer Typendifferenzierung, Leistungsbewertung, Allokation einerseits und dem anzutreffenden Begabungspotential andererseits. Es vergrößert damit die Fragwürdigkeit der der Zwillingsforschung entstammenden nativistischen Auslegung des Begabungsbegriffs (vgl. JENCKS 1973, S. 107 ff.; vgl. ROSEMANN 1979, S. 175 ff.). Selbst unter Zugrundelegung der nativistischen Position, die aus Gründen empirisch nicht trennscharfer Unterscheidbarkeit von Umwelt- und Erblichkeitsdeterminanten äußerst zweifelhaft erscheint, muß die Annahme begabungsadäquater schulischer Selektion als problematische Zusatzhypothese gelten. Korrelationsbeziehungen zwischen sozialer Herkunft und Schulerfolg unter Konstanthaltung der Intelligenz sprechen nicht dafür (vgl. FEND u. a. 1976, S. 103). Für die gleichwohl gängige Unterstellung von Analogien zwischen Intelligenz und Schulerfolg sind demnach rollen- und bedarfsspezifische Gesichtspunkte ausschlaggebend. Gymnasiallehrer tendieren eher als Lehrer anderer Schularten zu nativistischen Positionen (vgl. SCHÖN 1977, S. 47).

Der Bedarf an hochqualifizierten Arbeitskräften bei gleichzeitig steigender Intensität der Produktionsmittel hat demgegenüber in den 60er Jahren zur insgesamt modischen Bevorzugung des Umweltfaktors geführt. „Bildungskatastrophe" und „Ausschöpfung der Begabungsreserven" (PICHT 1965) waren maßgebliche Schlagworte, hinter denen sich Forderungen nach Chancengleichheit, nach Gesamtschulen sowie nach weiterführendem Schulbesuch verbargen. Konjunkturelle Rezession, daraus resultierende finanzpolitische Verteilungskämpfe sowie sinkende Beschäftigungschancen für Akademiker haben die an die Reformtendenzen der 60er Jahre geknüpften Hoffnungen ernüchtert. Bildungspolitisch ist die gegenwärtige Chancengleichheitsdiskussion vom erneuten Aufleben nativistischer Positionen geprägt, deren Relevanz an der kontroversen Auslegung vorliegender Gesamtschulversuchsresultate deutlich wird (vgl. LÜHRIG 1977, S. 9). Kollektivismus, Leistungsschwund und Gleichmacherei werden der Integration der Schularten entgegengehalten (vgl. ROSEMANN 1979, S. 291). Gemeinsam unterlegen sie dem herkömmlichen Schulsystem eine scheinbar neutrale Entdeckungs- und Auslesefunktion vorfindlicher Begabungen (vgl. BOURDIEU/PASSERON 1971, S. 227). Grundlegende Strukturen dieser Diskussion setzen sich auch auf berufsbildungspolitischem Sektor fort. Dort erscheint die Problematik der Abstufung beziehungsweise Integration der Schularten als solche der Differenzierung beziehungsweise Ver-

zahnung von Berufs- und Allgemeinbildung („Doppelqualifikation") sowie des einhergehenden Ausmaßes an Theoretisierung und Verschulung beruflicher Qualifikation. Ein flexibles – im Kollegschulversuch Nordrhein-Westfalen erprobtes – System wechselseitiger Anrechnungs- und Übergangsmöglichkeiten zwischen ausbildungs- und allgemein berechtigungsrelevanten Inhalten soll zum einen die derzeitige Schulformabhängigkeit berufs- und schulbezogener Karriereentscheidungen aufheben und zum anderen das Spektrum des Kompensationsangebots vorheriger schulischer Mißerfolge vergrößern (vgl. SCHENK/KELL 1978).
Ähnliche auf den Abbau regionaler betriebs- und schulabschlußspezifischer Chancenverzerrung gerichtete Erwartungen beziehen sich auf die Verschulung der ersten Berufsausbildungsphase in Form des Berufsgrundbildungsjahres. Beiden Reformvarianten wird begabungsinadäquate Ausrichtung, der Verlust betrieblicher Praxiserfahrungen sowie mangelnde Berufsspezifität vorgehalten. Der Gesamtschuldiskussion vergleichbar ist auch hier die Kontroverse vom Übergewicht verbands- und gruppenspezifischer Legitimationsmuster geprägt. Deren immer wieder erkennbare Wirkung auf administrative und parlamentarische Entscheidungsprozesse (vgl. WEIDMANN 1979) verdeutlicht denn auch die Grenze der derzeitigen materialen Einlösbarkeit des Chancengleichheitspostulats.

BAUR, R.: Elternhaus und Bildungschancen. Eine Untersuchung über die Bedeutung des Elternhauses für die Schulwahl nach der 4. Klasse Grundschule, Weinheim 1972. BERTRAM, H./BERTRAM, B.: Soziale Ungleichheit, Denkstrukturen und Rollenhandeln. Ein empirischer Beitrag zur Diskussion über sozio-kulturelle Determinanten kognitiver Fertigkeiten, Weinheim/Basel 1974. BOLTE, K. M. u. a.: Soziale Ungleichheit, Opladen 1974. BOURDIEU, P./PASSERON, J.-C.: Die Illusion der Chancengleichheit. Untersuchungen zur Soziologie des Bildungswesens am Beispiel Frankreichs, Stuttgart 1971. CLARK, B. R.: Die „Abkühlungs"-Funktion in den Institutionen höherer Bildung. In: HURRELMANN, K. (Hg.): Soziologie der Erziehung, Weinheim/Basel 1974, S. 379 ff. DEUTSCHER BILDUNGSRAT: Die Bildungskommission. Bericht '75. Entwicklungen im Bildungswesen, Stuttgart 1975. FEND, H. u. a.: Sozialisationseffekte der Schule, Weinheim/Basel 1976. GERSTEIN, H.: Erfolg und Versagen im Gymnasium, Weinheim 1972. HANSEN, G. u. a.: Ausbildungschancen in der beruflichen Bildung. Daten und Analysen zur Situation von Schülern berufsbildender Schulen im regionalen Vergleich, Weinheim/Basel 1977. JENCKS, CH.: Chancengleichheit, Reinbek 1973. LÜHRIG, H. H.: Modellversuche/Gesamtschule. Generationslanger Marsch. In: päd. extra (1977), 6, S. 9 ff. MÜLLER, D. K.: Sozialstruktur und Schulsystem. Aspekte zum Strukturwandel des Schulsystems im 19. Jahrhundert. Studien zum Wandel von Gesellschaft und Bildung im 19. Jahrhundert, Bd. 7, Göttingen 1977. MÜNCH, J. u. a.: Jugendliche ohne Ausbildungsvertrag. Bericht der Wissenschaftlichen Kommission. Arbeit und Beruf, Bd. 24, hg. v. Minister für Arbeit, Gesundheit und Soziales des Landes NRW, Düsseldorf 1979. PÄTZOLD, G.: Auslese und Qualifikation, Hannover 1977. PICHT, G.: Die deutsche Bildungskatastrophe, München 1965. ROSEMANN, H.: Intelligenztheorien. Forschungsergebnisse zum Anlage-Umwelt-Problem im kritischen Überblick, Reinbek 1979. ROTH, H.: Begabung und Begaben. In: D. Samml. 7 (1952), S. 395 ff. SCHENK, B./KELL, A. (Hg.): Grundbildung: Schwerpunktbezogene Vorbereitung auf Studium und Beruf in der Kollegschule, Königstein 1978. SCHÖN, B.: Widersprüche im gesellschaftlichen Bewußtsein von Gesamtschullehrern. In: päd. extra (1977), 6, S. 45 ff. SCHWARZER, R.: Schulangst und Lernerfolg, Düsseldorf 1975. SIERONSKI, CH./ZIEGENSPECK, J.: Schicht und Schulart. In: Z. f. P. 23 (1977), S. 581 ff. STEGMANN, H./HOLZBAUER, I.: Die Nachfrage nach Ausbildungsplätzen und ihre Realisierung bei Absolventen und Abgängern allgemeinbildender Schulen. In: Mitt. a. d. Arbmarkt.- u. Berfo. 11 (1978), S. 148 ff. STRATMANN, K.: Berufspädagogische Probleme des dualen Ausbildungssystems. In: VBB-aktuell 26 (1977), S. 164 ff. WEIDMANN, G.: Die politisch-administrative Genese der Berufsgrundbildungsjahr-Anrechnungsverordnung von 1978. In: D. Dt. Ber.- u. Fachs. 75 (1979), S. 163 ff.

Klaus Harney

Demokratisierung (Bildungswesen)

Begriff. „Demokratisierung des Bildungswesens" bezeichnet in der pädagogischen und bildungspolitischen Diskussion den Prozeß der Herstellung demokratischer Strukturen im Bildungswesen in einem doppelten Sinn: Zum einen soll das Bildungswesen so verändert werden, daß es insgesamt der Demokratisierung der Gesellschaft dient oder sie wenigstens nicht behindert; zum anderen soll – in einem engeren Verständnis von Demokratisierung – das Bildungswesen so strukturiert werden, daß tendenziell alle Entscheidungen durch die Beteiligten (Schüler, Eltern, Lehrer) selbst getroffen und verantwortet werden oder daß ihnen zumindest umfangreiche Mitbestimmungsmöglichkeiten eingeräumt werden.

Schule in der demokratischen Gesellschaft. In modernen Industriegesellschaften hat das Bildungswesen auch die Funktion eines zentralen Mechanismus zur Verteilung von Lebenschancen; berufliche Position, Einkommen, Prestige und sozialer Handlungsspielraum hängen wesentlich ab von den durchlaufenen Bildungsgängen und den erworbenen Abschlüssen. Umfangreiche Untersuchungen (vgl. ROTH 1974) der sozialen Bedingungen unterschiedlicher Karrieren im Bildungswesen haben – bei allen Differenzen im Detail – die eindeutige Tendenz ergeben, daß die Chance, die für gehobene berufliche und soziale Positionen relevanten Bildungsgänge erfolgreich zu durchlaufen, abhängig ist vom sozialen Status und von der Berufsposition der Eltern. Da die ungleichen Chancen, Qualifikationen zu erwerben, nicht mehr mit unterschiedlichen, letztlich genetisch fixierten „Begabungen" erklärt werden können, fungiert das Bildungswesen insgesamt – etwa durch die geringe Durchlässigkeit von Bildungsgängen, deren Abschottung zugleich soziale Barrieren widerspiegelt, und die durchgängige Orientierung der schulischen Verkehrssprache an den Sprachmustern der Mittelschicht – als Instrument der Reproduktion sozialer Ungleichheit. Damit werden durch das Bildungssystem – entgegen dem Gleichheitsgrundsatz der Verfassung, der nicht nur gleiche Rechte, sondern auch gleiche Sozialchancen beinhaltet – auf dem Weg schulischer Selektion sozialständische Privilegien und Benachteiligungen erhalten oder erst geschaffen. Demokratisierung bedeutet in diesem Zusammenhang die Umgestaltung des Bildungswesens nach Maßgabe der Herstellung *materialer Gleichheit der Bildungschancen* und der Möglichkeit des einzelnen, sein *Recht auf Bildung* tatsächlich wahrzunehmen. Chancengleichheit soll gewährleistet werden durch eine erhöhte Durchlässigkeit von Bildungsgängen in den einzelnen Schultypen, die Korrigierbarkeit von Schullaufbahnentscheidungen, die Berücksichtigung individueller Leistungsdispositionen durch hochgradige Differenzierung, Gleichwertigkeit und inhaltliche Annäherung von beruflichen und allgemeinbildenden Bildungsgängen und Abschlüssen, die individuelle Förderung und Kompensation von Sozialisationsdefiziten in Förderkursen; in der differenzierten Gesamtschule sollen diese Strukturmerkmale vereinigt werden. Entsprechend wird ein Ausbau des zweiten Bildungswegs gefordert.

Demokratie in der Schule. Die Forderung nach Demokratisierung des Bildungswesens im Sinne einer weitgehenden *Mitbestimmung* der am schulischen Bildungsprozeß Beteiligten geht aus von der Kritik an einem doppelten Widerspruch zwischen Schulverfassung und Gesellschaft:
Obwohl das öffentliche Bildungswesen die Institution einer demokratischen Gesellschaft ist, ist es, nach autoritären,

vordemokratischen Prinzipien organisiert, ein demokratiefreier Raum innerhalb der Demokratie.

Paradoxerweise soll das so strukturierte Bildungswesen zugleich die nachwachsende Generation für das Leben in einer demokratischen Gesellschaft qualifizieren; damit gerät sein institutioneller Rahmen in einen Widerspruch zu seinen Bildungszielen, wobei die Gefahr besteht, daß die undemokratischen Rahmenbedingungen des Lebens in der Schule die politische Bildungsarbeit korrumpieren.

Die in der Verfassung verankerte Aufsicht des Staates über das Bildungswesen (vgl. Art. 7, Abs. 1 Grundgesetz) wird ausgelegt im Sinne der überkommenen Schulverfassung, deren wesentliche organisationsrechtliche Grundlagen einer vordemokratischen Verwaltungspraxis entstammen: *Staatliche Schulaufsicht* bedeutet nicht nur Rechtsaufsicht, sondern das Recht zur völligen Gestaltung der inneren Schulangelegenheiten von der Versetzungsordnung über den Lehrplan und die Zulassung der Schulbücher bis zur Farbe der Wandtafeln und Lineatur der Schulhefte. Die rechtliche Basis dieser umfassenden Verfügungsgewalt der Administration ist ein *„besonderes Gewaltverhältnis"*, dem die Schüler als Benutzer einer öffentlichen Anstalt und die Lehrer als Beamte unterworfen sind (vgl. HECKEL/SEIPP 1976, S. 60 f.). Dieses besondere Gewaltverhältnis impliziert die Einschränkung bestimmter Grundrechte der Betroffenen nach Maßgabe seines Zwecks (also Unterricht und Erziehung nach den Vorgaben der Schulbehörde) und stellt zugleich einen „rechtsfreien Raum" innerhalb der Demokratie dar: Der Grundsatz der Gesetzmäßigkeit der Verwaltung ist im besonderen Gewaltverhältnis aufgehoben, die Verwaltungsakte zu seiner Ausgestaltung bedürfen keiner gesetzlichen Ermächtigung und stehen somit außerhalb demokratischer Kontrolle. Die Schulverwaltungen werden erst in jüngster Zeit durch die Rechtsprechung verpflichtet, Maßnahmen, die das elterliche Erziehungsrecht wesentlich berühren (wie etwa Festlegung der Inhalte der Sexualerziehung, Schaffung oder Abschaffung von Schultypen), durch den Gesetzgeber legitimieren zu lassen (vgl. HECKEL/SEIPP 1976, S. 160 ff.). Der Rechtsform der öffentlichen Anstalt entspricht die Binnenstruktur der Schule. Die Kompetenzen sind streng hierarchisch verteilt, Kommunikation und Kontrolle verlaufen vertikal, die Anordnungen der Schulbehörde werden von oben nach unten durchgesetzt; Mitbestimmung von Schülern, Eltern und Lehrern ist zu dieser Struktur dysfunktional.

Die bürokratisch-autoritäre Binnenstruktur der Schule steht im Widerspruch zu ihren Bildungszielen. Eine politische Bildungsarbeit, die auf demokratisches Engagement abzielt, kann durch die institutionellen Rahmenbedingungen ruiniert werden (vgl. RUMPF 1966). Appelle an die Bereitschaft zu politischer Verantwortung und Zivilcourage, Informationen über die demokratische Legitimation der Exekutive und die politischen Rechte der Bürger stehen im krassen Gegensatz zu den Erfahrungen des Alltagslebens in der Schule; Schüler lernen, daß Anpassung erfolgreicher ist als sachlich berechtigter Protest, daß Anordnungen „von oben" auch dann durchzuführen sind, wenn sie alle Betroffenen als sinnlos beurteilen, daß Amtsautorität von der Legitimationspflicht gegenüber Untergebenen entbindet, daß Demokratie ein theoretisches Postulat ist, dem oft – und mit Sicherheit in der Schule – keine Praxis entspricht. Die konventionelle Schülermitverwaltung (SMV) ist geeignet, diese Erfahrungen zu bestätigen; die SMV hat sich nicht als Organ der Schülermitbestimmung, sondern als Erziehungsmittel im Sinne einer Schulgemeinschaftsideologie erwiesen.

Der Forderung nach Demokratisierung

des Bildungswesens, wie sie besonders entschieden nach 1968 in der Schüler- und Studentenbewegung, aber auch von Pädagogen, Juristen, Eltern- und Lehrerverbänden vorgebracht wurde (vgl. LENHART 1972), kamen die Empfehlungen der Bildungskommission des DEUTSCHEN BILDUNGSRATS: „Zur Reform von Organisation und Verwaltung im Bildungswesen", mit dem Untertitel „Verstärkte Selbständigkeit der Schule und Partizipation der Lehrer, Schüler und Eltern" von 1973 entgegen. Ziel der Empfehlungen ist es, durch die Abgabe von Kompetenzen der Schulaufsichtsbehörde den Entscheidungs- und Gestaltungsspielraum der einzelnen Schule zu erhöhen. Als Mittel werden erhöhte Freiheit bei der Gestaltung der Unterrichtsinhalte innerhalb relativ weiter Rahmenrichtlinien, ein Anteil der Unterrichtszeit zur eigenen Verfügung durch die Schule und die Chance zu „praxisnaher Curriculumentwicklung" gemäß der besonderen Situation der einzelnen Schule angegeben. Schüler, Eltern und Lehrer sollen den neuen Entscheidungsspielraum gemeinsam in Gremien mit unterschiedlichen Zusammensetzungen und Kompetenzen ausfüllen. Die Schulaufsichtsbehörde soll vorwiegend beraten und kooperieren, nicht dirigieren.

Selbst wenn man unberücksichtigt läßt, daß die Vorschläge des Bildungsrats zum Teil sehr unpräzise und in sich widersprüchlich sind, ist festzustellen, daß die neueren Schulverfassungsgesetze wie das Berliner Schulverfassungsgesetz von 1974, das niedersächsische Schulgesetz von 1974 oder das nordrhein-westfälische Schulmitwirkungsgesetz von 1977, die eine Demokratisierung der Schule bewirken sollen, weit hinter der Bildungsratsempfehlung zurückbleiben. Obwohl in allen Gesetzen ausdrücklich die Mitbestimmungsrechte von Lehrern, Schülern und Eltern garantiert und in formaldemokratischen Verfahren institutionalisiert sind, kann im Ergebnis von einer substantiellen Demokratisierung nicht die Rede sein. Alle Garantieformeln für die demokratischen Rechte der Beteiligten gelten nur unter der Einschränkung der konventionellen, nach wie vor unbeschnittenen Ausgestaltungskompetenz der Schulaufsichtsbehörde, so etwa im nordrhein-westfälischen Schulmitwirkungsgesetz (§ 3, Abs. 1): „Die Verantwortung der staatlichen Gemeinschaft für die Gestaltung des Schulwesens wird durch dieses Gesetz nicht eingeschränkt. Die Aufsicht des Landes über das Schulwesen bleibt unberührt. Die an der Mitwirkung Beteiligten sind bei ihrer Tätigkeit in den Mitwirkungsorganen verpflichtet, die Rechtsvorschriften und Verwaltungsvorschriften zu beachten." Eine substantielle Demokratisierung ist nur möglich unter der Voraussetzung einer strukturellen Änderung der Schulverfassung, besonders des Anstaltscharakters der Schule; ein Zuwachs an Selbstbestimmungskompetenz der Beteiligten ist ohne den Verzicht auf Kompetenzen durch die Schulbehörde nicht möglich.

Mit der politischen Forderung nach Demokratisierung sind die *pädagogischen* Probleme des institutionalisierten Bildungswesens nicht schon gelöst. Wenn Demokratisierung ausschließlich die Umverteilung der Herrschaft in der Schule durch demokratische Formen der Entscheidungsfindung bedeutet, ändert sich am Charakter der Schule als primär politischer Institution nichts. Demokratisierung impliziert nicht per se Pädagogisierung der Schule, und „Selbstbestimmung" ist dort nicht nur als politische, sondern auch als pädagogische Kategorie zu reflektieren.

DEUTSCHER BILDUNGSRAT: Zur Reform von Organisation und Verwaltung im Bildungswesen, Teil 1. Empfehlungen der Bildungskommission, Stuttgart 1973. HECKEL, H./SEIPP, P.: Schulrechtskunde, Neuwied/Berlin ⁵1976. KUPER, E.: Demokratisierung von Schule und Schulverwaltung, München 1977. LENHART, V. (Hg.): Demokratisierung der Schule, Frankfurt/M. 1972. ROTH, H. (Hg.): Begabung und Lernen. Ergebnisse und Folgerungen neuer Forschungen. Gutachten und Studien der Bildungskommission des Deutschen Bildungsrates, Bd. 4, Stuttgart ⁹1974. RUHLOFF, J.: Demokratisierung der Schule? In: FISCHER, W.: Schule und kritische Pädagogik, Heidelberg 1972, S. 43 ff. RUMPF, H.: Die administrative Verstörung der Schule, Essen 1966. VOGEL, P.: Die bürokratische Schule, Kastellaun 1977. WILHELM, TH. (Hg.): Demokratie in der Schule, Göttingen 1970.

Peter Vogel

Drogenkonsum

Als Drogen bezeichnet man psychotrope Substanzen, also Stoffe, die durch ihre chemische Zusammensetzung auf das Zentralnervensystem einwirken und dadurch Einfluß nehmen auf Denken, Fühlen, Wahrnehmung und Verhalten.

Der Gebrauch von Drogen kann zur Abhängigkeit führen. Nach der Definition der Weltgesundheitsorganisation (WHO) von 1969 liegt eine Drogenabhängigkeit dann vor, wenn sich beim Entzug der Droge, die über einen längeren Zeitraum gewohnheitsmäßig eingenommen wurde, Mißbehagen und Beschwerden zeigen. Als ein weiteres Merkmal gilt, daß diese Erscheinungen durch die neuerliche Zufuhr der Droge oder einer ähnlich wirkenden wieder zum Abklingen gebracht werden können.

Diese Definition der WHO ist nicht unumstritten geblieben und inzwischen in der Literatur vielfach diskutiert worden (vgl. BEJEROT 1970, SCHENK 1975). Folgt man ihr nämlich, so muß man beispielsweise die regelmäßige vom Mediziner angeordnete und lebenserhaltende Insulininjektion eines Diabetikers auf die gleiche Stufe mit Alkoholabhängigkeit stellen. Für die weiteren Ausführungen empfiehlt es sich, den Begriff unkontrollierten Konsum oder Mißbrauch von Drogen zu problematisieren. Die Diagnose „Drogenmißbrauch" ist abhängig vom jeweiligen Blickwinkel des Beurteilers. Hier sind Rückfragen zu stellen: an den Gesetzgeber, den Mediziner, aber auch an das öffentliche Bewußtsein.

Allgemein gilt die unkontrollierte Einnahme von Arzneimitteln als *Miß*brauch, die ärztlich verordnete Abhängigkeit von Beruhigungs- und Schlafmitteln hingegen wird als *Ge*brauch eingestuft. Der Konsum von LSD, einem Halluzinogen, oder Haschisch ist illegal, ihr Verkauf, Handel und Genuß inkriminiert. Es existieren aber keine Vorstellungen über die Anwendung dieser Stoffe. Der Konsum von Alkohol, einer gesellschaftlich akzeptierten Droge (sie wird daher auch als „Kulturdroge" bezeichnet, ähnlich wie Haschisch in einigen afrikanischen Ländern oder Meskalin bei indianischen Volksstämmen) wird so lange nicht als mißbräuchlich angesehen, bis ein offensichtliches Herausfallen aus der Normalität vorliegt und die Funktionalität des Konsumenten gefährdet ist. Mißbrauch von Alkohol wird also über das Maß an Auffälligkeit und Dysfunktionalität des Konsumenten definiert.

Drogenarten. Drogen lassen sich unter pharmakologischen, medizinischen, psychologischen und juristischen Gesichtspunkten klassifizieren. Im allgemeinen unterteilt man sie in legale, kontrollierte, illegale und keiner Kontrolle unterliegende Drogen, wobei einige Substanzen nicht erfaßt werden oder eine eindeutige Zuordnung nicht erfolgen kann.
- Legale und gesellschaftlich akzeptierte Drogen (Kulturdrogen): Alkohol, Nikotin und Koffein. Sie bedingen bei regelmäßigem Genuß körperliche Abhängigkeit.
- Kontrollierte Drogen (Arzneimittel):

220

Schmerz-, Beruhigungs- und Schlafmittel, Weckamine, Amphetamine, Neuroleptika und Antidepressiva. Sie bedingen bei regelmäßiger Verabreichung körperliche Abhängigkeit.
- Illegale Drogen:
Opiate (Morphin, halbsynthetisch: Heroin, synthetisch: Methadon): Sie werden in der Medizin als Arzneimittel gebraucht. Sie bedingen schon nach wenigen Einnahmen körperliche Abhängigkeit.
Halluzinogene (Lysergsäurediäthylamid [LSD], Meskalin und Psilocybin): Bei ihnen wurde bislang keine körperliche Abhängigkeit festgestellt, aber es kann unter Umständen zu einer seelischen Abhängigkeit kommen. Immer ist der Konsum dieser Drogen allerdings wegen möglicher Nebenwirkungen gefährlich (Aktivierung latenter Psychosen, Horrortrip, Echoerlebnis).
Cannabis (aus dem indischen Hanf gewonnenes Haschisch oder Marihuana): Keine körperliche Abhängigkeit nachgewiesen. Regelmäßiger Genuß kann zu einer seelischen Abhängigkeit führen.
- Keiner Kontrolle unterliegende und gesellschaftlich unbeachtete Drogen: Organische Lösungsmittel, sogenannte Schnüffelstoffe (Xylol, Aceton, Benzol, Tetrachlorkohlenstoff). Nach regelmäßiger Inhalation stellt sich eine körperliche Abhängigkeit ein.

Außer dem Mißbrauch einzelner Drogen sind Polytoxikomanien und Drogenkombinationen verbreitet. Bei einer Polytoxikomanie ist der Konsument an verschiedene Drogen gebunden. Sie führt häufig zu einer äußerst gefährlichen Drogenkombination, beispielsweise bei der gleichzeitigen Einnahme von Schmerztabletten und Alkohol. Die Wirkung der einzelnen Substanz kann dabei in unvorhersehbarem Maß potenziert werden.

Ob eine Droge legal oder illegal ist, sagt über ihre Gefährlichkeit nichts aus.

Ursachen für Drogenmißbrauch. In den 60er Jahren ist der Mißbrauch von Drogen bei Jugendlichen (vornehmlich Haschisch und LSD) durch Verweigerungsideologie und falsch verstandene Gesellschaftskritik der jugendlichen Subkultur begünstigt worden (Drogenwelle). Angeregt durch Drogenexperimente und euphorische Berichte über psychedelische und bewußtseinserweiternde Erfahrungen und quasireligiöse Erlebnisse unter Drogeneinwirkung, die im Gefolge von Leary und Huxley zuerst in den USA verbreitet waren, kam es auch in der Bundesrepublik Deutschland zu einer Verklärung und Verharmlosung der Wirkung dieser Substanzen. Viele Jugendliche wurden allerdings bei ihren Selbstversuchen enttäuscht und gerieten danach mit härteren und gefährlicheren Stoffen in Berührung. Inzwischen ist diese ideologisch bestimmte Drogenwelle verschwunden. An ihre Stelle ist eine starke Neugierde getreten, die viele Jugendliche rauscherregende Substanzen versuchen läßt. Das Alter derjenigen, die zum erstenmal mit Drogen in Kontakt kommen, ist in den letzten Jahren auffallend gesunken. Heute kann man in Schulen bereits Zwölfjährige treffen, die Haschisch geraucht und andere Mittel ausprobiert haben.

Eine „Drogenkarriere" beginnt häufig mit den medizinisch betrachtet eher harmlosen Cannabis-Produkten. Unter dem Druck der Peer-groups und der kriminellen Szene, in der aufgrund der Illegalität mit diesen Drogen gehandelt wird, steigen viele auf Präparate um, von denen sie schon nach wenigen Einnahmen körperlich abhängig werden. Eine aus den Substanzen (Cannabis, LSD) selbst ableitbare Logik enthält diese Entwicklung jedoch nicht. Sie ist erst Produkt der Kriminalisierung. In einigen Ländern hat man daher, als Teil der prophylaktischen Maßnahmen, Cannabis legalisiert und/oder die Verabreichung von Opiaten an bereits Abhängige an staatliche Stellen delegiert.

Ob damit der Circulus vitiosus langfristig aufgebrochen werden kann, ist noch nicht zu sagen.

Den Ablauf von der ersten Einnahme bis hin zur Abhängigkeit kann man durch Phasen folgendermaßen beschreiben:

- Gewöhnungsphase (Ausprobieren, Kennenlernen der spezifischen Wirkungen),
- „Nicht-mehr-aufhören-Können" (regelmäßige Einnahme wird erforderlich, um ein „normales" Allgemeinbefinden zu halten),
- Dosissteigerung (unter dem Einfluß der Toleranzerhöhung werden stets größere Mengen notwendig, um die gleichen Rauscherfahrungen machen zu können) und
- Abstinenzsymptome (bei Ausbleiben der Drogenzufuhr entstehen Entzugserscheinungen, bei Alkohol- oder Heroinentzug: Schweißausbruch, Zittern, Erbrechen, hohe Reizbarkeit).

Mehrere Faktoren bestimmen den Drogenmißbrauch und die Abhängigkeit:

- Applikation, Griffnähe und die pharmakologisch bestimmbare Wirkung der Droge selbst,
- die Persönlichkeitsstruktur des Konsumenten, seine physische und psychische Konstitution (wie Anfälligkeit für Rauschversprechen, Frustrationstoleranz) und
- mehrere soziale Komponenten, wie sie durch die erfahrene Sozialisation, das Normensystem des sozialen Milieus, in dem der Konsument sich aufhält, und gesellschaftliche Bedingungen (juristische Sanktionen, Werbung der Pharmaindustrie) bestimmt werden.

Obwohl verschiedene psychologische Schulen mehrere Erklärungsmodelle zum Problem Drogenmißbrauch vorgelegt haben (vgl. STEINBRECHER/SOLMS 1975), gibt es bisher nur persönlichkeitsorientierte Ansätze, die den offensichtlich multifaktoriellen Zusammenhang von Persönlichkeit, Droge und Gesellschaft nur ungenügend zu fassen vermögen (vgl. SCHENK 1975). Zwei Auffassungen, die die Ursachen in der individuellen Lerngeschichte sehen und aus ihnen auch therapeutische Überlegungen ableiten, seien exemplarisch gegenübergestellt:

- Die traditionelle psychiatrische und tiefenpsychologische Schule betrachtet den Drogenmißbrauch als eine psychische Erkrankung (vgl. SOLLMANN 1974). Sie tritt als eine Folge der in frühester Kindheit erfahrenen Frustrationen auf. Diese Erfahrungen haben eine neurotische oder psychotische Persönlichkeit etabliert, in der Dispositionen für den späteren Drogenmißbrauch angelegt sind. Süchtiges Fehlverhalten wird als eine Regression auf eine infantile, unreife Entwicklungsstufe interpretiert, bei der der unmittelbare Lustgewinn des Süchtigen der prägenitalen, oralen Stufe der Entwicklung entspricht. Daneben kann Drogenmißbrauch auch als unbewußter Selbsthaß oder ein Bestrafungsverhalten der Elternautorität gegenüber verstanden werden.

  Die hieraus entwickelte Therapie stellt auf die tiefenpsychologischen und psychodynamischen Komponenten ab und betrachtet es als heilsam, die frühkindlichen Erfahrungen kennenzulernen und zu analysieren.

- Die Lernpsychologie versteht den Drogenmißbrauch als ein unter bestimmten, aktuellen Bedingungen erlerntes Verhalten (vgl. LANGE 1974). Die Spannungsminderung nach der Einnahme konstituiert einen bedingten Reflex. Unter diesem Blickwinkel wird Drogenmißbrauch zu einem klassischen Konditionierungsvorgang. Wichtig bei dieser Auffassung ist, daß neben der Wirkung der Droge selbst auch die Reaktion der Umwelt, also Zuwendung und/oder negative Sanktionen, als Verstärker des Fehlverhaltens wirkt.

Beide Interpretationsansätze, sowohl

die psychoanalytische als auch die lernpsychologische Auffassung, reichen allerdings zur Erklärung und Deutung der Phänomene nicht aus. Sozialpsychologische und soziologische Erklärungsmodelle, die auch historische, soziokulturelle und sozioökonomische Zusammenhänge einbeziehen, müßten entwickelt werden. Es könnten damit bislang kaum beachtete gesellschaftliche Mechanismen aufgedeckt werden. In langfristigen Strategien wäre eine lebenswertere Umwelt als Ziel anzuvisieren, damit die Therapie von Drogenabhängigen nicht länger bloße „Sozialklempnerei" bleibt, als die sie von einigen Selbsthilfegruppen angesehen wird.

Therapie. Die therapeutische Behandlung von Drogenabhängigen steckt noch weitgehend in den Anfängen, und es wird mit einem Minimum an theoretischen Vorgaben und gesicherten Erkenntnissen experimentiert.

Zwei verschiedene Behandlungsstränge haben sich inzwischen herausgebildet: zum einen die Therapie durch Institutionen des öffentlichen Gesundheitswesens in Landeskrankenhäusern und ähnlichen Einrichtungen (hier wird auch die gerichtlich angeordnete Entgiftung und die verfügte Therapie in geschlossenen und halboffenen Stationen durchgeführt) und zum anderen die durch Vereine und Selbsthilfegruppen angebotenen Maßnahmen. Die Erfolgsaussichten der Therapien in Landeskrankenhäusern sind erschreckend gering, wenngleich es unter sozialpsychiatrischer Kritik zu einer kontinuierlichen Veränderung der Angebote kommt (differenzierte Behandlungskette mit stationärem Entzug, die ausgelagerte Drogenklinik, therapeutische Wohngemeinschaft und ambulante Nachbetreuung durch Drogenberatungsstellen und ähnliche Einrichtungen). Demgegenüber liegen die Zahlen der erfolgreich beendeten Therapien in den Selbsthilfegruppen erfreulich hoch.

Selbsthilfegruppen, wie die Anonymen Alkoholiker und Release, Gruppen, die nach amerikanischen Vorbildern arbeiten (wie Synanon, Daytop und Phoenix), aber auch Gruppen der Jesus-People-Bewegung und Transzendentale-Meditations-Gruppen werden oft von ehemals Abhängigen betrieben. Sie versuchen, statt der traditionellen Methoden, unter der Prämisse „Die Gesellschaft macht uns krank!" in Wohngemeinschaften auf Bauernhöfen und ähnlichen Produktionsgemeinschaften alternative Lebens- und Arbeitsformen zu entwickeln. Dabei wird die Drogenabhängigkeit jedoch oftmals ausgetauscht mit einer Abhängigkeit von einer durch rigide Normen bestimmten Ideologie.

Mit Mischformen, in denen Einzel- und Gruppentherapie, Gesprächs- und Gestalttherapie mit Wohn-, Lebens- und Produktionseinheiten verbunden sind und die auf eine spätere Integration in die bestehende Gesellschaft vorbereiten, wird in Modelleinrichtungen mit steigendem Erfolg gearbeitet. Bedeutsam für den Erfolg solcher Einrichtungen ist das Prinzip der Freiwilligkeit, das bei den Klienten eine relativ hohe Bereitschaft zur Mitwirkung herausbildet.

Prophylaxe. Die Prophylaxe von Drogenmißbrauch fällt in den Bereich gesundheitlicher Vorsorge. Dabei werden drei verschiedene Wege beschritten:
- Information und Aufklärung der Öffentlichkeit (besonders Schulkinder, Jugendliche und Eltern) über Wirkungen und Gefahren von Drogen durch das Bundesgesundheitsministerium, Krankenkassen, Drogenberatungsstellen und Vereine,
- Einzel- und Gruppenberatung und Krisenintervention durch Beratungsstellen, Konflikt- und Erziehungsberatungsstellen (ambulante Therapie im Vorfeld der Abhängigkeit; Drogenkonsumenten werden zur Teilnahme an Therapien motiviert) und
- Erweiterung und Verbesserung von

Freizeitangeboten in Jugendheimen und Aufbau von sozialtechnischen Diensten (etwa Arbeits- und Wohnungsvermittlung).

BEJEROT, N.: Addiction and Society, Springfield 1970. FERSTL, R./KRAEMER, S. (Hg.): Abhängigkeiten. Ansätze zur Verhaltensmodifikation, München 1976. HAAS, E.: Selbstheilung durch Drogen? Frankfurt/M. 1975. LANGE, H.: Süchtiges Verhalten. Analyse der Entstehung – Therapie aus lernpsychologischer Sicht, Freiburg 1974. PAROW, E. u. a.: Über die Schwierigkeiten, erwachsen zu werden. Rauschmittel und Adoleszenzkrise, Frankfurt/M. 1976. SCHENK, J.: Droge und Gesellschaft, Heidelberg 1975. SOLLMANN, U.: Therapie mit Drogenabhängigen. Analyse und Kritik der bundesdeutschen Behandlungseinrichtungen von Oldenburg bis München, Gießen 1974. STEINBRECHER, W./SOLMS, H. (Hg.): Sucht und Mißbrauch. Körperliche und psychische Gewöhnung sowie Abhängigkeit von Drogen, Medikamenten und Alkohol, Stuttgart [2]1975.

Jörg Bockow

Eignung – Eignungsprüfung

Zum Eignungsbegriff. Der Terminus „Eignung" wird im Zusammenhang mit der *betrieblichen Personalauslese* schon seit 1912 benutzt. Entsprechend dem Schlagwort vom „richtigen Mann am richtigen Platz" wird – vereinfacht ausgedrückt – von „Eignung" gesprochen, wenn eine Übereinstimmung zwischen den Anforderungen für einen Beruf, eine Berufsausbildung oder für einen Schultyp auf der einen Seite und relevanten Leistungs- und Persönlichkeitsmerkmalen auf der anderen Seite vermutet wird. Die Bedingungen dieses Zusammenpassens beider Seiten gelten als zeitlich stabil. Nach dieser herkömmlichen Auffassung dienen Eignungsprüfungen dazu, eine solche Übereinstimmung mit dem Ziel festzustellen, formell oder informell daraus eine Berechtigung, beispielsweise die Zulassung für eine Berufsausbildung, abzuleiten. In jüngster Zeit ist versucht worden, den Eignungsbegriff zu präzisieren (vgl. ECKARDT 1979). Dabei wurde deutlich, daß häufig die Verwendung dieses ursprünglich aus der Umgangssprache entnommenen Terminus keineswegs unproblematisch ist: Dem Eignungsbegriff liegt ein einfaches Modell zugrunde, das als zentrale Bedingungen für den Berufs- oder Schulerfolg und als Entscheidungskriterien für die Personalauslese entsprechend einer statischen Persönlichkeitstheorie zeitlich stabile Eigenschaften sowie konstante Umweltsituationen postuliert. Schwierigkeiten bei der Verwendung eines solchen Konstrukts zeigen sich, wenn gefragt wird, welchen Einfluß Veränderungen des Arbeits- und Ausbildungsmarktes auf die so definierte „absolute" Eignung haben sollen (vgl. ECKARDT 1979, S. 56 f.). Auch der Terminus „Eignungsprüfung" ist insofern häufig nicht angemessen, weil bei den hier zu treffenden Personalentscheidungen zahlreiche andere Merkmale neben der so definierten Eignung berücksichtigt werden. Die Bedeutung dieses Prüfungstyps wird jedoch durch begriffliche Unklarheiten nicht beeinträchtigt; es gibt Hinweise darauf, daß diese Prüfungen derzeit der Häufigkeit nach alle anderen Prüfungen weit übertreffen.

Besonders durch CRONBACH/GLESER (vgl. 1965) konnten *entscheidungstheoretische Modelle* für Eignungsprüfungen entwickelt werden, die nicht an solche einschränkenden Voraussetzungen gebunden sind und es gestatten, auf den Eignungsbegriff als zentrale Kategorie zu verzichten. Ausgangspunkt ist die Überlegung, daß – bezogen auf die Sekundarstufe II – eine Vielzahl unterschiedlicher Personalentscheidungen über Jugendliche getroffen werden muß, beispielsweise bei der Aufnahme in eine Berufsfachschule, dem Eintritt in ein Ausbildungsverhältnis oder dessen Fortsetzung nach Abschluß der Probezeit. In Frage stehen hier die *institutionellen Personalentscheidungen* (Laufbahnentscheidungen), bei denen Serien vergleichbarer Entscheidungen gemäß dem Wertsystem der jeweiligen Bildungsinstitution mit dem Ziel erfolgen, den Gesamtnutzen für die Institution zu maximieren (vgl. CRONBACH/GLESER 1965, S. 7 ff.). Stark vereinfacht werden nun bei einem entscheidungstheoretischen Ansatz verschiedene denkbare Strategien für das Vorgehen in solchen Entscheidungssituationen formuliert und hinsichtlich der erwarteten Entscheidungsfolgen (zum Beispiel Anteil der später erfolgreichen und nicht erfolgreichen Auszubildenden) und deren Wünschbarkeit miteinander verglichen.

Für die Formulierung, Auswahl und Anwendung von Entscheidungsstrategien sind unter anderem Angaben darüber notwendig, wie groß die Wahrscheinlichkeit dafür ist, daß bei einem Bewerber mit einer bestimmten Merkmalskombination bei der Wahl einer Entscheidungsalternative (zum Beispiel Aufnahme in die Institution) eine wünschenswerte Entscheidungsfolge (zum Beispiel „Prüfung bestanden") auftritt. Solche individuellen Erfolgsprognosen treten an die Stelle von Eignungsaussagen. Wenn man von dem Bedeutungskern des Eignungsbegriffes ausgeht, dürfte dann nur noch von „Eignung" gesprochen werden, wenn eine sehr hohe Wahrscheinlichkeit für eine wünschenswerte Entscheidungskonsequenz vorliegt, was voraussetzt, daß bei dem Bewerber zeitlich stabile Merkmale besonders ausgeprägt sind, die mit ebenfalls zeitlich stabilen Kriteriumsmerkmalen in engem Zusammenhang stehen.

Qualitätsmerkmale von Entscheidungsstrategien. Bei der Auswahl von Strategien für Personalentscheidungen (Beispiel: Aufnahme in ein Ausbildungsverhältnis nach Zeugnisnoten und/oder Testergebnissen) sind Qualitätsmerkmale hilfreich, die die einzelnen Strategien kennzeichnen. Eine erste Ebene (Vorhersagevalidität) von Qualitätsmerkmalen stellen *Validitätskoeffizienten* dar als Maß des Zusammenhangs zwischen Prädiktoren (zum Beispiel Hauptschulzeugnissen) und den vorherzusagenden Kriterien (zum Beispiel Gesellenprüfungs-Ergebnis). Wichtige Merkmale der Entscheidungssituation (wie Art der Personalentscheidung und Auswahlquoten) können jedoch erst auf der Ebene der *Vorhersagegenauigkeit* berücksichtigt werden, bei der Trefferquoten als Qualitätsmerkmale Verwendung finden. Am schwierigsten ist die *Operationalisierung* von Qualitätsmerkmalen auf der dritten Ebene des Vorhersagenutzens, bei der nicht nur Kosten für die Informationsgewinnung (Auswertung von Bewerberunterlagen und Durchführung von Prüfungen) und für Fehlentscheidungen zu berücksichtigen wären, sondern auch für unerwünschte Nebenwirkungen und deren Vermeidung. Hier läßt sich am ehesten auch das Kriterium der Testfairneß (vgl. DUNETTE/BORMANN 1979, S. 496 ff.; vgl. MÖBUS 1978)

im Zusammenhang mit Ausleseentscheidungen ansiedeln. Faire Auslesestrategien vermeiden Benachteiligungen einzelner Bewerbergruppen wie Mädchen, jugendliche Ausländer, Hauptschulabgänger oder Unterschichtangehörige etwa durch Vermeidung von Verfahren, die für diese Gruppen keine Prognose ermöglichen.

Möglichkeiten und Grenzen individueller Erfolgsprognosen („Eignungsprüfungen"). Die Möglichkeiten und Grenzen individueller Erfolgsprognosen werden durch das Ausmaß definiert, in dem Qualitätsmerkmale der oben angeführten Art erfüllt werden. Die Möglichkeit zutreffender individueller Erfolgsprognosen ist sowohl von individuellen Merkmalen (bei manchen Jugendlichen ist eine Prognose leichter zu treffen) als insbesondere auch von situativen Bedingungen abhängig. Um dieses Bedingungsgefüge besser zu erhellen, erscheinen multifaktorielle vergleichende Validierungsstudien (vgl. REISSE 1977, S. 44) als ein erfolgversprechendes Verfahren. Eine Schätzung der situativen Prognostizierbarkeit ist bei dem derzeitigen Kenntnisstand schon durchaus möglich. Zusammenfassend ergibt sich, daß bei manchen Personalentscheidungen Prognosen im Sinne individueller Wahrscheinlichkeitsaussagen leicht möglich sind, bei anderen dagegen eine Entscheidungshilfe nicht erreichbar ist und generelle Aussagen über Möglichkeiten und Grenzen von Eignungsprüfungen sehr schwierig sind.

Zum pädagogischen Stellenwert von Zulassungs-(„Eignungs-")Prüfungen. Das oben skizzierte Konzept erscheint geeignet, die situationsspezifischen Möglichkeiten und Grenzen von Prognosen in pädagogischen Entscheidungssituationen zu erhellen. Damit wird zur Beantwortung der Frage beigetragen, welche Interventionsstrategie (Selektion und/oder Modifikation – vgl. PAWLIK 1976,

226

S. 14 ff.) und welches konkrete Vorgehen (zum Beispiel Verwendung von Los- und/oder Testverfahren) jeweils möglich und angemessen ist. In diesem Zusammenhang ist auch zu untersuchen, inwieweit es in der Sekundarstufe II möglich ist, eine förderungsorientierte pädagogische Diagnostik gegenüber einem ausleseorientierten Vorgehen in den Vordergrund zu stellen. Wenn man anstrebt, aus pädagogischen Überlegungen Auslesemechanismen vom Bildungs- in das Beschäftigungssystem zu verlagern, so wird das in der Sekundarstufe II wegen des Übergangscharakters dieses Abschnittes ungleich schwieriger zu realisieren sein als etwa in der Primarstufe und Sekundarstufe I. Man muß hier akzeptieren, daß Personalentscheidungen mit Auslesecharakter unvermeidbar sind, aber durch die skizzierten Qualitätsmerkmale in unterschiedlicher Weise legitimiert werden. Der pädagogische Stellenwert von Zulassungsprüfungen mit Auslesecharakter wird insgesamt jedoch wesentlich eingeschränkt: Bei manchen Bedingungskonstellationen sind individuelle Erfolgsprognosen als Grundlage für Ausle-seentscheidungen schwer zu erstellen; Modifikations- anstelle von Selektionsstrategien sind pädagogischen Zielsetzungen grundsätzlich eher angemessen, und zudem stehen pädagogisch höher zu bewertende Typen von Personalentscheidungen zur Verfügung: individuelle anstelle von institutionellen Entscheidungen, Klassifikation in eine von mehreren Kategorien (beispielsweise Ausbildungsberufe) anstelle einer Serie von aufeinanderfolgenden Ausleseprüfungen, Zuordnung zu einer organisatorischen Einheit (beispielsweise einem Kurs) unter Fördergesichtspunkten bei Verbleib in der Institution oder Losverfahren anstelle von Eignungsprüfungen mit schwerwiegenden Nebenwirkungen, aber geringem Gewinn an Vorhersagegenauigkeit. Eine wesentliche Forschungsaufgabe wird darin bestehen, den pädagogischen Stellenwert der als „Eignungsprüfungen" bezeichneten Verfahren unter verschiedenen situativen Bedingungen (zum Beispiel Arbeitsmarktsituation) bei Berücksichtigung unterschiedlicher Qualitätsmerkmale und Zielsetzungen (Auslese versus Förderung) zu präzisieren.

CRONBACH, L. J./GLESER, C. G.: Psychological Tests and Personal Decisions, Urbana [2]1965. DUNETTE, M. D./BORMANN, W. C.: Personal Selection and Classification Systems. In: Ann. Rev. of Psych. 30 (1979), S. 477 ff. ECKARDT, H.-H.: Der Begriff der Eignung in psychologischer Sicht. In: Mitt. a. d. Arbmarkt.- u. Berfo. 12 (1979), S. 51 ff. MÖBUS, C.: Zur Fairneß psychologischer Intelligenztests. Ein unlösbares Trilemma zwischen den Zielen von Gruppen, Individuen und Institutionen? In: diagnostica 24 (1978), S. 191 ff. PAWLIK, K.: Modell- und Praxisdimensionen psychologischer Diagnostik. In: PAWLIK, K. (Hg.): Diagnose der Diagnostik, Stuttgart 1976, S. 13 ff. REISSE, W.: Laufbahnentscheidungen und Erfolgsprognosen in der beruflichen Bildung. Schriften zur Berufsbildungsforschung, Bd. 51, Hannover 1977.

Wilfried Reisse

Entschulung

Zur Geschichte. Als die während der 60er Jahre in den Vereinigten Staaten von Amerika aufgekommenen radikalen schulkritischen Forderungen nach *Entschulung der Gesellschaft* und *Entschulung* oder gar *Abschaffung der Schule* auf dem Höhepunkt der Bildungsreformeuphorie Anfang der 70er Jahre in der Bundesrepublik Deutschland Publizität erlangten, herrschte die Meinung vor, daß diese Thesen ein absolutes Novum in der Geschichte der Pädagogik seien. Übersehen wurde damals und wird auch heute noch vielfach, daß die dabei vorgebrachten Argumente und Forderungen keineswegs Erfindungen der Gegenwart sind, sondern eine lange geschichtliche Tradition besitzen. Das zeigt sich äußerlich schon daran, daß es bereits vor einem halben Jahrhundert Publikationen gab mit Titeln wie: „Das Ende der Schule" (vgl. KUCKEI 1924), „Die Überwindung der Schule" (vgl. PAULSEN 1926), „Die Verschulung Deutschlands" (vgl. SPRANGER 1928), „Entschulte Schule" (vgl. WYNEKEN 1928), „Die Schule – Ein Frevel an der Jugend" (vgl. BORGIUS 1930). Der in solchen und vielen anderen Schriften dieser Zeit geäußerte radikale pädagogische Zweifel an einer vom Staat veranstalteten und bürokratisch reglementierten oder überhaupt schulisch institutionalisierten Bildung und Erziehung reicht jedoch viel weiter in die Geschichte der Pädagogik zurück und dürfte so alt sein wie die Schule selbst. Zu den bekanntesten Vertretern dieses Zweifels gehören R. Natorp, Tolstoi, Dörpfeld, Nietzsche, Mager, Herbart, Schleiermacher, W. von Humboldt und in der Antike Seneca und Platon. Sie alle waren, wenngleich aus unterschiedlichen Gründen, skeptisch gegenüber dem pädagogischen Anspruch, den pädagogischen Möglichkeiten und Funktionen des öffentlichen Schulwesens und suchten nach neuen Wegen für die Verwirklichung ihrer pädagogischen Ideen. Dabei lassen sich vor allem zwei Richtungen unterscheiden, die man in Anlehnung an die jüngste „Entschulungsbewegung" einerseits als Versuche zur *Entschulung der Gesellschaft* und andererseits als Bemühungen um eine *Entschulung der Schule* bezeichnen kann. Besonders deutlich traten diese beiden Richtungen radikaler Schulkritik in den ersten drei Jahrzehnten des 20. Jahrhunderts zutage. Die Meinungen schieden sich schon damals an der Frage: „Muß es überhaupt so etwas wie Schule geben? Würde die Menschheit nicht ohne Schule besser dran sein?" (OTTO 1963,

S. 31). Während die Mehrzahl der damaligen radikalen Schulkritiker glaubte, vor allem durch die Gewährung einer weitgehenden oder völligen Autonomie des traditionellen Schulwesens, durch grundlegende innere Reformen und durch die Gründung freier Gegenschulen (wie Landerziehungsheime, Waldorfschulen, Lebensgemeinschaftsschulen) zu einer „Entschulung der Schule" zu gelangen, stand ein Teil der Pädagogen selbst solchen grundlegenden Schulreformbestrebungen skeptisch gegenüber. Sie gingen von der Prämisse aus, daß Schulen keineswegs zu den unverzichtbaren Einrichtungen der Gesellschaft gehören, sondern daß jede Kultur – wie es PAULSEN (vgl. 1925, S. 56) formuliert – „unabhängig von ihren Schul- und Bildungsveranstaltungen bestehe und wirke, ja, daß durch [. . .] die Denkbeschränkung und Willensbrechung der Schule die Zerrüttung des Persönlichkeitswesens herbeigeführt und die freie Entfaltung und Auswirkung kulturellen Lebens verhindert worden ist [. . .] Der Glaube, daß man Bildung schulmäßig erwerben könnte, wurde unserer Kultur zum Verhängnis." Vielfach behaupteten sie sogar, „daß ein Mensch in völliger Freiheit ohne Schule sich vollkommener entwickeln würde. Es würden verantwortungsfreudige, selbstbewußte Menschen wachsen, wo heute kindliche Greise gezüchtet werden. Was sonst unter Qualen eingepaukt wurde, ist entweder überflüssig, oder das Leben lehrt es viel eindringlicher und mit besserem Erfolg" (vgl. STEIGER 1920, S. 6). Auch diejenigen radikalen Schulkritiker, die nicht an die Reformierbarkeit der Schule glaubten, leiteten daraus jedoch nur selten die Forderung nach ihrer ersatzlosen Liquidation und einer gänzlichen Reprivatisierung von Erziehung und Unterricht unter den bestehenden gesellschaftlichen, wirtschaftlichen und politischen Verhältnissen ab. Denn schon damals standen solche prinzipiellen Zweifel an der Legitimation von Schule zumeist im Kontext mit radikalen kultur- und gesellschaftskritischen Überlegungen und Gegenmodellen von einem „Zukunftsstaat" (vgl. OTTO 1910) und einer völlig veränderten neuen Gesellschafts- und Wirtschaftsordnung. Über die konkrete Gestalt solcher Gegenmodelle und die Mittel zu ihrer Verwirklichung gingen die Auffassungen weit auseinander. Einigkeit bestand nur darin, daß zunächst die „scholozentrische Weltanschauung", der „finstere Aberglaube an die Majestät der Schule" und der „Bann der Schule, wie ihn einst nur die Kirche ausübte" (WYNEKEN 1919, S. 58 f.), durchbrochen werden müssen, um dadurch Wege für eine künftige „entschulte" Gesellschaft zu ebnen.

Radikale Schulkritik in der Gegenwart. Die neuere Entschulungsdiskussion nahm in den 60er Jahren ihren Ausgang von der Kritik an den ehrgeizigen Bildungsprogrammen von Entwicklungsländern, die unter großen finanziellen Anstrengungen bemüht waren, ein Schulsystem nach dem Vorbild der westlichen Industrienationen aufzubauen. Die Kritik an der Notwendigkeit eines derartigen Schulsystems für unterentwickelte Gesellschaften wurde bald zur Kritik am Nutzen des etablierten Schulsystems auch für die entwickelten Industriegesellschaften. Mit der radikalen Kritik an der Schule sind Konzepte zur *Entschulung der Gesellschaft,* der völligen Ersetzung der konventionellen Schule durch anders organisierte Bildungseinrichtungen oder Vorschläge zur *Entschulung der Schule,* einer tiefgreifenden Strukturreform nach Maßgabe der Kritik an der überkommenen Schule, verbunden.
Gegen die Anstrengungen der Bildungsreform, durch ständige Verbesserung und Ausweitung des Bildungswesens für immer mehr Kinder und Jugendliche immer längere Bildungsgänge mit höheren Abschlußqualifikationen einzurichten, wendet sich die fundamentale Kri-

tik besonders von ILLICH (vgl. 1972) und REIMER (vgl. 1972), die den Nutzen derartiger Bildungsgänge generell bezweifeln.
Zunächst sind nach allen wissenschaftlich abgesicherten Erfahrungen Schulen dazu geeignet, *gesellschaftliche Ungleichheiten zu reproduzieren oder zu vertiefen.* Die Chancen, in bestimmte Berufs- und damit zugleich Sozialpositionen zu gelangen, sind fast ausschließlich abhängig von den erworbenen Schulabschlüssen. Da das erfolgreiche Durchlaufen von Schullaufbahnen wiederum eindeutig von Elternhaus und sozialer Umwelt abhängig ist, vertieft und zementiert das Schulwesen vorhandene soziale Ungleichheiten: „Pflichtmäßiger Schulbesuch führt unweigerlich zur Polarisierung einer Gesellschaft" (ILLICH 1972, S. 27).
Ebenso bedenklich und dem gesellschaftlichen Fortschritt hinderlich ist der Lernerfolg, den die Schule als Institution jenseits ihrer offiziellen Lernziele bewirkt: Schulen dienen dazu, bei der nachwachsenden Generation *Anpassung und Konformismus* zu erzeugen. Das Durchlaufen des „heimlichen Lehrplans" der Schule ist eine Einführung in die herrschenden Werte und Normen, besonders den Wert der Anpassung, der Unterwerfung unter Hierarchien, des Akzeptierens von undurchschaubaren und unveränderbaren institutionellen Regeln. Will man in einer institutionell erstarrten Gesellschaft überleben, ist die Anpassung an Institutionen die grundlegende Lebenshaltung; sie wird in der obligatorisch zu durchlaufenden Institution Schule gelernt. Die mögliche befreiende Kraft des Lernens wird durch die Schule nicht gefördert, sondern systematisch verschüttet. „Wissen" erscheint als etwas, das, in Fächer und Lernschritte aufgespalten, wegen des Erwerbs von Berechtigungen angeeignet wird. Dieser *Entfremdung des Lernens* entspricht die strenge Rollentrennung von Lehrer und Schüler; der Lehrstoff wird vom Lehrer

überwacht, der Lehrer dirigiert den Wissenserwerb, der vom Lernenden als notwendig fremdgesteuert erlebt wird. Lernen, erkennen, zu Wissen gelangen sind an den abstrakten Lehrplan gekoppelt und haben nichts zu tun mit dem Lebenszusammenhang, der sozialen und natürlichen Umwelt der Schüler; damit ist garantiert, daß der Lebenszusammenhang ebenso undurchschaut bleibt wie das Interesse an Erkenntnis von Wirklichkeit politisch folgenlos. Im Lauf ihrer Geschichte ist es zu einer Monopolisierung des Wissens und des Wissenserwerbs durch die Schule gekommen; es erscheint als selbstverständlich, daß nur in Institutionen gelehrt, gelernt, erkannt, geforscht werden kann. Bei der eminenten Bedeutung, die „Wissen" heute für die im öffentlichen Bewußtsein verankerte Ideologie des permanenten technisch-wissenschaftlichen Fortschritts hat, ist es der Schule gelungen, sich selbst allgegenwärtig und unverzichtbar zu machen: „Die Schule ist zur überall anwesenden Kirche einer technologischen Gesellschaft geworden" (REIMER 1972, S. 21). Diese *Ritualisierung der schulischen Bildung,* der Glaube, auf dem Weg immer größerer Bildungsanstrengung zu einer Art von diesseitiger Erlösung zu gelangen, macht es so schwer, gegen die Verschulung der Gesellschaft anzukämpfen. Obwohl Schule dem gesellschaftlichen Fortschritt eher hinderlich als nützlich ist, ist es ihr gelungen, sich gleichsam als Selbstzweck zu etablieren: „Schule lehrt vor allem die Wichtigkeit von Schule" (v. HENTIG 1971, S. 76). Insgesamt lautet das Urteil der radikalen Schulkritiker: Schulen tragen – wie andere überholte Institutionen auch – nichts dazu bei, bei der Lösung der anstehenden Weltprobleme (wie Überbevölkerung, Ausbildungsdefizite, gesellschaftliche Ungleichheit, Gewalt) zu helfen; deshalb sind sie durch andere Formen des organisierten Wissenserwerbs zu ersetzen.

Alternativen zur Schule. Während in diesen Kritiken an der Schule eine relative Einmütigkeit besteht, klaffen die Vorstellungen über *Gegenmodelle* auseinander. Das Problem, eine Bildung zu organisieren, die vom Lebenszusammenhang der Lernenden ausgeht, die auf Curricula, den Erwerb von Berechtigungen und professionelle Lehrer verzichtet zugunsten direkter Lebensbedeutsamkeit, Selbsterfahrung, Emanzipation und Solidarität, wird mit unterschiedlichen Modellen zu lösen versucht.

ILLICH und REIMER schlagen eine Organisation vor, die sich darauf beschränkt, „dem Schüler den Zugang zu jedem Bildungsmittel [zu] ermöglichen, das ihm dazu verhelfen könnte, seine eigenen Ziele zu bestimmen und zu erreichen" (ILLICH 1972, S. 111; vgl. REIMER 1972). Vier „networks" sollen diese Vermittlung leisten:

– Nachweisdienste für *Bildungsgegenstände,* wobei „Gegenstände" alle nur denkbaren Sachen, Prozesse, Veranstaltungen, Handlungsabläufe, geistige Gehalte sind. Lernorte können dementsprechend etwa Fabriken, Museen, landwirtschaftliche Betriebe, Bibliotheken, Krankenhäuser sein.

– Börsen für *Fertigkeiten,* die Menschen, die über bestimmte Fertigkeiten verfügen und bereit sind, sie vorzuführen und weiterzugeben, mit Lernwilligen zusammenbringen.

– *Partnervermittlung* als Kommunikationssystem, das es ermöglichen soll, für ein bestimmtes Interessen- oder Tätigkeitsgebiet gleich interessierte und motivierte Lernpartner zu finden.

– Nachweisdienste für *Erzieher* aller Art, die als besonders qualifizierte pädagogische Ratgeber in einem bestimmten Gebiet für Lernwillige zur Verfügung stehen.

Ein öffentlich finanziertes, für jeden Bürger gleiches persönliches „Bildungskonto" soll die *Bildungschancen* von den finanziellen Möglichkeiten des Elternhauses unabhängig machen.

Die unmittelbare Anbindung des Lernens an den Zusammenhang der Lebenswelt ist die Grundlage des Konzepts, das FREIRE (vgl. 1970) im Rahmen von Alphabetisierungsprogrammen in Südamerika entwickelte. Das Erlernen der Kulturtechniken Lesen und Schreiben ist verbunden mit einer „politischen Alphabetisierung"; die Beherrschung der Schrift soll zugleich Bewußtwerdung der eigenen sozialen und politischen Situation und der erste Schritt zu deren Veränderung sein. Gegenstand des Unterrichts sind nicht „objektive" Bildungsinhalte, sondern die Erfahrungen, die die Teilnehmer – meist Erwachsene – einbringen und die gemeinsam aufgeklärt und verarbeitet werden.

Neben diesen umfassenden Konzeptionen zur „Entschulung der Gesellschaft", die primär für die Situation in Entwicklungsländern entworfen wurden, existieren zahlreiche Versuche, Elemente dieser Art von Bildungsorganisation in privaten oder kommunalen Schulen in den westlichen Industrieländern zu verwirklichen. Gemeinsam ist diesen Unternehmungen, daß sie als Konkurrenz und *Alternative* neben der öffentlichen Schule bestehen, daß das Lernen von der unmittelbaren Lebenswelt der Schüler ausgeht und an verschiedenen Lernorten stattfindet, daß Lernen und außerschulische Praxis der Schüler eng verzahnt sind; das bekannteste Beispiel der *Free-School-Bewegung* ist die First Street School von Dennison und die Mini-School von Goodman.

Aus der Kritik an der Entfremdung des Lernens in der konventionellen Schule und an den als unrealistisch oder widersprüchlich beurteilten Alternativen zur Schule entstand die Forderung, die bestehende öffentliche Schule zu „entschulen", das heißt, die Entfremdung des Lernens aufzuheben. Schule soll zum *Erfahrungsraum* werden, der zu anderen gesellschaftlichen Einrichtungen hin offen ist, der es möglich macht, Wissen auf die erfahrene Lebenswelt zu beziehen, und der selbst als Kommunikations- und Kooperationsstätte Teil des sozialen Lebens ist (vgl. v. HENTIG 1971, S. 105 ff.).

Für die öffentliche Schule in der Bundesrepublik ist die Entschulungsdiskussion bisher ohne Konsequenzen geblieben. Eine Abschaffung der Schule und ihre Substitution durch Bildungsangebote im Sinne ILLICHS (vgl. 1972) würde angesichts der Funktionen der Schule für das Gesellschafts- und Wirtschaftssystem dessen völligen Wandel voraussetzen und ist insofern illusorisch. Aber auch eine substantielle „Entschulung der Schule" ist nicht möglich, solange ihr hierarchisch-bürokratischer Charakter im Schulverfassungsrecht festgeschrieben ist.

BORGIUS, W.: Die Schule – Ein Frevel an der Jugend, Berlin 1930. FREIRE, P.: Pädagogik der Unterdrückten, Stuttgart 1970. GOODMAN, P.: Das Verhängnis der Schule, Frankfurt 1975. HENTIG, H. v.: Cuernavaca oder: Alternativen zur Schule? München 1971. ILLICH, I.: Entschulung der Gesellschaft, München 1972. KUCKEI, M.: Das Ende der Schule, Kettwig (Ruhr) 1924. MÜLLER, W.: Zur Geschichte radikaler Schulkritik in der jüngeren Vergangenheit. In: FISCHER, W. (Hg.): Schule als parapädagogische Organisation, Kastellaun 1978, S. 9 ff. OTTO, B.: Die Schulreform im 20. Jahrhundert (1897). Ausgewählte pädagogische Schriften, hg. v. K. Kreitmair, Paderborn 1963, S. 24 ff. OTTO, B.: Der Zukunftsstaat als sozialistische Monarchie, Berlin 1910. PAULSEN, W.: Die Schule der Volks- und Kulturgemeinschaft. In: DEITERS, H. (Hg.): Die Schule der Gemeinschaft, Leipzig 1925, S. 54 ff. PAULSEN, W.: Die Überwindung der Schule, Leipzig 1926. RAMSEGER, J.: Gegenschulen, Bad Heilbrunn 1975. REIMER, E.: Schafft die Schule ab! Reinbek 1972. SPRANGER, E.: Die Verschulung Deutschlands, Leipzig 1928. STEIGER, W.: S'blaue Nest, Leipzig 1920. WYNEKEN, G.: Der Kampf für die Jugend, Jena 1919. WYNEKEN, G.: Entschulte Schule, Berliner Tageblatt vom 11. 6. 1928.

Walter Müller/Peter Vogel

Erwerbstätigkeits-/Berufsstruktur

Entwicklung der statistischen Grundlagen. Noch vor rund 100 Jahren (Reichsdeutsche Berufszählung vom 5. 6. 1882) wurde die deutsche Erwerbsbevölkerung im Hinblick auf die von ihr ausgeübte Tätigkeit ausschließlich nach Merkmalen wie Berufsabteilung, Berufsart, Berufsstellung und Haupt- und Nebenberuf gegliedert. Der Terminus Beruf wurde isoliert noch kaum gebraucht. In Wortverbindungen wie Berufszugehörigkeit oder Berufsgenossenschaft hatte er die Bedeutung von Gewerbe oder (gesellschaftlichem) Stand. Dies ist eigentlich nicht überraschend, wenn man bedenkt, daß die traditionellen Berufsbezeichnungen wie etwa Schneider oder Schmied hinreichende Rückschlüsse auf die ausgeübte Tätigkeit (heute: Beruf), den Wirtschaftszweig und die sozioökonomische Stellung des Betroffenen in der Gesellschaft zuließen. Diese Vermischung verschiedener Aspekte der Erwerbstätigkeit war noch bis in die 20er Jahre unseres Jahrhunderts zu beobachten. Die entsprechende Frage in der Berufszählung von 1907 (MOLLE 1968, S. 149) beispielsweise lautete: „Welchem Gewerbe, Erwerbszweig, Beruf (bei Beamten Dienst- oder Verwaltungszweig) gehören Sie durch Ihre Tätigkeit im Hauptberuf gegenwärtig an?"

Erst mit der Berufszählung von 1925 wurden die Grundlagen für die auch heute gebräuchlichen wichtigsten strukturellen Gliederungen der Erwerbsbevölkerung gelegt, nämlich erstens in eine Gliederung nach Berufen im Sinne der ausgeübten Tätigkeit (berufliche Gliederung), zweitens in eine Gliederung nach Wirtschaftszweigen beziehungsweise Sektoren (wirtschaftsfachliche Gliederung) und drittens in eine Gliederung nach der sozioökonomischen Stellung im Beruf (arbeitsrechtliche Gliederung). Als weiteres (neues) Gliederungsmerkmal kommt die Qualifikationsebene hinzu.

Berufliche Gliederung der Erwerbsbevölkerung (Berufsstruktur). Den nunmehr seit etwa 50 Jahren durchgeführten beruflichen Gliederungen der Erwerbsbevölkerung in Großzählungen (Volks- und Berufszählungen etwa alle zehn Jahre) oder Stichprobenerhebungen (Mikrozensus, 1%-Auswahl, jährlich) liegen entsprechende Berufssystematiken zugrunde. Diese Systematiken ordnen die einzelnen Berufe (es gibt weit über 20 000 Berufsbenennungen) auf verschiedenen Ebenen hierarchisch nach der ausgeübten Tätigkeit. Dabei steht an erster Stelle die Artverwandtschaft oder Artgleichheit der Tätigkeit, die zu Zusammenfassungen führt. Daneben werden aber auch Besonderheiten des bearbeiteten Materials, das gemeinsame Berufsmilieu, die Berufsaufgabe oder das gemeinsame Objekt der Berufstätigkeit berücksichtigt. Den gegenwärtigen beruflichen Gliederungen liegt die Klassifizierung der Berufe, Ausgabe 1975, zugrunde. Sie gliedert sich in sechs Berufsbereiche, 33 Berufsabschnitte, 86 Berufsgruppen, 328 Berufsordnungen und 1 689 Berufsklassen (vgl. STATISTISCHES BUNDESAMT 1975).

Wenn im folgenden die Berufsstrukturen für einige Berufsbereiche und die in ihnen vollzogenen Änderungen seit 1950 vorgestellt werden, ist bei der Interpretation zu beachten, daß sich, ohne daß dies äußerlich erkennbar wird, im Hinblick auf die ausgeübte Tätigkeit beachtliche Wandlungen vollzogen haben können (andere Werkstoffe, Werkzeuge und/oder Verfahren). Unter diesen Vorbehalten sind alle längerfristigen Strukturvergleiche zu sehen.

Die größten Veränderungen in der Verteilung der Erwerbspersonen auf bestimmte Berufsbereiche haben sich bei den Gewinnern von Naturprodukten (Landwirte und andere) von 24,3 % im Jahre 1950 auf 7,0 % im Jahre 1976 mit

Abbildung 1: Die Verteilung der Erwerbspersonen auf bestimmte Berufsbereiche von 1950 bis 1978

Berufsbezeichnungen	Anteile (%)			
	1950	1961	1970	1978
Gewinner von Naturprodukten und Mineralien	24,3	15,2	8,5	6,5
Hersteller vorwiegend von Grundstoffen und Produktionsgütern	5,2	7,0	6,8	4,9
Hersteller vorwiegend von Gebrauchsgütern	9,9	8,4	7,3	5,6
Montage-, Wartungsberufe einschließlich Produktfinishing	17,6	18,1	18,6	16,4
Personen- und gemeinschaftsbezogene Dienstleistungsberufe	5,4	5,9	9,6	12,5
Sachbezogene Dienstleistungsberufe	11,1	11,1	9,9	10,1
Verteilende, verwaltende und planende Berufe	17,9	25,1	31,2	34,5
Sektoral- und produktunabhängige Berufe	8,6	9,2	8,1	9,5
	100	100	100	100

(Quelle: Leupoldt 1978, S. 80 f.)

einer Abnahme einerseits und bei den personenbezogenen Dienstleistungsberufen (Lehrer, Ärzte) mit einer Zunahme von 5,4 % auf 12 % sowie bei den verteilenden und verwaltenden Berufen (Verkäufer, Büroberufe) mit einer Zunahme von 17,9 % auf 34,3 % andererseits ergeben.

Wirtschaftsfachliche Gliederung der Erwerbsbevölkerung. Der Gliederung der Erwerbsbevölkerung nach *Wirtschaftszweigen,* in denen die Tätigkeit ausgeübt wird, liegt gegenwärtig die Systematik der Wirtschaftszweige aus dem Jahre 1961 (vgl. STATISTISCHES BUNDESAMT 1967) zugrunde. Auch sie wurde unter Berücksichtigung mehrerer Merkmale erstellt: nach der Unterscheidung Produzent oder Verbraucher, nach Gewinnerzielung oder lediglich Kostendeckung, nach der Tatsache, ob produziert, gehandelt oder Dienstleistungen erbracht werden, und nach dem Produktionsprogramm, Sortiment und ähnlichem. Diese Grundsystematik, die für verschiedene Statistiken abgewandelt wird, enthält Wirtschaftsabteilungen, Unterabteilungen, Gruppen, Untergruppen und Klassen. Die Zuordnung einer Institution (Betrieb, Unternehmen) zu den einzelnen Kategorien ist oft schwierig, wenn verschiedene Produkte hergestellt werden oder Produktion und Handel in einer Institution zusammengefaßt sind. Die Zuordnung erfolgt dann nach dem Schwerpunkt der wirtschaftlichen Tätigkeit, gemessen an der Wertschöpfung.

Im folgenden wird die Verteilung der Erwerbspersonen in der Bundesrepublik Deutschland für den Zeitraum 1950 bis 1976 für die zehn Abteilungen der Grundsystematik dargestellt:

Die bei den beruflichen Gliederungen festgestellten Veränderungen findet man hier bei korrespondierenden Gruppen: Die Beschäftigten der Landwirtschaft nahmen ab von 22,1 % im Jahr 1950 auf 6,3 % im Jahr 1976. Bedeutende Zunahmen findet man beim verarbeitenden Gewerbe (2), Handel (4), Dienstleistungen (7) sowie beim Staat (9).

233

Abbildung 2: Die Verteilung der Erwerbspersonen auf Wirtschaftsabteilungen von 1950 bis 1978

WA Nr.	Berufsbezeichnungen	Anteile (%)			
		1950	1961	1970	1978
0	Land- und Forstwirtschaft, Tierhaltung, Fischerei	22,1	13,5	7,6	5,8
1	Energiewirtschaft und Wasserversorgung, Bergbau	3,5	3,0	2,0	2,0
2	Verarbeitendes Gewerbe	30,9	37,6	39,4	35,8
3	Baugewerbe	7,9	7,7	7,7	6,8
4	Handel	8,8	11,8	12,3	11,9
5	Verkehr und Nachrichtenübermittlung	5,5	5,6	5,5	5,8
6	Kreditinstitute und Versicherungsgewerbe	1,0	1,7	2,6	3,1
7	Dienstleistungen, soweit von Unternehmen und freien Berufen erbracht	8,3	11,2	13,3	16,0
8	Organisationen ohne Erwerbscharakter und private Haushalte	3,8	2,0	1,3	1,8
9	Gebietskörperschaften und Sozialversicherung	6,0	5,5	8,1	10,1
	ohne Zuordnung	2,2	0,4	0,2	0,9
		100	100	100	100

(Quelle: LEUPOLDT 1978, S. 86)

Die Gliederung der Erwerbsbevölkerung nach der Stellung im Beruf (arbeitsrechtliche, sozioökonomische Gliederung). Ebenfalls gegen Ende des 19. Jahrhunderts erforderte die Einführung der Sozialversicherungen zusätzliche statistische Informationen über den beruflichen Status der Erwerbsbevölkerung; es war insbesondere wichtig, die überwiegend „geistigen Berufstätigkeiten" (die der Angestelltenpflichtversicherung zuzuordnen waren) von den „überwiegend körperlichen Tätigkeiten", die der Invaliden- bzw. Arbeiterpflichtversicherung zuzuordnen waren, zu trennen (vgl. MOLLE 1968, S. 150). Ein erster Versuch (Berufszählung vom 5. 6. 1882) sah dazu drei Kategorien vor: die Selbständigen (einschließlich Geschäftsleiter und leitender Beamten), andere (nicht leitende) Beamte, wissenschaftlich, technisch und kaufmännisch gebildetes Verwaltungs- und Aufsichtspersonal sowie sonstige Gehilfen, Lehrlinge, Fabrik-, Lohn- und Tagearbeiter einschließlich mithelfender Familienangehöriger. Diese Gliederung hat sich im Laufe der Zeit nicht unerheblich gewandelt. Internationale Empfehlungen sehen heute nur noch eine Trennung in Selbständige (einschließlich mithelfender Familienangehöriger) einerseits und abhängige Beschäftigte andererseits vor (vgl. INTERNATIONAL LABOUR OFFICE 1978, S. 68 ff.). In der Bundesrepublik ist aber darüber hinaus eine Unterscheidung der abhängigen Beschäftigten nach versicherungsrechtlichen Gesichtspunkten beibehalten worden. Sie werden unterschieden in Beamte, Angestellte (einschließlich Auszubildende in kaufmännischen und technischen Berufen) sowie Arbeiter (einschließlich Auszubildende in gewerblichen Berufen). Diese Unterscheidungen werden heute immer mehr kritisiert, weil versicherungsrechtliche Unterschiede in einer Zeit, in der vielfach „Angestelltentätigkeiten" von „Arbeitertätigkeiten" (zum Beispiel in automatischen Walzstraßen oder Kraftwerken) kaum zu trennen sind, keine vernünftigen zusätzlichen Informationen mehr bieten (vgl. MOLLE 1968, S. 150). Für die Jahre 1950 bis 1976 ergab sich für das Merkmal „Stellung im Beruf" folgende Verteilung der deutschen Erwerbsbevölkerung:

Abbildung 3: Die Verteilung der Erwerbspersonen nach der Stellung im Beruf von 1950 bis 1978

Stellung im Beruf	Anteile (%)			
	1950	1961	1970	1978
Selbständige	14,8	12,3	9,7	8,8
Mithelfende	14,4	10,1	6,3	4,0
Abhängige	70,8	77,6	84,0	87,1
Beamte	4,0	4,7	7,3	8,7
Angestellte	16,0	24,4	31,1	36,1
Arbeiter	50,9	48,4	45,6	42,3
darunter Auszubildende	.	5,4	4,8	5,6
– kaufmännische und technische	.	3,0	3,0	.
– gewerbliche	.	2,4	1,8	.

(Quelle: STATISTISCHES BUNDESAMT 1958, S. 110; 1967, S. 56 f.; 1973, S. 136; 1978, S. 93; 1980, S. 63)

Der Anteil der Selbständigen und Mithelfenden ist im beobachteten Zeitraum stark zurückgegangen, was insbesondere mit der Entwicklung der Landwirtschaft zusammenhängt. Andererseits haben die Anteile der Beamten und Angestellten im Zuge der Erweiterung des Bildungssystems, der gesundheitlichen Vorsorge und allgemein der Dienstleistungen stark zugenommen.

Der heutigen Gliederung der Erwerbsbevölkerung fehlt bisher eine systematische Erfassung der Qualifikationsebene. Erste Versuche wurden zwar bereits gemacht, insoweit nämlich, daß man Erwerbstätige mit schulischer Berufsausbildung nach dem Schultyp (etwa Berufsfachschule, Fachhoch- oder Hochschule) befragte und bei beruflicher Ausbildung den Ausbildungsberuf erhob. Diese Merkmale reichen aber nicht aus, um die Qualifikationsanforderungen der gegenwärtig ausgeübten Tätigkeit oder die sich im Zeitablauf vollziehenden Veränderungen voll zu erfassen. Auch das weite Feld der durch Weiterbildungs- und Fortbildungsmaßnahmen erworbenen zusätzlichen Qualifikationen wird erst in Ansätzen erhellt. Bei zunehmender Verwässerung der Angaben zur ausgeübten Tätigkeit (Beruf) und zur Stellung im Beruf werden von der hier genannten Gliederung nach Qualifikationsebenen künftig für die gesamte Bildungs- und Arbeitsmarktpolitik bedeutsame Erkenntnisse erwartet.

Arbeitsmarkt- und bildungspolitische Folgerungen. Wie die aufgeführten Statistiken zeigen, sind die Strukturen der Erwerbsbevölkerung nach verschiedenen Aspekten einem teilweise raschen

Wandel unterworfen. Dieser führt unter anderem zu der Frage, wie Jugendliche gegenwärtig und in Zukunft auszubilden seien, um sie optimal auf später vorfindliche Nachfragesituationen am Arbeitsmarkt vorzubereiten. Auf solche Fragen werden oft Antworten in dem Sinne erwartet, daß für ein künftiges Jahr genau angegeben werden sollte, wie viele Erwerbstätige einer bestimmten Qualifikation gerade benötigt werden. An entsprechend konsistenten Prognosen sei das Bildungssystem dann auszurichten. Solche Lösungen sind wissenschaftlich-methodisch wirklichkeitsfremd und verfassungsrechtlich im Hinblick auf das Recht der freien Berufswahl bedenklich; sie vernachlässigen auch völlig den Aspekt der am Arbeitsmarkt beobachtbaren beruflichen Flexibilität. Darunter ist zu verstehen, daß ein großer Teil der Erwerbsbevölkerung eine Tätigkeit ausübt, die nicht mehr dem erlernten Beruf entspricht. So waren nach einer Erhebung im Jahre 1970 männliche Erwerbspersonen nur noch etwa zur Hälfte in ihrem Ausbildungsberuf tätig (vgl. HOFBAUER u. a. 1970, S. 366). Die Existenz dieses Phänomens, die offenbar allzu große strukturelle Ungleichgewichte auf einem sich schnell wandelnden Arbeitsmarkt verhindern kann, sollte aber nicht zur bildungspolitischen Enthaltsamkeit verleiten: Denn diese erzwungenen Anpassungen haben bei vielen der Betroffenen Konzessionen gefordert, Umschulung, Anlernung, Weiterbildung, aber auch berufliche Dequalifikation mit sich gebracht. Die Milderung solcher Friktionen wird darin gesehen, Bildung so zu gestalten, daß spätere, in Ausmaß und Richtung nicht prognostizierbare, jedoch mit hoher Wahrscheinlichkeit zu erwartende berufliche Anpassungszwänge relativ problemlos bewältigt werden können.

HOFBAUER, H. u. a.: Über den Zusammenhang zwischen Ausbildung und Beruf bei männlichen Erwerbspersonen. In: Mitt. a. d. Arbmarkt.- u. Berfo. 3 (1970), S. 354 ff. INTERNATIONAL LABOUR OFFICE (Hg.): Yearbook of Labour Statistics, Genf 1978. KARR, W./LEUPOLDT, R.: Strukturwandel des Arbeitsmarktes von 1950–1970 nach Berufen und Sektoren. Beiträge zur Arbeitsmarkt- und Berufsforschung, Bd. 5, Nürnberg 1976. LEUPOLDT, R.: Arbeitsmarktstatistische Zahlen in Zeitreihenform. Beiträge zur Arbeitsmarkt- und Berufsforschung, Bd. 3.1, Nürnberg 1978. MOLLE, F.: Definitionsfragen der Berufsforschung. In: Mitt. a. d. Arbmarkt.- u. Berfo. 1 (1968), S. 148 ff. STATISTISCHES BUNDESAMT (Hg.): Statistisches Jahrbuch für die Bundesrepublik Deutschland, Stuttgart/Mainz 1952 ff. STATISTISCHES BUNDESAMT (Hg.): Erwerbspersonen in wirtschaftlicher und sozialer Gliederung. Bevölkerung und Kultur, Volks- und Berufszählung vom 6. Juni 1961. Fachserie A, Heft 12, Stuttgart/Mainz 1967. STATISTISCHES BUNDESAMT (Hg.): Klassifizierung der Berufe. Systematisches und alphabetisches Verzeichnis der Berufsbenennungen 1975, Stuttgart/Mainz 1975. STATISTISCHES BUNDESAMT (Hg.): Bildung im Zahlenspiegel, Stuttgart/Mainz 1980. STOOSS, F.: Die Systematik der Berufe und der beruflichen Tätigkeiten. In: SEIFERT, K. H. (Hg.): Handbuch der Berufspsychologie, Göttingen/Toronto/Zürich 1977. S. 69 ff.

Werner Karr

Fachhochschulreife

Begriff. Fachhochschulreife ist die 1968 in den amtlichen Sprachgebrauch eingeführte Bezeichnung für die Berechtigung zum Studium an Fachhochschulen und in entsprechenden Studiengängen der Gesamthochschulen. Für den Erwerb der Fachhochschulreife wurde in den meisten Bundesländern ein spezieller Schultyp eingerichtet, die Fachoberschule, die – aufbauend auf einem Realschulabschluß oder einem gleichwertigen Abschluß – in einem in der Regel zweijährigen Bildungsgang allgemeine, fachtheoretische und fachpraktische Kenntnisse und Fertigkeiten vermittelt. Nach den Rahmenvereinbarungen der Ständigen Konferenz der Kultusminister der Länder in der Bundesrepublik Deutschland (KMK) zur Fachoberschule (vgl. KMK 1979), zur Abschlußprüfung der Fachoberschule (vgl. KMK 1978 a) und zur Abschlußprüfung für Nichtschüler (vgl. KMK 1978 b) berechtigt das aufgrund der bestandenen Abschlußprüfung ausgestellte Zeugnis der Fachhochschulreife in allen Bundesländern zum Studium an einer Fachhochschule.

Abgesehen von jeweils fachrichtungsspezifischen Praktikumsvoraussetzungen berechtigt die Fachhochschulreife im allgemeinen zur Aufnahme jedes *Fachhochschulstudiums*. Sie ist also nicht, wie der Begriff zunächst vermuten läßt, eine an eine bestimmte Studienrichtung gebundene Berechtigung, sondern vielmehr eine allgemeine, das heißt auf die Gesamtheit der Fachhochschulstudiengänge bezogene Zugangsberechtigung. Über den Weg des Fachhochschulstudiums eröffnet die Fachhochschulreife indirekt auch den Weg zu einem universitären Studiengang. In allen Bundesländern wird mit dem erfolgreichen Abschluß eines Fachhochschulstudiums die allgemeine Hochschulreife, in einigen Ländern mit dem erfolgreichen Abschluß des Grundstudiums an der Fachhoch- oder der Gesamthochschule die fachgebundene Hochschulreife verliehen. Umgekehrt schließt die Hochschulreife die Fachhochschulreife ein.

Der Erwerb der Fachhochschulreife ist außer über die Fachoberschule über eine Vielfalt weiterer Bildungsgänge möglich. Dazu zählen – je nach Bundesland – Berufsfachschulen, Fachschulen, Berufskollegs, Fachakademien, Telekolleg, spezielle Vorbereitungskurse und die gymnasiale Oberstufe (Versetzung in Klasse 13). Zum Teil müssen dabei besondere Qualifikationsanforderungen und zusätzliche Voraussetzungen (Praktikum, Berufsausbildung) erfüllt werden. Die landesspezifischen Regelungen dazu gehen weit auseinander. In einigen Bundesländern gibt es darüber hinaus besondere fachrichtungsspezifische Zugangsregelungen zum Fachhochschulstudium.

Geschichte. Die Fachhochschulreife als Zulassungsvoraussetzung für das Studium an Fachhochschulen geht zurück auf die Umwandlung der Ingenieurschulen und der übrigen höheren Fachschulen in Fachhochschulen durch das Länderabkommen „Zur Vereinheitlichung auf dem Gebiete des Fachhochschulwesens" von 1968 (vgl. GRÜNER 1970, S. 130 ff.). Mit dieser Umwandlung wurden die ehemaligen höheren Fachschulen in den tertiären Bildungsbereich gerückt und die Eingangsvoraussetzungen entsprechend angehoben. Für die Vorbereitung auf die als Eingangsbedingung geforderte Fachhochschulreife wurde auf der Grundlage einer Veränderung des Länderabkommens zur Vereinheitlichung des Schulwesens 1964, des sogenannten „Hamburger Abkommens", und einer Rahmenvereinbarung der KMK von 1969 (vgl. KMK 1979) die Fachoberschule neu geschaffen. Ausgelöst wurde diese Entwicklung durch die Diskussion um die Vereinheitlichung der Ingenieurausbildung in der Europäischen Wirt-

237

schaftsgemeinschaft (EWG). Voraussetzung für die Gleichstellung in der Berufsausübung mit den Ingenieuren anderer EWG-Länder war die Anhebung der vor dem Ingenieurstudium liegenden Vorbildung auf einen zwölfjährigen Vollzeitschulbesuch. Mit der Einrichtung der Fachhochschulen und der Fachoberschulen wurde die EWG-konforme Ingenieurausbildung gesichert.

Diese Veränderung bedeutete einen wesentlichen Bruch mit dem traditionellen deutschen Bildungsgang zum Ingenieurstudium. In ihren wesentlichen Grundzügen waren die Zugangsvoraussetzungen zu den Ingenieurschulen und den übrigen höheren Fachschulen seit der Einrichtung der höheren Maschinenbauschulen gegen Ende des 19. Jahrhunderts gleichgeblieben. Neben der Obersekundareife („Einjähriges") wurde der Nachweis eines zweijährigen gelenkten Betriebspraktikums oder einer mit der Lehrabschlußprüfung abgeschlossenen Berufsausbildung im entsprechenden Fachgebiet für den Besuch einer höheren Fachschule vorausgesetzt. Über Zusatzkurse wurde auch Volksschulabsolventen die Möglichkeit des Zugangs eingeräumt. Nach 1949 erhielten diese Kurse in Form der Berufsaufbauschule, die Volksschulabsolventen neben oder auch nach der Lehre die Fachschulreife vermittelte, eine einheitliche organisatorische Gestalt. Mit der Umwandlung der höheren Fachschulen in Fachhochschulen hat die Fachschulreife ihre ursprüngliche Form eingebüßt und die Fachhochschule den Charakter der höheren Fachschule als Förderungseinrichtung für aufstiegsorientierte Facharbeiter weitgehend verloren.

Situation und Probleme. Mit der Fachhochschulreife wurde ein direkter schulischer Zugang zum Fachhochschulstudium eröffnet, der im Gegensatz zum traditionellen Weg auf berufspraktische Qualifizierungsmomente weitgehend verzichtet. Die traditionelle Bindung der

Hochschulreife an einen Kanon als „allgemeinbildend" deklarierter Schulfächer hat auch die inhaltliche Definition der Fachhochschulreife und damit die Unterrichtsinhalte der Fachoberschule bestimmt. Die für den Erwerb der Fachhochschulreife zu bestehende Abschlußprüfung am Ende der Klasse 12 besteht aus einer schriftlichen Prüfung in den Fächern Deutsch, Mathematik, Fremdsprache und einem fachrichtungsspezifischen Pflichtfach sowie einer mündlichen Prüfung in diesen Fächern und den weiteren Fachunterrichtsfächern der Fachoberschule. Bereits in der kurzen Geschichte der Fachoberschule zeichnet sich die Tendenz ab, den Anteil der berufsbezogenen Fächer zugunsten des allgemeinen Unterrichtsanteils zu verringern.

Mit dem Wandel der höheren Fachschule zur Fachhochschule hat dieser Studiengang seinen besonderen Charakter als beruflicher Bildungsweg außerhalb des hierarchisch gegliederten allgemeinbildenden Schulsystems weitgehend verloren. Die Integration der Fachhochschule in den tertiären Bereich hat das Fachhochschulstudium tendenziell zu einem akademischen Studiengang zweiter Klasse werden lassen. Entsprechend ist die Fachhochschulreife ein im Vergleich zur Hochschulreife defizitäres Zertifikat. Über die Verleihung der Studienberechtigung an Fachhochschulen hinaus verschafft es keine Berechtigung. Die einzige Verwertungsmöglichkeit der Fachhochschulreife ist die Aufnahme eines Fachhochschulstudiums.

Die Veränderung des Studiengzugangs durch den Einbau der Fachhochschulreife bewirkt grundlegende Veränderungen in den Selektionsmechanismen und der sozialen Rekrutierung der Fachhochschulstudenten. Mit der Umorientierung an gymnasialspezifischen Zugangsvoraussetzungen wird berufstätigen Haupt- und Realschulabsolventen mit abgeschlossener Berufsausbildung die Rückkehr ins Bildungssystem und die Korrektur früherer Entscheidungen erschwert. Die veränderte schulische Rekrutierung führt zu einem relativen Rückgang der Arbeiterkinder zugunsten der Kinder aus mittelständischen Bevölkerungsgruppen (vgl. LUTZ/KAMMERER 1975, S. 182 f.).

Diese Entwicklung wird verstärkt durch die Aufgabe der Fachhochschule, die wissenschaftlichen Hochschulen zu entlasten. Die Fachhochschulreife übernimmt dabei die Funktion der „Abkühlung" (cooling-out function) höhergesteckter Bildungserwartungen, indem sie (ehemalige) Gymnasialschüler, die das Ziel der Hochschulreife nicht erreichen, mit einem zwar geringerwertigen, aber doch hinlänglich attraktiven Zertifikat ausstattet. Die beabsichtigte Entlastungsfunktion wird durch die Anhebung des akademischen Titels nach Abschluß des Fachhochschulstudiums (Diplom statt Graduierung) verstärkt.

Reformbestrebungen. Bereits zum Zeitpunkt der Einrichtung von Fachoberschule und Fachhochschulreife sah die Bildungsreform die Auflösung der vertikalen institutionellen Gliederung der allgemeinen und beruflichen Schulen zugunsten eines integrierten Systems von Bildungsgängen der Sekundarstufe II vor. Der 1969 von der Bildungskommission des DEUTSCHEN BILDUNGSRATES (vgl. 1970) verabschiedete „Strukturplan" sieht bereits die Integration der Fachoberschule in die gymnasiale Oberstufe und die Aufhebung der Trennung von Hochschulreife und Fachhochschulreife zugunsten eines einheitlichen studienberechtigenden Abschlusses der Sekundarstufe II vor. Auch der „Bildungsgesamtplan" der BUND-LÄNDER-KOMMISSION FÜR BILDUNGSPLANUNG von 1973 fordert einen Sekundarabschluß II, der die Unterschiede der einzelnen Schulabschlüsse aufhebt. Bis zum Ende der 70er Jahre wurden diese Absichten nicht realisiert. Vielmehr differenzieren auch die neuen, auf der Basis des Hochschulrahmengesetzes (HRG) des Bundes von 1976 verabschiedeten Landeshochschulgesetze zwischen der Hochschulreife und Fachhochschulreife als zwei unterschiedlichen Zugangsberechtigungen zum Hochschulbereich.

Ebensowenig wurde die in der Reformdiskussion propagierte Absicht verwirklicht, Abschlüsse der Berufsausbildung in das schulische Abschluß- und Berechtigungssystem der Sekundarstufe II einzubeziehen. Um der Fachhochschulreife ein gegenüber der Hochschulreife *eigenständiges* (und nicht mehr nur defizitäres) Profil zu geben, gehen einige Bundesländer dazu über, statt eines einjährigen Praktikums im Rahmen der Fachoberschule den Abschluß einer Berufsausbildung zur Regelvoraussetzung für den Erwerb der Fachhochschulreife zu machen. Dadurch wird die Frage nach der Vereinheitlichung der Abschlüsse in der Sekundarstufe II und deren Reform erneut gestellt.

BUND-LÄNDER-KOMMISSION FÜR BILDUNGSPLANUNG: Bildungsgesamtplan, 2 Bde., Stuttgart 1973. DEUTSCHER BILDUNGSRAT (Hg.): Strukturplan für das Bildungswesen. Empfehlungen der Bildungskommission, Stuttgart 1970. DEUTSCHER BILDUNGSRAT: Gutachten und Materialien zur Fachhochschule. Gutachten und Studien der Bildungskommission, Bd. 10, Stuttgart 1974. GRÜNER, G.: Die Entwicklung der höheren technischen Fachschulen im deutschen Sprachgebiet, Braunschweig 1967. GRÜNER, G.: Die Fachoberschule. Eine Dokumentation, Hannover 1970. KMK: Rahmenordnung für die Abschlußprüfung der Fachoberschule. Beschluß vom 26. 11. 1971, Neuwied 1978 a. KMK: Rahmenordnung für die Abschlußprüfung der Fachoberschule – Bestimmungen für Nichtschüler. Beschluß vom 21. 9. 1972, Neuwied 1978 b. KMK: Rahmenvereinbarung über die Fachoberschule. Beschluß vom 6. 2. 1969 in der Fassung vom 13. 4. 1971, Neuwied 1979. LUTZ, B./KAMMERER, G.: Das Ende des graduierten Ingenieurs? Frankfurt/Köln 1975.

Walter Georg

Fachoberschule

Begriff. Fachoberschulen, die in der Folge der Ingenieurschulkrise seit 1969 von den meisten Ländern der Bundesrepublik Deutschland eingerichtet wurden, „sind Schulen, die – aufbauend auf einem Realschulabschluß oder einem als gleichwertig anerkannten Abschluß – allgemeine, fachtheoretische und fachpraktische Kenntnisse und Fähigkeiten vermitteln und zur Fachhochschulreife führen. Die 11. Klasse umfaßt Unterricht und fachpraktische Ausbildung; der Besuch der 11. Klasse kann durch eine einschlägige Berufsausbildung ersetzt werden. Der Unterricht in Klasse 12 wird in der Regel in Vollzeitform erteilt; wird er in Teilzeitform erteilt, dauert er mindestens zwei Jahre" (KMK 1976).

Nach der Rahmenvereinbarung der Ständigen Konferenz der Kultusminister der Länder in der Bundesrepublik Deutschland (KMK) über die Fachoberschule vom 6. 2. 1969 in der Fassung vom 13. 4. 1971 (vgl. KMK 1979) sind die wesentlichen Merkmale der Fachoberschule:

– Die Fachoberschule ist ein Schultyp der Sekundarstufe II. Sie umfaßt die Klassen 11 und 12 und führt am Ende der Klasse 12 zur Fachhochschulreife. Sie vermittelt eine fachpraktische und eine wissenschaftlich-theoretische Ausbildung.

– Die fachpraktische Ausbildung findet in Klasse 11 statt; der größte Teil soll als gelenkte Praktikantenausbildung erfolgen. Sie wird durch einen Teilzeitunterricht von 8 bis 15 Wochenstunden begleitet. In der Klasse 12 werden allgemeiner und fachtheoretischer Unterricht erteilt.

– Eintrittsvoraussetzung ist ein mittlerer Bildungsabschluß; Bewerber, die darüber hinaus eine abgeschlossene einschlägige Berufsausbildung nachweisen, können in die Klasse 12 aufgenommen werden.

– Die Fachoberschulen gliedern sich nach Fachbereichen und teilweise innerhalb der Fachbereiche nach Schwerpunkten. Die zahlenmäßig wichtigsten Fachbereiche sind die für Ingenieurwesen und Wirtschaft.

Geschichte. Die Fachoberschule ist ein junger Schultyp. Die Krise um die deutsche Ingenieurschule, ausgelöst durch die Befürchtungen der graduierten Ingenieure, aufgrund der 1967 von der EWG verabschiedeten Richtlinien für die Ingenieurausbildung gegenüber den in den europäischen Partnerländern ausgebildeten Ingenieuren diskriminiert zu werden (vgl. GRÜNER 1970, S. 12 f.), fand ihren vorläufigen Abschluß in einem am 31. 10. 1968 getroffenen Abkommen der Kultusminister (vgl. KMK 1972). Darin wurde ein neuer Hochschultyp in Form der Fachhochschule kreiert, der die bis dahin bestehenden Ingenieurschulen und höheren Wirtschaftsfachschulen in den tertiären Bereich verlagerte und in die Nähe der wissenschaftlichen Hochschulen rückte. Diese Verlagerung hatte Rückwirkungen auch auf die Eingangsvoraussetzungen und damit auf die vor der Fachhochschule liegenden Schulformen. Als Voraussetzung für das Studium an der Fachhochschule fordert das Abkommen die Fachhochschulreife, für deren Vorbereitung in einer Änderung des „Hamburger Abkommens" (1964) und einer Rahmenvereinbarung der KMK vom 6. 2. 1969 die Fachoberschule neu geschaffen wurde (vgl. KMK 1979).

Mit der Umwandlung der höheren Fachschulen in Fachhochschulen und der Einrichtung der Fachoberschule hat der ehemalige „berufliche" oder „zweite Bildungsweg", der den Hauptschulabsolventen über Berufsausbildung und Berufsaufbauschule den Weg zur Ingenieurschule öffnete, seinen Charakter weitgehend verloren. Vor allem die Verschiebung der Eintrittsvoraussetzung vom Hauptschulabschluß auf den mittleren Schulabschluß (Realschulab-schluß, Obersekundareife, Fachschul-reife, Fachoberschulreife) und die Redu-zierung der bis dahin für die Aufnahme in die höhere Fachschule geforderten vierjährigen Betriebspraxis (einschließ-lich Lehre) auf ein Jahr Praktikum, das aufgrund fehlender Praktikantenplätze seine Praxisnähe mehr und mehr ein-büßte, rückten die Fachoberschule in die Nähe der allgemeinen gymnasialen Oberstufe. Zugleich wurde der Sackgas-sencharakter der auf der Hauptschule aufbauenden Facharbeiterausbildung tendenziell eher verstärkt.

Mit Beginn des Schuljahres 1969/70 richteten die meisten Bundesländer die zweijährige Fachoberschule ein. Bereits zum Zeitpunkt der Einrichtung und ins-besondere während der weiteren Ent-wicklung wurde die KMK-Rahmenver-einbarung von 1969 unterschiedlich aus-gefüllt, so daß zwischen den Bundeslän-dern zum Teil erhebliche Abweichungen in der Organisationsstruktur der Fach-oberschule auftreten.

Organisation und Inhalte. Die Länder-vereinbarungen zur Fachoberschule las-sen ihren schulorganisatorischen Stand-ort offen. Überwiegend haben die Län-der jedoch die Fachoberschule dem Res-sort der beruflichen Schulen zugeordnet. In der organisatorischen und inhaltli-chen Gestaltung gehen die länderspezi-fischen Regelungen zur Fachoberschule zum Teil weit auseinander. Diese Diffe-renzen beziehen sich insbesondere auf das Gliederungsprinzip in Fachbereiche und Schwerpunkte, die Voraussetzun-gen zur Aufnahme in die Klasse 11 oder 12, die fachpraktische Ausbildung, die Anteile des allgemeinen und fachbezo-genen Unterrichts, die Prüfungsanforde-rungen und die Einteilung in Ausbil-dungsphasen. Darüber hinaus führen in einigen Bundesländern neben der Fach-oberschule weitere, unterschiedlich or-ganisierte Bildungsgänge zur Fachhoch-schulreife. Baden-Württemberg verzich-

tete auf die Einrichtung von Fachober-schulen; mit dem Versetzungszeugnis in die Klasse 13 erhalten dort Schüler der beruflichen Gymnasien (Wirtschafts-gymnasien, technische Gymnasien) die Fachhochschulreife. Seit dem Ende der 70er Jahre gehen mehrere Bundesländer dazu über, die Fachoberschule als ein-jährige Vollzeit- oder als zweijährige Teilzeit-Aufbauschule im Anschluß an eine einschlägige Berufsausbildung zur Regeleinrichtung zu machen. In Rhein-land-Pfalz und Schleswig-Holstein tritt an die Stelle der Klasse 11 der erfolgrei-che Abschluß einer der jeweiligen Fach-richtung der Fachoberschule entspre-chenden Berufsausbildung. Daneben gibt es Bemühungen (z. B. in Berlin und Nordrhein-Westfalen), Hauptschulab-solventen über vorgeschaltete Einrich-tungen den Anschluß an die Fachober-schule zu ermöglichen.

Nach der KMK-Rahmenvereinbarung von 1969 in der Fassung vom 13. 4. 1971 gliedert sich die Fachoberschule nach Fachbereichen. Neben Fachoberschulen mit den Fachbereichen Ingenieurwesen und Wirtschaft wurden von den Län-dern Fachoberschulen mit zahlreichen weiteren Fachbereichen eingerichtet (wie etwa Sozialarbeit/Sozialpädagogik, Verwaltung, Gestaltung/Design, Land-wirtschaft, Ernährung/Gesundheit/ Hauswirtschaft/Sozialpflege, Seeschiff-fahrt). Innerhalb der Fachbereiche sind die Fachoberschulen zum Teil nach Schwerpunkten weiter untergliedert (beispielsweise das Ingenieurwesen in: Maschinenbau, Elektrotechnik, Bau-technik).

Während die *fachpraktische Ausbildung* der Klasse 11 je nach Land und Fach-richtung höchst unterschiedlich geregelt ist, wird der Unterricht in der Klasse 12 für alle Fachoberschulen durch die KMK-Rahmenvereinbarung (vgl. KMK 1979) weitgehend einheitlich geregelt. Als Pflichtfächer des allgemeinen Un-terrichts sind vorgesehen: Deutsch, So-zialkunde, Mathematik, Naturwissen-

241

schaften, eine Fremdsprache und Leibeserziehung. Auf diese Fächer entfallen mindestens drei Fünftel des Pflichtunterrichts. Die Fächer des fachbezogenen Unterrichts richten sich nach dem jeweiligen Fachbereich. Die KMK-Rahmenvereinbarung für die Abschlußprüfung der Fachoberschule vom 26. 11. 1971 (vgl. KMK 1978) sieht als Prüfungsgegenstände die Fächer Deutsch, Mathematik, Fremdsprache und die den jeweiligen Fachbereich kennzeichnenden Fächer vor.

Den Unterricht an Fachoberschulen erteilen Lehrer, die eine Prüfung für das Lehramt an beruflichen Schulen oder für das Lehramt an Gymnasien abgelegt haben.

Funktion. Mit der schulorganisatorischen Zuordnung der Fachoberschule zum Bereich der beruflichen Schulen richtete sich an die Fachoberschule der Anspruch, neben der Vermittlung der Fachhochschulreife auch für die unmittelbare Übernahme beruflicher Funktionen zu qualifizieren. Damit waren zugleich bildungs- und sozialpolitische Erwartungen an eine partielle *Integration* allgemeiner und beruflicher Bildungsgänge in der Sekundarstufe II und an einen Beitrag zum Abbau der Chancenungleichheiten zwischen weiterführenden beruflichen und allgemeinen Schulen verknüpft. Tatsächlich aber konnte die Fachoberschule solche Erwartungen bisher nicht erfüllen. Als Schultyp, der seinen Absolventen außer dem Studium an der Fachhochschule keine Alternative anbietet, sich vielmehr als unmittelbares Studienpropädeutikum versteht und keine beruflich verwertbaren Qualifikationen vermittelt, weist die Fachoberschule den höchsten Grad an Studienorientierung der Schüler in der Sekundarstufe II auf.

Das unverbundene Neben- und Nacheinander von betrieblich-praktischer und schulisch-theoretischer Ausbildung läßt den notwendigen schulischen Einfluß auf das betriebliche Praktikum und die schulische Aufbereitung der Betriebserfahrungen kaum zu. Mit der zunehmenden Vernachlässigung des Berufsbezugs und der Konzentration der Inhalte von Unterricht und Abschlußprüfung auf traditionelle gymnasiale Fächer verliert die Fachoberschule ihren berufsbildenden Charakter. In ihrer gegenwärtigen Konzeption ist die Fachoberschule nicht berufsbezogener als die gymnasiale Oberstufe. Selbst eine partielle Anrechnung des Fachoberschulbesuchs auf eine anschließende Berufsausbildung ist nicht vorgesehen.

Empirisch-pädagogische Untersuchungen zur Funktion der Fachoberschule (vgl. ASENDORF-KRINGS u. a. 1975, GEORG 1976) weisen darauf hin, daß die von ihr vermittelte Qualifikation auf dem Arbeitsmarkt nicht verwertbar ist. Von der Mehrzahl ihrer Schüler wird die Fachoberschule als *Zwischenschritt* auf einem anvisierten Bildungsgang benutzt, dessen eigentliches Ziel das Fachhoch- oder Hochschulstudium ist. Damit erzeugen diese Schulen eher eine *Distanzierung* vom Beruf als die Vertiefung beruflicher Erfahrungen. Mit der Vernachlässigung des Berufsbezugs entwickelt sich die Fachoberschule verstärkt zu einer reduzierten gymnasialen Oberstufe, ohne daß aber der gymnasiale Anspruch aufgrund der schulorganisatorischen Bedingungen eingelöst werden kann.

Mit diesem Selbstverständnis hat die Fachoberschule die Funktion der *Kanalisierung* und *Filterung* des wachsenden Drucks auf weiterführende Bildung und damit der Entlastung der Gymnasien und Hochschulen übernommen. Der Druck wird dadurch aufgefangen und kanalisiert, daß die Fachoberschule den studienwilligen Absolventen der Sekundarstufe I eine „gymnasialoide" Ersatzkarriere anbietet. Vor dem Hintergrund zunehmender Erschwerung des Übergangs vom Fachhochschulstudium in ein Universitätsstudium erfüllt die Fach-

Abbildung 1: Fachoberschüler nach Fachrichtungen

Jahr	Fachrichtung						
	Land-wirt-schaft	Technik	Wirt-schaft u. Ver-waltung	Gestal-tung	Sozial-wesen/ Sozial-päd-agogik	Sonst. u. ohne Anga-ben	Insge-samt
1969	–	3 146	1 411	294	1 272	14 626	20 749
1970	173	18 724	9 233	907	5 577	7 449	42 063
1971	255	30 474	13 705	1 656	14 076	9 885	70 051
1972	370	44 209	21 339	2 610	19 942	2 163	90 633
1973	650	46 995	26 353	3 100	19 141	18 985	115 224
1974	769	49 799	27 985	3 596	18 582	5 291	106 022
1975	1 155	49 900	28 735	3 701	19 844	4 919	108 254
1976	711	37 004	14 833	4 203	15 613	9 242	81 606
1977	827	33 361	12 493	4 188	14 467	8 665	74 001
1978	738	30 432	11 885	4 081	13 967	7 064	68 167
1979	861	32 724	13 211	4 383	15 622	7 085	73 886

(Quelle: STATISTISCHES BUNDESAMT 1971 ff.)

oberschule im Verbund mit der Fachhochschule die Funktion der „Abkühlung" (cooling-out function) akademischer Aufstiegsaspirationen, indem sie ihre Absolventen mit hinlänglich attraktiven Zertifikaten ausstattet und über inhaltliche und organisatorische Selektionsmechanismen und durch Abschottung gegenüber vor- und nachgelagerten Schulformen den materiellen Wert der Karrieren absichert.

Die vielfältige Differenzierung der Organisationsformen weist auf die unterschiedlichen *bildungs-* und *sozialpolitischen* Funktionen hin, die der Fachoberschule von den einzelnen Ländern zugewiesen werden. Ihre jeweilige schulorganisatorische Verankerung mit spezifischen Zugangsregelungen sowie ihre unterschiedlichen Verbundformen mit beruflichen Bildungsgängen beeinflussen wesentlich die Attraktivität der Fachoberschule für Schüler der vor- und nebengelagerten Schulformen und damit den Grad des schichtspezifischen Gefälles der Bildungschancen. Auch in der Fachoberschule sind Arbeiterkinder um so stärker unterrepräsentiert, je geringer die Übergangsmöglichkeiten von der Hauptschule zu den beruflichen Schulen sind. Insbesondere der zweijährige Normaltyp der Fachoberschule wird überwiegend von Realschulabsolventen und gymnasialen Abbrechern und damit oft von solchen Angehörigen der Mittelschicht besucht, für die die Fachoberschule als Reservemechanismus zur Durchsetzung ihres schichtspezifisch internalisierten Aufstiegsstrebens fungiert.

ASENDORF-KRINGS, I. u. a.: Reform ohne Ziel? Zur Funktion weiterführender beruflicher Schulen, Frankfurt/Köln 1975. GEORG, W.: Oberstufentypen wirtschaftswissenschaftlicher Fachrichtung, Stuttgart 1976. GRÜNER, G.: Die Fachoberschule, Hannover 1970. KMK: Abkommen zwischen den Ländern der Bundesrepublik zur Vereinheitlichung auf dem Gebiet des Fachhochschulwesens. Beschluß vom 31. 10.1968, Neuwied 1972. KMK: Bezeichnungen zur

Gliederung des beruflichen Schulwesens. Beschluß vom 8. 12. 1975, Neuwied 1976. KMK: Rahmenordnung für die Abschlußprüfung der Fachoberschule. Beschluß vom 26. 11. 1971, Neuwied 1978. KMK: Rahmenvereinbarung über die Fachoberschule. Beschluß vom 6. 2. 1969 in der Fassung vom 13. 4. 1971, Neuwied 1979. STATISTISCHES BUNDESAMT (Hg.): Statistisches Jahrbuch für die Bundesrepublik Deutschland, Stuttgart/Mainz 1952 ff.

Walter Georg

Fachoberschulreife

Begriff. „Fachoberschulreife" ist die (bisher nur in Nordrhein-Westfalen in den amtlichen Sprachgebrauch eingeführte) Bezeichnung für den Abschluß der Sekundarstufe I, an den die Berechtigung zum Besuch bestimmter weiterführender Bildungsgänge in der Sekundarstufe II gebunden ist. Im einzelnen berechtigt die Fachoberschulreife zum Eintritt in die 11. Klasse der *Fachoberschule* oder in die *höhere Berufsfachschule* wie etwa die höhere Handelsschule (nach einjährigem Besuch ist in Nordrhein-Westfalen von dort der Übergang in den gymnasialen Zweig der höheren Handelsschule möglich) oder in die gymnasiale Oberstufe. Für den Übergang in die gymnasiale Oberstufe ist bei Absolventen der Realschule und der zehnjährigen Hauptschule ein besonderer Qualifikationsvermerk auf dem Abschlußzeugnis erforderlich. Daneben berechtigt die Fachoberschulreife zum Eintritt in die mittlere Beamtenlaufbahn. Wer mit der Fachoberschulreife in ein Berufsausbildungsverhältnis eintritt, kann im allgemeinen nach einer verkürzten Ausbildungszeit die Abschlußprüfung ablegen. In Verbindung mit einer abgeschlossenen Berufsausbildung berechtigt die Fachoberschulreife – in anderen Bundesländern heißt diese Kombination Fachschulreife – zum Eintritt in die Klasse 12 der Fachoberschule.

Erwerb der Fachoberschulreife. Die Fachoberschulreife wird erworben
– mit dem erfolgreichen Abschluß der 10. Klasse der Hauptschule (die 10. Hauptschulklasse kann in Nordrhein-Westfalen von Schülern besucht werden, die nach der 9. Klasse ein Abschlußzeugnis mit Qualifikationsvermerk erhalten),
– mit dem erfolgreichen Abschluß der Realschule (dieser Abschluß kann auch im Teilzeitunterricht an der Abendrealschule erworben werden),
– mit dem erfolgreichen Abschluß der 10. Klasse des Gymnasiums oder einer Gesamtschule,
– mit dem erfolgreichen Abschluß einer zweijährigen Berufsfachschule und
– in Ausnahmefällen – bei besonderen Leistungsnachweisen – nach erfolgreichem Abschluß des Berufsgrundschuljahres.
Schüler, die sich ohne einen entsprechenden Abschluß um die Aufnahme in die Fachoberschule bewerben, können in Nordrhein-Westfalen in einer Vorklasse (Klasse 10) der Fachoberschule – auch in Abendform während der Berufsausbildung – die Fachoberschulreife erwerben.

Geschichte. Wenn auch die Bezeichnung „Fachoberschulreife" noch sehr jung ist, so hat doch das damit bezeichnete Zertifikat eines mittleren Bildungsabschlusses eine lange Tradition. Das Einjährige – später die mittlere Reife – geht zurück auf das Privileg des einjährigfreiwilligen Militärdienstes im Rahmen der 1814 eingeführten Wehrpflicht in Preußen. Die Berechtigung zum einjährigen Militärdienst (anstelle der dreijährigen Normalwehrpflicht) war an den Nachweis formaler Qualifikationen geknüpft, für deren Vermittlung sich im 19. und zu Beginn des 20. Jahrhunderts ein relativ eigenständiges mittleres Schulwesen (Realschulen) bildete. Das an das „Einjährige" geknüpfte gesellschaftliche Prestige und seine inhaltliche Definition bestimmten wesentlich die Struktur des vorgelagerten Schulsystems. Sein Abschluß entwickelte sich zu einem zentralen Verteilerkreis im organisatorischen Schulaufbau. Zwar verlor nach der Abschaffung der allgemeinen Wehrpflicht 1918 das Recht zum Einjährig-Freiwilligen-Dienst seinen Sinn; seine beamtenrechtliche Bedeutung und das daran geknüpfte Prestige auch für nichtöffentliche Laufbahnsysteme erhielten sich jedoch weiter. Als Substitut wurde deshalb durch Ländervereinbarung in der Weimarer Republik 1931 die „mittlere Reife" eingeführt. Als 1938 auch die Bezeichnung und Einrichtung der „mittleren Reife" offiziell abgeschafft wurden, hat sich dennoch bis heute im allgemeinen Bewußtsein an der Relevanz des mittleren Bildungsabschlusses als Verteilerkreis in der Schulorganisation und ihrer inhaltlichen Bindung an einen „Allgemeinbildungskanon" wenig geändert.

Situation. Die dem Realschulabschluß entsprechende Fachoberschulreife, die in anderen Ländern noch immer umgangssprachlich „mittlere Reife" genannt wird, drückt keine spezifische Qualifikation oder inhaltlich definierte Kompetenz aus, sondern die formale Berechtigung zum Besuch weiterführender Bildungsgänge. Ihre differenzierte Anbindung an Inhalte und Schulformen der Sekundarstufe I und ihre unterschiedliche Reichweite zum Übergang in die zu unterschiedlichen Berechtigungen führenden Bildungsgänge der Sekundarstufe II verweisen auf die *Selektions- und Kanalisationsfunktion* der Fachoberschulreife. Die in den nachgelagerten Stufen des Bildungs- und Beschäftigungssystems auftretenden Numerus-clausus-Probleme haben in der Vergangenheit die Abschluß- und Über-

gangssysteme zwischen Sekundarstufe I und Sekundarstufe II bestimmt.

Je nach bildungspolitischer Vorstellung hinsichtlich der Kanalisierungsfunktion des mittleren Bildungsabschlusses und je nach Interpretation des spezifischen Bedarfs des Beschäftigungssystems und der Kapazitäten in den nachfolgenden Bildungsstufen haben sich die Übergangs- und Abschlußsysteme der Sekundarstufe I in den einzelnen Ländern der Bundesrepublik Deutschland zunehmend auseinanderentwickelt. Kennzeichnend dafür sind die verschiedenen Arten und das *unterschiedliche Qualifikationsniveau* der Abschlüsse sowie vor allem die mit ihnen verbundenen *unterschiedlichen Berechtigungen* zum Übergang in die Bildungsgänge der Sekundarstufe II.

Unterschiede in der Gestaltung der Sekundarstufe I. Bei allen Unterschieden in der Gestaltung der Sekundarstufe I und ihrer Abschlüsse zwischen den Bundesländern gilt generell, daß der an den Hauptschulabschluß geknüpfte Berechtigungsspielraum am kleinsten ist, während die weitestgehende Berechtigung noch immer mit der Versetzung von Klasse 10 in Klasse 11 des Gymnasiums verbunden ist. Umgekehrt gilt, daß – soweit in der Reichweite der Schulabschlüsse der Sekundarstufe I differenziert wird – an den Übergang in die gymnasiale Oberstufe die weitergehenden, an den Besuch beruflicher Schulen in der Sekundarstufe II die geringeren Anforderungen gestellt werden.

Die größten Unterschiede betreffen die *Hauptschule,* die in einigen Bundesländern nur neunjährig, in anderen auch zehnjährig angeboten wird. Auch diese Abschlüsse werden ihrerseits in einigen Bundesländern nach Anspruchsniveau mit jeweils unterschiedlich weitreichenden Berechtigungen differenziert. Soweit in Bundesländern ein zehntes Hauptschuljahr eingeführt ist (bis zum Beginn der 80er Jahre in: Berlin, Hamburg, Niedersachsen, Nordrhein-Westfalen, Rheinland-Pfalz), gelten unterschiedliche Zugangsvoraussetzungen. Entsprechende Unterschiede bestehen in der Durchlässigkeit zwischen den Schulformen der Sekundarstufe I (Hauptschule, Realschule, Gymnasium, zum Teil Gesamtschule, Berufsfachschule). Unterschiedlich sind auch die an den Realschulabschluß und den gymnasialen Mittelstufenabschluß geknüpften Berechtigungen sowie die vielfältigen Möglichkeiten des nachträglichen Erwerbs eines der Sekundarstufen-I-Abschlüsse durch den Besuch von Abendschulen, Volkshochschulkursen oder beruflichen Schulen. Insgesamt betreffen die Unterschiede der Vergabe des der Fachoberschulreife entsprechenden Zertifikats die schulischen Curricula, die Prüfungsverfahren, die Leistungsanforderungen, die Formen der Leistungsfeststellung und die an das Zertifikat geknüpften Berechtigungen.

Reformbestrebungen. Das hohe Maß an Unterschieden und die damit verbundenen *Chancenungleichheiten* resultieren nicht zuletzt aus der Unverbindlichkeit und dem Mangel entsprechender Ländervereinbarungen. Die von der Bildungskommission des DEUTSCHEN BILDUNGSRATS (vgl. 1969, 1970, 1975) und von der BUND-LÄNDER-KOMMISSION FÜR BILDUNGSPLANUNG (vgl. 1973) ausgehenden Impulse zu einer Neugestaltung und Vereinheitlichung der Sekundarstufe I und des mittleren Bildungsabschlusses haben bisher die Zahl der unterschiedlichen Abschlüsse eher vergrößert und wenig zu einer einheitlichen Organisationsstruktur beigetragen.

Die verschiedenen Reformansätze der 60er und 70er Jahre waren darauf gerichtet, die unterschiedlichen Schulformen der Sekundarstufe I durch Vereinheitlichung der Curricula und der Lehrerausbildung einander anzunähern und ihre Abschlüsse damit gleichwertig zu machen. Mit der Einführung eines schulformübergreifenden – wenn auch nach Profilen differenzierten – Abschlusses der Sekundarstufe I, der nicht mehr ausschließlich berufs- oder studienbezogen ist, sollten die frühzeitige Festlegung auf Bildungsgänge und Berufskarrieren überwunden und die damit verbundenen schichtspezifischen Selektionsprozesse reduziert werden. Eine parallele Reform der Sekundarstufe II sollte die dichotome Aufteilung in Berufsausbildung und Studienvorbereitung aufheben.

Die bis zum Beginn der 80er Jahre in den einzelnen Bundesländern eingeleiteten Reformmaßnahmen lassen jedoch einen Trend zur einheitlichen schulformübergreifenden Sekundarstufen-I-Abschlußregelung nicht erkennen. Soweit Veränderungen stattfinden, richten sie sich auf eine Reduktion der Sekundarstufen-I-Abschlüsse auf zwei Formen: einen Abschluß (nach neun Schuljahren) mit eingeschränkter Berechtigung zum Besuch bestimmter (beruflicher) Bildungsgänge in der Sekundarstufe II und einen Abschluß (nach zehn Schuljahren) mit uneingeschränkter Berechtigung zum Besuch sämtlicher Bildungsgänge in der Sekundarstufe II.

BRANDAU, H.-W.: Die mittlere Reife in Deutschland. Historisch-systematische Untersuchung einiger ihrer Probleme, Weinheim 1959. BUNDESMINISTER FÜR BILDUNG UND WISSENSCHAFT (Hg.): Bericht der Bundesregierung über die strukturellen Probleme des föderativen Bildungssystems. Schriftenreihe Bildung und Wissenschaft, Bd. 13, Bonn 1978. BUND-LÄNDER-KOMMISSION FÜR BILDUNGSPLANUNG: Bildungsgesamtplan, Bd. 1, Stuttgart 1973. DEUTSCHER BILDUNGSRAT: Zur Neugestaltung der Abschlüsse im Sekundarschulwesen. Empfehlungen der Bildungskommission, Bonn 1969. DEUTSCHER BILDUNGSRAT (Hg.): Strukturplan für das Bildungswesen. Empfehlungen der Bildungskommission, Stuttgart 1970. DEUTSCHER BILDUNGSRAT: Die Bildungskommission. Bericht '75. Entwicklungen im Bildungswesen, Bonn 1975. KEIM, W.: Schulische Differenzierung. Eine systematische Einführung, Köln 1977.

Walter Georg

Fachschule

Begriff. Als „Fachschule" wurden im 19. Jahrhundert spezielle Schulen im Sekundarbereich bezeichnet, und auch Spezialhochschulen wie die technischen Hochschulen wurden bis etwa 1890 in Lexika als Fachschulen benannt. Diese Bezeichnung wurde teilweise auch für die Untergliederungen der technischen Hochschulen verwandt, die nach 1920 „Fakultäten" hießen. Später wurde der Begriff „Fachschule" auf Spezialschulen unter dem Hochschulniveau eingeengt, gleichgültig, ob vor dem Besuch eine betriebspraktische Ausbildung durchlaufen werden mußte oder nicht.

In dem Erlaß des Reichsministers für Wissenschaft, Erziehung und Volksbildung vom 29. 10. 1937 („Reichseinheitliche Benennungen im Berufs- und Fachschulwesen") wurden die Fachschulen folgendermaßen definiert:

„Fachschulen sind die der hauswirtschaftlichen, gartenbaulichen, technischen, bergmännischen, gewerblichen, handwerklichen, kunsthandwerklichen, kaufmännischen, verkehrswirtschaftlichen, frauenberuflichen, sportlichen oder einer verwandten Ausbildung dienenden Schulen, die freiwillig und mit ausreichender praktischer Berufsvorbildung besucht werden können, deren Lehrgang mindestens einen Halbjahreskurs mit Ganztagsunterricht oder in der Regel insgesamt 600 Unterrichtsstunden umfaßt und die nicht als Hochschulen anerkannt sind" (Deutsche Wissenschaft, Erziehung und Volksbildung ... 1937, S. 500).

Die *Begriffsmerkmale* waren also: Bildungseinrichtung unterhalb der Hochschulen, freiwilliger Besuch, Ganztagsunterricht, praktische Berufsausbildung als Eintrittsvoraussetzung. Damit waren die bis 1937 ebenfalls als Fachschulen bezeichneten und nach Verlassen der allgemeinbildenden Schulen zu besuchenden fachlichen Lehranstalten ausgeklammert; sie wurden fortan Berufs-

fachschulen genannt. Die vier- bis fünfsemestrigen Fachschulen wurden – ohne genaue Definition zu „höheren" Fachschulen deklariert.

Die Länder der Bundesrepublik Deutschland behielten diese Regelung bei. 1968 definierte die Ständige Konferenz der Kultusminister der Länder in der Bundesrepublik Deutschland (KMK) die Fachschulen neu (Beschluß vom 18. 1. 1968):

„Fachschulen dienen einer vertieften beruflichen Aus- und Weiterbildung und werden in der Regel nach einer praktischen Berufsausbildung besucht. Der Bildungsgang umfaßt bei täglichem Unterricht mindestens ein halbes Schuljahr, bei Unterricht an nur einzelnen Wochentagen einen entsprechend längeren Zeitraum."

Gleichzeitig wurden die höheren Fachschulen als „Akademien" aus dem Begriff „Fachschulen" ausgegliedert; im Oktober 1968 kamen dann die Ministerpräsidenten der Bundesländer überein, die Akademien in Fachhochschulen umzuwandeln, die neben den wissenschaftlichen Hochschulen den tertiären Sektor des Bildungswesens bilden. Der Fachschulbegriff wurde also erneut eingeschränkt.

Die letzte Definition der KMK stammt vom 8. 12. 1975:

„Fachschulen sind Schulen, die grundsätzlich den Abschluß einer einschlägigen Berufsausbildung oder eine entsprechende praktische Berufstätigkeit voraussetzen; als weitere Voraussetzung wird in der Regel eine zusätzliche Berufsausübung gefordert. Sie führen zu vertiefter beruflicher Fachbildung und fördern die Allgemeinbildung. Bildungsgänge an Fachschulen in Vollzeitform dauern in der Regel mindestens ein Jahr, Bildungsgänge an Fachschulen in Teilzeitform dauern entsprechend länger" (KMK 1979, S. 2).

In der DDR werden die Fachschulen ähnlich definiert, meist ist die Rede von den „Fach- und Ingenieurschulen", die administrativ dem Staatssekretariat für das Hoch- und Fachschulwesen unterstehen.

In Österreich sind Fachschulen im Sinne der Begriffssprache der Bundesrepublik Deutschland bestimmte technische, gewerbliche und kunstgewerbliche Berufsfachschulen von zwei- bis fünfjähriger Dauer, die eine Lehre voll ersetzen; sie gehören zur Gruppe der berufsbildenden mittleren Schulen.

In der Schweiz werden zum Teil unter Fachschulen anspruchsvollere Berufsschulen, beispielsweise Drogistenschulen, andererseits gehobenere berufliche Vollzeitschulen wie Übersetzerschulen und Schulen für paramedizinische Berufe verstanden.

Geschichte. Die Entstehung der Fachschulen hat ihre zentrale Ursache in der *Verwissenschaftlichung* der Produktion. Nimmt als Folge dieser Verwissenschaftlichung der Umfang des für die Berufsausübung in einem Produktionszweig notwendigerweise zu erwerbenden Lernmaterials zu, dann entsteht das Bedürfnis nach entsprechenden Ausbildungsstätten. Historisch gesehen war dies zuerst im Baugewerbe und im Bergbau der Fall. Die auf diese Weise entstandenen Fachschulen (Berg- und Bauakademie) vermittelten die Berufstheorie auf hohem Niveau, so daß eine Konkurrenz zur Universität entstand, die in ihren Fakultäten letztlich stets Fachschule war. Diese Konkurrenzsituation wurde aber zumeist dadurch aufgehoben, daß die Fachschulen in die Universitäten eingegliedert oder diesen formal gleichgestellt wurden. In einem solchen Fall (beispielsweise nach der Umwandlung der polytechnischen Schulen in technische Hochschulen um 1880) zeigte sich dann häufig ein Bedarf an Berufstätigen mit einem Qualifikationsniveau zwischen dem der Hochschulabsolventen und dem der Handwerker. Zur Ausbildung dieser „mittleren Kader" entstanden dann neue Fachschulen (etwa

Baugewerkschulen um 1830, Bergschulen um 1850, Maschinenbauschulen nach Erhebung der polytechnischen Schulen zu technischen Hochschulen um 1880). Je nach dem Ausmaß des Theoretisierungsgrades kam es bei diesen Fachschulen zu einer vertikalen Abspaltung von „höheren Fachschulen" (beispielsweise um 1900 im Maschinenbau und im Textilwesen); diese strebten ihrerseits wiederum den Hochschulstatus an, der ihnen 1968 in der Bundesrepublik Deutschland unter der Bezeichnung „Fachhochschule" auch gewährt wurde.

Über längere Zeiten hinweg weisen Fachschulen Beständigkeit nur auf, wenn sich die Hochschulen auf die Ausbildung von Kräften der obersten Qualifikationsebene beschränken; deshalb müssen für mittlere Berufspositionen eigene Ausbildungsstätten vorhanden sein. Seit dem Ende der 70er Jahre dringen immer mehr Hochschulabsolventen auch in Berufspositionen der mittleren Qualifikationsebenen ein *(Verdrängungswettbewerb, Penetration),* so daß die Fachschulen von den Hochschulen absorbiert oder in Bedrängnis gebracht werden. Dies geschieht auch durch die Facharbeiterausbildung (berufliche Erstausbildung), deren Theorie meist weit über die vom Arbeitsplatz her gebotenen Bedürfnisse hinausgeht und deren Absolventen unter Umständen auch ohne weitere Schulbildung in mittlere Berufspositionen kommen können, besonders bei Teilnahme an firmeninternen Kursen (Aufstiegsfortbildung).

Struktur. Die als Fachschulen bezeichneten Lehranstalten können nach verschiedenen Gesichtspunkten eingeteilt werden:

Erstens nach der *Fachrichtung* in:
- Fachschulen für Technik,
- Handwerkerfachschulen,
- kaufmännische Fachschulen,
- landwirtschaftliche Fachschulen,
- hauswirtschaftliche Fachschulen,

- sozialpädagogische Fachschulen,
- Fachschulen im Gesundheitswesen,
- Seefahrtsschulen,
- sonstige Fachschulen.

Zweitens nach der *angestrebten Qualifikation* in:
- Technikerschulen,
- Meisterschulen,
- Fachschulen für Betriebswirte,
- Fachschulen für Einzelhändler,
- Fachschulen für Wirtschafterinnen,
- Fachschulen für Hauswirtschaftsleiter (Ökotrophologen),
- Fachschulen für Erzieher,
- Fachschulen für Kranken- und Kinderkrankenpflege, Hebammen, Masseure, Beschäftigungstherapeuten.

Drittens nach der *Schulaufsicht* in:
- Fachschulen, die dem Kultusminister unterstehen,
- Fachschulen, die anderen Ministerien unterstehen.

Je nach Fachschultyp sind die *Aufnahmebedingungen* unterschiedlich. Fast immer wird eine abgeschlossene Ausbildung in einem Ausbildungsberuf und zum Teil auch noch Berufsbewährung verlangt. Darüber hinaus ist der Nachweis von Haupt- und Berufsschulabschluß zu erbringen, der in der Regel als ausreichende Voraussetzung für die Aufnahme in eine Fachschule angesehen wird. Lediglich die bayerischen Fachakademien, die etwa die Zielsetzung der alten höheren Fachschulen aufweisen, setzen den Realschulabschluß voraus.

Die Dauer des Schulbesuchs liegt bei Vollzeitunterricht zwischen einem halben Jahr und drei Jahren; bei Teilzeitunterricht kann sie einen Zeitraum bis zu vier Jahren betragen. Wegen des gehobenen Alters der Besucher von Fachschulen sind die dem persönlichen Aufstieg dienenden Fachschulen als Einrichtungen der beruflichen Erwachsenenbildung anzusehen, die aber nicht zum Tertiärbereich des Bildungswesens gerechnet werden.

Der Fachschulabschluß berechtigt zur Berufsausübung (zum Beispiel als „Staatlich geprüfter Techniker", „Staatlich geprüfter Chemotechniker", „Staatlich anerkannter Erzieher", „Staatlich anerkannte Hauswirtschaftsleiterin"). Meist wird durch freiwilligen Zusatzunterricht an der Fachschule die Möglichkeit eröffnet, mit dem Fachschulabschluß auch die Fachschul- oder die Fachhochschulreife zu erwerben. Zum Teil wird das Fachschulabschlußzeugnis dem Realschulabschluß gleichgestellt.

Die Fachschulen sind teils selbständige Schulen, teils sind sie mit beruflichen Schulen verbunden; sie haben öffentliche und private Träger.

Seit dem Ende der 70er Jahre weisen die Fachschulen sinkende Schülerzahlen auf, unter anderem, weil die finanzielle Förderung eingeschränkt wurde und die Angst vor Verlust des Arbeitsplatzes durch den Schulbesuch gewachsen ist. Die Schülerzahl aller Fachschulen hat 1974 mit 211 830 einen Höhepunkt erreicht und ist bis 1976 mit ungefähr 180 000 wieder auf den Stand von 1971 zurückgegangen. Die Schülerzahlen haben sich auf die Berufsbereiche 1974 wie folgt verteilt:
Pflanzenbau und Tierwirtschaft 11 477; Bergleute, Mineralgewinner, Fertigungsberufe 7 087; technische Berufe 42 000; Dienstleistungsberufe 151 266 – davon: Sozial- und Erziehungsberufe 42 429; Gesundheitsdienstberufe 80 995; sonstige Dienstleistungsberufe 27 842 (vgl. BUNDESMINISTER FÜR BILDUNG UND WISSENSCHAFT/STATISTISCHES BUNDESAMT 1977, S. 78, S. 91).

Didaktik. Im *Curriculum der Fachschulen* dominieren die auf die Berufsausübung zielenden berufstheoretischen Fächer, mit denen Labor-, Konstruktions- und Werkstattübungen verbunden sind. Allgemeinbildende Fächer werden nur in geringem Umfang weitergeführt; im Zusatzunterricht zum Erwerb der Fachschul- oder Fachhochschulreife stehen sie jedoch im Mittelpunkt (vgl. BUNDES-

VERBAND STAATLICH GEPRÜFTER TECH-
NIKER 1976, S. 30). Die didaktische De-
vise, der Fachschulunterricht knüpfe an
die praktischen Berufserfahrungen der
Teilnehmer an und vertiefe sie durch
Theoretisierung, so daß die Fachschul-
bildung eine enge Verbindung von be-
rufspraktischem Können und theoretischer Besinnung sei, ist nirgendwo überzeugend realisiert worden. Meist müssen
in der Fachschule die Wissensstoffe ge-
nauso systematisch-schulmäßig gelehrt

werden wie in allen anderen Schulen.
Die *Lehrer der Fachschulen* sind mit der
Lehrbefähigung für berufliche Schulen
oder nach längerer Tätigkeit in der Praxis ins Lehramt gekommen. In Berlin
wurde 1978 der Versuch unternommen,
für die Fachschulen des Gesundheitswesens einen Ausbildungsgang an der Universität einzurichten; das sechssemestri-
ge Studium führt zur Prüfung als „Di-
plom-Unterrichtsschwester" oder „Di-
plom-Unterrichtspfleger".

BERKE, R.: Die kaufmännische Fachschule (Wirtschaftsfachschule) – Analyse und Prognose. Veröffentlichungen des Deutschen Verbandes für kaufmännisches Bildungswesen, Bd. 112, Braunschweig 1972, S. 30 ff. BUNDESMINISTER FÜR BILDUNG UND WISSENSCHAFT/STATISTI-SCHES BUNDESAMT (Hg.): Bildung im Zahlenspiegel, Stuttgart/Mainz 1977. BUNDESVERBAND STAATLICH GEPRÜFTER TECHNIKER E. V.: Deutsche Technikerschulen 1976, Berlin 1976. DEUT-SCHE WISSENSCHAFT, ERZIEHUNG UND VOLKSBILDUNG – AMTSBLATT DES REICHSMINISTERS FÜR WISSENSCHAFT, ERZIEHUNG UND VOLKSBILDUNG UND DER UNTERRICHTSVERWALTUNGEN DER LÄNDER, Berlin 1937. FRANZ, W.: Die Studierenden an Wirtschaftsfachschulen der Fach-richtung Handel, Bern/Frankfurt/M. 1974. GRÜNER, G.: Die Entwicklung der höheren techni-schen Fachschulen im deutschen Sprachgebiet, Braunschweig 1967. GRÜNER, G.: Haben Fach-schulen noch eine Zukunft? Veröffentlichungen des Deutschen Verbandes für kaufmännisches Bildungswesen, Bd. 112, Braunschweig 1972, S. 101 ff. GRÜNER, G.: Die beruflichen Vollzeit-schulen hauswirtschaftlicher und sozialpädagogischer Fachrichtung in der Bundesrepublik Deutschland, Weinheim/Basel 1979. KMK: Gruppenbezeichnungen im beruflichen Schulwe-sen. Beschluß vom 18. 1. 1968 (KMK-Pressemitteilung vom 22. 1. 1968, Anlage 2). KMK: Be-zeichnungen zur Gliederung des beruflichen Schulwesens. Beschluß vom 8. 12. 1975, Neuwied 1979. MAYNTZ-TRIER, R. (Hg.): Materialien und Analysen zum Fachschulbereich. Gutachten und Studien der Bildungskommission des Deutschen Bildungsrates, Bd. 16, Stuttgart 1971.
Gustav Grüner

Fachschulreife

Begriff. Erst durch Erlaß des Reichsministers für Erziehung, Wissenschaft und
Volksbildung vom 6. 2. 1939 (vgl. AMTS-
BLATT DES REICHSMINISTERS FÜR WIS-
SENSCHAFT, ERZIEHUNG UND VOLKSBIL-
DUNG 1939, S. 82) wurde die Bezeichnung „Reifezeugnis" auf die Abschlußzeugnisse der allgemeinbildenden höheren Schulen (Maturitäts- oder Abiturzeugnisse) eingeschränkt. Bis dahin haben auch berufliche Vollzeitschulen ihre
Abschlußzeugnisse zum Teil „Reifezeugnisse" genannt. Fachschul-Reife-
zeugnisse waren also ursprünglich die

Abschlußzeugnisse der Fachschulen, im
wesentlichen der höheren Fachschulen
(höhere Maschinenbau-, Baugewerks-,
höhere Textilfachschulen).
Um 1940 wurde es dagegen üblich, analog zum Begriff Hochschulreife die
Fachschulreife als Reife für den Eintritt
in die (höheren) Fachschulen zu definieren, ohne daß der Begriff jedoch amtliche Bedeutung erlangt hätte. Dies war
erst nach 1945 in der Bundesrepublik
Deutschland und zeitweise in der DDR
der Fall; „Fachschulreife" wurde dabei
eindeutig als Reife für den Besuch höherer Fachschulen, besonders der begehr-
ten Ingenieurschulen, verstanden. Die

Umwandlung der Ingenieur- und anderer höherer Fachschulen in Fachhochschulen nach 1968 führte zu einem Bedeutungsverlust für die „Fachschulreife". Für den Besuch der Fachhochschule wird künftig nun die „Fachhochschulreife" gefordert; für den Besuch der Fachschulen, zum Beispiel der Fachschulen für Technik, ist die Fachschulreifeprüfung aber nicht erforderlich. Deshalb ist die „Fachschulreife" heute eine an den Erfordernissen der späteren Berufsausbildung orientierte Variante des Realschulabschlusses geworden, die in Nordrhein-Westfalen seit 1971 wie alle mittleren Schulabschlüsse die Bezeichnung „Fachoberschulreife" trägt.

Geschichte. Das Problem der Fachschulreife entstand, als nach 1890 (zuerst in Köln und später in anderen Städten) die bis 1898 technische Mittelschulen genannten zweijährigen höheren Maschinenbauschulen eröffnet wurden. Zum Eintritt wurden die Obersekundareife („Einjähriges") und ein zweijähriges betriebliches Praktikum gefordert. Volksschulabsolventen mit abgeschlossener Lehre war somit der Zugang zu diesen in mittlere bis gehobene Berufspositionen führenden Lehranstalten versperrt. Deshalb wurde die Frage erörtert, wie diesen Bewerbern der Weg zur Weiterbildung in Fachschulen geöffnet werden könnte. Zum einen gründete die Regierung speziell für diesen Bewerberkreis zweijährige (niedere) Maschinenbauschulen; zum anderen wurden 1890 in Köln und 1907 in Nürnberg einjährige „Vorklassen" für Volksschüler geschaffen, deren Abschluß zum Eintritt in die höhere Maschinenbauschule berechtigte. Bis 1918 war es aber für Volksschüler – abgesehen von den wenigen über diese Vorklassen kommenden Bewerbern – fast unmöglich, die höhere Maschinenbauschule zu besuchen, während ihnen der Besuch der analogen Baugewerkschule wesentlich leichter gemacht wurde.

In der Weimarer Republik verstärkte sich das Bestreben, Volksschülern den Zugang zu den höheren Fachschulen zu ermöglichen. Dies führte zur Vermehrung der Zahl der Vorklassen an den Fachschulen, aber auch zur Einrichtung von Vorbereitungskursen für den Besuch der höheren Fachschule an den aufstrebenden Berufsschulen. In Thüringen wurde 1923 z. B. die Berufsmittelschule geschaffen, in der Lehrlinge zusätzlich zum normalen Berufsschulunterricht elf Wochenstunden allgemeinbildenden Unterricht erhielten. Dabei entstand die Vorstellung, Absolventen der Berufsmittelschule könnten auch ohne Besuch der Fachschule gehobene Stellungen einnehmen.

Der nationalsozialistische Staat bemühte sich, den Weg „Volksschule – Lehre/Berufsschule – höhere Fachschule" gangbarer als bisher zu machen. Deshalb wurden an den höheren Fachschulen (1938: Ingenieur- und Bauschulen) „Vorsemester" eingerichtet und an den Berufsschulen sogenannte „Aufbaulehrgänge", die entweder auf den Eintritt in die Vorsemester oder auf die Aufnahmeprüfung in das erste Semester der höheren Fachschule vorbereiteten. In Berlin wurde Ende der 30er Jahre nach dem ersten Berufsschulhalbjahr eine Eignungsprüfung abgehalten, nach deren Bestehen die Interessenten sieben Semester lang acht Wochenstunden zusätzlichen Unterricht erhielten, um dann eine Prüfung (Fachschulreifeprüfung) ablegen zu können, die wie die „mittlere Reife" zur Zulassung zur Aufnahmeprüfung an der Ingenieurschule berechtigte.

Dieses Konzept vertraten nach 1945 vor allem die Gewerbelehrer, wobei es üblich wurde, vom „zweiten Bildungsweg" zu sprechen, der von der Volksschule über Lehre und Berufsschule, Fachschulreife, höhere Fachschule „über Plattformen der Berufsabschlüsse" auch zur Hochschule führen sollte. Die Einrichtung zur Erlangung der Fachschulreife wurde „Berufsaufbauschule"

(BAS) genannt. 1949 regelte Nordrhein-Westfalen als erstes Bundesland den Bildungsgang zur Fachschulreife; die anderen Länder folgten, und schließlich erließ die Ständige Konferenz der Kultusminister der Länder in der Bundesrepublik Deutschland (KMK) 1959 die „Rahmenvereinbarung über die Errichtung von Berufsaufbauschulen (Aufbaulehrgänge) im berufsbildenden Schulwesen" und 1960 die „Rahmenordnung für die Prüfung zum Nachweis der Fachschulreife an Berufsaufbauschulen (Aufbaulehrgänge) im berufsbildenden Schulwesen – Fachrichtung Technik". Beide Bestimmungen wurden 1965, 1966, 1970 und 1971 erneuert und erweitert.

Situation. Die KMK hat im Beschluß „Bezeichnungen zur Gliederung des beruflichen Schulwesens" vom 8. 12. 1975 die Berufsaufbauschule folgendermaßen definiert: „Berufsaufbauschulen sind Schulen, die neben einer Berufsschule oder nach erfüllter Berufsschulpflicht von Jugendlichen besucht werden, die in einer Berufsausbildung stehen oder eine solche abgeschlossen haben. Sie vermitteln eine über das Ziel der Berufsschule hinausgehende allgemeine und fachtheoretische Bildung und führen zu einem dem Realschulabschluß gleichwertigen Bildungsstand (‚Fachschulreife'). Der Bildungsgang umfaßt in Vollzeitform mindestens ein Jahr, in Teilzeitform einen entsprechend längeren Zeitraum" (KMK 1979, S. 1).
Voraussetzung für den Eintritt sind der Hauptschulabschluß sowie eine mindestens halbjährige Bewährung in Berufsschule und Lehre.
Die Berufsaufbauschule gliedert sich in fünf *Fachrichtungen:*
– allgemein-gewerbliche Fachrichtung,
– gewerblich-technische Fachrichtung,
– kaufmännische Fachrichtung,
– hauswirtschaftlich-pflegerische und sozialpädagogische Fachrichtung,
– landwirtschaftliche Fachrichtung.

Folgende *Organisationsformen* der Berufsaufbauschule sind feststellbar:
– Teilzeitunterricht während und meist auch nach der (dualen) Berufsausbildung (sechs bis sieben Halbjahre),
– Vollzeitunterricht nach der Berufsausbildung (meist zwei Halbjahre),
– erst Teilzeitunterricht, dann Vollzeitkurs – oder umgekehrt und
– Sonderformen, zum Beispiel Telekolleg.

Das „Zeugnis der Fachschulreife" wird nur jenen Absolventen ausgehändigt, welche die erforderliche berufspraktische Ausbildung nachweisen können; ist dies nicht der Fall, wird nur eine Bescheinigung über die bestandene Abschlußprüfung der Berufsaufbauschule erteilt.
Die überwiegende Zahl der Berufsaufbauschulen ist mit öffentlichen beruflichen Schulen verbunden. Den Unterricht erteilen Lehrer des beruflichen Schulwesens sowie (nebenamtlich) Gymnasial- und Realschullehrer. Das mit der „Fachschulreife" ebenfalls angestrebte bildungspolitische Ziel, vor allem Kinder aus unteren sozialen Schichten zu fördern, ist nach empirischen Befunden (vgl. HEID 1966, S. 118) nur teilweise gelungen, denn auch diese Einrichtung des „zweiten Bildungsweges" wird in hohem Maße von Jugendlichen aus der Mittelschicht besucht und dient zum Teil dazu, ihr Scheitern in weiterführenden allgemeinbildenden Schulen zu korrigieren.
In den 70er Jahren sind die Schülerzahlen der Berufsaufbauschulen von 33 457 (1972) auf 16 981 (1977) zurückgegangen. Dafür sind vor allem zwei Ursachen zu nennen: Erstens erreichen immer mehr Jugendliche im allgemeinbildenden Schulwesen einen mittleren Schulabschluß, und zweitens berechtigt die Fachschulreifeprüfung nicht zum Ingenieurstudium.

Didaktik. In der ursprünglichen Konzeption sollte laut Runderlaß des nordrhein-westfälischen Kultusministers vom 31. 3. 1949 (vgl. Amtsblatt des Kultusministers NW 1949, S. 61) die „Fachschulreife" folgende Elemente in sich vereinen: praktische Ausbildung in einem Lehrberuf oder (für Realschulabsolventen) ein mindestens zweijähriges betriebliches Praktikum; Besuch der Berufsschule parallel zur Lehre oder zum Praktikum; Besuch des allgemeinbildenden Unterrichts der Berufsaufbauschule, der für Realschulabsolventen wegfallen konnte; erweiterte praktische Ausbildung (gegenüber der im Lehrberuf); erweiterte theoretische Ausbildung (gegenüber der in der Berufsschule).

Nach dieser Konzeption mußten also auch Realschulabsolventen die Berufsaufbauschule besuchen. In der Schulpraxis setzte sich aber ein Curriculum durch, das vor allem die Defizite der Hauptschulabsolventen gegenüber den Realschulabsolventen beseitigen half. „Berufskundliche" Fächer (wie zum Beispiel Technologie, Technisches Zeichnen, Rechnungswesen, Sozialpädagogik) werden nur in geringem Umfang gelehrt, was auch darauf zurückzuführen ist, daß sich die Hoffnung nicht erfüllte, Berufsaufbauschul-Absolventen könnten auch ohne Fachschulbesuch schwierigere Aufgaben und größere Verantwortung im Beruf übernehmen. Nach der „Rahmenordnung für die Prüfung zum Nachweis der Fachschulreife an Berufsaufbauschulen" vom 24. 11. 1971 (vgl. KMK 1978) erstreckt sich die Prüfung auf folgende Fächer: Deutsch, Fremdsprache, Gemeinschaftskunde / Geschichte / Geographie, Mathematik, Physik, Wirtschaftslehre und nur ein berufstheoretisches Fach (zum Beispiel Rechnungswesen in der kaufmännischen Fachrichtung). Auch die didaktischen Absichten, die allgemeinen Fächer in der Berufsaufbauschule vom Beruf ausgehend und hochgradig für die berufliche Verwendung zu lehren (Berufsbezogenheit), wurden nicht überzeugend realisiert.

Amtsblatt des Reichsministers für Wissenschaft, Erziehung und Volksbildung, Berlin 1939. Belser, H.: Zweiter Bildungsweg, Weinheim 1965. Conradsen, B.: Der zweite Bildungsweg. In: Gewerbes. 51 (1960), S. 197 ff. Grüner, G.: Die Entwicklung der höheren technischen Fachschulen im deutschen Sprachgebiet, Braunschweig 1967. Heid, H.: Die Berufsaufbauschule – Bildungsideologie und Wirklichkeit, Freiburg 1966. Jungk, D.: Probleme des sozialen Aufstiegs berufstätiger Jugendlicher, Stuttgart 1968. KMK: Rahmenordnung für die Prüfung zum Nachweis der Fachschulreife an Berufsaufbauschulen. Beschluß vom 24. 11. 1971, Neuwied 1978. KMK: Bezeichnungen zur Gliederung des beruflichen Schulwesens. Beschluß vom 8. 12. 1975, Neuwied 1979. Magritz, W.: Die Berufsaufbauschule und die Ingenieurschule als Eingangsstufen des Zweiten Bildungsweges und damit als Chance des Aufstiegs für die berufstätige Jugend, Diss., Göttingen 1974. Peege, J.: Die Fachschulreife als Problem kaufmännischer Berufserziehung, Neustadt (Aisch) 1967.

Gustav Grüner

Fernlehrwesen

Organisation. Im Fernlehrwesen wird der Lernprozeß durch nichtpersonale Medien (Lehrbriefe, Dias, Tonbänder, Lehrbaukästen und ähnliches) gelenkt; Hauptcharakteristikum dieser Unterrichtsform ist die ausschließliche oder überwiegende Trennung von Lernenden und Lehrenden während der Vermittlung von Kenntnissen und Fähigkeiten. Um die erforderlichen Bedingungen für einen erfolgreichen Lernprozeß zu schaffen, wird das Lernmaterial im Hinblick auf die spezifische Lernsituation didaktisch aufbereitet; außerdem sind Beratungs- und Korrekturdienste sowie – in vielen Fällen – ergänzender Nahunterricht wesentliche Bestandteile der gesamten Bildungsmaßnahme. Das schriftliche Material – in der Regel als Lehrbrief bezeichnet – unterscheidet sich deutlich vom Fachbuch, Lehrbuch, Kompendium oder Schulbuch. Schon die äußere Form – Textanordnung, Druck und Einband – soll es als Arbeitsmaterial ausweisen. Der Fernlehrgangsteilnehmer soll – so, wie er beim Lernen unter Umständen das Wissen für sich neu strukturiert – auch das Material neu strukturieren können; er soll auch ausreichend Raum haben für allgemeine Bemerkungen, zusätzliche Erklärungen, praktische Hinweise, Ergänzungen und Verweise. Symbole sollen ihm helfen, den Text richtig anzugehen und seine Lernhaltung der didaktischen Absicht des Textes anzupassen. Da der Fernlehrbrief aber vor allem den Übergang von der Stoffdarstellung zur Stoffvermittlung sicherstellen soll, hat seine didaktische Struktur bestimmte Gliederungselemente, mit deren Hilfe die verschiedenen didaktischen Funktionen erfüllt werden sollen (vgl. LAUTENSCHLÄGER 1971). Neben diesen didaktischen Elementen in den Lehrbriefen steht häufig am Anfang des Lehrgangs eine Studienanleitung. Sie soll in das Arbeiten mit Fernlehrmaterialien einführen, Hinweise geben zu Arbeitsmethoden, Arbeitstechniken und Arbeitsmitteln, zur Planung und Organisation der Lernarbeit, aber auch zur Anfertigung von zu korrigierenden Aufgaben und zur Nutzung von Konsultationsmöglichkeiten. Sie soll darüber hinaus auf die besonderen Situationen des Fernlehrgangsteilnehmers eingehen, ihn über eventuell auftretende Lernstörungen und -schwierigkeiten informieren; sie wirkt im günstigsten Fall motivierend und baut Ängste vor dem Versagen zumindest teilweise ab.

Staatlicher Einfluß auf den Fernunterricht. Eine Einflußnahme von staatlicher Seite erfolgte in der Bundesrepublik Deutschland erstmals Ende der 60er Jahre. Mit Inkrafttreten des Berufsbildungsgesetzes (BBiG) am 14. 8. 1969 wurde der *berufsqualifizierende Fernunterricht* (zunächst auf freiwilliger Basis) überprüfbar. Das Bundesinstitut für Berufsbildungsforschung (BBF) hat bis Ende 1976 über 200 berufsbildende Fernlehrgänge mit einem Gütezeichen ausgezeichnet. Gleichzeitig überprüfte die Staatliche Zentralstelle für Fernunterricht der Länder der Bundesrepublik Deutschland (ZFU) Fernlehrgänge im allgemeinbildenden Bereich. Am 1. 1. 1977 ist das Gesetz zum Schutz der Teilnehmer am Fernunterricht – Fernunterrichtsschutzgesetz (FernUSG) in Kraft getreten; danach müssen alle allgemeinbildenden und berufsbildenden Fernlehrgänge bei der ZFU zugelassen und alle Hobbylehrgänge bei der ZFU angezeigt werden. Als weitere staatliche Maßnahme ist das Ausbildungsplatzförderungsgesetz zu nennen, das dem Bundesinstitut für Berufsbildung (BIBB) wichtige Aufgaben im berufsqualifizierenden Fernunterricht überträgt.

Die Gründung der Fernuniversität Hagen (FUH) und der Beginn des Fernstudiums im Medienverbund sind Belege für die zunehmende bildungspolitische Relevanz des Fernlehrwesens in der Bundesrepublik Deutschland.

Fernlehrgangsanbieter und Fernlehrgangsadressaten. Fernlehrmaterial wird in der Bundesrepublik Deutschland von verschiedenen Institutionen für verschiedene Zielgruppen angeboten:

- Private Fernlehrinstitute wenden sich an die Allgemeinheit; potentieller Teilnehmer ist jeder Bürger, der an einem der angebotenen allgemeinbildenden oder berufsbildenden Lehrgänge oder an einem Hobbylehrgang interessiert ist.
- Gemeinnützige Einrichtungen wie Gewerkschaften und Verbände der Wirtschaft haben Fernlehrgänge ursprünglich für ihre Mitglieder entwik-

kelt und angeboten; hier überwiegen ganz deutlich die berufsbezogenen Bildungsangebote, die vielfach auch der Allgemeinheit offenstehen.

- Rundfunkanstalten bieten in Hörfunk und Fernsehen ebenfalls Fernunterricht an; so sind Telekolleg und Funkkolleg Beispiele für die Kombination von Lehrsendungen mit (schriftlichem) Begleitmaterial und Begleitseminaren für breite Bevölkerungsschichten.
- Das Deutsche Institut für Fernstudien an der Universität Tübingen (DIFF) erarbeitet in erster Linie Fernlehrmaterialien für die Lehrerweiterbildung. Außerdem ist es an der Erarbeitung der Begleitmaterialien für den Fernunterricht der Rundfunkanstalten beteiligt.
- Im tertiären Bereich bieten die Fernuniversität Hagen (FUH) und verschiedene Universitäten in dem Modellversuch Fernstudium im Medienverbund (FIM) Fernstudienmaterialien mit allen auch für den Fernunterricht geltenden Serviceleistungen an. An der FUH können Personen mit Hochschulreife als Vollzeit- oder als Teilzeitstudenten ein Diplom erwerben; für Personen ohne Hochschulzugangsberechtigung (Kursstudenten) dient die Teilnahme an einem Lehrgang der FUH generell der Weiterbildung. Beim FIM nehmen Studenten nur während der ersten beiden Semester am Fernstudium, später am traditionellen Studium ihrer Universität teil.

Funktionen des Fernlehrwesens in einem entwickelten Bildungswesen. Bildungspolitische Funktionen des Fernunterrichts und Fernstudiums sind:
- *Inhaltliche Ergänzung* des staatlichen Bildungsangebots: Trotz eines umfassenden, differenzierten Bildungswesens im Primar-, Sekundar- und Tertiärbereich ist das bisherige Angebot für den vierten Bildungssektor in In-

halt und Umfang unzureichend. Die Weiterbildung wurde erst spät als öffentliche Aufgabe definiert, und die berufliche Weiterbildung wird noch zu Beginn der 80er Jahre weitgehend als individuelles Anliegen eingeordnet. In dieser Funktion öffnet der Fernunterricht auch den Menschen Zugang zu Qualifizierungsprozessen, die aus körperlichen, psychischen oder rechtlichen Gründen das staatliche Bildungsangebot nicht nutzen können.
- *Quantitative Erweiterung* des staatlichen Bildungsangebots: Der Staat deckt weder inhaltlich alle Bildungsbedürfnisse im Bereich der Erwachsenenbildung ab, noch reicht die von ihm zur Verfügung gestellte Kapazität aus, um unter quantitativen Aspekten allen Bildungsbedürfnissen gerecht zu werden.
- *Nachholfunktion:* Überall dort, wo Menschen die Übergangsstellen im staatlichen Bildungssystem verpaßt haben oder aus dem staatlichen Bildungswesen ausgeschieden sind, können sie Bildungsabschlüsse im Fernunterricht nachholen.

So hat Fernunterricht auch die Aufgabe, Weiterbildung zugänglich zu machen für Menschen, die wegen zu großer Entfernung etwa zur nächsten Volkshochschule am öffentlichen Bildungswesen nicht teilhaben können.

Vor- und Nachteile des Lernens durch Fernunterricht. Abgesehen von der Selbstinstruktion ist der Fernunterricht die flexibelste Lernform; der Teilnehmer ist sowohl räumlich als auch zeitlich unabhängig, ebenso kann er sein Lerntempo, seine Lerngewohnheiten und auch die Stoffmenge, die er zu einem bestimmten Zeitpunkt erarbeitet, selbst festlegen. Einengungen treten hier nur auf, wenn der Fernunterricht durch Nahunterricht ergänzt und wenn eine feste Taktung durch die Fernlehreinrichtung vorgegeben wird.

Die räumliche und zeitliche Unabhängigkeit gestattet vor allem ein berufsbegleitendes Lernen. Fernunterricht ist eine außerordentlich aktivierende und intensive Lernform. Der Teilnehmer liest nicht nur oder hört nur zu, sondern er erarbeitet sich eine Materie, er ordnet sie in bezug auf seine speziellen Bedürfnisse, er kontrolliert seinen Wissensstand und wendet die neuen Kenntnisse selbständig oder unter Anleitung an. Der Teilnehmer ist jedoch nicht mit dem Lernen allein gelassen. Sein Lernen wird systematisiert, er kann sich beraten lassen, und seine Lernerfolge werden kontrolliert; dadurch wird er bestätigt und ermutigt. Außerdem kann das Fernlehrmaterial über die Teilnahme am Lehrgang hinaus als Nachschlagewerk genutzt werden und damit helfen, in der konkreten Situation Lösungen zu finden.

Zusammenfassend ist über die Vorteile der „Lernform Fernunterricht" festzustellen: Im Fernunterricht lassen sich die Vorteile aller anderen Lernformen kombinieren. Dagegen stehen die fernunterrichtsspezifischen Nachteile. Die Teilnahme an einem Fernlehrgang setzt in hohem Maße die Beherrschung von Lerntechniken voraus. Der ungeübte Lerner fühlt sich leicht überfordert, zumal alle Fernunterrichtsteilnehmer durch ihre Schulerfahrung an ein anderes Lernen gewöhnt sind. Mit einem Fernlehrgang ist zudem grundsätzlich die Gefahr der Isolierung des Lernenden verbunden. Des weiteren bleibt festzustellen, daß sich einige Lernziele grundsätzlich nicht für die Vermittlung durch Fernunterricht eignen. Allgemeinstes und folgenschwerstes Defizit des Lernens im Fernunterricht ist das fehlende Training der Kommunikation. Fernunterricht ist eine ökonomische Lernform unter anderem deshalb, weil theoretisch unbegrenzt viele Personen an einem bestimmten Lehrgang teilnehmen können. Andererseits kann er – aufgrund der privaten Struktur, Entwicklung und Herstellung – mit dem öffentlichen Bildungsangebot zum Beispiel in den Volkshochschulen nicht konkurrieren. Die geringe Bekanntheit und Akzeptanz des Fernunterrichts führt zum Problem der mangelnden Anerkennung durch Arbeitgeber und damit zum Problem der Verwertbarkeit eines im Fernunterricht erworbenen und sonst nicht zertifizierten Abschlusses.

Ausblick. Fernunterricht kann sinnvoll eingesetzt werden
- zur Erweiterung der Allgemeinbildung, vor allem zum Nachholen von Schulabschlüssen,
- in der beruflichen Erstausbildung zur Unterstützung der Ausbilder insbesondere bei kleineren Betrieben und gegebenenfalls zur Überbrückung von Blockphasen,
- in der Weiterbildung sowohl für den Einzelteilnehmer als auch im Rahmen der betrieblichen Weiterbildung, zur Erreichung allgemeinbildender Ziele, in der beruflichen Fortbildung, für die Freizeitgestaltung;
- in der Hochschulbildung insbesondere für Teilzeitstudenten, aber auch in einer Studienphase für andere Studenten als Training für ein späteres Weiterbildungsverhalten.

Entwicklungsmöglichkeiten des berufsbezogenen Fernunterrichts liegen im verbandlich entwickelten und betrieblich unterstützten Fernunterricht, da hier die Probleme (Isolierung, berufliche Verwertbarkeit) minimiert werden können.

DELLING, R. M.: Fernstudium – Fernunterricht. Bibliographie deutschsprachiger Texte von 1897 bis 1974, Weinheim/Basel 1977. EHMANN, C.: Fernstudium in Deutschland, Köln 1978. KUSTERMANN, H.: Der Fernschüler, Weinheim/Berlin/Basel 1970. LAUTENSCHLÄGER, K.-H.: Der Lehrbrief im Lehr- und Lernprozeß des Fernstudiums, Berlin (DDR) [2]1971. PETERS, O.: Die didaktische Struktur des Fernunterrichts, Weinheim/Basel 1973.

Gisela Pravda

Flexibilität, berufliche

Begriff und Inhalt. Berufliche Flexibilität ist die Möglichkeit des Menschen, auf die vielfältigen Gegebenheiten, Erfordernisse, Veränderungen, Herausforderungen und die Dynamik in Wirtschaft, in Bildung und Beruf und auf dem Arbeitsmarkt zu reagieren, aber auch umgekehrt Veränderungen verschiedener Art nach seinem persönlichen Willen, seinen Interessen, seinen Neigungen, seinen individuellen Wünschen und entsprechend seinen Erfahrungen, Fähigkeiten, Fertigkeiten und seinem Wissen hervorzurufen. Berufliche Flexibilität gliedert sich in zwei Komponenten, die sich gegenseitig bedingen: *berufliche Substitution* und *berufliche Mobilität*. Berufliche Substitution und berufliche Mobilität bewirken die Anpassung von Qualifikationen an Arbeitsplätze/Berufe und umgekehrt die Anpassung der Arbeitsplätze/Berufe an vorhandene Qualifikationen. Bezeichnet berufliche Substitution die Austauschbarkeit beziehungsweise den vollzogenen Austausch verschiedener Arten von Arbeitskräften (zum Beispiel: Schlosser wird durch Mechaniker ausgetauscht) im Hinblick auf einen Arbeitsplatz, so bezieht sich die berufliche Mobilität auf eine Bewegung/Beweglichkeit einer Arbeitskraft zwischen verschiedenen Arbeitsplätzen (zum Beispiel wechselt ein Mechaniker auf einen Arbeitsplatz für Schlosser). Beiden, beruflicher Substitution und beruflicher Mobilität, sind die Elemente *Arbeitsplätze* und *Arbeitskräfte* gemeinsam; sie unterscheiden sich nur in der Beziehung, die sie miteinander verbindet.

Man kann die Arbeitsplätze/Berufe und Arbeitskräfte nach verschiedenen Merkmalen gliedern. Innerhalb vieler solcher Gliederungen sind „Austauschmöglichkeiten zwischen verschiedenartigen Arbeitskräften" und „Arbeitsplatz-/Berufswechsel" denkbar. Für einen wohldefinierten Arbeitsplatz können beispielsweise einerseits gleichermaßen Männer wie Frauen und/oder Absolventen verschiedener Ausbildungen gegliedert nach Fachrichtung und/oder Bildungsniveau verwendet werden (= berufliche Substitution). So kann andererseits eine Arbeitskraft mit einer bestimmten Ausbildung Bewegungen/Wechsel zwischen Berufen, Wohnorten, verschiedenen Einkommensgruppen und/oder Hierarchiepositionen ins Auge fassen oder vollziehen.

Arbeitsplätze/Berufe, zwischen denen gewechselt werden kann, beinhalten für das Individuum erwerbbare Statusmöglichkeiten. Arbeitsplätze/Berufe, zwischen denen Wechsel ausgeschlossen sind, gewähren allenfalls „angeborene" Statusmöglichkeiten (so dürfen etwa Frauen nicht im Bergbau berufstätig sein). Allgemein gilt: *Individuen können nur zwischen Arbeitsplätzen/Berufen mit erwerbbaren Statusmöglichkeiten wechseln, während „Arbeitsplatz-/Berufswechsel" zwischen „angeborenen" Statusmöglichkeiten ausgeschlossen sind.*

Damit ein Arbeitgeber eine Substitution verschieden qualifizierter Arbeitskräfte vollziehen kann, muß er über eine entsprechende Substitutionsbereitschaft (Bereitschaft, bei der Besetzung eines Arbeitsplatzes auch Zweit- und/oder Drittbestlösungen zu akzeptieren) und über eine entsprechende Substitutionsfähigkeit (zum Beispiel Kenntnisse über Arbeitsplatzanforderungen, Informationen über den Arbeitsmarkt) verfügen. Damit eine Arbeitskraft einen beruflichen Mobilitätsvorgang vollziehen kann, muß sie darüber hinaus über die entsprechende Mobilitätsbereitschaft und -fähigkeit (= Mobilitätsqualifikation) verfügen, die ihr die Übernahme und Ausübung der neuen beruflichen Tätigkeit gestatten.

Gegenseitige Bedingtheit von beruflicher Substitution und beruflicher Mobilität. Zwischen Arbeitsplätzen/Berufen kann es Mobilitätsprozesse sehr verschiedener

Art geben. Als einfachsten Fall kann man sich die Situation vorstellen, daß zwei Personen eine wechselseitige Vorliebe für den Arbeitsplatz oder den Beruf des jeweils anderen entdecken und sie die Arbeitsplätze beziehungsweise die Berufe tauschen (vgl. MÜLLER 1978, S. 254 ff.). Der Vollzug zweier solcher Mobilitätsvorgänge beinhaltet, daß die Anbieter der beiden Arbeitsplätze nicht nur bereit und fähig sind, die beiden Personen gegenseitig auszutauschen, sondern auch die in ihnen inkorporierten Fähigkeiten, Fertigkeiten, Kenntnisse, Berufserfahrungen und Qualitäten – kurzum: Qualifikationen im weitesten Sinne – auszutauschen. Mobilitäts- und Substitutionsprozesse bedingen und realisieren sich gegenseitig.

Die gegenseitige Abhängigkeit von beruflicher Mobilität und beruflicher Substitution läßt sich folgendermaßen verallgemeinern: In einem System von Arbeitsplätzen/Berufen und Qualifikationen/Qualifikationsträgern, das sich in einem strukturellen Ungleichgewicht befindet und das einen Gleichgewichtszustand anstrebt, werden gleichzeitig erstens Mobilitätsvorgänge zwischen Arbeitsplätzen/Berufen in gleichem Umfang realisiert wie Substitutionsvorgänge zwischen Qualifikationen/Qualifikationsträgern und zweitens Mobilitätsvorgänge zwischen Arbeitsplätzen/Berufen um so schneller realisiert, je schneller die Substitutionsvorgänge realisiert werden und umgekehrt.

Eine solche einfache Fluktuation von Personal sowie ein solch einfacher Austausch zwischen Personal und seinen Qualifikationen kann natürlich komplexer sein und als eine Art *Kettenprozeß* verlaufen. Gibt es bestimmte Folgen des Ersetzens und Nachrückens, so kann man die dadurch ausgelösten Prozesse aus der Sicht der Arbeitskraft als Karrieremobilität und aus der Sicht der Arbeitsplätze/Berufe als „Veränderungssubstitution" verstehen. Wenn sich schließlich im Zeitablauf die Verteilung

der im System vorhandenen Arbeitsplätze/Berufe und/oder die Qualifikationen des Personals verändern, dann erfordern diese Veränderungen unter Umständen zusätzliche strukturbedingte Substitution und strukturbedingte Mobilität. Zu welchem Grad dies notwendig ist, hängt davon ab, inwieweit die strukturellen Veränderungen durch den Wechsel von ausscheidendem und neu eintretendem Personal und/oder durch neu zu schaffende oder sich verändernde oder zu vernichtende Arbeitsplätze/Berufe bewältigt werden können. Mobilitäts- und Substitutionsprozesse, die in einer bestimmten Gesellschaft in einem bestimmten Zeitraum zu beobachten sind, stellen in der Regel eine Mischung aus jeweils allen drei Typen von beruflicher Substitution und beruflicher Mobilität dar.

Verbreitung beruflicher Mobilität und beruflicher Substitution in der Bundesrepublik Deutschland. Das folgende Beispiel stammt aus einer repräsentativen Berufsverlaufserhebung bei erwerbstätigen Männern, die das Institut für Arbeitsmarkt- und Berufsforschung 1970 durchführte. Es bezieht sich auf die latente Substitution.

Von allen Arbeitsplätzen für betrieblich ausgebildete Männer könnten (im Vergleich zum jetzigen Stelleninhaber) besetzt werden:

– 40 % mit Absolventen anderer betrieblicher Ausbildungsfachrichtungen,
– 36 % mit Frauen (wenn diese über eine entsprechende Ausbildung verfügten) und
– 20 % mit Absolventen anderer Ausbildungsniveaus.

Ein Arbeitsplatz erweist sich um so „flexibler", je mehr Substitutionsmöglichkeiten er bezüglich dieser Merkmale gestattet. Ein Arbeitsplatz, der gleichzeitig eine Ausbildungsfachrichtungs- und Geschlechtersubstitution ermöglicht, ist somit flexibler als einer, der nur eine Geschlechtersubstitution zuläßt. Im

Abbildung 1: Substitutionsbeziehungen zwischen betrieblichen Ausbildungsfachrichtungen nach dem Urteil von Vorgesetzten männlicher Erwerbstätiger (Beziehungen von 10 % und mehr)

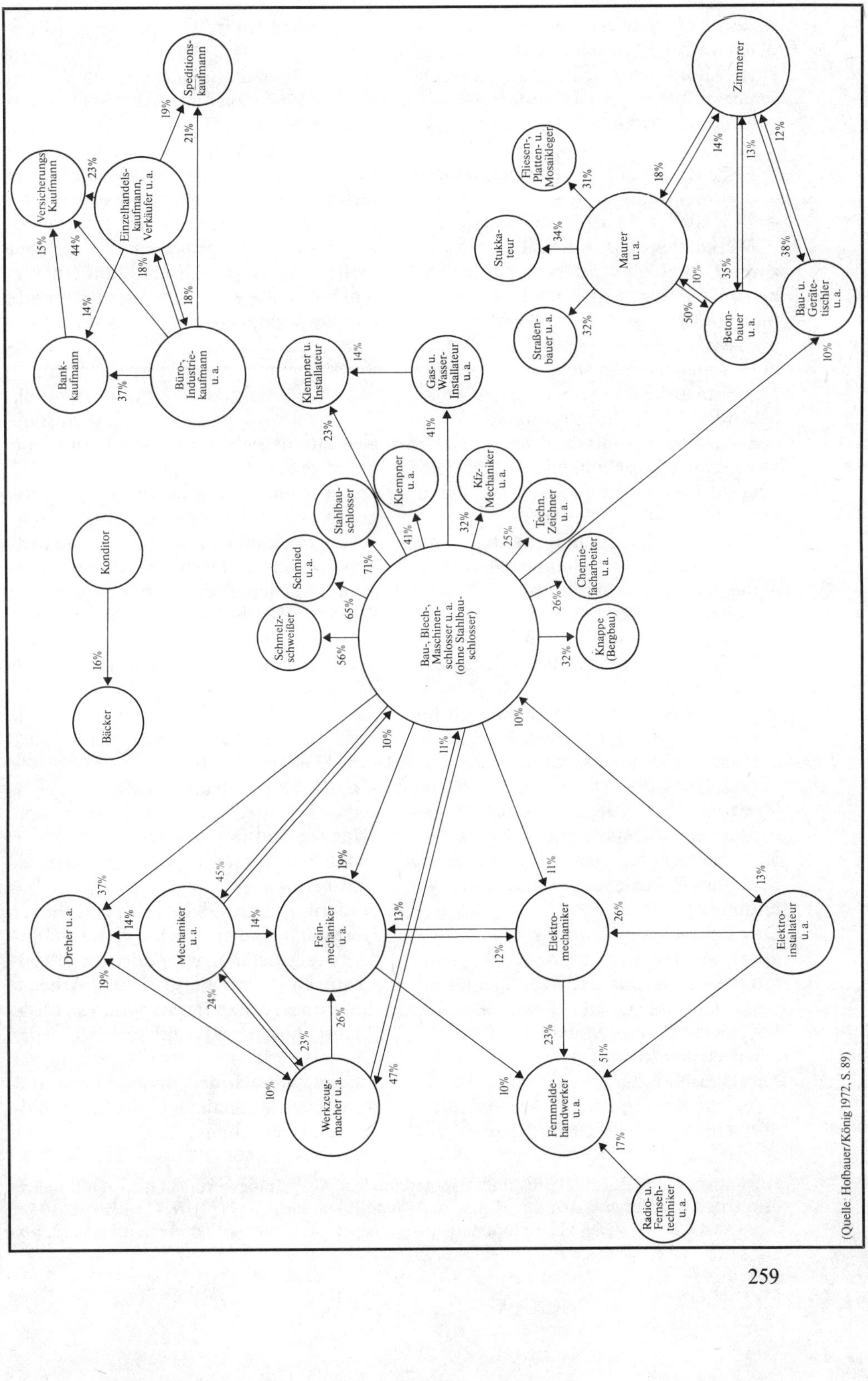

(Quelle: Hofbauer/König 1972, S. 89)

259

Falle einer Neubesetzung von Arbeitsplätzen waren hinsichtlich der betrieblichen Ausbildungsfachrichtung, des Geschlechts und des Ausbildungsniveaus
- ·32 % der Arbeitsplätze *nicht* substituierbar,
- 44 % der Arbeitsplätze in *einem* dieser drei Merkmale substituierbar,
- 24 % der Arbeitsplätze in *mehreren* Merkmalen substituierbar.

Zwei Drittel aller zu besetzenden Arbeitsplätze waren also im Hinblick auf ihre Besetzungsmöglichkeiten flexibel (vgl. KAISER/SCHWARZ 1977, S. 8). Darüber hinaus zeigte sich, daß zwischen bestimmten betrieblichen Ausbildungen besonders häufig Substitutionsbeziehungen stattfinden. Aufgrund der Enge der Substitutionsbeziehungen ließen sich deutlich drei Substitutionsfelder abgrenzen:
- das Feld der Bauausbildungen mit der zentralen Ausbildung „Maurer",
- das Feld der kaufmännischen Ausbildungen mit den zentralen Ausbildungen „Einzelhandelskaufmann/ Verkäufer" und „Büro-/Industriekaufmann",
- das Feld der Metall- und Elektroausbildungen mit der zentralen Ausbildung „Bau- / Blech- / Maschinenschlosser" (vgl. HOFBAUER/KÖNIG 1972).

Zentrale Ausbildungen gehen im Gegensatz zu *peripheren* mit mehr als zwei anderen Ausbildungen besonders häufig Substitutionsbeziehungen ein (vgl. Abbildung 1).

Das Beispiel für *berufliche Mobilität* ist gleichfalls aus der genannten repräsentativen Berufsverlaufserhebung entnommen. Es gibt einen Gesamtüberblick über die *realisierte Mobilität* bei männlichen Arbeitskräften mit betrieblicher Berufsausbildung.

Von allen männlichen Arbeitskräften mit einer betrieblichen Berufsausbildung haben während ihres Berufslebens vollzogen:
- 37 % einen Statuswechsel,
- 32 % einen (subjektiv empfundenen) Berufswechsel,
- 14 % einen Wohnortwechsel.

Eine Arbeitskraft ist um so mobiler, je mehr Mobilitätsvorgänge sie gleichzeitig in verschiedenen Dimensionen vollzogen hat bzw. vollziehen kann. Von allen betrieblich ausgebildeten Männern waren hinsichtlich des Status, des Berufs und des Wohnorts
- 40 % *nicht* mobil,
- 40 % bei nur *einem* Merkmal mobil,
- 20 % bei mehreren Merkmalen mobil.

Zwei von drei männlichen Erwerbstätigen mit betrieblicher Ausbildung sind mobil gewesen.

Darüber hinaus zeigte sich, daß Arbeitskräfte, wenn sie sich beruflich verändern, vornehmlich zwischen bestimmten Arbeitsplätzen/Berufen wechseln, während zwischen anderen Arbeitsplätzen/ Berufen Wechselvorgänge so gut wie nicht vorkommen. Aufgrund der Enge der Mobilitätsbeziehungen lassen sich insgesamt fünf Mobilitätsfelder eingrenzen:
- das Feld der kaufmännischen Berufe,
- das Feld der Metallberufe,
- das Feld der Elektroberufe,
- das Feld der bau- und holzverarbeitenden Berufe,
- das Feld der Transport- und Reparaturberufe.

Förderung und Sicherung beruflicher Flexibilität sind angesichts dieser Befunde zu eigenständigen politischen Zielsetzungen (zum Beispiel im Arbeitsförderungsgesetz, Berufsbildungsgesetz, Hochschulrahmengesetz) erhoben worden und verlangen verstärkt Antworten auf Fragen nach den Bedingungen und geeigneten Maßnahmen zu ihrer Erhaltung und Erreichung.

HOFBAUER, H./KÖNIG, P.: Substitutionspotentiale bei Ausbildungsberufen (Lehrberufe) nach dem Urteil von Vorgesetzten. In: Mitt. a. d. Arbmarkt.- u. Berfo. 5 (1972), S. 77 ff. KAISER, M./ SCHWARZ, U.: Berufliche Flexibilität und Arbeitsmarkt. In: Quintess. a. d. Arbmarkt.- u. Berfo.

3 (1977) Heft 7. MERTENS, D.: Der unscharfe Arbeitsmarkt. In: Mitt. a. d. Arbmarkt.- u. Berfo. 6 (1973), S. 314 ff. MÜLLER, W.: Generationenungleichheit und berufliche Flexibilität. In: MERTENS, D./KAISER, M.: Berufliche Flexibilitätsforschung in der Diskussion, Bd. 1, Nürnberg 1978, S. 253 ff.

Manfred Kaiser

Fortbildungsschule

Zur Geschichte der Termini „Fortbildungsschule" und „Berufsschule". Die Entwicklung der heutigen Berufsschule gründet auf der Durchsetzung des Pflicht- und Berufsprinzips im Fortbildungsschulwesen des 19. Jahrhunderts. In Preußen, auf das sich die folgenden Ausführungen paradigmatisch beziehen, wird eine entsprechende Fortbildungsschulpolitik um die Jahrhundertwende feststellbar und ist in diesbezüglichen Lehrplanerlassen vom 28. 1. 1907 und 1. 7. 1911, die – von der Notwendigkeit berufsspezifischer Fachklassen ausgehend – die Fortbildungsschule komplementär zur betrieblichen Lehrlingsausbildung definieren, dokumentiert. Gleichwohl taucht die naheliegende Kennzeichnung „berufliche Fortbildungsschule" als Terminus technicus damaliger Regelungen nicht auf. Statt dessen ist in der Erlaßsprache von „gewerblichen Fortbildungsschulen" die Rede, dem begrifflichen Requisit eines Entwicklungsstands, der mit der berufsspezifischen Auslegung de facto überwunden, jedoch erst nach dem Ersten Weltkrieg auch begrifflich, und zwar mit der generellen Ablösung des Terminus Fortbildungs- durch den der Berufsschule, eingeholt wurde (vgl. LIPSMEIER 1966, S. 173 ff.). Im Gegensatz dazu kannten die gewerblichen Fortbildungsschulen, auf die frühere Lehrplanrichtlinien wie auch die Bezeichnung selbst zutrafen, einen lediglich abstrakten, allgemeine gewerbliche Ertüchtigung betreffenden Berufsbezug. Sie gingen insoweit wiederum über die allgemeinen, als didaktisches Annex der Volksschulen konzipierten Fortbildungsschulen hinaus und standen genau im Übergang zwischen diesen und ihrer berufsspezifischen Fortentwicklung zu „Berufsschulen" im heutigen Sinne.

Allgemeine Fortbildungsschule. Die allgemeinen Fortbildungsschulen des 19. Jahrhunderts umfaßten teilzeitschulische Angebote, deren Adressaten volksschulentlassene Jugendliche waren und die in der Repetition und im Ausbau volksschulischer Lerninhalte bestanden. Nennenswerte politische Beachtung erfuhren diese Schulen erstmals in den 70er Jahren des 19. Jahrhunderts durch die länderunterschiedlich vollzogene gesetzliche Einführung einer an die Elementarschule anknüpfenden Fortbildungsschulpflicht (vgl. THYSSEN 1954, S. 87). Während in Preußen zunächst lediglich die auf die Gewerbeordnung vom 21. 6. 1869 zurückgehende Option der Städte und Gemeinden bestand, den Pflichtbesuch auf dem Wege des Ortsstatuts zu dekretieren, wurde in Ländern wie Hessen, Baden oder Sachsen die Fortbildungsschulpflicht bezeichnenderweise in der Volksschulgesetzgebung verankert. In diesem Zusammenhang wurde sie dann zu Beginn der 70er Jahre des vorigen Jahrhunderts auch in Preußen diskutiert. Damit erwies sich die allgemeine Fortbildungsschule als didaktisch uneigenständiges Anhängsel der Volksschule. Das wiederum rückt sie in den Traditionszusammenhang der vorindustriellen religiösen Sonntagsschulen (vgl. BLANKERTZ 1969, S. 128), die teils als auf katechetische Unterweisung beschränkte Elementarschulen fungierten, teils auch darüber hinausführten, sich der „dimittierten Jugend" annahmen (vgl. THYSSEN 1954, S. 21 ff.) und je nach örtlicher Initiative und örtlichem Bedarf zur Einbeziehung berufsrelevanter Inhalte übergingen. Diese Differenzierung zwischen allgemeinen und gewerbeorientierten Fortbildungsschulen wurde bereits in den ersten diesbezüglichen Runderlassen des preußischen Kultusministeriums vom 31. 5. 1844 und 20. 6. 1846 aufgegriffen und als jeweils ortsabhängig dargestellt. Es sei notwendig, „solchen aus der Schule entlassenen jungen Leuten durch einige wöchentliche Unterrichtsstunden den Besitz des Erlernten zu sichern, in religiöser und sittlicher Beziehung fortdauernd auf sie einzuwirken [...]". Dort, „wo die gewerblichen und anderen Lebensverhältnisse der Bewohner eine weitere Ausbildung [...] in den technischen Fächern notwendig" mache, könnten letztere auf das Eigeninteresse der Adressaten rechnen und den Bestand der Fortbildungsschule sichern (KÖNIGLICH PREUSSISCHES LANDESGEWERBEAMT 1906, S. 28). Hier wurde noch den örtlichen Gegebenheiten überlassen, was später als didaktisches Integrationsproblem diskutiert und durch administrativen Druck verbindlich gemacht wurde: die Verbindung von normativer Erziehungs- und beruflicher Qualifikationsfunktion. Allgemeine Fortbildungsschulen, die sich in erster Linie dem Erziehungs- und Repetitionsauftrag verpflichtet sahen, lehnten sich didaktisch an die Elementarschulen an. Darüber hinausgehende gewerbliche und kaufmännische Fortbildungsschulen waren in der Regel als Mischformen zwischen repetitiver und beruflicher Ausrichtung anzutreffen.

Staatlich weitgehend reglementiert wurden die Fortbildungsschulen – dies gilt für alle Länder – erst nach 1870. Bis zu diesem Zeitpunkt war ihre Entstehung und Entwicklung vor allem privater Initiative überlassen (vgl. HORLEBEIN 1976, S. 39 ff.).

Die nebeneinander entstandenen allgemeinen, kaufmännischen und gewerblichen Sonntags- beziehungsweise Fortbildungsschulen bildeten gemeinsame Traditionslinien der nach der Jahrhundertwende durchgesetzten beruflichen Fortbildungsschule, unterschieden sich jedoch von ihr in zwei wichtigen Punkten: zum einen hinsichtlich der Besuchspflicht, zum anderen hinsichtlich der nicht auf Lehrlinge beschränkten Fortbildungsfunktion im gewerblichen Bereich. Letztere wurde an das in den 80er und 90er Jahren des vorigen Jahrhunderts ausgebaute Fachschulwesen delegiert.

Berufliche Fortbildungsschule. Für die Ablösung allgemeiner und gewerblicher Fortbildungsschulen durch berufsspezifisch gegliederte Fortbildungsschulen mit Pflichtcharakter gelten folgende Bedingungsfaktoren als bedeutsam: die vom Stand der Produktionsmittel ausgehenden Qualitätsansprüche an das Handwerk, einschließlich der Systematisierung und Theoretisierung von Ausbildungsinhalten, einerseits sowie das durch die Auseinandersetzung mit der Arbeiterbewegung forcierte Staatsinteresse an erzieherischen Integrationsleistungen andererseits. Im ersten Fall erscheint die Durchsetzung des Berufsprinzips als rationale Antwort auf ökonomische Notwendigkeiten (vgl. MONSHEIMER 1970), im zweiten als Medium des zugrunde liegenden politischen Legitimationsinteresses (vgl. GREINERT 1975). Beide Interpretationen beziehen sich auf die Fortbildungsschulen, ohne Bezug auf den Strukturwandel des beruflichen Schulsystems zu nehmen.

Das Interesse des preußischen Staates richtete sich auf Gründung und Ausstattung beruflicher Pflichtfortbildungsschulen *im Verhältnis* zum niederen und höheren Fachschulwesen als bereits entwickelter übergeordneter Ebene. Die Entstehung der Fachschulen wurde ihrerseits vom Übergang der – 1821 als handwerkliche Vollzeitschule gegründeten – Berliner Gewerbeakademie zur

Technischen Hochschule begleitet. Der Akademisierung des Berliner Instituts folgte die „Gymnasiierung" seiner regionalen Zulieferschulen, der sogenannten Provinzialgewerbeschulen, auf deren Besuch wiederum die freiwilligen Handwerkerfortbildungsschulen vorbereiten sollten. Dieser Aufbau beeinflußte beziehungsweise präformierte die spätere Stufung der Fachschulen in niedere (Voraussetzung: gutes Abschneiden in der Elementar- und Fortbildungsschule/abgeschlossene Berufsausbildung) und höhere (Voraussetzung: Einjährigenberechtigung). Die freiwilligen Handwerkerfortbildungsschulen nahmen – je nach örtlicher Ausstattung – eine innere berufs- und leistungsbezogene Aufteilung vor und konnten – abhängig vom individuellen Leistungsvermögen – beliebig lange besucht werden. In die demgegenüber vollzeitschulischen Provinzialgewerbeschulen sollten Quartaabsolventen höherer Bürger- und Realschulen eintreten, dort entweder eine fachschulische Grundbildung erhalten oder auf den Übergang in die Berliner Gewerbeakademie vorbereitet werden (vgl. SCHIERSMANN 1979, S. 79 f.). Mit deren Umwandlung zur Technischen Hochschule wurde der fachschulische Auftrag der freiwilligen Handwerkerfortbildungs- und Provinzialgewerbeschulen durch ein eigenständiges Typenangebot ersetzt. Im Gegensatz dazu erhielt der vorbereitende Auftrag mit der Aufwertung eines großen Teils der Gewerbe- zu Oberrealschulen gymnasialen Rang und wurde vom beruflichen Schulsystem abgespalten.

Im Anschluß an diese Entwicklung auf dem Fach- und früheren Gewerbeschulsektor wurde die ihr eigene Hierarchisierungstendenz in Form der beruflichen Pflichtfortbildungsschulen nach unten hin verlängert. Im einzelnen kennzeichnet dieser neben den erwähnten Faktoren auch von schulsysteminterner Eigendynamik wie beispielsweise Allokations-, Status-, Besoldungs- und Be-

rechtigungsfragen geprägte Prozeß die gewerbliche Fortbildungsschulentwicklung Preußens: Hier fielen berufsspezifische Ausrichtung und Durchsetzung des Pflichtbesuchs in den Städten zusammen. Andere Länder kannten Schulpflichtregelungen, bezogen auf die allgemeine Fortbildungsschule, bereits seit 1870. Berufliche Fortbildungsschulen wurden dort alternativ eingeführt (vgl. HORLEBEIN 1976, S. 101). Regional waren die mit den Begriffen „Gymnasiierung", „Akademisierung" und „Hierarchisierung" beschriebenen und die Schultypenlage der gewerblichen Fortbildungsschule bestimmenden Verlaufsmuster jedoch durchaus verbreitet (vgl. GRÜNER 1978, ROTH o. J.). Demgegenüber bestand im kaufmännischen Bereich zwar eine im Aufbau den freiwilligen Handwerkerfortbildungsschulen vergleichbare Tradition berufsbegleitender Schulen, die vor allem in Hannover und Sachsen ausgeprägt war. Deren Klientel war allerdings auf Lehrlinge beschränkt, den Handwerkerfortbildungsschulen mitunter abteilungsweise zugeordnet, und die Entwicklung dieser Schulen vollzog sich nicht innerhalb eines Systems übergeordneter Schulformen (vgl. HORLEBEIN 1976, S. 76 f.). Querverbindungen der Schulsystemfindung des kaufmännischen Bereichs zum gewerblichen Sektor sind jedoch noch nicht systematisch untersucht worden. Auch wurden bislang Verhältnis und Gewichtung der angesprochenen Bestimmungsfaktoren vor allem am Gegenstand gewerblicher Schulen erörtert, sind aber auch hier noch ungeklärt.

Nach 1870 anzutreffende, und zwar mit dem Übergang zum Pflichtbesuch verbundene Charakteristika allgemeiner und beruflicher Fortbildungsschulentwicklung sind gleichwohl feststellbar: Der Pflichtcharakter ordnete die beruflichen Fortbildungsschulen den Fachschulen und vormaligen freiwilligen Handwerkerfortbildungsschulen unter und bestimmte insofern ihren Stellenwert in der politischen wie pädagogischen Diskussion. Pflichtfortbildungsschulen wurden seit 1870 immer wieder verlangt, und zwar unter Hinweis auf über funktionalen Qualifikations- hinausgehenden Erziehungsbedarf ihrer Klientel. Diese Defizitunterstellung war der Tradition der allgemeinen Fortbildungsschulen entnommen und setzte daher auch das berufliche Fortbildungs- vom übrigen beruflichen Schulwesen ab (vgl. TITZE 1973, S. 239 ff.). Parlamentarisch traten in diesem Sinne insbesondere die Nationalliberalen hervor. Außerparlamentarisch sind der von bürgerlich-liberalen Kräften getragene „Verein für die Verbreitung von Volksbildung", die kirchlichen Sozialbewegungen, vor allem aber der 1892 auf Initiative des Leipziger Fortbildungsschulpädagogen Pache gegründete „Deutsche Verein für das Fortbildungsschulwesen" zu nennen: Hier waren Fortbildungsschullehrer wie auch die am Fortbildungsschulwesen interessierten politischen Kräfte organisiert. Kontroversen lieferte sich der „Deutsche Verein" mit Interessenvertretern des Handwerks, die an der Lehrerrekrutierung Anstoß nahmen. Während an freiwilligen Handwerkerfortbildungsschulen auch Gewerbe- und Realschullehrer tätig waren, gerieten die Pflichtfortbildungsschulen vornehmlich zum nebenamtlichen Arbeitsfeld von Volksschullehrern. Die publizistische Tätigkeit des „Deutschen Vereins" war daher durch den Versuch bestimmt, den Widerspruch zwischen diesem Faktum und der Unhaltbarkeit repetitiver Fortbildungsschulauslegung zu lösen. Die Bewältigung dieses Widerspruchs erfolgte, indem man einen im Medium beruflichen Lernens liegenden Erziehungsauftrag zu begründen suchte. Der Erziehungsauftrag entsprach der Kompetenz der Volksschullehrer, der Berufsbezug setzte den gewerblichen Traditionsstrang fort, wofür – ab 1890 auf Provinzebene realisierte – Fortbildungsmaßnahmen verlangt wurden. Fortbil-

dungsschulpädagogisch vereint wurden beide Komponenten durch die Kultivierung vorindustrieller handwerklicher Berufsethik, die als Diskussionsgrundlage der nach der Jahrhundertwende stark beachteten Berufsbildungstheorie des Schulrats Kerschensteiner gelten kann (vgl. STRATMANN 1972).
Beruf war für Kerschensteiner Bezugsmedium für eine außerhalb des Ego und seiner Egozentrik liegenden Sache, über das Sachbezogenheit als allgemeines und auf staatsbürgerliche Gesinnung generalisierbares Einstellungsmuster gelernt werden sollte (vgl. WILHELM 1957, S. 136). Aufgrund der Verzahnung von Berufsqualifikation und Erziehungsauftrag war dieser Ansatz bildungspolitisch attraktiv. Er entsprach dem Pflichtcharakter, der inferioren Lage sowie den je nach Gewichtung der einen gegenüber der anderen Komponente unterscheidbaren fortbildungsschulpolitischen Positionen: Während Politiker der Konservativen und des Zentrums den Erziehungsauftrag als vorrangig ansahen, kritisierten die liberalen Kräfte diese Haltung als Rückfall auf die ihrer Ansicht nach nicht mehr zu rechtfertigende allgemeine Fortbildungsschule. Legitimatorischen Rückhalt gegen die konservativ-religiösen Bestrebungen bot das Kerschensteinersche Konzept insofern, als sich damit ein nur im Medium des Berufs zu sichernder normativer Auftrag begründen ließ. Gleichwohl war es auch mit dieser Argumentation nicht möglich, über die Rechtfertigung administrativer Maßnahmen hinauszugehen und die für die *gesetzliche* Verankerung der Fortbildungsschulpflicht in Preußen erforderliche parlamentarische Zustimmung zu finden. Ein entsprechender Gesetzentwurf der Handelsverwaltung vom 26. 3. 1911 scheiterte am rigiden Widerstand der Konservativen und des Zentrums (vgl. GRÜNER 1961, S. 397). Erneut aufgegriffen wurde der Pflichtbesuch in Art. 145 der Weimarer Verfassung vom 11. 8. 1919, der die Fortbil-

dungsschule in die Erfüllung der allgemeinen Schulpflicht einbezog. In Preußen fand der Art. 145 jedoch keine landesgesetzliche Grundlage. Es blieb bei der ortsstatutarischen Regelung (Gesetz betreffend die Erweiterung der Berufs- und Fortbildungsschulpflicht vom 31. 7. 1923), deren Aufhebung erst mit dem Reichsschulpflichtgesetz vom 6. 7. 1938 erfolgte (vgl. WOLSING 1977, S. 592).

BLANKERTZ, H.: Bildung im Zeitalter der großen Industrie. Pädagogik, Schule und Berufsbildung im 19. Jahrhundert, Hannover 1969. GREINERT, W.-D.: Schule als Instrument sozialer Kontrolle und Objekt privater Interessen. Der Beitrag der Berufsschule zur politischen Erziehung der Unterschichten, Hannover 1975. GRÜNER, G.: 1911 – Das berufspädagogische Sturmjahr. In: D. berb. S. 13 (1961), S. 396 ff. GRÜNER, G.: Die bayerischen Vollzeitschulen für die metallgewerbliche Lehrlingsausbildung. In: D. Dt. Ber.- u. Fachs. 74 (1978), S. 354 ff. HORLEBEIN, M.: Die berufsbegleitenden kaufmännischen Schulen in Deutschland (1800–1945). Eine Studie zur Genese der kaufmännischen Berufsschulen, Frankfurt/Bern 1976. KÖNIGLICH PREUSSISCHES LANDESGEWERBEAMT: Verwaltungsbericht 1905, Berlin 1906. LIPSMEIER, A.: Geschichte der Bezeichnung „Berufsschule". In: D. berb. S. 18 (1966), S. 169 ff. MONSHEIMER, O.: Drei Generationen Berufsschularbeit – Gewerbliche Berufsschulen, Weinheim ²1970. ROTH, K.: Die Entstehung und Entwicklung des gewerblichen und kaufmännischen Schulwesens in Württemberg mit besonderer Berücksichtigung der industriellen Entwicklung des Landes, Stuttgart o. J. SCHIERSMANN, CH.: Zur Sozialgeschichte der Preußischen Provinzialgewerbeschulen im 19. Jahrhundert, Frankfurt/M. 1979. STRATMANN, K.: Die Berufsschule als Instrument der politischen Erziehung. In: D. Dt. Ber.- u. Fachs. 68 (1972), S. 922 ff. THYSSEN, S.: Die Berufsschule in Idee und Gestaltung, Essen 1954. TITZE, H.: Die Politisierung der Erziehung. Untersuchungen über die soziale und politische Funktion der Erziehung von der Aufklärung bis zum Hochkapitalismus, Frankfurt/M. 1973. WILHELM, TH.: Die Pädagogik Kerschensteiners, Stuttgart 1957. WOLSING, TH.: Untersuchungen zur Berufsausbildung im Dritten Reich, Kastellaun 1977.

Klaus Harney

Frauenarbeit

Formen und Inhalte der Arbeit sind abhängig vom gesellschaftlichen Entwicklungsstand allgemein, insbesondere vom Grad der technologischen Entwicklung, von dem Stand der Produktivkraftentwicklung und den sozioökonomischen Verhältnissen, unter denen gesamtgesellschaftlicher Reichtum produziert wird.

Auch Frauenarbeit unterliegt diesen allgemeinen Rahmenbedingungen, ist aber zusätzlich abhängig vom gesellschaftlich vermittelten Bild der Frau und von den tradierten Wertmustern.

Ein kurzer historischer Rückblick vermag Aufschluß zu geben über die Entwicklung der Frauenarbeit. In den ständisch-feudalen Gesellschaften mit ihrer vorwiegend agrarischen Produktions- weise war die produktive Arbeit der Frau insbesondere in den bäuerlichen Familien nicht nur ein zusätzlicher, sondern ein gleichwertiger Beitrag innerhalb einer häuslichen Produktions- und Konsumtionsgemeinschaft. Mit der Auflösung dieser Gesellschaftsform und dem Durchbruch der bürgerlich-kapitalistischen Produktionsweise änderte sich der Charakter der Arbeit, auch der Frauenarbeit (vgl. GERHARD 1978).

Mit der formalrechtlichen Befreiung der Bauern aus feudalen Abhängigkeitsverhältnissen und der beschleunigten Entwicklung der industriellen Produktionsweise entstand der freie Lohnarbeiter, der, ohne Besitz an Produktionsmitteln, in einem freien Vertragsverhältnis seine Arbeitskraft auf dem nach dem Prinzip der freien Konkurrenz organisierten Arbeitsmarkt verkauft. Bauernbefreiung und industrielle Revolution mit der forcierten Kapitalakkumulation und den harten Arbeitsbedingungen, aber auch der bereits im 18. Jahrhundert einsetzende starke Bevölkerungszuwachs und die damit verbundene Landflucht führten zu Massenelend vor allem in den Industriezentren. Die Frauen der proletarischen Unterschicht waren daher aus ökonomischen Gründen gezwungen, am Erwerbsleben, auch in Form von Heimarbeit, teilzunehmen, wurden aber schon damals von ihren männlichen Kollegen als lohndrückende Konkurrenz empfunden. Gleichzeitig herrschte gesamtgesellschaftlich die bürgerliche Ideologie vom Manne als dem alleinigen „Ernährer" der Familie vor. Die Frauen im Bürgertum wurden bei ökonomischer und rechtlicher Abhängigkeit vom Manne auf ihre Rolle als Hausfrau und Mutter eingeengt. Dieses Leitbild, dem als ideologische Rechtfertigung die Annahme einer besonderen „Wesensart" der Frau mit den Attributen Emotionalität und Passivität zugrunde lag, kann zwar heute nicht mehr voll aufrechterhalten werden, dient aber in Zeiten erhöhter Arbeitslosigkeit noch immer als Argument zur Zurückdrängung der Frauen aus dem Arbeitsprozeß.

Während die Frauen der Unterschichten aus materiellen Gründen in das Erwerbsleben gedrängt wurden, forderten auch schon im 19. Jahrhundert immer mehr bürgerliche Frauen das „Recht auf Arbeit" und eroberten sich zunächst soziale, als „weiblich" geltende Berufe im Erziehungswesen, in der Kinderbetreuung und der Krankenpflege. Vorkämpferinnen der Frauenemanzipationsbewegung wie Peters, die Begründerin des Allgemeinen Deutschen Frauenvereins (gegründet 1865), forderten die volle Gleichberechtigung der Frau in der Politik und im Erwerbsleben, eine Forderung, die von sozialistischen Theoretikern wie Bebel und Zetkin aufgegriffen wurde als Teilforderung einer die gesamtgesellschaftlichen Verhältnisse umfassenden Emanzipationsstrategie (vgl. MENSCHIK 1972).

Im Ersten Weltkrieg konnten die Frauen Positionen in ausgesprochenen „Männerberufen" übernehmen, mußten aber für gleiche Arbeit bis zu 35 % niedrigere Löhne akzeptieren und wurden nach dem Krieg erneut auf dem Arbeitsmarkt benachteiligt. Der Nationalsozialismus machte schließlich alle bis dahin erreichten Erfolge zunichte. Als Bestandteil seiner anti-aufklärerischen, irrationalen Ideologie propagierte er einen Mutterschaftskult und reduzierte die gesellschaftliche Aufgabe der Frau auf ihre Gebärfunktion. Um die 1933 besonders große Massenarbeitslosigkeit einzudämmen, wurden die Frauen aus dem Erwerbsleben zurückgedrängt, mußten aber aus ökonomischen Gründen im Verlauf des Zweiten Weltkrieges unter erschwerten Bedingungen (Wegfall der Arbeitsschutzbestimmungen, Verlängerung des Arbeitstages) wieder in die Produktion eingegliedert werden (vgl. WINKLER 1977).

In der Bundesrepublik Deutschland ist die formale Gleichstellung der Frau grundgesetzlich garantiert (vgl. Art. 3, Abs. 2 und 3 GG). In der konkreten Rechtsprechung hat aber das Bundesverfassungsgericht aufgrund der Annahme von nicht nur biologischen, sondern auch „funktionalen", das heißt arbeitsteiligen Unterschieden lange Zeit Differenzierungen zwischen den Geschlechtern zugelassen, die etwa im Familienrecht zu einer Pflichtenverteilung in der Ehe geführt hatten. Erst mit der Reform des Ehe- und Familienrechts vom 14. 6. 1976, in Kraft getreten am 1. 7. 1977, ist im Bereich des Eherechts die volle, im Bereich des Familienrechts aber erst eine partielle Gleichstellung der Frau erreicht worden.

Seit Gründung der Bundesrepublik Deutschland ist die Zahl der (als Arbeiterinnen, Angestellte und Beamtinnen) abhängig beschäftigten verheirateten Frauen mit Kindern unter 15 Jahren im

Verhältnis zu den erwerbstätigen Frauen insgesamt überproportional gestiegen. Die Zunahme der Frauenerwerbstätigkeit stieg absolut bei den Abhängigen zwischen 1950 und 1960 um 2,5 Millionen Frauen (vgl. INSTITUT FÜR MARXISTISCHE STUDIEN 1978, S. 9) und erfuhr in den 60er Jahren nach dem Wegfall des Zustroms qualifizierter Arbeitskräfte aus der DDR einen weiteren Höhepunkt. Während bei hochqualifizierten Frauen berufs- und arbeitsorientierte Einstellungen dominieren, sind für die Berufstätigkeit von weniger qualifizierten Frauen zumeist finanzielle Gründe ausschlaggebend. Damit verschärft sich aber auch das Problem der *Doppelbelastung* der erwerbstätigen Frauen in Beruf und Familie. Bereits zu Beginn der 60er Jahre wurde das von Myrdal und Klein vorgeschlagene „Dreiphasen"-Modell diskutiert. Danach sollte die Frau bis zur Geburt des ersten Kindes im Berufsleben stehen, sich bis zum Schuleintritt des letzten Kindes der Kinderaufzucht widmen und danach ins Erwerbsleben zurückkehren. Dieses Modell übersieht aber die faktische Benachteiligung, die den Frauen durch die langjährige Unterbrechung erwächst, und konzipiert Kinderaufzucht nach wie vor als private, nicht als gesellschaftliche Aufgabe. Trotz rechtlicher Reformen muß weiterhin von einer Benachteiligung der Frauen im Erwerbsleben ausgegangen werden. Sie sind unter den Erwerbslosen über- und auf höheren Qualifikationsstufen unterrepräsentiert. Noch 1972 sahen elf Wirtschaftszweige in ihren Tarifverträgen Leichtlohngruppen vor. Insgesamt entsprechen die Bedingungen der Frauenerwerbstätigkeit weitgehend denen des sekundären Arbeitsmarktes mit den Attributen schlechte Bezahlung, Konjunkturanfälligkeit und fehlende Aufstiegsmöglichkeiten. Zusammengefaßt läßt sich die derzeitige Situation wie folgt beschreiben:
– Trotz feststellbarer Tendenz zur Höherqualifikation besteht nach wie vor ein geschlechtsspezifisches Bildungsgefälle. Frauen haben ein engeres Berufsspektrum: 88,9 % der weiblichen Lehrlinge konzentrieren sich in der Lehr- und Anlernausbildung auf nur 14 Ausbildungsberufe, großenteils auf traditionelle Frauenberufe. So liegt der Frauenanteil bei Krankenschwestern bei 91 %, in Fürsorgeberufen bei 71 %; der Anteil weiblicher Lehrlinge bei Elektrikern beträgt dagegen nur 0,07 %, bei Metallerzeugern und -verarbeitern 0,68 % (vgl. PEIKERT 1976). Neben der geschlechtsspezifischen Polarisierung der Qualifikationsstruktur ist fehlende vertikale Mobilität in Frauenberufen zu nennen. Frauen in Vorgesetzten- und Führungspositionen und im Wissenschaftsbereich sind eindeutig in der Minderheit.
– Auf gleicher Qualifikationsstufe verdienen Frauen weniger als Männer, und der Durchschnittslohn ist um so niedriger, je mehr Frauen sich in einem Beruf oder Zweig befinden. Frauenberufe sind außerdem anfälliger für die Auswirkungen des technischen Wandels, für Verschiebungen zwischen Wirtschaftszweigen oder Rationalisierungsmaßnahmen.
Hauptgründe für die Diskriminierung erwerbstätiger Frauen sind die Wirksamkeit geschlechtsspezifischer Wertmuster und die Übertragung „weiblicher" Rollen- und Aufgabenzuschreibungen auf das Berufsleben. Sozialisationsdefizite der Mädchen in der Familie führen zu fehlender Unabhängigkeit und Selbständigkeit, die wiederum die Aufnahme von erweiterten sozialen Beziehungen sowie Lern- und Orientierungsmöglichkeiten im außerfamiliaren Bereich erschweren. Ursachen für Bildungsdefizite und damit für verminderte Chancen auf dem Arbeitsmarkt liegen aber auch im Bildungs- und Ausbildungswesen. Trotz formaler Chancengleichheit beim Zugang zu Schulen und

Unterrichtsinhalten findet auch hier eine geschlechtsspezifische Rollenvermittlung statt:
- durch die Reproduktion von Rollenklischees über die Begabung von Mädchen auf naturwissenschaftlich-technischem Gebiet,
- durch die in den Bildungsplänen der meisten Bundesländer vorhandene Unterscheidung zwischen Fachbereichen für Jungen (technisches Werken) und Mädchen (Hauswirtschaft/Handarbeit),
- durch geschlechtsspezifischen Zugang zu einer Reihe von Schulen, insbesondere Gymnasien,
- durch die Reproduktion der Weiblichkeitsideologie in Unterrichtsmaterialien,
- durch die Organisation des Schulwesens insgesamt (frühe Entscheidung über den Übergang zu weiterführenden Schulen, mangelnde Durchlässigkeit in den Bildungsgängen), die sich sowohl schichtspezifisch nachteilig für die Kinder der Unterschicht als auch geschlechtsspezifisch nachteilig für Mädchen auswirkt.

Daher reicht ein formal freier Zugang zum Schulwesen nicht aus, um die durch die familiale Sozialisation geprägte „Informations- und affektive Distanz" (DAHRENDORF 1965, S. 20) von Mädchen zu Lernbereichen abzubauen, die der traditionellen weiblichen Rolle nicht entsprechen. Vielmehr müssen Anstrengungen zum Abbau der immer noch bestehenden geschlechtsspezifischen Diskriminierung gemacht werden durch eine Forcierung der Koedukation in allen Schultypen, eine verstärkte Erziehung zur Kritikfähigkeit und Selbständigkeit mit dem Ziel der Loslösung von unreflektierten sozialen Abhängigkeiten, eine größere Vermittlung von Kenntnissen über politische, wirtschaftliche und soziale Zusammenhänge, eine größere Information über die gegenwärtige und zukünftige Arbeits- und Berufswelt sowie durch die Heraufsetzung des Übergangsalters zu weiterführenden Schulen, die Schaffung größerer Flexibilität und Durchlässigkeit bei den Bildungsgängen und eine Reform der Lehrerausbildung speziell unter dem Aspekt der Vermittlung von Kenntnissen über psychologische und soziologische Zusammenhänge. Darüber hinaus sind kompensatorische Maßnahmen zur Weckung der Lernmotivation von Mädchen im technisch-naturwissenschaftlichen, politischen und wirtschaftlichen Bereich zu fordern und zu verbinden mit besserer Öffentlichkeits- und Elternarbeit (vgl. LANGKAU-HERRMANN/LANGKAU 1972, S. 48 f.).

DAHRENDORF, R.: Arbeiterkinder an deutschen Universitäten, Tübingen 1965. GERHARD, U.: Verhältnisse und Verhinderungen. Frauenarbeit, Familie und Recht der Frauen im 19. Jahrhundert, Frankfurt/M. 1978. INSTITUT FÜR MARXISTISCHE STUDIEN UND FORSCHUNGEN (Hg.): Wirtschaftskrise und Frauenemanzipation in der BRD, Frankfurt/M. 1978. LANGKAU-HERRMANN, M./LANGKAU, J.: Der berufliche Aufstieg der Frau. Arbeitsmarktstrategien zur verstärkten Integration der Frau in die Arbeits- und Berufswelt, Opladen 1972. MENSCHIK, J.: Gleichberechtigung oder Emanzipation? Die Frau im Erwerbsleben der Bundesrepublik, Frankfurt/M. ²1972. PEIKERT, I.: Frauen auf dem Arbeitsmarkt. In: Leviathan 4 (1976), S. 494 ff. WINKLER, D.: Frauenarbeit im „Dritten Reich", Hamburg 1977.

Karin Priester

Frauenbildung

Theorie und Praxis der Mädchen- und Frauenbildung sind untrennbar verbunden mit der ökonomischen Entwicklung und dem ideologischen Selbstverständnis des Bürgertums im 18. und 19. Jahrhundert und daher ein historisch begrenztes, allerdings auch heute noch nachwirkendes gesellschafts- und bildungspolitisches Phänomen. Historische Vorläufer bürgerlicher Mädchenbildungsinstitutionen sind die schon seit dem 16. Jahrhundert nachweisbaren Mädchenlehren. Daneben gab es aus der Gegenreformation hervorgegangene Orden (wie die „Ursulinen" und die „Englischen Fräulein"), die sich mit der Bildung von Mädchen der höheren Stände befaßten. Von ähnlichen Intentionen – der Rückführung alleinstehender adeliger Frauen und Mädchen vom reformierten zum katholischen Glauben – war auch die erste berühmte Mädchenschule Frankreichs, das „Institut des nouvelles catholiques", getragen, dessen Leiter Fénélon sich in seiner Schrift „De l'éducation des filles" (1687) für eine Verbesserung der Mädchenbildung der oberen Stände einsetzte.

Ein eigenständiges Mädchenschulwesen und eine Mädchenbildungstheorie entwickelten sich jedoch erst Ende des 18. Jahrhunderts und standen in engem Zusammenhang mit der Veränderung der vorherrschenden Produktionsweise und der den Aufstieg des Bürgertums begleitenden und legitimierenden Philosophie der Aufklärung.

Voraussetzung für die *Institutionalisierung der Mädchenbildung* war zum einen die Freisetzung der bürgerlichen Familie aus dem patriarchalischen Herrschaftsverband des „ganzen Hauses". Denn die Entlastung von den dort auch von Frauen geforderten Produktionsfunktionen durch die mit der Industrialisierung einsetzende räumliche Trennung von Produktions- und Reproduktionsaufgaben brachte überhaupt erst ein selbständiges Frauenproblem hervor. Für die Institutionalisierung der Mädchenbildung war aber zum anderen auch der durch die Ideologie vom „weiblichen Wesen" legitimierte Ausschluß bürgerlicher Frauen von außerhäuslicher Erwerbstätigkeit notwendig. Der im bürgerlichen Selbstbewußtsein verankerte Widerspruch von abstrakter Egalität und konkreter, geschlechtsspezifischer Differenz ist daher nach ZINNECKER (vgl. 1972, S. 13, S. 47) unaufhebbarer Bestandteil einer Schulpädagogik, die glaubt, aus der Eigenart der Geschlechter normativ Besonderheiten weiblicher Schulausbildung ableiten zu können.

Eine ebenso wichtige wie vollständige frühbürgerliche *Theorie der Mädchenbildung,* die von einer an Kants Geschlechterphilosophie orientierten und von Rousseau beeinflußten „Wesensbestimmung" der Frau geleitet war, lieferte Campe mit seiner Schrift „Väterlicher Rath für meine Tochter" (1791). Campes, auch Pestalozzis und Fröbels Ideen haben im 19. Jahrhundert Eingang gefunden in die bürgerliche Frauenbewegung und deren Frauenbildungskonzeptionen. Hauptforderung von Campes Mädchenbildungstheorie war die weibliche Charakterbildung, denn nur durch Erfüllung der „besonderen Bestimmung des Weibes" schien die Frau ihre „allgemeine Bestimmung als Mensch" verwirklichen zu können. Campes Theorie war einerseits Antwort auf den Strukturwandel der bürgerlichen Familie und Ergebnis ihrer „Sozialisationsschwäche", andererseits bewahrte sie noch Elemente der lebenspraktischen Orientierung der alten, vorindustriellen Hauslehre (vgl. TORNIEPORTH 1979, S. 63).

Im 18. und 19. Jahrhundert war den Mädchen der Zugang zum öffentlichen höheren Schulunterricht noch versperrt. Auf „höheren Töchterschulen" wurde der private Charakter einer für das Haus bestimmten Erziehung unterstrichen durch das am Ideal der „zarten Weiblichkeit" orientierte Leitbild der

„Dame", deren Qualifikationen sich vorwiegend auf Gesang und Klavierspiel, französische Konversation, Gesellschaftstanz und Malen erstreckten und deren soziale Herkunft sich auf das Großbürgertum beschränkte (vgl. ZINNECKER 1973, S. 49 f.).

In der zweiten Hälfte des 19. Jahrhunderts setzte eine doppelte, sowohl von bürgerlicher als auch von sozialistischer Seite getragene *Politisierung der Frauenbildung* ein. Seit seiner Gründung 1865 forderte der „Allgemeine Deutsche Frauenverein", die wichtigste Organisation der bürgerlichen Frauenemanzipationsbewegung, die Erschließung der Schul- und Universitätslaufbahnen für Frauen, mußte sich aber gegen die damals vorherrschende reaktive Bildungspolitik in den deutschen Ländern, insbesondere in Preußen, behaupten. So erregte beispielsweise die 1887 veröffentlichte „Gelbe Broschüre" („Die höhere Mädchenschule und ihre Bestimmung") von Lange großes öffentliches Aufsehen, während eine gleichzeitig beim preußischen Unterrichtsministerium eingereichte Petition zum höheren Mädchenschulwesen abgewiesen wurde. Die ab 1890 verstärkten bildungspolitischen Aktivitäten der bürgerlichen Frauenbewegung wurden aber nicht so sehr durch ein selbständiges Interesse an besserer Mädchenbildung, sondern eher durch die sozialen und politischen Konflikte des ausgehenden 19. Jahrhunderts geprägt. Unter dem Motto „Rettung der Familie" proklamierte die bürgerliche Frauenbewegung immer stärker einen politischen Abwehrkampf gegen die wachsende Sozialdemokratie.

1908 führte die Reform des höheren Mädchenschulwesens in Preußen zur Einrichtung von Frauenschulklassen in Lyzeen, die alternativ zur Studienanstalt (Vorbereitung auf das Abitur) und zum Lehrerinnenseminar die Mädchen des Besitzbürgertums auf ihre Rolle als Frau in Familie und Gesellschaft sehr spezifisch vorbereiten sollten. Mit der Einführung der Fächer Bürgerkunde, Volkswirtschaftslehre, Pädagogik und Gesundheitslehre in den Lehrplan sind erste Ansätze zur Professionalisierung weiblicher Arbeit feststellbar, da zunehmend Frauen des gehobenen Bürgertums zunächst ehrenamtlich in der Wohlfahrts- und Armenpflege, später hauptamtlich in sozialen Berufen tätig wurden. Die damit verbundene Erweiterung der traditionellen Rolle der bürgerlichen Frau von der „Hausmutter" zur „Volksmutter" und die zunehmende Orientierung der Mädchenbildung am „Wohl des Staates" und am „Gemeinsinn" wurde insbesondere von Kerschensteiner, einem der Wegbereiter des hauswirtschaftlichen Schulunterrichts, theoretisch untermauert und als Beitrag zum „sozialen Frieden" und als Abwehrstrategie gegenüber der Sozialdemokratie verstanden. Gegen die an Leitbegriffen wie „geistige Mütterlichkeit" und „weibliche Kulturaufgabe" orientierte bürgerliche Frauenbewegung, die am traditionellen, durch die geschlechtsspezifische „Bestimmung" der Frau vorgeprägten weiblichen Rollenverständnis festhielt und lediglich dessen Erweiterung intendierte, setzte die sozialistische Frauenbewegung – allerdings erst seit den 90er Jahren unter dem Einfluß der Schriften von Bebel – das Leitbild der voll am Erwerbsleben teilnehmenden Frau. Die in einer Reihe von Bildungsvereinen organisierten Arbeiterinnen sollten zur genossenschaftlichen Selbsthilfe, zur Selbsterziehung und Selbstschulung befähigt werden; ihr Selbstvertrauen sollte gestärkt und dadurch die Bereitschaft zur selbständigen ökonomischen und politischen Interessenwahrnehmung geweckt werden.

Obwohl die Frauen in Deutschland erstmalig 1908 das Recht auf ranggleiche höhere Bildung in Sekundarschulen und wissenschaftlichen Hochschulen erwarben, obwohl zur gleichen Zeit Reformpädagogen wie Geheeb und Wyneken sich um die Koedukation von Jungen und Mädchen bemühten, blieb ein entsprechender Antrag des Sozialisten Oestreich auf der Reichsschulkonferenz 1920, Koedukation und Zugang der Mädchen zu allen weiterführenden Bildungseinrichtungen allgemein festzulegen, folgenlos.

Die Zählebigkeit einer auf der weiblichen „Wesensverschiedenheit" aufbauenden Schulpädagogik bewirkte, daß in der Bundesrepublik Deutschland in einer Reihe von Bundesländern an einer geschlechtsspezifischen institutionellen Trennung und an curricularer Differenzierung (etwa durch die Frauenoberschulzweige mit fachgebundener Hochschulreife) festgehalten wurde, daß in Schullesebüchern Geschlechtsrollenstereotype verbreitet wurden (und werden) und Mädchenbildungsideologien insbesondere im Bereich der hauswirtschaftlichen Bildung tradiert wurden. So konnte TORNIEPORTH (1979, S. 335 f.) aufgrund einer Lehrplananalyse feststellen, „daß die Konzeptionen zur hauswirtschaftlichen Schulausbildung des 20. Jahrhunderts sowohl Merkmale der Armenbildung als auch Reste der Mädchenbildungsideologien des 18. und 19. Jahrhunderts aufweisen und daß ihnen überwiegend ein weibliches Geschlechtsrollenstereotyp zugrunde liegt, das eine dauerhafte Familienrolle und eine temporäre Erwerbsrolle der Frau umfaßt".

Der damit verbundenen objektiven Benachteiligung von Mädchen im Bildungswesen widerspricht nicht die empirisch feststellbare, von ZINNECKER (vgl. 1972, S. 127) auf die unterschiedliche Wirkungsrichtung der nichtkognitiven Einflüsse zurückgeführte bessere Beurteilung der Schulleistungen von Mädchen. Denn durch das schulische Belohnungs- und Bestrafungssystem wird der weibliche „Modalcharakter" mit seinen Sekundärtugenden wie willigere Arbeitshaltung, größere Anpassungsfähigkeit und damit die Verengung der weiblichen Statusrolle sowie das geringere Anspruchsniveau von Frauen verstärkt.

Aufgrund tiefgreifender technologischer Veränderungen im Produktionsbereich ist jedoch in fast allen hochindustrialisierten westlichen Ländern seit den 60er Jahren ein Wandel vom „Hausfrauenmodell" zum Leitbild der „Doppelrolle der Frau" feststellbar. Das Verständnis von dieser Doppelfunktion kann als zentrale Variable zur Erklärung des Bildungs- und Weiterbildungsverhaltens von Frauen angesehen werden (vgl. DIEKERSHOFF/DIEKERSHOFF 1976, S. 53). So ist etwa der hauswirtschaftliche Unterricht in seiner traditionellen Form der Mädchenbildung problematisch geworden. Er könnte in ein auch hauswirtschaftliche Fertigkeiten berücksichtigendes Fach „Arbeitslehre" für beide Geschlechter integriert werden und so eine neue Chance bekommen.

Diesem Wandel trug auch der „Bildungsbericht '70" der Bundesregierung Rechnung und forderte die Überwindung der durch die traditionelle Schule aufrechterhaltenen Rollenverteilung zwischen den Geschlechtern (vgl. BUNDESREGIERUNG 1970, S. 31; zur Entwicklung der Abiturientenquote siehe S. 50 und S. 53).

Demgegenüber äußert ZINNECKER (vgl. 1972, S. 106) die Befürchtung, daß auch Reformmaßnahmen wie die Einführung der reformierten Oberstufe und der differenzierten Gesamtschule unter dem Einfluß des „Bildungsliberalismus" durch ein ausgedehntes Wahlangebot die Tradierung von Geschlechtsrollenstereotypen ermöglichen; und TORNIEPORTH (vgl. 1979, S. 400 ff.) wendet ein, daß mit einer in fast allen westlichen, aber auch in den sozialistischen Ländern proklamierten Perfektionierung der Doppelrolle der Frau nicht deren Überwindung durch die Ausdehnung von Doppelkompetenzen auf Männer intendiert sei. Lediglich in Schweden ist auf staatlicher Ebene der bisher weitestgehende Versuch unternommen worden, das Leitbild der „Doppelrolle der Frau" abzulösen durch eine „Rolle von Frau und Mann", bei der beide Ehepartner eine Berufs- und Familienrolle zu gleichen Teilen spielen sollen; doch ist man in der Praxis noch weit von der Verwirklichung dieses Ideals entfernt (vgl. LINNHOFF/SAUER 1976, S. 166).

BUNDESREGIERUNG: Bildungsbericht '70, Bonn 1970. DIEKERSHOFF, S./DIEKERSHOFF, K. H.: Bildungs- und Weiterbildungsbereitschaft von Frauen bis zu 45 Jahren. Schriftenreihe des Bundesministers für Jugend, Familie und Gesundheit, Bd. 42, Stuttgart 1976. LINNHOFF, U./ SAUER, B.: Berufliche Bildungschancen von Frauen, Göttingen 1976. TORNIEPORTH, G.: Studien zur Frauenbildung. Ein Beitrag zur historischen Analyse lebensweltorientierter Bildungskonzeptionen, Weinheim/Basel 1979. ZINNECKER, J.: Emanzipation der Frau und Schulausbildung. Zur schulischen Sozialisation und gesellschaftlichen Position der Frau, Weinheim/ Basel 1972. ZINNECKER, J.: Sozialgeschichte der Mädchenbildung. Zur Kritik der Schulerziehung von Mädchen im bürgerlichen Patriarchalismus, Weinheim/Basel 1973.

Karin Priester

Geschlechtsrolle

Definition. Mit dem Komplex „Geschlechtsrolle" bezeichnet man die über kognitive Prozesse, Identifikations- und Imitationsvorgänge ablaufende unterschiedliche Verinnerlichung geschlechtsspezifischer physiologischer und psychischer Eigenschaften, Verhaltensweisen und Einstellungsmuster bei Männern und Frauen.

Theoretische Ansätze. Es gibt eine Vielzahl theoretischer Ansätze, die den Prozeß der Übernahme geschlechtsspezifischen Rollenverhaltens zu erklären beanspruchen. Ältere, *anthropologisch und erbbiologisch* ansetzende Theoreme versuchen, durch idealtypische Betrachtungen und ganzheitliche „Wesensschau" unter Absehung von historischen, kulturellen und milieubedingten Faktoren das „Wesen des Weiblichen" zu ergründen. Dabei gehen sie vom äußeren Erscheinungsbild, von biologischen und physiologischen Gegebenheiten aus und gelangen zu grundlegenden Feststellungen über das „eigentliche" Wesen der Frau, deren Andersartigkeit betont und deren intellektuelle Minderwertigkeit herausgestellt wird (vgl. HAUSEN 1976, LEHR 1969, S. 8 f.). So hatte MÖBIUS (vgl. 1900) die angeblich geringere Intelligenz der Frau betont, aber auch spätere Autoren wie Buytendijk, Lersch, Moers heben noch bis in die 50er Jahre hinein die angeblich starken qualitativen Unterschiede hinsichtlich geistiger Fähigkeiten zwischen Mann und Frau hervor (vgl. LEHR 1972, S. 886). Im Zusammenhang mit diesen biologistischen Theoremen ist der *psychoanalytische* Ansatz, wie er in seiner klassischen Form von Freud geprägt wurde, zu nennen. Freud erklärt die Genese geschlechtsspezifischen Verhaltens durch die Annahme eines „phallisch sexuellen Monismus" und koppelt die psychische Entwicklung an die Reifung der Geschlechtsorgane. Nach Freud sind zwar die Eigenschaften der Geschlechter nicht angeboren, doch wird durch die biologisch vorgegebene Geschlechtszugehörigkeit der Entwicklungsablauf in zeitlich und inhaltlich festgelegten Phasen determiniert. Die geschlechtsspezifischen Eigenschaften der Individuen sind somit zum größten Teil Ergebnis dieses biologisch bedingten Reifungsprozesses. In der ödipalen Phase im Alter von etwa drei bis sechs Jahren bildet sich das Über-Ich aus, das als psychische Instanz die gesellschaftlich tradierten Werte und Normen repräsentiert. Durch Identifikation mit dem Angreifer, dem zunächst als Bedrohung gegenüber inzestuösen Triebimpulsen wahrgenommenen gleichgeschlechtlichen Elternteil, übernimmt das Kind die durch diesen „Aggressor" vermittelten und gesellschaftlich erwünschten geschlechtsspezifischen Verhaltensweisen (vgl. FREUD 1972). Diese beiden Ansätze, die heute zwar wissenschaftlich überholt sind, gleichwohl aber immer noch einen Großteil des öffentlichen Bewußtseins und das Erziehungsverhalten vieler Eltern prägen, haben zur Verbreitung von Geschlechtsrollenstereotypen beigetragen. Danach werden die sogenannten „instrumentell-männlichen" Eigenschaften mit den Attributen Aktivität, Aggressivität, Rationalität, Beharrlichkeit, Ehrgeiz, Konkurrenzverhalten, Verantwortung, Vorausplanung, Neugier, Originalität und die „expressiv-weiblichen" Eigenschaften mit den Attributen Passivität, Unterordnung, Emotionalität, Gehorsam, Pflichtbewußtsein, Hilfsbereitschaft, Ordentlichkeit verbunden (vgl. PARSONS/BALES 1956). Diese Zuschreibungen tragen zum Bildungsdefizit der Mädchen und zur Benachteiligung der Frauen auf dem Arbeitsmarkt bei.
Dagegen kam LEHR (vgl. 1972) zu dem Ergebnis, daß es angeborene, anlagemäßig bedingte Unterschiede im psychischen Bereich zwischen den Geschlechtern nicht gebe. „Auf Grund einer kriti-

schen Überprüfung der Resultate empirischer Forschungen müssen zahlreiche Vorstellungen über ‚typisch männliche' und ‚typisch weibliche' Eigenschaften als Resultat überlieferter Stereotypen betrachtet werden. ‚Männliches' und ‚weibliches' Verhalten sind stets als Ergebnis vielschichtiger Sozialisationsprozesse anzusehen, als das Ergebnis einer Interaktion zwischen Individuum und Gesellschaft" (LEHR 1972, S. 911).

Unter dem Einfluß *ethnologischer* und *kulturanthropologischer* Untersuchungen und *empirischer* Forschungsmethoden konnten die älteren, biologistischen Erklärungsansätze mit ihrer Annahme entwicklungspsychologisch identifizierbarer, feststehender Phasenabläufe zurückgewiesen werden. Wirkungsgeschichtlich bedeutsam waren hier die Untersuchungen von M. Mead (1955), die aufgrund ihrer vergleichenden Feldstudien die soziokulturelle Bedingtheit des „geschlechtsspezifischen" Verhaltens hervorhob, und von S. de Beauvoir (1949), die die Annahme wesensbedingter geschlechtsspezifischer Unterschiede zurückgewiesen hat und die gesellschaftlichen Bedingungen als wichtige Erklärungsvariable betont. Mit der Berücksichtigung soziokultureller Einflußfaktoren war methodisch ein Abrücken von einer bloßen Konstatierung biologisch vorgegebener geschlechtsspezifischer Eigenschaften und eine Hinwendung zur Untersuchung von deren Genese, dem Prozeß des Hineinwachsens in die Geschlechtsrolle, verbunden. Danach wird die Übernahme der Geschlechtsrolle als ein gesellschaftlich bedingter und soziokulturell vermittelter Lernprozeß aufgefaßt und im Rahmen der Sozialisationsproblematik als Prozeß des „sex-typing" analysiert. Der Einfluß elterlichen Erziehungsverhaltens wird besonders hervorgehoben, aber die Interaktion zwischen den verschiedenen Sozialisationsvariablen (elterliches Erziehungsverhalten, Peer-group, Schule, allgemeine soziokulturelle Faktoren) ist nur unzureichend untersucht worden (vgl. LEHR 1972).

Der Sozialisationsprozeß wird dabei in neueren Ansätzen nicht mehr als einseitige Anpassung der Individuen an die bestehenden gesellschaftlichen Verhältnisse und die durch sie geprägten Wertmuster verstanden, sondern als Wechselwirkungs- und Interaktionsprozeß zwischen Gesellschaft und Individuum, wobei das Individuum über den Erwerb von Rollendistanz eine Normen und Werte partiell in Frage stellende und damit gesellschaftlich innovatorische Fähigkeit entfalten kann.

Der Prozeß des Geschlechtsrollenerwerbs ist insbesondere aus *psychologischer* und *soziologischer* Sicht analysiert worden. Von psychologischer Seite wird dabei nach den innerpsychischen Prozessen beim Geschlechtsrollenerwerb gefragt, wobei im wesentlichen lerntheoretische und kognitionstheoretische Ansätze zu unterscheiden sind, die zum Teil auch in der marxistischen Sozialpsychologie Verwendung finden (vgl. DANNHAUER 1973, HIEBSCH/VORWERG 1972).

Die Theorie des sozialen Lernens geht davon aus, daß geschlechtsspezifische Verhaltensweisen des Kindes nach den Grundprinzipien der Lerntheorie (Bestrafung/Belohnung) über Beobachtung und Imitation „erlernt" werden durch die positive Bewertung von sozial gültigen geschlechtsspezifischen Verhaltensweisen. Andere Autoren halten den Prozeß der Identifikation mit den Eltern für entscheidend, wobei der ursprünglich aus der Psychoanalyse entlehnte Begriff der Identifikation in unterschiedliche theoretische Konstrukte eingebettet wird und Ähnlichkeiten mit dem Konzept des Imitationslernens aufweist (vgl. DEGENHARDT/TRAUTNER 1979, S. 50 ff.).

Der *kognitionstheoretische* auf Piaget fußende Ansatz Kohlbergs, der Ende der 60er Jahre entwickelt wurde, geht dagegen davon aus, daß die Geschlechtsrollenidentität des Kindes weitgehend Resultat der kognitiven Selbstkategorisierung als Junge oder Mädchen ist. Weder biologische noch kulturelle Gegebenheiten oder Identifikationsprozesse prägen danach geschlechtsspezifische Verhaltensweisen, sondern die kognitive Entwicklung allein bedingt die Strukturierung der kindlichen Wahrnehmung. Geschlechtsrollenidentität, erworben aufgrund eines kognitiven Realitätsurteils, ist hiernach die Ursache, nicht das Produkt des sozialen Lernens der Geschlechtsrolle, und sexuelle Identifikation mit den Eltern ist das Derivat der fundamentalen Geschlechtsidentität des Kindes (vgl. KOHLBERG 1974, S. 344).

Doch abgesehen von einer unzureichenden empirischen Überprüfung dieser Hypothese besteht die Gefahr eines Rückfalls in die Annahme biologisch invarianter und konstanter „männlicher" oder „weiblicher" Eigenschaften, da das biologische Geschlecht zur Grundlage für die kognitive Entwicklung gemacht wird, deren rollenspezifische Ausprägung lediglich erkannt und identifiziert wird.

Von *marxistischer* Seite wird zwar die gesellschaftliche Determination des Individuums als „Ensemble der gesellschaftlichen Verhältnisse" (Marx) betont; dennoch wird die Rollenverteilung zwischen den Geschlechtern auf eine letztlich nur biologisch erklärbare, „ursprünglich naturwüchsige" Arbeitsteilung zurückgeführt. Dieser von feministischer Seite (vgl. SCHEU 1978, S. 23 f.) kritisierte „Restbiologismus" einer prinzipiell historisch-genetisch argumentierenden Theorie und der hohe Abstraktionsgrad der bisher einzigen konsistenten marxistischen Persönlichkeitstheorie, dem „Aneignungskonzept" von Leontjew, lassen es nicht zu, von einer marxistischen Theorie zur Erklärung des Geschlechtsrollenerwerbs zu sprechen.

Das Konzept der „Aneignung" bezeichnet die „individuelle Seite" des materiellen Produktionsprozesses. Der Aneignungsprozeß reproduziert die auf phylogenetischer Ebene historisch gebildeten Eigenschaften und Fähigkeiten der menschlichen Art in den Eigenschaften und Fähigkeiten des Individuums. Es eignet sich die in Artefakten und Handlungen vergegenständlichten gesellschaftlichen Erfahrungen der Gattung an, indem es die in ihnen verkörperten menschlichen Tätigkeiten durch eigene praktische und kognitive Tätigkeiten nachvollzieht. Der Aneignungsprozeß verkörpert das wichtigste ontogenetische Entwicklungsprinzip des Menschen, wobei Aneignung auch in dieser Theorie nicht mit Anpassung gleichzusetzen ist, sondern eine Wechselwirkung von Individuum und Gesellschaft und den praktisch-verändernden Eingriff in die gesellschaftlichen Verhältnisse beinhaltet.

Die Problematik des Aneignungskonzepts, das gesellschafts- und geschlechtsneutral den Prozeß der Aneignung der Natur durch den Menschen phylogenetisch und ontogenetisch analysiert, liegt in der Annahme eines abstrakt-gesellschaftlichen Menschen. Wie HOLZKAMP (vgl. 1976, S. 200) kritisch einwendet, wird die Entwicklung des Menschen zur Gesellschaftlichkeit nicht mehr unter konkreten, historisch bestimmten und gegebenenfalls auch widersprüchlichen Bedingungen begriffen, sondern nur in ihren allgemeinen Zügen erfaßt, und kann nur unter der Voraussetzung erheblicher Modifikation und Konkretion seine Fruchtbarkeit bei der Analyse des Geschlechtsrollenerwerbs als einer spezifischen Form von Aneignung unter Beweis stellen.

Von *soziologischer* Seite wird der Einfluß der Schichtzugehörigkeit und bestimmter Strukturformen der Familie (wie Familiengröße, Geschwisterkonstellation), der Abwesenheit eines Elternteils und der Berufstätigkeit der Mutter auf den Geschlechtsrollenerwerb untersucht. Obwohl diese Untersuchungen stärker auf andere, außerfamiliäre

Sozialisationsvariablen ausgedehnt werden müßten, lassen die vorliegenden Untersuchungen den Schluß zu, daß Geschlechtsrollenattitüden Produkte gesellschaftlicher Zuschreibungsprozesse sind (vgl. ZAHLMANN-WILLENBACHER 1979, S. 85 ff.).

DANNHAUER, H.: Geschlecht und Persönlichkeit, Berlin (DDR) 1973. DEGENHARDT, A./ TRAUTNER, H. M. (Hg.): Geschlechtstypisches Verhalten. Mann und Frau in psychologischer Sicht, München 1979. FREUD, S.: Gesammelte Werke, Bd. 5, Frankfurt/M. ⁵1972. HAUSEN, K.: Die Polarisierung der „Geschlechtscharaktere". Eine Spiegelung der Dissoziation von Erwerbs- und Familienleben. In: CONZE, W. (Hg.): Sozialgeschichte der Familie in der Neuzeit Europas, Stuttgart 1976, S. 363 ff. HIEBSCH, H./VORWERG, M.: Einführung in dié marxistische Sozialpsychologie, Berlin (DDR) 1972. HOLZKAMP, K.: Sinnliche Erkenntnis. Historischer Ursprung und gesellschaftliche Funktion der Wahrnehmung, Frankfurt/M. ³1976. KOHLBERG, L.: Analyse der Geschlechtsrollenkonzepte und -attitüden bei Kindern unter dem Aspekt der kognitiven Entwicklung. In: KOHLBERG, L.: Zur kognitiven Entwicklung des Kindes, Frankfurt/M. 1974. KÜRTHY, T.: Geschlechtsspezifische Sozialisation. Alte Normen und neue Vorstellungen in der Entwicklung und Erziehung von Kindern und Jugendlichen, Bd. 1, Paderborn 1978. LEHR, U.: Die Frau im Beruf. Eine psychologische Analyse der weiblichen Berufsrolle, Frankfurt/Bonn 1969. LEHR, U.: Das Problem der Sozialisation geschlechtsspezifischer Verhaltensweisen. In: GRAUMANN, C. F. (Hg.): Handbuch der Psychologie, Bd. 7.2, Göttingen 1972, S. 886 ff. MÖBIUS, P.: Über den physiologischen Schwachsinn des Weibes, Halle 1900. PARSONS, T./BALES, R. F.: Family, Socialization and Interaction Process, London 1956. SCHEU, U.: Wir werden nicht als Mädchen geboren – wir werden dazu gemacht. Zur frühkindlichen Erziehung in unserer Gesellschaft, Frankfurt/M. 1978. ZAHLMANN-WILLENBACHER, B.: Geschlechtsrollendifferenzierung und Geschlechtsrollenidentifikation. In: DEGENHARDT, A./ TRAUTNER, H. M. (Hg.): Geschlechtstypisches Verhalten . . ., München 1979, S. 85 ff.

Karin Priester

Grundbildung

Zum Gang der Untersuchung. Der logischen Klärung des Terminus Grundbildung folgt eine kurze Analyse seiner derzeitigen Verwendung, bei der historisch bis in die 20er Jahre zurückgegangen wird. Dabei kommen die Begriffe *„grundlegende Bildung"* (SPRANGER 1925), *„wissenschaftliche"*, *„wissenschaftspropädeutische Grundbildung"* (vgl. W. FLITNER 1959, 1961), *„berufliche Grundbildung"* (Terminus im bundesdeutschen Sprachgebrauch), „berufliche oder polytechnische Grundlagenbildung" (DDR und Polen) zur Diskussion. Hieran schließt sich die Darstellung der systematischen Matrizes an, von denen aus die didaktisch-curriculare Struktur der Grundbildung konstituiert werden kann. Schließlich werden berufliche und wissenschaftliche Grundbildung von diesen Voraussetzungen her kurz durchstrukturiert.

Grundsätzliches zum Begriff der Grundbildung. Grundbildung kann formal und material verstanden werden: als Ableitungsgrundlage für die aus ihr folgende Bildung und als Basis für das auf ihr Errichtete. Denkt man an das Begriffspaar „Grundbildung" und „weiterführende Bildung", so ist die Basis-Metapher angemessen. Das Weiterführende setzt das Vorausgehende zwar voraus, folgt aber nicht unbedingt aus ihm. Ordnet man dagegen der „Grundbildung" das Korrelat „Spezialbildung" zu, dann liegt das logische Verhältnis der Spezifizierung oder Konkretisierung vor: Grundbildung ist also nach beiden Seiten hin interpretierbar.

Grundbildung tritt im gegenwärtigen Sprachgebrauch in der Doppelform einer „beruflichen" und einer „wissenschaftlichen" oder „wissenschaftspropädeutischen Grundbildung" auf. Es gibt also keine Grundbildung schlechthin.

Als didaktischer Begriff hat die Grundbildung sowohl eine inhaltliche als auch eine formal-methodische Seite. Im Zentrum unserer Beobachtung liegt die inhaltliche Seite, also das *Kanonproblem* der Grundbildung.

Ein solcher Grundbildungskanon läßt sich weder eindeutig aus bestimmten Prinzipien oder Systemen ableiten, noch ist er ein Produkt bloß historischer Willkür. Gleichwohl gehen wir davon aus, daß es bestimmte systematische Ansätze einer curricularen Kanonbegründung gibt, die auch miteinander in Synthesen eintreten können. Diese Möglichkeiten sollen im folgenden rekonstruiert werden.

Das Verhältnis von Grundbildung und weiterführender oder Spezialbildung ist ein pädagogisches Sachproblem, über das freilich stets in einem politisch-ideologischen Horizont entschieden wird. Sofern man das eine vom anderen isoliert, kann man die westdeutsche Lösung der „Grundlagenbildung" mit der in der DDR und in Polen durchaus parallel behandeln.

Die heute gebräuchlichen Formen von Grundbildung – Historischer Rückblick. Wissenschaftliche Grundbildung ist zunächst von SPRANGER (vgl. 1925) unter dem Begriff der „grundlegenden Bildung" thematisiert worden; in den frühen 50er Jahren hat dann W. Flitner mit der Übernahme des Grundbildungsbegriffs von ZOLLINGER (vgl. 1939) einen die Studierfähigkeit an der Hochschule begründenden Kanon von Geistesbeschäftigungen „wissenschaftliche Grundbildung" genannt und damit die Meinungsbildung der Westdeutschen Rektorenkonferenz (WRK) und die Gutachtertätigkeit des Deutschen

Ausschusses für das Erziehungs- und Bildungswesen maßgeblich beeinflußt. Eine dritte, „wissenschaftspropädeutische Grundbildung" genannte Konzeption vertrat die Ständige Konferenz der Kultusminister der Länder in der Bundesrepublik Deutschland (KMK) bei ihrer Oberstufenreform von 1972, in der gegenüber dem Kanonproblem das der Studienorganisation stärker in den Vordergrund trat.

In seinem bahnbrechenden Aufsatz „Grundlegende Bildung, Berufsbildung, Allgemeinbildung" hat SPRANGER (1925) bekanntlich die traditionelle Reihenfolge von allgemeiner und Berufsbildung umgekehrt, indem er dieser eine „grundlegende Bildung" vorausgehen und die eigentliche „Allgemeinbildung" erst folgen ließ. Diese grundlegende Bildung „hat ihren natürlichen Mittelpunkt in der heimatlichen Welt, vom Dorf beginnend bis zu der Gemeinsamkeit geistigen Volksbesitzes in Wissen und Technik, Sitte und Staat, Kunst und Religiosität". Und weil jeder an ihr teilnehmen muß, nennt sie Spranger „grundlegende Bildung". Er bezieht sie auf alle Kulturbereiche, spricht aber ausdrücklich von „deutscher Kultur" und vom „deutschen Volksbesitz", der hier weitergegeben werden soll. W. FLITNER (vgl. 1959, 1961) hat dann in seinen Studien zur gymnasialen Oberstufe und zur Hochschulreife den Nationalbezug der Grundbildung bereits aufgegeben. An die Stelle der Sprangerschen Kulturbereiche sind hier auf die Ursprünge europäischer Kulturtradition bezogene Geistesbeschäftigungen getreten, also sprachlich-literarische und mathematische Studien, ein naturwissenschaftlicher Lehrgang, der zu unserem technischen Weltverständnis hinführen, ein sozialkundlich-politischer, der unser modernes Demokratieverständnis begründen, ein theologischer, der unser christliches Weltverständnis freilegen soll, wozu noch ein bis in die Sokratische Frage „Was ist?" zurückreichender philosophischer Grundkurs tritt. Flitner sieht in diesen Geistesbeschäftigungen aus der Artes-Tradition erwachsene „Schulkünste", die – im Gegensatz zum modernen Wissenschaftsenzyklopädismus – ein kyklisches Ganzes bilden und nicht mit den Fachwissenschaften der Hochschule verwechselt werden dürfen. Dieses Mißverständnis nennt er „didaktischen Szientismus". Wissenschaftliche Grundbildung bereitet nicht auf ein bestimmtes Spezialstudium vor, indem sie einzelfachliche Leistungen vorwegnimmt, sondern soll zu allen Studienrichtungen und Studienfächern in gleicher Weise befähigen. Eine weitere Grundbildungskonzeption spricht aus den Texten zur Oberstufenreform von 1972. Sie basiert auf dem Konzept einer „wissenschaftspropädeutischen Grundbildung mit Vertiefung in Schwerpunkten" und entwickelt W. Flitner gegenüber größere studienorganisatorische Aktivität. Die Differenz zwischen Pflicht- und Wahlfächern kreuzt sich mit der zwischen Grund- und Leistungskursen, die wieder von der Unterscheidung *dreier Aufgabenfelder* getragen wird: des sprachlich-literarisch-künstlerischen, des gesellschaftlichen und des mathematisch-naturwissenschaftlich-technischen Aufgabenfeldes, wozu noch Sport und Religion treten. Wissenschaftspropädeutische Orientierung meint dabei ein Dreifaches: Einsicht in Struktur und Methode einzelwissenschaftlicher Erkenntnis, wissenschaftstheoretische Voraussetzungsreflexion und das Bewußtsein um die Notwendigkeit einer sauberen sprachlichen Einkleidung der Erkenntnis. Von einer mit Flitner vergleichbaren Differenzierung der Kanoninhalte ist nicht mehr die Rede. Dennoch wird die allgemeine Hochschulreife und Studierfähigkeit als Zielvorstellung im Sinne Flitners nicht preisgegeben.

Im Berufsbildungsgesetz (BBiG) von 1969 erhält „berufliche Grundbildung" zum erstenmal eine ausbildungsrechtliche Auslegung. Die Vermittlung einer „breit angelegten beruflichen Grundlegung" wird dabei als allgemeingültiges Kriterium eines geordneten Ausbildungsganges genannt (§ 1 BBiG). In einem spezielleren Sinn bezeichnet der Begriff die erste Stufe der Stufenausbildung (Berufsgrundbildungsjahr). In ihr sollen auf breiter Grundlage „für die weiterführende berufliche Fachbildung und als Vorbereitung auf eine vielseitige Tätigkeit Grundfertigkeiten und Grundkenntnisse vermittelt sowie Verhaltensweisen geweckt werden, die einem möglichst großen Bereich von Tätigkeiten gemeinsam sind" (§ 26, Abs. 2 BBiG; vgl. PAMPUS/WEISSKER 1977). Das Berufsgrundbildungsjahr ist grundsätzlich „berufsfeldbezogen", es bereitet nicht auf einen, sondern auf ein Bündel verwandter Berufe vor. Die mit seinem Eintritt geforderte Berufsentscheidung bleibt also noch relativ allgemein und läßt der weiteren Berufswahl mehrere Alternativen offen. Darin steckt eine entschiedene Absage an den Primat der Spezialbildung. „Sie beeinträchtigt die berufliche Mobilität, wie sie unter den Bedingungen einer schnellen technischen Entwicklung wünschenswert ist; sie begrenzt die Ausbildung der politischen Urteilsfähigkeit, wie sie die freiheitlich-demokratische Gesellschaft bei jedem Bürger voraussetzt, und sie erschwert die volle Entfaltung personaler Möglichkeiten, wie sie die europäische Pädagogik von ihren Anfängen versprochen hat" (BLANKERTZ 1978, S. IX).

Eine ausgearbeitete Didaktik des Berufsgrundbildungsjahres liegt noch nicht vor, wohl aber seit 1978 Rahmenpläne der KMK für 13 Berufsfelder. Das Berufsgrundbildungsjahr vermittelt fachtheoretischen und fachpraktischen Unterricht, während die fachübergreifenden Lehrinhalte in gewisser Weise den allgemeinbildenden Unterricht der Hauptschule fortsetzen. Der in Nordrhein-Westfalen laufende Modellversuch unterscheidet zwischen obligatorischen Fächern (je zwei Stunden Deutsch, Politik, Religion und Sport) und Schwerpunktfächern (je zwei Stunden Wirtschaftslehre, Mathematik, Naturwissenschaften, vier Stunden Fachtheorie und 15 Stunden Fachpraxis, wozu noch ein drei- bis siebenstündiger Wahlunterricht tritt, der der Fachpraxis zugeschlagen, beliebig verwendet oder auch dem Nachholen des Hauptschulabschlusses gewidmet werden kann, wofür dann Unterrichtsangebote in den Fächern Englisch, Deutsch und Mathematik in Anspruch genommen werden müssen. – In manchen Bundesländern wird das Berufsgrundbildungsjahr alternativ zum 10. allgemeinbildenden Schuljahr angeboten. Abschluß der allgemeinen und Beginn der beruflichen Bildung fallen dann zusammen.

Trotz der unterschiedlichen ideologischen Einkleidung zeigen die Konzeptionen des Berufsgrundbildungsjahres bei uns und der polytechnischen Grundlagenbildung in der DDR (und in Polen) eine durchaus verwandte Struktur. *Polytechnische Grundbildung* wird dort als eine bereits von Marx vollzogene Vermittlung zwischen traditionellen Formen humanistischer Allgemeinbildung und utilitaristischer Berufsbildung und damit als Antwort auf die technische Revolution unseres Jahrhunderts verstanden. Sie unterscheidet zwischen fachbildenden und fachübergreifenden Inhalten, wobei Fachbildung wieder in Fachtheorie und Fachpraxis unterteilt ist. Im polytechnischen Prinzip ist dabei das angesprochen, was man „technische Allgemeinbildung" nennen könnte und wofür Inhalte wie Maschinenkunde, Elektrotechnik, allgemeine mechanische und chemische Technologie, technisches Zeichnen, Elemente der Wirtschaftslehre und Arbeitsorganisation namhaft gemacht werden (vgl. KNOBELSDORF 1976). Der Rückgang vom Einzelberuf zum *Berufsfeld* beim Berufsgrundbildungsjahr weist in die gleiche Richtung. Das Allgemeine der polytechnischen Grundlagenbildung beschränkt sich freilich nicht nur auf die Grundlegung jeder weiteren speziellen Ausbildung, sondern bezieht auch den Umblick auf die „technische Kultur" im Ganzen und die Einsicht in die Gesetzmäßigkeiten des Produktions- und Arbeitsprozesses, seine funktionalen Wechselbeziehungen und seine gesellschaftlichen Zielsetzungen mit ein. Ihr Allgemeinheitscharakter läßt sich auch mit methodisch-funktionalen Leistungsbegriffen beschreiben: Was hier vermittelt werden soll, sind Vermessungen, Berechnungen am Material (Holz, Metall, Kunststoff), technisches Zeichnen, Modellieren, Mutieren, ist die Analyse und Interpretation statistischer Daten, ist schließlich die Fähigkeit der historischen Betrachtung gesellschaftlicher Prozesse (vgl. KNOBELSDORF 1976).

Das *Lehrplanwerk der DDR* kennt demgegenüber einen Begriff „wissenschaftliche Grundbildung" nicht und setzt dafür den der „Allgemeinbildung", der eine analoge Bedeutung für die Fundierung aller weiteren Ausbildung zugeschrieben wird. „Es ist deshalb nicht zufällig, daß gegenwärtig in allen Berufen, von den unteren bis zu den höchsten Qualifikationsstufen, eine hohe Allgemeinbildung und eine darauf aufbauende breite berufliche Grundlagenbildung das Ausbildungsprofil entscheidend bestimmen. Diese Bildung ist die Grundlage für Leistungsfähigkeit und Disponibilität des sozialistischen Facharbeiters, des Ingenieurs und des Wissenschaftlers, und sie bedingt wesentlich ihre Fähigkeit, mit der gesellschaftlichen und wissenschaftlich-technischen Entwicklung Schritt zu halten und an ihr aktiv und schöpferisch mitzuwirken" (NEUNER 1976, S. 29).

Der Vergleich zeigt also, daß es sich bei der Grund(lagen)bildung um ein Sachproblem handelt, das unabhängig von den politischen Voraussetzungen auftritt und nach einer Lösung verlangt.

Systematische Kanonmodelle der Grundbildung. Versteht man unter Grundbildung jenes Allgemeine, das der auf sie folgenden besonderen Bildungsform, der beruflichen Spezialbildung oder der wissenschaftlichen Fachbildung als didaktisches Fundament dienen kann, dann lassen sich drei Modelle für ein solches grundbildendes Gesamtcurriculum anführen: das *artistische* Kanonmodell, das *praxeologische* Gefügemodell und schließlich die erkenntniswissenschaftliche oder *sinntheoretische* Systematik.

Die artistische Didaktik, der Kanon des *Triviums* und des *Quadriviums,* hat mit Einschluß eines gymnastisch-musischen Elements die europäische Bildungsgeschichte von der Antike bis zur Aufklärung auf das Intensivste bestimmt und ist als curricularer Unterbau motivlich noch in unseren Lehrplanentwürfen lebendig. – Dieser Kanon muß zugleich in Verbindung mit der praxeologischen Systematik verstanden werden, worunter ein von Derbolav entwickeltes systematisches Ordnungsmodell zu verstehen ist, an dessen Erstellung bereits die antike Techné-Lehre (Platon und Aristoteles) gearbeitet hat und das vom Mittelalter bis zu Schleiermacher in der Prudentienlehre weiterlebte und dem heute angesichts der undurchschaubar gewordenen fachlichen und einzelwissenschaftlichen Zusammenhänge eine gewisse Bedeutung als Orientierungshilfe zukommt.

Praxeologie ist das Resultat einer Differenzierung der Gesamtpraxis nach konstitutiven, voneinander grundsätzlich unterschiedenen, einander aber notwendig ergänzenden, sachlich unentbehrlichen Aufgaben, die sich in einer Sozietät von Menschen stellen und zugleich im Hinblick auf ihre historische Kontinuität einen Lehrzusammenhang und im Hinblick auf ihr Leistungsniveau eine Art professionellen Bewußtseins entwickeln. Ausgangspunkt ist die Einsicht, daß die gesellschaftlich erforderlichen Aufgaben einer dreifachen Auseinandersetzung entstammen, nämlich erstens derjenigen der Menschen untereinander (= Rechtspraxis, Wehrpraxis), zweitens derjenigen aller Menschen gemeinsam mit der Natur (= Technik, Ökonomie) und drittens derjenigen mit der eigenen Mängelstruktur (= Medizin, Pädagogik). Diese drei Komplexe aufgabenbewältigender Einzelpraxen sind als solche keine rein formalen Klassifikationen (wie Arbeit, Sprache, Herrschaft), sondern institutionalisierte und in der europäischen Tradition durch Berufsfelder beglaubigte Antworten auf die in der Sozietät notwendig gestellten Herausforderungen. Sie alle finden ihren Kulminationspunkt in einer zentralen Praxis, in der Politik. Von diesem Zentrum aus lassen sich zwei weitere Praxis-Reihen ausmachen, die nicht so durchgängig gesellschaftlich bedingt sind wie die zunächst definierten. Gleichwohl können sie von der zentralen Praxis aus ermittelt werden, weil sie in der Ordnungsfunktion ebenfalls von der Politik her überformt sind, nicht aber in ihrer Zielfunktion. Es sind dies einerseits Journalistik und Wissenschaftspraxis, andererseits Kunst- und Religionspraxis – beide Komplexe sprengen den letztlich nationalen Horizont der Politik auf die Menschheitsidee hin auf.

Diesem System muß noch die Familien- und Sozialpraxis unterschoben werden, sie bildet gleichsam die „Naturwüchsigkeitsstufe" aller anderen Einzelpraxen, dem Verhältnis von Familie und Gesellschaft im System der Rechtsphilosophie bei Hegel vergleichbar. Andererseits reiht sie sich als Sozialpraxis in die gesellschaftlichen Aufgaben der übrigen Einzelpraxen ein und ergänzt sie um ein wesentliches Element.

Was die *Binnenstruktur* der Einzelpraxen betrifft, so entfaltet sie sich von einer Naturwüchsigkeits- über eine Rationalitätsstufe bis zum Ansichtigwerden der regulativen Ideen ihrer jeweiligen Güter. Diese regulativen Ideen markieren die normative Zielrichtung der Einzelpraxen, die – insofern sie alle durch die Pädagogik hindurchgehen – curriculare Bedeutung gewinnen.

Von der *praxeologischen* Matrix aus lassen sich nun Brücken zur *artistischen* und *sinntheoretischen* hinüberschlagen. Zunächst fällt auf, daß im praxeologischen Gefüge die *Sprachpraxis* fehlt, ein Hinweis dafür, daß sie als pädagogische Aufgabe im pädagogischen Felde selber aufgesucht werden muß. Dies hat die artistische Tradition der Didaktik längst besorgt, und zwar so, daß sie die Strukturen und Inhalte der Sprache neben die des mathematischen Denkens stellte. Ihr verdanken wir eine Systematisierung dieser Inhalte im schon erwähnten Trivium (Grammatik, Rhetorik, Dialektik) und Quadrivium (reine und angewandte mathematische Disziplinen: Arithmetik, Geometrie, Astronomie und Akustik). Dieser Grundkanon sprachlich-mathematischer Elementarbildung ist einerseits durch die Sprachinhalte (die *litterae*) welthermeneutisch ausgerichtet, trägt anderseits in seiner disziplinären Ausgliederung bereits die zentralen Motive des praxeologischen Systems in sich: In der grammatischen Selbstzuwendung der Sprache ist bereits das Pädagogische, in der Rhetorik das Politische und das Journalistische, in der Dialektik schließlich die logisch-wissenschaftstheoretische und die philosophische Systematik angelegt. Die mathematischen Disziplinen des Quadriviums wieder weisen den Übergang zur erkenntniswissenschaftlichen Systematik, in deren Zentrum der Block der naturwissenschaftlichen Disziplinen Physik, Chemie und Biologie steht, der sich heute bereits eine feste Position in allen Curricula erobert hat.

Die *sinntheoretischen* Strukturmodelle (vgl. LITT 1948, FISCHER 1975) artikulieren dann diese Stufenfolge nach und ergänzen sie entsprechend. Litt unterscheidet Körper-, Lebens-, Seelen- und Geisteswissenschaft und bringt damit als neues Element neben der Geisteswissenschaft noch die Psychologie und Geschichte ins Spiel.

Darauf aufbauend, hat F. Fischer in den späten 50er Jahren eine Sinnstufenordnung entwickelt, die von der Semantik, der logischen Syntax, der Mathematik, der Physik, der Biologie, der Psychologie, der Historie, der Rechtswissenschaft und der Literaturwissenschaft (als Repräsentantin der Kunstwissenschaft) bis zur Theologie emporführt. Er konstruiert diese Reihe gleichsam aus einer schrittweisen Aufdeckung der impliziten Voraussetzungen des jeweils getätigten Sinnvollzugs. Dieses Modell bedarf einiger Korrekturen. Sie betreffen den Ausschluß der Historie und die Abkoppelung der letzten vier Sinnstufen, der Rechts-, der Politik-, der Kunst- und der Religionswissenschaft (Theologie), die keine erkenntniswissenschaftlichen, sondern praxeologische Aspekte darstellen. Vom Voraussetzungslosesten ausgehend und dann immer mehr Voraussetzungen einholend, werden dabei die Sinnstufen der Physik, der Biologie, der Psychologie, der Geistes- oder Gebildewissenschaften so durchlaufen, daß vom bloßen „Außereinander" in der Physik jeweils ein Stück Innerlichkeitszuwachs als Lebendigkeit, Bewußtsein, Motivation bis zur Sinnprägung am Objekt hinzutritt. Aus der praxeologisch vorgegliederten Erfahrung aufsteigend und ihr spezifisch Gegenständliches konstituierend, decken die Physik zunächst die kausalmechanischen, die Biologie die organisch-ganzheitlichen Strukturen auf, die Psychologie den an die Lebenszentren gebundenen Funktionsbestand, die Sozialwissenschaften die Motivations- und Interaktionsaspekte dieser Lebenszentren der Menschen in gesellschaftlichen Verbänden, während die Gebildewissenschaften sich um die hermeneutische Aufschließung des aus der Handlungsmotivation abgelösten, in „Werken" verdichteten Sinn bemühen. Zwischen dieser sinntheoretischen und praxeologischen Systematik besteht insofern ein Rückbezug, als die Naturwissenschaften die Bedingungen des technischen Handelns explizieren, die Biologie dasselbe für die Medizin, die Psychologie für die Pädagogik, die Soziologie für die Politik und die Gebildewissenschaften für alle jene Praktiken leisten, in denen nicht auf den anderen zugehandelt, sondern in denen mit ihnen an Sachen gearbeitet wird: die Medien-, die Wissenschafts- und schließlich die Kunstpraxis. Ohne Mechanik, Optik, Akustik, Elektrik, Wärmelehre gäbe es keine Klarheit über das Handlungsfeld der Technik, ohne biologische Analysen bliebe der Körper dem Arzt etwas Fremdes, ohne psychologische Diagnose verfehlte der Unterrichtsmethodiker nur allzu leicht den Zugang zum Kinde, ohne sozialwissenschaftliche Erhebungen gäbe es kaum eine Kontrolle sozialen Handelns und politischer Zielsetzung, ohne gebildewissenschaftliche Theorien gelangten die Werkpraktiker kaum zu einer Beherrschung ihres Instrumentariums. Analoges leisten Historie und Geographie, die deshalb nicht ohne Grund meist gemeinsam angeboten werden. Die Historie ist kein eigentlicher Sinnaspekt im Spektrum der Erkenntniswissenschaften, eher eine spezifische Sinndimension, in der alle Einzelpraxen und Wissenschaftsaspekte in bezug auf ihre Herkunft betrachtet werden können (vgl. DERBOLAV 1975, S. 151). Auch die Geographie ist eher ein interdisziplinäres Bündel unterschiedlicher wissenschaftlicher Ansätze zur Erforschung der Erde und fehlt deshalb auch in der Aspektreihe der Erkenntniswissenschaften. Beide haben propädeutische Funktion für unser ökonomisches, juristisches, politisches Weltverständnis. Geschichte macht diese Welt in ihrer Herkunft begreiflich, Geographie vermittelt sie in ihren mundanen Konkretionen auf „dieser Erde".

Aus dem Gesagten ergibt sich, daß jedes mögliche Curriculum und damit auch die wissenschaftliche und berufliche Grundbildung letztlich als eine *Synthese aus allen drei Matrizes* verstanden werden kann. Die Konstrukteure solcher Curricula lassen sich allerdings nicht bewußt von diesen Modellen leiten, sondern folgen den Impulsen jener didaktisch-curricularen Traditionen, in denen sie selber stehen. Wo wissenschaftsorientierte Bildung empfohlen wird, steht die sinntheoretische Matrix im Vordergrund, wo Praxisbezug verlangt wird, die praxeologische; wo streng humanistisch argumentiert wird, hat die artistische wieder Vorrang, die freilich ohne praxeologische und sinntheoretische Ergänzung kein brauchbares Curriculum mehr liefern kann.

Auch für die Wahl und Akzentuierung der Einzelfächer innerhalb eines solchen Lehrkanons lassen sich durchaus unterschiedliche Motive angeben, die sowohl traditionsbestimmt wie ideologisch sein können. Man kann das Alte-Sprache-Studium mit hegelschen Argumenten humanistisch rechtfertigen, die deutschkundlichen Fächer mit Richert, Spranger oder Weisgerber aus nationalem Interesse herleiten, schließlich beides philosophisch von der sprachlichen Verfaßtheit des Menschen her begründen. Ebenso läßt sich der Mathematikunterricht utilitaristisch, platonisch oder auch pragmatisch von seiner Bedeutung als Quantifizierungsmatrix im Wissenschaftsraum rechtfertigen.

Zusammenfassung der Ergebnisse. In der Grundbildung wird die Basis für die wissenschaftliche Fachbildung und die berufliche Spezialbildung gelegt: Dieser wird dabei das Fundament technischer Allgemeinbildung oder polytechnischer Bildung vorgelagert, jener ein wissenschaftspropädeutisches Element supponiert, das in seiner methodischen Struktur etwa den Vermessungen, Berechnungen, dem technischen Zeichnen, Modellieren, Mutieren, dem Interpretieren von Statistiken im Rahmen der polytechnischen Bildung entspricht. Die gemeinsame allgemeinbildende Leistung beider Grundbildungsformen könnte man dabei als die Fähigkeit beschreiben, Erkenntnisresultate richtig in Sinnzusammenhänge einzuordnen und zugleich kritisch auf ihre Gültigkeit und Relevanz zu beurteilen. Sinnzusammenhänge aber formieren sich nicht aus *Daten-*, sondern aus *Strukturwissen*. Dieses erwächst letztlich nur aus verarbeiteten Inhalten, die in einem allgemeinbildenden Kanon verankert sind.

Von hier aus gewinnen die eben behandelten Inhaltsmatrizes Bedeutung. Grundbildung wird in diesem Sinn nicht auf das gymnastisch-musische oder sprachlich-mathematische Element aus der artistischen Tradition verzichten können, wobei auch die Fremdsprache als eine Möglichkeit, die eigene Sprachbefangenheit zu reflektieren und zu distanzieren, immer mitgedacht werden muß. Sie wird zum zweiten das polytechnische wissenschaftspropädeutische Ferment berücksichtigen müssen, das wir eben erwähnt haben. Sie wird drittens ins Allgemeine fachübergreifender Inhalte systematisch vorstoßen müssen. Dafür bieten sich die praxeologische und die erkenntniswissenschaftliche Matrix an. Ihr Zusammenspiel ist dabei von Wichtigkeit.

Der praxeologischen Systematik kommt dabei als praxisnäher ein bestimmter Vorrang zu. Außerdem wird sie von zwei Umständen besonders empfohlen: von der in der *Hauptschule* etablierten *„Gemeinschaftskunde"* und *„Arbeitslehre"*, die bereits so etwas wie eine Mikropraxeologie darstellen, insofern sie die Einzelpraxen Technik, Ökonomik, Politik und auch Juristik abdecken. Man braucht hier nur das Feld der gesellschaftsrelevanten Inhalte etwas zu erweitern und hat die ganze Makropraxeologie vor sich. Andererseits kann sie dem vielkritisierten *Curriculummodell* ROBINSOHNS (vgl. 1975) unmittelbare Schützenhilfe leisten. Robinsohn

hat bekanntlich das Gesamtcurriculum nicht aus einem System der Wissenschaften herzuleiten versucht, sondern vom Insgesamt relevanter Lebenssituationen, mit denen der Educand in Zukunft konfrontiert werden könnte. Hier bietet die Praxeologie eine Möglichkeit der inhaltlichen Vorordnung solcher *Lebenssituationen*, deren Auswahl sonst der Willkür überlassen bliebe, beansprucht sie ja, die konstitutiven Aufgaben des gesellschaftlich-politischen Lebens zu „rekonstruieren", die nicht nur von akademischen Ämtern besetzt werden müssen, mit denen sich vielmehr auch jeder einzelne notgedrungen auseinandersetzen muß.

In der Tat kann es niemand vermeiden, in politische, ökonomische, juristische, pädagogische, technische oder Gesundheitsprobleme hineingezogen zu werden. Er wird irgendwann mit Aufgaben der Landesverteidigung, mit dem Manipulationspotential der Medien, dem Anspruch der Religion und der Kunst, der Philosophie und Wissenschaft konfrontiert. Da aber sachgerecht und verantwortlich handeln eine hinreichende Kenntnis der Sachzusammenhänge und der Handlungsfelder voraussetzt und die Praxeologie insofern als *Handlungswissenschaft* angesehen werden kann, als sie diese Kenntnis wenigstens auf allgemein struktureller, exemplarischer Ebene zu vermitteln sucht, so erhält die Forderung eine Stütze, den Grundbildungskanon praxeologisch zu strukturieren.

Grundbildung ist keine Spezialbildung, darf aber ebensowenig enzyklopädisch mißverstanden werden. Hier haben die didaktischen Prinzipien des exemplarischen Lernens und der Schwerpunktbildung ihren legitimen Ort. Das exemplarische Prinzip läßt sich letztlich auf die Formel bringen, daß es – im Sinne eines positiven Reduktionsverfahrens – Daten- in Strukturwissen übersetzt. Was bei solcher Rückführung wegfällt, darf niemals Allgemeines und Wesentliches, sondern immer nur das Besondere sein, das vernachlässigt werden kann.

Ebenso darf Schwerpunktbildung niemals auf Kosten des Ganzen gehen und Lücken in den Sinnzusammenhängen offenlassen, sonst wird die Grenze zur Spezialisierung eingerissen, bevor ihre Stufe noch erreicht ist.

Nur in dieser Tendenz auf das Allgemeine hin, das auf das Wesentliche reduziert werden muß, läßt sich „Grundbildung" konstituieren.

BLANKERTZ, H.: Einleitung. In: SCHENK, B./KELL, A. (Hg.): Grundbildung: Schwerpunktbezogene Vorbereitung für Studium und Beruf in der Kollegstufe, Königstein 1978. DERBOLAV, J.: Pädagogik und Politik. Eine systematisch-kritische Analyse ihrer Beziehungen, Stuttgart 1975. DERBOLAV, J.: Metapraxeologische Überlegungen zur Praxeologie. Zum Verhältnis von Praxeologie und Fundamentalphilosophie und zur Neueinführung der Familien- und Sozialpraxis. In: P. Rsch. 32 (1978), S. 548 ff. ECKERLE, G.: Zur Geschichte wissenschaftlicher Grundbildung. In: N. Samml. 17 (1977), S. 434 ff. FISCHER, F.: Darstellung der Bildungskategorien im System der Wissenschaften, Kastellaun 1975. FLITNER, W.: Hochschulreife und Gymnasium. Vom Sinn wissenschaftlicher Studien und von der Aufgabe der gymnasialen Oberstufe, Heidelberg 1959. FLITNER, W.: Die gymnasiale Oberstufe, Heidelberg 1961. FLITNER, W.: Grundlegende Geistesbildung. Studien zur Theorie der wissenschaftlichen Grundbildung und ihrer kulturellen Basis. In: FLITNER, A. u. a. (Hg.): Anthropologie und Erziehung, Bd. 15, Heidelberg 1965, S. 11 ff. HANKE, H.: Zur Funktion und Zielsetzung der Grundlagenbildung in der Berufsbildung. In: HANKE, H.: (Hg.): Pädagogische Studientexte zur Berufsbildung, Berlin (DDR) 1975, S. 133 ff. HEGEL, G. W. F.: Schulrede vom 29. 9. 1809. Sämtliche Werke, hg. v. H. H. v. Glockner, Bd. 3, Stuttgart 1940, S. 235 ff. KMK: Vereinbarung zur Neugestaltung der gymnasialen Oberstufe in der Sekundarstufe II. Beschluß vom 7. 7. 1972, Neuwied 1972. KNOBELSDORF, W.: Die Schule als Faktor der beruflichen und politischen Sozialisation in der Volksrepublik Polen. In: BUNDESZENTRALE FÜR POLITISCHE BILDUNG (Hg.): Schule und Arbeitswelt, Bd. 111, Bonn 1976, S. 233 ff. KUTSCHA, G.: Wissenschaftliche Grundbildung – ein ungelöstes Problem in Praxis und Theorie der gymnasialen Oberstufe. In: P. Rsch. 32 (1978), S. 452 ff. LITT, TH.: Denken und Sein, Stuttgart 1948. NEUNER, G. (Hg.): Einheitliche Grundlagenbildung für alle Kinder des Volkes. In: ALLGEMEINBILDUNG – LEHRPLANWERK – UNTERRICHT, Berlin (DDR) ³1976, S. 26 ff. PAMPUS, K./WEISSKER, D.: Berufsgrundbildung. In: ROSENTHAL, H. G. (Hg.): Schlüsselwörter zur Berufsbildung, Berlin/Weinheim/Basel 1977, S. 145 ff. RICHERT, H.: Die deutsche Bildungseinheit in der höheren Schule. Ein Buch deutscher Nationalerziehung, Tübingen 1920. ROBINSOHN, S. B.: Bildungsreform als Revision des Curriculum, Neuwied ⁵1975. ROTH, H.: Stimmen die deutschen Lehrpläne noch? In: ACHTENHAGEN, T./ MEYER, H. L. (Hg.): Curriculumrevision. Möglichkeiten und Grenzen, München 1971, S. 46 ff. SCHEUERL, H.: Probleme der Hochschulreife. Bericht über die Verhandlungen zwischen Beauftragten der Ständigen Konferenz der Kultusminister und der Westdeutschen Rektorenkonferenz 1958–1960. „Tutzinger Gespräche" I–III, Heidelberg 1962. SCHLEIERMACHER, F. E. D.: Entwurf eines Systems der Sittenlehre. Sämtliche Werke, hg. v. A. v. Schweitzer, 3. Abteilung, Bd. 15, Berlin 1835. SPRANGER, E.: Grundlegende Bildung, Berufsbildung, Allgemeinbildung. In: SPRANGER, E.: Kultur und Erziehung, Leipzig 1925, S. 159 ff. WEISGERBER, L.: Muttersprache und Geistesbildung (1929), Göttingen ³1941. ZOLLINGER, M.: Hochschulreife. Bestimmung und Verantwortung der schweizerischen Gymnasien, Zürich/Leipzig 1939.

Josef Derbolav

Gymnasiallehrer

Sozialgeschichte/Ausbildung. Bis zum Beginn des 19. Jahrhunderts waren die an den „gelehrten Schulen" tätigen Lehrer in der Regel Theologen, welche nach dem Studium auf ihr erstes Pfarramt warteten, oder gescheiterte Theologiestudenten. Das theologische Examen galt zugleich als Lehramtsprüfung. Die Fluktuation unter den Lehrern war dementsprechend groß. Auf Dauer blieb niemand in der Schule, es sei denn in einer Rektorenstelle. Zwar hatten sich bereits im 17. Jahrhundert die Jesuitenkollegien der Lehrerausbildung angenommen, auch war in Halle 1697 ein philologisches Seminar eingerichtet worden, doch beide Versuche, einen einheitlichen Ausbildungsweg zu schaffen, scheiterten.

Größeren Erfolg hatte das von Gesner 1738 in Göttingen eingerichtete „seminarium philologicum", das die angehenden Pfarrer mit einigen elementaren pädagogischen Kenntnissen ausstattete, um den vorübergehend verwalteten Schulberuf einigermaßen ausfüllen zu können. Erst das philologische Seminar unter Leitung von Wolf in Halle wurde auch von solchen Studenten besucht, die ausschließlich Philologie studierten. Wolf trat nachdrücklich für die Trennung des „Schulstandes" vom „Predigerstand" ein und machte das Studium der beiden alten Sprachen zum Zentrum philologischer Ausbildung. Auf Wolfs und besonders auf W. v. Humboldts Betreiben hin unterstützte der preußische Staat die neuhumanistische Bewegung und regelte mit dem Edikt vom 12. Juli 1810 die berufsspezifische Ausbildung der „höheren Lehrer", die sich daraufhin Oberlehrer nennen durften.

1826 wurde in Preußen das Probejahr eingeführt, das neben der wissenschaftlichen eine pädagogische Prüfung für die Kandidaten vorschrieb und das die zweiphasige Ausbildung einleitete. 1917 wurde das Probejahr durch ein zweites Seminarjahr ersetzt, acht Jahre später (1925) wurden die Bezirksseminare konstituiert. Während des Ersten Weltkrieges erfolgte die titularische Gleichstellung des Oberlehrers mit den Juristen; aus dem Oberlehrer wurde der Studienrat. Erst 1931 fand die praktische Ausbildung ihren vorläufigen Abschluß. Das Studienseminar wurde obligatorisch und in „Anstaltsseminar" (erstes Jahr) und „Bezirksseminar" (zweites Jahr) aufgegliedert.

Heute findet in fast allen Bundesländern der Vorbereitungsdienst an den Studienseminaren und an den koordinierten Schulen statt. Seit Ende der 60er Jahre dauert der Vorbereitungsdienst für Gymnasiallehrer in den meisten Bundesländern 18 Monate.

Seit einigen Jahren gibt es Versuche, die erste Phase der Ausbildung mit der zweiten, der praktischen, zu verbinden. So wird an der Universität Oldenburg die einphasige Ausbildung erprobt (vgl. UNIVERSITÄT OLDENBURG 1978). Allerdings gehen die Beurteilungen dieser Reform gemäß den divergierenden parteipolitischen Schul- und Hochschulkonzeptionen auseinander.

Verbandszugehörigkeit. Der durch den Staat eingeleitete Professionalisierungsprozeß hatte zwar die Emanzipation vom Theologenberuf bewirkt, eine Identifizierung mit ihrem beruflichen Tun als Lehrer und eine entsprechende Berufs- und „Standes"-Organisierung trat dagegen sehr spät auf. Wohl gab es Mitte des vorigen Jahrhunderts einige Philologenvereinigungen – so bereits 1837 in Göttingen –, eine Koordinierung aller bestehenden Vereine aber erfolgte erst 1880. Die einzelnen Oberlehrervereinigungen schlossen sich in der sogenannten „Ersten Delegiertenkonferenz" zusammen. Die Delegiertenkonferenz in Darmstadt (1904) war der erste Oberlehrertag, bei dem Oberlehrer aus allen Teilen Deutschlands vertreten waren. Nationale Gesinnung, „Sicherheit des Staatsbewußtseins" und eine akademische Legitimierung kennzeichneten das Selbstverständnis des Oberlehrers jener Zeit vor dem Ersten Weltkrieg. 1904 konstituierte sich der „Vereinsverband akademisch gebildeter Lehrer Deutschlands", der sich dann ab 1921 „Deutscher Philologenverband" nannte. Die überwiegende Mehrheit der Gymnasiallehrer gehört auch heute noch diesem Berufsverband an, während eine Minderheit in der „Gewerkschaft Erziehung und Wissenschaft" (GEW) organisiert ist.

Während der „Deutsche Philologenverband" (DPhV) auf berufsständische Absonderung insbesondere gegenüber den Grund- und Hauptschullehrern bedacht ist, sind in der GEW Lehrer aller Schularten vertreten. Die GEW ist als Einzelgewerkschaft in den Deutschen Gewerkschaftsbund (DGB) integriert; der Philologenverband ist Mitgliedsverband des Deutschen Beamtenbundes (DB).

Die Zugehörigkeit der jüngeren Gymnasiallehrer zum Philologenverband ist in den einzelnen Bundesländern sehr unterschiedlich. In Bayern beispielsweise sind mehr als 75 % der jüngeren Gymnasiallehrer Mitglieder des DPhV, in Hamburg nur weniger als 10 %. Entsprechend differiert die GEW-Mitgliedschaft. Sie ist bei den jüngeren Gymnasiallehrern insbesondere in Berlin mit mehr als 35 % außerordentlich hoch.

Unter den jüngeren Gymnasiallehrern nehmen diejenigen, die die Fächer Deutsch, Geschichte und Sozialkunde vertreten, insofern nochmals eine Sonderstellung ein, als ihr GEW-Anteil besonders hoch ist. Dagegen bevorzugen Mathematiker und Naturwissenschaftler den Philologenverband. Dies hängt mit der tendenziell konservativen Haltung der Naturwissenschaftler zusammen, die sich im Gesellschaftsbild besonders deutlich niederschlägt.

Sozialrekrutierung. Neben der Schule und der Berufsausbildung fungiert das Elternhaus als ein Faktor, der das Verhalten im späteren Beruf und vor allem das Bewußtsein, das Denken, die Meinungsbildung, die Einstellungen und Haltungen zu verschiedenen Bereichen des Lebens stark beeinflußt und prägt. Der Gymnasiallehrerberuf ist ein typischer Aufstiegsberuf. Die Väter der Gymnasiallehrer sind zu mehr als 40 % untere oder mittlere Beamte, wobei der Anteil der Volksschullehrer besonders hoch ist (Aufwärtsmobilität aus sozial

affinen Schichten). Die Gymnasiallehrer rekrutieren sich zu über 80 % aus nichtakademischen Sozialgruppen und unterscheiden sich also in ihrem Herkommen beträchtlich von den Ärzten und Juristen, mit denen sie sich prestigemäßig zu vergleichen pflegen (vgl. SCHEFER 1969, S. 35 ff.).

Rollenkonflikte. Im Arbeitsalltag des Lehrers haben die zunehmend brisanter werdenden Rollenkonflikte einen zentralen Stellenwert. Alle Lehrer, aber immer stärker werdend die Gymnasiallehrer, arbeiten unter zwei sich nicht immer entsprechenden Funktionsbestimmungen: Auf der einen Seite sollen sie Kinder und Heranwachsende erziehen, im weiteren Sinne diese Aufgabe als einen von gesellschaftlichen Rahmenbedingungen determinierten Prozeß (Sozialisation) verstehen und zugleich Kenntnisse, Fähigkeiten und Fertigkeiten vermitteln, wobei das soziale Moment eine konstitutive Rolle einnehmen soll. Auf der anderen Seite hat der Lehrer eine Begutachter- und Selektionsfunktion wahrzunehmen, die ihren besonderen Stellenwert durch die knapper werdenden privilegierten Berufspositionen erhält. Der Numerus clausus ist ein Symptom für diesen Zustand. Selektion zielt immer auf Individualisierung, der ein Moment der sozialen Vereinsamung inhärent ist. Ist diese Selektion nicht objektiv, sondern vom subjektiven Urteil des Lehrers abhängig, so kann dieser in einen pädagogischen Zwiespalt geraten: Sozialintegrieren und andererseits Auslesen und Individualisieren sind entgegengesetzte Prozesse. Solange die Gesellschaft den Lehrer bei dieser pädagogischen Wegführung alleine läßt und den Zwiespalt durch eine Zunahme des Antagonismus-Drucks sogar noch verschärft, gerät insbesondere der Gymnasiallehrer in eine ständige Konfliktsituation.

Selbstverständnis. Elternhaus, Berufsausbildung, Berufsarbeit, das gesamte materielle Sein des Gymnasiallehrers, bestimmen sein Denken, seine Einstellungen und Meinungen. Das Bewußtsein kann nach zwei Richtungen untersucht werden: gegenüber der eigenen Person, den alltäglichen Verhaltensweisen in Beruf, Familie, Freizeit und zum anderen gegenüber dem Extraindividuellen, der ökonomischen, sozialen und politischen Umwelt. Der Gymnasiallehrer versteht sich immer noch nicht als ein Fachmann für Erziehung der Zehn- bis Achtzehnjährigen; er nimmt die Legitimität seines Handelns aus den Fächern, die er vertritt. Er versteht sich primär als Mathematiker und erst sekundär als Mathematiklehrer. Erziehungswissenschaftliche Gesichtspunkte scheinen bei der Beurteilung der Lehrerqualifikation durch die Gymnasiallehrer selber nur sekundäre Bedeutung zu haben, denn fundiertes Fachwissen involviert nach der Meinung der Mehrheit auch pädagogische Qualifikation.

Eine der Ursachen für die Marginalisierung des Pädagogischen ist in der Ausbildung der Gymnasiallehrer zu suchen, in der das pädagogische Studium lediglich als „begleitendes" definiert ist. Nur eine Minderheit orientiert ihr Berufsbild primär an der pädagogischen Funktion ihres Berufes. Das Selbstbewußtsein und die Selbstdeutung bauen sich bei diesen auf der Lehrerarbeit auf, die fachlich-wissenschaftliche Ausbildung wird relativiert und dem Pädagogischen betont untergeordnet.

Gesellschaftsbild. Im Bewußtsein der Gymnasiallehrer spiegelt sich häufig eine für diesen Berufsstand typische Sichtweise außerindividueller Phänomene wie wirtschaftliche Prozesse, soziale Strukturen und politische Institutionen wie Parteien und Gewerkschaften wider. Die Grundströmung in diesem Gesellschaftsbild ist konservativ, sie tendiert zu einem Festhalten am Bestehenden (dreigliedriges Schulsystem; sozialdarwinistischer, statischer Begabungsbegriff; Elitedenken; vgl. SCHEFER 1969, S. 82 ff.).

Ende der 70er Jahre zeigen sich einige Auflösungstendenzen dieser konservativen Grundtönung: Ein nicht mehr zu vernachlässigender Anteil von Gymnasiallehrern votiert etwa für eine „fortschrittlichere" Interpretation von Begabung und Lernen, „fortschrittlich" in dem Sinne, als daß die Befunde der Sozialwissenschaften allmählich Eingang finden in die Begründung und Bewertung erzieherischen Handelns in der Schule. Ein besonders brisanter Befund mag ein Schlaglicht auf die nach wie vor immer noch bestehenden verkrusteten Bewußtseinsverhältnisse werfen, gleichzeitig aber eine Perspektive öffnen für Alternativen zum herkömmlichen dreigliedrigen Schulsystem. In einer Vergleichsuntersuchung zwischen herkömmlichen Schulen und Gesamtschulen kam unter anderem folgendes Ergebnis zum Vorschein: Die kritischen und politisch bewußteren Schüler hatten in Gymnasien tendenziell negative Sozialbeziehungen zu ihren Lehrern, in den Gesamtschulen bestanden dagegen außerordentlich positive Lehrer-Schüler-Interaktionen (vgl. FEND 1977). Während sich also im Gymnasium kritisches Schülerbewußtsein häufig durch Gegenidentifikation bildet, kommt es zu den gleichen Sozialisationsergebnissen in Gesamtschulen durch Identifikation mit dem Lehrer.

FEND, H.: Schulklima, Weinheim/Basel 1977. FRECH, H.-W.: Berufsvorbereitung und Fachsozialisation von Gymnasiallehrern. Max-Planck-Institut für Bildungsforschung Studien und Berichte, Bd. 34 A, Berlin 1976. SCHEFER, G.: Das Gesellschaftsbild des Gymnasiallehrers, Frankfurt/M. 1969. UNIVERSITÄT OLDENBURG: Ausbildungverhältnisse in der Einphasigen Lehrerausbildung. Daten, Dokumente, Hinweise. Informationen aus der Universität Oldenburg, Oldenburg 1978. ZEIHER, H.: Gymnasiallehrer und Reformen, Stuttgart 1973.

Gerwin Schefer

Gymnasium, berufliches

Berufliche Gymnasien/Fachgymnasien sind Gymnasien, die, in der Regel aufbauend auf einem Abschluß der Realschule oder einem gleichwertigen Abschluß, „mit einem beruflichen Schwerpunkt zur allgemeinen oder zur fachgebundenen Hochschulreife führen. Sie können" – so lautet diese Feststellung der Ständigen Konferenz der Kultusminister der Länder in der Bundesrepublik Deutschland (KMK) weiter – „durch das Angebot in beruflichen Schwerpunkten – gegebenenfalls in Verbindung mit Zusatzpraktika – einen Teil der Berufsausbildung vermitteln oder den Abschluß in einem anerkannten Beruf ermöglichen" (KMK 1977 a, S. 179). Daneben gibt es in geringer Zahl berufliche Gymnasien, die bereits mit Klasse 8 beginnen (fünf berufliche Gymnasien der sechsjährigen Aufbauform wirtschaftswissenschaftlicher Richtung in Baden-Württemberg). Die meisten beruflichen Gymnasien/Fachgymnasien sind nach der Vereinbarung zur Neugestaltung der gymnasialen Oberstufe in der Sekundarstufe II der Kultusminister von 1972 umgestaltet worden (vgl. KMK 1977 a, S. 139 ff.), bieten aber durch den für Schüler möglichen Verzicht auf eine zweite Fremdsprache auch Bildungsgänge an, die nicht voll dieser Vereinbarung entsprechen und daher mit einer Reifeprüfung abschließen, die auf Bundesebene bis zum 31. Juli 1982 noch als fachgebundene Hochschulreife anerkannt ist (vgl. KMK 1976, 1978), in einzelnen Bundesländern aber auch für die nicht zulassungsbeschränkten Hochschulstudien eine Berechtigung verleihen, die der allgemeinen Hochschulreife gleichwertig ist. Die allgemeine Hochschulreife ist der Regelabschluß der in die KMK-Reform von 1972 einbezogenen beruflichen Gymnasien/Fachgymnasien. In einzelnen Bundesländern ist bei Erfüllung von festgelegten Mindestbedingungen bei nicht erfolgreichem Abschluß oder vorzeitigem Ausscheiden aus der gymnasialen Oberstufe auch der Erwerb einer Fachhochschulreife am beruflichen Gymnasium möglich. Eine große Zahl von beruflichen Gymnasien bietet zwar berufsbezogene Fächer an, ermöglicht aber nicht den Erwerb von anerkannten Qualifikationen (Erwerb von Zertifikaten, die einen beruflichen Abschluß vermitteln oder deren Anrechnung auf eine Berufsausbildung rechtlich verbindlich ist). Berufliche Gymnasien, die den Erwerb solcher Zertifikate vermitteln, werden in Schulversuchen erprobt. Sie stehen vor dem Problem, die vollen gymnasialen Bedingungen und die Anforderungen der Berufsausbildung in doppeltqualifizierenden Bildungsgängen so miteinander zu verbinden, daß die Schüler nicht unzumutbar belastet werden.

Folgende Richtungen von beruflichen Gymnasien/Fachgymnasien mit neugestalteter gymnasialer Oberstufe bestehen in der Bundesrepublik Deutschland: berufliche Gymnasien agrarwissenschaftlicher Richtung, haushalts- und ernährungswissenschaftlicher Richtung, sozialpädagogischer Richtung, technischer Richtung und wirtschaftswissenschaftlicher Richtung in Baden-Württemberg; Höhere Handelsschule mit neugestalteter gymnasialer Oberstufe in Bremen; Wirtschaftsgymnasium in Hamburg; berufliche Gymnasien mit den Schwerpunkten Technik (differenziert nach Maschinenbau, Elektrotechnik, Bautechnik, chemische/physikalische Technik und Agrarwirtschaft), Wirtschaft und Ernährung/Hauswirtschaft in Hessen; Fachgymnasien mit den Richtungen Technisches Gymnasium, Landwirtschaftliches Gymnasium, Hauswirtschaftswissenschaftliches Gymnasium, Textilwissenschaftliches Gymnasium und Wirtschaftswissenschaftliches Gymnasium in Niedersachsen; gymnasialer Zweig der Höheren Handelsschule in Nordrhein-Westfalen; Technisches Gymnasium und Wirtschaftsgymnasium in Rheinland-Pfalz; Wirtschaftsgymnasium und Technisch-Wissenschaftliches Gymnasium im Saarland und Fachgymnasien sozialwirtschaftlicher Zweig, technischer Zweig (differenziert nach Bautechnik, Maschinentechnik und Elektrotechnik) und wirtschaftlicher Zweig in Schleswig-Holstein. Im Rahmen dieser Richtungen und auch zusätzlich zu den hier aufgezählten Richtungen beruflicher Gymnasien werden besondere Formen beruflicher Gymnasien/Fachgymnasien mit doppeltqualifizierenden Bildungsgängen erprobt. Diese führen nach einer Vereinbarung der Kultusminister über die befristete gegenseitige Anerkennung von Zeugnissen der fachgebundenen Hochschulreife (vgl. KMK 1978) teils zur allgemeinen Hochschulreife, teils zu einer fachgebundenen Hochschulreife.

Hier sind zum Beispiel die Kerschensteinerschule in Stuttgart-Feuerbach mit dem Naturwissenschaftlich-Technischen Gymnasium, die Werner-Siemens-Schule in Stuttgart mit dem Technischen Gymnasium, Schwerpunkt Elektrotechnik (Verbindung von Assistentenausbildung mit Erwerb einer Hochschulreife), und die Kerschensteinerschule in Wiesbaden (ebenfalls Verbindung einer Assistentenausbildung mit Erwerb einer Hochschulreife) zu nennen. Daneben gibt es Modellversuche, die Teilqualifikationen in einem Berufsfeld mit einer Hochschulreife verbinden (etwa im Bereich kaufmännischer Berufe die Modellschule Obersberg in Bad Hersfeld und im Bereich des Maschinenbaus die Max-Eyth-Schule in Stuttgart). Die Anrechnung dieser schulisch vermittelten beruflichen Teilqualifikationen könnte grundsätzlich bundesrechtlich geregelt werden (vgl. BUNDESREGIERUNG 1978, S. 38). Gegenwärtig stehen aber „einer vollen rechtlichen Anerkennung dieser beruflichen Teilqualifikation im Bereich der Berufsausbildung [...] Bestimmungen des Berufsbildungsgesetzes [BBiG] entgegen" (LANDESREGIERUNG BADEN-WÜRTTEMBERG 1978, S. 190). Auf regionaler Ebene werden teilweise die nach § 29, Abs. 2 BBiG eingeräumten Möglichkeiten zur Verkürzung der Ausbildungszeit genutzt, denn die berufliche Teilqualifikation läßt ein Erreichen des Ausbildungsziels in gekürzter Zeit erwarten. Vergleichbare Ansätze für doppeltqualifizierende Bildungsgänge und für Bildungsgänge, die Teile einer beruflichen Qualifikation vermitteln, werden in Verbindung mit zur Hochschulreife führenden Bildungsgängen auch in Berlin (Berufsfeldbezogene Oberstufenzentren) und in Nordrhein-Westfalen (Schulversuch Kollegschule) erprobt. Diese Reformansätze sind in ihrer Struktur zwar teilweise mit den beruflichen Gymnasien/Fachgymnasien vergleichbar, sind aber im strengen Sinne nicht berufliche Gymnasien/Fachgymnasien. Von diesen sind die Oberstufenzentren und Kollegschulen vor allem durch ihr sehr viel größeres und differenzierteres Angebot an Bildungsgängen, die zu verschiedenen Abschlußebenen führen, unterschieden.

Die beruflichen Gymnasien/Fachgymnasien der Gegenwart haben Vorläufer, die durch einen Prozeß der Anpassung von ursprünglich doppeltqualifizierenden Schulen zu Schulen ohne direkten Berufsbezug die Strukturen der Normalform der Gymnasien übernahmen (vgl. GRÜNER 1975). Die aus Provinzial-Gewerbeschulen hervorgegangenen Oberrealschulen wurden später zu mathematisch-naturwissenschaftlichen Gymnasien. Die aus höheren Handelslehranstalten hervorgegangenen Wirtschaftsoberschulen wurden Wirtschaftsgymnasien und schließlich Wirtschafts- und sozialwissenschaftliche Gymnasien, während spätere Formen von Wirtschaftsoberschulen mit fachgebundener Hochschulreife die Bezeichnung Wirtschaftsgymnasien annahmen. Weitere Vorläufer für die gegenwärtigen beruflichen Gymnasien/Fachgymnasien sind die höheren Schulen mit fachlichen

Schwerpunkten, deren Ursprung teilweise in die Reformpolitik der 20er Jahre zurückreicht und deren Anzahl nach der Schaffung der fachgebundenen Hochschulreife (vorher: Fakultätsreife) im Hamburger Abkommen der Ministerpräsidenten stark vermehrt wurde (vgl. KMK 1977 a, S. 307 ff.). Gleiches gilt für die Schulen für höhere Töchter (später: Frauenoberschule, Gymnasien für Frauenbildung, frauenberufliches Gymnasium), die ebenfalls als Gymnasien mit fachgebundener Hochschulreife gestaltet wurden. Aus dem frauenberuflichen Gymnasium ist zum Beispiel in Baden-Württemberg das berufliche Gymnasium der haushalts- und ernährungswissenschaftlichen Richtung hervorgegangen. Der Prozeß der Anpassung der Schulen mit beruflichen und anderen fachlichen Schwerpunkten wurde gefördert durch die inhaltliche Bestimmung der allgemeinen Hochschulreife (Tutzinger Maturitätskatalog 1958, Saarbrücker Rahmenvereinbarung von 1960), bei der die „fachlichen Schwerpunkte der wirtschaftswissenschaftlichen, sozialwissenschaftlichen, technischen, musischen, hauswirtschaftlichen Gymnasien und Frauenoberschulen [...] bei der Definition der Hochschulreife keine Berücksichtigung" (DEUTSCHER BILDUNGSRAT 1975, S. 267) fanden und durch die Einführung einer „fachgebundenen Hochschulreife" (1964) ohne Konsens über die Ziele der Fachgebundenheit blieben. Das bildungspolitische Ziel der Vermehrung der Zahl derjenigen, die eine Hochschulzugangsberechtigung erwerben sollten, stand hinter der Gründung vieler Gymnasien mit fachgebundener Hochschulreife („F-Gymnasien"). Über die Bildungsvorstellungen einer „produktiven Einseitigkeit" (vgl. SCHEUERL 1968, S. 61, S. 159), einer vorweggenommenen fachlichen Spezialisierung im Blick auf ein Studium oder einen Beruf über berufsbezogene Inhalte des Gymnasiums konnte jedoch keine breite Verständigung erreicht werden.

Die KMK-Vereinbarung zur Neugestaltung der gymnasialen Oberstufe von 1972 schaffte die Grundlage für die Erweiterung des bisherigen curricularen Programms des Gymnasiums durch die Öffnung für berufsbezogene Kurse und durch die Möglichkeit, bestimmte Formen beruflicher Gymnasien in die Reform einzubeziehen. Soweit berufliche Gymnasien/Fachgymnasien nach dieser Vereinbarung umgestaltet wurden und nicht in die Normalform der enttypisierten gymnasialen Oberstufe übergeführt wurden, ist die Richtung eines beruflichen Gymnasiums/Fachgymnasiums jeweils durch ein festgelegtes Profil vorgeschriebener Leistungs- und Grundkurse festgelegt, so daß für die Schüler, die in ein berufliches Gymnasium/Fachgymnasium eintreten, der größte Teil der in der neugestalteten gymnasialen Oberstufe zulässigen Wahlentscheidungen bereits mit der Entscheidung für die Richtung des beruflichen Gymnasiums festgelegt ist. Da die Wahl des ersten Abiturfachs (erstes Leistungskursfach) bereits durch die KMK-Vereinbarung stark eingeschränkt ist (eine Fremdsprache oder Mathematik oder eine Naturwissenschaft), bleibt für die meisten beruflichen Gymnasien/Fachgymnasien als Ort einer zugleich wissenschaftspropädeutischen und beruflichen/fachlichen Schwerpunktsetzung nur das zweite Abiturfach (zweites Leistungskursfach). Daneben wird ein Ensemble beruflicher und fachlicher Anforderungen durch die Festlegung von Grundkurskombinationen abgedeckt. Diese Aussage gilt besonders für die beruflichen Gymnasien mit doppeltqualifizierenden Bildungsgängen, die über vorgeschriebene Leistungskurse und Grundkurse einen möglichst großen Teil der für die berufliche Qualifizierung erforderlichen Inhalte abdecken müssen, um für beide Abschlüsse eine Anrechnung der Kurse bei gleichzeitiger Verringerung der Belastung der Schüler zu erreichen. Dieses Ziel wird stark erschwert: erstens durch die Festlegung des ersten Leistungskursfaches und zweitens durch die zahlreichen, bereits in der KMK-Vereinbarung von 1972 enthaltenen und später hinzugefügten Pflichtbindungen im Bereich der Grundkurse (vgl. FLÖSSNER 1978 KMK 1977 b). Weiterhin ist dieses Ziel gefährdet, wenn die Inhalte der Kurse der gymnasialen Oberstufe durch die in Erprobung oder Vorbereitung befindlichen „Einheitlichen Prüfungsanforderungen für die Abiturprüfung" (KMK 1977 b) so stark festgelegt werden, daß eine Auslegung von Kursen mit der Möglichkeit der Anrechnung für einen berufsqualifizierenden Abschluß gefährdet wird (vgl. HEIDEGGER 1976). Insgesamt zeichnet sich eine Tendenz der Anpassung der beruflichen Gymnasien an die Normalform der neugestalteten gymnasialen Oberstufe ab: „Die derzeitigen ‚Beruflichen Gymnasien' in der Bundesrepublik Deutschland, die wie

z. B. die technischen Gymnasien z. T. erst vor einigen Jahren gegründet wurden, sind keine berufsqualifizierenden Schulen! Sie sind so wenig beruflich wie alle anderen gymnasialen Oberstufen; ihre Absolventen drängen zum Hochschulstudium wie alle Abiturienten. ‚Beruflich' heißen sie wohl nur, weil sie organisatorisch im beruflichen Schulwesen verankert sind, von Ministerialabteilungen für das berufliche Schulwesen beaufsichtigt werden, in ihrem Curriculum entspezialisierte Fächer enthalten, die bisher nur in beruflichen Schulen gelehrt wurden, und Lehrer aufweisen, die Lehrbefähigungen für berufliche Schulen besitzen" (GRÜNER 1975, S. 642). Ausnehmen von einer solchen Einschätzung muß man die beruflichen Gymnasien mit doppeltqualifizierenden Bildungsgängen, die neben einer Hochschulzugangsberechtigung einen anerkannten Berufsabschluß vermitteln.

BUNDESREGIERUNG: Bericht der Bundesregierung über die strukturellen Probleme des föderativen Bildungssystems. Bundestagsdrucksache 8/1551 vom 23. 2. 1978, Bonn 1978. DEUTSCHER BILDUNGSRAT: Die Bildungskommission. Bericht '75. Entwicklungen im Bildungswesen, Bonn 1975. FLÖSSNER, W.: Sechs Jahre KMK-Vereinbarung zur Neugestaltung der gymnasialen Oberstufe. Konzeption und Durchführung. In: N. Uprax. 11 (1978), S. 279 ff. GEORG, W.: Oberstufentypen wirtschaftswissenschaftlicher Fachrichtung, Stuttgart 1976. GRÜNER, G.: Berufliches Gymnasium. In: D. Dt. Ber.- u. Fachs. 71 (1975), S. 641 ff. HEIDEGGER, G.: Zum Berufsbezug in der gymnasialen Oberstufe unter den Normenbüchern. In: WESTPHAL, W.: Normiertes Abitur? Braunschweig 1976, S. 149 ff. KMK: Handbuch für die Kultusministerkonferenz 1977, Bonn 1977 a. KMK: Einheitliche Durchführung der Vereinbarung zur Neugestaltung der gymnasialen Oberstufe. Beschluß vom 2. 6. 1977, Neuwied 1977 b. KMK: Vereinbarung über die befristete gegenseitige Anerkennung von Zeugnissen der fachgebundenen Hochschulreife, die an zur Zeit bestehenden Schulen, Schulformen bzw. -typen erworben worden sind. Beschluß vom 25. 11. 1976. (Mit Beschluß der KMK vom 16. 2. 1978; Frist für die Anerkennung verlängert bis zum 31. 7. 1982), Neuwied 1978. LANDESREGIERUNG BADEN-WÜRTTEMBERG: Zweiter Zwischenbericht der Landesregierung über die Auswertung der Modelle, Versuche und Versuchsprogramme im Elementar- und Schulbereich in Baden-Württemberg. Landtagsdrucksache 7/3600 vom 10. 6. 1978, Stuttgart 1978. SCHEUERL, H.: Die Gliederung des deutschen Schulwesens, Stuttgart 1968.   *Karlheinz Fingerle*

Gymnasium, humanistisches

Das Gymnasium, die Form der höheren Schule, in der Latein erste Fremdsprache und Griechisch obligatorisches Unterrichtsfach ist, war als Nachfolger der Lateinschule im 19. Jahrhundert die verbreitetste Form der höheren Schule in Deutschland, zugleich die einzige Form, die einen uneingeschränkten Hochschulzugang eröffnete. Die Bezeichnung erschien zuerst gegen Ende des 18. Jahrhunderts, der Zusatz „humanistisch" wurde seit etwa 1890 im Gefolge der Auseinandersetzungen mit der vordringenden neuen Schulform des Realgymnasiums hinzugefügt. Als alle höheren Schulen die Bezeichnung „Gymnasium" erhielten, wurde diese besondere Form von den anderen durch den Zusatz „altsprachlich" unterschieden.

Die Umgestaltung der Lateinschule zum Gymnasium begann gegen Ende des 18. Jahrhunderts, wurde in Preußen durch die Humboldt-Süvernsche Reform (1809–18) zum Abschluß gebracht und in Bayern durch Niethammer (1808) begonnen und durch Thiersch (1829) vollendet. Die neue Schulform sollte nach W. v. Humboldts Vorstellungen der Nationalerziehung dienen und als einzige Institution der Sekundarstufe zwischen Elementarunterricht und Universitätsunterricht stehen. Sie sollte also die schulische Vorbildung auch der künftigen Handwerker und Kaufleute, für die die Aufklärungspädagogik Bürger- oder Realschulen entwickelt hatte, mit übernehmen. Der wissenschaftspropädeutische Unterricht des Gymnasiums sollte keine Berufsvorbildung der künftigen Gelehrten leisten wie die alte Lateinschule, er sollte vielmehr die geistigen Fähigkeiten des Schülers zur Entfaltung bringen, seine Selbsttätigkeit anregen, ihn zum „Lernen des Lernens" befähigen und bis zu dem Punkt führen, wo er „für sich selbst zu lernen im Stande ist" (v. HUMBOLDT 1964, S. 170). Seinen krönenden Abschluß sollte (so die Konzeption Schleiermachers) der Gymnasialunterricht durch die philosophische Fakultät der Universität erhalten, die in der Weise der alten Artistenfakultät die im Gymnasium begonnene philologisch-historische Bildung vollenden und eine philosophische Grundlegung vollziehen sollte, auf der dann die berufsbezogenen Fachstudien aufbauen konnten. Die Allgemeinbildung sollte also in

Schule und Universität den Vorrang und den zeitlichen Vortritt vor der Berufsbildung haben, deren Notwendigkeit und Bildungssinn Humboldt durchaus anerkannte.

Entsprechend der Auffassung der Goethezeit, daß die ästhetische Norm in der griechischen Literatur und Kunst verkörpert sei und daß die Kultur der griechischen Klassik die bisher vollkommenste Realisierung der Idee der Menschlichkeit erreicht habe, wurde das Griechische zum Kernfach des neuen Gymnasiums erhoben. Es trat gleichberechtigt neben das traditionelle Kernfach Latein, dessen zentrale Stellung sich nur historisch erklären, aber aus dem neuhumanistischen Ansatz heraus kaum systematisch begründen läßt. Weitere Schwerpunkte sollten die Fächer Deutsch und Mathematik sein. Dadurch, daß die Gymnasien die Naturwissenschaften wenigstens ansatzweise berücksichtigten und durch die musischen Fächer das Curriculum in ästhetischer und praktischer Richtung ergänzten, konnte der Anspruch, daß die neue Schule allen Ständen dienen solle, zunächst auch denen plausibel erscheinen, die die begründende Bildungstheorie nicht verstanden oder nicht akzeptierten (vgl. BLANKERTZ/MATTHIESSEN 1983). Diese Vorstellungen wurden jedoch nur unvollkommen realisiert. Die Fortführung und Vollendung der Arbeit des Gymnasiums durch die Universität unterblieb, weil die philosophische Fakultät ihren allgemeinbildenden Auftrag nicht erfüllen konnte, sondern sich zur vierten Fachfakultät entwickelte. Noch schwerer wog, daß nicht Humboldt und Süvern der neuen Schule das bleibende Gepräge gaben, sondern Schulze (Leiter des preußischen Gymnasialwesens 1818–58). Durch ihn wurde das preußische Gymnasium zu einer streng reglementierten Staatsanstalt, in der die Schüler durch hohe Anforderungen und harte Prüfungen „an den Ernst ihres Berufes gewöhnt" wurden. Schulze erhöhte die Anforderungen im Lateinischen und vermehrte dessen Stundenzahl auf Kosten der Fächer Griechisch, Mathematik und Deutsch, in denen die Anforderungen jedoch nicht gesenkt wurden. Die bayerischen und sächsischen Gymnasien konzentrierten den Unterricht noch stärker auf die alten Sprachen und berücksichtigten die Mathematik und die Realien nur in bescheidenem Umfang. So war ihr Curriculum zwar geschlossener, aber auch wirklichkeitsfremder als das der preußischen Schulen.

Die nationalpädagogische Konzeption Humboldts wurde schon bald aufgegeben, wobei die bei einer solchen Änderung der Konzeption erforderliche Ergänzung durch den Ausbau des Realschulwesens für lange Zeit unterblieb. Das Gymnasium wurde jetzt zur Schule des akademisch gebildeten Bürgertums, das im Gefolge der Französischen Revolution gleiche Rechte wie der Adel erhalten hatte. Der Adel seinerseits konnte seine Privilegien nur behaupten, wenn er sich ebenfalls gymnasial bildete. Soweit das Gymnasium die Gleichstellung dieser beiden Stände beschleunigte, war seine historische Funktion positiv. Ein negatives Moment zeigte sich in der zweiten Hälfte des 19. Jahrhunderts. Es lag in der durch seinen gelehrten Charakter bewirkten Abschließung gegen die neue Schicht der Kaufleute, Handwerker, Fabrikanten, Naturwissenschaftler und Techniker, die Träger der beginnenden Industrialisierung. Nun entstanden neue Formen der höheren Schule (Realgymnasium, Oberrealschule), die den Bedürfnissen dieser Schicht besser gerecht wurden. Die Vertreter des Gymnasiums versuchten, die Vorrechte ihrer Schulform mit didaktischen Argumenten in einem Konflikt zu verteidigen, der in Wahrheit sozialer Natur war. Doch da die neuen Schulformen eine faktisch gleichwertige Ausbildung vermitteln konnten, mußte endlich auch ihre rechtliche Gleichstellung im Hinblick auf den Hochschulzugang erfolgen (1900).

Nachdem das Gymnasium seine Sonderstellung verloren hatte, wurde es erforderlich, die Eigenart dieses Schultyps neu zu bestimmen. Angesichts der Entwicklung der historischen Wissenschaften im 19. Jahrhundert lag es nahe, das Gymnasium als eine Stätte historischer Bildung aufzufassen, in der die Schüler auf dem Weg über die alten Sprachen und Literaturen in zwei exemplarische Kulturen gründlicher eingeführt werden sollten, und zwar mit dem Ziel, durch die Kenntnis ihrer geschichtlichen Grundlagen die Gegenwart besser zu verstehen. Vielen genügte eine derart begrenzte Zielsetzung jedoch nicht. Zu ihrem Sprecher machte sich Jaeger. Er forderte, das Gymnasium müsse zur Schule einer geistigen Elite werden, welche die von den Griechen ausgehende Tradition der bewußten Erziehung des Menschen zum Menschen weiterführen und erneuern solle (vgl. JAEGER 1960, S. 41 ff.). Jaegers Gedanken, die im einzelnen unklar blieben und sich nur schwer für die Schulpraxis konkretisieren ließen, bestimmten lange die fachinterne Diskussion über den „Wert der humanistischen Bildung". Kennzeichnend für diese Diskussion war, daß für das Gymnasium eine Überlegenheit über andere Schulformen im Bereich der Charakterbildung postuliert wurde, die sich weder beweisen noch widerlegen ließ, und daß auch die kognitiven Leistungen der altsprachlichen Fächer in ähnlicher Weise überschätzt wurden.

Einen beachtenswerten Versuch, die besondere Aufgabe des altsprachlichen Gymnasiums neu zu bestimmen, unternahm Richert in den preußischen Richtlinien von 1925. Er ging von der bis dahin gültigen Forderung ab, jeder Schüler einer höheren Schule müsse eine Bildung erwerben, die alle Bereiche der Wissenschaften und Künste in gleicher Weise umfasse. Eine Verwirklichung des Prinzips der allseitigen harmonischen Bildung schien ihm nur noch in der Form möglich, daß alle Schultypen gemeinsam die allgemeine Bildung des Volkes bewirkten, wobei „jeder Schulart ein Kulturbezirk zur besonderen Pflege überwiesen" (RICHERT 1927, S. 39) werden sollte. In allen Typen der höheren Schule sollte, ebenso wie in der Volks- und Realschule, die nationale Kultur im Mittelpunkt stehen, vermittelt durch die kulturfreundlichen Kernfächer, vor allem durch den Deutsch- und Geschichtsunterricht. Die charakteristischen Fächer der einzelnen Typen der höheren Schule sollten die Kenntnis der eigenen Kultur jeweils in einer bestimmten Richtung vertiefen. So sollten die Fächer Griechisch und Latein einerseits den Beitrag deutlich machen, den Griechen und Römer zum Werden der deutschen Kultur geleistet hatten, andererseits sollten hier zwei Nationalkulturen einer anderen Epoche mit der eigenen Kultur kontrastiert werden. Die kulturkundlichen Kernfächer sollten die Verbindungslinien zwischen der Antike und der deutschen Kultur besonders hervorheben. Dies war eine Konzeption von großer Geschlossenheit, die auch didaktisch umsetzbar war, deren Hauptfehler aber darin lag, daß ihr Kernstück, die deutsche Kultur, nationalistisch verengt gesehen wurde und nicht als eine besondere Ausprägung der westeuropäischen Kultur, mit deren anderen Ausprägungen sie vielfach verflochten ist.

Während bis 1918 das altsprachliche Gymnasium die verbreitetste Form der deutschen höheren Schule gewesen war, verringerte sich sein Anteil in den folgenden Jahrzehnten erheblich, und zwar besonders 1938–45 und – nach einer kurzen Zeit der Restauration nach dem Zweiten Weltkrieg – seit 1960. Vor allem ging die Zahl der rein altsprachlichen Gymnasien erheblich zurück.

Die Tradition des altsprachlichen Gymnasiums ist seit der Oberstufenreform von 1972 eingemündet in das Gymnasium der Gegenwart mit seinem breiten Fächerangebot. Doch wird sich das neue Gymnasium erst dann das Erbe seines Vorgängers voll zu eigen gemacht haben, wenn überall das Griechische im Fremdsprachenangebot vertreten ist. Voraussetzung hierfür wäre allerdings, daß genügend Lehrer mit Lehrbefähigung für Griechisch zur Verfügung stünden. Freilich droht, gerade durch die Vielgestaltigkeit des Fächerangebots, etwas verlorenzugehen, worin die Stärke des humanistischen Gymnasiums lag, nämlich die Konzentration auf wenige Kernfächer, die dem Unterricht seine Geschlossenheit gab. Hier bietet das Prinzip der curricularen Schwerpunktbildung in der integrierten Sekundarstufe II Möglichkeiten, die es zu nutzen gilt. In einem Studiengang im Rahmen des Kollegschulversuchs, dessen Kernstück zwei Leistungskurse in beiden alten Sprachen sind, ergänzt durch Grundkurse in Deutsch, Geschichte, Philosophie und Kunst (Archäologie), könnte die Tradition des Humboldtschen Gymnasiums unter den Bedingungen des heutigen Schulsystems vielleicht sogar neu belebt werden.

BLANKERTZ, H./MATTHIESSEN, K.: Neuhumanismus. In: Enzyklopädie Erziehungswissenschaft, Bd. 9, Teil 2, Stuttgart 1983, S. 417 ff. BLÄTTNER, F.: Das Gymnasium. Aufgaben der höheren Schule in Geschichte und Gegenwart, Heidelberg 1960. HUMBOLDT, W. v.: Der Königsberger und der Litauische Schulplan. Werke in fünf Bänden, hg. v. A. Flitner/K. Giel, Bd. 4, Darmstadt 1964, S. 168 ff. JAEGER, W.: Humanistische Reden und Vorträge, Berlin 1960. JEISMANN, K.-E.: Das preußische Gymnasium in Staat und Gesellschaft. Die Entstehung des Gymnasiums als Schule des Staates und der Gebildeten, 1787–1817. Schriftenreihe des Arbeitskreises für moderne Sozialgeschichte, Bd. 15, Stuttgart 1974. PAULSEN, F.: Geschichte des gelehrten Unterrichts auf den deutschen Schulen und Universitäten vom Ausgang des Mittelalters bis zur Gegenwart, 2 Bde., Berlin/Leipzig ²1921. RICHERT, H.: Richtlinien für die Lehrpläne der höheren Schulen Preußens, Berlin 1927.

Kjeld Matthiessen

Halbbildung

Halbbildung ist eine Wortfindung der ersten Hälfte des 19. Jahrhunderts, aufgekommen, um den Anschein und die Anmaßung von Gebildetheit zu brandmarken, und in ihrer polemischen Kraft offensichtlich von der fraglosen Anerkennung der „Bildung" als Inbegriff wahrer Humanität abhängig. Die Fachliteratur hat den Terminus gelegentlich aufgegriffen, Versuche einer systematischen Verortung sind Ausnahme geblieben. Eingehendere Betrachtung findet die Halbbildung als „Zeitkrankheit" zu Beginn unseres Jahrhunderts im pädagogischen Werk PAULSENS (vgl. 1960). Als eine globale, mit geschichtlich-gesellschaftlicher Notwendigkeit aus dem neuhumanistischen Bildungsverständnis selbst sich ergebende Erscheinung hat ADORNO (vgl. 1962) sie in einer Skizze zur „Theorie der Halbbildung" zu bestimmen versucht.

Das Phänomen der Halbbildung beschreibt Paulsen als äußerliche Aneignung von brockenhaftem Wissen, das seinen Zweck in der öffentlichen Zurschaustellung und der daraus gezogenen Anerkennung des Halbgebildeten hat, während ihm ein Sinn abgeht. Die Starrheit des nicht von Einsicht und eigenem Urteil bewegten, isolierten „Bildungs"besitzes ist auf Durchsetzung angewiesen, macht deshalb „hochmütig und herrisch", „unduldsam und brutal", schließt das Originelle und Fremde um der Selbstbehauptung willen aus ihrer Sphäre aus. Halbbildung muß sich fortgesetzt bestätigen. In allem mitreden, nicht zuhören und schweigen können – kurz: „nichts wissen, nichts lernen wollen und sich breitmachen" – gehören zu ihrer Eigenart. Kulturkritisch betrachtet, ist Halbbildung identisch mit dem, „was alle Welt Bildung nennt".

Den Grund der sozialen Verbreitung von Halbbildung erblickt Paulsen darin, daß „Bildung" im Sinne einer durch Absolvierung der höheren Schullaufbahn erwerbbaren Ausstattung im öffentlichen Bewußtsein als Statussymbol, als Legitimitätsnachweis für die Zugehörigkeit zur guten Gesellschaft fungiert. Halbbildung gedeiht unter dem Zwang, als „Gebildeter" mit öffentlich anerkannten Merkmalen wie beispielsweise Fremdsprachen-, Literatur- und Kunstkenntnissen ausgewiesen zu sein, wobei die Frage nach den individuellen Möglichkeiten und Grenzen übersprungen und der an eigene Erarbeitung geknüpfte Sinn der Bildung in den Unfug einer käuflichen „Bildungsgarnitur" verkehrt wird.

Die grundsätzliche Möglichkeit von Halbbildung ist danach das Mißverhältnis von sozialen Forderungen und Ambitionen zu unabänderlich gegebenen „Naturanlagen" des einzelnen. Halbbildung geht aus einer vermeidbaren Nötigung zur Selbstverfehlung hervor. Dem liegt ein Bildungsverständnis zugrunde, das eine Harmonie zwischen subjektiven geistigen „Kräften" und dem objektiven Lebenskreis, in den der Heranwachsende hineinfinden soll, postuliert. Das Dilemma dieser Auffassung liegt nicht in einer zwangsläufigen Affinität der Pädagogik zum gesellschaftlichen Status quo, den Paulsen in seiner Koppelung von „Besitz und Bildung" hartnäckig kritisiert. Die Schwierigkeit liegt vielmehr darin, daß wir von „Anlagen oder Veranlagung [...] hinsichtlich des Zöglings, des Kindes, des Schülers gar nichts" wissen (BALLAUFF 1970, S. 26) und daß „Potenzen" oder „Kräfte", die einem Menschen a priori zukommen sollen, nicht nur nicht a priori ermittelt werden können, wie Paulsen zugesteht, sondern auch a posteriori nichts erklären, vielmehr das Nichtwissen um einen letzten Grund der Möglichkeit oder Unmöglichkeit von Bildung durch einen Erklärungsanschein verbauen.

Anders als bei Paulsen steht Halbbildung für Adorno nicht als eine leidige Fehlform von Bildung gleichsam neben ihrer gesunden Normalgestalt, ist sie nicht ein zwar verbreitetes, aber dennoch singuläres Mißlingen von Bildung, sondern deren heute allgemeine, aus der gesellschaftlichen Verkettung des geschichtlichen Bildungsbegriffs mit tragischer Notwendigkeit gesetzlich entstandene Negativform. Die leitende Prämisse ist dabei die, daß der philosophische Bildungsbegriff der Aufklärung und des Neuhumanismus, der einen „Zustand der Menschheit ohne Status und Übervorteilung" als gesellschaftliche Konsequenz von Bildung postulierte, an das aufstrebende Bürgertum und dessen Verstrickung in den Antagonismus von gesellschaftlicher Macht und Ohnmacht gebunden blieb. Bei fortdauernder, ökonomisch verwurzelter und deshalb durch Bildung allein nicht zu überwindender Herrschaft von Menschen über Menschen verwandelte sich das Bildungsverständnis in Richtung auf eine „an sich" „wertvolle" Innerlichkeit individueller Geisteskultur. „Der Traum von Bildung, Freiheit vom Diktat der Mittel, der sturen und kargen Nützlichkeit, wird verfälscht zur Apologie der Welt, die nach jenem Diktat eingerichtet ist" (ADORNO 1962, S. 172).

Mit dem Entstehen der „Kulturindustrie", der massenhaften Verbreitung und Zugänglichkeit aller sogenannten „Bildungsgüter" wurde es möglich, die tatsächliche Spaltung der Gesellschaft „weithin auch denen zu [verschleiern], welche die Last zu tragen haben [...] Subjektiv, dem Bewußtsein nach, werden [...] die sozialen Grenzen immer mehr verflüssigt. [...] Das gelingt, indem die Gehalte von Bildung, über den Marktmechanismus, dem Bewußtsein derer angepaßt werden, die vom Bildungsprivileg ausgesperrt waren und die zu verändern erst Bildung wäre" (ADORNO 1962, S. 174). Objektiv jedoch fehlen die Voraussetzungen, zum Beispiel die Muße, um an jenen Gehalten in einem mühsamen und spannungsreichen Prozeß der Selbstverwandlung, dessen es auch gar nicht mehr zu bedürfen scheint, sich als autonomes Subjekt zu konstituieren. Die Distanz zu Dichtung, Philosophie, Musik, deren Forderungs- und Aufgabencharakter geht verloren. Bildung als Verlebendigung und Erneuerung von Kultur „stirbt ab". An ihre Stelle tritt „sozialisierte Halbbildung", in deren „Klima [...] die warenhaft verdinglichten Sachgehalte von Bildung auf Kosten ihres Wahrheitsgehaltes und ihrer Beziehung zu lebendigen Subjekten" überdauern (ADORNO 1962, S. 176). Die zugegebenermaßen übers Ziel schießende Behauptung der gegenwärtigen Universalität von Halbbildung soll dabei im Sinne einer konstruierten Tendenz verstanden werden, der entworfenen „Physiognomik eines Geistes [...], der auch dann die Signatur des Zeitalters bestimmt, wenn sein Geltungsbereich quantitativ und qualitativ noch so sehr einzuschränken wäre" (ADORNO 1962, S. 175). Um dieser Tendenz zu widerstehen, bleibt trotz seiner Fragwürdigkeit nur die gebrochene Orientierung am ursprünglichen Bildungsbegriff. Nicht als Restauration der klassischen Bildungsidee, wohl aber als „kritische Selbstreflexion auf die Halbbildung, zu der sie notwendig wurde" (ADORNO 1962, S. 192), würde Bildung dann heute möglich bleiben. Diese Wendung hebt allerdings die These von der totalen Umfassung durch Halbbildung wieder auf. Davon bleibt unberührt, daß das unter dem Titel „Halbbildung" beschriebene Phänomen der Verdinglichung sowohl des Gedachten wie auch derer, denen es zukommen sollte zu denken, das im Zeitalter der vollendeten Institutionalisierung und Organisierung von Unterricht und Erziehung drängendste Problem sein könnte.

ADORNO, TH. W.: Theorie der Halbbildung. In: HORKHEIMER, M./ADORNO, TH. W.: Sociologica II, Frankfurt/M. 1962, S. 168 ff. BALLAUFF, T.: Skeptische Didaktik, Heidelberg 1970. NIETZSCHE, F.: Über die Zukunft unserer Bildungsanstalten. Werke, hg. v. G. Colli und M. Montinari, Abteilung 3, Bd. 2, Berlin/New York 1973, S. 133 ff. PAULSEN, F.: Ausgewählte pädagogische Abhandlungen, hg. v. C. Menze, Paderborn 1960.

Jörg Ruhloff

Handwerksordnung

Geschichtliche Entwicklung und Entstehungszusammenhang. Grundlage des heutigen Handwerksrechts in der Bundesrepublik Deutschland ist das Gesetz zur Ordnung des Handwerks (Handwerksordnung – HwO), das in seiner Erstfassung am 17. 9. 1953 verkündet wurde.

Die historischen Wurzeln dieser rechtlichen Regelung liegen im weitesten Sinne bereits in den spätmittelalterlichen Zunftordnungen (vgl. SINZ 1977, S. 30 ff.). Nach deren zunehmender Lokkerung und dem Niedergang des gesamten Handwerkswesens bis hin zur liberalistischen Gewerbefreiheit im 19. Jahrhundert setzte mit dem „Gesetz betreffend die Abänderung der Gewerbeordnung" vom 26. 7. 1897 der Umschwung zur Reorganisation der handwerklichen Berufsordnung im Industriezeitalter ein. Zusammen mit wesentlichen Erweiterungen wie dem „kleinen" Befähigungsnachweis (1908), der Handwerksrolle (1929) und dem „großen" Befähigungsnachweis (1935) begründete dieses Gesetz einen Rechtszustand, der in seinen wesentlichen Zügen noch heute besteht. Allerdings wurde die Konsolidierung des Handwerksrechts durch zwei Ereignisse erheblich gestört, die schließlich den konkreten Anlaß für die Verabschiedung der bundeseinheitlichen und umfassenden HwO von 1953 bildeten. Zum einen war dies die zunehmende staatliche Zentralisierung sowie die damit einhergehende Auflösung der handwerklichen Selbstverwaltungsorganisationen in den Jahren 1933–1945, zum anderen nach 1945 die regionale Rechtsaufsplitterung und vor allem die Einführung der Gewerbefreiheit in der amerikanischen Zone.

Die Bestimmungen der Handwerksordnung. Mit dem Gesetz zur Ordnung des Handwerks vom 17. 9. 1953 wurde ein kombiniertes Berufs(aus)bildungs- und Ordnungsrecht geschaffen, das durch folgende grundsätzliche Merkmale gekennzeichnet war:

- Einführung eines handwerklichen Befähigungsnachweises (Meisterprüfung), in welchem der „kleine" und „große" Befähigungsnachweis zusammengefaßt waren,
- Anerkennung und Regelung der handwerklichen Berufsausbildung und -fortbildung als geschlossenes System,
- Wiederherstellung und gesetzliche Fundierung von Handwerksorganisationen für die Wahrnehmung berufsständischer und handwerkspolitischer Aufgaben,
- Zuerkennung der öffentlich-rechtlichen Körperschaft für die Innungen, Kammern und Kreishandwerkerschaften,
- Erstellung einer Liste (Anlage A zur HwO) mit insgesamt 124 (1979: 125) als Handwerk betreibbaren Gewerben.

In den Jahren nach 1953 wurde die HwO mehrfach in einzelnen Bestimmungen ergänzt und geändert. Die Grundstrukturen des Handwerksrechts wurden von diesen zum Teil nur formalen Änderungen nicht berührt. Dagegen nahm das Gesetz zur Änderung der HwO vom 9. 9. 1965 wichtige Erweiterungen vor, die eine Anpassung der Handwerksbetriebe an den technisch-wirtschaftlichen Fortschritt ermöglichen sollten und zur Neufassung der HwO vom 28. 12. 1965 führten:

- Ein Handwerker hat nun die Möglichkeit, seinen Betrieb auf „verwandte Handwerke" auszudehnen, ohne daß er für diese Handwerke zusätzliche Befähigungsnachweise erbringen muß.
- Wenn der Befähigungsnachweis von dem für die technische Leitung des Betriebs zuständigen Gesellschafter erbracht wird, können auch nicht rechtsfähige Gesellschaften des Bürgerlichen Rechts und des Handelsrechts in die Handwerksrolle eingetragen werden. Auf diese Weise wird zum Beispiel der Eintritt kaufmännischer Führungskräfte als Mitinhaber in Handwerksbetriebe ermöglicht oder die Bildung von Arbeitsgemeinschaften zur Übernahme von Großaufträgen erleichtert.
- Neu aufgenommen in das Regelwerk der HwO wurden die „handwerksähnlichen Gewerbe". Zu ihrer Ausübung braucht der Befähigungsnachweis nicht erbracht zu werden. Eine Eintragung bei der Handwerkskammer ist dagegen erforderlich, wenngleich ihr keine konstitutive Bedeutung zukommt.
- Auf dem Gebiet der handwerklichen Berufsbildung wurden Änderungen vorgenommen, die neben anderem auch die Erstellung von Berufsbildern, die Eignung von Ausbildungsbetrieben und die Gleichstellung anderer Prüfungen mit der Meisterprüfung betreffen.

Mit dem Inkrafttreten des Berufsbildungsgesetzes (BBiG) ergaben sich 1969 weitere wichtige Veränderungen in der HwO: Für die vertragliche Seite der Berufsausbildung gelten nun die allgemeinen §§ 3 bis 19 des BBiG. Dagegen werden die entsprechenden ordnungsrechtlichen Vorschriften weiterhin von der HwO geregelt. Somit zeigt das handwerkliche Berufsbildungsrecht seitdem folgende Struktur: Aus dem BBiG sind

§§ 1, 2 (Allgemeine Vorschriften), §§ 3 bis 19 (Berufsausbildungsverhältnis), §§ 50 bis 55 (Ausschüsse für Berufsbildung), §§ 60 bis 72 (Berufsbildungsforschung), §§ 100 bis 106 (Änderung und Inkrafttreten von Vorschriften) und §§ 107 bis 113 (Übergangs- und Schlußvorschriften) heranzuziehen. Im übrigen gelten die Bestimmungen der HwO, die aus dem Bestreben nach grundsätzlicher Vereinheitlichung des Berufsbildungsrechts den generellen Regelungen des BBiG angepaßt wurden und überwiegend mit diesen identisch sind. „Die Besonderheiten ergeben sich aus organisatorischen und strukturellen Eigenarten des Handwerks, so hinsichtlich der Rolle des Berufsbildungsausschusses und der Innungen, aber auch mit dem Blick auf die Einrichtung der Meisterprüfung" (SCHEER o. J., S. 185).

Im einzelnen enthält die derzeitige Fassung der HwO von 1965, die nach 1969 nur noch unwesentlich durch Anpassung an andere inzwischen erlassene Gesetze verändert wurde, in Teil I (vgl. §§ 1 bis 20) die grundsätzlichen Regelungen zur Ausübung eines Handwerks. Hier finden sich die Bestimmungen über die Berechtigung zum selbständigen Betrieb eines Handwerks, über die Handwerksrolle und über die handwerksähnlichen Gewerbe. Nach § 1, Abs. 1 und § 7, Abs. 1 ist die Regelbedingung für den Betrieb eines selbständigen Handwerks die Eintragung in die Handwerksrolle, welche wiederum das Bestehen der entsprechenden Meisterprüfung voraussetzt. Die formelle Erfordernis der Eintragung in die Handwerksrolle gilt auch für den Ausnahmefall des § 119, Abs. 1, dem zufolge mit dem Erlaß der HwO im Jahre 1953 ein aufgrund der zwischenzeitlich bestehenden Gewerbefreiheit ohne Befähigungsnachweis eröffneter Handwerksbetrieb im Sinne einer „faktischen Befugnis" ordnungsrechtlich legalisiert wird.

Der II. Teil regelt die handwerkliche Berufsbildung, und zwar die Berechtigung zum Einstellen und Ausbilden (vgl. §§ 21 bis 24), die Ausbildungsordnung (vgl. §§ 25 bis 27 b), das Verzeichnis der handwerklichen Berufsausbildungsverhältnisse (vgl. §§ 28 bis 30), das Prüfungswesen (vgl. §§ 31 bis 40), die Regelung und Überwachung der Berufsausbildung (vgl. §§ 41, 41 a), die berufliche Fortbildung, Umschulung und die berufliche Bildung Behinderter (vgl. §§ 42 bis 42 c) und die Zusammensetzung, Funktion und Aufgaben des Berufsbildungsausschusses (vgl. §§ 43 bis 44 b). Den III. Teil bildet die rechtliche Ordnung der Meisterprüfung (vgl. §§ 45 bis 50) und der Führung des Meistertitels (vgl. § 51).

Mit der Organisation des Handwerks befaßt sich der IV. Teil:

– Die Handwerksinnungen (vgl. §§ 52 bis 78) als freiwilliger Zusammenschluß von selbständigen Handwerkern desselben Handwerks oder einander nahestehender Handwerke sind Körperschaften des öffentlichen Rechts. Ganz generell sollen sie die gemeinsamen gewerblichen Interessen ihrer Mitglieder fördern.

In bezug auf die Berufsbildung haben sie unter anderem folgende Aufgaben: Regelung und Überwachung der Ausbildung, Abnahme der Gesellenprüfung und gegebenenfalls Errichtung von Gesellenprüfungsausschüssen, Förderung des handwerklichen Könnens von Gesellen und Meistern (hierzu können die Innungen Fachschulen errichten oder unterstützen oder eigene Lehrgänge organisieren), Mitwirkung bei der Verwaltung von Berufsschulen. Zur Wahrnehmung dieser Aufgaben können entsprechende Ausschüsse gebildet werden; zwingend vorgeschrieben sind ein Lehrlingsausschuß (vgl. § 67, Abs. 2) und ein Gesellenausschuß (vgl. § 68).

– Innungsverbände (vgl. §§ 79 bis 85) als fachliche und freiwillige Zusammenschlüsse von Innungen auf Landesebene sind juristische Personen des Privatrechts. Im Hinblick auf das handwerkliche Bildungswesen räumt ihnen § 81, Abs. 2 die Befugnis ein, Fachschulen oder -kurse einzurichten oder zu fördern.

– Die Kreishandwerkerschaften (vgl. §§ 86 bis 89) bilden zusammen mit den Innungen und Innungsverbänden die Interessenvertretung der selbständigen Handwerker und sind Körperschaften des öffentlichen Rechts. Im Unterschied zu den Innungsverbänden bilden sie die örtliche und obligatorische Zusammenfassung aller Innungen auf Kreis- und Stadtebene. Zu ihren Aufgaben zählen unter anderem die Förderung des Gesamtinteresses des selbständigen Handwerks und der gemeinsamen Interessen der Innungen, die Unterstützung der Innungen und der Behörden bei den das selbständige Handwerk ihres Bezirks betreffenden Maßnahmen und gegebenenfalls die Führung der Geschäfte der Innungen.

– Die Handwerkskammern (vgl. §§ 90 bis 116), ebenfalls Körperschaften des öffentlichen Rechts, sollen im Unterschied zu den oben genannten Organisationen nicht in erster Linie die Interessen der selbständigen Handwerker, sondern die des Handwerks als solchen vertreten. Es besteht Zwangsmitgliedschaft. Organe sind die Vollversammlung, der Vorstand und die Ausschüsse. Die Arbeitgeber stellen in diesen Organen jeweils zwei Drittel, die Gesellen ein Drittel der Mitglieder (vgl. DGB-BUNDESVORSTAND 1973 a, b). Neben der Führung der Handwerksrolle und der Unterstützung der Behörden bei der Förderung des Handwerks liegen die Aufgaben der Handwerkskammern unter anderem in der Regelung der Berufsausbildung, im Erlaß diesbezüglicher Vorschriften, in der Führung der Lehrlingsrolle, im Erlaß der Gesellen- und Meisterprüfungsordnung, in der Errichtung von Prüfungsausschüssen, in der Überwachung der Durchführung der Gesellenprüfung, in der Führung der Geschäfte des Meisterprüfungsausschusses und in der Förderung der Fortbildung von Meistern und Gesellen (beispielsweise in sogenannten Gewerbeförderungsanstalten).

Schließlich enthält der IV. Teil der HwO auch die Bußgeld-, Übergangs- und Schlußvorschriften. In den Anlagen A bis C sind die 125 Handwerksgewerbe, 40 handwerksähnlich zu betreibende Gewerbe und die Wahlordnung für die Wahlen der Mitglieder der Handwerkskammern enthalten.

DGB-BUNDESVORSTAND (Hg.): Reuss-Gutachten. Rechtsgutachten und Stellungnahmen, Düsseldorf 1973 a. DGB-BUNDESVORSTAND (Hg.): DGB-Forderungen zur Novelle der Handwerksordnung, Düsseldorf 1973 b. EYERMANN, E./FRÖHLER, L.: Handwerksordnung. Kommentar, München/Berlin ²1967. SCHEER, W.: Rechtsgrundlagen für die Berufsbildung. In: SCHMIEL, M. (Hg.): Berufs- und Arbeitspädagogik, Dortmund o. J. (1974), S. 157 ff. SINZ, H.: Das Handwerk, Düsseldorf/Wien 1977. ZENTRALVERBAND DES DEUTSCHEN HANDWERKS (Hg.): Gesetz zur Ordnung des Handwerks (HwO), Bergisch Gladbach 1976.

Bruno Schurer

Heimerziehung

Rechtsgrundlagen und Situation. Seit Jahrhunderten werden Kinder von ihren Eltern getrennt und außerhalb der eigenen Familie in Pflegefamilien und Heimen untergebracht. Die Gründe für solche Eingriffe in das Leben junger Menschen sind vielfältig. In der Regel liegen die Ursachen darin, daß diese Kinder und Jugendlichen sozialen und ökonomischen Mängelsituationen und den gesellschaftlichen Widersprüchen ausgeliefert sind, ohne daß die Familie über hinreichend kompensatorische Möglichkeiten verfügt.

Heimeinweisungen Minderjähriger erfolgen nach den Bestimmungen des Jugendwohlfahrtsgesetzes (JWG). Die örtlichen Jugendämter haben die Aufgabe, Kindern und Jugendlichen die notwendigen „Hilfen zur Erziehung" (§§ 5, 6 JWG) dem jeweiligen erzieherischen Bedarf entsprechend zu gewähren, wobei Unterbringungen von Kindern in Heimen auch im Zusammenhang mit Beschränkungen des elterlichen Sorgerechts möglich werden. In der Regel erfolgen Unterbringungen von Minderjährigen außerhalb der eigenen Familie immer dann, wenn Familien nicht mehr die Möglichkeit haben, ihre Kinder zu versorgen und zu erziehen, wobei diese Kinder selber aber keineswegs verhaltensgestört sein müssen. Demgegenüber wird „Freiwillige Erziehungshilfe" dem Minderjährigen gewährt, „[. . .] dessen leibliche, geistige oder seelische Entwicklung gefährdet oder geschädigt ist, [. . .] und wenn diese Maßnahme zur Abwendung der Gefahr oder zur Beseitigung des Schadens geboten ist und die Personensorgeberechtigten bereit sind, die Durchführung der freiwilligen Erziehungshilfe zu fördern" (§ 62 JWG). Setzt die „Freiwillige Erziehungshilfe" das Einverständnis der Personensorgeberechtigten voraus, so kann „Fürsorgeerziehung" nur vom Vormundschafts- oder Jugendgericht angeordnet werden, wenn „der Minderjährige zu verwahrlosen droht oder verwahrlost ist. Fürsorgeerziehung darf nur angeordnet werden, wenn keine ausreichende andere Erziehungsmaßnahme gewährt werden kann" (§ 64 JWG), oder aus Anlaß einer Straftat eines Jugendlichen nach den Bestimmungen des Jugendgerichtsgesetzes.

Für die Durchführung der „Freiwilligen Erziehungshilfe" und der „Fürsorgeerziehung" sind mit Ausnahme Bayerns die Landesjugendämter als überörtliche Behörden zuständig.

Ein Überblick über den Umfang der als „Hilfen zur Erziehung" durchgeführten Unterbringung außerhalb der Herkunftsfamilie läßt erkennen, daß sich zwar die Zahl der Minderjährigen insgesamt während der vergangenen Jahre leicht erhöht hat, der Anteil der in Heimen untergebrachten jungen Menschen jedoch deutlich zurückgegangen ist, weil sie zunehmend in Pflegefamilien vermittelt werden können. Dabei ist jedoch zu beobachten, daß gerade ältere Kinder und Jugendliche nach wie vor bevorzugt in Heime eingewiesen werden, weil sie sehr viel schwerer in Familien vermittelt werden können. Das gilt im übrigen auch für Geschwisterkinder. Auffallend ist, daß insgesamt zwischen den einzelnen Jugendämtern der Anteil der Heimunterbringung an der Gesamtunterbringung stark differiert, wobei mit zunehmender Qualifikation des Personals der Jugendämter gerade im Heim- und Pflegekinderbereich eine erhebliche Reduzierung des Anteils der Heimunterbringung nachgewiesen werden kann.

Statistiken (vgl. STATISTISCHES BUNDESAMT 1975) lassen erkennen, daß seit 1968 (Höhepunkt der Heimkampagnen) die Gesamtzahl der nach den Maßnahmen „Freiwilliger Erziehungshilfe" untergebrachten Minderjährigen um 35 % gesunken ist. Diese rückläufige Entwicklung wird noch deutlicher bei der Durchführung der Fürsorgeerziehung als einer richterlichen Eingriffsmaßnahme: Befanden sich 1965 noch ungefähr 27 000 junge Menschen in Fürsorgeerziehung, so waren es 1974 nur noch circa 4 700.

Probleme. Heimerziehung hat mit psychosozialen Defekten von Kindern und Jugendlichen zu tun, Defekten, die in der Gesellschaft und durch die Gesellschaft entstehen. Die betroffenen jungen Menschen gehören zumeist unteren sozialen Schichten an, in denen eben auch schichtspezifische Verhaltensweisen gelernt werden, die von den gesellschaftlich anerkannten Normen und Werten abweichen. Damit beginnt eine Isolierung, die den normalen Erwerb von Fähigkeiten verhindert und dadurch die Gefahr verstärkt, auch weiterhin isoliert zu bleiben. Ausdrücklich ist hervorzuheben, daß ein solcher Entwicklungsverlauf dem jungen Menschen selbst normal erscheint und die Auffälligkeit allein daher rührt, daß sich dieses Heranwachsen in einer sozialen Gruppe vollzieht, die als randständig definiert wird. Da abweichendes Verhalten gültige Normen in Frage stellt, werden „von außen" Abwehrmechanismen entwickelt. Freiwillige Erziehungshilfe und Fürsorgeerziehung stellen solche Eingriffsmöglichkeiten dar, und die pädagogische Schwierigkeit, in die Jugendhilfe gerät, liegt in der inhaltlichen Ausfüllung der im Jugendwohlfahrtsgesetz verankerten Begriffe der „Gefährdung", „Schädigung" und „Verwahrlosung". Diese unbestimmten Rechtsbegriffe liefern die jungen Menschen und ihre Familien einem Normenverständnis aus, das von Sozialarbeitern und Vormundschaftsgerichten definiert wird. Untersuchungen über die Aktenführung der Jugendämter lassen deutlich werden, daß Formulierungen wie „Ein Kind ist hinter den Normen zurückgeblieben" oder „Der Jugendliche hat eine andere Haltung zu den Normen entwickelt, als in der Gesellschaft üblich", die Regel sind (vgl. STEINVORTH 1973). Voraussetzung für das Eingreifen öffentlicher Jugendhilfe ist demnach die bekanntgewordene und öffentlich verhandelte Tatsache, daß ein junger Mensch von einem Erziehungsziel, das positiv nirgendwo definiert ist, negativ abweicht. In diesem Kontext fungiert öffentliche Erziehung auch als Instanz der sozialen Kontrolle. Sie greift dann in elterliches Erziehungsrecht ein, „wenn die [...] Familie die Einhaltung bürgerlicher Eigentumsnormen, die Seßhaftigkeit, die Einhaltung von Lern- und Arbeitsdisziplin sowie der herrschenden Sexualnorm [. . .] nicht mehr gewährleistet" (BARABAS/SACHSE 1974, S. 264).

Die kritische Diskussion der vergangenen Jahre hat die Folgen der Heimerziehung offenkundig werden lassen. Jugendliche werden an den Anstaltsbetrieb angepaßt und erlernen dort subkulturelle Normen. Dies bedeutet, daß Kinder und Jugendliche eigene Initiative, spontanes Verhalten und Eigenverantwortung kaum zu entwickeln vermögen. Sie begeben sich in die Geborgenheit des Systems. Damit besteht aber die Gefahr, zur Lebensuntüchtigkeit erzogen zu werden.

Neuere Entwicklungen. Neben der Verstärkung ambulanter therapeutischer Hilfen vor allem durch die Jugendämter und sozialen Dienste der freien Träger bemühen sich die Heime seit einigen Jahren um die Einrichtung überschaubarer Lebensgruppen mit individuell angepaßten Lebensformen, wobei die Gruppen alters- und geschlechtsgemischt gebildet werden. Zwei Ziele werden für die Heimerziehung in den Vordergrund gestellt: Erstens hat sie dafür Sorge zu tragen, daß jungen Menschen soziale Techniken vermittelt werden, die es ihnen ermöglichen, Regeln sozialen Verhaltens verstehen und anwenden zu können. Daraus ergibt sich, daß Heimerziehung Übungsfelder zu planen hat, die solche Lernprozesse einleiten. Zweitens stehen therapeutische Anstrengungen im Mittelpunkt. Diese Funktionen der Heimerziehung – soziales Lernen und Therapie – können nur dadurch erfüllt werden, daß sie als Einzelvollzüge der Behandlung methodisiert, in Organisationsstrukturen des Heimes übertragen und gemeinsam mit den einweisenden Stellen und den Beratungsdiensten ständig auch problematisiert werden. Dabei kommt es darauf an, Formen zu entwickeln, deren Elastizität ausreicht, gezielte Therapie neben Schul- und Be-

rufsausbildung in offenen Einrichtungen zu gewährleisten, dem einzelnen und der Gruppe Außenkontakte zu ermöglichen und dabei die Übergänge durchlässig zu halten. Konzentration und Kooperation, Schwerpunktbildungen, Spezialisierungen in und zwischen Heimen sind dringende Voraussetzungen für eine Heimerziehung, in der der junge Mensch die Erfahrung machen kann, angenommen und akzeptiert zu werden, und wo er durch die Beziehungen zu den Erziehern lernen kann, daß Abhängigkeit nicht bedrohend zu sein braucht, sondern daß sie eine Stufe zur Unabhängigkeit sein kann. Darüber hinaus präsentiert die Gruppe Gleichheit der Rechte und Pflichten jedes einzelnen, vermittelt dem jungen Menschen die Erfahrung in der Gleichwertigkeit und dringt auf die Auseinandersetzung mit den Bedürfnissen, Erwartungen und Forderungen des anderen. Vielfältige Gruppenzusammenhänge, in denen Kinder und Jugendliche in den Heimen leben, verlangen von ihnen jeweils spezifische Einstellungen, Neuorientierungen und die Einschränkung und/oder Aufgabe alter Verhaltensweisen. So werden nicht nur soziale Techniken erlernt, sondern zugleich wird die Notwendigkeit der Selbstdistanzierung erfahren.

Von entscheidender Wichtigkeit für den therapeutischen Erfolg der Heimerziehung ist das Prinzip der Selbstverwaltung und Mitbestimmung. Die verantwortliche Mitwirkung junger Menschen ermöglicht Initiative, soziale Phantasie, Aktionen und Entscheidung. Schließlich sollte die Schul- und Berufsausbildung nicht im Heim geschehen. Sie muß den Prozeß der sozialen Rehabilitation begleiten. Dies bedeutet aber, daß der Standort des Heimes so gewählt wird, daß solche pädagogischen Ziele erreicht werden können.

Bei alledem bleiben gerade auch für reformbereite Heimträger und ihre Mitarbeiter große Probleme. Es sind dies Strukturfragen, die in der künstlichen

Geplantheit des Erziehungsmilieus „Heim", in der Instabilität der sozialen Beziehungen, in der Fluktuation und auch in der beruflichen Distanziertheit der Erzieher, des anonym verwalteten Versorgungsbetriebes und der durch Eingriff von außen ständig gefährdeten Intimsphäre liegen. Da sozialpädagogische Hilfe immer auch auf die Heimerziehung angewiesen sein wird, bemüht man sich bei Reformen im Rahmen der Neuregelung des Jugendhilferechtes um die in der Institution „Heim" liegenden Chancen kollektiver Erziehung (Erfahrbarkeit der Pluralität von Normen und Verhaltensmodellen, Zwang zur rationalen Begründung von Absichten und Handlungsweisen, Chancen zur Rollendistanz und zum flexiblen und situationsadäquaten Lernen und Handeln sowie Möglichkeiten der gemeinsamen Lebensbewältigungen und der solidarischen Interessenvertretung.

BARABAS, F./SACHSE, CH.: Funktionen und Grenzen der Reform des Jugendhilferechts. In: Krit. Justiz 7 (1974), S. 28 ff. BÄUERLE, W./MARKMANN, J. (Hg.): Reform der Heimerziehung. Materialien und Dokumente 1970–72, Weinheim 1974. JORDAN, E./SENGLING, D.: Einführung in die Jugendhilfe, München 1977. STEINVORTH, G.: Diagnose Verwahrlosung, München 1973. STATISTISCHES BUNDESAMT: Öffentliche Jugendhilfe 1974. In: Wirtsch. u. Stat. (1975), S. 764 ff.

Dieter Sengling

Identität

Begriff. Der Begriff der Identität ist hauptsächlich von drei Theorietraditionen bearbeitet worden: von der Psychoanalyse (vgl. ERIKSON 1966, DE LEVITA 1971), von der kognitivistischen Entwicklungspsychologie (vgl. KOHLBERG 1974, PIAGET 1973, 1976) und vom Symbolischen Interaktionismus (vgl. GOFFMAN 1973, MEAD 1973). Doch keiner dieser Ansätze hat bisher zu einer erklärungskräftigen Theorie der Identitätsentwicklung geführt, die eine auch empirisch gehaltvolle Bestimmung des Identitätskonzepts erlauben würde (vgl. HABERMAS 1976, S. 69).

Die Verbreitung der Identitätskategorie in der Erziehungswissenschaft ist in besonderem Maße durch die interaktionistische Handlungstheorie geprägt worden. Dieser Konzeption zufolge sind im Identitätsbegriff stets eine vertikale Dimension der Verständigung mit sich selbst und eine horizontale Dimension der Verständigung mit anderen angesprochen. Im Zusammenspiel von Rollenübernahme (role-taking) und individueller Rolleninterpretation und -ausgestaltung (role-making) konstituiert sich die Identität eines Menschen in Internalisierungs- und Interaktionsvorgängen im Medium gemeinsamer Symbole, vor allem der Sprache. Das Individuum erlangt Ich-Identität, wenn es imstande ist, zwischen seiner persönlichen Identität als dem Produkt einer unverwechselbaren Biographie und seiner jeweiligen Gruppenidentität eine Balance herzustellen. Ich-Identität bezeichnet die in Interaktionsbezügen zu erbringende Leistung, „zu sein wie alle anderen und zu sein wie kein anderer" (KRAPPMANN 1969, S. 78).

Identitätsbildung und Jugendalter. Obwohl die Identitätsformation eine lebenslange Aufgabe ist, kommt der Phase des Jugendalters innerhalb der ontogenetischen Entwicklung eine besondere

Bedeutung zu. Im Phasenmodell psychosozialer Krisen (vgl. ERIKSON 1966) ergibt sich die Identität des Ichs aus einer gestuften Integration sämtlicher in der Kindheit vollzogenen Identifikationen. Bei negativem Verlauf der Identitätsbildungsprozesse während der Kindheit kommt es im Jugendalter zu einer Identitätsdiffusion. Diese Störung tritt dann ein, wenn sich der einzelne angesichts vielfältiger (teils widersprüchlicher) Identifikationsmöglichkeiten, Identitätsnormen und Lebensziele außerstande sieht, personen- und situationsgerechte Entscheidungen zu treffen. Das Ich steht nach dieser psychoanalytischen Auffassung bei der Persönlichkeitsentwicklung vor der Aufgabe, „das nachpubertäre Es in Schranken zu halten und das neue aufgerufene Über-Ich und das überforderte Ich-Ideal auszubalancieren" (ERIKSON 1966, S. 192).

Die Strukturen der modernen Industriegesellschaft – wie die abstrakten und funktionalisierten Lebensbezüge, die Fülle der alternativen Informationen bei gleichzeitig eingeschränkter Urteils- und Handlungskompetenz, zumal bei den Heranwachsenden – tragen dazu bei, daß die Jugendlichen in verstärktem Maße Identitätskrisen ausgesetzt sind. Für einige Jugendforscher liegen die größten Probleme nicht bei der Minderheit der abweichenden und protestierenden Jugendlichen, die sich immerhin zur Wehr setzen, sondern bei der weitaus größeren Zahl derjenigen, die sich an den glatten, technologischen Funktionalismus der Gegenwartsgesellschaft angepaßt haben (vgl. BAACKE 1976, S. 144).

Entwicklungsmomente und -stufen der Identität. Der für die Jugendphase typische Entwicklungsschub läßt sich grob als Übergang von einer stärker rollengebundenen Identität hin zu einer zunehmend individualisierten, rollenunabhängigeren Persönlichkeitsformation beschreiben. Er wird ausgelöst und begleitet von der Familienablösung, der

Intensivierung der Peer-group-Aktivitäten, dem Aufbau sexueller Beziehungen und der Vorbereitung und Konkretisierung der Berufs- und Staatsbürgerrolle (vgl. DÖBERT/NUNNER-WINKLER 1975, S. 41). In der insbesondere während der Frühadoleszenz egozentrisch ausgerichteten Übergangsphase wird dem Jugendlichen lediglich der Status eines tentativen (probeweisen) Erwachsenenseins zuerkannt.

Die Identitätsbildung vollzieht sich in einem komplexen Zusammenspiel von Reifungs- und Lernprozessen in verschiedenen, miteinander verwobenen und zum Teil aufeinander aufbauenden Entwicklungssträngen und -stufen: etwa des psychosexuellen, des sozial-emotionalen und des kognitiv-moralischen Bereiches. In ihrem integrativen Neuansatz der kommunikativen Kompetenz gehen Habermas und seine Projektmitarbeiter am Max-Planck-Institut in Starnberg der Frage nach, wie sich der vielschichtige Prozeß der personalen Identitätsformation während der Adoleszenzkrise unter den gegebenen sozialstrukturellen Lebensbedingungen vollzieht. Eine Schlüsselstellung nimmt in diesem Konzept die Struktur der moralischen Urteilsfähigkeit ein, der allerdings noch Strukturen kommunikativen Handelns zugeordnet werden. Das moralische Urteilsvermögen unterliegt dem kognitivistischen Ansatz KOHLBERGS (vgl. 1974) zufolge einem entwicklungslogischen Stufenschema, das von jedem Individuum in der gleichen Reihenfolge durchlaufen wird:

– Auf der ersten Niveaustufe der präkonventionellen Orientierung (etwa 6 bis 10 Jahre) herrschen die Kriterien der Strafe und des Gehorsams (Stufe 1) und des instrumentellen Egoismus (Stufe 2) vor.
– Im konventionellen Stadium (10 bis 13 Jahre) wird die „good-boy"-Orientierung (Stufe 3) durch eine Autoritätsmoral („law-and-order morality") abgelöst (Stufe 4). Auf dieser Ebene

wird die gleichsam körpergebundene, „natürliche" Identität des vorangegangenen Stadiums durch eine symbolisch gestützte Rollenidentität überformt.
– Erst in der Adoleszenz (13 bis 25 Jahre) wird die dritte, postkonventionelle Niveaustufe, auf der die Veränderbarkeit sozialer Normen anerkannt wird (Stufe 5: sozialer Vertrag), erreicht; auf der abschließenden sechsten Stufe fühlt sich der einzelne universalen ethischen Prinzipien verpflichtet. Erst auf dieser dritten Ebene wird dem Jugendlichen Ich-Identität zugesprochen, da er hier die Fähigkeit erworben hat, zwischen Normen einerseits und Grundsätzen, nach denen Normen erzeugt werden können, andererseits zu unterscheiden, und somit gelernt hat, prinzipiell zu urteilen (vgl. HABERMAS 1976, S. 80). Das Individuum ist nun befähigt, sich trotz unvereinbarer Rollenerwartungen und biographischer Veränderungen als verläßlicher Interaktionspartner darzustellen.

Um die Beschränkung auf die kognitiv-moralische Seite des Rollenhandelns zu überwinden, ergänzt Habermas seinen Entwurf um unterschiedliche Niveaus interaktiver Kompetenz in bezug auf die Wahrnehmung von Normen (nach dem Grad der Reflexivität), Motiven (nach dem Abstraktionsgrad der Differenzierung) und Akteuren (nach dem Grad der Generalisierung). Wenn jemand über diese interaktiven und moralisch-kognitiven Kompetenzen verfügt, dann muß das noch nicht heißen, daß die Person auch in Konfliktsituationen die Bereitschaft zeigt, die unter Normalbedingungen erreichte Stufe des moralischen Bewußtseins durchzuhalten. Denn dem Ich stehen in solchen Situationen Abwehrmechanismen wie Verdrängung, Rationalisierung und Projektion zur Verfügung, um Diskrepanzen zwischen Urteilsfähigkeit und Handlungsbereitschaft zuzudecken.

Die Entwicklung des Ichs hängt neben persönlichkeitsstrukturellen Faktoren wesentlich auch von sozialstrukturellen Rahmenbedingungen ab, wozu neben erzieherischen und schichtspezifischen auch epochale Faktoren zu zählen sind. Eine wesentliche Komponente stellt zudem der konkrete – mehr oder minder konfliktträchtige – Adoleszenzverlauf dar. So konnten DÖBERT und NUNNER-WINKLER (vgl. 1975, S. 163) nachweisen, daß der Adoleszenzkrisenverlauf (die Heftigkeit der Lösungskrise) eine höhere Voraussagekraft für die Einstellungen zur Ehe hat als die Stufen des moralischen Bewußtseins. Zu den sozialstrukturellen Bedingungen für die Identitätsbildung muß man ferner den normativen Erwartungshorizont der kapitalistischen Leistungsgesellschaft rechnen, dem die „modale Persönlichkeit" entspricht. Damit meinen DÖBERT und NUNNER-WINKLER (vgl. 1975, S. 179 f.) die um die Berufsrolle zentrierte Form der Rollenidentität des hoch leistungsmotivierten, utilitaristisch kalkulierenden Individuums. Dieser Typus fand sich in ihrem Projekt häufig unter der Gruppe derjenigen, die freiwillig zur Bundeswehr gingen. Demgegenüber wird der „idealtypische" Verweigerer wie folgt geschildert: Im Verlaufe seiner heftigen Adoleszenzkrise hat er postkonventionelle Strukturen des moralischen Bewußtseins erworben, so daß er sich nicht bruchlos in das Berufssystem integrieren läßt, sondern das System mit eigenen, alternativen Ansprüchen konfrontiert.

Identitätskrisen im Jugendalter. Verallgemeinernd lassen sich folgende Sozialisationsprobleme im Jugendalter benennen, die Auswirkungen auf die Ich-Synthese haben:
- die altersgruppenspezifische Statusunsicherheit und die eingeschränkte Handlungskompetenz, die gegenwärtig durch das Hinauszögern des Berufseintritts sowie die fehlende Berufsperspektive bei einem Teil der Jugendlichen noch verstärkt werden,
- das Familiensystem, besonders die intrafamilialen Interaktionsmuster und der Verlauf der Lösungskrise,
- die Stellung innerhalb der Gruppe der Gleichaltrigen, vor allem im Hinblick auf das Erlernen der Geschlechtsrolle,
- die Situation in den Ausbildungsinstitutionen und am Arbeitsplatz hinsichtlich der geforderten Leistungen und die Unterordnung unter standardisierte Regeln und Kontrollen.

Identitätskonflikte sind insbesondere dann zu erwarten, wenn die normativen Muster und Rollenerwartungen der Peer-Gruppe beträchtlich von denen des Elternhauses abweichen (vgl. NAUDASCHER 1978). Eine gelingende Loslösung vom Elternhaus steht nämlich unter der Bedingung eines gleichzeitigen Bezuges zu den Eltern und der Peer-Gruppe, die nur dann zustande kommen kann, wenn zwischen den Wertorientierungen beider Bezugsgruppen keine unüberwindlichen Differenzen bestehen und auftretende Konflikte gemeinsam von Eltern und Jugendlichen bearbeitet werden.

Altershomogene Gruppenbildung stellt eine wesentliche Bedingung für die identitätsfördernde Bewältigung jugendspezifischer Krisen dar. Speziell für Jugendliche aus Problemfamilien, die infolge privater oder schulischer Mißerfolgserlebnisse nur über ein instabiles Selbstwertgefühl verfügen, bietet der Zusammenschluß mit Altersgleichen in Jugendsubkulturen (Banden, Cliquen oder Rockergruppen) oft die einzige Chance, eine gewisse Orientierungs- und Verhaltenssicherheit zu gewinnen. Dadurch ist in delinquenten Jugendgruppen die Gefahr gegeben, daß abweichende Gruppenidentität (etwa in Drogen-Subkulturen) an die Stelle von Ich-Identität tritt.

In einer hochindustrialisierten Leistungsgesellschaft wie der Bundesrepublik Deutschland kommt der Teilhabe am Produktionsprozeß wohl die größte Bedeutung bei der Identitätsentwicklung zu, da die Stellung im Beruf auf sämtliche anderen Positionsbereiche ausstrahlt. So ergab eine Erhebung der BUNDESANSTALT FÜR ARBEIT (vgl. 1975), daß bei arbeitslosen Jugendlichen Faktoren wie ungünstige Erziehungseinflüsse in der Familie, vorzeitiger Schulabgang und fehlende Berufsausbildung überrepräsentiert waren (vgl. LENHARDT 1979, S. 236). Neben sozialer Desintegration, niederem Status, öden Wohnverhältnissen und einem Wertedefizit wird ganz allgemein die ergebnislose Suche nach Identität als Hauptursache für die steigende Zahl der Suizide im Jugendalter verantwortlich gemacht. Die pauschale Positionsbezeichnung „Jugendliche" muß also differenziert werden in die einzelnen Positionen des Auszubildenden, Jungarbeiters, Arbeitslosen, Schülers und Studenten; denn die Länge der Ausbildungszeit hat als „psychosoziales Moratorium" entscheidende

Auswirkungen auf die Identitätsbildung. Jugendliche mit niedrigem oder keinem Schulabschluß erfahren schon früh eine partikulare Ausrichtung auf ein Berufsfeld, möglicherweise noch auf einen monoton-repetitiven Arbeitsablauf ohne Entscheidungsspielraum, während die Jugendlichen mit langen Ausbildungszeiten in ihren Wertvorstellungen und Interaktionsmustern stärker universalistisch und dadurch auch flexibler ausgerichtet sind. So läßt sich nach wie vor auch in bezug auf die Identitätsformation von einer benachteiligten oder einer begünstigten Adoleszenz sprechen. Ohne die Schwierigkeiten der Identitätsbalance in den gesellschaftlichen Institutionen wie der Schule herunterzuspielen (vgl. RUMPF 1976, WELLENDORF 1973), ist doch festzuhalten, daß eine kürzere Ausbildungszeit die Herausbildung und Einübung wesentlicher Kompetenzen beschneidet, die unerläßlich sind, um Ich-Identität entwickeln und darstellen zu können.

BAACKE, D.: Die 13- bis 18jährigen. Einführung in Probleme des Jugendalters, München/Wien/Baltimore 1976. BUNDESANSTALT FÜR ARBEIT (Hg.): Bestandsaufnahme und kritische Analyse sowie Vorschläge für Maßnahmen zum Abbau der Arbeitslosigkeit Jugendlicher und zur Verbesserung der Lage auf dem Ausbildungsstellenmarkt, Mimeo, Nürnberg 1975. BUNDESINSTITUT FÜR BERUFSBILDUNGSFORSCHUNG (Hg.): Studie zur Bildungssituation von Jugendlichen ohne Ausbildungsvertrag, Mimeo, Berlin 1974. DÖBERT, R./NUNNER-WINKLER, G.: Adoleszenzkrise und Identitätsbildung. Psychische und soziale Aspekte des Jugendalters in modernen Gesellschaften, Frankfurt/M. 1975. ERIKSON, E. H.: Identität und Lebenszyklus, Frankfurt/M. 1966. GOFFMANN, E.: Interaktion: Spaß am Spiel, Rollendistanz, München 1973. HABERMAS, J.: Moralentwicklung und Ich-Identität. In: HABERMAS, J.: Zur Rekonstruktion des Historischen Materialismus, Frankfurt/M. 1976, S. 63 ff. KOHLBERG, L.: Zur kognitiven Entwicklung des Kindes, Frankfurt/M. 1974. KRAPPMANN, L.: Soziologische Dimensionen der Identität, Stuttgart 1969. LENHARDT, G.: Jugendliche Arbeitslose zwischen Arbeitsmarkt und Bildungspolitik. In: LENHARDT, G. (Hg.): Der hilflose Sozialstaat – Jugendarbeitslosigkeit und Politik, Frankfurt/M. 1979, S. 203 ff. LEVITA, D. J. DE: Der Begriff der Identität, Frankfurt/M. 1971. MEAD, G. H.: Geist, Identität und Gesellschaft aus der Sicht des Sozialbehaviorismus, hg. v. Ch. W. Morris, Frankfurt/M. 1973. NAUDASCHER, B.: Jugend und Peer Group, Bad Heilbrunn 1978. PIAGET, J.: Das moralische Urteil beim Kinde, Frankfurt/M. 1973. PIAGET, J.: Psychologie der Intelligenz, München 1976. RUMPF, H.: Unterricht und Identität. Perspektiven für ein humanes Lernen, München 1976. WELLENDORF, F.: Schulische Sozialisation und Identität. Zur Sozialpsychologie der Schule als Institution, Weinheim/Basel 1973.

Jürgen Wilbert

Industriemeister

Aufgaben und Funktionen des Industriemeisters unterliegen in besonders hohem Maße Veränderungen, die durch die technisch-organisatorische Entwicklung hervorgerufen werden. Zunehmend treten führende und leitende Funktionen gegenüber handwerklich-technischen in den Vordergrund. Gleichzeitig werden durch strukturelle Veränderungen im Produktionsbereich immer höhere Anforderungen an die Flexibilität und Mobilität der Industriemeister gestellt.

Zur Situation am Arbeitsmarkt. Im Vergleich zu anderen beruflichen Weiterbildungsmöglichkeiten nimmt die zum Industriemeister beziehungsweise Handwerksmeister eine besondere Stellung ein: Die Weiterbildung zum Industriemeister beziehungsweise Handwerksmeister gilt als nahezu einzige institutionalisierte Maßnahme, die unter Einbeziehung der Berufspraxis dem Facharbeiter im gewerblich-technischen Bereich den Aufstieg in die untere Führungsebene eines Unternehmens vorzubereiten hilft.

Eine Erhebung des INSTITUTS FÜR ARBEITSMARKT- UND BERUFSFORSCHUNG (vgl. 1976) weist nach, daß von den befragten Industriemeistern
– 50 % voll ausbildungsadäquat,
– 30 % teilweise ausbildungsadäquat und nur
– 14 % nicht ausbildungsadäquat
eingesetzt werden. Es muß jedoch berücksichtigt werden, daß besonders in diesem Weiterbildungsbereich die Teilnahme an Weiterbildungslehrgängen in vielen Fällen auf die Initiative der Vorgesetzten hin zustande kommt und somit bereits zu Beginn der Weiterbildungsmaßnahme der Aufstieg in die untere Führungsebene aufgrund von vorher erworbenen Qualifikationen und Einstellungen zum Betrieb vorgezeichnet ist. FASSBENDER/GROENEWALD

(vgl. 1972, S. 132) weisen sogar nach, daß von rund 1 000 befragten Industriemeistern 48 % keine Industriemeisterprüfung vor einer Industrie- und Handelskammer abgelegt hatten und 21 % allein durch betriebliche Ernennung, ohne jegliche Vorbereitung, in die Industriemeisterposition aufgestiegen waren. Es kann davon ausgegangen werden, daß derartige Rekrutierungspraktiken mit zur sachlichen und zeitlichen Überforderung des Industriemeisters beigetragen haben, denn nach derselben Untersuchung fühlen sich ein Drittel aller befragten Industriemeister zeitlich überfordert.

Grundsätzlich läßt sich jedoch feststellen, daß für die betriebliche Rekrutierungspraxis die Qualifizierungsfunktion auch im Industriemeisterbereich eine wachsende Bedeutung erlangt, so daß in vielen Fällen selbst berufstätige „Industriemeister ohne Weiterbildung und Abschluß" zur besseren Qualifizierung an Industriemeister-Lehrgängen teilnehmen.

Zur Weiterbildungssituation. Die Prüfungen zum Industriemeister wurden bis November 1978 fast ausschließlich auf der Grundlage des § 46, Abs. 1 des Berufsbildungsgesetzes (BBiG) von den Industrie- und Handelskammern (IHK) als den zuständigen Stellen abgenommen. Anfang der 80er Jahre wird bis auf die Fachrichtung „Metall", für die im November 1978 eine bundeseinheitliche, staatliche Prüfungsregelung nach § 46, Abs. 2 BBiG in Kraft trat, in allen etwa 50 weiteren Industriemeister-Fachrichtungen noch nach dem § 46, Abs. 1 BBiG verfahren. Dies bedeutet, daß alle 73 Industrie- und Handelskammern, von denen etwa 60 die Industriemeisterprüfungen in den verschiedenen Industriemeisterfachrichtungen mit jährlich etwa 4 500 Prüfungsteilnehmern abnehmen, Prüfungen durchführen können, ohne sich untereinander abstimmen zu müssen. Die Folge ist, daß einheitliche

Fachrichtungsbezeichnungen für vergleichbare Inhalts- und Prüfungsanforderungen fehlen, daß keine bundeseinheitlichen Prüfungsanforderungen existieren, daß die Gesamtstundenzahlen der Vorbereitungskurse erheblich voneinander abweichen und daß das andragogische Niveau der verschiedenen Vorbereitungskurse sehr unterschiedlich einzuschätzen ist. Analysen von Stundenverteilungsplänen haben gezeigt, daß auch erhebliche Differenzen hinsichtlich der Gewichtung des Grundwissens, des Fachwissens, des organisatorischen und wirtschaftsorientierten Wissens bestehen. Diese Qualifikationsunterschiede wirken sich einerseits nachteilig für die Teilnehmer aus, andererseits sind die Betriebe bei der Rekrutierung von Industriemeistern nicht genügend über das Maß der erworbenen Qualifikationen informiert. Die bildungs- wie arbeitsmarktpolitisch erwünschte Flexibilität und Mobilität wird dadurch sehr erschwert.

Um den wirtschaftlichen Erfordernissen und deren sozialen Implikationen sowie dem allgemeinen Funktionswandel, dem der Industriemeister unterliegt, Rechnung zu tragen, wird die Weiterbildung zum Industriemeister nach § 46, Abs. 2 BBiG neu strukturiert, vereinheitlicht und den veränderten Anforderungen angepaßt. Als erstes Ergebnis dieser Bemühungen ist die 1978 in Kraft getretene Rechtsverordnung „Geprüfter Industriemeister – Fachrichtung Metall" anzusehen, die als Musterverordnung für alle weiteren noch zu regelnden Fachrichtungen gilt und in Zusammenarbeit mit den Arbeitgeber- und Arbeitnehmerverbänden vom Bundesinstitut für Berufsbildung (vgl. KALUSCHE/SCHOLZ 1977 a) erarbeitet wurde.

Zielsetzungen für die Industriemeister-Regelung. Ausgehend von den Anforderungen an den Industriemeister, die in steigendem Maße im Organisieren, Disponieren, Unterweisen, Überwachen, betriebswirtschaftlichen Ordnen und verantwortungsbewußter Menschenführung bestehen und Gebiete wie Arbeitsschutz und Unfallverhütung, Umweltschutz und Jugendschutz mit einschließen, sind die Führungsqualifikationen, die für alle Industriemeister in Zukunft einheitlich vermittelt werden, von besonderer Bedeutung. Ebenso sind die arbeits- und berufspädagogischen Qualifikationen gemäß der Ausbildereignungsverordnung (AEVO) für alle Fachrichtungen verbindlich vorgesehen. Die einzelnen Bildungsgänge unterscheiden sich somit nur noch im fachrichtungsspezifischen Bereich. Darüber hinaus werden jene Fachrichtungen, die nur geringfügig voneinander abweichen, zusammengefaßt, so daß für den gesamten Industriemeisterbereich statt der derzeit etwa 50 Fachrichtungen nur noch 15 bis 20 Fachrichtungen existieren werden.

Der Industriemeister ist auf die Rolle als Führungskraft für die Verwirklichung technischer, wirtschaftlicher und sozialer Zielsetzungen im Produktionsbereich eines Betriebes vorzubereiten. Diesbezügliche Qualifikationen werden soweit als möglich auf die betriebliche Praxis ausgerichtet. Das bedeutet, daß die einseitige Orientierung von Unterrichtsstoffen an der traditionellen Fächeraufteilung zu durchbrechen ist und Inhalte zusammenhängend und problemorientiert dargestellt werden. Dadurch soll erreicht werden, daß die Teilnehmer an Maßnahmen zur Weiterbildung von Industriemeistern in die Lage versetzt werden, die Zusammenhänge des betrieblichen Alltags zu erkennen, und die berufliche Praxis besser als bisher mitgestalten können.

Vorbereitung von Rechtsverordnungen. Zur Verwirklichung der genannten Zielsetzungen sind in Abstimmung mit den betroffenen Verbänden und Organisationen im Bundesinstitut für Berufsbildung die Arbeiten zur Vorbereitung von Rechtsverordnungen auf der Grundlage

der Musterverordnung „Geprüfter Industriemeister – Fachrichtung Metall" in Angriff genommen oder bereits abgeschlossen worden. Der Qualifikationsbereich des Industriemeisters wurde in
– Führungsqualifikationen,
– berufs- und arbeitspädagogische Qualifikationen und
– fachrichtungsspezifische Qualifikationen

unterteilt. Wie oben bereits angegeben, wurden die Führungsqualifikationen sowie die arbeits- und berufspädagogischen Qualifikationen derart bestimmt, daß diese für alle Industriemeisterfachrichtungen einheitlich zur Anwendung kommen können. Neben den Arbeiten zur Vorbereitung der Rechtsverordnung zum „Geprüften Industriemeister – Fachrichtung Metall" sind die Arbeiten zur Vorbereitung der Rechtsverordnungen für die Fachrichtungen „Chemie", „Druck" abgeschlossen und für weitere Fachrichtungen wie „Textil", „Elektrotechnik" und „Glas" in Vorbereitung.

Entwicklung von Lehrgangskonzeptionen und -materialien. Die Beschreibung und Festlegung von Prüfungsinhalten in den Rechtsverordnungen erfolgt auf einem relativ hohen Allgemeinheitsgrad, um einen Spielraum für Besonderheiten von Trägern und Regionen zu haben sowie sich ändernde Arbeitsbedingungen der Industriemeister berücksichtigen zu

können, ohne die Rechtsverordnungen ständig ändern zu müssen. Deshalb ist beabsichtigt, Unterrichtsmaterialien zu entwickeln, die die in den Rechtsverordnungen enthaltenen Prüfungsinhalte präzisieren und aufgrund ihres geringeren Änderungsaufwandes gegenüber einer Rechtsverordnung schneller sich wandelnden Bedingungen angepaßt werden können. Insbesondere sollen den Dozenten im Bereich der Weiterbildung zum Industriemeister für schwer zu vermittelnde Themen und Inhalte exemplarische Lehr-/Lerneinheiten zur Unterrichtsgestaltung bereitgestellt werden.

Dies gilt insbesondere für den fachrichtungsübergreifenden Bereich der Weiterbildung zum Industriemeister, der folgende Themenbereiche beinhaltet und eine Gesamtstundenzahl von 350 Stunden umfassen soll:
– Grundlagen für kostenbewußtes Handeln,
– Grundlagen für rechtsbewußtes Handeln,
– Grundlagen für die Zusammenarbeit im Betrieb.

Die Lehrgangsgesamtstundenzahl soll 900 Stunden betragen, wobei der arbeits- und berufspädagogische Bereich 120 Stunden und der fachrichtungsspezifische Bereich 430 Stunden aufweisen soll.

BERGMANN-KRAUSS, B./SCHOLZ, D.: Bildungs- und gesellschaftspolitische Ziele und Funktionen beruflicher Weiterbildung. In: ORDNUNGSVORSTELLUNGEN FÜR DIE BERUFLICHE WEITERBILDUNG IM HINBLICK AUF IHRE GESELLSCHAFTSPOLITISCHE FUNKTION. Beiträge und Ergebnisse der Fachtagung 77 des Bundesinstituts für Berufsbildung – Arbeitsgruppe 4.1., Berlin 1978, S. 53 ff. FASSBENDER, S./GROENEWALD, H.: Funktion und Bildungsanforderungen im Selbstverständnis der Meister, Rodenkirchen 1972. INSTITUT FÜR ARBEITSMARKT- UND BERUFSFORSCHUNG: Erfolg der beruflichen Aufstiegsförderung. In: Mat. a. d. Arbmarkt- u. Berfo. (1976), 2, S. 1 ff. KALUSCHE, B./SCHOLZ, D.: Die Rechtsverordnung „Geprüfter Industriemeister – Fachrichtung Metall" – ein wesentlicher Teilschritt in der Regelung der Weiterbildung zum Industriemeister. In: Berb. i. W. u. Prax. 6 (1977), 4, S. 21 f. (1977 a). KALUSCHE, B./SCHOLZ, D.: Weiterbildung zum Industriemeister, Prüfungen, Lehrgänge, Veranstalter. Stand: August 1972. Bundesinstitut für Berufsbildung, Berlin 1977 b. SASS, J. u. a.: Weiterbildung und betriebliche Arbeitskraftpolitik, Köln 1974.

Dietrich Scholz

Jahrgangsstufe 11

Im Zuge der Reform der gymnasialen Oberstufe von 1972 erhielt die Jahrgangsstufe 11 eine strukturell bedingte Sonderstellung. Sie markiert die Zäsur zwischen dem Jahrgangsklassensystem der Sekundarstufe I und dem Kurssystem der gymnasialen Oberstufe in der Sekundarstufe II. In der Vereinbarung der Ständigen Konferenz der Kultusminister der Länder in der Bundesrepublik Deutschland (KMK 1972, S. 25) heißt es dazu: „Die Oberstufe beginnt nach der 10. Klasse [. . .] Das System der Jahrgangsklassen wird in ein System von Grund- und Leistungskursen umgewandelt [. . .] In der Jahrgangsstufe 11 wird das Kurssystem so eingeführt, daß es spätestens vom Beginn der Jahrgangsstufe 12 an voll entfaltet ist." Der Bildungsgang des Gymnasiums ist damit deutlich in drei Abschnitte gegliedert: in die Sekundarstufe I, die Sekundarstufe II und in den mittleren Bereich der Jahrgangsstufe 11, dem eine Art Gelenkfunktion zukommt. Aus dieser Gelenkfunktion der Jahrgangsstufe 11 ergeben sich die für sie typischen Aufgaben der *Wahl-Erprobung*, der *Hinführung*, der *Integration* und der *Beratung*.

Wahl-Erprobung. In der Jahrgangsstufe 11 muß der Schüler zwei (in manchen Bundesländern auch drei) Leistungsfächer wählen, die zugleich die beiden ersten schriftlich geprüften Abiturfächer sind. Nach den Vorstellungen der KMK-Vereinbarung sollen die Leistungsfächer den besonderen Interessen des Schülers entsprechen, so daß er hier seinen Leistungsschwerpunkt bilden kann; damit legt er aber auch in einem wesentlichen Punkt das curriculare Profil seines Oberstufenlehrgangs fest. Gerade weil diese Entscheidung für den Betreffenden sehr weitreichende Konsequenzen hat, die sich bis auf die Berufs- oder Studienwahl auswirken, muß dafür Sorge getragen werden, daß Fehlent-

scheidungen möglichst ausgeschaltet, zumindest aber revidierbar sind. Der Schüler muß daher sowohl Möglichkeiten zur Erprobung seiner Interessen- und Leistungsschwerpunkte als auch zur Revision haben. Der Schüler wird in der Jahrgangsstufe 11 schrittweise mit dem ab Jahrgangsstufe 12 voll einsetzenden Kurssystem vertraut gemacht. Die noch aus der Sekundarstufe I bestehenden Pflichtbindungen werden zugunsten von Wahlmöglichkeiten aufgelöst.

Beide Aspekte – Erprobung und abschließende Wahl der Leistungsfächer sowie die Hinführung zum Kurssystem – werden in der Jahrgangsstufe 11 organisatorisch unterschiedlich umgesetzt. Das erste Halbjahr läßt in begrenztem Rahmen eine Kurswahl zu, das zweite Halbjahr dagegen steht im Zeichen der Wahl der beiden sechsstündigen Leistungsfächer (wodurch sich das Angebot der restlichen frei wählbaren Kurse verringert). Am Ende des zweiten Halbjahres kann diese Entscheidung revidiert werden, sofern der Schüler sich geirrt zu haben glaubt oder aber keine ausreichenden Leistungen erzielt hat.

Hinführung. Die Hinführung auf das organisatorisch neue System der differenzierten Oberstufe hat aber nicht nur in curricularer Hinsicht zu erfolgen, sie muß auch möglicherweise auftretende Sozialisationsprobleme berücksichtigen, da für den Schüler das soziale Feld des Unterrichts neu strukturiert wird. Bisher stand er im festumgrenzten Sozialverband der Jahrgangsklasse mit ihren zeitlich beständigen Interaktionszusammenhängen. Die Jahrgangsklasse ist für den einzelnen eine feste Bezugsgruppe mit einem für ihn klar gegliederten Rollenmuster und in hohem Maß vorhersehbaren Erwartungskonstellationen. Die Interaktionsbedingungen im Kurssystem dagegen sind von grundsätzlich anderer Art. Durch die Auflösung des Klassenverbandes wird auch die feste Bezugsgruppe der Jahrgangsklasse aufgehoben. Statt dessen steht der einzelne in den wechselnden Gruppenbezügen der einzelnen Kurse mit einer je unterschiedlichen Binnenstruktur. Der Schüler wird daher im interaktionellen Bereich auch lernen müssen, „in wechselnden Gruppen zu arbeiten, wie er das auch nach Abschluß der Schulzeit tun wird" (KMK 1972, S. 9). Zum Problem werden kann der Übergang ins differenzierte System der Oberstufe dann, wenn die erforderte soziale Mobilität von dem Betreffenden als Verunsicherung erfahren wird: Der Schüler kann durch die unterschiedlichen Gruppenkonstellationen mit verschiedenen Erwartungen konfrontiert werden, so daß erhöhte Anforderungen an seine Fähigkeit zu Ambiguitätstoleranz und eigener Rolleninterpretation gestellt werden. Allerdings lassen einzelne Befragungen von Oberstufenschülern diese Vermutung eher als unberechtigt erscheinen: Die Sozialisationsbedingungen im Kurssystem werden überwiegend als positiv beurteilt; sehr gering ist dagegen die Anzahl derjenigen, die sich negativ äußern.

Integration. Eine besondere Aufgabe des Unterrichts in der Jahrgangsstufe 11 ergibt sich schließlich weniger aus ihrer Übergangsfunktion für die Schüler des gymnasialen Bildungsgangs als vielmehr aus ihrer Eingangsstellung für die Absolventen anderer Schulformen (Abschluß der 10. Klasse einer Real- oder Hauptschule bei entsprechendem Qualifikationsvermerk). Die Jahrgangsstufe 11 übernimmt hier eine Integrationsaufgabe, die sich außer in dem schon angesprochenen Sozialisationsbereich vor allem in curricularer Hinsicht stellt. Die Eingliederung dieser Schüler in das System der gymnasialen Oberstufe muß zum Beginn der Jahrgangsstufe 12 abgeschlossen sein. Durch die Art der Kursorganisation (Aufbau-, Ergänzungs- oder Förderkurse) sollten Lerndefizite ausgeglichen werden. Neben solchen auf den Einzelfall bezogenen Maßnahmen muß durch eine sinnvolle curriculare Koordination zwischen den verschiedenen Schulformen in der Sekundarstufe I der Grund zum erfolgreichen Besuch der gymnasialen Oberstufe gelegt werden; in der Jahrgangsstufe 11 sollten dann nur noch Feinkorrekturen erfolgen müssen.

Beratung. Diese Funktionen der Jahrgangsstufe 11 – die der Wahl-Erprobung, der Hinführung und der Integration – verlangen als gemeinsame Aufgabe die umfassende Beratung der Schüler. Außer der psychologisch-therapeutischen Beratung, die während der gesamten Oberstufenzeit gegeben sein muß, setzt in der Jahrgangsstufe 11 verstärkt die Schullaufbahnberatung ein. Die hier benannten Funktionen implizieren als gemeinsames Element eine vierte Aufgabe – die der Beratung (ohne daß diese ausschließlich der Jahrgangsstufe 11 zugeordnet werden kann). In der Beratung werden die übrigen Aufgaben der Jahrgangsstufe 11 zusammengefaßt: Sie bezieht sich auf eine Analyse der Lernmöglichkeiten des Schülers, seiner Leistungsfähigkeit und Leistungsschwerpunkte; sie macht dem einzelnen die in den anvisierten Leistungsfächern zu erwartenden Sachanforderungen in Umrissen deutlich und muß bei neu hinzukommenden Schülern durch eine Diagnose ihrer Lerndefizite Vorschläge zu einem gezielten Förderungsprogramm unterbreiten. Wird die Jahrgangsstufe 11 als die Station im Bildungsgang der Schüler angesehen, an der grundlegende Entscheidungen für die weitere Arbeit in der Oberstufe getroffen werden müssen, so ist Beratung hier als Orientierungs- und Entscheidungshilfe durch gezielte Information zu verstehen.

FLÖSSNER, W. u. a.: Theorie: Oberstufe, Braunschweig 1977, HOFFMANN, J.: Das Organisationsmodell. Möglichkeiten und Realisierung individueller Schullaufbahnen. In: SEBBEL, E.

gendamt übernommen werden, wenn der Minderjährige und der Unterhaltsverpflichtete sie nicht aufzubringen in der Lage sind. Hat die Erziehungshilfe die Notwendigkeit der Gewährung einer Hilfe festgestellt, so hat die wirtschaftliche Jugendhilfe aufgrund dieser Entscheidung zu prüfen, ob die rechtlichen Voraussetzungen gegeben sind und welche rechtlichen Folgerungen gezogen werden müssen.

Probleme. Entsprechend der Heterogenität der durch das JWG festgelegten Aufgaben der Jugendhilfe, die einen sozialpädagogischen Bezugsrahmen vermissen läßt, haben sich Organisationsformen des Jugendamtes entwickelt, die die Theorielosigkeit der Jugendhilfe in der Praxis verschärfen. Die Arbeitsfelder der Jugendhilfe finden sich nach Abteilungen ressortiert und kaum aufeinander bezogen, wobei diese Zuordnung von Aufgaben zu Verwaltungseinheiten einen integrierten Arbeitseinsatz weitgehend ausschließt. Als herausragende Beispiele hierfür gelten die organisatorischen Unterscheidungen von Verwaltung und Sozialarbeit oder Jugendpflege und Jugendfürsorge.
Die Vereinzelung des Sozialarbeiters durch die Einrichtung von Sachgebieten mit in der Regel hohen Fallzahlen muß darüber hinaus zwangsläufig zu Formen der Problembearbeitung führen, die den Klienten zum Einzelfall, festgehalten in Akten, werden läßt. Die Tatsache, daß das Jugendamt und seine sozialen Dienste außerhalb des unmittelbaren Lebensbereiches der Klienten lokalisiert sind, muß dazu führen, daß das soziale Umfeld der Ratsuchenden nicht genau ge-

nug gesehen und damit auch nicht ausreichend in die sozialpädagogischen Hilfen einbezogen werden kann.

Neuere Entwicklungen. Einzelne Jugendämter bemühen sich verstärkt um den Ansatz einer stadtteilorientierten Sozialarbeit, die, angelegt als Verbund verschiedener Beratungs-, Unterstützungs- und Hilfeangebote, nicht nebeneinander, sondern als Team versucht, zunächst die Lebensbedingungen eines Wohnquartiers zu analysieren, zu bewerten und daraus Schlußfolgerungen für eine Veränderung, Erweiterung oder Neueinrichtung sozialer Infrastrukturmaßnahmen abzuleiten. Ausgangspunkt eines solchen Arbeitsansatzes wird also das regionale soziale Umfeld; damit erfolgt zugleich eine Abwendung von dem ausschließlichen Prinzip der Einzelfallhilfe. Einem solchen integrierten Ansatz der Unterstützung gelingt es, auftretende Störungsmerkmale und individuelle Schwierigkeiten frühzeitig zu erkennen und – ortsnah auf die verschiedenen Lebensverhältnisse eingehend – durch Formen offener Hilfen zu behandeln. Die „Schwellenangst", Einrichtungen der Jugendhilfe in Anspruch nehmen zu müssen und damit möglicherweise stigmatisiert zu sein, wird durch regionalisierte ambulante soziale Dienste weitgehend gemildert. Das schließt nicht aus, daß zentrale spezialisierte Diagnose- und Therapieeinrichtungen bereitgehalten werden müssen. Nur werden sie bei einer solchen Konzeption eines stadtteilorientierten „sozialen Frühwarnsystems" wesentlich entlastet, was die Entwicklung intensiverer Behandlungskonzepte ermöglicht.

BÖHNISCH, L.: Bedingungen sozialpädagogischen Handelns im Jugendamt. In: Z. f. P. 18 (1972), S. 187 ff. BUNDESMINISTER FÜR JUGEND, FAMILIE UND GESUNDHEIT (Hg.): Bericht der Bundesregierung über Bestrebungen und Leistungen der Jugendhilfe (Dritter Jugendbericht). Bundestagsdrucksache VI/3170, Bonn-Bad Godesberg 1972. HORNSTEIN, W.: Bezugspunkte einer pädagogischen Theorie des Jugendamtes. In: Z. f. P. 18 (1972), S. 153 ff. JORDAN, E./SENGLING, D.: Einführung in die Jugendhilfe, München 1977.

Dieter Sengling

Jugendarbeit

Gegenstandsbereich und gesetzliche Grundlage. Jugendarbeit ist primär angesiedelt im Bereich der Freizeit junger Menschen. Freizeit umfaßt dabei den Raum, der den Jugendlichen neben schulischen, beruflichen und anderen Verpflichtungen zur freien Gestaltung verbleibt. Um den Bereich der Jugendarbeit formal von anderen Ebenen und Handlungsfeldern der Jugendhilfe und anderer gesellschaftlicher Sozialisationsagenturen abzugrenzen, kann auf eine Definition von GIESECKE (1971, S. 84 f.) zurückgegriffen werden, wonach Jugendarbeit „diejenigen von der Gesellschaft Jugendlichen und Heranwachsenden angebotenen Lern- und Sozialisationshilfen [bezeichnet], die außerhalb von Schule und Beruf erfolgen, die Jugendlichen unmittelbar, also nicht auf dem Umweg über die Eltern, ansprechen und von diesen freiwillig angenommen werden".

Inhaltlich unterscheidet sich Jugendarbeit von anderen Sozialisationsinstitutionen dadurch, daß sie in erster Linie *nicht* intellektuelle Fähigkeiten (Schule) oder berufsrelevante Qualifikationen (Berufsausbildung), sondern, ausgehend von den aktuellen Bedürfnissen und Interessen Heranwachsender, deren affektive und soziale Persönlichkeitsentwicklung stärken und die Entfaltung von Kreativität, Kommunikation und Solidarität fördern will. Kognitive Lernprozesse – etwa im Rahmen politischer Bildung – sind diesen Zielsetzungen unterzuordnen. Bezogen auf diese Zielvorgaben, ergeben sich für die Jugendarbeit auch besondere Strukturmerkmale, die sich beispielhaft beschreiben lassen als: Verzicht auf Leistungskontrollen, Herrschaftsarmut, Altersheterogenität, Flexibilität des Angebots, offene Methoden und Kommunikationsformen, erfahrungsbezogene Lernangebote mit Offenheit zur Aktion, Gruppenorientierung. Getragen und gestaltet wird die Jugendarbeit in der Bundesrepublik Deutschland in erster Linie von

– Jugendverbänden,
– Jugendinitiativen (Selbstorganisation),
– Wohlfahrtsverbänden (im Rahmen von Jugendpflegeaktivitäten, Jugendsozialarbeit, vorbeugendem Jugendschutz, Jugendeinrichtungen) und
– Kommunen (als Trägern von Jugendfreizeiteinrichtungen und -angeboten).

Da die Jugendarbeit als allgemeines Freizeit- und Lernangebot einen Teilbereich der Jugendhilfe darstellt (Jugendpflege und Jugendfürsorge), wird diese im Jugendwohlfahrtsgesetz (JWG), der rechtlichen Grundlage der Jugendhilfe in der Bundesrepublik Deutschland, aufgeführt. Nach § 5 JWG zählen zur Jugendarbeit:

– Allgemeine Kinder- und Jugenderholung sowie erzieherische Betreuung von Kindern und Jugendlichen im Rahmen der Familienerholung,
– Freizeithilfen, politische Bildung und internationale Begegnung.

Derselbe Paragraph schreibt den Jugendämtern als Aufgabe zu, „Einrichtungen und Veranstaltungen sowie die eigenverantwortliche Tätigkeit der Jugendverbände und sonstigen Jugendgemeinschaften unter Wahrung ihres satzungsgemäßen Eigenlebens zu fördern", insbesondere ihre Tätigkeit auf den obengenannten Gebieten, die Aus- und Fortbildung ihrer Mitarbeiter und die Einrichtung und Unterhaltung von Jugendheimen, Freizeit- und Ausbildungsstätten. Detailliertere Bestimmungen zur Jugendarbeit erhalten die Länderausführungsgesetze zum JWG und vor allem die Ende der 70er Jahre in einigen Bundesländern (Baden-Württemberg, Bremen, Hessen, Rheinland-Pfalz, Niedersachsen) verabschiedeten Jugendbildungsgesetze.

Auch im Regierungsentwurf für ein neues Jugendhilferecht vom Oktober 1978 und in den vom BUNDESMINISTER FÜR

JUGEND, FAMILIE UND GESUNDHEIT 1978 vorgelegten „Perspektiven zum Bundesjugendplan" wird der Versuch unternommen, die Arbeitsfelder, Zielsetzungen und Einrichtungen sowie die Angebote der Jugendarbeit detaillierter zu bestimmen.

Finanzielle Förderung. Da die Angebote und Einrichtungen der Jugendarbeit weder von den Jugendlichen selbst oder deren Erziehungsberechtigten noch von den Trägern (Jugendverbände) allein finanziert werden können, werden diese öffentlich gefördert. Hier ist allerdings aufgrund der unbestimmten Rechtsbegriffe des JWG, der fehlenden zwingenden Förderungsverpflichtung und der unterschiedlichen Leistungsfähigkeit und Leistungsbereitschaft der Kommunen und Länder ein starkes Gefälle festzustellen. Wird in einigen Bereichen und Regionen die Jugendarbeit relativ großzügig gefördert, so sind in anderen öffentliche Mittel für diese Aufgaben kaum oder nur sehr unzureichend zu erhalten. Zudem tritt auch die Jugendarbeit bei den Gesamtaufwendungen der Jugendhilfe gegenüber den „klassischen Fürsorgebereichen" (hier vor allem Heimerziehung) in den Hintergrund. Die zur Förderung der Jugendarbeit verfügbaren Bundesmittel sind fast ausschließlich im Bundesjugendplan ausgewiesen.

Konzeptionen der Jugendarbeit. Die Praxis der Jugendarbeit wird weithin bestimmt durch eine Orientierung an den Lebenslagen und Bedürfnissen von Jugendlichen aus sozialen Mittelschichten, durch Freizeitangebote, die abweichendes Verhalten stigmatisieren, kritische Auseinandersetzungen unterdrücken und dazu neigen, auf musische Angebote oder Formen unverbindlicher Geselligkeit auszuweichen. Es ist das Verdienst der insbesondere von Kentler Ende der 50er Jahre begründeten und praktizierten „problembewußten" Ju-

gendarbeit, Lehrlinge und Jungarbeiter als Zielgruppe der Jugendarbeit zu „entdecken" und Jugendlichen aus dieser sozialen Gruppe „die Möglichkeiten zu geben, persönliche, berufliche und gesellschaftliche Probleme zu besprechen und Lösungswege zu finden" (MEINHOLD/HOLLSTEIN 1975, S. 261). In späteren Theorieversuchen, die über diesen Ansatz hinausgehen und eine emanzipatorisch ausgerichtete Jugendarbeit zu begründen versuchen (vgl. GIESECKE 1971, MÜLLER u. a. 1964), wird noch deutlicher herausgearbeitet, daß die Situation der Jugendlichen in Familie, Schule und Betrieb in das Lernfeld Jugendarbeit ausdrücklich einbezogen und dort thematisiert werden muß. In der emanzipatorischen Jugendarbeit soll damit der Versuch unternommen werden, politische und pädagogische Perspektiven miteinander zu verschränken. Jugendarbeit sollte ein Experimentierfeld sein zur Einübung neuer Fähigkeiten und Handlungsorientierungen.

In den politischen Zielvorgaben noch klarer und bestimmter ist der Ansatz einer „antikapitalistischen Jugendarbeit", insbesondere der von LESSING/LIEBEL (vgl. 1975). Ausgehend von dem Widerspruch von Lohnarbeit und Kapital, werden Ziele und Inhalte von Jugendarbeit beschrieben. Ziel antikapitalistischer Jugendarbeit ist damit weniger die individuelle Emanzipation von Jugendlichen, sondern sie „zielt ab auf die Mobilisierung subjektiver Potentiale, die die kapitalistische Klassengesellschaft durch kollektiv-organisierte Anstrengung aus den Angeln heben können" (LIEBEL 1971, S. 19).

Im Zusammenhang mit der antiautoritären Bewegung entstanden ab Ende der 60er Jahre in größerem Umfang Basisinitiativen Jugendlicher, die im Freizeitbereich neue Modelle selbstbestimmter und selbstorganisierter Jugendarbeit (Jugendzentren) zu entwickeln suchten. Dieser Ansatz wird hier als „jugendeigener" bezeichnet, da er einen Versuch der

Jugendlichen darstellt, soziale Probleme, insbesondere an der Freizeitsituation anknüpfend, in eigener Regie und eigener Verantwortung zu bewältigen. Ansätze und Ideen dieser Bewegung sind aufgenommen worden in die theoretischen und praktischen Überlegungen zur Entwicklung eines „bedürfnisorientierten" Ansatzes in der Jugendarbeit (vgl. DAMM 1975). In diesem Ansatz sollen die empirisch vorfindbaren subjektiven Bedürfnisse und Interessen der Jugendlichen aufgegriffen und, daran anknüpfend, Lernprozesse zur Erkenntnis der objektiv vorgegebenen Problemlage ebenso wie Strategien zu deren Veränderung vermittelt werden.

In einer zusammenfassenden Bewertung dieser neueren theoretischen Ansätze ist darauf hinzuweisen, daß diese eher politisch und theoretisch bestimmte Funktionen und Aufgaben von Jugendarbeit formulieren, nicht jedoch schon die herrschende Praxis insoweit verändert haben, daß diesen darin Rechnung getragen werden konnte. Die Rahmenbedingungen, die eine Umsetzung dieser theoretischen Konzeptionen verhindern, sind zum einen Eingrenzungen und Vorgaben durch die politische Kontrolle der Jugendarbeit (vgl. EPPE/JORDAN 1977) wie auch Einschränkungen der Dispositions- und Handlungsmöglichkeiten von Jugendlichen und Gruppen durch die Trägerorganisationen und die staatlichen Finanziers, zum anderen aber auch Einschränkungen durch die praktisch-pädagogischen Schwierigkeiten, durch die methodischen Unzulänglichkeiten und die Hilflosigkeit vieler in der Jugendarbeit Tätigen, diese Zielkonzeptionen in einer konkreten Arbeit mit den Jugendlichen zu realisieren. Resignation und Apathie vieler Jugendlicher ebenso wie die – durchaus legitimen – konsumtiven Freizeitbedürfnisse (Discokultur) lassen viele anspruchsvolle Pläne und Vorhaben an den Realitäten des Alltags in der Jugendarbeit scheitern. Dennoch werden durch diese Problematisierungen und Feststellungen die neuen Ansätze nicht bedeutungslos: Sie können als Maßstab dienen, um kritische Überprüfungen zu ermöglichen und die Richtung der Veränderung anzuzeigen.

BUNDESMINISTER FÜR JUGEND, FAMILIE UND GESUNDHEIT (Hg.): Perspektiven zum Bundesjugendplan, Bonn-Bad Godesberg 1978. DAMM, D.: Politische Jugendarbeit. Grundlagen, Methoden, Projekte, München 1975. EPPE, H./JORDAN, E.: Jugendförderung als Instrument staatlicher Jugendpolitik. In: BARABAS, F. u. a. (Hg.): Jahrbuch der Sozialarbeit 1978, Reinbek 1977, S. 281 ff. GIESECKE, H.: Die Jugendarbeit, München 1971. LESSING, H./LIEBEL, M.: Jugend in der Klassengesellschaft. Marxistische Jugendforschung und antikapitalistische Jugendarbeit, München ²1975. LIEBEL, M.: Überlegungen zum Praxisverständnis antikapitalistischer Jugendarbeit. In: dt. jug. 19 (1971), S. 13 ff. MEINHOLD, M./HOLLSTEIN, W.: Erziehung und Veränderung. Entwurf einer handlungsbezogenen Sozialisationstheorie, Neuwied 1975. MÜLLER, C. W. u. a.: Was ist Jugendarbeit? Vier Versuche zu einer Theorie, München 1964.

Erwin Jordan

Jugendarbeitslosigkeit

Definition. Jugendarbeitslosigkeit ist dann gegeben, wenn es über eine allgemeine, alle Altersgruppen gleichermaßen betreffende Arbeitslosigkeit hinaus eine überproportionale Betroffenheit der jüngeren Altersgruppen gibt, die ihre ganz spezifischen Ursachen hat und nicht allein Ausdruck eines globalen Arbeitsplatzdefizits ist. Im Zusammenhang mit dem Begriff Jugendarbeitslosigkeit taucht die Frage der Altersabgrenzung auf. In der Bundesrepublik Deutschland, insbesondere in der amtlichen Statistik der Arbeitsverwaltung, gelten Personen im Alter von 15 bis unter 20 Jahren als Jugendliche. Diese Definition wird damit begründet, daß bis zum Alter von 20 Jahren der Übergang von der Schule ins Erwerbsleben für die überwiegende Mehrzahl der Jugendlichen, die in aller Regel im Anschluß an die neunjährige Schulpflicht eine berufliche Ausbildung durchlaufen, abgeschlossen ist. Auch mögliche Beschäftigungsprobleme, die mit der Berufsschulpflicht, dem Jugendarbeitsschutz, der Wehrpflicht oder der Volljährigkeit zusammenhängen können, spielen nach dieser Auffassung bei Jugendlichen über 20 Jahre keine Rolle mehr. Bei den 20- bis 25jährigen Arbeitslosen wären dagegen ganz andere Probleme von Bedeutung, insbesondere die Ausbildungs- und Beschäftigungslage von Fachhochschul- und Hochschulabsolventen sowie diejenige von Frauen in der zweiten Erwerbstätigkeitsphase. Diese Probleme aber sollen von denen der Jugendlichen ohne beziehungsweise mit betrieblicher Berufsausbildung ganz verschieden sein. Für eine Ausdehnung der Analyse der Jugendarbeitslosigkeit auf die gesamte Gruppe der unter 25jährigen spricht allerdings – neben internationalen Gepflogenheiten – vor allem die Tatsache, daß sich in der Bundesrepublik Deutschland infolge der starken Bildungsexpansion in den 60er Jahren der Übergang von der Schule ins Erwerbsleben altersmäßig immer weiter nach oben verschoben hat. Anfang der 80er Jahre besuchen bereits rund 60 % eines Altersjahrgangs freiwillig die allgemeinbildende Schule zehn Jahre und länger, da schon 1978 in fast allen Bundesländern die Einführung eines zehnten Pflichtschuljahres begonnen hat. Der Anteil des dualen Ausbildungssystems an der beruflichen Qualifizierung nimmt im längerfristigen Trend ständig ab zugunsten weiterführender beruflicher oder allgemeinbildender Schulen beziehungsweise zugunsten des tertiären Ausbildungssektors.

Übergang vom Bildungs- zum Beschäftigungssystem. Die Arbeitslosigkeit von Jugendlichen ist in engem Zusammenhang mit den besonderen Problemen des Übergangs vom Bildungs- ins Beschäftigungssystem zu sehen. Je nach Lage auf dem Arbeits- und Ausbildungsstellenmarkt können Beschäftigungsprobleme entstehen
– beim Übergang von der Allgemeinbildung in eine berufliche Ausbildung beziehungsweise in eine Erwerbstätigkeit ohne vorherige Berufsausbildung, wenn in quantitativer oder qualitativer Hinsicht das Ausbildungsplatzangebot nicht der Nachfrage entspricht und gleichzeitig nicht genügend offene Stellen für Schulabgänger ohne Berufsausbildung existieren,
– beim Übergang von einer Berufsausbildung in die Erwerbstätigkeit, wenn Auszubildende nach Abschluß der Ausbildung im ausbildenden Betrieb aus wirtschaftlichen Gründen nicht weiterbeschäftigt werden können und wenn gleichzeitig andere Betriebe oder Branchen keine ausreichenden Aufnahmekapazitäten haben. Als „neu" auf den Arbeitsmarkt tretende Arbeitskräfte sind Jugendliche – weitgehend unabhängig von ihren persönlichen Voraussetzungen – in Zeiten eines globalen Arbeitsplatzdefizits im Nachteil gegenüber jenen, die sich bereits im Erwerbsleben befinden.

Entwicklung der Jugendarbeitslosigkeit in der Bundesrepublik Deutschland. Jugendarbeitslosigkeit in größerem Umfang war in der Geschichte der Bundesrepublik Deutschland bislang zweimal gegeben: Anfang der 50er Jahre und in der zweiten Hälfte der 70er Jahre.
In der Wiederaufbauphase nach dem Zweiten Weltkrieg war nicht eine wirtschaftliche Rezession Ursache der hohen Arbeitslosigkeit, sondern die Tatsache, daß die Wirtschaftstätigkeit überhaupt erst wieder in Gang kommen mußte und daß es für das vorhandene

Arbeitskräftepotential auf dem Gebiet der gerade erst gegründeten Bundesrepublik Deutschland bei weitem noch nicht Arbeitsplätze in ausreichender Zahl gab. Für die jüngere Generation stellte sich die Situation vor allem als eine der fehlenden Qualifizierungsmöglichkeiten dar, weshalb damals auch weniger von Jugendarbeitslosigkeit als von „Jugendberufsnot" die Rede war (vgl. SCHELSKY u. a. 1952). 1950 wurden in der Bundesrepublik Deutschland 235 000 Arbeitslose unter 25 Jahren registriert. Aufgrund der raschen und expansiven Wirtschaftsentwicklung der 50er Jahre konnte insbesondere die Jugendarbeitslosigkeit rasch abgebaut werden: 1955 gab es nur noch 62 000 registrierte Arbeitslose in dieser Altersgruppe.

Die 60er Jahre waren im Hinblick auf den Teilarbeitsmarkt der Jugendlichen durch starke Bildungsexpansion, beträchtliches Überangebot an betrieblichen Ausbildungsstellen sowie den Eintritt von geburtenschwachen Jahrgängen ins erwerbsfähige Alter gekennzeichnet. Den Jugendlichen der 60er Jahre standen somit alle Bildungs- und Erwerbschancen ohne Einschränkungen offen.

Die wirtschaftliche Rezession der Jahre 1966/67 war kurz und tangierte den Teilarbeitsmarkt der Jugendlichen relativ wenig. Mit dem Beginn der 70er Jahre begann sich die Ausbildungs- und Beschäftigungslage allmählich zu verändern: Die Arbeitslosigkeit bei den unter 25jährigen stieg überdurchschnittlich an – wenn auch in absolut noch kleinen Zahlen –, und das Überangebot an betrieblichen Ausbildungsstellen verminderte sich von Jahr zu Jahr.

Von Politik und Öffentlichkeit wurde dies jedoch erst wahrgenommen, als sich im Gefolge der „Ölkrise" vom Herbst 1973 und der tiefen wirtschaftlichen Rezession der Jahre 1974/75 die Zahl der Arbeitslosen drastisch erhöhte – die Zahl der Arbeitslosen unter 20 Jahren stieg im Winter 1974/75 auf

123 000, die der 20- bis unter 25jährigen auf rund 200 000 an.

Trotz eines – wenn auch gedämpften – konjunkturellen Aufschwungs hat sich die Arbeitslosigkeit Jugendlicher seitdem – wie auch die allgemeine Arbeitslosigkeit – nicht entscheidend gebessert. Bis zum Jahre 1980 gab es im Jahresdurchschnitt immer noch rund 90 000–100 000 arbeitslose Jugendliche unter 20 Jahren und 150 000 bis 160 000 im Alter von 20 bis unter 25 Jahren. In diesen Zahlen noch nicht enthalten ist die nicht genau bekannte „Dunkelziffer" jener Jugendlichen, die sich nicht als Arbeitslose registrieren lassen. Denn nach dem Arbeitsförderungsgesetz (AFG) gilt als arbeitslos nur, wer keine Beschäftigung ausübt, diese über die Arbeitsvermittlung des Arbeitsamtes sucht und dem Arbeitsmarkt zur Verfügung steht. Jugendliche, die nur an einer betrieblichen Ausbildungsstelle interessiert sind und nicht ersatzweise bereit sind, eine ungelernte Arbeit anzunehmen, gelten ebensowenig als arbeitslos wie jene jungen Menschen, die auf eigene Faust – ohne Einschaltung der Arbeitsämter – eine Stelle suchen oder aus Resignation die Arbeits- oder Ausbildungsstellensuche ganz aufgegeben haben. Die Schätzungen hinsichtlich der Größenordnung dieses Personenkreises der nicht amtlich registrierten beschäftigungslosen Jugendlichen gehen weit auseinander. Es dürften mindestens 50 % der amtlich registrierten Zahl sein, maximal sogar 100 %.

Ursachen der Jugendarbeitslosigkeit in den 70er Jahren. Die Ursachen der seit 1975 anhaltend hohen Jugendarbeitslosigkeit in der Bundesrepublik Deutschland liegen zu einem ganz wesentlichen Teil in einer anhaltenden Wachstumsschwäche der Wirtschaft und dem auch weiterhin bestehenden globalen Arbeitsplatzdefizit bei gleichzeitig ständig wachsendem Arbeitskräfteangebot. Denn während die günstige Arbeitsmarktlage der 60er Jahre auch durch ein sinkendes inländisches Erwerbspotential mit verursacht war, ist die wirtschaftlich schwierige Lage der 70er Jahre zusätzlich durch den Eintritt geburtenstarker Jahrgänge ins erwerbsfähige Alter gekennzeichnet. Neben der wirtschaftlichen Lage stellt also – vor allem seit 1977 – die demographische Entwicklung eine der Hauptursachen für Jugendarbeitslosigkeit dar.

Andererseits darf aber nicht übersehen werden, daß die demographische Entwicklung bereits seit längerer Zeit zu beobachtende strukturelle Entwicklungen im Bereich der betrieblichen Ausbildung aufgedeckt hat. So gibt es im Bereich der gewerblichen Berufsausbildung in der Industrie seit 1962 einen Rückgang der Ausbildungstätigkeit, der in engem Zusammenhang mit der Veränderung der Technologie der Arbeitsplätze und einem sinkenden Facharbeiterbedarf steht. Verstärkt hat sich hingegen – insbesondere seit dem Beginn der 70er Jahre – die Ausbildungstätigkeit im Handwerk, das hier angesichts hoher Schulabgängerzahlen wieder – wie auch in den 50er Jahren – eine „Schwammfunktion" erfüllt. Das Handwerk bildet weit über den Eigenbedarf hinaus Jugendliche in zumeist traditionellen handwerklichen Berufen aus, in denen sie anschließend keine ausreichenden Beschäftigungsmöglichkeiten finden können, so daß sie gezwungen sind, nach Abschluß der Ausbildung nicht nur den Betrieb, sondern häufig auch die Branche und den Beruf zu wechseln.

Struktur der Jugendarbeitslosigkeit. Nicht alle Jugendlichen sind gleichermaßen von Arbeitslosigkeit und Ausbildungsstellenmangel betroffen, vielmehr gibt es spezifische jugendliche Problemgruppen im Beschäftigungssystem. Bei einem Überangebot an Bewerbern kommen am Arbeitsmarkt Ausleseprozesse in Gang, die dazu führen, daß die jeweils schwächsten Gruppen ausgesondert und in die Arbeitslosigkeit gedrängt werden. Unter den Jugendlichen sind dies vor allem jene ohne Hauptschulabschluß, Sonderschüler, behinderte Jugendliche sowie zum Teil Mädchen und Jugendliche aus strukturschwachen Gebieten – die beiden letzteren in der Regel nicht aufgrund von Qualifikationsdefiziten, sondern weil sie vor allem vom Ausbildungsplatzmangel und von beruflicher Fehlqualifikation betroffen sind (vgl. SCHOBER 1983).

BAETHGE, M. u. a.: Ausbildungs- und Berufsstartprobleme Jugendlicher unter den Bedingungen verschärfter Situationen auf dem Arbeits- und Ausbildungsstellenmarkt. Soziologisches Forschungsinstitut, Göttingen 1980. INSTITUT FÜR ARBEITSMARKT- UND BERUFSFORSCHUNG (Hg.): Jugendliche beim Übergang in Ausbildung und Beruf, Nürnberg 1980. LENHARDT, G. (Hg.): Der hilflose Sozialstaat – Jugendarbeitslosigkeit und Politik, Frankfurt/M. 1979. SCHELSKY, H. u. a.: Arbeitslosigkeit und Berufsnot der Jugend, 2 Bde., Köln 1952. SCHOBER, K.: Problemgruppen (Beschäftigungssystem). In: Enzyklopädie Erziehungswissenschaft, Bd. 9, Teil 2, Stuttgart 1983, S. 455 ff.

Karen Schober

Jugendberatung

Problem. Beratung wird als eine Form der Krisenintervention bei seelischen, sozialen und auch materiellen Notlagen verstanden. Orientiert an den verschiedenen Problemgruppen (verhaltensauffällige oder schulgestörte Kinder, Berufsfindungsprobleme Schulentlassener, Drogenabhängigkeit Jugendlicher, Partner- und Sexualschwierigkeiten junger Menschen), hat sich eine Vielzahl spezialisierter Beratungseinrichtungen entwickelt, die zu überschauen für die Ratsuchenden kaum noch möglich ist (Erziehungsberatung, schulpsychologische Beratung, Berufsberatung, Drogenberatung, Beratung durch Sozialarbeit öffentlicher und freier Träger, Sexualberatung). Die Beratungspraxis dieser Einrichtungen weist grundsätzliche Probleme auf. Zunächst einmal stehen diese Dienste in einem Zielkonflikt: Auf der einen Seite haben Eltern, Schule oder auch Berufsausbildung die Erwartung, daß Verhaltens- und Leistungsdefizite junger Menschen durch beratende oder therapeutische Hilfen beseitigt oder doch wenigstens abgemildert werden können. Auf der anderen Seite stehen die Neigungen, Interessen, Fähigkeiten, Bedürfnisse und Wünsche dieser Kinder und Jugendlichen, deren Vernachlässigung, Eingrenzung, Über- oder Unterforderung erst zu Störungen (beispielsweise Leistungshemmungen, Ängsten und Aggressionen) geführt haben. Der „Symptomträger" wird also zum zentralen Gegenstand der Beratung, und darin verbirgt sich der Konflikt: Sollen die Wünsche nach Anpassung oder der Eigenanspruch des jungen Menschen erfüllt werden? Über diese Frage hinaus stellt sich eine weitere Schwierigkeit. Beratung zu suchen bedeutet für den Ratsuchenden, zu verstehen zu geben, daß er nicht mehr in der Lage ist, Teilbereiche seines Alltags oder gar seiner Gesamtlebenssituation zu bewältigen, also versagt zu haben, von der „Normalität" abzuweichen. Dies löst Schwellenängste bei den Betroffenen aus, da ihr Problem aktenkundig und an behördliche Instanzen mit Schutz- und Überwachungsfunktionen weitergeleitet werden könnte. Aber nicht nur durch die unmittelbare Inanspruchnahme von Beratung werden Sanktionen und Stigmatisierungen befürchtet, sondern zugleich – und vielleicht sehr viel direkter – von Familienangehörigen, Freunden, Nachbarn oder Berufskollegen. Es stellt sich die Frage, ob sich diese Ängste aufheben lassen. Die Tätigkeitsberichte beispielsweise von Erziehungsberatungsstellen weisen eine nur geringe Zahl junger Menschen nach, die sich direkt an diese Einrichtungen gewandt haben. Dies gilt verschärft für behördliche Sozialarbeit in den Jugendämtern. Schließlich ist auf eine letzte grundsätzliche Schwierigkeit hinzuweisen: Junge Menschen aus sozial benachteiligten Familien finden kaum Zugang zu herkömmlichen Beratungsstellen, wie Statistiken belegen. Dies hängt einmal damit zusammen, daß sozial benachteiligte Gruppen ohnehin eher den Eingriffsmaßnahmen ausgeliefert sind, während Angehörige der mittleren und oberen Schichten überproportional an den Angeboten allgemeinerzieherischer Hilfen teilnehmen (vgl. BUNDESMINISTER FÜR JUGEND, FAMILIE UND GESUNDHEIT 1975, S. 117). Darüber hinaus sind Beratungseinrichtungen in der Regel nicht an Wohnquartiere angebunden, sondern zentral organisiert. Eine solche Infrastruktur, die das „Kommen" der Betroffenen voraussetzt, führt zu einer weiteren Benachteiligung gerade bei Unterschichtjugendlichen, deren Informiertheit einerseits und deren Mobilität andererseits sich als ebenfalls eingeschränkter erweisen. Daß schließlich auch Sprachbarrieren den Zugang von ratsuchenden sozial benachteiligten jungen Menschen zu Beratungseinrichtungen erschweren, ist plausibel, wobei solche Zielgruppen zunächst einmal weniger die Lösung psychischer Probleme als vielmehr eine Entlastung bei der Bewältigung der vielfältigen konkreten alltäglichen Schwierigkeiten, vor allem der materiellen, erwarten.

Zum Begriff der Beratung. Aus den genannten Gründen ergibt sich die Notwendigkeit, neue Wege der Beratung zu bedenken, die verstärkt von den Bedürfnissen der Betroffenen und den aus ihren Lebensbedingungen sich ergebenden Alltagsproblemen ausgehen. Die Diskussion hierüber ist in den 70er Jahren intensiv mit dem Ziel geführt worden, einerseits Konflikte zwischen Beratungs- und Eingriffsangst abzumildern und andererseits Strategien zu entwickeln, um gerade auch sozial benachteiligte junge Menschen zu erreichen. Das Problem liegt dabei zunächst weniger in organisatorisch-strukturellen Neuregelungen als vor allem in einer theoretischen Abklärung des Beratungsbegriffs. Will Beratung nicht nur auf Krisen, also auf bereits manifest gewordenes Konfliktverhalten reagieren, sondern sich offensiv als „soziales Frühwarnsystem" verstehen, so wird Beratung zu einem das erzieherische Handeln bestimmenden Element, das nicht nur dort einsetzt, wo akut auftretende Schwierigkeiten einer Lösung bedürfen, sondern das integrierter Bestandteil des gesamten Erziehungsprozesses wird. Vor dem Hintergrund der immer schwerer zu erkennenden Lebensbedingungen und Lebensperspektiven, des Funktionswandels der Familie, der Normenunsicherheiten, der sich verschärfenden Leistungsorientierung in Schule, Ausbildung und Beruf, der Ängste um die Arbeitsplatzsicherung erhält Jugendberatung eine pädagogische Unterstützungsfunktion, die in schulischen und außerschulischen Einrichtungen wahrzunehmen wäre. Jugendberatung als pädagogisches Prinzip sollte „parteinehmende Praxis sein, die, gestützt auf Persönlichkeits- und Gesellschaftstheorie, durch reflektierte Beziehungen und Erschließen von Hilfsquellen verschiedener Art das Unterworfensein von Menschen unter belastenden Situationen verändern will. Sie hat die Offenheit von menschlichen Situationen zur Voraussetzung und arbeitet mit den zugleich methodischen und inhaltlichen Mitteln der Akzeptierung, Sachkompetenz und Solidarisierung" (FROMMAN u. a. 1977, S. 129). Mit dieser Definition wird ausgedrückt, daß Beratung zwar auf zwischenmenschlichen Beziehungen

als Kernelementen aufbaut, daß darüber hinaus aber die Alltagswelt der Ratsuchenden mit ihren vielschichtigen und vor allem sozioökonomischen Bedingtheiten in den Mittelpunkt der gemeinsamen Überlegung zwischen Berater und Ratsuchendem tritt. Beratung erhält damit zugleich eine politische Dimension. „Subjektiver Änderungswille und objektive Änderungsnotwendigkeit werden ununterscheidbar und verlangen Entscheidungen zugunsten der Benachteiligten" (FROMMAN u. a. 1977, S. 129). Noch einmal: *Beratung ist parteiisch.* Um diesem pädagogischen Anspruch von Beratung gerecht werden zu können, gilt es, den Beratungsprozeß in seinem Verhältnis zwischen Berater und Ratsuchendem inhaltlich genauer zu bestimmen. Eine ganz wesentliche Voraussetzung für das Gelingen des Beratungshandelns ist das behutsame Eingehen auf die Person, die Unterstützung und Hilfe erwartet, ganz besonders auf ihre positiven Möglichkeiten und die vorurteilsfreie Einschätzung des Problems. Die Alltagswelt des Ratsuchenden ist akzeptierend aufzunehmen, er muß spüren, daß die Bejahung seiner individuellen Lerngeschichte möglich wird. Darüber hinaus ist von Bedeutung, verlorengegangene Fähigkeiten des Betroffenen einerseits durch Orientierungs-, Planungs- und Entscheidungshilfen mit dem Ziel selbsttätigen Tuns, andererseits durch konkrete materielle Leistungen neu zu entdecken und wiederaufzubauen. Die positive Selbsteinschätzung durch eigenes Handeln muß erfahrbar werden. Schließlich bedeutet zu beraten nicht, Herrschaft auszuüben, Abhängigkeit zu schaffen. Die Durchsichtigkeit des Beratungsprozesses für den Ratsuchenden und die Überprüfbarkeit der aus Interaktionen sich ergebenden Möglichkeiten zur Lebensbewältigung müssen im Alltag des Betroffenen kontrollierbar und diese Erfahrung muß im weitergeführten Beratungskontakt für ihn problematisierbar sein.

Neuere Entwicklungen der Jugendberatung. Die inhaltliche Neustrukturierung des Beratungsbegriffs als der Versuch einer Antwort auf die genannten Problembereiche hat zu einer Weiterentwicklung der institutionalisierten Beratungsangebote geführt. Eine erste Konsequenz ist die bereits angedeutete Form der Beratung junger Menschen, die, nicht spezialisiert, überall dort geschieht, wo sich Jugendliche aufhalten. So gibt es Ansätze ortsnaher, stadtteilorientierter Sozialarbeit als Verbund verschiedener Beratungs-, Unterstützungs- und Hilfeangebote. Sozialarbeiter gehen zu Treffpunkten Jugendlicher, lernen ihren Alltag mit den vielfältigen Problemen kennen und versuchen, gemeinsam mit diesen Jugendlichen durch Zusammenarbeit mit sozialen Diensten und Freizeiteinrichtungen Hilfen anzubieten und Freizeitalternativen zu entwickeln. Darüber hinaus wurden in einigen Städten (beispielsweise in Berlin, München, Münster) besondere Jugendberatungszentren eingerichtet. Bereits der dritte Jugendbericht der Bundesregierung hat auf Erfahrungen einzelner Jugendämter mit anonymen Sprechstunden für junge Menschen hingewiesen und festgestellt, daß einerseits das Informations- und Beratungsbedürfnis in starkem Maße zugenommen hat, andererseits allerdings eine Scheu vor den als kontrollierend und eingreifend erlebten behördlichen Institutionen besteht. So sollten Möglichkeiten der Beratung entwickelt werden, die gewährleisten, daß Jugendliche im Schutz der Anonymität möglichst frühzeitig Hilfen zur Lösung ihrer Probleme erhalten (vgl. BUNDESMINISTER FÜR JUGEND, FAMILIE UND GESUNDHEIT 1972, S. 75 f.). Ausgangspunkt der Einrichtung solcher Angebote sind vor allem auch die Erfahrungen des niederländischen Jongeren Advis Centrum – als „JAC" in der holländischen Jugendszene bekannt –, aus denen einige Grundsätze abgeleitet werden können:

Beratung hat dem jungen Menschen das Recht auf Anonymität zu garantieren, wobei Beratung vorrangig zur Klärung der oft als diffus erfahrenen Probleme beitragen und Lösungsmöglichkeiten aufzeigen soll. In Prozesse intensiverer Hilfeleistung wird der Klient aktiv eingeschaltet. Beratung muß grundsätzlich kurzfristig und unmittelbar geschehen, wobei den Jugendlichen die Möglichkeit gegeben werden soll, sich ihren Berater auszusuchen. Sollten Hilfeformen erforderlich werden, die die Beratungseinrichtung selbst nicht zu leisten vermag, so übernimmt sie eine Vermittlerfunktion. Die Praxis der Jugendinformations- und Beratungszentren in der Bundesrepublik Deutschland hat allerdings gezeigt, daß Jugendliche von einer solchen Einrichtung die Wahrnehmung einer umfassenderen „Drehpunktfunktion" mit dem Ziel erwarten, daß auch ihre Freizeitbedürfnisse erkannt werden und man auf sie in fachlicher Weise eingeht, daß jugendrelevante Probleme gemeinsam diskutiert werden, daß Hilfen bei der Planung und Durchführung jugendlicher Initiativen zu leisten und Formen der Selbstbestimmung und Mitverantwortung anzulegen und zu unterstützen sind.

Dieser Katalog macht deutlich, daß eine Beschränkung ausschließlich auf Beratung von den Jugendlichen nur schwer angenommen wird. So liegt die wesentliche Schwierigkeit dieser Einrichtung in dem Balanceakt zwischen Freizeit- und Bildungsangeboten einerseits und dem Auftrag der Beratung andererseits. Um die Distanz der Jugendlichen zum Zentrum zu überwinden, ist es also notwendig, Entspannung und Unterhaltung als ein wichtiges Bedürfnis junger Menschen zu ermöglichen. Diese Erfahrungen unterstreichen einmal mehr, daß die Trennung von funktionaler und institutioneller Beratung nicht den Erwartungen und Bedürfnissen junger Menschen entspricht. Die Konsequenz sollte demnach sein, den Aspekt der Beratung zum durchgängigen Prinzip pädagogischer Arbeit werden zu lassen, wobei Jugendberatung nicht nur individuelle Hilfestellung bedeuten kann, sondern zugleich den Jugendlichen auch ihre institutionellen Möglichkeiten und politischen Organisationsformen zur Durch-

setzung ihrer Interessen aufzeigen muß. Schülermitverwaltung, Jugendvertretung, Gewerkschaften, Aktionsgruppen und Initiativen dürfen dabei nicht nur vorgestellt, sondern sie müssen in die Beratung handelnd mit einbezogen werden.

BUNDESMINISTER FÜR JUGEND, FAMILIE UND GESUNDHEIT (Hg.): Bericht der Bundesregierung über Bestrebungen und Leistungen der Jugendhilfe (Dritter Jugendbericht). Bundestagsdrucksache VI/3170, Bonn-Bad Godesberg 1972. BUNDESMINISTER FÜR JUGEND, FAMILIE UND GESUNDHEIT (Hg.): Bericht über die Lage der Familie in der Bundesrepublik Deutschland. Zweiter Familienbericht, Bundestagsdrucksache 7/3502, Bonn-Bad Godesberg 1975. FROMMAN, A. u. a.: Sozialpädagogische Beratung. In: THIERSCH, H. u. a.: Kritik und Handeln. Interaktionistische Aspekte der Sozialpädagogik, Neuwied/Darmstadt 1977, S. 95 ff. HÜLSTER, M.: Innovationsorientierte Jugendberatung in den Niederlanden. In: BÖHNISCH, L. (Hg.): Jugendarbeit in der Diskussion. Pädagogische und politische Perspektiven, München 1973, S. 321 ff. SOWADE, CH. u. a.: Kooperative Jugendberatung Quiddestraße. In: dt. jug. 23 (1975), S. 349 ff.

Dieter Sengling

Jugendberichte

Definition. Bei der 1961 erfolgten Novellierung des Jugendwohlfahrtsgesetzes (JWG) wurde erstmals die Verpflichtung der Bundesregierung gesetzlich festgelegt, dem Bundestag und dem Bundesrat Jugendberichte vorzulegen. Die ursprüngliche Formulierung in § 25, Abs. 2 JWG lautete: „Die Bundesregierung legt alle 4 Jahre, erstmals zum 1. Juli 1963, dem Bundesrat einen Bericht über die Lage der Jugend und über Bestrebungen auf dem Gebiet der Jugendhilfe vor."
Der erste nach dieser Regelung fällige Jugendbericht wurde erst mit zweijähriger Verspätung am 14. 6. 1965 dem Bundestag vorgelegt (vgl. BUNDESMINISTER FÜR FAMILIE UND JUGEND 1965). Dieser erste Jugendbericht blieb in vielerlei Hinsicht unzulänglich; insbesondere vermochte er nur einen sehr groben Überblick über das ihm gestellte Thema zu geben. Aus diesem Grund wurde in einer 1967 vorgenommenen Gesetzesänderung präzisiert, daß lediglich jeder

dritte Bericht einen Gesamtüberblick über die Situation der Jugend und der Jugendhilfe vermitteln soll. Die dazwischenliegenden Jugendberichte sollten sich jeweils auf spezifische Schwerpunkte beschränken. Demzufolge nahm auch schon der 1968 vorgelegte zweite Jugendbericht Schwerpunktsetzungen vor. Er behandelte die Themen „Ausbildung und Fortbildung der Mitarbeiter in der Jugendhilfe" und „Jugend und Bundeswehr". Dieser zweite Jugendbericht war – ebenso wie der erste – vom jeweils zuständigen Bundesministerium zu erstellen, mit der Folge, daß beide Berichte der „Schönfärberei" dienten, anstatt die bestehende Problemlage objektiv darzustellen. Die Tendenz der Ministerien, „ihre" Jugendpolitik besonders positiv hervorzuheben, machte eine kritische Analyse der Situation Jugendlicher sowie Verbesserungsvorschläge unmöglich. Um diesem Mangel abzuhelfen, wurde der dritte Jugendbericht von 1972, der „Aufgaben und Wirksamkeit der Jugendämter in der Bundesrepublik" behandelte, erstmals von einer unabhängigen Kommission erstellt. Rechtsgrundlage hierfür war die ebenfalls 1967 eingefügte Erweiterung des § 25 JWG. Danach beauftragte die Bundesregierung „mit der Ausarbeitung des Berichts jeweils eine Kommission, der bis zu sieben fachkundige Persönlichkeiten angehören, und fügt eine Stellungnahme mit den von ihr notwendig gehaltenen Folgerungen bei". Auch bei der Erstellung dieses dritten Jugendberichts war – durch die Auswahl der Kommissionsmitglieder – ein wesentlicher Einfluß der Regierung gegeben.

Während die ersten beiden Jugendberichte kaum noch von Bedeutung sind, das heißt von den dort aufgeworfenen Problemstellungen, Inhalten und Lösungsvorschlägen her gesehen in der Jugendhilfediskussion keine Rolle mehr spielen, kommt dem dritten Jugendbericht noch eine große Bedeutung zu. Unter Mitarbeit des Deutschen Jugendinstituts hat dieser dritte Jugendbericht in sehr gründlicher und zugleich sozialwissenschaftlich fundierter Herangehensweise die Situation ebenso wie die Mängellagen der öffentlichen Jugendhilfe untersucht. So stellte dieser Jugendbericht fest, daß

– aufgrund der unzureichenden rechtlichen Grundlagen (JWG) die Träger der öffentlichen Jugendhilfe (Jugendämter/Landesjugendämter) umfassende und problembezogene Hilfeleistungen nur unzureichend entwickeln,

– reagierendes Eingreifen bei sozialer Auffälligkeit überwiegt, während offene Hilfen, Beratungs- und Unterstützungsangebote nicht ausreichen,

– unbestimmte Rechtsvorschriften zur Vernachlässigung jugendpflegerischer Aufgaben (Jugendarbeit) führen,

– öffentliche Träger nicht über die notwendigen Informationen zur Struktur sozialer Problemlagen verfügen, keine ausreichenden Planungen entwickelt wurden und demzufolge knappe Mittel nicht systematisch eingesetzt werden können,

– Jugendhilfe in der Bundesrepublik Deutschland deutliche regionale und sektorale Unterschiede und Ungleichheiten aufweist.

Diese kritischen Ausführungen des dritten Jugendberichts ebenso wie die im Bericht selbst dargelegten Veränderungsvorschläge wurden in der Folgezeit in der Fachöffentlichkeit intensiv diskutiert und haben auch ihren Niederschlag in den Vorschlägen zur Reform des Jugendhilferechts gefunden.

Der vierte, mit erheblicher Verspätung dem Deutschen Bundestag im Oktober 1978 zugeleitete Jugendbericht beschäftigt sich mit dem Schwerpunkt „Sozialisationsprobleme der arbeitenden Jugend in der Bundesrepublik Deutschland – Konsequenzen für Jugendhilfe und Jugendpolitik". Das Besondere an diesem Jugendbericht ist, daß er erstmals nicht von der Kommission insgesamt verabschiedet wurde. Er zerfällt vielmehr in den Bericht einer „Mehrheitsfraktion" (vier Kommissionsmitglieder) und einer Stellungnahme der Minderheitsgruppe (drei Kommissionsmitglieder). Anlaß für die Spaltung der Kommission war eine Kontroverse über die grundsätzliche gesellschaftspolitische und ökonomische Bewertung der Situation in der Bundesrepublik Deutschland. Während die Mehrheit der Kommissionsmitglieder bei ihrer Analyse ausging von einem strukturbedingten Grundwiderspruch zwischen Arbeitnehmern und Arbeitgebern, wollte die Minderheitsgruppe einen solchen konflikttheoretisch orientierten Ansatz nicht teilen.

Der fünfte Jugendbericht, der wiederum einen Gesamtüberblick über die Lage der Jugend und Leistungen der Jugendhilfe geben soll, ist dem Bundesministerium für Jugend, Familie und Gesundheit im März 1979 – drei Monate vor dem festgelegten Datum – vorgelegt worden. Der sechste Jugendbericht, wiederum ein Teilbericht, hat zum Thema die „Verbesserung der Chancengleichheit von Mädchen".

Die wechselvolle Geschichte der Jugendberichte zeigt, daß diese unter bestimmten Voraussetzungen (arbeitsfähige Kommission, Unterstützung der Kommissionsarbeit durch ein wissenschaftliches Institut, Möglichkeiten der Einholung umfassender Auskünfte und Unterlagen über die Situation der Jugend und der Jugendhilfe) durchaus geeignet sein können, wichtige Grundlagen für jugendpolitische Konzepte und langfristige Planung sowie Qualifizierung von Jugendhilfe und Jugendarbeit abzugeben. Nicht erfüllt hat sich bis zum Beginn der 80er Jahre die Erwartung, daß mit Hilfe der Jugendberichte auch eine größere, über das eigentliche Fachpublikum hinausgehende Öffentlichkeit angesprochen und eine breitere Diskussion über die Situation der Jugend und der Jugendhilfe ausgelöst werden könnte. Sowohl bei den Beratungen des Deutschen Bundestages als auch in den Medien und in Diskussionen über Jugendfragen haben die Berichte noch keine große Rolle gespielt.

BUNDESMINISTER FÜR FAMILIE UND JUGEND (Hg.): Bericht über die Lage der Jugend und über Bestrebungen auf dem Gebiet der Jugendhilfe (Erster Jugendbericht). Bundestagsdrucksache IV/3515, Bad Godesberg 1965. BUNDESMINISTER FÜR FAMILIE UND JUGEND (Hg.): Zweiter Bericht über die Lage der Jugend und die Bestrebungen auf dem Gebiet der Jugendhilfe. Jugendbericht. Bundestagsdrucksache V/2453, Bad Godesberg 1968. BUNDESMINISTER FÜR JUGEND, FAMILIE UND GESUNDHEIT (Hg.): Bericht der Bundesregierung über Bestrebungen und Leistungen der Jugendhilfe (Dritter Jugendbericht). Bundestagsdrucksachse VI/3170, Bonn-Bad Godesberg 1972. BUNDESMINISTER FÜR JUGEND, FAMILIE UND GESUNDHEIT (Hg.): Sozialisationsprobleme der arbeitenden Jugend in der Bundesrepublik Deutschland. Konsequenzen für Jugendhilfe und Jugendpolitik. Vierter Jugendbericht. Bundestagsdrucksache 8/2110, Bonn 1978. BUNDESMINISTER FÜR JUGEND, FAMILIE UND GESUNDHEIT (Hg.): Bericht über Bestrebungen und Leistungen der Jugendhilfe. Fünfter Jugendbericht. Bundestagsdrucksache 8/3685, Bonn 1980. DAHEIM u. a. (Hg.): Sozialisationsprobleme arbeitender Jugendlicher. Untersuchungen zum vierten Jugendbericht, 2 Bde., München 1978.

Erwin Jordan

Jugendbewegung

Begriff. „Unsere Stärke ist unsere Programmlosigkeit" – so lautete eine der obersten Maximen der deutschen Jugendbewegung im ersten Drittel des 20. Jahrhunderts. Sie stellt den Historiker vor schwierige Fragen: Läßt sich diese unüberschaubare Vielfalt unterschiedlichster Aktivitäten exzentrischer Einzelgänger, charismatischer Führer und Erneuerer und buntscheckiger Gruppierungen von jugendlichen und erwachsenen Wandergefährten, Abstinenzlern, Vegetariern, Schulreformern, Antifeministen, Bodenreformern, Nudisten, Naturschützern, Päderasten, Volkslied- und Volkstanzfreunden, Bibelforschern, Künstlern, Pfadfindern, Völkischen, Antisemiten, Zionisten, Pazifisten, Sozialisten, Militaristen überhaupt als ein identisches geschichtliches Phänomen abgrenzen und legitimerweise unter den Begriff „Jugendbewegung" subsumieren? Auf welche Quellen kann sich der Historiker dabei stützen, wenn von den Zeitgenossen dieser Bewegung behauptet wird: „[...] das Einigende lag eben nicht in aussprechbaren Sätzen, sondern in einem Grundgefühl, das sich in der verbindenden Haltung, in dem ‚neuen Lebensstil' dem Wissenden offenbarte"? (WENIGER 1963, S. 527).

Die Ungeklärtheit dieser methodischen Grundfragen dürfte die Hauptursache dafür sein, daß die *historischen* Urteile über die Jugendbewegung trotz umfangreicher neuer Forschungsarbeiten noch immer erheblich differieren. Das gilt vor allem für das seit 1945 im Zentrum der Diskussion stehende Verhältnis von Jugendbewegung und Nationalsozialismus. Hier reicht das Spektrum der Urteile von dem Vorwurf, die Jugendbewegung sei die eigentliche Keimzelle und Vorschule für den Faschismus gewesen, bis zu der Behauptung, daß die Widerstandsbewegungen gegen das „Dritte Reich" zum großen Teil ihr Verdienst gewesen seien und daß die Nationalsozialisten lediglich einige ihrer äußeren Formen übernommen hätten.

Weit größere Einhelligkeit besteht hingegen in der Beurteilung der *pädagogischen* Bedeutung der Jugendbewegung, sowohl, was ihre eigene Entwicklung, als auch, was ihre Auswirkungen auf die Theorie und Praxis von Erziehung und Unterricht betrifft. So wird kaum bezweifelt, daß „alles, was in den 20er Jahren an pädagogischen Reformen unternommen worden ist, von einem Personenkreis getragen wurde, der aus der Jugendbewegung hervorgegangen oder mindestens von ihr berührt worden ist" (W. FLITNER 1968, S. 16).

Geschichte. Hervorgegangen ist die Jugendbewegung aus einer kleinen Gruppe Steglitzer Gymnasiasten, die um 1895 auf Initiative des Studenten Hoffmann und ab 1899 unter der Führung des 19jährigen „Oberbachanten" K. Fischer nach dem Vorbild der fahrenden Scholaren des Mittelalters Wanderfahrten in die Umgebung von Berlin unternahm. Dieser „Urwandervogel" gründete 1901 unter dem rechtlichen Schutz einiger Erwachsener den Verein „Wandervogel, Ausschuß für Schülerfahrten". Verbindende Elemente seiner zumeist aus der Mittelschicht stammenden jugendlichen Mitglieder waren zunächst nur ein durch die Kulturkritik des ausgehenden 19. Jahrhunderts beeinflußtes Unbehagen an den bürgerlich-großstädtischen Lebensverhältnissen und die romantische Begeisterung für die gemeinsame

„zünftige Fahrt" in eigener „Kluft", mit Gewaltmärschen durch möglichst urwüchsige Landschaften, einfachster Lebensweise und Übernachtungen in Scheunen oder unter freiem Himmel. Abspaltungen, Neugründungen und Zusammenschlüsse sowie eine verstärkte Unterstützung der Bewegung durch namhafte Persönlichkeiten wie Diederichs, Gurlitt, Natorp, Sohnrey, Wyneken führten im ersten Jahrzehnt des 20. Jahrhunderts zu einer Ausbreitung der Wandervogelidee auf ganz Deutschland, Österreich und die Schweiz sowie auf neue Bevölkerungskreise (Studenten, Mädchen, ansatzweise auch Lehrlinge und jugendliche Arbeiter). Im Zuge dieser Expansion und verstärkten organisatorischen Konsolidierung wurde das ursprüngliche Interessengebiet des Fahrtenwesens überschritten. Es kristallisierten sich in Anknüpfung an Traditionen des Sturm und Drang, der Frühromantik und der frühen Burschenschaften spezifische Gesellungsformen (wie „Nestabende", Landheimaufenthalte, überregionale Jugendlager mit Volksmusik, Volkstanz, Laienspielen, Sonnwendfeuern) und eigene „jugendgemäße" Lebensideale heraus (Natur-, Heimat-, Volksverbundenheit, Askese, Wahrhaftigkeit, Echtheit, Gemeinschaftsgeist, Führertum, Freundschaft, Gesundheit, Freiheit und Einheit von Körper, Seele, Geist), die mehr und mehr auch eine theoretische Fundierung erfuhren und damit den Charakter einer eigenen Weltanschauung annahmen. In den allerorten aus dem Boden schießenden „jugendbewegten" Verbandspostillen wurden nicht mehr nur Fahrtenberichte, Wandertips, Gedichte und wiederentdeckte Volkslieder abgedruckt, sondern auch philosophische, kultur- und gesellschaftskritische Abhandlungen, die einer „schöpferischen Erneuerung des Menschen an Haupt und Gliedern" das Wort redeten und sich davon grundlegende Reformen in allen Lebensbereichen erhofften. Über die Ziele solcher Reformen war man sich jedoch keineswegs einig, und Probleme ihrer politischen Durchsetzbarkeit spielten kaum eine Rolle; man begnügte sich damit, die propagierten Lebensideale im persönlichen Wirkungskreis treulich zu realisieren, und war von der Hoffnung erfüllt, dadurch zum Vorreiter einer „neuen Zeit" und zum Repräsentanten eines „verjüngten Menschentums" zu werden.

Ihren Höhepunkt erreichte diese Phase der Jugendbewegung im Oktober 1913 beim Treffen auf dem Hohen Meißner, wo sich die unterschiedlichen Gruppen vereinigten, um fernab von den bierselig-patriotischen Festlichkeiten der Erwachsenen das hundertjährige Jubiläum der Völkerschlacht von Leipzig zu feiern und sich zum Dachverband „Freideutsche Jugend" zusammenzuschließen. Die theoretischen Kontroversen dieser Tage standen vor allem im Zeichen der konkurrierenden Auffassungen Wynekens einerseits, der die Jugend zu einem verstärkten gesellschaftlichen und politischen Engagement im Geiste seiner Utopie der „Jugendkultur" aufforderte (vgl. WYNEKEN 1919), und Natorps andererseits, der den pädagogischen Sinn und die kulturelle Aufgabe der Jugendbewegung vor allem in ihrer „reinen Absichtslosigkeit" und gesellschaftlich-politischen Zweckfreiheit als Voraussetzungen für echte „Selbstverantwortlichkeit" erblickte (vgl. NATORP 1914). Nach äußerst langwierigen Diskussionen einigte man sich schließlich auf die berühmte „Meißner-Formel": „Die Freideutsche Jugend will aus eigener Bestimmung, vor eigener Verantwortung, mit innerer Wahrhaftigkeit ihr Leben gestalten. Für diese innere Freiheit tritt sie unter allen Umständen geschlossen ein". Viele von denen, die sich feierlich zu dieser Formel bekannt hatten, waren bereits ein gutes Jahr danach als begeisterte Freiwillige mit „jugendbewegten" Liedern auf den Lippen auf den Schlachtfeldern des Ersten Weltkrieges

gefallen. Andere schlossen sich im Laufe des Krieges zum „Feldwandervogel" zusammen.

Sowohl die durch den Krieg hervorgerufene Ernüchterung und Enttäuschung unter den mittlerweile erwachsenen Wandervögeln als auch die veränderten politischen Verhältnisse der Weimarer Republik führten zu einer realistischen Wende innerhalb der Jugendbewegung und leiteten die sogenannte „Bündische Phase" ein. Sie zeichnet sich im Unterschied zur „Wandervogelzeit" vor allem durch eine verstärkte Institutionalisierung und gesellschaftliche Integration sowie durch eine zunehmend politische und weltanschauliche Orientierung und Polarisierung aus. Die Ideen und Lebensformen der Jugendbewegung, die aus antizivilisatorischen Affekten und Kritik an der Lebenswelt der Erwachsenen entstanden waren, fanden in der Weimarer Zeit mehr und mehr öffentliche Anerkennung und teilweise sogar staatliche Unterstützung (etwa in der Bildungsreform, der staatlichen Jugendarbeit, der Jugendmusikbewegung, im Jugendherbergswesen). Dadurch war der ursprüngliche Impetus der Bewegung verlorengegangen, und ihre Anhänger gerieten in den Sog der öffentlichen politischen und ideologischen Auseinandersetzungen der jungen Republik. Außerdem zwangen die demokratischen Staatsverhältnisse alle Parteien und Interessengruppen verstärkt dazu, sich um die Gefolgschaft der jungen Generation zu bemühen. Es gab kaum eine Interessengruppe im Staat, die nicht mit mehr oder weniger großem Erfolg versuchte, die Wasser der Jugendbewegung auf ihre Mühlen zu leiten. Nur wenigen *Bünden* gelang es, eine autonome und neutrale Stellung gegenüber dem Staat und den sich bekämpfenden parteipolitischen und weltanschaulichen Richtungen zu bewahren und das zweckfreie Erbe der Wandervogelzeit weiterzuentwickeln.

Mit diesem Selbstverständnis- und

Funktionswandel ging ein Wandel der Binnenstruktur und des Lebensstils der meisten Bünde einher (Straffung und Hierarchisierung der Organisationsformen, Uniformierung der Fahrtenkluft, Ritualisierung des Fahrtenstils und der Gesellungsformen vor allem in Anlehnung an das expandierende Pfadfindertum). Die „Treue zur eigenen Fahne" des Bundes wurde dadurch jedoch keineswegs geschwächt, und die mehrfachen Einigungsversuche während der 20er Jahre schlugen weitgehend fehl. Auch der „Gleichschaltung" durch die Nationalsozialisten gelang es nicht, die „Bündische Jugend" geschlossen in die neue „Staatsjugend" überzuführen. Nur einige „völkische" Gruppen liefen 1933 zur Hitlerjugend über. Die anderen wurden entweder sofort verboten oder spätestens durch das „Reichsjugendgesetz" von 1936 liquidiert. Ihre Anhänger gingen teils ins Exil, teils in die innere Emigration, teils schlossen sie sich zu Widerstandsgruppen zusammen.

Pädagogische Bedeutung und Problematik. Am eindeutigsten läßt sich die pädagogische Bedeutung der Jugendbewegung an ihren praktischen Auswirkungen auf dem Gebiet des Bildungswesens ablesen. Die von Anfang an vorherrschende Skepsis gegenüber der „Tyrannei der traditionellen Lehrer- und Stoffschule" (vgl. GURLITT 1905) führte im Laufe ihrer Entwicklung nicht nur zu einer unüberschaubaren Flut schulkritischer und -programmatischer Schriften, sondern auch zu einer Fülle von Gegen- und Reformschulgründungen, von denen einige noch heute existieren (Landerziehungsheime, Waldorfschulen, Odenwaldschule). Auch die vor allem unter dem Einfluß der Arbeitsschulbewegung und Kunsterziehungsbewegung besonders in den 20er Jahren durchgeführten inneren und äußeren Reformen der Staatsschule waren sowohl sachlich als auch personell eng mit der Jugendbewegung verflochten. Nicht zuletzt sind von ihr vielfältige Impulse im Bereich der Erwachsenenbildung, der Lehrerbildung und der Sozialpädagogik ausgegangen. Gemeinsamer Angelpunkt dieser vielfältigen Reformbestrebungen war das durch die Erfahrung des gemeinschaftlichen Fahrtenlebens gestärkte Bewußtsein einer natürlichen Eigenwertigkeit des Jugendalters. Die Jugend wurde nicht länger als Anhängsel der ebenfalls in dieser Zeit wiederentdeckten Kindheit oder lediglich als Vorstufe des Erwachsenendaseins verstanden, sondern ihr wurden eigene positive Qualitäten und Potenzen zugesprochen (wie zum Beispiel Natürlichkeit, Spontaneität, Schönheit, Innovationsbereitschaft). Das Spektrum der daraus gezogenen pädagogischen Folgerungen reichte von radikalen Selbsterziehungskonzeptionen („Jugend muß von Jugend geführt werden") – zumeist im Zusammenhang mit Utopien von einem künftigen „Jugendreich" oder einer autonomen „Jugendkultur" – über eher reformpädagogische Ansätze der Vermittlung zwischen der „erneuernden Jugendkraft" und der durch die Erwachsenenwelt repräsentierten Kulturtradition bis hin zu Positionen, in denen die Rücksicht auf die „jugendliche Eigenart" nur noch als Mittel zur effektiveren Durchsetzung ideologischer Zielvorstellungen fungierte nach dem Motto: „Wer die Jugend hat, hat die Zukunft."

Unbestreitbar hat die „Entdeckung" der Eigenart des Jugendalters durch die Jugendbewegung wertvolle Beiträge für die pädagogische Theorie und Praxis geleistet. Ob dies auch für jene theoretischen Ansätze gilt, die dem Typus „Jugend" per se positive Qualitäten und Potenzen für eine Erneuerung der Menschheit und Reform der Gesellschaft beizumessen versuchten, erscheint hingegen pädagogisch fragwürdig. Denn der ihnen zugrunde liegende Jugendmythos ist nicht nur – wie die Geschichte lehrt – höchst anfällig für Ideologien und „Bewegungen", die sich als Inkarnationen und Vorkämpfer jener jugendlichen Qualitäten und Potenzen verstehen und unter deren Herrschaft Erziehung und Unterricht zur bloßen Indoktrination und Schulung degenerieren, sondern er verleitet auch dazu, die pädagogische Fragestellung auf das Generationenverhältnis zu reduzieren. Der pädagogische Problemhorizont verengt sich dann auf die Dialektik von „Führen oder Wachsenlassen", „Fremd- oder Selbsterziehung", „Lehrer- oder Schülerinteressen". Dabei gerät die für die Pädagogik möglicherweise konstitutive, generationenübergreifende, das heißt für Erzieher und Zöglinge gleichermaßen verbindliche und sie verbindende Aufgabe leicht aus dem Blickfeld, durch besonnenes Nachdenken, rückhaltloses Befragen und Bedenken des bisher Gedachten und Getanen zum sokratischen Wissen um das Nichtwissen zu gelangen.

Ob auch durch die „Entdeckung" der sozioökonomischen und politischen Dimensionen der Bildung im Zuge der „Jugendbewegung" der 60er Jahre neben den vielfältigen pädagogischen und sozialen Errungenschaften ähnliche Verengungen der pädagogischen Fragestellung eingetreten sind, wird erst die Geschichte erweisen.

FLITNER, W.: Ideengeschichtliche Einführung in die Dokumentation der Jugendbewegung. In: KINDT, W. (Hg.): Dokumentation . . ., Bd. 2, Düsseldorf/Köln 1968, S. 10 ff. GURLITT, L.: Der Deutsche und seine Schule, Berlin 1905. KINDT, W. (Hg.): Dokumentation der Jugendbewegung, 3 Bde., Düsseldorf/Köln 1963/1968/1974. NATORP, P.: Hoffnungen und Gefahren unserer Jugendbewegung, Jena 1914. WENIGER, E.: Die Jugendbewegung und ihre kulturelle Auswirkung (1928). In: KINDT, W. (Hg.): Dokumentation . . ., Bd. 1, Düsseldorf/Köln 1963, S. 525 ff. WYNEKEN, G.: Der Kampf für die Jugend, Jena 1919.

Walter Müller

Jugenddelinquenz

Begriff. Der dem angloamerikanischen Bereich entstammende Begriff „Jugenddelinquenz" wird im deutschen Sprachraum im allgemeinen gleichsinnig mit dem Begriff „Jugendkriminalität" gebraucht. Er entspricht deshalb nur im weiteren Sinne der „juvenile delinquency" des nordamerikanischen Rechts, einer sehr umfassenden, vagen und aus diesem Grund in jüngerer Zeit heftig angefochtenen Sammelbezeichnung. Diese umfaßt mit den sogenannten „status offences" vor allem das sozialauffällige Verhalten Jugendlicher im Gegensatz zu den „criminal offences". Es handelt sich dabei also weitgehend um Verhaltensweisen, die ausschließlich mit dem Status der Jugendlichen in Zusammenhang stehen, also für Erwachsene nicht strafbar sind wie etwa Schulschwänzen und Ungehorsam gegenüber den Eltern.

Im deutschen Schrifttum wird „Jugenddelinquenz" nicht selten als „Dissozialität" oder „soziale Auffälligkeit" Jugendlicher bezeichnet. Aber auch Begriffe wie „Jugendgefährdung", „Verhaltensstörung" oder „Verwahrlosung" werden verwendet, um die fraglichen Sachverhalte zu kennzeichnen. Bedeutsam ist besonders die sogenannte Verwahrlosung nach § 64 des Jugendwohlfahrtsgesetzes (JWG) als nicht nur unerhebliche und nicht nur vorübergehende Gefährdung der körperlichen, geistigen oder seelischen Entwicklung (vgl. § 55 JWG) oder als Gefährdung des „Wohls des Kindes" (vgl. § 1666 BGB). Allerdings läßt der diagnostisch höchst unscharfe Verwahrlosungsbegriff nicht erkennen, ob er einen fehllaufenden Sozialisationsprozeß oder das Ergebnis einer solchen Entwicklung meint. Jugenddelinquenz bildet damit den Oberbegriff für sozial auffällige Verhaltensweisen, die einerseits als Jugendkriminalität, andererseits als Verwahrlosungserscheinungen oder aber Verhaltensstörungen einzustufen sind, ohne daß damit das Feld der jugenddelinquenten Handlungsweisen bereits ausgeschöpft oder eindeutig strukturiert wäre.

Umfang nichtkrimineller Jugenddelinquenz. Fragt man nach dem Ausmaß nichtkrimineller Dissozialität junger Menschen, so muß man feststellen, daß dies bei weitem nicht so gut dokumentiert ist wie das Ausmaß kriminellen Verhaltens. Zum einen ist der Begriff der Dissozialität oder sozialen Auffälligkeit an Prägnanz nicht mit den Straftatbeständen vergleichbar, zum anderen fehlt die Parallele einer so eindeutig protokollierten staatlichen Reaktionsform, wie Strafverfahren und Strafurteil es sind. Als Anhaltspunkt für den Umfang nichtkrimineller Jugenddelinquenz können jedoch die Zahlen der Minderjährigen dienen, die sich unter Erziehungsbeistandschaft, in Freiwilliger Erziehungshilfe oder in Fürsorgeerziehung befinden. Im Jahre 1977 waren dies entsprechend der Jugendhilfestatistik 30 663 Personen, wovon mehr als die Hälfte, nämlich 18 134 Fälle (= 59 %), auf die Freiwillige Erziehungshilfe, 7 321 (= 24 %) auf die in über drei Viertel aller Fälle auf Antrag der Personensorgeberechtigten angeordnete Erziehungsbeistandschaft und 5 208 (= 17 %) auf die Fürsorgeerziehung entfielen. Im Jahre 1970 betrug dagegen die Gesamtzahl der fraglichen Minderjährigen noch 52 290, wovon 25 186 Fälle auf die Freiwillige Erziehungshilfe, 8 203 auf die Erziehungsbeistandschaft und immerhin 18 901 auf die Fürsorgeerziehung kamen (vgl. STATISTISCHES BUNDESAMT 1977, S. 8 f.). Die genannten Zahlen lassen erkennen, daß die Anordnung von Fürsorgeerziehung seit langem rückläufig ist, während die Erziehungsbeistandschaft und die Freiwillige Erziehungshilfe nach einem Tiefstand

im Jahre 1975 wieder im Steigen begriffen sind. Im übrigen erschließt die Jugendhilfestatistik über die absoluten Zahlen hinaus wenig. Sie läßt sich weder nach den Formen der Dissozialität aufschlüsseln, noch gibt sie Aufschluß über die Erscheinungsformen sozialer Auffälligkeit. Daher ist es äußerst schwierig, zu sicheren Aussagen zu gelangen.

Erscheinungsformen delinquenten Verhaltens. Besonders häufig auftretende Formen delinquenten Verhaltens sind das Schulschwänzen, das Weglaufen und der Alkohol- und Drogenmißbrauch bei Jugendlichen, wenngleich das letztgenannte Verhalten infolge der Kriminalisierung durch das Betäubungsmittelgesetz auch weitgehend über den Bereich der nichtkriminellen Dissozialität hinaus in den der Jugendkriminalität hineinragt. Vor allem der als Mittel der Konfliktbewältigung herangezogene Drogen- und Alkoholkonsum findet in der allgemeinen Diskussion breite Beachtung. Zwar ist der Umgang mit Rauschdrogen, insbesondere Haschisch, nach repräsentativen Untersuchungen (vgl. KREUZER 1980, S. 53) inzwischen rückläufig. Dieser rückläufige Trend gilt jedoch nicht für den harten Kern des Rauschmittelmißbrauchs junger Menschen, insbesondere nicht für den Kreis der sogenannten Fixer. Im übrigen läßt sich eine Wendung zum Alkoholismus unter partieller Ablösung von sonstigem Drogengebrauch erkennen, wobei sich die Altersgrenze der Konsumenten nach unten zu verschieben scheint. Der Drogen- ebenso wie der gesteigerte Alkoholkonsum schlagen sich aber auch ganz allgemein in der Jugendkriminalität nieder. Nach neueren Untersuchungen (vgl. KURY 1979, S. 33 ff.) haben mehr als 60 % aller Insassen einer größeren Jugendvollzugsanstalt in Baden-Württemberg bei Tatbegehung unter Drogen- oder Alkoholeinfluß gestanden. Ob allerdings ein Alkoholverbot für Jugendliche unter 16 Jahren ein wirksames Mittel zur Bekämpfung des zunehmenden Alkoholmißbrauchs darstellt, muß im Hinblick auf die Ineffektivität des Betäubungsmittelgesetzes stark bezweifelt werden. Aussichtsreicher hingegen erscheinen Aufklärungsaktionen an Schulen und verstärkte Anstrengungen in der öffentlichen Jugendarbeit zur Bekämpfung des Jugendalkoholismus.

Als weiteres Phänomen sozialer Auffälligkeit zählt das Schulschwänzen zu den am häufigsten vorkommenden jugenddelinquenten Verhaltensweisen. Nach neueren deutschen Dunkelfeldstudien (vgl. BRUSTEN/HURRELMANN 1973, S. 125) haben immerhin fast zwei Drittel der befragten Handelsoberschüler eingeräumt, ein- oder mehrmals dem Unterricht unentschuldigt ferngeblieben zu sein, oder hat fast die Hälfte der befragten Haupt-, Real- und Gymnasialschüler zugegeben, im Verlauf eines Jahres mindestens einmal ohne entschuldigenden Grund dem Schulunterricht ferngeblieben zu sein. Während das einmalige oder kurzfristige Schulschwänzen sich zumeist als Experimentierverhalten in der Phase der Norminternalisierung oder als Trotzreaktion aufgrund bestimmter Ereignisse inner- oder außerhalb der Schule erklären läßt, liegen bei häufigem oder dauerndem unentschuldigtem Fernbleiben von der Schule erfahrungsgemäß gravierende Störungen oder Schwierigkeiten im familiären und/oder schulischen Bereich vor, denen sich der Jugendliche durch Schwänzen zu entziehen und die er in Ersatzhandlungen auf kriminelle Art zu verarbeiten sucht. Dies hat sich auch durch Untersuchungen an Insassen des Jugendstrafvollzugs bestätigt, wonach etwa zwei Drittel der Inhaftierten bekannten, hin und wieder oder öfters die Schule geschwänzt zu haben (vgl. KURY 1980, S. 120). In aller Regel dürften hier innerschulische Disziplinarmaßnahmen als Reaktion ausreichen. Ist dies aus-

nahmsweise nicht der Fall, so bieten sich die Erziehungsmaßregeln des Jugendgerichtsgesetzes (JGG), insbesondere die Erziehungsbeistandschaft als Lösungsmöglichkeit an, wenn – wie in einigen Bundesländern durch entsprechende Regelungen in den Schulgesetzen der Fall – dauerndes Schulschwänzen als Vergehen eingestuft und daher von den Jugendgerichten zu ahnden ist. Neben der Schulschwänzerei ist das Weglaufen eine weitere Erscheinungsform auffälligen Sozialverhaltens, zu dem Kinder und Jugendliche anscheinend häufiger neigen, wenn sie sich mit ihren Eltern oder diese sich mit ihnen nicht verstehen. Aus den USA werden jährlich bereits über eine Million jugendliche Ausreißer gemeldet, die nach ihrem Aufgreifen durch die Polizei der Jugendjustiz unterliegen und so ein beachtliches Reservoir an Kinder- und Jugendkriminalität bilden. Teilweise ist man dazu übergegangen, „runawayhouses" einzurichten, um eine schädliche Stigmatisierung der Wegläufer zu vermeiden und das System der Jugendgerichtsbarkeit zu entlasten. In der Bundesrepublik Deutschland ist aufgrund polizeistatistischer Feststellungen (vgl. LANDESKRIMINALAMT NORDRHEIN-WESTFALEN 1977, S. 177 f.) davon auszugehen, daß knapp 1 % der Jugendlichen als „vermißt" gemeldet werden. Daß ferner 60 % der im Jugendstrafvollzug befindlichen Insassen Wegläufer gewesen sind, deutet darauf hin, daß das Weglaufen ebenso wie das Schulschwänzen meist ein Zeichen für ernste Konflikte im sozialen Nahbereich darstellt. Ein derartiges Konfliktpotential kann also auch zu straffälligem Verhalten, mitunter sogar zu einer kriminellen Karriere führen, wenn nicht frühzeitig angemessene Maßnahmen zur Erziehung oder Therapie, also zur adäquaten Problemlösung ergriffen werden.

Ansätze zur Erklärung delinquenten Verhaltens. Wirksame Therapiemaßnahmen setzen eine überzeugende Erklärung dissozialer Verhaltensweisen voraus. Dazu werden eine Reihe teils biologisch, teils psychologisch und soziologisch oder – wie überwiegend – sozialpsychologisch begründeter Theorien herangezogen. Im Hinblick auf die beobachtbare Apathie und die Rückzugsstrategie bei den meisten jugenddelinquenten Verhaltensweisen, insbesondere bei Alkohol- und Drogenmißbrauch sowie Schulschwänzen und Weglaufen, scheint sich vor allem die „Anomietheorie" (vgl. BOHLE 1975, S. 3 ff.) als erklärungskräftig anzubieten. Dieses Konzept geht von einer Kluft zwischen kulturell vorgegebenen Zielen der Gesellschaft und den nur begrenzt vorhandenen Mitteln zu ihrer Verwirklichung aus. Während den Zielen gesamtgesellschaftliche Bedeutung zukommt, bleiben die legalen Wege zur Zielerreichung den Unterschichtangehörigen allgemein verschlossen. Dies führt zu einem Zustand der Anomie oder Normlosigkeit, was einerseits die Ziel-erreichung mit illegalen Mitteln, andererseits aber auch ein Rückzugsverhalten in den Alkoholismus oder in die Drogensubkultur zur Folge haben kann. Da jedoch Jugenddelinquenz keinesfalls auf die Unterschicht beschränkt ist und das Anomiekonzept überdies einen faktisch nicht vorhandenen Konsens in der Wertorientierung voraussetzt, befriedigt diese Erklärung nicht. Am ehesten dürften sozialisationstheoretische Befunde (vgl. KAISER 1980, S. 357 ff., S. 126 ff.) überzeugen, nach denen gravierende Sozialisationsmängel in den Bereichen der Persönlichkeit und des sozialen Umfeldes wie Familie, Schule, Beruf und Freizeit zu sozialen Abweichungen führen. Tatsächlich lassen sich auch bei delinquenten Jugendlichen zum Zeitpunkt ihrer sozialen Auffälligkeit überwiegend Mehrebenenkonflikte im sozialen Nahraum und Störstrukturen feststellen. Deshalb findet sich auch hier am ehesten ein Ansatzpunkt zur gezielten Intervention, Hilfe und Beeinflussung.

BLAU, G.: Neuere Entwicklungen im Jugendkriminalrecht der USA. Vorbeugen statt Strafen. Protokoll Nr. 128 der Evangelischen Akademie, Hofgeismar 1977, S. 31 ff. BOHLE, H. H.: Soziale Abweichung und Erfolgschancen. Die Anomietheorie in der Diskussion, Neuwied/Darmstadt 1975. BRUSTEN, M./HURRELMANN, K.: Abweichendes Verhalten in der Schule. Eine Untersuchung zu Prozessen der Stigmatisierung, München 1973. KAISER, G.: Konflikte der Jugendlichen mit Institutionen. In: R. d. J. u. d. Bwes. 25 (1977), S. 104 ff. KAISER, G.: Kriminologie, Heidelberg/Karlsruhe 1980. KREUZER, A.: Jugend, Rauschdrogen, Kriminalität, Wiesbaden 1978. KREUZER, A.: Suchtmittel und Delinquenz bei jungen Soldaten. In: Suchtgefahren 26 (1980), S. 49 ff. KURY, H.: Sozialstatistik der Zugänge im Jugendvollzug Baden-Württemberg für 1978, Freiburg 1979. KURY, H.: Vollzug und Behandlung bei jüngeren Rechtsbrechern. In: WOLLENWEBER, H. (Hg.): Kinderdelinquenz und Jugendkriminalität, Paderborn 1980. LANDESKRIMINALAMT NORDRHEIN-WESTFALEN: Polizeiliche Kriminalstatistik Nordrhein-Westfalen, Düsseldorf 1977. PHELPS, T. R.: Juvenile Delinquency. A Contemporary View, Pacific Palisades 1976. SCHÜLER-SPRINGORUM, H./SIEVERTS, R.: Sozial auffällige Jugendliche, München ³1970. STATISTISCHES BUNDESAMT: Statistik der öffentlichen Jugendhilfe, Wiesbaden 1977. WOLFF, J.: Delinquenz als Problem der Schulpädagogik. Ansätze zur kriminologischen Ausbildung von Lehrern, Frankfurt/New York 1978.

Günther Kaiser

Jugendforschung

Phänomene und Probleme des Jugendalters haben von jeher die Aufmerksamkeit der Öffentlichkeit auf sich gezogen, wobei von der Antike bis ins 19. Jahrhundert hinein das philosophische und theologisch-pädagogische Interesse an der menschlichen Entwicklung und Generationenfolge dominierte. Als der eigentliche Wegbereiter einer *wissenschaftlichen* Beschäftigung mit der Jugend kann die gegen Ende des 19. Jahrhunderts einsetzende, reformpädagogisch motivierte Kinderforschung angesehen werden (vgl. PREYER 1882). Einen weiteren Anstoß zur Entstehung der Jugendforschung gab die Verbreitung empirischer Verfahren im Gefolge des Positivismus. Neben dieser wissenschaftsgeschichtlichen Wurzel gilt es das *zeitgeschichtliche* Ursprungsmotiv der Jugendbewegung zu Beginn dieses Jahrhunderts zu beachten.

Den ersten umfassenden Beitrag zu einer spezifischen Jugendforschung auf empirischer Grundlage hat der Amerikaner HALL (1919) vorgelegt. Mit dieser Arbeit setzt nach HORNSTEIN (1976, S. 241) die zweite, vorwiegend psychologisch ausgerichtete Periode der Jugendforschung ein. Das seinerzeit wachsende Interesse an Fragen der Jugendentwicklung weist zurück auf Rousseau, dem wir in erster Linie die Behandlung der Jugendphase als einer Altersstufe mit eigenen Bedürfnissen verdanken (vgl. RASSEM 1975, S. 100). In Weiterführung der Darwinschen Evolutionstheorie bezieht sich Halls Zentralthese auf die biogenetische Determinierung der psychischen Entwicklung im Jugendalter, die sich mehr oder minder abgeschwächt in zahlreichen Reifungs- und Phasentypologien der Folgezeit niedergeschlagen hat (vgl. BÜHLER 1922, GESELL 1958).

Eine andere, kulturphilosophisch-phänomenologisch geprägte Richtung dieser Periode (1900–1933) wird repräsentiert durch SPRANGERS „Psychologie des Jugendalters" (1924), die bis 1963 27 Auflagen erlebte. In dieser geisteswissenschaftlichen Theorie („verstehenden Strukturpsychologie") wird die Persönlichkeitsentwicklung des Jugendlichen als Vorgang einer geistigen Krise und Reifung auf dem Wege einer Auseinandersetzung mit der objektiven Kultur aufgefaßt. Nach Spranger ist die dominierende Wertrichtung („Lebensform") des Individuums für dessen Persönlichkeitswerdung entscheidend.

In dieser Zeit entstehen bereits erste empirische Einzeluntersuchungen zum Lebensschicksal der *proletarischen* Jugend (vgl. BONDY 1922), die sozialpädagogischen und soziologisch-politischen Intentionen verpflichtet sind. In diesem Zusammenhang muß Bernfeld erwähnt werden, der schon 1917 die Gründung eines eigenen Instituts für Jugendkunde anregte, das psychologische (vor allem psychoanalytische) und soziologische Sichtweisen und Befunde zusammenführen sollte. Dieser Plan geht allerdings auf MEUMANN (vgl. 1912) zurück, der als erster Aufgabenfeld und Fragestellung sowie methodologisch-wissenschaftstheoretische Grundlagen dieses Forschungszweiges zu umreißen und zu klären versucht hat. Sein Hauptinteresse ging dahin, der Pädagogik in Gestalt der Jugendforschung einen tragfähigen empirischen Unterbau zu verschaffen. Obwohl seine konkreten Jugenduntersuchungen nur geringen Ertrag brachten, ebnete Meumann dem positivistisch-pragmatischen Forschungsansatz den Weg (vgl. SCHÄFER 1974, S. 27). Durch den Einfluß von Bernfeld und Lazarsfeld dominierte diese Forschungsrichtung in der Folgezeit insbesondere in Österreich (vgl. ROSENMAYR 1976). An Sprangers „klassische[m] Werk des Jugendverständnisses" (A. FLITNER 1963, S. 22) wurde von dieser empirischen Forschungsrichtung vor allem die eingeschränkte Gültigkeit der Auslegung des normativen Zeitgeistes kritisiert. So empfahl LAZARSFELD (1931, S. 31), „aus Daten über politische und sportliche Betätigung, über Berufswahl und Lektüre [. . .] das Hineinwachsen der Jugend in die Gebilde des ‚objektiven Geistes' wirklich nachzukonstruieren". Auch für BERNFELD (vgl. 1927) war die Stellung der Jugend in der Gesellschaft im wesentlichen ein sozialwissenschaftliches Problem der Eingliederung. Mit diesem soziologischen Theorem – einschließlich desjenigen der schichtspezifisch verkürzten und daher benachteiligten Kulturpubertät – hat er schon zu seiner Zeit Kernpunkte der Jugendforschung unserer Tage vorweggenommen.

Die auf Hall zurückgehenden Ansätze psychophysischer Determination, denen zufolge das Hauptcharakteristikum der Jugendzeit ihr „Sturm und Drang" ist, zogen schon sehr früh die Kritik der Kulturanthropologen und Soziologen auf sich (vgl. M. MEAD 1949). Vergleichende ethnologische Feldforschungen ergaben, daß die vermeintlich naturwüchsigen Pubertätskrisen eben nicht endogen-reifungsbedingt sind, sondern vielmehr aus den bestimmten gesellschaftlichen Bedingungen resultieren, unter denen sich der Übergang in die Erwachsenenwelt vollzieht. Diese Kritik mußte sich auch die psychoanalytische Entwicklungstheorie gefallen lassen, denn sie geht ebenfalls davon aus, daß die Stadien psychosexueller Entwicklung phylogenetisch determiniert sind, wie etwa in der These von der Universalität des Ödipuskomplexes. Das Jugendalter ist nach psychoanalytischer Auffassung gekennzeichnet durch das Wiedererwachen sexueller Aktivität im geschlechtsreifen Individuum nach einer längeren, auf die ödipale Krise folgenden Phase sexueller Verdrängung und Sublimation, der Latenzzeit. Mit der psychosexuellen Entwicklung während der Adoleszenz hat sich erst A. Freud intensiver befaßt, wobei sie einen direkten Einfluß der physiologischen und endokrinologischen Prozesse der Sexualreifung auf die Psyche annahm (vgl. MUUSS 1971, S. 40). In seiner von S. Freud abweichenden Theorie betont RANK (vgl. 1945) im Zentralbegriff des Willens die aktive und positive Instanz des Ichs, das die Triebimpulse sinnvoll anleiten und kontrollieren kann. Der entscheidende neue Aspekt des Jugendalters stellt für ihn das Verlangen nach Unabhängigkeit dar. Eine weiterreichende Modifikation am ursprünglichen psychoanalytischen Konzept hat Erikson vorgenommen, indem er das Stufenkon-

zept psychosexueller Entwicklung um die sozial-kulturanthropologische Perspektive ergänzte. Kernstück seiner Theorie psychosozialer Entwicklung ist der Begriff der Ich-Identität, die sämtliche durch frühere Identifikationen erreichten Qualitäten umfaßt. Jene Form der Identität, die sich am Ende der Adoleszenz ausbildet, ist jeder einzelnen Identifikation mit den Beziehungspersonen der Vergangenheit übergeordnet (vgl. ERIKSON 1966, S. 139). Eine Unsicherheit in der Jugendzeit rührt daher, daß der Jugendliche keine Anerkennung für das findet, was er selbst zu sein glaubt oder wünscht.

Der Periode psychologisch orientierter Jugendforschung schloß sich nach dem Zweiten Weltkrieg eine soziologische, überwiegend mit Meinungsumfragen arbeitende Jugendforschung an (vgl. HORNSTEIN 1976, S. 241). Hier sind namentlich die Jugenduntersuchungen von HOLLINGSHEAD (vgl. 1949) in einer amerikanischen Kleinstadt und die Feldtheorie von LEWIN (vgl. 1963) zu erwähnen. Im Unterschied zu zahlreichen einseitigen Theorieentwürfen versteht sich Lewins sozialpsychologische Theorie des Lebensraums als „Summe aller in Wechselwirkung stehenden Faktoren von Person und sozialer Umwelt" (GRIESE 1977, S. 37). Nach Lewin befindet sich der Jugendliche in einem Zustand „sozialer Lokomotion" von einer Gruppenzugehörigkeit (Kindheit) zur anderen (Erwachsensein), wobei das psychisch-soziale Zwischenfeld noch unstrukturiert ist und somit beim Heranwachsenden Unsicherheit und Orientierungslosigkeit hervorrufen kann. Obwohl der feldtheoretische Ansatz einen wesentlichen Beitrag zur Weiterführung der Jugendforschung leisten könnte, ist er in der gegenwärtigen Forschungssituation unterrepräsentiert. Eine Ausnahme ist wohl BAACKES (vgl. 1976) sozialökologischer Ansatz.

Die Jugendforschung in der Bundesrepublik Deutschland ist nach 1945 zum einen gekennzeichnet durch eine Vielzahl demoskopischer Erhebungen, die der „Überblick zur wissenschaftlichen Jugendkunde" (vgl. DEUTSCHES JUGENDINSTITUT 1963) zusammenfaßt, und zum anderen durch generalisierende, epochaltheoretische Betrachtungen der Jugendgeneration (vgl. Schelskys „skeptische" und v. Blüchers „unbefangene" Generation). Das strukturelle Dilemma des Auseinanderfallens des intim-kleingruppenhaften Sozialhorizontes der Familie und der arbeitsteilig-zweckrationalen Erwachsenen- und Berufswelt hat die Nachkriegsgeneration nach SCHELSKY (vgl. 1957) auf ihre Weise gelöst, indem sie sich pragmatisch der eigenen Familie, dem beruflichen Fortkommen und dem materiellen Wohlstand zuwandte. Als ein grundsätzlicher Einwand gegen solche „Zeitgeist-Diagnosen" läßt sich geltend machen, daß in ihnen notwendige soziologische Differenzierungen (z. B. der Sozialschicht) und tiefergehende Ursachenanalysen zugunsten einer mehr oder minder „intuitiven Gesamtschau" zurücktreten (ROSENMAYR 1976, S. 43).

In der Fachdiskussion steht außer Frage, daß die Persönlichkeitsentwicklung nur als integrierter Prozeß zu verstehen ist; daher sind verstärkt Bemühungen im Gange, die Jugendforschung als Teil einer interdisziplinären Sozialisationsforschung zu betrachten (vgl. HORNSTEIN u. a. 1975). Den Impuls zu einer Neuorientierung gab die Protestwelle der Studenten, Gymnasiasten und Lehrlinge nach 1967/68, die die herkömmliche Jugendforschung samt ihren Methoden und Ergebnissen (vgl. v. BLÜCHER 1966) in Frage stellte. Die Jugendunruhen provozierten geradezu die Beschäftigung mit neuen Fragestellungen, vor allem mit dem politischen Abweichungspotential der Jugend (vgl. JAIDE 1978). Es häuften sich auch die *gesellschaftstheoretischen Auseinandersetzungen* mit funktionalistischen Jugendtheorien, etwa mit EISENSTADTS (vgl. 1966) Theo-

rem einer jugendlichen Teilkultur, die im deutschsprachigen Raum von TENBRUCK (vgl. 1962, S. 50) gar in mancher Hinsicht zur dominanten Teilkultur erweitert wurde (zur Kritik vgl. LESSING/ LIEBEL 1975, S. 33). Parallel dazu trifft man – wohl stimuliert durch den Primat der Bildungspolitik in der Regierungserklärung von Brandt 1970 – vermehrt auf Einzelstudien zur Situation beruflicher wie schulischer Ausbildung oder Bildung (vgl. DEUTSCHES JUGENDINSTITUT 1973, SCHMIDT-WELLENBURG 1974, SEIDENSPINNER 1974).

Die „Identitätskrise" der Jugendforschung ist noch nicht überwunden: Sie ist beherrscht von den herkömmlichen Theoremen – unter anderem von rollentheoretischen Erklärungsmodellen (vgl. ALLERBECK/ROSENMAYR 1971), von Überlegungen zum Generationenkonflikt (vgl. MANNHEIM 1978, MÜLLER 1978) und vom Teilkulturkonzept (vgl. TENBRUCK 1962). Vereinzelt stößt man auf Initiativen, eine Theorie der Jugend auf der Grundlage des Interaktionismus und der Ethnomethodologie zu entwikkeln (vgl. BOHNSACK 1973); doch sie verdienen bislang nur das Prädikat „Ad-hoc-Theorien" (vgl. GRIESE 1977, S. 131, S. 168 f.). Ansätze, die Jugendforschung als eigenständige Integrationswissenschaft zu entwerfen, wurden in der DDR bereits in den 50er Jahren unternommen. Es ist allerdings auch der marxistisch-interdisziplinären Jugendforschung als einer Stabilisierungswissenschaft noch nicht gelungen, die unterschiedlichen soziologischen, psychologischen und pädagogischen Ansätze zu einem Gesamtkonzept zu integrieren (vgl. SCHÄFER 1974, S. 192).

Mit Blick auf zukünftige Forschungsaufgaben scheint ein sozialwissenschaftliches Identitätskonzept die tragfähigste Theorieplattform zu bieten. Umrisse eines solchen integrativen Bezugsrahmens für die Analyse der Adoleszenzentwicklung liegen bereits vor (vgl. DÖBERT/ NUNNER-WINKLER 1975).

ALLERBECK, K./ROSENMAYR, L. (Hg.): Aufstand der Jugend, München 1971. BAACKE, D.: Die 13- bis 18jährigen. Einführung in Probleme des Jugendalters, München/Wien/Baltimore 1976. BERNFELD, S.: Die heutige Psychologie der Pubertät, Wien 1927. BLÜCHER, V. v.: Die Generation der Unbefangenen, Düsseldorf/Köln 1966. BOHNSACK, R.: Handlungskompetenz und Jugendkriminalität, Neuwied/Berlin 1973. BONDY, C.: Die proletarische Jugendbewegung in Deutschland, Lauenburg 1922. BÜHLER, CH.: Das Seelenleben des Jugendlichen. Versuche einer Analyse und Theorie der psychischen Pubertät, Jena 1922. DEUTSCHES JUGENDINSTITUT (Hg.): Überblick zur wissenschaftlichen Jugendkunde, München 1963. DEUTSCHES JUGENDINSTITUT (Hg.): Hamburger Lehrlingsstudie der Hochschule für Wirtschaft und Politik Hamburg, 5 Bde., München 1973. DÖBERT, R./NUNNER-WINKLER, G.: Adoleszenzkrise und Identitätsbildung. Psychische und soziale Aspekte des Jugendalters in modernen Gesellschaften, Frankfurt/M. 1975. EENSTADT, S. N.: Von Generation zu Generation. Altersgruppen und Sozialstruktur, München 1966. ERIKSON, E. H.: Identität und Lebenszyklus, Frankfurt/M. 1966. FLITNER, A.: Soziologische Jugendforschung, Heidelberg 1963. GESELL, A.: Jugend. Die Jahre von zehn bis sechzehn, Bad Nauheim 1958. GRIESE, H. W.: Sozialwissenschaftliche Jugendtheorien, Weinheim 1977. HALL, G. ST.: Adolescence (1904), New York/London 1919. HOLLINGHEAD. A. B.: Elmtown's Youth, New York 1949. HORNSTEIN, W.: Jugendforschung. In: ROTH, L. (Hg.): Handlexikon zur Erziehungswissenschaft, München 1976, S. 240 ff. HORNSTEIN, W. u. a.: Lernen im Jugendalter. Gutachten und Studien der Bildungskommission des Deutschen Bildungsrates, Bd. 54, Stuttgart 1975. JAIDE, W.: Achtzehnjährige – Zwischen Reaktion und Rebellion, Opladen 1978. LAZARSFELD, P. F.: Jugend und Beruf, Jena 1931. LESSING, H./LIEBEL, H.: Jugend in der Klassengesellschaft, München ²1975. LEWIN, K.: Feldtheorie in den Sozialwissenschaften, Bern/Stuttgart 1963. MANNHEIM, K.: Das Problem der Generationen (1928). In: KOHLI, M. (Hg.): Soziologie des Lebenslaufs, Darmstadt/Neuwied 1978. S. 38 ff. MEAD, M.: Coming of Age in Samoa (1928), New York 1949. MEUMANN, E.: Über Institute für Jugendkunde und die Gründung eines Instituts für Jugendforschung in Hamburg, Leipzig/Berlin 1912. MÜLLER, W.: Der Lebenslauf von Geburtskohorten. In: KOHLI, M. (Hg.): Soziologie des Lebenslaufs, Darmstadt/Neuwied 1978, S. 54 ff. MUUSS, R. E.: Adoleszenz, Stuttgart 1971. PREYER, W.: Die Seele des Kindes, Leipzig 1882. RANK, O.: Will, Theory and Truth and Reality, New York 1945. RASSEM, M.: Entdeckung und Formierung der Jugend in der Neuzeit. In: JUGEND IN DER GESELLSCHAFT. Ein Symposion, München 1975, S. 98 ff. ROSENMAYR, L.: Jugend. In: KÖNIG, R. (Hg.): Handbuch der empirischen Sozialforschung, Bd. 6, Stuttgart 1976. SCHÄFER, H. P.: Jugendforschung in der DDR, München 1974. SCHELSKY, H.: Die skeptische Generation, Frankfurt/M. 1957. SCHMIDT-WELLENBURG, A.: Gymnasiasten im Konfliktfeld Schule, München 1974. SEIDENSPINNER, G.: Lehrlinge im Konfliktfeld Betrieb, München 1974. SPRANGER, E.: Psychologie des Jugendalters (1924), Heidelberg 1949. TENBRUCK, F. H.: Jugend und Gesellschaft, Freiburg 1962.

Jürgen Wilbert

Jugendfreizeiteinrichtungen

Jugendfreizeiteinrichtungen, insbesondere Jugendheime, die auch nichtorganisierten Jugendlichen zur Verfügung stehen, haben sich in größerem Umfang erst nach dem Zweiten Weltkrieg als Alternative zu den „Verbandsheimen" (geschlossenen Jugendfreizeiteinrichtungen) organisierter Jugendgruppen und Jugendpflegeorganisationen entwickelt. Wesentliche Impulse zur offenen Jugendarbeit und zur Bereitstellung entsprechender Einrichtungen gingen in den Westzonen Deutschlands von den Besatzungsmächten aus. In beschlagnahmten Häusern wurden Jugendheime eröffnet und offene Freizeitprogramme angeboten. In der Folgezeit übernahmen viele Kommunen diese Einrichtungen und Programme und bauten sie aus. Die Zielvorstellungen der kommunalen Jugendpflege bestanden dabei zumeist darin, „vorbeugende Jugendfürsorge" zu betreiben, um Jugendliche von „jugendgefährdenden Orten" fernzuhalten und spezifischen Neigungsgruppen Räume für ihre Aktivitäten (Werken, Photo, Kunst, Film, Diskussionsgruppen) zur Verfügung zu stellen. Gleichzeitig nutzten auch Jugendverbände, die keine eigenen Einrichtungen besaßen, diese „Häuser der offenen Tür".

In den 60er Jahren befanden sich die Jugendfreizeiteinrichtungen in einer tiefgehenden Krise, vor allem wegen mangelnder konzeptioneller Vorstellungen, Planlosigkeit bei der Errichtung von Einrichtungen, unzulänglicher personeller und sachlicher Ausstattung und eines oft wenig attraktiven, die Jugendlichen nicht ansprechenden Angebots (vgl. GRAUER 1973, LÜDTKE 1972, LÜDTKE/GRAUER 1973).

Auch zu Beginn der 80er Jahre kann die Krise der Jugendfreizeitstätten noch nicht als völlig überwunden gelten. Die oft kühle und unpersönliche Atmosphäre der Einrichtungen, die Reglementierungen durch Hausordnungen und Personal ebenso wie „die starre Zweckgebundenheit der Räume, die Offenheit für variable Kommunikationsformen und wechselnde, vielfältige inhaltliche Angebote erheblich reduziert" (GRAUER 1973, S. 259), führen dazu, daß die Jugendlichen kommerzielle Freizeitangebote (Kneipe, Discothek, Spielhallen) vorziehen. Dort lassen sich ihre Bedürfnisse nach Kontakt, Intimität, zwangloser Geselligkeit, aber auch ihre passiv konsumorientierte Freizeithaltung eher befriedigen. Dies kann freilich nicht zu der Folgerung führen, daß Jugendfreizeitstätten kommerzielle Angebote möglichst orginalgetreu zu kopieren hätten. Es müßte vielmehr darum gehen, im Rahmen der Freizeitpädagogik die hier sichtbar werdenden Bedürfnisse und Vorstellungen der Jugendlichen aufzunehmen, ohne weitergehende Zielsetzungen darüber zu vergessen.

Ein weiteres Handicap der offenen Jugendfreizeiteinrichtungen besteht darin,

daß bestimmte Zielgruppen, insbesondere männliche Jugendliche und Heranwachsende, den Einrichtungen das Gepräge geben. Diese Beobachtungen (vgl. GRAUER/LÜDTKE 1973) lassen den Schluß zu, daß die Mehrzahl der Freizeitstätten die Erwartungen gerade auch von Kindern und Mädchen an eine attraktive Freizeitsituation nur unzulänglich realisiert.

Ausgehend von den Mängeln der Freizeiteinrichtungen und deren Verarbeitung als „Krise der Jugendfreizeitheime" (GRAUER 1973), sind Verbesserungsvorschläge entwickelt worden. Diese bestehen vor allem in folgenden Forderungen:

– bessere personelle und sachliche Ausstattung und flexiblere organisatorische Ausgestaltung der Einrichtungen,
– klare Zielsetzungen und Aufgabenbestimmungen, die offen sein müssen für die Überprüfung und Korrektur durch die Nutzer,
– Schaffung von Entscheidungs- und Handlungsspielräumen für die Jugendlichen,
– Risiko- und Konfliktbereitschaft der Träger und Mitarbeiter, damit statt folgenloser Freiraumpädagogik die sozialen Probleme der Jugendlichen und deren Versuche zur Abwehr von gesellschaftlichem Druck und zur Emanzipation Gegenstand und Thema der Arbeit werden können,
– Angleichung der Öffnungszeiten an den Arbeits- und Lebensrhythmus der berufstätigen Jugendlichen, Aufgreifen der Regenerationsbedürfnisse dieser Gruppen und Entwicklung von Programmen, die auch sozial unterprivilegierten Jugendlichen Erfolgserlebnisse vermitteln könnten (werkpädagogischer Bereich).

Vor allem sollte es aber auch darum gehen, die Zahl der entsprechend an der Bedürfnisstruktur der Jugendlichen orientierten Einrichtungen erheblich zu erhöhen.

GRAUER, G.: Jugendfreizeitheime in der Krise. Zur Situation eines sozialpädagogischen Feldes, Weinheim/Basel 1973. LÜDTKE, H.: Jugendliche in organisierter Freizeit, Weinheim/Basel 1972. LÜDTKE, H./GRAUER, G.: Jugend – Freizeit – „Offene Tür". Methoden und Daten der empirischen Erhebung in Jugendfreizeitheimen, Weinheim/Basel 1973.

Erwin Jordan

Jugendgerichtsbarkeit

Definition. Alle Maßnahmen der rechtsprechenden Gewalt, die auf Jugendliche bezogen sind, fallen begrifflich in einem weiten Sinne unter die Jugendgerichtsbarkeit. Entsprechende gesetzliche Regelungen finden sich in der freiwilligen Gerichtsbarkeit (FGG), die auf der materiellrechtlichen Basis des Bürgerlichen Gesetzbuches, vor allem des Familienrechts, die Kompetenz und die Verfahren des Vormundschaftsgerichts normiert; weiterhin gibt es gesetzliche Regelungen in der Sozial- und Arbeitsgerichtsbarkeit, zu denen die jugendrelevanten Vorschriften des Sozialgesetzbuches (SGB vom 11. Dezember 1975), des Jugendwohlfahrtsgesetzes (JWG in der Fassung der Bekanntmachung vom 25. April 1977) und des Jugendarbeitsschutzgesetzes (JArbSchG vom 12. April 1976) zu rechnen sind. Im engeren Sinne umfaßt das Jugendgerichtsgesetz (JGG in der Fassung vom 11. Dezember 1974, BGBl. I, S, 3427) als Lex specialis zum Strafgesetzbuch die Jugendgerichtsbarkeit. Dort ist auch die Personalunion zwischen Jugend(straf)richter und Vormundschaftsrichter geregelt, um gemäß § 9, Abs. 2 und Abs. 3 JGG den Erziehungsmaßregeln gerecht werden zu können.

Historische Entwicklung. Für die zu verhängenden erzieherisch orientierten Sanktionen hatte schon KÖHNE (vgl. 1906) – der eigentliche Begründer der Jugendstrafgerichtsbarkeit – den Vorschlag gemacht, diese in der Sache begründete Personalunion im Rahmen der damals geltenden Rechtsverfassung auf dem Wege einer Geschäftsverteilung als Vereinigung vormundschaftlicher und strafrichterlicher Aufgaben in der Hand eines Jugendrichters zu realisieren. Die dann folgende Entwicklung dieser Jugendgerichtsbarkeit im engeren Sinne spiegelt zweierlei wider: die sich in der Neuzeit abzeichnende spezifische Behandlung Jugendlicher durch spezielle Gerichtsverfahren und Gerichte, kurz mit dem Stichwort „Jugendgerichtsbewegung" gekennzeichnet; daneben die Entwicklung wissenschaftlicher Einsichten, insbesondere durch die Psychologie, Pädagogik und Soziologie, durch die das Besondere des konflikthaften Jugendverhaltens im Vergleich zum „normalen" kriminellen Verhalten hervorgehoben wurde. Daraus erwuchs eine an der Jugendkriminalität empirisch angelegte Jugendforschung, die auf die heutige Ausgestaltung der Jugendgerichtsbarkeit im Jugendgerichtsgesetz in zweifacher Weise einwirkte: einerseits auf die Rechtsvoraussetzungen, die in der Person des jugendlichen Straftäters liegen, andererseits auf die insgesamt erzieherisch gedachten Rechtsfolgen. Das Jugendgerichtsgesetz ist als der vorläufige Endpunkt in der gesetzlichen Entwicklung dieser Jugendgerichtsbarkeit zu sehen. Weitergeführte Bemühungen um die Erarbeitung eines Jugendstrafvollzugsgesetzes – eine Jugendarrestvollzugsordnung (JAVollzO vom 4. Dezember 1976) existiert bereits – auf Bundesebene wurden in einem „Schlußbericht der Jugendstrafvollzugskommission" der Öffentlichkeit vorgelegt (vgl. BUNDESMINISTER DER JUSTIZ 1980).

Die Ausgliederung der Jugendgerichtsbarkeit – in der Form eines Jugendstrafrechts mit erzieherischer Orientierung – aus dem Erwachsenenstrafrecht, die das derzeitig gültige Jugendgerichtsgesetz vorsieht, wurde wesentlich durch kriminalpolitische Gesichtspunkte bestimmt. LISZT (vgl. 1970, Bd. 1. S. 290 ff.) hatte in seinen „Kriminalpolitischen Aufgaben" die notwendige spezifische Behandlung jugendlicher Straftäter angesprochen, und die Erste Versammlung der Internationalen kriminalistischen Vereinigung 1889 in Brüssel sowie die Zweite Versammlung 1890 in Bern hatten im Anschluß daran zwei Fragen mit großer Folgewirkung für die Rechtspraxis behandelt. Erstens: Mit welchem Alter soll die strafrechtliche Verfolgung jugendlicher Verbrecher beginnen? Zweitens: Ist es notwendig und zweckmäßig, die Behandlung jugendlicher Verbrecher von der Unterscheidung abhängig zu machen, ob sie mit der zur Erkenntnis der Strafbarkeit erforderlichen Einsicht gehandelt haben? § 1, Abs. 2 und § 3 des Jugendgerichtsgesetzes sind ein Niederschlag dieser Diskussion um die absolute oder relative Strafmündigkeit Jugendlicher und um die Rolle der Einsicht in Recht oder Unrecht ihres Tuns. Begleitet von der Feststellung, daß die „Kriminalität der Jugendlichen größer ist als die der Erwachsenen" (v. LISZT 1970, Bd. 2, S. 334), suchte man nach neuen Formen der Jugendbehandlung im Bereich der Strafrechtspflege, mit denen mehr Effizienz aufgrund von mehr Einsicht in die Persönlichkeit des Jugendlichen erreicht werden sollte. Die Entwicklung der Bewertung der Altersgrenzen der Jugendlichen im jeweiligen Verhältnis zur Strafunmündigkeit, zur relativen Strafmündigkeit und zur vollen Strafmündigkeit – auch hier stellt die Regelung des Jugendgerichtsgesetzes mit seiner Altersbestimmung (Jugendliche: von 14–18 Jahren; Heranwachsende: von 18–21 Jahren; § 1, Abs. 1 und 2, § 105, Abs. 1 JGG) eine fortgeschrittene Lösung zur Verfügung – drückt im Laufe der Rechtsgeschichte der Neuzeit die vielfach wechselnden Einstellungen zum Inhalt einer Jugendgerichtsbarkeit aus.

Obwohl es schon im hohen Mittelalter im Sachsenspiegel (1220–1235) vor allem dann aber im ausgehenden Mittelalter in der „Carolina" von 1532, der ersten reichsrechtlichen Kodifikation des deutschen Strafrechts, eigene Regelungen für bestimmte junge Delinquenten gab, beschränkten sich diese auf eine mehr oder minder unsichere Bestimmung der Altersstufe der noch nicht Erwachsenen. Die „Carolina" traf zum Beispiel im Artikel 164 Regelungen für „junge Diebe" unter 14 Jahren. Erst die deutschen Partikulargesetzbücher des 19. Jahrhunderts stellten eindeutige Altersstufen für die verschiedenen Formen der Strafmündigkeit auf: Beginn der Strafmündigkeit mit acht Jahren im Strafgesetzbuch von Bayern (1813), mit zehn und dann zwölf Jahren im Strafgesetzbuch von Sachsen (1868) und schließlich mit 14 Jahren im Reichsstrafgesetzbuch als Nachfolger des Preußischen Strafgesetzbuches (1871). Vorangegangen war allerdings der auf diese gesamte Kodifikation einflußreiche „Code Pénal" Frankreichs von 1810. Mit ihm wurde einerseits die Grenze der vollen Strafmündigkeit auf 16 Jahre festgesetzt, während andererseits der zentrale Begriff des „discernement", der Einsichtsfähigkeit als intellektuellem Unterscheidungsvermögen des Jugendlichen, zum Leitbegriff schlechthin für die Jugendgerichtsbarkeit im europäischen Raume wurde; er wirkt in dieser allein auf ein intellektuelles Kriterium abstellenden Persönlichkeitswertung beim Jugendlichen noch heute im § 828, Abs. 2 des Bürgerlichen Gesetzbuches (BGB) nach, der die Haftung eines Jugendlichen zwischen 7 und 18 Jahren für die Folgen einer schädigenden Handlung allein vom Maß der Einsichtsfähigkeit abhängen läßt (sogenannte Deliktfähigkeit im Recht der unerlaubten Handlungen). Auch hier ist in unserer Rechtstradition für die strafrechtliche Verantwortlichkeit des Jugendlichen die im römischen, im kanonischen und im spätmittelalterlichen italienischen Stadtrecht entwickelte Dolus-Lehre als Vorstufe unserer heutigen Schuldfähigkeit noch einflußreich. Denn diese „doli capacitas" rekurrierte bei Jugendlichen auf drei Gruppen von Rechtsbrechern: die „infantes" bis zum 7. Lebensjahr, die „impuberes" bis zum 14. und die „minores" bis zum 25. Lebensjahr. Für den „Code pénal" von 1810 wurde dann die Strafbarkeit eines Täters unter 16 Jahren davon abhängig gemacht, wiewiet sein intellektuelles Unterscheidungsvermögen – sein „discernement" – von Recht und Unrecht entwickelt sei, ohne daß man eine überhaupt davon ausgehende, das Verhalten leitende und bestimmende Motivation in Betracht zog. Der Einfluß dieses „discernement" als zentrales Kriterium für die Behandlung jugendlicher Rechtsbrecher in bezug auf deren mögliche Strafmündigkeit findet sich dann in den knappen Regelungen zur Jugendgerichtsbarkeit von Preußen 1851, Bayern 1861 und schließlich den §§ 55 bis 57 des Reichsstrafgesetzbuches, das bis zum Erlaß des Jugendgerichtsgesetzes 1923 in Kraft blieb.

Mit dem Erlaß des Jugendgerichtsgesetzes 1923 nahm dann die Jugendgerichtsbarkeit mit einer jugendgemäßen Verfahrensart, mit einer besonderen Struktur von Jugendgericht und Jugendstaatsanwaltschaft, mit dem Einbezug der Jugendgerichtshilfe im § 38 Jugendgerichtsgesetz in das Verfahren, mit der Aufteilung der Rechtsfolgen in Erziehungsmaßregeln, Zuchtmittel und Jugendstrafe, mit der besonderen Regelung für die Heranwachsenden zwischen 18 und 21 Jahren, mit der Persönlichkeitsbestimmung des Jugendlichen und letztlich mit der strafrechtlichen Verantwortlichkeit des Jugendlichen in § 3 des Jugendgerichtsgesetzes die Gestalt an, die heute noch maßgebend die Praxis der Jugendgerichtsbarkeit bestimmt.

Probleme. Da einerseits zur Bekämpfung von Jugendkriminalität 1923 das Jugendgerichtsgesetz geschaffen, andererseits zur Behebung möglicher Jugendverwahrlosung 1922 das Reichsjugendwohlfahrtsgesetz, das heutige Jugendwohlfahrtsgesetz, in Kraft gesetzt wurde, ist es zu einer Zweispurigkeit der Jugendgerichtsbarkeit im engeren (JGG) und im weiteren (JWG) Sinne gekommen. Eine Verklammerung über die beim Jugendamt angesiedelte Jugendgerichtshilfe oder die erstrebte Personalunion von Jugendrichter und Vormundschaftsrichter hat schon darum nicht sehr weit geführt, weil einerseits das Jugendgerichtsgesetz, andererseits das Jugendwohlfahrtsgesetz von völlig verschiedenen Verhaltensauffälligkeiten des Jugendlichen ausgehen: dort die mögliche Straftat im Sinne des Strafgesetzbuches, hier bloße körperliche, seelische oder geistige Gefährdung im Sinne eines Erziehungsnotstandes oder sonstiger sozialer Anpassungsschwierigkeiten beziehungsweise die drohende „Verwahrlosung". Je mehr sich gerade durch die Jugendforschung die Kenntnis über die Verhaltensprobleme des Jugendlichen vertieft, um so mehr wird von daher auch die künftige Entwicklung der Jugendgerichtsbarkeit beeinflußt werden. Vor allem wird sich die Jugendgerichtsbarkeit stets an Alternativen wie „Erziehen oder Strafen", „Helfen oder Strafen" messen müssen, um zur „Entkriminalisierung" der jugendlichen Täter beizutragen.

Böhm, A.: Einführung in das Jugendstrafrecht, München 1977. Brunner, R.: Jugendgerichtsgesetz (Kommentar), Berlin/New York [4]1975. Bundesminister der Justiz (Hg.): Schlußbericht der Jugendstrafvollzugskommission, Bonn 1980. Kaiser, G.: Möglichkeiten der Entkriminalisierung nach dem Jugendgerichtsgesetz im Vergleich zum Ausland. In: R. d. J. u. d. Bwes. 28 (1980), S. 266 ff. Köhne, H.: Das Strafverfahren gegen Jugendliche. In: Aschrott, F. (Hg.): Reform des Strafverfahrens, Leipzig 1906, S. 623 ff. Liszt, F. v.: Strafrechtliche Vorträge und Aufsätze. 2 Bde., Berlin 1905; fotomechanischer Nachdruck Berlin 1970. SCHAFFSTEIN, F. (Hg.): Wege und Aufgaben des Jugendstrafrechts, Darmstadt 1968. SCHAFFSTEIN, F.: Jugendstrafrecht. Stuttgart/Berlin/Köln/Mainz 1975. SIMONSOHN, B. (Hg.): Jugendkriminalität, Strafjustiz und Sozialpädagogik, Frankfurt/M. ⁵1975.

Josef M. Häußling

Jugendgerichtshilfe

Jugendliche (14 bis 18 Jahre) und Heranwachsende (18 bis 21 Jahre), bei denen die „Gesamtwürdigung der Persönlichkeit des Täters bei Berücksichtigung auch der Umweltbedingungen ergibt, daß er z. Zt. der Tat nach seiner sittlichen und geistigen Entwicklung noch einem Jugendlichen gleichstand oder es sich nach der Art, den Umständen oder den Beweggründen der Tat um eine Jugendverfehlung handelt" (§ 105 Jugendgerichtsgesetz), werden nicht nach dem Erwachsenenstrafrecht, sondern nach dem Jugendgerichtsgesetz (JGG) behandelt, um durch spezialpräventive und erzieherische Hilfen den Entwicklungsproblemen junger Menschen gerecht werden zu können.

Jugendgerichtshilfe, die von den Jugendämtern im Zusammenwirken mit den Vereinigungen für Jugendhilfe wahrgenommen wird, kommt in den Jugendstrafverfahren die besondere sozialpädagogische Aufgabe zu, die sozialen und erzieherischen Gesichtspunkte im Verfahren vor den Jugendgerichten zur Geltung zu bringen. Die Vertreter der Jugendgerichtshilfe „unterstützen zu diesem Zweck die beteiligten Behörden durch Erforschung der Persönlichkeit, der Entwicklung und der Umwelt des Beschuldigten und äußern sich zu den Maßnahmen, die zu ergreifen sind. Soweit nicht ein Bewährungshelfer dazu berufen ist, wachen sie darüber, daß der Jugendliche Weisungen und besonderen Pflichten nachkommt. Erhebliche Zuwiderhandlungen teilen sie dem Richter mit. Während der Bewährungszeit arbeiten sie eng mit dem Bewährungshelfer

zusammen. Während des Vollzugs bleiben sie mit dem Jugendlichen in Verbindung und nehmen sich seiner Wiedereingliederung in die Gemeinschaft an" (§ 38 JGG). Die Jugendgerichtshilfe als Hilfsorgan des Jugendgerichtes ist demnach einerseits verpflichtet, an der Ermittlung von Tatbeständen mitzuwirken, an der Hauptverhandlung teilzunehmen, angeordnete Maßnahmen zu überwachen und Vollzugshilfe zu leisten. Andererseits soll sie für die Jugendlichen und Heranwachsenden erzieherische und soziale Hilfe leisten, sofern dies erforderlich und geboten erscheint. Bei der Wahrnehmung der Jugendgerichtshilfe ergibt sich daher ein grundsätzliches Problem und eine organisatorisch-strukturelle Schwierigkeit.

Grundsatzproblem. Jugendgerichtshilfe hat neben sozialpädagogischen Aufgaben auch Kontrollfunktionen für die Gerichte zu übernehmen und Vorschläge für Art und Umfang der strafrechtlichen Reaktionen zu entwickeln. Die ambivalente Rolle des Jugendgerichtshelfers – er ist weder Instanz der Strafverfolgung noch Verteidiger des Klienten – kann zu Belastungen in der Beziehung zu den betroffenen Jugendlichen führen. Dieses Dilemma verweist auf die Spannung des Verhältnisses zwischen Jugendgerichtsbarkeit und Jugendamt. So haben Jugendhilfe und Jugendstrafe – auch wenn das Jugendgerichtsgesetz wesentlich als Erziehungsstrafrecht verstanden werden soll – unterschiedliche Funktionen. Während das Jugendamt den Erziehungsgedanken hervorhebt, müssen die Jugendrichter mit der Zwiespältigkeit eines Jugendgerichtsgesetzes umgehen, das eben nur teilweise pädagogisch, zu einem guten Teil aber auch noch tat- und sühneorientiert ist. Diese Problematik wird dadurch belegt, daß die „Kriterien für die strafrechtliche Behandlung von Jugendlichen innerhalb des Bundesgebietes sehr unterschiedlich gehandhabt werden. So werden beispielsweise bei gleicher Zahl und Art der ermittelten Straftaten in Baden-Württemberg mehr als doppelt so viele Jugendliche zur Jugendstrafe verurteilt wie in Hamburg" (BUNDESMINISTER FÜR JUGEND, FAMILIE UND GESUNDHEIT 1972, S. 66).

Organisatorisch-strukturelle Schwierigkeit. Die über die Beteiligung am Jugendgerichtsverfahren hinausgehende sozialpädagogische Aufgabe der Beratung und der Hilfe bei der sozialen Reintegration straffällig gewordener Jugendlicher durch das Jugendamt tritt in der Praxis der Jugendgerichtshilfe neben den eher gerichtsbezogenen Tätigkeiten stark in den Hintergrund. Eine der Ursachen dafür liegt in der in den Jugendämtern noch häufig zu beobachtenden Arbeitsteilung zwischen Innen- und Außendienst. So ist es in zahlreichen Jugendämtern üblich, den Mitarbeiter eines sozialen Dienstes mit der Erstellung des Jugendgerichtshilfeberichtes zu beauftragen, der von einem

anderen Mitarbeiter des gleichen Amtes vor Gericht vorgetragen wird. Die notwendige nachgehende Betreuung übernimmt wiederum – wenn überhaupt – ein anderer Sozialarbeiter (vgl. KOMMUNALE GEMEINSCHAFTSSTELLE ... 1976, S. 13). Bei einer solchen Arbeitsteilung – auch der zwischen Jugendamt und freien Vereinigungen – kann die Jugendgerichtshilfe nur schwer den Jugendlichen dadurch unterstützen, daß sie seine gesamte Entwicklungssituation in das Strafverfahren einbringt und sie dem mit dem sozialen Umfeld des Jugendlichen weniger vertrauten Richter verdeutlicht. Aus diesen Gründen setzt sich zunehmend in den Jugendämtern die Einrichtung eines besonderen Sozialdienstes „Jugendgerichtshilfe" durch, wobei die Sozialarbeiter dieses Arbeitsschwerpunktes die Persönlichkeit, Entwicklung und Umwelt des Jugendlichen oder Heranwachsenden zu erforschen, eine psychosoziale Diagnose zu erstellen, dem Gericht zu berichten, an den Gerichtsverhandlungen teilzunehmen und die Gerichte zu beraten haben. Sie sollen darüber hinaus engen Kontakt zu den jungen Menschen und ihren Familien halten und nach Abschluß des Strafverfahrens Eingliederungshilfen leisten (vgl. KOMMUNALE GEMEINSCHAFTSSTELLE ... 1976, S. 8).

BUNDESMINISTERIUM FÜR JUGEND, FAMILIE UND GESUNDHEIT (Hg.): Bericht der Bundesregierung über Bestrebungen und Leistungen der Jugendhilfe (Dritter Jugendbericht). Bundestagsdrucksache VI/3170, Bonn-Bad Godesberg 1972. KOMMUNALE GEMEINSCHAFTSSTELLE FÜR VERWALTUNGSVEREINFACHUNG: Organisation des Jugendamtes (Jugendrechtshilfe). Bericht Nr. 9, Köln 1976. SCHAFFSTEIN, F.: Jugendstrafrecht, Stuttgart/Berlin/Köln/Mainz 1975.

Dieter Sengling

Jugendhilfe

Ursprünge. Jugendhilfe als Erziehungsinstanz entwickelte sich im Hinblick auf ihre Inhalte, Strukturen und Trägerschaften aus jeweils epochalen gesellschaftlichen Bedürfnissen und aktuellen Problemlagen. Dabei reagierte Jugendhilfe schon in ihren Ursprüngen vorrangig auf Notstände, das heißt auf Gefährdungen einzelner und benachteiligter Gruppen. Das Armenwesen und die Initiativen der Wohltätigkeitsvereine im vergangenen Jahrhundert belegen dies: Als Antwort auf die von der frühen Industrialisierung hervorgerufenen Sozialprobleme entstanden private und religiöse Kinder- und Jugendfürsorgeorganisationen (Rettungshausbewegung, Armen- und Mädchenschulen, Kinderschutzkommissionen, Armenpflege, Jünglingsvereine, Kleinkinderfürsorge). Bedingt also durch ökonomische Zwänge, politische Interessen (Arbeitsmarkt-, Bevölkerungs-, Bildungs- und Sozialpolitik) und geistige Strömungen (Pietismus, Aufklärung, Neuhumanismus, Deutscher Idealismus, Pädagogische Bewegung), stellt sich Jugendhilfe heute durch eine Vielzahl sehr unterschiedlicher Einrichtungen und Dienste dar, deren Inhalte in einen systematischen Zusammenhang zu bringen Schwierigkeiten bereitet.

Praxis der Jugendhilfe. Neben Erziehungsangeboten, die wesentlich auf dem Prinzip der Freiwilligkeit der Teilnehmer beruhen (Kindergärten, Jugendarbeit, Ferienfreizeiten), gibt es Bereiche, die stärker durch ihre Nähe zu Instanzen der sozialen Kontrolle (Polizei, Gerichte) bestimmt werden. Neben den Einrichtungen, die nahezu umfassend die gesamte Lebenssituation von Kindern und Jugendlichen organisieren (Heime), stehen ambulante und offene Angebote zur Verfügung, die entweder regelmäßig (Tagesstätten) oder auch in vielen Fällen teilzeitweise (Jugendfreizeitstätten, Beratungsdienste) in Anspruch genommen werden. So gibt es Einrichtungen, die sich prinzipiell an alle Kinder und Jugendlichen oder an deren Erziehungsberechtigte wenden (wie Beratung, Spiel- und Sportplätze, Freizeit- und Bildungsstätten), andere wiederum richten ihre Leistungen aufgrund vorausgehender Diagnosen an jeweils im Einzelfall orientierten Problemlagen aus (therapeutische Einrichtungen). Neben Leistungen, die die Familienerzie-

hung unterstützen, flankieren andere die sekundären Erziehungs- und Bildungsbereiche Schule und Berufsausbildung (Elternberatung, Hort, Schülerwohnheime, Jugendberufshilfe, Ausbildungsförderung, berufsbezogene Bildungsarbeit). Ein Teil der Hilfeleistungen richtet sich direkt an Kinder und Jugendliche, andere sollen Erziehungspersonen bei ihren Aufgaben unterstützen oder auch diese kontrollieren (Jugendschutz, Pflegekinderwesen). Gezielte Aufgaben werden ausschließlich oder überwiegend von dafür ausgebildetem Personal übernommen, andere Handlungsfelder sind eher geprägt durch die Arbeit von Laienhelfern. Schließlich gehört zur Jugendhilfe die Aufgabe, die Situation von Kindern und Jugendlichen durch Planung der sozialen Infrastruktur zu verbessern.

Das Bild wird noch verwirrender, wenn neben den vielfältigen Angebotsformen die außerordentlich heterogene Struktur der Organisation und Verwaltung von Jugendhilfe in die Betrachtung einbezogen wird. So gibt es leistungsstarke Jugendämter und daneben das kleine Landkreisjugendamt, das kaum seinen gesetzlichen Pflichtaufgaben nachzukommen vermag. Öffentliche Träger teilen sich die Aufgaben der Jugendhilfe mit freien Vereinigungen.

Probleme der Jugendhilfe. Aus der Heterogenität der Jugendhilfepraxis lassen sich inhaltliche und strukturelle Mängellagen ableiten:
Die rechtlichen Grundlagen der Jugendhilfe im Jugendwohlfahrtsgesetz (JWG), geschichtlich geprägt durch Vorstellungen obrigkeitsstaatlicher Eingriffsverwaltung, haben sich vorrangig aus aktuellen gesellschaftlichen Notlagen heraus entwickelt. Dabei werden durch unbestimmte Rechtsvorschriften beratende und unterstützende sowie jugendpflegerische Aufgaben vernachlässigt.
Die reagierenden und teilweise eingreifenden Interventionen bei sozialer Auf-

fälligkeit überwiegen, während Beratungs- und Unterstützungsangebote nicht ausreichend oder nur zögernd ausgebaut werden. Darauf hinzuweisen ist, daß noch immer 50 bis 60 % des Jugendhilfehaushaltes allein für die Unterbringung von Kindern außerhalb der eigenen Familie verwandt werden, ein Hinweis auf eine nur reagierende Jugendhilfe. Für Aufgaben der Beratung stehen 3 %, für Freizeithilfen oder Angebote der außerschulischen Jugendarbeit nur 7 % eines Jugendhilfehaushaltes zur Verfügung.

Durch den weitgehend am Einzelfall orientierten Arbeitsansatz der herkömmlichen Jugendhilfe bleiben die Ursachen der Erziehungsdefizite, die außerhalb des einzelnen und seiner Familie liegen und die für das ständige „Nachrücken" neuer Klienten sorgen, unproblematisiert. Zu hohe Fallzahlen behördlicher Sozialarbeit erschweren eine methodisch ausgerichtete Jugendhilfe oder schließen einen pädagogischen Ansatz ganz aus.

Die traditionell reaktiv und kompensatorisch angelegte Jugendhilfe hat kaum Möglichkeiten der verändernden Einflußnahme auf gesellschaftliche Bereiche und Erziehungsfelder, in denen Sozialisationsschäden entstehen oder sich verfestigen. Dies gilt mit Blick auf die Familie ebenso wie in bezug auf Schule und Betrieb.

Öffentliche Träger der Jugendhilfe verfügen – trotz der ihnen zugewiesenen Gesamtverantwortung – weder über ausreichende Daten und Informationen zur Struktur sozialer Problemlagen noch über solche zum öffentlichen und privaten Interventionssystem. Prognostische Systeme und Planungsprozesse sind kaum entwickelt, eine Gesamtplanung der Jugendhilfeleistungen von Bund, Ländern und Kommunen fehlt. Daraus folgt, daß knappe Mittel nicht wirksam eingesetzt werden können.

Diese Problemskizze markiert ein Dilemma: *Gegenwärtiger Jugendhilfe werden unterschiedliche Aufgaben und Erziehungsfelder zugeordnet, wobei für diese Zuordnung eine erziehungs- und sozialwissenschaftliche Begründung fehlt.* Diese Verlegenheit spiegelt sich in Definitionsversuchen:

„Der Begriff Jugendhilfe umfaßt eine Vielzahl von Einrichtungen, Maßnahmen, Aktivitäten, gesetzlichen Regelungen und Bestrebungen innerhalb des Erziehungssystems, die zwar nicht ohne weiteres auf einen gemeinsamen Nenner zu bringen, aber doch sämtlich der gesellschaftlichen Einordnung und Aktivierung der jungen Generation dienen" (BUNDESMINISTER FÜR FAMILIE UND JUGEND 1968, S. 8).

„Jugendhilfe umfaßt eine Vielzahl von Maßnahmen und Einrichtungen. Sie trägt dazu bei, dem Erziehungsanspruch des jungen Menschen, der durch Elternhaus, Schule und Berufsausbildung allein häufig nicht erfüllt werden kann, gerecht zu werden. Jugendhilfe gehört mit ihren verschiedenen Aufgaben sowohl zur gesellschaftlichen Daseinsvorsorge als auch zum Bildungswesen" (BUNDESMINISTER FÜR JUGEND, FAMILIE UND GESUNDHEIT 1974, S. 68).

Neuere Entwicklungen. In der zweiten Hälfte der 60er Jahre setzte ein Neuorientierungsprozeß der Jugendhilfe ein, der zu erweiterten theoretischen Fragestellungen und auch zu Neuansätzen in der Praxis führte. Die traditionellen normativ ausgerichteten Ansätze der Jugendhilfe erfuhren eine erste Relativierung durch eine stärkere Ausrichtung an den Methoden der Sozialarbeit (casework, group-work, community development). Hilfe wurde nicht mehr als eine „Urkategorie menschlichen Handelns", sondern als eine dem historischen Wandel unterworfene Problemlösungsstrategie verstanden. Die mit dieser Neuorientierung der Jugendhilfe verbundenen Konsequenzen (wie der Ausbau therapeutisch offener Hilfen: Erziehungsberatung; therapeutisch-pädagogische

Ausrichtung von Einrichtungen: heilpädagogisches Heim) bedeuteten jedoch nicht, daß damit das Zielprogramm herkömmlicher Jugendhilfe verlassen wurde. Im Zusammenhang mit einem zunehmenden Interesse der Sozialwissenschaften an Problemen der Jugendhilfe wuchs daher die Kritik, gesellschaftliche Widersprüche seien in die Praxis nicht ausreichend einbezogen worden. Vier Aspekte wurden für die Weiterentwicklung der Jugendhilfe bedeutungsvoll:

- Schichtenspezifische Auffälligkeit oder abweichendes Verhalten heißt, daß die Klientel der Jugendhilfe vorrangig aus den Gruppen der Bevölkerung kommt, die den materiellen Benachteiligungen am härtesten ausgeliefert sind. Diese Benachteiligungen verstärken sich durch Mängel in der sozialen Infrastruktur, von denen diese Bevölkerungsgruppe ebenfalls besonders betroffen ist.
- Die Erziehungsziele und Eingriffskriterien der Jugendhilfe sind abhängig von gesellschaftlichen Grundverhältnissen, das heißt von den politischen Zielen, Anschauungen und gesellschaftlichen Werturteilen, also einer ständigen Veränderung unterworfen.
- Jugendhilfeinstitutionen können durch Stigmatisierung und durch die Zuschreibung negativer Merkmale zur Verstärkung dissozialer und delinquenter Rollen beitragen. Sie begünstigen also Prozesse, die die Handlungsspielräume der Jugendlichen einengen.
- Die Ziele der Träger und Institutionen der Jugendhilfe laufen Gefahr – bedingt durch Eigeninteressen, weltanschauliche Orientierungen und/ oder bürokratische Organisationsprinzipien –, sich zu verselbständigen, was den Anspruch auf Interessenvertretung der Betroffenen entscheidend einschränkt.

Schließlich entfaltete die außerparlamentarische Protestbewegung eine starke Politisierung der Jugendhilfe, die ihren Ausdruck in Formen antikapitalistischer Jugendarbeit, in der Jugendzentrumsbewegung und in den selbstorganisierten Wohnkollektiven fand.

Die skizzierten Ansätze einer methodenorientierten, sozialwissenschaftlich kritischen und politisierten Jugendhilfe führten zu einem veränderten Selbstverständnis: Jugendhilfe wird definiert als ein „von der Gesellschaft bereitzustellendes System von direkten, indirekten politischen Leistungen, das der Verbesserung der Entwicklungschancen von Kindern und Jugendlichen wie auch der Entfaltung ihrer sozialen, humanen und solidarischen Verhaltensweise dienen soll. Dies soll geschehen sowohl durch pädagogisch unterstützende Angebote als auch durch solche, die Ungleichheiten und Benachteiligungen verringern sowie Entwicklungsdefizite beheben. Dieser Anspruch an Ziel und Aufgabe der Jugendhilfe schließt neben pädagogischen, beratenden, aktivierenden und therapeutischen Leistungen die Feststellung und Analyse der strukturell verursachten Defizite und deren Rückmeldung an Politik und Planung ein. Damit verbunden ist die Erarbeitung und Durchsetzung korrigierender Alternativen ebenso wie die direkte interessenpolitische Vertretung der betroffenen Gruppen [. . .] vor allem auch in kommunalpolitischen Prozessen der Sozialplanung" (JORDAN/SENGLING 1977, S. 15).

Dieser Ansatz einer kritisch-emanzipatorischen Jugendhilfe ist in die zu Beginn der 70er Jahre neubelebte Diskussion über Gesetzesreformen eingegangen. Die Bundesregierung hat nach einer mehrjährigen Vorbereitungszeit den Entwurf eines Sozialgesetzbuches – Jugendhilfe – (vom 8. 11. 1978) eingebracht, der den Anspruch erhebt, Jugendhilfe verstärkt zum selbständigen Erziehungsfaktor neben Elternhaus, Schule und Beruf auszugestalten, die Rechtsstellung von Kindern und Jugendlichen zu verbessern sowie den

Menschen Mitsprache-, Mitwirkungs- und Mitbestimmungsrechte einzuräumen, Schwerpunkte im System der Jugendhilfe von der Fürsorge in den Erziehungs- und Bildungsbereich zu verlagern, Rechtsansprüche auf angemessene individuelle Erziehungshilfen zu begründen und zu konkretisieren, freie Jugendarbeit gleichberechtigt abzusichern und zu qualifizieren sowie zwischen öffentlichen und freien Trägern der Jugendhilfe ein partnerschaftliches Zusammenwirken zu gewährleisten.

BUNDESMINISTER FÜR FAMILIE UND JUGEND (Hg.): Zweiter Bericht über die Lage der Jugend und die Bestrebungen auf dem Gebiet der Jugendhilfe. Jugendbericht. Bundestagsdrucksache V/2453, Bad Godesberg 1968. BUNDESMINISTER FÜR JUGEND, FAMILIE UND GESUNDHEIT (Hg.): Mehr Chancen für die Jugend. Zu Inhalt und Begriff einer offensiven Jugendhilfe, Stuttgart 1974. DEUTSCHER BILDUNGSRAT (Hg.): Strukturplan für das Bildungswesen. Empfehlungen der Bildungskommission, Stuttgart 1970. HOTTELET, H. u. a.: Offensive Jugendhilfe, Stuttgart 1978. JORDAN, E./SENGLING, D.: Einführung in die Jugendhilfe, München 1977.

Dieter Sengling

Jugendkriminalität

Ausmaß und Entwicklung der Jugendkriminalität. Die Jugendkriminalität oder Jugendstraffälligkeit zählt seit langem zu den international bevorzugten Fragen in Forschung und Kriminalpolitik. Die „Jugendkriminalität von heute" ist bekanntlich als „Erwachsenenkriminalität von morgen" bedeutsam. Außerdem ist in der Nachkriegszeit die Jugendkriminalität in beachtlichem Umfang angewachsen. Ausweislich der Polizeilichen Kriminalstatistik des Jahres 1977 ermittelte die Polizei insgesamt 1 252 885 Tatverdächtige, wobei der Anteil der Kinder 7,2 %, derjenige der Jugendlichen 15 % und jener der Heranwachsenden 12,9 % betrug (vgl. BUNDESKRIMINALAMT 1977, S. 27). Über ein Viertel aller tatverdächtigen Personen stammte daher aus der Altersgruppe der 14- bis 20jährigen, obwohl sich deren Anteil an der Gesamtbevölkerung auf einen wesentlich geringeren Prozentsatz beläuft. Berücksichtigt man, daß die vergleichbare Quote 1954 nur 14,9 % betrug, so wird deutlich, in welch erheblichem Umfang junge Menschen heute an der Kriminalität beteiligt sind. Die geschilderte Entwicklung der Jugendkriminalität wird auch durch die Rechtspflegestatistik bestätigt, obwohl diese, anders als die Polizeistatistik, die Verkehrsdelikte miterfaßt. Welche Bedeutung der aus der Rechtspflegestatistik ersichtlichen Anzahl der Verurteilungen jugendlicher Rechtsbrecher zukommt, wird allerdings erst dann deutlich, wenn man weiß, wie groß der Anteil derer ist, die schon einmal gerichtlich sanktioniert worden sind. Betrachtet man zu diesem Zweck die Verurteiltenziffern der männlichen Jugendlichen und Heranwachsenden, stellt man fest, daß 1976 immerhin 1,7 % der Jugendlichen und 3,5 % der Heranwachsenden rechtskräftig verurteilt wurden (vgl. STATISTISCHES BUNDESAMT 1978, S. 14, S. 44). Die Anzahl der männlichen Jungerwachsenen (21- bis 24jährigen) ist erfahrungsgemäß jener der Heranwachsenden ähnlich. Legt man noch die jährlichen Zuwachsraten an erstmals straffälligen jungen Menschen zugrunde, so ist nach begründeten Schätzungen am Ende des 24. Lebensjahres bereits ein Drittel der männlichen Gesamtbevölkerung schon einmal wegen eines Verbrechens oder Vergehens gerichtlich verurteilt worden, von den gleichaltrigen Frauen allerdings nur 4 %. Dabei muß man beachten, daß diese Zahlen sich nur auf die registrierte Kriminalität beziehen. Die nicht entdeckten oder nicht zur Anzeige gebrachten Straftaten bleiben dabei unberücksichtigt. Mit diesen ist die sogenannte Dunkelfeldforschung (vgl. KAISER 1978, S. 18 ff.). befaßt. Nach deren Befunden übersteigt das erfragte Ausmaß der Kriminalität die registrierten Straftaten der jungen Altersgruppen erheblich. Man darf daher annehmen, daß im Bereich der Bagatellkriminalität nahezu jeder Jugendliche irgendwann einmal straffällig geworden ist, was die These stützt, Jugendkriminalität sei ubiquitär und „normal". Die nähere Analyse der erfragten Straffälligkeit ergibt jedoch, daß mehrfache und schwere Deliktsbegehung auch bei den nicht registrierten Jugendlichen nur selten vorkommt. Einzelne und leichte Delikte werden somit zwar häufig, wiederholte, hartnäckige und schwere Rechtsbrüche hingegen seltener oder nur von verhältnismäßig wenigen Tätern begangen. Das weitgehend Flüchtige und Episodenhafte der Rechtsbrüche im Jugendalter hellt also das bedrohlich-düstere Bild der zeitgenössischen Kriminalität wieder auf und nimmt ihm viel von dem Beunruhigenden.

Erscheinungsformen der Jugendkriminalität. Hinsichtlich der Erscheinungsformen registrierter Jugendkriminalität zeigt sich, daß bei Jugendlichen seit langem Diebstahlsdelikte vorherrschen, während bei den Heranwachsenden und Jungerwachsenen Verkehrsdelikte überwiegen. Dabei hat sich bis Mitte der 60er Jahre der Anteil der Eigentums- und Vermögensdelikte an der Gesamtkriminalität nur wenig verändert. Erst Ende der 70er Jahre machen diese rund 60 % der registrierten Jugendkriminalität aus. Der Anteil der Verkehrsdelinquenz beläuft sich bei den Jugendlichen nach einem sprunghaften Anstieg auf ungefähr 30 % zu Beginn der 60er Jahre mittlerweile auf nur noch etwa 20 %, bei den Heranwachsenden und Jungerwachsenen dagegen auf knapp 50 %

(vgl. KAISER 1978, S. 92). Obwohl damit die Eigentums- und Verkehrsstraftaten zahlenmäßig den größten Teil der registrierten Jugendkriminalität ausmachen, weisen Raub und Erpressung, Körperverletzung, Hausfriedensbruch, Vergewaltigung, Sachbeschädigung und vor allem Drogendelikte die höchsten Zuwachsraten auf. Fragt man, welche Delikte als jugendspezifisch gelten, da sie von Jugendlichen wesentlich häufiger begangen werden als von Erwachsenen, so sind dies neben den genannten Straftaten mit den höchsten Zuwachsraten vor allem Brandstiftung und Hehlerei. Straftaten Jugendlicher äußern sich darüber hinaus mehr als Gewaltkriminalität, verglichen mit denen der Erwachsenen. Dies gilt allerdings nicht für weibliche Jugendliche und Heranwachsende, die nur mit einem geringen Anteil an der Gesamtkriminalität beteiligt sind und deren Straffälligkeit vor allem aus einfachem Diebstahl besteht. Als weitere Besonderheit ist festzustellen, daß Minderjährige Gewaltdelikte wie schwere Straftaten ganz allgemein eher in Gruppen begehen als allein.

Neben dem Rockertum sind in neuerer Zeit zunehmend „wandalistische" Handlungen zu beobachten, die sich vor allem in gemeinschaftlicher Sachbeschädigung, vorsätzlicher Transportgefährdung und Brandstiftung äußern. Autos, Schulen, Parkanlagen, Telefonzellen sowie die Eisenbahn sind bevorzugte Objekte dieser Angriffe, die vorwiegend von jüngeren Halbwüchsigen und Kindern begangen werden. Die Schadenssummen solcher Aggressionshandlungen gehen in die Millionen. Bedenklicher noch erscheint die Entwicklung der Drogendelinquenz. Bei ihr ist neben einem starken Anstieg auch eine Verlagerung der ermittelten Täter auf jüngere Altersgruppen und eine relativ hohe Beteiligung weiblicher Jugendlicher festzustellen.

Besondere Aufmerksamkeit verdient darüber hinaus – hierzulande eine neuartige Erscheinung – die kriminelle Belastung der *zweiten* Gastarbeitergeneration, nämlich der Kinder von Gastarbeitern, die in der Bundesrepublik aufgewachsen sind. Nach neueren Untersuchungen (vgl. ALBRECHT/PFEIFFER 1979, S. 25 ff., S. 52 f.; vgl. GEBAUER 1981, S. 2 ff.) konnte anhand der Daten der Polizeilichen Kriminalstatistik einiger Großstädte in der Bundesrepublik festgestellt werden, daß unter den 14- bis 21jährigen die ausländischen Jugendlichen (14- bis 18jährigen) nicht nur höhere Steigerungsraten, sondern auch ein absolutes Höchstmaß an Kriminalitätsbelastung aufweisen. Vor allem Straftaten gegen die sexuelle Selbstbestimmung sowie einfacher Diebstahl werden von den jugendlichen Ausländern im Vergleich zur deutschen Vergleichspopulation sehr häufig begangen. Verletzungen der sexuellen Selbstbestimmung und Roheitsdelikte weisen bei den ausländischen Heranwachsenden sogar die höchste Belastung auf.

Ansätze zur Erklärung der Jugendkriminalität. Fragt man danach, wie sich die Jugendkriminalität und ihr Anstieg in der Nachkriegszeit erklären lassen, so muß man zunächst festhalten, daß es eine allgemeingültige Erklärung, die alle Rechtsbrüche Jugendlicher unabhängig von Zeit und Raum aussagekräftig darzustellen vermag, nicht gibt. Deshalb haben sich sogenannte kriminologische „Weltformeln", welche die Jugendkriminalität kurzschlüssig auf eine Ursache zurückführen wollen (wie die Entwicklungsbeschleunigung, die frühkindliche Hirnschädigung, die unvollständige Familie, die Abnahme der Kindersterblichkeit oder die Wohlstandsgesellschaft), als zu undifferenziert, alltagstheoretisch und damit als unbrauchbar erwiesen. Gleichwohl treffen derartige Annahmen mitunter einen richtigen Kern, insbesondere soweit sie auf den sozialen Wandel hinweisen, den unsere Gesellschaft in den letzten Jahrzehnten

erfahren hat und der zur Erklärung der Jugendkriminalität als Massenerscheinung mit heranzuziehen ist. Zu denken ist hier an die Annahme des veränderten Verhaltens der Kindesmutter durch fehlende emotionale Zuwendung und abnehmende Kommunikationsdichte zwischen Bezugsperson und Kind, an einen inkonsistenten Erziehungsstil der Eltern, ferner an die zunehmende Mobilität, Urbanisierung und Anonymität des Lebens sowie damit zusammenhängend an den Abbau oder Zusammenbruch der sogenannten informellen Sozialkontrolle und schließlich an Jugendarbeitslosigkeit und wirtschaftliche Krise. Entsprechend der Grundannahme, daß sich Kriminelle von Nichtkriminellen nach Persönlichkeitsdimensionen und Sozialprofil unterscheiden, werden die Rechtsbrüche Jugendlicher herkömmlich gern nach dem Mehrfaktorenansatz gedeutet oder neuerdings zunehmend sozialisationstheoretisch zu interpretieren versucht (vgl. KAISER 1980, S. 356 ff.). Gravierende Sozialisationsmängel in den Bereichen der Persönlichkeit wie auch der familiären Umwelt sowie in Schule, Beruf und Freizeit erklären danach die über die situative Entgleisung hinausgreifende Mehrfachtäterschaft junger Rechtsbrecher. Was die situationsbezogene Erklärung betrifft, so gibt es eine Vielzahl von Ansätzen und Theorien, die hierfür herangezogen werden. Zu denken ist in erster Linie an die Theorie der unterschiedlichen Kontakte und die „Anomietheorie", den „labeling approach" und die konfliktkriminologische Betrachtungsweise (vgl. KAISER 1980, S. 126, S. 129 f., S. 133, S. 164). Die Kulturkonflikttheorie zur Erklärung der hohen Kriminalitätsbelastung der zweiten Gastarbeitergeneration heranzuziehen ist allerdings nicht erforderlich. Denn: Daß Kinder ausländischer Arbeitnehmer eine höhere Kriminalitätsrate aufweisen, heißt noch nicht, daß hierfür ein Kulturkonflikt verantwortlich ist. Es liegt vielmehr nahe, den

Grund dafür in der sozialen Umwelt der Kinder und Jugendlichen zu suchen, die insbesondere durch Sprachschwierigkeiten und mangelnde Stützung durch die Majoritätsgruppe in ihren Bildungschancen benachteiligt werden und nach ihrem Sozialprofil überwiegend der Unterschicht zugerechnet werden müssen.

Überlegungen zur Erneuerung des Jugendrechts. Wie immer man die Aussagekraft der genannten Theorien einschätzt, wird man den Erkenntnisanspruch, das starke Potential zur Humanisierung und Mitverantwortung der Gesellschaft, nicht übersehen dürfen. Damit stellt sich die Frage, was richtigerweise zu tun sei. Läßt sich unter dem Gesichtspunkt der Generalprävention auch kaum der Nachweis führen, daß das gegenwärtige Jugendrecht versagt habe, so ist es doch keinesfalls zweifelhaft, daß die Einrichtungen unseres Systems der Jugendkontrolle vielfältige und schwerwiegende Mängel aufweisen. Diese Meinung ist so einhellig, daß die Notwendigkeit einer Erneuerung des gesamten Jugendrechts nirgendwo bestritten wird. Um so unterschiedlicher sind allerdings die Auffassungen darüber, welchen Weg die Reform gehen soll. In der internationalen Diskussion wurden vor allem Postulate nach Entkriminalisierung, Entpönalisierung und Entinstitutionalisierung laut, die gelegentlich unter Berufung auf die Wirkungslosigkeit des gegenwärtigen Reaktionssystems gar in der Forderung nach radikaler Nichtintervention gipfelten. In diesen Zusammenhang fügen sich auch Neuerungen der „Bewährung in Freiheit" wie „community treatment" und „community service" aus dem angloamerikanischen Raum. Weitgehende Einigkeit besteht hierzulande darüber, daß ein Mehr an Sozialisationsangeboten und -hilfen im Bereich der stationären Maßnahmen wie auch der Bewährungshilfe erforderlich ist. Nach dem gegenwärtigen Stand der Reformbemühungen, die in den 70er Jahren im Diskussionsentwurf eines Jugendhilfegesetzes von 1973 sowie den Referentenentwürfen eines Jugendhilfegesetzes von 1974 und 1977 ihren Niederschlag gefunden haben, steht allerdings am Ende der gegenwärtigen Beratungen die „systemimmanente" Reform. Zu denken ist dabei an eine Umgestaltung des Katalogs der Erziehungshilfen, insbesondere an die Anordnung, an einem Übungs- und Erfahrungskurs teilzunehmen, an eine psychosoziale Diagnose durch Fachkräfte sowie ferner an Auswahl und Ausführung der Erziehungshilfen durch den Träger der Jugendhilfe, wenn das Jugendgericht eine solche Möglichkeit vorsieht.

ALBRECHT, P.-A./PFEIFFER, CH.: Die Kriminalisierung jugendlicher Ausländer. Befunde und Reaktionen sozialer Kontrollinstanzen, München 1979. BUNDESKRIMINALAMT: Polizeiliche Kriminalstatistik, Wiesbaden 1977. BUNDESMINISTER FÜR JUGEND, FAMILIE UND GESUNDHEIT (Hg.): Diskussionsentwurf eines Jugendhilfegesetzes, Karlsruhe 1973. BUNDESMINISTER FÜR JUGEND, FAMILIE UND GESUNDHEIT: Referentenentwurf eines Jugendhilfegesetzes, Bonn 1974. BUNDESMINISTERIUM FÜR JUGEND, FAMILIE UND GESUNDHEIT: Referenten-Entwurf eines Jugendhilfegesetzes, Bonn 1977. GEBAUER, M.: Kriminalität der Gastarbeiterkinder. In: Kriminalistik 35 (1981), S. 2 ff. HELLMER, J.: Jugendkriminalität, Neuwied/Berlin ⁴1978. KAISER, G.: Jugendkriminalität, Weinheim/Basel ²1978. KAISER, G.: Kriminologie, Heidelberg/Karlsruhe 1980. STATISTISCHES BUNDESAMT: Ausgewählte Zahlen für die Rechtspflege 1976. Fachserie 10, Rechtspflege, Reihe 1, Stuttgart/Mainz 1978.

Günther Kaiser

Jugendliche, behinderte

Behinderte Jugendliche lassen sich kennzeichnen als eine heterogene Gruppe, die eingeschränkt handlungsfähig, sozial benachteiligt und mit altersspezifischen Problemen behaftet ist. Von Bedeutung sind für sie dabei die allgemeinen Problemlagen von Behinderten ebenso wie die sich daraus ergebenden Besonderheiten im Jugendalter.

Kennzeichnung von Behinderung. Nach dem Bundessozialhilfegesetz (BSHG) gilt als behindert, wer körperlich, geistig oder seelisch wesentlich beeinträchtigt ist. Dies konkretisiert sich im Erwachsenenalter als „verminderte Erwerbsfähigkeit" (vgl. §§ 1 bis 3 des Schwerbehindertengesetzes) und im Kindes- und Jugendalter als nicht ausreichende Förderbarkeit in allgemeinen Schulen. Dementsprechend werden auf dem Hintergrund der Ausdifferenzierung des Sonderschulwesens folgende Behindertengruppen unterschieden: Blinde, Sehbehinderte, Gehörlose, Schwerhörige, Sprachbehinderte (Sinnesbehinderte); Körperbehinderte, chronisch Kranke; geistig Behinderte, Lernbehinderte (geistig-intellektuell Behinderte); Verhaltensgestörte (seelisch oder – besser – psychosozial Behinderte). Bereits aus dieser Einteilung wird ersichtlich, daß Behinderte keine abgeschlossene, in sich homogene Gruppe darstellen. Abgrenzungsschwierigkeiten zeigen sich dabei in der Randunschärfe zur Nichtbehinderung einerseits und den fließenden Übergängen zu weiteren Formen der Beeinträchtigung (wie Verwahrlosung und Krankheit) andererseits. Darüber hinaus erweisen sich die hier als Behinderung gekennzeichneten Beeinträchtigungen, in der Spannweite von schweren Mehrfachbehinderungen bis hin zu leichten Lernbehinderungen, als äußerst heterogen hinsichtlich Ursache, Art, Umfang und Dauer. Eine eindeutige Zuordnung zur Gruppe der Behinderten

ist daher vielfach nur bedingt möglich. Über die Zahl der behinderten Kinder und Jugendlichen lassen sich allenfalls annähernde Aussagen machen, da die statistischen Angaben hierzu relativ stark divergieren, wenngleich die Gesamtquote über dem oft genannten Wert von 6 % liegen dürfte. Übereinstimmung besteht jedoch dahin gehend, daß die sowohl historisch untypischen als auch – was den zugrundeliegenden Defekt anbelangt – eher uneindeutigen Formen (vor allem Lernbehinderung und Verhaltensstörung) insgesamt den weitaus größten Teil der Behinderungen im Jugendalter ausmachen (70 bis 80 %).

Die gesellschaftliche Brisanz der Zunahme von Lernbehinderungen durch erhöhte Selektion der leistungsschwachen Schüler und die Unzulänglichkeiten des traditionellen, an medizinischen Gesichtspunkten orientierten Verständnisses von Behinderung, das mit seinen Handlungsimplikationen zur Lösung der darüber hinausweisenden Probleme nicht ausreicht, haben zur Folge, daß zunehmend die Bedeutung soziokultureller Faktoren erkannt wird. Hierbei wird Behinderung in all ihren Erscheinungsformen als ein *prozessuales Geschehen* gefaßt, das auf dem Hintergrund gesellschaftlicher Einflüsse individuelle Beeinträchtigungen hervorbringt, die als körperlich, geistig oder psychosozial *eingeschränkte Handlungsfähigkeit* eine „Teilhabe am Leben der Gesellschaft" (DEUTSCHER BILDUNGSRAT 1973, S. 32) wesentlich erschweren.

Soziale Benachteiligung. Gesellschaftliche Einflüsse im Hinblick auf Genese und Verlauf von Behinderungen drücken sich – wie aus epidemiologischen Untersuchungen hervorgeht (vgl. BEGEMANN 1970) – zunächst einmal in verschiedenen Formen schichtspezifischer Benachteiligung aus. Behinderte Kinder und Jugendliche sind überproportional häufig in den unteren Schichten anzutreffen. Als Gründe hierfür lassen sich besondere Risikofaktoren im Alltag sowie Mängel im Gesundheitswesen angeben, denen vornehmlich Familien dieser Schichten während der Zeit der Schwangerschaft, Geburt und frühkindlichen Erziehung ausgesetzt sind. Ferner dürften auch, was die notwendigen Rehabilitationsmaßnahmen anbelangt, die behinderten Kinder und Jugendlichen der oberen Schichten aufgrund ihrer lebensfeldspezifischen Ressourcen in qualitativer wie quantitativer Hinsicht bevorzugt sein. Daß man in mittelschichtorientierten Institutionen den spezifischen Lebensformen der Unterschicht häufig mit Vorurteilen begegnet, trägt gleichfalls zur Chancenungleichheit und in der Folge zur *bildungspolitischen Benachteiligung* bei.

Gerade an der Ausgrenzung sogenannter leistungsschwacher Schüler – fast ausschließlich Kinder aus untersten Schichten – in die Sonderschule für Lernbehinderte läßt sich zeigen, wie sich Behinderung, schichtspezifische und bildungspolitische Benachteiligung vermischen und überschneiden. Die postulierte kompensatorische Wirkung sonderschulischer Förderungsmaßnahmen steht dagegen in Frage: In der Sonderschule kann weder besser gelernt werden als in der Hauptschule, noch haben die Sonderschulabsolventen im Vergleich zu Hauptschulabgängern bei gleichrangigem Abschluß dieselben Berufsaussichten.

Gesellschaftliche Einflüsse lassen sich schließlich auch unmittelbar an der bestehenden *arbeitsmarktpolitischen Benachteiligung* ablesen. Behinderte Jugendliche haben, selbst bei vorhandener Arbeitsfähigkeit, größere Schwierigkeiten, überhaupt einen Arbeitsplatz oder gar eine Lehrstelle in Betrieben oder öffentlichen Einrichtungen zu erhalten, und sind zudem überdurchschnittlich häufig unterqualifiziert beschäftigt. Gesetzliche Maßnahmen zur Neueinstellung, die diese Misere bei den Schwerbehinderten abschwächen sollen, sind dabei vergleichsweise wirkungslos. Obwohl in der Neufassung des Schwerbehindertengesetzes den Arbeitgebern Beschäftigungspflicht auferlegt sowie den Behinderten Kündigungsschutz gewährt wird, verfolgen die Betriebe im Prinzip eine Strategie der Nichteinstellung, da ihnen vom Gesetzgeber gleichzeitig die Möglichkeit eingeräumt wird, sich über Ausgleichsabgaben von dieser Verpflichtung „freizukaufen". Weil diese Maßnahme zudem lediglich den als schwerbehindert anerkannten Jugendlichen zugute kommt, also der größte Teil der Behinderten im Jugendalter diesen gesetzlichen Schutz gar nicht für sich in Anspruch nehmen kann, ist bei gleichzeitiger Rationalisierung von Arbeitsplätzen mit der weiteren Verschlechterung der Beschäftigungslage für behinderte Jugendliche zu rechnen.

Altersspezifische Problemlagen. Über die Aspekte der sozialen Benachteiligung hinaus ergeben sich für behinderte Jugendliche typische Problemlagen ihrer besonderen Altersstufe. Jugend läßt sich als jene altersspezifische Phase kennzeichnen, in der es gilt, Handlungskompetenz – als Fähigkeit zur autonomen Lebensgestaltung – zu erwerben und dadurch in die Lage versetzt zu werden, am Leben der Gesellschaft zu partizipieren und sozial integriert zu werden. Um dies zu realisieren, bedarf es verschiedener *physischer, sozialer* und *psychischer* Ressourcen, über die jedoch behinderte Jugendliche nur teilweise verfügen, so daß sich für sie das Problem des Erwerbs von Autonomie verschärft stellt. Dies trifft allerdings für die Behinderten je nach Art und Grad der Schädigung in unterschiedlichem Ausmaß zu. Zu differenzieren ist hierbei zwischen solchen Behinderten, die ihre Lage bewußt wahrnehmen können, und denjenigen, denen dies allenfalls rudimentär möglich ist, wie den schwer geistig Behinderten, die in sehr spezifischer Weise mit dem Problem konfrontiert werden. Daneben ist für den Erwerb von Autonomie von Bedeutung, ob die zugrundeliegende Beeinträchtigung es dem Jugendlichen erlaubt, mit der Behinderung so umzugehen, daß er in seinen sozialen Kontakten vergleichsweise geringfügig stigmatisiert wird.

Je nach Intensität und Art der Schädigung kann sich bei behinderten Jugendlichen *physische Autonomie* (gehen, greifen, sehen, hören, sprechen) ohne zusätzliche Hilfe nur bedingt ausbilden. Damit einhergehen können Schwierigkeiten im sexuellen Bereich, die weniger auf der physischen Beeinträchtigung selbst als vielmehr häufig auf der stigmatisierenden Zuschreibung einer diesbezüglichen Insuffizienz beruhen. Beide Aspekte sind vor allem deshalb ein Problem, da körperliche Unversehrtheit und Makellosigkeit als ein typisches Ideal von Jugend gilt, an dem behinderte Jugendliche ständig scheitern müssen.

Im Hinblick auf den Erwerb *sozialer Autonomie* verfügen behinderte Jugendliche nur teilweise über Kompetenzen, die zur Erfüllung bestimmter gesellschaftlicher Erwartungen (Konkurrenz- und Leistungsfähigkeit) notwendig sind. Ist es ein vorrangiges Moment des Jugendalters, einen Schulabschluß zu erreichen und einen Beruf zu erlernen oder einen Arbeitsplatz zu erhalten, so wird dies durch die vorhandenen Förderungsmaßnahmen nur bedingt erreicht. Trotz Verbesserungen bleibt einerseits im Bereich des Sonderschulwesens die isolierende und ausgrenzende Wirkung bestehen und sind andererseits berufliche Rehabilitationseinrichtungen nicht ausreichend vorhanden. Eine Politik „bewußter Unterkapazitäten" hat auch hier Selektion nach Leistung zur Folge und verhindert vielfach die notwendige Voraussetzung zur Eingliederung überhaupt. So bleibt für manchen schwerbehinderten Jugendlichen lediglich eine „arbeitsmarktexterne Alternativrolle" übrig, indem er in Werkstätten für Behinderte weitgehend Residualtätigkeiten

nachgeht, obwohl er von seinen Fähigkeiten her durchaus konkurrenzfähig sein könnte.

Der Erwerb *psychischer Autonomie* im Jugendalter schließlich läßt sich dadurch kennzeichnen, daß durch die emotionale Ablösung vom Elternhaus und den Aufbau eines „eigenen", motivationsbildenden Sinn- und Wertsystems Ich-Identität erlangt wird. Das Gelingen dieses Prozesses wird für behinderte Jugendliche häufig entscheidend dadurch erschwert, daß ihre Behinderung für die Umwelt, aber auch für sie selbst zum „Hauptstatus" ihrer Persönlichkeit wird. „Äußere" Isolation als Erschwerung der gesellschaftlichen Teilhabe und des Umgangs mit Nichtbehinderten, damit einhergehend „innere" Isolation als resignative Rückzugstendenz sowie die vielfach in Familien mit Behinderten anzutreffende Überbehütung tragen mit zu einer „beschädigten Identität" (GOFFMAN 1972) und – als eine typische Folge des Behindertenstatus – zu Verhaltensauffälligkeiten bei.

Perspektiven. Die hier lediglich angedeuteten, teilweise ineinandergreifenden Schwierigkeiten von behinderten Jugendlichen zwingen zur Revidierung des weitgehend noch vorherrschenden traditionellen Verständnisses von Rehabilitation. So werden bei der medizinischen, pädagogisch-psychologischen und beruflichen Eingliederung die sozialen Implikationen immer noch zu wenig berücksichtigt; dies ist mit ein Grund für die „Resozialisierung nach innen" und die Festschreibung des Behindertenstatus. Bei prophylaktischen und rehabilitativen Maßnahmen sollten neben der Vermittlung von „skills" und „self-control" die Möglichkeiten einer Veränderung der Umgebung des Jugendlichen grundsätzlich mit einbezogen werden. Das soziokulturelle Milieu von Kindern und Jugendlichen müßte also auf seine pathogenen, pathoplastischen und therapeutischen Einflüsse hin untersucht, genutzt und verändert werden. Die Bedeutung der Familie entweder als zentrales Stützsystem oder aber als belastender Faktor bei der Rehabilitation des Behinderten findet bislang noch keine hinreichende Beachtung. Dennoch stellt die „Rehabilitation der Familie" einen ebenso unabdingbaren Bestandteil der Eingliederung dar wie die gleichfalls vernachlässigte Integration in die Gemeinde. Schließlich trägt der notwendige Ausbau von institutionalisierten und informellen Hilfsangeboten und die Förderung des wichtigen Selbsthilfepotentials durch die Gründung von entsprechenden Organisationen zur Intensivierung stabiler Außenkontakte und zur Teilhabe an jugendspezifischen Lernorten bei. Dabei können durch aktive Begegnung zwischen Behinderten und Nichtbehinderten Vorurteile abgebaut und Barrieren verringert werden sowie durch Erfahrungen im alltagspraktischen Umgang ohne institutionelle Reglementierung sich gemeinsame Schonräume entwickeln – Schonräume, in denen die Fähigkeiten und Schwächen der Behinderten ebenso zum Ausdruck gebracht werden können wie die Unsicherheiten, Ängste und teilweise anders akzentuierten Bedürfnisse der Nichtbehinderten.

BALZER, B./ROLLI, S.: Sozialtherapie mit Eltern Behinderter, Weinheim/Basel 1975. BEGEMANN, E.: Die Erziehung der sozio-kulturell benachteiligten Schüler, Hannover 1970. BLEIDICK, U.: Pädagogik der Behinderten, Berlin ³1978. DEUTSCHER BILDUNGSRAT (Hg.): Zur pädagogischen Förderung behinderter und von Behinderung bedrohter Kinder und Jugendlicher. Empfehlungen der Bildungskommission, Bonn 1973. GOFFMAN, E.: Stigma. Über die Techniken zur Bewältigung beschädigter Identität, Frankfurt/M. 1972. KMK: Empfehlungen zur Ordnung des Sonderschulwesens, Nienburg/Weser 1972. RAUSCHENBACH, TH. u. a.: Verhaltensauffällige und behinderte Kinder und Jugendliche. Der gesellschaftliche Umgang mit einem Problem, München 1980. RUNDE, P./HEINZE, R. (Hg.): Chancengleichheit für Behinderte, Neuwied/Darmstadt 1979.

Brigitte Balzer/Reinhard Hörster/Thomas Rauschenbach

Jugendrecht

Definition. Gesetze und Rechtsvorschriften, die Jugendliche betreffen, machen das Jugendrecht im weitesten Sinne aus. Da es *das* Jugendrecht nicht gibt, sondern der Gesetzesadressat „Jugend" in einer Vielzahl von ganz verschiedenen Gesetzen und Rechtsvorschriften vorkommt, muß jede Definition zum Jugendrecht von diesem Gesetzesadressaten ausgehen und die jeweilige Funktion angeben, in die eine bestimmte gesetzliche Regelung den Jugendlichen zu integrieren versucht. Darum hängt die jeweilige Definition eines Teilgebietes jugendrelevanter Gesetze vom Regelungsziel so gut ab wie vom Regelungsinhalt. Zum ersten kann zum Beispiel die Bestimmung rechtsgeschäftlichen Handelns für Jugendliche im Zivilrecht gehören mit entsprechenden Normen aus dem Bürgerlichen Gesetzbuch (BGB – vgl. §§ 104 ff.), zum zweiten die Festlegung der jeweiligen Altersstufe, auf die so etwas wie „beschränkte Geschäftsfähigkeit" im Sinne des Zivilrechts bezogen wird. Die präzisere Definition des Jugendrechts könnte dann lauten: Jugendrecht umfaßt alle Gesetze und Rechtsvorschriften, die mit dem rechtlich erheblichen Verhalten des Jugendlichen zu tun haben und die mit einer jeweiligen Altersangabe verbunden sind. In diese Definition ist dann auch der gesamte *Schutzbereich* für den Jugendlichen aufgenommen, wie er sich in der Rechtsordnung lange vor der Entwicklung einer eigenständigen Jugendwelt bereits findet (vgl. HÄUSSLING 1977, S. 61 ff.; vgl. KAISER 1977, S. 44 ff.).

Historische Entwicklung. Die Herausbildung eines Jugendrechts läßt sich historisch von der jeweiligen Bedeutung bestimmter Existenzräume des Jugendlichen aus verfolgen. An der Spitze steht der Familienverband und die Abhängigkeit des Jugendlichen von den Eltern, meist in der Frühzeit in der römischen Kultur vom Vater, dessen „patria potestas" als „väterliche" oder elterliche Gewalt noch im BGB wirksam war, bis das heutige elterliche Sorgerecht einem veränderten Verständnis des Verhältnisses des Jugendlichen zu den Erwachsenen, des Kindes zu den Eltern, Rechnung trug. Diese historische Entwicklung der rechtlichen Situation des Jugendlichen hängt von Anfang an eng mit zwei Gegebenheiten zusammen, die bis heute wirksam geblieben sind: dem biologischen Faktor einerseits und dem sozialen andererseits. Man band im ersten Fall die Rechtsmöglichkeiten des Jugendlichen eng an eine Zeit vor oder nach der *Geschlechtsreife* – „impuberes" und „puberes" in der römischen Rechtssprache (bei Mädchen etwa mit 12, bei männlichen Jugendlichen etwa mit 14 Jahren) –, und man kombinierte damit die Fähigkeit, beschränkt oder voll Rechtsgeschäfte abschließen oder für verursachten Schaden beschränkt oder voll und ganz verantwortlich sein zu können (die heutige Deliktsfähigkeit der §§ 823, 828 ff. BGB). Die Entwicklung zur Volljährigkeit durchlief zwischen diesen biologischen, heute auch entwicklungspsychologischen Aspekten und den sozialen im Sinne eines rechtlich erheblichen Handelns historische Phasen, in denen nacheinander Familie, Kirche, Staat und Schule, schließlich der *Arbeitsmarkt* und die fortgeführte Ausbildung eine Rolle für die Bestimmung der Altersstufen abgeben (vgl. LUTHER 1961). Von Anfang an wurde für den

von Rechtsvorschriften betroffenen Jugendlichen auch ein Schutzbereich in Anschlag gebracht – bereits 200 v. Chr. wurde in einer Lex Praetoria für die „minores viginti quinque annis" ein Schutz für die noch nicht 25jährigen eingeführt –, der für die Folgezeit jeder jugendrechtlichen Gesetzgebung, letztlich dem gegenwärtigen Jugendhilferecht, seinen Stempel aufdrückt. Doch mit diesen Existenzräumen der Jugendlichen, auf die jeweilige rechtliche Regelungen bezogen sind und bei denen die Familie an erster Stelle steht, kommt sehr früh auch das Verhältnis des Jugendlichen zur Gesellschaft und zum Staat dann ins Spiel, wenn Jugendverhalten „störend" ist; die sogenannte Jugendkriminalität hat in der Neuzeit vor allem ein *Sanktionsrecht* beziehungsweise Jugendstrafrecht ausgelöst, das wiederum die Altersstruktur des Jugendlichen anders als das Zivilrecht bestimmt. Denn die Gesellschaft, die sich gegen Straftaten schützt und Sanktionen verhängt, hat erst in der Neuzeit jugendliche Straftäter von erwachsenen den Rechtsfolgen nach unterschieden und den ganz im Vordergrund stehenden Schutz- und Abschreckungseffekt bei Jugendlichen zurückgenommen, um den Grad ihrer Einsichtsfähigkeit und Verantwortlichkeit für Maß und Art der Rechtsfolge ausschlaggebend sein zu lassen. Das Jugendgerichtsgesetz von 1923 ist ein Resultat dieser Entwicklung und die in ihm niedergelegten Altersstufen von strafunmündig (bis 14 Jahre), beschränkt strafmündig (14 bis 18 Jahre), voll strafmündig ab 18 Jahren, aber mit einer möglichen Sondersituation für die Heranwachsenden zwischen 18 und 21 Jahren sind heute noch Grundlage der Behandlung Jugendlicher oder Heranwachsender im „Strafrecht" (vgl. KAISER 1977, S. 45 ff.; vgl. SCHAFFSTEIN 1977, S. 24 f.).

In Verbindung mit dieser spezifischen Behandlung Jugendlicher im Recht wird vor allem bedeutsam, daß der Jugendliche in der modernen Arbeitswelt eine Doppelfunktion erhält: Auf der einen Seite ist er willkommener (und auch wohlfeiler) Produzent und Arbeitnehmer, auf der anderen soll er aufgrund seines jugendlichen Alters vor Ausbeutung geschützt werden. Die Herausbildung des Schutzrechtes für den Jugendlichen im Bereich des Arbeitsmarktes – Ende des 18. Jahrhunderts in England, in den 20er und 30er Jahren des 19. Jahrhunderts im Bereich der Bundesstaaten, vor allem Preußen (das Preußische Regulativ über die Beschäftigung jugendlicher Arbeiter in den Fabriken stammt vom 9. 3. 1839, die Verordnung Bayerns über „die Verwendung der werktagsschulpflichtigen Jugend in Fabriken" vom 15. 1. 1840) – hat dann bis hin zum Jugendarbeitsschutzgesetz vom 12. April 1976 geführt (vgl. ZMARZLIK 1976, S. 41 ff.).

Dieses Schutzrecht für den Jugendlichen muß man, besonders was die Altersspanne betrifft, in der es sich auswirkt, auf dem Hintergrund der sich immer mehr entwickelnden staatlichen Schulpflicht sehen; denn in dieser immer mehr verpflichtenden Schulsituation war eine Altersvorgabe für einen Normalschulbesuch gemacht, der auf Schutzaltersgrenzen (12 oder 14 Jahre) einwirkte, wie sie dann in entsprechenden Gesetzen auftauchen (unter anderem das Jugendgerichtsgesetz; oder in anderen europäischen Ländern wie Belgien und Frankreich die 13-Jahres-Grenze). Doch im Anschluß an diese Bildungs- und Ausbildungssituation des Jugendlichen, die man möglichst ungestört durch vorzeitige Integrationen vor allem in die moderne industrielle Arbeitswelt ihm freihalten will, entwickelte sich als letzter großer Bereich des Jugendrechts das gesamte Hilfe- und Förderungsrecht; diese Entwicklung ist noch im vollen Gang, hat aber auf jeder Ebene von Bildung und Ausbildung bereits zu Jugendförderungsgesetzen mit weitreichenden Konsequenzen geführt

(zum Beispiel das Berufsbildungsgesetz, das Bundesausbildungsförderungsgesetz). Diese neueste Entwicklung des Jugendrechts führt – und das wird auch bei der Fortentwicklung des Jugendwohlfahrtsgesetzes zu einem umfassenderen Jugendhilferecht deutlich – an die Frage, wieweit und wie unmittelbar der Jugendliche Ansprüche aus seiner Grundrechtsposition in Anschlag bringen und auch durchsetzen kann. Aber vor dieser Frage steht jeder Gesetzgeber, der eine umfassende Jugendgesetzgebung ins Auge faßt und die Rechtsposition des Jugendlichen integral in der Gesamtrechtsordnung definieren und normieren will (vgl. HÄUSSLING 1975, S. 24 f.; vgl. HÄUSSLING 1977, S. 61 ff.).

Funktionenaufteilung. Die kurze Darstellung der historischen Entwicklung jugendrelevanter Gesetze und Rechtsvorschriften führt auf ein Einteilungsprinzip eines Jugendrechts nach Funktionen der jeweiligen gesetzlichen Regelungen; denn in ihnen lassen sich die Intentionen des Gesetzgebers und dahinter die Einstellung der Gesellschaft zur gesetzlichen Regelungsmaterie „Jugend" erkennen. Und wenn HORNSTEIN (1979) „Jugend als Problem" bezeichnet, um diese gesellschaftliche Realität in ihrer Wechselbeziehung zur interessegeleiteten Rechtspolitik des Gesetzgebers in Jugendfragen zu sehen, dann drückt er damit nicht nur die mit der Jugend notwendig verbundene Statusunsicherheit in einem durchdefinierten gesellschaftlichen Ganzen aus, sondern auch die Unsicherheit des Gesetzgebers selbst, der in der Jugendrechtspolitik ganz verschiedenen Ordnungsvorstellungen folgen möchte. Darum kann im Bereich des Jugendrechts einem gesetzgeberischen Überhang an *Ausbildungsrecht* plötzlich eine Phase des *Beschäftigungsrechts* mit arbeitsmarktstützenden Maßnahmen für Jugendliche folgen, die man um keinen Preis arbeitslos sehen möchte. Es empfiehlt sich daher, Jugendrecht stets auf die Funktion hin zu befragen, die es für einen Teilaspekt wahrnehmen soll; denn insoweit spiegelt die Rechtsordnung Jugendrealität mit allen Konfliktimplikationen in der gesetzgeberischen Reaktion der Gesamtgesellschaft. Die Grobeinteilung des *Jugendrechts* nach seiner *Schutzfunktion,* nach der Seite der *sanktionenrechtlichen Reaktion* und derjenigen der *Hilfe und Förderung* muß zwar Überschneidungen in Kauf nehmen, hat aber den Vorteil, diese gesetzliche Behandlung von Jugend an der jeweiligen Zielvorstellung zu messen. So kann man im Rahmen der Schutzfunktion nach wie vor die jugendrelevanten Regelungen im BGB zur Rechtsperson und zur Relevanz ihres rechtserheblichen Handelns als „Modell" anführen; im Sanktionen- beziehungsweise Rechtsfolgenbereich ist das die aus dem Strafrecht fortentwickelte Sondersituation der jugendlichen Täterpersönlichkeit im Jugendgerichtsgesetz; im Förderungs- und Hilfebereich steht als Kombination für soziale oder erzieherische Defizite das Jugendwohlfahrtsgesetz (erstmals 1922 erlassen) zur Verfügung. Den Gesetzen aus dem Hilfe- und Förderungsbereich ist eigen, daß sie den Schutzraum für den Jugendlichen zu verbinden suchen mit weitgehenden Möglichkeiten, seine eigene Entwicklung selbst zu gestalten.

Gegenwärtige Lage des Jugendrechts. Schutz vor vorzeitigen Abhängigkeiten im Berufsleben und Anspruch auf selbständige und eigenverantwortliche Lebensführung will das gegenwärtige Jugendrecht in den Teilen verwirklichen, die auf Aus- und Fortbildung bezogen sind. Das Jugendhilfegesetz (1980 vom Bundestag verabschiedet, müßte, da der Bundesrat nicht zugestimmt hat, in der nunmehr neuen Legislaturperiode erneut im Bundestag eingebracht werden) wollte dieses Problem schon dort lösen, wo soziale und erzieherische Defizite dem Jugendlichen nicht die gleiche Startchance wie anderen seiner Altersgruppe geben; der gesamte *Freizeitraum* sollte von diesem Gesetz für den Anspruch des Jugendlichen auf Hilfen für seine Entwicklung zur eigenverantwortlichen Person in die dem Jugendlichen offenstehenden Anspruchsmöglichkeiten einbezogen werden; dieses Gesetz zur Jugendhilfe (vgl. Bundestagsdrucksache 8/4010 vom 13. 5. 1980) wurde im Rahmen des Entwurfs eines Sozialgesetzbuches entwickelt (vgl. Bundestagsdrucksache 8/2571), das in seinen §§ 38 ff. „Grundsätze eines Leistungsrechts" entwickelt, dessen gesellschaftliche und rechtliche Konsequenzen künftig das gesamte Jugendrecht in diesem Hilfe- und Förderungsbereich kennzeichnen könnte; denn damit soll „das Recht jedes jungen Menschen auf freie Entfaltung seiner Persönlichkeit und Achtung seiner Menschenwürde besser verwirklicht werden" (Beschlußempfehlung des Ausschusses für Jugend, Familie und Gesundheit). Damit ist aber die Grundrechtssituation des Jugendlichen angesprochen, die mit einem durchsetzbaren Anspruch versehen werden soll.

DEISENHOFER, A.: Jugendrecht (Textausgabe mit Einführung), München 1979. HÄUSSLING, J. M.: Die Jugend im Recht der Deutschen Demokratischen Republik. In: Pol. u. Kult. 2 (1975), 6, S. 24 ff. HÄUSSLING, J. M.: Jugendschutzrecht als Jugendhilfe. In: DEIMLING, G./HÄUSSLING, J. M. (Hg.): Vorbeugungstrategien, Wuppertal 1977, S. 61 ff. HORNSTEIN, W.: Jugend als Problem. In: Z. f. P. 25 (1979), S. 671 ff. KAISER, G.: Gesellschaft, Jugend und Recht. Träger und Handlungsstile der Jugendkontrolle, Basel/Weinheim 1977. KNOPP, A./KRAEGELOH, W.: Jugendarbeitsschutzgesetz – Erläuterungsbuch, Köln ³1976. LUTHER, G.: Ehemündigkeit, Volljährigkeit, Strafmündigkeit, Berlin/Neuwied 1961. SCHAFFSTEIN, F.: Jugendstrafrecht, Stuttgart/Berlin/Köln/Mainz ⁶1977. ZMARZLIK, J.: Jugendarbeitsschutzgesetz, München 1976.

Josef M. Häußling

Jugendsozialarbeit

Jugendsozialarbeit kann als ein neu entstandener Bereich der Sozialpädagogik begriffen werden – neben den klassischen Bereichen der Jugendhilfe: Jugendfürsorge (insbesondere Fremd- und Heimerziehung), Jugendpflege (insbesondere Jugendfreizeit- und -bildungsarbeit), familienergänzende und -unterstützende Erziehungshilfen (insbesondere Kindergarten und Erziehungsberatung). Jugendsozialarbeit bezeichnet ein sich neu differenzierendes Zielsystem von „gesellschaftlichen Eingliederungshilfen, die gleichsam an den Konfliktstellen dieser Gesellschaft entstehen" (MOLLENHAUER 1964, S. 12). An diesen „Konfliktstellen", die Maßnahmen der Jugendsozialarbeit erforderlich machen, ist die Eingliederung von Jugendlichen in Schule, Ausbildung, Beruf und in das bestehende soziale Gefüge überhaupt gefährdet. Diese mangelnde oder gefährdete berufliche Eingliederung wird gesellschaftlich zunehmend thematisiert und mit pädagogischen Maßnahmen zu erleichtern versucht, weil psychosoziale, politische und volkswirtschaftliche Folgen sowie der Widerspruch zum legitimatorischen Selbstverständnis von Gesellschaft und Staat vermieden werden sollen. Die Begründung pädagogischer Maßnahmen leitet sich von den Ergebnissen einer Analyse her, die besagen, daß die Ursachen des Problems – und damit Ansatzpunkte zu seiner Lösung – in der mangelnden Qualifikation der betroffenen und gefährdeten Jugendlichen zu suchen seien. So werden unterschiedliche Problem- und Zielgruppen definiert und für sie problemangemessene Maßnahmen konzipiert: Nicht berufsreifen Jugendlichen, denen formale oder allgemeine Qualifikationen fehlen, sollen durch zusätzliche Bildungsmaßnahmen fehlende Bildungsabschlüsse (Hauptschulabschluß) oder grundlegende beruflich relevante Fähigkeiten (berufsspezifische Grundkenntnisse, Arbeitstugenden, Sprachkenntnisse) vermittelt werden; behinderten Jugendlichen, deren berufliche Leistungsfähigkeiten eingeschränkt sind, sollen vorbereitende und begleitende Berufseinführungshilfen zu einer angemessenen beruflichen Tätigkeit verhelfen. Schulentlassene oder arbeitslose Jugendliche, die keine Lehr- oder Arbeitsstelle in ihrem angestrebten oder bisherigen Beruf finden, sollen mittels Berufsfindungsmaßnahmen auf eine geeignete, das heißt vor allem zugängliche Ausbildungs- und Arbeitstätigkcit hingcführt werden. Pädagogische Maßnahmen, die entweder als Vollzeitlehrgänge (für nicht berufsreife, beschäftigungslose Jugendliche) oder als begleitende Lernhilfen (für Zuwanderer, „Behinderte") angeboten werden und auf die Vermittlung formaler Qualifikationen wie deutsche Sprachkenntnisse, Hauptschulabschluß, Berufsgrundbildung abzielen, sind inhaltlich in einem gewissen Rahmen definiert. Je unbestimmter jedoch die Qualifikationsziele (wie „berufliche Grundkenntnisse und -fertigkeiten", „Leistungsfähigkeit und -bereitschaft", „Stabilisierung") sind, desto diffuser werden die Lernangebote: Sie vermitteln dann, zum Teil entgegen ihrer offiziellen Zielsetzung, doch eine Berufsgrundbildung (in Sonderform), die der dualen Ausbildung vorgeschaltet – also darauf nicht anrechenbar – ist, oder bieten für künftige Jungarbeiter eine weitere berufliche Ausbildung in Betrieb und Berufsschule an. Im übrigen werden dann vielfältige „sozialpädagogische" Fördermaßnahmen und Hilfen angeboten, die in unterschiedlicher Weise auf individuclle Voraussetzungen und Probleme eingehen und auf eine berufliche Tätigkeit oder Ausbildung vorbereiten. Diese sozialpädagogischen Maßnahmen, die auch begleitend und ergänzend zu den anderen Lernangeboten gewährt werden, definieren den genuinen Aufgabenbereich der Jugendsozialarbeit. Sie gelten da als erforderlich, wo bisherige andere Lernangebote nicht ausreichen oder nicht geeignet sind: bei der Bewältigung individuell, sozial und kulturell bedingter Einschränkungen Jugendlicher, bei der Vorbereitung auf Ausbildungsanforderungen oder Berufsrestriktionen sowie beim Auffangen der Reaktionen darauf. So soll einem beruflichen Scheitern vorgebeugt oder entgegengewirkt werden. Unter diesem pädagogischen Innovationsdruck hat Jugendsozialarbeit vornehmlich auf Konzeptionen und Methoden der außerschulischen Jugendbildungsstätten zurückgegriffen. Einrichtungen, die insbesondere im Trägerverband „Jugendaufbauwerk" zusammengeschlossen sind, definieren auch Jugendsozialarbeit weitgehend als ihren Aufgabenbereich. Lehrgängen von unterschiedlicher Dauer, die mit Internatsunterbringung verbunden sind, kommt ein besonderer Stellenwert in der Jugendsozialarbeit zu. Diese intensivierte, gleichsam „totale" pädagogische Situation eröffnet besondere Chancen: Äußere Lernbehinderungen können durch das soziale Umfeld ausgeschaltet, Lernangebote unter Bezugnahme auf individuelle Voraussetzungen, Bedürfnisse und Erfahrungen gestaltet sowie neuartige Formen sozialer Beziehungen, des Lernens und der (Freizeit-)Beschäftigung wie auch gemeinsamer Interessenartikulation und Aktion erfahren werden. Die Problematik geschlossener sozialpädagogischer Maßnahmen liegt darin, daß selbst dann, wenn diese pädagogischen Möglichkeiten von den Veranstaltern und Jugendlichen wahrgenommen und genutzt werden, dies alles in einem „pädagogischen Schonraum" geschieht: Ein Transfer und häufig schon ein Bezug zum normalen Alltag mit seinen Zwängen und Problemen ist kaum gesichert; die Veränderungsmöglichkeiten bleiben beschränkt auf die Dauer der Teilnahme. So können solche Lehrgänge zu utopischen Ersatzwelten pervertieren, schlimmstenfalls eine Aufbewahrung in gewissermaßen totalen Erziehungsinstitutionen bedeuten, die von der Realität (noch weiter) entfremden.

Damit in Gang gesetzte Lernprozesse, auch gewisse „utopische" (Selbst-)Erfahrungen auf Lehrgängen nicht in Konfrontation mit alltäglichen Schwierigkeiten sowie in gewohnten (aggressiven, resignativen, evasorischen) Handlungs- und Denkmustern untergehen, sind „komplementär" dazu offene („ambulante") Maßnahmen der Jugendsozialarbeit erforderlich. Sie können und sollen abklären, für welche (Ziel-)Gruppen ein Lehrgang mit einem bestimmten Lernangebot förderlich sein könnte. Solche offenen Lern- und Hilfeangebote können eingerichtet werden in Form von Einzelberatung und -hilfe sowie in Form von Schülerzirkeln, Lehrlingsgruppen, problembezogenen Arbeitsgruppen, problemspezifischen Beratungsgruppen oder als Selbsthilfegruppen im Rahmen von Schule, Betrieb, von Jugendfreizeiteinrichtungen und -verbänden sowie in besonderen Jugendberatungseinrichtungen. Sie sind in der Lage, unmittelbar Alltagsprobleme in der Schule, an der Arbeitsstelle, bei der Arbeitssuche, mit Behörden sowie der Familie, mit maßgeblichen Bezugspersonen und -gruppen aufzugreifen und zu bearbeiten. Sie können auch solche Probleme und Veränderungen (in Schule, Betrieb, Familie, staatlichen Behörden, sozialen Einrichtungen) in Angriff nehmen, die mit pädagogischen Maßnahmen (allein) nicht zu bewältigen sind. Vor allem aber werden Möglichkeiten geschaffen, gemeinsame Probleme und Handlungsmöglichkeiten mit anderen (erwachsenen) Personen, Gruppen und Organisationen zu entdecken. Um schwer erreichbare Problemfälle wie arbeitslose (insbesondere ausländische) Mädchen, Behinderte oder durch längere Arbeitslosigkeit bereits psychisch labile sowie von Kriminalisierung bedrohte oder bereits kriminalisierte Jugendliche zu erreichen, sind je nach Arbeitsfeld auch offensive Arbeitsformen der Jugendsozialarbeit notwendig: Sie muß dann ihrer Klientel nicht nur Lern- und Hilfsangebote machen, sondern sie direkt aufsuchen. Dazu muß sie Wohngebiete, Treffpunkte, Arbeitsstellen der betroffenen Problemgruppen kennen und dort präsent sein. Sie muß andere Hilfseinrichtungen und deren Erkenntnisse und Aktivitäten in Erfahrung bringen und mit ihnen zusammenarbeiten. Solche Arbeitsformen, deren wesentliches Moment das Aufsuchen Jugendlicher innerhalb ihres Lebenskontextes ist, wurden vor allem in Projekten „mobiler Jugendarbeit" (streetwork) entwickelt und erfolgreich erprobt.

Selbst problem- und adressatenangemessene Maßnahmen der Jugendsozialarbeit können sich von folgendem Widerspruch nicht frei machen: Einerseits bietet Jugendsozialarbeit vielen Jugendlichen unverzichtbare Hilfen und Lernangebote zu ihrer beruflichen Eingliederung an, die vom gegenwärtigen Schul- und Ausbildungssystem nur unzureichend gewährleistet werden. Ohne die Maßnahmen der Jugendsozialarbeit hätte ein Teil der Jugendlichen noch eingeschränktere berufliche Chancen und wäre gezwungen, ein Beschäftigungsverhältnis um jeden Preis einzugehen. Da ein so frühzeitiges berufliches Scheitern weitreichende psychosoziale, aber auch ökonomische und möglicherweise politische Folgewirkungen erwarten läßt, kommt den Maßnahmen der Jugendsozialarbeit im Rahmen der Jugendhilfe eine entscheidende, präventive Funktion zu. Andererseits gewährt Jugendsozialarbeit den Bildungs- und Ausbildungsinstitutionen geradezu die Möglichkeit und Berechtigung, ihnen gestellte Probleme und Aufgaben abzuschieben: Die Schule kann Probleme mit „lernschwachen" oder „lernunwilligen" Schülern delegieren; ebenso können Unternehmer die beruflichen Anforderungen und entsprechend die vorausgesetzten Qualifikationen mit Unterstützung der Jugendsozialarbeit steigern und ihre eigenen Qualifizierungsleistungen einschränken. So müssen sich die Träger der Jugendsozialarbeit fragen lassen, ob sie nicht gerade durch ihre Maßnahmen eine Unterbringung in arbeitsmarktexternen Alternativ- oder Reserverollen fördern (vgl. PROJEKTGRUPPE ARBEITSMARKTPOLITIK/OFFE 1977) und auf diese Weise die Nichteingliederung eines („überschüssigen" oder „unverwertbaren") Teils der Jugendlichen verdecken. Die Paradoxie von Jugendsozialarbeit besteht also darin, daß ihre Maßnahmen der beruflichen Eingliederung gerade eine Ausgliederung bewirken können – was analog auch für andere Maßnahmen der Sozialarbeit gilt.

ARBEITSGEMEINSCHAFT FÜR JUGENDHILFE/DEUTSCHER BUNDESJUGENDRING/BUNDESARBEITSGEMEINSCHAFT JUGENDAUFBAUWERK (Hg.): Jugendarbeitslosigkeit, Neuwied o. J. BRAUN, F./ WEIDACHER, A.: Materialien zur Arbeitslosigkeit und Berufsnot Jugendlicher, München 1976. BUNDESVEREINIGUNG DER DEUTSCHEN ARBEITGEBERVERBÄNDE (Hg.): Sozialpädagogische Aspekte der Jugendarbeitslosigkeit, Köln 1976. LENHARDT, G. (Hg.): Der hilflose Sozialstaat – Jugendarbeitslosigkeit und Politik, Frankfurt/M. 1979. MOLLENHAUER, K.: Einführung in die Sozialpädagogik, Weinheim 1964. PROJEKTGRUPPE ARBEITSMARKTPOLITIK/OFFE, C. (Hg.): Opfer des Arbeitsmarktes. Zur Theorie der strukturierten Arbeitslosigkeit, Neuwied/Darmstadt 1977.

Helmut Mair

Jugendstrafvollzug

Rechtliche Grundlagen. Jugendstrafvollzug meint die Vollziehung der Jugendstrafe. Hierbei handelt es sich um den erzieherisch beabsichtigten langfristigen Freiheitsentzug in einer Jugendstrafanstalt gemäß §§ 17 und 92, Abs. 1 des Jugendgerichtsgesetzes (JGG). Eine gesetzliche Grundlage findet der Jugendstrafvollzug in der knappen Regelung der §§ 91 und 92 JGG, konkretisiert durch die in Anlehnung an das Strafvollzugsgesetz (StVollzG) geschaffenen bundeseinheitlichen Verwaltungsvorschriften zum Jugendstrafvollzug (VVJug) nach dem Stand vom 1. 1. 1977. Darüber hinaus kommen bezüglich der Frage des Arbeitsentgelts nach § 176 StVollzG einige wenige Regelungen dieses Gesetzes zur Anwendung, das sich jedoch im übrigen auf die Normierung des Freiheitsentzuges von Erwachsenen beschränkt und den Jugendstrafvollzug nicht mit einbezieht. Dieser bedarf jedoch dringend einer gesetzlichen Regelung, die rechts- und sozialstaatlichen Anforderungen voll gerecht wird. Zur Vorbereitung einer derartigen Regelung wurde vom Bundesministerium der Justiz eine Jugendstrafvollzugskommission einberufen, die im Herbst 1976 zu ihrer konstituierenden Sitzung zusammentrat. Da zu Beginn der 80er Jahre die Arbeit dieser Kommission noch nicht beendet werden konnte und damit die Verabschiedung eines Jugendstrafvollzugsgesetzes oder eine Rechtsverordnung zur Regelung des Jugendstrafvollzuges noch aussteht, bilden zu diesem Zeitpunkt die §§ 91 und 92 JGG die Rechtsgrundlage des Vollzugs der Jugendstrafe. Danach soll der Jugendliche zu einem rechtschaffenen und verantwortungsbewußten Leben erzogen werden (vgl. § 91, Abs. 1 JGG). Als Grundlagen dieses Vorgangs nennt § 91, Abs. 2: Ordnung, Arbeit, Unterricht, Leibesübungen und eine sinnvolle Beschäftigung in der freien Zeit. Weiter sollen die beruflichen Leistungen des Verurteilten gefördert und Lehrwerkstätten eingerichtet werden. Ferner kann – um das angestrebte Erziehungsziel zu erreichen – nach § 91, Abs. 3 JGG der Vollzug gelockert und in geeigneten Fällen weitgehend in freien Formen durchgeführt werden. Des weiteren müssen die Beamten für die Erziehungsaufgabe des Vollzugs geeignet und ausgebildet sein (vgl. § 92, Abs. 4 JGG).

Der Jugendstrafvollzug ist sowohl vom Erwachsenenvollzug zu trennen als auch von der Untersuchungshaft bei Jugendlichen und dem Jugendarrestvollzug. Untersuchungshaft darf bei Jugendlichen nur angeordnet werden, wenn ihr Zweck nicht durch eine erzieherische Anordnung erreicht werden kann (vgl. § 72 JGG), eine Vorschrift, die in der Praxis allerdings kaum Beachtung findet. Besondere Anstalten für jugendliche Untersuchungshäftlinge mit erzieherisch ausgebildetem Personal sind auch kaum vorhanden. Deshalb klaffen gesetzlicher Anspruch und Vollzugswirklichkeit in keinem Bereich des JGG so weit auseinander wie beim Vollzug der Untersuchungshaft an jugendlichen und heranwachsenden Tatverdächtigen. Der Jugendarrest wiederum als erzieherisch gemeinte kurzzeitige Freiheitsentziehung ist ebenfalls gesondert in eigenen Jugendarrestanstalten oder Arresträumen der Landesjustizverwaltungen zu vollziehen (§ 90 JGG).

Durchführung des Jugendstrafvollzugs. Von den am 31. 3. 1977 in der Bundesrepublik einsitzenden 32 543 Strafgefangenen befanden sich 6 088 im Jugendstrafvollzug, davon 3 409 Heranwachsende, 813 Jugendliche und 1866 21- bis 24jährige Straftäter (vgl. STATISTISCHES BUNDESAMT 1977, S. 20). In der Mehrzahl der Jugendstrafanstalten, die über eine niedrigere Belegungskapazität als die Erwachsenenanstalten verfügen und in der Regel 200 bis 400 Insassen haben, wird heute ein systematischer Stufenstrafvollzug oder ein individuell ausgerichteter progressiver Strafvollzug praktiziert.

Dieser geht im allgemeinen in drei Stufen vor sich. In der Eingangsstufe, die je nach Anstalt sechs bis zwölf Wochen dauert, wird der Häftling in Einzelhaft isoliert, damit er Abstand gewinnen und zur Besinnung gelangen kann. Außerdem soll in diesem Stadium seine Persönlichkeit erforscht und hierauf ein Erziehungsplan erstellt werden, der den weiteren Vollzug bestimmt. In der nächsten Stufe, meist „Vergünstigungsstufe" genannt, darf der Gefangene gemeinsam mit anderen in Werkstätten arbeiten und am gemeinsamen Freizeitprogramm teilnehmen. In Stufe drei, in welche der Gefangene nach Bewährung gelangt, werden ihm weitere Freiheiten gewährt. Auf dieser Stufe findet in einigen Anstalten auch ein Übergang zu freien Vollzugsformen statt. Viele Anstalten verfügen über landwirtschaftliche Außenbetriebe, in denen diejenigen Häftlinge, die sich „bewährt" haben, tagsüber teils mit, teils ohne Bewachung arbeiten dürfen und nur nachts eingeschlossen werden. Daneben gibt es Anstalten mit Freigängern, in denen die Jugendlichen außerhalb der Anstalt ohne Aufsicht in Betrieben der Arbeit nachgehen und nur nachts in die Anstalt zurückkehren. Im Gegensatz zum westlichen Ausland bestehen jedoch in der Bundesrepublik bislang nur wenige offene Jugendstrafanstalten.

Probleme des Jugendstrafvollzugs. Was die erzieherische Zielrichtung des Jugendstrafvollzuges anbelangt, so sind die in der Praxis vorherrschenden Verhältnisse im allgemeinen kaum geeignet, den Anforderungen des § 91 JGG gerecht zu werden. Zum einen mangelt es an geeignetem Personal, das in der Lage ist, pädagogisch zu arbeiten. Die personelle Ausstattung der Vollzugsanstalten ist insgesamt gesehen unzulänglich: Vielfach kommen auf 250 Insassen nur ein Psychologe, zwei Pädagogen und drei Sozialarbeiter. Sozialpädagogen oder ausgebildete Erzieher fehlen häufig.

Dies hat zur Folge, daß sich die Fachleute häufig nur auf die Insassen konzentrieren können, die besondere Schwierigkeiten bereiten, während angepaßt erscheinende Delinquenten von der Betreuungsarbeit ausgeschlossen bleiben, obwohl auch sie Hilfe und Beratung für die Lösung ihrer Probleme dringend benötigen. Darüber hinaus dient die Arbeit, die im Jugendstrafvollzug erzieherisch bestimmt sein sollte, bei der Mehrzahl der Jugendlichen weder der Ausbildung noch der Eingliederung in die Gesellschaft, noch der augenblicklichen Befriedigung. Überwiegend handelt es sich um ein wenig differenziertes Arbeitsangebot, das aus monotonen, abstumpfenden Tätigkeiten besteht, die pädagogisch sinnlos erscheinen und meist rein fiskalischen Zwekken dienen. Hinzu kommen noch ein häufig ungenügender Unterricht von wenigen Stunden wöchentlich sowie insgesamt unzureichende Schul- und Berufsausbildungsmöglichkeiten, so daß eine erfolgreiche Wiedereingliederung in die Gesellschaft nach der Entlassung nicht erleichtert wird. Dabei ist zu berücksichtigen, daß nach vorliegenden Untersuchungen ein großer Teil der jungen Häftlinge den Abschluß der Hauptschule nicht erreicht hat und nur die wenigsten über eine abgeschlossene Berufsausbildung verfügen. Diese Defizite können in Verbindung mit dem bei Insassen des Jugendstrafvollzugs überwiegend zu findenden Konfliktpotential und den erheblichen Sozialisationsschäden als wesentliche Ursache für die hohe Rückfallquote der Insassen geschlossener Anstalten angesehen werden; diese Quote (vgl. KAISER 1977, S. 170) bewegt sich in der Größenordnung zwischen 65 und 80 %. Bei den offenen Anstalten liegt sie dagegen zwischen 40 und 65 %, was sicherlich mit den günstigeren Voraussetzungen zusammenhängt, die überhaupt erst zur Verlegung in die offene Anstalt geführt haben. Dem offenen wie dem geschlossenen Vollzug ist allerdings gemeinsam, daß die höchsten Rückfallquoten bei den kurzen Freiheitsstrafen ohne Bewährung festgestellt werden, wobei häufig bereits eine längere Untersuchungshaft vorausgegangen ist. Diese Ergebnisse erklären auch die Bemühungen um eine Reform des Jugendstrafvollzugs. Vor allem die Versuche und Experimente im angloamerikanischen Raum zur „Bewährung in Freiheit" haben dabei Beachtung gefunden. Meist sind diese Projekte (vgl. EIDT 1973, S. 26 ff.; vgl. KAISER 1977, S. 159 ff.) auch ökonomischer als der traditionelle Jugendstrafvollzug und verdienen schon deshalb Vorrang. Sie greifen vor allem weniger einschneidend in das Leben der sanktionierten jungen Rechtsbrecher ein und erscheinen damit als humaner. Allerdings schwanken die Rückfallraten der mit solchen alternativen Programmen behandelten Jugendlichen noch erheblich. Eindeutige Zusammenhänge konnten bislang empirisch noch nicht ausreichend gesichert werden. Dies kann jedoch nur zu der Folgerung führen, in den Anstrengungen um die Erneuerung des Jugendsanktionsrechts nicht nachzulassen, sondern die Bemühungen zu intensivieren, insbesondere der „Behandlung in Freiheit".

BÖHM, A.: Einführung in das Jugendstrafrecht, München 1977. EIDT, H.-H.: Behandlung jugendlicher Straftäter in Freiheit, Göttingen 1973. EISENHARDT, T.: Strafvollzug, Stuttgart 1978. KAISER, G.: Gesellschaft, Jugend und Recht, Weinheim/Basel 1977. KAISER, G. u. a.: Strafvollzug, Heidelberg/Karlsruhe ²1978. MÜLLER-DIETZ, H.: Thesen zur Reform des Jugendstrafvollzugs. In: R. d. J. u. d. Bwes. 22 (1974), S. 136 ff. SCHAFFSTEIN, F.: Jugendstrafrecht, Stuttgart/Berlin/Köln/Mainz ⁶1977. SCHÜLER-SPRINGORUM, H.: Hauptprobleme einer gesetzlichen Regelung des Jugendstrafvollzugs. In: HERREN, R. u. a. (Hg.): Kultur, Kriminalität, Strafrecht, Berlin 1977, S. 424 ff. STATISTISCHES BUNDESAMT: Strafvollzugsstatistik, Stuttgart/Mainz 1977.

Günther Kaiser

Jugendstrafvollzug (Ausbildung)

Klientel. Nach den gesetzlichen Regelungen in der Bundesrepublik Deutschland (vgl. Jugendgerichtsgesetz – JGG – von 1953) werden in Jugendstrafanstalten junge Straftäter zwischen 14 und 21 Jahren eingewiesen (14–18 Jahre: Jugendliche; 18–21 Jahre: Heranwachsende). Dabei handelt es sich um eine keineswegs homogene Klientel. Sie hat gemeinsam nur das formale Merkmal, normwidriges Verhalten gezeigt zu haben, das als kriminell deklariert ist (Straftatbestände des Strafgesetzbuches und andere gesetzliche Strafbestimmungen) und dem unter quantitativen Zumessungsgesichtspunkten nicht mehr mit ambulanten oder Kurzzeitmaßnahmen (Erziehungsmaßregeln und Zuchtmittel nach dem JGG von 1953) begegnet werden kann. Der Bedarf an Schulbildung und Berufsausbildung ist daher auch keineswegs einheitlich; es lassen sich jedoch gewisse Schwerpunkte aus der psychosozialen Diagnose der jugendlichen Strafgefangenen gewinnen. Im Jugendstrafvollzug befinden sich durchschnittlich etwa 7 000 Jugendliche im Alter zwischen 14 und 21 Jahren. Die Altersgruppe zwischen 14 und 16 Jahren ist verhältnismäßig schwach vertreten (etwa 5 % der Gesamtzahl). Überrepräsentiert sind Angehörige der Unterschicht. Die Durchschnittsintelligenz entspricht durchaus den Intelligenzwerten der Gesamtjugend. Dagegen sind eine extreme schulische und außerschulische erzieherische Vernachlässigung und ein entsprechend defizitärer Bildungsstand feststellbar. Sonderschüler, insbesondere verhaltensgestörte Jugendliche, sind überrepräsentiert. Häufig kann aber bei Lebenslaufanalysen festgestellt werden, daß die Zuweisung zur Sonderschule nicht in speziellen Lernschwierigkeiten, sondern in unregelmäßigem Schulbesuch, Disziplinschwierigkeiten und mangelnder Beteiligung am Unterricht begründet ist. Die Zahl der Jugendlichen, die die oberen Klassen der Hauptschule nicht mehr regelmäßig oder überhaupt nicht besucht haben, ist verhältnismäßig groß. Auch die Berufsschule wurde im allgemeinen unregelmäßig besucht. Jugendliche ohne Berufsausbildung oder mit kurzfristiger, abgebrochener Berufsausbildung sind ebenfalls überrepräsentiert. Die familiäre und außerfamiliäre Sozialisation ist häufig – zumindest nach den gängigen Vorstellungen und Normsystemen – nicht gelungen. Daher fehlt es im allgemeinen auch an Motivation und an einem Erkenntnisstand, der zu einem Akzeptieren von Bildungsangeboten führen könnte.

Ziele und Maßnahmen des Unterrichts und der Berufsausbildung im Jugendstrafvollzug. Ein vom Erwachsenenstrafvollzug gesonderter und erzieherisch qualifizierter Jugendstrafvollzug wird erst seit den 20er Jahren aufgebaut. Durch die organisatorische, rechtliche und das Erziehungsverständnis betreffende Nähe zum Erwachsenenstrafrecht werden spezielle Aspekte jugendlicher Bedürfnisse und jugendlicher Lebensweise nicht adäquat berücksichtigt und jugendgemäße Behandlungsmethoden nur in Ansätzen und wenig elaboriert angeboten. Bestrebungen, den Jugendstrafvollzug aufzulösen oder ihn zumindest für die 14- bis 18jährigen durch „Werkhöfe" oder durch „Jugendtherapeutische Zentren" zu ersetzen, sind bis

auf weiteres gescheitert. Unter diesen Voraussetzungen kommt es um so mehr darauf an, die Jugendstrafanstalten so einzurichten, daß sie dem erhöhten pädagogischen und therapeutischen Bedarf der Insassen gerecht werden, sowie den Anforderungen, die an die Jugendlichen nach Entlassung aus dem Strafvollzug gestellt werden, durch geeignete schulische und berufliche Bildungsangebote zu entsprechen. Die Ziele der schulischen und beruflichen Bildung junger Strafgefangener unterscheiden sich nicht grundsätzlich von denen des Regelsystems. Besondere Anforderungen an die pädagogische Betreuung der jugendlichen Strafgefangenen ergeben sich aus der Vernachlässigung, der sozialen Mängellage, der sozialen Benachteiligung und der Randständigkeit, außerdem aus der durch die Kriminalisierung resultierenden Stigmatisierung und der mit dem Freiheitsentzug verbundenen Isolierung. In einer Anfangsphase muß eine psychosoziale Diagnose erstellt werden, die die geschilderten besonderen Gegebenheiten berücksichtigt und sich nicht nur auf Mängel der Schul- und Berufsausbildung beschränkt. Bei der Planung von Angeboten ist zu berücksichtigen, daß das übliche Klassen-, Kurs- und Ausbildungsjahrsystem nicht realisierbar ist, weil die Jugendlichen zu sehr verschiedenen Zeitpunkten und mit sehr verschiedener Strafdauer eingewiesen werden. Die Strafdauer soll zwar so bemessen werden, „daß die erforderliche erzieherische Einwirkung möglich ist" (§ 18, Abs. 2 JGG), doch wird dies kaum praktiziert. Vielmehr richtet sich die Strafdauer im allgemeinen nach der Schwere der Tat und der Intensität des abweichenden Verhaltens. Die rechtlichen Prinzipien der Verhältnismäßigkeit und andere übliche Zumessungskriterien des Erwachsenenstrafrechts schlagen bei der Zumessung in der Regel stärker durch als die von der Jugendgerichtshilfe (vgl. § 38 JGG) einzubringenden pädagogischen Aspekte. Die Durchschnittsaufenthaltsdauer eines Jugendlichen in einer Jugendstrafanstalt beträgt knapp ein Jahr. Innerhalb dieses Zeitraums muß die Behandlungsplanung und damit auch die Planung der schulischen und beruflichen Ausbildung verwirklicht werden. Dies bedeutet von vornherein, daß die Möglichkeiten der nachholenden, kompensierenden und stabilisierenden Erziehung und Bildung sehr begrenzt sind.

Konkret könnten folgende Zielvorstellungen angestrebt werden: die Vermittlung von Zivilisations- und Kulturtechniken, die primär den schichtspezifischen Alltagsanforderungen des Jugendlichen in seiner Umwelt genügen; Kurse zur Erreichung von Schulabschlüssen (Sonderschulabschluß, Hauptschulabschluß, Fachoberschulreife); darüber hinaus weiterführende Maßnahmen wie Fernlehrgänge oder Fremdsprachenkurse und Berufsschulunterricht. Neben den schulischen Angeboten ist die praktische berufliche Ausbildung und Förderung notwendig. Hierzu müssen unbedingt zur Verfügung gestellt werden: Lehrgänge zur Förderung der Berufsreife, Berufsfindungslehrgänge, besondere Maßnahmen zur Berufsvorbereitung, Grundausbildungslehrgänge, Langzeitausbildung in anerkannten und geeigneten Ausbildungsberufen und Umschulungslehrgänge. Wegen des im allgemeinen geringen Informationsstandes und angesichts der Abgeschlossenheit vom Alltagsleben bedarf es einer differenzierten und qualifizierten schulischen und beruflichen Beratung und Motivation der Insassen. Häufig vorhandene psychische und soziale Behinderungen (Resignation, Hoffnungslosigkeit, Planlosigkeit in der Lebensführung, fixierte nonkonforme Bewältigungstechniken) müssen vorhergehend oder parallel bearbeitet werden. Für die persönliche Entwicklung des einzelnen Jugendlichen erweist es sich natürlich als wenig wirksam, die eigene

Motivation durch Zwang oder repressiv durchgesetzte Verpflichtungen zu ersetzen, wie dies in einer „totalen Institution" naheliegt.

Lehrpersonal und sachliche Ausstattung. Zur Realisation des Bildungsangebots bedarf es einer differenzierten organisatorischen und personellen Ausstattung der Anstalten. Für den Unterricht in Jugendstrafanstalten werden zumeist Grund- und Hauptschullehrer eingesetzt, Sonderschullehrer sind nur in wenigen Anstalten vorhanden. Die quantitative Ausstattung ist unzulänglich (etwa ein Lehrer auf 50 Jugendliche). Berufsschullehrer stehen nur in einigen wenigen Anstalten zur Verfügung. Lehrer für gymnasiale und andere weiterführende Schulen sind – was allerdings angesichts des geringen Bedarfs verständlich ist – im Jugendstrafvollzug nicht vorhanden. Da ein vielgestaltiges und differenziertes Angebot, wie es den verschiedenartigen Bedürfnissen der Jugendlichen entspräche, im Vollzug nicht oder nur sehr unzulänglich realisiert werden kann, müssen schulische und berufliche Maßnahmen mit benachbarten Bildungsangeboten koordiniert werden. So kann zum Beispiel der Berufsschulunterricht als Außenstelle der örtlichen Berufsschule organisiert werden; die Lehrer dieser Schulen stehen dann stundenweise für verschiedene Berufszweige zur Verfügung. Soweit der Vollzug in gelockerter oder offener Form durchgeführt wird oder in bezug auf einzelne Jugendliche keine Bedenken bestehen, soll weitgehend ein Schulbesuch oder eine Berufsausbildung außerhalb der Anstalt ermöglicht werden. Dazu bedarf es begleitender Hilfen, um die daraus sich ergebenden Zusatzbelastungen für die Jugendlichen bewältigen zu können. Im geschlossenen Jugendstrafvollzug sind die erforderlichen Ausbildungswerkstätten, Unterrichts- und Lehrräume mit entsprechender Ausstattung zwar teilweise schon vorhanden, sie bedürfen jedoch noch eines weiteren Ausbaues, insbesondere einer breiteren Fächerung, Differenzierung und Modernisierung. Zwar stehen im allgemeinen auch Werkmeister und Ausbilder zur Verfügung, diese haben jedoch für ihre spezifische Aufgabe des Umgangs mit verhaltensgestörten Jugendlichen keine zusätzliche Qualifikation. Diese muß für alle pädagogisch Arbeitenden im Jugendstrafvollzug in der Form von Weiter- oder Fortbildung organisiert werden. Audiovisuelle Lehrmittel sind schon deshalb besonders notwendig, weil die verbalen und abstrahierenden Fähigkeiten der Jugendlichen häufig nur gering entwikkelt sind. Auf diesem Weg könnte auch die Motivation zur Teilnahme erhöht werden.

Reformmaßnahmen. So wichtig Unterricht und Berufsausbildung für die Vorbereitung des Jugendlichen auf künftige Lebenssituationen sind, so wenig sinnvoll ist es, Reformen darauf zu reduzieren. Als ergänzende, begleitende oder unabhängig von Unterricht und Berufsausbildung durchzuführende Maßnahmen sind in Betracht zu ziehen (vgl. § 91 JGG):

– Verbesserung des Arbeitssystems (zum Beispiel wirklichkeitsnahe Bezahlungsverhältnisse, Vorrang von Bildung und Ausbildung gegenüber der Produktion, Motivation anstelle von Zwang zur Arbeit),
– Lernen von Sozialverhalten und von Strategien zur Krisenbewältigung (zum Beispiel durch Gruppenarbeit, Wohngruppenunterbringung, Mitverantwortung),
– pädagogisch sinnvolle Gestaltung der Lebensverhältnisse in der Jugendstrafanstalt (Reduzierung der Isolierung und der Lebensferne, flexible, offene und realitätsbezogene Gestaltung der Lebensverhältnisse),
– Ausbau eines differenzierten Kooperationssystems aller Mitarbeiter, etwa Teamarbeit mit dem Ziel „problemlösende Gemeinschaft" und „therapeutisches Klima",
– Vorbereitung und Begleitung der Fortsetzung der schulischen und beruflichen Bildung nach Beendigung der Strafzeit, insbesondere auch im Hinblick auf die sozialen Gegebenheiten des Jugendlichen in seinem künftigen Umfeld,
– Einbeziehen der Erkenntnisse der Jugendhilfe und der Jugendarbeit in die Bildungstätigkeit des Jugendstrafvollzugs.

Eine Spezialpädagogik für Jugendliche in Anstalten (stationäre Behandlung) und eine systematische und methodische Strukturierung des pädagogischen Handelns in Zwangssystemen stehen noch in den Anfängen. Straffälligenpädagogik als Sozialpädagogik im Bereich der Jugendstrafrechtspflege wird zur Zeit in Ansätzen reflektiert. Handlungsforschung für diesen Bereich wird – im Gegensatz zur diagnostischen kriminologischen Forschung (psychologische, psychoanalytische und soziologisch orientierte Ansätze) – noch kaum durchgeführt, obwohl dies im Hinblick auf eine konstruktive Reduzierung der Jugendkriminalität vordringlich wäre.

BUSCH, M.: Die Binnenstruktur einer effektiven Jugendstrafanstalt. In: DEIMLING, G./HÄUSSLING, J. M.: Erziehung und Recht im Vollzug der Freiheitsstrafe, Wuppertal 1974, S. 117 ff. HOFMANN, TH. u. a.: Jugend im Gefängnis, München 1975. KLUGE, K.-J.: Kriminalpädagogik. Kinder- und Jugendkriminalität, 2 Bde., Darmstadt 1977. KREBS, A.: Zur Entwicklung des Berufsbildes des Lehrers im Strafvollzug. In: Z. f. Strvollz. u. Strfälli. 22 (1973), S. 1 ff. LENZEN, H.: Der Lehrer im Justizvollzug – sonderpädagogisch ausgebildet. In: Z. f. Strvollz. u. Strfällhi. 22 (1973), S. 8 ff. PETERS, K.: Grundprobleme der Kriminalpädagogik, Berlin 1960. SCHWIND, H. D./BLAU, G.: Strafvollzug in der Praxis, Berlin 1976.

Max Busch

Jugendverbände

Als Träger der Jugendhilfe werden in § 5, Abs. 4 des Jugendwohlfahrtsgesetzes (JWG) neben den „freien Vereinigungen der Jugendwohlfahrt" (Wohlfahrtsverbände) auch „Jugendverbände und sonstige Jugendgemeinschaften" aufgeführt. Zu dieser Gruppe werden all jene Organisationen gezählt, die Jugendarbeit (außerschulische Jugendbildung), politische Bildung und Interessenvertretung Jugendlicher betreiben. Adressaten der Jugendverbände sind junge Menschen bis 25 Jahre.

In einer Grobgliederung lassen sich – ausgehend von den Zielsetzungen und Adressaten – folgende Hauptgruppen innerhalb der Jugendverbandsarbeit unterscheiden:
- konfessionell ausgerichtete Organisationen (beispielsweise Bund der Deutschen Katholischen Jugend, Arbeitsgemeinschaft der Evangelischen Jugend),
- berufsbezogene Jugendorganisationen (wie Gewerkschaftsjugend, DAG-Jugend, Jugend im Deutschen Beamtenbund, Bund der Deutschen Landjugend),
- Arbeiterjugendorganisationen (Sozialistische Jugend Deutschlands – Die Falken, Naturfreunde-Jugend, Solidaritätsjugend, Sozialistische Deutsche Arbeiterjugend),
- Sportorganisationen (beispielsweise Deutsche Sportjugend),
- Pfadfinderbünde,
- Freizeit- und Wanderorganisationen,
- parteipolitische Jugendorganisationen (Jungsozialisten, Junge Union, Jungdemokraten).

Neben den unterschiedlichen Arbeitsschwerpunkten bildet die Zahl der organisierten Mitglieder ein wichtiges Merkmal zur Einschätzung der Jugendverbände. Danach (im folgenden können nur Schätzungen zugrunde gelegt werden) ist die Deutsche Sportjugend mit rund 5,4 Millionen Mitgliedern die bei weitem größte Jugendorganisation. Mitgliederzahlen zwischen einer und zwei Millionen können die Gewerkschaftsjugend im DGB, die Arbeitsgemeinschaft der Evangelischen Jugend und der Bund der Deutschen Katholischen Jugend aufweisen. Zwischen 100 000 und 200 000 Mitgliedern zählt die Deutsche Jugend in Europa (vormals Deutsche Jugend des Ostens), der Bund der Deutschen Landjugend, die Jugend der Deutschen Angestellten-Gewerkschaft, der Ring Deutscher Pfadfinderbünde, die Deutsche Wanderjugend sowie die Sozialistische Jugend Deutschlands – Die Falken. Neben den hier genannten gibt es noch eine Vielzahl von Jugendverbänden, die nur wenige Mitglieder organisieren, nur lokalen Charakter haben oder aufgrund ihrer Zielsetzung (zum Beispiel die Deutsche Esperanto-Jugend) keine größere Breitenwirkung erfahren.

Addiert man zu den hier sich insgesamt ergebenden zehn Millionen organisierter Jugendlicher noch die Zahlen der Mitgliedsverbände des Ringes politischer Jugend (350 000 Personen bei den Jungsozialisten, 210 000 Personen bei der Jungen Union, 25 000 Personen bei den Deutschen Jungdemokraten) hinzu, so ergeben sich zusammen rund 10,6 Millionen Jugendliche, die in der Bundesrepublik Deutschland in Jugendverbänden organisiert sind. Damit erreichen die Jugendverbände rund ein Drittel der Jugendlichen zwischen 15 und 24 Jahren in der Bundesrepublik Deutschland.

Die Jugendverbände werden auf Bundesebene vertreten durch den Deutschen Bundesjugendring (DBJR). Seine Arbeit ist bestimmt durch die Vertretung von jugendpolitischen Interessen gegenüber Parlament, Regierung und Öffentlichkeit. Darüber hinaus ist er ein wichtiges Kommunikations- und Informationsorgan für seine Mitgliedsverbände zur Abstimmung von jugendpolitisch relevanten Fragen. Neben dieser Koordinationsfunktion bei den nach außen (Öffentlichkeit, politische Instanzen, internationaler Bereich) gerichteten Aktivitäten kommt dem DBJR für die ihm angeschlossenen Verbände eine besondere Stellung auch dadurch zu, daß er im Rahmen der Fondsverwaltung des Bundesjugendplans den Verteilerschlüssel für die den Jugendverbänden zur Verfügung stehenden Mittel aufstellt.

Probleme der Jugendverbandsarbeit. Die Jugendverbände in der Bundesrepublik Deutschland wurden in den 70er Jahren zunehmend mit dem Problem konfrontiert, daß wesentliche Entwicklungen und Initiativen Jugendlicher sich außerhalb der etablierten verbandlichen Strukturen herausbildeten. Gleichzeitig wurde ein Rückgang des Interesses Jugendlicher an formellen Veranstaltungen, ein Rückgang der Teilnahme und Mitwirkung an weltanschaulich und

konfessionell ausgerichteten Aktivitäten festgestellt. Die Jugendorganisationen versuchen diesem Trend dadurch Rechnung zu tragen, daß sie verstärkt auch zur „offenen Jugendarbeit", das heißt zur Öffnung ihrer Angebote auch für nichtorganisierte Jugendliche, übergegangen sind. Darüber hinaus versuchen die Jugendverbände im Rahmen ihrer Organisationsstrukturen Prinzipien wie Mitbestimmung und Mitwirkung Jugendlicher sowie Selbstorganisation aufzunehmen. Auch ist zu beobachten, daß die Jugendverbände immer deutlicher in ihrer Arbeit Bezug nehmen wollen auf die realen Lebensprobleme Jugendlicher (Schulstreß, Jugendarbeitslosigkeit, Disziplinierung) und sich bemühen, sich auch gegenüber bislang vernachlässigten Gruppen von Jugendlichen (wie ausländischen Jugendlichen, Arbeiterjugendlichen) zu öffnen.

DEUTSCHER BUNDESJUGENDRING (Hg.): Jahrbuch 1977, Bonn 1977. SCHEFOLD, W.: Die Rolle der Jugendverbände in der Gesellschaft. Eine soziologische Analyse, München 1972.

Erwin Jordan

Jugendwohlfahrtsgesetz

Geschichte. Schon während des Jugendfürsorgetages im Jahre 1918 wurde wegen der Unzulänglichkeiten der gegebenen rechtlichen Situation – einerseits Verklammerung mit der allgemeinen Armenpflege, andererseits institutionelle Zersplitterung – ein Reichsjugendamtsgesetz, das heißt eine reichseinheitliche Regelung der öffentlichen Jugendfürsorge gefordert. Der Zusammenbruch des Deutschen Reiches im November 1918 unterbrach vorerst diese Reformbestrebungen. Deren Fortführung war nicht allein wegen der wirtschaftlichen Folgen des verlorenen Krieges, sondern auch aufgrund der neuen politischen Situation unmöglich geworden. Die Übernahme der politi-

schen Führung durch die deutsche Sozialdemokratie begünstigte allerdings in der ersten Zeit der Weimarer Republik Bestrebungen, das System von Fürsorge und privater Wohltätigkeit neu zu überdenken und Sozialpolitik präventiv zu gestalten, Rechtsansprüche fester zu umgrenzen und Institutionen der Fürsorge und Jugendhilfe in staatliche (kommunale) Trägerschaft überzuführen. Diese Ansätze zu einer öffentlichen Organisation der Fürsorge (Kommunalisierung), die dem im engen Sinn fürsorgerischen Bereich und nicht der Jugendverbandsarbeit gegolten hatte, setzten sich gegen den Einfluß der privaten, vor allem der konfessionellen Verbände nicht durch.
In den Jahren der Neukonstruktion der Jugendhilfe nach dem Ersten Weltkrieg

wurden die Arbeiten an einem reichseinheitlichen Jugendwohlfahrtsgesetz aufgenommen. Anknüpfend an Vorarbeiten von Fachgremien und an Gesetzentwürfen einzelner Länder, legte das Reichsinnenministerium dem Reichsrat 1920 den Entwurf eines Jugendwohlfahrtsgesetzes vor, der allerdings zunächst am Einspruch des Reichsrats scheiterte, da dieser keine Möglichkeit sah, die Kosten für die neu einzurichtenden Jugendämter aufzubringen (vgl. FRIEDEBERG/POLLIGKEIT 1930, S. 36). Erst zwei Jahre später, am 14. Juli 1922, verabschiedete der Deutsche Reichstag das Reichsgesetz für Jugendwohlfahrt (RJWG). Dieses Gesetz stellte einen ersten Ansatz einer umfassenden Jugendhilfegesetzgebung dar. So gewährleistet der § 1 RJWG den Anspruch des Kindes auf Erziehung: „Jedes Deutsche Kind hat ein Recht auf Erziehung zur leiblichen, seelischen und gesellschaftlichen Tüchtigkeit."

Jugendpflege und Jugendfürsorge wurden für alle Altersgruppen unter dem Begriff Jugendhilfe zusammengefaßt.

In allen Stadt- und Landkreisen sollten Jugendämter eingerichtet werden, durch die die örtliche (öffentliche) Jugendhilfe koordiniert und konzentriert werden sollte.

Das Verhältnis öffentlicher und freier (freiwilliger) Jugendhilfe wurde geregelt, das heißt, das Jugendamt hatte freie Vereinigungen (Wohlfahrts- und Jugendverbände, Kirchen, andere private Zusammenschlüsse) an der Ausführung der Jugendhilfe zu beteiligen. Die Abstimmung und Planung sollte sich im Jugendamt selbst vollziehen.

Neben den allgemeinen Bestimmungen zur Jugendpflege wurden die jugendfürsorgerischen Bereiche – definiert als „Sorge für die körperlich, geistig oder sittlich mangelhafte, gefährdete oder bereits gefallene Jugend" (FRIEDEBERG/POLLIGKEIT 1930, S. 82) – genau geregelt. Für uneheliche Kinder führte das RJWG die Berufsvormundschaft ein,

verbesserte und vereinheitlichte den Pflegekinderschutz und bestimmte schließlich die Mitwirkung des Jugendamtes bei der „Fürsorge für gefährdete Kinder und Jugendliche" (Schutzaufsicht, Jugendgerichtshilfe, Fürsorgeerziehung). Neben den genannten Pflichtaufgaben sollte das Jugendamt auch beratende und unterstützende Einrichtungen und Veranstaltungen anregend fördern und gegebenenfalls selbst schaffen (vgl. § 4 RJWG). Wesentliche Gesetzesbestimmungen des RJWG, das am 1. 4. 1924 in Kraft treten sollte, wurden aufgrund der inflationären Entwicklung und des Ermächtigungsgesetzes vom 8. 12. 1923 durch eine „Verordnung über das Inkrafttreten des RJWG" (14. 2. 1924) suspendiert, und 1932 erließ der Reichspräsident eine „Verordnung über Jugendwohlfahrt", die aus Gründen der Kostenersparnis eine Herabsetzung des Höchstalters der Fürsorgeerziehung und die Entlassung „unerziehbarer" Jugendlicher vorsah.

Wenn einerseits das RJWG als ein fortschrittliches, die heutige Jugendhilfe weitgehend bestimmendes Gesetz zu bewerten ist, weil durch die Verpflichtung zur Einrichtung von Jugendämtern Jugendhilfe als ein außerfamiliäres und außerschulisches Erziehungs- und Bildungssystem geregelt wurde, blieben andererseits Widersprüche bestehen, die die Entwicklung des Jugendwohlfahrtsgesetzes nach 1949 weiterhin beeinflußten. Es wurde kritisiert,

– daß das RJWG jedem deutschen Kind einen Anspruch auf Erziehung einräumte, daraus jedoch keine allgemeinen Rechts- und Leistungsansprüche abzuleiten waren,

– daß das RJWG die Jugendpflege und Jugendfürsorge einerseits unter dem Begriff Jugendhilfe zusammenfaßte, diese Integration jedoch konzeptionell nicht durchgehalten wurde,

– daß das RJWG die öffentliche Jugendhilfe stärkte, gleichzeitig jedoch den privaten, insbesondere den kon-

fessionellen Trägern eine herausragende Stellung in der Jugendhilfe einräumte,
– daß in Abgrenzung zur allgemeinen Wohlfahrtspflege für die Jugendhilfe ausreichende Kompetenzen nicht gesichert waren und
– daß schließlich mit der Verabschiedung des Reichsjugendwohlfahrtsgesetzes und des Jugendgerichtsgesetzes aus dem Jahre 1923 auf ein einheitliches Jugenderziehungsrecht verzichtet wurde.

Geltendes Recht. Die erste Nachkriegsnovelle zum RJWG von 1953 hob die Notverordnungen der Jahre 1924 und 1932 auf, schrieb die Errichtung von Jugendämtern und Landesjugendämtern verpflichtend vor und setzte wieder Jugendamtsausschüsse (heute: Jugendwohlfahrtsausschüsse) ein. Eine Neuerung ist, daß das Jugendamt aus Jugendwohlfahrtsausschuß und Verwaltung besteht. Darüber hinaus bekräftigte die Novelle 1953 die Vorrangigkeit der freien Träger der Jugendhilfe vor den öffentlichen (Subsidiaritätsprinzip).
Diese gesetzlichen Grundlagen sind 1961 novelliert worden:
Die Pflichtaufgaben des Jugendamtes wurden durch eine Ausdifferenzierung der jugendpflegerischen und vorbeugend jugenfürsorgerischen Aufgaben erweitert.
Die Zuständigkeit des Jugendamtes für die Gewährung des Lebensunterhaltes bei Unterbringung außerhalb des Elternhauses wurde wiederhergestellt.
An die Stelle der Schutzaufsicht trat die Erziehungsbeistandschaft. Der Pflegekinderschutz erfuhr eine Erweiterung. Die Heimaufsicht wurde im JWG verankert.
Neben die durch gerichtliche Entscheidung anzuordnende Fürsorgeerziehung trat die Freiwillige Erziehungshilfe. Das Bundesjugendkuratorium zur Beratung der Bundesregierung in allen Fragen der Jugendhilfe wurde gesetzlich eingeführt.

Teile von entscheidender Bedeutung für die Gestaltung gegenwärtiger Jugendhilfe sind die nach der Novelle von 1961 eingeführten §§ 4, 5 JWG. Der § 4 JWG regelt die unbedingten Pflichtaufgaben des Jugendamtes, insbesondere den Schutz der Pflegekinder, die Mitwirkung im Vormundschaftsgericht, die Mitwirkung bei der Erziehungsbeistandschaft und der öffentlichen Erziehung, der Jugendgerichtshilfe, der Mitwirkung in der Jugendhilfe bei den Polizeibehörden, insbesondere bei der Unterbringung zur vorbeugenden Verwahrung, gemäß landesrechtlicher Vorschrift.
Der § 5 JWG legt die bedingten, tendenziell nachrangigen, die Jugendhilfe zu aktivem, präventivem Handeln verpflichtenden Aufgaben fest, insbesondere die Beratung in Fragen der Erziehung, Hilfen für Mutter und Kind vor und nach der Geburt, Pflege und Erziehung von Säuglingen, Kleinkindern und von Kindern im schulpflichtigen Alter außerhalb der Schule, erzieherische Betreuung von Kindern und Jugendlichen im Rahmen der Gesundheitshilfe, die allgemeine Kinder- und Jugenderholung, die Freizeithilfen, politische Bildung und internationale Begegnung, Erziehungshilfen während der Berufsvorbereitung sowie erzieherische Maßnahmen des Jugendschutzes und für gefährdete Minderjährige. Auch hat das Jugendamt Einrichtungen und Veranstaltungen der Jugendverbände und sonstigen Jugendgemeinschaften zu fördern. Gemäß § 5 JWG sind diese Aufgaben „ausreichend" wahrzunehmen, sofern sie „erforderlich" sind. Diese unbestimmten Rechtsbegriffe sind durch Entscheidungen der jeweiligen politischen Gemeinden im Rahmen ihrer Leistungsbereitschaft und Leistungsfähigkeit auszufüllen. Darüber hinaus legt § 5 JWG ausdrücklich die Vorrangigkeit der Träger der freien Jugendhilfe vor den öffentlichen fest. Dieses Subsidiaritätsprinzip spielte bei der politischen Diskussion der zweiten Nachkriegsno-

velle zum Reichsjugendwohlfahrtsgesetz
1961 eine sehr entscheidende Rolle. Kritiker sahen darin die Gefahr, daß die
zentralen Neuansätze des RJWG von
1922, die Verankerung des Rechts auf
Erziehung und die Schaffung der Jugendämter als Zentralstellen der örtlichen Jugendhilfe, durch eine verstärkte Konfessionalisierung eingeschränkt
werden könnten. Darüber hinaus be-
fürchteten die Kommunen eine unangemessene Eingrenzung ihrer bisherigen
Handlungsmöglichkeiten, und auch die
Länder fühlten sich durch verschiedene
bundesrechtliche Regelungen im Bereich vor allem der Jugendpflege eingeschränkt.

So legten daher die Länder Hessen, Niedersachsen, Hamburg und Bremen 1962
Verfassungsbeschwerde und die Städte
Dortmund, Darmstadt, Frankfurt a. M.
und Herne Normenkontrollklagen gegen Vorschriften des JWG (und auch
des Bundessozialhilfegesetzes) ein, besonders gegen die Bestimmungen, die
den freien Vereinigungen einen Hand-
lungsvorrang einräumten. Das Bundesverfassungsgericht erklärte 1967 in seinem Urteil die bestehenden Vorschriften
des JWG als verfassungskonform, wobei das Urteil die Gesamtverantwortung
des Jugendamtes für die Wahrnehmung
der Aufgaben dieses Gesetzes hervorhob. Durch die Gesetzgebungskompetenz des Bundes im Bereich der Jugendpflege wies das Urteil darauf hin, daß
der Begriff „öffentliche Fürsorge" in
Art. 74, Ziff. 7 des Grundgesetzes auf
dem Gebiet der Jugendwohlfahrt nicht
nur die Jugendfürsorge im engeren Sinne, sondern auch die Jugendpflege im
weiteren Sinn umfasse. Mit dieser Aussage öffnete das Bundesverfassungsgericht den Weg für eine Jugendhilfe, die
sich ihrer präventiven Funktion bewußt
war, indem es auf die enge Verzahnung
der Fürsorge für den unmittelbar gefährdeten Jugendlichen und der Förderung der gesunden Jugend in der praktischen Arbeit hinwies.

Neuere Entwicklungen. Nach mehrjährigen Beratungen in der Fachöffentlichkeit, insbesondere mit den freien und
kommunalen Spitzenverbänden, hat die
Bundesregierung den Entwurf eines Sozialgesetzbuches – Jugendhilfe – (vom
8. 11. 1978) im Bundestag eingebracht.
Dieser Gesetzentwurf, der sich als „modernes Erziehungsgesetz" und seiner
Form nach als ein „Gesetz der Leistungsverwaltung" versteht (BUNDESMI-
NISTERIUM FÜR JUGEND, FAMILIE UND
GESUNDHEIT 1978, S. 50), strebt die
„Verwirklichung des Rechts jedes jungen Menschen auf freie Entfaltung seiner Persönlichkeit und Achtung seiner
Menschenwürde, die stärkende Erzie-
hungskraft der Familie, die Beseitigung,
mindestens Verminderung sozialer Benachteiligung, Verbesserung der sozialen Teilhabe für Benachteiligte" (BUN-
DESMINISTERIUM FÜR JUGEND, FAMILIE
UND GESUNDHEIT 1978, S. 51) an. Die
Kritik, die bereits zum Reichsjugendwohlfahrtsgesetz formuliert wurde und
die ihre Gültigkeit auch für das Jugendwohlfahrtsgesetz behält, greift der Gesetzentwurf durch eine Reihe von Neuregelungen auf:
Die Rechtsansprüche auf Leistungen
der Jugendhilfe zur Erziehung sollen
verstärkt und die Mitwirkung junger
Menschen im Einzelfall wie in Mitwir-
kungsgremien und Selbsthilfegruppen
gewährleistet werden. Prophylaktische
Arbeit wird gegenüber Eingriffen und
Reaktionen verstärkt, vor allem die ambulanten sozialen Dienste, insbesondere
Elternbildung, Familien-, Jugend- und
Erziehungsberatung sowie Angebote der
offenen pädagogischen und therapeutischen Hilfen ausgebaut. Der Gesetzentwurf fordert einen Gesamtplan bei Hilfen für Erziehung außerhalb der eigenen
Familie, die Verbesserung der Erziehung in einer Pflegefamilie sowie die
Einführung der Hilfe zur Erziehung in
einer pädagogisch betreuten Wohngrup-
pe und anderen Wohnformen für Jugendliche als Alternativen zur Heimer-

ziehung, wobei aber auch deutlich die Notwendigkeit der Fortentwicklung und fachlichen Qualifizierung der Heimerziehung hervorgehoben wird. Gewährleistet werden soll auch eine qualifizierte Nachsorge durch Hilfeverbund im Sinne einer Rückfallprophylaxe. Die Durchsetzung dieser Angebote und Hilfen setzt zum einen die Einführung von Jugendhilfeplänen bei allen öffentlichen Trägern der Jugendhilfe als Grundlage für eine bedarfsgerechte und koordinierte Entwicklung der Jugendhilfe, andererseits eine gleichrangige partnerschaftliche Zusammenarbeit der öffentlichen und der freien Träger der Jugendhilfe voraus, so daß der Gesetzentwurf auch hierzu Regelungen vorsieht. Dieses Gesetzesvorhaben scheiterte 1980 an der Mehrheit der CDU-regierten Bundesländer im Bundesrat.

BUNDESMINISTERIUM FÜR JUGEND, FAMILIE UND GESUNDHEIT (Hg.): Gesetzentwurf der Bundesregierung, Entwurf eines Sozialgesetzbuches – Jugendhilfe – (vom 8. 11. 1978), Bonn 1978. FRIEDEBERG, E./POLLIGKEIT, W.: Reichsjugendwohlfahrtsgesetz (Kommentar), Berlin ²1930. HASENCLEVER, C.: Jugendhilfe und Jugendgesetzgebung seit 1900, Göttingen 1978. JORDAN, E./SENGLING, D.: Einführung in die Jugendhilfe, München 1977.

Dieter Sengling

Jugendwohnkollektive

Entstehung. Im Gefolge der Ende der 60er Jahre in der Bundesrepublik Deutschland, gestützt und gefördert durch die „antiautoritäre Studentenbewegung", erfolgten Skandalisierung der Heimerziehung („Heimkampagnen") wurden als konkrete Alternativen erste Jugendwohnkollektive gegründet. Die durch die Kritik an der Heimerziehung und die Erkämpfung der Kollektive politisierten Jugendlichen begriffen ihr Modell nicht als liberale Reformvariante der Heimerziehung, sondern als „revolutionäre Alternative", die im wesentlichen die folgenden Bereiche erfaßte (vgl. BOTT u. a. 1972, LIEBEL u. a. 1972, SPENGLER/EMPEN 1970):

– Vermeidung der Nachteile der Heimerziehung, insbesondere der Stigmatisierung, der Isolation und der Erziehung zur Unmündigkeit,
– Erziehung im kooperativen, freiheitlichen Rahmen, der sowohl ein verändertes Verhältnis der Jugendlichen zu ihren Betreuern als auch veränderte Beziehungen untereinander ermöglicht,
– größere Chancen für eine freiere Entfaltung, für Selbstbestimmung und Selbsterfahrung,
– verbesserte Integration des Kollektivs und seiner Mitglieder in die soziale Umgebung.

Eine konsequente Umsetzung dieser selbstgestellten Ansprüche wurde jedoch häufig dadurch beeinträchtigt, daß die Jugendlichen in der Regel in sozial und psychisch gestörten Familienverhältnissen aufgewachsen waren und in den Heimen eine repressive Erziehung erfahren hatten. Rebellion und Flucht konnten ihre Fähigkeiten und Möglichkeiten nicht unmittelbar verändern. Der Sprung aus der verwalteten Unfreiheit in eine ungeregelte Freizügigkeit löste nicht ohne weiteres persönliche und gesellschaftliche Verantwortungsfähigkeit aus. Große Schwierigkeiten bereitete es den ersten Kollektiven, für die Jugendlichen Arbeits- oder Ausbildungsplätze zu finden, um die damit angestrebte Eingliederung in den Arbeitsprozeß zu erreichen.

Weiterentwicklung. Ausgehend von den positiven und negativen Erfahrungen

373

der „Wohnkollektive der ersten Generation", entstanden seit Mitte 1970 in der Bundesrepublik Deutschland überall Wohngemeinschaften. Mit Blick auf die Lebenssituation und die Problematik der jeweils angesprochenen Zielgruppe lassen sich inzwischen folgende Formen unterscheiden:

- Kollektive mit verhaltensgestörten (nicht schwergestörten) Jugendlichen,
- Kollektive von Jugendlichen, die von einer Heimeinweisung bedroht, aber nicht verhaltensgestört sind,
- Kollektive für Drogenabhängige,
- Kollektive für jugendliche Strafentlassene,
- Lehrlings- und Schülerkollektive.

Verbunden mit dieser Entwicklung war die Relativierung des politischen, kollektiv-pädagogischen Ansatzes. Aus Jugendwohnkollektiven wurden „Jugendwohngemeinschaften", deren Errichtung von Jugendämtern und Landesjugendämtern verstärkt kontrolliert und mit Auflagen versehen wurde.

Aber auch jenseits administrativer Auflagen und Interventionen wurde in der Praxis der Wohngemeinschaften die Erfahrung gemacht, daß seitens der Jugendlichen in aller Regel bestimmte Voraussetzungen gegeben sein müssen, damit sie sich in dieser Lebensform zurechtfinden und darin eine positive Entwicklung nehmen können. So wurde häufig betont, daß eine Wohngemeinschaft Jugendliche voraussetzt, die gruppenfähig, psychisch und physisch stabil,

ausbildungs- und arbeitsfähig, arbeitswillig und nicht drogenabhängig sind, und daß sie noch nicht oder nur kurz in Heimerziehung gewesen sein dürfen. Da man aber davon ausgehen muß, daß bei Jugendlichen, die bereits längere Heimaufenthalte hinter sich haben, diese Fähigkeiten und Kompetenzen in aller Regel nicht mehr gegeben sind, schließt ein solcher Indikationskatalog gerade jene Jugendlichen aus, für die Wohngemeinschaften eine Alternative sein könnten. Von daher erklärt sich eine Entwicklungstendenz, die dazu führt, daß sich Jugendwohngemeinschaften nicht mehr so sehr als „Gegeninstitution" zum Heim, sondern vielmehr auch als eine differenzierte sozialpädagogische Hilfeform im Beziehungsfeld der Heimerziehung entwickelt haben. Autonome Wohngruppen im Heim, Heimaußengruppen, Wohngemeinschaften unter intensiver pädagogischer Betreuung und Anleitung sind daher entstanden, um Überforderungssituationen zu vermeiden, da Wohngemeinschaften nur einer kleinen Minderheit als Lebensform angeboten werden können. In diesem Kontext haben die Wohnkollektive, selbst wenn sie in ihrer „reinen Form" (Georg-von-Rauch-Haus in Berlin) nur noch vereinzelt existieren, einen nicht zu unterschätzenden Einfluß auf die Struktur und die pädagogischen Prinzipien von Heimerziehung schlechthin ausgeübt.

Bott, H. u. a.: Selbstorganisierte Jugendwohnkollektive. In: dt. jug. 20 (1972), S. 543 ff. Liebel, M. u. a.: Jugendkollektive, Alternativen zur Fürsorgeerziehung, München 1972. Spengler, M./Empen, Ch.: Das Jugendkollektiv – Alternative zum Erziehungsheim? In: dt. jug. 18 (1970), S. 178 ff. Swoboda, H./Volmer, B.: Jugendwohnkollektive und Jugendverbände. In: dt. jug. 20 (1972), S. 166 ff. Viktor-Gollancz-Stiftung (Hg.): Jugendwohnkollektive. Die Entwicklung der sozialpädagogischen Jugendwohnkollektive von 1969–1973, 2 Teile, Frankfurt/M. 1973.

Erwin Jordan

Jungarbeiter

Begriff. Unter dem Begriff „Jungarbeiter" im weiteren Sinne werden alle jüngeren Arbeitnehmer zusammengefaßt, die mit oder ohne formale Berufsausbildung als Ungelernte oder Angelernte tätig sind (vgl. HÖHN 1974). Im engeren Sinne werden als Jungarbeiter diejenigen Jugendlichen bezeichnet, die der Berufsschulpflicht unterliegen, aber sich nicht in einem betrieblichen Ausbildungsverhältnis befinden. Die im Anschluß an die allgemeine Vollzeitschulpflicht bis zur Erreichung der Volljährigkeit abzuleistende Berufsschulpflicht umfaßt in der Regel drei Jahre, so daß Jungarbeiter zwischen 15 und 18 Jahre alt sind. Für alle Jungarbeiter treffen folgende Kennzeichen zu: die (schulrechtlich abgeleitete) Altersspanne, die arbeitsrechtliche Situation und das qualifikatorische Defizit. Hinsichtlich der übrigen Merkmale stellen die Jungarbeiter eine sehr heterogene Gruppe dar.

Zusammensetzung und zahlenmäßige Entwicklung. Zwischen Erstem und Zweitem Weltkrieg lag die Quote der Jungarbeiter bei jeweils etwa einem Drittel eines Altersjahrganges und unmittelbar nach Ende des Zweiten Weltkrieges noch bei etwa einem Viertel. In den 50er und 60er Jahren ging sie auf etwa 10 % der jeweiligen Altersjahrgänge zurück. Seit spätestens Mitte der 70er Jahre stagniert diese Entwicklung, so daß man nicht davon ausgehen kann, daß sich das Jungarbeiterproblem gewissermaßen von selbst löst.
Nach ihrer beruflichen Situation werden die Jungarbeiter in „Ungelernte", „Jungangestellte", „mithelfende Familienangehörige" sowie „Berufs- und Arbeitslose" unterteilt. Von den insgesamt 232 600 Jungarbeitern im Jahre 1976 waren 142 700 Ungelernte sowie 68 800 Berufs- und Arbeitslose. Jungangestellte und mithelfende Familienangehörige stellen also nur kleine Gruppen dar. Das zahlenmäßig starke Übergewicht der Ungelernten hat in der Praxis dazu geführt, das Jungarbeiterproblem als Problem der Ungelernten zu fassen. Während die Zahl der mithelfenden Familienangehörigen seit Beginn der 60er Jahre kontinuierlich und stark zurückgegangen ist (1962: 65 100; 1976: 8 000), stieg die Zahl der Berufs- und Arbeitslosen aufgrund konjunktureller Bedingungen sprunghaft an (1973: 28 100; 1976: 68 800). Sowohl bei den Ungelernten (1976: männlich 40,7 %; weiblich 59,3 %) als auch bei den Berufs- und Arbeitslosen (1976: männlich 45,3 %; weiblich 54,7 %) sind mehr als die Hälfte Mädchen. Eine besondere Problemgruppe im Rahmen der Jungarbeiter-Klientel stellen zunehmend die ausländischen Jugendlichen dar. Mit einiger Wahrscheinlichkeit wird in den 80er Jahren knapp die Hälfte der Jungarbeiter eine ausländische Staatsangehörigkeit haben. Die Lage auf dem Arbeitsmarkt und ihre Schulsituation, aber auch Vorurteile und Diskriminierung, denen ausländische Jugendliche häufig begegnen, haben fast zwangsläufig eine Ungelerntenexistenz zur Folge.

Soziale Herkunft und Persönlichkeitsmerkmale. Hinsichtlich der sozialen Herkunft und der Persönlichkeitsmerkmale von Jungarbeitern lassen sich aus neueren Untersuchungen folgende Angaben entnehmen (vgl. MINISTER FÜR ARBEIT, GESUNDHEIT UND SOZIALES DES LANDES NORDRHEIN-WESTFALEN 1979, S. 52 f.):
– *Soziologische und familiale Merkmale:* Jungarbeiter kommen überwiegend aus Unterschichtfamilien; mehr als die Hälfte stammt aus Familien, in denen der Vater als un- oder angelernter Arbeiter tätig ist. Bei den aus der Sonderschule und den Klassen 5 bis 7 der Hauptschule entlassenen Jugendlichen kumulieren familiale Auffälligkeiten.
– *Schulbesuch und Schulverhalten:* Zwei

Drittel der Jungarbeiter haben die Hauptschule, rund ein Drittel die Sonderschule für Lernbehinderte besucht. Der weitaus größte Teil hat weder einen Hauptschul- noch einen Sonderschulabschluß. Die Situation in der Schule ist durch Schulversagen und Schulunlust bestimmt; häufig ist eine allgemeine Lernmüdigkeit sowie eine unterdurchschnittliche Leistungs- und Bildungsmotivation die Folge.

– *Lern- und Leistungsfähigkeit:* Die vergleichsweise schwächere Lern- und Leistungsfähigkeit der Jungarbeiter resultiert nicht in erster Linie aus einer geringeren allgemeinen Intelligenz, sondern vor allem aus Retardierungen oder Störungen des Sozial- und damit auch des Lernverhaltens. Hinzu kommen soziokulturell bedingte Defizite in der Fähigkeit des sprachlichen Ausdrucks. Ein schwaches Selbstwertgefühl und ein zumeist fehlendes Lebenskonzept wirken zusätzlich lern- und leistungshemmend. Schließlich werden auch die eigenen beruflichen Chancen schlechter eingeschätzt, so daß Ausbildungslosigkeit häufig als selbstverständliches Schicksal hingenommen wird.

Ursachen der Ausbildungslosigkeit. Gründe und Ursachen der Ausbildungslosigkeit von Jungarbeitern sind sowohl in der Sphäre des Bildungs- und Ausbildungssystems als auch beim Jugendlichen selbst zu suchen. Allerdings herrscht immer noch die Tendenz vor, Ausbildungslosigkeit als ein individuelles (selbstverschuldetes) Schicksal anzusehen. Mit der Unterstellung, daß Jungarbeiter nicht ausbildungsfähig sind und/oder „freiwillig" auf eine Ausbildung verzichten, konnte die Jungarbeiterfrage als Problem von den Verantwortlichen im wesentlichen verdrängt werden. Geeignete, speziell auf die Problemgruppe gerichtete Maßnahmen im Bildungs- und Ausbildungssystem sind aus diesem Grunde bisher nur vereinzelt getroffen worden. Die im Zusammenhang mit der Entwicklung industrieller Arbeit vorgetragene (aber keineswegs belegte – vgl. WULF 1978) Dequalifizierungsthese (Zunahme der Zahl der Arbeitsplätze mit geringen Qualifikationsanforderungen) hat ebenfalls dazu beigetragen, die Jungarbeiterfrage als ein zu lösendes und im ganzen lösbares Problem zu vernachlässigen. Wenn als Gründe für den Jungarbeiterstatus Ausbildungsverzicht, Ausbildungsresignation, fehlende Ausbildungsfähigkeit, unzureichende schulische Voraussetzungen und soziale Diskriminierung genannt werden, so ist darauf hinzuweisen, daß es sich bei diesem „Ursachen"bündel um mehr oder weniger vordergründige Motive handelt. Die eigentlichen Gründe für die fehlende Bereitschaft und Befähigung zur Ausbildung werden dadurch eher verdeckt. Wenn man die soziale Situation des Jugendlichen, seine Abhängigkeit von der Familie und die Einflüsse seiner speziellen Umwelt berücksichtigt, dann zeigt sich, daß in den wenigsten Fällen von einem freiwilligen Entschluß des Jugendlichen, auf eine Ausbildung zu verzichten, gesprochen werden kann.

Folgen des Jungarbeiterstatus. Der Bildung und beruflichen Ausbildung kommt in der modernen Industriegesellschaft zunehmend die Funktion der sozialen Auslese und der Zuteilung von Sozialstatus zu. Alle einschlägigen Untersuchungen bestätigen, daß Erwerbstätige mit einer abgeschlossenen Berufsausbildung im Durchschnitt ein höheres Arbeitseinkommen als Ungelernte erzielen; Ungelernte nehmen seltener als Personen mit formalisierter Berufsausbildung an Weiterbildungsveranstaltungen teil; sie haben kaum berufliche Aufstiegschancen und sind, was sich auch im Bewußtsein der Allgemeinheit inzwischen festgelegt hat, häufiger und länger arbeitslos als Gelernte.

Die Beschulung der Jungarbeiter. Die Jungarbeiterfrage wurde bis in die jüngste Zeit hinein lediglich aus berufspädagogischer Sicht und hier fast ausschließlich berufsschulpädagogisch angegangen. Ernstliche und umfassende Versuche, Ausbildungslosigkeit zu beseitigen, wurden nicht unternommen. Der Jungarbeiterstatus wurde gewissermaßen als normales Berufsschicksal akzeptiert. Die Berufsschule konnte und sollte unter dieser Prämisse zur Verbesserung der sozialen und beruflichen Situation der Jungarbeiter – als Jungarbeiter – beitragen. Daß sie dies als eine Schule mit Teilzeitunterricht und dem Beruf als didaktischem Zentrum nicht leisten konnte und daß alle anderen didaktischen Ansätze letztlich scheiterten (wie zum Beispiel Kompensationspädagogik, Hausväterpädagogik, Werkunterricht, Technische Arbeiterbildung, Allgemeine Berufserziehung), darauf ist in der einschlägigen Literatur vielfältig hingewiesen worden. Die Beschulung der Jungarbeiter in der Teilzeitberufsschule ist bis heute ein Ärgernis für Schüler und Lehrer geblieben und nicht geeignet, das Jungarbeiterproblem auch nur annähernd zu lösen.

Neue Lösungsversuche. Unter dem Eindruck knapper Ausbildungs- und Arbeitsplätze seit Mitte der 70er Jahre und der dadurch verschlechterten Lage vor allem der Jungarbeiter hat die Jungarbeiterfrage eine arbeitsmarkt- und berufsbildungspolitische, also nicht mehr nur berufsschulpädagogische und sozialpolitische Dimension erhalten. Es setzt sich immer mehr die Einsicht durch, daß Anstrengungen unternommen werden müssen, möglichst alle Jugendlichen beruflich auszubilden. Ob dafür eine Ausbildungpflicht für alle Jugendlichen ein geeignetes Mittel sein könnte, ist allerdings umstritten. Konsens besteht jedoch darüber, daß die Jungarbeiter zu ihrer beruflichen Qualifizierung besonderer Förderung und Hilfen bedürfen. Dies betrifft sowohl den Umfang des materiellen und personellen Aufwandes (Prinzip der Massierung) als auch die Art des Aufwandes (Prinzip der Differenzierung). Dazu gehören: gezielte sozialpädagogische Hilfen; personalintensive Betreuung in Beratung, Vorförderung und Berufsausbildung; Beseitigung finanzieller Barrieren für die Betroffenen und/oder für deren Eltern; nachgehende Betreuung während des Beschäftigungsverhältnisses; problemgruppenspezifische (aktiv kontaktierende) Bildungs- und Berufsberatung; Orientierung der berufsqualifizierenden Inhalte von Ausbildungsmaßnahmen an den spezifischen Lernvoraussetzungen der Problemgruppe; Orientierung der Unterrichts- und Lernmethoden an den spezifischen Lern- und Verhaltensweisen der Problemgruppe; Vermittlung von Qualifikationen, die verwertbar und im Beschäftigungssystem gefragt sind; Vermeidung von Diskriminierungen.

ABEL, H.: Die Beschulung der Jugendlichen ohne Lehrverhältnisse. In: BLÄTTNER, F. u. a. (Hg.): Handbuch für das Berufsschulwesen, Heidelberg 1960, S. 219 ff. BLANKERTZ, H.: Die Ungelernten als Problem der Berufsschule. In: RÖHRS, H. (Hg.): Die Berufsschule in der industriellen Gesellschaft, Frankfurt/M. 1968, S. 196 ff. HÖHN, E. (Hg.): Ungelernte in der Bundesrepublik Deutschland, Karlsruhe 1974. MINISTER FÜR ARBEIT, GESUNDHEIT UND SOZIALES DES LANDES NORDRHEIN-WESTFALEN (Hg.): Jugendliche ohne Ausbildungsvertrag. Arbeit und Beruf, Bd. 24, Düsseldorf 1979. WULF, M.: Senkung und Polarisierung von Qualifikationsanforderungen als Bedingungen des Bildungssystems. In: Z. f. P. 24 (1978), S. 51 ff.

Joachim Münch

Kollegschule

Einordnung der Kollegschule. Innerhalb der Modellversuche zur Integration der Sekundarstufe II ist der nordrhein-westfälische Versuch der Kollegschule derjenige, der in seinem Planungskonzept alle Bildungsgänge der Sekundarstufe II gleichermaßen berücksichtigt und sich mit einer bildungstheoretischen Begründung als Alternative zu den Teilreformen innerhalb der differenzierten Sekundarstufe II anbietet. Damit grenzt sich dieser Schulversuch einerseits von punktuellen Integrationsversuchen ab, die, getragen vom pädagogischen Impetus einer Erzieherpersönlichkeit oder einer interessierten Gruppe, sich in bildungsökologischen Nischen als pädagogische Alternativen zu den Bildungskonzepten des Regelsystems etabliert haben; er grenzt sich aber auch gegenüber Revisionen der Teilsysteme der Sekundarstufe II ab, die durch Öffnung der Gymnasien für berufsbezogene Fächer und bestimmte „gehobene" Berufsbildungsgänge oder durch Anlagerung studienbezogener Bildungsgänge an berufliche Schulen das Bildungsangebot ihrer Schulen vergrößern, dabei aber an der didaktischen Trennung beruflicher Ausbildung und der durch allgemeine Bildung vermittelten Hochschulreife festhalten. Jedoch stellt die Kollegschule NW selbst auch nur eine Teilreform des Bildungswesens in der Sekundarstufe II dar. Anders als das Konzept des Bildungsrates zur Verbindung von beruflichem und allgemeinem Lernen beschränkt die Kollegschule NW die Reform zunächst auf den Lernort „Schule" und bezieht die Lernorte „Betrieb", „Lehrwerkstatt" und „Studio" nicht in das Reformkonzept ein.

Das Strukturmodell der Kollegschule kann in folgenden Punkten zusammengefaßt werden:
- Die Kollegschule ist eine Einrichtung, die den im Rahmen der Sekundarstufe II schulpflichtigen Jugendlichen alle schulischen Bildungsgänge (vollzeit- und teilzeitschulische) anbietet, die zum Erwerb beruflicher oder zum Besuch weiterführender Schulen berechtigender Abschlüsse führen. Die Kollegschule trägt den schulischen Anteil beruflicher Erstqualifikation im dualen Bereich oder vermittelt eine berufliche Erstqualifikation oder Teilqualifikation in vollzeitschulischer Form. Im Rahmen doppeltqualifizierender Bildungsgänge können der Hauptschulabschluß der Klasse 9 und der Sekundarstufen-I-Abschluß der Klasse 10 nachgeholt, die Fachhochschulreife oder die allgemeine Hochschulreife erworben werden.
- Jeder Jugendliche wählt nach Beendigung seiner vollzeitschulischen Bildung in der Sekundarstufe I einen Bildungsgang in der Kollegschule. Dies impliziert zunächst die Entscheidung für einen fachlichen Schwerpunkt und in der Regel im Verlauf des ersten Bildungsjahres für ein berufliches Bildungsziel. Einzelne Bildungsgänge sind an Eingangsvoraussetzungen gebunden, jedoch besteht die Möglichkeit, fehlende Eingangsvoraussetzungen im Bildungsgang selbst nachzuholen.
- Mit der Wahl des Bildungsganges ist dem Schüler ein bestimmtes Lernprogramm verbindlich vorgegeben. Dieses verbindliche Lernprogramm umfaßt den „Lernbereich Obligatorik", der für alle Schüler identisch ist (Gesellschaftslehre und Deutsche Sprache), und den „Lernbereich Schwerpunkt" der die fachliche Spezialisierung des Bildungsganges ausdrückt. Nur der Wahlbereich ist nicht durch die Wahl des Bildungsganges determiniert. Der Schüler kann über diesen Bereich alternative Bildungsangebote nutzen, die sein Lernprogramm auf andere Bereiche ausdehnen oder vertiefen, oder den Aufbau einer zweiten Qualifikation verfolgen.

- Das Lernprogramm der Kollegschule ist in der Form von „Kursen" vorgegeben. Jeder Kurs weist seine „Wertigkeit" für unterschiedliche Bildungsgänge aus (Polyvalenz und Äquivalenz). Damit sind sowohl Möglichkeiten zu einem horizontalen oder vertikalen Wechsel der Bildungsgänge wie auch zu einer Variation des individuellen Lerntempos angezeigt.
- Durchgehendes didaktisches Prinzip der Auslegung von Bildungsgängen und Kursen ist die Wissenschaftsorientierung aller Lehr- und Lernprozesse. Jeder Bildungsgang ist über das Gesamtsystem der curricularen Schwerpunkte auf eine oder mehrere wissenschaftliche Leitdisziplinen orientiert, die im Lernbereich „Schwerpunkt" eine wissenschaftspropädeutische Auslegung von Kursen zulassen; die Kurse sind somit zugleich auf eine berufliche und auf eine studienbezogene Abschlußqualifikation anrechenbar. Jedoch ist die Teilnahme an wissenschaftspropädeutisch ausgelegten Kursen für den beruflichen Abschluß nur insoweit verbindlich, wie die berufliche Qualifikation selbst Wissenschaftspropädeutik erfordert. Wissenschaftspropädeutisch angelegte Kurse sind ein Angebot zur Intensivierung fachlicher Bildung und zur Reflexion der im Bildungsgang zugemuteten Spezialisierung (vgl. KULTUSMINISTER . . . 1972).

Realisation des Schulversuchs. Als Strukturmodell wurde die Kollegschule in drei Empfehlungen von der im Dezember 1970 unter dem Vorsitz von Blankertz vom Kultusminister des Landes Nordrhein-Westfalen einberufenen Planungskommission entworfen (vgl. KULTUSMINISTER . . . 1972, S. 13 ff.; vgl. KULTUSMINISTER . . . 1976, S. 275 ff.; vgl. PLANUNGSKOMMISSION . . . o. J.). Die Realisation des Projekts wird in einem komplexen und aufwendigen Ver-

fahren verfolgt (vgl. KULTUSMINISTER . . . 1976): Ursprünglich für 30 Kollegschulregionen geplant, beteiligten sich 1979 elf Regionen an der Entwicklung. Kollegschulen sind keine Neugründungen, sondern werden aus Schulen des bestehenden Systems heraus entwickelt. Im Einvernehmen mit der oberen und obersten Schulaufsicht einerseits, sowie den betroffenen Schulen (Lehrerkollegien, Eltern, Schülern) andererseits beantragt der Schulträger die Aufnahme in den Kollegschulversuch, an dem stets berufliche Schulen und Gymnasien beteiligt sind. Über die Phasen der Koordination (Planungsphase) und Kooperation (Vorlaufphase) soll die Integration (Hauptphase) erreicht werden. Es werden vier Entwicklungsmodelle gefördert:
- Zunächst das *Konvergenzsystem*, das ursprünglich als einzige Entwicklungsform geplant war. Mindestens eine berufliche Schule und ein Gymnasium bilden dabei den Kern einer zukünftigen organisatorisch-pädagogischen Einheit. Die als zu schwierig empfundenen Anforderungen an die Schulleitungen, Lehrerkollegien und Eltern, gemeinsam mit mindestens einer bisher als komplementär erlebten Schule eine neue Identität – die Kollegschule – zu begründen, haben dazu geführt, alternative Übergangsmodelle zu suchen.
- Das zweite Modell, das *Ausbausystem*, erlaubt einem Gymnasium oder einer beruflichen Schule, durch Anlagerung von Bildungsgängen des komplementären Systems sich zur Kollegschule zu entwickeln.
- Das *Aufbausystem* als drittes Modell entsteht durch Teilung oder Neueinrichtung anstelle einer gymnasialen Oberstufe oder beruflichen Schule.
- Das *Verbundsystem* schließlich soll insbesondere ländlichen Regionen die Möglichkeit geben, in Abstimmung mit einem Kollegschulzentrum an örtlich gestreuten Standorten gymnasiale Oberstufen zu erhalten, je-

doch integrierte, insbesondere doppeltqualifizierende Bildungsgänge anzubieten.

Curriculumentwicklung. Die curriculare Planung wurde ab 1972 von den am Kollegschulmodell beteiligten Schulen in „Regionalen Fachgruppen", ausgehend von den Curricula der Regelschulen und den besonderen Bedürfnissen und Planungszielen der Regionen, betrieben; diese Curriculumentwicklung wurde durch Lehrervorbereitungsseminare des Kultusministers und der Wissenschaftlichen Begleitung Kollegstufe (WBK) unterstützt. Zugleich entwickelte die WBK entsprechend den Vorgaben der Planungskommission das Konzept des „Lernbereichs Obligatorik" und das Gesamtsystem der Schwerpunkte. Ab 1975 begannen „Überregionale Fachgruppen" mit einer zentralen Curriculumentwicklung, die sich an den strukturellen Vorgaben der WBK orientiert. Insgesamt elf überregionale Fachgruppen (Deutsche Sprache; Erziehungswissenschaft/Sozialpädagogik; Fremdsprachen; Gesellschaftslehre/Historie; Kunst/Gestaltung; Naturwissenschaften; Sport/Freizeitgestaltung; Technologien; Wirtschaftswissenschaften; Religion; Jugendliche ohne Ausbildungsvertrag), die aus einem Leiter, aus Lehrern an beruflichen Schulen, Gymnasien und Kollegschulen und einzelnen Wissenschaftlern bestehen, erarbeiten unter der Beratung der WBK und einzelner „Assoziierter Wissenschaftlergruppen" sogenannte *Profilkonzepte* (Beschreibung von Bildungsgängen der Kollegschule hinsichtlich ihrer Eingangsvoraussetzungen, Abschlüsse und Kurs- und Fächerkombinationen) und Kurskonzepte (curriculare Vorgaben und Handreichungen für den Unterricht, die vom Kultusminister zur Erprobung an Kollegschulen freigegeben werden). 1978 sind die überregionalen Fachgruppen in das neugegründete nordrhein-westfälische Landesinstitut für Curriculument-

wicklung, Lehrerfortbildung und Weiterbildung eingegliedert worden. Gleichzeitig wurden die Beratungen der Assoziierten Wissenschaftlergruppen und der Evaluationsauftrag der WBK schrittweise aus dem engen Handlungszusammenhang praxisnaher Curriculumentwicklung für das Gesamtsystem der Kollegschule herausgelöst und auf spezielle Arbeitsaufträge konzentriert.

Die oberste Schulaufsicht (der Kultusminister) hat durch Genehmigung neuer Schulfächer für die Kollegschule und durch eine Vereinbarung in der Kultusministerkonferenz die rechtlichen Rahmenbedingungen für den Schulversuch geschaffen. Als zusätzliche Fächer für die Abiturprüfung an Kollegschulen sind seit 1977 zugelassen: Sozialwissenschaften mit Schwerpunkt Betriebswirtschaftslehre, Sozialwissenschaften mit Schwerpunkt Recht, Technik mit Schwerpunkt Elektrotechnik, Technik mit Schwerpunkt Maschinenbautechnik, Technik mit Schwerpunkt Verkehrstechnik und Technik mit Schwerpunkt Physikalische und Chemische Technologie.

Kritik an der Kollegschule. Das Strukturmodell der Kollegschule ist bis zur Mitte der 70er Jahre sehr breit diskutiert worden, wie eine Bibliographie in der Schriftenreihe des KULTUSMINISTERS NW (vgl. 1976) zeigt. 1973 hat die Georg-Michael-Pfaff-Gedächtnisstiftung ihren Preis für Initiativen im Bildungswesen der Planungskommission Kollegstufe NW verliehen; zahlreiche Experten und Institutionen haben sich in den folgenden Jahren immer wieder für Versuche zur Integration in der Sekundarstufe II ausgesprochen. Diese Ereignisse markieren eine tendenzielle Zustimmung zum Konzept einer umfassenden Integration von beruflicher und allgemeiner Bildung in der Sekundarstufe II und zum politischen Willen der Landesregierung, ein solches Konzept schrittweise zu realisieren. Negative Stellungnahme zum Ziel der Integration erweisen sich dagegen häufig als von ausschließlich partikularen Interessen bestimmt. Aus der Sicht der Kollegschulentwicklung sind aber vor allem jene kritischen Argumente bedenkenswert, die die bildungstheoretischen Prämissen der Integration zwar teilen, gleichzeitig aber bemängeln, daß das Strukturmodell der Kollegschule den eigenen Ansprüchen nicht gerecht werde, indem es Gegebenheiten des Bildungssystems (die teilzeitschulische Bildung von Jungarbeitern und -angestellten und von Auszubildenden in anerkannten Ausbildungsberufen) und des Beschäftigungssystems (unterschiedliche Qualifikationsstrukturen, Hierarchisierung) als Sachzwänge hinnehme. Zwar gehen diese Einwände bezüglich der bildungs- und gesellschaftspolitischen Reflexion der Kollegschulplanung fehl, jedoch treffen sie Gefahrenmomente der Versuchspraxis: Die bisher geschaffenen rechtlichen Regelungen reichen nicht aus, um doppeltqualifizierende Bildungsgänge an Kollegschulen zu implementieren, die eine (duale) Facharbeiterausbildung auf den Erwerb der allgemeinen Hochschulreife anrechnungsfähig machen. Kollegschulen sind mithin in der Gefahr, im Rahmen von „Ausbaumodellen" sich als berufliche Schulen mit gymnasialem Zweig zu etablieren:

Die Orientierung an den Laufbahnvoraussetzungen des Beschäftigungssystems begünstigt die Entwicklung doppeltqualifizierender, den Erwerb der allgemeinen Hochschulreife einschließender Bildungsgänge für „gehobene" Berufe. Werden solche Bildungsgänge an Kollegschulen angeboten, die als Ausbaumodelle oder im Rahmen eines Verbundsystems aus gymnasialen Oberstufen entwickelt werden, so besteht die Gefahr, daß personelle und materielle Ressourcen gebunden werden, die den beruflichen Schulen, um unwirtschaftliche Doppelangebote in einer Region zu vermeiden, entzogen werden.

Die Orientierung der Bildungsgangplanung an Eingangsvoraussetzungen und Abschlußqualifikationen des Regelsystems erschwert tendenziell die soziale Integration der nach diesen Kriterien differenzierbaren Jugendlichen. Im Extremfall führt dies zur „Entlastung" der Kollegschulen von der Gruppe der Jugendlichen ohne Hauptschulabschluß, die, soweit sie keinen Ausbildungsvertrag abschließen können, in einem gesonderten nordrhein-westfälischen Schulversuch, der Verbindung des Berufsvorbereitungsjahres mit dem Berufsgrundschuljahr, in ihrer beruflichen und allgemeinen Bildung gefördert werden.

KULTUSMINISTER NORDRHEIN-WESTFALEN (Hg.): Kollegstufe NW: Strukturförderung des Bildungswesens des Landes Nordrhein-Westfalen, Heft 17, Ratingen/Kastellaun/Düsseldorf 1972. KULTUSMINISTER NORDRHEIN-WESTFALEN (Hg.): Schulversuch: Kollegschule NW. Strukturförderung des Bildungswesens des Landes Nordrhein-Westfalen, Heft 31, Köln 1976. PLANUNGSKOMMISSION KOLLEGSTUFE NW: Sicherung von Abschlüssen und Berechtigungen für die Hauptphase des Modellversuchs Kollegstufe NW. Dritte Empfehlung der Planungskommission an den Kultusminister des Landes Nordrhein-Westfalen, Mimeo, o. O., o. J. (1975).
Barbara Schenk

Kurssystem

In der Bonner Vereinbarung von 1972 zur Reform der gymnasialen Oberstufe sind die Kultusminister übereingekommen, die typisierte Oberstufe zugunsten einer enttypisierten, differenzierten aufzulösen. Als zentrales Organisationsprinzip wurde das Kurssystem eingeführt, da nur hierdurch die Grundintentionen der Reform – *Individualisierung* und *Konzentration des Lernens* – als umsetzbar angesehen wurden. Gerade in Hinsicht auf den Aspekt der Individualisierung (Wahl von Lernschwerpunkten aufgrund von Neigung und Begabung) und den der Konzentration (vertiefte Arbeit in wenigen Schwerpunktbereichen, in den übrigen Fachgebieten dafür nur überblicksartige Grundkenntnisse) entfaltet das Kurssystem gegenüber dem Klassensystem seine Leistungsfähigkeit. Das Klassenprinzip beruht auf der Annahme vom gleichmäßigen Lernfortschritt eines jeden Schülers in allen Fächern und vom einheitlichen Leistungsniveau aller Schüler einer Klasse. Man kann sich diesen Verweis auf Leistungsgleichheit sinnvoll nur als gemeinsames Leistungsminimum vorstellen: Ein jeder Schüler der gleichen Klasse muß mindestens bestimmte Leistungsanforderungen erfüllen, will er das Klassenziel erreichen. Die Klasse würde demnach auf den kleinsten noch zulässigen gemeinsamen Nenner der Leistung bezogen (formal ist diese Zulässigkeit in entsprechenden Versetzungsverordnungen definiert).

Verständlich und vertretbar ist das Klassenprinzip also dann, wenn es um die Vermittlung und Sicherung eines gemeinsamen Leistungsminimums oder, um die etwa pejorative Färbung des Begriffs zu vermeiden, eines gemeinsamen Leistungsgrundes geht. Für das Klassenprinzip sind also zwei Momente konstitutiv: das der *Gemeinsamkeit* (ein der nachwachsenden Generation gemeinsamer Bestand an Kenntnissen, Fähigkeiten und Fertigkeiten soll vermittelt werden) und das der *Grundlegung* (es soll ein Fundament gelegt werden als Grundlage für darauf aufbauende Leistungen).

Ist der Unterricht aber von gegensätzlichen Intentionen getragen – von Individualisierung (statt Gemeinsamkeit) und Konzentration oder Vertiefung (statt Grundlegung) –, dann ist nicht mehr das Klassen-, sondern das Kurssystem die geeignete Organisationsform. Unter einem Kurssystem versteht man die Zusammenstellung schulischer Lerngruppen aufgrund von Neigung und Leistung. Der einzelne Schüler differenziert sein Curriculum in ein Spektrum von Fächern, die er nach seinen Interessen und/oder nach Leistungsgesichtspunkten wählt. Die Organisationseinheit zur Unterrichtung eines Faches, das von mehreren Schülern unter gleichen Gesichtspunkten (Neigung/Leistung) gewählt wurde, ist der Kurs.

Das Kurssystem der differenzierten gymnasialen Oberstufe in der Sekundarstufe II gibt jedoch die Wahl der Fächer und entsprechender Kurse nicht uneingeschränkt frei. Es ist vielmehr ein Mischsystem, bei dem der Unterricht zwar primär nach Begabung und Leistung differenziert ist, bei dem aber auch noch das Prinzip der Bindung (des Gemeinsamen, des Grundlegenden) zur Anwendung kommt. Allerdings wird dieses Prinzip nur noch curricular verstanden (und erinnert lediglich in dieser Hinsicht an das Klassenprinzip), es ist jedoch nicht mehr interaktionell ausgelegt, etwa im Sinn einer nach äußerlichen Kriterien (beispielsweise Alter) zusammengesetzten festen Lerngruppe.

Das Unterrichtsangebot gliedert sich in der differenzierten Oberstufe in einen Pflicht- und einen Wahlbereich; für den ersten gelten bestimmte Auflagen bei der Kurswahl, in dem zweiten kann der Lernende allein nach seinen Interessen und Neigungen wählen. Das Verhältnis beider Bereiche beträgt 2 : 1, bei in der

Regel 30 Wochenstunden. Innerhalb beider Bereiche werden die Kurse nach dem Leistungsniveau und der Lernintensität in *Grund-* und *Leistungskurse* unterschieden.

Grundkurse haben die Aufgabe, in Sachgebiete einzuführen, am Beispiel grundlegende Themen zu erörtern und Bezüge zu anderen Sachbereichen aufzuzeigen. Etwa bis zu zwei Drittel des Unterrichts finden in Grundkursen statt (ein Grundkurs ist in der Regel zwei- bis dreistündig), so daß im Vergleich zum Leistungskurs das Unterrichtsvolumen im Grundkurs geringer, die Gruppenstärke meist größer und die Lerngruppe stärker leistungsheterogen ist. Hieraus ergibt sich, daß die Unterrichtsformen in den Grundkursen insgesamt weniger von denen des Klassenunterrichts abweichen als in den Leistungskursen.

Die Leistungskurse sind auf den individuellen Leistungsschwerpunkt des betreffenden Schülers ausgerichtet. Er muß – je nach Länderregelung – zwei oder drei Leistungsfächer wählen, die sechsstündig unterrichtet werden. Eines dieser Fächer muß nach der KMK-Vereinbarung entweder eine Fremdsprache oder Mathematik oder eine Naturwissenschaft sein.

Durch die Berücksichtigung individueller Leistungserbringung kann selbstverständlich auch die Verweildauer in der Oberstufe nicht für alle gleich lang angesetzt werden: Sie schwankt daher zwischen mindestens zwei und höchstens vier Jahren.

Aus didaktischer Sicht ist das Kurssystem in ein dreistufiges curriculares Gefüge eingelagert, das Aufgabenfeld, Fach und Kurs umfaßt. Hierdurch soll eine Atomisierung des Oberstufenlehrgangs in eine Fülle unverbundener Einzelkurse verhindert werden. Die grundlegenden inhaltlichen Gliederungseinheiten sind die Aufgabenfelder, die den großen Bereichen wissenschaftlicher Erkenntnis entsprechen: sprachlich-literarisch-künstlerisches, gesellschaftswissenschaftliches und mathematisch-naturwissenschaftlich-technisches Aufgabenfeld. Den Aufgabenfeldern sind jeweils entsprechende Fächer zugeordnet, in deren Rahmen vom Oberstufenschüler Kurse gewählt und belegt werden können. Es ist vorgesehen, zumindest im Wahlbereich auch neue Fächer einzuführen, sofern Lehrkräfte hierfür zur Verfügung stehen (was nicht zuletzt auch eine Frage der Schulgröße ist).

Hinter dieser gegenüber bisherigen Lehrplänen konsequenten Ausweitung des Fächerspektrums steht die wichtige Prämisse der KMK-Vereinbarung von der Gleichwertigkeit aller Fächer: Jedes Fach ist geeignet, wissenschaftspropädeutisches Lernen zu fördern, die Fächer sind also in dieser Hinsicht gleichwertig, sie sind jedoch nicht gleichartig, was ihren Aufbau, ihre Inhalte, ihre Vorgehensweise anbelangt.

Mit dieser Kombination von Aufgabenfeld, Fach und Kurs versucht man, die sich spannungsvoll gegenüberstehenden Prinzipien der Bindung und Individualisierung, der Grundlegung und Spezialisierung (als Folge der Konzentration) zu vereinbaren: Bindung an Aufgabenfelder, das heißt an große, aber inhaltlich voneinander abgehobene und nicht aufeinander rückführbare Sachbereiche, individuelle Wahl ihnen entsprechender Fächer und Kurse, grundlegende, einführende Arbeit in den jeweils für ein Aufgabenfeld oder Fach zu veranschlagenden Grundkursen, Konzentration und vertieftes Spezialwissen in den Leistungskursen.

Bei der Umsetzung des Kurssystems in die Schulwirklichkeit können sich allerdings *Restriktionen* bemerkbar machen, die das Konzept in seinen Konsequenzen recht problematisch erscheinen lassen. Besonders hinsichtlich des Wahlverhaltens der Schüler müssen negative Erscheinungen registriert werden, die jedoch – das sollte deutlich hervorgehoben werden – nicht unbedingt im Charakter des Kurssystems begründet sind;

sie treten vor allem im Zuge der Numerus-clausus-Situation als Folgeprobleme eines Engpasses außerhalb des Gymnasiums auf. Bedingt durch den Druck der Zulassungsbeschränkungen in einer Anzahl von Studienfächern, richtet sich das Wahlverhalten der Schüler oft nach sekundären Entscheidungskriterien wie etwa nach der Frage, ob ein Fach als leicht oder schwer angesehen wird oder ob ein Lehrer in seiner Notengebung als großzügig oder streng gilt. Zudem kann durch die rigide Wettbewerbshaltung im Zuge der Numerus-clausus-Situation ein Klima isolierter Arbeitsatmosphäre in den Kursen eintreten, das überdies durch eine allseitige Konkurrenzhaltung bei dem Ziel, optimale Noten zu erreichen, weiter verschlechtert wird. Diese Probleme sind – um es noch einmal zu betonen – nicht notwendige Folgen des Kurssystems; sie sind daher auch nicht ausschließlich im Rahmen des Gymnasiums zu lösen. Wohl können sie durch geeignete Maßnahmen wie Tutorengruppen, außerunterrichtliche Veranstaltungen oder Gruppenarbeit abgeschwächt werden. Grundlegend ändern wird sich die Situation jedoch erst im Zusammenhang einer umfassenden Verbesserung der Ausbildungssituation im Abnehmersystem des Gymnasiums, also in den Hochschulen.

FLÖSSNER, W. u. a.: Theorie: Oberstufe, Braunschweig 1977. KMK: Empfehlungen zur Arbeit in der gymnasialen Oberstufe gemäß Vereinbarung zur Neugestaltung der gymnasialen Oberstufe in der Sekundarstufe II – Beschluß der Kultusministerkonferenz vom 7. Juli 1972, Beschluß vom 2. 12. 1977, Neuwied 1978. MARTIN, L. R.: Bildungsberatung in der Schule, Bad Heilbrunn 1974.

Arnim Kaiser

Latinum – Graecum

Regelungen. Unter der Bezeichnung „Latinum" und „Graecum" (Abkürzung für „examen latinum/graecum") wird im Reifezeugnis der Nachweis lateinischer und griechischer Sprachkenntnisse vermerkt, der für bestimmte Studienfächer und -abschlüsse verbindlich vorgeschrieben ist. Dieser Nachweis wird mit dem Zeugnis der Hochschulreife erbracht, wenn auf der Sekundarstufe I und/oder II Mindestanforderungen der Teilnahme am Latein- beziehungsweise Griechischunterricht erfüllt worden sind. Die geforderten Sprachkenntnisse können auch nach anderweitiger Vorbereitung durch Ergänzungsprüfungen zum Reifezeugnis nachgewiesen werden. Diese Prüfungen sind entweder im zeitlichen Zusammenhang mit der Reifeprüfung oder in den ersten Semestern des Fachstudiums abzulegen. Die Anforderungen in den Ergänzungsprüfungen zum Reifezeugnis wurden 1952 durch Beschluß der Ständigen Konferenz der Kultusminister der Länder in der Bundesrepublik Deutschland (KMK) in Grundzügen einheitlich festgelegt. Danach kann die Ergänzungsprüfung in Latein als großes oder als kleines Latinum abgelegt werden. Das kleine Latinum setzt Verständnis leichterer Textstellen aus dem Werk eines Schriftstellers eigener Wahl voraus, wobei häufig auf Caesar als traditionelle schulische Anfangslektüre zurückgegriffen wird. Wer lateinisches Textverständnis an schwierigeren Texten von Autoren wie Sallust, Cicero und Livius nachweist, erhält das große Latinum zuerkannt. Die Ergänzungsprüfung in Griechisch verlangt das Verständnis mittelschwerer Texte aus Werken Xenophons und Platons. Die Mindestbedingungen für die Zuerkennung des Latinums und Graecums im Reifezeugnis sind den verschiedenen gymnasialen Schulformen und jeweiligen Traditionen des altsprachlichen Unterrichts entsprechend in den Bundesländern unterschiedlich geregelt worden. Die Vereinbarung der KMK vom 7. 7. 1972 über die „Neugestaltung der gymnasialen Oberstufe in der Sekundarstufe II" hat durch die Aufhebung der Schultypen in der differenzierten Oberstufe eine bessere Vergleichbarkeit und stärkere Vereinheitlichung der Mindestbedingungen angebahnt. Das große Latinum wird heute in der Regel nach einem Lateinunterricht in fünf aufsteigenden Jahrgangsklassen erworben. Bei nicht ausreichenden Leistungen oder einer kürzeren Lehrgangsdauer wird nach bestandener Reifeprüfung das kleine Latinum zuerkannt. Mit der Zuwahl von Grund- und/oder Leistungskursen in den Jahrgangsstufen 11 und 13 sind im allgemeinen auch die Bedingungen für das große Latinum erfüllt.

Das Graecum erwirbt, wer am Griechischunterricht in den Klassen 9 und 10 und/oder an Grund- oder Leistungskursen in den Jahrgangsstufen 11 bis 13 mit mindestens ausreichendem Erfolg im Abschlußkurs teilgenommen hat.

In der Frage, für welche Studienfächer und -abschlüsse das große oder das kleine Latinum und das Graecum zu fordern sei, haben sich verhältnismäßig feste Regeltraditionen herausgebildet. Eine zentrale Vereinbarung ist hier aufgrund der relativen Hochschulautonomie in Fragen der Studien- und Prüfungsordnungen schwer zu erreichen. Das große Latinum gilt in den Fächern Religion, Deutsch, Geschichte sowie in den alten und neuen Fremdsprachen, das Graecum in Latein und Religion allgemein als Zulassungsvoraussetzung zur Staatsprüfung für das Lehramt an Gymnasien und berufsbildenden Schulen. Großes Latinum und Graecum verlangen neben theologischen Fakultäten und kirchlichen Prüfungsordnungen manche philosophischen Fakultäten und geisteswissenschaftlichen Fachbereiche in ihren Promotionsordnungen. In der Rechtswissenschaft und Medizin genügt in der Regel das kleine Latinum.

Entwicklungsgeschichte. Die Notwendigkeit, für den Nachweis lateinischer und griechischer Sprachkenntnisse als Studienvoraussetzung oder Vorbedingung staatlicher und akademischer Studienabschlüsse besondere Regelungen zu treffen, entstand gegen Ende des 19. Jahrhunderts mit der staatlichen Anerkennung höherer Schulen, die ohne obligatorischen Latein- und Griechischunterricht zur Reifeprüfung führten und den Anspruch des Gymnasiums auf alleinige Berechtigung zum Universitätsstudium in Frage stellten. Dieses gymnasiale Berechtigungsmonopol wurde in Preußen 1812 begründet, als die Schulverwaltung zur Entlastung der Universitäten von unzureichend vorgebildeten Studenten das Recht, Schüler zur Universität zu entlassen, auf einen kleinen Teil der traditionellen Lateinschulen beschränkte und ausschließlich diesen Lehranstalten die Bezeichnung „Gymnasium" zuerkannte. Mit der anschließenden Neuordnung des Abiturientenexamens, die unter dem Einfluß der Humboldtschen Bildungstheorie das preußische Gymnasium zur Schule allgemeiner Menschenbildung bestimmte, wurde erstmals die Beherrschung nicht nur der lateinischen, sondern auch der griechischen Sprache zur unerläßlichen Voraussetzung für jedes Hochschulstudium und jede Berufstätigkeit im höheren Staatsdienst erklärt.

Die stürmische Entwicklung der Naturwissenschaften und der Technik und die wachsende Bedeutung der modernen Fremdsprachen führten in der Folgezeit zu einem verstärkten Ausbau des Realschulwesens sowie zur Errichtung technischer Hochschulen und Fachakademien im Hinblick auf den steigenden Bedarf an spezialisierten Führungskräften in Wirtschaft und Verwaltung. Im Zuge dieser Entwicklung traten neben das vollberechtigte, altsprachlich-humanistische Gymnasium 1859 die „Realschule I. Ordnung" (ab 1882 „Realgymnasium" genannt) mit Latein-, aber ohne Griechischunterricht und 1882 die Oberrealschule, die auf den altsprachlichen Unterricht vollständig verzichtete. Die Reifezeugnisse dieser Realanstalten berechtigten zunächst nur zum Studium an den neu geschaffenen Hochschulen. Aber schon 1870 wurde den Realschulen I. Ordnung – nicht zuletzt wegen des gestiegenen Realschullehrerbedarfs – das Recht zugestanden, ihre Schüler auch zum Studium der Mathematik und Naturwissenschaften sowie der modernen Fremdsprachen an die Universität zu entlassen. Wer als Abiturient des Realgymnasiums die Berechtigung zu allen Fakultätsstudien und damit Zugang zu den traditionellen akademischen Berufen des Arztes oder Juristen erlangen wollte, mußte sich seit der Ordnung von 1882 – trotz neunjährigen Lateinunterrichts als Studienvoraussetzung – im Rahmen der Entlassungsprüfung eines Gymnasiums im Lateinischen und Griechischen einer schriftlichen und mündlichen Ergänzungsprüfung unterziehen. Die soziale Auslesefunktion des Gymnasiums wurde im altsprachlichen Unterricht unter Berufung auf seinen humanistischen Bildungsauftrag gegenüber fachpropädeutischen Gesichtspunkten rigoros durchgesetzt.

Die Einsicht in die Notwendigkeit einer zeitgemäßen Umgestaltung des höheren Schulwesens geriet in Widerspruch zu gesellschaftlichen Interessen, welche die überkommene Struktur des Berechtigungswesens erhalten wissen wollten. Unter dem Eindruck der Diskussion der 80er Jahre des 19. Jahrhunderts um die „Überfüllung der gelehrten Berufe" und aus Sorge um die Erhaltung des Gymnasialmonopols empfahl die Schulkonferenz 1890, daß das Reifezeugnis der Realanstalten um den Nachweis einer „hinreichenden Bildung in den alten Sprachen" auch während der Studienzeit in Form eines „Fachexamens" ergänzt werden könnte. Mit dieser Maßnahme sollte eine möglichst gleiche Wertschätzung der humanistischen und der realistischen Bildungsanstalten erreicht und eine Umverteilung der Studentenströme auf die technischen Hochschulen und die Fachhochschulen angebahnt werden. Die Gleichstellung aller drei neunjährigen höheren Schulformen in den Studienberechtigungen, zu der sich die Reichsschulkonferenz von 1900 genötigt sah, brach formalrechtlich das gymnasiale, nicht aber das altsprachliche Berechtigungsmonopol. Als 1902 die Frage der Ergänzungsprüfungen erstmals in einem eigenen Erlaß behandelt wurde, bezog sich die Neuregelung auf die Einrichtung staatlicher Prüfungskommissionen, welche die Eigenständigkeit dieser Prüfungen gegenüber der Reifeprüfung des Gymnasiums betonten und damit die Gleichwertigkeit der drei Reifezeugnisse unterstreichen sollten. Die Absicht, die Bestimmungen der Reifeprüfungsordnung von 1901 sinnentsprechend anzuwenden, unterstellte die Ergänzungsprüfungen aber zugleich dem Anspruch, eine Leistung zu erbringen, die der neunjährigen Arbeit des Gymnasiums in den alten Sprachen vergleichbar war. Da dieser Anspruch wegen der erheblich geringeren Vorbereitungszeit und starken Mehrbelastung der betroffenen Abiturienten und Studenten schwer einzulösen war, verschärfte sich die soziale Auslesefunktion der alten Sprachen im Rahmen dieser Ergänzungsprüfungen bei gleichzeitig inhaltlicher Aushöhlung des beanspruchten Bildungsauftrags. Die Ergänzungsprüfungen spiegelten damit eine Entwicklung wider, die im höheren Schulwesen als Folge der fortschreitenden Verkürzung des Pflichtstundenanteils für den altsprachlichen Unterricht zuvor eingetreten war. Erst 1912 wurden Inhaber des Reifezeugnisses eines Realgymnasiums, die den Anforderungen im Lateinischen uneingeschränkt genügten, von der Forderung einer besonderen Prüfung in diesem Fach freigestellt. Diese Regelung durchbrach endgültig die seit 1812 bestehende, wenngleich zunehmend heftiger umstrittene Konzeption einer Bildungsanstalt, die, um beide alten Sprachen zentriert, ausschließlich die Zulassung zu den traditionellen akademischen Berufen eröffnete. 1917 erhielten Studierende der Theologie mit dem Reifezeugnis eines Realgymnasiums staatlicherseits die Möglichkeit, durch den Nachweis der erforderlichen Griechischkenntnisse die Zulassung zu den kirchlichen Prüfungen und zur Anstellung im Kirchendienst zu erlangen. Die neue Ordnung für diesen Nachweis enthielt eigene inhaltliche Bestimmungen über die Prüfungsanforderungen. Im gleichen Jahr wurde diese Neuregelung auch auf den Nachweis lateinischer Sprachkenntnisse ausgedehnt und fand sinngemäß auf alle Absolventen einer neunklassigen höheren Lehranstalt Anwendung, auch wenn diese nicht Theologie studieren wollten. Die Ergänzungsprüfungen im Lateinischen und Griechischen waren zwar nach wie vor Prüfungen zur Ergänzung des Reifezeugnisses; sie wurden jedoch nicht mehr als Bildungsnachweis in den alten Sprachen verstanden, sondern jetzt ausdrücklich mit der Notwendigkeit fachspezifischer Sprachkenntnisse begründet. Alle nachfolgenden Erlasse zur Regelung der Ergänzungsprüfungen bis hin zum KMK-Beschluß von 1952 orientierten sich in Begründung und inhaltlichen Anforderungen an den Erlassen des Jahres 1917.

Neuordnungsprobleme. Im Spannungsfeld zwischen neuhumanistischer Bildungsidee und schulischem Berechtigungswesen entstanden, erfüllt der gesonderte Nachweis lateinischer und griechischer Sprachkenntnisse im Reifezeugnis den traditionellen Anspruch immer weniger, sowohl die erworbene Hochschulreife als allgemeine Studierfähigkeit auszuweisen, als auch den Sprachanforderungen bestimmter Fachstudien zu entsprechen. Nicht nur sind Bildungswert und wissenschaftspropädeutische Funktion des altsprachlichen Unterrichts nicht mehr unangefochten in Geltung, sondern müssen angesichts der Wissenschafts- und Schulentwicklung neu begründet werden. Auch die Mindestanforderungen in den Ergänzungsprüfungen, die sich noch weitgehend an den traditionellen Lehrinhalten des gymnasialen Latein- und Griechischunterrichts orientieren, werden nicht mehr ungeteilt als ausreichende Vorbereitung auf die unterschiedlichen Fachstudien angesehen, für die das Latinum oder Graecum gefordert wird. Daher muß mit Änderungen der bestehenden Regelungen gerechnet werden.

Die notwendige Neuregelung kann jedoch nicht wie bisher vorrangig als ein prüfungsorganisatorisches Problem betrachtet werden, das auf dem Wege von Verwaltungsvereinbarungen zu lösen ist. Latinum und Graecum müssen vielmehr im Zusammenhang mit dem Funktionswandel der Hochschulreife grundsätz-lich neu durchdacht werden. Dabei ist die wachsende Bedeutung des Latinums und Graecums als „Studienverhinderungsgrund" seit der tendenziellen Aufhebung der grundständigen Gymnasialtypen im reformierten Sekundarschulwesen ebenso zu berücksichtigen wie die fachspezifische Verwendungssituation angesichts der erheblichen Mehrbelastung im Studium, die durch den nachträglichen Erwerb dieses Nachweises entsteht. Die Lösung dieser Probleme erfordert sowohl eine Revision der traditionellen Fachdidaktik in den alten Sprachen als auch eine Reorganisation der Vorbereitungskurse im Hochschulbereich. Angesichts der traditionell engen Verknüpfung von bildungs- und sozialgeschichtlichen Denkmotiven dürfte die notwendige Neuordnung des Latinums und Graecums – dies zeigt die Entwicklungsgeschichte – zu einer ebenso schwierigen wie langwierigen Aufgabe werden.

DOMNICK, J./KROPE, P.: Student und Latinum, Weinheim/Basel 1972. KMK: Ergänzungsprüfungen in Latein und Griechisch. Beschluß vom 26. 6. 1952, Neuwied 1962. KMK: Vereinbarung zur Neugestaltung der gymnasialen Oberstufe in der Sekundarstufe II. Beschluß vom 7. 7. 1972, Neuwied 1972. MÜLLER, D. K.: Sozialstruktur und Schulsystem. Studien zum Wandel von Gesellschaft und Bildung im 19. Jahrhundert, Bd. 7, Göttingen 1977. PAULSEN, F.: Geschichte des gelehrten Unterrichts auf den deutschen Schulen und Universitäten vom Ausgang des Mittelalters bis zur Gegenwart, 2 Bde., Leipzig 1919/1921.

Herwart Kemper

Lehrwerkstatt

Begriff. Lehrwerkstätten sind Einrichtungen der Berufsbildung, die sich durch ein relativ hohes Maß an pädagogischer Systematisierung aller dort stattfindenden Lernprozesse vom Lernort Arbeitsplatz und durch Akzentuierung der fachlich-praktischen Ausbildungsgänge vom Lernort Berufsschule unterscheiden. Die Gründe für die Auslagerung beruflicher Lernprozesse aus dem Produktionsablauf lassen sich hauptsächlich aus der Struktur der industriellen Arbeitsprozesse selbst ableiten. Einerseits wird es mit zunehmender technologischer Entwicklung immer schwieriger, die für den Produktionsprozeß erforderlichen Qualifikationen in diesem Prozeß selbst zu erwerben, weil Fehlhandlungen der Lernenden nicht primär nützliche Erfahrungen, sondern zugleich Unfälle, kostspielige technische Störungen und Materialverlust nach sich ziehen; andererseits erschwert es der hohe Grad an Arbeitsteilung, die durch die technologisch-ökonomische Entwicklung bedingte Komplexität betrieblichen Geschehens vom einzelnen Arbeitsplatz her zu begreifen.

Geschichtliche Entwicklung. Indem die Großbetriebe der Industrie schon recht früh – die Gründung der ersten Lehrwerkstatt erfolgte wahrscheinlich 1821 durch die Firma Koenig & Bauer bei Würzburg – Lehrwerkstätten einrichteten, um die Ausbildungsgänge exakter planen, systematisieren, organisieren und kontrollieren zu können, haben sie das Problem der eingeschränkten Ausbildungsmöglichkeiten am Arbeitsplatz erkannt und darauf reagiert. Zu den bedeutendsten Wegbereitern und Förderern der Einrichtung von Lehrwerkstätten gehören die preußischen Eisenbahnverwaltungen gegen Ende des 19. Jahrhunderts. In größerer Zahl wurden Lehrwerkstätten jedoch erst Ende der 20er Jahre dieses Jahrhunderts gegründet, als die Industrie mit einer eigenen systematischen Berufsausbildung ihres Nachwuchses in größerem Umfang begann.

Im Jahre 1926 gab es 68 zum größten Teil von der metallverarbeitenden Industrie unterhaltene Lehrwerkstätten, 107 weitere in den Betrieben der Reichsbahn. Nach 1933 stieg die Zahl der Lehrwerkstätten sprunghaft an. Bis 1940 erhöhte sich die Zahl auf 3 304 Werkstätten, in denen 244 250 Lehrlinge ausgebildet wurden. Als Antrieb für diese Entwicklung sind vor allem kriegswirtschaftliche Erfordernisse des nationalsozialistischen Staates zu nennen. Einflüsse auf diese Entwicklung gingen auch von Ideen des 1925 gegründeten und 1933 in die Deutsche Arbeitsfront (DAF) eingegliederten Deutschen Instituts für Technische Arbeitsschulung (DINTA) aus. Der Kern der DINTA-Arbeit war die Lehrwerkstatt, in der das „bildbare Menschenmaterial" über das „Element des Soldatischen" als Organisations- und Integrationsmoment zu einer „Werksgemeinschaft" und darüber vermittelt zu einer „Volksgemeinschaft" geführt werden sollte. In einer Reihe von Maßnahmen prägte die nationalsozialistische Ideologie auf ihre Weise die Arbeit in den Lehrwerkstätten, was diese zu einer Erziehungseinrichtung von allgemeiner Bedeutung werden ließ. Die Lehrwerkstatt wurde der Ort in der Berufsausbildung, an dem die Erziehung des industriellen Facharbeiternachwuchses zur höchsten Leistungsfähigkeit und zum Nationalsozialismus – zum neuen „deutschen Arbeitertyp" – erfolgen sollte (vgl. PÄTZOLD 1980).

Mit dem Anstieg der Lehrwerkstattplätze wurden dann auch deutlicher als zuvor Fragen nach der Rekrutierung und Ausbildung der Ausbilder für diese Einrichtungen gestellt, zumal diese nicht nur fachliche, sondern mehr und mehr auch erzieherische und politische Aufgaben zu erfüllen hatten. An dieser Entwicklung zeigt sich dann auch die Aufgabenerweiterung der Lehrwerkstätten bis hin zur Berufserziehung von an- und ungelernten Arbeitskräften.

Nach dem Krieg nahm die Zahl der Lehrwerkstätten zunächst ab. Aus Erhebungen der ARBEITSSTELLE FÜR BETRIEBLICHE BERUFSAUSBILDUNG (vgl. 1958, 1964) geht hervor, daß im Jahre 1952 1 034 und im Jahre 1958 1 658 Lehrwerkstätten bestanden; bis Ende 1963 war diese Zahl auf 2 069 betriebliche Lehrwerkstätten in der Industrie gestiegen. Nach einer Erhebung des Bundesinstituts für Berufsbildungsforschung (BBF) gab es im Jahr 1971 knapp 4 000 betriebliche und überbetriebliche Ausbildungswerkstätten in der Bundesrepublik Deutschland (vgl. KLEINSCHMIDT 1974, S. 14).

Lehrwerkstatt und industrietypische Berufsausbildung. Der Umfang der Ausbildung in betrieblichen und überbetrieblichen Lehrwerkstätten hat also in den letzten Jahren zugenommen. Die wachsende Zahl der Lehrwerkstätten signalisiert, daß der betriebliche Arbeitsplatz als Lernort einen Funktionswandel durchgemacht hat und die erforderlichen Qualifikationen für den industriellen Produktionsprozeß in diesem selbst durch unmittelbare Anschauung und tätigen Mitvollzug kaum noch anzueignen, geschweige denn in ihren Zusammenhängen zu begreifen sind. Den von den Arbeitsprozessen getrennt und somit frei von Druck und den Zufälligkeiten des Produktionsauftrags ablaufenden beruflichen Lernprozessen in den Lehrwerkstätten wird deshalb häufig zugeschrieben, sie könnten eher eine den industrietypischen Ansprüchen gerecht werdende Qualität der Berufsausbildung ermöglichen. Denn die je nach Größe der jeweiligen Einrichtung für eine ganze Palette an Ausbildungsberufen organisierten Ausbildungsgänge sind vorrangig nach Kriterien der Lerneffizienz ausgerichtet, was bereits in den stets vorhandenen, strikt auf operationalisierte und taxonomierte Lernziele hin formulierten Ausbildungsplänen mit einem System von Lernzielevaluationen deutlich wird. Diese erfordern zugleich ein berufs- und arbeitspädagogisch ausgebildetes und in der Regel hauptamtliches Ausbildungspersonal, das sich, stärker als es im Produktionsgeschehen möglich ist, der individuellen Förderung der Auszubildenden annehmen und unter Umständen im Anschluß an eine Beobachtung der Jugendlichen in einer Bewährungsphase eine Korrektur verfehlter Berufsentscheidungen vornehmen kann. In den Lehrwerkstätten soll also eine breit angelegte und für eine Reihe von Ausbildungsberufen verbindliche Grundausbildung gelingen und den Jugendlichen das Überwechseln von der Schule in das Berufs- und Betriebsleben erleichtert werden.

Meist wird den Auszubildenden in den Lehrwerkstätten zur Verfestigung oder zur Ergänzung des Berufsschulunterrichts zusätzlicher Werkunterricht erteilt, der eher industrietypischen Erfordernissen gerecht wird als die häufig am handwerklichen Erziehungsmodell orientierten fachlich-praktischen Ausbildungsmaßnahmen in den Werksträumen. Es ist aber fraglich, ob die Auszubildenden in Ausbildungsbetrieben mit

betriebseigener Lehrwerkstatt ein Curriculum durchlaufen, welches durch das Zusammenspiel einer beruflich-betrieblichen Praxis (im Betrieb oder in der Lehrwerkstatt selbst) und einer anwendungsbezogenen Theorie gekennzeichnet ist.

Die Verweildauer der Auszubildenden in einer betrieblichen Lehrwerkstatt ist sehr unterschiedlich; nur in wenigen Fällen findet dort die gesamte Ausbildung statt. Sie bewegt sich meistens zwischen sechs bis zwölf Monaten zu Beginn der Ausbildung, zu kleineren Teilen auch periodisch im Verlauf der weiteren Ausbildung. In der Regel kommen die Auszubildenden kurz vor ihrer Abschlußprüfung in die Ausbildungswerkstatt zurück, um auf die Prüfung vorbereitet zu werden. Noch immer ist jedoch die Ausbildung in einer Lehrwerkstatt lediglich für eine Minderheit bestimmt; meist sind sie in Regionen angesiedelt, in denen sich industrielle Großbetriebe befinden.

Lehrwerkstätten finden sich hauptsächlich im gewerblich-technischen Bereich. Als ähnlicher Lernort kann in der kaufmännischen Berufsausbildung das Simulationsbüro (Übungsbüro/Lehrbüro) angesehen werden. Es versucht zum Zwecke der Bürosimulation das komplexe System Büro in reduzierter Form, jedoch realitätsnah, abzubilden und ist hierfür pädagogisch-modellhaft und didaktisch-medial mit dem Ziel der Verbindung von Theorie und Praxis ausgestattet. Man findet Lehrbüros vornehmlich in kaufmännisch-beruflichen Schulzentren, aber auch in Großbetrieben mit einer relativ großen Zahl an Auszubildenden in kaufmännischen Berufen. Das Lehrbüro an beruflichen Schulen ist vergleichbar mit der Übungswerkstätte im gewerblich-technischen Bereich, der Lehrküche im hauswirtschaftlichen und dem Lehrbauhof im baugewerblichen Bereich. Diese Einrichtungen haben die Funktion, Mängel und Lücken der betrieblichen Berufsausbildung zu kompensieren, und dienen zugleich als Demonstrations- und Versuchsorte zur Veranschaulichung des fachtheoretischen Unterrichts. In beruflichen Vollzeitschulen haben sie überdies noch die Funktion, Aufgaben der Berufsausbildung am Arbeitsplatz beziehungsweise in der betriebseigenen Lehrwerkstatt zu übernehmen.

Selektionswirkungen. Rund 60 % aller Ausbildungswerkstätten gehören zu Betrieben in der Größenklasse mit 500 und mehr Beschäftigten. Überdies wirken in diesen Ausbildungsfirmen spezifische Auslese- und Zuweisungsmechanismen, die dazu führen, daß hauptsächlich Jugendliche aus der oberen Unterschicht und der unteren Mittelschicht mit qualifiziertem Hauptschul- oder Realschulabschluß dort einen Ausbildungsplatz finden. Für viele Jugendliche (beziehungsweise deren Eltern) ist eine Ausbildung in einem Betrieb mit Lehrwerkstatt häufig derart attraktiv, daß sich der Prozeß der Berufseinmündung für sie auf eine reine Betriebswahl reduziert, was den Unternehmungen mit ihren Rekrutierungszielen und Integrationsabsichten entgegenkommt. Es läßt sich aber nicht nur ein von den Eintrittsvoraussetzungen bestimmter Auslesevorgang feststellen, vielmehr rufen die nach schulischem Vorbild organisierten fachlich-theoretischen wie fachlich-praktischen Lernprozesse ihrerseits selbst Selektionswirkungen hervor.

Überbetriebliche Lehrwerkstätten. Mit der Zielsetzung heutiger überbetrieblicher Lehrwerkstätten sind die Anfang dieses Jahrhunderts entstandenen Gemeinschaftswerkstätten (1908 in Solingen) und die nach dem Ersten Weltkrieg errichteten „Lehrbauhöfe" und „Lehrbaustellen" des Baugewerbes vergleichbar.

Von den betriebseigenen unterscheiden sich überbetriebliche Ausbildungsstätten zunächst dadurch, daß sie nicht in ein bestimmtes Unternehmen integriert sind. Sie übernehmen aber in denjenigen Fällen die Funktion von betriebseigenen Lehrwerkstätten, in denen es den Ausbildungsbetrieben nicht möglich ist, betriebliche Spezialisierungen auszugleichen oder eine eigene Ausbildungswerkstatt einzurichten. Insbesondere in handwerklich organisierten Klein- und Mittelbetrieben dienen sie der Ergänzung, der Verbesserung, der Systematisierung und damit der Effektivierung der betrieblichen Ausbildung. Zu den weiteren Zielsetzungen für die Errichtung überbetrieblicher Ausbildungsstätten zählen unter anderem auch die Erweiterung des Ausbildungsangebotes in strukturschwachen Regionen, die curriculare Abstimmung der Ausbildung zwischen der Berufsschule und der betrieblichen Ausbildung sowie die Förderung der Integration beruflicher und allgemeiner Bildung. Darüber hinaus werden in überbetrieblichen Einrichtungen solche Qualifikationen vermittelt, die vom einzelnen Ausbildungsbetrieb nicht erfüllt und von den Berufsschulen nicht übernommen werden können, die aber für eine breit angelegte Berufsausbildung nach den Vorschriften der geltenden Ausbildungsordnungen unabdingbar sind.

Als strukturell notwendig hat sich die Einrichtung der überbetrieblichen Lehrwerkstätten für die handwerkliche Berufsausbildung erwiesen. Wie aus einer Bestandsanalyse betrieblicher und überbetrieblicher Ausbildungsstätten in der Bundesrepublik Deutschland (vgl. BUNDESMINISTER FÜR BILDUNG UND WISSENSCHAFT 1975) hervorgeht, unterhält hauptsächlich das Handwerk und nur teilweise die Industrie überbetriebliche Ausbildungsstätten. Während in der Industrie lediglich etwa 50 überbetriebliche Ausbildungsstätten mit knapp 4 000 Ausbildungsplätzen existieren, nutzt das Handwerk etwa 400 berufliche Bildungsstätten zu überbetrieblichen Ausbildungszwecken mit über 20 000 Ausbildungsplätzen in eigener und fast 500 berufliche Bildungsstätten mit über 18 000 Ausbildungsplätzen in anderer Trägerschaft. Bis 1978 weitete sich der Bestand der Werkstattplätze in überbetrieblichen Ausbildungsstätten sogar auf über 50 000 Plätze aus. Dagegen befinden sich in nur 18 Betrieben des Handwerks innerbetriebliche Lehrwerkstätten mit nur insgesamt 348 Ausbildungsplätzen. Da im Verhältnis zur Gesamtzahl der Auszubildenden im Handwerk (Anfang 1979 waren es 614 900, das sind 40,5 % aller Auszubildenden) das Angebot an betrieblichen und überbetrieblichen Lehrwerkstattplätzen relativ gering ist, steht für jeden Auszubildenden nur eine kurze Ausbildungszeit (in der Regel zwei bis sechs Wochen) an einem solchen Platz zur Verfügung.

Die Ausbildung in überbetrieblichen Ausbildungsstätten stellt für den Bereich des Handwerks kaum noch ein ins Belieben der Ausbildungsbetriebe gestelltes Ergänzungsangebot dar, sondern sie ist eine strukturelle Notwendigkeit für die Eignung einer Ausbildungsstätte zur Berufsausbildung geworden. Der Gesetzgeber hat bereits im Berufsbildungsgesetz (BBiG) eine Ausweichklausel vorgesehen. Eine Ausbildungsstätte gilt als noch geeignet, wenn die in der Ausbildungsordnung festgelegten erforderlichen Kenntnisse und Fertigkeiten nicht in vollem Umfang vermittelt werden können, dieser Mangel jedoch „durch Ausbildungsmaßnahmen außerhalb der Ausbildungsstätte behoben wird" (§ 22, Abs. 2 BBiG). Darüber hinaus sieht § 27 BBiG vor, daß durch Ausbildungsordnung – wie bereits in der Ausbildungsordnung für Bauberufe vom 8. 5. 1974 geschehen – festgelegt werden kann, die Berufsausbildung in geeigneten Einrichtungen außerhalb der betrieblichen Ausbildungsstätte durchzuführen, wenn und soweit es die Berufsausbildung erfordert. In der Diskussion um die Verbesserung der Berufsausbildung wird den überbetrieblichen Ausbildungsstätten als „multifunktionalen Bildungseinrichtungen" eine zunehmend wichtigere Rolle zugesprochen.

Arbeitsstelle für Betriebliche Berufsausbildung: Die industriellen Lehrwerkstätten. Stichtag 15. 4. 1958, Bielefeld 1958. Arbeitsstelle für Betriebliche Berufsausbildung: Die industriellen Lehrwerkstätten 1964. Stand 31. 12. 1963, Bielefeld 1964. Bundesminister für Bildung und Wissenschaft (Hg.): Bestandsanalyse betrieblicher und überbetrieblicher Ausbildungsstätten in der Bundesrepublik Deutschland, Bonn 1975. Dybowski, G./Rudolph, H.: Funktionale Analyse überbetrieblicher Ausbildungsstätten, Hannover 1974. Eichberg, E.: Die Lehrwerkstatt im Industriebetrieb, Weinheim 1965. Kleinschmidt, R.: Betriebliche und überbetriebliche Ausbildungsstätten in der Bundesrepublik Deutschland – Eine Bestandsaufnahme, Hannover 1974. Pätzold, G.: Auslese und Qualifikation. Institutionalisierte Berufsausbildung in westdeutschen Großbetrieben, Hannover 1977. Pätzold, G. (Hg.): Die betriebliche Berufsbildung 1918–1945. Quellen und Dokumente zur Berufsbildung in Deutschland, Reihe A, Bd. 1, Köln/Wien 1980.

Günter Pätzold

Lernbereich, obligatorischer

Integrationsmodelle der Sekundarstufe II. Die Bezeichnung „obligatorischer Lernbereich" ist als Fachterminus in Empfehlungstexten für eine integrierte Stufengesamtschule auf der Ebene der Sekundarstufe II fixiert worden, und zwar zuerst in der Planungsempfehlung für das nordrhein-westfälische Kollegstufenmodell (vgl. Kultusminister ... 1972), dann in der Empfehlung des Deutschen Bildungsrates (vgl. 1974) „Zur Neuordnung der Sekundarstufe II,

Konzept für eine Verbindung von allgemeinem und beruflichem Lernen". Beide Modelle gliedern das Lernprogramm für jeden Jugendlichen in drei Segmente, in den Schwerpunktbereich oder das Schwerpunktprofil (Kollegstufe NW), den obligatorischen Lernbereich und den Wahlbereich.

Im Schwerpunktbereich, der nach Umfang und Funktion das Kernstück der Konzepte bildet, sind die Lerninhalte mit Blick auf spezielle Ausbildungsziele zusammengestellt (Berufs- und/oder Studienqualifikation).

Im Wahlbereich folgt das Lernen der individuellen Neigung des einzelnen.

Demgegenüber repräsentiert der obligatorische Lernbereich einen Bereich allgemeinverbindlicher Lernaufgaben, denen sich alle Jugendlichen – unabhängig von der angestrebten fachlichen Qualifikation und dem privaten Interesse – unterziehen müssen.

Trotz mancher Gemeinsamkeiten gehen die Entwürfe für den obligatorischen Lernbereich in den beiden Modellen im Hinblick auf die Inhalte, die organisatorische Stellung und teilweise auch auf die Begründung auseinander. Über den Gesamtumfang sagt nur die Kollegstufenempfehlung Genaueres. Er soll mindestens 20 %, höchstens etwa 26 % des Lernprogramms ausmachen.

Die Kollegstufenempfehlung nennt für die inhaltliche Auslegung drei aufeinander verweisende Aspekte: Wissenschaftstheorie, Politik und Sprache. Der wissenschaftstheoretische Unterricht soll spezifisch akzentuiert sein durch die Frage nach der Funktion der Wissenschaften im gesellschaftlichen Reproduktionsprozeß. Im politischen Unterricht geht es um die über Soziologie, Politologie, Ökonomie und Geschichtswissenschaft vermittelten Bedingungen der Teilnahme am politischen Leben in der gemeinsamen staatlichen Ordnung. Sprachunterricht ist dafür insofern eine Voraussetzung, als die kommunikative Übung, die soziale Sprechhandlung in

seinem Mittelpunkt stehen. In dieser Akzentuierung verstehen sich die Inhalte des obligatorischen Lernbereichs als Aspekte einer allgemeinen Gesellschaftslehre. Organisatorisch stellt der obligatorische Lernbereich eine eigene Einheit dar, in deren Kursen sich Schüler mit heterogenen Lernvoraussetzungen und mit unterschiedlichen Schwerpunkten zu integrierten Lerngruppen zusammenfinden sollen.

Nach der Bildungsratsempfehlung sollen Deutsch und eine Fremdsprache, Politik, Mathematik und Spiel zu den Lernaufgaben jedes Jugendlichen gehören. Sie werden verstanden als Bedingungen für eine allgemeine Kompetenz zur Bewältigung von Lebenssituationen, in die jeder künftige Erwachsene gestellt sein wird. Sprache erscheint als „Medium der Kommunikation und Grundlage jeder kulturellen Entwicklung", Politik als „Gesamtheit der sozialen Interaktionen, die allgemeinverbindliche Entscheidungen zum Thema haben". Mathematik ist als Repräsentantin des Problems der „Formalisierung" angesprochen, die das rationalisierte Leben in der heutigen Welt durchzieht und verstanden sein muß, damit der Mensch nicht zum „Objekt von Organisation und rationalen Verfahren" wird. Die spielerische, handwerklich-künstlerische, sportliche oder unterhaltende Betätigung steht ein für die Erfahrung der Freiheit von Zwängen, für einen weder durch berufliche Anforderungen noch durch politische Regelungen bestimmten Bereich sozialen Erlebens und Kommunizierens. Der obligatorische Unterricht soll unbeschadet seiner Wissenschaftsorientiertheit in besonderem Maße an gegebene Lebenssituationen der Lernenden anknüpfen und durch Einübung des entsprechenden Verhaltens und Handelns vor allem deren praktische Bewältigung anstreben. Organisatorisch wird der obligatorische Lernbereich vom Bildungsrat nicht als selbständige Einheit aufgefaßt, sondern als

Ergänzung der fachlichen Ausbildungswege. „Gemeinsame Unterrichtsstunden für alle Lernenden" entfallen deshalb, weil beispielsweise der angehende Elektrotechniker bereits im Rahmen seines Schwerpunktes hinreichend mit dem Problemkreis der Mathematisierung und Formalisierung befaßt sein wird.

Die inhaltlichen Differenzen des obligatorischen Lernbereichs in beiden Empfehlungen sind zu einem Teil curriculumtechnischer Natur. Das Kollegstufenkonzept geht davon aus, daß „einige Inhaltsstrukturen", zu denen „Methoden der Mathematisierung" und „Kenntnis von Fremdsprachen" gehören, bereits „in vielen oder gar in allen Schwerpunktprofilen enthalten sind" und daß im Wahlbereich regelmäßig auch Sportkurse belegt werden sollten. Insofern ist die Übereinstimmung größer, als es zunächst erscheint. Im Hinblick auf die dem obligatorischen Lernbereich zugedachte pädagogische Funktion sind gewichtigere Unterschiede festzustellen. Nach den Vorstellungen des Bildungsrats erscheint er als materiale Ergänzungsausstattung zur Sicherung von Chancengleichheit bei der Mitgestaltung des öffentlichen Lebens. Nach der Kollegstufenempfehlung erscheint er als sozial integrierendes Instrument der Überwindung von Einseitigkeit durch systematische Thematisierung der allgemeinen Voraussetzungen der Spezialisierung.

Gymnasiale Oberstufenreform. Auch im gymnasialen Lehrplan auf der Ebene der Sekundarstufe II ist es zu einer Gliederung der Lerninhalte in einen allgemeinverbindlichen und einen der individuellen Spezialisierung dienenden wählbaren Teil gekommen. Die 1972 getroffene Vereinbarung der Kultusministerkonferenz zur enttypisierten gymnasialen Oberstufe legt fest, daß zwei Drittel der Lernzeit auf den „Pflichtbereich" entfallen, der neben Sport und Religionslehre drei „Aufgabenfelder" umfaßt: das „sprachlich-literarisch-künstlerische", das „gesellschaftswissenschaftliche" und das „mathematisch-naturwissenschaftlich-technische". Da die Aufgabenfelder nach Fächern untergliedert sind, ist innerhalb des Pflichtbereichs trotzdem eine Vielzahl individueller Lerninhaltskombinationen möglich. Sie wird durch zeitliche und fachliche Mindestbedingungen eingeschränkt, aufgrund deren gewährleistet ist, daß jeder Abiturient Kurse im Deutschen und in einer Fremdsprache sowie in Mathematik und einer Naturwissenschaft besucht haben muß. Die länderübergreifende Pflichtbindung für den gesellschaftswissenschaftlichen Bereich beschränkt sich auf die Angabe eines zeitlichen Mindestvolumens. Zusätzliche Bindungen können von den Ländern verordnet werden. Einzelne Reformgymnasien, wie das Bielefelder Oberstufenkolleg, gliedern das Lernprogramm nach anderen Gesichtspunkten, weisen jedoch einen dem Pflichtbereich ähnlichen Lehrplanteil auf.

Geschichtlich-pädagogische Voraussetzungen. Der obligatorische Lernbereich ist im Gefolge der schleichenden Auflösung beziehungsweise der ausdrücklichen Zurückweisung der Vorstellung eines Bildung verbürgenden Fächerkanons entstanden, die insbesondere das Selbstverständnis des Gymnasiums in seiner auf W. v. Humboldt zurückgehenden Tradition geprägt hat. Der Gedanke des Fächerkanons, einer mustergültigen Zusammenstellung hervorragender Sachgebiete, basiert auf der Annahme der Möglichkeit, mittels einiger weniger Lehrinhalte bilden zu können. Diese Lehrinhalte sollen Menschlichkeit allgemein hervorrufen, indem sie gänzlich zweckfrei alle „Kräfte" des Menschen zu ihrem harmonischen Zusammenspiel anstrengen und so die Vervollkommnung der Persönlichkeit, die jeder speziellen Fachausbildung vor- und übergeordnet ist, gewährleisten.

Abgesehen von den metaphysisch-anthropologischen Prämissen der Humboldtschen reinen „Kräftebildung" legen vor allem folgende Erkenntnisse die Abkehr von einem allgemeinbildenden Kanon nahe:

- In der Realität des Lehrens und Lernens am Gymnasium fungierte der Kanon als zweckmäßige Vorbereitung auf akademische Studien. Der an die Fächer geknüpfte Anspruch, allgemein zu bilden, schlug in die ideologische Rechtfertigung einer wenigen vorbehaltenen Spezialschulung um.

- An die höhere gymnasiale Bildung ist der Zugang zu sozialen Führungspositionen gebunden, nicht jedoch im Sinne einer gerechten Verteilung der Sozialchancen nach den „natürlichen Möglichkeiten" eines jeden; denn die vertikale Schulorganisation spiegelt und stabilisiert Ungleichheit.

- „Ein eindeutiger Kanon von Inhalten, der die Gebildetheit der Person umschreibt und dementsprechend dann für alle der Bildung verpflichteten Schulen maßgeblich sein müßte, wäre abhängig von einer einheitlichen, die politisch-gesellschaftlichen Ordnungen umgreifenden Weltanschauung, wäre abhängig von einem ungebrochenen Verhältnis zum kulturellen Traditionszusammenhang und wäre abhängig von einer relativ umgrenzten und jedenfalls in ihrer Dynamik überschaubaren Wissenschaftsentwicklung. Diese Voraussetzungen sind für uns nicht gegeben [. . .]" (BLANKERTZ 1972, S. 13 f.).

Die Entdeckung der berufsfunktionalen Rolle auch des Gymnasiums und das demokratische Gleichheitsversprechen legten das Konzept einer Gesamtschule nahe, die auf der Ebene der Sekundarstufe II in ihrer inhaltlichen Differenzierung den fachlichen Anforderungen des Berufssystems folgt. Nach der Zurückweisung eines inhaltlich-materialen Bildungsverständnisses steht auch bildungstheoretisch nichts im Wege, Einseitigkeit zuzulassen, wenn sie nur nicht zu fachlicher Borniertheit führt. Dieser Gefahr beugt neben einer breit angelegten Berufsfeldbeziehung in den Schwerpunkten die zusätzliche Verpflichtung auf Lerninhalte vor, die die Gemeinsamkeit des Zusammenlebens repräsentieren. Das ist jedenfalls gleichsam das Substrat der Begründung für den obligatorischen Bereich in Gesamtschulmodellen. Während der „Pflichtbereich" der gymnasialen Oberstufe seiner Herkunft nach als Rest des Allgemeinbildungskanons zu verstehen ist, ist der obligatorische Bereich die „Konsequenz" seiner Preisgabe unter der Voraussetzung, daß Bildung die pure Funktionsertüchtigung des Menschen zu überschreiten verlangt und daß diese Aufgabe im inhaltlichen Rahmen der Schwerpunkte nicht voll oder nicht gleichmäßig gut zur Geltung kommen kann.

Problematik. Wenn es zutrifft, daß unter den Bedingungen der Gegenwart ein Kanon bildender Inhalte nicht mehr ausgewiesen werden kann, und wenn deshalb nach der Phase einer gemeinsamen Erschließung der wesentlichen Kulturbereiche auf der Sekundarstufe II weitgefaßte Berufsfelder die Orientierung für die Zusammenstellung des zu Lernenden abgeben können, dann ist der obligatorische Lernbereich schwerlich als pädagogisch legitimiert anzusehen. Ob es jedoch zutrifft, daß man am Anspruch festhalten kann, Bildung und nicht bloß beruflich-spezielle oder bürgerlich-allgemeine Fachqualifikationen zu ermöglichen, ohne sie mit einer inhaltlich spezifischen Aufgabe zu verknüpfen, bleibt seinerseits fraglich. Die radikale Substitution einer an bestimmten „Inhalten" sich vollziehenden „allgemeinen Menschenbildung" durch „allgemeine Lernziele", die sich nur „didaktisch", also im Modus der Vermittlung der fachlichen Anforderungen (KULTUSMINISTER ... 1972, S. 22 f.)

ausdrücken, scheint nicht aufzugehen. Denn die geforderte rückhaltlose Begründung („Wissenschaftsorientiertheit") des zu Lernenden und das Postulat der kritischen Vermittlung, das dem Kollegiaten die Distanzierung von den fachlichen Lernzielen erlauben soll, sind doch wohl nur in Gestalt eines bestimmten Bedenkens der Grundlagen, der Grenzen und des Sinnes jedes besonderen Wissens und Könnens einzulösen.

Sie verweisen auf das Philosophieren als Disziplin des Grenzdenkens, nicht auf Sprache, Politik oder Kunst. Im Philosophieren die primäre Zugehörigkeit des Menschen zum Denken erfahren zu lassen, das könnte vielleicht heute oder auf Dauer Grund für einen bildungstheoretisch gemeinten obligatorischen Lernbereich und sein einziger Inhalt auf der Sekundarstufe II sein.

BALLAUFF, TH.: Skeptische Marginalien zur modernen Curriculumforschung. In: KNOLL, J. H. (Hg.): Internationales Jahrbuch für Erwachsenenbildung 1975, Gütersloh 1975, S. 35 ff. BLANKERTZ, H.: Kollegstufenversuch in Nordrhein-Westfalen – das Ende der gymnasialen Oberstufe und der Berufsschulen. In D. Dt. Ber.- u. Fachs. 68 (1972), S. 2 ff. DEUTSCHER BILDUNGSRAT: Zur Neuordnung der Sekundarstufe II. Konzept für eine Verbindung von allgemeinem und beruflichem Lernen. Empfehlungen der Bildungskommission, Bonn 1974. KULTUSMINISTER NORDRHEIN-WESTFALEN (Hg.): Kollegstufe NW. Strukturförderung im Bildungswesen des Landes Nordrhein-Westfalen, Heft 17, Ratingen/Kastellaun/Düsseldorf 1972. LENZEN, D. (Hg.): Curriculumentwicklung für die Kollegschule: Der obligatorische Lernbereich. Studien zur Kollegschule, Frankfurt/M. 1975.

Jörg Ruhloff

Lernen, tätigkeitsorientiertes

Der Begriff „tätigkeitsorientiertes Lernen" wird in der erziehungswissenschaftlichen Diskussion in drei Bedeutungen verwendet, und zwar als: Lernen im Arbeitsprozeß, Bestimmung von Lerninhalten aus beruflichen Tätigkeiten und als didaktisches Prinzip. Diesen Bedeutungen liegen unterschiedliche Begriffe von Tätigkeit zugrunde. Erziehungsgeschichtlich ist tätigkeitsorientiertes Lernen mit Ansätzen wie Arbeitsschule, Projektmethode und polytechnische Bildung verbunden.

Unter den Tätigkeitsbegriff, der im allgemeinen Sprachgebrauch keine einheitliche Bedeutung hat und oft mit den Begriffen Arbeit, Beruf und Handeln verbunden wird (beispielsweise Arbeits-, Erwerbs-, Hausfrauentätigkeit), werden in der wissenschaftlichen Diskussion primär die Berufs- oder Erwerbstätigkeiten subsumiert. Die Inhalte der so verstandenen Tätigkeiten ergeben sich aus den an konkreten Arbeitsplätzen wahrzunehmenden Aufgaben, herzustellenden Produkten oder auszuführenden Verrichtungen. Tätigkeit als zweckgerichtetes Handeln bedeutet in diesem Kontext, die vom Arbeitsplatz her definierten Aufgaben durch eine optimale Vorgehensweise zu bewältigen.

Wesentlich umfassender, bezogen auf den geschichtlich konkreten, gesellschaftlichen Arbeits- und Lebensprozeß, wird Tätigkeit in der marxistischen Theorie definiert. Tätigkeit erfaßt „[...] den gesellschaftlichen Prozeß der zweckmäßigen praktischen Veränderung der natürlichen und gesellschaftlichen Umwelt durch individuelle und kollektive menschliche Subjekte, die sich diese Umwelt praktisch-gegenständlich und ideell aneignen, hierbei materielle und ideologische gesellschaftliche Verhältnisse eingehen und ihre produktiven gesellschaftlichen und individuellen Kräfte entwickeln" (TÄTIGKEIT 1972, S. 1065).

Anfang der 60er Jahre setzte in der Bundesrepublik Deutschland eine sich zunehmend verschärfende Kritik am Bildungssystem ein. Zunächst wurde die „Krise des Bildungssystems" an der mangelnden Begabungsförderung – der vergleichsweise niedrigen Abiturienten- und Studentenquote – festgemacht. Bildungsökonomie und -planung etablierten sich. Bald wurden jedoch auch die Organisation des Bildungssystems – dessen unzureichende Durchlässigkeit und Differenzierung – und mit der 1967 beginnenen Curriculumdiskussion auch die Bildungsziele und -inhalte in Frage gestellt. Als grundlegende Ziele wurden Chancengleichheit, Emanzipation und für die berufliche Bildung berufliche Mobilität gefordert und kontrovers diskutiert. Situations- oder wissenschaftsorientierte Curriculumentwicklung, Projektunterricht und soziales Lernen sind wichtige Stichworte dieser Diskussion. Sie bildet auch den Hintergrund der Auseinandersetzung um tätigkeitsorientiertes Lernen – insbesondere die Kritik an der herkömmlichen Berufsausbildung.

Vorherrschendes Prinzip dieser Ausbildung ist das *Lernen im Arbeitsprozeß:* Gelernt werden soll, indem die Tätigkeiten/Arbeitsaufgaben so ausgeführt werden, wie sie in den Arbeitsprozessen anfallen. Arbeitsprozesse werden jedoch nach dem Prinzip der Wirtschaftlichkeit organisiert. Die Entwicklung des menschlichen Arbeitsvermögens oder Prinzipien formalisierter Lernprozesse gehen nicht als Kriterien in ihre Gestaltung ein. Außerdem haben sich durch Arbeitsteilung und technischen Fortschritt die Arbeitsprozesse und die Arbeitsplatzstrukturen einschneidend verändert. Es ist eine Vielzahl von spezialisierten Arbeitsplätzen mit stark eingeengten Tätigkeitsinhalten, eingeengten Zielen der Tätigkeit und festgelegten Vorgehensweisen entstanden. Diese Veränderungen setzen sich fort, wobei ihr Tempo zunimmt.

Kritik geübt wird an dieser Form des Lernens, weil die Reihenfolge der Arbeitsaufgaben, die zudem infolge der Arbeitsteilung eng spezialisiert sind, gemessen an Lernkriterien willkürlich und unsystematisch ist. Darüber hinaus werden die ausgeführten Tätigkeiten unzureichend theoretisch reflektiert, wobei die „Theorie" in der Regel nicht auf die Praxis bezogen ist. Daher wird das Gelernte nur assoziativ und nicht systematisch miteinander verknüpft, es baut nicht aufeinander auf. Eine solche Ausbildung ist auch unökonomisch, weil die notwendige breite Basis (berufliche Grundbildung) für eine allgemeinere Verwendung erworbener Qualifikationen, die zur Bewältigung sich ständig verändernder Anforderungen erforderlich wäre, fehlt. Deren Übertragbarkeit und Anwendbarkeit wird dadurch eingeschränkt. Auch ist Lernen durch bloße Ausführung der Arbeitsaufgaben unkritisch, da die in die Gestaltung der Arbeitsaufgaben eingehenden Kriterien unreflektiert übernommen werden. Qualifikationen, die auf die Entwicklung und Beurteilung von Kriterien für die Gestaltung von Arbeitsprozessen zielen – wie die Veränderung der Arbeit in Richtung auf Demokratisierung und Humanisierung –, werden nicht erworben. Durch diese Form der Ausbildung werden die Betroffenen benachteiligt.

Zu fordern ist dagegen, die Qualifikationsprozesse so zu gestalten, daß sie auf sich verändernde Anforderungen vorbereiten und zugleich kritisches, die Selbstentfaltung förderndes Lernen ermöglichen. Nach Auffassung des DEUTSCHEN BILDUNGSRATES (vgl. 1974, S. 49 ff.) setzt dies Lernprozesse voraus, in welchen Handlung und Reflexion sowie die Vermittlung von fachlichen, gesellschaftlich-politischen und humanen Kompetenzen eine Einheit bilden.

Unter Tätigkeitsorientierung wird ferner die *Bestimmung von Lerninhalten aus beruflichen Tätigkeiten* verstanden: Bislang werden hauptsächlich drei Verfahren angewendet, die jeweils auf unterschiedlichen Zugriffsebenen liegen, denen aber gemeinsam ist, daß die Ausbildungsinhalte vorwiegend aus den Bedingungen des Beschäftigungssystems abgeleitet werden. Es besteht deshalb die Gefahr der Reduktion des Norm- und Inhaltshorizonts auf die Anforderungen des Beschäftigungssystems:

– Bei der Bestimmung der Ausbildungsinhalte mittels *Arbeits- und Tätigkeitsanalysen* (vgl. RÜGER 1974) werden zunächst die an konkreten Arbeitsplätzen zu verrichtenden Tätigkeiten analysiert. Aus den Tätigkeitsanalysen werden die Anforderungen an die Arbeitskräfte ermittelt und daraus wiederum die in der Ausbildung zu vermittelnden Qualifikationen. Tätigkeitsanalysen sind jedoch nur Momentaufnahmen, die außerdem mit noch unzureichend entwickelten methodischen Instrumenten durchgeführt werden. Insbesondere wegen der raschen Veränderung der Tätigkeiten einerseits und des strukturell bedingten wesentlich langsameren Änderungsprozesses der Ausbildungsordnungen andererseits ist es problematisch, mit Hilfe von Tätigkeitsanalysen angemessene Lerninhalte zu ermitteln.

– Demgegenüber wird in einem anderen Ansatz versucht, *Schlüsselqualifikationen* zu bestimmen (vgl. MERTENS 1974), die es ermöglichen sollen, verschiedene Positionen und Funktionen zum gleichen Zeitpunkt und auch Änderungen von Anforderungen zu bewältigen. Deckungsanalysen und Substitutionsuntersuchungen sind das noch unzulängliche methodische Instrumentarium zu deren Erfassung. Bisher nicht präzisiert ist, nach welchen methodischen Schritten die notwendige Operationalisierung von Schlüsselqualifikationen vorgenommen werden kann.

– Anders als bei Tätigkeitsanalysen werden in der *Qualifikationsforschung*

die quantitative Entwicklung von Wirtschafts- und Berufsbereichen – einschließlich der Entstehung neuer Berufe – und die qualitative Veränderung innerhalb von Berufsbereichen und Berufen untersucht. Der prognostizierte Qualifikationsbedarf bildet dann die Hauptgrundlage für das Angebot an Bildungsgängen und die Auswahl von Lerninhalten.

Gegenwärtig wird unter dem Stichwort „Humanisierung der Arbeit" erneut die Problematik diskutiert, wie sich die Anforderungen an die Inhaber von Arbeitsplätzen im Hinblick auf Belastungen, Kenntnisse, Fertigkeiten, Fähigkeiten, Haltungen, Kooperation und Autonomie entwickeln und wie sie sich methodisch bestimmen lassen (vgl. PROJEKTGRUPPE AUTOMATION UND QUALIFIKATION 1978, S. 1 ff.). Gegenstand dieser weiterführenden Diskussion ist die Frage, wie sich die Gefahr der einseitigen Determinierung der Qualifizierung und der Persönlichkeitsentwicklung durch das Beschäftigungssystem vermeiden läßt.

Abzugrenzen von den bisher skizzierten Bedeutungen tätigkeitsorientierten Lernens ist *Tätigkeitsorientierung als didaktisches Prinzip:* Dieses Prinzip (vgl. RÜTZEL 1979, S. 88 ff.), das als Gegenpol zur Wissenschaftsorientierung angesehen werden kann, stützt sich auf das Tätigkeitskonzept von LEONTJEW (vgl. 1977). Diesem folgend, geht tätigkeitsorientiertes Lernen von äußeren, gegenständlichen Tätigkeiten aus, die praktisch ausgeführt und theoretisch reflektiert werden. Die theoretische Reflexion umfaßt die Motive und Ziele der Tätigkeiten, die Operationen, welche die Handlungen realisieren, die Bedingungen, unter denen die Tätigkeiten ausgeführt werden, und die Beziehung zwischen diesen Ebenen, etwa den Zusammenhang von Zielen und Mitteln. Durch handelnde Auseinandersetzung mit äußeren, gegenständlichen Objekten werden Form und Eigenschaft der Objekte sowie die

Beziehungen und Gesetzmäßigkeiten, denen sie unterworfen sind, verinnerlicht (interiorisiert); die äußeren Handlungen werden verfestigt, verallgemeinert, objektiviert und verkürzt. Es entsteht ein psychisches Abbild, ein *inneres* Modell.

Damit die individuelle Entwicklung fortgeführt wird, müssen die erarbeiteten Begriffe und Operationen, die durch die Tätigkeit des Individuums aus dem System ihrer gesellschaftlichen Beziehungen in das System der individuellen Beziehungen transformiert werden und dabei einen „persönlichen Sinn" erhalten, wieder auf die äußere Realität angewendet und in neue Handlungen einbe-

zogen werden. Hierdurch bleiben sie als Instrumente der Handlung gegenwärtig, werden modifiziert und weiterentwickelt. Zugleich verändert sich dadurch auch die äußere Realität.

Lernen ist in dieser Form ein ganzheitlicher Prozeß, in welchem Praxis und Theorie eine Einheit bilden. Es umfaßt die sensumotorische, perzeptiv-begriffliche und intellektuelle Regulationsebene des Handelns (vgl. HACKER 1978, S. 104) sowie die individuelle und die gesellschaftliche Dimension. Zudem wird die sachbezogene (intrinsische) Motivation gefördert und selbständiges und kritisches Lernen ermöglicht.

DEUTSCHER BILDUNGSRAT: Zur Neuordnung der Sekundarstufe II. Konzept für eine Verbindung von allgemeinem und beruflichem Lernen. Empfehlungen der Bildungskommission, Stuttgart 1974. HACKER, W.: Allgemeine Arbeits- und Ingenieurpsychologie. Psychische Struktur und Regulation von Arbeitstätigkeiten, Berlin (DDR) ²1978. LEMPERT, W./FRANZKE, R.: Die Berufserziehung, München 1976. LEONTJEW, A. N.: Tätigkeit, Bewußtsein, Persönlichkeit, Stuttgart 1977. MERTENS, D.: Schlüsselqualifikationen. Thesen zur Schulung für eine moderne Gesellschaft. In: Mitt. a. d. Arbmarkt.- u. Berfo. 7 (1974), S. 36 ff. PROJEKTGRUPPE AUTOMATION UND QUALIFIKATION: Theorien über Automationsarbeit. D. Arg., Sonderband 31, Berlin 1978. RÜGER, S.: Tätigkeitsanalyse. Zur Erhebung beruflicher Bildungsinhalte. In: Z. f. Berbfo. 3 (1974), 3, S. 15 ff. RÜTZEL, J.: Tätigkeit und Tätigkeitsfelder. Prinzipien einer integrierten Sekundarstufe II, Frankfurt/Bern/Las Vegas 1979. TÄTIGKEIT. In: KLAUS, G./BUHR, M. (Hg.): Philosophisches Wörterbuch, Bd. 2, Berlin (DDR) ⁸1972, S. 1065 ff.

Josef Rützel

Lernorte

„Duales" System der Berufsausbildung und Pluralität der Lernorte. Die seit Ende der 60er Jahre empirisch fundierte und an verfassungsmäßigen Grundrechten (vgl. Art. 1, Abs. 1 des Grundgesetzes, ferner Art. 2, Abs. 1; Art. 3; Art. 12, Abs. 1; Art. 20, Abs. 1 GG) orientierte Kritik an Form und Inhalt der beruflichen Bildung im „dualen" System (vgl. STRATMANN 1973) mündete in eine Reihe von konkreten Reformvorschlägen und Praxismodellen, verstärkte damit zugleich ein intensives Nachdenken über ein konsistentes berufspädagogisches Konzept beruflichen Lernens. Mit

der Konzeption einer Pluralität von Lernorten als strukturierendem Prinzip einer ebenso offenen und vielfältigen wie planvoll abgestimmten Organisation von Lernprozessen wurde zugleich die Verbindung der Berufsbildungsreform zur Oberstufenreform des Bildungswesens hergestellt. Von der Einbeziehung des „dualen" Systems der Berufsausbildung in das Konzept einer integrierten Sekundarstufe II wird dabei eine koordinierte Pluralität, gegebenenfalls auch eine produktive Konkurrenz der verschiedenen Lernorte erwartet, die Möglichkeiten schafft, die pädagogisch wie politisch fragwürdig gewordenen Seiten des „dualen" Systems weitgehend zu beseitigen. Insofern entzündet sich die bildungspolitische und wissenschaftliche Diskussion über die Lernortproblematik in erster Linie an Mängeln des „dualen" Systems.

Als Lernorte werden dabei im Rahmen des öffentlichen Bildungswesens anerkannte Einrichtungen (auch in privater Trägerschaft) verstanden, die Lernangebote organisieren. Lernorte stellen dieser Begriffsbestimmung der Bildungskommission des Deutschen Bildungsrates zufolge nicht nur räumlich und rechtlich selbständige Einheiten dar, sondern sie unterscheiden sich zugleich durch ihre je spezifisch pädagogisch-didaktische Funktion bei der Vermittlung allgemeiner und beruflicher Qualifikationen (vgl. DEUTSCHER BILDUNGSRAT 1974, S. 17 ff.). Unter dem Begriff der Lernorte sollen also unterschiedliche institutionelle Arrangements gesellschaftlicher Lernprozesse organisatorisch und inhaltlich nicht mehr aus überkommenen, lediglich kraft Tradition legitimierten Zusammenhängen heraus, sondern aus den Anforderungen und Eigengesetzlichkeiten der Lernprozesse selbst begründet werden. Unter Lernen können dabei im allgemeinen Sinne die produktiven und auf Förderung angewiesenen Möglichkeiten des Menschen verstanden werden, Vorstellungen, Gewohnheiten, Einstellungen, Kenntnisse, Fertigkeiten und Fähigkeiten mit dem Ziel des Selbständigwerdens aufzubauen und zu verändern.

Lernorte in der Sekundarstufe II. Entgegen der irreführenden Bezeichnung „duales System" vollzieht sich die Berufsausbildung in der Bundesrepublik Deutschland schwerpunktmäßig am Arbeitsplatz, darüber hinaus aber noch an zwei weiteren Lernorten, nämlich in der Berufsschule sowie in den unterschiedlichen Formen der Lehrwerkstatt. Die Bildungskommission des DEUTSCHEN BILDUNGSRATS (vgl. 1974) schlug überdies in ihrer Empfehlung „Zur Neuord-

nung der Sekundarstufe II" einen vierten Lernort vor: das Studio.

Obwohl die Bildungskommission die Leistungsfähigkeit des Lernorts *Schule* selbst für bislang vollzeitschulisch durchgeführte Bildungsgänge kritisch einschätzt, räumt sie der Schule in ihrem Konzept eines multifunktionalen Lernortverbundes eine zentrale Stellung ein; sie habe vornehmlich drei Funktionen zu erfüllen:

– die Vermittlung der für Beruf und Studium erforderlichen theoretischen Ausbildung oder Vorbildung,

– die Einführung in die durch sprachliche Kommunikation geprägte Kultur unserer Gesellschaft entsprechend den jeweiligen Lernvoraussetzungen und Lernmotivationen,

– die Aufarbeitung und Reflexion der an den anderen Lernorten gewonnenen Kenntnisse, Erfahrungen und Fertigkeiten.

Unter dem Lernort *Lehrwerkstatt* werden schulische, betriebliche und überbetriebliche Ausbildungsstätten, aber auch Laboratorien, Simulationseinrichtungen, Ausbildungs- und Übungsbüros und vergleichbare Einrichtungen verstanden. An diesem Lernort sollen Einsichten in komplexe praktische Zusammenhänge vermittelt werden, die weder mit schulischen Arbeitsmitteln noch durch Lernen im unmittelbaren Kontext produktiver Arbeit zu gewinnen sind.

Als wichtigste und unverzichtbare Funktion des Lernorts *Betrieb* nennt die Bildungskommission die Erleichterung des Übergangs von der Ausbildung in die Berufstätigkeit. Im Hinblick auf den Erwerb sozialer und kritischer Kompetenz dient er darüber hinaus als „negativer" Erfahrungs- und Motivationsort. Eine theoretische Aufarbeitung, Auseinandersetzung und Reflexion der in den konkreten Arbeitssituationen gewonnenen Kenntnisse und Fertigkeiten sowie der praktisch erfahrenen Probleme und Konflikte bleibt dem Lernort Schule vorbehalten. Zur institutionellen Absicherung der kompensatorischen Funktion des Lernorts Schule ist eine Reihe organisatorischer und rechtlicher Regelungen mit dem Ziel der Gewährleistung einer größeren Unabhängigkeit des Lernorts Schule von den Betrieben vorgesehen. Es gibt auch Versuche, das kompensatorische Modell durch vermutete Lernabläufe zu rechtfertigen. Dennoch ist mit Recht nach den Bedingungen gefragt worden (vgl. KÄRTNER 1978), unter denen sich an zwei verschiedenen Lernorten ein didaktisch und methodisch gegensätzliches Lernen organisieren läßt, das vom Lernsubjekt noch integriert werden kann.

Neben Schule, Betrieb und Lehrwerkstatt stellte die Bildungskommission das *Studio* als neuen Lernort zur Diskussion. Im Studio sollen vor allem kreatives, ästhetisches und soziales Lernen gefördert und „humane Kompetenz" entfaltet werden.

Zur Theorie der Lernorte. Die Empfehlungen der Bildungskommission des DEUTSCHEN BILDUNGSRATS (vgl. 1974) sind nicht ohne Widerspruch geblieben. Sie zeigen zwar ein breites Spektrum an Möglichkeiten zur differenzierten Lernortgestaltung auf, ihnen mangelt es jedoch, wie etwa aus berufspädagogischer Sicht eingewandt worden ist, an einer theoretisch konsistenten und empirisch fundierten Begründung. Eine umfassende Theorie der Lernorte, die sich auf die lokale Organisation der Lernorte im Zusammenhang mit den Zielen, Inhalten, Methoden und Medien des Lernens bezieht, liegt noch nicht vor (vgl. LIPSMEIER 1978). Unter den derzeit diskutierten Ansätzen und heuristischen Versuchen zu einer Theorie der Lernorte filtern sich zwei Positionen heraus. Sie lassen sich als „funktionalistische" und „an den Qualifikationsinteressen der Auszubildenden ansetzende Konzepte" beschreiben (vgl. WAHLER 1978). Entsprechend unterschiedlich wird der Begriff Lernort gefaßt und werden die einzelnen Lernorte voneinander abgegrenzt. Für die „funktionalistischen" Konzeptionen sind fundierte Kenntnisse über die spezifisch didaktischen Eigenschaften der einzelnen Lernorte von ausschlaggebender Bedeutung, weil sie von dem Gedanken ausgehen, Lernprozesse im Hinblick auf ein vorgegebenes Lernzielsystem zu optimieren. Die Lernorte werden mehr unter Aspekten der didaktischen Möglichkeiten und weniger aufgrund unterschiedlicher Lernortträger analysiert. Entsprechend stellt zum Beispiel der Betrieb keinen einheitlichen Lernort dar, denn in ihm gibt es neben dem Arbeitsplatz noch eine Anzahl weiterer Lernorte.

Insbesondere für den Lernort Arbeitsplatz ist der Versuch unternommen worden, ein kategoriales System zu entwickeln und partielle Theorieansätze zu erarbeiten (vgl. MÜNCH/KATH 1973). Dabei wurden didaktische Funktionen und Anforderungskriterien des Arbeitsplatzes sowie Ziele der Optimierung von Lernprozessen herausgearbeitet, die – richtig kombiniert – zu Aussagen über den geeigneten Lernort führen sollen. Mit der vorgelegten Phänomenologie und Theorie des Arbeitsplatzes als Lernort sollte eine gezielte Lernortforschung initiiert werden. Das Ziel solcher Forschungen darf jedoch nicht durch diese ersten Versuche vorgeprägt sein. Vielmehr wäre zunächst die generelle Problematik bisheriger Versuche, die in ihrer funktionalistischen Ausrichtung auf den Bedarf des Beschäftigungssystems bildungstheoretischen wie bildungspolitischen Zielvorstellungen jenseits ökonomisch bestimmter Anforderungen kaum noch Raum lassen, selbst zu thematisieren.

Ausgehend von den *Qualifikationsinteressen der auszubildenden Jugendlichen,* weist LEMPERT (vgl. 1974) mit Nachdruck auf die bildungs- und damit gesellschaftspolitische Dimension der Lernortdiskussion hin, die sich der Frage nach den sozialen Lerneffekten in den Lernorten stellen und dabei die lernhemmenden Einflußfaktoren identifizieren müßte. In seiner Analyse der kontroversen Argumente für und gegen den Lernort Betrieb legt Lempert den politischen Kern der Auseinandersetzung offen: Er betrifft die Organisations- und Verfügungsgewalt der Lernortträger als das entscheidende Abgrenzungskriterium und als entscheidende Bedingungsvariable von Lernorten beziehungsweise Lernortmodellen. Nach Lempert ist der Betrieb unerläßlicher Ort zur Entwicklung beruflicher Qualifikationen, jedoch wäre nach seinen Überlegungen eine Umkehrung des herkömmlichen Kompetenzgefälles zwischen Betrieb und Schule im „dualen" System erforderlich. Der Lernort Schule müßte sowohl die Curricula als auch die Abschlußqualifikationen der berufli-

chen Erstausbildung nach pädagogischen Kriterien und im Interesse der Auszubildenden maßgeblich bestimmen und überprüfen. Erst auf einer solchen Basis ließen sich bildungstheoretisch begründete Zielsetzungen für ein revidiertes organisatorisches Arrangement von Lernprozessen formulieren. Innerhalb dieses Bezugsrahmens sind mit der Konzeption einer Pluralität der Lernorte Möglichkeiten angedeutet, die bisher von den Ausbildungsbetrieben bestimmte Eindimensionalität der Berufserziehung aufzubrechen und Lernprozesse zu organisieren, die die Jugendlichen nicht lediglich für eine hinzunehmende soziokulturelle und ökonomische Wirklichkeit funktionsfähig machen, sondern auf personelle Entfaltung und lebenslange Existenzsicherung abzielen.

DEUTSCHER BILDUNGSRAT (Hg.): Zur Neuordnung der Sekundarstufe II. Konzept für eine Verbindung von allgemeinem und beruflichem Lernen. Empfehlungen der Bildungskommission, Stuttgart 1974. KÄRTNER, G.: Berufliche Sozialisation und gesellschaftlich-politische Handlungskompetenz. In: Z. f. P. 24 (1978), S. 1 ff. LEMPERT, W.: Die notwendige und mögliche Funktion des Lernorts Betrieb im Verhältnis zur Lehrwerkstätte und Schule unter den Gesichtspunkten des sozialen Lernens und der Funktionalität der Ausbildung. In: KLEINBEGK, U./LEMPERT, W.: Die Bedeutung verschiedener Lernorte in der beruflichen Bildung. Gutachten und Studien der Bildungskommission des Deutschen Bildungsrates, Bd. 38, Stuttgart 1974. LIPSMEIER, A.: Organisation und Lernorte der Berufsausbildung, München 1978. MÜNCH, J. (Hg.): Lernen – aber wo? Der Lernort als pädagogisches und lernorganisatorisches Problem, Trier 1977. MÜNCH, J./KATH, F. M.: Zur Phänomenologie und Theorie des Arbeitsplatzes als Lernort. In: Z. f. Berbfo. 2 (1973), 2, S. 19 ff. STRATMANN, K.: Berufsausbildung auf dem Prüfstand: Zur These vom „bedauerlichen Einzelfall". Ergebnisse empirischer Untersuchungen zur Situation der Berufsbildung in der Bundesrepublik. In: Z. f. P. 19 (1973), S. 731 ff. WAHLER, P.: Das Problem der Lernorte in der Diskussion um die Reform der beruflichen Bildung. In: Z. f. P. 24 (1978), S. 37 ff.

Günter Pätzold

Meisterlehre – Meisterprüfung

Begriff. Die aus dem lateinischen „magister" abgeleitete Bezeichnung „Meister" für eine über der beruflichen Erstausbildung stehende berufspraktische und -theoretische Qualifikation findet sich heute vor allem im Handwerk und in der Industrie, sie besitzt aber auch Bedeutung in der Landwirtschaft und in den ihr nahestehenden Berufsbereichen, in der Hauswirtschaft und in der Verwaltung (zum Beispiel Wachtmeister). Mit Ausnahme der Industrie, wo der Meisterbegriff uneinheitlich und für sehr unterschiedliche Funktionen gebraucht wird, ist der Titel in den einzelnen Wirtschaftsbereichen gesetzlich geschützt, und sein Erwerb unterliegt jeweils genau festgelegten Regelungen. Die Weiterbildung zum Meister wurde zunächst ausschließlich im Handwerk entwickelt und diente später als Modell für die anderen Bereiche. Dementsprechend kann auch heute noch das Prinzipielle des gesamten Meisterbildungswesens am besten und sinnvollerweise anhand der handwerklichen Regelung in der Handwerksordnung (HwO) exemplifiziert werden, zumal sich im Berufsbildungsgesetz (BBiG) von 1969 keine übergreifende und ähnlich detaillierte Entsprechung dafür findet: § 46, Abs. 1 BBiG verweist die Regelung der beruflichen Fortbildung lediglich an die zuständigen Stellen – hier also an die Handwerkskammern. Von den in § 46, Abs. 2 vorgesehenen Möglichkeiten ist nach TILLMANN (1977, S. 239) bisher nur spärlich Gebrauch gemacht worden: „Im wesentlichen sind Bereiche, in denen bereits Erfahrungen mit vorhandenen Ordnungsvorstellungen vorlagen (nämlich in den verschiedenen Meisterbereichen), in den Kompetenzbereich des § 46, Abs. 2 übernommen worden."

Geschichte. Die handwerkliche *Meisterlehre* war eine der ursprünglichsten Berufserziehungsformen, bei welcher ein Meister einen Lehrling schrittweise in eine Tätigkeit einweist und gleichzeitig im Rahmen der integrierten Lebens- und Arbeitskreise (Familie des Meisters, Arbeitsgemeinschaft der Werkstatt und Berufsgemeinschaft der Zunft – vgl. INSTITUT FÜR BERUFSERZIEHUNG IM HANDWERK 1958, S. 44) eine *umfassende Erziehung* im Sinne eines Hineinlebens und -wachsens in Traditionen und Sitten vermittelt. Die Meisterlehre war die Regelform der mittelalterlichen Handwerkslehre. In ihrer damaligen erzieherischen, organisatorischen und methodischen Ausgestaltung wurde sie wegweisend für spätere Jahrhunderte.

Mit dem Niedergang des Zunftwesens ging dann auch ein Verfall der Meisterlehre einher; das Lehrverhältnis wurde schließlich immer mehr zu einem reinen Arbeitsverhältnis. Erst im 20. Jahrhundert – beginnend mit dem „kleinen" Befähigungsnachweis von 1908 – gewannen bestimmte Elemente der Meisterlehre, insbesondere pädagogische, didaktische und methodische Werte, wieder an Bedeutung, wenngleich die Ausgestaltung eines ethisch-normativen erzieherischen Aspektes umstritten ist und die Gefahren einer beruflichen Einseitigkeit in der Meisterlehre nicht übersehen werden dürfen.

Die Ursprünge der *Meisterprüfung* datieren aus der Blütezeit des handwerklichen Zunftwesens im Mittelalter: Die Zunftordnung machte den Erwerb des Meisterrechts nicht nur von bestimmten sozialen Bedingungen und vom Nachweis der Lehr-, Gesellen- und (ab dem 15. Jahrhundert) der Wanderjahre abhängig, sondern band ihn an die Zugehörigkeit zu einer Zunft und in besonderem Maße an die Ablegung einer Prüfung. Diese Prüfung, die im heutigen „Meisterstück" ihre Fortsetzung findet, stellte je nach dem Stand der Handwerkskultur in einer Stadt hohe bis sehr hohe Anforderungen, was zur bewußten Beschränkung der vorhandenen Meisterstellen beitrug. In Nürnberg hatte beispielsweise ein angehender Küfermeister „ein 24-Eimer- oder Zweifuderfaß zu liefern, ‚welches nicht durchs Feuer gezwungen worden war‘. Ferner hatte er zwei Eimer herzustellen, ‚deren Dauben 2 ½ bis 3 Zoll dick und so passend gefugt sein müssen, daß keine Reifen zum Halt nöthig sind; man muß die Eimer auf der Erde hin und her rollen können, ohne daß die Dauben in den Fugen wanken, und wenn Wasser darin gegossen wird, so darf nichts rinnen‘“ (SINZ 1977, S. 154).

Während die mit dem spätmittelalterlichen Meisterrecht verbundenen vielfältigen Privilegien und die immer wieder auch mißbräuchlich angewandten Zugangsbeschränkungen zunehmend abgebaut wurden, hat sich die Einrichtung der Meisterprüfung als Schlußpunkt eines mehrstufigen Bildungsweges vom Lehrling über den Gesellen zum Meister mit ihrem bedingenden Charakter für die Ausübung eines selbständigen Handwerks bis heute gehalten. Sie wurde mit dem Handwerksgesetz von 1897, dem „kleinen“ Befähigungsnachweis von 1908 und dem „großen“ Befähigungsnachweis von 1935 gesetzlich unterbaut und ist im Prinzip unumstritten.

Zulassungsvoraussetzungen. Die derzeit gültige Regelung der Meisterprüfung im Handwerk ist in §§ 45 bis 50 HwO in der Fassung vom 28. 12. 1965 (zuletzt geändert am 12. 4. 1976) niedergelegt. Der Weg zum Meister führt nach § 49, Abs. 1 HwO in der Regel über eine bestandene Gesellenprüfung und eine drei- bis fünfjährige Gesellentätigkeit in dem Handwerk, in welchem die Meisterprüfung abgelegt werden soll. Diese Bestimmung ist so zu verstehen, daß die Gesellenprüfung in irgendeinem Handwerk abgelegt sein kann, sofern es sich nur um eine handwerkliche Prüfung handelt. Für die nachzuweisende Tätigkeit gilt, daß sie auch in einem nichthandwerklichen, jedoch dem Gewerbezweig des jeweiligen Handwerks zuge-

hörigen Betrieb abgeleistet werden darf. Der Besuch einer Fachschule kann bis zu drei Jahren angerechnet werden, dagegen wird eine Tätigkeit als selbständiger Handwerker, als Werkmeister oder in ähnlicher Stellung oder eine der Gesellentätigkeit gleichwertige Praxis voll angerechnet (vgl. § 49, Abs. 3, Ziff. 4 HwO). § 49, Abs. 2 HwO erweitert den Kreis der Zulassungsberechtigten auf die Absolventen der Facharbeiterprüfung an einer Industrie- und Handelskammer; im Gegensatz zur Regelung des § 49, Abs. 1 HwO muß diese Prüfung jedoch in der entsprechenden Fachrichtung abgelegt worden sein, das heißt in dem Gewerbezweig, zu dem das Handwerk zählt, in welchem die Meisterprüfung angestrebt wird (vgl. EYERMANN/FRÖHLER 1967, S. 205 ff.).

Unabhängig von den Erfordernissen einer Gesellen- oder Facharbeiterprüfung und einer mehrjährigen praktischen Tätigkeit ist zur Meisterprüfung zuzulassen, wer die Befugnisse zur Ausbildung von Lehrlingen bereits besitzt (vgl. § 49, Abs. 1 HwO). Diese Ausnahmeregelung stellt insofern keine grundlegende Minderung des der Zulassung zugrunde liegenden Qualitätsprinzips dar, als „die Ausbildungsbefugnis ohnehin nur solchen Personen verliehen wird, die die entsprechenden theoretischen Grundlagen besitzen und die eine längere Tätigkeit nachweisen können“ (EYERMANN/FRÖHLER 1967, S. 209).

Nach § 54, Abs. 1, Ziff. 5 und § 91, Abs. 1, Ziff. 7 HwO haben die Handwerksinnungen beziehungsweise die Handwerkskammern die Aufgabe, die Gesellen bei der beruflichen Fortbildung zu unterstützen. Nachdem das traditionelle Gesellenwandern als Mittel zur Fortbildung und als Maßnahme gegen eine frühzeitige Spezialisierung heute weitgehend entfällt, kommt in diesem Zusammenhang insbesondere den von den Handwerkskammern unterhaltenen *Gewerbeförderungsanstalten* große Bedeutung zu: Sie bieten unter anderem –

im Gegensatz zum Zwang des Gesellen-
wanderns nun allerdings auf freiwilliger
Teilnahmebasis – öffentlich geförderte
kurz- und langfristige Tages- und
Abendkurse zur Vorbereitung auf die
Meisterprüfung an und erreichen damit
eine große Zahl von Prüfungsaspiranten
(vgl. BALTZER 1954).

Durchführung der Meisterprüfung. Die
Durchführung der Meisterprüfung richtet sich in ihren formellen Bestandteilen
nach der von der jeweiligen Handwerkskammer laut § 91, Abs. 1, Ziff. 6 HwO
erlassenen Meisterprüfungsordnung, in
inhaltlicher Hinsicht im weiteren Sinne
nach dem Berufsbild des einzelnen
Handwerks (vgl. § 45 HwO) und im engeren Sinne nach den in Ergänzung zum
jeweiligen Berufsbild geschaffenen
„fachlichen Vorschriften für die Meisterprüfung" oder nach den in § 25 und
§ 45, Ziff. 2 HwO vorgesehenen Rechtsverordnungen. Da die fachlichen Vorschriften für die Teile III und IV der
Meisterprüfung in allen Handwerksberufen identisch sind, wurde hierfür 1972
eine „*Verordnung über gemeinsame Anforderungen in der Meisterprüfung im
Handwerk*" (Allgemeine Meisterprü-
fungsverordnung – AMVO –) erlassen,
welche auch Gliederung, Inhalt, Bestehen und Wiederholung der Prüfung regelt. Laut § 2, Abs. 1 setzt das Bestehen
eine mindestens ausreichende Leistung
in jedem Prüfungsteil voraus; § 3 erlaubt
eine zweimalige Wiederholung der Prüfung beziehungsweise einzelner Prüfungsteile.
Grundsätzlich kann die Meisterprüfung
nur in einem der in Anlage A (Positivliste) zur HwO aufgeführten 125 Voll-
handwerke abgelegt werden (vgl. § 46,
Abs. 1 HwO). Zur Abnahme der Prüfung bestehen *Meisterprüfungsausschüs-
se,* die für jedes Handwerk und für jeden Kammerbezirk nach Anhörung der
jeweiligen Handwerkskammer an deren
Sitz von der höheren Verwaltungsbehör-
de gebildet werden.

Anforderungen in der Meisterprüfung.
Undifferenziert nach der angestrebten
Meisterfunktion (Selbständiger, Unselb-
ständiger, Ausbilder) hat der Prüfling in
der Meisterprüfung die Fähigkeit nachzuweisen, „einen Handwerksbetrieb
selbständig zu führen und Lehrlinge
ordnungsgemäß auszubilden; der Prüfling hat insbesondere darzutun, ob er
die in seinem Handwerk gebräuchlichen
Arbeiten meisterhaft verrichten kann
und die notwendigen Fachkenntnisse
sowie die erforderlichen betriebswirtschaftlichen, kaufmännischen, rechtlichen und berufserzieherischen Kenntnisse besitzt" (§ 46, Abs. 2 HwO).
Entsprechend diesen Anforderungen
gliedert sich die Prüfung in einen theoretischen und in einen praktischen Abschnitt und wird nach vier Hauptteilen
getrennt bewertet; erstens: Praktischer
Teil; zweitens: Fachtheoretische Kenntnisse; drittens: Wirtschaftliche und
rechtliche Kenntnisse; viertens: Berufs-
und arbeitspädagogische Kenntnisse
(vgl. § 1, Abs. 1 AMVO).
Zu den Bestandteilen des *praktischen*
Teiles gehört das sogenannte Meisterstück oder die Arbeitsprobe. Als „meisterhaft" ist in diesem Zusammenhang
nicht eine außergewöhnliche Leistung
zu verstehen, sondern eine solche, die
„dem entspricht, was sich der Kunde
von einem selbständigen Handwerker
erwartet" (EYERMANN/FRÖHLER 1967,
S. 203). Diese Auslegung wird durch den
Wortlaut „gebräuchliche Arbeit" unterstrichen: Mit dieser Fassung sollen über-
mäßige Anforderungen und damit Ver-
fälschungen des Befähigungsnachweises
verhindert werden.
Nach der HwO in der Fassung von 1953
erstreckten sich die erforderlichen *theoretischen* Kenntnisse auf fachliche, be-
triebswirtschaftlich-kaufmännische und
allgemein-theoretische Bereiche. Daneben sollte der Nachweis der Fähigkeit
erbracht werden, Lehrlinge ordnungsgemäß anzuleiten. Dementsprechend waren in den die Prüfungspraxis gestalten-

den Meisterprüfungsordnungen zwei Theoriekomplexe enthalten: Fachtheorie und ein Block mit betriebswirtschaftlich-kaufmännischen, rechtskundlichen und berufserzieherischen Kenntnissen. Die HwO-Novelle von 1965 präzisierte den „allgemein-theoretischen" Teil schließlich in Entsprechung zur bestehenden Praxis als „rechtliche Kenntnisse". Gleichzeitig wurden die berufserzieherischen Kenntnisse auch in der HwO stärker betont und im Rahmen einer Neugliederung der Prüfungsteile in den Meisterprüfungsordnungen als eigener Hauptbestandteil definiert und inhaltlich entsprechend gestaltet.

Der darauf bezogene Prüfungsabschnitt „berufserzieherische Kenntnisse" umfaßt nach der AMVO vier mündlich und schriftlich zu prüfende Fächer; erstens: Grundfragen der Berufsbildung; zweitens: Planung und Durchführung der Ausbildung; drittens: Der Jugendliche in der Ausbildung; viertens: Rechtsgrundlagen der Berufsbildung. Mit der Neugestaltung des Hauptteils „Berufserziehung" griff die handwerkliche Meisterprüfung bestimmten Ausbildungskriterien des BBiG von 1969 vor und erfüllt in ihrer nunmehrigen Form – wie auch die in der Hauswirtschaft, in der Landwirtschaft und die vor einer Industrie- und Handelskammer abgelegte Meisterprüfung – die im BBiG enthaltene Forderung nach pädagogischer Ausbilderqualifizierung. Gleichzeitig stellt die Aufwertung des Abschnittes „Berufserziehung" in der Meisterprüfung einen gewissen Abschluß in der langen Entwicklung der handwerklichen Meisterlehre dar.

BALTZER, I.: Die Förderung des Meisternachwuchses im Handwerk. Berufserziehung im Handwerk, Bd. 8, Köln 1954. EYERMANN, E./FRÖHLER, L.: Handwerksordnung. Kommentar, München/Berlin ²1967. INSTITUT FÜR BERUFSERZIEHUNG IM HANDWERK AN DER UNIVERSITÄT ZU KÖLN (Hg.): Die geschichtliche Entwicklung der Handwerkslehre, Köln 1958. SINZ, H.: Das Handwerk, Düsseldorf/Wien 1977. TILLMANN, H.: Fortbildungsordnungen. In: BUNDESINSTITUT FÜR BERUFSBILDUNGSFORSCHUNG (Hg.): Schlüsselwörter zur Berufsbildung, Weinheim/Basel 1977, S. 237 ff. VERORDNUNG ÜBER GEMEINSAME ANFORDERUNGEN IN DER MEISTERPRÜFUNG IM HANDWERK (AMVO) vom 12. 12. 1972. Bundesgesetzblatt I, S. 2381. ZENTRALVERBAND DES DEUTSCHEN HANDWERKS (Hg.): Gesetz zur Ordnung des Handwerks (HwO), Bergisch Gladbach 1976.

Bruno Schurer

Militärdienst

Problemstellung. Die Aufgabe des Militärdienstes in der Bundesrepublik Deutschland ergibt sich aus der verfassungsmäßigen Stellung der Bundeswehr. Sie ist in den Rahmen der freiheitlich demokratischen Grundordnung eingebunden. Der Zusammenhang von Militär und Demokratie begründet auch in der Bundeswehr der Bundesrepublik Deutschland ein Spannungsverhältnis, das sich in pädagogischer Hinsicht sehr deutlich äußert:
Vordergründig betrachtet ist die aus militärischen Erfordernissen und der Tradition entwickelte streng hierarchisch gegliederte Organisationsstruktur mit ihren von oben nach unten verlaufenden Kommunikationswegen nicht vereinbar mit den Postulaten einer demokratischen Lebensform. Die genauere Analyse zeigt aber ein pädagogisch vermitteltes, dialektisches Verhältnis. Es läßt sich ausdrücken in einer Reihe von gegensätzlichen Begriffspaaren wie *Ausbildung* und *Bildung, Drill* und *Erziehung, Gehorsam* und *Mitbestimmung, Affirmation* und *Kritik, Führung* und *Selbstbestimmung.*

Ausbildung und Bildung/Drill und Erziehung. Für den militärischen Dienst ist eine spezifische Ausbildung notwendig. Es werden ganz bestimmte Fähigkeiten, Kenntnisse und Fertigkeiten vom Soldaten verlangt, die weder im allgemeinen Lebenszusammenhang noch in speziellen, nichtmilitärischen Handlungsfeldern erworben werden können. Das betrifft den technischen Aspekt der dem Soldaten abverlangten Leistungen, also Umgang mit Waffen und militärischem Gerät, aber auch Einordnung in den Zusammenhang einer Truppe, Kenntnis militärischer Verhaltensregeln und die psychophysische Fähigkeit, diese Regeln zu befolgen. Ein Leistungstraining, das auf solche Funktionstüchtigkeit abzielt, könnte man in erziehungswissenschaftlicher Betrachtung als Ausbildung im Sinne von Berufsausbildung bezeichnen. Von daher wäre dann die Frage zu stellen, ob und unter welchen Bedingungen die militärische Ausbildung die Möglichkeit von Bildung zuläßt oder wahrscheinlich macht. Der Militärdienst hat aber Aspekte, die seine einfache Gleichstellung mit der Berufsausbildung als unzureichend erscheinen lassen; die Ausbildung des Soldaten ist auf eine Situation höchster psychischer Belastung – Einsatz des eigenen Lebens im Kampfe – bezogen, die nur simulativ, das heißt ohne die Belastung des Ernstfalles, eingeübt werden kann. Um die Möglichkeit des Versagens im Ernstfall gering zu halten, tendiert die militärische Ausbildung von jeher in allen Armeen der Welt dazu, die für den Kampf erforderlichen Verhaltensweisen unter weitgehender Ausschaltung des Bewußtseins der Handelnden zu sichern. Das Instrument dazu heißt „Drill", das Ergebnis „Kadavergehorsam". Beides liegt – für sich betrachtet – außerhalb jeglicher Pädagogik, und zwar noch ganz unabhängig von der einleitend angesprochenen Spannung zu den Postulaten einer demokratischen Lebensform.

Drill und Kadavergehorsam bezeichnen aber nur eine Seite der militärischen Ausbildung. So wichtig es auch immer sein mag, den Soldaten so auszubilden, daß er auch in der Extremsituation von Lebensgefahr, Angst und Bewußtseinsminderung, ohne zu zögern, genau das tut, was er an dem jeweiligen Platz, auf den er gestellt ist, militärtaktisch zu tun hat, so wenig reicht dieses gleichsam mechanische Funktionieren aus. Soldatische Bewährung setzt auch eine hohe Moral voraus, eine Identifikation mit den Zielen, um derentwillen gekämpft und gestorben wird, aber auch selbständiges Denken, um in unerwarteten Situationen das militärisch Richtige tun zu können. Als 1792 das nur schlecht gedrillte, aber durch die revolutionären Ideen begeisterte französische Volksheer den Berufsarmeen der alliierten europäischen Monarchen bei Valmy standhielt, notierte Goethe: „Von hier und heute geht eine neue Epoche der Weltgeschichte aus."

Die großen preußischen Generale der Freiheitskriege kannten diesen Zusammenhang von Geist, Bildung und Soldatentum (vgl. WENIGER 1959 a). Sie stellten die preußische Heeresform von 1810/1812 ein in die leitenden Motive der Deutschen Bewegung und damit auch in einen spezifisch pädagogischen Kontext. Die zu dem Zeitpunkt eingeführte allgemeine Wehrpflicht war zunächst Ausdruck einer entschieden demokratischen Option: Der Bürger greift zu den Waffen, um sein Vaterland zu verteidigen – die militärische Ausbildung, die er zu diesem Zwecke erhält, steht in diesem und nur in diesem Dienst, und das heißt, daß auch Drill und strikter Gehorsam durch diesen Zweck bedingt und begrenzt sind. Der freie, seinem Gemeinwesen verpflichtete Bürger, der sich dieser Prozedur unterwirft, bleibt auch dann, wenn er militärischen Gehorsam leistet, Subjekt seiner Taten, bleibt moralische Person. Insofern ist dann der geleistete Gehorsam nicht der eines „Kadavers". Und eben dieses ist die Voraussetzung dafür, daß der gehorsame Soldat zugleich ein selbständig denkender Mensch ist. Die von da aus bestimmte Linie des preußisch-deutschen Soldatentums ist eine durchaus erzieherische im Sinne der europäischen Bildungstradition. Sie hat sich über alle beschämenden Deformationen hinweg bis zum 20. Juli 1944 durchgehalten. Denn die zum Gehorsam erzogenen Offiziere der deutschen Wehrmacht brachen formal ihren Fahneneid, als der gänzlich unerwartete und in keiner Ausbildung vorgesehene Fall eingetreten war, daß der oberste Befehlshaber selber seine Treuepflicht gegenüber Volk und Vaterland, Ehre und Menschenwürde gebrochen hatte. Der Generaloberst Beck hatte diesen Fall bereits am 16. 7. 1938 in einer Mahnung an seinen Nachfolger im Amt des Oberbefehlshabers des Heeres formuliert: „Es ist ein Mangel an [...] Erkenntnis der Aufgabe, wenn ein Soldat [...] seine Pflichten nur in dem begrenzten Rahmen seiner militärischen Aufgaben sieht" (SPEIDEL 1957, S. 571).

Von hier aus ist deutlich, daß Militärdienst, Erziehung und politische Bildung offensichtlich eng miteinander verbunden sind. Ein wichtiger Repräsentant der Geisteswissenschaftlichen Pädagogik, Weniger, ist sogar noch weiter gegangen. Er hat unter Rückgriff auf Clausewitz' Überlegungen zum Kriege seine Konzeption einer praxisbezogenen wissenschaftlichen Theorie der Pädagogik gewonnen und das Verhältnis von Wehrmachtserziehung und Kriegserfahrung auch militärpädagogisch erläutert (vgl. WENIGER 1938).

Aber so harmonisch, wie es hier erscheint, verhält sich der Militärdienst zur Pädagogik nun doch nicht. Denn die Notwendigkeit, militärischen Drill mit Ausbildung eines selbständigen militärtaktischen Denkens und einer politisch-moralischen Identifikation verbinden zu müssen, verweist nicht nur auf Erziehung im positiven Sinne, sondern auch auf deren Mißbrauch. Nun unterliegen alle von der Gesellschaft beauftragten Erziehungsinstitutionen der Gefahr, statt zu erziehen zu indoktrinieren, das heißt, statt den Educandus freizugeben für sich selbst, ihn unter Umgehung seines Bewußtseins auf die gewünschte Urteilsstruktur zu verpflichten. In ganz besonderem Maße aber ist die Armee für solchen Mißbrauch anfällig. Denn mehr noch als der außerhalb der Erziehung verbleibende Drill kann die über das Vehikel des militärisch unerläßlichen Gehorsams erzwungene politische Indoktrination als eine Zerstörung der Person wirken. Genau dieses aber ist eine geschichtliche Erfahrung, speziell der Deutschen, auch wenn sie gewiß nicht auf sie beschränkt ist. Die volle Bedeutung dieses Aspektes wird erst bewußt, wenn ein bisher noch nicht berücksichtigter, gleichwohl unhintergehbarer Sachverhalt in die Erwägungen einbezogen wird. Im Gegensatz zu jeder anderen Berufsausbildung erhalten aufgrund der Wehrpflicht alle jungen Männer (mit Ausnahme der Zivildienstleistenden) eine militärische Ausbildung. Der soldatische Gehorsam bietet von daher stets die Versuchung, das militärtechnisch Gebotene mit dem politisch Wünschenswerten zu verbinden und die männliche Jugend während der Monate ihrer Wehrpflicht nicht nur militärisch auszubilden, sondern auch staatspolitisch zu disziplinieren. In vornehmlich diesem Sinne wurde während des zweiten deutschen Kaiserreiches von 1871 bis 1918 die Armee gerne als „Schule der Nation" bezeichnet, so wie das Handwerk als die „Lehrwerkstatt des Volkes" galt (vgl. BLANKERTZ 1969, S. 127). Dieser Mißbrauch der militärischen Erziehung zur politischen Indoktrination fand seinen Höhepunkt während der nationalsozialistischen Herrschaft. Die – im Verhältnis zu früheren Zeiten und zur Situation in anderen westeuropäischen Ländern – eher zurückhaltende Einstellung der bundesdeutschen Öffentlichkeit zur Bundeswehr ist von dieser Erinnerung bestimmt. Andererseits zeugt die Tatsache, daß gerade im Umkreis des in der preußischen Tradition stehenden Korps der Berufsoffiziere stärker als in irgendeiner anderen professionellen Gruppierung – vielleicht mit Ausnahme der Kirchen – der Widerstand gegen Hitler lebendig war, für die in pädagogischem Sinne erzieherische Kraft der Armee. Gleichwohl hat eben diese Armee Hitler gedient und über sechs Jahre lang seinen Krieg geführt. Die sich daraus ergebende Ambivalenz des Urteils verweist noch einmal zurück auf einen militärpädagogischen Aspekt, nämlich den der Reichswehr. Das pädagogische Konzept für dieses Berufsheer der Weimarer Republik war ein strikt unpolitisches gewesen, gerade um dem Mißbrauch zu entgehen. Formal war die Reichswehr auf die Republik verpflichtet, doch hielt sie sich inhaltlich an keine republikanischen Normen gebunden, verblieb vielmehr im Militärisch-Immanenten und ethisch bei der Verpflichtung auf ein abstraktes, durch das Heer selbst beziehungsweise sein höheres Offizierskorps definiertes Vaterland. Gerade deshalb hatte Hitler kaum Schwierigkeiten, sich des entscheidenden Machtinstrumentes zu bemächtigen, obschon die moralische Integrität der Reichswehr unzweifelhaft war.

Vor diesem Hintergrund ist die Pädagogik der Bundeswehr, wie sie durch die Grundsätze der sogenannten inneren Führung festgelegt ist, eine Pädagogik, die sich nicht funktionalistisch auf rein militärtechnische Ausbildungsaufgaben begrenzt, die aber auch keine eigene politische Zieldefinition anbietet, sondern sich als eine Institution der parlamentarischen Demokratie begreift. Die verfassungsmäßige Stellung der Bundeswehr und geschichtliche Erfahrungen haben einen Rahmen geschaffen, der trotz des prinzipiell verbleibenden Spannungsverhältnisses einen unbefangenen Bezug zur Pädagogik erlaubt: „Die Demokratie verlangt mehr als den reinen Waffentechniker. Kaum eine Tätigkeit, kaum ein Beruf erfordert eine so tiefe Auseinandersetzung mit seinen sittlichen und geistigen Grundlagen wie der Beruf des Soldaten. Ein Soldat, der sich über sein Tun keine Rechenschaft abzulegen vermag, ist, sei er technisch so gut ausgebildet wie auch immer, ein schlechter Soldat" (SCHEEL 1978, S. 20). Der Ausbildungsauftrag muß sich also über technische Fertigkeiten hinaus auf die Motivation des Soldaten erstrecken: Der Soldat muß nicht nur wissen, *wie* er etwas tut, sondern auch einsehen, *warum* er es tut. Damit ist die Dimension der *Bildung* angesprochen.

Die Sinnfrage im Erziehungskonzept der Bundeswehr ist auf einer noch sehr abstrakten Ebene sowohl im Grundgesetz durch das verpflichtende Eintreten eines jeden Staatsbürgers (damit auch des Soldaten) für die demokratische Ordnung als auch im Gesetz über die Rechtsstellung der Soldaten (§ 8) angesprochen: „Die Aufgabe des Vorgesetzten besteht darin, sich selbst und Untergebene zur Treue und Tapferkeit zu erziehen."

Ausführlich sind die Grundzüge der darauf bezogenen Erziehungskonzeption im Rahmen des Militärdienstes in den „Leitsätzen für die Erziehung des Soldaten" (BUNDESMINISTER ... 1957, abgelöst durch BUNDESMINISTER ... 1970), in den Hinweisen für die „Politische Bildung in der Bundeswehr" (BUNDESMINISTER ... 1973) und in den „Hilfen für die Innere Führung" (BUNDESMINISTER ... 1972) umrissen.

Gehorsam und Mitbestimmung. Gehorsam ist der Korrelatbegriff zu dem des Befehls. In § 11, Abs. 1 des Soldatengesetzes heißt es lapidar: „Der Soldat muß seinen Vorgesetzten gehorchen. Er hat ihre Befehle nach besten Kräften vollständig, gewissenhaft und unverzüglich

auszuführen." Grenzen findet das Gehorsamsprinzip bei Befehlen, die nicht zu dienstlichen Zwecken erteilt werden oder die die Menschenwürde verletzen, sowie bei solchen, durch deren Befolgen ein Verbrechen oder Vergehen begangen würde. Das Gehorsamsprinzip wird auch in den „Hilfen für die Innere Führung" noch einmal ausdrücklich hervorgehoben: „217.(1) Gehorsam ist unerläßlich. Er bindet die Soldaten aller Dienstgrade [...]" (BUNDESMINISTER ... 1972, S. 23). Es wird zugleich aber mit den Prinzipien der *Einsicht, Diskussion* und *Kooperation* verbunden: „217.(2) Gehorsam wird um so eher aus Einsicht geleistet, je mehr die Untergebenen am Entscheidungsprozeß beteiligt werden. Diskussion ist ein Mittel der Entscheidungsvorbereitung. Kooperation von Untergebenen, Gleichgestellten und Vorgesetzten erleichtert eine sinnvolle Ausführung von Befehlen und Aufträgen" (BUNDESMINISTER ... 1972, S. 23). Diese Äußerungen können zunächst in dem Sinn verstanden werden, daß die Ausführung von Befehlen immer ein bestimmtes Maß an Eigenleistung bei der Ausführung voraussetzt. Dies liegt in ihrer sprachlichen Struktur und in der Tatsache begründet, daß sie in der Anwendung auf die gemeinte Situation hin bezogen (appliziert) werden müssen. Befehle werden in der Ausführung interpretiert. Aber nicht so sehr dieser sprachtheoretisch-hermeneutische Aspekt, eher die politische Dimension der Mitbestimmung macht das Befehls-Gehorsams-Schema problematisch.
Der Soldat der Bundeswehr ist primär „Staatsbürger in Uniform", der – nach den Vorstellungen des Gesetzgebers – aus Einsicht für die demokratische Grundordnung eintritt. Das bedeutet jedoch, daß er sich selbst auch als Staatsbürger begreift, daß er als solcher handeln kann, kurz: daß er fähig und bereit ist, aufgrund *selbstgetroffener Entscheidung* und *selbstbestimmten Handelns* an Akten öffentlicher Willensbildung teil-

zunehmen. Daher sind in der Dienstvorschrift für die politische Bildungsarbeit neben mehr kognitiven Erziehungszielen auch politische Handlungsziele und Einstellungen angesprochen, wie „Bejahung der Grundwerte der Demokratie anstreben", „Fähigkeit zu politischem Handeln entwickeln" und „Demokratische Verfahrensweisen einüben" (BUNDESMINISTER ... 1973, Punkt 201). Wird die Bundeswehr nicht bloß als Unternehmen mit einem ihr eigenen Produktionszweck (Frieden) angesehen, sondern primär als eine hochgradig politische Institution betrachtet, in der auch und gerade die politischen Qualifikationen des Soldaten gefordert sind, dann ergibt sich folgende *Antinomie:* Das strenge Befehls-Gehorsams-Schema ist nur durchhaltbar, wenn die Prinzipien der Sachkompetenz und Funktionsverantwortung als Prämissen gesetzt und damit politische Handlungsformen dysfunktional werden. Sind jedoch die politischen Qualifikationen des „Staatsbürgers in Uniform" zum Prinzip des Militärdienstes erhoben, dann wird die starre Definition von Befehl und Gehorsam abgeschwächt und statt dessen die Form demokratischer Mitbestimmung favorisiert. *Funktionalität* und *Demokratisierungsanspruch* stehen sich hier als Pole gegenüber; die Spannung zwischen beiden Momenten kann nicht einfach dadurch aufgehoben werden, daß sie zu einem der beiden Pole hin nivelliert oder Mitbestimmung bloß als Mitvollzug dessen verstanden wird, was ohnehin geschieht.

Affirmation und Kritik. Als Kategorien, durch die Gehorsam und Mitbestimmung als vereinbar gedacht werden können, sind im Erziehungskonzept der Bundeswehr die Prinzipien von *Einsicht* und *Verantwortung* anzusehen. Gehorsam meint danach eine Haltung, bei der aufgrund von Einsicht in die sachlichen Notwendigkeiten der Anordnung die Verantwortung für die Ausführung bereitwillig übernommen wird. Die hinter der Anordnung stehende Autorität ist in ihrem Anspruch letztlich vom Staat her legitimiert. Die durch demokratische Prinzipien garantierte Freiheit kann dann mit Bezug auf die legitimierende Verfassungsordnung als eine Freiheit in Bindung und in Verantwortung ausgelegt werden, und der so erzogene Mensch erhält damit eine „begrenzte Vollmacht zum Handeln [...]" (ILSEMANN 1971, S. 38). Das Handeln und die Erziehung als Anleitung zu solchem Handeln erhalten ihren Bezugspunkt in den Idealen, wie sie etwa in den „Leitsätzen" postuliert sind (Liebe zu Heimat und Vaterland, Tapferkeit, Ritterlichkeit, Entwicklung der sittlichen, geistigen und seelischen Kräfte). Diese Erziehungsideale werden als „Richtungsschilder" für das Handeln interpretiert und erzieherisch als Hilfen für den jungen Menschen ausgelegt, „solchen Richtungsschildern zu folgen [...]" (ILSEMANN 1971, S. 38). Dahinter ist zumindest in Umrissen ein Erziehungsdenken erkennbar, das Erziehung eher einlinig, aus einer fast affirmativen Einstellung heraus auf *Leitbilder* verpflichten will. Diese erscheinen damit der Kritik und Modifikation entzogen, obwohl der Charakter solcher allgemeinen Ziel- oder Persönlichkeitsvorstellungen Dissens und Kritik geradezu herausfordert. Allein mit dem Verweis auf diese Prinzipien und Ideale ist noch keine tragfähige Vermittlung von Gehorsam und Mitbestimmung, ist auch kein eindeutiges, der Zustimmung aller sicheres Erziehungskonzept zu erwarten. Die Ziele der Erziehung, die in den „Leitsätzen für die Erziehung des Soldaten" genannt werden, haben Leerformelcharakter. Es sind äußerst abstrakte Begriffe, die erst mit konkretem Gehalt angefüllt werden müssen, sollen sie tatsächlich ihre Zielfunktion erfüllen.

Nun sind jedoch solche Begriffe auf unterschiedliche Art konkretisierbar. Die Unterschiede spiegeln dabei die jeweils voneinander abweichenden politisch-ideologischen Standpunkte der Interpreten wider und begründen damit auch einen Dissens in der Auslegung der obersten Ziele.

Ein solcher weltanschaulicher Standpunkt kommt beispielsweise deutlich in der Interpretation von Ilsemann zum Ausdruck, der diese Ziele sowie das Erziehungsverständnis der Bundeswehr überhaupt von einem christlich gefärbten Menschenbild her auslegt. Diese Sichtweise muß mit anderen konkurrieren, sie muß sich mit ihnen als gleichberechtigten auseinandersetzen, so daß die Kategorie des *Konflikts* eigentlich solchen Prinzipien wie Bejahung, Wesenseinsicht, Mitverantwortung vorgelagert ist. Vergegenwärtigt man sich weiterhin, daß das Erziehungsverständnis der Bundeswehr teilweise stark vom (pädagogischen) Führungsgedanken (im Sinne der Littschen Antinomie von „Führen" und „Wachsenlassen") getragen ist, dann tritt eine weitere Konfliktzone auf, wenn man dieses Konzept im Zusammenhang seiner *erwachsenenbildnerischen* Dimension sieht.

Führen oder Selbstbestimmen. Die Zielgruppe der Bundeswehr sind Erwachsene. Diese bringen in der Regel einen eigenen Standpunkt in politischen, gesellschaftlichen oder erzieherischen Fragen mit, der sicher nicht immer als entfaltetes System einer Weltanschauung verfügbar ist. Diese Diffusität hindert den Betreffenden jedoch nicht, Dissonanzen zwischen den ihm zugemuteten Sichtweisen und Einstellungen und seinem eigenen Standpunkt wahrzunehmen und entsprechend darauf zu reagieren (etwa durch Abwehr, Ausweichen, Desinteresse). Soll also der Standpunkt des Adressaten nicht überspielt werden, so muß er als abweichender akzeptiert und als Herausforderung auch an den Vorgesetzten aufgenommen werden.

Erziehung von Erwachsenen kann also nicht heißen, den Betreffenden auf Erziehungsideale und Persönlichkeitsbilder hinzuführen, sondern ihn mit seinen Einstellungen, Normen, mit seinem Werthorizont ernst zu nehmen. Erziehung ist daher weniger (pädagogische) Führung und Anleitung, sondern eher Hilfe zur *Aufklärung* und *Bewältigung der Situationen,* die von ihm als problematisch empfunden werden (Situationsorientiertheit der Erwachsenenbildung).

Für jeden Soldaten, insbesondere für jeden Wehrpflichtigen sind die aus seinem Militärdienst erwachsenden Probleme im Umgang mit seinen Kameraden, Untergebenen oder Vorgesetzten, mit Langeweile in der Freizeit, dienstlicher Eintönigkeit, aber auch mit privaten Sorgen von großer Bedeutung. Erziehung des Soldaten stellt sich aus dieser Sicht als ein Umgang von Erwachsenen dar, der weniger vom Führungsanspruch des einen und der darauf bezogenen komplementären Haltung des anderen als vielmehr von der Bereitschaft getragen ist, den anderen als gleichberechtigt zu akzeptieren und Hilfen zur Lösung von Problemen bereitzustellen. Dieses Erziehungsverständnis steht aber immer in den hier skizzierten Spannungen, die sich letztlich aus dem Verteidigungsauftrag der Bundeswehr ergeben, Spannungen, die zu den eingangs erwähnten Antinomien führen. Sie können nicht kurzerhand zu einem ihrer Pole hin aufgelöst werden, sondern sind in der jeweiligen Erziehungs- oder Entscheidungssituation durchzuhalten. Dies fordert – wie in nur noch wenigen anderen Erziehungsbereichen – vom Ausbilder und Vorgesetzten in vollem Umfang die Fähigkeit des „pädagogischen Takts".

Ausblick. In welchem Maße die Bundeswehr sich den angezeigten pädagogischen Aufgaben stellt, belegt die große Zahl von Akademien und Schulen für Offiziere und Unteroffiziere, beginnend bei der Schule der Bundeswehr für Innere Führung, die die hier thematisierte Spannung zwischen Militärdienst und Demokratie aufzugreifen und produktiv zu wenden hat. Ebenso wichtig wie symptomatisch aber ist die Tatsache, daß seit Beginn der 70er Jahre alle Offiziere der Bundeswehr innerhalb ihrer militärischen Ausbildungzeit ein volles Diplom-Studium an einer Hochschule der Bundeswehr zu absolvieren haben. Das ist das erste Mal in der Geschichte des deutschen Militärs, daß das Offizierskorps generell dem Wagnis eines freien, nicht spezifisch militärisch definierten akademischen Studiums ausgesetzt wird. Daß innerhalb der Hochschulen der Bundeswehr der Diplomstudiengang Pädagogik eine zentrale Rolle für die Truppenoffiziere spielt und das Studium der Erziehungswissenschaft auch für diejenigen Offiziere, die andere Fachrichtungen wählen, im Rahmen eines Anleitstudiums obligatorisch ist, verweist auf eine Perspektive, die den Kasernenhofstil vergangener Epochen vielleicht hinter sich bringen wird. Was Weniger im Vorwort der 3. Auflage seines Buches über die Generale der Freiheitskriege als Hoffnung ausdrückte, nämlich daß „in der neuen Bundeswehr Humanität eine Macht werde und daß in ihrem inneren Gefüge echte soldatische Überlieferung und das geistige Erbe unseres Volkes ehrfürchtig bewahrt bleiben" (WENIGER 1959a, S. X) ist noch nicht eingelöst.

BERTRAM, J.: Zur Geschichte der Offizierbildung. In: BERTRAM, J.: Die Bildung des Offiziers. Schriftenreihe Innere Führung des Bundesministeriums der Verteidigung, Reihe Bildung, Heft 5, Bonn 1969. BILDUNGSKOMMISSION BEIM BUNDESMINISTER DER VERTEIDIGUNG: Neuordnung der Ausbildung und Bildung in der Bundeswehr, Bonn 1971. BLANKERTZ, H.: Bildung im Zeitalter der großen Industrie. Pädagogik, Schule und Berufsbildung im 19. Jahrhundert, Hannover 1969. BLANKERTZ, H./MATHIESSEN, K.: Neuhumanismus. In: Enzyklopädie Erziehungswissenschaft, Bd. 9, Teil 2, Stuttgart 1983, S. 417 ff. BUNDESMINISTER DER VERTEIDIGUNG – FÜHRUNGSSTAB DER STREITKRÄFTE I 3: Leitsätze für die Erziehung der Soldaten, Zentrale Dienstvorschrift 11/1, 1957. BUNDESMINISTER DER VERTEIDIGUNG – FÜHRUNGSSTAB DER STREITKRÄFTE I 3: Erlaß „Erzieherische Maßnahmen", 1970. BUNDESMINISTER DER VERTEIDIGUNG – FÜHRUNGSSTAB DER STREITKRÄFTE I 3: Hilfen für die innere Führung, Zentrale Dienstvorschrift 10/1, 1972. BUNDESMINISTER DER VERTEIDIGUNG – FÜHRUNGSSTAB DER STREITKRÄFTE I 5: Politische Bildung in der Bundeswehr, Zentrale Dienstvorschrift 12/1, 1973. GRIMM, S.: ... der Bundesrepublik treu zu dienen, Düsseldorf 1970. ILSEMANN, C.-G. v.: Die Bundeswehr in der Demokratie, Hamburg 1971. SCHEEL, W.: Über die sittlichen Grundlagen von Verteidigungsbereitschaft und demokratischem Bewußtsein. In: BUNDESMINISTER DER VERTEIDIGUNG – FÜHRUNGSSTAB DER STREITKRÄFTE I 4 (Hg.): Referate der 22. Kommandeurtagung der Bundeswehr. Schriftenreihe Innere Führung, Heft 19, Troisdorf 1978, S. 9 ff. SPEIDEL, H.: Ludwig Beck. In: HEIMPEL, H. u. a. (Hg.): Die großen Deutschen, Berlin 1957. WENIGER, E.: Wehrmachtserziehung und Kriegserfahrung, Berlin 1938. WENIGER, E.: Goethe und die Generale der Freiheitskriege, Stuttgart 1959 a. WENIGER, E.: Die Gefährdung der Freiheit durch ihre Verteidiger. In: BUNDESMINISTERIUM FÜR VERTEIDIGUNG (Hg.): Schicksalsfragen der Gegenwart, Bd. 4, 1959, S. 349 ff. (1959 b). WENIGER, E.: Soldatische Tradition in der Demokratie. In: D. N. Gesellsch. 7 (1960), S. 196 ff.

Arnim Kaiser

Modellversuche (Sekundarbereich II)

Zur Funktion von Modellversuchen. Modellversuche werden im Sekundarbereich II – ebenso wie in anderen Bereichen des Bildungswesens vom Elementar- bis zum Hochschul- und Weiterbildungsbereich – vor allem zu gegenwärtigen oder absehbaren Brennpunkten der bildungspolitischen Diskussion sowie zu Gebieten mit Nachholbedarf an Innovationen durchgeführt, um wichtige Entscheidungshilfen zu offenen bildungspolitischen Fragen zu erhalten und neue Konzeptionen und Lösungsmöglichkeiten vor einer möglichen Einführung als Regeleinrichtung zu erproben. Solche offenen Fragen oder neuen Ansätze für Modellversuche werden vor allem von der Bund-Länder-Kommission für Bildungsplanung und Forschungsförderung (BLK) und von anderen Beratungsgremien, von der Bildungsforschung und durch Einzelinitiativen aus der Praxis aufgezeigt.

Modellversuche sind eine Vorgehensweise praxisorientierter Bildungsforschung, die Lehrende und Lernende in die Diskussion um bessere Lösungen einbezieht, und zugleich ein Instrument für Reformvorhaben und allgemeine Innovationsprozesse im Bildungswesen. Zur Sicherung wissenschaftlichen Vorgehens und aussagefähiger Ergebnisse soll jeder Modellversuch eine wissenschaftliche Begleitung haben, die die Modellversuch-Durchführung unterstützt und die Auswirkungen der innovativen Maßnahme beschreibt und analysiert. Neben dieser auf den einzelnen Modellversuch bezogenen Auswertung findet eine zusammenfassende überregionale Auswertung statt, in die Modellversuche mit Fragestellungen zu demselben Themenkomplex einbezogen werden.

Entsprechend der Struktur des Sekundarbereichs II werden Modellversuche sowohl zu offenen Fragen im schulischen Bereich („*Schul-Modellversuch*", in berufsbildenden und allgemeinbildenden Schulen der Länder) als auch im außerschulischen Bereich („*Wirtschafts-Modellversuch*", in Einrichtungen für Berufsbildung der ausbildenden Wirtschaft) angesetzt. Schul-Modellversuche werden auf der Grundlage des Art. 91 b des Grundgesetzes (gemeinsame Bildungsplanung) sowie der zwischen Bund und Ländern am 7. 5. 1971 geschlossenen „Rahmenvereinbarung Mo-

413

dellversuche" nach einem Verfahren der BLK, Wirtschafts-Modellversuche auf der Basis von Förderungsgrundsätzen des Bundesministers für Bildung und Wissenschaft (BMBW) für Modellversuche im Bereich der außerschulischen beruflichen Bildung unter Einschaltung des Bundesinstituts für Berufsbildung (BIBB) durchgeführt. Finanziell gefördert werden in beiden Bereichen die durch den Modellversuch bedingten besonderen Kosten („innovative Mehrkosten") sowie die Kosten der Wissenschaftlichen Begleitung. Die Aufbringung der Mittel hierfür geschieht in der Regel je zur Hälfte durch die am Modellversuch Beteiligten (Bund : Länder 50 : 50); für bestimmte Teilbereiche übernimmt der Bund einen höheren Anteil (zur Zeit für Wirtschafts-Modellversuche 75 %, für Berufsgrundbildungs-Modellversuche sowie für Modellversuche zu doppeltqualifizierenden Bildungsgängen jeweils 90 %). Von allen Modellversuchen im Sekundarbereich II stellen diese von Bund und Ländern gemeinsam durchgeführten Modellversuche die weitaus größte Zahl dar; einige Modellversuche werden von Ländern allein, vom BIBB im Rahmen seines Forschungsprogramms sowie von der Europäischen Gemeinschaft auch in der Bundesrepublik Deutschland zu Problemen von übernationalem Interesse durchgeführt (Berufsausbildung für jugendliche Ausländer, Übergang von der Schule in Ausbildung und Beruf). Gemeinsam geförderte Schul-Modellversuche laufen seit 1971, Wirtschafts-Modellversuche seit 1972. Zu einigen Teilbereichen des Sekundarbereichs II wurden inzwischen Schul-Modellversuche im Rahmen der BLK zusammenfassend und überregional ausgewertet (Modellversuche zum Berufsgrundbildungsjahr; Modellversuche zur gymnasialen Oberstufe; Modellversuche zur Weiterentwicklung beruflicher Schulen); Wirtschafts-Modellversuche werden vom BIBB ausgewertet. Viele der abgeschlos-

senen oder laufenden Modellversuche führten mit ihren Ergebnissen inzwischen zu zahlreichen direkten Verbesserungen in der Bildungspraxis und zu administrativen Regelungen entsprechend der Kompetenzverteilung zwischen Bund und Ländern. Sie brachten wertvolle Impulse für Bildungspolitik, -planung, -praxis und -forschung und erhöhten die allgemeine Aufgeschlossenheit gegenüber Neuerungen im Bildungswesen.

In der folgenden Übersicht werden die Problembereiche und Themen grob skizziert, die bisher zu den verschiedenen Bildungsgängen der Sekundarstufe II (berufsqualifizierende, studienqualifizierende und doppeltqualifizierende) durch Modellversuche angegangen wurden.

Berufsqualifizierende Bildungsgänge. *Berufsausbildung:* Spezifische Fragen der Lernorte des „dualen Systems" (Ausbildungsbetrieb/überbetriebliche Ausbildungsstätte und Berufsschule) und der die duale Berufsausbildung voll ersetzenden beruflichen Vollzeitschulen sowie zu Fragen der Kooperation der Lernorte.

Betriebliche Berufsausbildung: Vermehrung und Verbesserung des Ausbildungsplatzangebots; Entwicklung neuer Ausbildungsberufe; Erschließung neuer Ausbildungsmöglichkeiten insbesondere für Mädchen in bisher „männertypischen" gewerblich-technischen Berufen; curriculare Entwicklungsarbeiten (Entwicklung betrieblicher Ausbildungspläne, Anpassung der Lehrinhalte der betrieblichen Unterweisung an den technischen und wirtschaftlichen Entwicklungsstand); Verbesserung des Prüfungswesens (kontinuierliche Lernfortschrittskontrollen und abschnittsweise Anrechnung); Verbesserung der Ausbildungsmethodik (Lehrgangs- oder Projektausbildung); Entwicklung von Medien und Fernunterricht; Entwicklung von Sonderformen der Berufsausbildung für

Lernbehinderte und andere leistungsgeminderte Gruppen.

Überbetriebliche Berufsausbildung: Konzeptionelle und organisatorische Gestaltung der die Ausbildung in kleineren und mittleren Betrieben ergänzenden überbetrieblichen Ausbildungsstätten; Entwicklung von Lehrgängen und Medien für überbetriebliche Ausbildungsstätten sowie von Einrichtungen; Gestaltung von Ausbildungsstätten, die die betriebliche Ausbildung für die gesamte Ausbildungsdauer *ersetzen* sollen.

Berufsschule: Gestaltung des Blockunterrichts (insbesondere optimale Blockdauer, zeitliche Lage der Blöcke im Ausbildungsjahr, Internat bei „Splitterberufen", Lehrplanorganisation) und zur kursmäßigen Gestaltung des Unterrichts; Entwicklung neuer oder Revision älterer Lehrpläne; Gestaltung des Unterrichts für benachteiligte Gruppen (wie Lernbehinderte, jugendliche Ausländer); Entwicklung von Unterrichtsmaterialien, Medien, effektiveren Unterrichtsmethoden und neuen Prüfungsverfahren.

Kooperation der Lernorte: Entwicklung von Verfahren und Formen der notwendigen Zusammenarbeit im dualen System sowie der organisatorischen und curricularen Abstimmung für die Aufgabenteilung zwischen Ausbildungsbetrieb, Ausbildungsstätte und Berufsschule; Erarbeitung lernortübergreifender „Gesamtcurricula" und Aufteilung der Inhalte auf die beteiligten Lernorte.

Berufsgrundbildung: Entwicklung von Konzepten zur Durchführung in zwei Organisationsformen (Berufsgrundbildungsjahr – BGJ – in vollzeitschulischer Form und in kooperativer Form im dualen System). Entwicklung von Curricula für alle Berufsfelder in Verbindung mit der Klärung organisatorischer Fragen (Berufsfeldeinteilung, Berufsfeldschneidung, Schwerpunktbildung innerhalb von Berufsfeldern, Zeitanteile für den fachpraktischen, fachtheoretischen und berufsfeldübergreifenden Unterricht,

Abstimmung mit der nachfolgenden Ausbildung); Klärung bildungsorganisatorischer Fragen (beispielsweise regionale und sektorale BGJ-Einführung, BGJ als Bestandteil von regionalen Verbundsystemen des Bildungswesens); Entwicklung von Sonderformen des Berufsgrundschuljahres für Lernschwache und jugendliche Ausländer.

Studienqualifizierende Bildungsgänge. Modellversuche zur neugestalteten gymnasialen Oberstufe (regional auch „Kollegstufe" oder „Studienstufe" genannt) wollen die in der „Vereinbarung zur Neugestaltung der gymnasialen Oberstufe in der Sekundarstufe II" (1972) und im „Bildungsgesamtplan" (1973) gegebenen Freiräume innerhalb des dort vorgezeichneten Rahmens ausfüllen und Gestaltungsmöglichkeiten erproben. Sie haben hauptsächlich zum Gegenstand: Erstellung neuer, lernzielorientierter Lehrpläne und zugehöriger didaktischer Materialien („Handreichungen") für eine Vielzahl von Unterrichtsfächern, und zwar sowohl für die herkömmlichen Gymnasialfächer als auch für neue, bisher nicht vertretene Unterrichtsangebote (wie etwa Psychologie, Rechtskunde, Informatik/Datenverarbeitung, Technologie); Abstimmung und Kooperation mit beruflichen Bildungsgängen; Objektivierung der Leistungsmessung und neue Beurteilungsverfahren; Erprobung neuer Formen der Lern- und Unterrichtsorganisation; Ermittlung des Schülerverhaltens bei der Kurswahl und Ermittlung des Lehrer- und Raumbedarfs.

Doppeltqualifizierende Bildungsgänge. Diese im Zuge der Diskussion um die Gleichwertigkeit und die Integration von beruflicher und allgemeiner Bildung verstärkt geschaffenen Bildungsgänge wollen eine Doppelqualifikation vermitteln, die entweder eine Berufsqualifikation und zugleich eine Studienqualifikation oder eine Studienqualifikation und zugleich eine Berufsqualifikation

415

(vollständig oder teilweise) umfaßt. Die Modellversuche zur Doppelqualifikation sind dabei insbesondere vor die Frage gestellt, welche einzelnen beruflichen mit welchen studienbezogenen Bildungsgängen für eine Doppelqualifikation in einen didaktisch schlüssigen Zusammenhang gebracht werden können. Dabei geht es vor allem um die Lösung der mannigfachen konzeptionellen, strukturellen, curricularen und organisatorischen Probleme. Modellversuche zum Erwerb von Doppelqualifikationen in Verbundsystemen des Sekundarbereichs II, die im Rahmen umfassender Konzeptionen zur Integration beruflicher und allgemeiner Bildungsgänge angelegt sind (beispielsweise Oberstufenzentren in Berlin, Integrierter Sekundarbereich II in Bremen, Kollegschule in Nordrhein-Westfalen) und Doppelqualifikationen in verschiedener Anspruchshöhe sowie in simultaner oder konsekutiver Form vermitteln wollen, sind für die Klärung dieser Probleme von besonderer Bedeutung.

BUNDESINSTITUT FÜR BERUFSBILDUNG (Hg.): Modellversuche – Ein Instrument für Innovationen im beruflichen Bildungswesen. Ergebnisse der Fachtagung 1977, Berlin 1977. BUND-LÄNDER-KOMMISSION FÜR BILDUNGSPLANUNG UND FORSCHUNGSFÖRDERUNG (Hg.): Informationsschrift 1978 über Modellversuche im Bildungswesen, Bonn 1978.

Günter Ploghaus

Neuhumanismus

Zum Begriff. Mit dem Wort „Humanismus" ist eine spezifisch pädagogische Bedeutung als Bildungsidee oder didaktisch-schultheoretisches Programm schon früh verbunden, doch ist diese Verbindung nicht zwingend. Andere Bedeutungen, so als Bezeichnung einer Gelehrtenbewegung, einer Epoche, als politisch-gesellschaftlicher und philosophischer Begriff, sind ebenfalls geläufig (vgl. MENZE u. a. 1974). Die Fülle der Bedeutungen erschwert eine Begriffsbestimmung, doch legen Wortsinn und Verwendungstradition es nahe, anzunehmen, daß überall, wo das Wort verwendet ist, dem Menschen eine Würde zugesprochen wird, die er allein durch sein Menschsein besitzt und die unaufhebbar ist.

Während die Begriffe „Humanist" und „humanistisch" in Deutschland schon im 18. Jahrhundert gebräuchlich waren und, romanischem Sprachgebrauch folgend, den Kenner und Liebhaber der alten Sprachen und Literaturen und sein Tätigkeitsfeld bezeichnen, erschien „Humanismus" zuerst 1808 bei NIETHAMMER (vgl. 1968). Dieser nannte so die Theorie des „älteren Unterrichtssystems", nämlich der Lateinschule, die auf die alten Sprachen und die klassischen Autoren das Hauptgewicht legte, im Gegensatz zur Aufklärungspädagogik, die den gemeinnützigen Kenntnissen den Vorzug gab und für die er den Begriff „Philanthropinismus" prägte.

Zur Epochenbezeichnung für die Gelehrtenbewegung von Petrarca bis Erasmus und damit zum literaturgeschichtlichen Äquivalent für den kunst- und kulturgeschichtlichen Begriff „Renaissance" wurde „Humanismus" erst 1859 durch den Titel eines Buches von Voigt.

Der Begriff „Neuhumanismus" hat nur in geringem Maße Anteil an der Bedeutungsvielfalt des Begriffes „Humanismus". Er ist vor allem eine fest umrissene Kategorie der deutschsprachigen Pädagogik und bezeichnet sowohl eine Epoche in der Geschichte des deutschen Bildungswesens, nämlich die Zeit um 1800, als auch die Bildungstheorie der deutschen Klassik und ihre Wirkungsgeschichte. Hier ist er unlösbar verbunden mit dem Namen W. v. Humboldts, seines bedeutendsten Repräsentanten. Die Neuhumanisten selbst haben den Begriff freilich noch nicht benutzt. Er wurde erst 1885 im Rückblick auf sie von PAULSEN (vgl. 1960) geprägt.

Der alte Humanismus. Will man das „Neue" am Neuhumanismus bestimmen, muß man auch auf das historische Phänomen Humanismus eingehen, also auf die Gelehrtenbewegung zu Beginn der Neuzeit. Ist der Begriff auch spät, so hebt er doch ein wesentliches Moment dieser Bewegung hervor. Er bezeichnet die Rückwendung erst einzelner, dann einer sozialen Schicht in Europa zum griechisch-römischen Altertum als einer vollendeten und darum beispielhaften Verwirklichung der im Menschen angelegten Möglichkeiten. Die Rückwendung erfolgte zunächst zu den Römern, die ihrerseits auf die Griechen verwiesen. Denn indem die Römer die griechische Dichtung, Beredsamkeit und Philosophie rezipiert hatten, schufen sie unter ständiger Auseinandersetzung mit ihren Vorbildern in diesen Gattungen gleichrangige Werke. Dabei hatten sie die Ausdrucksfähigkeit ihrer eigenen Sprache so weit entwickelt, daß die lateinische Sprache dem Griechischen ebenbürtig wurde. Mehrsprachigkeit, dadurch bewirkte Selbstdistanzierung und kulturelle Kommunikation über die Grenzen des eigenen Sprachraums hinweg wurde so zu Bedingungen geistiger Bildung gemacht. Zwischen dem Verhältnis der Römer zu den Griechen und dem der Humanisten seit Petrarca zu den Römern besteht eine Analogie. Die Humanisten empfanden das Menschentum der Römer als vollendet und studierten, interpretierten und verbreite-

417

ten die römische Literatur mit dem Ziel der Vergegenwärtigung und Erneuerung dieses Menschentums. Bei Petrarca wiederholte sich die Wirkung der Orientierung der Römer an den Griechen. Wie der Römer Cicero dank seines Studiums der Griechen der lateinischen Sprache und Beredsamkeit die Form hatte geben können, die den Humanisten als klassisch galt, so führte jetzt Petrarcas Studium Ciceros zu einer Erneuerung des ciceronianischen Lateins, zu einer neuen Produktivität in den antiken literarischen Formen und, jedenfalls in den romanischen Ländern, auch zu einer kräftigen Blüte der nationalen Sprachen und Literaturen. Es ist gebräuchlich, wenn auch einseitig, es als das wesentliche Merkmal der Humanisten zu betrachten, daß sie bei ihrer eigenen literarischen Tätigkeit die Sprache Ciceros als Norm anerkannten. Einseitig ist es deswegen, weil sie mit der Wiederaufnahme der „studia humanitatis" mehr erneuern wollten als eine bestimmte Sprachform, nämlich auch das Studium der griechischen Sprache und Literatur, die Pflege von Beredsamkeit und Poesie nach antiken Mustern, die Beschäftigung mit der antiken Philosophie und nicht zuletzt eine Lebensform, für die ebenfalls Cicero das Vorbild war. Als deren Charakteristika galten: sittliche Integrität, Zuwendung zu Künsten und Wissenschaften, Freude an der geschliffenen Formulierung und am geistigen Austausch mit Gleichgesinnten, Toleranz gegenüber Andersdenkenden, Milde und Nachsicht zu Untergebenen. Humanitas – Menschlichkeit – bezeichnete nun nicht mehr wie im Mittelalter die menschliche Schwäche und Sündhaftigkeit, gemessen an der Allmacht und Vollkommenheit Gottes, sondern vor allem die positiven Möglichkeiten, die im Wesen des Menschen angelegt sind. Erasmus war der letzte, der hoffen konnte, daß mit dem Studium der Sprachen der Weg geöffnet sei zu einer umfassenden Erneuerung des geistlichen und weltlichen Lebens.

Die Erneuerung erfolgte dann durch Reformation und Gegenreformation, allerdings anders, als Erasmus es gewünscht hatte.

Dem Humanismus als Gelehrtenbewegung entsprach eine Schultheorie, die sich seit der Reformation freilich nur in dem durch die konfessionellen Festlegungen bestimmten engen Spielraum bewegen konnte. In Sturms Definition des humanistisch-reformatorischen Bildungsideals „sapiens atque eloquens pietas" war dies deutlich zu erkennen. Der humanistischen Eloquentia wurde eine dienende Rolle zugewiesen. Zusammen mit der Sapientia, die scholastischer Tradition entstammt, versetzte sie die durch die Glaubenssätze der jeweiligen Konfession inhaltlich bestimmte Pietas in die Lage, sich argumentativ zu behaupten. Nun, als es lebensgefährlich wurde, an den Glaubensinhalten zu deuten, blieb dem Schulhumanismus nur die Pflege des Formalen, der reinen Sprache, der Poesie und Beredsamkeit nach den Regeln der Kunst. Solange Latein noch Sprache der Wissenschaft war, ließ sich der Formalismus der Lateinschulen als Berufsbildung der Gelehrten verteidigen. Sobald im 17. Jahrhundert die Nationalsprachen das Lateinische als Medium der wissenschaftlichen Kommunikation abzulösen begannen, verlor der Schulhumanismus auch dieses letzte Argument. Den Attacken der Aufklärungspädagogik war er wehrlos ausgesetzt.

Historische Voraussetzungen des Neuhumanismus. Der Neuhumanismus ist mit der deutschen Geistesgeschichte eng verbunden, doch war er die nationale Form einer Bewegung, die ganz Europa umfaßte. Um 1700 begann in England, Holland und auch in Frankreich ein neues Interesse an den Griechen zu erwachen. Bald danach entstand in Deutschland eine Altertumswissenschaft, die sich von den älteren „studia humanitatis" durch eine Bevorzugung der Griechen vor den Römern und der Dichtung vor der Beredsamkeit unterschied. Die ersten großen Vertreter dieser Wissenschaft waren Gesner, Heyne und Wolf. Bei ihnen bildete sich mehr und mehr eine spezifisch philologische Einstellung heraus. Sprache und Literatur wurden nicht mehr als Regelsysteme gesehen, sondern als historische Phänomene, deren einzelne Objektivierungen es in ihrer Eigenart zu verstehen galt.

Träger des Neuhumanismus wurde in Deutschland das gebildete Bürgertum des protestantischen Nordens und Südwestens. Diese Schicht, deren Empfindsamkeit durch den Pietismus geweckt, aber nicht befriedigt worden war, suchte außerhalb der Enge der kirchlichen und ständischen Bindungen ein neues Identifikationsobjekt. Sie fand es mit Rousseau in der Natur und mit Winckelmann in den Griechen, dem Volk, das, wie es damals schien, der Natur noch ganz nahegestanden hatte und dessen geniale Künstler ihre Inspiration unmittelbar von der Natur empfangen hatten. Der Hinwendung zu den Griechen (übrigens auch zu den als geistesverwandt empfundenen Engländern) entsprach eine Abwendung von der bis dahin erdrückend dominanten französischen Literatur mit ihrer strengen Regelhaftigkeit, von der höfischen Kultur und bei vielen auch von einem konfessionell gebundenen Christentum. Bald waren für die Deutschen an die Stelle von Cicero und Quintilian, von Corneille und Racine als neue Leitbilder Homer und Pindar, Ossian und Shakespeare getreten. Doch darf die zeitgeschichtlich zu erklärende antirömische und antifranzösische Tendenz nicht überbewertet werden. Wichtiger ist, daß der Neuhumanismus durch seine Neuorientierung an den Griechen einen bedeutenden Beitrag zur Entwicklung der deutschen Kultur geleistet hat. Damit steht er im Zusammenhang der Deutschen Bewegung der Jahrzehnte um 1800, in die die literarischen Epochen von Sturm und Drang über die Klassik zur Romantik ebenso gehören wie die Philosophie des Deutschen Idealismus und die Staats- und Bildungskonzeptionen der preußischen Reformzeit. Nur in diesem Zusammenhang kann die wissenschaftstheoretische wie auch die bildungstheoretische Leistung des Neuhumanismus voll gewürdigt werden. Über die Bildungstheorie wird noch zu sprechen sein; wissenschaftstheoretisch überführte er die Beschäftigung mit Sprache und Literatur aus einem instrumentalen oder imitierenden in ein historisch-reflektierendes Verständnis. Dadurch konnte er die Altertumsstudien aus ihrer dienenden Funktion für Theologie, Jurisprudenz und Rhetorik lösen und als Philologie verselbständigen. Diesem Vorbild folgte im 19. Jahrhundert die Entwicklung eigenständiger Philologien der modernen Sprachen und Literaturen.

Humboldt und die Griechen. Für die Bildungsgeschichte war Humboldt der Repräsentant des neuen griechisch-deutschen Humanismus. Er trug sowohl zur wissenschaftstheoretischen als auch zur bildungstheoretischen Leistung des Neuhumanismus bei.

Humboldt stellte 1793 in seiner Schrift „Über das Studium des Alterthums und des Griechischen insbesondere" (V. HUMBOLDT 1903 a) nicht wie Winckelmann den ästhetischen Gewinn aus der Beschäftigung mit den Griechen in den Vordergrund, sondern den Zuwachs an historischer Erkenntnis. Doch war ihm wohl bewußt, daß „historisch" hier nicht im Sinn der Geschichtswissenschaft gemeint sein konnte. Denn das Bild von den Griechen, zu dem das von ihm postulierte Studium führen sollte, war „idealisch", eine Abstraktion von allem Individuellen. Es hob wenige Wesenszüge hervor, und zwar vor allem solche, durch die sich die griechische Kultur von derjenigen der Gegenwart unterschied.

Humboldts Kerngedanke war, daß die

419

Griechen als „eine anfangende Nation", auch dank ihrer Begabung, die Idee der Humanität besonders rein verwirklichen konnten. Der moderne Mensch, der in eine national, konfessionell, ständisch und beruflich gegliederte Gesellschaft hineingeboren ist, kann durch das Studium der Griechen erfahren, was Menschsein eigentlich bedeutet. Die pädagogischen Implikationen dieses Gedankens sah Humboldt in dieser frühen Schrift allerdings noch nicht.

Die Beschränkung des Studiums auf die Griechen hatte für ihn teils in der Sache liegende, teils aber auch nur methodische Gründe. Das Studium der Griechen sollte ein an einem freilich besonders geeigneten exemplarischen Objekt vollzogenes „Studium des Menschen überhaupt" sein. Einerseits könnte die Erforschung der Vergangenheit anderer Nationen ergeben, daß auch sie exemplarischen Charakter besäßen, und andererseits könnte die geistige Entwicklung der neueren Völker die Griechen als exemplarische Nation entbehrlich machen. Als Schiller zu Humboldts Schrift bemerkte, die Zeit werde kommen, da man die Griechen nicht mehr nötig habe, nannte Humboldt das eine „genievolle Idee" (V. HUMBOLDT 1903 a, S. 261). Goethe galt für Humboldt wie für Schiller als Beispiel eines Menschen, dem unter den Bedingungen der Gegenwart die Realisierung der Idee der Humanität gelungen war (vgl. V. HUMBOLDT 1904 a, S. 191 ff.); wer Goethe – oder weiter gefaßt: die Literatur der deutschen Klassik – studierte, der bedurfte also im Grunde schon nicht mehr des Studiums der Griechen.

Die Theorie der Bildung. Die Leistungen auf dem Gebiet der Altertumswissenschaft sicherten dem Neuhumanismus eine überragende Stellung bei der Gründung der Universität Berlin (1810), mit der Humboldt den in Halle (1694) begonnenen und in Göttingen (1737) weitergeführten Prozeß der Universitätserneuerung abschließen konnte. Vor allem aber war damit die Voraussetzung für einen nicht mehr von der Theologie abhängigen Stand der Gymnasiallehrer gegeben. Daß die Lehrer des Gymnasiums sich als Stand der „Philologen" konstituierten – ein Titel, der bis heute festgehalten wurde, obschon viele Gymnasiallehrer keine Philologen mehr sind (und schon gar keine Altphilologen) –, hatte die wissenschaftstheoretische Leistung des Neuhumanismus als unabdingbare Voraussetzung. Das Studium der Altertumswissenschaft als die grundlegende Berufsvorbereitung für angehende Lehrer festzulegen, mußte allerdings noch einen anderen, spezifisch pädagogischen Rechtsgrund haben. Er verweist auf die bildungstheoretische Leistung Humboldts, die in der Geschichtsbeschreibung der pädagogischen Theorie wie auch der des Bildungswesens umstritten geblieben ist. Problematisch wird der Zusammenhang vielfach darum beurteilt, weil die von der Aufklärungspädagogik eingeleiteten ersten Schritte zu einer selbständigen, auch schon empirisch orientierten Wissenschaft von der Erziehung nicht weiterverfolgt wurden. Humboldt verstand die Pädagogik als in den klassischen Studien enthalten. Um dieser impliziten Pädagogie willen – und nicht etwa im Sinne einer Fachlehrerausbildung – sollten Gymnasiallehrer die Altertumswissenschaften studieren. Von daher gesehen erschien die klassische Philologie in ihrem Kern als eine Gymnasium und Universität verbindende *Bildungswissenschaft*. Das abwertende Urteil, der Neuhumanismus habe die Erziehungswissenschaft in ihrer Entwicklung gehemmt und für fast ein ganzes Jahrhundert in die Rolle eines Statussymbols für Volksschullehrer abgedrängt, unterschlägt die Möglichkeit, den Neuhumanismus selber als eine Theorie der Bildung des Menschen zu verstehen. Tatsächlich ist diese Möglichkeit von der späteren klassischen Philologie nie realisiert worden.

Gleichwohl beruht der Platz, der dem Neuhumanismus in der Geschichte der Pädagogik gebührt, im wesentlichen auf Humboldts bildungstheoretischer Leistung.

Die Aufklärungspädagogik war daran interessiert gewesen, Erziehung an die objektiven Anforderungen des gesellschaftlichen Lebens, prospektiv im Sinne des Fortschrittsglaubens ausgelegt, zu orientieren. Der Neuhumanismus fragte demgegenüber nach dem Verbleib des Menschen, wendete den pädagogischen Gesichtspunkt auf das Subjekt und bezog die Möglichkeit von Bildung auf die Individualität. *Sprache* wurde in diesem Zusammenhang als das Zentrum des Menschseins behauptet, und im Gegensatz zur Objektivierung der Ansprüche in einer strikten Berufs- und Standeserziehung gelang eine ebenso strikte formale Mediatisierung der Weltinhalte zur Bildung. Aber so schroff die Entgegensetzung in der pädagogischen Theorie wie auch in den schulorganisatorischen und didaktischen Folgerungen war, so blieb auch diese neuhumanistische Pädagogik der Intention nach eine aufklärerische: Freisetzung zu mündiger Vernünftigkeit sollte das Ziel der Erziehung sein. Was Kant in seiner berühmten, den Horizont der Erziehung weit überschreitenden Definition der Aufklärung als Ausgang des Menschen aus seiner selbstverschuldeten Unmündigkeit festgehalten hatte, galt auch für den Neuhumanismus. Nur waren die Folgerungen jetzt die entgegengesetzten: Gemeinnützigkeit, Ökonomie und Staat, auf die die Erziehung um der progressiven gesellschaftlichen Funktion willen orientiert worden war, wurden nun distanzierter gesehen. Denn die faktische Unmündigkeit des Menschen wurde offensichtlich auch durch den Zwangscharakter der ständischen Gesellschaft bewirkt, durch Stand und Beruf, den dominierenden Kriterien der Aufklärungspädagogik. Am Ende des 18. Jahrhunderts waren die gegenaufklärerischen

Wirkungen der Aufklärungspädagogik in vielerlei Hinsicht sichtbar; als *pädagogische* Antwort wurde das humanistische Prinzip der Bildung des Menschen um seiner selbst willen ins Feld geführt: „Denn der gemeinste Tagelöhner, und der am feinsten Ausgebildete muss in seinem Gemüth ursprünglich gleichgestimmt werden, wenn jener nicht unter der Menschenwürde roh, und dieser nicht unter der Menschenkraft sentimental, chimärisch und verschroben werden soll" (V. HUMBOLDT 1920, S. 278) – und als Postulat der Schulorganisation: „[...] nirgends einzelne Teile der Nation, sondern ihre ganze ungetrennte Masse vor Augen" (V. HUMBOLDT 1903 b, S. 205). Der hier sichtbar werdende gesellschaftskritische Akzent war allein begründet in einer Theorie der Individualität, in dem Pathos einer Auffassung, die nur das als Wert für den Menschen akzeptierte, was dieser für sich selber ist. Der Quell aller Energien, mit denen der Mensch die zu seiner Selbstbehauptung erforderliche Konzentration zu leisten vermag, konnte dann nur in der individuellen Besonderung gesucht werden. Und von daher formulierte Humboldt die neuhumanistische These, daß Bildung die selbstlose Hingabe an eine sachliche Aufgabe verlange und daß der pädagogisch gebotene Respekt vor den jeweils individuellen Voraussetzungen kein Argument sein könne für die „feige Schwäche" des Individuums, den zufälligen Schwierigkeiten auf dem Wege zu sich selber auszuweichen (vgl. V. HUMBOLDT 1904 b, S. 93). Demnach aber mußte die objektive Bedeutung der Aufgaben, die dem Menschen im Interesse seiner Bildung angewiesen werden, zurücktreten hinter der Art ihrer Bewältigung. „Jede Beschäftigung", so folgerte Humboldt, „vermag den Menschen zu adeln, ihm eine bestimmte, seiner würdige Gestalt zu geben" (V. HUMBOLDT 1903 c, S. 118). Der neuhumanistische Kampf gegen die von der Aufklärungspädagogik in den

Vordergrund gehobenen Inhalte der technisch-ökonomischen Berufsausbildung ist also mißverstanden, wenn er von diesen Inhalten her begründet wird; ebenso ist es eine Fehlinterpretation, die alten Sprachen, das Griechische zumal, als die unabdingbare Materialisierung von Bildung zu denken. Freilich: Der ästhetische Charakter des neuhumanistischen Bildungsideals setzte das Griechenbild Winckelmanns voraus; auch die Fassung des Humanitätsbegriffs im Sinne des ursprünglichen Charakters der Menschheit war auf das zur Norm erhobene Griechentum unhintergehbar angewiesen. Nur so konnte eine Parallelität zum Rousseauschen Naturbegriff entstehen. Aber so, wie für Rousseau „Natur" keine genetische Vorgabe, sondern ein moralischer Auftrag war, so bedeuteten auch für den Neuhumanismus die Griechen keine letztverbindliche Auskunft. Wo immer die Neuhumanisten ihre Bildungstheorie schulpolitisch ins Gespräch bringen konnten, votierten sie gegen mathematisch-ökonomische Realschulen, gegen Bürger- und Mittelschulen, gegen Industrie-, Arbeits- und Bauernschulen. Sie wandten sich *nicht* – wie vielfach behauptet – gegen berufliche Fachschulen; im Gegenteil, sie förderten sie, doch wiesen sie ihnen einen zwar ökonomisch wichtigen, aber jenseits der Pflichtschulzeit liegenden Platz an. Gleichzeitig wandten sie sich gegen jede *Vermengung* von allgemeiner und beruflicher Bildung, was aber in der gegebenen historischen Lage nichts anderes hieß als ein Votum gegen die aufklärungspädagogische Gleichsetzung von Erziehung und Berufserziehung, also gegen die Konsequenz, die Berufsperspektive des Kindes bereits vom ersten erzieherischen Eingriff an vorherbestimmen und durch den Geburtsstand des Kindes als vorherbestimmt ansehen zu müssen. Dieser letztere Gesichtspunkt verweist auf den wahren Bestimmungsgrund neuhumanistischer Bildungstheorie. Vom Prinzip der Indi-

vidualitätsbildung her gab (und gibt) es keine Einschränkung für die Mediatisierung der Weltinhalte zu möglichen Aufgaben der Selbstbildung. Wenn Humboldt anmerkte, ein wenig Griechisch gelernt zu haben sei auch für einen Tischler nicht unangebracht, so stellte er das wie selbstverständlich auf die gleiche Stufe mit der Bedeutung, die das Tischlern gelernt zu haben für einen Gelehrten ausmachen könne (vgl. v. HUMBOLDT 1920, S. 278) – der Bildungswert mußte als gleich beurteilt werden, eben weil „jede Beschäftigung" den Menschen zu adeln vermag. Zu dieser Aussage stand nicht in Widerspruch, daß Humboldt bei der Reform des preußischen Unterrichtswesens 1810 versuchte, den Lehrplan des neuen, aus der althumanistischen Lateinschule hervorgegangenen Gymnasiums auf die Kernfächer Griechisch, Latein, Deutsch, Mathematik zu konzentrieren und die neue Elementarschule, die das überlieferte religiöse Armenschulwesen ebenso wie die aufklärerische Industrieschule ablöste, auf Pestalozzis Methode (Zahl, Form, Wort) zu verpflichten. Denn beide einschränkenden Bestimmungen – Vorrang des Sprachunterrichtes und didaktische Auszeichnung formal bildender Akzente gegenüber allen materialen Verwertungsinteressen – waren durch die Substanz der neuhumanistischen Bildungstheorie geboten. Zwar mußte der radikal individualitätstheoretisch begründete Ansatz zur Mediatisierungsthese und damit zur Gleichwertigkeit aller Weltinhalte für den Bildungsprozeß führen, gleichwohl war der Sprache gerade in diesem Kontext eine besondere Stellung sicher: Sprachliche Grundformen bedeuten zunächst – wie alle anderen Weltinhalte auch – Schranke für das lernende Individuum, an dem sich die Subjektivität abarbeiten muß. Im Unterschied zu anderen Weltinhalten aber ist das, was in der Sprachform den Menschen beschränkt und bestimmt, in die Sprache hineingekommen aus menschlicher, mit der Subjektivität des Lernenden innerlich zusammenhängender Natur – Fremdheit nur für die ungeformte individuelle, nicht für die „ursprünglich wahre Natur des Menschen".

Deutungen und Wirkungen. Die mit diesem Vorrang des Sprachunterrichtes – der als solcher noch keine bestimmte Sprache auszeichnete – gesetzte Begrenzung auf Disziplinen, deren gesellschaftliche Verwertungsmöglichkeiten sehr weit und eher unbestimmt gezogen waren, gibt den Blick frei auf die bewegenden Motive: Die neuhumanistische Abgrenzung lag nicht zwischen „Allgemeinem" und „Speziellem" – die didaktisch bevorzugten sprachlichen und mathematischen Disziplinen stellen ebenso spezielle Aufgaben und Probleme wie irgendwelche andere Fächer. Sie lag auch nicht, jedenfalls nicht von den Inhalten her gesehen, zwischen den allen Menschen und den nur bestimmten Berufsgruppen abzuverlangenden Lernleistungen – sehr viele Inhalte, die für alle Menschen zur Weltbewältigung eine allgemeine Bedeutung besitzen, gehörten nicht zum neuhumanistisch ausgewiesenen Lehrkanon, während andererseits der langjährige, konzentrierte Unterricht in den alten Sprachen für einen Teil der Schüler immer zugleich auch Berufsbildung war. Die Disjunktion Allgemeinbildung/Spezial- oder Berufsbildung versagt also zur Kennzeichnung der Problemstellung. Tatsächlich ging es dem Neuhumanismus auch um etwas anderes, nämlich um den Widerstand des Menschen gegen die Unterwerfung unter die sozialen Mechanismen. Deshalb suchte er „Bildung" antithetisch zur gesellschaftlichen Determination zu fassen, den Menschen auszurüsten, sich als Subjekt seiner Taten erfahren und behaupten zu können auch innerhalb einer fremdbestimmten Welt. Darin lag ein konservatives und zugleich revolutionäres Moment, wodurch bis heute sehr unterschiedliche Interpretationen

nahegelegt sind. Ein konservatives Moment machte sich insofern geltend, als der Heranwachsende in die Tradition als unverzichtbares Erbe eingewiesen wurde – die alten Sprachen erhielten einen Vorrang nicht etwa nur deshalb, wie später eine kleinmütige Didaktik glauben machen wollte, weil an ihrer Grammatik das logische Denken entwickelt werde, sondern weil es sich um eine menschlich bedeutsame Überlieferung handelt. Revolutionär aber können die Folgerungen der Bildungstheorie ausgelegt werden, weil der gegenwärtige Zustand um der Zukunft willen in Frage gestellt war. Heydorn hat das den subversiven Charakter des Neuhumanismus genannt: Außerhalb des unmittelbaren Zugriffs der Herrschenden konnte über die Versenkung in die Exempla unbeendeter Geschichte eine Dialektik der Befreiung thematisch bleiben. „Die Separation der Bildung von der gesellschaftlichen Wirklichkeit ist daher nicht illusionär, sondern vielmehr als ein Versuch zu verstehen, dem Menschen ein wie auch immer bedrohtes Versteck zu retten" (HEYDORN 1970, S. 117). Eine so verstandene gesellschaftskritische Qualität der Bildungstheorie wird in der Humboldt- und Neuhumanismus-Literatur sehr unterschiedlich betont, kaum aber gänzlich bestritten. Weitgehende Übereinstimmung besteht darin, daß die geistesaristokratisch-elitäre Seite das subversive Element der Distanz fast mühelos in eine unpolitische Rückzugsposition einbringen konnte: die privatistische Konsequenz des Neuhumanismus. Sie ließ immer wieder vergessen, daß die pädagogische Distanz gegenüber den gesellschaftlichen Zumutungen an die Jugend primär eine Frage der Vermittlung sein mußte, das Kriterium, welches Erziehung von Indoktrination zu unterscheiden gestattet, nicht aber an ganz bestimmte Inhalte gebunden ist. So schloß an den Neuhumanismus die Ideologie der sogenannten Allgemeinbildung an, der Versuch, unter dem sozialstrukturellen Druck der industriellen Entwicklung einerseits immer neue inhaltlich definierte Sachfelder (moderne Sprachen, Naturwissenschaften, Sozialwissenschaften, Ökonomie, Technik) als „allgemeinbildend" auszuweisen, andererseits diese dann für weiterführende Schullaufbahnen zu reservieren und von der Berufsausbildung der unterprivilegierten Mehrheit abzugrenzen. Unter dem Gesichtspunkt dieser Entwicklung sind Urteile der Art zu sehen, der Neuhumanismus habe die Berufsausbildung aus dem pädagogischen Aufmerksamkeitshorizont verdrängt, er drücke eine Kriegserklärung an die moderne Arbeitswelt (vgl. LITT 1958) aus, er legitimiere die Ignoranz der Gebildeten gegenüber naturwissenschaftlich-technisch-ökonomischen Sachverhalten, er sei für Beharrung des Schulwesens bei vorindustriell-undemokratischen Strukturen haftbar und auf sein Konto gehe die unzeitgemäße Bildungsmetaphysik und das Technologiedefizit der deutschen Pädagogik. Dem werden von der Seite strengerer Forschung entgegengestellt Humboldts Lehre und Bild vom Menschen (vgl. MENZE 1965) und die daraus abzuleitende originäre Struktur der Bildungstheorie. Dann aber war schon der von Humboldts Mitarbeiter Süvern verfaßte Entwurf zu einem preußischen Unterrichtsgesetz von 1819 eine kompromißlerische Verfälschung neuhumanistischer Intentionen (vgl. MENZE 1975, S. 348 ff.). Die reale Wirkungsgeschichte erscheint dann überhaupt nur noch als eine Geschichte des Verfalls. Humanistische Bildung als Garant bürgerlicher Privilegien ist eine Karikatur des Gemeinten. Diese Karikatur entspricht zugleich auch der Deformation von Ausbildungskenntnissen zu fachlicher Borniertheit. Dahin gehende Einsichten sind indessen gebunden an die lebendige Kraft der weiterwirkenden neuhumanistischen Tradition – darum ist die Überlieferung nicht allein als Verfallsgeschichte begreifbar. Der Pro-

zeß der Ablösung des Humanismus-Verständnisses von den alten Sprachen kann vielmehr selber als ein Triumph des bildungshumanistischen Prinzips gedeutet werden: Nicht nur moderne Sprachen und Naturwissenschaften mußten ihren Platz in den allgemeinbildenden Schulen über eine von dieser Bildungstheorie angeleitete Argumentation legitimieren, sondern zu Beginn des 20. Jahrhunderts auch die Berufsausbildung bei ihrem Einzug in die öffentlich garantierte Pflichtschulzeit. Spranger, selber ein bedeutender Interpret der Humboldtschen Humanitätsidee, entwickelte mit den neuhumanistischen Kategorien der Individualität, Universalität und Totalität eine Theorie der Bildung durch den Beruf. Diese Berufsbildungstheorie trug entscheidend dazu bei, daß sich die deutsche Pflichtberufsschule ungeachtet ihrer spezifisch berufsqualifizierenden Funktionen als Bildungsschule verstehen und damit die Rückkehr der Berufsausbildung aus rein ökonomischen in pädagogische Zuständigkeiten einleiten konnte. Humboldt hatte um der Distanz von der gesellschaftlichen Deformation des Menschen willen die Lehrinhalte der Schule an Wissenschaften orientiert; Wissenschaftspropädeutik erschien als eine Propädeutik auf das Reich der Freiheit. Aus dem gleichen Grunde hatte er das berufliche Qualifikationswissen aus dem Pflichtunterricht verdrängt, ohne einen möglichen Bildungssinn vom Prinzip her zu leugnen. Die industrielle Gesellschaft hat aber nun gerade das Verwertungsinteresse an der Wissenschaft als Produktivkraft und zugleich den Wissenschaftscharakter beruflicher Technologien hervorgebracht und zunehmend verstärkt. Unter diesen gegenüber Humboldts Annahmen völlig veränderten Voraussetzungen der Wissenschaftslage ist es möglich, die Integration von allgemeiner und beruflicher Bildung in der Sekundarstufe II humanistisch zu legitimieren. Denn das überlieferte Bildungsdenken mit seinem

Postulat der Distanzierung des Anpassungsdruckes verweist in der entfalteten Industriegesellschaft auf eine politische Kritik von Wissenschaft und Technologie auch als Instrumente gesellschaftlicher Herrschaft – das aber ist nicht sinnvoll differenzierbar auf Allgemein- und Berufsbildung. So ermöglicht eine problemgeschichtliche Vergegenwärtigung und systematische Nutzung der Tradition des Neuhumanismus eine Argumentation, der zufolge inmitten der technisch-wissenschaftlichen Zivilisation und unter Bejahung aller ihrer Bedingungen die Pädagogik beim Widerstand gegen die Funktionalisierung des Menschen festzuhalten ist. Eine solche Interpretation zielt darauf ab, die Wahrheit dessen, was der Neuhumanismus unter dem Begriff der allgemeinen Menschenbildung zu fassen suchte, in einer den Prinzipien der Bildung freigegebenen Berufsausbildung zu sehen. Das wäre die Rückkehr der Bildung zu sich selber.

BLANKERTZ, H.: Bildung im Zeitalter der großen Industrie. Pädagogik, Schule und Berufsbildung im 19. Jahrhundert, Hannover 1969. HEYDORN, H. J.: Über den Widerspruch von Bildung und Herrschaft, Frankfurt/M. 1970. HEYDORN, H. J.: Wilhelm von Humboldt. In: HEYDORN, H. J./KONEFFKE, G.: Studien zur Sozialgeschichte und Philosophie der Bildung, Bd. 2, München 1973, S. 57 ff. HUMBOLDT, W. v.: Über das Studium des Altertums, und der Griechischen insbesondere. W. v. Humboldts Gesammelte Schriften, hg. v. der Königlich Preußischen Akademie der Wissenschaften, Bd. 1, Berlin 1903, S. 255 ff. (1903 a). HUMBOLDT, W. v.: Bericht der Sektion des Kultus und Unterrichts (1. Dezember 1809). W. v. Humboldts Gesammelte Schriften, . . ., Bd. 10, Berlin 1903, S. 199 ff. (1903 b). HUMBOLDT, W. v.: Ideen zu einem Versuch, die Grenzen der Wirksamkeit des Staates zu bestimmen. W. v. Humboldts Gesammelte Schriften, . . ., Bd. 1, Berlin 1903, S. 97 ff. (1903 b). HUMBOLDT, W. v.: Aesthetische Versuche. W. v. Humboldts Gesammelte Schriften, . . ., Bd. 2, Berlin 1904, S. 113 ff. (1904 a). HUMBOLDT, W. v.: Das achtzehnte Jahrhundert. W. v. Humboldts Gesammelte Schriften, . . ., Bd. 2, Berlin 1904, S. 1 ff. (1904 b). HUMBOLDT, W. v.: Der Königsberger und der Litauische Schulplan. W. v. Humboldts Gesammelte Schriften, . . ., Bd. 13, Berlin 1920, S. 259 ff. LITT, TH.: Das Bildungsideal der deutschen Klassik und die moderne Arbeitswelt, Bonn 1958. MENZE, C.: Wilhelm von Humboldts Lehre und Bild vom Menschen, Ratingen 1965. MENZE, C.: Die Bildungsreform Wilhelm von Humboldts, Hannover/Dortmund/Darmstadt/Berlin 1975. MENZE, C. u. a.: Humanismus, Humanität, In: RITTER, J. (Hg.): Wörterbuch der Philosophie, Bd. 3, Basel/Stuttgart 1974, S. 1217 ff. NIETHAMMER, F. I.: Der Streit des Philanthropismus und Humanismus in der Theorie des Erziehungsunterrichts unserer Zeit (1808), Weinheim 1968. PAULSEN, F.: Geschichte des gelehrten Unterrichts auf den deutschen Schulen und Universitäten vom Ausgang des Mittelalters bis zur Gegenwart, Bd. 2 (1885), Berlin 1960. SPRANGER, E.: Wilhelm von Humboldt und die Humanitätsidee, Berlin 1909. SPRANGER, E.: Berufsbildung und Allgemeinbildung. In: KÜHNE, A. (Hg.): Handbuch für das Berufs- und Fachschulwesen, Leipzig 1922, S. 24 ff.

Herwig Blankertz/Kjeld Matthiessen

Normenbücher

„Normbücher", später „Normenbücher" werden die von der Ständigen Konferenz der Kultusminister der Länder in der Bundesrepublik Deutschland (KMK) vorgesehenen Vereinheitlichungen für die Abiturprüfung genannt, deren Durchführung in einer „Vereinbarung über die Anwendung einheitlicher Prüfungsanforderungen in der Abiturprüfung in der neugestalteten gymnasialen Oberstufe" am 6. 2. 1975 beschlossen wurde (vgl. KMK 1975 a).

Der Begriff wurde von dem bayerischen Kultusminister Maier geprägt, der 1973 die Erarbeitung von bundeseinheitlichen „Normbüchern" forderte, weil von den Durchschnittsnoten der Absolventen bayerischer Gymnasien wegen des im Vergleich zu anderen Bundesländern höheren Notendurchschnitts ein Malus abgezogen werden mußte, um eine formale Gleichheit der Chancen für alle Abiturienten zu erzielen, die sich um die durch den Numerus clausus rationierten Studienplätze an den wissenschaftlichen Hochschulen bewarben. Die KMK berief sich in ihrer Vereinbarung auf einen entsprechenden Auftrag der Ständigen Konferenz der Ministerpräsidenten der Länder in der Bundesrepublik Deutschland vom 12. 10. 1973, welcher daher rührte, daß dem Notendurchschnitt bei der Hochschulzugangsberechtigung durch die „Rechtsverordnung zur Durchführung des Staatsvertrages über die Vergabe von Studienplätzen" vom 22. 5. 1973 eine bestimmende Rolle zugewiesen worden war. Die Normenbücher waren in den Jahren 1974 bis 1977 Gegenstand heftiger Auseinandersetzungen in der bildungspolitischen Öffentlichkeit.

Die KMK hatte sich schon anläßlich ihres 155. Plenums am 6. 10. 1972 mit dem Thema „Objektivierte Verfahren für die Leistungsbewertung beim Abitur" befaßt und das Problem an ihren Schulausschuß überwiesen, der am 14./15. 6. 1973 vorschlug, eine Arbeitsgruppe „Rahmenabiturprüfungsordnung zur neugestalteten gymnasialen Oberstufe" einzurichten, die sich am 11. 9. 1973 konstituierte, aber in ihrer Arbeit nur formale Fragen der Vereinheitlichung, wie Prüfungsteile, Art und Dauer der Prüfung, regelte.

Im November 1973 wurden dann sogenannte Fachkommissionen für 15 Fächer der gymnasialen Oberstufe eingerichtet, die mit Lehrern, Angehörigen der Schulbehörden oder Mitarbeitern aus Instituten besetzt wurden, die den Kultusverwaltungen nachgeordnet sind. Bis 1976 erschienen insgesamt 15 Normenbücher für die Fächer Biologie, Chemie, Deutsch, Griechisch, Latein, Mathematik, Physik; Englisch, Evangelische und Katholische Religionslehre, Gemeinschaftskunde, Musik, Bildende Kunst, Französisch, Sport (vgl. KMK 1975 b, c, d, e, f, g, h, 1976 a, b, c, d, e, f, g, h).

Die Normenbücher haben einen Umfang zwischen 14 (Griechisch) und 100 (Sport) Seiten und enthalten jeweils neben einem Abdruck der KMK-Vereinbarung vom 6. 2. 1975 sowie erläuternden Hinweisen zu dieser Vereinbarung eine Beschreibung der Prüfungsanforderungen. Diese Beschreibung ist nach den einzelnen Prüfungsteilen in jedem Fach gegliedert und folgt mehr oder weniger eng einem formalen Schema, das den Fachkommissionen durch den Schulausschuß der KMK vorgegeben worden war. Danach waren die Fachkommissionen gehalten, eine Vergleichbarkeit hinsichtlich der Prüfungsgegenstände (-inhalte und -verfahren) sowie der Bewertungskriterien zu erzielen. Zu diesem Zweck sollten obligatorische Lernziele in jedem Fach auf den Ebenen „Wissen", „Anwenden", „Urteilen" formuliert werden, und die Bewertung der Leistungen wurde in Form von Rohpunkten oder auch in einer Gewichtung der Lernzielbereiche vorgenommen.

Ein Aufgabenbeispiel für den deutschen Abituraufsatz aus dem „Normenbuch Deutsch":

„Analyse von Texten. Aus Solschenizyn, Der Archipel Gulag. Aufgabe: Analysieren Sie den Anfang dieses Werkes vornehmlich unter Berücksichtigung der Intention des Autors, der Erzählstruktur und der Interdependenz von Intention und Erzählhaltung. Zeigen Sie dabei die Bedeutung auf, die den Faktoren Situation und Vorwissen bei der Textrezeption von Lesern zukommt, die sich innerhalb des dargestellten Machtbereiches befinden, und solchen, die diesem Machtbereich nicht angehören" (KMK 1975 b, S. 25).

Die aufgabenspezifischen Anforderungen für dieses Beispiel werden dann in Beziehung zu den Lernzielkontrollebenen schematisiert (vgl. Abbildung 1).

Abbildung 1

I. Aufgaben-spezifische Anforderungen	Lernzielkontrollebenen		
	Kennen	Verwenden	Urteilen
1. Darstellen des Erzählgegenstandes und Herausarbeiten der Intention	polit. Zusammenhang, in dem der Text sich befindet; Schicksal des Autors; Wirkmöglichkeit fiktionaler und dokumentarischer Texte kennen	die Aussagen abstrahieren, die auf Verhaftung bezogen sind und Betroffenheit bewirken sollen	die Intention des Autors einschätzen und das Gedenken würdigen, das gestiftet werden soll
2. Beschreiben der Erzählstruktur und Aufzeigen der Interdependenz von Erzählhaltung und Intention	über ein entsprechendes Instrumentarium – Erzählhaltung – Erzählperspektiven – Orientierungszentren – Verweisungsformen – Tempusfunktion verfügen	Erzählhaltung etc. als Leserinduktion erkennen und beschreiben; Wechsel in der Perspektive in seiner Funktion verdeutlichen und in seiner Relevanz für die Intention darstellen	Entstehen einer intendierten Leseweise verfolgen und im Maß ihrer Verwirklichung beurteilen
3. Darstellen der Faktoren Situation und Vorwissen im angegebenen Rahmen	Von den Faktoren sprachl. Kommunikation die beiden Faktoren – Situation – Vorwissen kennen u. in ihrer Auswirkung auf Textproduktion u. Textrezeption übersehen	Situation und Vorwissen je nach Relation des Lesers zum dargestellten Machtbereich beschreiben und abgrenzen	Unterschiedliche Betroffenheit abwägen u. Abhängigkeit der Textrezeption von Situation, Erfahrungshorizont oder Vorwissen begründen
max. erreichbare Bewertungseinheiten	12	12	12

II. Aufgabenartunabhängige Anforderungen	max. erreichbare Bewertungseinheiten
1. Aufbau u. Methode	4
2. Gedankenführung	4
3. Sprachverwendung	4

(Quelle: KMK 1975 b, S. 25 f.)

Die Vergabe der Bewertungseinheiten für die Leistungen in diesem Abiturauf- satz ist dann nach folgendem Schlüssel zu vergeben:

Abbildung 2: Bewertungsschlüssel

1. Kennen:	Bewertungseinheiten
– umfassend; differenziert	11–12
– partiell; differenziert	9–10
– vollständig; unzusammenhängend	6– 8
– unvollständig; unzusammenhängend	3– 5
– lückenhaft; unverarbeitet	0– 2
2. Verwenden:	Bewertungseinheiten
– ausgeprägt problembewußt; differenziert	11–12
– problembewußt; differenziert	9–10
– begrenzt problembewußt; wenig differenziert	6– 8
– problembezogen; undifferenziert	3– 5
– nicht problembezogen; undifferenziert	0– 2
3. Urteilen:	Bewertungseinheiten
– selbständig wertend; differenziert	11–12
– Alternativen aufzeigend; differenziert	9–10
– begründend, aber abhängig wertend; wenig differenziert	6– 8
– abhängig wertend; undifferenziert	3– 5
– unkritisch wertend; undifferenziert	0– 2

(Quelle: KMK 1975 b, S. 15).

Die Vereinheitlichungsabsicht wurde zunächst in der Tagespresse, später für zahlreiche Erziehungswissenschaft- ler Gegenstand scharfer Kritik. Die Deutsche Gesellschaft für Erziehungs- wissenschaft veröffentlichte 1975 eine ablehnende Erklärung zu den Normen- büchern, und in der Folge des Bad Homburger Bildungspolitischen Rund- gesprächs 1976 entstand weitere Kritik von Bildungspolitikern, Erziehungswis- senschaftlern und Journalisten (vgl. FLITNER 1976, FLITNER/LENZEN 1977), die auch durch Stellungnahmen von Fachwissenschaftlern gestützt wurde (vgl. KRAUSS/VOGT 1977, WESTPHAL 1976).

Die wichtigsten Einwände richteten sich darauf, daß unverzichtbare Voraussetzungen für eine Vereinheitlichung der Anforderungen in der Abiturprüfung als gar nicht erfüllt anzusehen seien:

– *Die Bedingung der Objektivität:* Da die Normenbücher fast ausnahmslos die Bestimmung der eigentlichen Auf- gaben dem Lehrer und den regiona- len Schulbehörden überließen und selbst nur einen abstrakten Lernziel- rahmen und interpretationsbedürftige Bewertungsschlüssel vorgäben, bleibe die Beurteilung von der Person des Beurteilenden abhängig, die Normen- bücher erreichten also gar nicht ihren selbstgesetzten Zweck, den der Ver- einheitlichung.

– *Die Bedingung der Validität:* Da die Lernziele der Normenbücher vorwie- gend einseitig fachwissenschaftlich orientiert seien und beispielsweise af- fektive Lernziele vernachlässigten, da weiter in der Abiturprüfung nur ein Bruchteil aller bei der Berechnung der Durchschnittsnote im Abitur berücksichtigten Fächer geprüft werde und da vielmehr der Voraussagewert von Abiturleistungen für künftige Studienleistungen bei lediglich 20 bis 30 % liege, werde die testtheoretische Voraussetzung für das Kriterium der Validität nicht erfüllt, der zufolge ein Normenbuch eine repräsentative Stichprobe all jener Leistungen zu umfassen habe, die zur Bewältigung der Studienanforderungen erbracht werden müßten.

- *Die Bedingung der Realitätskonformität:* Da die Leistungsanforderungen in den Normenbüchern zumeist sehr stark fachwissenschaftlich orientiert seien, klammerten sie die berufliche und private Lebenswelt so aus, daß die Abiturprüfung die Fähigkeit zur Bewältigung einer Realität messe, die angesichts der Studienplatzbeschränkungen gar nicht die Lebenswirklichkeit aller Abiturienten sein könne, weil ein erheblicher Teil den direkten Weg in die Berufspraxis zu nehmen genötigt sein werde.

- *Die Bedingung der Legitimität:* Da die Lernziele und Lerninhalte ebenso wie die Bewertungskriterien ohne Beteiligung der Wissenschaft, der Öffentlichkeit und der Betroffenen fixiert worden seien, müsse man die Normenbücher als im demokratischen Sinne illegitim bezeichnen.

- *Die Bedingung der Legalität:* Da die Normenbücher nicht im parlamentarischen Auftrage verfaßt worden seien, sondern unter Umgehung der Parlamente (Verstoß gegen Art. 20, Abs. 2 des Grundgesetzes – GG), da sie die Lehrpläne der Bundesländer faktisch korrigierten und damit in die nach Art. 30 GG garantierte Kulturhoheit der Bundesländer eingriffen und da die Normenbücher durch einseitige inhaltliche Schwerpunktsetzungen die Schüler bestimmter Bundesländer begünstigten und andere benachteiligten (Verstoß gegen Art. 3, Abs. 3 GG), seien sie als verfassungswidrig zu bezeichnen.

Eine direkte Verteidigung gegen diese Angriffe erfolgte nicht. Die Auftraggeber der Normenbücher wiesen lediglich darauf hin, daß ihnen die Normierung der Prüfungsanforderungen durch eine Entscheidung des Bundesverfassungsgerichts aufgenötigt worden sei. Dies war ihnen nur deshalb möglich, weil sie einen wichtigen Konditionalsatz aus einem Urteil dieses Gerichts imperativisch interpretierten:

„Gelänge es wirklich, die Abiturleistungen im ganzen Bundesgebiet übereinstimmend nach solchen Maßstäben zu bewerten, dann wären die erzielten individuellen Noten unmittelbar vergleichbar und bedürften keiner nachträglichen Korrektur" (Entscheidungen des Bundesverfassungsgerichts 1975, zitiert nach LENZEN 1976, S. 34). Einer Auslegung dieses Satzes als eines Imperativs zur bundeseinheitlichen Normierung des Abiturs hat das Bundesverfassungsgericht in einem Urteil vom 8. 2. 1977 (vgl. FLITNER/LENZEN 1976, S. 14) ausdrücklich widersprochen.

Nach diesem Urteil und den Protesten gegen die Normenbücher sind von der KMK zunächst keine revidierten Fassungen der Normenbücher mehr vorgelegt worden, obwohl diese nach einer Erprobung in den Schulen für das Schuljahr 1976/77 angekündigt worden waren. Allerdings traf die KMK 1979 eine neue „Vereinbarung über Einheitliche Prüfungsanforderungen in der Abiturprüfung" (KMK 1980 a), die in der verbal auf einen Teil der geäußerten Kritik eingegangen und eine Offenheit der Normenbücher „für die Entwicklung in der Fachwissenschaft, Fachdidaktik und in der Schulpraxis" (KMK 1980 a, S. 2) versichert wird. Die Normenbücher werden gemäß diesem Beschluß nur noch als „Grundlage der fachspezifischen Anforderungen in der Abiturprüfung" gewertet und sollen als solche von den Ländern übernommen sowie „zu gegebener Zeit überprüft und weiterentwickelt" werden. Dementsprechend liegt für das Fach Deutsch auch bereits eine neue Fassung (vgl. KMK 1980 b) vor. Außerdem haben die Kultusminister einzelner Bundesländer auf der Basis der formalen Vereinheitlichungen, die von der Arbeitsgruppe „Rahmenabitur-

prüfungsordnung" der KMK erarbeitet worden waren, Regelungen für die Aufgabenstellung in der Abiturprüfung der neugestalteten gymnasialen Oberstufe erlassen, wie das Land Nordrhein-Westfalen, wo diese landesinternen Regelungen innerhalb gewisser Grenzen die Funktion von Normenbüchern auf Landesebene erfüllen.

FLITNER, A. (Hg.): Der Numerus clausus und seine Folgen. Auswirkungen auf die Schule, die Schüler, die Bildungspolitik. Analyse und Gegenvorschläge, Stuttgart 1976. FLITNER, A./LENZEN, D. (Hg.): Abitur-Normen gefährden die Schule, München 1977. KMK: Vereinbarung über die Anwendung einheitlicher Prüfungsanforderungen in der Abiturprüfung der neugestalteten gymnasialen Oberstufe. Beschluß vom 6. 2. 1975, Neuwied 1975 a. KMK: Einheitliche Prüfungsanforderungen in der Abiturprüfung. Deutsch, Neuwied 1975 b (Chemie: 1975 c, Biologie: 1975 d, Griechisch: 1975 e, Latein: 1975 f, Mathematik: 1975 g, Physik: 1975 h); KMK: Einheitliche Prüfungsanforderungen in der Abiturprüfung. Englisch, Neuwied 1976 a (Evangelische Religionslehre: 1976 b, Katholische Religionslehre: 1976 c, Gemeinschaftskunde: 1976 d, Musik: 1976 e, Bildende Kunst: 1976 f, Französisch: 1976 g, Sport: 1976 h). KMK: Vereinbarung über Einheitliche Prüfungsanforderungen in der Abiturprüfung. Beschluß vom 1. 6. 1979, Neuwied 1980 a. KMK: Einheitliche Prüfungsanforderungen in der Abiturprüfung. Deutsch. Beschluß vom 1. 6. 1979, Neuwied 1980 b. KRAUSS, H./VOGT, J. (Hg.): Normierter Deutschunterricht, München 1977. LENZEN, D.: Die Illusion der Vereinheitlichung. Normenbücher zwischen Testpsychologie und Verfassungsrecht. In: FLITNER, A. (Hg.): Der Numerus clausus . . ., Stuttgart 1976, S. 33 ff. WESTPHAL, W. (Hg.): Normiertes Abitur? Braunschweig 1976.

Dieter Lenzen

Numerus clausus

Der Begriff „Numerus clausus" wurde ursprünglich im weiten Sinne für alle Zulassungsbeschränkungen für Schul- und Berufslaufbahnen gebraucht. So stand und steht beispielsweise der Begriff gelegentlich noch für die zahlenmäßige Beschränkung im Zugang zu der Ausbildung der Lehramtsanwärter („Numerus clausus für Philologen" war eine in der Weimarer Zeit viel benutzte Formulierung) oder auch für die Beschränkungen in der Zulassung zu Schulen der Sekundarstufe II (zum Beispiel bei zahlenmäßiger Beschränkung im Zugang zu Fachoberschulen). Seit der schrittweisen Einführung der Zulassungsbeschränkungen zum Medizinstudium und der Ausweitung der Zulas-

sungsbeschränkungen auf andere Studienfächer und der schließlichen Einrichtung einer Zentralstelle für die Vergabe von Studienplätzen (ZVS) aufgrund eines Staatsvertrags zwischen den Bundesländern im Jahre 1972 hat der Begriff Numerus clausus in der öffentlichen Diskussion eine immer stärker verengte Bedeutung angenommen. Er wird meist nur noch für Zulassungsbeschränkungen bei der Vergabe von Studienplätzen benutzt. In diesem eingeschränkten Sinne soll Numerus clausus auch hier verwendet werden.

Juristisch werden auch für den so im engen Sinne verwendeten Begriff verschiedene inhaltlich zu unterscheidende Aspekte benannt: „Beim Begriff Numerus clausus oder Zulassungsbeschränkung ist rechtlich zu unterscheiden zwischen: absoluten Zulassungsbeschränkungen (Erschöpfung der gesamten Ausbildungskapazität für Studienanfänger einer bestimmten Fachrichtung); relativen Zulassungsbeschränkungen (lokale und strukturelle Beschränkungen, die nur die Wahl einer bestimmten Hochschule erschweren); Zulassungsbeschränkungen aus Gründen der Hochschulplanung (Herstellung eines planvoll ausgewogenen Hochschulgesamtsystems); faktischen Zulassungsbeschränkungen (Aufnahme einer begrenzten Anzahl von Studienbewerbern wie im Falle von normativen Zulassungsbeschränkungen, jedoch bis zu der Grenze, jenseits deren eine auch nur leidliche Ausbildung der Studierenden nicht mehr möglich erscheint) und normativen Zulassungsbeschränkungen (Grundlage der Zulassungsbeschränkung ist ein Gesetz oder eine Rechtsverordnung, die auf einer hinreichend spezifizierenden Ermächtigung beruht)" (ZVS 1979, S. 37).

Aus diesen Bestimmungen des Numerus clausus wird ersichtlich, daß für Entscheidungen über die Notwendigkeit eines Numerus clausus eine Reihe von Bedingungen erheblich sind, die durch materielle, personelle und finanzielle Ausstattung und durch die Veränderung von rechtlichen Regelungen gesteuert werden können. So lassen sich im Hochschulbereich Kapazitäten ausbauen, lokale Engpässe beseitigen oder auch die Qualitäts- und Quantitätsanforderungen an eine Ausbildung so verändern, daß höhere Zahlen von Studienanfängern zugelassen werden können. Verschiedene Programme zum Abbau des Numerus clausus haben in der zweiten Hälfte der 70er Jahre in der Bundesrepublik Deutschland solche Maßnahmen zur Erhöhung der Hochschulkapazitäten vorgeschlagen. Besonders dringlich wurden solche Programme zur „Öffnung der Hochschulen", weil einerseits geburtenstarke Altersjahrgänge das Bildungssystem durchlaufen (vgl. STIFTERVERBAND FÜR DIE DEUTSCHE WISSENSCHAFT 1976, S. 26 ff.), weil außerdem aufgrund der Bildungspolitik der 60er Jahre und infolge demographischer Veränderungen ein größerer Teil der Heranwachsenden als in den 60er Jahren Studien aufnehmen wollte und weil andererseits von einem Teil der Bildungspolitiker befürchtet wurde, daß im Wege eines Verdrängungswettbewerbs die von einem Studienplatz abgedrängten Abiturienten und Absolventen von Fachoberschulen den Realschulabsolventen und diese wiederum den Hauptschulabsolventen und -abgängern Ausbildungsplätze wegnehmen würden. Es bestand also die Befürchtung, daß der Numerus clausus sich in der Hierarchie von Berufspositionen nach unten fortsetzen würde und die faktisch immer schon vorhandenen Beschränkungen beim Zugang zu Berufsausbildungsplätzen in bildungs- und sozialpolitisch unerwünschter Weise verstärken würde. Diese Annahme eines Verdrängungswettbewerbs nach unten trifft nicht zu für denjenigen Anteil studierwilliger Abiturienten und Fachoberschulabsolventen, der durch die vorläufige Wahl von anderen Studienfächern (Parkstudium) oder durch Abwarten auf einen frei werdenden Studienplatz nicht um Berufsausbildungsplätze konkurriert. Allerdings zeigte sich, daß diese Form des Bewerberstaus im Hochschulbereich zu unerwünschten Konsequenzen führt: Möglichkeiten des Parkstudiums wurden abgebaut, um nicht Kapazitätsengpässe in Studiengängen zu schaffen, die tatsächlich weniger nachgefragt werden. Die in einigen Fächern sehr langen Wartezeiten wurden hinsichtlich ihrer sozialen Konsequenzen (wie etwa Verzicht ökonomisch schwacher Bewerber, verspäteter Eintritt in den Beruf) ebenfalls für so unerträglich gehalten, daß neue Möglichkeiten der Auswahl der Studienbewerber ohne Wartelisten (besonderes Auswahlverfahren) geschaffen werden sollen (vgl. ZVS 1979, S. 86 ff.).

Der Numerus clausus im Hochschulbereich hat Rückwirkungen auf die von der Schule vergebenen Berechtigungen: Durch den Numerus clausus wird die mit der allgemeinen Hochschulreife verbundene Berechtigung faktisch so eingeschränkt, daß das Ziel der neugestalteten gymnasialen Oberstufe, für alle wissenschaftlichen Studiengänge zu befähigen, fragwürdig wird. Die allgemeine Hochschulreife ist mit der Berechtigung verbunden, ein Studium in allen wissenschaftlichen Studiengängen aufzunehmen. Diese Berechtigung läßt sich jedoch in denjenigen wissenschaftlichen Studiengängen, die wegen Überfüllung oder aus anderen Gründen eine Zulassungsbeschränkung haben, nicht in jedem Falle einlösen. Zwar bleibt in den meisten Fällen die Möglichkeit, in einem anderen Studienfach ein Studium aufzunehmen, aber die allgemeine Hochschulreife verliert unter solchen Bedingungen den Charakter der Allgemeinheit. In der Literatur wird daher unterschieden zwischen (formaler) Hochschulzugangsberechtigung und (faktischer) Hochschulzulassung (vgl. BAHRO 1975).

Nach dem Staatsvertrag über die Vergabe von Studienplätzen vom 20. Oktober 1972 war neben anderen Gesichtspunkten das zentrale Kriterium für die Zulassung zu einem Hochschulstudium in einem zulassungsbeschränkten Fach die Durchschnittszensur des Abiturzeugnisses. Dabei wurde, abgesehen von Ausnahmebestimmungen für die Wertung der Fächer Religion, Kunsterziehung, Musik und Leibesübungen, in den Zulassungsregelungen von der Annahme ausgegangen, daß alle Fächer der gymnasialen Oberstufe für die Entscheidung über die Hochschulzulassung für ein zulassungsbeschränktes Fach gleichwertig sind. Zum Beispiel wurden für die Zulassung für das Studium des Faches Biologie nicht die Noten in den naturwissenschaftlichen Schulfächern bei der Bildung der Durchschnittsnote höher gewichtet (vgl. ZVS 1979, S. 55 f.). Nach dem Hochschulrahmengesetz vom 26. Januar 1976 ist eine solche Gewichtung von Schulleistungen möglich geworden (vgl. ZVS 1979, S. 61 ff.). Umstritten ist jedoch vor allem die Frage, ob durch die Gewichtung von Abiturnoten oder durch zusätzliche Zulassungstests die Möglichkeit besteht, gerade die Studienbewerber auszuwählen, für die eine hohe Wahrscheinlichkeit eines Studienerfolgs im gewählten Studienfach prognostiziert werden soll. Gegen die Gewichtung von Abiturnoten ist vor allem aus pädagogischer Sicht argumentiert worden: Erstens fände ein großer Teil der Studienfächer gar keine Entsprechung in den Schulfächern; zweitens sei durch die pädagogische Diskussion über die Fragwürdigkeit der Zensurengebung bekannt, daß aus einem solchen Verfahren Entscheidungen sich ergeben müßten, die auf Fehlbeurteilungen und zufälligen Beurteilungsunterschieden verschiedener Schulen beruhen würden. Zudem sei drittens zu befürchten, daß nicht das inhaltliche Interesse für bestimmte Studien, sondern die zufällige gute Note in irgendeinem Fach in Zukunft für die Bewerbung für ein Studium bedeutsam werde (vgl. FLITNER 1976, S. 99).

Widersprüchlich sind bisher die Auffassungen zu der Frage, ob durch die Zulassungsbeschränkungen im Hochschulbereich die Schüler der gymnasialen Oberstufe zu unsolidarischem Verhalten und zu einer rein instrumentellen Wahl von Kursen (nur orientiert an guten Zensuren, nicht an den Inhalten) veranlaßt werden. Empirische Untersuchungen deuten darauf hin, daß bei der Wahl von Leistungsfächern und Abiturfächern das inhaltliche Interesse nicht ganz hinter die Notenkalkulation zurücktritt (vgl. LENDRAT 1978, S. 123 f.; vgl. WILDE 1975, S. 42 f.). Auch die Behauptung, daß unter den Bedingungen des Numerus clausus in der gymnasialen Oberstufe Unsolidarität (Untertänigkeit, Verschlechterung des Klassenklimas, Angst und sinkende Leistungsmotiviertheit) gefördert würden (vgl. AMELANG/ZAWORKA 1976, S. 11 ff.), bedarf der genaueren Überprüfung. Die Bestrebungen, bei der Zulassung zu den Hochschulstudien eine Vergleichbarkeit der Zeugnisse verschiedener Bundesländer und verschiedener Schulen herzustellen, haben die Kultusminister veranlaßt, die „Norm(en)bücher", das sind die „Einheitlichen Prüfungsanforderungen in der Abiturprüfung der neugestalteten gymnasialen Oberstufe", vorzulegen

(vgl. LENZEN 1983). Gegen die mit den Normenbüchern verfolgten Ziele und gegen die Angemessenheit der Mittel wurden aus pädagogischer Sicht schwere Bedenken vorgetragen. Es wurde eingewendet, daß die Normenbücher die Aufgabe der Vereinheitlichung nicht erfüllen können und daß sie eine Reihe von Nebenwirkungen haben werden, die bildungspolitisch nicht erwünscht sein könnten, zum Beispiel die Erschwerung von Reformansätzen zur Integration berufsqualifizierender und studienvorbereitender Bildungsgänge.

AMELANG, M./ZAWORKA, W.: Lernziel Unsolidarität. In: psych. heute 3 (1976), 5, S. 11 ff. ASCHE, H. u. a.: Der numerus clausus oder Wer darf studieren? Reinbek 1973. BAHRO, H.: Hochschulzugang und Hochschulzulassung. In: PHILOLOGENVERBAND NORDRHEIN-WESTFALEN (Hg.): Abitur und Hochschulzugang. Numerus clausus – geplante Bildungskatastrophe? Bottrop 1975, S. 97 ff. FLITNER, A. (Hg.): Der Numerus clausus und seine Folgen. Auswirkungen auf die Schule, die Schüler, die Bildungspolitik – Analysen und Gegenvorschläge, Stuttgart 1976. FRIEDRICH, L./KÖHLER, K. (Hg.): Zeugnisnoten und Numerus clausus, Kronberg 1975. LENDRAT, C.: Wahldifferenzierung und die neugestaltete gymnasiale Oberstufe. Materialien und Untersuchungen zum Schulversuch 2. Gesamtschule Berlin-Reinickendorf, Berlin 1978. LENZEN, D.: Normenbücher. In: Enzyklopädie Erziehungswissenschaft, Bd. 9, Teil 2, Stuttgart 1983, S. 425 ff. STIFTERVERBAND FÜR DIE DEUTSCHE WISSENSCHAFT (Hg.): Schülerberg und Ausbildung. Analysen und Maßnahmen, Stuttgart 1976. WILDE, H.: Die neugestaltete gymnasiale Oberstufe im Urteil Hamburger Schüler. Eine empirische Untersuchung. Hamburger Dokumente 6/75, Hamburg 1975. ZVS: Dritter Bericht der Zentralstelle für die Vergabe von Studienplätzen mit Materialien zu den Vergabeverfahren Sommersemester 1977, Wintersemester 1977/78, Dortmund 1979.

Karlheinz Fingerle

Oberstufen-Kolleg

Die Bielefelder Schulprojekte. Die Bielefelder Schulprojekte – Laborschule und Oberstufen-Kolleg – sind eine zentrale Einrichtung der Universität Bielefeld. Sie erfüllen Ausbildungsfunktionen vom Vorschulbereich bis zum universitären Grundstudium und stellen zugleich ein Praxisfeld für erziehungswissenschaftliche und fachdidaktische Forschung dar. Ihre Zuordnung zu einer Universität bei gleichzeitiger Befreiung von verschiedenen Rahmenbedingungen und Einzelregelungen, denen Schulen gemeinhin unterliegen, soll den Regelkreis von Wissenschaft, pädagogischer Theorie und schulischer Praxis in einer für die Bundesrepublik neuartigen Weise schließen.

Laborschule und Oberstufen-Kolleg sind zum einen staatliche *Versuchsschulen:*

– Die Laborschule umfaßt (mit elf Jahrgängen und insgesamt 660 Schülern) die Primarstufe mit einem Vorschuljahr und die Sekundarstufe I. Sie ist als integrierte Gesamtschule und Ganztagsschule organisiert.

– Das Oberstufen-Kolleg integriert (mit vier Jahrgängen und insgesamt 800 Kollegiaten) die studienbezogenen Ausbildungsgänge der Sekundarstufe II und die Eingangssemester des Hochschulbereichs. Es ist als Ganztagsschule mit einem differenzierten Kurssystem organisiert.

Laborschule und Oberstufen-Kolleg sind zum anderen als „Curriculum-Werkstätten" konzipiert:

– Sie sollen Curriculumeinheiten und -sequenzen, neue Lehr- und Lernformen, Beratungsmodelle, Bewertungsverfahren und Mitbestimmungsmöglichkeiten in der Weise entwickeln und erproben, daß diese als Elemente übertragbar sind auf andere Bildungseinrichtungen im Schul- und Hochschulbereich.

– Sie sollen dabei nicht nur jeweils einen Teil des Systems (eine einzelne Unterrichtsform, ein einzelnes Fachcurriculum), sondern auch die Wechselwirkungen zwischen verschiedenen Teilen des Systems und ihren jeweiligen Veränderungen untersuchen.

Das Grundkonzept für die Bielefelder Schulprojekte ist von v. Hentig entwickelt worden (zum Oberstufen-Kolleg: vgl. v. HENTIG 1971). Es wurde in einem vierjährigen Planungsprozeß konkretisiert und umgesetzt in didaktische Konzepte, unterrichtsorganisatorische Vorgaben, fachspezifische Rahmencurricula, Designs für einzelne Forschungsprojekte, Bau- und Einrichtungsprogramme und Satzungsentwürfe (vgl. HARDER 1974). Die Planungsgruppe – anfangs aus zehn, am Ende aus 30 hauptamtlich tätigen Mitgliedern mit Berufserfahrungen aus Schule und Hochschule bestehend – bildete zugleich den Kern der Kollegien von Laborschule und Oberstufen-Kolleg, als diese im Herbst 1974 eröffnet wurden. Beide Einrichtungen haben 1977 beziehungsweise 1978 ihren Endausbau erreicht (zum Oberstufen-Kolleg: vgl. v. HENTIG 1980).

Das Oberstufen-Kolleg als staatliche Versuchsschule. Die Struktur des Oberstufen-Kollegs ist, bezogen auf seinen besonderen schulischen Ausbildungsauftrag, durch zwei Aufgaben bestimmt: Die erste Aufgabe verlangt, Bedingungen zu untersuchen und Lösungen zu erarbeiten, die es erlauben, den derzeit durch eine scharfe Zäsur erschwerten Übergang von der Schule zur Hochschule in einen koordinierten und möglichst bruchlosen Prozeß zu verwandeln, wobei Probleme der begründeten Studienfach- und Berufsfeldwahl, des angemessenen Verhältnisses von Allgemeinbildung und Spezialisierung sowie der allgemeinen Motivation und der fachspezifischen Befähigung für ein wissenschaftliches Studium eine ausschlaggebende Rolle spielen sollen. Dazu werden im Oberstufen-Kolleg Elemente des universitären Grundstudiums schon in der Jahrgangsstufe 11 und Elemente der Oberstufenausbildung noch in der (neuen) Jahrgangsstufe 14 vermittelt. Am Ende der vierjährigen Ausbildung steht eine besondere Form von Doppelqualifikation: Sie umfaßt für den Absolventen des Oberstufen-Kollegs die Befähigung der allgemeinen Hochschulreife und die zusätzliche spezifische Berechtigung, seine Ausbildung in einer oder in zwei Disziplinen in einem höheren Studiensemester im Hochschulbereich fortzusetzen.

Die zweite Aufgabe betrifft die Klärung der Frage, unter welchen Bedingungen für alle Jugendlichen nach erfolgreichem Abschluß der Sekundarstufe I eine reale Chancengleichheit besteht oder hergestellt werden kann – bezogen insbesondere auf die Möglichkeit, sich für ein Hochschulstudium zu qualifizieren. Dazu ist für das Oberstufen-Kolleg über einen besonderen Aufnahmeschlüssel, aber ohne Berücksichtigung von Qualifikationsvermerken oder bestimmten Zeugnisnoten, eine spezifische Zusammensetzung der Kollegiatenpopulation festgelegt:

– Der Anteil von männlichen und weiblichen Kollegiaten beträgt jeweils 50 %,
– jeweils ein Drittel von ihnen hat vorher mindestens die zehnte Klasse eines Gymnasiums, einer Realschule oder einer Hauptschule erfolgreich abgeschlossen, und
– ein Drittel hat eine mindestens zweijährige Berufstätigkeit aufzuweisen.
– Ihrer sozialen Herkunft nach stammen (die Bevölkerungsstruktur Nordrhein-Westfalens widerspiegelnd) 50 % der Kollegiaten aus der Unterschicht, 44 % aus der Mittelschicht, 6 % aus der Oberschicht,
– sie sind beim Eintritt in das Oberstufen-Kolleg höchstens 25 Jahre alt.

Beide Aufgaben und die zu ihrer Lösung festgelegten allgemeinen Strukturmerkmale unterscheiden das Oberstufen-Kolleg grundlegend vom Regelsystem der neugestalteten gymnasialen Oberstufe. Zwar gibt es auch strukturelle Gemeinsamkeiten wie die ausschließlich studienbezogene Ausrichtung der Curricula, die Ermöglichung individuell akzentuierter Ausbildungsgänge im Rahmen eines differenzierten Kurssystems, die orientierende Vorbereitung der Fächerwahlentscheidungen in einem dafür spezifisch strukturierten Eingangssemester und mit Hilfe eines gestuften Beratungssystems, die Ausweitung des Fächerangebots weit über den traditionellen Oberstufenkanon hinaus sowie die Betonung von Lehr- und Lernformen, die selbständiges Arbeiten und vielfältige Mitwirkungsmöglichkeiten erlauben. Aber abgesehen davon, daß es selbst bei diesen formal übereinstimmenden Elementen inhaltlich substantielle Unterschiede gibt: gewichtiger sind die didaktischen und unterrichtsorganisatorischen Besonderheiten, die – zur Lösung der genannten Aufgaben entwickelt – das Oberstufen-Kolleg von der neugestalteten gymnasialen Oberstufe unterscheiden. Sie sollen im folgenden stichwortartig aufgezählt werden.

Zur Funktion der Spezialisierung: Die begrenzte und durch bestimmte Fächerwahlauflagen gesteuerte Spezialisierung des Schülers in den Leistungskursen der gymnasialen Oberstufe ist funktional allein bestimmt durch den Beitrag, den sie zu seiner Allgemeinbildung leistet. Am Oberstufen-Kolleg dient dagegen die Spezialisierung des Kollegiaten in zwei frei kombinierbaren Wahlfächern in erster Linie der praktischen Erprobung und weiterer Verfolgung einer berufsfeldbezogenen Studienfachwahlentscheidung.

Zur Interdisziplinarität und Projektorientiertheit der Ausbildung: In der gymnasialen Oberstufe bietet das Prinzip der Addition von Grundkursen, die Einzelfächern zugeordnet sind, nur sehr geringen Spielraum für fächerübergreifendes und projektorientiertes Arbeiten. Demgegenüber dient am Oberstufen-Kolleg der Ergänzungsunterricht der ausdrücklich interdisziplinär angelegten Vermittlung einer allgemeinen Wissenschaftspropädeutik. Im Gesamtunterricht erfolgt die praktische Anwendung fachspezifischer Erkenntnisse und Methoden in interdisziplinären Projekten.

Zum Berufspraxisbezug der Ausbildung: Anders als in der gymnasialen Oberstufe stellt am Oberstufen-Kolleg die konkrete Berufswelt ein durchgängig wichtiges Thema für die curriculare Ausgestaltung der verschiedenen Ausbildungsgänge dar. Einen besonderen Stellenwert nehmen in diesem Zusammenhang berufsfeldbezogene mehrwöchige Pflichtpraktika ein.

Zur Leistungsmessung und -bewertung: Dem Ziffernzensuren- und Punktsystem der gymnasialen Oberstufe steht am Oberstufen-Kolleg ein System gegenüber, bei dem die verlangten Leistungsnachweise im Laufe der vierjährigen Ausbildung nur mit einem ausführlich begründeten „bestanden" oder „nicht bestanden" bewertet und erst die Leistungen in der Abschlußprüfung mit Ziffernzensuren benotet werden.

Zur Unterrichtsorganisation: Der allein auf Unterschieden des Stundenvolumens und des Anspruchsniveaus beruhende Dualismus von dreistündigen Grund- und sechsstündigen Leistungskursen bestimmt die schematisch-gleichförmige Semesterstruktur in der gymnasialen Oberstufe. Am Oberstufen-Kolleg entspricht dem differenzierten Gefüge didaktisch je eigenständiger Unterrichtsarten und Vermittlungsformen ein differenzierter Semesterablauf: Das Semester beginnt hier mit einer fünfwöchigen Intensivphase, die dem Kollegiaten Raum für zwei je zwölfstündige Intensivkurse bietet; es setzt sich fort in einer zwölfwöchigen Kursphase mit vier parallelen sechsstündigen Kursen; es schließt ab mit einer dreiwöchigen Projektphase, in der jeder Kollegiat sich auf die Mitarbeit in einem Projekt konzentriert.

Das Oberstufen-Kolleg als Curriculum-Werkstatt. Unter curriculumtheoretischen Aspekten gesehen, kann das Oberstufen-Kolleg charakterisiert werden

- als Beispiel für die Realisierung von Forderungen nach einer praxisnahen Curriculumentwicklung,
- konzipiert nach dem Prinzip einer möglichst intensiven Beteiligung der unmittelbar Betroffenen,
- orientiert am Ziel einer Gesamtrevision der Curricula einer bestimmten Ausbildungsstufe und
- institutionalisiert als Curriculum-Werkstatt an einer Einzelschule.

Die wichtigsten curriculumtheoretischen und innovationsstrategischen Chancen dieses Modells können in den nachfolgenden drei Thesen zusammengefaßt werden. Die abschließende Beurteilung ihrer prinzipiellen Einlösbarkeit wie ihrer praktischen Einlösung wird dagegen erst auf der Basis mehrjähriger Erfahrungen möglich sein.

- Der institutionelle Doppelcharakter des Oberstufen-Kollegs als Ausbildungseinrichtung und Forschungsinstitut ist geeignet, die Praxisnähe wie die wissenschaftliche Fundiertheit der Arbeitsergebnisse zu sichern: Die Konstruktion zwingt einerseits dazu, Modelle zu entwickeln, die kurzfristig in Praxis umsetzbar und im schulischen Alltag handhabbar sind, sie zwingt andererseits dazu, diese Modelle wissenschaftlich zu begründen und Rechenschaft über ihre Voraussetzungen, ihre Durchführungsbedingungen und ihre positiven und negativen Folgen abzulegen.
- Für die Lösung des Problems der Legitimation curricularer Entscheidungen kann das Oberstufen-Kolleg einen modellhaften Beitrag leisten durch die hier praktizierte Verbindung von Rahmenentscheidungen (die der Kultusminister treffen muß) und Einzelentscheidungen (die im Diskurs der unmittelbar Beteiligten

zu treffen sind) sowie durch die Offenlegung von Entscheidungsstrukturen, Entscheidungsverfahren und Evaluationsergebnissen.

– Bezogen auf die unterschiedlichen Adressatengruppen möglicher curricularer Innovationen (Lehrer, Wissenschaftler, Schüler, Studenten, Verwaltungsvertreter, Bildungspolitiker), erleichtert die institutionelle Sonderstellung des Oberstufen-Kollegs die Erprobung verschiedener Formen mündlicher und schriftlicher Kommunikation und praktischer Zusammenarbeit. Daraus können sich auch verallgemeinerbare Erkenntnisse ergeben für die Probleme der Umsetzung curricularer Reformkonzepte in praktische Versuche ebenso wie für die Aufgabe der Übertragung praktischer Ergebnisse von Modellversuchen auf die jeweiligen Regelsysteme.

CLASSEN, W. D. u. a. (Hg.): AMBOS – Arbeitsmaterialien aus dem Bielefelder Oberstufen-Kolleg, Bielefeld 1978 ff. HARDER, W.: Drei Jahre Curriculum-Werkstätten, Stuttgart 1974. HENTIG, H. V.: Das Bielefelder Oberstufen-Kolleg, Stuttgart 1971. HENTIG, H. V.: Die Krise des Abiturs und seine Alternative, Stuttgart 1980.

Wolfgang Harder

Oberstufentypen

Die Typengliederung war in der Zeit nach dem Zweiten Weltkrieg so unübersichtlich geworden, daß beispielsweise der DEUTSCHE AUSSCHUSS FÜR DAS ERZIEHUNGS- UND BILDUNGSWESEN (1966, S. 87) zu folgendem Urteil kam: „Die Entwicklung der vergangenen sechzig Jahre nahm ihren Gang, ohne daß sie von einer klaren pädagogischen Konzeption gesteuert worden wäre. Man hat zwar in einer Fülle von Variationen die verschiedenartigsten Typen der höheren Schule geschaffen, aber man hat die Grundordnung dieser Typen und ihre wechselseitigen Beziehungen bisher nicht genügend systematisch geklärt. Das ist einer der wesentlichen Gründe für die äußere und innere Verwirrung, die man mit dem Namen ‚Schulchaos‘ bezeichnet hat und die man zu Unrecht als Ergebnis der föderalistischen Struktur der Bundesrepublik ansieht." Die Unübersichtlichkeit der Typen der höheren Schule war ein wichtiger Anlaß für die Bestrebungen zur Vereinheitlichung auf dem Gebiet des Schulwesens (vgl. DEUTSCHER AUSSCHUSS ... 1964, S. 27), die schließlich zu den entsprechenden Abkommen der Ministerpräsidenten (Düsseldorfer Abkommen von 1955 und Hamburger Abkommen von 1964) und zur Saarbrücker Rahmenvereinbarung von 1960 führten. Diese Abkommen und Vereinbarungen erreichten jedoch das angestrebte Ziel einer Vereinheitlichung im Blick auf die Gymnasialtypen nur unzureichend. Ein wichtiger Grund lag in der Ausklammerung der im Bereich der berufsbildenden Schulen vorhandenen Schulen, die zu einer Hochschulzugangsberechtigung führten. Sie wurden nur indirekt über die Bestimmungen über die „Gymnasien in Aufbauform" im Hamburger Abkommen angesprochen. SCHEUERL (vgl. 1968, S. 70 f.) stellte in der zweiten Hälfte der 60er Jahre folgende Typen zusammen:

– zwei Typen neusprachlicher Gymnasien (Realgymnasien), die sich nur hinsichtlich der Sprachenfolge unterschieden, mit dem Abschluß: allgemeine Hochschulreife,

– altsprachliches Gymnasium (humanistisches Gymnasium) mit dem Abschluß: allgemeine Hochschulreife,

– mathematisch-naturwissenschaftliches Gymnasium (Oberrealschule) mit dem Abschluß: allgemeine Hochschulreife,

- sozialwissenschaftliches Gymnasium (oft reines Mädchengymnasium) mit den Abschlüssen: allgemeine Hochschulreife (bei zwei Fremdsprachen) oder fachgebundene Hochschulreife (bei einer Fremdsprache),
- sozialkundliches Gymnasium (meist als Mädchengymnasium, früher Frauenoberschule), bei nur einer Fremdsprache Abschluß: fachgebundene Hochschulreife,
- wirtschaftswissenschaftliches Gymnasium (in Bayern früher Wirtschaftsoberrealschule, in Niedersachsen früher Wirtschaftsoberschule) mit dem Abschluß: allgemeine Hochschulreife (bei zwei Fremdsprachen),
- Wirtschaftsgymnasium (früher Wirtschaftsoberschule), bei einer Fremdsprache Abschluß: fachgebundene Hochschulreife,
- wirtschafts- und sozialwissenschaftliches Gymnasium, bei einer Fremdsprache Abschluß: fachgebundene Hochschulreife,
- musisches Gymnasium I (in Bayern früher Deutsches Gymnasium), bei zwei Fremdsprachen Abschluß: allgemeine Hochschulreife,
- musisches Gymnasium II, bei einer Fremdsprache Abschluß: fachgebundene Hochschulreife,
- pädagogisch-musisches Gymnasium mit einer Fremdsprache und Abschluß: fachgebundene Hochschulreife,
- erziehungswissenschaftliches Gymnasium mit dem Abschluß: allgemeine Hochschulreife,
- Gymnasium für Frauenbildung mit den Abschlüssen: allgemeine Hochschulreife (bei zwei Fremdsprachen) und fachgebundene Hochschulreife (bei einer Fremdsprache),
- naturwissenschaftliches Gymnasium mit einer Fremdsprache und Abschluß: fachgebundene Hochschulreife (vgl. auch die weiteren Typen bei FRITZSCHE 1969, S. 77 f.).

Diese große Zahl von Typen war zurückzuführen auf folgende Bedingungen:
- Konkurrenz der humanistischen und realistischen höheren Lehranstalten im 19. Jahrhundert mit der Feststellung der grundsätzlichen Gleichberechtigung der (humanistischen) Gymnasien, der Realgymnasien und der Oberrealschulen im Blick auf den Hochschulzugang im Jahre 1900.
- Einbeziehung der höheren Töchterschulen (wie Frauenoberschule, Gymnasium für Frauenbildung).
- Gymnasialer Anpassungsdruck auf zu einer Hochschulzugangsberechtigung führende Schulen aus dem berufsbildenden Bereich (so im 19. Jahrhundert auf die Provinzialgewerbeschulen, die Oberrealschulen wurden; im 20. Jahrhundert Anpassungsdruck auf die Wirtschaftsoberschulen, der zur Umwandlung in Gymnasien führte).
- Weiterführung von Reformansätzen aus der Weimarer Zeit (wie beispielsweise das musische Gymnasium).
- Schaffung neuer Bildungswege wie etwa Gymnasien mit fachgebundener Hochschulreife (F-Gymnasien), um einerseits eine Steigerung der Abiturientenquote zur Deckung eines Nachwuchsbedarfs an hochqualifizierten Arbeitskräften zu erreichen und um andererseits der Vielfalt unterschiedlicher Interessen und Begabungen besser gerecht zu werden.
- Differenzierung der Schultypen nach den vorgeschriebenen Pflichtfremdsprachen mit unterschiedlichen Abschlußberechtigungen (allgemeine oder fachgebundene Hochschulreife).

Nach Holzapfel lag „der Unterschied zwischen der allgemeinen und der fachgebundenen Hochschulreife (auch der F-Gymnasien) in der Breite der pragmatischen Komponente, in der Breite der fachlichen Grundausbildung für wissenschaftliche Studien, nicht aber in einer Verringerung der Anforderungen der humanistischen Komponente" (FRITZ-

SCHE 1969, S. 90). Hieraus wird ersichtlich, daß das humanistische Bildungsideal des (altsprachlichen) Gymnasiums auch in der zweiten Hälfte der 60er Jahre noch das Kriterium war, an dem sich die anderen Typen öffentlich messen lassen mußten. Weiterhin wird deutlich, daß hier für die Schulen mit fachgebundener Hochschulreife ein Bildungsanspruch formuliert wurde, der in der schulpolitischen Realität nicht eingelöst wurde. SCHEUERL (1968, S. 72) stellte fest: „‚Fachgebundenheit‘ im Abitur ist derzeit nach der Praxis des Hamburger Abkommens nicht durch einen positiven Schwerpunkt (selbst wo es einen solchen gibt) definiert, sondern allein durch das negative Merkmal verminderter Fremdsprachenkenntnis.“

Die obige Aufzählung der Gymnasialtypen täuscht eine Vielfalt vor, die wegen der regionalen Unterschiede des Schulangebots nirgendwo faktisch realisiert wurde. Die Wahlfreiheit unter verschiedenen Gymnasialtypen war in den großen Städten mit mehreren Gymnasien meist größer als in bevölkerungsärmeren Gebieten. Für einige Schülergruppen wie beispielsweise für die des Wirtschaftsgymnasiums war aufgrund ihrer Vorbildung keine echte Wahl zwischen gymnasialen Oberstufentypen möglich (vgl. GEORG 1976, S. 71 ff.). Diese faktisch eingeschränkte Freiheit der Wahl eines Typs der gymnasialen Oberstufe war ein Grund, mit der Reform der gymnasialen Oberstufe von 1972 eine Enttypisierung und eine inhaltlich stärkere Differenzierung aller Oberstufentypen zu fordern. Ein weiterer Grund lag in der Forderung, die mit der Saarbrücker Rahmenvereinbarung im Jahre 1960 eingeführte, aber noch stark eingeschränkte Individualisierung der Schullaufbahnen stärker auszubauen. Die Saarbrücker Rahmenvereinbarung hatte für die drei Haupttypen des Gymnasiums, den altsprachlichen, den neusprachlichen und den mathematisch-naturwissenschaftlichen Typ, die Fächer für die Klassen 12 und 13 bestimmt:

„1. Die Arbeit in den Klassen 12 und 13 wird durch die folgenden Kernpflichtfächer bestimmt:

a) altsprachlicher Schultyp: Deutsch, Latein, Griechisch (oder Französisch), Mathematik;

b) neusprachlicher Schultyp: Deutsch, zwei Fremdsprachen, Mathematik;

c) mathematisch-naturwissenschaftlicher Schultyp: Deutsch, Mathematik, Physik, eine Fremdsprache (erste oder zweite Fremdsprache).

2. Verbindliche Unterrichtsfächer in den Klassen 12 und 13 aller Schultypen sind weiterhin: Gemeinschaftskunde (insbesondere Geschichte, Geographie, Sozialkunde; es geht hier nicht um den Anteil der Fächer an der Stundenzahl, sondern um übergreifende Gehalte), außerdem Leibesübungen und ein musisches Fach.

3. Dazu tritt in den Klassen 12 und 13 nach Wahl des Schülers ein weiteres Fach (Wahlpflichtfach), das auch die Form einer Arbeitsgemeinschaft für die Klassen 12 und 13 erhalten kann. Als Wahlpflichtfächer gelten:

a) die Fremdsprachen (Englisch, Französisch, Latein, Griechisch, Russisch), soweit sie nicht nach Ziffer 1 Kernpflichtfach sind;

b) die Naturwissenschaften: Physik – soweit es nicht Kernpflichtfach ist –, Chemie, Biologie und Erdkunde [. . .]“ (FROESE 1969, S. 319).

Die Abschaffung der Oberstufentypen bei gleichzeitiger stärkerer Differenzierung des Fächerangebots der einzelnen gymnasialen Oberstufe wurde durch die Vereinbarung der Ständigen Konferenz der Kultusminister der Länder in der Bundesrepublik Deutschland (KMK) von 1972 zum Programm der Oberstufenreform. HOLZAPFEL (1976, S. 20) sieht die Rahmenvereinbarung als ersten Schritt in die Richtung der Abschaffung der Oberstufentypen: Für ihn ist es „bemerkenswert, daß der Unterschied zwischen den Typen nur in einem der 9 Pflichtfächer in Erscheinung tritt, nämlich im 4. Kernpflichtfach. Der Unterschied ist also geringfügig, geringer jedenfalls als bei der gymnasialen Oberstufe, wie sie bis zur Verwirklichung der Saarbrücker Rahmenvereinbarung bestand, so daß man von einem ersten Schritt auf dem Weg zur Enttypisierung der gymnasialen Oberstufe durch die Saarbrücker Vereinbarung sprechen kann."

Die mit der Reform von 1972 geforderte Abschaffung der Oberstufentypen ist nur teilweise verwirklicht worden (vgl. KMK 1977, S. 146). Neben faktischen Einschränkungen an enttypisierten gymnasialen Oberstufen (Fakultas der Lehrer, Vorhandensein von Fachräumen, Mindestgrößen für die Durchführung von Kursen) gibt es strukturelle Bedingungen für das Weiterbestehen von Oberstufentypen: Bayern behält die bisherigen Gymnasialtypen als Ausbildungsrichtungen bei und schreibt zum Beispiel vor, daß ein Leistungsfach der gymnasialen Oberstufe (in Bayern „Kollegstufe" genannt) aus den Kernfächern der in der gymnasialen Mittelstufe besuchten Ausbildungsrichtung gewählt werden muß. Grundsätzlicher ist jedoch der Tatbestand, daß die in die Reform der gymnasialen Oberstufe einbezogenen beruflichen Gymnasien/Fachgymnasien mit der Möglichkeit der Verleihung des Abschlusses der allgemeinen Hochschulreife ihre volle Gleichberechtigung mit den Haupttypen des Gymnasiums erreichten. Diese beruflichen Gymnasien/Fachgymnasien sind weiterhin nach Typen (Zweigen, Ausbildungsrichtungen) gegliedert (vgl. FINGERLE 1983). Soweit Bildungsgänge an den Kollegschulen Nordrhein-Westfalens und den Berufsfeldbezogenen Oberstufenzentren Berlins mit unterschiedlichen fachlichen Schwerpunkten an regional getrennten Standorten angeboten werden und zur Hochschulreife führen, zeigen auch sie die Tendenz zur Typisierung im Sinne einer schulorganisatorischen Verselbständigung.

Als Fazit muß festgehalten werden: Das Ziel der Reform der gymnasialen Oberstufe von 1972, die Typen der gymnasialen Oberstufe abzuschaffen, ist nur teilweise realisiert. Im Bereich der beruflichen Gymnasien/Fachgymnasien und anderer Reformansätze zeigt sich sogar eine strukturelle Notwendigkeit, Oberstufentypen beizubehalten.

DEUTSCHER AUSSCHUSS FÜR DAS ERZIEHUNGS- UND BILDUNGSWESEN: Empfehlungen und Gutachten. Erste Folge, Stuttgart 1964. DEUTSCHER AUSSCHUSS FÜR DAS ERZIEHUNGS- UND BILDUNGSWESEN: Zur Diskussion des Rahmenplans. Empfehlungen und Gutachten. Fünfte Folge, Stuttgart 1966. DEUTSCHER BILDUNGSRAT: Die Bildungskommission. Bericht '75. Entwicklungen im Bildungswesen, Stuttgart 1975. FINGERLE, K.: Gymnasium, berufliches. In: Enzyklopädie Erziehungswissenschaft, Bd. 9, Teil 2, Stuttgart 1983, S. 288 ff. FRITZSCHE, V.: Analyse der gegenwärtigen Abiturregelungen unter Berücksichtigung vergleichbarer Abschlüsse im Sekundarschulwesen. In: DEUTSCHER BILDUNGSRAT: Zur Neugestaltung der Abschlüsse im Sekundarschulwesen. Empfehlungen der Bildungskommission, Stuttgart 1969, S. 69 ff. FROESE, H. (Hg.): Bildungspolitik und Bildungsreform, München 1969. GEORG, W.: Oberstufentypen wirtschaftswissenschaftlicher Fachrichtung, Stuttgart 1976. HOLZAPFEL, H.: Von der Saarbrücker Rahmenvereinbarung von 1960 zur Bonner Vereinbarung von 1972. In: SEBBEL, E. (Hg.): Die Reform der gymnasialen Oberstufe in Nordrhein-Westfalen, Hannover/Dortmund/Darmstadt/Berlin 1976, S. 9 ff. KMK (Hg.): Handbuch für die Kultusministerkonferenz 1977, Bonn 1977. SCHEUERL, H.: Die Gliederung des deutschen Schulwesens, Stuttgart 1968.

Karlheinz Fingerle

Oberstufenzentren, berufsbezogene

Angesichts des zentralen Strukturproblems der Sekundarstufe II in der Bundesrepublik Deutschland – der Trennung zwischen „allgemeiner" und „beruflicher" Bildung – sind verschiedene Lösungswege denkbar: Zusammenfassung schulischer Bildungsgänge und/ oder Herstellung eines Lernortverbunds. Unter der Bezeichnung „Oberstufenzentren" (OSZ) wird in Berlin (West) eine von den berufsbildenden Schulen ausgehende „Annäherung" und „Verzahnung" betrieben (REGIERENDER BÜRGERMEISTER . . . 1975, S. 4). Die gymnasiale Oberstufe bleibt für den Planungszeitraum bis 1982 von der OSZ-Konzeption unberührt:
„– es ist davon auszugehen, daß die bestehenden Gymnasien erhalten bleiben und Oberstufenzentren in Konkurrenz zu ihnen treten;
– die gymnasiale Oberstufenreform wird weitergeführt" (REGIERENDER BÜRGERMEISTER . . . 1975, S. 8).
In den Oberstufenzentren sollen Teilzeitberufsschule, Berufsfachschule, Fachoberschule, teilweise die Fachschulen, eine neukonzipierte berufsbezogene gymnasiale Oberstufe und „berufsbefähigende Lehrgänge" für Jugendliche ohne Abschluß der Sekundarstufe I organisatorisch nach dem Prinzip der Berufsfeldgliederung zusammengefaßt werden. Die Oberstufenzentren werden als Regelschule geplant, d. h. der gesamte Einzugsbereich Berlin (West) wird erfaßt, und die bestehenden berufsbildenden Schulen sollen insgesamt in die neuen Zentren überführt werden. Übrig bleiben nur die Gymnasien, während die anderen Schulen des Sekundarbereichs II den Bildungsgängen der Oberstufenzentren zugeordnet werden sollen, die studienbezogen („doppeltqualifizierend"), berufsqualifizierend oder „berufsbefähigend" ausgelegt werden.
Insgesamt sollen nach dem „Schulentwicklungsplan III für das Land Berlin durch die Einrichtung von 27 berufsfeldbezogenen Oberstufenzentren die Voraussetzungen geschaffen werden, um
„– das schulische Berufsgrundbildungsjahr flächendeckend im Berufsfeld Wirtschaft und Verwaltung sowie das kooperative Berufsgrundbildungsjahr einzuführen,
– den zweiten Berufsschultag in den gewerblich-technischen Berufsfeldern schrittweise einzuführen,
– Lehrgänge im 10. Schulbesuchsjahr (berufsbefähigende Lehrgänge) einzurichten sowie im 11. Schulbesuchsjahr für Jugendliche ohne Ausbildungs- oder Arbeitsverhältnis die Möglichkeit anzubieten, einen Berufsgrundbildungsjahr-Abschluß zu erwerben,
– für berufsfeldentschiedene Gymnasialschüler ein besonderes berufsfeldbezogenes Profil darzustellen" (SENATOR . . . 1978 a, S. 45).
Mit dieser – gemessen an der Integrationsproblematik – beschränkten Planungsreichweite versucht die Oberstufenzentren-Planung sich weitgehend der bildungstheoretischen Kritik zu entziehen und beschränkt sich hauptsächlich auf Organisationsmodelle. Soweit erkennbar, hat diese fehlende Klärung bildungstheoretischer Prämissen fatale Konsequenzen für die beginnende curriculare Planung, die unter erheblichem Kriteriendefizit leidet oder sich unumwunden an die Vorgaben der Ausschüsse oder Kommissionen der Kultusministerkonferenz anlehnt (SENATOR . . . 1978 a, S. 76). Der Begriff „Integration" wird in den offiziellen Dokumenten bewußt vermieden. Es ist allenfalls noch von „langfristig" und „schrittweise" angelegter „Abstimmung" und „Verzahnung" die Rede: „Das erklärte langfristige Ziel der Schulpolitik des Senats ist es, die Trennung der verschiedenen Bildungsgänge der Sekundarstufe II schrittweise abzubauen, um ihre curriculare Abstimmung und Verzahnung zu

erreichen und die Gleichwertigkeit von allgemeiner und beruflicher Bildung herzustellen" (REGIERENDER BÜRGER-MEISTER ... 1975, S. 4). Die benannte „Gleichwertigkeit" ist dabei hauptsächlich zu verstehen als Anrechenbarkeit auf verschiedene Abschlüsse. Es sollen mehr theoretische Anteile in die „berufsbildenden" Zweige und mehr praxisbezogene Anteile in die studienbefähigenden Zweige eingebracht werden.

Mit zunehmender Konkretisierung wird deutlich, daß es sich bei der Oberstufenzentren-Planung vor allem um ein Bau-Programm zur Bewältigung des Anfang der 80er Jahre drohenden „Schülerbergs" handelt. Auslöser der Planungsbemühungen im Sekundarbereich II ist vor allem das sichere Ansteigen der Schülerzahlen. Die Zahl der Jugendlichen zwischen 16 und 19 Jahren in Berlin (West) steigt von 1975 (58 669) bis 1982 (80 811) um 22 142. Der Bau der Oberstufenzentren soll die hierzu dringend benötigten Schülerplätze schaffen. Im Zusammenhang mit diesem Bau-Programm soll dann auch eine Verbesserung der beruflichen Bildung stattfinden. „Mit dem Bau von insgesamt 27 berufsfeldbezogenen Oberstufenzentren [...] will Berlin sozusagen zwei Fliegen mit einer Klappe schlagen: Einmal gilt es, die berufliche Ausbildung der Jugendlichen qualitativ zu verbessern, zum anderen ist es erforderlich, das Problem der geburtenstarken Schülerjahrgänge zu lösen" (SENATOR ... 1978 b, S. 3).

Effekte der „Annäherung" und „Verzahnung" sind dabei durchaus beschränkt. Auch die verschiedenen Bildungsgänge innerhalb der OSZ sind deutlich differenziert:
- Das Berufsgrundbildungsjahr, das eine Schlüsselrolle bei der Reform der Sekundarstufe II spielen müßte (vgl. EHRKE u. a. 1978, S. 117), wird nur – in getrennten Angeboten – im Berufsfeld Wirtschaft und Verwaltung, für Schüler der gymnasialen Oberstufe an Oberstufenzentren und als Angebot für Jugendliche ohne Arbeits- und Ausbildungsverhältnis als Vollzeitschuljahr eingeführt.
- „Berufsbefähigende Lehrgänge" dienen zur Ableistung der in Berlin (West) eingeführten Schulpflicht für ein zehntes Vollzeitschuljahr.
- Die gymnasiale Oberstufe an OSZ bietet lediglich eine Verbindung zu berufsfeldbezogenen Inhalten; der Abschluß wird der Erwerb der allgemeinen Hochschulreife (Abitur) sein.

Dieses *additive Modell* unterwirft die Bildungsgänge der Sekundarstufe II den traditionellen Kriterien. Statt einer neuen didaktischen Konzeption aller Lernprozesse der Sekundarstufe II, die sich etwa an der Forderung nach Berufsausbildung für alle Jugendlichen orientieren könnte, werden die unterschiedlichen Zielsetzungen bisheriger Bildungsgänge beibehalten. Studienberechtigung einerseits, Facharbeiterprüfung andererseits sind die Fixpunkte, an denen sich die Abschlüsse orientieren.

Die Einschätzung des vorliegenden „Integrationskonzeptes" muß deshalb widersprüchlich ausfallen. Zum einen schafft es, gemessen an der bisherigen Situation in der beruflichen Bildung, durchaus zu nutzende Vorteile. Zum anderen kann aber seine Beschränktheit auf Teilintegrationsansätze dazu führen, daß die Oberstufenzentren unter anderer Bezeichnung die Auslese des dreigliedrigen Schulsystems organisatorisch und curricular fortschreiben.

EHRKE, M. u. a.: Oberstufenzentren in Berlin (West) – Ein wirksamer Schritt zur Berufsbildungsreform? In: D. Dt. Ber.- u. Fachs. 74 (1978), S. 111 ff. REGIERENDER BÜRGERMEISTER VON BERLIN. SENATSKANZLEI/PLANUNGSLEITSTELLE: Abschlußbericht Sekundarstufe II (Oberstufenzentren), Berlin 1975. SENATOR FÜR SCHULWESEN: Schulentwicklungsplan III für das Land Berlin 1978–1982, Berlin 1978 a. SENATOR FÜR SCHULWESEN: Berufsfeldbezogene Oberstufenzentren, Berlin 1978 b.

Peter Faulstich

Polyvalenz (Lerninhalte)

Die Sekundarstufe II ist durch eine Vielfalt von Bildungsgängen gekennzeichnet, deren Differenzierung durch unterschiedliche Eingangsvoraussetzungen und Bildungsziele begründet ist. Die Lerninhalte dieser Bildungsgänge werden in der Regel in Kommissionen festgelegt, die untereinander keine Kontakte haben und nur indirekt über ihren Bezug auf Fachwissenschaften, Fachdidaktiken oder Kunstlehren zu gleichen oder ähnlichen Festlegungen kommen. Übereinstimmungen eingeführter Lerninhalte werden durch Deckungsanalysen ermittelt und in der Bildungsgangplanung verstärkt, wenn die Vereinheitlichung eines Bildungsbereichs geplant ist. Für die Neustrukturierung von Bildungsgängen sind darüber hinaus Ergebnisse von Substitutionsanalysen und Qualifikationsanalysen von Bedeutung.

Polyvalenz von Lerninhalten setzt deren Identität auf der Ebene der Lehr- und Lernplanung in Ausbildungs- und Prüfungsordnungen, Rahmenrichtlinien und curricularen Handreichungen voraus, jedoch ist sie erst dann realisiert, wenn sie auch in den Bildungsgängen und ihren Abschlüssen ausgewiesen und anerkannt ist: „Polyvalenz liegt vor, wenn Teile von Bildungsgängen (Kurse) in anderen Bildungsgängen einsetzbar sind. Die Polyvalenz spielt dann eine Rolle, wenn der Lernende unter Anrechnung bestimmter bereits erbrachter Lernleistungen in einen anderen Bildungsgang wechseln oder mit dem Fachabschluß einen weiterführenden Bildungsgang oder Studiengang aufnehmen will, der nicht unmittelbar die Fortsetzung des durchlaufenen Bildungsganges darstellt" (PETRY 1974, S. A 71).

Berufliches Schulwesen. Markantes Beispiel für die Identifikation und Konstruktion polyvalenter Lerninhalte bisher differenzierter Bildungsgänge ist die Einführung der Stufenausbildung, durch die für größere Gruppen von Industrieberufen alle Lerninhalte des ersten, für kleinere Berufsgruppen auch des zweiten Ausbildungsjahres polyvalent gemacht wurden, und die schulische Berufsgrundbildung, durch die für Gruppen von gewerblichen Berufen der Industrie und des Handwerks alle Lerninhalte des ersten Bildungsjahres polyvalent gestaltet werden konnten.

Eine Verknüpfung berufsqualifizierender und studienbezogener Lerninhalte durch den Ausweis von Polyvalenzen findet im traditionellen Schulsystem in genau dem Bereich nicht statt, der dazu didaktisch prädestiniert erscheint: in den weiterführenden beruflichen Schulen. Zwar wurden in Berufsaufbauschulen und Fachoberschulen zum Teil unterschiedliche berufliche und schulische Eingangsqualifikationen äquivalent gesetzt, jedoch vermitteln die Bildungsgänge in ihren Teilen und in ihrer Gesamtheit ausschließlich weiterführende schulische Berechtigungen. Die in Lehrplänen und Stundentafeln sichtbar werdende Anknüpfung an berufliche Lerninhalte (Praktika, typenspezifische Fächer) bleibt didaktisch folgenlos (vgl. ASENDORF-KRINGS u. a. 1975, S. 110 ff.) und führt nicht zu einer formal ausgewiesenen beruflichen (Höher-)Qualifizierung. Eine Ausnahme im Bereich der weiterführenden beruflichen Schulen bilden die Bildungsgänge der Berufsfachschulen, soweit sie eine schulische Berechtigung (die Fachoberschulreife) mit der beruflichen Teilqualifikation des Berufsgrundbildungsjahres verbinden; jedoch werden hier nicht bestimmte Lerninhalte (Kurse) als polyvalent in bezug auf die beruflichen und schulischen Abschlußqualifikationen bewertet, sondern es werden generelle formale Bedingungen für die Zuerkennung der schulischen Berechtigung festgeschrieben.

Integrierte Sekundarstufe II. Der Ausweis polyvalenter Lerninhalte wird faktisch erst dort relevant, wo nicht nur we-

nige Bildungsgänge und Abschlüsse verknüpft werden sollen, sondern wo ein umfassendes System von Bildungsgängen insgesamt neu strukturiert und für individuelle Bildungsgangwahlen, Bildungsgangkombinationen und auch Bildungsgangwechsel geöffnet werden soll. Trotz der Vielzahl der im Rahmen schulorganisatorischer Möglichkeiten gegebenen individuellen Bildungsgangwahlen in der *gymnasialen Oberstufe* ist der Ausweis polyvalenter Lerninhalte in diesem System überflüssig, da alle Bildungsgänge in *eine* Berechtigung, die allgemeine Hochschulreife, münden. Die Vielfalt der Lerninhalte wird hier über Äquivalenzen strukturiert. Konsequent spricht die Vereinbarung der Kultusministerkonferenz zur Neugestaltung der gymnasialen Oberstufe in der Sekundarstufe II nur dort von Polyvalenz, wo sie die Öffnung zum beruflichen Schulwesen in der Sekundarstufe II andeuten will: „Gleichzeitig schafft das Kurssystem bessere Möglichkeiten, die curriculare und organisatorische Abstimmung sogenannter allgemeinbildender und berufsbezogener Bildungsgänge durch gegenseitig anerkennbare ,polyvalente' Kurse zu erreichen" (Ständige Konferenz der Kultusminister der Länder in der Bundesrepublik Deutschland – KMK – 1972, S. 17). Das Kriterium der Polyvalenz von Lerninhalten gewinnt also dort curriculare und bildungsplanerische Bedeutung, wo das umfassende System der beruflichen Bildung mit dem der studienbezogenen Bildung verknüpft wird: in der *integrierten Sekundarstufe II*.
Obwohl Deckungsanalysen beruflicher und studienbezogener Lerninhalte Identitäten in den Bezeichnungen der Lerninhalte in den Ausbildungsordnungen und Rahmenrichtlinien aufweisen, ist dadurch die Polyvalenz auch curricular nur in material-stofflicher Hinsicht angezeigt. Um Lerninhalte in ihrem didaktischen Kontext polyvalent in bezug auf studienbezogene und berufsqualifizie-

rende Abschlüsse zu machen, bedarf es eines gemeinsamen didaktischen Kriteriums, der wissenschaftspropädeutischen Auslegung der Lerninhalte. Aus der Sicht fachdidaktischer Transformationen der Wissenschaften in Lerninhalte studienbezogener Bildungsgänge erfordert das Kriterium der *Wissenschaftspropädeutik* über die Vermittlung von Methoden und Ergebnissen der Einzelwissenschaften hinaus die aktive und reflexive Aufarbeitung ihrer politischen und ökonomischen Verwertung in den spezialisierten Bereichen gesellschaftlicher Arbeit. Damit ist der Bezugspunkt zur Berufsqualifikation in zweifacher Hinsicht benannt: Die tradierten Unterrichtsfächer gymnasialer Bildungsgänge müssen ihre fachspezifischen Inhalte jeweils auf die Einübung und wissenschaftliche Reflexion spezialisierter Arbeit auslegen, wenn die Konstruktion polyvalenter, berufliche Qualifizierung einschließender Lerninhalte curricular gelingen soll. Zugleich müssen berufsorientierte Lerninhalte, die zwar traditionell nicht zur Studienqualifizierung herangezogen wurden, die aber über die Äquivalenzkriterien der gymnasialen Oberstufe (Zuordnung zu Aufgabenfeldern) einbezogen werden können – insbesondere die Technologien –, wissenschaftspropädeutisch ausgelegt werden, wenn sie – polyvalent – auch auf Studien vorbereiten sollen (vgl. KULTUSMINISTER ... 1972, S. 25 ff.). Erst eine solche curriculare Planung schafft die Voraussetzung zur formalen Anerkennung der über polyvalente Lerninhalte zu erwerbenden Berechtigungen.
In dieser Auslegung sichern polyvalente Lerninhalte, die auch aus Gründen der organisatorischen Bewältigung in verrechenbare Einheiten (Bausteine, Kurse) zusammengefaßt sein müssen, die vertikale Durchlässigkeit in der integrierten Sekundarstufe II. Demgegenüber wird die horizontale Durchlässigkeit durch polyvalente Lerninhalte im Lernbereich „Obligatorik", der gemeinsame humane

und gesellschaftlich-politische Kompetenzen vermittelt, und in Kursen auf Berufsfeld- oder Schwerpunktbreite ermöglicht.

ASENDORF-KRINGS, I. u. a.: Reform ohne Ziel? Zur Funktion weiterführender beruflicher Schulen, Frankfurt/Köln 1975. KMK: Vereinbarung zur Neugestaltung der gymnasialen Oberstufe in der Sekundarstufe II. Beschluß vom 7. 7. 1972, Neuwied 1972. KULTUSMINISTER NORDRHEIN-WESTFALEN: Kollegstufe NW. Strukturförderung im Bildungswesen des Landes Nordrhein-Westfalen, Heft 17, Ratingen/Kastellaun/Düsseldorf 1972. PETRY, L.: Zum Aufbau eines Qualifikationssystems in der Sekundarstufe II. In: DEUTSCHER BILDUNGSRAT: Zur Neuordnung der Sekundarstufe II. Konzept für eine Verbindung von allgemeinem und beruflichem Lernen. Empfehlungen der Bildungskommission, Bonn 1974, S. A 66 ff.

Barbara Schenk

Problemgruppen (Beschäftigungssystem)

Definition. Die Bezeichnung „Problemgruppen im Beschäftigungssystem" orientiert sich an gesellschafts- und sozialpolitischen Zielvorstellungen von Gerechtigkeit und Chancengleichheit, von der freien Wahl des Berufs und der Arbeitsstätte und dem Recht auf freie Entfaltung der Persönlichkeit. Die Erfüllung dieser Grundrechte ist nicht für alle Erwerbstätigen in gleichem Maße gegeben. Die Ursachen dafür liegen zunächst im Beschäftigungssystem selbst, das qualitativ sehr unterschiedliche Arten von Arbeitsplätzen bereitstellt und das bei der Rekrutierung (Einstellung und Entlassung) von Arbeitskräften in erster Linie nach betriebswirtschaftlichen Rentabilitätskalkülen und nicht nach sozialpolitischen Grundsätzen handelt. Die Selektionsprozesse, die bei der Besetzung von Arbeitsplätzen und bei der Freisetzung von Arbeitskräften ablaufen, orientieren sich an personenbezogenen Merkmalen der Erwerbstätigen. Arbeitskräfte mit eingeschränkter Leistungsfähigkeit, unzureichender Ausbildung, gesundheitlichen Handicaps oder auch Farbige und Ausländer haben häufig gegenüber dem Durchschnitt der Erwerbsbevölkerung verminderte Chancen im Erwerbsleben. Dies bedeutet für die Betroffenen: Sie erzielen in der Regel ein geringeres Einkommen, arbeiten an Arbeitsplätzen mit schlechteren Arbeitsbedingungen (im weitesten Sinne), sind häufiger von Entlassungen und Arbeitslosigkeit bedroht und weisen insgesamt eine schlechtere sozial- oder tarifrechtliche Absicherung auf.

Auf dem Arbeitsmarkt der Bundesrepublik Deutschland zählen nach allgemeinem Verständnis folgende Personenkreise beziehungsweise Teile von ihnen zu den so definierten Problemgruppen: Ältere, Behinderte, ungelernte Arbeitskräfte, Ausländer und Frauen.

Jugendliche Arbeitskräfte zählten bislang nicht dazu, doch hat sich im Gefolge der Rezession 1974/75 und der anhaltenden Ausbildungsprobleme die diesbezügliche Einschätzung gewandelt. Bestimmte Gruppen unter den Jugendlichen sind bei der derzeitigen und sich in mittlerer Sicht wenig verändernden Arbeits- und Ausbildungsmarktlage durchaus als Problemgruppen zu betrachten, weil einem beträchtlichen Teil von ihnen die erforderlichen Qualifizierungs- und dauerhaften beruflichen Eingliederungschancen vorenthalten werden. Es sind dies: behinderte Jugendliche, Abgänger von Sonderschulen für Lernbehinderte, Jugendliche ohne Hauptschulabschluß, Jugendliche ohne abgeschlossene Berufsausbildung und schließlich ausländische Jugendliche sowie – zum Teil – Mädchen.

Die folgende Darstellung beschränkt sich auf diese Personenkreise, obwohl noch weitere genannt werden können wie Jugendliche aus strukturschwachen Gebieten, Kinder von Spätaussiedlern und jugendliche Strafgefangene, die jeweils noch speziellen Benachteiligungen und Diskriminierungen ausgesetzt sind. Andererseits gibt es natürlich Überschneidungen zwischen den genannten Gruppen, und bei einer zu extensiven Definition läuft man Gefahr, schließlich alle Jugendlichen aufgrund der Zugehörigkeit zu einem dieser Personenkreise zu Problemgruppen „abzustempeln". Meist ergibt nämlich erst die Kombination von mehreren der aufgeführten Merkmale eine Problemkonstellation, die den einzelnen zum Problemfall werden lassen.

Behinderte Jugendliche. Hierunter sind im strengen Sinne nur solche Jugendliche zu fassen, die eine körperliche, geistige oder seelische Behinderung aufweisen. Von den Kindern und Jugendlichen unter 16 Jahren zählen rund 2 bis 3 % zu diesem Personenkreis. Ihre Ausbildungs- und Erwerbschancen sind einerseits durch immer noch unzureichende Schul- und Berufsausbildungsmöglichkeiten vermindert, andererseits aber vor allem durch die soziale Diskriminierung und Stigmatisierung. Die schulische Situation und die Berufsausbildungsmöglichkeiten für diesen Personenkreis sind in der Vergangenheit zwar erheblich verbessert worden durch eine vermehrte Anzahl an entsprechenden Sonderschulen und Berufsbildungswerken sowie Werkstätten für Behinderte, doch können all diese Einrichtungen ebensowenig wie das Schwerbehindertengesetz, das für alle Betriebe eine bestimmte Mindestzahl an Pflichtarbeitsplätzen für Behinderte vorschreibt, verhindern, daß in Krisenzeiten Behinderte ein erhöhtes Arbeitsmarktrisiko zu tragen haben und

sich ihre Ausbildungschancen vermindern.

Abgänger von Sonderschulen für Lernbehinderte. Deutlich zu trennen von der Gruppe der Behinderten sind Jugendliche, die aufgrund von nur vorübergehenden Lern- oder Verhaltensstörungen oder sonstigen Lernbeeinträchtigungen eine Sonderschule für Lernbehinderte besucht haben. Dies ist besonders zu betonen, da gerade in Krisenzeiten des Arbeitsmarktes diese Gruppe von Jugendlichen häufig mit zu den Behinderten gerechnet wird – sei es wegen der für Behinderte vielfältigeren finanziellen Förderungsmöglichkeiten, oder sei es wegen der im § 48 des Berufsbildungsgesetzes (BBiG) vorgesehenen Möglichkeit, für Behinderte Sonderausbildungsregelungen (meist von kürzerer Dauer und mit geringeren theoretischen Anforderungen) erlassen zu können. Die Zuordnung der Sonderschüler zu den Behinderten hat für die Betroffenen, längerfristig gesehen, jedoch häufig auch Nachteile, weil ihnen hierdurch zumeist eine schlechtere Ausbildung und geringere Förderung als eigentlich erforderlich zukommt.

Pro Jahr verlassen etwa 40 000 bis 50 000 Jugendliche die Sonderschulen für Lernbehinderte (abhängig von der jeweiligen Jahrgangsstärke). In Zeiten der Hochkonjunktur erhielt ein erheblicher Teil von ihnen einen Ausbildungsplatz im dualen System. Mit dem seit 1973 zunehmenden Ausbildungsplatzmangel wurden die Aussichten der Sonderschüler auf eine berufliche Ausbildung zusehends geringer, so daß beispielsweise 1977 nur noch 20 % dieses Personenkreises einen Ausbildungsplatz im dualen System erhielten.

Jugendliche ohne Hauptschulabschluß. Fließend sind die Abgrenzungen zwischen den Abgängern von Sonderschulen für Lernbehinderte und den Hauptschulabgängern ohne Abschluß. Dieser

Personenkreis setzt sich zusammen einerseits aus Jugendlichen, die aufgrund ihrer Lernbehinderungen eigentlich in eine Sonderschule gehört hätten, sowie andererseits aus durchaus normal oder sogar überdurchschnittlich begabten Jugendlichen, die aufgrund unterschiedlichster persönlicher oder familiärer Verhältnisse in ihrem schulischen Leistungsniveau beeinträchtigt sind.

Männliche Jugendliche sind in der Gruppe der Hauptschulabgänger ohne Abschluß relativ häufiger vertreten als Mädchen; einen wachsenden Anteil in dieser Gruppe stellen die ausländischen Jugendlichen, von denen nur etwa 40 % den Hauptschulabschluß erwerben.

Da auf einem angespannten Arbeits- und Ausbildungsstellenmarkt mehr als zu anderen Zeiten die schulische Vorbildung der Bewerber als eines der wichtigsten Selektionskriterien gilt, gehen die Jugendlichen ohne Hauptschulabschluß bei dem Wettbewerb um Arbeits- und insbesondere um Ausbildungsstellen häufig leer aus. Dies betrifft insbesondere die Berufsanfänger. Der Anteil der Jugendlichen ohne Hauptschulabschluß unter den Arbeitslosen unter 20 Jahren insgesamt beträgt rund 30 %, bei den 15jährigen 57 %.

Obwohl der Hauptschulabschluß mit zunehmendem Alter und Berufserfahrung als Selektionskriterium bei der Arbeitslosigkeit an Bedeutung verliert, läßt sich dennoch nachweisen, daß auch im späteren Berufsleben Erwerbstätige ohne Hauptschul-(Volksschul-)Abschluß Arbeitsplätze mit geringerem Anforderungsniveau, ungünstigeren Arbeitsbedingungen und schlechterer Bezahlung einnehmen.

Jugendliche ohne abgeschlossene Berufsausbildung. Die Gruppe der Jugendlichen, die ohne eine (abgeschlossene) Berufsausbildung ins Erwerbsleben eintreten, setzt sich zu einem erheblichen Anteil (mehr als 50 %) aus den zuvor genannten Gruppen zusammen. Allerdings sind Mädchen in dieser Gruppe mit rund 60 % wesentlich stärker vertreten, als es ihrem Anteil am Altersjahrgang entspricht.

Die Gründe für die Nichtaufnahme einer Berufsausbildung reichen vom Mangel an geeigneten Ausbildungsplätzen über fehlende schulische Voraussetzungen oder mangelnde Motivation bis hin zu finanziellen Gründen oder bestimmten tradierten Rollenvorstellungen von der gesellschaftlichen Aufgabe der Frau. Die beruflichen Möglichkeiten für ungelernte Jugendliche sind jedoch gering und auf Wirtschaftszweige beschränkt wie insbesondere den Textil- und Hauswirtschaftsbereich für weibliche Jugendliche und den Bereich der metallverarbeitenden Industrie sowie das Lager- und Baugewerbe für männliche Jugendliche. Dabei handelt es sich häufig um konjunkturanfällige und in Krisenzeiten auch „rationalisierungsanfällige" Arbeitsplätze, so daß die betroffenen Jugendlichen ein erhöhtes Arbeitsmarktrisiko zu tragen haben. Ihr Anteil an den Arbeitslosen unter 20 Jahren beträgt somit auch rund 70 %.

Mädchen im Beschäftigungssystem. Weibliche Jugendliche sind – obwohl der größte Teil von ihnen keine Defizite in der schulischen Vorbildung aufweist – in mehrfacher Hinsicht auf dem Arbeits- und Ausbildungsstellenmarkt benachteiligt. Als Schulabgängern steht ihnen ein vergleichsweise geringes und vor allem in berufsfachlicher und qualitativer Hinsicht begrenztes Ausbildungsangebot gegenüber. Verkaufs-, Hauswirtschafts- und Körperpflegeberufe, Büro- und Heilhilfsberufe sind nach wie vor die typischen „Frauenberufe", in denen rund 80 % aller weiblichen Jugendlichen ausgebildet werden. In strukturschwachen Regionen mit sehr einseitiger Wirtschaftsstruktur ist insbesondere für Mädchen das Ausbildungsstellenangebot bei weitem nicht ausreichend.

Insgesamt betrachtet hat sich seit Anfang der 70er Jahre die Ausbildungsbereitschaft der weiblichen Jugendlichen beträchtlich erhöht, und die früher weit verbreitete Vorstellung, ein Mädchen brauche keine Berufsausbildung, kann nach neueren Untersuchungen nicht mehr als die vorherrschende Orientierung der weiblichen Jugendlichen oder ihrer Eltern angesehen werden. Die Tatsache, daß dennoch Mädchen häufiger ohne eine berufliche Ausbildung bleiben als Jungen, beruht vor allem auf den genannten restriktiven Bedingungen des Ausbildungsstellenmarktes.

Aber auch mit einer abgeschlossenen Berufsausbildung sind weibliche Jugendliche höheren Arbeitsmarktrisiken ausgesetzt als männliche. Da ein erheblicher Anteil von ihnen in sehr ausbildungsintensiven Wirtschaftsbereichen und Branchen ausgebildet wurde (Handel, Dienstleistungshandwerke), in denen qualifizierter Nachwuchs weit über den Bedarf hinaus produziert wird, sind sie häufig gezwungen, nach Ausbildungsabschluß den Betrieb, den Beruf und die Branche zu wechseln und als ungelernte Arbeitskräfte in der Industrie zu arbeiten. Als Ungelernte teilen sie hier das Arbeitsmarktrisiko dieser Gruppe, insbesondere in Krisenzeiten.

Ausländer im Beschäftigungssystem. Unter den Jugendlichen eine relativ neue Problemgruppe bilden die Kinder der ausländischen Arbeitnehmer in der Bundesrepublik Deutschland, die sogenannte „zweite Generation". Ihre Benachteiligung beruht sowohl auf ihrer rechtlichen wie auf ihrer faktischen Unterprivilegierung und Diskriminierung im Ausbildungs- und Beschäftigungssystem. Die Erteilung einer Arbeitserlaubnis für ausländische Jugendliche, die nicht aus EG-Mitgliedsstaaten kommen, ist abhängig von dem arbeitsrechtlichen Status der Eltern und der eigenen Aufenthaltsdauer (die „Stichtagsregelung" wurde 1979 durch Wartefristen ersetzt) sowie – nach § 19 des Arbeitsförde-

rungsgesetzes – der Lage und Entwicklung des Arbeitsmarktes, auf dem zunächst bei ausreichendem Bewerberangebot deutsche Arbeitskräfte Vorrang genießen. Ein weiteres Handicap, insbesondere bei der Aufnahme einer Berufsausbildung, stellt für die ausländischen Jugendlichen die schulische Situation dar. Selbst von jenen, die ganz oder teilweise das deutsche Schulsystem durchlaufen haben, bleiben rund 60 % ohne Hauptschulabschluß. Derzeit erhält nur rund ein Drittel der ausländischen Jugendlichen eine – wie auch immer geartete – berufliche Ausbildung. Selbst der obligatorischen Berufsschulpflicht kommen höchstens 40 % nach.

Das Ausländerproblem wird die Bildungs- und Beschäftigungspolitik noch bis weit in die 80er Jahre hinein beschäftigen, da sich die Zahl der ins ausbildungs- und erwerbsfähige Alter kommenden Jugendlichen dann von derzeit 40 000 bis 50 000 auf 80 000 bis 90 000 erhöhen wird.

Gesetzliche Möglichkeiten des Schutzes und der Förderung von Problemgruppen des Arbeitsmarktes. Es gibt vielfältige Ansätze und rechtliche Möglichkeiten, um die Lage von Problemgruppen des Arbeitsmarktes zu verbessern. Das Arbeitsförderungsgesetz mit seinem differenzierten arbeitsmarktpolitischen Instrumentarium ist die wichtigste gesetzliche Grundlage hierfür. Durch finanzielle Förderung der beruflichen Ausbildung, Fortbildung und Umschulung sowie die Teilnahme an berufsvorbereitenden Maßnahmen soll insbesondere den jugendlichen Problemgruppen die berufliche Qualifizierung und Eingliederung ins Beschäftigungssystem erleichtert werden.

In diversen Sonderprogrammen haben auch Bund und Länder seit 1974 zusätzliche Förderungsmöglichkeiten geschaffen. Dies betrifft insbesondere die Finanzierung zusätzlicher Ausbildungsplätze für Problemgruppen. Auch im

Bereich der Schulen werden Anstrengungen unternommen, um Jugendlichen das Aufholen schulischer Defizite zu ermöglichen (10. Hauptschuljahr; Berufsvorbereitungsjahr; Sonderformen des Berufsgrundschuljahres; sonstige Möglichkeiten, den Hauptschulabschluß nachzuholen). Relativ wenige Ansätze und auch kaum gesetzliche Möglichkeiten gibt es, das Ausbildungsangebot in qualitativer Hinsicht zu steuern, um Jugendlichen nicht nur irgendeine, sondern eine qualifizierte Ausbildung in Berufen mit breiten Verwertungsmöglichkeiten zuteil werden zu lassen. Dies betrifft wiederum insbesondere die Berufsausbildung von Mädchen, für die – mit Ausnahme einiger weniger Modellversuche zur Ausbildung in gewerblich-technischen Berufen – wenig zur Verbesserung ihrer Ausbildungschancen getan wird.

Abschließend sei jedoch noch darauf hingewiesen, daß durch eine qualifizierte Ausbildung auch für benachteiligte Gruppen unter den Jugendlichen noch nicht die Ungleichheiten und Benachteiligungen im Beschäftigungssystem aufgehoben sind. Selbst wenn alle Arbeitskräfte gleich leistungstüchtig und qualifiziert wären, würden sich andere Selektionsmechanismen bei der Zuweisung zu den ungleichen Arbeitsplätzen herausbilden. Ohne eine begleitende Arbeitsplatzpolitik, die sich bemüht, diese Unterschiede zu beheben, und den Versuch, Vorurteile und Diskriminierungen gegenüber Lernbehinderten, Ausländern, Frauen und anderen Problemgruppen abzubauen, wird es immer benachteiligte Gruppen im Beschäftigungssystem geben.

INSTITUT FÜR ARBEITSMARKT- UND BERUFSFORSCHUNG (Hg.): Jugendliche beim Übergang in Ausbildung und Beruf, Nürnberg 1980. MÜNCH, J. u. a.: Jugendliche ohne Ausbildungsvertrag. Bericht der Wissenschaftlichen Kommission. Arbeit und Beruf, Bd. 24, Düsseldorf 1979. SCHWEIKERT, K.: Fehlstart ins Berufsleben, Hannover 1979.

Karen Schober

Prüfungswesen

Terminologie. Aus der Sicht der pädagogischen Diagnostik bezieht sich der Terminus „Prüfung" auf typische Strategien der Informationssammlung und -verarbeitung im Rahmen *institutioneller Personalentscheidungen*. In künstlich hergestellten Situationen werden dabei nach häufig durch Rechtsnormen festgelegten Verfahren Reaktionen des Prüfungsteilnehmers provoziert und die dabei gewonnenen Informationen – insbesondere über Leistungsmerkmale – zu einer Entscheidung verarbeitet, die eine Berechtigung beinhaltet. In diesem Sinne unterscheiden sich Prüfungen etwa von Beurteilungen in natürlichen Situationen und Leistungsmessungen als Lerndiagnosen. In der Sekundarstufe II

stehen die beruflichen Prüfungen im Vordergrund, das heißt Prüfungen, die sich auf berufliche Inhalte beziehen, Berechtigungen im Zusammenhang mit der Berufsausbildung und -ausübung vermitteln und organisatorisch dem Berufsbildungssystem zuzuordnen sind. Sie grenzen sich damit von allgemeinen Prüfungen (Abitur) und „Freizeitprüfungen" (Segelschein) ab. Berufliche Prüfungen stellen die bevorzugten Steuerungsinstrumente dar, um die Zulassung zu einer Berufsausübung zu kontrollieren (vgl. PIETZKER 1975, S. 17 ff.).

Es lassen sich mehrere Möglichkeiten denken, um die Vielzahl unterschiedlicher beruflicher Prüfungen zu klassifizieren, etwa nach dem Prüfungsinhalt (das heißt nach Ausbildungsbereichen,

Berufsgruppen, Berufen), der rechtlichen Grundlage (Berufsbildungsgesetz – BBiG – wie bei Abschlußprüfungen, Länderregelungen wie bei Prüfungen in beruflichen Vollzeitschulen), den Zuständigkeiten, der zu vergebenden Berechtigung, dem Stellenwert im Rahmen von Laufbahnsystemen (bei Laufbahnprüfungen im öffentlichen Dienst), der Bildungsstufe (berufliche Erstausbildung – Fortbildung), der Stellung im Ausbildungsgang (Eingangs-, Zwischen-, Abschlußprüfungen) sowie den Prüfungsverfahren (schriftlich, mündlich). Die Gesamtheit dieser beruflichen Prüfungen bildet das „berufliche Prüfungswesen". Von größerer theoretischer und praktischer Fruchtbarkeit erscheint es jedoch, hier den Systembegriff einzuführen (vgl. REISSE 1977) und vom „Gesamtsystem beruflicher Prüfungen" zu sprechen, das alle speziellen beruflichen Prüfungssysteme, deren Interdependenzen sowie die Beziehungen zur Systemumwelt (allgemeines und berufliches Bildungssystem, Beschäftigungssystem) umfaßt.

Typische Merkmale beruflicher Prüfungen. Berufliche Prüfungen in der Sekundarstufe II (Hochschulprüfungen, die auch berufliche Prüfungen darstellen, werden hier nicht berücksichtigt) unterscheiden sich von nichtberuflichen Prüfungen wie etwa dem Abitur durch Merkmale, die besonders bei den Prüfungen auf der Rechtsgrundlage des BBiG deutlich werden: Zunächst ist auffallend, daß berufliche Prüfungen in vergleichsweise geringerem Maß etwa hinsichtlich ihrer Durchführung normiert sind. Damit im Zusammenhang steht die fehlende oder geringe Professionalisierung der Prüfer, das heißt, Prüfungen durchzuführen ist nicht eine ausgewiesene Aufgabe im Rahmen der Berufsausübung wie bei Lehrern in Prüferfunktionen, sondern, auch zeitlich gesehen, eher eine Nebentätigkeit. Weiter ist festzuhalten, daß an der Berufsaus-

übung orientierte praktische Leistungen häufig zentrale Prüfungsinhalte sind und generell berufliche Prüfungen einen höheren Spezialisierungsgrad aufweisen. Schließlich kann man annehmen, daß berufliche Prüfungen in ungleich größerem Umfang vom Beschäftigungssystem und von dessen Einfluß auf die Berufsbildung abhängig sind.

Zwischen „prüfungen" als Quasi-Prüfungen. Der Terminus „Prüfung" wird nicht immer einheitlich in dem oben genannten Sinn verwendet. Ein wichtiges Beispiel dafür sind die Zwischenprüfungen in der Berufsausbildung. Sie sind „zur Ermittlung des Ausbildungsstandes" durchzuführen (§ 42 BBiG), „um ggf. korrigierend auf die weitere Ausbildung einwirken zu können" (BUNDESAUSSCHUSS FÜR BERUFSBILDUNG 1972, S. 181). Da das Ergebnis nicht mit einer Berechtigung verbunden ist, handelt es sich nicht um Prüfungen nach dem oben bestimmten Prüfungsbegriff, sondern um pädagogisch orientierte Feststellungen des Leistungsstandes (Lerndiagnosen). Diese Verwechslung hat zu Formen der Zwischenprüfung geführt, die dieser pädagogischen Funktion nicht gerecht werden (zum Beispiel Beschränkung auf die Ermittlung von nur zwei oder drei Noten als undifferenziertes Ergebnis).

Abschlußprüfungen / Gesellenprüfungen (Facharbeiter-, Gehilfenprüfungen). Nach dem zahlenmäßigen Umfang und der Verwertbarkeit der damit verbundenen Berechtigung sind Abschlußprüfungen beziehungsweise Gesellenprüfungen (im Handwerk) die wichtigsten beruflichen Prüfungen in der Sekundarstufe II. An ihrem Beispiel sollen daher die rechtlichen Grundlagen und die Struktur einer beruflichen Prüfung aufgezeigt werden. Vereinfacht dargestellt wird – auf der Rechtsgrundlage von § 25, Abs. 2, Ziff. 5 BBiG – in den Prüfungsanforderungen der jeweiligen Ausbildungsordnungen einheitlich für jeden Ausbildungsberuf geregelt, *was* geprüft wird (materialer Aspekt), in den Prüfungsordnungen der zuständigen Stellen wird einheitlich für alle Ausbildungsberufe festgelegt, *wie* die Prüfungen im Zuständigkeitsbereich durchzuführen sind (formaler Aspekt). Einzelheiten der Durchführung sind jedoch auch berufsspezifisch bundeseinheitlich in Ausbildungsordnungen geregelt (zum Beispiel die Gewichtung von Prüfungsteilen und die Feststellung des Gesamtergebnisses der Prüfung). Die Prüfungsordnungen orientieren sich wiederum an Richtlinien, die der BUNDESAUSSCHUSS FÜR BERUFSBILDUNG (vgl. 1971) entsprechend einer Auflage nach § 41 BBiG beschlossen hat. Diese Richtlinien sehen folgende Struktur vor, die auch – mit Ausnahme der kaufmännisch-verwaltenden Berufe – bei den Abschlußprüfungen beziehungsweise Gesellenprüfungen im Handwerk realisiert wird.

Die Prüfung gliedert sich in eine Fertigkeitsprüfung und eine Kenntnisprüfung; die Fertigkeitsprüfung besteht aus Arbeitsproben und Prüfungsstücken, die Kenntnisprüfung ist in Prüfungsfächer unterteilt. Diese Struktur der Abschlußprüfung ist ein Spiegelbild des „dualen Systems" der Berufsausbildung. Damit wird auch deutlich, daß sich die Prüfung eher am vorhergehenden Ausbildungsprozeß als unmittelbar an den Anforderungen des Beschäftigungssystems orientiert. Aus dieser Struktur läßt sich jedoch nicht eine am dualen System ausgerichtete Gliederung des Prüfungsinhaltes und eine entsprechende Kompetenzaufteilung bei der Prüfung ableiten. Vielmehr ist der Prüfung insgesamt nach § 35 BBiG die für die betriebliche Ausbildung verbindliche Ausbildungsordnung zugrunde zu legen; der im Berufsschulunterricht vermittelte Lehrstoff ist Prüfungsgegenstand, soweit er für die Berufsausbildung wesentlich ist. Für die Durchführung sind paritätisch besetzte Prüfungs-

ausschüsse (Arbeitgeber, Arbeitnehmer, Berufsschullehrer) unter Aufsicht der zuständigen Stelle verantwortlich (vgl. § 37, Abs. 2 BBiG).

Vereinheitlichung und „programmierte" Prüfungen als Problembereich. Ähnlich wie beim Abitur werden auch bei beruflichen Prüfungen Vereinheitlichungstendenzen seit längerer Zeit immer deutlicher. Nach einer Vereinheitlichung im beruflichen Prüfungswesen durch das BBiG (vgl. LENNARTZ 1977) vollziehen sich hier solche Bestrebungen nicht auf der Regelungsebene (Normbücher), sondern auf der Ebene der zentralen Entwicklung und Auswertung von Prüfungen. Diskussionen haben sich hier hauptsächlich bei den schriftlichen Kenntnisprüfungen ergeben. Besonders in Massenberufen werden dabei „programmierte" Prüfungsaufgaben zentral bundeseinheitlich entwickelt und mit Hilfe von Aufgabenbänken zusammengestellt. Mit „programmiert" sind Aufgaben gemeint, bei denen die Beantwortung nicht frei erfolgt, sondern – etwa an Auswahlantworten – gebunden ist. Die einzelnen Prüfungsausschüsse sind „gehalten", solche überregional entwickelten Aufgaben zu übernehmen (vgl. BUNDESAUSSCHUSS FÜR BERUFSBILDUNG 1971, S. 633), wobei vorausgesetzt wird, daß diese auch von paritätisch zusammengesetzten Gremien erarbeitet wurden. Auseinandersetzungen haben sich hier an den Möglichkeiten und Grenzen dieser Aufgabenform entzündet, die bei richtiger Anwendung durchaus Vorteile bieten kann. Noch mehr ins Gewicht dürfte allerdings fallen, daß bei solchen bundeseinheitlichen Prüfungen länderspezifische Inhalte des Berufsschulunterrichts nicht mehr voll zum Tragen kommen können (vgl. REISSE 1978) und nicht zuletzt eine deutliche Funktionseinbuße, insbesondere im Hinblick auf den Status des Berufsschullehrers, erlebt wird. Im Hintergrund stehen hier Fragen wie die nach der notwendigen und realisierbaren Einheitlichkeit der Berufsausbildung, der Abstimmung zwischen den Lernorten Schule und Betrieb sowie der curricularen Steuerungsfunktion von Prüfungen.

Innovationen bei beruflichen Prüfungen. Innovationsstrategien ergeben sich hier aus dem erwähnten systemtheoretischen Modell, wobei eine Analyse der Funktionen beruflicher Prüfungen und die Festlegung von Gütekriterien wichtige Schritte darstellen. Änderungsbemühungen sollten sich nicht allein auf die Durchführungsebene (Prüfertraining), sondern auch auf die konzeptionelle Ebene (Verbesserung von Prüfungsregelungen) beziehen. Inhaltlich ließe sich hier eine Vielzahl von kritischen Punkten und von Verbesserungsansätzen aufzählen, auch wenn man eine relative Konstanz des Systems der beruflichen Bildung voraussetzt. So wäre etwa auf Bestrebungen zu verweisen, die Inhalte und Ziele, die den Prüfungen im einzelnen zugrunde liegen, an die zentralen Ziele einer zukunftsorientierten Ausbildung anzupassen; das heißt beispielsweise, eher Schlüsselqualifikationen als Faktenwissen und die passive Beherrschung der jeweiligen Fachsprache abzuprüfen sowie die überkommene Trennung der Prüfung von „Fertigkeiten" und „Kenntnissen" aufzuheben, die weder durch die Berufsausbildung noch durch die Berufspraxis zu rechtfertigen ist. Hinsichtlich der Prüfungsverfahren wären Verbesserungen unter anderem der mündlichen Prüfungen notwendig, auf die nicht verzichtet werden kann, wenn man die Verbalisierungsfähigkeit als wesentliches Ziel auch bei beruflichen Bildungsgängen ansieht. Weiter wäre zu untersuchen, ob es realisierbar ist, den beachtlichen Umfang der punktuellen beruflichen Prüfungen zu reduzieren, indem man andere Formen der Feststellung und Vergabe von Berechtigungen mitverwendet (Berücksichtigung vorliegender Informationen über Leistungen aus den Lernorten Schule und Betrieb) oder indem man die Funktion der Zeugnisse des Ausbildungsbetriebes (vgl. § 8 BBiG) und der Berufsschule als Zertifizierungsinstrumente aufwertet. Solche Überlegungen stoßen jedoch an systembedingte Grenzen – sie setzen unter anderem eine Änderung der gesetzlichen Grundlagen voraus.

BUNDESAUSSCHUSS FÜR BERUFSBILDUNG: Richtlinien für Prüfungsordnungen gemäß § 41 Berufsbildungsgesetz/§ 38 Handwerksordnung. In: Bundesarbbl. 22 (1971), S. 631 ff. BUNDESAUSSCHUSS FÜR BERUFSBILDUNG: Grundsätze für die Durchführung von Zwischenprüfungen. In: Bundesarbbl. 23 (1972), S. 181. LENNARTZ, D.: Zur Auswirkung der Berufsbildungsreform auf das Prüfungswesen. In: Berb. in W. u. Prax. 6 (1977), 4, S. 10 ff. PIETZKER, J.: Verfassungsrechtliche Anforderungen an die Ausgestaltung staatlicher Prüfungen, Berlin 1975. REISSE, W.: Prüfungen und lerndiagnostische Maßnahmen in der beruflichen Bildung – ein systemtechnischer Ansatz zu ihrer Verbesserung. In: Berb. in W. u. Prax. 6 (1977), 4, S. 5 ff. REISSE, W.: PAL-Prüfungen – ein Problem der Gültigkeit und/oder Vereinheitlichung beruflicher Prüfungen. In: D. berb. S. 30 (1978), S. 456 ff.

Wilfried Reisse

Qualifikation – Qualifikationsforschung

Begriffliche Grundlagen. Der Begriff „Qualifikation" bezieht sich zum einen auf die Gesamtheit der Qualifikationsanforderungen des Arbeitsplatzes, des Berufes oder des Arbeits- und Berufslebens, zum anderen auf die Gesamtheit der subjektiv-menschlichen Voraussetzungen oder Handlungspotentiale, die das Subjekt zur Bewältigung dieser Anforderungen besitzt oder benötigt.

Im Hinblick auf Art und Inhalt der Anforderungen wird in der Literatur insbesondere nach fachlichen und sozialen, politischen beziehungsweise gesellschaftlichen Qualifikationen sowie nach prozeßgebundenen und prozeßunabhängigen, funktionalen und innovatorischen Qualifikationen unterschieden. Während die fachlichen Qualifikationen die Gesamtheit der subjektiv-menschlichen Voraussetzungen oder Handlungspotentiale bezeichnen, die den Menschen zur Teilnahme am gesellschaftlich organisierten Arbeitsprozeß befähigen, versteht man unter den sozialen, politischen oder gesellschaftlichen Qualifikationen vor allem die Fähigkeit und Bereitschaft, vorhandene Qualifikationspotentiale unter den gegebenen gesellschaftlichen Bedingungen auch tatsächlich einzusetzen. Prozeßungebundene Qualifikationen sind gegenüber prozeßgebundenen dadurch gekennzeichnet, daß sie auf andere Arbeitsplätze und -bereiche transferiert werden können. Funktionale Qualifikationen beziehen sich auf die jeweils vorgegebene Organisation der Arbeit. Demgegenüber bezeichnen innovatorische Qualifikationen die Bereitschaft und Fähigkeit zur Gestaltung beziehungsweise Umgestaltung der Arbeitsbedingungen im Interesse einer Humanisierung der Industriearbeit und einer Demokratisierung betrieblicher Herrschaftsverhältnisse. Der erweiterte Qualifikationsbegriff schließt demnach die Fähigkeit der Arbeitenden ein, die Verwendungssituation der Qualifikationen mitzubestimmen.

Die Entwicklung der subjektiven Qualifikationsvoraussetzungen sowie die Entwicklung der Persönlichkeit im Prozeß der vorberuflichen und beruflichen Sozialisation sind in der Qualifikationsforschung bislang weitgehend vernachlässigt worden. Das erkenntnisleitende Interesse der Qualifikationsforschung orientierte sich vorrangig an der Zielsetzung, die beruflichen Anforderungen sowie den Qualifikations- und Fachkräftebedarf des Beschäftigungssystems zu analysieren und zu prognostizieren. Hierbei lassen sich folgende Ansätze und Konzepte unterscheiden:
- Analysen und Prognosen der Berufsstruktur,
- Leistungsgruppenanalysen,
- Arbeitsplatzanalysen,
- Flexibilitätsanalysen,
- Arbeitsmarktanalysen.

Analysen und Prognosen der Berufsstruktur. Aussagen über den Qualifikations- und Fachkräftebedarf des Beschäftigungssystems stützen sich häufig auf Analysen der Beschäftigten- und Berufsstruktur. Die Beschäftigtenstruktur erfaßt die Verteilung der Erwerbstätigen auf Wirtschaftszweige oder Branchen. Diese Daten werden vom STATISTISCHEN BUNDESAMT auf der Grundlage einer „Wirtschaftszweigsystematik" (vgl. 1961, 1970) erhoben. Demgegenüber spiegelt die Berufsstruktur die Verteilung der Beschäftigten auf Berufe und Berufsgruppen wider. Als Grundlage berufsstatistischer Erhebungen dient die vom STATISTISCHEN BUNDESAMT erstellte „Klassifizierung der Berufe" (vgl. 1970, 1975), die die Berufe nach Berufsbereichen, -abschnitten und -gruppen zusammenfaßt. Da die Berufsbezeichnungen nicht den qualitativen Wandel der Inhalte und Anforderungen beruflicher Tätigkeiten wiedergeben, sind Daten zur Berufsstruktur allenfalls ein grober Indikator für das quantitative Gewicht und für die relative Bedeutung einzelner Berufe oder Berufsgruppen; sie liefern jedoch keine Informationen über die Inhalte und Anforderungen beruflicher Tätigkeiten. Die Qualifikationsentwicklung kann deshalb nur auf der Basis zusätzlicher Annahmen über die Art und das Niveau beruflicher Anforderungen eingeschätzt werden.

Daten zur Berufsstruktur sind Grundlage von Prognosen und Projektionen des zukünftigen Arbeitskräfte- und Qualifikationsbedarfs. Dieser wird mit Hilfe geschätzter oder wünschenswerter Wachstumsraten und Produktivitätskennziffern errechnet. In der Regel werden diesen Berechnungen unter anderem die Annahmen zugrunde gelegt, daß

– sich der bisherige Trend auch in Zukunft fortsetzt (Kontinuitätsannahme),
– Ausbildung und Beruf eine eindeutige Beziehung bilden, daß also jeder Beruf eine ganz bestimmte Ausbildung voraussetzt und daß mit einer spezifischen Ausbildung nur ein ganz bestimmter Beruf ausgeübt werden kann (Limitationalitätsannahme) und
– der Bestand an Arbeits- und Fachkräften dem jeweiligen Bedarf entspricht (Optimalitäts- oder Gleichgewichtsannahme).

Angesichts dieser höchst unrealistischen Annahmen der Arbeitskräftebedarfsforschung sind die Prognosedaten entweder von zweifelhaftem Wert oder trivial. Präzise Kenntnisse der zukünftigen Entwicklung des Qualifikations- und Fachkräftebedarfs wären von großer Bedeutung für die Einschätzung der Probleme und der Zukunft der beruflichen Bildung sowie der Berufsbildungspolitik, wenngleich die Möglichkeiten staatlicher Eingriffe in die Ausbildungsplanung der Betriebe begrenzt, wenn nicht sogar unmöglich sind.

Wegen der Problematik berufsstruktureller Daten hat das Institut für Arbeitsmarkt- und Berufsforschung ein Tätigkeitsschwerpunktkonzept entwickelt. Danach werden neben der Berufsbezeichnung die Tätigkeitsinhalte der Erwerbstätigkeit erfaßt. Die Einstufung erfolgt auf der Grundlage von elf Tätigkeitsschwerpunkten, wie zum Beispiel Herstellen oder Maschinen überwachen.

Leistungsgruppenanalysen. Als Indikator für die Einschätzung des Fachkräftebedarfs sowie des Niveaus beruflicher Anforderungen wird die Einstufung der Erwerbstätigen in Leistungsgruppen verwendet. Diese Daten werden vom Statistischen Bundesamt im Rahmen der Lohn- und Gehaltsstrukturerhebung erfaßt. Die Einstufung orientiert sich an den Anforderungen des jeweiligen Arbeitsplatzes. Grundlage ist ein mehrdimensionaler Qualifikationsbegriff, der die Merkmale Ausbildung, Erfahrung, Dispositionsbefugnis, Kenntnisumfang und Verantwortung umfaßt. Da die Einstufung in Leistungsgruppen unter anderem von konjunkturbedingten Arbeitsmarktverhältnissen abhängt, kann die Leistungsgruppenverteilung der Erwerbstätigen allenfalls langfristig als Indikator für die Entwicklung des Fachkräftebedarfs und für das Niveau beruflicher Anforderungen angesehen werden. Die Verschiebungen in der Leistungsgruppenverteilung (Arbeiter, Angestellte) zeigen, daß in den letzten Jahren die oberen (hochqualifizierte Facharbeiter und Sachbearbeiter), besonders aber die unteren (Anlern- und Hilfsarbeitertätigkeiten) Leistungsgruppen an Bedeutung gewonnen haben, während der Anteil der Beschäftigten in den mittleren Leistungsgruppen (qualifizierte Facharbeiter, kaufmännische Sachbearbeiter) zurückgegangen ist.

Arbeitsplatzanalysen. Zur Einschätzung der Art und des Niveaus beruflicher Anforderungen im Bereich der industriellen Produktion wurden in den letzten Jahren insbesondere vom Soziologischen Forschungsinstitut der Universität

Göttingen (SOFI) Arbeitsplatzanalysen in verschiedenen Branchen durchgeführt. In diesem Zusammenhang wurden mit Hilfe betriebsbezogener Fallstudien typische Arbeitsplätze unterschiedlicher Produktionsbereiche und Umstellungsfälle untersucht. Die SOFI-Studien (vgl. BAETHGE u. a. 1978, KERN/SCHUMANN 1970) kommen zu dem Ergebnis, daß sich im Bereich der Produktion folgende Tendenzen durchsetzen werden: Substitution der traditionellen Facharbeitertätigkeiten durch Anlerntätigkeiten und Hilfsarbeiten sowie Reduktion des Niveaus beruflicher Anforderungen auf das Niveau von Anlerntätigkeiten, Abbau der Anforderungen vor allem an Denkfähigkeit und an berufliche Fachkenntnisse.

Flexibilitätsanalysen. Läßt man die Limitationalitätsannahme des Arbeitskräftebedarfsansatzes fallen, so stellt sich die Frage nach der beruflichen Flexibilität der Arbeitskräfte. Berufliche Flexibilität umfaßt zwei Aspekte: berufliche Mobilität und berufliche Substitution. In der Flexibilitätsforschung lassen sich also die Mobilitäts- und die Substitutionsforschung unterscheiden. Bezugspunkt der Substitutionsforschung ist der Arbeitsplatz; Bezugspunkt der Mobilitätsforschung ist der Arbeitnehmer. Die Mobilitätsforschung konzentriert sich auf die Möglichkeit eines Arbeitnehmers, mit einer bestimmten Ausbildung oder Qualifikation alternative Arbeitsplätze oder Berufe zu wählen; die Substitutionsforschung auf die Möglichkeit, einen Arbeitsplatz mit Personen alternativer Ausbildungsgänge oder Qualifikationen zu besetzen.

Vorliegende Flexibilitäts- und Substitutionsanalysen zeigen, daß verschiedene Ausbildungsberufe ein vergleichsweise hohes aktives oder passives Substitutionspotential besitzen, das heißt, sie können entweder andere Ausbildungsberufe ersetzen oder durch andere Ausbildungsberufe ersetzt werden. Einige Berufe können als ausgesprochene „Sackgassenberufe" angesehen werden, das heißt, sie haben ein hohes passives und ein geringes aktives Substitutionspotential. Günstige Chancen auf dem Arbeitsmarkt eröffnen demgegenüber Ausbildungsberufe mit einem hohen aktiven und einem geringen passiven Substitutionspotential. Entgegen der berufsbildungspolitischen Zielsetzung expandiert allerdings seit 1970/71 die Zahl der Auszubildenden gerade in Ausbildungsberufen mit einer geringen beruflichen Flexibilität.

Mobilitätsanalysen basieren zum einen auf einer Selbsteinschätzung der Befragten, zum anderen auf einem Vergleich von Berufskennziffern. Die Ergebnisse vorliegender Mobilitätsuntersuchungen (vgl. FRANZKE 1978) zeigen: Im Zeitraum zwischen 1955 und 1970 – also in einer Zeit intensiven wirtschaftlichen und technischen Wandels – hat ein Drittel der (männlichen) Erwerbstätigen den Beruf gewechselt, und zwar vor allem in jüngeren Jahren. Der Berufswechsel ist zu einem erheblichen Teil Folge der umfangreichen Fehlausbildung im dualen System, insbesondere im Bereich der handwerklichen Ausbildung. Im Gegensatz zur herrschenden Auffassung bereiten Berufswechsel offensichtlich keine größeren qualifikationsbedingten Schwierigkeiten; nur ein geringer Teil der Berufswechsel war mit beruflichen Umschulungs- und Einarbeitungsmaßnahmen verbunden. Außerdem wechselt ein großer Teil der Erwerbstätigen mit einer qualifizierten Berufsausbildung in Anlerntätigkeiten. Das bedeutet, daß die in der Ausbildung erworbenen Qualifikationen meist nicht mehr verwertet werden können und daß die Arbeitskräfte nach dem Berufswechsel unterwertig eingesetzt werden.

Arbeitsmarktanalysen. Will man die unrealistische Optimalitäts- oder Gleichgewichtsannahme des Arbeitskräftebedarfsansatzes aufgeben, dann können

Arbeitsmarktanalysen zur Einschätzung des Qualifikationsbedarfs und zur Einschätzung der Versorgungs- und Rekrutierungsprobleme des Beschäftigungssystems herangezogen werden. Allerdings erfaßt die Bundesanstalt für Arbeit nur einen Teil des Angebots und der Nachfrage auf dem Arbeitsmarkt, nämlich nur die gemeldeten offenen Stellen und die registrierten Arbeitslosen. Deshalb kann auch die Arbeitsmarkt- und Arbeitslosenstatistik nur als ein ungenauer und recht grober Indikator für Ungleichgewichtssituationen (Überschuß- oder Mangelsituationen) auf berufsfachlichen Teilarbeitsmärkten angesehen werden. Bei genauerer Analyse der Arbeitsmarktstatistiken überrascht die Tatsache, daß knapp die Hälfte der registrierten Arbeitslosen (auf einigen berufsfachlichen Teilarbeitsmärkten sogar zwei Drittel) eine Berufsausbildung abgeschlossen haben, daß also die Arbeitslosen offensichtlich über erhebliche Qualifikationsreserven verfügen (vgl. FRANZKE 1978), die das Beschäftigungssystem nicht absorbiert, obwohl auf der anderen Seite von den Arbeitsämtern in den gleichen Berufen Umschulungsmaßnahmen durchgeführt und finanziert werden.

Ergebnisse der Qualifikationsforschung und Folgerungen. Die Ergebnisse der Qualifikationsforschung bestätigen, daß sich mit dem ökonomisch bestimmten technisch-organisatorischen Wandel im Bereich der industriellen Produktion, aber auch im Büro und im Einzelhandel (vgl. FRANZKE 1978) umfassende Dequalifizierungsprozesse durchsetzen. Das bedeutet: Der technische Wandel führt zu einem rückläufigen Fachkräftebedarf, er zerstört die Berufe sowie die traditionellen Facharbeiter- und Sachbearbeitertätigkeiten vor allem auf der „mittleren" Ebene der gesellschaftlichen Qualifikations- und Statushierarchie. Viele qualifizierte Fachkräfte sind des-

halb bereits heute unterwertig beschäftigt. Die meisten Tätigkeiten haben den Charakter von Anlerntätigkeiten angenommen. Eine längere systematische Berufsausbildung scheint vielfach nicht mehr nötig; die erforderlichen (fachlichen) Qualifikationen können in wenigen Tagen, Wochen oder Monaten erworben werden. Mit dieser „Entsubstantialisierung der Berufe" verschwindet die substantielle Basis für fachliche Qualifizierungsprozesse im Rahmen der beruflichen Bildung. Es ist zu vermuten, daß schon heute die meisten in der Berufsausbildung zu vermittelnden Qualifikationen in der (späteren) Berufspraxis kaum noch Anwendung finden (werden), und es besteht die Gefahr, daß die berufliche Bildung insgesamt – beschränkt man sich allein auf die Qualifizierungsfunktion (vgl. FRANZKE 1978) – in absehbarer Zeit obsolet werden könnte. Wenn man von der Annahme ausgeht, daß der technisch-organisatorische Wandel keine Basis für Reformen der beruflichen Bildung abgibt, dann muß an die Stelle einer bloß reaktiven eine aktive Berufsbildungspolitik treten, eine Politik, die sich nicht in erster Linie an den tatsächlichen, sondern an den virtuellen Anforderungen einer humanen und demokratischen Form der Arbeitsteilung und Arbeitsorganisation orientiert. Aktive Berufsbildungspolitik orientiert sich also nicht an den Qualifizierungsinteressen des Kapitals, sondern primär an den Reproduktions- und Emanzipationsinteressen der Beschäftigten. Sie hat zur Humanisierung der Arbeit und zur Demokratisierung betrieblicher Herrschaftsstrukturen beizutragen. Diese Politik kann allerdings nur dann erfolgreich sein, wenn sie mit dem Konzept einer aktiven Arbeitsmarkt- und Arbeitsgestaltungspolitik verknüpft wird, einer Politik, die darauf abzielt, die Zahl und die Qualität der Arbeitsplätze zu sichern beziehungsweise zu erhöhen.

BAETHGE, M. u. a.: Produktion und Qualifikation, Berlin/Hannover 1978. FRANZKE, R.: Berufsausbildung und Arbeitsmarkt. Funktionen und Systeme des „dualen Systems", Berlin 1978. GRÜNEWALD, U. u. a.: Qualifikationsforschung und berufliche Bildung, Berlin 1979. HEGELHEIMER, A. u. a.: Qualifikationsforschung. Eine Literaturexpertise über ihre Bedeutung für die Bildungsforschung. Schriften zur Berufsbildungsforschung, Bd. 33, Hannover 1975. KERN, H./SCHUMANN, M.: Industriearbeit und Arbeiterbewußtsein, Frankfurt/M. 1970. STATISTISCHES BUNDESAMT: Alphabetisches Verzeichnis der Betriebs- und ähnlicher Benennungen zur Systematik der Wirtschaftszweige, Stuttgart/Mainz 1961, 1970. STATISTISCHES BUNDESAMT: Klassifizierung der Berufe. Systematisches und alphabetisches Verzeichnis der Berufsbenennungen, Stuttgart/Mainz 1970, 1975.

Reinhard Franzke

Rationalisierung

Zum Begriff „Rationalisierung". Der Begriff „Rationalisierung" wird in unterschiedlichen wissenschaftlichen Disziplinen und Theorieansätzen mit jeweils spezifischen Bedeutungsgehalten verwendet. In einer sehr allgemeinen Kennzeichnung meint „Rationalisierung"

– in der *Psychologie* den Versuch einer Person, das eigene Handeln durch Angabe „falscher", bewußt oder unbewußt vorgeschobener Gründe zu rechtfertigen,
– in der *Ökonomie* die Effizienzsteigerung des Einsatzes von Ressourcen in bezug auf vorgegebene Zwecke,
– in den *Arbeitswissenschaften* die Gesamtheit aller Maßnahmen, die auf die Gestaltung oder Umgestaltung der Produktions- und Arbeitsbedingungen gerichtet sind, mit dem Ziel einer Steigerung der Arbeitsproduktivität und/oder Senkung der Kosten,
– in der *Gesellschaftstheorie* den geschichtlich-gesellschaftlichen Entwicklungsprozeß der Intensivierung und Ausdehnung instrumenteller Verfügungsgewalt in allen natürlichen, technischen und sozialen Bereichen.

Die folgenden Ausführungen beschränken sich weitgehend auf den Bereich der unmittelbaren Produktion mit Ausblikken auf den Dienstleistungssektor. Damit sind zwangsläufig einige Aspekte des Rationalisierungsbegriffs in den Vordergrund gerückt, andere vernachlässigt. Eine Erweiterung der Betrachtungsweise wird in einem abschließenden Exkurs zum Verhältnis von Rationalisierung und Legitimation gesellschaftlicher Normen angedeutet.

Rationalisierung im Produktionsbereich. Aus materialistischer Sicht ist Produktion Aneignung der Natur innerhalb und vermittelst der Gesellschaft. Hierbei wird angenommen, daß sich die gesellschaftliche Entwicklung im dialektischen Spannungsverhältnis von Produktivkräften und Produktionsverhältnissen vollzieht. Der „Logik" dieses Bezugssystems entsprechend fördert Rationalisierung die progressive Entfaltung der Produktivkräfte, die ihrerseits in Widerspruch zu den historisch konkreten Formen der Naturbeherrschung wie auch der Herrschaft von Menschen über Menschen geraten und infolge der dadurch bedingten sozialen und politischen Auseinandersetzungen gesellschaftlichen Wandel auslösen.

Je nach dem Entwicklungsstand der gesellschaftlichen Warenproduktion und der Produktivkräfte lassen sich unterschiedliche Formen und Konzepte der Rationalisierung unterscheiden. In der vorindustriellen und vorkapitalistischen Gesellschaft (Agrar- oder Feudalgesellschaft) werden die spezifischen Formen der Rationalisierung durch die Vorherrschaft der landwirtschaftlichen (primärer Sektor) und handwerklichen Produktion bestimmt. Die Produktion ist im wesentlichen Einzelproduktion für den Markt. Die Produktions- oder Arbeitsmittel und die Produkte der Arbeit sind zunächst Eigentum der unmittelbaren Produzenten, die den Gegenstand mit Hilfe relativ einfacher Werkzeuge unmittelbar mit der Hand bearbeiten. Sie planen, organisieren und kontrollieren ihre Arbeit weitgehend selbst; sie fertigen das gesamte Produkt, indem sie alle zur Herstellung des Gebrauchswertes erforderlichen Arbeitsgänge nacheinander erledigen. Arbeitsteilung und Werkzeuge spielen bei dieser Produktion eine untergeordnete Rolle. Die Produktion basiert im wesentlichen auf den handwerklichen Fähigkeiten, die in einer vergleichsweise langen Berufsausbildung erworben und aufgrund beruflicher Erfahrungen ständig erweitert und verbessert werden. Die Möglichkeiten der Produktivkraftentwicklung sind äußerst beschränkt. Rationalisierung der Produktion durch Steigerung der handwerklichen Fähigkeiten bezweckt eine

Verbesserung der Arbeits- und Lebenssituation der unmittelbaren Produzenten. Seit dem 18. Jahrhundert wird diese Form der Einzelproduktion zunehmend durch die kapitalistisch organisierte Form gesellschaftlicher Produktion, durch die industrielle Massenproduktion verdrängt. Die Industrie (sekundärer Sektor) wird zum bedeutsamsten Bereich der Wirtschaft (Herausbildung der Industriegesellschaft, Industrialisierung). Die kapitalistische Produktionsweise beginnt mit der Zusammenfassung verschiedener Handwerke unter der Regie des Kapitals. Die Produktion und die Produktionsmittel haben nun gesellschaftlichen Charakter. Doch die Produktionsmittel gehören nicht mehr den unmittelbaren Produzenten, sondern einer Klasse von Kapitaleigentümern, denen außerdem die Verfügungsgewalt über die Produktionsmittel, den Arbeitsprozeß und die Lohnarbeiter obliegt, das heißt, die Produzenten regulieren und kontrollieren ihre Arbeit nicht mehr selbst; sie unterliegen vielmehr einer Fremdbestimmung und -kontrolle. Der Produktionsprozeß ist jetzt Arbeits- und Verwertungsprozeß: Herstellung von Gebrauchswerten und Verwertung von Kapital. Die Steigerung der Produktivkräfte und entsprechende Rationalisierungsmaßnahmen des Kapitals liegen nun nicht mehr zwangsläufig im Interesse der unmittelbaren Produzenten. Sie bezwecken vielmehr eine Verkürzung des Teiles der Arbeitszeit, den die Arbeiter für den Gegenwert ihres Lohnes arbeiten, und eine Verlängerung des Teiles, den sie für die Verwertung des Kapitals arbeiten.

Im Unterschied zum englischen Nationalökonomen Smith (1723–1790), der allein die Vorzüge der Arbeitsteilung als Mittel der Produktions- und Produktivitätssteigerung hervorhob, hatte Marx (1818–1883) drei Methoden der Produktivkraftentwicklung unterschieden, und zwar: Kooperation, Teilung der Arbeit in der Manufaktur sowie Einsatz von Maschinerie in der „großen Industrie". Während die kapitalistisch organisierte Kooperation der Handwerker zunächst den gesellschaftlichen Charakter der Produktion als spezifische Produktivkraft nutzt, zielt das Rationalisierungskonzept der Manufaktur auf Teilung und Zerlegung komplexer, handwerklicher Produktionsprozesse in einfache, repetitive Teilarbeiten. Das manufakturmäßige Rationalisierungskonzept revolutioniert die menschliche Arbeitstätigkeit durch Arbeitsteilung; die Arbeitsmittel bleiben zunächst unberührt. Die spezifische Produktivkraft der Manufaktur ist also der produktivitätssteigernde Effekt der Arbeitsteilung. Doch die Steigerung der Produktivkräfte und die Rationalisierung der Produktion sind zunächst an den subjektiv-menschlichen Faktor gebunden und damit durch die Fähigkeiten und Kräfte des Menschen prinzipiell beschränkt.

Diese Schranken überwindet erst die „große Industrie" durch Entwicklung und Einsatz von Maschinen, die die Führung der Werkzeuge übernehmen und dem Menschen die Bedienung der Maschinen überlassen. Die Maschine befreit den Menschen aus der unmittelbaren Bearbeitung des Gegenstandes, macht ihn aber zum „Anhängsel der Maschine", da sie ihm die Verrichtungen und das Tempo der Arbeit diktiert. Hatte die Manufaktur die Arbeitstätigkeit revolutioniert, so revolutioniert die „große Industrie" die Arbeitsmittel. Rationalisierung bedeutet jetzt: Substitution menschlicher Arbeit durch Maschinen (Technik) beziehungsweise Substitution technisch überholter Anlagen durch neue, leistungsfähigere technische Systeme. Die spezifische Produktivkraft der „großen Industrie" ist also die Maschine, in Technik umgesetzte Naturwissenschaft. Die Entwicklung der Produktivkräfte hatte damit die Phase der Mechanisierung erreicht, zumindest im Bereich der unmittelbaren Produktion. Als Folgen der Mechanisierung werden von der Industriesoziologie genannt: Dequalifizierung der Arbeitskräfte, geringe berufliche Autonomie, hohe Fremdbestimmung, körperlich und seelisch stark belastende, restriktive und monotone Arbeit, Zerstörung der beruflichen Fähigkeiten und Entwertung beruflicher Erfahrungen.

Das bedeutendste und bekannteste Rationalisierungskonzept hatte im Jahre 1911 Taylor (1856–1915) in seinen „Grundsätzen zur wissenschaftlichen Betriebsführung" dargelegt. Dieses Konzept, das auf Produktivitäts- und Leistungssteigerung der Arbeit zielt, setzt Teilung der Arbeit beziehungsweise repetitive Teilarbeit sowie initiativen Einfluß des einzelnen Arbeiters auf den Output voraus, denn die Produktivitäts- und Leistungssteigerung soll durch Perfektionierung der Arbeitsteilung, Spezialisierung und Intensivierung der Arbeit sowie durch eine leistungsbezogene Entlohnung erreicht werden. Auf der Grundlage systematischer Untersuchungen der menschlichen Arbeitstätigkeit, insbesondere der repetitiven Teilarbeit, sollte mit Hilfe intensiver Zeit- und Bewegungsstudien die jeweils rationellste Arbeitsweise herausgefunden und den Arbeitern verbindlich vorgeschrieben werden. Die Grundprinzipien des tayloristischen Rationalisierungskonzeptes sind: Trennung von Hand- und Kopfarbeit, dispositiver und ausführender Arbeit, Vereinfachung und Vereinseitigung sowie Normierung und Standardisierung der Arbeit. Die Folge: Die Anforderungen an die Qualifikation, die Berufsausbildung und Anlernzeit sinken; bürokratische Vorschriften schränken den Handlungs- und Entscheidungsspielraum sowie die Eigeninitiative der Arbeiter ein; bürokratische Kontrollapparate beeinträchtigen die Flexibilität und Effizienz der gesamten Arbeitsorganisation. Die konsequente Weiterentwicklung des Taylorismus sind das zuerst von Ford eingeführte System der Fließbandfertigung sowie das REFA-System – benannt nach dem Reichsausschuß für Arbeitszeitermittlung – und das MTM-System (Methodes-Time-Measurement). Einige Jahre nach den Veröffentlichungen von Taylor hatten Mayo und seine Mitarbeiter aufgrund von Experimenten in den Hawthorne-Werken (USA) die Bedeutung des „subjektiven Faktors", das heißt die Bedeutung des Menschen als eines sozialen Wesens mit spezifischen Eigenarten, Bedürfnissen und Motiven (wie Anerkennung), und die Bedeutung der zwischenmenschlichen (sozialen/persönlichen/informellen) Beziehungen für die Steigerung der Arbeitsproduktivität erkannt. Diese Erkenntnisse waren die Grundlage für die „Human-relations-Bewegung", deren Rationalisierungskonzept auf die Manipulation der sozialen Beziehungen zwischen Mitarbeitern sowie zwischen Vorgesetzten und Untergebenen zielt. Es basiert auf der problematischen Annahme, daß die sozialen Beziehungen und das Bewußtsein der Beschäftigten von diesen Beziehungen unabhängig von den zugrunde liegenden Produktions- und Herrschaftsverhältnissen im Interesse der Produktivitätssteigerung und Loyalitätssicherung gestaltet werden können.

Inzwischen hat die Entwicklung der Produktivkräfte eine neue Qualität erreicht: die Phase der Automation. Diese Phase ist dadurch gekennzeichnet, daß die technischen Systeme nun auch die Bedienung der Maschinen und Anlagen, insbesondere Steuerung, Überwachung, Kontrolle und Korrektur, übernehmen. Versteht man unter Mechanisierung die Ausschaltung menschlicher Arbeit aus primären Produktionsprozessen, so kann die Phase der Automatisierung auch als Ausschaltung menschlicher Arbeit aus sekundären Produktionsprozessen angesehen werden. Der Mensch tritt neben den Produktionsprozeß, statt sein Hauptagent zu sein (Marx). Auf dem Niveau (teil)automatisierter Produktionssysteme lassen sich Rationalisierungserfolge in erster Linie durch Entwicklung und Einsatz neuer, leistungsfähiger technischer Anlagen, durch Einsparung von Bedienungs- und Kontrollpersonal sowie durch Erweiterung der Arbeitsaufgaben und -bereiche erzielen. Demgegenüber spielt das tayloristische Rationalisierungskonzept auf höheren Mechanisierungsstufen eine vergleichsweise geringe Rolle. Äußerst kontrovers ist unter Industriesoziologen die Einschätzung der Automationsfolgen im Hinblick auf die menschliche Arbeit und die erforderlichen Qualifikationen. Einige Industriesoziologen (Touraine, Blauner, Mallet) erwarten von dieser Phase der Produktivkraftentwicklung eine Höherqualifizierung der Arbeit, Aufhebung der Fremdbestimmung, größere Verantwortung und Autonomie der Produktionsarbeiter, eine „neue Arbeiterklasse" (Mallet) als Avantgarde gesellschaftsverändernder Aktivitäten. Andere industriesoziologische Untersuchungen wie die von Bright, Kern/Schumann oder Baethge u. a. lassen demgegenüber die These plausibel erscheinen, daß mit der Einführung automatisierter Produktionssysteme im Bereich der unmittelbaren Produktion keine grundsätzlich neuen oder gar höheren Anforderungen an die Arbeitskräfte gestellt werden; eher ist das Gegenteil der Fall: In der Regel entstehen Anlerntätigkeiten, die keine systematische Berufsausbildung voraussetzen.

Seit einigen Jahren gibt es eine intensive Diskussion über den Taylorismus. Es mehren sich die Zweifel, ob das tayloristische Rationalisierungskonzept tatsächlich das wirksamste Mittel der Produktivitäts- und Leistungssteigerung ist oder ob die „Grenzen der Arbeitsteilung" (Friedmann), also die Grenzen des dem Menschen Zumutbaren erreicht beziehungsweise bereits überschritten sind. Darauf verweisen die hohen Krankheits-, Absentismus-, Kündigungs- und Fluktuationsraten in den entsprechenden Betrieben. Deshalb werden unter dem Stichwort „Humanisierung der Arbeit" neue Formen der Arbeitsorganisation wie Arbeitsplatzwechsel, Aufgabenerweiterung, Aufgabenanreicherung und teilautonome Arbeitsgruppen diskutiert und mit finanzieller Unterstützung der Bundesregierung experimentell erprobt. Verschiedene Untersuchungen scheinen die These zu stützen, daß derartige Maßnahmen nicht nur die Arbeitsproduktivität, sondern auch die Arbeitszufriedenheit erhöhen. Dennoch ist vor einem allzu großen Optimismus zu warnen. Der Abbau repetitiver Teilarbeit durch neue Formen der Arbeitsorganisation ist an spezifische Bedingungen auf seiten der Arbeitskräfte, des Arbeitsmarktes und/oder des Absatzmarktes gebunden. Kritiker geben diesem Konzept deshalb auch nur begrenzte Durchsetzungschancen, oder sie machen auf deren Funktionalität im Kapitalinteresse aufmerksam.

Wie auch immer die Chance eines Abbaus repetitiver Teilarbeit durch neue Formen der Arbeitsorganisation oder durch neue Technologien (zum Beispiel durch Industrieroboter) eingeschätzt werden mag, die Experimente zur „Humanisierung der Arbeit" haben zumindest die Erkenntnis vertieft, daß Arbeit nicht allein technisch, sondern auch durch die Form der Arbeitsteilung und der Arbeitsorganisation bestimmt ist. Arbeit und Arbeitsbedingungen sind prinzipiell veränderbar. Ihre konkrete Gestalt wird in letzter Instanz durch die Verwertungs- und Herrschaftsinteressen des Kapitals beziehungsweise durch das Kräfteverhältnis zwischen Kapital und Arbeit bestimmt.

Rationalisierung im Dienstleistungsbereich. In der Vergangenheit ist die Industriesoziologie von der Annahme ausgegangen, daß sich die Wirtschaft im Zuge der Produktivkraftentwicklung von der Agrar- über die Industrie- zur Dienstleistungsgesellschaft entwickeln werde (Fourastié). Bislang galt der Dienstleistungssektor als ein Bereich, in dem keine oder nur geringe Produktivitätsfortschritte möglich sind. Tatsächlich hatten der Dienstleistungsbereich und der Staat in der Vergangenheit den größten Teil der von Landwirtschaft und Industrie freigesetzten Arbeitskräfte absorbiert. Doch in den letzten Jahren ist der Dienstleistungssektor selbst zum bevorzugten Objekt innerbetrieblicher Rationalisierungsmaßnahmen geworden. Im Bereich der staatlichen und privaten Verwaltung, im Büro und Einzelhandel, insbesondere im Rechnungswesen, in der Informations- und neuerdings auch in der Textverarbeitung konnten durch Einführung neuer technischer Systeme (elektronische Datenverarbeitung, Mikroprozessoren-Technologien) sowie durch darauf abgestimmte arbeitsorganisatorische Maßnahmen umfassende Rationalisierungserfolge erzielt werden. Industrie- und Büroarbeit gleichen sich dadurch zunehmend an. Die Folgen des Strukturwandels im Dienstleistungsbereich sind nicht nur an den veränderten Arbeitsbedingungen ablesbar, sondern finden ihren Niederschlag auch in der durch Rationalisierung bedingten Freisetzung von Arbeitskräften. Die ehemals im Dienstleistungssektor Beschäftigten, insbesondere Bürokräfte und Warenkaufleute, stellen den gegenwärtig größten Anteil an der Gesamtheit aller Arbeitslosen.

Rationalisierung als Legitimationsproblem. Rationalisierung als Ausprägung eines spezifischen Typs menschlichen Handelns, nämlich eines Handelns unter Prämissen zweckrationaler Wahl (vgl. HABERMAS 1978, S. 48 ff.), beschränkt sich nicht allein auf den Bereich der Wirtschaft, sondern erstreckt sich in zunehmendem Maße auf alle gesellschaftlichen Teilbereiche. Folgt man der Terminologie bei Habermas, so ist zweckrationales Handeln dadurch charakterisiert, daß es definierte Ziele unter gegebenen Bedingungen nach strategischen Regeln verwirklicht beziehungsweise zu erreichen versucht. Zweckrationales Handeln ist geplantes, zielorientiertes und erfolgskontrolliertes Handeln; es setzt die Kenntnis empirischer Regelmäßigkeiten und Gesetzmäßigkeiten voraus. Rationalisierung meint in diesem Zusammenhang „Rationalisierung der Mittelwahl", die Steigerung und Ausdehnung der technischen Verfügungsgewalt und Kontrolle über natürliche, technische und soziale („verdinglichte") Prozesse. Sie bezweckt zum einen die Verbesserung der Zweck-Mittel-Relationen, die Steigerung der Effizienz zielerreichender Maßnahmen (Produktivkräfte), zum anderen die horizontale Ausdehnung der Maßstäbe zweckrationalen Handelns auf alle gesellschaftlichen Teilbereiche, so etwa auf Schule und Lernen. Der Typus zweckrationalen Handelns entspringt einem spezifischen Interesse der menschlichen Gattung – dem Interesse an einer Verbesserung der Mittel und Möglichkeiten menschlicher Bedürfnisbefriedigung sowie einer Minimierung des Arbeitsaufwandes und Arbeitsleids.

Nach Habermas ist zweckrationales Handeln in kommunikatives Handeln eingebettet. Kommunikatives Handeln als „symbolisch vermittelte Interaktion" richtet sich nach Normen, deren Geltung allein „in der Intersubjektivität der Verständigung über Intentionen begründet" (HABERMAS 1978, S. 63) ist. Eine Rationalisierung kommunikativen Handelns, d. h. eine Rationalisierung der Entscheidungen über Ziele, Werte und Normen, „kann sich nur im Medium der sprachlich vermittelten Interaktion selber, nämlich durch eine Entschränkung der Kommunikation vollziehen. Die öffentliche, uneingeschränkte und herrschaftsfreie Diskussion über die Angemessenheit und Wünschbarkeit von handlungsorientierenden Grundsätzen und Normen [...] ist das einzige Medium, in dem so etwas wie ‚Rationalisierung' möglich ist" (HABERMAS 1978, S. 98).

Die Analyse bei Habermas deutet darauf hin, daß der Prozeß der Rationalisierung im Sinne der Entfaltung von Produktivkräften nur dann ein Potential der Befreiung sein kann, wenn er „Rationalisierung" auf der Ebene einer durch herrschaftsfreie Kommunikation verbürgten Legitimation gesellschaftlicher Normen nicht ersetzt oder verhindert. Diese Ebene der Rationalisierung wäre durch einen abnehmenden Grad der Repressivität und Rigidität gesellschaftlicher Herrschaftsstrukturen gekennzeichnet, womit eine Erweiterung der individuellen Handlungs- und Befriedigungsmöglichkeiten einhergehen müßte (vgl. HABERMAS 1978, S. 98 f.).

FRANZKE, R.: Berufsausbildung und Arbeitsmarkt. Funktionen und Probleme des „dualen Systems", Berlin 1978. GROSKURTH, P. (Hg.): Arbeit und Persönlichkeit, berufliche Sozialisation in der arbeitsteiligen Gesellschaft, Reinbek 1979. GROSKURTH, P./VOLPERT, W.: Lohnarbeitspsychologie, Frankfurt/M. 1979. HABERMAS, J.: Technik und Wissenschaft als „Ideologie", Frankfurt/M. 1978. KERN, B./KERN, H.: Krise des Taylorismus? – Bemerkungen zur Humanisierung der Arbeit. In: OSTERLAND, M. (Hg.): Arbeitssituation, Lebenslage und Konfliktpotential, Frankfurt/Köln 1975. S. 71 ff. MENDNER, J. H.: Technologische Entwicklung und Arbeitsprozeß, Frankfurt/M. 1975.

Reinhard Franzke

Realgymnasium – Oberrealschule

Realgymnasium und Oberrealschule sind Schulbezeichnungen aus der zweiten Hälfte des 19. Jahrhunderts. Ihre Vorgeschichte ist über ihr gemeinsames Definitionselement einer *Real*anstalt bestimmt, ihre Nachwirkungen resultieren aus einer Bedeutungsverschiebung im *Gymnasial*begriff.

Realschulen als aufklärungspädagogisches Modell. Realschulen waren Produkt und bevorzugtes Demonstrationsobjekt der Aufklärungspädagogik im 18. Jahrhundert: Schulen für Kinder einer mittleren bürgerlichen Gesellschaftsschicht, für die das Programm der rein religiösen Armenschule zu dürftig, das der Unter- und Mittelklassen von Lateinschulen zu abwegig schien. Diese Realschulen standen zunächst in keiner Konkurrenz zu den Lateinschulen als gelehrte, auf wissenschaftliche Studien vorbereitende Schulen. Ihr alternatives Konzept war vielmehr auf Kinder zugeschnitten, die mangels anderer schulischer Möglichkeiten einige Klassen der Lateinschulen besuchten und dann in einen kaufmännischen oder handwerklichen Beruf eintraten. Die Konzentration des Lehrplans auf die sogenannten Realien (= Mathematik, Naturwissenschaften, Ökonomie, Technologie, moderne Sprachen) erfolgte als Modell einer – soziologisch gesehen – „mittleren" Schule. Die pädagogische Attraktivität der Realschulen beruhte aber nicht nur auf den modernen Inhalten, sondern ebenso auf der neuen Methode, den Schüler in rationales Argumentieren und empirisches Beweisen einzuführen.

Realschulen und neuhumanistische Schulreform. Noch bevor sich Realschulen in größerer Zahl durchsetzen konnten, war ihr Vorzug problematisch geworden. Denn an der Wende zum 19. Jahrhundert definierte der Neuhumanismus die Altertumswissenschaft als eine Bildungsmacht, die gerade vermöge ihrer Distanz zu den gesellschaftlichen Verwertungszwecken den Menschen freisetzen könne zu Urteil und Kritik. Demgegenüber erschien die ökonomisch-technologische Orientierung der Realschulen trotz der Modernität ihrer

Inhalte pädagogisch suspekt, weil sie dem beruflichen Anpassungsdruck ausgesetzt war. Diese Einschätzung, die mit der vom Neuhumanismus geleisteten begrifflichen Trennung von Bildung und Ausbildung zusammenhing, blieb während des ganzen 19. Jahrhunderts – und darüber hinaus – ein ideologisches Element der pädagogischen Diskussion. In den neuhumanistisch beeinflußten Schulreformen, insbesondere in der Humboldt-Süvernschen Reform in Preußen 1809–1819, verband sich dieses Element mit dem Stufenschulprinzip: Zwischen Elementarschule und Schule (= Gymnasium) gab es keinen Platz mehr für eine „mittlere" Einrichtung. Das Stufenschulprinzip ist nicht realisiert worden. Gerade deshalb aber hatte die Umwandlung der alten Lateinschule in das (neuhumanistische) Gymnasium unbeabsichtigte Nebenwirkungen, die die Realschule förderten.

Die neuhumanistische Schulreform verlangte von der Schule, die den Titel des Gymnasiums erhielt, mehr und anderes, als die durchschnittliche Lateinschule geleistet hatte: Sprachen sollten nun in einer reflektierend-philologischen Einstellung gelehrt werden, während die Lateinschule sich auf eine imitierend-instrumentelle gestützt hatte, und das Griechische, das vordem nur an einzelnen Schulen und auch da nur sehr begrenzt gelehrt worden war, sollte an die erste Stelle noch vor das Lateinische rücken; auch Deutsch und Mathematik sollten Hauptfächer werden, und die Lehrer sollten die 1810 eingeführte Lehramtsprüfung (examen pro facultate docendi) abgelegt haben. Lateinschulen, die diese Bedingungen erfüllten, wurden Gymnasien und erhielten das Recht, die 1812 eingeführte Abiturprüfung abzunehmen. Lateinschulen, die diesen Kriterien nicht genügten, wurden keine Gymnasien und verloren nach Einführung des Abiturientenexamens die Möglichkeit, ihre Schüler zum Studium zu führen. Sie mußten sich darum eine an-

dere Zielperspektive geben. Das konnte nach Lage der Dinge nur eine Wendung zu „realistischen" Lehrinhalten sein.

Erster Anschluß an das Berechtigungswesen. Die Entwicklung von mittleren Schulen (Real-, Bürger- und Gewerbeschulen) hatte nicht in der Intention der neuhumanistischen Schulreformen gelegen. So förderten die staatlichen Unterrichtsverwaltungen durch ihre Erlaßpolitik die Realschulen entweder überhaupt nicht oder nur in sehr engen Grenzen. Das objektive Interesse der städtischen Schulträger an Einrichtungen der „mittleren Bildung" hatte die Realschulen aber auch ohne staatliches Wohlwollen bis 1832 zu einem so wichtigen Faktor werden lassen, daß sie nicht länger ignoriert werden konnten: In Preußen erhielten sie das Recht, ihren Absolventen das „Einjährige" zu verleihen. Diese Berechtigung zum einjährig-freiwilligen Militärdienst war bis dahin nur von Gymnasien vergeben worden; sie entsprach einem Bildungsstand, der nach 1918 als „mittlere Reife" bezeichnet wurde und der heute im Bildungswesen in der Bundesrepublik „Fachoberschulreife" genannt wird. Die gesellschaftliche Bedeutung des Einjährigen reichte aber im 19. Jahrhundert sehr viel weiter, als der Nachweis eines mittleren Bildungsabschlusses vermuten läßt; unter einem bestimmten Gesichtspunkt kann man sogar sagen, daß das Einjährige wichtiger war als das Abitur. Denn diese Berechtigung gestattete dem jungen Mann, anstelle der dreijährigen Wehrpflicht einen einjährigen Militärdienst als Freiwilliger abzuleisten. Die Kosten der Ausrüstung, Unterkunft und Verpflegung mußte der Freiwillige selber tragen; dafür trat er in die Laufbahn des Reserveoffiziers ein. Als einjährig-freiwillig Dienender und später als Reserveoffizier war ein junger Mann vor aller Augen sichtbar als zu den gebildeten Kreisen zugehörig ausgewiesen. Insofern war den Realschulen 1832 ein erster Einbruch in das Gymnasialmonopol gelungen, wenn auch zunächst nur auf „mittlerer" Ebene.

Realschulen I. und II. Ordnung. Der Aufstieg der Realschulen von „mittleren" zu „höheren" Schulen ist verknüpft mit den Qualifikationsanforderungen im Zeitalter der großen Industrie. Die ab 1820 aus bescheidenen Anfängen herauswachsenden Lehranstalten für Techniker und Ingenieure erlangten innerhalb weniger Jahrzehnte wissenschaftlichen Rang: Sie nannten sich dann Polytechnika; ab 1870 auch technische Hochschulen. Im Hinblick auf die Ansprüche eines Studiums der Ingenieurwissenschaften an technischen Hochschulen erweiterten manche Realschulen ihren Lehrgang auf neun Jahrgangsklassen, also auf die bis dahin nur vom Gymnasium beanspruchte Zeitdauer. Die so ausgebauten Realschulen erhielten die zusätzliche Bezeichnung I. Ordnung, während die sechsklassigen Anstalten Realschulen II. Ordnung hießen.

Das Realgymnasium. Nach der gescheiterten bürgerlichen Revolution von 1848 setzte in allen deutschen Ländern eine stark restriktive Schulpolitik ein. In Preußen fand sie ihren Ausdruck in den berühmt-berüchtigten Stiehlschen Regulativen von 1854. Die Einschränkungen der Regulative richteten sich in erster Linie gegen Volksschule und Lehrerseminar, sekundär auch gegen das Gymnasium, dem das als heidnisch und republikanisch geltende Griechisch zugunsten des Lateinischen beschnitten wurde. Die Realschulen I. Ordnung erfreuten sich keiner Sympathie bei den Vertretern der reaktionären Schulpolitik. Gleichwohl wirkte sich eine restriktiv gemeinte Maßregel als folgenreiche Förderung aus: 1859 wurde den Realschulen I. Ordnung Latein, das ohnehin an vielen Realschulen in begrenztem Umfang vertreten war, als erste und

durchgehend zu lehrende Fremdsprache aufgezwungen. Latein sollte ein Gegengewicht zu den Naturwissenschaften bilden, von denen man eine Beförderung materialistisch-atheistischer Denkweisen befürchtete, ebenso wie im Gymnasium das Griechische als heidnisch beargwöhnt wurde. Die Realschulen I. Ordnung sahen im obligatorischen Lateinunterricht zunächst eine Behinderung, weil sie noch dabei waren, ein naturwissenschaftlich-neusprachliches Curriculum zu entfalten und bildungstheoretisch zu sichern. Bald aber erwies sich das Lateinische als ein Vorteil im schulpolitischen Kampf: Es eröffnete für die Absolventen dieser Schulen 1859 den Zugang zu polytechnischen Lehranstalten mit Hochschulrang, ab 1870 auch zu philosophischen Fakultäten der Universitäten, wenn auch beschränkt auf Lehramtsstudien für Realschulfächer, und 1874 trug es die Umbenennung in „Realgymnasium" ein.

Die Oberrealschule. Diese Umbenennung war nahegelegt worden, weil inzwischen eine weitere Form der Realschule in den Kreis der neunklassigen höheren Schulen eingetreten war. Realschulen II. Ordnung, denen kein Latein aufgezwungen worden war, hatten ihren Lehrgang ebenfalls erweitert, also konzentriert auf Mathematik, Naturwissenschaften, Französisch, Englisch und Deutsch. Diese lateinlosen höheren Schulen erhielten 1874 die Bezeichnung „Oberrealschule" und eine Abschlußprüfung, die den Zugang zu den technischen Hochschulen eröffnete. Sie entwickelten sich aber nicht nur aus Realschulen II. Ordnung, sondern auch aus beruflichen Schulen: Solange Polytechnika noch keinen definitiven Hochschulcharakter hatten, standen sie mit anderen Einrichtungen der Berufsausbildung in einem Schulverbund. Provinzialgewerbeschulen etwa vermittelten einerseits eine gehobene technische Berufsausbildung, andererseits fungierten sie als Zubringerschule für das Polytechnikum in der Metropole. Da die Provinzialgewerbeschulen ihrerseits Schüler aus kooperierenden Handwerkerschulen rekrutierten, bestand die Möglichkeit des Qualifikationsaufstieges vom Facharbeiter zum Ingenieur. In dem Maße, in dem Polytechnika Hochschulen wurden, verlangten sie dem herrschenden Bildungsverständnis zufolge formale Qualifikationen als Zugangszertifikate: Zunächst wurde das Einjährige verlangt, dann Primareife, schließlich das Abitur. Die Abiturberechtigung konnten Provinzialgewerbeschulen aber nur erlangen, wenn sie ihren berufsqualifizierenden Charakter ablegten und allgemeinbildende Schulen wurden – damit war ihr Weg zur Oberrealschule vorgezeichnet.

Die Gleichwertigkeit der Abiturzeugnisse. Die letzte Phase in der Auseinandersetzung zwischen Gymnasien, Realgymnasien und Oberrealschulen war der Kampf um die Gleichwertigkeit der Abiturzeugnisse für den Zugang zu allen universitären Studien. Sie hatte ihr besonderes Kennzeichen in dem Versuch, die Oberrealschule auf Kosten des Realgymnasiums zu fördern. Interesse an diesem Versuch bestand auch bei Befürwortern des Gymnasialmonopols. Denn die Möglichkeit, Abiturienten einer lateinlosen Schule könnten jemals zu universitären Studien zugelassen werden, hielt man um 1890 für ausgeschlossen, während das Realgymnasium als Bedrohung des Monopols empfunden wurde. Die Gefahr schien um so größer, da sich die Lehrpläne annäherten: Das Gymnasium mußte den Umfang des Lateinunterrichts einschränken (Verzicht auf den lateinischen Abituraufsatz), um Raum zu schaffen für einen nach dem vollen Durchbruch der Industrialisierung auch im Gymnasium unerläßlich gewordenen naturwissenschaftlichen Unterricht, aber auch für verstärkten Deutsch- und Geschichtsunterricht, der aus politisch-

patriotischen Gründen gefordert wurde. Unter diesen Bedingungen sollte das Gymnasialmonopol gesichert werden, indem man der klassischen Bildung mit beiden alten Sprachen als Alternative eine moderne, rein realistische Bildung gegenüberstellte, das Konzept der Realgymnasien indessen als Halbheit disqualifizierte.

Die prognostische Annahme in diesem Versuch erwies sich in doppelter Hinsicht als falsch. Die Realgymnasien waren bereits viel zu fest im Bewußtsein der Menschen verankert, als daß die Staatsverwaltung die städtischen Schulträger zu einer Beseitigung, ja auch nur zu einer Reduktion der Realgymnasien hätte bewegen können. Die lateinlose Oberrealschule aber wurde durch den Versuch so sehr gestärkt, daß sie dann ein Jahrzehnt später, als die Gleichwertigkeit der Abiturzeugnisse verfügt wurde, ebenfalls in den Genuß dessen kam, was dem Realgymnasium hatte verweigert werden sollen.

Auswirkungen auf das 20. Jahrhundert. Die prognostische Erwartung in der disqualifizierenden Bewertung des Realgymnasiums war ebenso falsch wie ihr bildungstheoretischer Gehalt unsinnig. Denn die neuhumanistische Trennung von Bildung und Ausbildung, auf die sich die Legitimation des Gymnasialmonopols stützte, bezog sich nicht auf Unterrichtsinhalte, sondern auf das vernunftgemäße Maß an Einsicht, das mit der Aneignung der Inhalte jeweils erhofft sein durfte. Aber selbst davon abgesehen, mußte eine Empfehlung der Oberrealschule ja die Bildungskraft der Realien, der Naturwissenschaften und der modernen Sprachen, als gegeben unterstellen. Dann aber fiel die ganze Argumentationsfigur gegen die Realgymnasien in sich zusammen. In der Tat hatte sie keine weitere Wirkung mehr auf die schulpolitische Entwicklung nach 1900. Die drei gleichberechtigten Formen der höheren Schule konstituier-

466

ten ein neues Verständnis des Gymnasialbegriffs: Sie nahmen schließlich alle die Bezeichnung „Gymnasium" in Anspruch und differenzierten sich nun als Typen oder Varianten ihrer gymnasialen Identität, besonders in der Oberstufe. Damit waren die Bezeichnungen „Realgymnasium" und „Oberrealschule" überflüssig geworden. Aber die seit der Mitte des 20. Jahrhunderts quantitativ dominierenden neusprachlichen und mathematisch-naturwissenschaftlichen Gymnasien stehen – didaktisch betrachtet – in der Tradition der Realschulen des 19. Jahrhunderts.

So verlor das (neuhumanistische) Gymnasium nicht nur das Monopol, sondern wurde auf die Teilform des „altsprachlichen Zweiges" reduziert. Ein Typisierungsprozeß wurde in Gang gesetzt, der aus eigener Dynamik unaufhaltsam fortschritt, bis er an seinem vorläufigen Endpunkt auf die Enttypisierung der gymnasialen Oberstufe stieß, weil die Differenzierung so vielfältig geworden war, daß sie als individuelle Schwerpunktbildung in die Entscheidung des einzelnen Schülers gegeben werden konnte.

BLANKERTZ, H.: Bildung im Zeitalter der großen Industrie. Pädagogik, Schule und Berufsbildung im 19. Jahrhundert, Hannover 1969. KNABE, K.: Realschulwesen in Deutschland. In: REIN, W. (Hg.): Enzyklopädisches Handbuch der Pädagogik, Bd. 7, Langensalza 1908, S. 243 ff. PAULSEN, F.: Das deutsche Bildungswesen in seiner geschichtlichen Entwicklung (1906), Darmstadt 1966.

Herwig Blankertz

Schul-/Ausbildungszentren

Zum Begriff. Sowohl in den Bereichen pädagogisch-organisatorischer Diskussion und Maßnahmen als auch unter betriebswirtschaftlichen und baulichen Aspekten wird häufig der Begriff des Schulzentrums verwendet; soweit der berufliche Bildungssektor mit tangiert ist, wird auch von Ausbildungszentren gesprochen. Daneben – zum Teil als Synonym, zum Teil, wenn zusätzliche Aufgaben wie außerschulische Jugendarbeit, stadtteil-/einzugsbereichsbezogenen Medienversorgung oder die Organisation von Weiterbildungsangeboten hinzukommen – steht der Begriff des Bildungszentrums.

In einem Schulzentrum sind mehrere nach ihrer schulrechtlichen Stellung im Grundsatz selbständige Schulen räumlich zusammengefaßt. Wesensmerkmale des Schulzentrums sind somit die räumliche, standortmäßige Zusammenfassung (Zentralisierung) unterschiedlicher Bildungsangebote. Damit fallen räumliche Zusammenfassungen mehrerer Schulen mit gleichem Bildungsangebot zu einem neuen, zentralen Schulstandort (zum Beispiel Mittelpunktgrund- oder -hauptschulen) nicht unter den Begriff des Schulzentrums.

Die Angabe der Faktoren, die konstituierend für ein Ausbildungszentrum sind, fällt erheblich schwerer. Es wird, den Traditionen und formalen Ausprägungen beruflicher (Erst-)Ausbildung in der Bundesrepublik Deutschland Rechnung tragend, zu unterscheiden sein zwischen betrieblichen und überbetrieblichen Ausbildungszentren. So wird häufig dann von unternehmensbezogenen betrieblichen Ausbildungszentren gesprochen, wenn für die in den einzelnen Werken beziehungsweise Abteilungen eines Unternehmens tätigen Auszubildenden für bestimmte Sequenzen der Ausbildung zentrale Lernorte (Lehrwerkstätten, Demonstrations- und Übungsstätten) bereitstehen. Die „zentrale" Komponente einer derartigen Einrichtung wird dann verstärkt, wenn sie nicht nur für *eine* berufliche Qualifikation oder eine Gruppe verwandter Qualifikationen ausgelegt ist. Ebenfalls als Ausbildungszentrum bezeichnet werden die – in der Regel auf der Ebene der Kammer – eingerichteten überbetrieblichen Ausbildungsstätten, die vorwiegend für den Bereich der gewerblichen Auszubildenden des Handwerks den betrieblichen Ausbildungszentren der Großunternehmungen analoge Funktionen erfüllen.

Zu den *kombinierten Schul- und Ausbildungszentren* können schließlich alle die räumlich konzentrierten Bildungseinrichtungen gezählt werden, in denen berufliche Schulen mit verschiedenen Abschlußqualifikationen zusammengefaßt (*berufliches Schulzentrum*) und mit überbetrieblichen Ausbildungsstätten kombiniert sind. Die standortmäßige Zusammenfassung von beruflichen Lernangeboten für besondere Gruppen (behinderte Jugendliche, Lernschwache, Rehabilitanden) wird häufig ebenfalls mit dem Begriff Ausbildungszentrum benannt.

Der Versuch einer Begriffsbestimmung zeigt die relative Offenheit für inhaltliche Füllungen und Ausprägungen. Besonders hinzuweisen ist in diesem Zusammenhang darauf, daß die räumliche Konkretisierung des Begriffs Schulzentrum nur annäherungsweise erfolgen kann. Zwar sind mit Schul- oder Ausbildungszentren in erster Linie Komplexe von baulichen Anlagen auf einer zusammenhängenden Fläche gemeint, jedoch werden mitunter auch benachbarte selbständige Einrichtungen innerhalb eines Ortsteils, zwischen denen organisatorische Beziehungen oder sogar Verflechtungen im Lehrangebot bestehen, als derartige Zentren bezeichnet.

Gründe für die Entwicklung von Schul- oder Ausbildungszentren. Argumente für die Bildung von Schulzentren lassen sich finden in Überlegungen der Schulbetriebswirtschaft, den regionalen Zugangsbedingungen und der curricularen Reform in Schulen.

Im Zusammenhang mit den erheblichen Anstrengungen im Schulbau in den Jahren nach 1960 wurde zunehmend die Frage rationeller Schulbetriebsorganisation (zum Beispiel in der Verwaltung) und Schulbetriebskosten (zum Beispiel für Ver- und Entsorgung, für Heizung) aufgeworfen. Zudem wurde vielerorts deutlich, daß aus städtebaulichen Gründen und/oder aus Gründen der verfügbaren Flächen Umbauten oder Erweiterungen vorhandener Schulen an ihren Standorten den Bedürfnissen der geänderten Nachfrage quantitativ und qualitativ nicht mehr gerecht werden konnten, so daß für mehrere Bildungsangebote neu geplant und gebaut werden mußte. Als Vorteile einer Zentrumslösung für derartige Neuinvestitionen im Bildungsbereich sind zu nennen: Planung, Kaufverhandlungen und Preisvereinbarungen sowie Erschließung für eine Fläche; gemeinsame Energie- und Heizungsversorgung aller Bauteile; Kostenersparnisse durch gemeinschaftliche Nutzung bestimmter zentraler Dienste im Verwaltungs- und Organisationsbereich selbst bei weiterhin voneinander rechtlich unabhängigen Schulsystemen innerhalb des Zentrums; gegebenenfalls gemeinsame Nutzung bestimmter Spezialräume (zum Beispiel Mediotheken) und schulischer Ergänzungseinrichtungen im Sozial- und Freizeitbereich (zum Beispiel Mensa, Aufenthaltsräume).

Nicht verkannt werden soll auch, daß die Konzeption von Schulzentren Möglichkeiten für großzügige architektonische Gestaltungsideen bot, die aus kommunaler Sicht häufig als neue städtebauliche Akzente erwünscht waren.

Die *regionale Bildungsforschung* hat wiederholt auf den Zusammenhang zwischen der räumlichen Nähe eines Bildungsangebots und der Größe seiner Nachfrage hingewiesen. Gerade in ländlichen Regionen war – und ist – deutlich zu erkennen, daß unterschiedliche Entfernungen der (konkurrierenden) Schulangebote zum Schülerwohnsitz die Entscheidung für die Schulwahl mitbestimmen; die Bildungsbeteiligungsquoten für Hauptschule, Realschule und Gymnasium in ländlichen Gebieten konnten dies hinreichend belegen.

Eine planerische Konsequenz aus diesen Erkenntnissen war – im Hinblick auf die Forderungen nach gleichen Bildungschancen für alle Kinder – die Entwicklung eines Schulstandortsystems, in dem konkurrierende Bildungs- beziehungsweise Abschlußmöglichkeiten für einen bestimmten Einzugsbereich in einem Schul- beziehungsweise Ausbildungszentrum angeboten werden sollten.

Aus der pädagogischen und im weiteren Sinne sozialwissenschaftlichen Diskussion über die Notwendigkeit und die Ziele der *Bildungsreform* soll hier nur festgehalten werden, daß alle Tendenzen in Richtung auf mehr Durchlässigkeit zwischen den Schullaufbahnen, in Richtung auf die Definition stufenbezogener Abschlüsse unter Einschluß berufsqualifizierender Elemente, in Richtung auf Einbeziehung neuer Inhalte in alle Bereiche schulischen Lernens und in Richtung auf schulbezogene, aus der Unterrichtspraxis erwachsende Lehrplanentwicklung eine verstärkte Kooperation zwischen den bislang rechtlich und faktisch getrennten Einzelsystemen bis hin zur teilweisen – oder sogar vollständigen – Integration verlangten beziehungsweise voraussetzten.

Mit dem Bau von Schulzentren sind aber auch weitergehende pädagogische Ziele verfolgt worden, die auf etwas qualitativ anderes als nur auf mehr Wirtschaftlichkeit oder mehr regionale Chancengleichheit gerichtet sind, zum Beispiel die Integration der Schularten in Gesamtschulen. Schulzentrum wurde oft verkürzt mit Gesamtschule im Sinne der integrierten Gesamtschule gleichgesetzt. Kritiker dieses schulpolitischen Konzepts argumentieren dann zugleich oft auch gegen Schulzentren.

Probleme und Kritik der Schulzentren. Unabhängig von grundsätzlichen bildungspolitischen Erwägungen sind Schulzentren dadurch in die Kritik geraten, daß die quantitative Zusammenballung von Schülern und die baulichen Strukturen der Gesamtkomplexe in der Öffentlichkeit für jene Entwicklungen zumindest mitverantwortlich gemacht werden, die als negative Begleiterscheinungen von Großsystemen („Schulfabriken") gelten: Unüberschaubarkeit, Anonymität, Isolierung. Die Kritik an Schulzentren, die in einer Reihe von Einzelfällen sicherlich berechtigt ist, hat nicht dazu geführt, das Konzept selbst in Frage zu stellen. Das Schulzentrum gilt weiterhin als geeignet, auf quantitative und inhaltliche Veränderungen flexibel reagieren zu können. In allen Bundesländern wird daher das Schulzentrum als sinnvolle Lösung bei Schulstandortproblemen angestrebt. Welche Schulformen in ihm vereinigt sein sollen, ist entsprechend den bildungspolitischen Konzeptionen der Bundesländer und im Hinblick auf die Intensität der gewünschten Kooperation oder gar Integration der in ihm zusammengeführten Schulen unterschiedlich.

Die betrieblichen und überbetrieblichen Ausbildungszentren (Lehrwerkstätten, Lehrbüros) werden von den Unternehmungen beziehungsweise von Unternehmerverbänden unter ökonomischen und didaktisch-methodischen Erwägungen dann eingerichtet, wenn eine Ausbildung am Arbeitsplatz den Produktionsprozeß stört und/oder wenn der Erwerb der in den Ausbildungsordnungen vorgesehenen Qualifikationen nicht möglich ist. Zur Verbesserung des quantitativen und qualitativen Ausbildungsangebots beteiligt sich der Staat in erheblichem Umfang an der Finanzierung privat getragener Ausbildungszentren.

Dabei kommt es allerdings zu Konflikten und bildungspolitischen Kontroversen, wenn die mit der öffentlichen Finanzierung verbundenen Auflagen von den privaten Trägern als unangemessene Beeinträchtigung ihrer Gestaltungsfreiheit und als Gefährdung des dualen Systems der Berufsausbildung angesehen werden.

Die geltende Kompetenzverteilung in der Berufsausbildung zwischen Staat und privaten Unternehmungen sowie zwischen Bund und Ländern hat bisher im Sekundarbereich II die Entstehung von Schul- und Ausbildungszentren, in die betriebliche und überbetriebliche Ausbildungsstätten und berufliche Schulen einbezogen sind und in denen auch eine Kooperation mit dem Lernort Betrieb gelingt, behindert. Das läßt sich sowohl an der Entwicklung des Kollegschulversuchs in Nordrhein-Westfalen als auch an den Berliner Oberstufenzentren ablesen.

Perspektiven der Bildungszentren. Schulen und Ausbildungseinrichtungen – besonders jedoch die technisch hochinstallierten Schul- und Ausbildungszentren – sind zunehmend auch zu Stätten der Erwachsenenbildung geworden. Wegen der Bedeutung der Weiterbildung für den einzelnen gerade bei steigender Freizeit und Veränderungen der Arbeitswelt gilt es, diese Funktion der vorhandenen Einrichtungen stärker ins Blickfeld zu rücken und gegebenenfalls vorhandene Nutzungsbegrenzungen abzubauen, um zu Bildungszentren im umfassenden Sinn zu gelangen. Dazu gehört auch die Nutzung dieser stationären Einrichtungen (und ihres Personals) als wohnortnahe Stützpunkte für das Lernen im Medienverbund.

Zu fragen ist schließlich, ob das Schul-, Ausbildungs- und Bildungszentrum stärker als *außerschulisches Aktions- und Begegnungszentrum des Ortes/des Stadtteils* ausgestaltet werden könnte, um auf diese Weise einen neuen Kristallisationskern für das Wohngebiet zu schaffen, nachdem viele solcher alten, häufig informellen Kerne durch ökono-

mische und sozialstrukturelle Veränderungen verlorengegangen sind.

BUNDESMINISTERIUM FÜR BILDUNG UND WISSENSCHAFT (Hg.): Planungshilfen überbetriebliche Ausbildungsstätten. Teilberichte 1–14, Bonn 1974 ff. CASSING, G.: Aufgaben einer koordinierten Planung der sozialen Infrastruktur im Rahmen der kommunalen Entwicklungsplanung, Diss., Hannover 1977. KENNEDY, M.: Die Schule als Gemeinschaftszentrum. Beispiele und Partizipationsmodelle aus den USA. Schulbauinstitut der Länder, Studien 31, Berlin 1976. SCHULBAUINSTITUT DER LÄNDER (Hg.): Kurzinformation 14, Berlin 1978.

Hans-Jürgen Back

Schulen, gewerbliche

Begriff. Der Begriff „Gewerbe" ist nicht eindeutig; rechtlich gesehen ist „Gewerbe" jede planmäßige, auf Gewinn zielende und auf Dauer angelegte selbständige Tätigkeit, soweit sie nicht in der Land- und Forstwirtschaft und in freien Berufen ausgeübt wird. Wirtschaftlich gesehen ist Gewerbe – im Gegensatz zum Handel – die Be- und Verarbeitung von Gütern, also der Oberbegriff von Industrie und Handwerk („gewerbliche Wirtschaft"). Oft wird aber in einem einschränkenden Sprachgebrauch unter Gewerbe das Handwerk verstanden. In der Gewerbeordnung sowie im Handels- und Steuerrecht wird mit verschiedenen Gewerbebegriffen gearbeitet.

Diese Begriffsunsicherheit ist die Ursache dafür, daß auch die Begriffe „gewerbliche Schulen", „gewerbliches Schulwesen", „gewerblich-technisches Schulwesen" und „gewerblich-technisches Bildungswesen" nicht klar sind und deshalb gegenüber früher erheblich an Bedeutung verloren haben: In amtlichen Dokumenten, etwa der Ständigen Konferenz der Kultusminister der Länder in der Bundesrepublik Deutschland (KMK), kommen sie nicht mehr vor. Vielmehr wird zum Beispiel in der Lehrerbildung versucht, das gesamte „berufliche Schulwesen" in folgende auf die „Berufsfelder" rekurrierende „Fach-

richtungen des beruflichen Schulwesens" zu gliedern (vgl. KMK 1974): Metalltechnik, Elektrotechnik, Bautechnik, Gestaltungstechnik, Graphische Technik, Textil- und Bekleidungstechnik, Biotechnik, Chemietechnik, Wirtschaftswissenschaft, Ernährungs- und Hauswirtschaftswissenschaft, Verwaltungswissenschaft, Land- und Gartenbauwissenschaft, Sozialwissenschaft. Die ersten acht *Fachrichtungen* umreißen „horizontal" das Feld der „gewerblichen Schulen".

Die von 1948 bis 1973 in der Bundesrepublik Deutschland bestehende „Deutsche Gesellschaft für gewerblich-technisches Bildungswesen e. V." umgrenzte ihre Aufgaben etwa folgendermaßen:
– horizontal-fachlich: das berufliche Bildungswesen ohne den kaufmännischen, landwirtschaftlichen und hauswirtschaftlichen Zweig,
– vertikal: das berufliche Bildungswesen in der eben angegebenen horizontal-fachlichen Eingrenzung bis einschließlich der Ingenieurschulen; aus dem Hochschulbereich nahm sich die Gesellschaft nur der Gewerbelehrerbildung an.

Die zum 31. 12. 1973 erfolgte Auflösung der „Deutschen Gesellschaft für gewerblich-technisches Bildungswesen" geschah im Hinblick auf die aufgrund des Berufsbildungsgesetzes entstandenen Institutionen des „Bundesinstituts für Berufsbildungsforschung" und des „Bundesausschusses für Berufsbildung"; diese (beziehungsweise inzwischen an ihre Stelle getretene Nachfolgeinstitutionen) beschränkten jedoch ihre Tätigkeit nicht auf „gewerbliche" Ausbildung, sondern erklärten die gesamte nichtakademische Berufsausbildung zu ihrem Aufgabenfeld. Die Auflösung der „Deutschen Gesellschaft" im Jahre 1973 signalisiert somit geradezu das Einschmelzen des „gewerblichen Schulwesens" in das umfassende berufliche Schulwesen bei gleichzeitiger Abgabe der Ingenieurschulen an den Hochschulbereich.

Schultypen. Zu den gewerblichen Schulen zählten und werden zum Teil auch heute noch in nichtamtlichen Veröffentlichungen gerechnet:
Gewerbliche Berufsschulen: Sie stellen die Weiterentwicklung der bis etwa 1920 bestehenden gewerblichen Fortbildungsschulen dar und dienen der Ausbildung von Auszubildenden des Handwerks und der Industrie sowie der der Jungarbeiter und arbeitslosen Jugendlichen. Das Leitbild der Ausbildung war bis in die 20er Jahre der selbständige Handwerksmeister als Kleinunternehmer; es wurde dann vom Leitbild des qualifizierten unselbständigen Facharbeiters abgelöst. Bis zu dieser Wende in der Zielsetzung bestand das Curriculum aus den Fächern Gewerbekunde, Rechnen, Zeichnen und Bürgerkunde. In der meist mit dem Deutschunterricht verbundenen Gewerbekunde wurden gewerberechtliche und wirtschaftskundliche Fragen behandelt sowie Themen aus der Werkstoff-, Werkzeug-, Maschinen- und Arbeitskunde. Im Rechnen wurden die Grundrechnungsarten sowie das „bürgerliche" Rechnen wiederholt und in Aufgaben aus dem gewerblichen Leben angewendet. Im Zeichnen trat das abstrakte Projektionszeichnen immer mehr hinter das Zeichnen von Werkstücken der jeweiligen Berufsgruppe zu-

rück. Während der Weimarer Republik wandelte sich dann das Fächergefüge: In der Fachkunde wurden naturkundliche Grundlagen, Werkstoffkunde, Arbeitskunde und Betriebskunde gelehrt. An das „Leitfach" Fachkunde lehnte sich das neue Fachrechnen an, das weniger Geschäftsrechnen war, sondern zur Vertiefung der Fachkunde dienen sollte. Auch das Zeichnen sollte als „zeichnende Fachkunde" eng mit der Fachkunde verbunden werden; es wies jedoch fast immer einen von der Fachkunde unabhängigen systematischen Unterbau auf.
In dieser Zeit entstand auch eine spezielle *Methodik* für gewerbliche Berufsschulen (Hecker, Gagel, Geißler, Leben, Botsch, Wissing, Hartmann), die anfangs noch sehr das Zeichnen in den Mittelpunkt des gewerblichen Berufsschulunterrichts stellte. In der Zeit des Nationalsozialismus sollten nach 1937 „Reichslehrpläne" für eine Koordination der Ausbildung in Berufsschule und Betrieb sorgen; die Fachkunde entwickelte sich zur Fertigkeits- und Fertigungslehre, denen Fachzeichnen und Fachrechnen untergeordnet waren. Der nicht an allen gewerblichen Berufsschulen eingeführte Werkstattunterricht, der ursprünglich die betriebliche Berufsausbildung ergänzte, wandelte sich zum Vorführ- und Demonstrationsunterricht.
Nach 1945 wurden naturwissenschaftliche und technologische Experimente sowie die Naturwissenschaften überhaupt stärker betont (Stein, Winter, Ruppert). An die Stelle der bisherigen Fächerbezeichnungen traten die Bezeichnungen Technologie, Technische Mathematik, Technisches Zeichnen. Inzwischen sind in einigen Ländern diese Fächer in Lehrgänge mit engerer Thematik aufgelöst worden (zum Beispiel Messen und Prüfen, Hydraulik), die baukastenartig zum Lehrgefüge der modernen Berufsschule zusammengesetzt werden sollen. In einigen Ländern gibt es neben dem „berufstheoretischen" Unterricht noch

die „praktische Fachkunde", in der durch werkstattnahe Versuche die Theorie veranschaulicht und angewendet wird.

Gewerbliche Berufsfachschulen: Gemessen an den kaufmännischen und hauswirtschaftlichen Berufsfachschulen, spielten die gewerblichen Berufsfachschulen nur eine marginale Rolle. Gewerbliche Berufsfachschulen, die eine Lehre voll ersetzten, wurden vor allem im kunsthandwerklichen Bereich errichtet: für Geigenbau, Holz- und Elfenbeinschnitzerei, Glasschleiferei, Schmuckwarenherstellung, Töpferei, Handweberei und ähnliches. „Schmückendes Zeichnen", Gestaltungsübungen und Werkstattunterricht waren und sind für das Curriculum dieser Schulen charakteristisch. Einige die Lehre voll ersetzende gewerbliche Berufsfachschulen widmen sich jedoch seit langem auch der Ausbildung in metall- und, seltener, in baugewerblichen Berufen. Der umfangreiche Werkstattunterricht dieser Schulen hat den Charakter eines Produktionsunterrichts; diese Schulen übernehmen Produktions- und Reparaturaufträge, um praxisnah ausbilden zu können. Der berufstheoretische Unterricht war weniger am Curriculum der Fortbildungs- und Berufsschulen ausgerichtet als vielmehr an dem der Fachschulen. Heute besteht die Tendenz, das erste Jahr dieser Schulen dem Berufsgrundschuljahr anzugleichen und die zwei darauf folgenden Jahre ähnlich wie im dualen System zu gestalten. Meist wird auch ein Teil der Ausbildung der Berufsaufbauschule mit diesen dreijährigen Berufsfachschulen verbunden, so daß die Absolventen die Fachschulreife und eventuell die Fachhochschulreife mit der Abschlußprüfung erlangen können. Die meisten gewerblichen Berufsfachschulen sind aber zweijährige Vollzeitschulen, die nach der neunten Hauptschulklasse (in Hessen und im Saarland schon nach der achten Klasse) besucht werden. Sie führen in der Regel zum mittleren Schulabschluß und werden meist mit einem Jahr auf eine Ausbildung in einem Ausbildungsberuf angerechnet. Vor allem in Baden-Württemberg gibt es zahlreiche einjährige gewerbliche Berufsfachschulen (besonders für Handwerkslehrlinge), deren Schüler zum Teil Vorlehrverträge abgeschlossen haben; dadurch gilt dieses Schuljahr dann als erstes Ausbildungsjahr.

Gewerbliche Fachschulen: Für die Ausbildung von Handwerks- und Industriemeistern gibt es insbesondere in Baden-Württemberg und Bayern einjährige Meisterschulen; die Meister werden jedoch überwiegend in Kursen ausgebildet. Die bedeutendsten gewerblichen Fachschulen sind deshalb heute die der Ausbildung von Technikern dienenden Fachschulen für Technik, die in der Regel in vier Semestern zum Abschluß als „Staatlich geprüfter Techniker" führen. Eintrittsvoraussetzungen sind der Abschluß der Haupt- und Berufsschule sowie eine einschlägige Berufsausbildung und Berufserfahrung (zwei Jahre, bei Teilzeitunterricht ein Jahr).

Die ehemals höheren gewerblichen Fachschulen wurden nach 1968 zu Fachhochschulen erhoben und gehören deshalb nicht mehr zu den „gewerblichen Schulen". Eine offene Frage ist es, inwieweit die Absolventen der Fachhochschulen auf dem Arbeitsmarkt die Techniker verdrängen.

Gewerbelehrerausbildung: Auch den für die gewerblichen Schulen spezifischen Lehrer, den Gewerbelehrer, gibt es nicht mehr. Schon von 1834 an wurden an der Polytechnischen Schule in Karlsruhe „Lehrer im Gewerbsfach" oder „Gewerbslehrer" ausgebildet, deren Zahl jedoch sehr gering war. Später übernahm die Karlsruher Baugewerkschule (Staatstechnikum) diese Ausbildung. Erst kurz vor dem ersten Weltkrieg wurden in größerem Umfang hauptamtliche Fortbildungsschullehrer benötigt und in München, Stuttgart, Berlin und Chemnitz in zuerst einjährigen Kursen ausge-

473

bildet, die von Absolventen höherer gewerblicher Fachschulen und von Volksschullehrern besucht wurden. In den 20er Jahren hießen die Kurse meist „Gewerbelehrerseminare" und in Preußen nach 1928 „berufspädagogische Institute". In einigen Ländern (Baden, Württemberg, Thüringen, Braunschweig, Sachsen, Hamburg) erfolgte aber schon zur Zeit der Weimarer Republik die Ausbildung an wissenschaftlichen Hochschulen. 1942 versuchte der nationalsozialistische Staat, die Gewerbelehrerbildung reichseinheitlich zu ordnen; die Ausbildung der Bewerber – im wesentlichen Absolventen gewerblicher Fachschulen – sollte grundsätzlich in zweisemestrigen berufspädagogischen Instituten erfolgen. Nach 1945 wurden zunächst wieder selbständige Ausbildungsstätten für Gewerbelehrer errichtet (berufspädagogische Institute und Akademien, Hochschulen für Gewerbelehrerbildung). Um 1960 kam es zur Eingliederung des Gewerbelehrerstudiums in die Universitäten in Form eines achtsemestrigen Studiums.

BLÄTTNER, F. u. a. (Hg.): Handbuch für das Berufsschulwesen, Heidelberg 1960. BÖHM, P.: Die Deutsche Gesellschaft für gewerblich-technisches Bildungswesen, Braunschweig 1978. GRÜNER, G.: Die gewerblich-technischen Berufsfachschulen in der Bundesrepublik Deutschland, Weinheim/Berlin 1968. KMK: Rahmenvereinbarung über die Ausbildung und Prüfung für das Lehramt mit Schwerpunkt Sekundarstufe II – Lehrbefähigung für Fachrichtungen des beruflichen Schulwesens. Beschluß vom 5. 10. 1973, Neuwied 1974. MONSHEIMER, O.: Drei Generationen Berufsschularbeit – Gewerbliche Berufsschulen, Weinheim ²1970. MÜLLGES, U.: Beiträge zur Geschichte der Berufsschule, Frankfurt/M. 1970.

Gustav Grüner

Schulen, kaufmännische

Entstehung und Entwicklungsstand. Historisch lassen sich Funktion und Organisation der heutigen kaufmännischen Schulen auf drei Gründungen zurückführen, die als prototypisch für die Entwicklung des gesamten kaufmännischen Bildungswesens angesehen werden können. 1768 wurde in Hamburg eine berufsvorbereitende „Handelsakademie" gegründet, die in der Aufgabenstellung im wesentlichen den heutigen kaufmännischen Berufsfachschulen ähnlich war. 1818 wurde in Gotha von der Wirtschaft eine „Unterrichtsanstalt für Handlungslehrlinge" ins Leben gerufen; sie ist wohl als erste schulische Ausbildungsstätte zu bezeichnen, die die Ausbildung im Betrieb ergänzte und somit den dualen Charakter beruflicher Erstausbildung im kaufmännischen Bereich begründete. Mit der 1831 in Leipzig errichteten „Öffentlichen Handelslehranstalt" wurde die Gothaer Form der berufsbegleitenden Teilzeitschule für in betrieblicher Ausbildung stehende junge Menschen mit der Hamburger Form der berufsvorbereitenden Vollzeitschule organisatorisch verbunden. Diese Leipziger Konstruktion hat auf die Entwicklung des kaufmännischen Schulwesens beispielhaft gewirkt.

Die heutigen kaufmännischen Schulen können als offenes Schulsystem im Sekundarbereich unseres Bildungswesens begriffen werden. Sie treten häufig als organisatorische Einheit von beruflichen Teilzeit- und Vollzeitschulen auf, die in der Regel nicht mehr in sogenannte Bildungssackgassen führen, sondern durch aufeinander abgestimmte Abschlüsse vertikal wie auch horizontal durchlässig sind. Ihnen allen ist gemeinsam, daß ihre Curricula im wesentlichen von Inhalten des Berufsfeldes Wirtschaft und Verwaltung und des Wissenschaftsgebietes der Betriebs- und Volkswirtschaftslehre bestimmt werden. Über ein Fünftel der 2,6 Millionen Schüler, die den Sekundarbereich II besuchen, werden in kaufmännischen Teilzeit- und Vollzeitschulen unterrichtet. Drei Viertel der etwa 635 000 Schüler kaufmännischer Schulen besuchen Teilzeitschulen (vor allem die kaufmännische Berufsschule). Charakteristisch für die kaufmännischen Schulen ist der relativ hohe Anteil (fast zwei Drittel) der Mädchen an der Gesamtzahl der Schüler. Die Zahl der wirtschaftswissenschaftlich ausgebildeten Lehrer dürfte sich auf etwa 20 000 bis 22 000 belaufen (vgl. BUNDESMINISTER FÜR BILDUNG UND WISSENSCHAFT 1980, S. 80 ff.).

Berufsgrundschule für das Berufsfeld Wirtschaft und Verwaltung. Die Überlegungen zur Einführung eines Berufsgrundbildungsjahres im Sekundarbereich II gehen bis in die frühen 60er Jahre zurück, in denen angesichts des raschen Wandels in Wirtschaft und Verwaltung und des Einsatzes neuer Technologien eine breit angelegte kaufmännisch-wirtschaftliche Berufsgrundbildung gefordert wurde, die weder an Branchen noch an Funktionen gebunden sein sollte. Hinsichtlich der organisatorischen Gestaltung des Berufsgrundbildungsjahres für das Berufsfeld Wirtschaft und Verwaltung wird inzwischen wegen des hohen Theorieanteils der ökonomischen Lehr- und Lerninhalte zum einen die Meinung vertreten, daß das kaufmännische Berufsgrundbildungsjahr am besten in der Schule (vollzeitschulische Form) durchgesetzt werden könne. Zum andern wird von Vertretern der dualen Ausbildung in Schule und Betrieb gegen die rein schulische Lösung der mangelnde Bezug zur Wirtschaftspraxis geltend gemacht und die dual-kooperative Form des Berufsgrundbildungsjahres verlangt. Um den möglichen Anforderungen der Praxis besser entsprechen zu können, sind nach der Berufsgrundbildungsjahr-An-

rechnungs-Verordnung von 1978 und dem entsprechenden Rahmenlehrplan der Kultusministerkonferenz für den berufsfeldbezogenen Lernbereich im Berufsfeld Wirtschaft und Verwaltung folgende drei Schwerpunkte vorgesehen: Absatzwirtschaft und Kundenberatung, Bürowirtschaft und kaufmännische Verwaltung sowie Recht und öffentliche Verwaltung. Danach umfassen die Stundentafeln für die vollzeitschulische Form des Berufsgrundbildungsjahres (Berufsgrundschuljahr) in der Regel folgende Lernbereiche: die berufsfeldübergreifenden Lernbereiche Religionslehre/Ethik, Deutsch, Sozialkunde, Sport und die berufsfeldbezogenen Lernbereiche für alle drei Schwerpunkte: Betriebswirtschaft, Volkswirtschaft, Buchführung, Wirtschaftsmathematik einschließlich Statistik, Informationsverarbeitung und Maschinenschreiben. Dazu kommen je nach Schwerpunktwahl: Wirtschaftsrecht, Marketing und Werbung oder Bürowirtschaft und Maschinenschreiben beziehungsweise Kurzschrift oder Recht und Verwaltung. Für die kooperative Form des Berufsgrundbildungsjahres sind die Ausbildungsordnungen für die betriebliche Ausbildung und die darauf abgestimmten Rahmenlehrpläne für den schulischen Unterricht maßgebend. Durch die entsprechende Berücksichtigung von Wahlfächern wird es möglich, den Schülern Förderunterricht anzubieten, der den Eintritt in weiterführende kaufmännische Schulen (zum Beispiel Berufsaufbauschule oder Fachoberschule) ermöglicht. Der schulische Unterricht soll bei der kooperativen Form des Berufsgrundbildungsjahres nach Möglichkeit als Blockunterricht (Wechsel von Perioden schulischen Unterrichts mit Perioden betrieblicher Ausbildung) organisiert sein. Probleme ergeben sich aus dem Theorie- und Praxisverhältnis in der kaufmännischen Grundbildung, aus der didaktischen Abstimmung zwischen Betrieb und Schule und schließlich aus der Anrechnungsverordnung, die bestimmt, in welchem Umfang das schulische Berufsgrundbildungsjahr auf die Ausbildungszeit anzurechnen ist.

Die Alternative zwischen vollzeitschulischer und kooperativer Form des Berufsgrundbildungsjahres steht im Brennpunkt bildungspolitischer und wissenschaftlicher Kontroversen. Sollte die Voraussetzung zutreffen, daß kaufmännische und bürowirtschaftliche Lerninhalte weniger fertigkeitsbetont als vielmehr theoriebestimmt sind, dann allerdings wäre der vollzeitschulischen Form des Berufsgrundbildungsjahres im Berufsfeld Wirtschaft und Verwaltung der Vorzug zu geben.

Die kaufmännischen Berufsschulen. Im Rahmen der kaufmännischen Schulen ist die kaufmännische Berufsschule in Teilzeitform die Schule mit der größten Schüler- beziehungsweise Auszubildendenzahl. Fast drei Viertel der Schüler kaufmännischer Schulen besuchen die kaufmännische Berufsschule. Zwei Drittel ihrer Schülerschaft sind weiblichen Geschlechts. In der kaufmännischen Berufsschule werden die angehenden Waren-, Bank-, Versicherungs-, Dienstleistungs-, EDV-Kaufleute, die Auszubildenden der Verkehrsberufe, der Wirtschafts- und Steuerberatungsberufe sowie der Büroberufe unterrichtet. Daneben werden je nach Bedarf Fachklassen für Verwaltungsangestellte, Rechtsanwalts-/Notargehilfen, Dienstleistungsfachkräfte im Postbetrieb (vormals Postjungboten) und andere unterrichtet.

Obgleich die kaufmännischen Ausbildungsordnungen grundsätzlich auf dem Hauptschulabschluß aufbauen, ist in den letzten Jahren festzustellen, daß der Anteil der Hauptschüler ständig zurückgeht und der Anteil der Realschüler, Gymnasiasten und Abiturienten an der Gesamtzahl der kaufmännischen Auszubildenden zunimmt. So gibt es Ausbildungsberufe, die bis zu 90 % von Schülern mit mittlerem Schulabschluß oder

dem Abitur besetzt sind (zum Beispiel Bankkaufleute, Versicherungskaufleute und Buchhändler). Dagegen überwiegen zum Beispiel im Bereich Einzelhandel noch die Hauptschüler. Diese Entwicklung wird noch nicht hinreichend bei der curricularen Gestaltung des Unterrichts der kaufmännischen Berufsschule berücksichtigt. Es wird immer noch davon ausgegangen, daß die kaufmännische Berufsschule generell eine auf Hauptschulwissen aufbauende Schule sei. In organisatorischer Hinsicht kann man folgende Erscheinungsformen kaufmännischer Berufsschulen unterscheiden:

– Kaufmännische Berufsschulen gibt es in *organisatorisch eigenständiger Form*. Sie sind mit anderen (zum Beispiel kaufmännischen) Schultypen verbunden und kommen vor allem in Ballungsgebieten beziehungsweise in Großstädten vor.

– Kaufmännische Berufsschulen können Teil einer *mehrzweigigen Berufsschule* sein; hierbei handelt es sich in der Regel um Kreisberufsschulen mit eigener Abteilung für den kaufmännischen Bereich.

– Kaufmännische Berufsschulen kommen auch im Rahmen *kaufmännischer Schulzentren* vor. Neben der kaufmännischen Berufsschule sind hier noch kaufmännische Berufsaufbauschulen, niedere und höhere kaufmännische Berufsfachschulen, Fachoberschulen der Fachrichtung Wirtschaft, Wirtschaftsgymnasien eingerichtet.

– Kaufmännische Berufsschulen in *beruflichen Schulzentren* sind verbunden mit weiteren beruflichen Schultypen anderer Wirtschaftszweige und verschiedenen Niveaus.

– Ferner erfolgt versuchsweise eine Eingliederung der bisherigen kaufmännischen Berufsschule in die Oberstufe der *Gesamtschule.*

Dieses facettenreiche Erscheinungsbild der Organisationsformen kaufmännischer Berufsschulen ist auf die enge Verbundenheit dieser Schulen mit der Wirtschafts- und Beschäftigtenstruktur ihrer Einzugsregion zurückzuführen. Die Selbständigkeit der Schule, ihre Verbundenheit mit anderen Schultypen sowie die Klassenbildung nach Ausbildungsberufen hängt weitgehend von der Zahl der in den verschiedenen Ausbildungsberufen stehenden Schüler für ein Einzugsgebiet ab. Weil diese Wechselwirkungen bestehen, droht der kaufmännischen Berufsschule durch generell verordnete Maßnahmen die Gefahr, ihr regional begründetes Profil zu verlieren. Der Verlust dieses Profils hätte zur Folge, daß sie im wesentlichen nicht mehr ihren Ausbildungsauftrag für die Jugendlichen ihrer Region zu erfüllen vermag. Die gegenwärtige Stellung der kaufmännischen Berufsschule im dualen Ausbildungssystem ist ständiger Kritik ausgesetzt. Einmal wird dafür plädiert, die kaufmännische Berufsschule zugunsten einer rein betrieblichen Ausbildung ganz abzuschaffen, dann wieder wird gefordert, gerade in Berufen des Berufsfeldes Wirtschaft und Verwaltung mehr Vollzeitschulen für die berufliche Erstqualifikation einzurichten. Und schließlich wird für die Beibehaltung und den Ausbau des bestehenden dualen Systems eingetreten.

Die sich gegenwärtig vollziehende Neuordnung der beruflichen Ausbildung geht von dem bestehenden System aus. So ignorieren die abgestimmten Ausbildungsordnungen und Rahmenlehrpläne für die stark besetzten kaufmännischen Ausbildungsberufe Versicherungskaufmann, Industriekaufmann, Kaufmann im Groß- und Außenhandel, Schifffahrtskaufmann und Bankkaufmann die Gliederung der beruflichen Erstausbildung in eine Stufe beruflicher Grundbildung und in die sich daran anschließenden Stufen der Fachbildung. Die Einführung des Berufsgrundbildungsjahres wird also nicht berücksichtigt und so die volle Anrechnung des Berufsgrundbildungsjahres im ersten Ausbildungsjahr sehr erschwert. Vor allem scheint die zeitliche Abstimmung der betrieblichen Ausbildung mit den Lehrplänen der kaufmännischen Berufsschule noch unzureichend gelöst zu sein. Eine erfolgreiche sachliche und zeitliche Abstimmung von Ausbildungsordnungen und Rahmenlehrplänen für einzelne kaufmännische Ausbildungsberufe verlangt die Kooperation zwischen den einzelnen Ausbildungsbetrieben und den zuständigen Berufsschulen. Ob im kaufmännischen Bereich der sogenannte Blockunterricht generell die Abstimmungsschwierigkeiten mindern oder gar beseitigen kann, ist endgültig noch nicht zu beantworten.

Kaufmännische Berufsfachschulen. Die kaufmännischen Berufsfachschulen sind Vollzeitschulen von mindestens einjähriger Schulbesuchsdauer. Sie bereiten in der Regel auf eine kaufmännische beziehungsweise verwaltende berufliche Tätigkeit vor, das heißt, sie vermitteln ihren Schülern eine kaufmännisch-wirtschaftliche Grundbildung und sollen die allgemeine Bildung fördern. Im kaufmännischen Bereich gibt es vor allem zwei Formen kaufmännischer Berufsfachschulen: die Handelsschulen, die von der Hauptschule aus in der Regel zweijährig zu einem mittleren Bildungsabschluß führen, und die höheren Handelsschulen, die auf einem mittleren Bildungsabschluß bis hin zum Abitur aufbauen und in einigen Fällen zu besonderen Berufsabschlüssen, wie „Staatlich geprüfter Wirtschaftsassistent", führen. Während die Entwicklung der Handelsschule stagniert – sie steht in Konkurrenz vor allem zur Realschule –, scheinen sich die schon seit 150 Jahren bestehenden höheren Handelsschulen kräftig auszudehnen. Obgleich die höheren Handelsschulen in ihren Erscheinungsformen und Benennungen unterschiedlich auftreten, ist ihnen allen gemeinsam, daß sie als Eingangsvoraussetzung

in der Regel einen mittleren Bildungsabschluß verlangen. In Hessen und Niedersachsen ist die höhere Handelsschule
einjährig, in Bremen, Nordrhein-Westfalen, Rheinland-Pfalz und im Saarland
ist sie zweijährig, in Baden-Württemberg, Hamburg und Schleswig-Holstein
ein- und zweijährig. Hinsichtlich der Bezeichnungen ist festzustellen, daß neben
der Bezeichnung höhere Handelsschule
noch folgende andere Benennungen gebraucht werden, zum Beispiel kaufmännisches Berufskolleg, Berufsfachschule
für Wirtschaft und Verwaltung, Berufsfachschule für Wirtschaftsassistentin-
nen. Die Abschlußberechtigungen dieser
Schulen sind vielfältig. Sie reichen von
der Fachhochschulreife bis zur Prüfung
als Wirtschaftsassistent oder fremdsprachliche Sekretärin. Aufgrund der
Berufsfachschul-Anrechnungs-Verordnung kann unter bestimmten Voraussetzungen ein Jahr auf die Ausbildungszeit
in einem Ausbildungsberuf angerechnet
werden. Für die Gestaltung des Curriculums wird zur Zeit die Frage erörtert, ob
im 12. Schuljahr durch die höhere
Handelsschule eine Differenzierung
nach Schwerpunkten erfolgen soll (so
wie das in einigen Ländern schon mit
sogenannten Wahlpflichtbereichen Se-
kretariat, Fremdsprache, Wirtschaft und
Verwaltung erfolgt ist) oder ob ein Ein-
heitscurriculum ohne Schwerpunktbildung angewendet werden soll. Hierfür
spricht die Tatsache, daß schulische
Ausbildungsprofile kaum in Einklang
mit dem sich schnell wandelnden Anforderungsprofil des Beschäftigungssystems zu bringen sind und daß frühzeitige Spezialisierung die Polyvalenz
eines Abschlusses und damit die berufliche Mobilität des Absolventen beeinträchtigt.

Kaufmännische Berufsaufbauschulen.
Sie haben das Ziel, eine über die kaufmännische Berufsschule hinausgehende
allgemeine und fachtheoretische Bildung zu vermitteln. Sie führen zu einem
mittleren Bildungsabschluß (Fachschulreife) und ermöglichen es vor allem den
Hauptschülern mit abgeschlossener Berufsausbildung, weiterführende kaufmännische berufliche Schulen, die auf
einem mittleren Bildungsabschluß aufbauen, zu besuchen. Die Berufsaufbauschule ist sowohl als Vollzeit- wie auch
in einem entsprechend längeren Zeitraum als Teilzeitschule organisiert. Die
Schwierigkeit ihrer curricularen Gestaltung wird zum einen dadurch verursacht, daß sie in der allgemeinen Bildung auf dem Hauptschulunterricht
aufzubauen hat und, zum anderen, auf
den Besuch weiterführender kaufmäni-
scher beruflicher Schulen vorbereiten
soll.

**Fachoberschule für Wirtschaft und Ver-
waltung.** Die Fachoberschule im kaufmännischen Bereich ist eine Vollzeitschule. Sie vermittelt neben allgemeinem Wissen fachtheoretische und fachpraktische Kenntnisse. In Klasse 11 erfolgen fachpraktische Ausbildung und
schulischer Unterricht, in Klasse 12 ausschließlich theoretischer Unterricht. Die
staatliche Abschlußprüfung verleiht die
Fachhochschulreife, berechtigt also zum
Eintritt in eine Fachhochschule. In einigen Bundesländern besteht die Absicht,
die Fachoberschule derart weiter zu entwickeln, daß sie Doppelqualifikation
verleihen kann, das heißt, ihre Absolventen könnten in diesem Fall den Abschluß in einem anerkannten Ausbildungsberuf und die Fachhochschulreife
zusammen erwerben.

**Wirtschaftsgymnasium und Berufsober-
schule Fachrichtung Wirtschaft.** Das
Wirtschaftsgymnasium, das aus der ehemaligen Wirtschaftsoberschule hervorgegangen ist, vermittelt eine wirtschafts-
wissenschaftliche Grundbildung (Be-
triebswirtschafts- und Volkswirtschaftslehre sowie Recht und Datenverarbeitung), die in drei Jahren die Schüler zur
fachgebundenen beziehungsweise allge-

meinen Hochschulreife führt. Ihren besonderen Charakter erhält diese gymnasiale Schulform dadurch, daß sie seit ihrem fast 50jährigen Bestehen die Doppelaufgabe zu erfüllen hat, ihre Absolventen sowohl auf das Studium als auch auf den Eintritt in die mittlere Führungsebene der Wirtschaft und Verwaltung vorzubereiten. Erörtert und in einzelnen Schulversuchen erprobt wird denn auch, unter welchen curricularen Bedingungen eine Doppelqualifizierung der Wirtschaftsgymnasiasten erfolgen kann.

Die Berufsoberschulen mit der Ausbildungsrichtung Wirtschaft sind kaufmännische Vollzeitschulen, die in zwei Jahren ihre Absolventen zur fachgebundenen beziehungsweise bei entsprechenden Zusatzprüfungen zur allgemeinen Hochschulreife führen. Zugelassen werden Bewerber, die eine abgeschlossene Berufsausbildung beziehungsweise eine entsprechende Berufspraxis *und* einen mittleren Bildungsabschluß nachweisen können. Im Vergleich zu den anderen Gymnasien wird in diesem Schultyp versucht, im Unterricht auch an die vorausgegangene Berufsausbildung beziehungsweise Berufstätigkeit der Schüler anzuknüpfen. Berufsoberschulen gibt es zur Zeit in Baden-Württemberg und Bayern.

Kaufmännische Fachschulen (Fachschulen für Wirtschaft). Die kaufmännischen Fachschulen sollen berufliches Wissen und Können ergänzen und vertiefen. Ihr Standort im Bildungssystem ist umstritten. Teils werden sie der Sekundarstufe II zugeordnet, teils werden sie als Einrichtung beruflicher Erwachsenenbildung dem Weiterbildungsbereich zugeordnet. Aufgenommen werden Bewerber mit abgeschlossener Berufsausbildung oder einer entsprechenden beruflichen Qualifikation. Nach erfolgreichem Besuch eines mindestens einjährigen Vollzeitunterrichts (bei Teilzeitschulen verlängert sich diese Zeit) wird zum Beispiel der Titel „Staatlich geprüfter Betriebswirt" verliehen.

Berke, R. u. a.: Die kaufmännischen Berufsschulen in der Bundesrepublik Deutschland, Frankfurt/Bern/Las Vegas 1977. Bundesminister für Bildung und Wissenschaft (Hg.): Grund- und Strukturdaten 1980/81, Bonn 1980. Löbner, W. u. a.: Handbuch für das kaufmännische Schulwesen, Darmstadt 1963.

Rolf Berke

Schulen, landwirtschaftliche

Begriff. Unter „landwirtschaftlichen Schulen" werden im folgenden Bildungseinrichtungen verstanden, die entweder mit einer Lehrgangsdauer von über vier Monaten berufliche Erstausbildung vermitteln oder die auf dieser Erstausbildung aufbauen und damit zum Bereich der Fachschulen gehören oder die als Fachhochschulen oder wissenschaftliche Hochschulen einer weiterführenden Bildung dienen. Daneben finden sich andere Bildungseinrichtungen, zum Beispiel die ländlichen Heimvolkshochschulen, doch sind ihre Lehrgänge von kürzerer Dauer. Im folgenden werden vornehmlich die Schulen zur beruflichen Erstausbildung und die Fachschulen berücksichtigt.

Geschichte. Das landwirtschaftliche Schulwesen entstand, als im Gefolge der Aufklärung die durch die grundherrliche Agrarverfassung bedingten Behinderungen einer freien Landnutzung aufgehoben wurden und damit ein Anreiz zur Produktionssteigerung entstand und als die zunehmenden Erkenntnisse der Naturwissenschaften zu durchdachteren

Produktionsverfahren nötigten. Zu einer örtlich begrenzten Aufnahme landwirtschaftlicher Lerninhalte in den Unterricht der Volksschule kam es in der zweiten Hälfte des 18. Jahrhunderts. Merkantilismus, Philanthropinismus und Physiokratismus begünstigten die Entwicklung der Landwirtschaft. Ende des 18. Jahrhunderts entstanden die ersten landwirtschaftlichen Lehranstalten, weitere kamen zu Beginn des 19. Jahrhunderts hinzu. Sie wurden in der Regel als Akademien bezeichnet. Da sie ein hohes Niveau hatten und ihr Besuch mit hohen Kosten verbunden war, wurden sie vornehmlich von Gutsbesitzerssöhnen besucht. Andererseits entstanden nach dem Vorbild der 1804 von Fellenberg in Hofwyl geschaffenen und von Wehrli weitergeführten Schulen allmählich zweijährige praktische, praktisch-theoretische und theoretische Ackerbauschulen. Wegen der relativ langen Lehrgangsdauer von zwei Jahren fanden sie ebenfalls nur geringen Zuspruch. Um die breite Masse des bäuerlichen Nachwuchses besser fördern zu können, nahm man landwirtschaftliche Lerninhalte auch in den Unterricht der Sonntagsschule auf, außerdem wurden die Akademien umgeformt. Die erste dieser neuen Anstalten war das „Herzoglich Nassauische Institut" zu Idstein, das später nach Hof Geisberg verlegt wurde. Der Unterricht blieb zweijährig. Diese Schulen nannten sich zunächst „Landwirtschaftsschulen" später „Höhere Landwirtschaftsschulen". In Anlehnung hieran wurden dann von etwa 1870 an zahlreiche Schulen gegründet, die jedoch ihren Unterricht auf zwei Winterhalbjahre beschränkten und nun den Namen „Landwirtschaftsschule" annahmen.

Die ersten Anfänge einer landwirtschaftlichen Lehre finden sich um 1900. Sie war zunächst in zwei zweijährige Abschnitte geteilt, die nach 1945 zu einer dreijährigen Lehre zusammengefaßt wurden. Die Lehre in Landwirtschafts-betrieben wird von der landwirtschaftlichen Berufsschule begleitet. Diese entwickelte sich, wie andere Berufsschularten, aus der Fortbildungsschule, die ihrerseits auf die Sonntagsschule zurückgeführt werden kann. Ländliche Berufsschulen gibt es seit 1935; die Bezeichnung „Landwirtschaftliche Berufsschule" ist erst 1942 eingeführt worden. Die Berufsschule ordnete sich zwischen der damaligen Volksschule und der Landwirtschaftsschule ein.

Weitere Änderungen ergaben sich nach 1945. So kam die Berufsfachschule als zweijährige Berufsvorschule in Vollzeitform hinzu. Das erste Ausbildungsjahr der dreijährigen Lehrzeit wurde zum Berufsgrundbildungsjahr umgestaltet. Die Berufsaufbauschule wurde geschaffen, um Abgängern der Hauptschule einen Bildungsaufstieg zu ermöglichen. Auf der Fachschulebene entstanden in einigen Bundesländern auch Technikerschulen. Außerdem ist das Bestreben erkennbar, durch vermehrte Zusatzangebote die Durchlässigkeit zum Fachhochschulbereich zu verbessern und durch die Aufnahme des Unterrichtsfaches „Arbeits- und Berufspädagogik" Voraussetzungen für die Ausbildereignungsprüfung oder die Meisterprüfung zu vermitteln.

Schulen auf der Stufe der beruflichen Erstausbildung. Die beiden wichtigsten im Dienst der agrarisch-beruflichen Erstausbildung stehenden Schulformen sind die Berufsschule als Teilzeit-Pflichtschule und die Berufsfachschule als berufliche Vollzeitschule. *Berufsfachschulen* sind zumeist zweijährig, seltener einjährig. Sie vermitteln Wissen und praktische Fähigkeiten ihres Bereichs. Unter bestimmten Voraussetzungen kann der Absolvent die Fachschulreife erlangen. Eine anschließende Berufsausbildung ist in der Regel um ein Jahr verkürzt. Die zweijährige Berufsfachschule für Landwirtschaft in Nordrhein-Westfalen sieht in jedem der beiden Jahre 34

Wochenstunden vor, von denen 13 Stunden auf den obligatorischen allgemeinbildenden Bereich (Religionslehre: zwei, Politik: zwei, Deutsch: drei, Englisch: vier und Sport: zwei), 19 Stunden auf den obligatorischen Schwerpunktprofilbereich (Wirtschaftslehre: zwei, Mathematik: drei, Physik: zwei, Chemie: zwei, Produktionstechnik: vier und schwerpunktbezogene Praxis: sechs) sowie zwei Stunden auf den Wahlpflichtbereich (Zusatzfach/Förderkurs mit mindestens einer Stunde aus dem Schwerpunktbereich) entfallen.

Im Bereich der Berufsfachschulen ist als Folge der Einführung des Berufsgrundbildungsjahres als erstes Jahr der beruflichen Erstausbildung und der in einigen Ländern eingeleiteten oder geplanten Verlängerung der Hauptschule bis zum zehnten Schuljahr mit stärkeren Veränderungen zu rechnen.

Schulen der Fachschulstufe. Der agrarische Sektor verfügt über rund 400 Fachschulen mit etwa 12 000 Schülern. Etwa die Hälfte der Schulen sind landwirtschaftliche Fachschulen (Landwirtschaftsschulen). Ihre Zahl verminderte sich seit 1960 (520) im Zusammenhang mit den Strukturänderungen in der Landwirtschaft erheblich; inzwischen ist eine Stabilisierung erfolgt. Eine ähnliche Entwicklung vollzog sich bei den jetzt rund 160 Fachschulen für die ländliche Hauswirtschaft. Etwa 20 von ihnen bilden zur Wirtschafterin aus. Der Gemüse-, Obst- und Gartenbau verfügt über etwas mehr als 20 Fachschulen. Weniger als zehn Fachschulen entfallen jeweils auf den Weinbau, die Forst- und Holzwirtschaft und die Milchwirtschaft. Die Tendenz geht durchweg zu einer Verlängerung der Lehrgangsdauer, bei den Landwirtschaftsschulen von früher zwei aufeinanderfolgenden Wintersemestern zur Einbeziehung des Sommersemesters, bei den übrigen Fachschulen von zum Teil noch einsemestrigen zu zwei- bis viersemestrigen Lehrgängen.

Ziel des Unterrichts der Landwirtschaftsschule ist es, zum landwirtschaftlichen Betriebsleiter und Unternehmer zu qualifizieren. Die Jugendlichen sollen befähigt werden, die Produktion in den einzelnen Betriebszweigen nach fachtechnischen und kaufmännischen Gesichtspunkten optimal vorzunehmen, die Arbeitskräfte einzusetzen und die Arbeitshilfsmittel zu organisieren, die Möglichkeiten des günstigsten Absatzes der Produktion wahrzunehmen, die Wirtschaftlichkeit des Betriebes zu überprüfen und in Verbindung mit der landwirtschaftlichen Beratung (Wirtschaftsberatung) notwendige Änderungen der Betriebsorganisation durchzuführen. Die Ausbildung in den Fachschulen für die Hauswirtschaft erfolgt mit dem Ziel, zur Führung eines landwirtschaftlichen Haushaltes zu befähigen.

In der Entwicklung der Landwirtschaftsschule zeigt sich eine Zunahme der Unterrichtsfächer, die der landwirtschaftlichen Betriebsführung dienen (Betriebslehre, Arbeitslehre, Volkswirtschaft, Rechts- und Steuerkunde, Agrarpolitik, Marktlehre). Während 1876 hierauf 8,3 % der Gesamtstunden entfielen, waren es 1978 rund 30 %. Einen ähnlichen Zuwachs verzeichneten die Fächer der landwirtschaftlichen Produktionslehre, nämlich von 13,9 % im Jahre 1876 auf 26,7 % 1978. Auf die Hilfswissenschaften kamen 1876 26,4 %, 1978 20 %. Im genannten Zeitraum verminderte sich der Anteil des allgemeinbildenden Unterrichts von 45,8 auf 20 %. Die restlichen Stunden entfielen auf sonstige Unterrichtsfächer. Diese Veränderung ist eine Folge der Ausweitung des landwirtschaftlichen Unterrichts, der sich aus den gestiegenen Anforderungen an den landwirtschaftlichen Betriebsleiter erklärt und aus der Tatsache, daß die Landwirtschaftsschule zu rund 90 % von Jugendlichen besucht wird, die Aussicht haben, den elterlichen Betrieb oder den von Verwandten zu übernehmen. In der Regel endet der

481

Schulbesuch mit einer staatlichen Prüfung und der Verleihung der Berufsbezeichnung „Staatlich geprüfter Wirtschafter für Landbau".

Ähnlich strukturiert sind die Fachschulen für Gartenbau und für Weinbau. Im Gartenbau findet sich eine Spezialisierung, zum Beispiel Produktionsgartenbau, Garten- und Landschaftsbau oder Friedhofsgärtnerei. Der Unterricht geht über zwei Theoriesemester (zumeist in den Winterhalbjahren), denen in einigen Bundesländern ein Praxissemester zwischengeschaltet ist. Diese Fachschulen, ähnlich auch die Fachschulen für Milchwirtschaft und Molkereiwesen, enden in einigen Bundesländern ebenfalls mit einer staatlichen Schlußprüfung und der Verleihung der Berufsbezeichnung „Staatlich geprüfter Wirtschafter" mit Angabe des Fachgebietes (zum Beispiel Gartenbau). Die Fachschulen der Forst- und Holzwirtschaft sind in der Regel zweijährig und haben die Aufgabe, den Nachwuchs des gehobenen Forstdienstes auszubilden. Die Fachschule für Dorfhelferinnen umfaßt zwei Theorie- und zwei Praxissemester. Die Ausbildung endet mit einer staatlichen Abschlußprüfung und berechtigt zum Tragen der Berufsbezeichnung „Staatlich geprüfte Dorfhelferin".

Die Aufsicht über die Fachschulen des Agrarbereichs liegt beim Kultusministerium des jeweiligen Bundeslandes, zum Teil auch die Trägerschaft, so daß die Fachschulen hier staatliche Schulen sind. In anderen Bundesländern liegt die Trägerschaft bei den Landwirtschaftskammern, die zum Teil staatliche Zuwendungen erhalten, insbesondere zu den Personalkosten.

Zumeist finden sich diese Schulen im Rahmen einer Institution, die auch die Wirtschaftsberatung, also die Beratung in der Landwirtschaft, im Gartenbau oder im Weinbau übernimmt (zum Beispiel „Landwirtschaftsschule und Wirtschaftsberatungsstelle" oder – in Süddeutschland – „Landwirtschaftsamt").

Unterschiedlich sind die Auffassungen darüber, ob die Lehrer auch zukünftig neben ihrem Unterricht in der Beratung tätig sein oder ob diese Aufgaben allein hauptamtlichen Beratern übertragen werden sollen. Da durch die Beratung eine hohe Praxisverbundenheit erreicht wird, hat sich die völlige Abtrennung der Beratung von der Lehrertätigkeit im Bundesgebiet nicht durchgesetzt. In diesem Zusammenhang ist auch die Frage von Bedeutung, ob der Fachschulunterricht ganzjährig sein, also das Sommerhalbjahr einschließen soll. Da die Schüler im Sommerhalbjahr im elterlichen Betrieb nicht ganz zu entbehren sind, hat sich diese Lösung ebenfalls nicht voll durchsetzen können, allenfalls als Praxissemester mit geringem theoretischem Unterricht. In diesem Falle bietet sich ebenfalls das Beibehalten einer begrenzten Versuchs- und Beratungstätigkeit an.

In einigen Bundesländern finden sich auf der Ebene der Fachschulausbildung weiterhin grundständige zweijährige Technikerschulen für Landbau, desgleichen für Gartenbau oder für Weinbau. Ihre Aufgabe besteht in der Ausbildung für mittlere Führungsfunktionen im landwirtschaftlichen oder entsprechenden Dienstleistungsbereich. Zulassungsbedingungen und Aufteilung der Lehrgegenstände orientieren sich an der „Rahmenordnung für die Ausbildung von Technikern" der Ständigen Konferenz der Kultusminister der Länder in der Bundesrepublik Deutschland. Der Unterricht wird mit einer staatlichen Technikerprüfung abgeschlossen, mit deren Bestehen die Berufsbezeichnung „Staatlich geprüfter Techniker" mit Angabe der Fachrichtung verliehen wird. Den Technikerschulen entsprechen die zweijährigen Fachschulen für Gartenbau, die es in einigen Bundesländern gibt. Sie verleihen die Berufsbezeichnung „Staatlich geprüfter Techniker für Gartenbau".

In den meisten Bundesländern findet

sich im Anschluß an die zwei- bis dreisemestrige Fachschule noch eine zweisemestrige Aufbaustufe (Fachschulstufe II), die als „Höhere Landbauschule", in Niedersachsen unter Einbeziehung des ersten Jahres als „Zweijährige Fachschule – Landbau", für die Hauswirtschaft als „Höhere Fachschule für Hauswirtschaft und Ernährung" (oder ähnlich) bezeichnet wird. Zulassungsvoraussetzungen sind mittlere Reife oder gleichwertiger Bildungsabschluß, einschlägige Lehrabschlußprüfung, Abschluß der Landwirtschafts- oder entsprechender Fachschule und mindestens dreijährige Berufspraxis. Im landwirtschaftlichen Bereich wird mit der bestandenen Abschlußprüfung die Berufsbezeichnung „Staatlich geprüfter Landwirt" verliehen. Im Gegensatz zu den grundständigen Technikerschulen dient diese Aufbauform in der Hauptsache der Vorbereitung auf die Leitung größerer Betriebe.

In Bayern gibt es außerdem eine staatliche „Fachakademie für Landwirtschaft – Fachrichtung Landbau". Sie setzt die mittlere Reife, einen einschlägigen Lehrabschluß und ein Jahr Praxis voraus. Der Unterricht erstreckt sich über sechs Semester und bereitet auf gehobene landwirtschaftsnahe Tätigkeiten vor. Eine Ergänzungsprüfung vermittelt die Fachhochschulreife. Wird diese mit der Note „sehr gut" abgelegt, wird die fachgebundene Hochschulreife zuerkannt. Entsprechendes gilt für die Fachrichtung Hauswirtschaft und Ernährung.

Das Fachschulwesen des Agrarbereichs verdeutlicht in seiner Vielgestaltigkeit die notwendigen Umgestaltungen als Folge von Veränderungen an anderen Stellen des Bildungssystems und als Folge der zunehmenden Anforderungen an die Betriebsleiter und die Dienstleistungstätigkeiten im Agrarbereich. Dabei ist die Orientierung an der zweijährigen Form der Fachschule unverkennbar. Es liegt im Interesse der regionalen Durchlässigkeit, daß die Grundstrukturen einschließlich der Zulassungsbedingungen, Abschlußbezeichnungen und Abschlußberechtigungen nicht stärker divergieren.

BLASUM, J.: Synopse über den Inhalt des Unterrichts an den landwirtschaftlichen Fachschulen in den Bundesländern, Hiltrup 1973. MAYNTZ-TRIER, R. (Hg.): Materialien und Analysen zum Fachschulbereich. Gutachten und Studien der Bildungskommission des Deutschen Bildungsrats, Bd. 16, Stuttgart 1971. SCHMIEL, M.: Die Landwirtschaftsschule, München 1963.
Martin Schmiel

Schulentwicklungsplanung

Schulentwicklungsplanung wird in der Bundesrepublik Deutschland seit Mitte der 60er Jahre systematisch betrieben. Zunächst handelte es sich um Schulentwicklungsplanung auf Landesebene, zum Beispiel in den Ländern Bayern (seit 1966), Baden-Württemberg (seit 1968) und Niedersachsen (seit 1968). Seit Anfang der 70er Jahre wird systematische Schulentwicklungsplanung auch auf kommunaler Ebene betrieben, zum Beispiel in Berlin seit 1970 und in Essen seit 1972. Diese kommunale Schulentwicklungsplanung steht in der Tradition der *Schulreform*bemühungen der Kommunen, wie sie bereits in den 20er Jahren nachgezeichnet werden kann.

Anlaß. Aktueller Anlaß für eine systematische Schulentwicklungsplanung seit Mitte der 60er Jahre war die gleichzeitige Wirksamkeit der Bildungsreformdiskussion und der starken Schülerjahrgänge, die zu einer Expansion des Bildungswesens führten: Steigende Übergangszahlen zu Gymnasien und Realschulen bei insgesamt steigenden Schülerzahlen erforderten einen – zumindest quantitativen – Ausbau des Schulwesens. Es hatte sich erwiesen, daß der ungezielte Ausbau von Bildungsangeboten (zum Beispiel die Gründung einer Vielzahl relativ kleiner Gymnasien in ländlichen Räumen und in Vororten beziehungsweise Stadtteilen von größeren Städten) nur unzureichend der Nachfrage entsprach. Gleichzeitig wurde in der Bildungsreformdiskussion erneut festgestellt, daß Bildungsangebote je nach der räumlichen Erreichbarkeit, der Schichtzugehörigkeit, dem Geschlecht und der Konfession sehr ungleichmäßig wahrgenommen werden.

Hieraus wurden folgende Anforderungen an eine kommunale Schulentwicklungsplanung abgeleitet:

- Steigende Schülerzahlen erfordern einen gezielten Ausbau der Kapazitäten von Schulgebäuden, damit Schüler ausreichend mit Schulraum versorgt werden können.
- Steigende, aber nicht sicher prognostizierbare Übergänge zu Gymnasien und Realschulen erfordern ein Schulraumangebot, das diese Nachfrage nach Bildungsgängen flexibel abdecken kann.
- Regionale und soziale Gefälle der Wahrnehmung von Bildungsangeboten erfordern einen gezielten Ausbau von Bildungseinrichtungen in benachteiligten und unterversorgten Regionen und Wohngebieten.

Zielsetzung. Diese Anforderungen an eine kommunale Schulentwicklungsplanung wurden in einigen Bundesländern in „Richtlinien zur kommunalen Schulentwicklungsplanung" (zum Beispiel Hessen 1970, Niedersachsen und Nordrhein-Westfalen 1972) in folgende *Ziele der Schulentwicklungsplanung* umgesetzt:

- Schulentwicklungsplanung soll eine gleichmäßige Versorgung einer Region mit Bildungseinrichtungen sicherstellen. Die Erreichbarkeit von Schulen soll nicht durch räumliche Barrieren behindert werden. Unterschiedliche Bildungsangebote sollen möglichst gleich gut erreichbar sein (*regionale Gleichversorgung*).
- Die Versorgung mit Schuleinrichtungen soll das Gebot der Wirtschaftlichkeit beachten. Das bedeutet, daß Schulgebäude an solchen Standorten und in solcher Größe errichtet und erweitert werden, daß sie auch bei wechselnden Schülerzahlen optimal weiter genutzt werden können (*Wirtschaftlichkeit*).
- Die Versorgung mit Schuleinrichtungen soll mittel- und langfristig stabil sein. Schulen sollen also so errichtet und erweitert werden, daß sie auch bei unterschiedlichen schulstrukturellen Konzepten möglichst gleich gut genutzt werden können (*Stabilität*).

Um diesen Anforderungen angesichts einer sehr ungleichmäßigen Versorgung mit Schuleinrichtungen, trotz sehr stark wechselnder Schülerzahlen und Übergänge auf unterschiedliche Schulformen, bei gleichzeitiger Unklarheit über die künftige Struktur des Schulsystems genügen zu können, mußte ein differenziertes Instrumentarium für eine systematische Schulentwicklungsplanung geschaffen werden.

Verfahren. Dieses *Instrumentarium* wurde in Anlehnung an Verfahren der Landes- und Raumplanung entwickelt. Es umfaßt folgende Planungsschritte:

- *Zielfindung und Methodenfindung:* Dieser Planungsschritt versucht die bundes- beziehungsweise landesweiten Planungsvorgaben (Gesetze, Erlasse, schulpolitische Absichtserklärungen) zu operationalisieren und die jeweils adäquate Methode zur Umsetzung dieser Planungsvorgaben zu finden.

– *Bestandsaufnahme:* In diesem Planungsschritt wird die Ausgangslage möglichst differenziert erfaßt. Hierzu gehören Bestandsdaten zum Bevölkerungsaufbau, zur Wirtschaftsstruktur, zur Verkehrserschließung mit besonderer Berücksichtigung des öffentlichen Nahverkehrs, zur vorhandenen Schulbausubstanz sowie zur Qualität der Versorgung mit Bildungseinrichtungen (Klassenfrequenzen, Lehrerversorgung, Übergangsquoten, Schulpendler).

– *Prognosen:* In diesem Planungsschritt werden die künftig zu erwartenden Schülerzahlen ermittelt. Zum Teil geschieht dies über eine Fortschreibung bereits vorhandener Bevölkerungszahlen (so ist die Zahl der Grundschüler für die jeweils sechs nächsten Jahre ihrer Größenordnung nach bekannt); zum Teil vollzieht sich dies über eine Prognose künftiger Geburtenjahrgänge mit Hilfe der Methoden der Bevölkerungsprognose.

– Aus der Gegenüberstellung des Bestandes und des prognostizierten Bedarfs lassen sich die notwendigen oder wünschenswerten *lokalen/regionalen Zielsetzungen* im Rahmen der bundes- oder landesweit gesetzten Planungsvorgaben ableiten: Dabei sind lokale Prioritätensetzungen möglich und zumeist auch erforderlich.

– *Realisierungsplanung und mittelfristige Maßnahmeplanung:* In diesem Planungsschritt werden Vorschläge erarbeitet, wie die zu erwartenden Schüler in Schulgebäuden an welchem Standort, in welcher Größe und mit welcher Ausstattung untergebracht werden können. Dabei werden häufig alternative Schulversorgungsmodelle erarbeitet und auf ihre Kosten und Finanzierbarkeit sowie auf ihre Zielerfüllung hin untersucht.

– *Kostenermittlung:* In diesem letzten Planungsschritt werden die finanziellen Konsequenzen für die realistische und wünschenswerte Alternative der Realisierungs- und Maßnahmeplanung ermittelt.

Kommunale Schulentwicklungsplanung/ Landesschulentwicklungsplanung. Aus der Aufzählung der Planungsschritte einer systematischen Schulentwicklungsplanung wird deutlich, daß Schulentwicklungsplanung – anders, als der Begriff vermuten läßt – sich nur mit einem Teil der Schulentwicklung beschäftigt, mit den sogenannten „äußeren Schulangelegenheiten". Aufgrund der historisch gewachsenen Aufgabenverteilung zwischen Kommunen und Land für den Bereich der Schulen liegen die „inneren Schulangelegenheiten" (Lehrpläne, Lehrerausbildung, Schüler-Lehrer-Relation, der Aufbau des Schulwesens) in der Kompetenz des Landes. Kommunale Schulentwicklungsplanung beschränkt sich also zwangsläufig auf die Bereitstellung von ausgestattetem Schulraum zum richtigen Zeitpunkt in der richtigen Größe am richtigen Standort. Damit wird deutlich, daß Schulentwicklungsplanung mit einer derart eingeschränkten Aufgabenstellung eine Reihe von Problemen nicht lösen kann, obwohl die von der Schulentwicklungsplanung Betroffenen gleichwohl eine Lösung erwarten. Eine Entscheidung für das dreigliedrige Schulsystem oder für ein Gesamtschulsystem läßt sich beispielsweise im Rahmen der kommunalen Schulentwicklungsplanung nicht fällen, obwohl die interessierte Öffentlichkeit häufig genug gerade derartige Entscheidungen von einem Schulentwicklungsplan erwartet.

Offene Planung. Auf Entscheidungen über „innere Schulangelegenheiten" kann Schulentwicklungsplanung nur insoweit unterstützend einwirken, als sie angesichts der verbreiteten Unsicherheit über künftige Entscheidungen planerisch offen reagiert.
Insbesondere zwei Planungsschritte der kommunalen Schulentwicklungspla-

nung sind von Unsicherheiten gekennzeichnet:

– Die landes- und bundesweiten Zielvorgaben sind nicht eindeutig und dauerhaft. So fehlt zum Beispiel eine eindeutige Entscheidung für eine horizontale oder vertikale Schulorganisation. Darüber hinaus unterliegen die Lehrerzuweisung und damit die Klassenfrequenzen der jährlich neuen Beschlußfassung des jeweiligen Landtags. Für kommunale Schulentwicklungsplanung bedeutet diese fehlende Präzision der Zielvorgaben, daß die Planung unterschiedliche Entscheidungen in der gleichen Schulbausubstanz ermöglichen muß.

– Die Schülerzahlenprognose ist relativ genau für Schülerjahrgänge möglich: Der Altersjahrgang der Übergänger von der Grundschule in die Sekundarstufe I in zehn Jahren entspricht weitgehend dem aktuellen Geburtenjahrgang zuzüglich Wanderungsgewinne und abzüglich Wanderungsverluste. Die Prognose, auf welche Schulform der Sekundarstufe I (Hauptschule, Realschule, Gesamtschule, Gymnasium) diese Schüler eines Altersjahrgangs zu welchen Anteilen gehen werden, ist demgegenüber mit großen Unsicherheiten behaftet. Die Schullaufbahnentscheidung von Eltern hängt von einer Vielzahl von Faktoren ab, die nur unzureichend in diese Prognose Eingang finden können: Eltern reagieren bei der Schullaufbahnentscheidung für ihre Kinder schichtenspezifisch auf konjunkturelle Entwicklungen.

Da Schulentwicklungsplanung trotz dieser Unsicherheiten eine wirtschaftliche und stabile Schulversorgungsstruktur nach dem Prinzip der Gleichversorgung herbeiführen soll, wurde das Modell der „offenen Planung" entwickelt.

Offenheit der Planung meint: Es müssen Schulbauten geplant werden, die unterschiedliche schulorganisatorische Entscheidungen ohne Umbauten oder Neubauten erlauben und die ebenfalls unterschiedliche und wechselnde Schullaufbahnentscheidungen der Eltern innerhalb der Schulbausubstanz ohne größere Probleme ermöglichen. Offen für unterschiedliche Schulorganisationen sind Schulgebäude, die sich sowohl für horizontale wie vertikale Systeme eignen. Das erfordert für die Sekundarstufe I entweder Schulgebäude, die die drei Schulformen der Sekundarstufe I umfassen – also Schulzentren –, oder Schulgebäude, die von der Lage, Größe und Ausstattung geeignet sind, sowohl Schulen des dreigliedrigen Schulsystems als auch Gesamtschulen aufzunehmen. Analog bedeutet dies für die Sekundarstufe II, daß Schulgebäude die allgemein- und berufsbildenden Bildungsgänge der Sekundarstufe II umfassen (Schul- und Ausbildungszentren; Oberstufenzentren) oder aber zu ihrer Aufnahme nach Lage, Größe und Ausstattung geeignet sind. Innerhalb von Schulzentren können auch wechselnde Übergänge zu einzelnen Schulformen der gleichen Schulstufe flexibel aufgefangen werden.

Schulentwicklungsplanung für die Sekundarstufe II. Die Zielsetzung der Schulentwicklungsplanung (Gleichversorgung, Wirtschaftlichkeit, Stabilität) gilt wie das Prinzip der offenen Planung auch für die Sekundarstufe II. Für Vollzeitbildungsgänge (gymnasiale Oberstufe, Fachoberschule, Berufsfachschule) kann sie in der Sekundarstufe II mit annähernd dem gleichen Aufwand und der gleichen Präzision wie für andere Stufen durchgeführt werden. Schulentwicklungsplanung für die Teile der Sekundarstufe II, die mittelbar oder unmittelbar mit der betrieblichen Berufsausbildung (Berufsschule, Berufsgrundschule, Fachschule) zusammenhängen, stößt demgegenüber auf besondere Probleme. Die Anzahl der Schüler in bestimmten Ausbildungsgängen hängt hier nicht nur von der Elternentscheidung für eine bestimmte Schullaufbahn ab, sondern auch von der regionalen Ausbildungsplatzstruktur, von konjunkturellen Einflüssen und einzelbetrieblichen Entscheidungen. In Abhängigkeit von der regionalen Wirtschafts- und Betriebsstruktur werden Ausbildungsplätze im dualen System angeboten. Dieses Angebot und seine Wahrnehmung durch Auszubildende (Lehrlinge) bestimmt die Teilzeitangebote der Berufsschule. Eine Prognose der Anzahl und Art der angebotenen Ausbildungs- und Arbeitsplätze für berufsschulpflichtige Jugendliche ist nur sehr begrenzt möglich. Damit ist aber auch eine Aussage über die Größe und Ausstattung von Schulgebäudeteilen für den Teilzeitunterricht nur bedingt möglich. Eine Aussage darüber, ob eine Fachklasse für einen bestimmten Ausbildungsberuf mittelfristig eingerichtet werden kann, weil die Schülerzahl (Zahl der Auszubildenden) ausreichen wird, oder aber ob zum Beispiel eine Bezirks- bzw. Landesfachklasse eingerichtet werden muß, setzt eine Prognose nicht nur der Entwicklung der Betriebe der Region voraus, sondern auch eine Prognose der unternehmerischen Entscheidungen, ob und welche Ausbildungsplätze zu welchen Zeitpunkten angeboten werden. Eine derartige Prognose ist nur mit sehr großen Einschränkungen zu formulieren. Schulentwicklungsplanung bleibt deshalb für den berufsbildenden Teil der Sekundarstufe II – gemessen an der Zielsetzung – zwangsläufig sehr unsicher und damit unbefriedigend.

Funktion. Neben der Funktion, die Schulraumversorgung langfristig sicherzustellen, hat Schulentwicklungsplanung in der Zeit der Bildungsexpansion auch die Funktion übernommen, reformeröffnend zu wirken. Das heißt, Schulentwicklungsplanung hat über die Offenlegung von Mängeln in der Schulversorgung eine öffentliche Diskussion über die Beseitigung der Mängel ermöglicht und versachlicht. Gleichzeitig hat Schulentwicklungsplanung durch offene Planung in vielen Fällen Schulgebäudestrukturen geschaffen, in denen unterschiedliche Schulorganisationen – sowohl vertikale als auch horizontale – möglich sind. Mit dem Ende der Bildungsexpansion und mit dem erwarteten Schülerrückgang erhält Schulentwicklungsplanung zunehmend die Funktion, zu legitimieren, daß aktuelle Mängel der Schulversorgung nicht behoben werden: Auf kommunaler Ebene wird mit Blick auf die geringeren Schülerzahlen der 80er und 90er Jahre ein aktueller Schulraummangel legitimiert. Auf Landesebene wird mit der gleichen Argumentation aktueller Lehrermangel als vorübergehend legitimiert. Auch in dieser Phase kann Schulentwicklungsplanung allerdings zur Rationalität bei Entscheidungen (zum Beispiel über Schulschließungen) beitragen.

ROLFF, H. G. u. a.: Die Stufenschule – Ein Leitfaden zur kommunalen Schulentwicklungsplanung, Stuttgart 1974. SCHULBAUINSTITUT DER LÄNDER/INSTITUT FÜR REGIONALE BILDUNGSPLANUNG (Hg.): Regionale Schulentwicklungsplanung. Grundlage – Methoden – Realisierung, Berlin 1974.

Georg Hansen

Schullaufbahnberatung

Aufgaben. Die Schullaufbahnberatung hat die Aufgabe, als Entscheidungshilfe in Problemsituationen des schulischen Ausbildungsganges zu dienen. Solche Entscheidungssituationen ergeben sich sowohl in vertikal als auch in horizontal gegliederten Schulsystemen. Während im dreigliedrigen Aufbau die Beratungsprobleme vorab an den Systemübergängen virulent werden, verlagern sich diese in Gesamt- und Kollegschulen mehr nach „innen", also auf binnenschulische Differenzierungsmaßnahmen wie etwa Wechsel von Lerngruppen, Kurs- und Fächerwahl.

Beratungsanlässe. Bildungsangebot und Schülerpopulation der Sekundarstufe II unterscheiden sich nicht nur hinsichtlich der angestrebten Abschlußqualifikation, sondern auch im konkreten Bezug zum tertiären Bildungsbereich beziehungsweise zur Berufswelt. Entsprechend variieren Art und Ausmaß der Differenzierung zwischen den einzelnen Schulformen der Sekundarstufe II und den Bildungsgängen innerhalb der Kollegschule. Bestimmend hierfür ist die Vielfalt der Ausbildungsziele, wobei Berufsvorbereitung und studienqualifizierende Abschlüsse im Zentrum des Interesses stehen. Bedingt durch das Alter der Schüler und ihre spezifische Lebenssituation (charakterisiert durch ein gegenüber der Kindheit gewandeltes Selbstverständnis, durch Ablösungstendenzen in bezug auf das Elternhaus sowie den besonderen Rechtsstatus Jugendlicher), bedingt aber auch durch den Anspruch auf Erziehung zur Mündigkeit und eigenverantwortliche Entscheidungsfähigkeit, tritt nunmehr der Jugendliche selbst als Ratsuchender stärker in den Vordergrund. Zu Recht erwartet er in dieser Situation Beratung und Hilfe bei den von ihm abverlangten Entscheidungen; diese haben insofern ein besonderes Gewicht, als letztlich hiervon der spätere Berufsweg abhängt, somit nicht selten existentielle Vorentscheidungen für das gesamte Leben gefällt werden (müssen). Umfang und Bedeutung der Beratungsarbeit nehmen deshalb eher zu als ab (vgl. KULTUSMINISTER DES LANDES NORDRHEIN-WESTFALEN 1980, S. 28 ff.).

Beratungsschwerpunkte in der Sekundarstufe II. Die Beratungsschwerpunkte liegen hier in der *Information* und *Bildungswegberatung* einschließlich eventuell notwendiger eignungsdiagnostischer Untersuchungen bei

- Übergängen, wie etwa dem von der Sekundarstufe I zur Sekundarstufe II (Laufbahnberatung) oder beim Verlassen der Schule (studien- und berufsorientierende Beratung (vgl. HELLER 1983),
- der Wahl berufs- und studienqualifizierender Schulen, Ausbildungsgänge oder Kurse (im Kolleg),
- Maßnahmen zur Korrektur der Schullaufbahn, Errichtung von Liftkursen,
- Lernrückständen oder Leistungsdefiziten im Hinblick auf bestimmte Bildungsgänge durch Stützkurse (Einzelfallhilfe oder Systemberatung),
- Fragen über Möglichkeiten der finanziellen Förderung in der Sekundarstufe II und im tertiären Bereich.

Auf der differenzierten gymnasialen Oberstufe stehen die Fächer- und Kurswahlberatung sowie die Schullaufbahnkontrolle jedes einzelnen Schülers im Vordergrund der Arbeit und nehmen dadurch den größten Teil der verfügbaren Beratungskapazität in Anspruch (vgl. FAIST 1975, HELLER 1975 b, KULTUSMINISTER DES LANDES NORDRHEIN-WESTFALEN 1974). Demgegenüber setzt sich die Erkenntnis von der Notwendigkeit einer schulintegrierten Studienberatung innerhalb der Sekundarstufe II nur sehr zögernd durch. Neben der Zusammenarbeit mit der (externen) Studienberatung ist hier vor allem eine Kooperation mit der Berufs- und Weiterbildungsberatung vonnöten. Bei flankierenden Maßnahmen der schulpsychologischen Einzelfallhilfe und der Systemberatung kommen gegebenenfalls weitere Kooperationspartner der Schullaufbahnberatung in Betracht, wie Erziehungsberatungsstelle, Gesundheits- und Drogenberatung, Sozial- und Jugendamt sowie Bildungsberatung.

Beratungspersonal. Die Hauptlast der Schullaufbahnberatung in der Sekundarstufe II haben de facto die Lehrer zu tragen. Vielfach fehlen jedoch aufgrund unzulänglicher erziehungswissenschaftlicher Studienanteile im Rahmen der Lehrerausbildung – insbesondere bei Lehramtsstudiengängen der Sekundarstufe II – die für eine sachlich fundierte Beratung notwendigen pädagogisch-psychologischen Wissens- und Handlungskompetenzen. Daraus resultiert nicht selten eine Überforderung des Lehrers, die weder seiner Unterrichtstätigkeit noch der Beratungsarbeit nützt. Spätestens seit der Einführung der reformierten Oberstufe des Gymnasiums wurde deshalb die Dringlichkeit der Ausbildung von Beratungsexperten für diesen Aufgabenbereich allgemein erkannt. Entsprechende bildungspolitische Konsequenzen führten in den letzten Jahren zu verstärkten Anstrengungen um die Aus- und Fortbildung von Lehrern zu Beratungslehrern. Der Beratungslehrer findet in der Sekundarstufe II ein interessantes Aufgabenfeld, das sich mit seinem Hauptamt (Lehrer) recht gut in Einklang bringen läßt. In der Bundesrepublik Deutschland erfolgt die Qualifizierung zum Beratungslehrer überwiegend im Rahmen der berufsbegleitenden Fortbildung (vgl. HELLER 1975 a, S. 251 ff.).

Bei Aufgaben, die die Handlungskompetenz des Beratungslehrers übersteigen, wird der Einsatz des Schulpsychologen erforderlich. Dies gilt sowohl für schwierigere Schullaufbahnberatungsfälle als auch für Probleme der psychologischen Einzelfallhilfe und die Beratung von Schule und Lehrern. Der Schulpsychologe ist in der Regel hauptamtlich als Berater tätig, wobei sein Arbeitsfeld direkt in der Schule (schulintegrierter Dienst) oder außerhalb in einer zentralen (regionalen) bildungs- oder schulpsychologischen Beratungsstelle liegen kann. Im Hinblick auf die verschiedenen Beratungsaufgaben in der Sekundarstufe II ist eine intensive Zusammenarbeit zwischen Beratungslehrern und Schulpsychologen/Bildungsberatern unerläßlich.

Beratungsstrategien. Bildungs(weg)information und Schuleignungsprognosen stellen die wichtigsten methodischen Grundlagen der Schullaufbahnberatung dar. Aufgabe der *Bildungsinformation* in der Sekundarstufe ist es, den Ratsuchenden über das schulische und berufliche Bildungssystem zu orientieren. Dies schließt Informationen über die verschiedenen Bildungswege, Übergangsmöglichkeiten und Aufstiegschancen ebenso ein wie Hilfen bei der Zusammenstellung individueller Wahl- und Pflichtfachkombinationen mit entsprechender Abschlußqualifikation (Kursberatung). Neben Informationsbroschüren, Filmen und anderen Medien kommt hier dem persönlichen Beratungsgespräch grundlegende Bedeutung zu. In vielen Fällen reicht die Bildungsinformation allein jedoch nicht aus, um sachgerechte und individuell angemessene Entscheidungen fällen zu können. Dazu bedarf es dann weiterer Entscheidungshilfen, wobei die Schulleistungsanalyse und die Begabungsdiagnose – als Voraussetzungen der *Schuleignungsprognose* – die wichtigsten Informationsquellen bilden.

Während die *Schulleistungsanalyse* zur Beurteilung des aktuellen Leistungsstandes eines Schülers dient, soll die *Begabungsdiagnose* Aufschlüsse über die potentiellen Fähigkeiten und Leistungsmerkmale ermöglichen. Im weiteren

Sinne gehört hierzu auch die Erfassung der „sekundären Intelligenz", das heißt nichtkognitiver Persönlichkeitsmerkmale wie Arbeitshaltungsfaktoren, Motive und Interessen. Ferner sind in die Bedingungsanalyse des Schulerfolgs Variablen des sozialen Lernumfeldes (der Schule und Familie bzw. Peer-group) einzubeziehen. Als *Prädiktoren* der Schuleignungsprognose kommen also alle für den Schulerfolg relevanten Determinanten in Frage.

Die Treffsicherheit der Schuleignungsprognose hängt jedoch nicht nur von der genauen Erfassung des Bedingungskomplexes „Schulerfolg", sondern auch von einer zuverlässigen und gültigen *Kriteriumsbestimmung* ab. Da dieses Kriterium (Schulerfolg) letztlich durch Lehrerurteile (mit den bekannten Fehlertendenzen) definiert wird, leuchtet es ohne weiteres ein, daß keine übertriebenen Erwartungen in die Gültigkeit solcher Prognosen gesetzt werden dürfen. Andererseits sind mittelfristige Schulerfolgsprognosen unter bestimmten Voraussetzungen durchaus möglich.

Praktisch geht man bei der Eignungsermittlung so vor, daß aus der Ähnlichkeit zwischen individuellem Merkmalsprofil („Begabungs- oder Schuleignungsprofil") und schulform- oder lerngruppenspezifischem Anforderungsprofil („Maßstabsprofil") auf eine entsprechende Eignung geschlossen wird. Profilanalysen dieser Art können durch Verwendung bestimmter *Prognosemodelle*, die auf Gruppierungs- oder Klassifikationsstrategien basieren, optimiert werden und stellen dann wertvolle Entscheidungshilfen für die Schullaufbahnberatung dar (vgl. HELLER 1976). Dabei sollte die differentielle Validität von Intelligenztests, die nachweislich nur bei einem überdurchschnittlichen Ergebnis einigermaßen gültige Vorhersagen erlauben, ebenso berücksichtigt werden wie die Tatsache, daß Lehrer und Schulpsychologen unterschiedliche Beratungsstrategien favorisieren: Während sich Lehrer in erster Linie auf Informationen aus Lehrerurteilen stützen, bevorzugen Schulpsychologen und Bildungsberater Testurteile und vergleichbare Informationsquellen (vgl. HELLER u. a. 1978). Schon aus diesem Grunde ist eine enge Zusammenarbeit von (Beratungs-)Lehrern und Schulpsychologen in der Schullaufbahnberatung angezeigt. Am besten wird man allen Beteiligten gerecht, wenn dem Beratungsprozeß eine „sequentielle Entscheidungsstrategie" zugrunde liegt. Diese erlaubt eine sukzessive Problemlösung, wobei die Schule (Lehrer) und der psychologische Berater – unter Einflußnahme des ratsuchenden Schülers – ihre spezifischen Erfahrungen einbringen. Darüber hinaus ist auf diese Weise gewährleistet, daß mögliche Fehlentscheidungen prinzipiell revidiert werden können.

FAIST, M.: Beratung in der reformierten Oberstufe in Baden-Württemberg. In: ARNHOLD, W. (Hg.): Texte zur Schulpsychologie und Bildungsberatung, Bd. 1, Braunschweig 1975, S. 92 ff. HELLER, K. (Hg.): Handbuch der Bildungsberatung, 3 Bde., Stuttgart 1975/76 (Bd. 1: 1975 a; Bd. 2: 1975 b; Bd. 3: 1976). HELLER, K.: Abiturientenberatung. In: Enzyklopädie Erziehungswissenschaft, Bd. 9, Teil 2, Stuttgart 1983, S. 19 ff. HELLER, K. u. a.: Beurteilen und Beraten. In: HELLER, K./NICKEL, H. (Hg.): Psychologie in der Erziehungswissenschaft, Bd. 4, Stuttgart 1978, S. 61 ff., S. 286 ff. KULTUSMINISTER DES LANDES NORDRHEIN-WESTFALEN (Hg.): Beratung und Schullaufbahnkontrolle in der differenzierten gymnasialen Oberstufe. Arbeitsmaterialien und Berichte, Heft 25, Düsseldorf 1974. KULTUSMINISTER DES LANDES NORDRHEIN-WESTFALEN (Hg.): Schulberatung. Strukturförderung im Bildungswesen des Landes Nordrhein-Westfalen, Bd. 39, Köln 1980.

Kurt A. Heller

Selbstverwaltung (Wirtschaft)

Rechtsgrundlagen. Mit dem Begriff „Selbstverwaltung der Wirtschaft" werden in der Berufsausbildung die Aufgaben der Kammern, insbesondere der Industrie- und Handelskammern, sowie der Handwerkskammern, umschrieben. Nach § 44 des Berufsbildungsgesetzes (BBiG) in Verbindung mit §§ 74 und 75 BBiG sowie nach § 41 der Handwerksordnung (HwO) regeln diese Kammern die Berufsausbildung durch Rechtsvorschriften (Satzungen), soweit nicht das Gesetz selber die Berufsausbildung regelt. Zu diesen Regelungen gehören insbesondere die Prüfungsordnungen im Sinne von § 41 BBiG und § 38 HwO. Nach § 45 BBiG und § 41 a HwO gehören zu den Aufgaben der Kammern außerdem die Überwachung der Berufsausbildung und die Beratung der Ausbildenden und Auszubildenden. Die Kammern führen zu diesem Zweck Verzeichnisse der Berufsausbildungsverhältnisse, in die alle Ausbildungsverträge eingetragen werden (vgl. § 31 BBiG, § 28 HwO), Sie wachen außerdem über die persönliche und fachliche Eignung der Ausbilder sowie über die Eignung der Ausbildungsstätte (vgl. § 23 BBiG, § 23 a HwO), und sie bestellen Ausbildungsberater (vgl. § 45 BBiG, § 41 a HWO). Diese Aufgaben der Kammern beruhen darauf, daß die Berufsausbildung in der Bundesrepublik Deutschland überwiegend nicht in staatlichen und privaten Schulen, sondern aufgrund privatrechtlicher Berufsausbildungsverträge in privaten Betrieben durchgeführt wird. Die Aufsicht über diese betriebliche Berufsausbildung kann entweder unmittelbar staatlichen Behörden übertragen werden, wie etwa den Jugendarbeitsschutzbehörden nach Maßgabe des Jugendarbeitsschutzgesetzes oder, bei einzelnen Aufsichtsaufgaben, den allgemeinen Landesverwaltungsbehörden nach Maßgabe des Berufsbildungsgesetzes, das beispielsweise in § 24 die Untersagung von Einstellung und Ausbildung regelt, oder sie kann Wirtschaftsorganisationen übertragen werden, die ihrerseits unter staatlicher Aufsicht stehen. In diesem zweiten Fall sind nun wiederum zwei unterschiedliche organisatorische Lösungen denkbar, nämlich erstens eine Übertragung der Aufgaben auf die Tarifvertragsparteien und zweitens auf Selbstverwaltungsorganisationen der Unternehmer. Das deutsche Recht hat den Tarifvertragsparteien die Regelung der sozialen Fragen der Ausbildung überlassen und für die pädagogisch-administrativen Aufgaben den Weg der wirtschaftlichen Selbstverwaltung der Arbeitgeber gewählt, bei einer beschränkten Beteiligung der Arbeitnehmer und ihrer Organisationen.

Die Kammern sind öffentlich-rechtliche Körperschaften, die neben der Interessenvertretung der Wirtschaft auch Aufgaben staatlicher Wirtschaftsverwaltung wahrnehmen. Es besteht Zwangsmitgliedschaft für alle selbständigen Unternehmer und Handwerker (vgl. § 2 Industrie- und Handelskammergesetz, § 90 HwO). Die Handwerksordnung macht auch die Gesellen und Lehrlinge zu Mitgliedern der Handwerkskammer; mangels Stimmrechts handelt es sich dabei jedoch lediglich um eine formale Mitgliedschaft. Für die Aufgaben der betrieblichen Berufsausbildung wird bei den Kammern ein Berufsausbildungsausschuß gebildet, der paritätisch mit Arbeitgebern, Arbeitnehmern und (mit beratender Stimme) Berufsschullehrern besetzt ist (vgl. §§ 56 ff. BBiG, §§ 43 ff. HwO). Dieser Ausschuß beschließt die oben genannten Berufsausbildungsvorschriften, wobei finanzwirksame Beschlüsse allerdings einer Zustimmung der Kammer selber bedürfen. Darüber hinaus hat der Ausschuß lediglich Beratungsaufgaben bei der Durchführung der Berufsausbildung. Die Abschlußprüfungen werden von Prüfungsausschüssen der Kammern abgenommen, die ebenfalls paritätisch von Arbeitgeber- und Arbeitnehmervertretern unter Beteiligung von Berufsschullehrern besetzt sind (vgl. §§ 34 ff. BBiG, §§ 31 ff. HWO). Die Tätigkeit der Kammern und ihrer Ausschüsse im Bereich der Berufsausbildung steht unter staatlicher Aufsicht, die jedoch auf eine Rechtsaufsicht in dem Sinne beschränkt ist, daß die staatlichen Verwaltungsbehörden ausschließlich darüber zu wachen haben, daß die Kammern die Gesetze beachten.

Funktion und Verfassung. Diese rechtliche Regelung der Berufsausbildungsverwaltung ist in der Bundesrepublik stets umstritten gewesen. In diesem Streit lassen sich vier Fronten feststellen: Die Arbeitnehmerseite kritisiert, daß die Selbstverwaltung der Wirtschaft eigentlich eine Selbstverwaltung der Unternehmer sei, und fordert eine stärkere Beteiligung der Arbeitnehmerorganisationen. Die Arbeitgeberseite betont demgegenüber, daß das kollektive Arbeitsrecht zu Recht auf soziale Angelegenheiten beschränkt ist, weil die Durchführung der Berufsausbildung in den Bereich von Freiheit und Verantwortung der Unternehmer falle, die allein für die berufspädagogischen und ökonomischen Fragen hinreichend kompetent seien. Diese berufspädagogische Kompetenz wird jedoch von der Lehrerseite bestritten, die die Verantwortung für die schulische Berufsausbildung im dualen System trägt und eine stärkere Koordinierung von betrieblicher und schulischer Ausbildung fordert. Von seiten des „politischen Systems" wird schließlich die mangelhafte Versorgung mit Ausbildungsplätzen und die mangelhafte Planung der Ausbildung kritisiert, was den Bund dazu veranlaßte, sich mit dem Ausbildungsplatzförderungsgesetz von 1976 ein Instrument zur Planung und Steuerung der Berufsausbildung zu schaffen, das jedoch angesichts tiefgreifender politischer und ökonomischer Meinungsver-

schiedenheiten zwischen den Beteiligten noch nicht angewandt worden ist.
Angesichts dieser Meinungsverschiedenheiten blieb es nicht aus, daß die Selbstverwaltung der Wirtschaft Gegenstand zahlreicher juristischer Auseinandersetzungen geworden ist (vgl. BUNDESMINISTER FÜR BILDUNG UND WISSENSCHAFT 1979, RICHTER 1969) und daß alle Beteiligten versuchten, die von ihnen bevorzugte Organisationsform für die allein verfassungsmäßige zu erklären. Das Grundgesetz (GG) regelt nun allerdings die Berufsausbildungsverwaltung nicht ausdrücklich, sondern beschränkt sich darauf, dem Bund die Gesetzgebungskompetenz für das Wirtschafts- und Arbeitsrecht zu geben (vgl. Art. 74, Ziff. 11 und 12), womit sich die Frage stellt, ob die Berufsausbildung Gegenstand des Wirtschafts- und Arbeitsrechts ist oder als Teil des Bildungsrechts in den Kompetenzbereich der Länder gehört (vgl. FRIAUF 1974, RICHTER 1970). Es ist auch der Versuch unternommen worden, aus den Grundrechten der Art. 2, Abs. 1 und 12, Ziff. 1 GG ein „Grundrecht auf Selbstverwaltung" zugunsten der Unternehmer abzuleiten (vgl. IPSEN 1967). Das Bundesverfassungsgericht hat sich jedoch darauf beschränkt, die derzeitige Organisationsform der Kammern für verfassungsgemäß zu erklären und die Frage damit in den Bereich der Gestaltungsfreiheit des Gesetzgebers zu stellen (vgl. Entscheidungen des Bundesverfassungsgerichts, Bd. 15, S. 235).
In der Tat kann man nicht sagen, daß sich aus der Verfassung zwingend eine bestimmte Organisationsform für die Verwaltung der Berufsausbildung ergibt; der Gesetzgeber kann sich vielmehr für die Selbstverwaltung der Wirtschaft oder für eine andere Form entscheiden, wobei er freilich die Grenzen der Verfassung beachten muß (so dürfen etwa die Kammern die Grundrechte der Beteiligten nicht beschränken; (vgl. Entscheidungen des Bundesverfassungsge-

richts, Bd. 33, S. 125). Das Problem der Selbstverwaltung der Wirtschaft im Bereich der Berufsausbildung stellt sich damit weniger als eine Rechtsfrage als vielmehr als eine Frage nach der zweckmäßigen Organisation dar. Diese Zweckmäßigkeitsfrage steht nun allerdings wiederum im Zusammenhang mit den Prinzipien, die das Verhältnis von Staat und Gesellschaft im Bereich der Wirtschaft und der Bildung bestimmen, und diese Prinzipien stehen wiederum im Zusammenhang mit Verfassungs-grundsätzen, die – in durchaus widersprüchlicher Weise – unser Grundgesetz bestimmen: Auf der einen Seite steht das Recht der Berufs- und Unternehmerfreiheit, und auf der anderen Seite steht das Recht auf Bildung; der Staat hat die Aufgabe als demokratischer und sozialer Rechtsstaat im Sinne von Art. 20. Abs. 1 und 28, Ziff. 1 GG diese Grundrechte zu verwirklichen und zum Ausgleich zu bringen, und zwar nicht zuletzt auch durch die rechtliche Regelung der Berufsbildungsverwaltung.

BUNDESMINISTER FÜR BILDUNG UND WISSENSCHAFT (Hg.): Rechtsprechung zur Berufsausbildung, Bonn 1979. FRIAUF, K. H.: Verfassungsrechtliche Probleme einer Reform des Systems zur Finanzierung der beruflichen Bildung, Sachverständigenkommission Kosten und Finanzierung der beruflichen Bildung. Studien und Materialien, Bd. 4, Bielefeld 1974. IPSEN, H. P.: Berufsausbildungsrecht, Tübingen 1967. RICHTER, I.: Die Rechtsprechung zur Berufsausbildung, Stuttgart 1969. RICHTER, I.: Öffentliche Verantwortung für berufliche Bildung. Gutachten und Studien der Bildungskommission des Deutschen Bildungsrates, Bd. 14, Stuttgart 1970.

Ingo Richter

Sexualverhalten Jugendlicher

Pädagogische Bedeutung. Die *soziosexuelle Praxis* Jugendlicher, soweit sie durch empirische Forschung überhaupt angemessen zu ermitteln ist, interessiert unter pädagogischer Fragestellung in zweifacher Hinsicht: Einmal bilden sich in den Bereitschaften und Fähigkeiten junger Menschen zu soziosexuellem Handeln immer auch vorgängige Lernerfahrungen ab. Bei aller Vorsicht, die angesichts der Komplexität von Sozialisations- und Individuationsprozessen gegenüber eindimensional verfahrenden Rückschlüssen geboten ist, legt das jeweils empirisch erhobene Sexualverhalten Jugendlicher immer auch Rückfragen nach zugrunde liegenden Lernimpulsen und Lerndefiziten nahe. Zum andern interessiert das Wissen über aktuelle und zu erwartende Handlungsbereitschaften und Interaktionsschwierigkeiten Jugendlicher im soziosexuellen Bereich unter der Fragestellung, wie aktu-ell-begleitende und künftige Lernangebote in Familie, Schule und Jugendarbeit näher an den Qualifikationsbedürfnissen und (inter)subjektiven Problemen der Jugendlichen zu orientieren seien. Es sei darauf hingewiesen, daß die bisher vorliegenden empirischen Materialien zu dieser Problematik vorwiegend *quantitativ* orientiert sind und auf die Ermittlung allgemeiner „Trends" abheben. Individuelle Betroffenheit und lebensgeschichtlichen Kontext wird man eher über *qualitative* Verfahren (zum Beispiel Intensivgespräche, teilnehmende Beobachtung, Analyse autobiographischer Dokumente) erkennen und verstehend aufnehmen können.

Wandlungen und Trends im Sexualverhalten Jugendlicher. Pubertät und (frühe) Adoleszenz werden heute – in einer zeitgeschichtlichen Perspektive „mittlerer Reichweite" – von erheblichen Umstrukturierungen in den Verhaltensweisen und Einstellungen im Bereich der

Sexualität begleitet: Frühere Standards (zum Beispiel die traditionelle „Doppelmoral") werden abgelöst durch eine eher egalitäre, relativ freizügige, partnerschaftsorientierte Sexualmoral, die nach den Kategorien von REISS (vgl. 1970) als „Freizügigkeit bei Liebe" beschrieben werden kann. Liebe und Treue sind dabei entscheidende Regulative. Es finden sich jedoch auch noch zahlreiche Anhaltspunkte für geschlechtsspezifische sexuelle Standards. Entsprechend der „freizügigeren" Sexualmoral zeigt sich in den letzten 10–15 Jahren ein Trend zur immer früheren Aufnahme soziosexueller Beziehungen.

Dennoch: Die Restriktionen, denen die Jugendsexualität in unserer Gesellschaft vielfach noch unterliegt, nicht minder aber die Hindernisse, die einer entwicklungsbegleitenden Sexualerziehung besonders in der Schule nach wie vor entgegenstehen, erschweren eine Integration der Sexualität in die Gesamtpersönlichkeit. Nicht durchweg gelingt daher eine lernende Erfahrung des jungen Menschen, die Kriterien einer humanen Soziosexualität entspräche (vgl. SCARBATH 1978, SCARBATH/TEWES 1981).

Darüber dürfen auch die bisher vorliegenden Ergebnisse empirischer Sexualforschung nicht hinwegtäuschen. Immerhin belegen diese auch pädagogisch sehr ernst zu nehmenden Trends des jugendlichen Sexualverhaltens (vgl. SCHMIDT/SIGUSCH 1971; vgl. SIGUSCH/SCHMIDT 1972, 1973 a, 1973 b; vgl. WALCZAK u. a. 1975; zur Entwicklung in Österreich: vgl. MECHLER 1977):

Liberalisierungstendenzen: Es zeichnet sich ab, daß Jugendliche Sexualität zunehmend lustvoll und konfliktfrei erleben. Masturbation wird früher aufgenommen und ist auch bei Mädchen weit verbreitet; sie wird von der Mehrheit positiv erlebt. Petting und Koitus werden früher aufgenommen. Rund ein Drittel aller Sechzehnjährigen (in den Städten Westdeutschlands) haben bereits Koituserfahrung. Voreheliche sexuelle Erfahrungen gelten weithin als selbstverständlich. Angst und Schuldgefühle nach Petting oder Koitus werden nur von einer statistischen Minderheit genannt.

Normen und Werte: Die genannten Liberalisierungstendenzen haben jedoch deutlich ihre Grenze. Als soziale Regulative dienen „Liebe", „Treue", „Partnerschaft". Liebe im Sinn ganzheitlicher Zuneigung gilt für die meisten Jugendlichen als notwendige Bedingung für die Aufnahme von Koitusbeziehungen. Masturbation wird vorwiegend als Ersatz für Koitus betrachtet. Masturbation neben Koitusbeziehungen wird von der Mehrheit nur bedingt gebilligt. Für besonders wichtig hält die große Mehrheit sexuelle Treue in der Ehe und in vorehelichen Beziehungen. Treue wird vom Partner erwartet, aber auch selbst eingehalten. Die Partnermobilität ist gering; feste Freundschaft ist ein Kennzeichen weitaus der meisten Beziehungen. Nur ein geringer Teil der Jugendlichen erwägt ernsthaft, später in einer alternativen Form menschlicher Gemeinschaft zu leben.

Geschlechtsrollennivellierung: Neuere Erhebungen bei Jugendlichen belegen die Tendenz zu einer Angleichung der Geschlechtsrollen im soziosexuellen Verhalten. So hat die Masturbation bei Mädchen erheblich zugenommen (tendenzielle Angleichung). Die Verbreitung weiterer soziosexueller Aktivitäten (Petting, Koitus) ist nicht mehr signifikant unterschiedlich zwischen den beiden Geschlechtern, was Altersdaten und benannte Häufigkeit angeht. So nehmen auch Mädchen und Jungen etwa zum gleichen Zeitpunkt soziosexuelle Praktiken auf. Schließlich kommen Mädchen häufiger zum Orgasmus, als es aus früheren Untersuchungen hervorgeht.

Soziale Nivellierung: Schichtspezifisch orientierte Analyse der Daten zeigt, daß sich das sexuelle Verhalten „nivelliert". Tendenzielle Unterschiede lassen sich noch an folgenden Punkten festmachen:

bei der Partnermobilität, bei der Ausschließlichkeit sexueller Beziehungen, bei der Bedingung „Liebe" für Koitus, bei sexueller Appetenz, bei der Befriedigungshäufigkeit, bei der Einstellung zur Nacktheit sowie bei der Varianz sexueller Praktiken (vgl. SCHMIDT/SIGUSCH 1971, S. 97 ff.).

Neuere Untersuchungen bei Jugendlichen in der Vorpubertät belegen, daß die benannten Tendenzen nach wie vor bestehen. „Die Einstellungen zur Sexualität verändern sich im Alter zwischen 11 und 16 Jahren entscheidend. Man kann geradezu von einem sexualmoralischen Umbruch in der Pubertät sprechen, der durch eine Entwicklung von traditionellen zu freizügigen Sexualnormen gekennzeichnet ist" (WALCZAK u. a. 1975, S. 317). Es läge in heutiger Sicht nahe, diesen Befund zu den Thesen über die Entwicklung des moralischen Bewußtseins – spannungsreich – in Beziehung zu setzen, die KOHLBERG (vgl. 1969) im Anschluß an Piaget vorgetragen hat. Ein interdisziplinärer Austausch zwischen empirischer Sozialforschung und Entwicklungspsychologie (oder auch Psychoanalyse) hat jedoch bisher kaum stattgefunden. So muß offenbleiben, ob die von WALCZAK u. a. (vgl. 1975) benannte Tendenz auf generelle Elemente einer „postkonventionellen Moral" in der Jugendentwicklung verweist, ob sie lediglich eine alte Konvention durch eine neue ersetzt oder ob sie womöglich strukturell auf den Bereich soziosexueller Einstellungen und Verhaltensweisen begrenzt bleibt.

Konflikte zwischen Jugendlichen und Erwachsenen. Der genannte sexualmoralische „Umbruch" führt oft zu Konflikten zwischen Erwachsenen und Jugendlichen. Stark vereinfachend, läßt sich davon ausgehen, daß Erwachsene eher noch „traditionelle" Standards verinnerlicht haben, die sich – vielfach trotz gegenteiliger Beteuerung – in der Praxis eher noch an einem patriarchalisch geprägten Modell von sexueller Partnerschaft, Ehe und Familie orientieren. Vielfach befinden sich die Erwachsenen selbst in einem Prozeß der Erschütterung „ansozialisierter" Selbstverständlichkeiten und reagieren daher überempfindlich angesichts der Konfrontation mit den – zum Teil demonstrativ dargestellten – freizügigeren Normvorstellungen und Verhaltensweisen Jugendlicher. Vermuten läßt sich zudem, daß viele Erwachsene sich heute in einer widersprüchlichen soziosexuellen Lage befinden: Der Wunsch nach unproblematischer sexueller Lust („Genuß ohne Reue") wird ebenso erfolgreich geweckt wie durch die Lebensbedingungen der Individuen unerfüllbar gemacht. Empirische Belege dafür fehlen; die Vermutung läßt sich jedoch ableiten aus einem Vergleich der Lebensumstände, in denen die Identifikationsmodelle von Werbung und Unterhaltungsmedien agieren (jung, unabhängig, schön, reich, gesund) und in denen sich die Adressaten befinden. Aus der Einsicht, daß auch die Jugendlichen vielfach von einem analogen Widerspruch betroffen sind, so in jugendspezifischer Werbung und kommerziellen Jugendzeitschriften (vgl. KNOLL/STEFEN 1978), könnte sich die Basis für solidarischen Diskurs und weiterführende sozialethische Argumentation ergeben.

Statt dessen ist vielfach noch eine Unfähigkeit von Eltern und Erziehern zu bemerken, die Jugendlichen in ihrer sexuellen Situation beratend zu unterstützen. So sind Jugendliche vielfach darauf angewiesen, ihre sexuellen Erfahrungen unter restriktiven Bedingungen – und das heißt auch: ohne hinreichende, pädagogisch vermittelte Verarbeitungsmöglichkeiten – zu sammeln. Der erste Beischlaf erfolgt zum Beispiel in vielen Fällen aus dem zufälligen Umstand, daß gerade räumliche Möglichkeiten dafür bestehen, auch wenn er schon länger erwünscht war. Direkte äußere Kontrolle, aber auch „Schuldgefühle bzw. ein schlechtes Gewissen [setzen] die sexuelle Befriedigung, den Lustgewinn sowie den Wunsch nach Wiederholung herab" (SIGUSCH/SCHMIDT 1973 b, S. 26). Nach den Ergebnissen derselben Autoren empfinden jedoch viele Jugendliche ihre sexuellen Erlebnisse als weitgehend konfliktfrei (SIGUSCH/SCHMIDT 1973 b, S. 25).

Sexualität im Lebenszusammenhang (qualitative Forschungsansätze). Spätestens an dieser Stelle tritt die Frage in den Vordergrund, ob die kategorialen Raster und Deutungsmuster empirischer Sozialforschung, soweit sie sich an rein statistischen oder empirisch-analytischen Mustern orientiert, hinreichend „tiefenscharf" sind, um der Komplexität der Problemlage soziosexuellen Erlebens und Handelns im Jugendalter gerecht zu werden. So ist etwa zu fragen, ob sich hinter den Etiketten „lustvoll" und „konfliktfrei" nicht eine *neue Zwangsmoral* verbirgt, die die Thematisierung von Ängsten und Verhaltensschwierigkeiten nicht mehr zuläßt (Gegentabuisierung).

Angesichts des praktischen Auftrags einer adressatengerechten Sexualpädagogik und Sexualberatung, aber auch im Licht neuerer Konzepte qualitativer Sexualforschung gewinnen die je *subjektiven Deutungs- und Verarbeitungsleistungen Jugendlicher* besonderes Interesse: Wie wird eigenes sexuelles Handeln, wie wird die Interaktion mit einem Partner, wie werden Impulse aus Bezugsgruppe und Massenmedien erfahren und bewertet? In welchem Ausmaß sind hier – trotz dargestellter „Aufgeklärtheit" und „coolness" – hintergründig Sexualängste und Kommunikationsstörungen am Werk? Darüber können empirische Befunde des quantitativ orientierten Typus nur sehr begrenzte Anhaltspunkte geben. Reichhaltigere und zugleich konkreter *Einfühlung* modellhaft zugängliche In-

formationen hierzu wird man eher in Fallanalysen (vgl. PARKER 1974), Tagebuchaufzeichnungen (vgl. KARIN Q. 1979) und autobiographischen Berichten (vgl. HORNSCHUH 1975) finden. Zwar dürfen solche Informationen nicht voreilig generalisiert werden. Sie deuten jedoch – und sei es in exemplarischer Zuspitzung – soziosexuelle Schwierigkeiten an, mit denen sich in mehr oder minder hohem Maß jeder Jugendliche in unserer Gesellschaft auseinanderzusetzen hat („Identitätskrise", vgl. ERIKSON 1970, DE LEVITA 1971).

Für alle am Erziehungsprozeß Beteiligten wäre es in diesem Zusammenhang von großem Nutzen, wenn sie mehr Sensibilität für die Sprache der Jugendlichen, aber auch für deren nonverbale „Signale" und für beider symbolische Funktion entwickeln würden (zum Beispiel Sachfragen als verschlüsselte Verhaltensfragen; Kommunikationsformen im Medium von Musik und Tanz; „coolness" als gruppenspezifische Haltung). An die Stelle vorschneller moralischer Verurteilung oder Etikettierung als „pubertär" oder „verkalkt" könnte so die Chance treten, *gemeinsam* mit verhaltensverändernden Lernprozessen in Richtung auf „herrschaftsfreie" Kommunikation zu beginnen. Unter dem Aspekt des soziosexuellen Lernens und einer darauf bezogenen Sozialisation und Selbstentfaltung könnten dann vielleicht Ziele wie Identitätsfindung, Toleranz, Kooperation, Kritikfähigkeit, Solidarität, Sensibilität und kommunikative Kompetenz (vgl. PRIOR 1976, S. 83 ff.) nicht nur theoretisch anvisiert, sondern auch in bescheidenem Umfang praktisch gefördert werden. Wie in allen pädagogischen Prozessen, so dürfen sich auch in den hier zur Debatte stehenden die erstrebte (hier: sexualethische) Zielsetzung und die mitmenschliche Qualität der pädagogischen Prozesse nicht widersprechen.

BRODERICK, C. B.: Kinder- und Jugendsexualität, Reinbek 1970. ERIKSON, E. H.: Jugend und Krise, Stuttgart 1970. FISCHER, W. u. a. (Hg.): Inhaltsprobleme in der Sexualpädagogik, Heidelberg 1973. GAMM, H.-J./KOCH, F. (Hg.): Bilanz der Sexualpädagogik, Frankfurt/New York 1977. HENKE, J.: Daten zum Sexualverhalten Jugendlicher in pädagogischer Sicht. In: SCARBATH, H./TEWES, B. (Hg.): Sexualerziehung . . ., München/Wien/Baltimore 1981. HORNSCHUH, H.: Ich bin 13, Reinbek 1975. KARIN Q.: Wahnsinn, das ganze Leben ist Wahnsinn, Bensheim 1979. KNOLL, J. H./STEFEN, R.: Pro und Contra BRAVO, Baden-Baden 1978. KOHLBERG, L.: Stage and Sequence. The Cognitive-Developmental Approach to Socialization. In: GOSLIN, D. (Hg.): Handbook of Socialization Theory and Research, Chicago 1969, S. 347 ff. LEVITA, D. J. DE: Der Begriff der Identität, Frankfurt/M. 1971. MÜLLER, R.: Sexualität – Kommunikation – Gesellschaft. In: FISCHER, W. u. a.: Inhaltsprobleme . . ., Heidelberg 1973, S. 99 ff. MECHLER, H.-J. (Hg.): Schülersexualität und Sexualerziehung, Wien/München 1977. PARKER, B.: Meine Sprache bin ich, Frankfurt/M. 1974. PRIOR, H. (Hg.): Soziales Lernen, Düsseldorf 1976. REISS, I. L.: Freizügigkeit, Enthaltsamkeit, Doppelmoral, Reinbek 1970. SCARBATH, H.: Blinde Flecken in der neueren Sexualpädagogik. In: HARTMANN, N. (Hg.): Beiträge zur Sexualpädagogik, Wiesbaden 1976, S. 66 ff. SCARBATH, H.: Sexualität in unserer Gesellschaft – Analyse und pädagogische Problemstellung. In: FURIAN, M. (Hg.): Sexualerziehung kontrovers, Fellbach-Oeffingen 1978, S. 18 ff. SCARBATH, H./TEWES, B. (Hg.): Sexualerziehung und Persönlichkeitsentfaltung, München/Wien/Baltimore 1981. SCHMIDT, G./SIGUSCH, V.: Arbeiter-Sexualität, Neuwied/Berlin 1971. SCHOFIELD, M.: Das sexuelle Verhalten junger Leute, Reinbek 1969. SCHORSCH, E./SCHMIDT, G. (Hg.): Ergebnisse zur Sexualforschung, Köln 1975. SIGUSCH, V./SCHMIDT, G.: Jugendsexualität. In: SIGUSCH, V. (Hg.): Ergebnisse zur Sexualmedizin, Köln 1972, S. 118 ff. SIGUSCH, V./SCHMIDT, G.: Veränderungen der Jugendsexualität zwischen 1960 und 1970. In: FISCHER, W. u. a. (Hg.): Inhaltsprobleme . . ., Heidelberg 1973, S. 62 ff. (1973 a). SIGUSCH, V./SCHMIDT, G.: Jugendsexualität, Stuttgart 1973 b. WALCZAK, L. u. a.: Sexualmoral Jugendlicher. In: Sexualmed. 4 (1975), S. 306 ff.

Jürgen Henke/Horst Scarbath

Sozialisation, berufliche

Berufliche Sozialisation ist der permanente Prozeß der Entstehung, Entwicklung und Ausbildung von Persönlichkeitsstrukturen in Auseinandersetzung mit beruflichen Anforderungen in Schule und Betrieb und/oder Hochschule während der Berufsausbildung, -fortbildung und -weiterbildung und während der Erwerbstätigkeit in allen beruflichen Positionen. Im weiteren Sinne schließt der Begriff auch die Ausbildung von Persönlichkeitsstrukturen in ungelernter Arbeit ein.

Eine der ersten theoretischen Arbeiten in deutscher Sprache zur beruflichen Sozialisation ist eine Studie von LÜSCHER (vgl. 1968), die neben Anregungen zur theoretischen Diskussion vor allem das Verdienst hatte, die US-amerikanischen Studien zur beruflichen Sozialisation in der Bundesrepublik Deutschland be-

kanntzumachen (vgl. LÜSCHER 1968, S. 83 ff.). Eine Durchsicht dieser referierten Studien zeigt, daß sie überwiegend Sozialisationsprozesse in speziellen Sozialisationsorganisationen (Schulen und Hochschulen) und vorwiegend die beruflichen Sozialisationsprozesse für akademische Professionen (das sind Berufe, die in der Regel eine längere Spezialausbildung und eine Einführung in eine besondere Berufsethik erfordern) untersuchen. Untersuchte Berufe waren: Arzt, Anwalt, Krankenschwester, Musiker (vgl. LÜSCHER 1968, S. 84). Auf der Linie solcher Untersuchungen – allerdings mit unterschiedlichen theoretischen Zugriffen – liegen in Deutschland die empirischen Untersuchungen, die sich mit der Sozialisation von Lehrern befassen (vgl. FRECH 1976, REINHARDT 1972; Überblick über die Forschungslage: vgl. GÖTZ 1978). Da Lüscher die Arbeit von WALLER (vgl. 1967) aus den USA nicht berücksichtigt, muß auf den Sachverhalt aufmerksam gemacht werden, daß die empirischen Studien viele der von Waller in seinem Kapitel „What teaching does to teachers" angesprochenen Themen noch nicht genügend bearbeitet haben. Auch die von ADORNO (vgl. 1969, S. 77) mehr spekulativ als empirisch angesprochene Frage der professionellen Deformation des Lehrers im Beruf bedarf noch einer ausführlichen Diskussion und empirischen Kontrolle. Lüscher kommt das Verdienst zu, den Blick nicht nur auf die Veränderungen der Persönlichkeit im Prozeß des Erlernens beruflicher Rollen, sondern auch auf die zur Erfassung des Sozialisationsgeschehens wichtigen strukturellen Eigenschaften von Sozialisationsorganisationen gelenkt zu haben (vgl. LÜSCHER 1968, S. 105). Auch hat er auf ein Defizit vorangegangener Studien hingewiesen, die zwar ihre Aufmerksamkeit auf die Veränderungen der sozialen Persönlichkeit, nicht aber auf die Veränderungen der sozialen Struktur (die zu erlernenden Rollen sind nichts Statisches) gelenkt haben (vgl. LÜSCHER 1968, S. 146). Außerdem hat Lüscher eine idealtypische Unterscheidung zweier Typen beruflicher Sozialisation vorgestellt, die ihre Entsprechung in dem System der dualen Berufsausbildung finden: „In Situationen vom Typ ‚Lehre' werden die Rollen der Zielposition realistisch vorgeführt, indem der Sozialisator selber den Zielberuf ausübt. In der Schule [als zweitem Typ] erfolgt eine auf verbale Kommunikation konzentrierte abstrakt-analytische Darstellung. Sozialisator ist eine eigenständige berufliche Position" (LÜSCHER 1968, S. 152). Als weitere frühe Arbeit zur beruflichen Sozialisation muß die Veröffentlichung von WURZBACHER/SCHLOTTMANN (vgl. 1974) genannt werden, deren erste Auflage ein Jahr vor der Studie Lüschers vorgelegt wurde. In dieser Arbeit wurde die Bedeutung der beruflichen Sozialisation auch für die anderen gesellschaftlichen Bereiche herausgestellt: „Der durch berufliche Ausbildung und Leistung im Laufe eines Lebens errungene Status (d. h. seine sozialen Positionen, die mit ihnen verbundenen Auswirkungs- und Einkommensmöglichkeiten sowie das aus ihnen abgeleitete soziale Ansehen) ordnet als dominanter Faktor den Menschen in die Gesellschaft ein" (WURZBACHER/SCHLOTTMANN 1974, S. 95). Auf die Bedeutung der beruflichen Sozialisation der Eltern für die schichtenspezifisch unterschiedliche Sozialisation der Kinder wurde besonders hingewiesen: Der moderne Beruf ist ein so zentraler Sozialisationsfaktor, daß er überformend auf andere Lebensbereiche (so auch auf die Sozialisation in der Familie) wirkt (vgl. WURZBACHER/SCHLOTTMANN 1974, S. 100 f.).

Die weitere Diskussion zum Thema berufliche Sozialisation hat vor allem die Aufmerksamkeit auf den bislang in der Forschung vernachlässigten Bereich der „beruflichen Sozialisation von ungelernten, angelernten oder Facharbeitern, von unteren und mittleren Angestellten sowie von Lehrlingen" gelenkt (BRANDT u. a. 1973, S. 10). Neuere Arbeiten wenden sich verstärkt diesen Gruppen zu und richten auch ihre Definition der beruflichen Sozialisation darauf aus: „Berufliche Sozialisation ist der permanente Prozeß der Ausbildung von Persönlichkeitsstrukturen in der Auseinandersetzung mit den sich aus dem Produktionsprozeß ableitenden (zum Teil widersprüchlichen) Anforderungen" (GROSKURTH 1979, S. 10). Eine solche Definition sollte allerdings nicht die Aufmerksamkeit von dem Sachverhalt ablenken, daß auch in produktionsfernen Bereichen eine berufliche Sozialisation stattfindet. GROSKURTH (vgl. 1979, S. 8 f.) hat die bereits von Wurzbacher formulierte Einsicht wiederaufgenommen, daß die berufliche Sozialisation weit in die Persönlichkeitsentwicklung hineinwirkt und nicht nur Bedeutung für die Aneignung beruflicher Rollen im engen

Sinn, sondern auch für die anderen Lebensbereiche hat. „Gegenstand einer so begriffenen beruflichen Sozialisation ist also nicht nur die Sozialisation *in* den Beruf, sondern vielmehr die Sozialisation *durch* den Beruf" (GROSKURTH 1979, S. 8). Er hat auch darauf aufmerksam gemacht, daß ein so verstandener Prozeß beruflicher Sozialisation nicht ein Ende findet mit einer Berufsausbildung und einer Einarbeitung in eine Erwachsenentätigkeit, sondern bis zum Ausscheiden aus dem Erwerbsleben andauert. Ein so verstandener Begriff der beruflichen Sozialisation lenkt den Blick der Forschung auf die Frage, wie durch die Strukturen am Arbeitsplatz, durch Inhalt und Dispositionsspielraum, die Entwicklung intellektueller Fähigkeiten oder deren Verkümmerung und die Entfaltung oder Verkümmerung von Handlungskompetenzen bestimmt werden. Lempert hat diese Fragestellung mit folgenden Sätzen charakterisiert: „Die Teilnahme an der gesellschaftlichen Arbeit [setzt] nicht nur bestimmte Lernprozesse voraus, sie trägt vielmehr selbst zur Formation, in ihrer derzeitigen Verfassung mehr noch zur Deformation psychischer Strukturen bei. Zwar ist die Arbeit in erster Linie auf Umweltveränderungen gerichtet; die damit verbundenen Anforderungen, Interaktionen und Sanktionen aber wirken auf die Arbeitenden zurück. Die Besonderheit der Sozialisation durch Arbeit – im Unterschied zur Sozialisation durch Elternhaus, Schule und Arbeitskollegen – dürfte darauf beruhen, daß diese die Grundlage für die wirtschaftliche Selbsterhaltung und den sozialen Status des Individuums darstellt und deshalb mit erheblichen ökonomischen und gesellschaftlichen Nötigungen verknüpft ist, das heißt auch, den Heranwachsenden erstmals die direkte Erfahrung sozialer Herrschaft vermittelt" (LEMPERT 1979, S. 89).

Die Sozialisationsprobleme arbeitender Jugendlicher untersuchte die Kommis-

sion für den Vierten Jugendbericht der Bundesregierung (vgl. DAHEIM u. a. 1978). Im Hinblick auf das Sozialisationsziel „kritisch-reflektierendes Bewußtsein" haben sich das „Anspruchsniveau des jeweiligen Berufs", das durchschnittliche Niveau der „allgemeinen Schulbildung" der jeweils untersuchten Berufsgruppe und der „Sozialstatus des Elternhauses" als wichtig erwiesen. Wo von den untersuchten Gruppen in der beruflichen Tätigkeit oder in der darauf vorbereitenden Ausbildung eigenständige Problemlösungen verlangt wurden, konnten im Hinblick auf das genannte Ziel überdurchschnittliche Ergebnisse festgestellt werden. Dagegen war bei überwiegender Tätigkeit unter Aufsicht und bei geringerer Schulbildung das Ziel unterdurchschnittlich erreicht (vgl. DAHEIM u. a. 1978, S. 181). „Quasi-familiär betriebene Kleinstunternehmen" legen nach den Ergebnissen der Kommission gesellschaftliche Fehldeutungen nahe, die sich in einer personalistischen Deutung der Arbeitssituation mit zu geringer Fähigkeit zur Lösung sozialer Konflikte zeigen (vgl. DAHEIM u. a. 1978, S. 181). In Großbetrieben hängt die Fähigkeit zur Konfliktlösung als Voraussetzung sozialer Partizipation nach diesen Untersuchungen von den Konkurrenzmustern und von den Formen des „betrieblichen Konfliktmanagements" („Stärke der Arbeitnehmervertretungen", „Einfluß der Gewerkschaften") ab. Starke aufstiegsorientierte Konkurrenz, Konkurrenz um Arbeitserleichterungen und geringe Chancen, durch Kollegen und Organe Unterstützung zu finden, sind ungünstige Bedingungen für die Förderung der Fähigkeit zur Konfliktbewältigung (vgl. DAHEIM u. a. 1978, S. 181). Mit größerer Entfernung vom Bereich privatwirtschaftlich organisierter Produktion (zum Beispiel im Bereich öffentlicher Dienstleistungen) sind, bezogen auf den sozioökonomischen Prozeß, unkritischere Einstellungen vorhanden (vgl. DAHEIM u. a. 1978, S. 182). Ambivalent ist nach den referierten Ergebnissen der Zusammenhang zwischen der Stellung in der Arbeitshierarchie der Betriebe und der Vorstellung Auszubildender über den Zusammenhang von Aufstieg und Leistung. Sonst mehr unkritische Auszubildende (in diesen Untersuchungen: handwerklich Auszubildende und Krankenschwestern) bezweifeln zwar die ideologische Gleichsetzung von Aufstieg und Leistung, neigen aber leicht zur Resignation. Andere (in diesen Untersuchungen: Betriebsschlosser, Elektromechaniker, einige Verkäuferinnen) entwickeln zwar reflektiertere Gesellschaftsbilder, neigen aber zu einer harmonistischen Vorstellung des Zusammenhangs von Leistung und Aufstieg (vgl. DAHEIM u. a. 1978, S. 182).

Die in diesen Untersuchungen festgestellten Beziehungen dürfen nicht im Sinne direkter Verursachung verstanden werden. Sie stellen eher ein Programm für weitere Forschungen als abschließende Ergebnisse dar (vgl. dazu auch das Minderheitenvotum der Kommission in: BUNDESMINISTER ... 1978, S. 115 ff.).

Die von Lüscher bereits angeschnittene Frage, wie die beruflichen Strukturen, die als Ziel des Sozialisationsprozesses angesehen werden, sich im Prozeß der Sozialisation verändern, wird zur Leitfrage von Beck, Bolte und Brater. Diese Autoren sehen in der Berufsorientierung von Bildungs- und Beschäftigungssystem einen wesentlichen Grund für eine Reihe von Problemen der Bildungs- und Arbeitsmarktpolitik. Ihre Kritik richtet sich dagegen, daß im Prozeß der schulischen und beruflichen Sozialisation die Personen auf bestimmte gegeneinander abgegrenzte und auf eine Hierarchie von Berufspositionen bezogene Fähigkeitsmuster festgelegt werden. Unter diesen Bedingungen würden bessere Qualifikationen (breitere und kognitiv höhere Fähigkeiten) notwendig zu Ansprüchen auf einen höheren Sozialstatus führen. Ihre Vorstellungen gehen dahin, durch eine Neuorganisation des Ausbildungswesens die Berufsorientierung der Sozialisation abzubauen und die Arbeitsplätze so neu zu strukturieren, daß von Berufen im heutigen Sinn nicht mehr die Rede sein kann. Nicht die Vorbereitung auf festgelegte berufliche Positionen, sondern eine breite Grundqualifizierung und eine individualisierte (nicht an institutionalisierten Fähigkeitsmustern orientierte) Spezialisierung entsprechen ihrer Zielvorstellung (vgl. BECK u. a. 1976). Auch wenn das Programm von Beck, Bolte und Brater langfristig durchsetzbar wäre, was angesichts der durch juristische Normen institutionalisierten und stabilisierten (Ausbildungs-)Berufe nicht wahrscheinlich ist, müßte weiterhin nach den Wirkungen gesellschaftlicher Arbeit für die Genese der Persönlichkeit gefragt werden.

ADORNO, TH. W.: Tabus über dem Lehrberuf. In: ADORNO, TH. W.: Stichworte. Kritische Modelle 2, Frankfurt/M. 1969, S. 68 ff. BECK, U./BRATER, M.: Die soziale Konstitution der Berufe, Bd. 1: Frankfurt/München 1977; Bd. 2: Frankfurt/New York 1977. BECK, U./BRATER, M.: Berufliche Arbeitsteilung und soziale Ungleichheit, Frankfurt/New York 1978. BECK, U. u. a.: Bildungsreform und Berufsreform. Zur Problematik der berufsorientierenden Gliederung des Bildungssystems. In: Mitt. a. d. Arbmarkt.- u. Berfo. 9 (1976), S. 496 ff. BRANDT, G. u. a.: Berufliche Sozialisation und gesellschaftliches Bewußtsein jugendlicher Erwerbstätiger, Frankfurt/M. 1973. BUNDESMINISTER FÜR JUGEND, FAMILIE UND GESUNDHEIT (Hg.): Sozialisationsprobleme der arbeitenden Jugend in der Bundesrepublik Deutschland. Konsequenzen für Jugendhilfe und Jugendpolitik. Vierter Jugendbericht. Bundestagsdrucksache 8/2110, Bonn 1978. DAHEIM, H. u. a. (Hg.): Sozialisationsprobleme arbeitender Jugendlicher. Untersuchungen zum Vierten Jugendbericht, Bd. 1, München 1978. FRECH, H.-W.: Berufsvorbereitung und Fachsozialisation von Gymnasiallehrern. Empirische Untersuchungen zur Ausbildung von

Studienreferendaren. Max-Planck-Institut für Bildungsforschung, Studien und Berichte, Bd. 34 A, Berlin 1976. GÖTZ, B.: Sozialisation im Lehrerberuf. In GÖTZ, B./KALTSCHMID, J. (Hg.): Sozialisation und Erziehung, Darmstadt 1978, S. 422 ff. GROSKURTH, P. (Hg.): Arbeit und Persönlichkeit. Berufliche Sozialisation in der arbeitsteiligen Gesellschaft, Reinbek 1979. GROSKURTH, P./VOLPERT, W.: Lohnarbeitspsychologie, Frankfurt/M. 1975. LEMPERT, W.: Zur theoretischen und empirischen Analyse der Beziehungen zwischen Arbeit und Lernen. In: GROSKURTH, P. (Hg.): Arbeit . . ., Reinbek 1979, S. 87 ff. LÜSCHER, K.: Der Prozeß der beruflichen Sozialisation, Stuttgart 1968. REINHARDT, S.: Zum Professionalisierungsprozeß des Lehrers. Überlegungen zur Lehrer-Schüler-Interaktion und ihrer Sozialisation, Frankfurt/M. 1972. SCHARMANN, T. (Hg.): Schule und Beruf als Sozialisationsfaktoren, Stuttgart [2]1974. WALLER, W.: The Sociology of Teaching (1932), New York/London/Sydney [3]1967. WURZBACHER, G./SCHLOTTMANN, U.: Schule und Beruf als Faktoren soziokultureller und personeller Veränderung. In: SCHARMANN, T. (Hg.): Schule . . ., Stuttgart [2]1974, s. 82 ff.

Karlheinz Fingerle

Statistik (Sekundarbereich II)

Einzelstatistiken des Bildungswesens. Interpretiert man den Begriff der Statistik sehr allgemein im Sinne einer Darstellung quantitativer Daten, lassen sich zahlreiche sehr unterschiedliche Einzelstatistiken des Bildungswesens im Sekundarbereich II unterscheiden. So gibt es verschiedene amtliche Erhebungen im Rahmen der offiziellen Statistik, die bei den statistischen Landesämtern oder in deren Auftrag durchgeführt und gesammelt und schließlich beim Statistischen Bundesamt in Wiesbaden zusammengefaßt werden. Aber auch zahlreiche weitere staatliche oder private Stellen führen Erhebungen durch, mit denen ähnliche oder ergänzende Informationen beschafft werden und die in mehr oder weniger losem Zusammenhang mit der amtlichen Statistik stehen. Solche Stellen sind zum Beispiel Arbeitsämter, Kammern, Verbände oder Forschungsinstitute. Für jede amtliche, offizielle Statistik muß es jedoch eine gesetzliche Grundlage in Form eines parlamentarischen Beschlusses geben. Die Daten werden zum Teil regelmäßig – dann überwiegend jährlich – erhoben und veröffentlicht, zum Teil aber auch nur einmal oder auch in unregelmäßigen Abständen. Bestimmte Informationen werden zwar regelmäßig eingeholt, aber nur gelegentlich für besondere Zwecke ausgewertet. Dies gilt vor allem für die Kombination bestimmter Daten wie etwa Geschlecht, Nationalität und/oder Geschwisterzahl einer bestimmten Schülerpopulation. Da es hier sehr viele mögliche Datenkombinationen gibt, führen etwa die statistischen Ämter einzelne solcher Auswertungen nur auf besonderen Wunsch ihrer Auftraggeber durch, zum Beispiel als „Serviceleistung" für ein Forschungsprojekt. Daneben lassen sich Statistiken auch nach ihrem jeweiligen Zweck voneinander unterscheiden. So dienen viele von ihnen in erster Linie der Information der interessierten Öffentlichkeit, beispielsweise über Schülerzahlen und Schulbesuchsquoten in einzelnen Schulformen der Sekundarstufe II oder über den Anteil von Mädchen in weiterführenden Schulen. Andere Statistiken werden dagegen vor allem für interne Planungs- und Entscheidungszwecke herangezogen. So werden etwa für die regionale Schulentwicklungsplanung sehr genaue Informationen über die Schüler, die Lehrer, die Lehrerorganisation und die Schulgebäude benötigt. Aber auch die Bundesregierung bedarf der jährlichen Information über die Anzahl der Ausbildungsplätze und die Zahl der Jugendlichen, die eine Ausbildung suchen, um zu entscheiden, ob eine Ausbildungsabgabe bei der Wirtschaft erhoben wird oder nicht.

Die interessierenden Daten werden im übrigen nicht nur im Rahmen der Schul- und Bildungsstatistik erhoben. Da die Bildungsprozesse im Sekundarbereich II nicht nur in öffentlichen Schulen stattfinden, sondern zum Beispiel auch im Rahmen der Lehrlingsausbildung in privaten Unternehmen oder in Form von Kursen verschiedener Art unter Verantwortung von Arbeitsämtern, Kammern oder auch „freien Trägern", werden auch dort die Unterlagen für entsprechende Statistiken erstellt. Sie gehen dann in die Arbeitsstatistik und die Wirtschaftsstatistik ein und werden nur vereinzelt in bestimmte bildungsstatistische Veröffentlichungen übernommen. So werden im Rahmen der in zweijährigem Abstand vorgenommenen Arbeitsstättenzählung Informationen über die betriebliche Berufsausbildung erhoben und veröffentlicht, die nur wenigen Experten zur Kenntnis gelangen.

Die Tatsache, daß die Träger, aber auch die Inhalte der Bildung in der Sekundarstufe II sehr heterogen sind, führt im übrigen dazu, daß die statistischen Informationen weiter verstreut, uneinheitlicher und zum Teil auch ungenauer sind als bei den übrigen Bereichen des Bildungswesens. Einige fehlende wichtige Informationen sowie Doppelerhebungen mit zum Teil widersprüchlichen Ergebnissen sind dafür kennzeichnend. So enthalten etwa sowohl die Berufsschulstatistik als auch die Auszubildendenstatistik der Kammern Angaben über Gesamtzahl und Verteilung der Auszubildenden in jedem Jahr; die Zahlen der Schulstatistik sind regelmäßig um mehrere Prozent höher.

Schulstatistiken. Ein wesentlicher Teil der Statistiken des Bildungswesens im Sekundarbereich II wird im Rahmen der regelmäßigen Schulstatistiken erstellt. Da das Schulwesen der Gesetzgebungskompetenz der einzelnen Bundesländer untersteht, folgt daraus auch deren Zuständigkeit für die amtliche Statistik: Die statistischen Landesämter sind in erster Linie für die Sammlung dieser Daten zuständig. Das Statistische Bundesamt führt dann eine Koordination und Zusammenfassung auf grundsätzlich freiwilliger Basis durch. Die beträchtlichen Verschiedenheiten der Erhebungstechniken und anderer Verfahren, die hier früher bestanden, sind nach 1970 durch Absprachen verringert worden; allerdings besteht zwischen der Erhebung und der Veröffentlichung der Daten vielfach noch ein Zeitraum von mehreren Jahren. – Die Basis für diese Statistiken sind jeweils Gesetze in den Ländern, ohne die amtliche Erhebungen nicht vorgenommen werden dürfen. – Nachdem das Bewußtsein für die Gefährdung des Individuums durch den Mißbrauch von Informationen in der Öffentlichkeit in den letzten Jahren sehr gewachsen ist, werden dabei Grundsätze des Datenschutzes relativ konsequent berücksichtigt, womit allerdings zum Teil Erschwernisse für die Beteiligten und auch Probleme für die Bildungspolitik und die empirische Bildungsforschung in Kauf genommen werden müssen.

Die Heterogenität der Bildungseinrichtungen auf dem Niveau der Sekundarstufe II führt an manchen Stellen zu beträchtlichen Abgrenzungs- und Klassifikationsproblemen, und zwar vor allem auch bei den beruflichen Schulen. So ist die Kategorie der „Berufsfachschule" ein Sammelbegriff, der in etwa berufliche Vollzeitschulen auf dem Niveau der Berufsausbildung im dualen System zu erfassen versucht, wobei allerdings die Zugangsbedingungen, die Inhalte und Abschlüsse, das Niveau und die Dauer der Ausbildung völlig verschieden sind. Dies gilt mit gewissen Einschränkungen auch für die Kategorie der „Fachschule", die Bildungseinrichtungen oberhalb von oder aufbauend auf Berufsfachschulen erfassen soll. Die unscharfen Definitionen solcher Einrichtungen sind um so problematischer, als deren quan-

titative Bedeutung beträchtlich ist und weiter steigt und die Planungsrelevanz zuverlässiger Daten im Rahmen der Bildungsexpansion und der demographischen Wellenbewegungen hoch einzuschätzen ist. Andererseits wäre es sicher verfehlt, diese Einrichtungen einander anzugleichen, nur um sie statistisch besser erfaßbar und planbar zu machen.
Neben den amtlichen Erhebungen und Veröffentlichungen gibt es zahlreiche Untersuchungen besonders im Rahmen der Bildungsforschung, in denen statistische Erhebungen angestellt werden. Solche Untersuchungen führen etwa das Max-Planck-Institut für Bildungsforschung in Berlin, das Bayerische Staatsinstitut für Bildungsforschung in München und das Deutsche Institut für Internationale Pädagogische Forschung in Frankfurt durch. Aber auch Forschungsaufträge staatlicher Stellen an private Institute sowie Erhebungen im Rahmen von Dissertationen gehören dazu. Eine wesentliche Frage der letzten Jahre in diesem Zusammenhang war, ob und in welchen Fällen die Schulverwaltungen entsprechende Erhebungen Dritter verweigern können oder müssen, wobei ganz unterschiedliche Motive denkbar sind (zum Beispiel Überlastung, Datenschutzinteressen, Abschottung gegen mögliche Kritik, persönliche Ressentiments). Eine Antwort darauf wird etwa dahin gehend lauten, daß bei vorliegendem öffentlichem Interesse, einer nicht allzu beträchtlichen Störung und Belastung der Bildungseinrichtungen und der Sicherstellung der Grundsätze des Datenschutzes entsprechende Auskünfte und Informationen im Prinzip zu geben sind.

Statistiken der außerschulischen Berufsausbildung. Ganz anderes gilt für die außerschulische Berufsausbildung in der Sekundarstufe II, die überwiegend als betriebliche Berufsausbildung aufgrund des Berufsbildungsgesetzes erfolgt. Hier werden die wesentlichen Daten von den für die Registrierung und Kontrolle zuständigen Stellen, den Kammern, gesammelt und von dort über deren Spitzenorganisationen an das Statistische Bundesamt und das Bundesministerium für Bildung und Wissenschaft weitergeleitet. Die rechtliche Grundlage wurde dafür zuletzt durch das Ausbildungsplatzförderungsgesetz des Bundes von 1976 neu geregelt. Da es sich hier nach herrschender Meinung um eine arbeitsrechtliche Materie handelt, besteht eine Gesetzgebungskompetenz des Bundes; die Ausfüllung hat er weitgehend den Kammern, das sind Selbstverwaltungseinrichtungen der Wirtschaft, überlassen. Das Ausbildungsplatzförderungsgesetz sieht im übrigen eine zusammenfassende Veröffentlichung von Daten innerhalb des jährlich von der Bundesregierung zu erstellenden Berufsbildungsberichts vor; die Bundesregierung spricht hier von einem „Hauptbuch" der beruflichen Bildung. Die Daten, die hierzu erhoben und veröffentlicht werden, sind im Vergleich zur Schulstatistik sehr aktuell, jedoch weniger (wenn auch zunehmend) differenziert und in höherem Maße und aus anderen Gründen unvollständig: So ist die Abgrenzung der zuständigen Stellen nicht genau und vollständig, und es gibt nach wie vor Fälle, in denen Jugendliche eine Ausbildung beginnen, ohne daß die zuständigen Stellen davon unmittelbar Kenntnis erlangen und deshalb auch nicht darüber berichten (Indiz dafür ist die höhere Zahl der ausgewiesenen Auszubildenden im zweiten Ausbildungsjahr als die der im ersten Ausbildungsjahr ein Jahr zuvor erfaßten).
Die unterschiedlichen Zuständigkeiten für die Teilzeit-Berufsschulen und die betriebliche Ausbildung innerhalb des dualen Systems der Berufsausbildung führen zu zwei verschiedenen statistischen Datensystemen mit teils voneinander abweichenden Zahlen, wobei die Unterschiede nur teilweise erklärt werden können.

Daten anderer Stellen. Unter den zahlreichen anderen Institutionen, die relevante Daten über den Sekundarbereich II sammeln und zentral verarbeiten, seien hier insbesondere noch die Ständige Konferenz der Kultusminister der Länder in der Bundesrepublik Deutschland (KMK), die Bund-Länder-Kommission für Bildungsplanung und Forschungsförderung und die Bundesanstalt für Arbeit genannt.

Die KMK unterhält in Bonn eine große Geschäftsstelle, in der Daten der einzelnen Länder zentral gesammelt werden mit dem Ziel einer Koordination und Harmonisierung der Kulturpolitik. In diesem Zusammenhang gibt die KMK zum Beispiel vervielfältigte zentrale Dokumentationen heraus, in denen Überblicke über Strukturen und Maßnahmen in allen Ländern gegeben werden. Die Bund-Länder-Kommission für Bildungsplanung und Forschungsförderung ist demgegenüber eine gemeinsame Einrichtung des Bundes und der Länder, die vor allem Planungsaufgaben zu erfüllen hat. Sie hat neben dem Bildungsgesamtplan zahlreiche Erhebungen, Empfehlungen und quantitative Planungen angestellt, die zu einem beachtlichen Teil gerade auch die Sekundarstufe II betreffen. Die Kommission unterhält ebenfalls eine Geschäftsstelle in Bonn, die Datensammlungen von wesentlicher Bedeutung vornimmt.

Die Bundesanstalt für Arbeit in Nürnberg schließlich ist für zahlreiche Aktivitäten und Datensammlungen zuständig, die eng mit beruflichen Bildungsprozessen verwoben sind: Sie führt die Berufsbildungsberatung und die Ausbildungsstellenvermittlung für die Jugendlichen durch, finanziert und organisiert bestimmte Kurse für Jugendliche und zahlt Berufsausbildungsbeihilfen an Jugendliche. Über diese Aktivitäten berichtet die Bundesanstalt selbständig und in jeweils sehr aktueller Weise, insbesondere in ihren monatlich veröffentlichten „Amtlichen Nachrichten" sowie in Beiheften dazu. Im übrigen unterhält die Bundesanstalt das Institut für Arbeitsmarkt- und Berufsforschung (IAB) in Nürnberg, das seine Forschungsergebnisse in zahlreichen eigenen Publikationen herausgibt.

BUNDESMINISTER FÜR BILDUNG UND WISSENSCHAFT (Hg.): Grund- und Strukturdaten, Bonn 1975 ff. BUNDESMINISTER FÜR BILDUNG UND WISSENSCHAFT (Hg.): Berufsbildungsbericht, Bonn 1978 ff. BUNDESMINISTER FÜR BILDUNG UND WISSENSCHAFT/STATISTISCHES BUNDESAMT: Bildung im Zahlenspiegel, Bonn/Wiesbaden 1974 ff. STATISTISCHES BUNDESAMT: Fachserie A (verschiedene, überwiegend jährlich erscheinende Veröffentlichungsreihen), Stuttgart/Mainz 1952 ff.

Wolf Dietrich Winterhager

Studio

Konzeption. 1974 hat der Deutsche Bildungsrat Empfehlungen „Zur Neuordnung der Sekundarstufe II" vorgelegt, die ein Konzept für die Verbindung von allgemeinem und beruflichem, von handlungsbezogenem und reflexionsbezogenem Lernen im Lernprogramm der Jugendlichen im Alter zwischen 16 und 19 Jahren beinhalten. Jeder Jugendliche soll nach seiner Vollzeitschulpflicht entsprechend seinen Fähigkeiten, Neigungen und Plänen ein Lernangebot erhalten, das geeignet ist, ihm Fachkompetenz sowie humane und gesellschaftlich-politische Kompetenz in integrierten Lernprozessen zu vermitteln. Die Lernangebote werden als Bildungsgänge organisiert. „Das Lernen in der Sekundarstufe II geschieht an verschiedenen Lernorten, nicht nur in der Schule, jedoch in jedem Fall in der Schule" (DEUTSCHER BILDUNGSRAT 1974, S. 17).

Die anderen Lernorte sind der Betrieb, die Lehrwerkstatt und – neu in die Diskussion eingeführt – das „Studio" (Pluralität der Lernorte). Die in öffentlicher oder privater Trägerschaft geführten Lernorte sind grundsätzlich gleichwertig. Zur Abstimmung der nach Maßgabe von Ausbildungsordnungen und Rahmenrichtlinien, aber von den Lernortträgern selbständig angebotenen Lernprogramme bedarf es der institutionellen Kooperation der Lernorte durch das „Kolleg".

In dieser neuen Sekundarstufe II sollen die überkommenen Lernorte Schule, Betrieb und Lehrwerkstatt durch den Lernort Studio ergänzt werden. „Das Studio eröffnet dem Lernenden für den Wahlbereich neuartige Möglichkeiten im Bereich des kreativen, ästhetischen und in diesem Zusammenhang auch des sozialen Lernens. Es bietet ferner die Möglichkeit, eine Fachqualifikation oder Teile von Qualifikationen zu erwerben, für die andere Lernorte nicht die notwendigen Angebote machen können, zum Beispiel für den Bereich der Medien oder der Musik.

Ein Bildungssystem, das den Jugendlichen jene Fachqualifikationen vermitteln muß, die für anspruchsvolle und spezialisierte Leistungen in einer arbeitsteiligen Industriegesellschaft gefordert werden, hat die Aufgabe, nicht nur durch die Art der Vermittlung von Fachkompetenz, sondern auch durch ein eigenes Lernangebot jene menschlichen Fähigkeiten und Begabungen zu entwickeln und zu fördern, die beim Erwerb einer beruflichen Qualifikation nicht hinreichend Berücksichtigung finden, jedoch für ein humanes Leben und für die Kultur einer Gesellschaft unerläßlich sind. Die Bereiche von Spiel, Sport und freiem Gestalten, die Bereiche der Medien und der Künste sollen in Lernenden durch organisierte Angebote zu eigener kreativer Tätigkeit erschlossen werden" (DEUTSCHER BILDUNGSRAT 1974, S. 19).

Die während der Erarbeitung der Empfehlung von der Bildungskommission des Deutschen Bildungsrates eingeholten Gutachten zu Spielhandlungen, zum Sport, zum ästhetischen, kreativen und sozialen Lernen und zur Bedeutung von Fernsehen und Video enthalten Anregungen und Hinweise für die konkrete Ausgestaltung der Lernprogramme eines Lernortes Studio und illustrieren die Vorschläge des Bildungsrates. Im Anhang zu den Empfehlungen äußert sich der Vorsitzende der Bildungskommission Krings in einem eigenen Beitrag konkreter und grundsätzlicher zum Vorschlag des Bildungsrates. Danach läßt sich der außerordentlich komplexe Lernbereich Spiel und Gestalten im Lernort Studio in Lernziele gliedern wie: Sozialisation und Selbsterfahrung, Mitwirken in wechselndem Gruppenverhalten, Verständnis anderer Sozialrollen und Austragung sozialer Konflikte, höhere Wahrnehmungsfähigkeit und Sensitivität, Bewußtwerden der eigenen Körperlichkeit, Steigerung der Ausdrucksfähigkeit, Entwicklung der Phantasie, Förderung der formalen Fähigkeiten sowie Erfahrung der Modifizierung von Aussagen durch die jeweilige Art und Verwendung von unterschiedlichen Medien (vgl. KRINGS 1974, S. A 60 ff.).

Das Kursangebot sollte folgende Medien beziehungsweise Tätigkeitsfelder umfassen: Musik, Dramatik, Tanz, Bild, Film, Fernsehen und Video, Audioproduktion, Raum und Umwelt und Werken (vgl. KRINGS 1974, S. A 64). Der Ausbilder hat im sozialen Lernsystem des Lernortes Studio verschiedene Rollen zu erfüllen: „Er ist Informant hinsichtlich des Mediums und seiner Möglichkeiten, Berater bei der Bearbeitung der Themen und Inhalte im Hinblick auf die beabsichtigte Gestaltung, indirekter Regisseur oder Mitspieler, Repräsentant eines Publikums, Kritiker, Moderator der Diskussion" (KRINGS 1974, S. A 65).

Diskussion und Kritik. Bereits im Hearing, das die Bildungskommission zum Entwurf der Empfehlungen am 18. und 19. September 1973 veranstaltete, sowie in der öffentlichen Diskussion des Vorschlages, für Spiel und Gestalten einen eigenen Lernort einzurichten, zeigte sich, daß die Intention zur Verstärkung von Spiel und Gestalten überwiegend positiv, die Organisationsform als eigenständiger Lernort eher negativ beurteilt wurde. Der Deutsche Städtetag begrüßte 1974 die Empfehlungen des Deutschen Bildungsrates grundsätzlich und weist auf die mit den Musikschulen, Musik- und Sprechtheatern, Kinder- und Jugendtheatern, der kommunalen Filmarbeit, den Bibliotheken, den Bildstellen und den Volkshochschulen gegebenen Ansätze für eine Kooperation mit dem Lernort Schule hin, gibt jedoch aus kommunaler Perspektive, bevor Erfahrungen vorliegen, der nichtinstitutionalisierten Form der Kooperation zwischen kulturellen Einrichtungen und Schulen die Priorität vor einem in kommunaler Trägerschaft einzurichtenden Lernort (vgl. DEUTSCHER STÄDTETAG 1974, S. 16 ff.). Kritisch äußern sich insbesondere der BUND DEUTSCHER KUNSTERZIEHER (vgl. 1974) sowie Vertreter von Schulen und Hochschulen (vgl. LANDESINSTITUT FÜR SCHULPÄDAGOGISCHE BILDUNG NORDRHEIN-WESTFALEN 1977).
Die Kritik bezieht sich vornehmlich auf folgende Punkte: Mit der Schaffung eines eigenen Lernortes für Spiel und Gestalten neben der Schule bestehe die Gefahr, daß erstens die ästhetische Erziehung aus dem verbindlichen Fächerkanon des Lernortes Schule nach und nach verdrängt werde, daß zweitens die Lernprozesse im Lernort Studio Analyse, Reflexion und Kritik ausklammerten und sich auf Produktion reduzierten und daß drittens die Qualität der Ausbildung im Lernort Studio nicht gesichert werden könne. Ein gewichtiger Einwand gegen den Kritikpunkt, daß die ästhetische Erziehung mit der Einrichtung eines Lernortes Studio aus der Schule herausgedrängt werde, ist der Hinweis darauf, daß von den Jugendlichen rund 78 % auf Schulen gehen, die keinen Unterricht im Bereich von Kunst, Musik oder Werken kennen, und daß das traditionelle außerschulische Angebot im Bereich der ästhetischen Erziehung von einer Minderheit wahrgenommen wird, die bereits in der Schule entsprechenden Unterricht erhält (vgl. KRINGS 1976, S. 14).
In die Diskussion greift auch die Planungskommission Kollegstufe Nordrhein-Westfalen mit ihrer 1976 veröffentlichten zweiten Empfehlung zur Sekundarstufe II ein. Sie ist der Meinung, daß das Konzept der Pluralität der Lernorte und darin der Lernort Studio geeignet sei, den Gegensatz von beruflicher und allgemeiner Bildung abzubauen. Die geäußerte Kritik wird konstruktiv gewendet in Form von Anregungen an ansprechende Modellversuche: Die Vermittlung von humaner Kompetenz dürfe nicht vom Lernort Studio allein erwartet werden, sie müsse vielmehr auch im Lernort Schule sichergestellt werden; die Lernprogramme im Lernort Studio sollten nicht nur im Wahlbereich liegen, sondern auch für den obligatorischen Lernbereich und den Schwerpunktlernbereich, das heißt für den Erwerb von fachlichen Qualifikationen genutzt werden; neben der vom Deutschen Bildungsrat vorgeschlagenen Organisationsform sollten auch Alternativen wie die organisatorische Anbindung an die Schule erprobt werden. Es wird vorgeschlagen, im Rahmen des Versuchsprogramms mit Kollegschulen in Nordrhein-Westfalen auch einige Modellversuche mit dem Lernort Studio durchzuführen, den Auf- und Ausbau von Kollegschulen aber nicht an die Errichtung des neuen Lernortes zu binden (vgl. PLANUNGSKOMMISSION KOLLEGSTUFE NORDRHEIN-WESTFALEN 1976, S. 295).

Realisierungsansätze. Die als „stimulierendes Modell" und nicht als „Realprogramm" gedachte Empfehlung des Deutschen Bildungsrates (vgl. KRINGS 1976, S. 19) wird nur in Einzelfällen aufgegriffen. Von den acht im Jahre 1975 erfolgten Ansätzen ist zunächst nur der Modellversuch in Düsseldorf weitergeführt worden (vgl. PILOT 1979, S. 28). In Düsseldorf wurde im Zusammenhang mit dem die Integration von allgemeiner und beruflicher Bildung erprobenden Kollegschulversuch ein Lernort Studio eingerichtet. Es handelt sich um einen eigenständigen, in das Modellversuchsprogramm der BUND-LÄNDER-KOMMISSION FÜR BILDUNGSPLANUNG UND FORSCHUNGSFÖRDERUNG (vgl. 1977) aufgenommenen Modellversuch. Das Angebot steht den Schülern der Kollegschule, den Schülern der in demselben Schulzentrum wie die Kollegschule untergebrachten Gesamtschule sowie den Schülern aller Düsseldorfer Schulen der Sekundarstufe II offen. Die Kursangebote werden von Dozenten, Lehrern und freien Mitarbeitern gemacht. Sie umfassen zunächst die Medien beziehungsweise Tätigkeitsfelder: Film, Theater, Plastik, Keramik, Metallbearbeitung, Holzverarbeitung, Papier- und Pappeverarbeitung, Buchbinden, Textiles Gestalten, Mode, Zeichnen und Stadtplanung. Das Gelingen des Modellversuchs wird entscheidend davon abhängen, ob es möglich sein wird, die didaktische Eigenständigkeit des Lernortes zu bewahren, die Angebote des Lernortes Studio mit den Curricula für den Lernort Schule abzustimmen, anrechenbare Qualifikationen zu vermitteln, neben Vollzeitschülern auch verstärkt Teilzeitschüler einzubeziehen, mit Hilfe des Lernortes Studio die Lernprozesse der Jugendlichen im Alter von 16 bis 19 Jahren zu entschulen, die Integration der verschiedenen Schülergruppen zu fördern und mit Hilfe des Lernortes Studio die Schule zur Gesellschaft, zur Kultur und zur Erwachsenenwelt hin zu öffnen.

BUND DEUTSCHER KUNSTERZIEHER (Hg.): Lernort Studio. BDK-Brief 47, Sonderheft, 1974. BUND-LÄNDER-KOMMISSION FÜR BILDUNGSPLANUNG UND FORSCHUNGSFÖRDERUNG: Musisch-kulturelle Bildung. Ergänzungsplan zum Bildungsgesamtplan, Bd. 1, Stuttgart 1977. DEUTSCHER BILDUNGSRAT: Zur Neuordnung der Sekundarstufe II. Konzept für eine Verbindung von allgemeinem und beruflichem Lernen. Empfehlungen der Bildungskommission, Bonn 1974. DEUTSCHER STÄDTETAG: Schulen und kulturelle Einrichtungen in der Stadt. Empfehlung des Hauptausschusses vom 22. 11. 1974, Köln 1974. KELL, A.: Planung und Koordination des Curriculums im Verbund von mehreren Lernorten. In: FREY, K. (Hg.): Curriculum-Handbuch, Bd. 1, München/Zürich 1975, S. 582 ff. KRINGS, H.: Der Lernort Studio und der Lernbereich Spiel und Gestalten. In: DEUTSCHER BILDUNGSRAT: Zur Neuordnung . . ., Bonn 1974, S. A 54 ff. KRINGS, H.: Lernendes Spielen – Spielendes Lernen. In: FROMMBERGER, H. u. a. (Hg.): Lernendes Spielen – Spielendes Lernen, Hannover 1976, S. 9 ff. LANDESINSTITUT FÜR SCHULPÄDAGOGISCHE BILDUNG NORDRHEIN-WESTFALEN (Hg.): Lernort Studio. Der Studiobereich im Kollegschulversuch, Düsseldorf 1977. MAYRHOFER, H./ZACHARIAS, W.: Lernort Studio. Zur Neuorganisation der ästhetischen Erziehung. In: s.-managem. 5 (1974), 6, S. 45 ff. MITCHELL, P.: Verschiedene Lernorte im Zusammenhang der Education Permanent. In: Uw. 2 (1974), S. 41 ff. OTTO, G.: Ästhetische Erziehung. In: betr. e. 11 (1978), 2, S. 60 ff. PILOT, M.: Der „Lernort Studio" nach der Empfehlung des Deutschen Bildungsrates, Mimeo, Mainz 1979. PLANUNGSKOMMISSION KOLLEGSTUFE NORDRHEIN-WESTFALEN: Zweite Empfehlung zur Sekundarstufe II: Kollegstufe NW. In: KULTUSMINISTER NW (Hg.): Schulversuch Kollegschule NW, Köln 1976, S. 275 ff.

Ludwig Petry

Stufenausbildung

Begriff. Stufenausbildung ist die Bezeichnung für eine auf breiter beruflicher Grundbildung basierende betriebliche Berufsausbildung mit darauf aufbauenden Stufen allgemeiner beruflicher Fachbildung sowie weiteren Stufen der besonderen beruflichen Fachbildung. Nach den einzelnen sachlich und zeitlich geordneten und aufeinander aufbauenden Stufen soll sowohl ein Ausbildungsabschluß, der zu einer Berufstätigkeit befähigt, die dem erreichten Ausbildungsstand entspricht, als auch die Fortsetzung der Berufsausbildung in weiteren Stufen möglich sein. Die Konzeption der Stufenausbildung wird bis heute in der bildungspolitischen Diskussion mit einer ambivalenten Zielsetzung legitimiert: Danach soll die Stufenausbildung sowohl bezüglich der beruflichen Bedarfsstruktur des Beschäftigungssystems als auch bezüglich der Begabungsstruktur der Jugendlichen den heutigen und zukünftigen Bedingungen besser entsprechen als ein einheitlicher Ausbildungsabschluß (Monoberuf). Stufung meint also mehr als die Anwendung des pädagogischen Prinzips des schrittweise aufbauenden Lernens in der Berufsausbildung; mit ihr wird zugleich die Vermittlung auch theoretischer Grundlagen und eine systematische Einführung in ein entsprechendes Berufsfeld angestrebt.

Geschichtliche Entwicklung. In Stufen gegliederte betrieblich-berufliche Ausbildungsgänge sind bereits lange vor 1945 im Zusammenhang mit dem Auf- und Ausbau des industriellen Ausbildungswesens diskutiert und auch ansatzweise eingeführt worden. Angesichts zunehmender Mechanisierung der Produktion bei gleichzeitig abnehmenden Ausbildungsmöglichkeiten in Industriebetrieben erschien es unter betriebswirtschaftlichen Aspekten immer weniger ökonomisch, den Berufsnachwuchs allein an produktionsgebundenen Arbeitsplätzen auszubilden. Insofern ist der Kerngedanke der Stufenausbildung nichts anderes als die Ausformung eines mit der Industrialisierung auch im Ausbildungsbereich wirkenden pädagogischen Rationalisierungsprozesses, einer stärkeren Planung, Systematisierung und Kontrolle von betrieblichen, aber nun nicht mehr allein produktionsgebunden durchzuführenden Ausbildungsmaßnahmen. Die in den 20er Jahren zunächst von den Industrieverbänden vehement vorangetriebene Katalogisierung von Kenntnissen und Fertigkeiten in sogenannten Berufsbildern, die jeder Lehrbetrieb den Jugendlichen innerhalb einer einheitlich abgegrenzten Ausbildungszeit zu vermitteln hatte, sowie die Zusammenfassung größerer Lehrlingsgruppen in Lehrwerkstätten der Großbetriebe verstärkte die Hinwendung zu einer inneren Stufung von arbeitspädagogisch – und damit systematisch – geplanten Ausbildungsgängen; zugleich beförderte sie auch die Errichtung von Lehrwerkstätten. Aus ausbildungsorganisatorischen, ausbildungsökonomischen und ausbildungsdidaktischen Gründen wurde es bald als sinnvoll angesehen, aus einer größeren Zahl technologisch eng benachbarter Berufe gemeinsam erforderliche Kenntnisse und Fertigkeiten herauszufiltern und zu einem Grundkurs mit theoretischen Unterweisungsphasen zu kombinieren. Im Rahmen solcher Kurse konnten zugleich die Berufseignung und die Berufswünsche der Jugendlichen überprüft, korrigiert und im Hinblick auf den betriebsspezifischen Arbeitskräftebedarf und die Kosten der Ausbildungsmaßnahmen kanalisiert werden.
Nach 1945 wurde der Gedanke einer Stufung der betrieblichen Berufsausbildung auf Initiative von Arbeitnehmer- und Arbeitgeberorganisationen, von Großunternehmen, von Berufsschullehrern, Ausbildungsberatern und Arbeitsgemeinschaften der Ausbildungsleiter in

verschiedenen Modellen der Öffentlichkeit vorgelegt. Besonders im gewerblichen Bereich (Metall, Elektrotechnik, Graphik, Textil), daneben auch im kaufmännischen Bereich sind verschiedene Stufenausbildungskonzepte praktiziert worden.

Traditionelle Konzepte. Im Jahre 1948 wurde der „Braunschweiger Plan" vorgestellt, der jedoch mehr Denk- und Anregungsmodell geblieben und wenig praxiswirksam geworden ist. Im Gegensatz zu späteren Modellen sah dieser Plan keine Möglichkeit eines vorzeitigen Ausscheidens aus dem Prozeß der Berufsausbildung vor Erreichen der Endstufe als Facharbeiter vor. Vielmehr sollte durch die Erarbeitung von Lehrgängen und Ausbildungsmitteln die gesamte Ausbildung systematisiert und pädagogisch rationalisiert werden. Mit der Kernstufe (erste Stufe der Ausbildung), die eine allgemeine und fachliche Grundausbildung innerhalb des ersten Ausbildungsjahres für verwandte Ausbildungsberufe umfaßte, war ein notwendiger Schritt in Richtung auf eine gestufte und systematische Ausbildung vorgesehen. Am Ende dieser ersten Stufe wurde die jeweilige Eignung und Neigung der Jugendlichen nochmals im Hinblick auf die folgende Fachausbildung überprüft. Letztere führte zu verschiedenen Berufsabschlüssen auf der Qualifikationsebene des Facharbeiters und war ebenfalls in sich gegliedert und nicht allein den betrieblichen und arbeitsplatzgebundenen Zufälligkeiten überlassen.

Die über diesen Plan geführte Diskussion wurde zehn Jahre später wieder aufgegriffen und unter dem Titel der Stufenausbildung in die Praxis umgesetzt. Es waren vor allem:
- der Krupp-Rahmenplan von 1962/ 1965,
- der Plan der Arbeitsstelle für betriebliche Berufsausbildung (ABB-Plan) für Schlosserberufe von 1963/1965,

- der IG-Metall-Plan von 1964/1966,
- der Berliner Plan (Metall/Elektro) von 1964 und
- weitere, zumeist lediglich auf einzelne Betriebe bezogene Pläne wie von Bosch, Daimler-Benz, Kraus-Maffei, Pittler oder Voith.

Gemeinsam war diesen Stufenplänen, daß sie alle mit einer Grundausbildung begannen, der eine in mehrere in sich abgeschlossene, aber durchlässige Stufen zerlegte und immer spezieller werdende Fachausbildung folgte. Abschlußmöglichkeiten bestanden nach jeder Stufe, so etwa beim Krupp-Plan:
- Betriebswerker nach der allgemeinen Grundausbildung,
- Facharbeiter II (Fachwerker) nach der zweiten Stufe,
- Facharbeiter I (qualifizierter Facharbeiter) nach der dritten Stufe und
- Technischer Angestellter nach der vierten Stufe.

Das Erreichen der nächsthöheren Qualifikationsstufe war von der Abschlußprüfung auf der darunterliegenden Stufe abhängig, und außerdem konnte die Berufsausbildung jederzeit bei entsprechender Eignung und entsprechendem Bedarf zu einem späteren Zeitpunkt fortgeführt werden. Unterschiede zwischen den Stufenplänen ergaben sich daraus, daß einige nicht nur die traditionelle Lehre in Stufen gliederten, sondern darüber hinaus weitere Qualifizierungsschritte einschlossen. Überdies lagen den Plänen unterschiedliche Zielvorstellungen zugrunde, je nachdem, ob die Berufsausbildung mit einer horizontalen Konzentration verwandter Berufe in Stufen systematisiert oder zugleich eine vertikale Gliederung der Berufsausbildung mit Prüfungen und unterscheidbaren Qualifikationsstufen bezweckt werden sollte.

Konzepte nach Erlaß des Berufsbildungsgesetzes (BBiG). Das BBiG von 1969 hat für die weitere Entwicklung der Stufenausbildung eine Rechtsgrundlage geschaffen. Gemäß § 26 BBiG besteht die Möglichkeit, die Berufsausbildung sachlich und zeitlich in besonders geordneten, aufeinander aufbauenden Stufen durchzuführen. Diese Bestimmung führte nach 1969 in verschiedenen beruflichen Bereichen zur Anerkennung von Ausbildungsordnungen in Stufenform. Die seitdem verbindliche Stufenausbildungskonzeption geht von einer zweijährigen ersten Stufe und einer ein- oder eineinhalbjährigen zweiten Stufe aus. Die erste Stufe sichert eine einjährige gemeinsame Grundausbildung und führt nach dem zweiten Ausbildungsjahr zu einer oberhalb der früheren Anlernberufe angesiedelten Berufsqualifikation. In der zweiten Stufe können Qualifikationen für aufbauende Ausbildungsberufe oberhalb des bisherigen Facharbeiterniveaus erworben werden. Je nachdem, ob nach der ersten Stufe eine Wahl unter mehreren Ausbildungsberufen der zweiten Stufe möglich ist, haben sich einzügige (wie beispielsweise im Einzelhandel) und mehrzügige Grundformen (wie in der Ausbildungsordnung für Maschenwaren) herauskristallisiert. Die gestufe Ausbildungsordnung in der Elektrotechnik enthält sowohl ein- als auch mehrzügige Ausbildungsmöglichkeiten. Die einzügige Form erfüllt dabei keineswegs den Anspruch, den Auszubildenden über die erste Stufe hinaus mehrere Wahlmöglichkeiten entsprechend ihrer Eignung und Neigung zu eröffnen.

Mit der Einführung der Stufenausbildung ist stets eine Modernisierung der Ausbildungsordnungen, Straffung der Ausbildungszeit sowie eine kontinuierliche Steigerung der theoretischen Anforderungen von Stufe zu Stufe, meist unter Einbeziehung völlig neuer Lerninhalte auch aus benachbarten Wissenschaftsbereichen, verbunden. Dies wiederum bewirkt oft eine Veränderung der bisherigen Zeitanteile und damit teilweise auch des didaktischen Verständnisses der für die Berufsausbildung konstituti-

ven Lernorte, was in der Praxis Ausgleichsregelungen für die dabei neu anfallenden Kosten erfordert. So haben etwa die Tarifvertragsparteien des Baugewerbes zur Absicherung der finanziellen Konsequenzen der Verordnung über die Berufsausbildung in der Bauwirtschaft (die auch Handwerksberufe umfaßt) einen Tarifvertrag abgeschlossen, der eine Regelung insbesondere für die Kosten der aus produktionstechnischen Besonderheiten dieses Wirtschaftszweiges notwendig gewordenen Ausweitung der überbetrieblichen Ausbildung schafft. Ohne Inanspruchnahme geeigneter überbetrieblicher Ausbildungsstätten sind viele Klein- und Mittelbetriebe häufig gar nicht in der Lage, allen Ansprüchen der Stufenausbildungsordnungen in bezug auf Planung, Systematisierung und Kontrolle betrieblicher Ausbildungsmaßnahmen zu genügen.

Probleme. Seit 1974 stagniert die Anerkennung weiterer Stufenausbildungsordnungen. Gründe hierfür sind auch in anderen Reformbestrebungen der beruflichen Bildung (wie etwa in bezug auf das Berufsgrundbildungsjahr) zu finden, die mit der Stufenausbildung als nicht vereinbar angesehen werden. Auch ist die Eingruppierung der unterschiedlich lang Ausgebildeten in das bisherige Lohngefüge ein Streitpunkt. Folgende Probleme der Stufenausbildung werden in diesem Zusammenhang noch genannt:

– Die Stufenausbildung gestattet den Betrieben, die Berufsausbildung allzu rigide nach kurzfristigen betriebswirtschaftlichen Erfordernissen auszurichten, wodurch die berufliche Mobilität der Auszubildenden gefährdet und auf Lernbedürfnisse der Jugendlichen kaum Rücksicht genommen wird.

– Hatte das BBiG formal die Unterscheidung von Lehr- und Anlernberufen durch den gemeinsamen Begriff des Ausbildungsberufes ersetzt, so droht durch die eigenständigen Qualifikationsstufen eine Fortschreibung dieser traditionellen Unterscheidung. Als Folge fehlender Kriterien für den Übergang in die aufbauenden Stufen wird eine Disziplinierung der Jugendlichen und eine Steigerung ihres Konkurrenzverhaltens sowie eine weitgehende Entsolidarisierung angenommen. Auch wird die Gefahr einer Polarisierung der Facharbeiterschaft gesehen.

– Die Zusammenfassung von verschiedenen Berufsbildern, die zu ähnlichen Qualifikationen führen sollen, ist unzureichend. Die vorgenommene Einführung sogenannter Berufsfelder ist theoretisch und empirisch weder hinreichend begründet, noch gestattet der gemeinsame Grundkurs eine Verbindung zu Berufen, die in anderen Ausbildungsordnungen geregelt sind.

– Der Berufsschulunterricht wird schwieriger, wenn Schüler in unteren Stufen aus der Stufenausbildung ausscheiden.

BUNDESMINISTER FÜR BILDUNG UND WISSENSCHAFT (Hg.): Erfahrungen mit Stufenausbildungsordnungen, München 1977. BUNK, G. P.: Konzepte kaufmännischer Stufenausbildung unter besonderer Berücksichtigung der Arbeiten des Deutschen Verbandes für das kaufmännische Bildungswesen e. V., Braunschweig 1976. PÄTZOLD, G.: Zum Verhältnis von Berufsausbildungssystem und Beschäftigungssystem – am Beispiel der Stufenausbildung. In: Gewerksch. Bpol. 27 (1977), S. 1 ff. PÜTT, H.: Stufenausbildung – Anspruch und Wirklichkeit einer beruflichen Ausbildungsform. Eine Untersuchung über Stufenpläne und Stufenmodelle in der Berufsausbildung, Essen 1976.

Günter Pätzold

Subkulturen, jugendliche

Definition. Die wissenschaftliche Behandlung jugendlicher Subkulturen (auch: Teilkulturen, Peer-groups, youth culture) begann in den USA, wo dieses Phänomen bereits nach dem ersten Drittel dieses Jahrhunderts auffiel. Der Soziologe BELL (1965, S. 83) definierte: „Unter Teilkulturen verstehen wir ‚relativ kohärente kulturelle Systeme, die innerhalb des Gesamtsystems unserer nationalen Kultur eine Welt für sich darstellen'. Solche Subkulturen entwickeln strukturelle und funktionale Eigenheiten, die ihre Mitglieder in einem gewissen Grade von der übrigen Gesellschaft unterscheiden."

Vor allem COLEMAN (vgl. 1961) kam zu dem Schluß, daß es an den amerikanischen Schulen jugendliche Meinungsführer gäbe, deren Eigenschaften und Verhaltensweisen für viele Mitschüler attraktiv seien, obgleich sie in keiner Weise im schulischen Lehrkanon repräsentiert seien: Gutes Aussehen, Sportlichkeit, Erfolg im Fußball galt danach als ebenso wichtiger Index für Popularität, wie ein „guter Schüler" zu sein oder zur „guten Gesellschaft" zu gehören. Danach sind es nicht mehr nur die Familie oder die Schule, die jugendliche Wertschätzungen bestimmen, sondern es bildet sich eine relativ eigenständige subkulturelle „Schulwelt" heraus sowie, daran angelehnt, eine „Jugendgesellschaft" mit Belohnungen, die denen des Schulsystems in den Augen Jugendlicher oft überlegen zu sein scheinen. Ein „ganzer Kerl sein" und von Gleichaltrigen geschätzt werden gilt danach als mindestens ebenso erstrebenswert wie der Beifall von Eltern und Lehrern.

Erste Untersuchungen. Seit den 60er Jahren ist eine Vielzahl von Untersuchungen erschienen, die die Peer-Orientierung Jugendlicher behandeln. Manche kommen dabei zu dem Schluß, daß Überzeugungen und Handlungsweisen

511

dieser jugendlichen Subkultur wichtiger sind als elterliche Vorbilder und Erziehungsnormen. Andererseits ist nicht zu leugnen, daß die Bindung an die Familie in der Mehrzahl der Fälle nicht total aufgegeben wird und ihr zumindest über die soziale Plazierung eine entscheidende Rolle zukommt. So unterscheiden sich Subkulturen bürgerlicher Jugendlicher in vielem von denen, die durch Angehörige sozialer Unterschichten gebildet werden (vgl. BAACKE 1972). Andere Autoren (vgl. ELKIN/WESTLEY 1965, HOLLINGSHEAD 1967) haben anhand von Untersuchungen mittelständischer Jugendlicher in Städten oder städtischen Vororten solche Ergebnisse bestritten. Ihnen zufolge gibt es bei der Mehrzahl der Jugendlichen zwischen Eltern und Kindern wenig Gegensätze; ernst zu nehmende und manifeste Probleme bei der Wahl des Berufs oder der Emanzipation von Autoritätspersonen liegen nicht vor: „Angesichts dieser Befunde und des Sachverhalts, daß Kinder, Erwachsene und alte Menschen gleicherweise Anpassungsschwierigkeiten haben, erscheint der Vorschlag folgerichtig, bei der Diskussion der Sturm-und-Drang-Phase Jugendlicher das Augenmerk mehr auf ihre Beteiligung an der modernen städtischen Gesellschaft als auf die besonderen Merkmale ihrer Altersstufe zu richten" (ELKIN/WESTLEY 1965, S. 104 f.).

Viele Probleme der Diskussion liegen einfach darin, daß der Terminus „Subkultur" nicht operationalisiert, also wenig exakt definiert ist und damit bis heute deutungsoffen geblieben ist. Unbestritten ist inzwischen, daß nicht nur in den USA, sondern in allen modernen Gesellschaften eine steigende Tendenz besteht, daß Jugendliche sich aneinander orientieren und dies in Gruppen tun, die sich zwar häufig an und in pädagogischen Institutionen bilden, aber deshalb ihren Aufgaben und Zwecken keineswegs immer zu folgen brauchen.

Originalität, Narzißmus, Ethnozentrismus. Welche Bedeutungen besitzen Altersgruppen für Jugendliche, die sich pädagogischer Initiation und Kontrolle entziehen? Zum einen bieten sie die Chance, *Originalität* zu gewinnen, die dem Jugendlichen als „noch nicht fertig" von Erwachsenen meist nicht zugesprochen wird. „Champion", „Casanova", Kamerad, Kumpel, Freund, Abenteurer, aber auch: Fan, Bewunderer, Gefolgsmann – das sind Rollen, in denen ein Jugendlicher erste Ausprägungen seiner Identität versuchen kann. Dabei sind narzißtische Züge unübersehbar. Eine autoerotisch eingefärbte Selbstliebe (Bedeutung von Kleidung, Jeans, Frisur) ist vor allem bei solchen Jugendlichen anzutreffen, die in der Familie keine stabilen Objektbeziehungen (etwa wegen Dominanz der Mutter, häufiger Abwesenheit oder Fehlens des Vaters) entwickeln konnten: Ihnen dient die Gruppe als Spiegel eines oft übersteigerten, realitätsfremden Selbstbildes. Jugendlichem Narzißmus entspricht darum ein spezifischer *Ethnozentrismus:* starke Identifikation mit der Eigengruppe; Ausbildung von Stereotypen und Vorurteilen (je nach Gruppe: gegenüber Eltern, Lehrern, rassischen Minderheiten); Ausbildung von Freund-Feind-Schemata und Ablehnung von Fremdgruppen, meist Erwachsenen. Jugendliche Kleidung und Mode wird ausgespielt gegen das „Spießige", Althergebrachte. Betont wird die Einzigartigkeit der eigenen Gefühlswelt, die Besonderheit der Ich-Erfahrung gegenüber den blassen Verhaltensmustern der Erwachsenen (deren Attribute und Machtposition dennoch häufig erstrebenswert bleiben).

Jugendlicher Ethnozentrismus kann bis hin zu einem Gegenmodell von Gesellschaft führen. Eine solche Haltung eignet sich dazu, gesellschaftspolitischer Parteinahme als Basis zu dienen. Auf diese Weise kann man die generationsbezogene Dichotomisierung Erwachsene/Jugendliche durch eine differenziertere politische Stellungnahme gegen die bürgerliche Gesellschaft, ihren Materialismus vor allem, ersetzen (vgl. BAACKE 1979; vgl. PROJEKTGRUPPE JUGENDBÜRO UND HAUPTSCHÜLERARBEIT 1975, S. 21 f.). Gesellschaftskritische Haltungen können sich bis zu eigenständigen subkulturellen Bildungen und „alternativen Lebensformen" wie Landkommune und Wohngemeinschaft weiterentwikkeln. Gerade Studenten mit ihrer rollenoffenen und „antibürgerlichen" Lebensweise sind solchen Gruppierungen zugänglich. Dabei kann es zu einer „langandauernden Jugend im linken Getto" (vgl. HARTUNG 1978) kommen.

Wie hoch Jugendliche die Peer-Orientierung gewichten, zeigen auch Untersuchungen zur Beliebtheit von Freizeittätigkeiten. Hier rangiert „mit Freunden zusammensein" vor „sich mit der Familie beschäftigen"; „Geselligkeit mit Gleichaltrigen" wird entschieden bevorzugt. Alle Freizeittätigkeiten werden von Jugendlichen als bedeutender angesehen als vom Durchschnitt der Bevölkerung: In ihren Gruppen, in Parks, auf Straßen, in Kneipen, Restaurants, Diskos, Kinos, Jugendgruppen machen sie entscheidende Erfahrungen.

Moralische Entwicklung und Peer-Orientierung. Auffällig ist die Tendenz jugendlicher Subkulturen, immer jüngere Mitglieder aufzunehmen. Schon im Vorstadium der Pubertät beginnen sich Heranwachsende stark an Gleichaltrigen zu orientieren. Dies hat zur Folge, daß die in Altersgruppen vermittelten Erfahrungen für einen Teil der Jugendlichen frühzeitiger abgeschlossen sind; in der Sekundarstufe II haben sie das gruppenbezogene Stadium dann schon hinter sich, bevorzugen eine Zweierbeziehung oder den kleinen Freundeskreis. Eine Untersuchung zur moralischen Entwicklung von Jugendlichen (vgl. DÖBERT/NUNNER-WINKLER 1975) hat gezeigt, daß Jugendliche mit einer konfliktbe-

hafteten, krisenreichen Adoleszenz auch und gerade im Alter von 15 bis 16 Jahren, in dem sich eine autonome Moral ausbilden kann, in (oft ideologisch/politisch motivierte) Altersgruppen drängen. Wehrdienstverweigerer etwa besitzen nicht nur eine an moralischen Prinzipien orientierte Ich-Identität nach einer konflikt- und risikoreichen Adoleszenzkrise mit anomischen Zügen bei gleichzeitigem Wegfall einer klaren beruflichen Perspektive; sie haben meist auch eine heftige Familienloslösung hinter sich, die eine eher krisenhafte Entwicklung und reduzierte politische Konformität nach sich ziehen kann. Wesentlich ist, daß gerade Wehrdienstverweigerer nach Kohlbergs Stufenschema eine postkonventionelle, reife und autonome Moralstufe erreicht haben. Dies gilt vermutlich auch für die anderen Jugendlichen im Alter der Sekundarstufe II, die sich subkulturell orientieren. Im Gegensatz dazu standen in dieser Untersuchung die Jugendlichen, die sich freiwillig zum Militärdienst meldeten. Sie wiesen meist eine bruchlose Sozialisation auf und orientierten ihre Ich-Identität stark an der künftigen Berufsrolle. Existentielle Krisen in Familie und Schule spielten dabei kaum eine Rolle.

Unterschiedlichkeit von Subkulturen. Der Zusammenschluß Jugendlicher in Subkulturen hat eine lange Geschichte, so etwa die Sodalitates im Mittelalter. In der Moderne sind diese Gruppenbildungen deshalb auffällig, weil damit (möglicherweise) die in Jahrhunderten stabilisierte Funktion von Familie und Schule wieder eingeschränkt wird. Dabei ist zu bedenken, daß es eine Vielzahl unterschiedlicher Subkulturen gibt. Da gibt es antibürgerliche Gruppen des Bürgertums mit der Perspektive auf Jugendlichkeit (Jugendbande, Jugendbewegung) oder der Perspektive auf die Gesellschaft (politische Gruppen, Wohnkollektiv, Wohngemeinschaft, teilweise

Jugendsekten); es gibt antibürgerliche Gruppen des Proletariats (Kinderfreundebewegung, Sozialistische Arbeiterjugend, Jugendwohnkollektive), Außenseitergruppen (Rocker, Gangs), Gruppen im Erziehungsraum (Social Group Work, Jugendklubs, Heime der offenen Tür, Ferienlager), Gruppenbildungen im Kommerzsystem (Touristik, Diskothek), subkulturelle Gruppenbildungen in Institutionen (Gefängnissubkulturen, Schülersubkulturen).

SCHWENDTER (vgl. 1971) versucht, diese Unterschiedlichkeit von Subkulturen typologisch zu erfassen; von der „kompakten Majorität" (Mehrheit der Bevölkerung) und dem „Establishment" (Funktionselite) unterscheiden sich die emotionellen, rationalistischen, progressiven und regressiven Subkulturen. Dabei überlegt er, ob Subkulturen eine Chance haben, tatsächlich Einfluß auf die Gesellschaft zu nehmen. Unter Hinzuziehung von Überlegungen der Spieltheorie versucht er zu zeigen, daß es nur 10 % „Standardneutrale" in den Mittelblöcken (Personen, die sich mit den gesellschaftlichen Werten, Normen, Überzeugungen und den darauf beruhenden Einrichtungen nicht identifizieren) sowie 1 % aktive Revolutionäre aus den progressiven Subkulturen zu geben braucht, damit die Gesellschaft das „Spiel" nicht mehr spielen kann und grundlegende Veränderungen möglich sind.

Pädagogische Wertung – pädagogische Forschung. Eine pädagogische Einschätzung jugendlicher Subkulturen ist von deren jeweiliger Eigenart abhängig. Die Entwicklung ist im Fluß; verläßliche Daten (im Sinne von Endgültigkeit oder eindeutigen Tendenzen) gibt es nicht. Eine Wertung hängt sicher entscheidend auch von den (meist nicht expliziten) theoretischen Vorannahmen ab.

Man kann Jugend als zweckfunktionale Übergangszeit betrachten, wie es EISENSTADT (vgl. 1966) getan hat. Solange die Gesellschaft partikularistisch organisiert war (Wohnen, Essen, Arbeiten, Schlafen unter einem Dach und in einer Bezugsgruppe, die als „Teil" für das Ganze steht), gab es „Jugend" nicht als besonderen Status. Dieser entsteht erst im gesellschaftlichen Modernisierungsprozeß mit zunehmender Funktionsdifferenzierung. Nicht mehr Vererbung und Verwandtschaft, sondern individuelle Leistung entscheiden über die Lebenskarriere. Damit wird Gesellschaft zu einem komplexen Sozialgefüge mit universalistischem, leistungsorientiertem Gepräge in einem abstrahierenden System menschlicher Beziehungen. Damit entsprechen sich familiäre Ausgangslage und universalistische Gesamtorientierung (künftiger Beruf) nicht mehr. Die Altersgruppen haben die Funktion, in der „interlinking sphere" der Jugend den Ablösungsprozeß von der Herkunftsfamilie zu unterstützen und zu gesamtgesellschaftlich funktionierenden Orientierungen hinzuführen. Dabei gibt es drei altershomogen orientierte Systemlösungen: das Schulbildungssystem; von Erwachsenen unterstützte Jugendorganisationen; spontane Jugendgruppen als jugendliche Subkulturen. Nach solcher Deutung sind Altersgruppenbildungen „funktional", also notwendig; letztlich unterstützen Gruppenbildungen den Erziehungsprozeß. Auffälligkeiten jugendlichen Verhaltens sind „normal" und gehören einer Übergangszeit an.

Man kann die weltweit zu beobachtende Altersgruppenbildung auch skeptischer beurteilen: als problematischen Ersatz für stabile Familienbeziehungen, die zu Narzißmus und Bindungslosigkeit führen; die Unfähigkeit, tiefe Bindungen aufzunehmen und für die Zukunft zu planen, führt zu Aggressivität, Wandalismus, Drogenkonsum und einem hochneurotisierten Verweigerungsverhalten ohne eigenes Gegenbild. Die Subkultur soll dann helfen, das instabile Ich durch totales Aufgehen in Gruppennormen zu stützen. Dies kann für den Jugendlichen die Attraktivität hierarchisch organisierter Sekten und neonazistischer Jugendgruppen ausmachen. Fest steht: Der Lebenszusammenhang Jugendlicher in Familie, Schule und Altersgruppen ist in keinem Fall mehr geordnet und übersichtlich. Jugendliche machen in Subkulturen Erfahrungen, die in pädagogischen Institutionen nicht hinreichend bearbeitet werden (Emotionalität, Sexualität, Aufbau selbsterworbener intensiver Beziehungen). Eine angemessene Einschätzung der Situation würde sich verbessern, wenn die gesamte Lebenswelt von Jugendlichen und nicht nur Teilaspekte (Familie *oder* Schule *oder* Jugendgruppen) untersucht würden und so der Erfahrungszusammenhang jugendlicher Sozialisation insgesamt mehr Aufmerksamkeit fände. Dieser Hinweis hat auch für pädagogische Praxis Gültigkeit: Kein Lehrer kann auf die Dauer vernachlässigen, was Jugendliche in der stark kognitiv orientierten Sekundarstufe II an Wünschen, Erfahrungen und Krisen in den Unterricht mitbringen.

BAACKE, D.: Jugend und Subkultur, München 1972. BAACKE, D.: Originalitätszwang und Neudefinition. In: HEIGL-EVERS, A. (Hg.): Die Psychologie des 20. Jahrhunderts, Bd. 8, München 1979, S. 342 ff. BELL, R. R.: Die Teilkultur der Jugendlichen. In: FRIEDEBURG, L. v. (Hg.): Jugend in der modernen Gesellschaft, Köln/Berlin 1965, S. 83 ff. COLEMAN, J. S. u. a.: The Adolescent Society, Glencoe 1961. DÖBERT, R./NUNNER-WINKLER, G.: Adoleszenzkrise und Identitätsbildung. Psychische und soziale Aspekte des Jugendalters in modernen Gesellschaften, Frankfurt/M. 1975. EISENSTADT, S. N.: Von Generation zu Generation. Altersgruppen und Sozialstruktur, München 1966. ELKIN, F./WESTLEY, W. A.: Der Mythos von der Teilkultur der Jugendlichen. In: FRIEDEBURG, L. v. (Hg.): Jugend in der modernen Gesellschaft, Köln/Berlin 1965, S. 99 ff. HARTUNG, K.: Über die langandauernde Jugend im linken Getto. In: Kursbuch 54 (1978), S. 174 ff. HOLLINGSHEAD, A. B.: Elmtown's Youth. The Impact of Social Classes on Adolescents, New York [11]1967. MEHNERT, K.: Jugend im Zeitbruch. Woher – wohin? Stuttgart 1976. PROJEKTGRUPPE JUGENDBÜRO UND HAUPTSCHÜLERARBEIT: Die Lebenswelt von Hauptschülern, München 1975. SCHWENDTER, R.: Theorie der Subkultur, Köln/Berlin 1971.

Dieter Baacke

Unterricht: Alte Sprachen

Latein und Griechisch: historischer Überblick. Latein war im Mittelalter überall in Westeuropa Sprache der Kirche und der durch ihre Schulen vermittelten höheren Bildung, seine Beherrschung für jeden Geistlichen und zu bestimmten Zeiten auch für gebildete Laien unerläßlich. Am Anfang der Einführung in den aus der Spätantike übernommenen Kanon der hellenistischen Bildung stand der Grammatikunterricht. Er wurde vertieft durch die Lektüre christlicher, später auch heidnischer lateinischer Schriftsteller. Im Spätmittelalter wurde Latein zur Sprache der neu entstandenen Universitäten und der scholastischen Philosophie ebenso wie der Rechtswissenschaft und Medizin.

Angeregt durch die Ideen Petrarcas, gaben die Humanisten des 15. und 16. Jahrhunderts dem Lateinunterricht eine neue Zielsetzung. Es galt nicht mehr nur, die Sprache als Verständigungsmittel zu lehren, sondern, vor allem, das klassische Latein der großen Autoren des Altertums zu pflegen und eine neue Beredsamkeit und Poesie nach antiken Vorbildern zu entwickeln. Hinzu kam für die Schule die Aufgabe, elementare Kenntnisse im Griechischen zu vermitteln, der zweiten Literatursprache des Altertums, die die Sprache des Neuen Testaments ist. Das Studium des Neuen Testaments hatte für die Begründung des Griechischunterrichts bis tief ins 18. Jahrhundert hinein die bestimmende Bedeutung. Vor allem durch die Tätigkeit Melanchthons erhielten die nach der Reformation neu geordneten Lateinschulen der evangelischen Länder ein humanistisches Gepräge. Ähnliches gilt für das katholische Schulwesen, für das die Jesuitenschulen vorbildlich wurden.

Als im 17. und 18. Jahrhundert Latein seine Funktion als Sprache der Wissenschaft an die Nationalsprachen verlor, war besonders in den evangelischen Teilen Deutschlands der Fortbestand der Lateinschule gefährdet. Daß Latein und Griechisch weiter das Kernstück der Gymnasien blieben, lag an dem neuerwachten Interesse an Literatur und Kunst der Antike, das im 18. Jahrhundert weite Kreise der gebildeten Gesellschaft Westeuropas erfaßte. Daß das Studium der Griechen der einzige Weg zu künstlerischen Leistungen, zur Persönlichkeitsbildung, zur Humanität sei, war damals eine weitverbreitete Auffassung.

Die neuhumanistische Umgestaltung der Lateinschule, die im 18. Jahrhundert begonnen hatte, kam zum Abschluß in der Humboldt-Süvernschen Reform des preußischen Gymnasiums (1809–1818) und in ähnlichen Reformen in den meisten anderen deutschen Staaten. Durch sie gewann der Lateinunterricht noch einmal für ein Jahrhundert seine zentrale Stellung im Fächerkanon zurück. Das Griechische, das in der alten Lateinschule nur eine untergeordnete Rolle gespielt hatte, stieg zum zweiten Kernfach auf. Allerdings blieb der altsprachliche Unterricht stärker den Traditionen der Lateinschule verhaftet, als es den Vorstellungen der Neuhumanisten entsprochen hatte. Aktive Sprachbeherrschung im Lateinischen, obwohl längst ohne praktische Bedeutung, wurde weiterhin erstrebt, vor allem wegen des vermeintlichen formalbildenden Werts der lateinischen Grammatik (Abituraufsatz in lateinischer Sprache bis 1892). Auch das Griechische wurde zeitweise mit ähnlichen Zielsetzungen betrieben (Übersetzung ins Griechische bis 1882 als Abituraufgabe). Demgegenüber traten Lektüre und Interpretation großer Werke der römischen und griechischen Literatur, die nach den Vorstellungen der Neuhumanisten im Zentrum stehen sollten, in der Praxis vieler Schulen an den Rand.

Da die preußische Verwaltung bei der Zulassung zum einjährigen Militärdienst und zur mittleren Beamtenlaufbahn auf Lateinkenntnissen bestand, wurde auch in den neu entstandenen Realgymnasien Latein gelehrt. Es wurde dort sogar zum Fach mit der höchsten Stundenzahl. Die Anforderungen waren aber deutlich geringer als im humanistischen Gymnasium; auf aktive Sprachbeherrschung wurde verzichtet.

Der Grund für die wichtige Stellung des Griechischen im Fächerkanon des Gymnasiums war der neuhumanistische Glaube an Vorbildlichkeit und Einzigartigkeit der griechischen Kultur. Als dieser Glaube durch die Altertumsforschung des 19. Jahrhunderts und das seit Herder und der Romantik systematisch betriebene Studium anderer Kulturen erschüttert worden war, wurde eine Neubestimmung der Aufgabe des Faches erforderlich. Eine solche wurde 1900 von WILAMOWITZ (vgl. 1972, S. 77 ff.) versucht. Danach sollte Griechisch in erster Linie ein geistesgeschichtliches Fach sein, in dem der Schüler erfahren sollte, wie eng die Beziehungen zwischen der griechischen Kultur und der Gegenwart in den verschiedenen Lebensbereichen sind. Sprach- und Literaturunterricht erhielten durch dieses übergeordnete Ziel neue Akzente. Nicht nur das Attisch der Klassiker des fünften und vierten Jahrhunderts sollte gelehrt werden, sondern auch die Literatursprache der späteren Epochen (Koiné), nicht nur die Werke der schönen Literatur sollten gelesen werden, sondern Texte aus allen Lebensbereichen.

Der Lateinunterricht war nie so stark vom Geist des Neuhumanismus geprägt worden wie der Griechischunterricht. Schon W. v. Humboldt sah die Römer nicht ideal wie die Griechen, sondern historisch, und zwar vor allem als Vermittler der griechischen Kultur an die Völker Westeuropas. Eine Idealisierung der römischen Kultur wäre auch angesichts der historischen Tatsachen schwerer gefallen als bei den Griechen. Zwar versuchte man gelegentlich, eine Be-

gründung des Lateinunterrichts in Analogie zu der des Griechischen zu entwikkeln und seine Aufgabe etwa darin zu sehen, daß er in das Wesen des Römertums einführen sollte. Das Idealbild der römischen Frühgeschichte, wie es Sallust und Livius zeichneten, wurde als gültige Bestimmung römischer Wesensart aufgefaßt. Doch bedeutete dies, die Augen vor der Mannigfaltigkeit der Phänomene der über tausendjährigen Geschichte des antiken Rom zu verschließen und auch die zu jeder Zeit starke griechische Prägung seiner Kultur zu mißachten.

Seit der Gleichstellung aller Typen der höheren Schule im Hinblick auf den Hochschulzugang (1900) ging die Bedeutung des altsprachlichen Unterrichts zurück. Diese Tendenz setzte sich gegen das Beharrungsvermögen des bestehenden Schulsystems nur langsam durch, blieb aber während des ganzen 20. Jahrhunderts wirksam. Sie konnte weder durch die Richertsche Reform des preußischen höheren Schulwesens aufgehalten werden, die den alten Sprachen durch eine enge Verbindung mit den kulturkundlichen Kernfächern wie Deutsch, Geschichte und Philosophie einen neuen Sinn zu geben suchte, noch durch den von JAEGER (vgl. 1960, S. 40 ff.) propagierten „Dritten Humanismus", der die Fächer als Vermittler der von den Griechen begründeten Tradition der geistigen Bildung (Paidéia) sah, noch schließlich durch die Rückbesinnung auf die Werte der abendländischen Überlieferung in den Anfangsjahren der Bundesrepublik Deutschland. Eine ähnliche Entwicklung erfolgte auch in den meisten anderen westlichen Ländern. Die objektive Bedeutung der alten Sprachen, schon von dem Philanthropen TRAPP (vgl. 1787) klar erkannt, dann infolge der Griechenbegeisterung der Neuhumanisten zeitweise in Vergessenheit geraten, setzte sich im Laufe der Zeit durch: Kenntnis der alten Sprachen und Literaturen ist eine kulturell wichtige Spezialleistung, ist auch Voraussetzung für eine Reihe von Berufen, nicht aber mehr integraler Bestandteil oder gar unverzichtbarer Ausdruck allgemeiner menschlicher Bildung. Letzteres würde das Bestehen eines ungebrochenen Traditionszusammenhanges von der Antike bis zur Gegenwart und ein von der ganzen Gesellschaft akzeptiertes System ethischer und ästhetischer Normen voraussetzen, das auf Aussagen antiker Texte gründet. Das war noch bis ins 18. Jahrhundert hinein der Fall, seitdem aber haben sich diese Bindungen weithin gelöst. Heute ist der Weg über die alten Sprachen nur einer unter mehreren möglichen Wegen zu einer historisch-literarischen Bildung, und diese wiederum ist nur eine unter mehreren, sämtlich in gleicher Weise legitimen Formen von Bildung.

In dem einer pluralistischen Gesellschaft allein angemessenen offenen Schulwesen stehen die altsprachlichen Fächer den Schülern der weiterführenden Schulen als Angebot zur Wahl. Und zwar sollten sie um der Gleichheit der Bildungschancen willen an möglichst vielen Schulen angeboten werden, auch an solchen, zu deren Tradition ein derartiges Angebot bisher noch nicht gehört hat. Die alten Sprachen stehen dabei in Konkurrenz mit anderen Fächern und genießen nicht mehr das Privileg, das ihnen bisher in bestimmten Schultypen oder in festgelegten Fächerfolgen zuteil wurde. Die Erfahrungen der letzten Jahre zeigen, daß unter den neuen Bedingungen zwar der altsprachliche Unterricht ähnlich schwierige Durchsetzungsprobleme hat wie andere Fremdsprachen (mit Ausnahme des Englischen), daß er sich aber überall dort behaupten kann, wo Lehrer, Eltern und Schulverwaltung gemeinsam für ihn eintreten.

Ziele. Die Fächer Latein und Griechisch sind, wie schon Wilamowitz gesehen hat, zugleich sprachliche, literarische

und historische Fächer. Sie haben dementsprechend drei Unterrichtsziele: Es geht um das Erlernen der Sprachen, um das Verständnis von Texten, die in diesen Sprachen abgefaßt sind, und um eine Einführung in den historischen und gesellschaftlichen Kontext, aus dem und für den diese Texte entstanden sind. Keine der drei genannten Komponenten darf im Unterricht fehlen, denn nur durch ihre Verbindung kann er erfolgreich sein.

Die alten Sprachen werden zwar vor allem deswegen erlernt, weil lateinische und griechische Sprachkenntnisse für eine Reihe von Studienfächern erforderlich sind, ihren didaktischen Wert aber hat die Spracherlernung ganz wesentlich darin, daß sie den unmittelbaren Zugang zu den bedeutenden poetischen, historischen und philosophischen Texten eröffnet, die in diesen Sprachen verfaßt worden sind.

Die Texte bilden das sprachliche Material, an dem die Sprachen erlernt werden. Dies gilt nicht nur für die Texte des Anfangsunterrichts, sondern auch für das Lesen literarischer Texte. Die Lektüre hat ihren Wert in sich, sie dient aber stets zugleich auch der Vertiefung der Sprachkenntnisse.

Die Bedeutung der Texte wiederum liegt wesentlich darin begründet, daß sie repräsentativ für die Kultur des Altertums sind, eine Kultur, die von der unseren zwar durch einen weiten Zeitabstand getrennt ist, die es aber verdient, daß man sich mit ihr beschäftigt und sie in ihrer historischen Bedingtheit ebenso wie in ihrer anthropologischen und historischen Verwandtschaft mit der unseren versteht und deutet. Diese Kultur ist uns zugleich fremd und verwandt; fremd, weil sie sich als eine vorindustrielle und, jedenfalls in ihren früheren Phasen, vorchristliche von der christlich geprägten Kultur unserer modernen Industriegesellschaft zutiefst unterscheidet; verwandt, weil unsere Kultur durch vielerlei Traditionsstränge enger mit ihr verbunden ist als mit irgendeiner anderen. Denn in ihr wurden zum erstenmal die Fragen gestellt, um deren Beantwortung auch wir uns noch bemühen, und damals hat jener Prozeß der menschlichen Aufklärung begonnen, der auch heute sein Ziel noch nicht erreicht hat.

Antike Texte lassen sich nur verstehen, wenn sie vor ihren geschichtlichen Hintergrund gestellt und zu ihrem ursprünglichen Hörer- oder Leserkreis in Beziehung gesetzt werden. Viele griechische und lateinische Wörter sind nur verständlich, wenn die Gegenstände, Institutionen oder gedanklichen Konzeptionen bekannt sind, die durch diese Wörter bezeichnet werden. Offenbar besteht zwischen den drei Unterrichtszielen ein Verhältnis der Interdependenz. Keines läßt sich isoliert erreichen, und jeder Schritt in Richtung auf eines von ihnen führt zugleich auch zu einer größeren Annäherung an die beiden anderen.

Inhalte. Über die Kriterien für die Auswahl der im Unterricht zu behandelnden Texte gab es lebhafte Diskussionen. Dabei zeigte es sich, daß in jedem der beiden Fächer unterschiedliche Gesichtspunkte zu beachten sind.

Als die Neuhumanisten das Fach Griechisch ins Zentrum des Gymnasialunterrichts rückten, taten sie dies um der großen Werke willen, die in den ersten Jahrhunderten der griechischen Literaturgeschichte entstanden sind, von den Homerischen Epen über die frühgriechischen Lyriker, die attischen Tragiker und Komiker und die Historiker bis hin zu den philosophischen Schriften des Platon und Aristoteles. Wenigstens einige dieser Werke werden auch heute noch in jedem Griechischunterricht behandelt werden, der über die elementare Stufe hinausführt. Die unvermittelte Begegnung des Schülers mit den griechischen Klassikern ist gewiß nicht unproblematisch. Der Lehrer muß sich der Schwierigkeiten bewußt sein, die durch die historische Distanz entstehen, aber er wird diese Schwierigkeiten meistern können, vor allem dank der Aktualität, die ihre Werke auch heute noch besitzen.

Anders ist die Lage im Fach Latein. Diese Sprache verdient gelernt zu werden, weil die Römer das erste Volk waren, das sich in die literarische und philosophische Tradition der Griechen gestellt hat, ohne seine Sprache und seine nationale Eigenart aufzugeben. Sie haben in den von den Griechen geschaffenen Dichtungsgattungen Werke von hohem Rang geschaffen, haben neue Gattungen entwickelt, haben die Geschichte ihres Volkes und seines Weltreichs aufgezeichnet und sich die griechische Philosophie zu eigen gemacht und sie weiter überliefert. Die in der Blütezeit der römischen Literatur während der späten Republik und des frühen Prinzipats entstandenen Werke werden darum das Kernstück eines jeden Lateinunterrichts sein müssen.

Latein verdient aber auch deswegen gelernt zu werden, weil es über die Antike hinaus die Sprache der gemeinsamen Kultur geblieben ist, die alle Völker Westeuropas umfaßte, bis im 16. und 17. Jahrhundert die nationalsprachlichen Kulturen ihr Eigenleben entfalteten. Darum ist es sinnvoll, den Kanon der in der Schule behandelten Texte zu erweitern, durch geeignete Texte aus Spätantike, Mittelalter und früher Neuzeit zu ergänzen, weil diese späteren Texte ein Teil der von Rom ausgehenden literarischen Tradition sind, welche die römische Kultur und die europäischen Kulturen der Neuzeit verbindet.

Zur Unterrichtsorganisation. Latein erscheint im Curriculum der Gymnasien und auch einiger Gesamtschulen als erste, zweite oder dritte Fremdsprache sowie als zu Beginn der Sekundarstufe II neu einsetzende Sprache. Griechisch wird als dritte Fremdsprache angeboten und als in der Sekundarstufe II neu einsetzende Fremdsprache.

519

Griechisch wurde im bisherigen Schulwesen mit seinen festen Fächerfolgen in der Regel nur solchen Schülern erteilt, die zuvor Lateinunterricht erhalten hatten. Diese Abfolge ist jedoch nicht in der Sache begründet; darum sollte die Erteilung von Griechischunterricht grundsätzlich auch an Schüler ohne Lateinkenntnisse möglich sein. Wenn für das Zustandekommen eines Griechischkurses an einer einzelnen Schule die Zahl der Interessenten nicht ausreicht, sollten schulübergreifende Griechischkurse eingerichtet werden.

Insbesondere ein im 9. oder erst im 11. Schuljahr einsetzender Unterricht in einer alten Sprache ist auf hohe Stundenzahlen angewiesen, um erfolgreich sein zu können. Deswegen hat in der Sekundarstufe II, und zwar besonders dann, wenn eine alte Sprache neu einsetzt, die Form des Leistungskurses entschieden den Vorzug. Die Effizienz eines solchen Kurses kann dadurch gesteigert werden, daß ihm ein parallel geführter ergänzender Grundkurs zugeordnet wird, der dann die Einführung in bestimmte Textarten (zum Beispiel lateinische wissenschaftliche Texte, Texte zur antiken politischen Theorie, griechische Dichtung) übernehmen kann.

Zum Hebräischunterricht. Reuchlin kommt das Verdienst zu, in den ersten Jahren des 16. Jahrhunderts die Einführung des Unterrichts im Hebräischen, der Sprache des Alten Testaments, an Universität und Schule gegen mancherlei Widerstände durchgesetzt zu haben. Melanchthon bewirkte die Aufnahme des Hebräischen in den Fächerkanon des Bildungswesens in den lutherischen Staaten Deutschlands. Zunächst fehlte es an den Schulen an geeigneten Lehrern, doch konnte seit der Mitte des 16. Jahrhunderts an den besser ausgestatteten Schulen der protestantischen Staaten Hebräischunterricht erteilt werden.

Ziele und Inhalte des Unterrichts ergeben sich auch heute noch weitgehend aus der Aufgabenstellung, Schüler, die ein Theologiestudium anstreben, in die Elemente der Sprache des Alten Testaments einzuführen. Eine andere Sinngebung des Faches wurde von dem sprachwissenschaftlich engagierten W. v. Humboldt erwogen. Er hielt es für wünschenswert, daß möglichst viele Schüler Hebräisch lernten, da es in seiner Struktur von den anderen Schulsprachen so stark abweiche. Mögliche andere Motivationen für die Erlernung dieser Sprache, etwa historisches Interesse oder der Wunsch, das moderne Israel kennenzulernen, können durch den bisher ganz am Alten Testament orientierten Unterricht nur schwer befriedigt werden. Wegen der Identität der Grammatik ist es aber grundsätzlich möglich, den Unterricht zugleich auf die Erlernung des Alt- und des Neuhebräischen hin anzulegen. Schulische Erfahrungen mit einem solchen Unterricht mit doppelter Zielsetzung liegen allerdings noch nicht vor.

Bisher wurde Hebräisch zumeist in Form von schulübergreifenden Arbeitsgemeinschaften außerhalb des eigentlichen Unterrichts angeboten. In Nordrhein-Westfalen ist das Fach dadurch erheblich aufgewertet worden, daß es, jedenfalls in einigen Städten, in der Sekundarstufe II als Grundkursfach gewählt werden kann. Hebräisch wird dann, meist in überschulischen Kursen, drei Jahre lang drei Wochenstunden unterrichtet; es kann auch als drittes oder viertes Abiturfach gewählt werden. Andere Bundesländer erwägen eine ähnliche Regelung. Nach wie vor erwirbt allerdings die Mehrzahl der Theologiestudenten ihre Hebräischkenntnisse erst in den an der Universität durchgeführten Sprachkursen. Diese Kurse stellen eine starke Belastung für die Studenten der Anfangssemester dar, besonders für diejenigen, welche sich auch noch Griechischkenntnisse aneignen müssen. Darum wäre es zu begrüßen, wenn in der Sekundarstufe II mehr Hebräischkurse angeboten werden könnten.

GRUBER, J./MAIER, F. (Hg.): Alte Sprachen, 2 Bde., München 1979. HÖHN, W./ZINK, N. (Hg.): Handbuch für den Lateinunterricht, Sekundarstufe II, Frankfurt/M. 1979. JAEGER, W.: Humanismus und Jugendbildung. In: JAEGER, W.: Humanistische Reden und Vorträge, Berlin ²1960. NICKEL, R. (Hg.): Didaktik des altsprachlichen Unterrichts, Darmstadt 1974. NICKEL, R.: Die alten Sprachen in der Schule, Frankfurt/M. 1978. PAULSEN, F.: Geschichte des gelehrten Unterrichts auf den deutschen Schulen und Universitäten vom Ausgang des Mittelalters bis zur Gegenwart. Mit besonderer Rücksicht auf den klassischen Unterricht. 2 Bde., Berlin/Leipzig 1919/1921. TRAPP, E. C.: Über das Studium der alten classischen Schriftsteller und ihre Sprachen in pädagogischer Hinsicht. In: CAMPE, J. H. (Hg.): Allgemeine Revision des gesamten Schul- und Erziehungswesens, Bd. 7, Wolfenbüttel 1787. WILAMOWITZ, U. v.: Der griechische Unterricht auf dem Gymnasium. In: WILAMOWITZ, U. v.: Kleine Schriften, Bd. 6, Berlin/Amsterdam 1972.

Kjeld Matthiessen

Unterricht: Bautechnik

Begriffsbestimmung. Die Vielzahl der Techniken läßt sich nach verschiedenen Merkmalen ordnen. Üblich und vielgebräuchlich ist als Ordnungskriterium der Materialbezug, wie zum Beispiel bei „Metall-Technik". Es ist aber auch möglich, einen Werk- oder Objektbezug ordnend wirksam werden zu lassen, wie etwa im Beispiel „Bau-Technik". Das Reizvolle dieser Möglichkeit liegt in der Integration von mehreren Techniken, bezogen auf ein erfahrbares, konkretes, bedürfnisdeckendes Vorhaben. Die Schwierigkeit besteht hingegen in dem Nachweis der integrierenden Kraft des Objekts und in der Abgrenzung der zuzuordnenden Techniken. Die Abgrenzung ist deswegen nicht leicht, weil die Anwendung unterschiedlicher Ordnungskriterien zu Überschneidungen führt. So läßt sich die Technik von Holzfenstern, -türen und -treppen entweder der Bautechnik oder der Holztechnik zuordnen. Die Holztechnik geht aber in der Bautechnik nicht auf: Möbel- und Modellbau sprengen die integrierende Kraft des Objektes „Bau".
Ebenso ist bisher nicht zweifelsfrei zu klären gewesen, wieweit Kunststofftechnik oder auch Installationstechnik als „Haustechnik" einer Bautechnik zugeordnet werden sollen. Es gibt mithin Probleme, wenn aus technikwissenschaftlich-interdisziplinären und erkenntnistheoretischen Gründen bestimmt werden muß, was als „Bautechnik" zusammen gesehen werden soll. Die Zuordnungs- und Abgrenzungsproblematik wird auch in einem ganz anderen Zusammenhang deutlich: dann nämlich, wenn es gilt, zur Reform beruflicher Ausbildung Berufsfelder zu begründen. Hier geht es dann darum, Qualifikationsprofile zu entwickeln, die anders als für die traditionellen Monoberufe auch dazu befähigen, einen Tätigkeitswechsel zu artverwandten Berufen vornehmen zu können.
Sind es bei der Bestimmung der Bautechnik als technikwissenschaftlicher Teildisziplin mehr Probleme theoretischer Natur wie Interdisziplinarität, Stringenz und Erkenntnisfortschritt, so sind es bei der Bautechnik als Ausbildungsbereich mehr Fragen praktischer Art, nämlich welche Fertigkeiten und Fähigkeiten mit Aussicht auf Transfer bestimmt werden können.

Ebenen der Bildungsorganisation. Bautechnischer Unterricht kann auf mehreren Stufen der Bildungsorganisation angesiedelt werden. Im Bereich der Sekundarstufe I ist der Unterricht denkbar im Zusammenhang mit Werkunterricht und Arbeitslehre/Polytechnik. Die Zielsetzungen sind hier allgemeinbildend und vorberuflich. Auf der Sekundarstufe II gewinnt der bautechnische Unterricht im Kontext von Ausbildung eine berufsbildende Intention, und im tertiären Bereich der Hochschulen dominiert der Wissenschaftsbezug. Die einzelnen Stufen kann man weiter differenzieren: In der Sekundarstufe II läßt sich für die Berufsgrundbildung ein bautechnischer Unterricht entwickeln, der dem polytechnischen Konzept nahesteht. Der bautechnische Unterricht für Gymnasien und Fachoberschulen nähert sich propädeutisch der Hochschullehre.

Es soll versucht werden, eine didaktische Struktur zu skizzieren, die in ihren Grundzügen den drei angedeuteten Zielsetzungen und Zielebenen von „allgemeinbildend/vorberuflich", „berufsbildend" und „wissenschaftsorientierend" gerecht wird.

Strukturprinzipien einer Didaktik der Bautechnik. Die Bautechnik ist ein Teil der allgemeinen Technik. Eine Baufachdidaktik wird sich folglich an den Möglichkeiten und Bedingungen einer allgemeinen Technikdidaktik orientieren müssen. Die Probleme des Verhältnisses von allgemeiner Didaktik und Fachdidaktik bleiben dabei unberührt. Der baufachdidaktische Ansatz knüpft an strukturelle Überlegungen zur Techniklehre von NÖLKER (vgl. 1979, S. 43 ff.) an. Zwei Paare von Bedingungsfeldern bestimmen die fachdidaktische Entwicklung. Das erste Paar zeigt sich in der Form von „Lebenssituationen" und „Bautechnik". Das zweite Paar faßt die „Bildungsziele" sowie den „Unterricht".

Abbildung 1: Bedingungsfelder der Baufachdidaktik

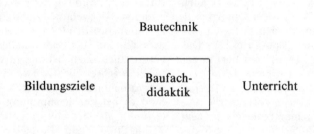

Bautechnik

Bildungsziele — Baufachdidaktik — Unterricht

Lebenssituationen

Unter „Lebenssituationen" wird hier antizipierend gedacht, was an Aufgaben praktischer Lebensbewältigung unterrichtlich berücksichtigt werden muß. Dieses Feld komplexer, unsystematischer, handlungsorientierter Situationen läßt sich in drei Rubriken gliedern: in den privaten Bereich, bestimmt etwa durch Konsum, Reproduktion und Freizeit; in den beruflichen Bereich, gekennzeichnet durch Arbeit, Beschäftigungssystem und beruflich-technische Entwicklung; und in den gesellschaftlichen Bereich wie kommunale Mitbestimmung und politische Verantwortung.

Unter „Bautechnik" wird hier sozusagen ein Reservoir von bautechnikwissenschaftlichen Erkenntnissen und bautechnologischem „Know-how" verstanden, wie es sich in der systematisierten, spezialisierten und strukturierten Fachliteratur wiederfinden läßt. Beispiele dafür sind: Holzbau, Mauerwerksbau, Stahlbau, Stahlbetonbau, Baustoffchemie, Statik.

Um jedoch nicht einem verkürzten Technikbegriff zu erliegen, müssen die jeweiligen Inhalte der Bautechnik reflektiert werden bezüglich ihrer historischen, ökonomischen, ästhetischen, rechtlichen, arbeitswissenschaftlichen und soziologischen Aspekte.

Das Bedingungsfeld „Bildungsziele" gibt Auskunft über die geltenden erziehungswissenschaftlichen und gesellschaftlichen Leitvorstellungen und Postulate bezüglich des allgemeinen Ziels erzieherisch-unterrichtlicher Bemühungen und der daraus ableitbaren Ziele für einzelne Schulstufen und Bildungsgänge. Ausgegangen wird von der Anerkennung des Anspruchs auf Emanzipation. Umschreiben läßt sich diese Norm im hiesigen Zusammenhang in einem ersten Durchgang als die Befähigung zu instrumentellem, kritischem und innovatorischem Handeln.

Im Bereich „Unterricht" gilt es abzuklären, ob und wie die gewünschten oder erforderlichen Qualifikationen angebahnt werden können. Dazu sind Überlegungen notwendig zu Fragen der Lehrorganisation, der Methoden, Medien, personellen Hilfen und materiellen Ausrüstung.

Eine Baufachdidaktik entsteht somit im Kreuzungs- und Überschneidungsfeld, das sich ergibt bei der Beschreibung konkreter Lebenssituationen und abstrahierter Bautechnologie einerseits und der Bildungsnormen und deren unterrichtstechnologischen Verwirklichung andererseits.

Bautechnischer Unterricht auf der Sekundarstufe I. Auf der Sekundarstufe I wird sich ein bautechnischer Unterricht im Rahmen von Polytechnik/Arbeitslehre an der Hilfe zur Bewältigung privater Lebenssituationen orientieren. Drei dieser Situationen können beispielsweise sein: Leben im Haus, Verändern von Wohnraum, Orientierung in gebauter Umwelt. Die angestrebten Fähigkeiten und Fertigkeiten richten sich zunächst auf Analysen und Kenntnisse von Bau- und Einrichtungsmaterialien, soweit diese für das Wohnen in Bauten und den Umgang mit Einrichtungsgegenständen notwendig sind. Hierzu kommt die Entwicklung der Entscheidungsfähigkeit im ästhetischen Bereich

(Wohnkultur) und im ökonomischen Bereich (Mieten von Wohnungen, Kauf von Möbeln). Danach sind Zielsetzungen denkbar, die sich auf Kenntnis von Funktionen und mögliche Funktionsänderungen von Möbeln, Bauteilen und Räumen beziehen. Ferner ist an Fähigkeiten und Fertigkeiten zu denken, die es unter Ausnutzung des breiten Angebots von Baumärkten ermöglichen, Wohnräume zu gestalten und zu renovieren, zum Beispiel Tapezieren und Täfeln von Wänden und Decken, Anbringen von Kacheln, Umgang mit Auslegware und Reparieren von Möbeln, Befestigung von Bildern, Gardinen, Halterungen, Herstellen einfacher Gegenstände wie Borte, Blumenkästen und ähnliches.

Schließlich gehört zum bautechnischen Unterricht auf dieser Stufe auch die Anbahnung einer Orientierungsfähigkeit in öffentlichen Bauten (Ämtern, Schulen), Verkehrsbauten (Bahnhöfen, Häfen, Flughäfen), Warenhäusern und Ausstellungen. Planmäßiges Üben im Erkennen und Durchschauen kompliziert gebauter Umwelt vermag Verhaltensunsicherheiten zu verhindern und eine zielgerichtete effiziente Inanspruchnahme des Leistungsangebots in komplexen modernen Bauten zu ermöglichen.

Bautechnischer Unterricht auf der Sekundarstufe II. Als Beispiel für bautechnischen Unterricht auf dieser Bildungsstufe wird die berufliche Grund- und Fachbildung gewählt. Die Lebenssituation, auf deren Bewältigung bautechnischer Unterricht hier angelegt ist, liegt im beruflichen Bereich. Die Berufsgrundbildung in den Berufsfeldern Bautechnik und Holztechnik muß in bautechnischer Hinsicht sowohl integrative Elemente berücksichtigen als auch eine Einführung in die speziellen Technologien leisten. Beide Aspekte stehen hier unter dem Primat der Praxis; das heißt, die praktische Lösung konkreter typischer bautechnischer Aufgaben steht im

Mittelpunkt des Unterrichts und bestimmt die Auswahl theoretischer Lerninhalte. Die Technologie ist in diesen Fällen abhängig zugeordnet und weitgehend entsystematisiert. Integrierend und berufsfeldübergreifend können beispielsweise Konstruktionen und Verbindungen aus verschiedenen Materialien sein (Verbindungen von Holz und Mauerwerk, Stahl und Beton) und Analysen und Erprobungen, welche Materialien für welche Baufunktionen besonders gut geeignet sind. Die Einführung in den Gebrauch von Werkzeugen und das planmäßige Üben von Fertigkeiten verweist bereits stark auf die entwickelten einzelberuflichen Techniken.

Auf den Stufen der Fachbildung wird dann die Bautechnik spezialisierter, dafür aber differenzierter, präziser und anspruchsvoller vermittelt werden müssen. Auch in diesem Bildungsabschnitt steht jedoch die praktische Bewältigung von Aufgaben im Vordergrund. Die Orientierung geschieht an den Berufsbildern und den erkennbaren zukünftigen Qualifikationsanforderungen der Erwachsenentätigkeiten.

Bautechnik als Studieninhalt im tertiären Bereich. Soweit es zu übersehen ist, gibt es weder im Fachhochschulbereich noch in den technischen Universitäten eine so umfassende Disziplin, die als „Bautechnik" oder als „Wissenschaft vom Bauen" etabliert wäre. Mit zunehmendem Grad an Verwissenschaftlichung wächst die Abgrenzung und Spezialisierung der bautechnischen Teildisziplinen.

Während ein bautechnischer Unterricht im umfassenden Sinne in ein Konzept von Polytechnik/Arbeitslehre eingebracht werden kann und auch auf der Stufe beruflicher Grundbildung im Berufsfeld Bautechnik realisierbar erscheint, ist er im tertiären Bildungsbereich nur noch durch eine methodische Entscheidung zu verwirklichen.

Nur bei einer Studienorganisation, bei der die Bearbeitung von Projekten im Mittelpunkt steht, kann ein bautechnisches Studium im integrativen und umfassenden Sinne verwirklicht werden. Bautechnische Studien im Hochschulbereich beziehen sich auf die Bewältigung von beruflichen und gesellschaftlichen Lebenssituationen. „Beruflich" werden hier die im herkömmlichen Sinne als „technisch" bezeichneten Anteile genannt; als „gesellschaftlich" jene sozialen, politischen und ökologischen Implikationen, die einem umfassenden Verständnis von Bautechnik zugerechnet werden können. Die Trennung von „beruflich" und „gesellschaftlich" ist hier rein analytisch. In der Wirklichkeit fallen diese Aspekte zusammen. Absolventen von Hochschulen werden in der Regel in beruflichen Positionen beschäftigt, die auf kommunaler Ebene (Bauämtern), in Bau- und Siedlungsgenossenschaften oder Architekturbüros Einfluß auf Entwicklungen und Entscheidungen auch im ästhetischen, sozialen und politischen Bereich der Bautechnik ermöglichen.

Folgerungen aus dem didaktischen Ansatz. Resümierend soll noch einmal festgehalten werden, was Bautechnik als Unterrichtsgegenstand auf den verschiedenen Bildungsstufen nach dem skizzierten didaktischen Ansatz leisten kann und was nicht.

Gemessen werden muß der Ansatz aus erziehungswissenschaftlicher Sicht an der Forderung nach Emanzipation, und das heißt hier, aufgeklärt (rational) und selbstbestimmt (autonom) handeln zu können. Das setzt voraus, daß es gelingt, in den jeweiligen Lebenssituationen, in denen Bautechnik zur Anwendung kommt, Handlungsalternativen, Entscheidungsräume und Mitbestimmungsmöglichkeiten aufzuzeigen.

Mit bautechnischem Unterricht auf der Sekundarstufe I lassen sich polyvalente, einfache handwerkliche Fertigkeiten anbahnen, und mit Fähigkeiten aus dem kognitiven Bereich (analytischen, kom-

binatorischen, konstruktiven, funktions-
planerischen und ästhetischen) verbinden.

Auf diese Weise kann eine Handlungsfähigkeit angestrebt werden, die mit einer Vielzahl von alternativen Lösungs-
formen im privaten Bereich des Woh-
nens, Ausbauens und Möblierens ein
Stück Selbstbestimmung und Selbstverwirklichung zuläßt. Der beschriebene
didaktische Ansatz läßt nicht zu, die
Anfertigung von Brücken und Türmen
aus gefaltetem Papier, das Herstellen
von Haus- und Stadtmodellen aus
Schachteln und die Imitation von Plat-
tenbauweisen mit Pappen als bautechnischen Unterricht zu bezeichnen: Es stimmen weder die Materialien noch die
Werkzeuge oder die Arbeitsverfahren
mit der Bautechnik überein, und es läßt
sich auch keine aktuelle Lebenssituation
identifizieren, zu deren Bewältigung jene und ähnliche Vorhaben beitragen
könnten.

Bautechnischer Unterricht auf der Sekundarstufe II mit berufsqualifizieren-
dem Ziel vermag in einer Grundbil-
dungsphase sowohl Berufswahlalterna-
tiven zu eröffnen als auch Qualifikationen anzubahnen, durch deren Erwerb
das Feld der Entscheidungen über die
Änderung beruflicher Tätigkeit (Mobilität) vergrößert wird.

Auf der Fachstufe scheint eine autonome Handlungskompetenz durch bautechnischen Unterricht nur in Grenzen
erreichbar zu sein. Geht man von den
beruflichen Gegebenheiten von Facharbeitern und Gesellen aus, so sind die
hier zugelassenen Räume für selbstbe-
stimmtes Handeln und alternative Entscheidungen recht klein: Entwurf, Konstruktionen, Materialien und Verwen-
dungszweck der Objekte sind vorgegeben. Entscheidungsfreiräume lassen sich
am ehesten im Bereich der Arbeitsorganisation erkennen. Bautechnischer
Unterricht kann versuchen, durch Pro-
blemorientierung zu verhindern, daß
der Nachvollzug fertiger Lösungen zur
alleinigen Methode der Vermittlung
praktischer und theoretischer Bestandteile der Bautechnik wird. Er kann prin-
zipielles Verständnis für typische Lö-
sungsformen technischer Probleme am
Bau anstreben und alternative Konstruktionen, Verbindungen und Mate-
rialkombination darstellen.

Bei der häufig erhobenen Forderung,
der technische Unterricht müsse die
ökonomischen, ökologischen, sozialen
und politischen Aspekte der Technik
mitthematisieren, findet der hier gewählte didaktische Ansatz seine Grenze.
Orientiert sich der bautechnische Unterricht auf der Sekundarstufe II an der
Qualifizierung für Facharbeiterberufe,
dann haben Themen wie Denkmalschutz, Stadtsanierung, Verkehrspla-
nung oder Entwurf von Wohnungs-
grundrissen keinen legitimen Ort im
bautechnischen Unterricht. Bei Entscheidungen, ob ein Bauwerk unter
Denkmalschutz gestellt, eine U-Bahn-
Station gebaut oder städtischer Bau-
grund verkauft wird, ob größere oder
kleinere Wohnungen errichtet werden,
wirken Baufacharbeiter beruflich weder
direkt noch indirekt mit.

Die hier angedeuteten Aspekte der Bautechnik tragen zur beruflichen Qualifizierung auf dieser Bildungsstufe nur wenig bei. Sie gehören hier in den Bereich
gesellschaftlicher   Lebenssituationen,
und ihre Bearbeitung ist damit besser im
Fach „Politik" aufgehoben. Die politische Bildung ist wiederum neutral bezüglich einzelner Technologien. Denkmalschutz, Datenschutz oder Pflanzen-
schutz sind weniger berufsspezifisch als
allgemein wichtig. Für eine Bautechnik
im Hochschulbereich besteht jedoch die
Chance, technische und nichttechnische
Faktoren zu integrieren: Hier muß sogar
eine Vorbereitung geleistet werden, die
den vorhandenen Raum der beruflichen
Mitbestimmungsmöglichkeiten,   Alter-
nativansätze und Entscheidungsbefug-
nisse im Rahmen gesellschaftlich relevanter Aspekte der Bautechnik ausnutzt.

BODE, R.: Berufliche Erstausbildung in der Bauwirtschaft im Schnittpunkt von technischer Entwicklung, ökonomischen Interessen und berufspädagogischem Anspruch, Konstanz 1979. DEUTSCHES INSTITUT FÜR FERNSTUDIEN AN DER UNIVERSITÄT TÜBINGEN (DIFF) (Hg.): Fernstudiengang Arbeitslehre. Wohnen – Wunsch und Wirklichkeit, Tübingen 1978. NÖLKER, H.: Strukturprinzipien einer Didaktik der Technik. In: TRAEBERT, W. E./SPIEGEL, H. (Hg.): Technik als Schulfach, Düsseldorf 1979, S. 43 ff.

Eberhard Schoenfeldt

Unterricht: Betriebliches Rechnungswesen

Begriffsbestimmung und Systematik des betrieblichen Rechnungswesens. In der Wirtschaftspraxis hat auf einzelwirtschaftlicher Ebene der Begriff „Rechnungswesen" für die zahlenmäßige Erfassung der betrieblichen Vorgänge in mengen- und wertmäßigen Größen allgemeine Verbreitung gefunden. In wirtschaftswissenschaftlichen Publikationen ist eine Vielzahl von umfangreicheren und präziseren Definitionen erarbeitet worden. WEBER (1978, S. 3) bestimmt betriebliches Rechnungswesen als ein „System zur Ermittlung, Darstellung und Auswertung von Zahlen über die gegenwärtigen und zukünftigen wirtschaftlichen Tatbestände und Vorgänge im Betrieb sowie die gegenwärtigen und zukünftigen wirtschaftlichen Beziehungen des Betriebes zu seiner Umwelt".

Das betriebliche Rechnungswesen im engeren Sinne gliedert sich in die Finanz- oder Geschäftsbuchhaltung und in die Betriebsbuchhaltung. Die *Finanzbuchhaltung* umfaßt als pagatorische Buchhaltung die auf Zahlungsvorgängen beruhende quantitative Erfassung des Durchlaufs wirtschaftlicher Werte vom Beschaffungsmarkt durch die Unternehmung in den Absatzmarkt (externes Rechnungswesen). Die *Betriebsbuchhaltung* enthält als kalkulatorische Buchhaltung die Kosten- und Leistungsrechnung des Produktionsprozesses. Sie baut auf den Ergebnissen der Finanzbuchhaltung auf und dient der innerbetrieblichen Verrechnung des Ergebnisses auf die Kostenträger (internes Rech-

nungswesen). Diese Begriffsbestimmung ist vorwiegend im industriellen Bereich erarbeitet worden. Die Handelsbetriebslehre hat sich erst in jüngerer Zeit durch die Entstehung moderner Großbetriebe dem Rechnungswesen mit größerer Intensität zugewandt.

Als klassische Systematik hat sich für das betriebliche Rechnungswesen in der Wirtschaftspraxis und in der Betriebswirtschaftslehre eine Gliederung in vier Teilgebiete weitgehend durchgesetzt:
– Buchhaltung und Bilanz (als Zeitrechnung),
– Selbstkostenrechnung oder Kalkulation (als Stückrechnung),
– Planungsrechnung (als Vorschaurechnung),
– Betriebsstatistik (als Vergleichsrechnung).

Bezogen auf den wirtschaftskundlichen Unterricht der Sekundarstufe II, ist der Begriff des betrieblichen Rechnungswesens schwerpunktmäßig auf das System der doppelten Buchführung ausgerichtet, wobei im allgemeinen die Bereiche Statistik und Planung unberücksichtigt bleiben. Das Unterrichtsfach umfaßt unter den Bezeichnungen Rechnungswesen oder Buchführung im Rahmen mikroökonomischer Betrachtungen sowohl die Finanzbuchhaltung (pagatorische Rechnung) als auch die Betriebsbuchhaltung (kalkulatorische Rechnung). Das Fach Rechnungswesen oder Buchführung wird in den differenzierten Schultypen der Sekundarstufe II, und zwar schwerpunktmäßig im kaufmännischen Schulwesen, sowohl in berufsbegleitenden (teilzeitschulische duale Berufsbildung) als auch in studien- und berufsvorbereitenden Bildungsgängen (vollzeitschulische berufliche Grundbildung, gymnasiale Formen, Fachschulen, Fachoberschulen, Berufsfachschulen) vermittelt.

Entwicklung und Bedeutung des Lernbereichs Rechnungswesen. Historisch gesehen standen die unterrichtlichen Inhalte des Rechnungswesens in den kaufmännischen Schulen zunächst relativ isoliert neben denen anderer Fächer. Die Entwicklung von Buchhaltungstheorien führte zu Beginn dieses Jahrhunderts zur fachwissenschaftlichen Grundlegung dieses Lernbereichs. Sie sind Erklärungsversuche für den technischen Weg der Darstellung der veränderlichen Betriebs- und Unternehmungswerte, wie sie in der Buchhaltung erfaßt werden. Bei den pädagogisch-didaktischen Reformbestrebungen jener Zeit wurde bereits die Herstellung kooperativer beziehungsweise integrativer Beziehungen zwischen den einzelnen Unterrichtsfächern postuliert. Die Struktur des Faches erforderte zwar eine gesonderte planmäßige Darstellung, gleichzeitig aber wurden didaktisch-curriculare Verbindungen zu angrenzenden Lerninhalten der Berufsschule gefördert.

In der gegenwärtigen Unterrichtspraxis des Rechnungswesens gibt es fächerübergreifende Bezüge vielfältiger Art, insbesondere Verbindungen zur Betriebswirtschaftslehre, Steuerlehre, zum Wirtschaftsrechnen und zu bestimmten Rechtsgebieten. Bei entsprechender didaktischer Aufbereitung lassen sich im Rechnungswesen grundlegende Kenntnisse über den Betrieb und Einsichten in wesentliche Abläufe in der Unternehmung gewinnen. Die zahlenmäßige Erfassung wirtschaftlicher Vorgänge und die Durchführung der Kosten- und Leistungsrechnung ermöglicht fundamentale Einblicke in die Grundlagen betriebswirtschaftlicher Entscheidungen. Daraus ergibt sich als wesentliches Unterrichtsprinzip, daß der Lernprozeß besonders in den Fächern Betriebswirtschaftslehre und Rechnungswesen aufeinander abgestimmt sein muß. Darüber hinaus sind Kenntnisse des Steuerrechts bei bestimmten Buchungen, Rechenoperationen bei Wechselbuchungen sowie einzelner rechtlicher Vorschriften bei der Gewinnverteilung erforderlich. Die kognitive Verarbeitung von Problemen des Rechnungswesens zwingt von der Fachstruktur her zu analysierendem und konstruktivem Denken, zu Genauigkeit, Folgerichtigkeit und Synthese. Sollen diese hohen Ansprüche hinreichend zum Tragen kommen, bedarf es dazu einer fächerübergreifenden didaktischen Konzeption.

Im berufsbildenden Schulwesen kaufmännischer Fachrichtung gibt es in jüngerer Zeit einzelne Bestrebungen, die überkommenen selbständigen Fächer Buchführung und Kaufmännisches Rechnen unter Hinzuziehung der Lerninhalte der Kosten- und Leistungsrechnung zu einem Unterrichtsfach „Betriebliches Rechnungswesen" zusammenzuführen. Es liegen noch keine ausreichenden Untersuchungen vor, inwieweit eine solche Fächerintegration in der Schulpraxis didaktisch-methodisch wünschenswert und verantwortbar realisiert werden kann. Zwar bauen einige curriculare Lehrpläne und wenige Lehrbücher auf dieser neuen Konzeption auf, die unterschiedlichen Funktionen der Finanzbuchhaltung einerseits und der Kosten- und Leistungsrechnung andererseits lassen jedoch „vom fachwissenschaftlichen Standpunkt aus eine Zusammenfassung beider in einem Unterrichtsfach nicht erstrebenswert erscheinen" (SELZAM 1977, S. 166). Überdies ist zu berücksichtigen, daß sich in der betrieblichen Praxis unter dem Oberbegriff Rechnungswesen eine Verselbständigung von Finanzbuchhaltung und Kosten- und Leistungsrechnung in einem Zweikreissystem entwickelt hat. Unter dem Aspekt einer anwendungs- und praxisbezogenen beruflichen Bildung sollte deshalb auch in der Schule eine entsprechende Trennung vorgenommen werden, wobei eine sachlogische Zuordnung der Kostenrechnung zum Kaufmännischen Rechnen sinnvoll erscheint (vgl. SELZAM 1977).

Aus der Sicht der Betriebswirtschaftslehre ist die Dominanz des betrieblichen Rechnungswesens als eines bedeutenden Erkenntnisinstruments im Rahmen des Informationssystems der Unternehmung unbestritten. Innerhalb des Unterrichts im Fach Buchführung oder Rechnungswesen muß deshalb in der wirtschaftlich-kaufmännischen Bildung der Zusammenhang zwischen güterwirtschaftlichen, monetären und informatorischen Abläufen deutlich werden. Im Vordergrund steht das Verständnis für die Notwendigkeit und die Beherrschung der Technik der kaufmännischen Informationsbeschaffung und -verarbeitung. Lange Zeit war das „Zentralfach Buchführung der auffälligste Vertreter des mechanischen Lernens" (LOCHNER 1968, S. 364). Der unverkennbare sachimmanente Grundzug formaler Genauigkeit und Regelhaftigkeit im Rechnungswesen sollte indessen nicht dazu verführen, im Unterricht Buchungstechniken um ihrer selbst willen zu betreiben, zumal neuere Technologien der Informationsverarbeitung (zum Beispiel Computereinsatz) gerade die motorisch-operative Seite des Buchhaltens zurückgedrängt haben. Für den Buchführungsunterricht werden unter diesen Bedingungen jene Inhalte bedeutsamer, die den Schülern Einsichten in die informationellen Zusammenhänge betrieblicher Vorgänge sowie in die damit korrespondierenden Entscheidungs- und Kontrollprobleme ermöglichen. Dementsprechend sollte der Unterricht im Rechnungswesen auf die Vermittlung folgender Grundqualifikationen abzielen:

– auf das sinnhafte und sachgemäße Erfassen der buchhalterischen Informationsgewinnung und -verarbeitung,
– auf die Anwendung der erworbenen Kenntnisse bei der Lösung elementarer Probleme und konkreter Aufgaben des betrieblichen Rechnungswesens,
– auf die kritische Beurteilung buchhalterischer Informationen unter Berücksichtigung unterschiedlicher und teilweise konfligierender Interessen auf seiten der Nutznießer und der sonstigen Betroffenen.

Methodenkonzeptionen im Rechnungswesen. Den Bezugsrahmen für die systematische Erfassung betrieblicher Geschäftsvorfälle nach ihren Bestands- und Erfolgswirkungen bildet die doppelte Buchführung als ein geschlossenes Kontensystem, in dem nach zeitlichen und sachlichen Gesichtspunkten Buchungen vorgenommen werden. Einen nicht unerheblichen Teil des Buchführungsunterrichts nimmt das Vermitteln beziehungsweise das Erlernen von Techniken der Doppelbuchung (Doppik) in Anspruch. Unter methodischen Aspekten stellt sich hierbei die Frage, auf welche Art dem Lernenden die Buchungsregeln und damit die Funktionsweise der doppelten Buchhaltung am besten verständlich zu machen sind. Hierzu sind in der Didaktikgeschichte des Rechnungswesens unterschiedliche Konzepte vorgeschlagen worden. Zu den historisch frühesten Ansätzen eines methodischen Einstiegs in das System der doppelten Buchhaltung gehört die sogenannte Personifikationstheorie. Ihr zufolge werden die Konten in der Weise „personifiziert", daß man sie mit einer bestimmten Person verbindet, die in ihrer spezifischen Funktion für das betreffende Konto verantwortlich zeichnet (zum Beispiel der Bankkassierer für das Bankkonto, der Hausbesitzer für das Gebäudekonto, der Lagerverwalter für das Warenkonto). Diese Methode ist allenfalls im Bereich der Bestandskonten sinnvoll anwendbar; bei der Einführung der Erfolgskonten wirkt sie durch ihre fiktiven Annahmen verkrampft und unrealistisch.

Nachdem es in den 20er Jahren dieses Jahrhunderts gelungen war, die Kontenführung aus der Stellung der Konten in der Bilanz abzuleiten, wird der Bilanz eine zentrale didaktische und methodische Funktion für den Buchführungsunterricht beigemessen. Bei der Bilanzmethode wird die Bilanz über Eröffnungsbuchungen in Einzelkonten aufgelöst. Das Eigenkapitalkonto dient als übergeordnetes Konto der Erfolgskonten. Die laufenden Geschäftsvorfälle werden auf den einzelnen Konten verbucht, deren Salden schließlich nach Abschluß einer Periode auf das Schlußbilanzkonto zu übertragen sind. Eine Durchsicht der Lehrpläne und auflagenstärksten Schulbücher, gleichgültig für welchen Adressatenkreis sie bestimmt sind, zeigt deutlich, daß die Bilanzmethode seit Jahrzehnten nahezu uneingeschränkt angewendet wird.

Scit cinigen Jahren deuten sich allerdings Tendenzen in Richtung neuer methodischer und didaktischer Konzepte an. Nachdem DAUENHAUER (1970) auf pädagogische Nachteile der Bilanzmethode hingewiesen und den induktiven Weg über die Staffelrechnung zum Konto vorgeschlagen hatte, erschien 1975 eine Monographie von WALTERMANN, der diese Gedanken didaktisch weiterentwickelte und in einem Lehrbuch konkretisierte. Aus fachwissenschaftlicher Sicht hat insbesondere KOSIOL (vgl. 1976) Kritik daran geübt, die Bilanz zum Ausgangspunkt einer systematischen Einführung in die Buchführung zu machen. „Das schwierigste und problematischste Gebilde der Buchhaltung, die Bilanz, in erzwungener Verharmlosung an den Anfang stellen heißt nicht nur, das Pferd von hinten aufzuzäumen, sondern verschleiert von vornherein den Erfolgsermittlungscharakter der Bilanz" (KOSIOL 1976, S. 39).

Einer solch massiven Kritik als Ergebnis fachwissenschaftlicher Analyse müß-

ten begründbare didaktisch-methodische Überlegungen gegenübergestellt werden können, wenn eine pädagogische Rechtfertigung für die traditionelle Bilanzmethode Anerkennung finden sollte. In der Tat sucht man aber vergeblich nach überzeugenden fachdidaktischen Begründungen für die überkommene Vorgehensweise. Es drängt sich deshalb der Verdacht auf, daß Zufall, Tradition und unkritische Fortführungsbereitschaft die unterrichtliche Methode bestimmen. Eine Befragung von Lehrern und Dozenten zeigte, „daß sowohl die einschlägigen Curricula als auch die Lehrbücher (in Übereinstimmung damit) gar keinen anderen Zugang zum Stoff zuließen. Dieser Sachverhalt trifft weitgehend zu, so daß von einem Verfahren gesprochen werden darf, das durch Tradition gefestigt und nicht mehr grundsätzlich reflektiert wird" (GROSS 1978, S. 28).

In einer kritischen Auseinandersetzung mit der traditionellen Bilanzmethode kommt WALTERMANN (1976, S. 200) zu der Feststellung: „Wer den Anfangsunterricht in Buchführung mit Inventar und Bilanz beginnt, macht hochkomplizierte Begriffe zum Gegenstand seines Unterrichts, die zu diesem Zeitpunkt überhaupt nicht von ihrem Wesen her, ihren Funktionen und ihren Beziehungen zur Buchführung erfaßt werden können. Ein solches didaktisches Konzept ist weder fachwissenschaftlich noch erziehungswissenschaftlich begründbar." Als Alternative unterbreitet er folgenden Vorschlag zur Neustrukturierung des Anfangsunterrichts in Buchführung: Vom Kundenkonto wird auf das Forderungskonto übergeleitet und anschließend das System der doppelten Buchführung bei Vermögens- und Schuldkonten aufgebaut. Nach Einführung des Eröffnungs- und Schlußbilanzkontos folgt die Behandlung von Inventar und Bilanz. Daran schließen sich erfolgswirksame Geschäftsvorfälle an. In seiner Gesamtwertung „erhebt das vorgetragene Konzept Anspruch auf logische Geschlossenheit und eine hinreichende Absicherung in fachwissenschaftlicher und erziehungswissenschaftlicher Hinsicht" (WALTERMANN 1976, S. 201).

Der methodische Weg vom Konto zur Bilanz wird auch von GROSS (vgl. 1978) sowohl unter dem Aspekt der fachwissenschaftlichen Stoffanalyse als auch aufgrund didaktisch-methodischer Überlegungen als der richtige Ansatz betrachtet. Er versucht jedoch unter besonderer Betonung der betrieblichen Zahlungsvorgänge (pagatorisches Prinzip) den unterrichtlichen Einstieg über ein Zahlungsmittelkonto zu vermitteln. „Letztlich fußt die gesamte Doppik der Geschäfts- (oder Finanz- oder auch pagatorischen) Buchhaltung auf einer einfachen Einnahmen-/Ausgabenrechnung im weiteren Sinne. Darin liegt die Möglichkeit, zu einem neuen didaktischen Ansatz zu gelangen" (GROSS 1978, S. 36). Dieses mehr an KOSIOL (vgl. 1976) angelehnte System der Doppik im Konzept einer pagatorischen Fachdidaktik stellt sicherlich einen weiteren wichtigen Ansatz zu einer neuen Didaktik des Rechnungswesens dar.

Es wird abgewartet werden müssen, inwieweit die dargelegten innovativen Methodenkonzeptionen. schließlich praktische Bedeutung erlangen werden. „Dies wird nur mit einer erheblichen Bereitschaft der Lehrer geschehen, neue wissenschaftliche Anregungen aufzugreifen, didaktisch zu reduzieren und in einen effektiven Unterricht umzusetzen. Solcher Anspruch wendet sich letztlich an die Fähigkeit des Pädagogen zur kreativen Fortentwicklung seines Fachs" (GROSS 1978, S. 52).

DAUENHAUER, E.: Der Anfangsunterricht der Wirtschaftsschulen, München ²1970. GROSS, H. F.: Neue Didaktik des Rechnungswesens, Rinteln 1978. GROSS, H. F./NETTELMANN, A.: Buchführung. Einführung in die Finanzbuchhaltung auf der Grundlage von Einahmen und Ausgaben, Wiesbaden 1967. KÄSEBORN, H.-G.: Lernzielorientierte Lernplanung. Curriculum-Konstruktion in der Wirtschaftslehre – Rechnungswesen der Wirtschaftsbetriebe, Kastellaun 1976. KOSIOL, E.: Pagatorische Bilanz. Die Bewegungsbilanz als Grundlage einer integrativ verbundenen Erfolgs-, Bestands- und Finanzrechnung, Berlin 1976. KOSIOL, E. (Hg.): Handwörterbuch des Rechnungswesens, Stuttgart 1978. LOCHNER, H.: Methodik des kaufmännisch-wirtschaftlichen Unterrichts, Rinteln ²1968. SELZAM, J.: Anmerkungen zu einem Unterrichtsfach Rechnungswesen. In: Wirtsch. u. E. 29 (1977), S. 164 ff. WALTERMANN, A.: Der Anfangsunterricht in Buchführung. Grundlagen der Theorie und Praxis des Systems der doppelten Buchführung, Rinteln 1975. WALTERMANN, A.: Neustrukturierung des Anfangsunterrichts in Buchführung. In: Wirtsch. u. E. 28 (1976), S. 198 ff. WEBER, H. K.: Betriebswirtschaftliches Rechnungswesen, München 1978.

Hans-Günther Käseborn

Unterricht: Betriebswirtschaftslehre

Betriebswirtschaftslehre als Schulfach. Die Darstellung und Analyse der Betriebswirtschaftslehre als Schulfach in der Sekundarstufe II sind insofern schwierig, als daß gerade dieses Fach in seiner traditionellen Form als Kernfach in allen berufsorientierten kaufmännischen Lehrgängen organisatorisch sowie inhaltlich-curricular reformiert wird. Ein Blick in verschiedene Lehrpläne führt zunächst zu terminologischen Schwierigkeiten. Die ältere Bezeichung Betriebswirtschaftlehre (BWL) wird zunehmend durch andere ersetzt, vor allem durch „Wirtschaftslehre", daneben erhalten sich abweichende Benennungen wie „Wirtschaftskunde" (vor allem in den Lehrplänen gewerblicher Berufsschulen), „Betriebskunde", „kaufmännische Betriebslehre" (KRUMM 1973, S.11) und im Zuge „einer Tendenz, die zweifellos der universitären Entwicklung der Betriebswirtschaftslehre Rechnung trägt" (SIEKAUP 1976, S. 163), als Schulfach der Berufsoberschule in Bayern, auch „Unternehmenspolitik".

Im folgenden gilt Betriebswirtschaftslehre oder auch Wirtschaftslehre als Sammelbezeichnung für die wirtschaftswissenschaftlichen Fächer im Bereich der Sekundarstufe II, in denen die *einzelwirtschaftliche Betrachtungsweise* vorherrscht und die Lehrinhalte aus dieser Perspektive begründet und konstituiert werden. Damit ist vor allem das berufsbezogene Kernfach der kaufmännischen Berufs- und Berufsfachschulen angesprochen, wie es in Lehrplänen, Schulbüchern, Ausbildungsordnungen und Prüfungsanforderungen kodifiziert ist.

Die Entwicklung und curriculare Gestaltung der BWL kann recht deutlich in Analogie zur Bezugswissenschaft gesehen werden. Die Geschichte der Wissenschaftsdisziplin Betriebswirtschaftslehre zeigt die Verquickung von Theorieentwicklung und „relevanten" gesellschaftlichen Erfordernissen. Die Handlungsbeziehungsweise im 19. Jahrhundert Handelswissenschaft entfaltete sich im Zusammenhang mit dem (Außen-)Handel; die Entstehung der Handelshochschulen und die im 20. Jahrhundert konzipierte wissenschaftstheoretische Gestaltung der BWL ist aus der Entwicklung der Industriebetriebe zum Prototyp für den *Betrieb* schlechthin und den damit verbundenen unternehmenspolitischen Erfordernissen hervorgegangen (vgl. HUNDT/LIEBAU 1975, SEYFERT 1956).

Das Schulfach BWL hat in seiner curricularen Ausformung nur wenig mit der in der Geschichte der Berufs- und Wirtschaftpädagogik einen breiten Raum einnehmenden bildungstheoretischen und kulturphilosophischen *Grundlegung* wirtschaftlicher Bildungsgänge zu tun.

So folgt die Fächerbildung an kaufmännischen Berufsschulen von Anfang an weder bildungstheoretischen noch wissenschaftssystematischen Kriterien. Aus dem Kanon der Inhalte, die traditionell der Wissenschaftsdisziplin BWL zugeordnet waren, wurden verschiedene Schulfächer ausdifferenziert, die dem organisatorischen Aufbau größerer Betriebe und damit zukünftigen Tätigkeitsbereichen der Lernenden entsprechen. Die fachtheoretischen, klassisch-kaufmännischen Schulfächer sind BWL, Rechnungswesen (früher: kaufmännisches Rechnen) und Buchführung. Zur Bezugsdisziplin BWL können nach der Lehrplanuntersuchung von KRUMM (vgl. 1973, S. 31) 50 % aller fachlichen Ziele der (neueren) lernzielorientiert aufgebauten Lehrpläne für kaufmännische Berufsschulen gerechnet werden.

Das Schulfach BWL, dessen Inhalte und Ziele am besten die stark lehrplan- und prüfungsbezogenen Lehrbücher wiedergeben, ist angelegt auf eine Einführung in kaufmännisches Denken (im Rahmen spätkapitalistischer Gesellschaftsstrukturen) und die Ausbildung zumeist berufsfeldbezogener Grundqualifikationen für die besondere Tätigkeitsebene, auf die der jeweilige Schultyp vorbereitet. Die Spezialisierung auf enge Tätigkeitsbereiche und damit zusammenhängend eine Anhäufung von unverbundenen Einzelkenntnissen ist deutlich abnehmerorientiert und nimmt zu. Als „Abnehmer" sind hier nicht die Lernenden, sondern das Beschäftigungssystem, also die Arbeitgeber und deren Interessen, zu verstehen. Nirgendwo im deutschen Schulwesen ist das unmittelbare Einwirken der Arbeitgeberinteressen so deutlich wie dort, wo Arbeitgeber im sogenannten dualen System der Ausbildung institutionell an Bildungsgängen als durchsetzungsfähige „Partner" mitwirken. Kennzeichnen etwa die Lehrstoffkataloge für die vollzeitschulischen

Lehrgänge der kaufmännischen Berufsfachschulen (Handelsschulen) noch eine gewisse Breite des betriebswirtschaftlichen Ansatzes und den Versuch, wie problematisch auch immer, grundlegende ökonomische Zusammenhänge zu klären – in der Regel über juristische Denkfiguren –, so fehlen diese Merkmale für die berufsbezogenen spezialisierten Wirtschaftslehren der kaufmännischen Berufsschulen und dort wiederum am augenfälligsten in den Berufen mit dem geringsten intellektuellen Prestige, zum Beispiel in den Curricula für die Verkäuferausbildung. Die Analyse von BWL-Lehrbüchern von REETZ/WITT (vgl. 1974) zeigt an exemplarisch ausgewählten Inhalten, wie unverbundene Details und geringes kognitives Niveau einhergehen mit verstärkter Ideologisierung. Die in Schulbuchtexten suggerierte Identifikation mit den Unternehmerzielen, kennzeichnend für die gesamten Lehrbücher, ist nirgendwo so offen thematisiert wie in den BWL-Lehrbüchern für Verkäufer. Auch dies entspricht den Interessen der „Abnehmer“: Gerade in diesem Beruf ist eine „Über“qualifikation unerwünscht, da sie zu Frustrationen und – noch gravierender – eventuell zur Kritik an der hier typischen frustrationsabsorbierenden Ideologie eines leistungsgerechten Aufstiegs führen könnte.

Auch die oben erwähnte breitere Anlage des Faches an den Handelsschulen gewährt noch nicht, daß der Unterricht etwa die Bedürfnisse und Interessen der Lernenden und ihre zukünftigen Lebenssituationen erfaßt. Das hier immanent vom Fach repräsentierte Berufsbild ist das eines (weitgehend wirklichkeitsfremden) Allround-Kaufmanns. Gleichzeitig ermöglicht – wie die Untersuchungen von KRUMM (vgl. 1973) und REETZ/WITT (vgl. 1974) zeigen – das Lehrniveau nicht die Vorbereitung auf eine selbständige Tätigkeit, sondern auf die bescheideneren Gehilfendienste.

Im Vergleich zu den dargestellten Ausformungen des Faches an kaufmännischen Berufs- beziehungsweise Berufsfachschulen haben betriebswirtschaftliche Inhalte im Curriculum gewerblich orientierter Schulen quantitativ und qualitativ einen untergeordneten Stellenwert. Lehrpläne und Bücher beschränken sich auf ein Minimum an Kenntnisvermittlung in Betriebskunde, die besonders in handwerklichen Berufen auf notwendige Geschäftstechniken (Zahlungsverkehr) und Entlohnungsformen reduziert ist. Die gesamtwirtschaftlichen und sozialen Aspekte des Fachs kommen hier, wie auch in der Wirtschaftslehre an kaufmännischen Schulen, insgesamt viel zu kurz (vgl. GREINERT 1973).

Die Lehrpläne für die *studienbezogenen Vollzeitschulen* der Sekundarstufe II sind insgesamt kaum berufsorientiert. Hier dominieren die insbesondere vom DEUTSCHEN BILDUNGSRAT (vgl. 1970) empfohlene Wissenschaftsorientierung und außerdem eine gegenüber den Berufsschulcurricula stärkere Rezeption (fach)didaktischer Forschung. Nach einer empirischen Untersuchung von KUTSCHA (vgl. 1975 a), die in den Jahren 1972/73 durchgeführt wurde, lassen sich drei Schwerpunktbildungen in den curricularen Konzeptionen unterscheiden. Als wissenschaftliche Bezugsdisziplin dominiert in den Lehrplänen der Wirtschaftsgymnasien entweder die BWL (in Baden-Württemberg, Rheinland-Pfalz, Saarland) oder die Volkswirtschaftslehre (VWL) (in Schleswig-Holstein und Nordrhein-Westfalen). Weiterhin besteht als dritter Typ ein sozialwissenschaftlich integriertes Fach „Wirtschafts- und Soziallehre“ (in Hessen und Hamburg). Die erste (traditionelle) Konzeption folgt der wissenschaftssystematischen Trennung von BWL und VWL, wobei für BWL vier bis sechs, für VWL dagegen nur ein bis zwei Wochenstunden Unterricht vorgesehen sind (vgl. KUTSCHA 1975 a, S. 654 f.). Für das Fach WL des zweiten Typs ist eine allerdings im wesentlichen additive Verknüpfung einzelwirtschaftlicher mit gesamtwirtschaftlichen Inhalten kennzeichnend, wobei die volkswirtschaftliche Betrachtungsweise quantitativ überwiegt. Der dritte Typ entspricht schließlich der neueren wissenschaftstheoretischen und fachdidaktischen Argumentation, da hier eine problemorientierte Integration ökonomischer und soziologischer Aspekte angestrebt wird.

Kritisch zu vermerken ist einmal, daß jeweils der Berufsbezug zugunsten der Wissenschaftsorientierung völlig vernachlässigt wird (vgl. KUTSCHA 1975 a, S. 657 ff.), zum anderen, daß die von den Bezugsdisziplinen übernommene Formalisierungstendenz auf Kosten einer an Lebenssituationen orientierten sozialpolitischen und handlungsbezogenen Lehr- und Lernkonzeption vorherrscht. So lobt SIEKAUP (vgl. 1976, S. 162 f.) die (vorläufigen) Lehrpläne für die Berufsoberschule in Bayern wegen ihrer wissenschaftspropädeutischen Orientierung, die im Fach BWL eine „entscheidungsorientierte Betrachtungsweise" und das Arbeiten an „Denkmodellen" in den Mittelpunkt stelle. Daß sich hinter der funktionalisierten und technizistischen Denkweise dieser *Unternehmens*politik eine Ausrichtung auf *Unternehmer*politik verbirgt, Entscheidungsalternativen und -parameter auf der Inhaltsebene soziale Interessen und deren unterschiedliche Durchsetzungschancen in Betrieben bedeuten und die scheinbare Wertfreiheit eine ideologische Reifizierung politischer Tatbestände zu unbefragten, quasi-naturwüchsigen Gegebenheiten impliziert, wird infolge dieser Formalisierung auch den Lernenden an der Berufsoberschule und in anderen studienorientierten Lehrgängen der Betriebswirtschaftslehre verborgen bleiben.

Curriculumrevision. Im Zusammenhang mit Reformdiskussionen und -maßnahmen im Bereich der Sekundarstufe II, die tendenziell auf die Integration studienvorbereitender und berufsqualifizierender Bildungsgänge zielen, sind auch für das Fach BWL verschiedene curriculare Neuorientierungen zu verzeichnen. Im Rahmen einer als Stufenausbildung konzipierten Form der Berufsausbildung mit einer als berufsorientierend gedachten breiten Grundbildung im ersten Jahre zeigen etwa die Anfang der 70er Jahre entwickelten hessischen Rahmenlehrpläne (vgl. HESSISCHER KULTUSMINISTER o. J.), daß die berufspädagogische Kritik an alten Curricula teilweise berücksichtigt wurde. In der in der Regel vollzeitschulisch durchzuführenden *Grundstufe*, dem ersten Jahr der Ausbildung, enthalten die Lernziele für das Berufsfeld „Kaufmännische Berufe" eine deutliche Hinwendung zu einer interessen- und konfliktorientierten Sichtweise betrieblicher Prozesse.

Der Rahmen für zukünftige Lehrpläne in den Bundesländern ist durch die von der Ständigen Konferenz der Kultusminister der Länder in der Bundesrepublik Deutschland (vgl. KMK 1978) beschlossenen Rahmenvereinbarungen zum Berufsgrundbildungsjahr vorgezeichnet. Hier wird die auf zum Teil überholte Berufsbilder hin zugeschnittene Spezialisierung der BWL an den kaufmännischen Berufsschulen für das Berufsgrundbildungsjahr (BGJ) auf Berufsfeldbreite hin überschritten. Für das Berufsfeld „Wirtschaft und Verwaltung" ist eine am herkömmlichen berufsbezogenen Fach Betriebswirtschaftslehre orientierte Schwerpunktbildung vorgesehen, auf die von 1 040 geplanten Unterrichtsstunden 240 entfallen. Die Schwerpunkte sind: Absatzwirtschaft und Kundenberatung, Bürowirtschaft und kaufmännische Verwaltung, Recht und öffentliche Verwaltung. Gegenüber der bisherigen Spezialisierung der BWL nach Einzelberufen ist hier also eine wesentlich breitere fachtypenbildende Differenzierung festzustellen.

Das BGJ hat laut übergeordneter Lernzielsetzung die Aufgabe, die endgültige

Berufsentscheidung vorzubereiten sowie die Mobilität zu fördern. Damit wurde – zumindest in Form von Richtlernzielen – die Kritik an der bisherigen zu praktizistischen und Arbeitnehmerinteressen vernachlässigenden kaufmännischen Berufsausbildung speziell im Fach BWL berücksichtigt. Ob die Pläne und die damit verbundene Unterrichtskonzeption geeignet sind, die vorangestellten Ziele wirklich einzulösen, erscheint allerdings aus verschiedenen Gründen zweifelhaft. Zunächst ist die Art der Lernzielorientierung einseitig: Insbesondere ist hier auf die Vernachlässigung der affektiven Komponente des Lernens zu verweisen, die vielleicht mit der didaktisch unreflektierten Auffassung zusammenhängt, ein so „rationales" Fach wie Ökonomie habe nichts mit emotionalen Lernvorgängen zu tun. Blieb die affektive, auf Identifikation zielende Lerndimension in der herkömmlichen BWL der offenen oder unterschwelligen Harmonisierung und Einpassung in die patriarchalische Betriebsfamilie vorbehalten, so tritt an ihre Stelle jetzt die allerdings rein kognitiv definierte Interessen- und Konfliktbetonung. Wenn es in der das Berufsfeld übergreifenden Vorbemerkung heißt: „Der Schüler soll gemeinsame und unterschiedliche Interessenlagen von Konsumenten und Produzenten, Arbeitgebern und Arbeitnehmern, Bürgern und Vertretern des Staates erkennen und berücksichtigen lernen" (KMK 1978, S. 2), so fehlt hier jeder Hinweis darauf, daß die Schüler sich auf der *einen* Seite dieser Parteien zunächst selbst erkennen, also sich als Konsument, Arbeitnehmer und Bürger identifizieren lernen müssen. Die Lernzielvorgabe suggeriert die in Konflikttheorien verbreitete implizite Identifikation des Lernenden (und des Theoretikers) mit einem außenstehenden Experten oder einem neutralen Richter, der selbst in die behandelten Konflikte nicht verwickelt ist. Daß die Identifikation mit den eigenen Bedürfnissen und deren angemessene Artikula-

tion *gelernt* werden muß und dies rein distanzierend und intellektuell nicht möglich ist, gerade weil die gesellschaftlich vermittelte Sozialisation dies nicht fördert, sondern weitgehend schichtenspezifisch unterdrückt, wird vernachlässigt. Auch das mit solchen schlichten Gegenüberstellungen suggerierte Gleichgewicht der Parteien ist eine in Lehrplänen verbreitete Variante des Pluralismussyndroms, das darin besteht, daß eine für das Funktionieren demokratischer Prozesse notwendige Voraussetzung auch als faktisch gegebene unterstellt wird.

Die fachdidaktische Diskussion. Die in den 70er Jahren als kritische Reaktion auf die bis dahin vorherrschende kulturpädagogische Wirtschaftsdidaktik ausgelöste fachdidaktische Diskussion wurde insbesondere von zwei (nicht getrennt zu sehenden) Seiten her angeregt. Zum einen folgte die fachdidaktische Entwicklung seit den 60er Jahren mit einiger Verspätung der allgemeindidaktischen, die neue Kriterien und Methoden für die Curriculumtheorie entwickelt hatte. In diesem Zusammenhang wurde die Verbindung zur Berufsstrukturforschung durch neuere Ansätze der Curriculumrevision angeregt und besonders von Zabeck in die wirtschaftsdidaktische Diskussion eingebracht (vgl. GOLAS 1973, S. 9 ff.; vgl. ZABECK 1975, S. 9 ff.). Zum anderen resultierte die Entwicklung als Problemstellung und konstruktiv zu lösende Aufgabe aus Schulversuchen zur Integration von Allgemein- und Berufsbildung in der Kollegstufe NW. In diesem Zusammenhang wurde ein WL-Ansatz entwickelt, der das bisher entsprechend der Trennung dieser Bildungsgänge auch ganz unterschiedlich curricular verankerte Fach Wirtschaft ganz neu und systematisch zu konzipieren versuchte (vgl. KUTSCHA 1976).
Es mag an der Verspätung der Wirtschaftslehre-Didaktik im Vergleich zu

anderen Fachdidaktiken wie auch an den mit bildungspolitischer Exponierung verbundenen Zeit- und Legitimationszwängen liegen, daß sich die Diskussion sehr früh um einige Grundpositionen kristallisierte, bevor die jeweiligen Grundlagen hinreichend abgesichert werden konnten. Für die Positionen „stärkere Berufsorientierung", als deren exponiertester Vertreter in der Wirtschaftspädagogik Zabeck zu nennen ist, gegenüber konsequenter Wissenschaftsorientierung, die im Rahmen des Kollegstufen-Konzeptes für diesen Kernbereich von Kutscha vertreten wird, gilt gleichermaßen, daß bisher nicht geklärt ist, was das eine und das andere didaktisch gesehen bedeutet. Weder die Fachwissenschaften – Volkswirtschaftslehre oder Betriebswirtschaftslehre – können wegen ihrer immanenten sozialen sowie sozialwissenschaftlichen Implikate (modellplatonische Immunisierung gegen Kritik, Ideologisierung des Unternehmerstandpunktes) als Referenzwissenschaften ohne grundlegende metatheoretische Reflexion herangezogen werden (vgl. HUNDT/LIEBAU 1975), noch kann pädagogisch verant-

wortet werden, daß die nach einseitig betriebswirtschaftlichen Gesichtspunkten immer stärker spezialisierten und in weiten Bereichen dequalifizierten Tätigkeiten in kaufmännischen Berufsfeldern die empirische Grundlage für Lehrplanentwicklungen hergeben sollen.

Die Integration von Wissenschafts- und Berufsbezug und damit verbunden so komplexe didaktische Fragen wie die, was Wissenschaftsorientierung als Lehr-Lernprozeß eigentlich bedeutet und wie „Beruf" als Lebenssituation verstanden werden müßte, ist wohl – schlagwortartig verdichtet – die zentrale und noch weitgehend offene fachdidaktische Problemstellung. Solange die hier skizzierten Grundlagenfragen weitgehend unbeantwortet sind, erscheint auch die semantisch-methodologische Intensivierung der fachdidaktischen Forschung in Richtung auf Reduktions- und Transformationstechniken etwas verfrüht, ist es doch noch gar nicht ausgemacht, ob die Referenzwissenschaften tatsächlich zu komplex sind für Lehrinhalte oder nicht vielmehr zu wenig komplex (vgl. GOLAS 1973, HAUPTMEIER u. a. 1975, WITT 1978).

DECKER, F. (Hg.): Grundlagen der Wirtschaftsdidaktik, Ravensburg 1974. DEUTSCHER BILDUNGSRAT: Strukturplan für das Bildungswesen. Empfehlungen der Bildungskommission, Stuttgart 1970. GOLAS, H. G. (Hg.): Didaktik der Wirtschaftslehre. Situation, Diskussion, Revision, München 1973. GREINERT, W. D.: Wirtschaftskunde an gewerblichen Berufsschulen. Stiefkind der Berufsschuldidaktik. In: GOLAS, H. G. (Hg.): Didaktik . . ., München 1973, S. 61 ff. HAUPTMEIER, G. u. a.: Zur Auswahlproblematik von Lerninhalten und zur didaktischen Reduktion wissenschaftlicher Aussagen. In: D.Dt.Ber.-u.Fachs. 71 (1975), S. 899 ff. HESSISCHER KULTUSMINISTER: Rahmenlehrpläne für die beruflichen Schulen des Landes Hessen, Frankfurt/M. o. J. HUNDT, S./LIEBAU, E.: Zum Verhältnis von Theorie und Praxis – Gegen ein beschränktes Selbstverständnis der Betriebswirtschaftslehre als „Unternehmerwissenschaft". In: KUTSCHA, G. (Hg.): Ökonomie an Gymnasien, München 1975, S. 95 ff. KMK: Rahmenvereinbarung über das Berufsgrundbildungsjahr. Beschluß vom 19. 5. 1978, Neuwied 1978. KRUMM, V.: Wirtschaftslehreunterricht. Gutachten und Studien der Bildungskommission des Deutschen Bildungsrates, Bd. 26, Stuttgart 1973. KUTSCHA, G.: Ökonomisches Schulwissen an Wirtschaftsgymnasien. In: D. Dt. Ber.-u. Fachs. 71 (1975), S. 652 ff. (1975 a). KUTSCHA, G. (Hg.): Ökonomie an Gymnasien. Ziele, Konflikte, Konstruktionen, München 1975 b. KUTSCHA, G.: Das politisch-ökonomische Curriculum, Kronberg 1976. NEUGEBAUER, W. (Hg.): Wirtschaft 1. Unterricht in Wirtschaftslehre, München 1976. NEUGEBAUER, W. (Hg.): Wirtschaft 2. Curriculumentwicklung für Wirtschafts- und Arbeitslehre, München 1977. NEUGEBAUER, W. (Hg.): Wirtschaft 3. Lehrerbildung für Wirtschafts- und Arbeitslehre, München 1979. REETZ, L./ WITT, R.: Berufsbildung in der Kritik. Curriculumanalyse Wirtschaftslehre, Hamburg 1974.

SEYFERT, R.: Geschichte der Betriebswirtschaftslehre. In: AUFERMANN, E. u. a. (Hg.): Handwörterbuch der Betriebswirtschaft, Bd. 1, Stuttgart ³1956, S. 995 ff. SIEKAUP, W.: Berufsoberschule. Zielvorstellungen und Inhalte. In: D.berb.S. 28 (1976), S. 159 ff. WITT, R.: Kompetenztheoretische und mikrostrukturell-sprachanalytische Aspekte der didaktischen Transformation im Bereich des Wirtschaftslehreunterrichts. In: Z. f. P. 23 (1977), S. 369 ff. ZABECK, J.: Zum Problem einer Didaktik der Wirtschaftslehre. In: DECKER, F. (Hg.): Wirtschaftsdidaktische Konzepte, Ravensburg 1975, S. 9 ff.

Dörte Brinkmann

Unterricht: Deutsch

In der Bundesrepublik Deutschland gibt es Deutschunterricht in der Sekundarstufe II als obligatorisches, allgemeinbildendes Fach in der gymnasialen Oberstufe und an den berufsbildenden Schulen, nach individueller Schwerpunktsetzung als Grundkurs- und Leistungskursfolge in der gymnasialen Oberstufe und als berufsbildendes Fach (Schriftverkehr, Handelskorrespondenz) im berufsbildenden Schulwesen. Deutsch wird in unterschiedlichem Umfang in der Deutschen Demokratischen Republik und in den anderen deutschsprachigen Ländern (Österreich, Schweiz) an schulischen Institutionen unterrichtet, die der Sekundarstufe II entsprechen; Deutsch ist erste oder – häufiger – zweite Fremdsprache im nichtdeutschsprachigen Ausland.

Zur Entwicklung des Deutschunterrichts und seiner Didaktik. Die Geschichte des Deutschunterrichts und seiner methodisch-didaktischen Reflexion verlief abhängig vom beständigen Anwachsen schriftsprachlicher Kommunikation und von der zunehmenden Verbreitung der deutschen Sprache in Bereichen, in denen zuvor das Lateinische und später auch das Französische als Kommunikationsmedien benutzt wurden (vgl. FRANK 1973).
Die deutsche Sprache verbreitete sich im Spätmittelalter in Handel, Wirtschaft und Rechtsprechung, was zur Folge hatte, daß in den Städten Schreib- und Leseschulen eingerichtet wurden; dann drängte sie auch in den kirchlichen Bereich vor, vor allem durch Luthers Bibelübersetzung und die Verbreitung seines laientheologischen Arguments, jeder Christ müsse das Wort Gottes lesen können; es entstanden Katechismusschulen. Später wurden deutsche Elementarschulen eingerichtet, die bis zum Ende des 19. Jahrhunderts in kirchlicher Hand blieben, aber den wachsenden weltlichen Ansprüchen an die Lese-, Schreib- und Rechenfertigkeiten der Bevölkerung genügen sollten. Im Verlauf des 18. Jahrhunderts drang die deutsche Sprache auch in die Gelehrtenschulen und Universitäten ein, weil für die aufgeklärte Wissenschaft die freie muttersprachliche Mitteilung und Diskussion von Forschungsergebnissen unumgänglich wurde. Die deutsche Sprache verlor endgültig die Qualität, nur Sprache des einfachen, ungebildeten Volkes zu sein. Zugleich entwickelte sich eine eigenständige deutsche Literatur, die in den literarischen Strömungen des Sturm und Drang, der deutschen Klassik und der Romantik die kulturelle Überlegenheit des Lateinischen und des Französischen brechen konnte, nicht zuletzt durch eine nicht mehr imitierende, sondern reflexive Rückwendung auf die Antike. Im Zuge der preußischen Schul- und Universitätsreformen zu Beginn des 19. Jahrhunderts entwickelte sich nach dem Vorbild der klassischen Altertumswissenschaft auch die Germanistik; es entstand der Stand der Gymnasiallehrer, der „Philologen". Deutsch erhielt im Lehrplan für die preußischen Gymnasien 1812 neben Latein, Griechisch und Mathematik die

536

Funktion eines Hauptfaches; es war damit nicht nur allgemein anerkannte Unterrichtssprache, sondern selbst Unterrichtsgegenstand, war eigenständiges Unterrichtsfach.

Am altsprachlichen Unterricht und an dessen didaktischer Unterscheidung von *praeceptum, exemplum* und *imitatio* orientiert, versuchte man, die Ziele des Deutschunterrichts auf drei Wegen zu erreichen (vgl. MATTHIAS 1907; vgl. PAULSEN 1912, S. 311):

Grammatikunterricht. Für den grammatischen, sprachbetrachtenden Unterricht wurde 1827 von K. F. Becker, inspiriert durch W. v. Humboldts Sprachphilosophie, eine formale Grammatik des Deutschen entwickelt, die sich an die lateinische Grammatik anlehnte, ohne sie jedoch kritiklos zu übernehmen (vgl. BEKKER 1970). Becker baute darin unter anderem die bis heute bedeutsame Unterscheidung zwischen Wortarten (wie Substantiv, Verb) und Satzgliedern (wie Subjekt, Prädikat oder Objekt) auf und versuchte, den Zusammenhang zwischen Sprechen und Denken, zwischen Grammatik und Logik an der deutschen Sprache zu demonstrieren. Er erhoffte sich durch den grammatischen Unterricht eine allgemeine Denkschulung der Schüler; der Unterricht verkam jedoch in der Schulpraxis oft zu einer unverstandenen Methodik grammatischer Beispielsätze. Der historisch-vergleichende Ansatz der Sprachwissenschaft, wie er durch J. GRIMM (vgl. 1880, 1968) und andere (vgl. HELBIG 1970) erarbeitet wurde, konnte sich in der Schule nicht durchsetzen, zumal eine ausgearbeitete Schulgrammatik dieser Art nicht vorgelegt wurde (vgl. FRANK 1973, S. 462).

Lektüre: Der Literaturunterricht an den Gymnasien sollte nach Hieke (1842) und anderen (vgl. FRANK 1973, S. 470 ff.) die Schüler mit den bedeutendsten Werken der deutschen Nationalliteratur bekannt machen, sie zu ästhetischer Sensibilität erziehen und zur Humanität bilden, und zwar durch Lektüre und logische Analyse (Interpretation) wertvoller Texte. Der Unterricht wurde für die gymnasiale Oberstufe biographisch, nach Gattungen, vor allem aber literaturgeschichtlich ausgelegt. In der zweiten Hälfte des 19. Jahrhunderts verschob sich dann diese Zielsetzung; die Geschichte der Nationalliteratur wurde zunehmend noch stärker betont und zugleich – nur scheinbar in Widerspruch zu dieser Ausrichtung – die Forderung erhoben, das Erleben, den emotionalen Nachvollzug von Dichtung im Unterricht zu ermöglichen.

Mündliche und schriftliche Übungen: Unter den die Lektüre und den grammatischen Unterricht begleitenden Schülerübungen – Auswendiglernen und Nacherzählung, Diktat, gelenkter Bericht, Interpretation, Vortrag – gewann für die Oberstufe der deutsche Aufsatz besondere Bedeutung. Er ersetzte ab 1892 den lateinischen Aufsatz. Die normgerechte Ausdrucksfähigkeit der Schüler, ihre „Kompositionsfähigkeit" und ein „guter Stil" sollten durch den Aufsatzunterricht gesichert werden. Die zu behandelnden Themen waren überwiegend literarischer Art. Denkschulung, Vertrautheit mit der Nationalliteratur und eigene Ausdrucksfähigkeit sollten dem Deutschunterricht eine umfassende bildende Wirkung sichern, die PAULSEN (1912, S. 130 f.) als „Hineinstellung in das geistig-sittliche Leben der eigenen Nation", als „Liebe zum eigenen Volkstum" und als „volkstümliche Gesinnung" kennzeichnete – im Unterricht zu erreichen durch ein vertieftes Verständnis des „geistig-geschichtlichen Wesens des Volkes".

Die starke Betonung des Nationalen, der „völkischen" Eigenart, der „Deutschheit" führte zu Beginn des 20. Jahrhunderts zur Gründung der deutschen Oberschule und der in sie oder in die Oberrealschule integrierten Aufbauschule. „Deutschkundliche" und „kulturkundliche" Fächer – Religion, Deutsch, Philosophie, Geschichte, Erdkunde, Kunsterziehung – bildeten das Kernstück des Gesamtlehrplans. Das Programm wurde 1925 in den Richertschen „Richtlinien für die Lehrpläne der höheren Schulen Preußens" allgemein verbindlich gemacht. Das Gemeinsame aller höheren Schulen war nun der Deutschunterricht, der als Gang durch die deutsche Geistesgeschichte angelegt wurde und dessen Endpunkt in der Oberprima diejenige Epoche bildete, die nach Dilthey die erste eigentliche und umfassende Selbstverwirklichung des deutschen Geistes nach jahrhundertelanger Überfremdung darstellte: die Epoche des Deutschen Idealismus und – untrennbar damit verbunden – der Deutschen Klassik.

Die fachdidaktische Diskussion über eine Revision des Curriculums begann sogleich nach 1925; man erkannte, daß der Versuch, die historische Entwicklung der deutschen Sprache und Literatur systematisch und lückenlos im Unterricht nachzuvollziehen, zu einer unzumutbaren Überfrachtung des Lehrplans und zur Überbürdung der Schüler führte (vgl. FRANK 1973).

Diese Diskussion mußte 1933 enden. Der Literaturunterricht in der Zeit des sogenannten Dritten Reiches sollte nun auf die volksverbundene Dichtung eingeschränkt werden, auf Dichtung, die von Ariern stammte und die einen rassekundlichen Literaturunterricht ermöglichte. Sprachkunde sollte zur Sprachzucht werden, womit nicht nur der korrekte Sprachgebrauch, sondern die „Züchtung", die „Aufnordung" der deutschen Sprache selbst gemeint war (vgl. BEHR 1980, S. 140 ff.; vgl. FRANK 1973).

Nach 1945 griff man in Westdeutschland fachdidaktisch und unterrichtspraktisch auf die Vorstellungen aus der Zeit der Weimarer Republik zurück; da-

bei wurden völkische Begriffe und Denkmuster zunächst noch in kritikloser Geläufigkeit beibehalten (vgl. FRANK 1973, STRASSNER 1977). In der Sprachlehre gewann die in den 20er Jahren entstandene Sprachinhaltsforschung L. Weisgerbers (vgl. HELBIG 1970) – auch sie durch W. v. Humboldt inspiriert – eindeutige Vorrangstellung, bis sie mit der Rezeption von Ergebnissen der strukturalen Sprachwissenschaft in der Germanistik Mitte der 60er Jahre vor allem durch GLINZ (vgl. 1952) zurückgedrängt wurde. Im Bereich der Literatur führte die scheinbar bildungspolitisch unverfängliche Betonung der Eigengesetzlichkeit sprachlicher Kunstwerke (vgl. KAYSER 1954, STAIGER 1951) zu einer formalästhetischen Betrachtungsweise, die die Kontextbedingungen literarischer Werke – Entstehungszeit, Autorenbiographie, Distribution und Rezeption – weitgehend ausblendete. Deutschunterricht war möglich, ohne daß man auf die nichtbewältigte Vergangenheit näher eingehen mußte. Daran änderte auch die Forderung nach einer „Verwissenschaftlichung" der Gestaltung und Reflexion des Deutschunterrichts nichts, wie sie etwa durch den bildungstheoretischen Ansatz von HELMERS (vgl. 1966) vertreten wurde. Für den Literaturunterricht forderte er, der Struktur der Germanistik entsprechend auch den Deutschunterricht am Gesamtfeld literarischer Gattungen zu orientieren (vgl. HELMERS 1970, S. 295 f.). Dies implizierte zwar eine Ablehnung des „bürgerlichen Gesinnungsunterrichts", konnte jedoch noch nicht zu einer Reflexion des Stellenwertes des Deutschunterrichts zwischen individueller Bildung und gesellschaftlichen Ansprüchen führen, obwohl doch die zurückliegende Geschichte des Deutschunterrichts seine ideologische Anfälligkeit hätte demonstrieren können.

Die Beschaulichkeit des den Stand der Germanistik rezipierenden Deutschunterrichts wurde Ende der 60er Jahre gestört. Programmatisch formulierten Verfechter eines neuen, „kritischen" Deutschunterrichts, es sei sicherzustellen, daß die Beschäftigung mit Sprache und Literatur die Schüler nicht den Kontrollansprüchen der Gesellschaft unterwerfe, sondern sie in emanzipatorischer Absicht zu kritischer Reflexion befähige (vgl. IVO 1969, S. 5; vgl. IDE 1970, S. 18). „Kritisch" hieß primär gesellschaftskritisch; im Unterricht sollte die Funktion des Faches für die Integration der Schüler in die Gesellschaft thematisiert werden. Der in diesem Ansatz implizierten soziolinguistischen Orientierung des Unterrichts und der Fachdidaktik entsprechend, kam es auch in der Sekundarstufe II zu einer Ausweitung der Literatur auf Texte, die traditionell nicht im Unterricht behandelt worden waren: Trivialliteratur, Jugendliteratur, Zeitungen, Reklame, Film-, Funk- und Fernsehtexte; die lange vernachlässigte Rhetorik und Argumentationslehre wurde wiederentdeckt; zugleich nahm man die Tradition des Deutschunterrichts als einer philosophisch orientierten Denkschule (vgl. ESSEN 1969, S. 237 f.) wieder auf, las und diskutierte in der Oberstufe in größerem Umfang philosophische Texte, teilweise anstelle einer sprachwissenschaftlichen Orientierung des Unterrichts (vgl. WORT UND SINN 1971).

Die Auseinandersetzungen um den kritischen Deutschunterricht kennzeichnen die heutige Situation des Faches, wenn auch das Engagement des Anfangs und die Begeisterung über die „Befreiung" aus alten Normsetzungen (wertvolle Literatur und gutes Deutsch) abgeklungen sind (vgl. KREFT 1977). Da aber die Forderung nach einem kritischen Deutschunterricht noch keinen ausreichenden Hinweis dafür abgibt, was für Themen im Deutschunterricht zu behandeln sind und was für sprachbezogene Fähigkeiten den Schülern vermittelt werden sollen, ist in der Gegenwart eine große Breite an Vorschlägen zur Gestaltung

des Unterrichts zu verzeichnen, die sich am ehesten als sprachpragmatisch kennzeichnen läßt. Der Deutschunterricht soll die Schüler befähigen, in unterschiedlichen Kommunikationssituationen produktiv (redend und schreibend) wie rezeptiv (hörend und lesend) angemessen zu handeln; die Schüler sollen „kommunikativ kompetent" werden. Wenn ein Deutschlehrbuch für berufliche Schulen „Situationen" (BERG u. a. 1978) heißt, dann ist damit prägnant die Situation des Deutschunterrichts der ganzen Sekundarstufe II getroffen: Sprechen ist Handeln, Literatur ist Kommunikation. Wie nun aber die wesentlichen kommunikativen Situationen ermittelt werden können und wie man, wenn sie ermittelt sind, die Curricula für die Schüler der Sekundarstufe II daraufhin auslegen soll, ist nicht ausdiskutiert.

Probleme der Fachdidaktik Deutsch. Trotz einer notwendigen Ausweitung der fachdidaktischen Diskussion auf die sprachpragmatische Dimension des Unterrichts bleibt die Erörterung, was „Sprachunterricht" im engeren Sinne (also Grammatikunterricht, Sprachtheorie und Reflexion über Sprache) und was „Literaturunterricht" für die Schüler leisten können, zentral. Die Schüler haben in der Sekundarstufe II den elementaren Aufbau ihrer muttersprachlichen Kompetenz beendet; individuelle und schulformspezifische Gewichtungen bieten sich an. Die Freiheit der curricularen Gestaltung des Deutschunterrichts wird dadurch im Vergleich zu den vorhergehenden Schulstufen größer, zugleich wächst aber die Schwierigkeit, konkrete unterrichtliche Entscheidungen angesichts der Vielzahl denkbarer Alternativen zu rechtfertigen.

Sprachunterricht: Die Frage, ob sich durch Sprachunterricht die kommunikative Kompetenz von Schülern substantiell fördern lasse oder ob nicht dieser Unterricht hierfür überflüssig oder sogar schädlich sei, ist alt. J. Grimm lehnte einen deutschen Grammatikunterricht in Anlehnung an die lateinische Regelgrammatik ab, dieser Unterricht sei eine „unsägliche Pedanterei" und störe „die freie Entfaltung des Sprachvermögens", denn die Sprache sei „gleich allem Natürlichen und Sittlichen [. . .] ein unvermerktes, unbewußtes Geheimnis, welches sich in der Jugend einpflanzt"; sie könne nicht „durch die abgezogenen, matten und mißgegriffenen Regeln der Sprachmeister gelenkt oder gefördert" werden (GRIMM 1968, S. 1 f.). Auch heute ist Grimms Frage nicht endgültig beantwortet; Schwankungen in der Bewertung der Linguistik im Rahmen des Deutschunterrichts in der Sekundarstufe II in den letzten Jahren beweisen es (vgl. HENRICI/MEYER-HERMANN 1976, HERRLITZ/SWITALLA 1978, JANUSCHEK/SVENSSON 1978). Unbestreitbar ist, daß der Sprachunterricht fast immer nur als eine Ergänzung, nicht als Alternative zum Literaturunterricht verstanden wurde. Die Befürworter des Sprachunterrichts (vgl. LENZEN 1973) weisen darauf hin, daß eine kritische, aufgeklärte kommunikative Interaktionskompetenz nur über eine reflektierte, die Sprache als Kommunikationsinstrument bewußtmachende formale Sprachbetrachtung und durch den Vollzug von Kommunikation erreichbar sei. Grimms Vorstellung, Sprache sei etwas natürlich Gewachsenes und organisch Zusammenhängendes, dessen man sich als Sprecher gar nicht bewußt zu sein braucht, wird zurückgewiesen; kritischer Sprachunterricht soll auch die Regeln der Sprachverwendung explizieren.

Als Aufgaben des Sprachunterrichts werden für die Sekundarstufe II unter anderem vorgeschlagen:

- Die Behandlung grammatischer Modelle: etwa solcher des Strukturalismus, der transformationell-generativen Grammatik, der Sprechakttheorie und der Sprachpragmatik.
- Die Gegenüberstellung der einen

deutschen Sprache und ihrer mannigfaltigen Ausdifferenzierungen und Spezialisierungen in unserer arbeitsteiligen, pluralistischen Gesellschaft: Alltagssprache in Abhebung von Fachsprachen und wissenschaftlicher Sprache, Sprache der Öffentlichkeit und der privaten Welt, Kommunikationsmedien wie Film, Funk, Fernsehen, Zeitungen und Zeitschriften, gesprochene und geschriebene Sprache.
- Aus der Tradition der inhaltsbezogenen Sprachbetrachtung stammt die Reflexion über die Relativität sprachlicher „Weltansichten", die im internationalen Sprachvergleich, aber ebenso innerhalb des komplexen Phänomens der deutschen Sprache behandelt werden kann: sprachhistorische Rückgriffe, die Behandlung von Soziolekten und Dialekten, die Abhängigkeit der Sprache von der jeweiligen konkreten Lebenssituation.

Zentral ist jedoch die Aufgabe, in der grammatischen Analyse und Reflexion über Sprache den Zusammenhang zwischen Sprache als System und eigener Erfahrung erfahrbar zu machen, über alle Fachsystematik hinweg (vgl. MAAS 1976, S. 273). Welche Art von Erfahrung in der Auseinandersetzung mit den Strukturen und Funktionen von Sprache in den Blick kommt, hängt dabei wesentlich von dem Bild ab, das man sich von der Sprache macht. Und die Komplexität des vermittelten Sprachbildes hängt ihrerseits wiederum davon ab, wieweit man im Unterricht natürliche Kommunikationssituationen schaffen, sie glaubwürdig simulieren oder realistisch darstellen kann, in einem kommunikativen Unterricht, der über die traditionell übliche formale, die Inhaltsproblematik ausklammernde Betrachtung von Wortarten und Satzteilen, Sätzen und Texten hinausgeht. Eine solche Reflexion über Sprache setzt eine „extrakommunikative" Haltung voraus, sie ist aber zugleich nach Auffassung der Befürworter dieses Unterrichts wesentlicher Bestandteil einer entwickelten kommunikativen Kompetenz, ist notwendiger Bestandteil jeder intersubjektiven Sinnvermittlung. Eine solche Reflexion wirkt auf die Verwendung von Sprache in „normalen" Kommunikationssituationen derart ein, daß sie eine bewußte Veränderung der eigenen Sprachverwendung, der Sprachnormen und Interaktionsweisen erleichtert und derart auch zur Korrektur von erstarrten, einseitigen Kommunikationsmustern und Verhaltensweisen führen kann. Die sprachlich konstituierte Wirklichkeit wird in ihrer Struktur wie in ihrer Veränderlichkeit erfahrbar (vgl. MEYER 1976, S. 275 f.).

Literaturunterricht: Eine Rechtfertigung des Literaturunterrichts über ihren Status als Nationalliteratur (Ende des 19. Jahrhunderts/Anfang des 20. Jahrhunderts) wird heute kaum versucht. Helmers sieht die wesentliche Funktion literarischer Bildung darin, die Schüler ihrer Altersstufe entsprechend in die Welt der Literatur einzuführen und sie mit den literarischen Gattungen in ihrer Systematik wie auch – gerade in der gymnasialen Oberstufe – im historischen Rückblick vertraut zu machen. Bildend sei diese Auseinandersetzung mit Literatur, weil sich literarische Texte einer problemlosen Bewältigung im Unterricht zunächst entgegenstellen. Dichtung habe die Eigenheit, eine Art Kulminationspunkt von Sprache darzustellen; sie ergreife höchste Möglichkeiten der Gestaltung. Nur derjenige, der schon in einem umfassenden Sinne sprachlich gebildet sei, könne sich der intensiven Sprachkraft nähern, ohne von ihr abgeschreckt zu werden (vgl. HELMERS 1966, S. 289). Mit diesem Ausweis der formalbildenden Kraft der Literatur ist allerdings noch nicht erklärt, worin inhaltlich der Nutzen dieser Anstrengung bestehen kann. Eine substantielle Antwort hierauf wird erst nach der gesellschaftskritischen Wende der

Deutschdidaktik faßbar. BALZER (vgl. 1975) bestimmt Literatur im Rahmen einer umfassenden Kommunikationstheorie als Massenkommunikation. Sie richte sich an eine nicht vorherbestimmbare Öffentlichkeit, werde über technische Verbreitungsmittel betrieben, sei durch Einseitigkeit der Kommunikationsabläufe (vom Dichter zum Leser) gekennzeichnet und sei in ein umfassenderes gesellschaftliches Kommunikationssystem (der Massenmedien) eingebettet. In diesem Rahmen erscheint Literatur als *eine* Art der Auseinandersetzung mit der Realität. Die Fiktionalität literarischer Texte wird verständlich einerseits in ihrem Kontrast zur Realität (etwa als konkrete Utopie oder Vergegenwärtigung der Vergangenheit), andererseits gerade in der Durchdringung und tiefergehenden Analyse der eigenen Lebenswelt. Literarische Kommunikation muß derart unter dem Gesichtspunkt der Produktion, Distribution und Rezeption betrachtet werden.

Die Aufgabe des Literaturunterrichts in diesem Rahmen kann nun aber nicht nur darin bestehen, diese Struktur und Funktion der Literatur als Kommunikation darzustellen, vielmehr muß sie den Schülern eigene Handlungsmöglichkeiten eröffnen, muß sie aus ihrer passiven Rezipientenrolle herausführen. HEBEL (vgl. 1979), der in seinen literaturdidaktischen Arbeiten zugleich um die berufsschulspezifische Auslegung des Deutschunterrichts bemüht ist, sieht die Rolle der Literatur im Unterricht deshalb vor allem darin, den Schülern im Kontrast zu den sonstigen Leistungs- und Anpassungszwängen die Möglichkeit zu eröffnen, im Medium der Literatur „probeweise" zu handeln: In allen Gattungen der Literatur seien in fingierten Handlungen erfundener Personen die Basisregeln der Kommunikation (Bedeutungsfestlegung, Identitätsbildung und Sozialisation) wirksam, die die Schüler für die Zukunft zu beherrschen lernen müssen. Die Plausibilität literarischen Geschehens hänge nicht zuletzt davon ab, wie diese Regeln beachtet, durchbrochen oder verändert würden. Da nun aber in fiktionalen Texten das Bezugsfeld, auf das sich die kommunikativen Interaktionen beziehen, im Text selbst aufgebaut werde, biete fiktionale Literatur im Unterricht die Möglichkeit zur „Revirtualisierung", zur Neufestlegung von Bedeutungen und normativen Mustern, ohne daß man dabei der Gefahr von Sanktionen ausgesetzt ist, die jedwedes Fehlverhalten in der Alltagswelt mit sich bringt (vgl. HEBEL 1979, S. 156 f.).

Während im Sprachunterricht die Förderung kommunikativer Kompetenz über die Auseinandersetzung mit sprachwissenschaftlicher Theorienbildung erreicht werden soll, wird das gleiche Ziel im Literaturunterricht durch den Sprung in ein anderes Medium angestrebt, durch die Auseinandersetzung mit der fiktiven Welt der Literatur. Wahrscheinlich liegt einer der wesentlichen Gründe für die traditionell starke Stellung des Literaturunterrichts gegenüber dem Sprachunterricht darin, daß der Literaturunterricht schon im Nachvollzug, im Erlebnis dieser fiktiven Welt einen didaktischen Sinn erhält, während sich die Ziele der Sprachbetrachtung erst in einer analytisch-reflexiven Verlebendigung des Sprachmaterials erschließen. Gerade deshalb ist es jedoch wichtig, daß der Sprachunterricht nicht formal bleibt und daß der Literaturunterricht so angelegt wird, daß er die selbständige Produktivität der Schüler konstitutiv einschließt und durch methodische Interpretation, Literaturtheorie und Literaturgeschichte den Schülern die Möglichkeit eröffnet, über die Distanz zur eigenen Kommunikationssituation im Medium der Literatur die Einsicht in eben diese Situation zu vertiefen.

Deutschunterricht im beruflichen Schulwesen. Eine Beschreibung der Situation des Deutschunterrichts im beruflichen Schulwesen ist schwierig, denn es gibt eine große Zahl von Typen beruflicher Schulen, die sich nicht nur nach Wirtschaftszweigen und Fachrichtungen, sondern auch nach ihrer Funktion im System der Berufsausbildung unterscheiden. In manchen Bildungsgängen dieser Schulen, insbesondere in den teilzeitschulischen, gibt es überhaupt keinen Deutschunterricht; mitunter wird er als Unterrichtsprinzip für alle anderen Fächer postuliert; in der Berufsgrundschule und in Berufsfachschulen ist er mit zwei bis vier Wochenstunden ausgewiesen.

Für einige Fachrichtungen hat der Deutschunterricht eine wichtige berufsqualifizierende Funktion. In diesen Bildungsgängen gehört Deutschunterricht zum fachspezifischen Curriculum (so etwa bei drucktechnischen Berufen, Bibliotheksassistenten und Büchereigehilfen, Buchhändlern, Sekretärinnen); darüber hinaus wird in vielen Ausbildungsgängen der Fach- oder Geschäftsaufsatz geübt (vgl. HAUPTMEIER 1979). Wegen der großen Schülerzahlen verdient der Deutschunterricht in den Bildungsgängen für kaufmännische Berufe, hier vorwiegend spezifiziert als Schriftverkehr und Handelskorrespondenz, besondere Aufmerksamkeit. Dieser Unterricht ist auf die Kaufmannsgehilfenprüfung ausgerichtet, in ihm werden standardisierte Schriftsätze und ihnen zugeordnete Geschäftsabläufe eingeübt; guter Stil im Sinne kaufmännischer Gepflogenheiten und die DIN-Regeln der Textverarbeitung stehen im Vordergrund (vgl. KRUSE-HEUN 1975). Soweit der Deutschunterricht an beruflichen Schulen über die berufsqualifizierenden Erfordernisse hinausgeht, kopiert er den Unterricht der allgemeinbildenden Schulen, insbesondere auch der Hauptschule.

Während in der Vergangenheit die Diskussion um die Zielsetzungen des Deutschunterrichts im beruflichen Schulwesen aufgrund der Prüfungsanforderungen zugunsten einer engen beruflichen Verwertbarkeit entschieden wurde, ist heute die Situation für eine curriculare Neubestimmung relativ günstig, weil durch die Erhöhung des Gesamtstundenvolumens in teilzeitschulischen Bildungsgängen und die quantitative Zunahme von vollzeitschulischen Bildungsgängen die Möglichkeit besteht, die beruflichen Qualifikationsanforderungen mit den Zielsetzungen allgemeiner Bildung gerade im Fach Deutsch zu einer positiven Vermittlung zu bringen. Die wenigen Ansätze einer derartigen Vermittlung sollten deshalb systematisch ausgebaut werden (vgl. ARBEITSGRUPPE DEUTSCH FÜR BERUFSSCHÜLER 1977, DRESCHER u. a. 1979, GRUSS-KOCH u. a. 1978, HEURSEN/ LENZEN 1977). Der Deutschunterricht müßte für die Berufsschüler in ihrer konkreten Ausbildungssituation relevant werden und dabei dem bildungsökonomischen Erfordernis gestiegener sprachlich-kommunikativer Anforderungen – als gesellschaftlicher „Hintergrundqualifikationen" für die spezielle Arbeitsplatzanforderung – genügen: im Sinne einer Förderung der Fähigkeit zu symbolischer Abstraktion in zunehmend komplexeren Arbeitsprozessen, der Befähigung und kritischen Einstellung zu beruflicher Flexibilität und Mobilität, der Befähigung zur Bewältigung der berufsbezogenen, aber gerade nicht im engeren Sinne fachsprachlichen Kommunikation, etwa in der Teamarbeit oder in der Verständigung mit der Unternehmensleitung. Wenn dieser berufsbezogene Deutschunterricht dabei zugleich die Weiterbildung der Schüler als Vorbereitung auf Fachhochschule und Universität sichern könnte, erhielte er eine Perspektive, die ihn langfristig aus der Position im Schatten des gymnasialen Deutschunterrichts herausführen könnte.

Ausblick. Die Fachdidaktik Deutsch hat sich lange als eine „angewandte" Disziplin verstanden, als einseitig abhängig von der Germanistik. Sie sollte aus dieser Rolle heraustreten und sich als konstitutiver Bestandteil der Germanistik verstehen. Sie hätte dann die Chance, genuin praxisrelevant zu werden und den frustrierenden Versuch, vorgefundene linguistische und literaturwissenschaftliche Theorien nur noch auf den Schulunterricht „herunterzutransformieren", als sachlich unangemessen zu begreifen (vgl. HERRLITZ 1979). Die Konstitution einer solchen Fachdidaktik einerseits und die pragmatische Wende in der fachwissenschaftlichen Betrachtung von Sprache und Literatur andererseits könnten so der Idee von der zu entwickelnden kommunikativen Kompetenz der Schüler einen neuen Sinn geben:
Ihre Partizipation an der Unterrichtsplanung und -durchführung sollte systematisch ausgebaut werden, so daß sie im Medium der Sprachreflexion und der literarischen Kommunikation in einem kontinuierlichen Prozeß zur eigenen Handlungsfähigkeit und Mündigkeit gelangen könnten. Weiter sollte die Integration beruflicher Elemente in den traditionell allgemeinbildend konzipierten Unterricht vorangetrieben werden, um den differenzierten Bedürfnissen der verschiedenen Schülergruppen in der Sekundarstufe II gerecht werden zu können. Letztlich sollte ein anspruchsvolles Konzept der Verwissenschaftlichung dieses Unterrichts entwickelt werden, das von der bloßen Kopie des jeweiligen Standes der Germanistik abkommt und den Schülern ein Verständnis für Wissenschaft und die Fähigkeit zur wissenschaftlichen Arbeit in methodischer, inhaltlicher und erkenntniskritischer Dimension eröffnet.

ARBEITSGRUPPE DEUTSCH FÜR BERUFSSCHÜLER: Swimmy statt Zauberfisch? In: Disk. Dt. 8 (1977), S. 126 ff. BALZER, B.: Literarische Kommunikation und Deutschunterricht. In: Disk. Dt. 6 (1975), S. 478 ff. BECKER, K. F.: Organismen der Sprache als Einleitung zur deutschen

Grammatik (1827, 1841), Hildesheim/New York 1970. BEHR, C.: Gymnasialer Deutschunterricht in der Weimarer Republik und im Dritten Reich, Weinheim/Basel 1980. BERG, I. u. a.: Situationen, Stuttgart 1978. BOUEKE, D. (Hg.): Deutschunterricht in der Diskussion, 2 Bde., Paderborn 1979. DRESCHER, K.-J. u. a.: Deutschunterricht in der Berufsschule. In: D. Dt. Ber. u. Fachs. 75 (1979), S. 763 ff. ESSEN, E.: Methodik des Deutschunterrichts, Heidelberg 1969. FRANK, H. J.: Dichtung, Sprache, Menschenbildung, München 1973. GLINZ, H.: Die innere Form des Deutschen, Bern 1952. GRIMM, J.: Geschichte der Deutschen Sprache, Leipzig [4]1880. GRIMM, J.: Vorreden zur Deutschen Grammatik von 1819 und 1822, Darmstadt 1968. GRUSS-KOCH, G. u. a.: Grundbildung im Schwerpunkt 16 „Sprache und Literatur". In: SCHENK, B./ KELL, A. (Hg.): Grundbildung, Königstein 1978, S. 222 ff. HAUPTMEIER, G.: Zur Geschichte des Deutschunterrichts an gewerblichen Schulen. In: D. Dt. Ber.- u. Fachs. 75 (1979), S. 748 ff. HEBEL, F. u. a.: Sprache in Situationen, München 1976. HEBEL, F.: Spielraum und Festlegung, Königstein 1979. HELBIG, G.: Geschichte der neueren Sprachwissenschaft, Leipzig 1970. HELMERS, H.: Didaktik der deutschen Sprache, Stuttgart [1]1966, [5]1970. HENRICI, G./MEYER-HERMANN, R. (Hg.): Linguistik und Sprachunterricht, Paderborn 1976. HERRLITZ, W.: Sprachwissenschaft und Sprachdidaktik. In: BOUEKE, D. (Hg.): Deutschunterricht . . ., Bd. 1, Paderborn 1979, S. 168 ff. HERRLITZ, W./SWITALLA, B.: Linguistik und Deutschunterricht – die didaktische und curriculare Relevanz der Linguistik. In: Stud. Ling. (1978), 6, S. 1 ff. HEURSEN, G./ LENZEN, D.: Deutschunterricht im Modellversuch Kollegstufe Nordrhein-Westfalen. In: Disk. Dt. 8 (1977), S. 198 ff. HIECKE, R. H.: Der deutsche Unterricht auf deutschen Gymnasien, Leipzig 1842. IDE, H. (Bremer Kollektiv): Die Schullektüre und die Herrschenden. In: IDE, H. (Hg.): Bestandsaufnahme Deutschunterricht, Stuttgart 1970, S. 9 ff. IVO, H.: Kritischer Deutschunterricht, Frankfurt/M. 1969. JANUSCHEK, F./SVENSSON, A.: Linguistik und Deutschunterricht – nach der Linguistisierungsphase. In: Stud. Ling. (1978), 6, S. 63 ff. KAYSER, W.: Das sprachliche Kunstwerk, Bern [3]1954. KREFT, J.: Grundprobleme der Literaturdidaktik, Heidelberg 1977. KRUSE-HEUN, L.: Der kaufmännische Schriftverkehr, neubearbeitet v. J. Jäger/A. Ramseger, Darmstadt [90]1975. LENZEN, D.: Didaktik und Kommunikation, Frankfurt/M. 1973. MAAS, U.: Kann man Sprache lehren? Frankfurt/M. 1976. MATTHIAS, A.: Geschichte des deutschen Unterrichts, München 1907. MEYER, M. A.: Formale und handlungstheoretische Sprachbetrachtung, Stuttgart 1976. PAULSEN, F.: Pädagogik, Stuttgart/Berlin 1912. STAIGER, E.: Grundbegriffe der Poetik, Zürich [2]1951. STRASSNER, E.: Aufgabenfeld Sprache im Deutschunterricht, Tübingen 1977. WEISGERBER, L.: Von den Kräften der deutschen Sprache. I. Die Sprache unter den Kräften des menschlichen Daseins. II. Vom Weltbild der deutschen Sprache. III. Die Muttersprache im Aufbau unserer Kultur. IV. Die geschichtliche Kraft der deutschen Sprache, Düsseldorf 1949/1950. WORT UND SINN, Lesebuch für den Deutschunterricht. Oberstufe 2, bearbeitet durch K. Gründer, Paderborn 1971.

Hans-Jörg Bettelhäuser/Meinert A. Meyer

Unterricht: Elektrotechnik

Als Folge einer im deutschen Schulwesen relativ fest verankerten Trennung von beruflicher und allgemeiner Bildung ist der elektrotechnische Unterricht – wie jeder andere technologische Unterricht – im wesentlichen auf das berufliche Schulwesen konzentriert. Die Aufnahme technologischer Unterrichtsinhalte in den allgemeinen Unterricht der Sekundarstufe I an Gesamtschulen im Fach Technik (Unterrichtsbeispiele für Elektrotechnik vgl. EXTER 1974) und die curriculare Orientierung des Physik-unterrichts an technologischen Fragen deuten zwar auf eine tendenzielle Aufweichung dieser starren Trennung von beruflicher und allgemeiner Bildung hin. Der Schwerpunkt des elektrotechnischen Unterrichts liegt indessen auch weiterhin im beruflichen Schulwesen, und zwar in den Berufsschulen für elektrotechnische und teilweise auch für maschinenbautechnische Berufe, in Berufsfachschulen (Berufsgrundbildungsjahr Elektrotechnik und die Berufsbildung für Elektrotechnische Assistenten und Physikassistenten), in Fachoberschulen für Technik (Studienvorbereitung) und in Fachschulen für Technik als berufliche Weiterbildung für Facharbeiter.

Betriebliche Ausbildung. Die elektrotechnische Facharbeiterausbildung erfolgt an zwei Lernorten: dem Betrieb (Industrie, Handwerk, öffentlicher Dienst) und der Berufsschule. Ein Teil der betrieblichen Ausbildung kann an überbetriebliche Lehrwerkstätten delegiert werden. Den quantitativ bedeutsamsten Teil der Ausbildung leistet das elektrotechnische Handwerk. So wurden in Rheinland-Pfalz 1974 etwa 80 % aller Auszubildenden in den elektrotechnischen Berufen in Betrieben mit maximal zehn Beschäftigten ausgebildet (vgl. DAUENHAUER 1975, S. 219). Trotzdem wird die Struktur der elektrotechnischen Ausbildung von der Industrie bestimmt: 1965 setzten hier Bemühungen zu einer Vereinheitlichung der elektrotechnischen Ausbildung ein. Aufgrund von Arbeitsplatzanalysen, die das gesamte Berufsfeld elektrotechnischer Industrieberufe erfaßten, wurden „Anforderungsprofile" und ein „Durchschnittsanforderungsspektrum" entwickelt. Dadurch wurde es möglich, für den gesamten Berufsbereich gemeinsame – entspezialisierte – Anforderungen an berufliche Haltungen und Einstellungen zu benennen, die in der ersten Phase der Ausbildung (Grundstufe) erworben werden sollen. Die Festlegung einer mittleren Ebene von Qualifikationsanforderungen im Bereich der montierenden und installierenden Tätigkeiten ermöglichte es sodann, schwierige Montagearbeiten und besondere Service-Probleme als gehobene berufliche Anforderungen zu klassifizieren, für die nur ein Teil der Facharbeiter qualifiziert zu werden braucht. In diesem Modell erscheinen dann Elektrotechniker als Vertreter einer dritten Qualifikationsebene, die entsprechend dem betrieblichen Bedarf wiederum nur einem Teil der auf der zweiten Stufe ausgebildeten Facharbeiter zugänglich ist (vgl. PFEUFFER 1975). Aufgrund entsprechender Empfehlungen des Zentralverbandes der elektrotechnischen Industrie wurde 1972 die Verordnung über die Berufsausbildung in der Elektrotechnik (vgl. BUNDESMINISTER FÜR WIRTSCHAFT UND FINANZEN o. J.) in Form einer Stufenausbildung festgeschrieben. Danach gliedert sich die Ausbildung in drei Teile: Die gemeinsame einjährige Grundausbildung für die Ausbildungsberufe Elektromaschinenwickler, Elektroanlageninstallateur, Elektrogerätemechaniker, Nachrichtengerätemechaniker und Fernmeldeinstallateur dient insbesondere der Vermittlung von Fertigkeiten und Kenntnissen der Werkstoffbearbeitung und des Zusammenbauens, Verdrahtens und Verbindens. Ergänzende theoretische Grundkenntnisse konzentrieren sich auf Elemente der Werkstoffkunde und der Elektrophysik. In der anschließenden einjährigen Spezialisierung sind die zu vermittelnden Fertigkeiten und Kenntnisse entsprechend den oben genannten Abschlüssen der ersten Stufe differenziert; dabei sind weitgehende Überschneidungen insbesondere innerhalb der drei energietechnischen und der beiden nachrichtentechnischen Berufe festzustellen. Nur ein Teil der Auszubildenden erhält nach dieser ersten Stufe die Gelegenheit, die Ausbildung in der zweiten Stufe zu einer umfassenden Facharbeiterausbildung in einem von sieben Berufen (Elektromaschinenmonteur, Energieanlagenelektroniker, Energiegeräteelektroniker, Feingeräteelektroniker, Informationselektroniker, Funkelektroniker und Fernmeldeelektroniker) zu vervollständigen. Über die insgesamt drei- bis dreieinhalbjährige Ausbildung ist eine Lernprogression von einfachen isolierten Fertigkeiten (wie Feilen, Löten, Messen einer Spannung) und Kenntnissen (wie Symbole und Schaltzeichen von Bauteilen, einzelne elektromagnetische Größen und Gesetzmäßigkeiten) zu Fertig-

545

keiten und Kenntnissen im Umgang mit komplexeren elektrotechnischen Sachsystemen vorgesehen. So werden etwa erst in der zweiten Stufe der Aufbau und die Betriebseigenschaften elektrischer Maschinen (für Energieanlagenelektroniker) oder der Aufbau des Ortsvermittlungsnetzes (für Fernmeldeelektroniker) behandelt, während in der ersten Stufe nur der Zusammenbau von kleinen Haus- oder Nebenstellen (für Fernmeldeinstallateure) geübt oder physikalische Grundkenntnisse elektrischer Maschinen (für Elektroanlageninstallateure) vermittelt werden (vgl. BUNDESMINISTER FÜR WIRTSCHAFT UND FINANZEN o. J.).

Die geplante und organisierte betriebliche Ausbildung für die elektrotechnischen Industrieberufe beschränkt sich mithin auf die Vermittlung von solchen Fertigkeiten und Kenntnissen, die aufgrund von Einschätzungen relevanter Arbeitgeberinstitutionen und aufgrund von Analysen gegenwärtiger Arbeitsplätze zur Bewältigung der Arbeitsanforderungen notwendig erscheinen. Die Hoffnung, daß diese Ausbildungsordnung nicht nur dem realen Qualifikationsbedarf der Betriebe entspricht, sondern auch „den verschiedenen Interessen und dem unterschiedlichen Begabungspotential der Jugendlichen", ist aus der Anlage der Curriculumplanung jedoch ebensowenig begründet wie die Feststellung, daß die „angestrebten allgemeinen Bildungsziele (wie z. B. Sachlichkeit, Fähigkeit zur Selbstverantwortung, Kooperationsfähigkeit, soziales Verhalten [...]) nicht nur der Realisierung der gewünschten Qualifikationen, sondern auch der persönlichen Entwicklung" dienen (PFEUFFER 1975, S. 275).

Berufsschulunterricht. Der begleitende schulische Unterricht setzt diesem Ausbildungsplan kein eigenes didaktisches Konzept entgegen. So hat beispielsweise Nordrhein-Westfalen in den 1978 herausgegebenen Richtlinien für den Berufsschulunterricht der elektrotechnischen Industrieberufe sich explizit auf die Vorgaben zur betrieblichen Ausbildung berufen: „Die Stufenausbildung in den elektrotechnischen Berufen (Industrie) wird an den Lernorten Betrieb und Berufsschule durchgeführt. Die Richtlinien sind mit den Bundesrahmenlehrplänen und der Ausbildungsordnung vom 12. 12. 1972 [...] abgestimmt worden. Dadurch wird die notwendige didaktische Parallelität von betrieblicher und schulischer Ausbildung möglich" (KULTUSMINISTER NORDRHEIN-WESTFALEN 1978, S. 7). Zwar wird in einer „bildungstheoretischen Begründung" hervorgehoben, daß Techniklehre in keinem Gegensatz zur Allgemeinbildung stehe: „In der Techniklehre vereinigen sich vielmehr berufliche, d. h. auf unmittelbare Funktion bezogene und allgemeine, d. h. die unmittelbare Funktionstüchtigkeit übersteigende Bildung" (KULTUSMINISTER NORDRHEIN-WESTFALEN 1978, S. 8). Indessen überschreiten die vorgelegten Richtlinien (Lerninhalte) in keiner Weise und in keinem Aspekt die Inhalte der betrieblichen Ausbildung. Auch der von der Ständigen Konferenz der Kultusminister der Länder in der Bundesrepublik Deutschland (KMK) am 19. 5. 1978 beschlossene „Rahmenlehrplan für den berufsfeldbezogenen Lernbereich im Berufsgrundbildungsjahr Berufsfeld Elektrotechnik", der die schulische Alternative zum ersten Ausbildungsjahr für die elektrotechnischen Industrie- und Handwerksberufe strukturiert, ist in enger Anlehnung an die Grundausbildung der elektrotechnischen Industrieberufe erstellt worden. Bis auf die stärkere Gewichtung der elektrotechnischen Fachtheorie gegenüber der Fachpraxis für die elektrotechnischen Handwerksberufe ist damit das erste Jahr der Ausbildung, soweit es in schulischer Form erfolgt, den Vorschlägen des Zentralverbandes der elektrotechnischen Industrie angepaßt worden.

Auch der curriculumtheoretisch begründete und mit erheblichem Aufwand erstellte Entwurf des „Curriculums Elektroinstallateur im Handwerk" (DAUENHAUER 1975) führt in den Empfehlungen für das elektrotechnische Curriculum nicht aus dem Rahmen einer operationalisierten Beschreibung eines funktionstüchtigen Elektroinstallateurs heraus. Auffällig ist, daß trotz der allgemeinen Vorgabe von Richtlinien eines wissenschaftsorientierten Unterrichts, der die Entwicklung gesellschaftlich-politischer, humaner und fachlicher Kompetenz fördern soll (vgl. DAUENHAUER 1975, S. 27 ff.), weder bei der Erhebung der Qualifikationsanforderungen und gewünschten Unterrichtsinhalte noch im Antwort-Rücklauf ein Ausbrechen aus der einseitigen Orientierung an bestehenden elektrotechnischen Sachsystemen (elektrischen Maschinen, Geräten, Bausteinen, Verfahren), die die Funktionstüchtigkeit des Elektroinstallateurs ausmachen, festzustellen ist. Dabei spielt es keine Rolle, ob die Antwort von Betrieben, Fachlehrern oder dem befragten Hochschullehrer stammt.

Didaktische und curriculare Probleme.
Eine spezifisch fachdidaktische Diskussion des elektrotechnischen Unterrichts und der Curriculumplanung im Bereich der Elektrotechnik existiert nur in sehr begrenztem Umfang. Dies hängt einmal mit der generellen Vernachlässigung des Berufsbildungswesens in der allgemeinen Didaktik zusammen. Es gibt zwar dem elektrotechnischen Unterricht übergeordnete Gegenstandsbereiche didaktischer Reflexion, die von der „Berufs- und Wirtschaftspädagogik", speziell der „Technikdidaktik", bearbeitet werden, indes kaum etablierte Fachdidaktiken. Es ist auch noch offen, ob berufsbezogene Fachdidaktiken sich primär an Bezugswissenschaften (wie im allgemeinen Schulwesen) oder an Berufsgruppen beziehungsweise Einzelberufen (entsprechend der beruflichen Unterrichtspra-

xis) orientieren sollten (vgl. ELBERS 1974). Da Elektrotechnik als Summe von an Hochschulen in Forschung und Lehre vertretenen Einzeldisziplinen wie etwa der theoretischen Elektrotechnik, der Netzwerktheorie, der Hochspannungstechnik, der Leistungselektronik, der Hochfrequenztechnik oder der Informationstechnik als technologische Ausdifferenzierung eines Teilgebiets der Physik interpretierbar ist, liegt es im Interesse eines wissenschaftsorientierten Unterrichts nahe, sich auf die theoretische Struktur der Elektrodynamik zurückzuziehen und sie durch Elemente des Aufbaus der Materie und der Informationstheorie zu einem elektrotechnischen Curriculum zu ergänzen. Dadurch wird der Gegenstandsbereich elektrotechnischen Unterrichts nach physikalischen Prinzipien systematisiert und die Funktionsfähigkeit elektrotechnischer Gegenstände und Verfahren aus physikalischen Gesetzen hergeleitet (vgl. KARRENBERG 1977).

Eine solche Entwicklung ist vor allem dort zu beobachten, wo das Unterrichtsfach Elektrotechnik neben einer beruflichen Qualifizierung einen Beitrag zur Studienqualifizierung erbringen soll. Allerdings kann dieses Vorgehen weder durch Argumente der Physik- noch der Technikdidaktik begründet werden. Zwar setzt sich innerhalb der Physikdidaktik zunehmend die Einsicht durch, daß Physik und Technik nicht systematisch voneinander trennbar sind. So betont JUNG (vgl. 1977), daß in den grundlegenden Entdeckungen von Ørsted und Ampère physikalisches und technisches Interesse unauflöslich miteinander verbunden seien. Indessen sprechen solche und ähnliche Argumente für eine stärkere Berücksichtigung genetischer und finaler Aspekte im *Physik*unterricht gegenüber der bisher überwiegenden Betonung des ontischen Aspekts. Nicht aber kann sich der *elektrotechnische* Unterricht begründet auf eine Vermittlung der Maxwellschen Theorie und ihrer Anwendungen zurückziehen: Aus der Sicht einer allgemeinen Technikdidaktik benennt NÖLKER (1975, S. 112) drei relevante Aspekte, nämlich Technik

„1. im Sinne gegenständlicher Technik, als Summe der in unserer Umwelt vorfindlichen Geräte, Apparate, Maschinen und Anlagen, deren Herstellung und Gebrauch (gegenständlicher Aspekt);
2. im Sinne zweckgerichteter Verfahren, der bewußten Strukturierung und Steuerung von funktionalen Prozessen, von Produktions- und Entscheidungsverfahren (verfahrensorientierter Aspekt);
3. im Sinne eines universalen Prinzips menschlicher Bedürfnisbefriedigung, von Menschen verursachter materieller und immaterieller Lebens- und Umweltveränderung und von ihm gestalteter sozialer Verhältnisse (normreflexiver Aspekt)."

Hier wird deutlich, daß Physik als Bezugswissenschaft zwar für eine Strukturierung des gegenständlichen Aspekts der Elektrotechnik mit herangezogen werden kann, jedoch erstreckt sich der Aussagebereich der Physik nicht auf den verfahrensorientierten und normreflexiven Aspekt.

Einen Versuch, alle drei Aspekte von Technik in der Curriculumplanung gleichermaßen zu berücksichtigen, stellt das Curriculum Technik von SANFLEBER/WAGENER (vgl. 1975) dar. Da unter dem Globalthema „Energieversorgung" auch wesentliche Teile des gegenständlichen Bereichs der Elektrotechnik erfaßt sind, könnte dieser für die gymnasiale Oberstufe entwickelte Entwurf durchaus als Modell für ein berufs- und studienqualifizierendes Curriculum Elektrotechnik herangezogen werden. Indessen zeigt die Ausführung, die sich auf das Konzept der Systemtechnik stützt, daß die systematische Abarbeitung der drei genannten Aspekte in Form der gesonderten Thematisierung von Sach-, Handlungs- und Zielsystemen technologischer Arbeit im Unterricht zu einer Differenzierung in naturwissenschaftlich-technische und sozialökonomische Fragestellungen führt (vgl. FIES 1979). Didaktische Analysen der Elektrotechnik und elektrotechnische Curriculumentwürfe, die die Arbeitsprozesse im Bereich der Elektrotechnik aufgrund technologischer Aussagen im Kontext ökonomischer, sozialer und politischer Entscheidungen aufklären könnten, liegen bisher nicht vor.

BUNDESMINISTER FÜR WIRTSCHAFT UND FINANZEN: Verordnung über die Berufsausbildung in der Elektrotechnik vom 12. Dezember 1972, Bielefeld o. J. DAUENHAUER, E. (Hg.): Curriculum Elektroinstallateur im Handwerk. Ein empirischer Entwurf zur Erprobung an den Lernorten Schule, Betrieb und überbetriebliche Lehrwerkstatt, Mainz 1975. ELBERS, D.: Berufliche Fachdidaktiken als Voraussetzung für die wissenschaftliche Konstruktion beruflicher Curricula. In: Z. f. Berbfo. 3 (1974), 1, S. 7 ff. EXTER, H.: Elektronik und Elektrotechnik im Unterricht. Grundlagen und Unterrichtsbeispiele, Ravensburg 1974. FIES, H.: Notwendigkeit und Aspekte einer Allgemeinen Technologie als Grundlage für die Technikdidaktik. In: Did.-Arb., Tech., Wirtsch. 2 (1979), S. 79 ff. JUNG, W.: Zur Abgrenzung von Physik und Technik im Unterricht. In: MENDE, M. u. a. (Hg.): Abhandlungen zur Theorie und Praxis des Technikunterrichtes in der Arbeitslehre, Bad Salzdetfurth 1977, S. 181 ff. KARRENBERG, U.: Die zentrale Bedeutung physikalischer Inhalte für den Unterricht an berufsbildenden Schulen. In: SCHARMANN, A. (Hg.): Deutsche Physikalische Gesellschaft, Fachausschuß Didaktik der Physik, Gießen 1977, S. 449 ff. KULTUSMINISTER NORDRHEIN-WESTFALEN: Richtlinien für die Berufsschulen in Nordrhein-Westfalen. Eine Schriftenreihe des Kultusministers, Heft 4117–4124, Köln 1978. NÖLKER, H.: Technikdidaktik. In: LIPSMEIER, A. u. a.: Berufspädagogik, Stuttgart 1975, S. 112 ff. PFEUFFER, H.: Qualifikationsermittlung mit Hilfe von Arbeitsplatzuntersuchungen am Beispiel der Elektroberufe. In: FREY, K. u. a. (Hg.): Curriculum-Handbuch, Bd. 2, München 1975, S. 272 ff. SANFLEBER, H./WAGENER, W. (Arbeitsgruppe der Gesamthochschulen Duisburg und Essen): Curriculum Technik für die neugestaltete Oberstufe in der Sekundarstufe II, Mimeo, Duisburg/Essen 1975. *Barbara Schenk*

Unterricht: Ernährungslehre – Nahrungsmitteltechnologie

Fächerbezeichnung, Zielsetzung und curriculare Einordnung. Die Ernährungslehre (oder auch Ernährungskunde, Nahrungsmittel- und Lebensmittellehre) wird sowohl in den beruflichen Vollzeitschulen hauswirtschaftlicher und sozialpädagogischer Fachrichtung als auch in den Berufsschulklassen des Berufsfeldes Ernährung und Hauswirtschaft unterrichtet; sie steht im Vordergrund der Lehrpläne, oft mit dem größten Anteil an Unterrichtszeit. Ernährungslehre wird auch im gymnasialen Teil des Sekundarbereiches II, nach der Neugestaltung der gymnasialen Oberstufe meist als Leistungsfach im mathematisch-naturwissenschaftlich-technischen Aufgabenfeld, angeboten und gelehrt.

Die Ernährungslehre ist ein theoretisches, meist eigenständiges Unterrichtsfach und wird komplementär ergänzt durch die praktische Unterweisung im Fach Nahrungszubereitung. In den mehr praxisorientierten Bildungsgängen des hauswirtschaftlichen und ernährungswirtschaftlichen Unterrichts bilden Ernährungslehre und Nahrungszubereitung aber auch häufig ein Unterrichtsfach mit Schwerpunkt in der Nahrungszubereitung. Im nahrungsgewerblichen Bereich gehört die Ernährungslehre zur beruflichen Grundbildung und hat fundamentale Bedeutung für den berufsbezogenen Unterricht in den Fachstufen.

Nahrungsmitteltechnologie taucht als Fachbezeichnung in keinem Lehrplan auf, aber nahrungsmitteltechnologische Probleme werden berufsbezogen in den Praxisfächern Arbeits- und Haushaltstechnik oder Lebensmitteltechnik der hauswirtschaftlichen Berufsschulen und Berufsfachschulen sowie der Fachschulen (auch Technikerschulen) und Fachoberschulen der Fachrichtung Ernährung und Hauswirtschaft behandelt. In der nahrungsgewerblichen Berufsschule gibt es berufsbezogen die Fächer Back-, Fleisch- und Küchentechnik. Die Nahrungsmitteltechnologie hat integrative Funktion, da sie Anwendungsfach ist und Erkenntnisse unter anderem auch aus der Ernährungslehre anwendet.

Im Rahmen des allgemeinen Strebens nach Verwissenschaftlichung von Unterricht nimmt im hauswirtschaftlichen und ernährungswirtschaftlichen Bereich die Ernährungslehre heute immer mehr den Platz ein, der früher den Fächern Kochen und Handarbeit zukam.

War früher der Hauswirtschaftsunterricht Kernstück der Mädchenbildung und von der Praxis geprägt, so können sich heute Jungen und Mädchen gleichermaßen für das Leben im privaten Haushalt qualifizieren. Jungen machen davon verstärkt Gebrauch, seit mit dem Besuch der zweijährigen Berufsfachschule Hauswirtschaft/Sozialwesen die Möglichkeit gegeben ist, in Form einer Doppelqualifikation neben der hauswirtschaftlichen Berufsgrundbildung auch den qualifizierten Sekundarabschluß I zu erwerben. Außerdem haben die hauswirtschaftlichen Gymnasien ihren Charakter der reinen hauswirtschaftlichen Ausbildungsstätte verloren, seitdem sie mit Einführung der neugestalteten gymnasialen Oberstufe die allgemeine Hochschulreife verleihen.

Nur noch wenige Schulen im Bereich der Sekundarstufe II vermitteln nach klassischem Verständnis eine hauswirtschaftliche Grundausbildung „für die eigene Häuslichkeit" oder zur Vorbereitung auf den „späteren Lebensberuf in Haushalt und Familie".

Der ernährungswirtschaftliche Unterricht zentriert sich heute im theoretischen Unterricht auf die Vermittlung ernährungswirtschaftlicher Sachinformationen. Falsche Ernährung ist eines der großen Gesundheitsprobleme unserer Gesellschaft. Diabetes, Bluthochdruck, Gicht, Karies, Herz-, Kreislauf- und Lebererkrankungen sind immer häufiger Folgen von Über- und Fehlernährung (vgl. DEUTSCHE GESELLSCHAFT FÜR ERNÄHRUNG E. V. 1980, S. 1 ff.). Das Wissen um die richtige Ernährung ist die Voraussetzung zur Erhaltung der Gesundheit und Leistungsfähigkeit von Individuum und Gesellschaft.

Dementsprechend hat die Ernährungslehre eine besonders enge Beziehung zur Medizin und, im Rahmen der Schulbildung, zur Biologie. Die Freie und Hansestadt Hamburg drückt dies in der Fachbezeichnung „Ernährungslehre/ Humanbiologie" aus, die im Fächerkanon der zweijährigen Berufsfachschule Ernährung und Hauswirtschaft zu finden ist. Darüber hinaus steht die Ernährungslehre in enger Verbindung sowohl zur Chemie und Physik als auch zur Volkswirtschaftslehre, zur Betriebswirtschaftslehre und zur Haushaltswissenschaft. Die Ernährungslehre muß sich mit Problemen auseinandersetzen, die schwerpunktmäßig dem soziokulturellen Bereich oder auch dem wirtschaftlich-technologischen Bereich zugeordnet sein können. Weitere Beziehungen bestehen zur Mikrobiologie und Toxikologie wie auch zur Psychologie.

Je mehr sich die Ernährungslehre vom traditionellen „Kochunterricht" absetzt und als eigenständiges Fach neben der Nahrungszubereitung und der Arbeits- und Haushaltstechnik an Bedeutung gewinnt, desto deutlicher wird die Komplexität dieses Faches. Die Ernährungslehre hat interdisziplinären Charakter; sie bezieht sich auf Grundlagen anderer Wissenschaften, faßt diese dann aber unter ihrem besonderen Aspekt zusammen: Gesunderhaltung des Menschen durch vernünftige Ernährung.

Ernährungslehre und Nahrungsmitteltechnologie in berufs- und studienbezogenen Bildungsgängen der Sekundarstufe II. Aufgrund der Kulturhoheit der Bundesländer ist die hauswirtschaftliche/sozialwirtschaftliche (Aus-)Bildung, soweit sie im schulischen Bereich vermittelt wird, sehr unterschiedlich und

höchst uneinheitlich. Nicht nur die Bezeichnung der verschiedenen Bildungsgänge in den einzelnen Schularten und -formen, auch Dauer, Eintrittsvoraussetzungen und Ziele sowie die Fächerbezeichnungen variieren in den Bundesländern (vgl. GRÜNER 1978, SCHNEIDER 1978).

Ernährungslehre als eigenständiges Fach wird in allen Bundesländern im Berufsfeld Ernährung und Hauswirtschaft bereits im *Berufsgrundbildungsjahr* – in Hessen und Nordrhein-Westfalen auch im Berufsvorbereitungsjahr – meist mit zwei Wochenstunden unterrichtet. Im Bereich der berufsfeldbezogenen Praxis werden die Fächer der Nahrungsmitteltechnologie ebenfalls meist mit zwei Wochenstunden angeboten; Ernährungslehre und die berufsbezogenen praktischen Fächer sind dabei Kernfächer.

In den *Fachstufen* der Berufsausbildung im Berufsfeld Ernährung und Hauswirtschaft (Koch, Bäcker, Fleischer, Verkäuferin im Nahrungsmittelhandwerk) wird Waren- oder Lebensmittelkunde zwei Stunden pro Woche unterrichtet. Die Schwerpunktverlagerung von der Praxis zur Theorie wird etwa in Rheinland-Pfalz in der Ausbildung zur Hauswirtschafterin offensichtlich, wo die Wochenstundenanzahl für die Nahrungszubereitung so gekürzt wurde, daß nur noch begleitend zur theoretischen Ernährungslehre Demonstrationen und Experimente in der Küche gemacht werden können. So kann es der schulischen Ausbildung häufig an Praxisbezug und Lebensnähe fehlen. Dagegen findet für die Jungarbeiterinnen an den hauswirtschaftlichen Berufsschulen im Fach Ernährungslehre/Nahrungszubereitung ein bevorzugt praxisorientierter Unterricht statt; hier sollen vor allem Kenntnisse der modernen Ernährungslehre fachgerecht und verantwortungsbewußt angewandt werden.

In den *Berufsfachschulen* – in Schleswig-Holstein und in der Freien und

Hansestadt Hamburg auch noch „Haushaltungsschulen" genannt – ist je nach Dauer und Ziel die Anzahl der Wochenstunden in Ernährungslehre und Nahrungsmitteltechnologie verschieden. Teilweise ist in der Berufsfachschule noch die Kopplung Ernährungslehre/Nahrungszubereitung zu finden. Die neueren, überarbeiteten Curricula und Stundentafeln sehen aber verstärkt die Aufgliederung in zwei eigenständige Unterrichtsfächer vor; damit wird die Gleichwertigkeit beider Fächer dokumentiert und aufgezeigt, daß es sich um zwei Fächer mit jeweils eigener Schwerpunktsetzung handelt.

Die zweijährigen *Fachschulen* für (Ernährung und) Hauswirtschaft bilden praxiserfahrene und theoretisch gut ausgebildete Fachkräfte aus, die in ernährungswirtschaftlichen Betrieben beratend und leitend tätig sein sollen; im hauswirtschaftlichen Bereich beispielsweise sind es staatlich geprüfte Hauswirtschaftsleiterinnen oder staatlich geprüfte Ökotrophologen. Ernährungslehre wird in der Regel mit zwei Wochenstunden unterrichtet. Ziel ist die Vertiefung der Wissensgrundlage und der Transfer auf die Berufspraxis. In den Fachschulen für Technik der Fachrichtung Lebensmitteltechnologie wird gezielt berufsbezogene Nahrungsmitteltechnologie gelehrt.

Ernährungslehre wird auch an den *Fachoberschulen,* Fachrichtung (Ernährung und) Hauswirtschaft, unterrichtet, und zwar in Bremen, Hamburg, Nordrhein-Westfalen und Schleswig-Holstein sowie an der *Berufsoberschule* in Bayern. In Bremen beispielsweise entfallen auf die Ernährungslehre vier Wochenstunden.

Im Curriculum der *neugestalteten gymnasialen Oberstufe* werden ernährungswissenschaftliche sowie nahrungsmitteltechnologische Lerninhalte in sehr unterschiedlicher Weise berücksichtigt. So werden etwa in Nordrhein-Westfalen Grund- und Leistungskurse zur Ernährungswissenschaft im Fach Hauswirtschaftswissenschaft, das dem mathematisch-naturwissenschaftlichen Aufgabenfeld zugeordnet ist, angeboten. In Niedersachsen und Schleswig-Holstein wurde das Kurssystem an den hauswirtschaftlich-sozialwirtschaftlichen *Fachgymnasien* eingeführt; in Schleswig-Holstein ist die Ernährungslehre das erste Leistungskursfach und damit profilgebendes Fach des sozialwirtschaftlichen Zweiges am Fachgymnasium. In Hessen kann am *beruflichen Gymnasium* durch entsprechende Kurswahl der Schwerpunkt Ernährung/Hauswirtschaft gewählt werden. Hier ist die Ernährungslehre das zweite verpflichtende Leistungsfach. Über Schulversuche zur Doppelqualifikation am ernährungswirtschaftlichen Gymnasium (beispielsweise Diätassistentin mit Abitur) wird diskutiert. Außerhalb ernährungswissenschaftlicher Grund- und Leistungskurse können entsprechende Inhalte auch in den Fächern Biologie und Chemie unterrichtet werden; das trifft jedoch nur in geringem Maße zu.

Didaktische Probleme und Lehrerausbildung. Die Lerninhalte der Ernährungslehre entsprechen dem vielschichtigen Problem einer richtigen und vernünftigen Ernährung. Eine Vielzahl von Komponenten und Fakten muß dazu bekanntgemacht und in Verbindung gesetzt werden. Bildungsinhalte anderer Fächer müssen unterrichtswirksam in den Lehrplan der Ernährungslehre eingebracht werden. Vor- und Nachteile dieses integrierten, interdisziplinären Ernährungslehreunterrichts wägt HUBER (vgl. 1974) ab.

In allen Bildungsgängen zur Ernährung und Hauswirtschaft in der Sekundarstufe II werden zunächst Grundkenntnisse über Vorkommen, chemischen Aufbau und technologische Eigenschaften der Inhaltsstoffe von Lebensmitteln, speziell der Nährstoffe, vermittelt. Der Energie- und Nährstoffbedarf muß berechnet werden können. Den Schwerpunkt im Ernährungslehreunterricht bildet die Erarbeitung der Ernährungsphysiologie. Unter Berücksichtigung des ernährungsphysiologischen Wertes, des Genuß- und Eignungswertes sollen die Schüler eine biologisch vollwertige Ernährung des gesunden Menschen verschiedener Berufs- und Altersklassen beurteilen und bewerten können. Je nach Bildungsanspruch der Schularten und -formen werden auch Probleme der quantitativen und qualitativen Fehlernährung, sich daraus entwickelnde spezielle Ernährungsformen sowie Fragen der Gemeinschaftsverpflegung, der Gesetzgebung und Lebensmittelüberwachung intensiver behandelt.

Über die Forderung nach mehr Wissenschaftlichkeit und mehr Theorie ist in den letzten Jahren das Prinzip Lebensnähe vielfach stark in den Hintergrund gedrängt worden. Die intellektuelle Stoffvermittlung wurde überbetont. Hauptaufgabe der Ernährungslehre ist zwar die theoretische Grundlegung; will sie jedoch den Bildungs- und Erziehungsanspruch der Schüler nicht vernachlässigen, so darf sie nicht in das Extrem der Vermittlung von praxisfernen naturwissenschaftlichen Kenntnissen und Ergebnissen verfallen. Gerade im *Praxisbezug,* im Kontakt zum täglichen Leben, liegt eine wichtige – vielleicht die wichtigste – Aufgabe des Ernährungslehreunterrichts; mit Hilfe der Verbindung von kognitiven, psychomotorischen und affektiven Lernzielen findet hier Ernährungserziehung statt. Dabei wird zwischen Wissen und Verhalten unterschieden. Das Wissen um die richtige Ernährung und ihre sachliche Begründung soll die Schüler kritikfähig machen gegenüber jahrelangen Verhaltensgewohnheiten und zur Bereitschaft und Einsicht führen, eventuelle Fehlverhalten zu korrigieren. Nur im Bezug zur Lebensnähe kann Wissen auch eine Verhaltensänderung bewirken.

Dieser wichtige Gesichtspunkt der Ernährungserziehung innerhalb der Ernährungslehre sollte verstärkt Eingang finden in die Didaktik und Methodik des Faches sowie in die Lehrerausbildung, um den Unterricht einerseits wissenschaftsbezogen zu gestalten, ohne andererseits die Anwendungsorientierung zu verlieren und damit den direkten Bezug zur Lebensnähe zu vernachlässigen. Nach diesen Prämissen müßte der Wechselbezug von Reflexion und Handlung in allen Bildungsgängen der Sekundarstufe II didaktisch sichergestellt sein.

Die *Lehrkräfte* im Bereich Ernährung und Hauswirtschaft der Sekundarstufe II unterrichten in einem breiten Spektrum ihres Fachgebietes. Entsprechend breit angelegt ist meistens auch ihre Ausbildung.

Die Ernährungslehre und Nahrungsmitteltechnologie unterrichtenden Lehrer im Bereich der Sekundarstufe II sind eine in sich sehr uneinheitliche Gruppe. Sie setzt sich zusammen einerseits aus Absolventen (berufs)pädagogischer Hochschulen mit Studiengang, Hauswirtschaft (oder auch Arbeitslehre mit Schwerpunkt Haushaltswissenschaft), Diplom-Lebensmittelingenieuren und Diplom-Ernährungswissenschaftlern (Diplom-Ökotrophologen), die eine Befähigung für das Lehramt an allgemeinbildenden oder berufsbildenden Schulen erworben haben, andererseits aus Lehrern für Fachpraxis, die entsprechend den Beschlüssen der Ständigen Konferenz der Kultusminister der Länder in der Bundesrepublik Deutschland (KMK) vom 6. Juli 1973 über den Abschluß einer einschlägigen Berufsausbildung sowie einer Meisterprüfung oder ähnliches verfügen und eine schulpraktische und theoretische Ausbildung von 18 Monaten absolviert haben müssen (vgl. KMK 1973). Lehrer für Fachpraxis haben die Aufgabe, fachpraktische Kenntnisse und Fertigkeiten zu vermitteln, während die Lehrer der erstgenannten Gruppe, die sogenannten

Theorielehrer, in die theoretischen Grundlagen der Ernährungslehre und Nahrungsmitteltechnologie einführen sollen. Neben der schwierigen Aufgabe der Koordination der Fächer muß infolge der Trennung zwischen Theorie- und Praxislehrern auch die Koordination der Lehrertätigkeiten bewältigt werden.

DEUTSCHE GESELLSCHAFT FÜR ERNÄHRUNG E. V.: Ernährungserziehung in der Schule, in der Erwachsenenbildung und in der beruflichen Weiterbildung. In: DEUTSCHE GESELLSCHAFT FÜR ERNÄHRUNG E. V. (Hg.): Ernährungsbericht 1972, Frankfurt/M. 1973, S. 187 ff. DEUTSCHE GESELLSCHAFT FÜR ERNÄHRUNG E. V. (Hg.): Ernährungsbericht 1976, Frankfurt/M. 1976. DEUTSCHE GESELLSCHAFT FÜR ERNÄHRUNG E. V.: Ernährungsbedingte und -mitbedingte Erkrankungen. In: DEUTSCHE GESELLSCHAFT FÜR ERNÄHRUNG E. V. (Hg.): Ernährungsbericht 1980, Frankfurt/M. 1980, S. 1 ff. GRÜNER, G.: Die beruflichen Vollzeitschulen hauswirtschaftlicher und sozialpädagogischer Fachrichtung in der Bundesrepublik Deutschland. In: D. berb. S. 30 (1978), S. 627 ff., S. 725 ff. HUBER, A.: Ernährungslehre als Beispiel für einen integrierten, fächerübergreifenden Unterricht. In: Hauswirtsch. B. 48 (1974), S. 86 ff. KMK: Rahmenordnung für die Ausbildung und Prüfung der Lehrer für Fachpraxis im beruflichen Schulwesen. Beschluß vom 6. 7. 1973, Neuwied 1973. SCHNEIDER, CH.: Analyse hauswirtschaftlicher Berufsausbildung unter bildungspolitischen Zielvorstellungen. In: Hauswirtsch. u. W. 26 (1978), S. 129 ff.

Brigitte Wagner-Blum

Unterricht: Geographie

Die traditionelle Rolle und Selbstinterpretation der Geographie. Schul- und Hochschulgeographen sind von alters her überzeugt, daß Schul- und Hochschulgeographie weitgehend nach ihrer Gymnasialbedeutung eingeschätzt, vor allem aber an ihrer Stellung in der gymnasialen Oberstufe gemessen werden. Das bedeutet eine entsprechende Fokussierung der Aufmerksamkeit und der Ängste; es bedeutet aber auch, daß das Fach Geographie an dieser Stelle – in der Sekundarstufe II und hier in der gymnasialen Oberstufe – seine bisher modernste und überlebensfähigste Gestalt, seine Möglichkeiten wie seine Probleme am deutlichsten präsentiert. – Die heutige Situation des Faches im Bildungswesen der Bundesrepublik Deutschland ist kaum verständlich zu machen ohne eine Rekonstruktion der historischen Genese und der originären Zwecke von Hochschul- und Schulgeographie.

Die „gründerzeitliche Epoche", die Neugründung der Universitätsgeographie im Deutschen Reich, ihre bei Null oder nahe Null beginnende Expansion an Hochschule und Schule in den Jahrzehnten nach 1870 war von Anfang an gerichtet auf eine „Schulwissenschaft" für Lehrer-, Volks-, allgemeine und politische Bildung, von den Fakultäten als Oktroi empfunden, aber von (Kultur-) Politikern aus (polit-)pädagogischen Motiven und Hoffnungen durchgesetzt. Der Auftrag des Faches bestand vor allem in der Produktion eines zugleich vaterländisch zentrierten *und* kolonialzeitlich ausgreifenden Weltbildes. Entsprechend haben bis 1906 vor allem Gymnasiallehrer (und zwar überwiegend historisch-philologischer Provenienz) die Ordinariate und Extraordinariate besetzt. Die Hochschulgeographie war von ihrem gesellschaftlichen Auftrag her schwergewichtig ein Lehrerbildungsfach und eine Art Didaktik; die Geographie ist an Hochschule *und* Schule von ihren Wurzeln her und in hohem Maße ein Integrations- und Zentrierungsfach, eine Art (polit-)pädagogische Vermittlung zwischen einem ganzen Spektrum von universitären Einzeldisziplinen einer-

553

seits, Lehrern und Schülern andererseits. Für die akademische Geographieausbildung war die Schule von Anfang an bis heute auch das einzige Berufspraxisfeld von Belang (1974/75 zum Beispiel studierten etwa 97 % aller Geographiestudenten in irgendeiner Fächerkombination auf das Lehramt hin).

Die universitäre physische Geographie (neben der ebenfalls schulbezogenen Länderkunde fast immer der zentrale Teil des Hochschulunterrichts) war und ist eine Art Propädeutik der naturwissenschaftlichen Geodisziplinen (geosciences) für den künftigen Geographielehrer; sie ist in hohem Maße eine für das Schulfach Erdkunde vermittelte Summe fast aller Erdwissenschaften – von der Erd- und Landschaftsgeschichte (Geologie mit Geomorphologie) über Klimatologie und Hydrologie bis zur Geobotanik. Da die Studenten und Lehrer der Geographie in ihrer Fächerwahl überwiegend *nicht* naturwissenschaftlich orientiert sind, vollzog und vollzieht sich diese Vermittlung vielfach auf einem eher deskriptiven, der Alltagswahrnehmung nahen Niveau.

Neben der beschriebenen Funktion hat die Universitätsgeographie in Konkurrenz zu den etablierten Universitätsdisziplinen von Anfang an auch versucht, sich als eigenständige universitäre Einzelwissenschaft zu definieren, und hinsichtlich der Forschung eine gewisse Eigendynamik entfaltet, in der die Geomorphologie und eine historisch-genetisch orientierte Siedlungsgeographie dominante Rollen spielten.

Die dominierende Selbstdefinition der Geographie lautet bis in die 60er Jahre dahin gehend, die Geographie als eine besondere, exzeptionelle, die Spezialdisziplinen integrierende Wissenschaft vom Ganzen zu verstehen – ein „Ganzes", dessen ursprünglicher Sinn „die Ganzheit der natürlichen Lebenswelt" ist. Sprachsymbole dieser der Geographie vorbehaltenen „Synthese(n)" und „Ganzheit(en)" waren und sind „Land", „Landschaft" und „Raum", in jüngster Zeit auch „Geo(öko)system". Obwohl kontinuierlich Kernstücke des geographischen Selbst- und Weltbildes, hatten diese holistisch und „exzeptionalistisch" (vgl. SCHAEFER 1970) getönten Formeln von geographischer Synthese, Integration und Totalität doch ihre politisch und weltanschauungsgeschichtlich bedingten Höhen (in der Bundesrepublik Deutschland etwa zwischen 1950 und 1960) und Tiefen (um 1970).

In einer anderen, als ergänzend und präzisierend empfundenen Selbstdeutung versteht sich die Geographie als eine kulturökologisch ausgerichtete „Wissenschaft von der Erde als dem Wohn- und Erziehungshaus des Menschen"; sie untersucht die Auseinandersetzung zwischen Mensch und Erde, zwischen menschlichen Gruppen und ihrem physisch-biotischen Milieu; ihre Themen sind also menschliche Kultur und menschliches Handeln, insoweit diese als Naturbewältigung und „Inwertsetzung" von Naturpotentialen, also letztlich von der „Erdnatur" her interpretiert werden könnten. Diese Perspektive ist verständlicherweise als *wissenschaftliches* Programm am fruchtbarsten dann, wenn es darum geht, vorindustrielle und vorkapitalistische, vom Weltmarkt noch nicht oder wenig tangierte, lokale bis regionale agrarische Lebensformen zu deuten. Sie verleitet aber tendenziell dazu, die „Naturdeterminanten" zu überschätzen und die politischen, ökonomischen, sozialen Bedingungen der jeweiligen „Naturverwertung" entweder auszublenden, zu unterschätzen oder bloß in Form von Common-sense-Annahmen einzubeziehen. Diese Tendenz zu einem vagen und naiven „Geodeterminismus" ist die zentrale professionelle Deformation des Geographen von alters her bis in die jüngsten Schulbücher hinein (heute besonders auffällig bei der Darstellung von Problemen der Entwicklungsländer).

Die Krise des Faches um 1970. In der Schul- und Hochschulgeographie des deutschen Sprachbereichs haben (in Anknüpfung an die quantitative und theoretische Revolution der angelsächsischen Geographie und mit Parallelen in mehreren kontinentaleuropäischen Ländern) um 1970 Veränderungen stattgefunden, die vielfach etwas euphorisch als Umbruch oder Paradigmenwechsel apostrophiert wurden. Diese Veränderungen, die vor allem an den Hochschulen sehr selektiv gewirkt haben (selektiv nach Personen, Instituten und Teilgebieten der Geographie), waren nicht zuletzt bedingt durch die seit etwa 1960 (als die „Saarbrücker Rahmenvereinbarungen der Kultusminister" ein Signal setzten) schwieriger werdende bildungspolitische Situation der Schulgeographie, deren traditionelle Inhalte und Selbstverständnisse schließlich im Verlauf der Curriculumdiskussionen und Curriculumrevisionen um und nach 1970 in erhebliche Legitimationsnöte gerieten.

Im fachwissenschaftlichen Bereich, dessen partielle Umorientierungen auch in der gymnasialen Oberstufe wirksam werden, war vor allem die Humangeographie (die Wirtschafts- und Sozialgeographie) betroffen; charakteristisch waren die Abwendung vom traditionellen Isolationismus und Exzeptionalismus des Faches; eine stärkere interdisziplinäre Orientierung an der empirischen Soziologie, den Wirtschaftswissenschaften, an der (oft ökonomisch ausgerichteten) Regionalforschung und anderen, meist direkt planungsbezogenen Disziplinen wie Raum-, Landes- und Stadtplanung; die Rezeption eines mathematisch-quantitativen Instrumentariums und schließlich das Bestreben, das traditionelle, diffuse „Synthese-" und „Superfach" jetzt *innerhalb* der Wirtschafts- und Sozialwissenschaften auf eine begrenzte und gut definierbare Eigenthematik zu spezialisieren: auf die Beschreibung und Erklärung der *räumlichen* Organisation der Gesellschaft als Beschreibung und Erklärung der (räumlich-distanziellen) Verteilungs-, Verknüpfungs- und Ausbreitungsmuster menschlicher Aktivitäten an der Erdoberfläche. Die Arbeiten von BARTELS (vgl. 1968, 1970) sind Dokumente dieses Programms, einerseits Anschluß an die Fragehorizonte und Forschungsstandards der übrigen Sozial- und Wirtschaftswissenschaften zu finden und doch in diesem Rahmen der „raumwissenschaftlichen Geographie" eine Eigenthematik zu bewahren und zu entfalten. Dieser angelsächsisch inspirierte „spatial approach", dieser räumlich-distanzielle, „standorttheoretische" Ansatz vermag aber ein solches relativ eigenständiges disziplinäres Forschungsprogramm praktisch und theoretisch nicht zu begründen, und zwar nicht zuletzt angesichts ähnlicher Spezialisierungen im Rahmen zahlreicher anderer Disziplinen. Unabhängig hiervon spielt die „Raum"-Terminologie mit schillernden Termini wie „räumlich", „raumrelevant" oder „raumwirksam" in Fachpropaganda und Fachdidaktik immer noch eine große Rolle, deren metatheoretische Logik und bildungspolitische Legitimität aber eher skeptisch beurteilt werden sollten. Die sozial- und wirtschaftsgeographische Einzelforschung wächst, soweit sie nicht ganz traditionell bleibt, tatsächlich zunehmend in andere Sozial- und Wirtschaftswissenschaften (zum Beispiel in Regionalökonomie und Regionalforschung) hinein, die hinsichtlich Theorie *und* Methode ohnehin der gebende Teil waren und sind. In der physischen Geographie ist trotz einer gewissen Orientierung an (im weitesten Sinne) ökologischen Konzepten die zentrifugale Tendenz der Forschungsfronten und Wachstumsspitzen noch deutlicher (hier vor allem zu unterschiedlichen Geodisziplinen hin; vgl. HARD 1973).

Die Veränderungen in Fachdidaktik und Schulgeographie lassen sich wie folgt charakterisieren: sehr starke Orientierung an der Curriculumtheorie Robinsohns (zur Kritik vgl. MEYER/OESTREICH 1973); eine weitgehende Abkehr von Länderkunde und den länderkundlichen Durchgängen; anstelle der traditionellen regionalen Orientierung eine Orientierung an Themen und Problemen; Orientierung an dem Ziel, Geographie als Beitrag zur politischen Bildung auszulegen. Sozialgeographische Inhalte erhielten (nicht zuletzt als anspruchsvolle Nah-Themen) ein deutliches Übergewicht vor physisch-geographischen, die zuvor (als verkleinertes Abbild der physischen Hochschulgeographie) die elfte Klasse weitgehend beherrscht hatten, nun aber nur noch in ihrem Bezug zu Mensch und Gesellschaft eingebracht werden sollten: als Thematisierung der natürlichen Rahmenbedingungen und Ressourcen des menschlichen Wirtschaftens (vgl. HOFFMANN 1978, SCHULTZE 1979).

Die von der neuen Schulgeographie aufgegriffenen Themen und Probleme waren im ganzen weniger von den Forschungsgebieten der Fachwissenschaft her bestimmt als von aktuellen und relevanten Problemfeldern wie Städtebau/Stadtplanung, Umwelt/Ökologie, Raumplanung, Dritte Welt. Die neuen Schulbuchwerke für die Sekundarstufe I, die Thematik der Unterrichtseinheiten im Raumwissenschaftlichen Curriculum-Forschungsprojekt (vgl. RCFP 1978) sowie die unterschiedlichsten Materialien für die Sekundarstufe II haben ihre Primärquellen denn auch weitestgehend *außerhalb* der hochschulgeographischen Literatur. Die neue Geographiedidaktik sah überhaupt die Schulgeographie nicht so sehr als ein Pendant beziehungsweise als Propädeutik oder Abbreviatur der Universitätsgeographie, sondern mehr als ein schulisches Zentrierungsfach mit mehreren Bezugswissenschaften im akademischen Bereich. Das Spektrum dieser Bezugsdisziplinen wurde meist sehr weit gespannt: von Städtebau, Orts-, Stadt-, Regional- und Landesplanung, Verkehrswissenschaft und Raumplanung, Regionalökonomie/Regionalforschung, regionaler Wirtschaftspolitik und Raumwirtschaftslehre über Ökologie/Landschaftsplanung bis zu planungsbezogenen Teilen der „Umwelt-" und Geowissenschaften (vgl. GEIPEL 1971).

Zur Situation in der gymnasialen Oberstufe. Entsprechend der von der Ständigen Konferenz der Kultusminister der Länder in der Bundesrepublik Deutschland (vgl. KMK 1972) getroffenen Vereinbarung zur Neugestaltung der gymnasialen Oberstufe in der Sekundarstufe II kann Geographie/Erdkunde mit Genehmigung der Unterrichtsverwaltung in den Kreis der Leistungsfächer einbezogen werden: im Wahlbereich mit beliebigen geographischen Inhalten, im Pflichtbereich jedoch nur im Rahmen des gesellschaftswissenschaftlichen Aufgabenfeldes und in politisch bildender Funktion; es sollen gesellschaftliche Sachverhalte in struktureller und historischer Sicht erkennbar gemacht werden. Als Grundkursfach ist Geographie/Erdkunde nominell nur im Wahlbereich vertreten; da aber die Gemeinschaftskunde weitgehend gefächert (also additiv, epochal und bestenfalls kooperativ nach Geschichte, Sozialkunde, Geographie) unterrichtet wird, ist Geographie/Erdkunde auch als Grundkurs im Pflichtbereich möglich. Die Position der Geographie ist also formal recht günstig (vgl. HOFFMANN 1979). Der unter Geographen trotzdem verbreitete Pessimismus und das ebenso verbreitete Gefühl, in der Defensive zu sein, muß etwa in folgenden Gründen gesehen werden:

Zunächst hat es das Fach Erdkunde von seiner traditionellen Außenansicht her dem Konkurrenzfach Geschichte gegenüber schwerer, ohne weiteres als „*politisch* bildend" anerkannt zu werden. Wichtiger ist, daß die Geographielehrer von den auf eine politisch bildende

Komponente hin ausgesuchten neuen Themen der Oberstufen-Erdkunde vielfach überfordert sind: vor allem, weil diese Inhalte ungemein weit gespannt sind und weil sie meist keine (oder nur sehr partielle) Entsprechungen in der geographischen Hochschulausbildung (und im geographischen Forschungsbetrieb) haben. Infolgedessen müßten die Vorbereitungen und Unterrichtsmaterialien sehr oft aus anderen Fachwissenschaften geschöpft werden; sie werden aber begreiflicherweise oft eher populärwissenschaftlicher (oder auch innergeographischer) Sekundärliteratur entnommen.

Unter diesen Umständen können die konkrete Themenwahl und Inhaltsselektion, etwa im Vergleich zu Fächern mit gefestigteren Ausbildungsprogrammen an Schule und/oder Hochschule, leicht opportunistisch und konzeptlos erscheinen: einerseits orientiert an aktuellen Modethemen der Massenmedien, andererseits an dem eher zufälligen und systemlos gestreuten Angebot an unterrichtlich verwertbaren fachwissenschaftlichen Publikationen. Es kann auch nicht verwundern, daß das Niveau der geographischen Leistungskurse unter diesen Umständen stärker als in anderen Fächern lehrerabhängig schwankt und nicht ganz selten als vergleichsweise niedrig gilt.

Einige Belege aus den Lehrplänen für die gymnasiale Oberstufe (meist vorläufige Entwürfe) mögen zur Illustration dienen: Allein für den Vorkurs (11. Klasse) werden zur Wahl gestellt oder empfohlen: planetarische Windsysteme, Verwitterung, Boden, Pflanzengesellschaften, Bodenzerstörung und -wiederherstellung, Weltbevölkerung, sozialräumliche Prozesse, funktionale Erfassung räumlicher Strukturen (Berlin); Stadtprobleme, Energiewirtschaft, Wasserwirtschaft und Wasserprobleme, Landschaftsökologie, Entwicklungsländer (Nordrhein-Westfalen); anderswo noch zusätzlich: Probleme der europäischen Integration (Hamburg), Gefährdung des Menschen durch die Natur und Gefährdung der Umwelt durch den Menschen (Baden-Württemberg), Interpretation von Luft- und Weltraumbildern, Kontinentaldrifttheorie, Fragestellungen und Techniken der Ozeanographie (Bayern). Das Spektrum weitet sich noch einmal in den Klassen 12 und 13 der gymnasialen Oberstufe; die Lehrpläne weisen unter anderem folgende Themenkomplexe aus: Geoökologie, Ökosysteme, Umweltprobleme und Umweltsicherung, die Entwicklung der Industriegesellschaften, Standortfaktoren und Standortentscheidungen der Industrie und des Dienstleistungsbereichs in verschiedenen Wirtschaftsordnungen, Agrarräume, Agrarstrukturen und Agrarpolitik im Vergleich, Entwicklungsländer und Entwicklungspolitik, Welthandelsverflechtungen, Energiewirtschaft, Stadt- und Landesplanung einschließlich Planungsrecht und Planungsmethoden, Bevölkerung, Urbanisation und Wanderungsbewegungen, wirtschaftliche Zusammenschlüsse auf internationaler Ebene und ihre Probleme, politische Strukturen und Prozesse, Abgrenzung und Integration politischer Räume, Staaten und Machtblöcke. Nicht ganz selten schlägt sich dies alles in einem einzigen Lehrplan nieder. Die spezifische Kompetenz und Legitimation des Geographen für solche Themen sind zumindest nach außen hin schwer verständlich zu machen. Die Themenlisten sind in sich höchst heterogen, die Einzelthemen teils multidisziplinär, teils etablierte Forschungsgegenstände anderer Disziplinen; sie führen jedenfalls in die unterschiedlichsten außergeographischen Theoriezusammenhänge hinein. Der häufige Hinweis auf den besonderen „Raumbezug" des Geographen, der ihn für solche Themen prädestiniere und/oder seine spezifische Perspektive ausmache, ist angesichts der sehr variablen geographischen Raumbegriffe mehr als eine unklare Rückzugsposition zu werten.

Geographiedidaktik als kritische Alltagsgeographie. Für die Entwicklung der Geographiedidaktik können in Zukunft wahrscheinlich weder spezialistische noch universalistische Begründungsansätze plausibel gemacht werden. Spezialisierte raumwissenschaftliche Geographie (im Sinne des „spatial approach") könnte den bestehenden Umfang des Geographieunterrichts auch in der Sekundarstufe II nicht rechtfertigen. Der Anspruch auf synthetisch-ganzheitliche, umfassend-systemare, generalistisch-allgemeine, komplexe Betrachtung und Bildung ist als *Forschungs*programm einer universitären Einzelwissenschaft archaisch und geht als *Bildungs*programm eines Schulfaches wohl zu naiv daran vorbei, daß das „Unspezialisierte", „Allgemeine" und „Umfassende" in Wissenschaft, Schule und Leben heute nicht mehr einfach durch seine *Inhalte* gegenüber dem „Besonderen" und „Spezialisierten" legitimiert werden kann, sondern, wenn überhaupt, dann nur durch bestimmte Leistungen auf den Gebieten der Aufarbeitung und Vermittlung, der Kritik und Reflexion.

Vermutlich ist eine theoretische Legitimation und sinnvolle Praxis für die Schulgeographie in der Sekundarstufe II am ehesten zu finden in Richtung auf eine *kritische Alltagsgeographie* hin: eine Aufarbeitung unmittelbarer Umwelt im Interesse bestimmter Adressaten. Die Geographie an Schule *und* Hochschule käme auf diese Weise – als eine *bewußte* Didaktik – auch zu einem angemesseneren Bewußtsein ihrer selbst und ihrer historischen Zwecke. Ihr Ziel wäre etwa eine intensivere Wahrnehmung, Problematisierung und kognitive Erschließung der lebensweltlichen Aktions- und Wahrnehmungsräume der Schüler und Bürger – mit direkter Rücksicht auf deren Erfahrungen, Motive, Rechte, Pflichten und (antizipierte) Interessen. Geographiedidaktik und Schulgeographie könnten sich als ein so verstandenes Zentrierungsfach, durch entsprechende Forschungsaufbereitung, Wissenschaftsorientierung und Wissenschaftspropädeutik eher dem Diktat der betreffenden Universitäts- oder Akademiewissenschaft(en) entziehen und den Schüler (und Bürger) besser vor der Überfremdung seiner standortgebundenen Erfahrung und Erfahrungsfähigkeit durch überregionale Theorie, trivialisierte Wissenschaft und *fremd*reduzierte Komplexität schützen und doch diese Theorie für die Aufschließung, Aufarbeitung und Bereicherung von Alltagserfahrung nutzbar machen. Die seit alters schillernden Termini „Geographie", „geographisch", „Raum" und „räumlich" wären in einer solchen Geographie(didaktik) nur noch relativ unpräzise Hinweise auf die spezifisch räumlich-materielle und vorwiegend alltagsgegenständliche Konkretisierungsebene, an der dieses Fach ansetzt und auf die wissenschaftliches Wissen verschiedener Bezugsdisziplinen zu beziehen wäre. Auch die jüngsten Wellen in der noch immer trendweisenden angelsächsischen Geographie – von der „radical" bis zur „phenomenological" und „humanistic geography" (vgl. LEY/SAMUELS 1978, PEET 1977) – können durchaus verstanden und verwertet werden als solche Versuche, die Geographie im wohlverstandenen Sinn ihrer besten Traditionen auf die Aufgabe zu verpflichten, lebensweltliches und wissenschaftliches Wissen subjektnah, bürgernah und kritisch zu vermitteln, und zwar am Gegenstand konkreter Lebensräume.

BARTELS, D.: Zur wissenschaftstheoretischen Grundlegung einer Geographie des Menschen, Wiesbaden 1968. BARTELS, D. (Hg.): Wirtschafts- und Sozialgeographie, Köln 1970. GEIPEL, R. (HG.): Wege zu veränderten Bildungszielen im Schulfach „Erdkunde" – Aufgaben und Möglichkeiten einer sozialwissenschaftlichen Geographie. D. Erdku., Sonderheft 1, 1971.

GEIPEL? R.: Didaktisch relevante Aspekte der Geographie aus der Sicht der Sozialgeographie. In: BAUER, L./HAUSMANN, W. (Hg.): Fachdidaktisches Studium in der Lehrerbildung, München 1979, S. 50 ff. HARD, G.: Die „Landschaft" der Sprache und die „Landschaft" der Geographen. Semantische und forschungslogische Studien, Bonn 1970. HARD, G.: Die Geographie. Eine wissenschaftstheoretische Einführung, Berlin/New York 1973. HOFFMANN, G.: Lehrplanentwicklung in der Geographie. In: D. Erdku. 27 (1978), 1, S. 36 ff. HOFFMANN, G.: Kurslehrpläne für die gymnasiale Oberstufe – geschlossene Konzeption oder Kompromiß? In: Geogr. u. i. Did. 7 (1979), S. 2 ff. KMK: Rahmenvereinbarung zur Ordnung des Unterrichts auf der Oberstufe der Gymnasien. Beschluß vom 29. 9. 1960, Neuwied 1963. KMK: Vereinbarung zur Neugestaltung der gymnasialen Oberstufe in der Sekundarstufe II. Beschluß vom 7. 7. 1972, Neuwied 1972. LEY, D./SAMUELS, M. S. (Hg.): Humanistic Geography, Chicago 1978. MEYER, H. L./OESTREICH, H.: Anmerkungen zur Curriculum-Revision Geographie. In: Geogr. Rsch. 25 (1973), S. 94 ff. PEET, R. (Hg.): Radical Geography: Alternative Viewpoints on Contemporary Social Issues, Chicago 1977. RCFP: Das Raumwissenschaftliche Curriculum-Forschungsprojekt. Erfahrungen 1973–1976, Braunschweig 1978. SCHAEFER, F. K.: Exzeptionalismus in der Geographie. In: BARTELS, D. (Hg.): Wirtschafts- und Sozialgeographie, Köln 1970, S. 50 ff. SCHULTZE, A.: Didaktische Innovationen. In: SEDLACEK, P.: Zur Situation der deutschen Geographie zehn Jahre nach Kiel. Osnabrücker Studien zur Geographie, Bd. 2, Osnabrück 1979, S. 69 ff.

Gerhard Hard

Unterricht: Geschichte

Geschichtsunterricht erschließt historische Inhalte unter Zugrundelegung kognitiver Lernstrukturen. Die Frage, welche historischen Inhalte pädagogisch als angemessen erscheinen können, muß beantwortet werden durch einen Rückbezug auf die schulorganisatorisch-lehrplanmäßige Verankerung, die bildungstheoretische Legitimation und die didaktische Funktion von Geschichtsunterricht. Erst auf diesem Hintergrund sind Aussagen über den Geschichtsunterricht in der Sekundarstufe II möglich und sinnvoll.

Zur Geschichte des Geschichtsunterrichts und seiner Didaktik. Einen selbständigen Geschichtsunterricht im öffentlichen Unterrichtswesen gibt es in nennenswertem Umfang und in einer bis in unsere Gegenwart reichenden Kontinuität erst seit Beginn des 19. Jahrhunderts. Das ist kein Zufall. Denn das bürgerliche Zeitalter brachte das Bewußtsein von *der* Geschichte als Kollektivsingular hervor, indem es den Anspruch des Menschen reklamierte, kraft eigener Vollmacht Geschichte machen zu dürfen und dies nicht länger dem vorgeblich durch göttlichen Auftrag ausgewiesenen Mandatsträger überlassen zu müssen. Seitdem fallen Geschichte und Geschichtsbewußtsein zusammen, und demzufolge erscheint seitdem der Geschichtsunterricht als unerläßlicher Bestandteil eines jeden vollständigen Bildungsganges. Vollständigkeit der Bildung war vorab dem Gymnasium konzediert; andere Schulen erhielten den Geschichtsunterricht erst später, die Volksschule im wesentlichen erst seit der Reichsgründung. Der didaktische Auftrag des Geschichtsunterrichts war unter vielfältig sich wandelnden Formen implizit staatsbürgerliche und politische Bildung. Explizit gab (und gibt) es freilich zahlreiche andere, unpolitische Begründungen für den Geschichtsunterricht: Psychologische Theoreme nennen das Interesse des Kindes und Jugendlichen am zeitlich und räumlich Entfernten; anthropologisch und kulturphilosophisch gestützte Bildungstheorien machen die humane Notwendigkeit einer Erziehung zum historischen Urteil und zum verantwortlichen Einordnen in den geschichtlichen Zusammenhang geltend; schließlich gibt es auch Versuche der unmittelbaren Ableitung des Geschichtsunterrichts aus der Geschichtswissenschaft und deren Stellung im System der Wissenschaften, dies insbesondere nach der Historisierung aller Geisteswissenschaften. Alle diese Begründungsversuche haben das Selbstverständnis der Geschichtslehrer mitbestimmt, und insofern treffen sie auch bestimmte Aspekte der Realität von Geschichtsunterricht. Sie können aber nicht erklären, warum Geschichtsunterricht in Schulen eingeführt, von einem zunächst kleinen Adressatenkreis aus erweitert und auf die gesamte Jugend ausgedehnt wurde. Die Klärung dieses Sachverhaltes ist nur möglich, wenn der Geschichtsunterricht selber geschichtlich gesehen wird (vgl. WENIGER 1926). Die geschichtliche Betrachtung zeigt, daß die Erweiterung der historischen Bildung genau der Ausweitung der politischen Partizipation größerer Volksteile, das heißt dem Prozeß der Verbürgerlichung korrespondierte. Innerhalb dieses übergreifenden Prozesses gab es im einzelnen Friktionen, die sich nur durch das Herrschaftsinteresse der jeweiligen Systeme erklären lassen: Jede Analyse von Lehrplänen und Richtlinien stößt auf den Einfluß sozialisatorisch-selektiver Gesichtspunkte bei der Stoffauswahl und Stoffanordnung (vgl. AUTORENKOLLEKTIV 1975, S. 53 ff.; vgl. HUG 1974, REESE 1974, TIMMERMANN 1974). Der Geschichtsunterricht für Grund- und Hauptschüler (Volksschüler) war auf die neuere, nationale Geschichte des eigenen Volkes konzentriert, der des Gymnasiums zählte auch Antike und Orient zu den historischen Bildungsinhalten, während die altersmäßig den Schülern der gymnasialen Oberstufe entsprechenden Berufsschüler überhaupt keinen Unterricht in Geschichte, sondern in Staatsbürgerkunde erhielten (in der preußischen Fortbildungsschule, der Vorläuferin der Berufsschule, seit 1911). So waren es im wesentlichen Mittel- und Oberschicht, die als Träger historisch-

philosophischer Bildung eine ideelle Basis für ihr Selbstbewußtsein und ihre staatstragende Funktion durch den Geschichtsunterricht erhielten, wenn auch ausgelegt in die Dialektik zwischen der Loyalität gegenüber der politischen Macht (Geschichte als Legitimation) und den Entzugsmechanismen, die das Bürgertum in einer scheinbar apolitischen Kultivierung entwickelte (Geschichte als individuelle Aneignung); daneben gibt es noch schichtübergreifend den funktionalistischen Strang industriestaatlicher Anforderungen (Geschichte als Qualifikation). Gesellschaftliche Unterschichten fanden im Geschichtsunterricht keine auf die Arbeiterschaft bezogenen Identifikationsangebote; sie partizipierten an der Standardgeschichte staatstragender Gruppen in den engen Grenzen der Lehrpläne der ihnen zugewiesenen Schularten, während ihr eigenes Erinnerungssystem (Lohn-/Arbeitskämpfe, Katastrophen, Familiengeschichten) meist in einer außerschulischen mündlichen Tradition verblieb; ähnliches galt auch für ethnische Minderheiten.

Die didaktische Funktion des Geschichtsunterrichts. Unabhängig von der inhaltlichen Problematik legt dieser Hintergrund eine formale Bestimmung nahe: Die didaktische Funktion des Geschichtsunterrichtes war und ist die politische Urteils- und Bewußtseinsbildung. Insofern gehört der Geschichtsunterricht zu den „Gesinnungsfächern", wenn auch im Gefolge des Historismus an die Geschichtswissenschaft gebunden und auf das Medium kognitiver Lernstrukturen verpflichtet. Die Auffassung von Geschichtsunterricht als die bewußte Entgegensetzung eines Traditionszusammenhangs geschehener Geschichte gegen die junge Generation als Träger künftiger Geschichte ist schon von der Geschichtsdidaktik der 20er Jahre (vgl. WENIGER 1926, 1949, 1960) in analytischer Absicht herausgearbeitet und seitdem vielfältig bestätigt worden.

Die Versuche, eine politische Funktion des Geschichtsunterrichts als unpädagogisch abzuweisen, sahen sich gestützt durch die Erfahrungen mit einem Geschichtsunterricht als Instrument der Indoktrination (besonders kraß im Kaiserreich unter Wilhelm II.: Kampf gegen den sozialdemokratischen Internationalismus; im nationalsozialistischen Deutschen Reich: Führerprinzip, Herrenmenschenideologie, Ostorientierung, Sozialdarwinismus, Juden- und Marxistenhaß). Aber die von der Prämisse eines unpolitischen Geschichtsunterrichts gegebene Antwort auf den Mißbrauch, nämlich die Flucht in einen Faktenpurismus scheinbar wertneutraler Art, verfehlte die Funktion, um derentwillen Geschichtsunterricht einen festen Platz im System des öffentlichen Unterrichtswesens errungen hatte. Das wurde seit etwa 1960 immer deutlicher: Die Aussichten für einen Politik- oder Soziologieunterricht (Gesellschaftslehre), der die didaktische Funktion der politischen Bildung wirkungsvoller als der Geschichtsunterricht wahrnehmen könnte (vgl. SCHÖRKEN 1974), wurden größer. Die Abwehr dieser Möglichkeit durch Geschichtslehrer und Geschichtswissenschaftler (vgl. VERBAND DER HISTORIKER ... 1972) ist aber nur sinnvoll, wenn eingeräumt wird, was die unpolitische Konzeption gerade leugnet, daß nämlich die schulorganisatorische und lehrplanmäßige Sicherung des Geschichtsunterrichts sich allein dem Legitimationsinteresse des Staates gegenüber der Jugend verdankt. Nur unter der Voraussetzung, politik- und sozialwissenschaftliche Fächer dienten der politischen Bildung besser, ist die Befürchtung berechtigt, der Geschichtsunterricht könne durch einen an einer systematischen Sozialwissenschaft als Bezugsdisziplin orientierten Unterricht Zug um Zug verdrängt werden. Es ist folgerichtig, daß zur Verteidigung des Geschichtsunterrichts in erster Linie auf die Verkürzungen im *politischen* Bewußtsein verwiesen

wird, die eine ahistorische Gesellschaftslehre nach sich zöge. Der Streit zwischen Geschichtsunterricht und Gesellschaftslehre, wie er als öffentliche politische Kontroverse besonders heftig im Zusammenhang mit den hessischen Rahmenrichtlinien ausgetragen wurde (vgl. BERGMANN/PANDEL 1975, HESSEN-FORUM 1974), ist aber nur ein Gefecht im Vordergrund. Die demgegenüber didaktisch wirklich interessante Frage nach der Möglichkeit eines Geschichtsunterrichtes in sozialwissenschaftlicher Perspektive läßt sich an der gegenwärtigen Situation des Geschichtsunterrichts in der gymnasialen Oberstufe ablesen.

Die unterrichtsorganisatorische Stellung des Geschichtsunterrichts in der gymnasialen Oberstufe. Seit der von der Ständigen Konferenz der Kultusminister der Länder in der Bundesrepublik Deutschland (vgl. KMK 1972) vereinbarten Reform der gymnasialen Oberstufe ist der Unterschied zwischen Haupt- und Nebenfächern aufgehoben. Dadurch haben sich für den Geschichtsunterricht, ebenso wie für andere frühere Nebenfächer, neue didaktische Möglichkeiten eröffnet. Der Oberstufenschüler *kann* Geschichte als Leistungsfach wählen; in diesem Fall besucht er in den Jahrgangsstufen 12 und 13 durchgehend einen fünf- bis sechsstündigen Leistungskurs, der sich nicht auf die bisher übliche Wiederholung einiger bereits in der Sekundarstufe I behandelter historischer Themen mit Schwerpunkt bei Neuzeit/Zeitgeschichte zu beschränken braucht, sondern eine voll entfaltete historische Propädeutik zum Zuge kommen lassen könnte, dies um so mehr, da er nicht nur über ein sehr viel größeres Stundenvolumen als der frühere gymnasiale Geschichtsunterricht verfügt, sondern auch die in besonderem Maße historisch interessierten Schüler in einer Lerngruppe sammelt. Daneben gibt es den Geschichtsunterricht als dreistündigen Grundkurs, der, falls der Schüler Geschichte als drittes oder viertes Abiturfach wählt, ebenfalls durchgehend besucht wird. Die Geschichtsdidaktik kann – quantitativ gesehen – für diesen Grundkurs etwa das Programm des früheren Oberstufen-Geschichtsunterrichtes einbringen. Schließlich werden in einigen Bundesländern die Schüler, die Geschichte nicht als eines ihrer vier Abiturfächer wählen, genötigt, im sozialwissenschaftlichen Aufgabenfeld auch mindestens zwei Grundkurse Geschichte während der Oberstufenzeit zu belegen. Diese Pflichtbindung, die durch einen im Verhältnis zum Reformkonzept der Oberstufe systemwidrigen Außendruck bedingt ist, hat kaum didaktische Relevanz: Zwei beliebige, aus dem curricularen Zusammenhang herausgerissene, widerwillig belegte Geschichtskurse werden das (angeblich oder wirklich) gefährdete historische Bewußtsein nicht retten, wohl aber die Möglichkeit einer curricularen Durchstrukturierung von Bildungsgängen behindern. Aber die Tatsache dieser nachträglich eingeschobenen Pflichtbindung macht auf einen weiteren Aspekt aufmerksam, der geeignet ist, den Zusammenhang zwischen Kursorganisation für den Geschichtsunterricht und substantiellen didaktischen Problemen anzuzeigen: Die Wahlfreiheit des Oberstufenschülers war im Reformansatz durch bestimmte Prinzipien reguliert. Eines dieser Prinzipien bestand darin, alle Oberstufenfächer in drei Aufgabenfelder zusammenzufassen und den Schüler zu verpflichten, bei der Wahl seiner Abiturfächer – und dementsprechend auch bei der Zusammenstellung seines persönlichen Curriculums – diese Felder abzudecken. Das Fach Geschichte wurde dem „gesellschaftswissenschaftlichen Aufgabenfeld" subsumiert, in dem es nun genau mit *den* Fächern zu konkurrieren hat (der Schüler muß ja, um den Pflichtbindungen zu genügen, mindestens ein Fach eines jeden Aufgabenfeldes wählen, und das heißt auch: die anderen Fächer des gleichen

Feldes abwählen), die doch, didaktisch gesehen, zur Kooperation bestimmt sein müßten, besonders also Soziologie, Gemeinschaftskunde, Ökonomie, aber auch Philosophie und Erziehungswissenschaft. Da diese Konstellation einer Wahlfreiheit unter Beachtung zahlreicher Pflichtbindungen von rein formalistischen Gesichtspunkten ausging, trat die inhaltliche Aufgabe zurück. Das wirkte sich besonders nachteilig aus für den Geschichtsunterricht, dessen unerledigt gebliebene Kontroverse mit Gesellschaftslehre/Soziologie nun mit dem Wahlverhalten der Oberstufenschüler in einen sinnwidrigen Kontext gebracht wurde. Nicht oder nur unzulänglich begonnen wurde die Integration von historisch-politisch-sozialer Bildung (vgl. MANNZMANN 1978) in *einem* Curriculum. Dieses geschichtsdidaktische Defizit bedingt daher sowohl die öffentliche Beunruhigung über die Frage, ob Soziologie Geschichte verdrängen wird, als auch die pädagogisch nutzlose und didaktisch störende Verpflichtung aller Schüler auf zwei Geschichtskurse in der Oberstufe.

Ausblick. Der Geschichtsunterricht ist – wie aller Unterricht in den Schulen der Bundesrepublik – an einer Bezugs*wissenschaft* orientiert. Die Geschichts*wissenschaft* ist aber in den letzten Jahrzehnten in den Sog einer allgemeinen Enthistorisierung geraten. Das zeigt sich darin, daß sie Schritt für Schritt davon abrückte, aus der Perspektive der Gegenwart übergreifende Fragen an die Vergangenheit zu stellen, den großen geschichtlichen Zusammenhang darzustellen in der Spannung zwischen idealistischen Deutungen, die in der Geschichte den Menschen als verantwortlichen Täter seiner Taten ausmacht, und materialistischen Deutungen, die das Geschehene unter der Kategorie des gesellschaftlichen Fortschritts begreifen. Damit aber entzog die Geschichtswissenschaft dem Geschichtsunterricht die Voraussetzungen, die es bis dahin erlaubt hatten, die dem Geschichtsunterricht übertragene didaktische Funktion standortbestimmender Art einzulösen. Die Einheit der Geschichte wurde im traditionellen Geschichtsunterricht gewahrt durch die Erzählung, bei der historische Kritik allenfalls als Quellenkritik eine Rolle spielte, nicht aber als Problematisierung des Verhältnisses zwischen Gesellschaft und Geschichtsinteresse. Unterrichtsmethodisch hieß das, daß der Geschichtslehrer auch auf der gymnasialen Oberstufe in erster Linie die Geschichte zu erzählen, nicht ein Proseminar zu leiten hatte (vgl. WENIGER 1926, S. 35, S. 70; vgl. WENIGER 1960, S. 40). Die in der Erzählung sinnhaft erschlossene Darstellung der geschichtlichen Welt in ihrem Fortgang durch die Zeit setzt aber die Idee des Zusammenhanges voraus, die der Positivismus der Geschichtswissenschaft hat problematisch werden lassen (vgl. KOSELLECK/STEMPEL 1973). Insofern muß die Kritik der Historiker (vgl. VERBAND DER HISTORIKER ... 1972) an der schulpädagogischen Tendenz zur Ablösung des selbständigen, chronologisch erzählenden Geschichtsunterrichts durch historische Aspekte innerhalb eines Faches Gesellschaftslehre in erster Linie als Selbstkritik gewertet werden. Dann aber wäre für den Geschichtsunterricht auch der Weg zurück zur Restaurierung eines Bildungskanons, in dem die Geschichte einen für alle Schüler pflichtmäßig verankerten Platz hätte, keine Perspektive mehr. Denn die Legitimationsnöte, in die der Geschichtsunterricht geraten ist, haben sich nicht aus der Einführung von Kurssystem und Wahlfreiheit in der Oberstufe ergeben – im Gegenteil: der Leistungskurs hat dem Geschichtsunterricht eine im festen Gymnasialkanon nie eingeräumte Entfaltungsmöglichkeit eröffnet –, sondern weil der Geschichtsunterricht mit seinen älteren didaktischen Konzepten die eigene Funktion nicht mehr glaubhaft darstellen konnte und Einordnungsperspektiven als Gefährdung der Eigenständigkeit des Faches mißversteht. Tatsächlich aber bietet die differenzierte gymnasiale Oberstufe Aussichten, die mißverstandene und unfruchtbare Entgegensetzung von Geschichtsunterricht und Gesellschaftslehre – oder im Rekurs auf die Bezugsdisziplinen: Geschichtswissenschaft und Soziologie – didaktisch zu beenden. Die schulorganisatorische und curriculare Annäherung der gymnasialen Oberstufe und der beruflichen Schulen, die bisher nur den systematisch angelegten politischen Unterricht kannten, nun aber ebenfalls eine historische Dimension einbringen müssen, drängt zu einer Integration. Indessen ist die bloß formale Subsumtion der fraglichen Fächer unter dem „gesellschaftswissenschaftlichen Aufgabenfeld" der gymnasialen Oberstufe dafür untauglich, weil sie, wie bereits angedeutet, die Konkurrenzsituation sogar noch potenziert. Wenn aber die einzelfachliche Orientierung in der Curriculumentwicklung zugunsten eines interdisziplinären Denkens gelockert wird, wenn – was pädagogisch gesehen ohnehin vorrangig erscheint – nicht Fächer, sondern Bildungsgänge strukturiert werden, ergibt sich ein anderes Bild. Tatsächlich weisen die didaktisch-curricularen Entwicklungsarbeiten für die Sekundarstufe II tendenziell in die Richtung einer soziohistorischen Lernfeldforschung (vgl. KUHN 1977; vgl. MANNZMANN 1974, 1978, 1980), die als inhaltliches Angebot an die Stelle des nur additiven Aufgabenfeld-Denkens tritt: Die Integration historisch-politisch-sozialer Bildung bindet das persönliche und gesellschaftliche Handeln in eine historische Dimension. Denn die der Geschichte verbliebene Potenz besteht im Wissen von alternativen Möglichkeiten menschlicher Existenz. Die Analyse der Vorstrukturierung historischer Erkenntnis im Alltags- oder Jedermannswissen hat gezeigt, daß das öffentliche Geschichtsbewußtsein nur *einen* der Stränge repräsentiert, denjenigen nämlich, der sich aus der offiziellen Geschichtsschreibung und dem ihm verpflichteten Geschichtsunterricht herleitet. Demgegenüber verweist die historische Auflösung des Kollektivsingulars „Geschichte" auf die Herausarbeitung der Traditionen inoffizieller Bewußtseinsstränge, nicht nur als historische Dokumentation, sondern als Objektivationen eines Sinns, den Beherrschte setzen (vgl. MANNZMANN 1974, S. 89). Die Setzung allein sichert aber natürlich nicht das Geforderte, nämlich: Geschichte. Deshalb zielen neuere didaktisch-curriculare Kurs- und Unterrichtsentwürfe auf den Nachweis, daß alternative Anknüpfungspunkte in Form von Gruppengeschichten und Interessenverschiebungen die Geschichte eben nicht nur zur positiven oder negativen Vorgeschichte im Dienste apriorischer Geschichtsphilosophie entwerten. Entgegen den Vermutungen, die man aus der polemisch und parteipolitisch verzerrten Diskussion um die hessischen Rahmenrichtlinien (vgl. BERGMANN/PANDEL 1975, HESSEN-FORUM 1974), haben konnte, gelingt die Lösung am ehesten, wenn die Spannung der Kontroversen, vorab derjenigen zwischen historischer und soziologischer Theoriebildung im didaktischen Zugriff erhalten, nicht dezisionistisch geleugnet wird, indem das eine Fach (Geschichte) sich der Position des anderen (Soziologie) als der „falschen" entledigt oder umgekehrt. Das heißt allerdings, daß das Unterrichtsfach Geschichte in seiner internen Struktur von externen Bedingungen abhängt. Geschichtsdidaktische Positionen lassen sich unter dem Aspekt der an den Geschichtsunterricht gestellten Forderungen daraufhin überprüfen, wie externe Bedingungen aus dem Gesellschafts- und Wissenschaftssystem aufgegriffen und zu fachinternen gemacht werden (vgl. HERBST 1977, QUANDT 1978, SÜSSMUTH 1980).

AUTORENKOLLEKTIV (GEUTNER, B./KRUPPA, R.): Methodik des Geschichtsunterrichts, Berlin (DDR) 1975. BERGMANN, K./PANDEL, H. J.: Geschichte und Zukunft, Frankfurt/M. 1975. FILSER, K. (Hg.): Theorie und Praxis des Geschichtsunterrichts, Bad Heilbrunn 1974. HERBST, K.: Didaktik des Geschichtsunterrichts zwischen Traditionalismus und Reformismus, Hannover 1977. HESSENFORUM: Rahmenrichtlinien Gesellschaftslehre, Frankfurt/M. 1974. HUG, W.: Geschichte im sozialkundlichen Lernbereich. Geschichtliche Aspekte einer Unterrichtseinheit „Die Stadt". In: FILSER, K. (Hg.): Theorie und . . ., Bad Heilbrunn 1974, S. 152 ff. KMK: Vereinbarung zur Neugestaltung der gymnasialen Oberstufe in der Sekundarstufe II. Beschluß vom 7. 7. 1972, Neuwied 1972. KOSELLEK, R./STEMPEL, W. (Hg.): Geschichte – Ereignis und Erzählung, München 1973. KUHN, A.: Einführung in die Didaktik der Geschichte, München 1977. MANNZMANN, A.: Vorüberlegungen zu einer Didaktik der Soziohistorie. In: BLANKERTZ, H. (Hg.): Fachdidaktische Curriculumforschung, Essen ²1974, S. 28 ff. MANNZMANN, A.: Integrationsproblematik für einen historisch-gesellschaftswissenschaftlichen Bereich. In: SCHÖRKEN, R. (Hg.): Zur Zusammenarbeit von Geschichts- und Politikunterricht, Stuttgart 1978, S. 233 ff. MANNZMANN, A.: Perspektiven einer Didaktik der Soziohistorie in weiterführender Absicht. In: SÜSSMUTH, H. (Hg.): Geschichtsdidaktische . . ., Paderborn 1980, S. 83 ff. QUANDT, S. (Hg.): Deutsche Geschichtsdidaktiker des 19. und 20. Jahrhunderts, Paderborn 1978. REESE, A.: Programmierter Geschichtsunterricht. In: FILSER, K. (Hg.): Theorie und . . ., Bad Heilbrunn 1974, S. 82 ff. SCHÖRKEN, R. (Hg.): Curriculum Politik, Opladen 1974. SÜSSMUTH, H. (Hg.): Geschichtsdidaktische Positionen, Paderborn 1980. TIMMERMANN, J.: Überlegungen zum Geschichtslehrplan im Curriculum der Sekundarstufe II. In: FILSER, K. (Hg.): Theorie und . . ., Bad Heilbrunn 1974, S. 56 ff. VERBAND DER HISTORIKER DEUTSCHLANDS/ VERBAND DER GESCHICHTSLEHRER DEUTSCHLANDS: Geschichtswissenschaft und Geschichtsunterricht, Lageanalyse, Folgerungen, Empfehlungen. In: Gesch. in W. u. U. 23 (1972), S. 1 ff. WENIGER, E.: Die Grundlagen des Geschichtsunterrichts, Leipzig/Berlin 1926. WENIGER, E.: Neue Wege im Geschichtsunterricht, Frankfurt/M. 1949. WENIGER, E.: Didaktische Voraussetzungen der Methode in der Schule. Didaktik als Bildungslehre, Teil 2, Weinheim 1960.
Anneliese Mannzmann/Herwig Blankertz

Unterricht: Hauswirtschaft

Problematik und Stellenwert des Hauswirtschaftsunterrichts. Die traditionelle Arbeitsteilung zwischen den Geschlechtern überläßt der Frau – auch noch in den modernen Industrie- und Wohlstandsgesellschaften – die Verantwortung für die Hauswirtschaft und die Kindererziehung. Sie hatte sich früher die Kenntnisse und Fertigkeiten für diesen Aufgabenbereich im wesentlichen im elterlichen oder als Dienstpersonal in einem fremden Haushalt zu erwerben; heute wird sie vielfach erst bei der Gründung eines eigenen Haushalts damit konfrontiert. Eine ergänzende schulische Unterweisung erfolgte daher früher auch nur für Mädchen und nur da, wo Mädchen überhaupt die Gelegenheit erhielten, eine Schule zu besuchen oder in eine Mädchenschule zu gehen. Heute ist dieser Bildungsbereich einer der ersten, der im Gerangel der Fächer um die Stundenanteile verdrängt wird; denn die Mädchen sollen chancengleich mit den Jungen für die Erwerbstätigkeit vorbereitet werden. Der hauswirtschaftliche Unterricht ist also aufgrund seiner Geschichte ein *geschlechtsbezogener* Bildungsbereich. Nur in der Hauptschule – und dies in sehr unterschiedlicher Ausprägung in den einzelnen Ländern – wurden im Pflicht- und/oder Wahlpflichtunterricht in unterschiedlichen Lernbereichen (Sachkunde, Gesellschaftslehre, Arbeitslehre, Wirtschaftslehre und Technik, Polytechnik/Arbeitslehre) Bildungselemente des traditionellen Hauswirtschaftsunterrichts aufgenommen. Er wird nunmehr an Mädchen und Jungen gemeinsam vermittelt. Einen eigenen, mit anderen Lernbereichen gleichgewichtigen hauswirtschaftlich-familialen Bildungsbereich für alle Jungen und Mädchen gibt es nicht. Diese Bildungsinhalte scheinen den Bildungsplanern für Jungen nur im jüngsten Schulalter akzeptabel. So werden in der Sekundarstufe II auch im Zuge der Gleichberechtigung der Geschlechter den Mädchen nur noch im Wahlpflicht- oder Wahlunterricht hauswirtschaftliche Unterrichtsangebote gemacht, sofern dieser Stoff in den höheren Schulstufen überhaupt noch Gegenstand des Unterrichts in allgemeinbildenden Schulen ist.

Historischer Überblick. Die Geschichte des Hauswirtschaftsunterrichts ist Kernstück einer Geschichte der Mädchenbildung. Mädchen wurden – wenn überhaupt – für ihre Rolle als Hausfrauen und Mütter ausgebildet. Sie erlernten alle Techniken und Fertigkeiten in der Praxis, nur wenige Töchter der Oberschicht besuchten Pensionate und Klosterschulen mit einem über den Hauswirtschaftsunterricht im engeren Sinne hinausgehenden kulturellen Bildungsprogramm (schöngeistige Literatur, Sprach-, Musik- und Zeichenunterricht). Erst in der zweiten Hälfte des 19. Jahrhunderts, im Übergang der ständischen bürgerlichen Gesellschaft zur Industriekultur des 20. Jahrhunderts, förderte die Frauenbewegung das Bildungsengagement der Bürgerstöchter und eröffnete ihnen typisch weibliche Berufsfelder. Es entstanden vornehmlich als Gründungen privater Personen, von Frauenbildungsvereinen, Ordensgemeinschaften und karitativen Verbänden die hauswirtschaftlichen Vollzeitschulen für Mädchen. Der Allgemeine Deutsche Frauenverein, der Letteverein, der Reifensteiner Verband wurden zu Trägern vielgestaltiger Mädchenbildungsstätten. Dabei entwickelten sich besondere hauswirtschaftliche Schulformen für die *städtische* und *ländliche* Hauswirtschaft, in welchen Töchter der Bürgerschicht zu Hausbeamtinnen oder auch zu Lehrerinnen für die neu entstehenden hauswirtschaftlichen Schulen ausgebildet wurden. Auch für die Mädchen der unteren Stände, welche in der Landwirtschaft als Dienstpersonal oder als Fabrikarbeiterinnen tätig waren, wurde

565

auf Initiative dieser Frauengruppen hauswirtschaftlicher Unterricht angeboten. Es entstanden somit hauswirtschaftliche Schulen oder Klassen, die einen allgemeinbildenden Unterricht zur Führung eines Familienhaushalts an Mädchen, gegliedert nach sozialen Schichten und Altersgruppen, vermittelten, und erste Fachschulen für Hauswirtschaft, die für die Berufe der Hausbeamtin, Hauspflegerin oder auch Haushaltslehrerin auszubilden hatten.

Die Unübersichtlichkeit und Uneinheitlichkeit als Folge des Übergewichts an Privatinitiative ist typisch für diesen Bildungsbereich. Stets muß um Anerkennung, um Gleichberechtigung und staatliche Förderung gerungen werden, und ständig gilt es, Abstriche am Bildungskonzept zu machen, um zu einer gleichgewichtigen Eingliederung in das allgemeine und berufliche Schulwesen zu gelangen. Der preußische Minister für Handel versuchte in der Weimarer Republik, das hauswirtschaftliche Schulwesen zu vereinheitlichen, und der nationalsozialistische Staat baute auf dieser preußischen Vorarbeit auf, um für das ganze Deutsche Reich eine verbindliche Ordnung der Schulsysteme zu schaffen (vgl. GRÜNER 1979). So wurden große Anstrengungen unternommen, ein einheitlich gegliedertes hauswirtschaftliches Schulwesen analog zu dem kaufmännischen, gewerblichen oder landwirtschaftlichen aufzubauen, gleichzeitig blieb aber auch der Anspruch bestehen, für Mädchen, und letztlich auch für Jungen, in den allgemeinbildenden Schulen einen Pflichtunterricht in Haushalts- und Familienführung zu erreichen.

Nur eine verschwindend kleine Zahl von Mädchen gelangte in der ersten Hälfte des 20. Jahrhunderts im allgemeinbildenden Schulwesen in die gymnasiale Oberstufe. Einen hauswirtschaftlichen Unterricht erhielten sie hier nur in Ausnahmefällen in Form von Handarbeitskursen. Doch in vielen Fällen wurde den Mädchen nach Abschluß der allgemeinbildenden Schule von ihren Eltern eine hauswirtschaftliche Ausbildung „verordnet", um sie so letzte Qualifikationen für die Heirat erwerben zu lassen. Ein typisches Beispiel sind die zahlreichen ländlich-hauswirtschaftlichen Fachschulklassen, welche die Bauernmädchen, die am Bauernhof mitarbeiteten, besuchten und noch heute besuchen, und die zahlreichen Pensionate, Frauenfachklassen und Landfrauenschulen, welche von den Töchtern der Mittelschicht nach dem Lyzeumsbesuch oder nach dem Abitur zur Weiterbildung benutzt wurden. Aus diesen Frauenfachschulen sind heute die einjährigen Berufsfachschulen für Ernährung und Hauswirtschaft oder für Hauswirtschaft eventuell mit Sozialpädagogik gekoppelt entstanden. Auch die hauswirtschaftlichen Abteilungen der Landwirtschaftsschulen entsprechen noch in etwa diesem Bildungsanliegen.

Der Hauswirtschaftsunterricht war zu allen Zeiten stark von der Praxis und der Ideologie der bürgerlichen Haushaltsführung und Lebenskultur geprägt. Er war streng geschieden in eine ländliche Hauswirtschaft, zu deren Lernbereichen auch Gartenbau, Tierzucht und Geflügelhaltung sowie landwirtschaftliche Betriebslehre gehörten, und eine städtische Hauswirtschaft, die jedoch dieses Beiwort nicht trug und ihre Schwerpunkte stärker auf Ernährungslehre und Nadelarbeit setzte. Der Kernbereich des hauswirtschaftlichen Unterrichts war in beiden Fachrichtungen Kochen und Nadelarbeit, gefolgt von Haushaltsführung, Haus- und Wäschepflege, Gesundheitslehre, Ernährungslehre, Säuglings- und Kinderpflege. Musische Fächer wurden ebenfalls gepflegt. Diese einjährigen Berufsfachschulen stehen heute in der Spannung, einerseits um ihre Anerkennung als „anrechnungsfähig" für die praktische Berufsausbildung im Berufsfeld Ernährung und Hauswirtschaft ringen zu müssen und damit vor allem einen praktischen, auf erwerbswirtschaftliche Berufe ausgerichteten Unterricht anbieten zu sollen und andererseits allgemeine Bildungsinhalte zu vermitteln, um den Schülern einen gleichberechtigten mittleren Bildungsabschluß zu ermöglichen. Die traditionellen hauswirtschaftlich-familialen Bildungsgüter haben für beide Zielsetzungen nur eine marginale Bedeutung. Es ist so im Grunde erstaunlich, daß es diesen Schultyp überhaupt noch gibt und daß in ihm noch eine hauswirtschaftlich-familiale Bildung vermittelt wird.

Im allgemeinbildenden Schulwesen blieb der Hauswirtschaftsunterricht für die Sekundarstufe II, von den vereinzelten hauswirtschaftlichen Fachgymnasien abgesehen, auf bescheidene Kursangebote in Nahrungszubereitung und Handarbeit für Mädchen beschränkt. In den hauswirtschaftlichen Fachgymnasien unterscheidet sich der Hauswirtschaftsunterricht nicht prinzipiell, sondern nur nach der Stundentafel und nach den Schwerpunkten von entsprechenden Ausbildungsgängen im beruflichen Schulwesen. Nach wie vor bleibt in der Bildungspolitik ungeklärt und auch undiskutiert, wie in unserer Gesellschaft junge Menschen – Mädchen wie Jungen – auf den Lebensbereich Haushalt und Familie vorbereitet werden sollen. Es ist dabei typisch für die gegebene geschlechtsbezogene „männliche" Bildungsideologie, daß eine Haushalts- und Familienbildung als Privatangelegenheit angesehen und daher im besten Fall im Wahlfachbereich oder im jungen Schulalter angeboten wird.

Hauswirtschaftsunterricht in studien- und berufsbezogenen Bildungsgängen der Sekundarstufe II. Der Hauswirtschaftsunterricht der Sekundarstufe II wird in den zweiklassigen Fachschulen auf dem Berufsausbildungsweg zur staatlich geprüften Hauswirtschaftsleiterin (staatlich geprüfte(r) Ökotrophologe (-in) und

in der Fachoberschule und in beruflichen Gymnasien mit einer hauswirtschaftlichen Fachrichtung zur Erlangung der Fachhochschulreife oder Hochschulreife erteilt. Vermerkt sei hier allerdings auch noch die Ausbildung zur staatlich geprüften Wirtschafterin, welche nach der Pflichtschulzeit (Hauptschule und dreijährige Teilzeitberufsschule) sowie gleichzeitiger hauswirtschaftlicher Berufstätigkeit (vier Jahre) zur einjährigen Fachschule führt. In der Fachschule ist der berufsfeldbezogene Hauswirtschaftsunterricht ausgerichtet auf die Erwerbstätigkeit und eine leitende Funktion in Großhaushalten oder Teilbereichen derselben. Neben Planung, Überwachung und Arbeitsorganisation müssen von den Hauswirtschaftsleiterinnen in bestimmten Arbeitssituationen und Stoßzeiten auch noch (je nach Betriebsart unterschiedliche) fertigungstechnische Aufgaben übernommen werden.

Die Fachausbildung im Hauswirtschaftsunterricht konzentriert sich auf die technischen Fächer (Geräte- und Maschinenkunde, Wäschereitechnik, Ernährungstechnik, Textiltechnologie, Verfahrenstechnik), die ökonomischen Fächer (Betriebswirtschaftslehre, Volkswirtschaftslehre) und vor allem auf die betriebs- und arbeitsorganisatorischen Fächer, die auch betont aus praktischen Übungen bestehen. Ergänzt wird dieser Unterricht einerseits durch Mathematik, Physik und Chemie und andererseits durch Arbeits- und Berufspädagogik, Arbeits- und Sozialrecht, sprachliche und musische Fächer.

Ein Hauswirtschaftsunterricht im Sinne einer Familienhaushaltslehre wird hier nicht mehr oder nur als Wahlfach angeboten. An ihre Stelle trat eine Großhaushaltslehre, die sich in ihrem Kern als angewandte spezielle Betriebswirtschaftslehre versteht. Elemente des traditionellen Hauswirtschaftsunterrichts finden sich nur noch begrenzt in diesen Fächern.

In den Fachoberschulen und berufsbezogenen Gymnasien wird in der Regel der Hauswirtschaftsunterricht zentriert auf die Ernährungslehre und/oder Betriebs- und Volkswirtschaftslehre, da hier zurückgegriffen werden kann auf etablierte Wissenschaften, auf deren Basis genügend differenzierte Lehrbücher, die auch für den Schulunterricht geeignet sind, zur Verfügung stehen. Die Lehrer sind somit auch in der Lage, auf diesen Gebieten die geforderten wissenschaftsbezogenen Leistungskurse durchzuführen.

Inwieweit dieser Unterricht noch einen ausgeprägten Bezug zu dem Alltagsgeschehen in den privaten Haushalten oder gar schon zu den Aufgaben in den Großhaushalten hat, dürfte sehr davon abhängen, welcher Lehrer mit welcher Qualifikation mit diesem Unterricht betraut wird. Eine Familienhaushaltslehre nach dem traditionellen Verständnis ist sicherlich auch für diesen Schultyp heute die Ausnahme.

Neben diesen relativ klar in den Zielen voneinander zu unterscheidenden Schulformen im Bereich der Sekundarstufe II gibt es eine Anzahl von Schulen, die, auf einen mittleren Bildungsabschluß aufbauend, über das zehnte Schuljahr hinaus einjährige Grundkurse für Hauswirtschaft anbieten, in denen noch wesentliche Elemente des traditionellen Hauswirtschaftsunterrichts enthalten sind oder für den diese wieder neu entdeckt werden. Diese Fachklassen werden benötigt für Realschulabsolventinnen und Abiturientinnen, die in pflegerische und/oder sozialpädagogische Berufe streben oder diese Schulzeit als Praktikum für das Studium der Haushalts- und Ernährungswissenschaften anerkannt erhalten. Die Klassen dienen aber gleichzeitig als erstes Ausbildungsjahr im Berufsfeld „Ernährung und Hauswirtschaft" für den Schwerpunkt Hauswirtschaft und Gastronomie, für die Ausbildung zur Köchin, Hotel- und Gaststättengehilfin und zum Teil auch

für die Hauswirtschaftlerin, wodurch wiederum eine völlig andere Curriculumkonzeption erforderlich wird. Schließlich gibt es nach wie vor den Bildungsanspruch, sich auf die Familienhausfrauenrolle über eine Schulausbildung vorbereiten zu wollen. So ist es im Grund nur noch dieser Schultyp, in dem im traditionellen Verständnis auf der Ebene der Sekundarstufe II Hauswirtschaftsunterricht erteilt und eine hauswirtschaftliche Grundausbildung vermittelt wird, die auf die Führung eines Familienhaushalts vorbereitet.

Didaktische Probleme und Ansätze zur Curriculumrevision. Im traditionellen Hauswirtschaftsunterricht war die Lebenssituation, auf die vorzubereiten war, der bürgerliche Familienhaushalt im *städtischen* oder *ländlichen* Milieu. Kernbereich des Unterrichts war auf allen Bildungsstufen die Praxis und in der Theorie der Praxisbezug zum Familienhaushalt. Die Schulen selbst wurden möglichst so ausgestattet, daß auch ihre Einrichtungen als Anschauung für die Planung eines Familienhaushalts benutzt werden konnten. Der Unterricht berücksichtigte im wesentlichen die hauswirtschaftlichen Arbeits- und Funktionsbereiche. Probleme der Familienführung, der Kinder und der Erwachsenen in den verschiedenen Altersstufen traten vor allem im Zusammenhang mit Fragen ihrer Versorgung auf. Auch die Themenbereiche der Verbraucherbildung konzentrierten sich auf Anschaffungen und Käufe für die Hauswirtschaft. Finanzierungsfragen wurden im Rahmen der Haushaltsbuchführung und der Budgetplanung mehr oder minder beschränkt auf hauswirtschaftliche Probleme diskutiert. Dieser Hauswirtschaftsunterricht konnte lebensnah auf den Alltag eines Familienhaushalts vorbereiten. Allerdings wurde er vielfach außerordentlich dogmatisch und begrenzt auf hauswirtschaftliche Fertigkeiten vermittelt. Die Folge davon war, daß die Schüler über eine Vielzahl anscheinend unumstößlicher Regeln, die sie zu beachten und einzuüben hatten, verlernten, daß Hauswirtschaft ein Lebensbereich ist, der persönlich und auf eine Familie ausgerichtet ausgestaltet werden muß und der integriert ist in eine sich schnell wandelnde Umwelt, welche immer wieder neue Verhaltensweisen herausfordert und sich ändernde Aufgaben stellt. Da die Lehrkräfte für den Hauswirtschaftsunterricht in denselben Schulen fachlich ausgebildet wurden, in denen sie später zu unterrichten hatten, verstärkte sich die Gefahr der Tradierung von Vorschriften und Regelwissen. Das Wissen der Lehrer konnte aufgrund ihrer Ausbildung nicht sehr viel weiter sein als das Wissen, das entsprechend den Lehrplänen zu vermitteln war.

Im Zuge der Verwissenschaftlichung des Bildungswesens zu Beginn der 60er Jahre mußte auch für den Hauswirtschaftsunterricht die Forderung nach mehr Theorie, mehr Wissenschaftlichkeit aufgestellt werden. Doch weitgehend unklar blieb zunächst, in welcher Weise und auf der Basis welcher Disziplinen der hauswirtschaftliche Unterricht aufgebaut und neu konzipiert werden sollte. Außerdem fehlte es an Lehrkräften, die eine wissenschaftliche Ausbildung für einen wissenschaftsorientierten Unterricht in diesem Bereich erhalten hatten. Erst ab 1965 wurden an deutschen Universitäten haushalts- und ernährungswissenschaftliche Lehr- und Forschungsbereiche aufgebaut. Der sich so erst langsam entwickelnde haushalts- und ernährungswissenschaftliche Erkenntnisstand wird sich erst in der Zukunft im hauswirtschaftlichen Unterricht der Sekundarstufe II niederschlagen können. So wurden die Naturwissenschaften und ihre Methoden verstärkt für die hauswirtschaftlich-technischen Fächer eingeführt, und an die Stelle der Haushaltsführung traten die wirklichkeitsfernen formalen Lehrsätze der theoretischen Volkswirtschaftslehre (Mikroökonomie) sowie der Betriebswirtschaftslehre. Der Unterricht verlor auf diese Weise seinen Praxisbezug und seine Lebensnähe. Ein Ausweg aus dem Dilemma des Hauswirtschaftsunterrichts, entweder ein in starre Vorschriften gefaßtes Regel- und Rezeptwissen zu sein oder durch die Überbetonung einzelner Wissenschaftsbereiche ein praxisfernes, naturwissenschaftliches und/oder ökonomisches Formalwissen zu werden, konnte bis zum Ende der 70er Jahre noch nicht gefunden werden.

Die Führung eines Familienhaushalts verlangt von den dafür verantwortlichen Personen eine Handlungs- und Entscheidungskompetenz auf allen Gebieten der Daseinsvorsorge, sofern sie in der Verfügungskompetenz der einzelnen Individuen liegen. Diese Handlungs- und Entscheidungsfähigkeit wird aber besonders bedeutungsvoll, wenn davon Gesundheit, Lebensentfaltung und Lebenskultur der nachwachsenden Generation maßgeblich geprägt wird und die Verflechtung der Haushaltsfunktionen mit den Markt- und kollektiven Dienstleistungsangeboten immer intensiver und komplexer wird.

Eine Didaktik des Hauswirtschaftsunterrichts hätte sich somit von dem Sinn der haushälterischen Zielsetzung her zu konstituieren. Der *personale* Sinn der haushälterischen Handlungsweisen liegt in dem Ziel der Lebens- und Gesunderhaltung der Menschen, der Schaffung von Rahmenbedingungen für eine optimale Persönlichkeitsentfaltung im privaten Lebensbereich und der Tradierung einer Kultur des Zusammenlebens in den primären Kleingruppen der Familie. Aus *gesellschaftlicher* Perspektive ist es Aufgabe der privaten Versorgungssysteme – der privaten Haushalte –, das generative Verhalten, die Regenerations- und Sozialisationsfunktion der Familie zu ermöglichen, zu sichern und optimale Bedingungen dafür zu schaffen.

Diese Leistungen können die privaten Haushalte nur in Kooperation mit dem gesellschaftlichen Umfeld erbringen, so daß ein Hauswirtschaftsunterricht auch daraufhin ausgerichtet sein muß, daß der private Haushalt nur im Verbund mit dem Kollektiv funktionieren kann und gesellschaftliche Handlungsspielräume, Normen und Wertsetzungen das haushälterische Handeln maßgeblich bestimmen.

Obgleich es bei Beginn der 80er Jahre an den Universitäten der Bundesrepublik Deutschland seit etwa 15 Jahren haushaltswissenschaftliche Lehrstühle gibt und auch eine Didaktik dieses Faches in den pädagogischen Hochschulen für die Primarstufe und Sekundarstufe I gelehrt wird, liegt noch kein überzeugendes Konzept eines Hauswirtschaftscurriculums vor. Ein auf der Basis interdisziplinärer wissenschaftlicher Reflexionen aufgebautes System eines Hauswirtschaftscurriculums, das projektbezogen und anwendungsorientiert sein müßte, um damit den Praxisbezug wiederfinden zu können, und außerdem an der Wissenschaft orientiert und durch sie fundiert weiterentwickelt werden sollte, muß erst noch entstehen.

Der private Haushalt sichert im Verbund mit den kollektiven Versorgungsangeboten das Zusammenleben der Menschen in den Primärgruppen im Lebenszyklus. Er ist ein Zentrum zur Bereitstellung unmittelbarer Versorgungsleistungen und hat ein bedeutsames Finanzsystem, das ihn immer vielfältiger verbindet mit dem komplexer werdenden gesellschaftlichen Umfeld. Die Muster für das haushälterische Handeln sind schließlich vielgestaltiger, als es die Vorgaben der Mikroökonomie oder aber naturwissenschaftliche Annahmen nahelegen. Sie bestimmen sich aus den sozialen Beziehungssystemen und den kulturellen Maßstäben, ihren Sinngebungen und Wertsetzungen, welche von Personen, Familien oder sozialen Gruppen akzeptiert und gewünscht und ökonomisch realisiert werden können. So muß die Didaktik eines „neuen" Hauswirtschaftsunterrichts sich einerseits befreien von alten Rezepten und sich hüten vor den Gefahren unreflektierten Erfahrungswissens, sie muß sich aber andererseits auch bewahren vor einer Hypostasierung interdisziplinären wissenschaftlichen Denkens. Zu suchen wäre ein Konzept, das aufbaut auf der Verantwortung, dem Sinn haushälterischer Zwecke und so dafür Sorge trägt, daß mittels der verfügbaren Ressourcen und der vorgegebenen Handlungsspielräume die Daseinsvorsorge in den privaten Haushalten, die personalen Ziele (Lebenserhaltung, Persönlichkeitsentfaltung und Kultur des Zusammenlebens) und die sozialen Erwartungen und Aufgaben (die generative, regenerative und Sozialisationsfunktion) erfüllt, gesichert und verbessert werden, und zwar auf der Basis wissenschaftlicher Erkenntnisse, gesellschaftlicher Wertorientierungen und persönlicher Wünsche und Sinngebungen.

GRÜNER, G.: Die beruflichen Vollzeitschulen hauswirtschaftlicher und sozialpädagogischer Fachrichtung in der Bundesrepublik Deutschland. In: D. berb. S. 30 (1978), S. 627, S. 725 ff. GRÜNER, G.: Die berufliche Vollzeitschule hauswirtschaftlicher und sozialpädagogischer Fachrichtung in der Bundesrepublik Deutschland, Frankfurt/M. 1979. REISEN, R.: Die höhere Fachschule für Hauswirtschaft in Nordrhein-Westfalen. In: Hauswirtsch. u. W. 15 (1967), S. 143 ff. RICHARZ, I.: Neukonzeption des Faches Haushaltslehre im Rahmen von Lehrplanrevisionen. In: Hauswirtsch. u. W. 19 (1971), S. 20 ff. RICHARZ, I.: Lernprozesse für den Lebensbereich Haushalt in verschiedenen Schulformen – Aufgaben der Fachdidaktik. In: Hauswirtsch. u. W. 23 (1975), S. 245 ff. SCHNEIDER, CH.: Analyse hauswirtschaftlicher Berufsausbildung unter bildungspolitischen Zielvorstellungen. In: Hauswirtsch. u. W. 26 (1978), S. 129 ff.

Rosemarie von Schweitzer

Unterricht: Kunst

Bevor über Kunstunterricht gesprochen werden kann, müssen vorab einige Fragen geklärt werden: Liegt im Wort „Kunst-Unterricht" nicht schon ein Widersinn? Was soll mit Kunstunterricht erreicht werden? Welche Definition oder welches Verständnis liegt dem im folgenden verwendeten Begriff „Kunstunterricht" zugrunde? Die Beantwortung dieser Fragen hat mit der Feststellung zu beginnen, daß mit der *Tatsache der Kunst* auch ihre Lehrbarkeit gesetzt ist. Immer schon wurden künstlerische Techniken und Werkregeln künstlerischer Tätigkeit vom Lehrer zum Schüler weitergegeben: Der Gegenstand der Kunst erzwingt gleichsam seine Lehrbarkeit: Will Kunst nicht verlorengehen, so muß sie tradierbar bleiben. Mit dieser These sind jedoch noch nicht die Formen und die Inhalte jeglicher kunstbezogenen Unterweisung beschrieben. Diese sind kontrovers und bleiben im Rahmen der fachdidaktischen Diskussion klärungsbedürftig. Gleichwohl lassen sich die Ziele des Kunstunterrichts zusammenfassend formulieren: Sie bestehen darin, Schülern Zugangsweisen zu ästhetischen Problemen zu eröffnen. Es geht also um die Thematisierung und Erhellung eines Ausschnittes komplexer aktueller und historischer Wirklichkeit, hier der ästhetischen. Schließlich muß vorangestellt werden, daß der Begriff „Kunstunterricht" hier in einem sehr weiten Sinne verwandt wird, um die schulischen Vermittlungen visuell-ästhetischer Sachverhalte zu erfassen. Insofern umgreift der hier gewählte Begriff das Spektrum der bestehenden fachdidaktischen Positionen und die unterschiedlichen Schulfachbezeichnungen der verschiedenen Schultypen und -formen. Lediglich der außerschulische Bereich wird ausgeklammert.

Geschichte der Kunstdidaktik. Die Geschichte ästhetischer Unterweisungen begann im 17. Jahrhundert mit der Gründung von Kunstakademien und Zeichenschulen (vgl. SOIKA 1966, S. 21). Diese hatten die Aufgabe, handwerklich geschickt Arbeitende heranzubilden. Hundert Jahre später entdeckte das aufkommende Bürgertum ästhetische Gehalte als allgemeinen Lehrgegenstand. ROUSSEAU (vgl. 1963) führte im „Emile" Sachzeichnen und Kupferstechen als Erziehungsgegenstand ein. Kunsthandwerkliche Tätigkeit sollte helfen, den vernünftigen, natürlichen Menschen zu entfalten (vgl. CRIEGERN 1975, S. 19). SCHILLER (1975) forderte bereits in seinen „Briefen zur ästhetischen Erziehung" die allseitig entwickelte Persönlichkeit, die letztlich nur im *Spiel* durch die *Kraft des Schönen* sich zu entwickeln vermag. Hier wurde die Ästhetik zum Bildungsgut erhoben. Die beiden Beispiele zeigen die gesellschaftlichen Implikationen des Kunstunterrichts auf. „Kunstunterricht" hieß das Programm desjenigen, der gegen herrschende gesellschaftliche Verhältnisse Sturm laufen wollte, und zwar mit der Forderung nach einer Freisetzung der subjektiven Möglichkeiten des Menschen. Umgekehrt läßt sich Kunstunterricht aber auch affirmativen gesellschaftlichen Zwecken nutzbar machen: Die Ausnutzung der „sinnlichen" Seite des Menschen ist ebensogut zum Zwecke einer „Produzenten-" und „Konsumentenerziehung" denkbar (vgl. BELOW 1974, S. 21 ff.). Das sich damit andeutende Spannungsverhältnis zwischen Qualifikation und ästhetischer Tätigkeit, zwischen Arbeit und Genuß (vgl. HOFFMANN-AXTHELM 1978, S. 695), zwischen Sinnlichkeit und Vernunft blieb für die Entwicklung von Kunstunterricht bestimmend. Sei es in der „musischen Erziehung" (vgl. HARTLAUB 1921, OTT 1949; zur Kritik: vgl. KOSSOLAPOW 1975), sei es im Konzept „Bildende Kunst und Schule" (vgl. ERHARDT 1932, RÖTTGER 1959), sei es in jenen Konzepten, die sich eng an die aktuellen Kunsttendenzen anlehnen (vgl. PFENNIG 1970), oder sei es in der fachdidaktischen Kontroverse der 70er Jahre, immer waren die Widersprüche in und zwischen Konzepten des Kunstunterrichtes „solche der Sache" (HOFFMANN-AXTHELM 1978, S. 695). Insofern ist der Paradigmenstreit in der Fachgeschichte nicht nur rekonstruierbar (hierzu hat sich inzwischen eine „Sozialgeschichte der ästhetischen Erziehung" etabliert – vgl. KERBS 1976), sondern er ist auch produktiv für die Weiterentwicklung des Faches und seiner Didaktik (vgl. OTTO 1978).

Besondere Tragweite kommt der kunstdidaktischen Diskussion der 70er Jahre zu. Aus der Kritik zum Konzept des „rationalen Kunstunterrichts" (OTTO 1971), das wiederum in Abgrenzung zur „musischen Erziehung" entstand, entwickelte sich die „visuelle Kommunikation" (EHMER 1971, MÖLLER 1970). Die historische Leistung des „rationalen Kunstunterrichts" lag darin, den Kunstunterricht nach Maßgabe wissenschaftlicher Kriterien planbar zu machen. Diesem Ansatz bleibt auch die „visuelle Kommunikation" verpflichtet, erweitert aber das Verständnis der Kunst um ihre politische Bedeutung; zugleich werden Massenmedien und Wirkungsforschung als Unterrichtsgegenstände eingeführt. Mit dieser Schwerpunktverlagerung gewinnt der Unterricht eine stärker analytische Komponente, jedoch nicht ohne Verlust der praktisch-produktiven Dimension. Einwände erheben sich nun von zwei Seiten: Einerseits besinnt sich die Fachdidaktik auf ihre Tradition, die sich um die Fachbezeichnung „ästhetische Erziehung" (KERBS 1974, OTTO 1976) gruppiert, andererseits arbeitet die visuelle Kommunikation ihr „praktisches" Defizit auf (vgl. HARTWIG 1976) und entwirft mit dem Konzept „Sehen lernen" ein an den Bedürfnissen der Schüler anknüpfendes, aneignungs- und erfahrungsbezogenes fachdidaktisches Konzept. Hinzu tritt außerdem die „ak-

tionistische Kunstpädagogik", die aber eher für außerschulische Kulturarbeit bedeutsam ist (vgl. MAYRHOFER/ZACHARIAS 1976).

Nun ist bei der fachdidaktischen Debatte immer auch zu bedenken, daß es ihr um eine *allgemeine* ästhetische Erziehung geht, die überhaupt nur im Kontext weiterer Schulfächer denkbar ist. Vom Selbstverständnis der Fachdidaktik her ist in der Primarstufe und in der Sekundarstufe I die Zusammenarbeit mit anderen Fächern unabdingbar. Kunstunterricht deckt einen bestimmten, definierbaren Ausschnitt des Gesamtcurriculums ab. In der Sekundarstufe II hingegen steht der Kunstunterricht vor veränderten Anforderungen. Zwar handelt es sich auch hier um Unterweisungen, die sich an der Bildenden Kunst oder an künstlerischen und gestaltungsbezogenen Techniken und Technologien oder an kunstbezogenen Wissenschaften und Wissenschaftsbereichen (oder an mehreren der drei Bereiche) orientieren; jedoch wird die Breite der Verwendung der im Unterricht erworbenen oder der angestrebten Qualifikationen und Kompetenzen im Gegensatz zur Sekundarstufe I ungleich größer. Im Anschluß an BELOW (vgl. 1977) läßt sich hierzu festhalten, daß die Kunstdidaktik zur Kenntnis nehmen muß, daß im Sekundarbereich II die Spezialisierung relativ weit fortgeschritten ist. Hier werden nicht mehr alle Jugendlichen an eine allgemeine Geschmacksbildung herangeführt, sondern sie erhalten eine relativ spezielle Bildung. Hielte man auch in Zukunft an der Idee einer allen Auszubildenden gemeinsamen visuell-ästhetischen Grundbildung fest, so ergäbe sich ein zentraler Widerspruch, der aus der Struktur unseres Schulwesens resultiert. Sowohl die gymnasiale Oberstufe als auch die systematischen Lehrgänge der berufsbildenden Schulen tendieren eindeutig zur Schwerpunktbildung. Deshalb muß schließlich die kunstpädagogische Theorie untersuchen, „welche Folgen es hat, daß einiges von allen gelernt wird, anderes nur von einigen höher Qualifizierten, und daß wieder anderes Spezialisten vorbehalten bleibt" (BELOW 1977, S. 149). Die Kunstdidaktik hätte also die Unterrichtswirklichkeit und die dahinterstehenden Qualifikationsanforderungen der unterschiedlichen Schulstufen und -typen zu berücksichtigen. So muß sich etwa der Kunstunterricht dem Anspruch der Wissenschaftspropädeutik stellen, wie er für die gymnasiale Oberstufe konstitutiv geworden ist; demgegenüber muß er aber auch – aus dem Blickwinkel des berufsbildenden Schulwesens – berufsqualifizierende Elemente aufweisen. Diese Problemlage erfordert eine differenzierte Situationsklärung, die die gesamte Breite dieser Schulstufe umgreift.

Kunstunterricht in der Sekundarstufe II. Die Sekundarstufe II kennt mannigfache Formen des Kunstunterrichts, die im folgenden beschrieben werden. Dabei ist allerdings zu bedenken, daß ein weites Verständnis von Kunstunterricht angelegt wird, um die Fülle der verschiedenen Formen, den inhaltlichen und methodischen Reichtum des Faches zu erfassen. Sichtet man Lehrpläne, Stundentafeln und Erlasse zur Sekundarstufe II, so ergibt sich folgender Befund: Neben dem Kunstunterricht der *gymnasialen Oberstufe* finden kunstbezogene Unterweisungen statt
– im Fachkundeunterricht gestaltungsbezogener Berufe,
– im Berufsgrundschuljahr „Farb- und Raumgestaltung",
– in der Fachoberschule für Gestaltung,
– in den Berufsfachschulen für „Technische Assistenten (Fachrichtung Gestaltung)",
– in den Fachoberschulen für Sozialwesen und schließlich
– in den Fachschulen für Sozialpädagogik.
Darüber hinaus gibt es Kunstunterricht

auch in aktuellen Reformmodellen im Sekundarbereich II, im *Oberstufen-Kolleg Bielefeld* und im *Kollegschulversuch NW.*
Eine besondere Stellung nimmt der Kunstunterricht der Oberstufe an *Waldorfschulen* ein (vgl. JÜNEMANN/WEITMANN 1976, S. 87 ff.). – Es leuchtet unmittelbar ein, daß die Formen und Inhalte ästhetischer Unterweisungen sich den Bedingungen und Anforderungen des jeweiligen Schultyps und der Schulform angepaßt haben. Daher haben sie nicht nur ein je eigenes Selbstverständnis entwickelt, das sich in unterschiedlichen Fachbezeichnungen ausdrückt, sondern sie müssen auch den Qualifikationsanforderungen des entsprechenden Bildungsgangs gerecht werden. So gesehen umfaßt der Kunstunterricht in der Sekundarstufe II ein breites inhaltliches Spektrum. Hier wird ein Lernfeld abgedeckt, das sich von ästhetischen und kunstwissenschaftlichen Analysen und Interpretationen bis hin zu gestaltungstechnischen, anwendungsorientierten Werkregeln und Fertigkeiten erstreckt.

Berufsbezogener Gestaltungsunterricht. Im *Fachkundeunterricht gestaltungsbezogener Berufe* wie etwa dem Raumausstatter, Schauwerbegestalter oder Keram-Modelleur liegt der Akzent auf fachlicher Unterweisung im jeweiligen Beruf. Indes ist für diese Berufe charakteristisch, daß ihr fachkundliches Lernprogramm nicht allein auf technische Beherrschung und Manipulation von Sachen oder Symbolen zielt, sondern daß sie ebenso allgemeine Verhaltensdispositionen wie Wahrnehmungsfähigkeit, Sensibilität, Kreativität, Geschmack, Form- und Farbgefühl voraussetzen. So gesehen erfordern diese Ausbildungsberufe ansatzweise Kenntnisse von Werkregeln und Fertigkeiten künstlerischer Tätigkeit. Kunstunterricht – hier unter der schulfachlichen Bezeichnung „Fachkunde" oder „Technologie" – erscheint bei den gestaltungsbezogenen Berufen im Gewande anwendungsbezogener, oft kunsthandwerklicher Techniken. Auf der gleichen Ebene ist der Technologieunterricht des *Berufsgrundschuljahres Farb- und Raumgestaltung* anzusiedeln. Ebenfalls ähnlich gelagert ist der Kunstunterricht an den *Berufsfachschulen für Technische Assistenten*. Die dort stattfindenden Unterweisungen in den Fächern „Bau- und Kunstgeschichte", „Farb- und Formenlehre", „Perspektiven- und Freihandzeichnen" sowie „Dekorative Techniken" dienen der unmittelbaren Berufsvorbereitung. Bei diesen Bildungsgängen sind zwei Momente bestimmend: einmal die Orientierung an einem Berufsabschluß, zum anderen die Dominanz der Techniken. Dabei findet aber dieser Unterricht seinen einzigen Bezugspunkt in den beruflichen Anforderungen. Demgegenüber geht der Unterricht an der *Fachoberschule für Gestaltung* weiter. Er greift den Ansatz der Berufsvorbereitung auf und fundiert ihn durch systematischen Rückgriff auf Gestaltungsregeln der Bauhaustradition und auf Designmethodologien. Es geht in den Schulfächern der Fachoberschule für Gestaltung („Gestaltungslehre", „Technologie" sowie „Freies und Konstruktives Zeichnen") einerseits um die technische Beherrschung handwerklichkünstlerischen Regelwissens (GraphikDesign, Produkt-Design), andererseits aber auch um die Ausbildung ästhetischer Kompetenzen wie Raumgefühl, Formbewußtsein und Gestaltungsvermögen. Unterricht in diesem Schultyp steht dennoch stark unter dem Zwang der Anwendungsorientierung, der vor allen Dingen von der nachfolgenden Designerausbildung an der Fachhochschule für Gestaltung ausgeht.

Kunstunterricht in der sozialpädagogischen Ausbildung. Innerhalb des Fächerkanons der *Fachschulen für Sozialpädagogik* nimmt der Kunstunterricht eine wichtige Stellung ein: Sein Anteil umfaßt etwa 11 % der Unterrichtsstunden. Die „musischen" Anteile in den *Fachoberschulen für Soziales* sind demgegenüber geringer. Beide Schulformen sind gleichermaßen durch die Berufsorientierung geprägt, indes sind die Anforderungen unterschiedlich gestellt. Insbesondere der Kunstunterricht an den Erzieherfachschulen soll die Schüler befähigen, mittels künstlerischer Techniken und Fertigkeiten einen sozialen oder sozialpädagogischen Beruf angemessen ausüben zu können. In der Ausbildung bekommt der Kunstunterricht die Funktion, zukünftige Berufstätige im sozialpädagogischen Feld in Methoden und Techniken eines „medialen" oder „therapeutischen" Einsatzes von Kunst einzuführen. Der Kunstunterricht unterliegt damit den Anforderungen einer späteren Berufstätigkeit, die jedoch der Eigengesetzlichkeit der Kunst ihr Recht beläßt. Nach Kossolapow geht es in der Ausbildung zum Erzieher um Interaktionsbezüge, zum einen um den Bezug des Schülers zu sich selber, und zwar in Konfrontation mit künstlerischen Prozessen und Produkten, zum anderen um den Bezug zum Kind über künstlerische Kommunikationsmittel, zum dritten geht es um das Problemkind unter Berücksichtigung der Kunst als therapeutisches Medium, zum vierten schließlich um den Bezug zum Freizeit- und Erholungsuchenden, und zwar mit dem Einsatz gestalterischer Möglichkeiten.

Kunstunterricht in der gymnasialen Oberstufe. Der Kunstunterricht in der gymnasialen Oberstufe hat unbestritten das weiteste Spektrum von Unterrichtsgegenständen und -methoden innerhalb der Sekundarstufe II entwickelt. Dabei kamen die Anstöße von außen, durch eine administrative Entscheidung: Durch die Reform der gymnasialen Oberstufe gemäß der 1972 getroffenen Vereinbarung der Ständigen Konferenz der Kultusminister der Länder in der Bundesrepublik Deutschland (KMK) wurde „Kunst" im „sprachlich-literarisch-künstlerischen Aufgabenfeld" als fünf- bis sechsstündiges Leistungsfach wählbar. Darüber hinaus ist es als zwei- bis dreistündiges Grundkursfach alternativ zur Musik Pflichtfach für alle Schüler der gymnasialen Oberstufe. Mit der Möglichkeit, Kunst als Leistungsfach zu wählen, wurde dieses Fach formal vollkommen den traditionellen Hauptfächern der gymnasialen Oberstufe gleichgestellt. Diese „substantielle Veränderung gegenüber der ungeschriebenen Hierarchie der Abiturfächer" (JENTZSCH 1976, S. 22) ist gewiß nicht unproblematisch: Das Schulfach Kunst muß nun zeigen, daß es ein wissenschaftspropädeutisches Lernprogramm realisieren kann. Weiterhin steht es in der Gefahr, durch überzogene oder einseitige Schülerpräferenzen in den Ruf eines „leichten" Faches zu geraten, welches einen unproblematischen Zugang zur Abiturprüfung ermöglicht. Darüber hinaus muß sich das Fach Kunst der prinzipiellen Begründungsnotwendigkeit von gymnasialen Schulfächern stellen: Mit der Absage an einen inhaltlich präzise fixierten allgemeinbildenden Fächerkanon innerhalb der gymnasialen Oberstufe durch die KMK-Vereinbarung von 1972 wurde jedem Schulfach die Aufgabe zugewiesen, im Fach selbst das Oberstufenziel, vorab die Studierfähigkeit, voll darzustellen, besonders in der Form des Leistungsfaches. Die traditionellen Hauptfächer des Gymnasiums (Sprachen, Mathematik, Naturwissenschaften) können hierzu auf ihre historisch beglaubigte allgemeinbildende und zugleich studienpropädeutische Kraft verweisen. Der Kunstunterricht hingegen war im Gymnasium stets nur Nebenfach, auf „Bildung" hin ausgelegt, nicht aber auf Wissenschaftspropädeutik.

Zwar gab es seit den 60er Jahren Gymnasialtypen („musisches Gymnasium", „pädagogisch-musische" Gymnasien in Nordrhein-Westfalen), in denen ein Achtel bis ein Sechstel der Unterrichtszeit auf Kunstunterricht entfielen, aber deren Oberstufen konnten zumeist auf einen intensiven Kunstunterricht in der Sekundarstufe I aufbauen. Zudem waren es vereinzelte Versuche, die oft in direkter Verbindung mit einer Kunsthochschule oder einem Museum standen. Darüber hinaus bot aber auch der Ansatz dieses Gymnasialtyps keine Möglichkeit zur Entwicklung eines wissenschaftspropädeutischen Konzepts. Mit Beginn der Oberstufenreform gab es somit keine direkten Anknüpfungspunkte. Diese Problematik schlug sich besonders in den ersten Lehrplanentwürfen nieder. Dabei wurden zumeist keine curricularen Strukturen begründet, sondern mögliche Fachinhalte addiert. Hierzu ein Beispiel aus dem Lehrplan „Kunst" in Nordrhein-Westfalen: Er sieht neben den traditionellen Kunstgattungen Malerei, Graphik, Plastik und Architektur auch Aspekte der visuellen Kommunikation sowie des Designs und der Umweltgestaltung vor (vgl. BOSTRÖM 1973). So wichtig die hier vorgenommene Ausdehnung auf weitere Sachbereiche auch ist, diese bleiben unausgewiesen und damit beliebig. Weder wird auf Bezugswissenschaften zurückgegriffen, noch gelingt es, ein curriculares Gesamtkonzept – etwa eine begründete Folge von Leistungskursen – vorzulegen.

Inzwischen hat sich die Situation gewandelt. Mit der Konsolidierung der Reform der gymnasialen Oberstufe ist inzwischen in einigen Bundesländern eine Reihe von curricularen Entwürfen entstanden wie etwa diejenigen von STEHR (vgl. 1979). Neue Probleme gehen von den Normenbüchern aus, die die Möglichkeiten des gymnasialen Kunstunterrichts spürbar einschränken können.

Kunstunterricht in Schulversuchen der Sekundarstufe II. Im Bielefelder Oberstufenkolleg wird ein Ausbildungsgang „Künste" angeboten, in dem Kollegiaten

575

„ein breit gefächertes Spektrum künstlerischer/kunstwissenschaftlicher-kunsthistorischer/kunstpädagogischer Studienrichtungen durch eigene spezialisierte Tätigkeit kennenlernen" sollen (BELOW 1977, S. 156). Da die Ausbildungsgänge des Oberstufenkollegs Teile der Sekundarstufe II und des Grundstudiums der Hochschulen integrieren wollen, muß sich der Kunstunterricht insbesondere an den Inhaltsfeldern und Methoden der Studiengänge im Kunstbereich orientieren. Diese Ausrichtung auf ein Hochschulstudium – die Kollegiaten sollen ein Hauptstudium an einer Universität (im Fach Kunstgeschichte) oder an einer pädagogischen Hochschule, einer Gesamthochschule oder einer Akademie (in einem Studiengang für das Lehramt Primarstufe, Sekundarstufe I und II) aufnehmen können (vgl. BELOW 1977, S. 160) – birgt freilich die Gefahr der Vernachlässigung einer Bezugnahme auf anwendungsorientierte handwerkliche Techniken und Regeln.

Anders stellt sich der Kunstunterricht im *Kollegschulversuch NW* dar. Im Schwerpunkt „Kunst/Musik/Gestaltung", in dem alle künstlerischen und gestaltungsbezogenen Bildungsgänge des Sekundarbereichs II zusammengeführt sind, wird kunstbezogenes Lernen auf drei Ebenen entfaltet: Zum einen werden die produktiven Ansätze des gymnasialen Leistungsfachs „Kunst" aufgenommen und weiterentwickelt (vgl. KLEINSCHMIDT u. a. 1979), zum anderen wird die anwendungsorientierte, berufsbezogene Seite des Kunstunterrichts mit dem Schulfach „Technik: Schwerpunkt Gestaltung" aufgegriffen, und zwar durch Bezugnahme auf die Fachkunden gestaltungsbezogener Berufe und auf den Unterricht der Fachoberschule Gestaltung. Schließlich wird ein Lernfeld angeboten, in dem mit Bezug auf Konzepte des „Projektunterrichts" – für alle Schüler dieses Schwerpunktes verbindlich – ästhetische Aktivitäten im weitesten Sinne organisiert werden.

Diese Auslegung des Kunstunterrichts, die die unterschiedlichen Ansätze der verschiedenen Teilsysteme des Sekundarbereichs II zusammenführt, ermöglicht auch im Kunstbereich schulpädagogisch und didaktisch sinnvolle Doppelqualifikationen wie beispielsweise die eines Technischen Assistenten für Gestaltung zusätzlich zur allgemeinen Hochschulreife.

Ausblick. Der dargestellte heterogene Entwicklungsstand des Kunstunterrichts in der Sekundarstufe II wirft eine Reihe von Problemen auf, die es weiterzubearbeiten gälte: Es gibt bis zum Ende der 70er Jahre keinen systematischen Vergleich curricularer Konzepte von Berufsschule und Gymnasium, wiewohl sich zeigen ließe, daß der Kunstunterricht – etwa in der Gestalt des Zeichenunterrichts – auch der Tradition des beruflichen Schulwesens entstammt (vgl. LIPSMEIER 1971). Da die Kunstdidaktik sich aber bisher fast ausschließlich auf den Unterricht in allgemeinbildenden Schulen bezogen hat, ist ihr ein großer Teil des faktischen Kunstunterrichtes entgangen. Ein weiteres Beispiel: Der Kunstunterricht in der sozialpädagogischen Ausbildung müßte so gestaltet werden, daß er – im Kontext einer beruflichen Qualifizierung – die subjektiven Wünsche und Träume, die die zukünftigen Erzieher mit der Kunst verknüpfen, zuläßt, weil nur so eine produktive Auseinandersetzung mit dem späteren Interaktionspartner möglich wird. Dazu sind aber Bedingungsanalysen und didaktische Kriterien unerläßlich. Auch im Kunstunterricht der gymnasialen Oberstufe müßte das angeführte dialektische Verhältnis curricular ausgearbeitet werden. Gerade hier aber droht dem Fach mit dem Normenbuch „Bildende Kunst" (KMK 1976) die Gefahr einer einseitigen Betonung des Reflektorischen. Dabei gilt generell für den Kunstunterricht in der Sekundarstufe II, daß seine Erkenntnisweisen sich

„im Medium des Machens" (Otto 1979, S. 125) vollziehen. Die drei hier beispielhaft aufgeführten Probleme deuten die Richtung einer Didaktik des Kunstunterrichts der Sekundarstufe II an. Ein stufenspezifischer Beitrag müßte zeigen, daß der Kunstunterricht in der Sekundarstufe II, der sich im Spannungsverhältnis von Wissenschaftspropädeutik und Berufsvorbereitung befindet, nicht allein analytische oder reflektorische Prozesse in Gang setzen darf, sondern einer experimentellen Kunst-Praxis bedarf, wie sie die Moderne Kunst – in Weiterführung des Manierismus – kennt. Der Verweisungszusammenhang

von bildnerisch-gestalterischer Produktion, die spezifisches Regelwissen voraussetzt, von kunsthistorisch fundierter Reflexion und Interpretation und von leibgebundenen expressiven Verhaltensformen könnte dem Kunstunterricht die Möglichkeit eröffnen, auf die tiefgreifenden Veränderungen in der Sekundarstufe produktiv zu antworten. Abzuwarten bleibt freilich, welche didaktisch-curricularen Anstöße die Modellversuche in der Sekundarstufe II hierzu geben können und wie die bislang unbestritten defizitäre Lehrerausbildung im Kunstbereich sich auf die veränderten Anforderungen der Sekundarstufe II einstellt.

BELOW, I.: Ästhetische Erziehung als Bestandteil der allgemeinen Ausbildung am Oberstufen-Kolleg. In: Schulprojekte der Universität Bielefeld, Heft 5, Stuttgart 1974, S. 13 ff. BELOW, I.: Studienbezogene Ausbildung im Fach Künste am Oberstufenkolleg an der Universität Bielefeld. In: RICHTER, H. G./WERMKE, J. (Hg.): Kunst und Literatur auf der Sekundarstufe II, Düsseldorf 1977, S. 144 ff. BOSTRÖM, J. u. a.: Empfehlungen für den Kursunterricht im Fach Kunst. Arbeitsmaterialien und Berichte, Heft 18 II, Düsseldorf 1973. CRIEGERN, A. v.: Kunstdidaktik als gesellschaftliche Fragestellung. In: OTTO, G./ZEINERT, H. P. (Hg.): Grundfragen der Kunstpädagogik. Handbuch der Kunst- und Werkerziehung, Bd. 1, Berlin 1975, S. 15 ff. EHMER, H. K. (Hg.): Visuelle Kommunikation, Köln 1971. ERHARDT, A.: Gestaltungslehre, Weimar 1932. HARTLAUB, F. G.: Der Genius im Kinde, Breslau 1921. HARTWIG, G. H. (Hg.): Sehen lernen. Kritik und Weiterarbeit am Konzept Visuelle Kommunikation, Köln 1976. HOFFMANN-AXTHELM, D.: Ästhetisches Verhalten und Didaktik ästhetischer Erziehung. In: Z. f. P. 24 (1978), S. 693 ff. JENTZSCH, K.: Zur Situation des Faches Bildende Kunst/Visuelle Kommunikation in der Sekundarstufe II. In: BDK-Mitt. (1976), 2, S. 21 ff. JÜNEMANN, M./WEITMANN, F.: Der künstlerische Unterricht in der Waldorfschule. Malen und Zeichnen, Stuttgart 1976. KERBS, D.: Zum Begriff der ästhetischen Erziehung. In: OTTO, G. (Hg.): Texte zur ästhetischen Erziehung, Braunschweig 1974, S. 12 ff. KERBS, D.: Historische Kunstpädagogik. Quellenlage, Forschungsstand, Dokumentation, Köln 1976. KLEINSCHMIDT, R. u. a.: Elementare Probleme der Bildproduktion und -rezeption am Beispiel des Motivs „Fenster". In: Kunst u. U., Sonderheft Denken und Machen, 1979, S. 117 ff. KMK: Einheitliche Prüfungsanforderungen im Fach Bildende Kunst, Darmstadt 1976. KOSSOLAPOW, L.: Musische Erziehung zwischen Kunst und Kreativität, Frankfurt/M. 1975. LIPSMEIER, A.: Technik und Schule. Die Ausformung des Berufsschulcurriculums unter dem Einfluß der Technik als Geschichte des Unterrichts im technischen Zeichnen, Wiesbaden 1971. MAYRHOFER, H./ZACHARIAS, W.: Ästhetische Erziehung. Lernorte für aktive Wahrnehmung und soziale Kreativität, Reinbek 1976. MÖLLER, H. R.: Gegen den Kunstunterricht, Ravensburg 1970. OTT, R.: Urbild der Seele, Bergen (Obb.) 1949. OTTO, G.: Kunst als Prozeß im Unterricht, Braunschweig ³1971. OTTO, G.: Didaktik der ästhetischen Erziehung, Braunschweig ²1976. OTTO, G.: Ästhetische Erziehung. Reformbeitrag, Kontinuität und Wechsel der Paradigmata in einer Fachdidaktik. In: Z. f. P. 24 (1978), S. 669 ff. OTTO, G.: Kommentar. Denken und Machen – unter den Bedingungen der Sekundarstufe II. In: Kunst u. U., Sonderheft Denken und Machen, 1979, S. 125. PFENNIG, R.: Gegenwart der Bildenden Kunst. Erziehung zum bildnerischen Denken, Oldenburg ⁴1970. RÖTTGER, E.: Das Spiel mit den bildnerischen Mitteln, Ravensburg 1959. ROUSSEAU, J.-J.: Emile oder über die Erziehung, Stuttgart 1963. SCHILLER, F. v.: Über die ästhetische Erziehung des Menschen,

Stuttgart 1975. SOIKA, J. A.: Die bildnerische Erziehung an höheren Schulen. In: OTTO, G. (Hg.): Das Malen und die Zugänge zu Werken der Malerei. Handbuch der Kunst- und Werkerziehung, Bd. 4.1, Berlin 1966, S. 18 ff. STEHR, W.: Kursmodelle Kunst. Analysegrundlagen, Kassel 1979.

Arnulf Bojanowski

Unterricht: Landwirtschaft

Begriff. Landwirtschaftlicher Unterricht umfaßt in fachdidaktischer Hinsicht alle Unterrichtsfächer der vertikal und horizontal differenzierten landwirtschaftlichen Bildungseinrichtungen. In vertikaler Hinsicht finden sich die Berufsschulen und andere im Dienst der Berufsausbildung stehende Schulen, die Fachschulen, die höheren Fachschulen, die Fachhochschulen, die Hochschulen und die Einrichtungen der Weiterbildung. Auf jeder dieser Qualifizierungsebenen, also in horizontaler Hinsicht, kann zwischen Bildungseinrichtungen unterschieden werden, die in engerem Sinne auf die Landwirtschaft ausgerichtet sind, und solchen, die ihr mehr oder weniger nahestehen. Zur Landwirtschaft im engeren Sinne zählen die Bildungseinrichtungen und Bildungsgänge, die der Berufsvorbereitung des zukünftigen selbständigen Landwirts dienen oder auf Spezialberufe vorbereiten, die vielfach im Unselbständigenstatus ausgeübt werden, zum Beispiel Tierwirt. Als landwirtschaftsnah, jedoch eigenständig, sind die Bildungseinrichtungen für den Gartenbau, die Forstwirtschaft, den Weinbau, die Fischerei oder die ländliche Hauswirtschaft anzusehen.

Jeder der jeweiligen Lehrpläne weist eine größere Zahl von Unterrichtsfächern auf, so daß damit die horizontale Differenzierung noch erweitert wird. Aussagen, die landwirtschaftlichen Unterricht fachdidaktisch kennzeichnen sollen, müssen deshalb auf einer relativ hohen Abstraktionsstufe Gemeinsamkeiten dieser Unterrichtsfächer zu erfassen suchen. Dabei geht es insbesondere um das Fachziel und die Teilziele mit den ihnen entsprechenden Lerninhalten, um den Umfang der sich so ergebenden Ziel-Inhalts-Komplexe, deren Aufeinanderfolge sowie um die fachspezifischen Aussagen zur Gestaltung des Unterrichts. Das Aufsuchen des fachdidaktisch Gemeinsamen geschieht im folgenden schwerpunktmäßig am Beispiel des landwirtschaftlichen Unterrichts im engeren Sinne.

Ziele des landwirtschaftlichen Unterrichts. Die Ziele des landwirtschaftlichen Unterrichts fügen sich den übergreifenden Zielen aller Bildungseinrichtungen ein: Sie betreffen die Förderung der Fähigkeit zur Selbstbestimmung und die möglichst umfassende Förderung der Verhaltensdispositionen des einzelnen, jeweils unter besonderer Berücksichtigung der Anforderungen des beruflich bestimmten Wirkungsraumes, auf den die betreffende landwirtschaftliche Bildungseinrichtung nicht allein für die Gegenwarts-, sondern gerade auch im Hinblick auf die Zukunftsaufgaben vorbereitet. Die fachdidaktisch bedeutungsvolle Schwerpunktsetzung ergibt sich aus den Anforderungen des Berufes, dem die jeweiligen Unterrichtsfächer dienen sollen, also für den Beruf des Landwirts die Vorbereitung auf die Anforderungen, die mit dieser Tätigkeit verbunden sind. Entsprechendes gilt für die Berufe des Forstwirts, des Gärtners (mit den jeweiligen Spezialisierungen) oder des Weinbauers.

Die Fächer des landwirtschaftlichen Unterrichts orientieren sich zunächst an den zur Verfügung stehenden Wissenschaften, können sich aber nicht mit der

Vermittlung der Inhalte und Methoden geeigneter und auf den Verständnishorizont der Lernenden reduzierter Fachwissenschaften begnügen. Ihrer Zielsetzung wird nur entsprochen, wenn als weiterer Orientierungspunkt die Berufsanforderungen einbezogen werden und bei den Fachzielen und -inhalten der Anwendungsbezug hergestellt wird. Bedeutung haben außerdem die allgemeinen geistigen Fähigkeiten, zum Beispiel die Fähigkeit zum Nutzbarmachen-Können grundlegender Erkenntnisse in spezifischen beruflichen Anforderungssituationen, Planungs- und Entscheidungsfähigkeit, Flexibilität des Denkens oder Lern- und Leistungsbereitschaft, also Ziele, wie sie zum Teil auch mit dem Begriff der Wissenschaftspropädeutik erfaßt werden, sich aber doch bei jedem Beruf in anderer Weise nach Art und Gewicht ausformen und konkretisieren.

Ein weiteres wichtiges Lernziel neben der Aneignung berufswichtiger Kenntnisse und formaler geistiger Fähigkeiten ist der Erwerb der berufswichtigen motorischen Fertigkeiten. Zudem wird der Wirkungsraum, auf den jeweils vorbereitet wird, nicht eng als bloß beruflicher Wirkungsraum verstanden, vielmehr werden auch die sozialen Verpflichtungen des einzelnen und seine politischen Aufgaben zu Zielen des Unterrichts. Lernziel ist weiterhin die Förderung der allgemeinen Kenntnisse und Fähigkeiten. Es dient auch zur Herstellung der Durchlässigkeit zu weiterführenden Bildungseinrichtungen. Damit die einzelnen landwirtschaftlichen Schulen jedoch ihren Eigenwert behalten und nicht zu reinen Durchlaufinstitutionen umgeformt werden, erfolgt dieser Unterricht zum Teil in der Form zusätzlicher Bildungsangebote.

Besondere Aufmerksamkeit verdient die Frage der Zielabgrenzung zwischen den landwirtschaftlichen Bildungseinrichtungen der verschiedenen vertikalen Stufen, also zum Beispiel zwischen Berufsschule einerseits und landwirtschaftlicher Fachschule andererseits.

Auswahl und Reihung der Unterrichtsinhalte. Auch im landwirtschaftlichen Unterricht müssen aus pädagogischen Gründen psychologische Gesichtspunkte beachtet werden. Die Lernvoraussetzungen und Lernmotive der Schüler sind zu berücksichtigen, bei der Auswahl der Inhalte und im methodischen Vorgehen ist zu bedenken, welches Wissen die Schüler in welchen Zusammenhängen und Situationen benötigen werden und erwarten. Weiterhin ist ein das Verstehen begünstigendes, aufbauendes Curriculum notwendig, etwa derart, daß organische Chemie und Bodenkunde vorweggehend mit dem Pflanzenbau verbunden und aufeinander bezogen werden oder daß bei der organischen Chemie ein Bezug zur Tierernährung hergestellt wird. Die geringeren Vorkenntnisse der Schüler auf der Stufe der Berufsausbildung nötigen dazu, hier der Berufspraxis mit ihren Begründungen ein stärkeres Gewicht zu geben, während auf der Fachschulstufe darauf aufbauend die wirtschaftlichen Gesichtspunkte des Pflanzenbaues und der Tierhaltung, die Fragen der Betriebsführung bis zur agrarpolitischen und darüber hinausgehenden politischen und sozialen Verflechtung größeren Raum erhalten.

Die Fülle der möglichen Unterrichtsziele und -inhalte erfordert *Schwerpunktbildungen*. So erfolgt zum Beispiel in der Pflanzenbaulehre eine Ausrichtung auf die in der jeweiligen Region vorherrschenden klimatischen und bodenkundlichen Verhältnisse und die daraus resultierenden pflanzenbaulichen Möglichkeiten. Die Notwendigkeit zur Inhaltsbegrenzung, insbesondere auch im Hinblick auf eine Unterrichtsgestaltung, die es erlaubt, die geistigen Fähigkeiten auszubauen, nötigt dazu, den Umfang der Unterrichtsfächer und ihrer Teilgebiete ebenfalls an den regionalen Gegebenheiten zu orientieren. In einer Gegend, in der die Feldwirtschaft zugunsten der Viehwirtschaft erheblich zurücktritt, wird beispielsweise der Viehwirtschaft mehr Raum im Lehrplan gegeben, bei umgekehrten Verhältnissen erhält der Pflanzenbau mehr Zeit. Dominiert in der betreffenden Gegend wegen der klimatischen Verhältnisse und der Bodenzusammensetzung im Pflanzenbau die Grünlandwirtschaft, so erhält sie innerhalb des Pflanzenbaues größeres Gewicht, dominiert dagegen der Getreidebau, so erhält er mehr Raum. Entsprechendes gilt für die übrigen Themen und Unterrichtsfächer, auch bei der Ausbildung des Gärtners, Weinbauers, Forstwirts und anderer landwirtschaftsnaher Berufe.

Auf die *Reihung* der Lerninhalte eines Unterrichtsfaches wirken sich diese Zusammenhänge so aus, daß in diesem Fach die Themen vorangestellt werden und an ihnen das Grundsätzliche behandelt wird, das im Einzugsbereich der Schule besondere Bedeutung hat. Dominiert zum Beispiel in einem Einzugsbereich innerhalb des Getreidebaues der Anbau des Winterroggens, so steht er am Anfang der Behandlung des Getreidebaues. An ihm wird alles Grundsätzliche des Anbaues von Getreide behandelt. Die übrigen Getreidearten erscheinen nur mit ihren Besonderheiten und in der Reihenfolge und dem Stundenanteil, der den regionalen Gegebenheiten gerecht wird. Entsprechendes gilt für die übrigen landwirtschaftlichen Unterrichtsfächer. Die gleichen Grundsätze werden auch bei den Unterrichtsfächern der übrigen landwirtschaftsnahen Bildungsgänge zugrunde gelegt. Ein weiterer Gesichtspunkt für die Reihung der Lerninhalte ist die Anlehnung an den natürlichen Arbeitsablauf, im Pflanzenbau also etwa die Sortenwahl, die Boden- und Klimaansprüche, die Herrichtung des Saatbettes bis zur Ernte und Verwertung der Ernte; in der Tierhaltung die Wahl der Tierrasse, die Tierbeurteilung, die Zucht, Aufzucht und Haltung bis zur Verwertung der Tiere. Dabei unterscheidet sich die Fachschulstufe von der vorweggehenden Stufe der beruflichen Erstausbildung durch ein stärkeres Einbeziehen der arbeitswirtschaftlichen und betriebswirtschaftlichen Gesichtspunkte.

Die fachspezifische Unterrichtsgestaltung. Das Vorgehen in den einzelnen landwirtschaftlichen Unterrichtsfächern muß in gleicher Weise die Handlungsanforderungen, auf die jeweils vorbereitet wird, wie die Vorbildung und Lernmotive ihrer Schüler berücksichtigen, ebenso die Besonderheiten der für die Fächer maßgebenden Disziplinen, die Erkenntnisse der Unterrichtsforschung und die erwähnten übergreifenden Ziele, zumal sie vornehmlich durch ein geeignetes methodisches Vorgehen gefördert werden können.

Da die Beherrschung des Inhalts von Fachdisziplinen noch nicht das Nutzbarmachen der in ihnen enthaltenen Erkenntnisse gewährleistet, muß der Unterricht die Tätigkeiten oder Probleme zugrunde legen, für die die jeweiligen Lerninhalte eine Hilfe sein sollen. Der Unterricht dient letztlich dem praktischen Verwerten-Können des Erlernten und sucht dazu die im Hinblick auf die Nachhaltigkeit des Unterrichts in einer Zeit laufender Veränderungen wichtige Transferfähigkeit durch Anwendungsaufgaben zu begünstigen. Die damit zum Ausdruck kommende Verbindung von theoretischen Grundlagen und praktischer Anwendung wird in Berufs- und Fachschulen durch den Brückenschlag zur nebenhergehenden praktischen Berufsausbildung oder praktischen Berufsausübung innerhalb des Unterrichts, Besichtigungen von Betrieben, Versuchsfeldbegehungen, Teilnahme an landwirtschaftlichen Veranstaltungen und Lehrlingstreffen sowie – in einigen Bundesländern – durch ein gelenktes Praktikum unterstützt.

HUDDE, W./SCHMIEL, M. (Hg.): Handbuch des landwirtschaftlichen Bildungswesens, München 1965. SCHMIEL, M.: Einführung in fachdidaktisches Denken, München 1978.

Martin Schmiel

Unterricht: Maschinenbautechnik

Maschinenbautechnik als Bedingungskomplex. Fachdidaktische Überlegungen setzen die Existenz eines Unterrichtsfaches voraus, das sich gegenüber anderen durch spezifische Erfahrungs- und Erkenntnisobjekte abgrenzen läßt und sich durch einen für Fortbestand und Weiterentwicklung der Gesellschaft relevanten Lernbereich legitimiert. Während letzteres mit Bezug auf Maschinenbau eine in unserer technisierten Welt eindeutig zu bejahende Frage darstellt, bedarf der zur Kennzeichnung der unterrichtsfachlichen Spezifik herangezogene Begriff der Klärung. Mit *Maschinenbau* ist ein äußerst heterogener und weitverzweigter Produktions und Wissenschaftsbereich bezeichnet. Dieser ist einerseits heute nicht mehr mit dem klassischen, auf rein mechanische Vorgänge abstellenden Maschinenbegriff zu umschreiben, umfaßt andererseits aber auch nicht die Gesamtheit der technischen Systeme, die unter dem weitgreifenden kybernetischen Maschinenbegriff subsumiert werden können. Verzichtet man auf ein neues, allzuleicht ahistorisch geratendes Definiendum für den hier zu explizierenden modernen Vorstellungsinhalt, läßt sich in Erweiterung des klassischen Maschinenbegriffes negativ ausgrenzend und vereinfachend feststellen: Maschinenbau als Gegenstand von Unterricht bezieht sich auf Herstellung, Aufbaustruktur und Funktion von *Maschinensystemen* verschiedenster Art, also auf alle nicht der Elektrotechnik oder Bautechnik zuzurechnenden technischen Systeme. In der vom Einzelteil bis zur kompletten Maschinenanlage reichenden Kompliziertheitshierarchie dieser Maschinensysteme bildet die Klasse der Maschinen im engeren Sinne, Apparate und Geräte (als aus Elementen und Baugruppen bestehende, eine geschlossene Funktion ausübende technische Systeme) einen Ansatz zur Gliederung des gesamten Maschinenwesens nach der primären (!) inneren Wirkungscharakteristik der Maschinensysteme in die drei großen Produktionsbereiche

- *Maschinenbau im engeren Sinne:* Produktion von Maschinensystemen mit technisch nach dem Wirkungsgrad zu bewertendem Energiefluß und -umsatz,
- *Apparatebau:* Produktion von Maschinensystemen mit technisch nach der Qualität zu bewertendem Stofffluß und -umsatz,
  Gerätebau: Produktion von Maschinensystemen mit technisch nach dem Gütegrad zu bewertendem Informationsfluß und -umsatz.

Da Maschinensysteme nicht nur Ergebnis, sondern auch Grundlage industrieller Produktion darstellen, sind sie als Operanden *und* Operatoren technischer Prozesse zu betrachten.

Das maschinenbautechnische Handlungsfeld läßt sich in seiner Differenziertheit auf zwei historisch rekonstruierbare, die gegenwärtigen Produktions- und Wissenschaftstrukturen bestimmende grundsätzliche Differenzierungstendenzen zurückführen. Zum einen ist es die auf Intensivierung des Herstellungsprozesses gerichtete arbeitsteilige Spezialisierung auf bestimmte Handlungsphasen, Fertigungsverfahren oder Teilprodukte, die sich – nach innen gerichtet – auf den gesamten Maschinenbau erstreckt. Dazu parallel verlaufend ist eine Extensivierung zu registrieren, die aus der breiten Absatzverflechtung des Maschinenbaues mit allen

Zweigen der volkswirtschaftlichen Gütererzeugung resultiert und sich demzufolge in einer (die besonderen konstruktiven Anforderungen und latenten Wünsche der Maschinenabnehmer berücksichtigenden) Spezialisierung nach Bedarfsart und Bedarfsträger ausdrückt. Das als Ergebnis dieser weit vorangetriebenen Prozeß- und Produktdifferenzierung anzusehende, sich in einer Vielzahl von Wissenschaftsdisziplinen, Berufen, hochspezialisierten Produktionsstätten und Arbeitsplätzen manifestierende heterogene Bild des Maschinenbaues verdeckt leicht einen didaktisch bedeutsamen Befund: Die von der Produktions- und Wissenschaftspraxis im Zuge der Differenzierungsprozesse zu bewältigenden neuen und immer spezialisierteren Aufgaben ließen je nach Häufigkeit und Anforderungen zwar auch neue berufliche Qualifikationsprofile entstehen, dominant aber blieb das Prinzip der elastischen, auf das maschinenbautechnisch Allgemeine abstellenden Qualifikationsversorgung. Von den gegenwärtig in der Bundesrepublik Deutschland existierenden maschinenbautechnischen Bildungseinrichtungen im Fach- und Fachhochschulbereich zielen etwa 50 bis 80 % auf allgemeine, den Maschinenbau schlechthin betreffende Abschlußqualifikationen. Auf der Ebene der Ausbildungsberufe weisen die Ergebnisse der Arbeitsmarktforschung in die gleiche Richtung. Vor allem die maschinenbautypischen, stark besetzten Berufsgruppen der Schlosser, Mechaniker und Werkzeugmacher stellen mit ihrer betrieblichen Einsatzbreite eine latente Qualifikationsreserve zur Bewältigung der im Zuge technisch-organisatorischer Veränderungen entstehenden Übergangsschwierigkeiten und Stellenbesetzungsprobleme dar. Durch den Trend zur Zunahme „tertiärer" Tätigkeiten und zum weiteren Abbau der Beschäftigungszahlen in spangebenden Berufen infolge Automation oder verbesserter metallurgischer und spanlos formender Verfahren werden auch andere, bisher enger etwa auf einzelne Bearbeitungsverfahren angelegte Qualifikationsprofile stärker auf ganze Verfahrens-, Maschinen- oder Anlagensysteme auszurichten sein.

Zielsetzungen des maschinenbautechnischen Unterrichts. In direkter Anknüpfung an die skizzierte Bedingungslage läßt sich die fachliche Zielperspektive über den diesbezüglich zwischen der Industriegewerkschaft Metall und dem Arbeitgeberverband Gesamtmetall in den „Eckdaten zur Neuordnung der industriellen Metallberufe" vom 5. 9. 1978 festgestellten Konsens ausdrücken. Danach soll eine Berufsausbildung in diesem Bereich dazu befähigen, den erlernten Beruf in unterschiedlichen Betrieben und Branchen auszuüben und artverwandte Berufstätigkeiten auszuführen, sich zwecks Qualifikationserhalts auf neue Arbeitsstrukturen, Produktionsmethoden und Technologien einzustellen und an Weiterbildungs- und Umschulungsmaßnahmen zur Sicherung der beruflichen Qualifikation und Flexibilität teilzunehmen.

Diese von den Qualifikationsverwertungsinteressen der Tarifpartner geleiteten, auf berufliche Mobilität und „lifelong learning" der Arbeitnehmer im maschinenbautechnischen Aufgabenfeld abstellenden allgemeinen Zielsetzungen sind dem Lernenden durch Einsichten in das komplexe Bedingungsgefüge und die Entwicklungsdynamik maschinenbautechnischer Arbeit bewußtzumachen. Die beruflichen Möglichkeiten sollen erkannt und im Hinblick auf den eigenen Lebensentwurf reflektiert und bewertet werden können. Dazu gilt es, die alte berufsschuldidaktische Zielsetzung einer systematischen Vermittlung der Zusammenhänge beruflicher Arbeit ernst zu nehmen und didaktisch-curricular so auszulegen, daß die einzelberuflich notwendige Befassung mit abgezirkelten maschinenbautechnischen Details nicht die Einsicht in das Ganze und in seine soziotechnische Bedingtheit verdrängt. Damit ist nicht nur die Berücksichtigung auch „außertechnischer" Fragestellungen impliziert, sondern zugleich ein fachspezifischer Ansatzpunkt für den in einer reformierten Sekundarstufe II zu realisierenden gleichzeitigen Erwerb fachlicher, humaner und gesellschaftlich-politischer Kompetenz gewonnen. Bei einer fundierten und kritischen Auseinandersetzung mit der eigenen beruflichen Rolle kommen Zielsetzung, Historizität und Entwicklungsprobleme des global verflochtenen, durch Rationalität, Präzision und Fortschritt gekennzeichneten Systems maschinenbautechnischer Arbeit ins Spiel. Über die Internalisierung der daraus für individuelle Entscheidungen und die mitzugestaltende gesellschaftlich-technische Entwicklung sich ergebenden Konsequenzen und Perspektiven sind Erkenntnisse, Einstellungen und Haltungen vermittelbar, die die personale Entfaltung des einzelnen in einem demokratischen Gemeinwesen unter den Bedingungen der technischen Zivilisation allgemein betreffen. Dabei ist schließlich die im Maschinenbau besonders weit vorangetriebene innere Verflechtung, extreme Ausweitung und rationelle Systematisierung von Wissenschaft, Technik und Industrie als Verpflichtung auf eine berufspragmatische *und* wissenschaftspropädeutische Zielsetzungen verbindende Lehre zu begreifen, die sowohl die Kausalität als auch die Manipulierbarkeit maschinenbautechnischer Prozesse aufdeckt und zu einer „elaborierten Handlungskompetenz" führt.

Fachdidaktische Strukturen. Die Diskussion um die didaktisch-curriculare Strukturierung maschinenbautechnischen Unterrichts auf der Ebene der Ausbildungsberufe ist in der Bundesrepublik Deutschland über Jahrzehnte hinweg maßgeblich von der „Frankfurter Methodik" werkkundlichen Unterrichts beeinflußt worden (vgl. SCHMALE 1967). Das hier primär interessierende Merkmal dieses berufsschuldidaktischen Ansatzes, der von einer Zusammenfassung der mathematisch-naturwissenschaftlich fundierten Fächer zur „Werkkunde", deren bildungsplanmäßige Stufung in „Unter- und Oberbau" und einer betont naturwissenschaftlichen Fundierung der Technologie ausgeht, ist die inhaltliche Gliederung des Curriculums in „Stoffgruppen". Diese werden nach einem Ordnungssystem gebildet, das entweder auf maschinenbautechnisch relevante naturgesetzliche Wirkungsprinzipien (vgl. STEIN 1965), auf Arbeiten mit gleicher oder ähnlicher fachpraktisch-grundlegender Problemlage oder auf eine Mischform beider abhebt (vgl. GRÜNER 1975). Die auf diese Ansätze zurückgehenden didaktischen Strukturierungskonzepte sichern ein berufliches Grundverständnis, das den maschinenbautechnischen Arbeitsvorgang durch „objektive" naturwissenschaftlich-technische Gesetzmäßigkeiten begründet sieht. Daß jede Facharbeit auch wirtschaftliche, soziale und ethische Aspekte enthält, wird zwar erwähnt, deren curriculare Berücksichtigung ist jedoch durch das didaktische Ordnungskonzept nicht gesichert. Dies aber ist zu verlangen, wenn durch die geistige Durchdringung maschinenbautechnischer Prozesse der Lernende heute das Denkvermögen entwickeln soll, das ihm auch später auftretende, sich auf Arbeitsgegenstand und Arbeitsplatz auswirkende neue technische Entwicklungen in ihrem umfassenden Begründungszusammenhang zu verstehen gestattet.

Bei der didaktisch-curricularen Strukturierung des Schwerpunktes „Maschinenbautechnik" in der Kollegschule NW wird deshalb von der vorrangigen Überlegung ausgegangen, das breit streuende, branchenübergreifende, stets auf soziotechnische Handlungssysteme zu beziehende Spektrum maschinenbautechnischer Arbeit und den Werdegang eines beliebigen Maschinensystems als ein fachliches Ganzes darzustellen (vgl. Abbildung 1). Die entsprechenden makrodidaktisch-fachlichen Strukturkategorien gehen auf die Systemtechnik und die konstruktionswissenschaftlich konzipierte Theorie der Maschinensysteme von HUBKA (vgl. 1973) zurück und stellen als eine Phasenfolge sowohl die Ablaufstruktur eines Handlungssystems als auch die von der Planungsidee bis zur Liquidation reichende „Genetik" eines beliebigen Maschinensystems dar. Diesen komplexen fachlichen Hauptkategorien ist für die weitere detaillierende Auslegung die methodische Schrittfolge des „Machens" zugeordnet, die als Mikro-Handlungsablaufstruktur die Zielsetzung reflexiven, entscheidungs- und verantwortungsbewußten Handelns qua methodischer Vorgehensweise bei der Lösung phasen- oder objektspezifischer Teilaufgaben bereits in der fachlichen Dimension des Strukturierungsansatzes verankern soll.

Die Dimension der pädagogischen Intentionalität ist in die vom Deutschen Bildungsrat vorgeschlagenen drei Kompetenzkategorien gefaßt. Diese sind im Hinblick auf ihre Verschränkung mit den fachlichen Kategorien zu interpretieren als Kompetenzen zur fachgerechten Lösung maschinenbautechnischer Aufgaben (*fachliche* Kompetenz), zur selbständigen und reflektierten sowie kommunikationsoffenen Reaktion auf vorfindbare und selbst herbeigeführte Situationen (*humane* Kompetenz) und zur verantwortlichen Teilnahme an der technologischen Entwicklung (*gesellschaftlich-politische* Kompetenz). Da mit der makrodidaktischen Explikation der drei (nur analytisch getrennten) Kompetenzen jede mikrodidaktische Entscheidung im Zusammenhang mit Lernzielen, -methoden und -medien nicht der Verpflichtung entbunden ist, sich stets neu vor den allgemeinen Zielen der Kollegschule zu legitimieren, ist ein entsprechender Hinweis (Pfeil in der Abbildung) in den Strukturansatz aufgenommen worden. Die weitere Präzisierung dieses Ansatzes durch Inbeziehungsetzung der fachlichen und pädagogischen Hauptkategorien liefert die makrodidaktische Gesamtstruktur des Schwerpunktes in Form eines (6 × 3 Felder bildenden) Kriteriensatzes für die Lernzielbegründung (vgl. SCHILLING/BADER 1978, S. 160 f.). Eine gleiche Gewichtung der gewonnenen Kriterien für alle Bildungsgänge und bei allen mikrodidaktischen Entscheidungslagen ist damit nicht intendiert, wohl aber die Verantwortung der Lernzielgesamtheit eines jeden Bildungsganges im Schwerpunkt Maschinenbautechnik vor diesem Kriteriensatz.

Die Realisierung eines so breit angelegten Zielsystems durch Kurse und Projekte wird sich an zwei im Zusammenhang zu planenden und sich ergänzenden Grundformen für die Teilcurricula zu orientieren haben. Zum einen wird es um die inhaltliche und methodische Konzentration auf einzelne oder mehrere eng zusammenhängende fachliche Strukturelemente gehen (wie etwa Fertigung und Verwendung), zum anderen um die gezielte Verdeutlichung des komplexen Bedingungsgefüges maschinenbautechnischer Arbeit anhand eines weiter gesteckten, beispielsweise ein Maschinenbauunternehmen als soziotechnisches System und dessen Branchen- und Marktverflechtung erfassenden Analyserahmens.

Bei der fachlich-vertiefenden Behandlung der für die verschiedenen (vor allem ausbildungsberuflichen) Qualifikationsprofile spezifischen Aufgabenstellungen markieren die elementaren Bearbeitungsvorgänge (Transformationen von Operanden) und die Funktionszusammenhänge von Maschinensystemen (als Operanden und Operatoren) eine gegenüber dem makrodidaktischen Strukturierungsansatz stark eingeengt erscheinende inhaltliche Schwerpunkt-

Abbildung 1: Didaktisch-curricularer Strukturierungsansatz für den Schwerpunkt Maschinenbautechnik in der Kollegschule (Quelle: SCHILLING/BADER 1978, S. 156).

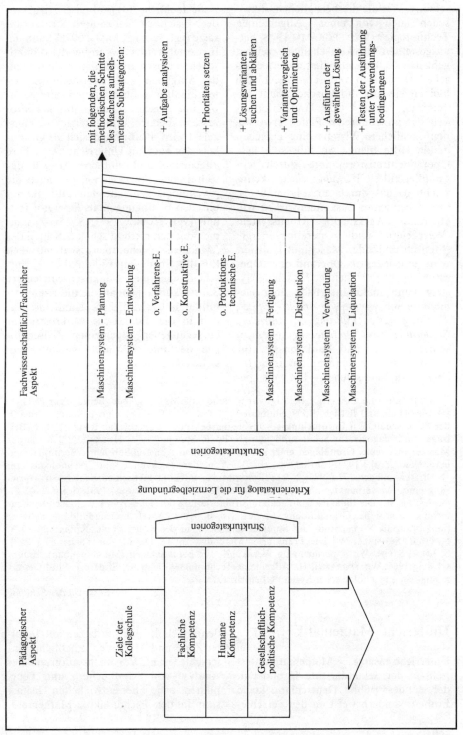

setzung. Wie die diesbezüglichen, inzwischen auch von einer „Allgemeinen Technologie" (WOLFFGRAMM 1978) herausgestellten Strukturschemata zeigen, geht dabei allzuleicht die „außertechnische" Dimension verloren. Gleichwohl bleiben sie aus didaktischer Sicht bedeutsam, weil sie für die Transferierbarkeit des an konkreten Fällen erworbenen fachlichen Wissens eine entscheidende Hilfe bieten. So läßt sich jede Operandentransformation durch ein grundlegendes *Wirkungsprinzip* kennzeichnen, das durch ein planmäßiges, interdependentes Zusammenwirken von Operand (Werkstück), Arbeitssystem (Werkzeug) und Operationsenergie (Mensch und/oder Maschine) realisiert wird; und jedes als Operand oder Operator zu beherrschende Maschinensystem kann makroanalytisch über elementare Subsysteme wie *Arbeits-, Stütz-, Übertragungs-, Führungs-, Antriebs-, Steuerungs-* und *Optimierungssystem* in seiner Aufbau- und Funktionsstruktur erklärt werden. Eine fachdidaktische Inanspruchnahme solcher – für viele spezielle fachliche Fragenkreise existierender – sachlich-elementaren Strukturansätze (vgl. WOLFFGRAMM 1978) kann befürwortet werden, wenn bei der didaktischen Feinstrukturierung entsprechender Aufgaben- und Fragestellungen deren inhaltliche Einbindung in die Komplexität maschinenbautechnischer Prozesse mitbedacht und unterrichtlich ausgelegt wird. Dafür bietet sich als Grundlage das auch im Unterricht benutzbare allgemeine und einfache Modell des technischen Prozesses an, das auch die psychologischen, sozialen und ökonomischen Bedingungen als Operator festhält (vgl. HUBKA 1973, S. 25). Zusammen mit den methodischen Schritten des „Machens" (siehe oben) ist damit auch für die Ebene mikrodidaktischer Entscheidungen eine didaktisch-curriculare Substruktur angebbar, die die Kompatibilität unterrichtlichen Handelns mit den in die didaktische Makrostruktur eingegangenen allgemeinen Zielsetzungen des Faches Maschinenbautechnik sicherstellen hilft.

BONZ, B./LIPSMEIER, A. (Hg.): Beiträge zur Fachdidaktik Maschinenbau. Beiträge zur Pädagogik für Schule und Betrieb, Bd. 9, Stuttgart 1979. GRÜNER, G. (Hg.): Curriculumproblematik der Berufsschule. Zur Entwicklungsgeschichte der Lehrpläne gewerblicher Berufsschulen. Beiträge zur Pädagogik für Schule und Betrieb, Bd. 6, Stuttgart 1975. HUBKA, V.: Theorie der Maschinensysteme. Grundlagen einer wissenschaftlichen Konstruktionslehre, Berlin/Heidelberg/New York 1973. SCHILLING, E.-G.: Von der Fachkunde zur Technologie. In: D. Dt. Ber.- u. Fachs. 71 (1975), S. 118 ff. SCHILLING, E.-G.: Didaktisch-curriculare Strukturierung eines Schwerpunktes „Maschinenbautechnik", Alsbach (Bergstr.) 1981. SCHILLING, E.-G./BADER, R.: Die didaktisch-curriculare Strukturierung des Schwerpunkts „Maschinenbautechnik" und seiner Grundbildung. In: SCHENK, B./KELL, A. (Hg.): Grundbildung. Schwerpunktbezogene Vorbereitung auf Studium und Beruf in der Kollegschule, Königstein 1978, S. 118 ff. SCHMALE, W.: Die Frankfurter Methodik. In: D. Dt. Ber.- u. Fachs. 63 (1967), S. 204 ff. STEIN, W.: Experimentelle Werkkunde für Berufsschulen (Maschinenbau), Braunschweig 1965. WOLFFGRAMM, H.: Allgemeine Technologie. Elemente, Strukturen und Gesetzmäßigkeiten technologischer Systeme, Leipzig 1978.

Ernst-Günter Schilling

Unterricht: Mathematik

Unterrichtsansätze. Mathematikunterricht in der Sekundarstufe II bildet in der Bundesrepublik Deutschland keine Einheit, sondern weist an den verschiedenen Schulformen in bezug auf Inhalte, Ziele und Methoden erhebliche Unterschiede auf. Vor allem aufgrund der Analyse von Schulbüchern und Lehrplänen sowie einer entwickelten Diskussion in der Fachdidaktik Mathematik und der Erziehungswissenschaft können idealtypisch zwei Zwecke von Mathematikunterricht unterschieden werden: Mathematik als „Hilfswissenschaft" für die Lösung außermathematischer Probleme und Mathematik als ein auf sich selbst bezogenes „Bildungsfach". Der Unterricht zur Vermittlung von Inhalten der *Informatik* fügt sich nicht in diese Gegenüberstellung ein und wird im folgenden gesondert dargestellt, obwohl er dem Mathematikunterricht inhaltlich sehr verwandt ist, wenn er nicht sogar ein Teilgebiet mathematischen Wissens behandelt.

Mathematik als „Hilfswissenschaft". Ein von der Fachdidaktik der Mathematik oft vernachlässigter Bereich des Mathematikunterrichts in der Sekundarstufe II ist der manchmal auch unter anderem Namen angebotene Mathematikunterricht an beruflichen Schulen. Der Fachrechenunterricht an (Teilzeit-)Berufsschulen umfaßt meist über drei Jahre – je nach Ausbildungsberuf – ein bis zwei Wochenstunden und wird von der Mehrzahl der Schüler der Sekundarstufe II besucht. Als allgemeines Ziel des Fachrechenunterrichts wird die zahlenmäßige Deutung und Durchdringung einer Fülle von beruflichen Erscheinungen hervorgehoben; Fachrechnen wird unter dieser Zweckbestimmung als Hilfe und Teil des fachkundlichen Unterrichts aufgefaßt. Daneben tritt jedoch auch der Anspruch auf eine allgemeinbildende Funktion dieses Unterrichts, wobei vor allem formalbildende Ziele wie „Erziehung zur Nüchternheit und zum klaren Denken" genannt werden (vgl. GRÜNER 1955, S. 477 ff.). Inhaltlich geht es um folgenden Kern von mathematischen Themen: einfache Arithmetik, Prozent- und Schlußrechnung sowie das Lösen einfacher Gleichungen. Zu diesem Kern treten berufsfeldspezifisch Themen aus der Gleichungslehre, Funktionslehre, Trigonometrie und Geometrie hinzu (vgl. BLUM 1979, S. 20). Aus

Schulbuchanalysen und der in Berufsschulzeitschriften geführten Diskussion um den Fachrechenunterricht geht hervor, daß im Unterricht methodisch vielfach nach dem sogenannten Dreischritt verfahren wird: Klärung des jeweils neu zu erfassenden Sachverhalts, eventuell bis hin zum Erstellen einer Formel, Behandlung einer entsprechenden Musteraufgabe und Einüben mit Hilfe einer Fülle von Aufgaben.

Mathematik spielt hier die Rolle eines in seinen Grundlagen meist unbegriffenen Werkzeuges zur Bewältigung beruflicher Situationen, wobei die Relevanz der so behandelten Situationen für die spätere Berufspraxis des Auszubildenden häufig ungeprüft behauptet wird (vgl. GRÜNER 1955, S. 478; vgl. STRÄSSER 1979, S. 269). An der langen Diskussion um die Vermittlung von Techniken des „Formelumstellens" läßt sich außerdem die Isolation dieser didaktischen Überlegungen von denen der Mathematikdidaktik für die Sekundarstufe I ablesen, obwohl sie sich auf die Vermittlung gleicher mathematischer Sachverhalte beziehen (vgl. STRÄSSER 1980).

Mathematik als „Bildungsfach". Während sich der Fachrechenunterricht an Berufsschulen von der Zielsetzung her an den beruflichen Interessen seiner Schüler orientieren sollte, findet im Mathematikunterricht der Fachoberschulen, beruflichen Gymnasien und gymnasialen Oberstufen eine solche Zentrierung auf die Bedürfnisse des Abnehmers allenfalls am Rande statt. Zwar gibt es in den *Fachoberschulen* einen nach Fachrichtungen ausgelegten Anteil von Mathematikunterricht, der umfänglichere Teil verfolgt jedoch deutlich „allgemeinbildende Ziele". So jedenfalls formulierte es die Ständige Konferenz der Kultusminister der Länder in der Bundesrepublik Deutschland (KMK): „Im Mathematikunterricht der Fachoberschule soll der Schüler einen Einblick in die Problemstellungen, Arbeits- und

Denkweisen, Ergebnisse und Anwendungsmöglichkeiten der Mathematik gewinnen. Insbesondere soll der Schüler erkennen, daß mathematische Theorien geeignet sind, viele Bereiche der Erfahrungswelt quantitativ zu beschreiben und planend zu beherrschen" (KMK 1976, S. 1).

Entsprechend den Rahmenrichtlinien ist in der Fachoberschule (vgl. KMK 1976) die Behandlung der Analysis (Differential- wie Integralrechnung mit einer Einführung in die Funktionenlehre und Stetigkeit) verbindlich vorgesehen; ergänzt wird dieser Themenbereich durch einen Wahlpflichtkurs über Analytische Geometrie/Lineare Algebra, Stochastik oder Finanzmathematik oder andere Stoffgebiete der „Oberstufenmathematik".

Die *Praxis* des Mathematikunterrichts an Fachoberschulen befindet sich in der Schwierigkeit, zugleich Lücken aus der Sekundarstufe I schließen und Ziele aus dem Bereich der Sekundarstufe II erreichen zu müssen. Dieses Dilemma wird noch überlagert von Problemen, die aus der Trennung von Allgemein- und Berufsbildung sowie aus der einseitigen Orientierung an Inhalten und Vermittlungsformen der Gymnasien resultieren. Erst neuerdings zeichnen sich didaktische Ansätze zum Mathematikunterricht an Fachoberschulen unter Berücksichtigung der für sie spezifischen Problem- und Zielstellungen ab (vgl. BLUM 1979, S. 25 f.).

Bei dem Mathematikunterricht an der *gymnasialen Oberstufe* stehen Probleme im Vordergrund, die wesentlich durch die organisatorische Neuregelung der gymnasialen Oberstufe (vgl. KMK 1972) bedingt sind, insbesondere durch das Halbjahres-Kurssystem, die Aufteilung in Pflicht- und Wahlkurse, die Differenzierung nach Grund- und Leistungskursen wie auch durch das Punktesystem zur Leistungsbewertung (vgl. INSTITUT FÜR DIDAKTIK DER MATHEMATIK 1977 a). Durch die Organisationsform der neugestalteten gymnasialen Oberstufe werden die Lernvoraussetzungen innerhalb der einzelnen Lerngruppen so inhomogen, daß eine Beschränkung der Unterrichtsinhalte auf rein mathematische Gegenstände geradezu vorprogrammiert erscheint.

Inhaltlich konzentriert sich das Angebot auf die folgenden Themenbereiche: Analysis (wobei dieses Thema üblicherweise sowohl in Grund- wie in Leistungskursen behandelt wird und von keinem Gymnasiasten ausgelassen werden kann), Lineare Algebra/Analytische Geometrie sowie Stochastik. Die beiden letztgenannten Stoffgebiete können in einzelnen Bundesländern vom Schüler durch vorzeitige Abwahl des Faches Mathematik umgangen werden. Analysis umfaßt die Differential- und Integralrechnung einschließlich einer elementaren Funktionenlehre und der Behandlung von Grenzwert und Stetigkeit sowie der „Anwendung" der Differentialrechnung in der Untersuchung von Funktionen. Der Doppeltitel Lineare Algebra/Analytische Geometrie weist auf die beiden wesentlichen Möglichkeiten einer inhaltlichen Ausgestaltung dieses Themas hin: Entweder steht die Behandlung der grundlegenden strukturellen Aussagen der Theorie von (reellen) Vektorräumen mit Skalarprodukt und Anwendungen in der Lösung linearer Gleichungssysteme und analytischer Geometrie im Vordergrund des Kurses oder die Untersuchung geometrischer Gebilde (vor allem Punkte, Geraden, Ebenen, Kreise, Kugeln) im zwei- oder dreidimensionalen Raum mit Hilfe von Koordinatengleichungen und der Vektorrechnung. *Stochastik* steht für Wahrscheinlichkeitsrechnung und Statistik, wobei dieses jüngste der drei Themengebiete inhaltlich noch nicht festgeschrieben ist. Meist findet man eine Behandlung der Begriffe Ereignis(raum), (relative) Häufigkeit, Wahrscheinlichkeit(sraum), Unabhängigkeit von Ereignissen, Verteilung und Zufallsexperiment, außerdem Gesetze wie die in den Kolmogorov-Axiomen formulierten, eine Behandlung des Produktsatzes für unabhängige Ereignisse sowie die grundlegenden Aussagen der Kombinatorik, häufig auch Bernoulli-Experimente und die Binomialverteilung. Die Kurse enden oft mit Beispielen aus der schließenden Statistik (vgl. STRÄSSER 1977, S. 322). Neben Analysis, Linearer Algebra/Analytischer Geometrie und Stochastik ist zwar in den Lehrplänen noch eine Fülle weiterer Themen genannt, doch spielen diese eine eher untergeordnete Rolle. Zeitlich kommt in der Praxis des gymnasialen Mathematikunterrichts dem Analysis-Kurs das größte Gewicht zu, nämlich zwei bis drei Halbjahre, während für die Lineare Algebra/Analytische Geometrie ein bis zwei Halbjahre und für die Stochastik oft nur ein Halbjahr übrigbleiben. Der einzelne Gymnasiast kann allerdings in einigen Bundesländern das Fach bereits am Ende der Klasse 12 abwählen und wird dann nur mit Analysis, allenfalls noch mit einem weiteren Themengebiet bekannt gemacht. Insgesamt erschwert die Organisation der neugestalteten gymnasialen Oberstufe das Eingehen des Mathematikunterrichts auf die mathematischen Anforderungen anderer Fächer. Die Mathematik kann nur noch selten als eine Wissenschaft dargestellt werden, die in anderen Bereichen Werkzeug zur Lösung dortiger Probleme ist, wie auch schwer verständlich zu machen ist, daß Teile der Mathematik gerade entwickelt worden sind, um Probleme von „Anwendern" lösen zu helfen.

Informatik. Neben den bisher genannten Unterrichtsthemen wird in zunehmendem Maße die Informatik für den Unterricht in den Schulen der Sekundarstufe II bedeutsam (vgl. INSTITUT FÜR DIDAKTIK DER MATHEMATIK 1977 b). Nach Meinung von vielen Informatikern soll es in diesem Unterricht darum gehen, unter Berücksichtigung unterschiedlicher Datenstrukturen *algorithmisches Denken* zu vermitteln, das Lösen womöglich zunächst unübersichtlicher Problemstellungen (von der Analyse über die Konzipierung von Lösungsalgorithmen bis hin zur Realisierung der Algorithmen auf einer Datenverarbeitungsanlage) einzuüben sowie ein Verständnis für die gesellschaftlichen Auswirkungen der neuen Rechnertechnologie zu entwickeln. Mathematiker und Mathematikdidaktiker sind eher der Meinung, daß die wesentlichen Ziele dieses Unterrichts auch in einem veränderten Mathematikunterricht angestrebt werden können. Für den *gymnasialen Bereich* zeichnet sich die Etablierung eines eigenständigen Faches Informatik im Fächerkanon der neugestalteten gymnasialen Oberstufe ab. In vielen Bundesländern ist Informatik bereits als drittes oder viertes Abiturfach sowie als Grundkurs wählbar, wobei dieses Fach dem mathematisch-naturwissenschaftlichen Aufgabenfeld zugerechnet wird (zur Stellung der Informatik in der gymnasialen Oberstufe vgl. HUMPERT/WINKELMANN 1977, S. 344 ff.).

Im *beruflichen Schulwesen* haben – vermutlich aufgrund der technologischen Entwicklung – Themen aus der elektronischen Datenverarbeitung (vor allem im kaufmännischen Sektor) sowie der automatischen Steuerung (im technischen Sektor) schon früher Eingang in den Unterricht gefunden. Diese Inhalte differieren entsprechend den unterschiedlichen Berufsfeldern gegenwärtig zumeist in Aufbau, Terminologie und Schwerpunkt – auch begründet durch die verbreitete Anwendung der Programmiersprache COBOL im kaufmännischen Bereich und der oftmals maschinennahen Programmierung und extensiven Verwendung von Mikroprozessoren im technischen Bereich. In der fachdidaktischen Diskussion zeichnet sich jedoch eine Annäherung dieser Inhalte im Zuge einer stärkeren Betonung grundlegender Konzepte der Informatik ab, nicht zuletzt, um so auf den schnellen technologischen Wandel in diesem Feld besser reagieren zu können (vgl. BALZERT 1977, S. 49 ff.). Die technologische Entwicklung scheint so eine Angleichung der Unterrichtsinhalte des Gymnasiums und der berufsbildenden Schulen zu begünstigen; die Frage nach dem Sinn der Etablierung eines eigenen Faches Informatik bleibt allerdings offen.

Didaktik der Mathematik. Eine Vielzahl der Probleme und Tendenzen des Mathematikunterrichts in der Sekundarstufe II spiegelt sich in der fachdidaktischen Diskussion wider, deren Entwicklung positiv beeinflußt wird durch mehrere deutschsprachige mathematikdidaktische Zeitschriften, auch speziell für die Sekundarstufe II ausgelegte Lehrstühle an Hochschulen, die Gesellschaft für Didaktik der Mathematik (GDM) sowie das überregional und interdisziplinär arbeitende Institut für Didaktik der Mathematik (IDM) an der Universität Bielefeld. Das Schwergewicht mathematikdidaktischer Forschung in der Bundesrepublik Deutschland liegt auf der Konstruktion und Evaluation von Mathematik-Lehrgängen oder Teilen derselben, das heißt der mindestens dem Ziel nach unterrichtsgerechten Zubereitung mathematischer Inhalte. In dieser Art didaktischer Arbeit überwiegen fachwissenschaftliche Argumente; unterrichtliche Gegebenheiten spielen allenfalls in Form von faktischen Einschränkungen eine Rolle. Pointiert formuliert, geht es für diese Richtung der Mathematikdidaktik um ein möglichst getreues Abbild der Fachwissenschaft Mathematik im Mathematikunterricht. Diese Art von *Abbild- oder Stoffdidaktik* hat jedoch bereits LENNÉ (vgl. 1969, S. 282 ff.) einer fundierten Kritik unterzogen.

Neue Impulse gehen von Ansätzen eines „projektorientierten Mathematikunterrichts" (vgl. MÜNZINGER 1977) aus, die die Interessen und Bedürfnisse des Schülers in den Mittelpunkt ihrer Argumentation stellen und vor allem die Tatsache der gesellschaftlichen Verwendung von Mathematik sowie deren Bedingungen und oftmals implizierten Verkürzungen gesellschaftlicher Wirklichkeit ernst nehmen. Vor allem im Rahmen der Diskussion um den Mathematikunterricht an *Gesamtschulen* spielen solche Überlegungen eine große Rolle. Insgesamt deutet sich in der fachdidaktischen Diskussion eine Ausweitung des ehemals engen Verständnisses von Mathematik als Wissenschaft von nur im Kopf der Menschen existierenden Strukturen hin zu einem auch historische und gesellschaftliche Aspekte von Wissenschaft und Wissenschaftsbetrieb umfassenden Fachverständnis an (vgl. STEINER 1978, S. XL). Die Fachdidaktik der Mathematik wird so schon von der Bezugswissenschaft Mathematik her offener für die Berücksichtigung psychologischer, soziologischer und erziehungswissenschaftlicher Erkenntnisse. Dabei gewinnt die Einsicht an Bedeutung, daß die ungeprüfte Übernahme methodologischer Standards der Bezugswissenschaften sich wegen deren Widersprüchlichkeit verbietet (vgl. LENNÉ 1969, S. 281 ff.), die Mathematikdidaktik also eine ihrem Gegenstand angemessene Methodologie entwickeln muß. Zielpunkt könnte eine interdisziplinär verfahrende Didaktik der Mathematik sein, die sowohl die Interessen von Schülern wie die von Lehrern als auch die Bedürfnisse und erforderliche Kritik der Gesellschaft umfaßt. Dies ließe Mathematikunterricht zu einer stärker anwendungsorientierten und die Bezüge zu anderen Disziplinen ernst nehmenden Vermittlung mathematischen Wissens werden.

BALZERT, H.: Einige Gedanken zu Informatiklerninhalten und zur Methodik in verschiedenen Ausbildungsstufen und -bereichen. In: INSTITUT FÜR DIDAKTIK DER MATHEMATIK (IDM) (Hg.): Informatik ..., Bielefeld 1977, S. 49 ff. BLUM, W.: Berufliches Schulwesen. In: VOLK, D. (Hg.): Kritische Stichwörter ..., München 1979, S. 15 ff. GRÜNER, G.: Kritische Untersuchung des Bildungsgehaltes des Fachrechnens an Hand seiner Entwicklung. In: D. berb. S. 7 (1955), S. 474 ff. HUMPERT, W./WINKELMANN, D.: Zur Situation der Informatik in der neugestalteten Oberstufe. In: INSTITUT FÜR DIDAKTIK DER MATHEMATIK (IDM) (Hg.): Übersicht ..., Bielefeld 1977, S. 344 ff. INSTITUT FÜR DIDAKTIK DER MATHEMATIK (IDM) (Hg.): Übersicht zum Stand der Neugestaltung der gymnasialen Oberstufe im Mathematikunterricht in den Bundesländern. Schriftenreihe des IDM, Bd. 8, Bielefeld 1977 a. INSTITUT FÜR DIDAKTIK DER MATHEMATIK (IDM) (Hg.): Informatik im Unterricht der Sekundarstufe II: Grundfragen, Probleme und Tendenzen mit Bezug auf allgemeinbildende und berufsqualifizierende Bildungsgänge. Schriftenreihe des IDM, Bd. 15, 16, Bielefeld 1977 b. KMK: Vereinbarung zur Neugestaltung der gymnasialen Oberstufe in der Sekundarstufe II. Beschluß vom 7. 7. 1972, Neuwied 1972. KMK: Rahmenrichtlinien für das Fach Mathematik in der Fachoberschule. Beschluß vom 5. 2. 1976, Neuwied 1976. LENNÉ, H.: Analyse der Mathematikdidaktik in Deutschland, Stuttgart 1969. MÜNZINGER, W. (Hg.): Projektorientierter Mathematikunterricht, München/Wien/Baltimore 1977. STEINER, H. G.: Einleitung. In: STEINER, H. G. (Hg.): Didaktik der Mathematik, Darmstadt 1978, S. IX ff. STRÄSSER, R.: Stochastik in der neugestalteten gymnasialen Oberstufe. In: INSTITUT FÜR DIDAKTIK DER MATHEMATIK (IDM) (Hg.): Übersicht ..., Bielefeld 1977, S. 312 ff. STRÄSSER, R.: Schulbücher. In: VOLK, D. (Hg.): Kritische Stichwörter ..., München 1979, S. 265 ff. STRÄSSER, R.: Überblick: Mathematik in der Teilzeit-Berufsschule. In: Zentrbl. f. Did. d. Math. 12 (1980), 3, S. 76 ff. VOLK, D. (Hg.): Kritische Stichwörter Mathematikunterricht, München 1979.

Rudolf Sträßer

Unterricht: Musik

Geschichtlicher Rückblick. Der gegenwärtige Musikunterricht ist ein Ergebnis der Reform der gymnasialen Oberstufe von 1972. Diese Reform ist der zweite große Einschnitt in die Fachgeschichte des 20. Jahrhunderts. Der erste war KESTENBERGS (vgl. 1921) Reform des Schulmusikunterrichts in Preußen zu Beginn der 20er Jahre, die von den meisten anderen deutschen Ländern übernommen wurde.

Kestenbergs Reform, deren Auswirkungen bis in die heutige Zeit hineinreichen, ersetzte in den allgemeinbildenden Schulen den Gesangunterricht alter Prägung durch einen Musikunterricht, der kultur- und bildungspolitisch begründet war und sich am Gesamtbereich der Musik orientierte; gleichwohl blieb das Singen auch weiterhin Ausgangs- und Mittelpunkt. Kestenbergs Reformpläne blieben allerdings lange unerfüllt, weil zu wenige Wochenstunden und neuaus-gebildete Lehrer zur Verfügung standen. Auf der dreiklassigen Oberstufe der neunklassigen höheren Schule gab es in der Regel keinen Klassen-Musikunterricht, sondern nur „freie Arbeitsgemeinschaften" mit insgesamt sechs Wochenstunden; auf der Mittelstufe gab es nur einen einstündigen oder gar keinen Musikunterricht; zweistündiger Klassenunterricht wurde, wie schon zuvor, nur in den beiden Anfangsklassen erteilt. So waren die freiwilligen Arbeitsgemeinschaften der Oberstufe, die vor allem auf musikpädagogische Berufe vorbereiten sollten, nur selten fachlich fundiert. Lehrplaninhalte waren Volkslied, Musikgeschichte und -gattungen in Beispielen sowie fächerübergreifende Themen („Querverbindungen").

Die 1938 geänderten Lehrpläne haben nach neuen Forschungen die Tendenzen der Reform Kestenbergs eher gefördert als gehemmt oder ersetzt, auch und besonders auf der Oberstufe. Obwohl die höhere Schule nur noch acht Klassenstufen hatte, wurde die Gesamtstundenzahl des Musikunterrichts verdoppelt: Es gab durchgehend zwei Wochenstunden Klassenunterricht, auch in den drei Jahrgängen der Oberstufe; lediglich auf der Mittelstufe (zwei Jahrgänge) nur eine. Darüber hinaus standen erheblich mehr neuausgebildete Lehrer zur Verfügung; auch die Lehrplaninhalte waren kaum verändert worden und ließen nur wenig von ideologischer Zuspitzung verspüren. Trotzdem nahmen Partei und Staat ganz besonders den Musikunterricht in ihre Dienste, was nicht zuletzt deshalb leichtfiel, weil Konzeption, Bedingungen und Verlauf der Reform ihren politischen Zielen, ungewollt, entgegenkamen.

Deshalb schien es nach 1945 nahezuliegen, mit dem Musikunterricht einfach fortzufahren, wenn man sich auch programmatisch von der Musikerziehung im Dritten Reich distanzierte und dazu aufrief, an die Kestenberg-Reform anzuknüpfen und sie zu vollenden, und zwar in der Bundesrepublik wie in der DDR. Der Unterschied lag allerdings darin, daß der Musikunterricht in der DDR, wie alle Fächer, in den Dienst der sozialistischen Erziehung gestellt, also aufs neue politisch fungibel gemacht wurde, während in der Bundesrepublik in den 50er Jahren eine heftige und nachhaltig wirksame Entideologisierungsdiskussion begann, ausgelöst vor allem durch Adorno. Zunächst aber änderte sich am Musikunterricht in der Bundesrepublik wenig, zumal auf der gymnasialen Oberstufe: Weder Stundentafeln noch Inhalte, noch das unterrichtliche Handeln selbst wurden einer Revision unterzogen. Eine tiefgreifende Änderung des Musikunterrichts auf der gymnasialen Oberstufe brachte erst die Saarbrücker Rahmenvereinbarung der Ständigen Konferenz der Kultusminister der Länder in der Bundesrepublik Deutschland (KMK) von 1960. Sie erlaubte in den Klassen 12 und 13 die Wahl zwischen Kunst und Musik.

Gegenwärtige Situation. Die von der KMK 1972 beschlossene Reform der gymnasialen Oberstufe intendierte eine Enttypisierung der Gymnasien. Eine Folge hiervon war, daß vielerorts die musischen Zweige und die Klassen mit erweitertem Musikunterricht entfielen. Nur in Bayern blieben die musikbezogenen gymnasialen Sonderformen erhalten: die beiden Musikgymnasien mit Internat in Regensburg und in Windsbach und die 32 musischen Gymnasien und Gymnasialzweige, darunter zehn Heimschulen. Von der speziellen Musikausbildung abgesehen, liegt dem Lehrplan des Musikgymnasiums der des altsprachlichen, dem des musischen Gymnasiums der des neusprachlichen Gymnasiums zugrunde. Ab der 7. Klasse (nach der Orientierungsstufe) werden in den musischen Gymnasien ebenfalls drei Wochenstunden Musik erteilt, wobei auch der Pflichtinstrumentalunterricht durch Lehrkräfte der jeweiligen Schule abgedeckt wird.

Ebenso blieb das 1966 eröffnete Kölner Musikgymnasium erhalten, wenn auch in veränderter Form. Es war ursprünglich als eigenständige Schule mit Internat geplant worden, ist jedoch seit 1972 als Ganztagsschule Teil eines allgemeinen Gymnasiums mit Klassenmusikunterricht in den Klassen 5–10 sowie Grund- und Leistungskursen auf der reformierten Oberstufe mit drei beziehungsweise fünf Stunden. Den obligatorischen künstlerisch-praktischen Unterricht erteilen Lehrkräfte der Rheinischen Musikschule. Schulabschluß ist die allgemeine Hochschulreife.

Eine ähnliche Entwicklung nahm das 1965 eröffnete Essener Musische Gymnasium. Ziel aller dieser Sonderformen ist die Erfassung und professionelle Förderung von musikalisch besonders veranlagten Kindern, die bis zu einem gewissen Grade auch schon instrumental vorgebildet sind. Ein Vorbild oder Vorläufer dieser Sonderformen waren die in den 30er Jahren konzipierten musischen Gymnasien, die sich teils auf Kestenbergs Plan eines Musikgymnasiums, teils auf die Traditionen der Leipziger, Dresdener und Regensburger Knabenchoraushildung gründeten. Von den geplanten sechs musischen Gymnasien wurden nur zwei gegründet: das erste 1939 in Frankfurt am Main und das zweite 1941 in Leipzig.

Der Name „musische Gymnasien" ist irreführend, denn in Wirklichkeit waren auch sie Musikgymnasien mit Internat, die schon Grundschüler aufnahmen, allerdings nur nach einer strengen Auslese. Auch ihr Ziel war die Erfassung und Ausbildung musikalisch Hochbegabter. Wer die Erwartungen nicht erfüllte, mußte wieder gehen. Der Lehrplan orientierte sich an dem der Oberschule, allerdings mit sehr verstärkter, teilweise professioneller Musikausbildung. Diese umfaßte ein Sechstel, auf der Oberstufe sogar ein Drittel der Gesamtstundenzahl und wurde von hervorragenden Lehrkräften getragen. Abschluß war die allgemeine Hochschulreife.

Die musischen Gymnasien bestanden bis Kriegsende. In den 60er Jahren wurden in verschiedenen Bundesländern Sonderformen eingerichtet wie „Musische Züge", „Klassen mit erweitertem Musikunterricht" oder „Musikgymnasien". Hervorzuheben sind auch die Landerziehungsheime, die seit Jahrzehnten der Musikpflege besondere Aufmerksamkeit widmen.

Seit Anfang der 70er Jahre wird in Nordrhein-Westfalen ein Schulversuch vorbereitet, der im Bereich der Sekundarstufe II berufliche und gymnasiale Bildung kombiniert und durch ein integriertes Lehrangebot die Möglichkeit eröffnet, sowohl die allgemeine Hochschulreife als auch eine erste Berufsqualifikation zu erlangen. Das gesamte Fächerspektrum des Gymnasiums und der beruflichen Schulen ist gegliedert in 17 „Schwerpunkte"; der Schwerpunkt „Kunst/Musik/Gestaltung" umfaßt die künstlerisch-gestalterischen Fächer und

Berufe. Zentrum der Musikausbildung ist der obligatorische Instrumentalunterricht, der eine wichtige Erfahrungsbasis für die übrigen Lernbereiche bildet und zugleich in sie integriert ist. Neben der Hochschulreife erwirbt der Kollegschüler eine erste berufliche Qualifikation als „Musiziergruppenleiter", die ihn dazu befähigt, Laienmusikgruppen zu leiten, eine Tätigkeit, für die es bisher keinen Ausbildungsgang, jedoch einen großen Bedarf gibt. Der Grundraster der Kollegschulausbildung gleicht im übrigen dem der reformierten Oberstufe des Gymnasiums, vermittelt aber außer den genannten Besonderheiten allen Schülern eines Schwerpunktes eine gemeinsame Grundbildung, die die mit der Spezialisierung drohende fachliche Einseitigkeit und Isolierung verhindern helfen soll. Mit der Verwirklichung des Kollegschulversuchs im Fach Musik wurde 1979 in Düsseldorf begonnen.

Institutionelle und organisatorische Bedingungen. Die von der KMK beschlossene Neugestaltung der gymnasialen Oberstufe ist inzwischen organisatorisch verwirklicht worden. Ziele dieser Reform waren
- die Erweiterung der Wahlmöglichkeiten mit der Absicht, den Neigungen der Schüler stärker entgegenzukommen,
- eine Vertiefung der Lerninhalte durch Konzentration auf weniger Fachgebiete,
- eine bessere Studiumsvorbereitung der Schüler,
- die Steigerung der Abiturientenzahlen.

Um dies zu erreichen, wurde das Fächerspektrum in drei „Aufgabenfelder" gegliedert. Das Fach Musik gehört zum „sprachlich-literarisch-künstlerischen Aufgabenfeld". Es kann wie alle anderen Fächer als Abiturfach gewählt oder wie bisher abgewählt werden. Wenn es gewählt wird, dann entweder als eines von zwei Leistungsfächern oder als eines von zwei weiteren Prüfungsfächern oder als eines unter mehreren Pflichtfächern oder auch, um einige Stunden abzudecken, die noch an der Gesamtpflichtstundenzahl fehlen. Schließlich kann Musik aus reinem Interesse betrieben werden. Als Leistungsfach umfaßt es mindestens ein Drittel, als Prüfungsfach etwa ein Zehntel der vorgeschriebenen Gesamtstundenzahl und als Pflichtfach nur zwischen 6,6 und 3,3 % (das sind zwei Kurse zu je drei Wochenstunden).

Vor allem um eine große Wahlmöglichkeit zu schaffen, sind Parallelangebote erforderlich, die wiederum eine bestimmte Schüler- und Lehrerzahl voraussetzen. Dabei ergeben sich jedoch Schwierigkeiten hinsichtlich des Abstimmens der Wünsche und der systembedingten Forderungen der Schüler, der verschiedenen Kursarten, der Kompetenzen der Lehrer und der erforderlichen und zur Verfügung stehenden Räume und Zeiten, die sich in kleineren Schulsystemen kaum lösen lassen. Gleichwohl sind die Anforderungen in der Abiturprüfung sehr hoch, so daß es nur selten möglich ist, darauf im normalen Schulmusikunterricht bis zur Oberstufe vorzubereiten, der noch dazu nicht selten von Aushilfskräften erteilt wird oder, zumeist in den Mittelstufenklassen, gänzlich ausfällt.

Ziele. Die Lernzielformulierungen spiegeln durchweg die Lernzieldiskussion der 60er und 70er Jahre sowie das Bewußtsein wider, daß Musikunterricht Teil des gesellschaftlichen Umfeldes ist und daß von daher seine Fachziele auf allgemeine Erziehungsziele hin ausgelegt werden müssen. Dementsprechend unterscheiden die Lehrpläne im allgemeinen drei Lernzielebenen: Kursziele, Fachziele und Erziehungsziele. Die vier wichtigsten *Fachziele* sind die Fähigkeit, Klangverläufe zu analysieren, eigenes und fremdes musikbezogenes Verhalten zu verstehen, Methoden zu praktizieren und mit Musik praktisch umzugehen.

Allerdings werden diese Bereiche unterschiedlich gewichtet, besonders im Hinblick auf ihr Verhältnis von praktischen und theoretischen Anteilen; das zeigt sich vor allem an den Kursthemen, ihrer didaktisch-methodischen Ausformung und ihren Zielen. Gleichwohl liegt allen Lehrplänen ein Zielgedanke zugrunde: die Befähigung des Schülers, am Musikleben seiner Zeit teilzunehmen und es womöglich mit zu verändern.

Die übergreifenden *Erziehungsziele* sind in den Lehrplänen unterschiedlich akzentuiert und ausgeformt. Manche Lehrpläne nennen allgemeine Erziehungsziele wie Selbstvertrauen, Kooperationsbereitschaft, soziales Verhalten, Abbau von Vorurteilen ausdrücklich auch für den Musikunterricht, andere verweisen lediglich darauf, daß die für die Oberstufe allgemein geltenden Ziele auch ihn betreffen.

Inhalte. Hauptkennzeichen ist eine Neigung zur musikwissenschaftlichen Totalität; so gibt es Lehrpläne, die nahezu das gesamte Spektrum der Musikgeschichte umfassen. Jedoch strukturieren die einzelnen Lehrpläne die daraus folgende Materialfülle sehr unterschiedlich, etwa mit Hilfe von vier „Betrachtungsbereichen" (Akustik, Ästhetik, Gesellschaft, Musikpraxis); oder es werden umgekehrt die Unterrichtsgegenstände gegliedert in „Kursteile" (Musikpraxis, -geschichte, -leben); oder ein historischer Abschnitt und ein Musikgebiet der Gegenwart werden mit Hilfe „zentraler Prinzipien" (Material von Musik, Kompositionsverfahren, geschichtlicher Wandel) aufgearbeitet; quer dazu stehen „Betrachtungsweisen der Musik" (Musiksoziologie, -psychologie, -geschichte, -ästhetik, -wirtschaft) sowie „Hörerreaktionen und -verhalten". Ein anderes Strukturierungsmodell schließlich will das Beziehungsgeflecht des Sozialfeldes Musikleben als Regelkreis mit den fünf Kategorien Motivation und Absicht, Darstellung und Vermittlung, musikalisches Produkt, Perzeption, Reflexion für den Musikunterricht praktikabel machen durch die Gegenüberstellung von Immanenzbereich (Kategorie Produkt) und Umfeldbereich (die anderen Kategorien).

Probleme. Probleme ergeben sich nicht nur aus dem Verhältnis zwischen den curricularen Konzeptionen und den Bedürfnissen der Schüler, sondern bereits aus den Konzepten selbst. So wird das Postulat der Wissenschaftspropädeutik, das für alle Fächer der Oberstufe gilt, also auch für Musik, mit dem Hinweis auf die Verwissenschaftlichung aller Lebensbereiche und mit der These begründet, die dadurch auftretenden Probleme ließen sich nur mit wissenschaftlichen Methoden lösen. Dabei bleibt die Frage unberücksichtigt, ob es zum Musikbereich nicht vor und jenseits wissenschaftlicher Erkenntnisse Zugänge gibt, die den Schülern neue Erkenntnisse und Erfahrungen vermitteln können. Damit soll nicht auf wissenschaftliche Methoden und Umgangsweisen im Musikbereich verzichtet werden; jedoch muß der Musikunterricht auf der Oberstufe einen Schritt weitergehen, indem er den wissenschaftlich-analytischen Zugriff transzendiert, weil die musikbezogene Umwelt sich vermutlich nur so auch bewältigen läßt.

Darüber hinaus bauen alle Musiklehrpläne bei der Bestimmung ihrer Lernziele auf Roths *Lernbegriff* auf (vgl. DEUTSCHER BILDUNGSRAT 1970) mit seinen Stufen Reproduktion, Reorganisation, Transfer und Problemlösendes Denken/ Kreatives Verhalten, die zugleich die Leistungsmessung dimensionieren. Dieser Lernbegriff ist am Modell diskursiven Denkens orientiert; er birgt deshalb die Gefahr, nichtsprachliche und begriffliche Lernprozesse für kongruent und sogar für identisch zu halten. Damit aber käme der Musikunterricht nie dazu, seine Spezifik und die seines Gegenstandes zur Geltung zu bringen, auch

wenn zu berücksichtigen ist, daß andere Lerntheorien (etwa die Aneignungstheorie Leontjews), die möglicherweise „Lern"prozesse im ästhetischen Bereich besser abbilden können, noch nicht so griffig wie die traditionellen Lernvorstellungen sind.

Schließlich wirft das Postulat der zu erwerbenden Studierfähigkeit und der Berufsbezogenheit auch in bezug auf den Musikunterricht die Frage auf, welche Studiengänge und Berufe er denn vorbereiten soll. Da eine allgemeinbildende Schule nicht auf künstlerische Berufe wie Komponist, Dirigent oder Instrumentalsolist vorbereiten kann, bleiben nur Schulmusik und Musikwissenschaft, damit also – trotz gegenteiliger Beteuerungen in den Lehrplänen – eine Tendenz zur musikwissenschaftlichen Spezialisierung; daher die Frage: Muß Musikunterricht sich nicht von einer allgemeineren, lebensbezogenen Qualifizierung her legitimieren, woraus sich auch anders akzentuierte oder neue Problemstellungen ergeben könnten?

Schüler. Die den Lehrplänen innewohnenden Probleme verschärfen sich noch, wenn man sich die Adressaten des Musikunterrichts, die Schüler mit deren freizeitbedingter musikbezogener Sozialisation, vor Augen hält, unter ihnen viele, die zwar musikinteressiert sind, jedoch keinen Musikberuf anstreben. Die Musikleistungskurse mit ihren besonders hohen Anforderungen werden denn auch zumeist von Schülern gewählt, die sich ihr fachliches Rüstzeug außerhalb der Schule verschafft haben. Demgegenüber nehmen an den zahlreicher besuchten Musikgrundkursen viele nicht aus fachlichem Interesse teil, sondern um ihr Punktesoll in diesem Aufgabenfeld zu erfüllen, oft aber auch, weil sie gar keine andere Wahl haben. So läuft der Unterricht in den Musikleistungskursen Gefahr, ins elitäre Abseits zu geraten, zumal die Zahl der Schüler, die einen solchen Kurs wählen, relativ klein ist; und in aller Regel hat nicht die Schule, sondern das Elternhaus es ermöglicht, sich musikalisch – besonders instrumental – ausbilden zu lassen. Dadurch sind die meisten überhaupt erst in der Lage, den hohen Anforderungen auf der reformierten Oberstufe zu genügen.

Lehrer. In einem oft krassen Widerspruch zur musikbezogenen Sozialisation der meisten Schüler steht im Regelfall die des Musiklehrers. Diese ist geprägt von seiner Zugehörigkeit zu einer bestimmten Sozialschicht, für die musikalisches Tun eine hohe Wertigkeit hat, von den innerfamilialen Rahmenbedingungen, die ihm den Erwerb instrumentaler Fertigkeiten ermöglichten, und den spezifischen situativen Gegebenheiten, die ihm ein ausgewähltes musikalisches Repertoire zugespielt haben. Alles dies macht seine Kompetenz aus, die mitbestimmend ist für seine Stellung im Kollegium, gegenüber Schulbehörden, Schülern und Eltern, aber auch für das Ansehen des Faches an seiner Schule. Entscheidend für Selbstverständnis und Kompetenz des Musiklehrers ist jedoch seine Ausbildung. Der Gymnasialmusiklehrer hat in aller Regel ein Schulmusikstudium an einer Musikhochschule absolviert, die erste Phase der zweiphasigen Lehrerausbildung. In diesem künstlerischen Studium, das – außer in Bayern – durch das Studium in einem nichtkünstlerischen Schulfach („Beifach") ergänzt wird, ist die fachliche, insbesondere die instrumentale Ausbildung Basis und Mittelpunkt und bestimmt es vom Umfang und vom Niveau her entscheidend. Aufnahmeprüfung und Schlußexamen stellen vor allem hohe künstlerisch-praktische Anforderungen.

Den Mangel an berufspraktischer Orientierung und an pädagogisch-didaktischer Ausbildung kann die zweite Phase, das Referendariat, kaum beheben; denn hier trifft der Referendar auf Schüler mit einer musikbezogenen Sozialisation, die in erster Linie freizeitbedingt und -orientiert ist und sich zu einer Jugendkultur verdichtet hat, welche zwar stark von der Musik bestimmt wird, nicht aber ein spezifisch musikalisches Interesse und Engagement bei Jugendlichen hervorruft, das den Interessen und Fähigkeiten der meisten Musikreferendare entsprechen würde. Hier können auch die ausbildenden Fachlehrer und Fachleiter nur selten helfen, weil viele von ihnen vor denselben Problemen stehen und noch nach einer Lösung suchen.

Es muß allerdings bezweifelt werden, ob die seit der Kestenberg-Reform 1922 praktizierte Musikhochschulausbildung von Gymnasialmusiklehrern die genannten Probleme überhaupt wird lösen können. Zwar wurde in den 70er Jahren das Lehrangebot für diese Ausbildung zum Teil erheblich erweitert, vor allem durch Einrichtung neuer Stellen. Ob damit die Ausbildung entsprechend den völlig veränderten Bedingungen (in Gesellschaft und Musikleben, in Schule und Unterricht, durch Massenmedien und Jugendkultur, im Verhältnis zwischen den Generationen) eine neue Konzeption mit neuen Zielen, Inhalten und Verfahren erhalten hat, muß ebenso bezweifelt werden. Eine neue Konzeption müßte die Ausbildung vor allem stärker auf die künftige Berufspraxis hin orientieren: in künstlerisch-praktischer, pädagogisch-psychologischer und didaktisch-methodischer Hinsicht; Rückwirkungen auch auf Form und Beurteilungskriterien der Aufnahme- und der Abschlußprüfungen ergäben sich dann nahezu zwangsläufig. Ansätze hierzu gibt es seit Mitte der 70er Jahre in einigen Ausbildungsgängen außerhalb der Musikhochschulen (Stufenlehrerausbildung Universität Bremen, Modellversuch Einphasige Lehrerausbildung an der Universität Oldenburg, Zusammenarbeit zwischen dem Oberstufen-Kolleg Bielefeld und der Musikhochschule Detmold wie auch der Universität Bielefeld).

„Heimlicher" Lehrplan. Die genannten Aspekte haben gezeigt, daß zum einen Musikunterricht (wie jeder Unterricht) sich in einem Spannungsverhältnis von handelnden Personen und Gruppen in einem vorgegebenen Bedingungsrahmen vollzieht, daß zum anderen auch die subjektiven Faktoren zu objektiven Gegebenheiten werden, die die institutionellen Bedingungen (wie Ziele, Inhalte, Verfahren der Oberstufenreform) verstärken, aber auch unterlaufen oder neutralisieren können, beispielsweise, indem ein Musiklehrer sich eher als Anwalt der Schüler sieht, ein anderer eher als Vertreter der Schule, ein dritter als Konkurrent seines Fachkollegen.

Organisatorische oder curriculare Innovationen zielen auf die Verwirklichung von bildungspolitischen Programmen, zumindest auf die Beseitigung von Defiziten. Dabei entstehen – bedingt durch einseitige Akzentuierung der Vorschläge und ihrer Verwirklichung – häufig neue Defizite; vor allem aber ändert sich die unterrichtliche Wirklichkeit, auf die eine Innovation gerichtet ist, zumeist unmerklich; oft versteift sie sich sogar, so daß Neues zunächst nur partiell und parallel zum Herkömmlichen entsteht und besteht. Daraus folgt, daß Wirksamkeit und Wirkung nicht nur von Reformen, sondern von Schule und Unterricht überhaupt, weithin überschätzt werden. Dies gilt auch und besonders für den Musikunterricht. Die meisten Schüler gehen in ihrer Freizeit mit Musik um, die sich vor allem an den Jugendlichen wendet, ihm jedoch nicht in seiner Rolle als Schüler, sondern ihm – tatsächlich oder nur scheinbar – außerhalb der Schule und seiner Schülerrolle Hilfe bietet, mit seiner Lebenssituation besser fertig zu werden. Damit wird sie von vielen als ihre Musik betrachtet, die mit Schule und Unterricht nichts gemein und dort nichts zu suchen hat; vor allem aber gehen sie mit dieser *Jugendmusik* gar nicht unter musikalischen Aspekten um, wie es das Anliegen des Musikunterrichts wäre, besonders auf der gymnasialen Oberstufe. Das heißt: Der Unterricht wendet sich entweder an solche Schüler, die in ihrer Freizeit mit ganz anderer Musik und ganz anders mit Musik umgehen, oder an solche Schüler, die – gleichsam als Außenseiter der Jugendmusikkultur – in der tradierten und eher elitären Musikkultur leben und sich darauf vorbereiten, diese möglichst heil und unbeschädigt im Konzert- und Medienbetrieb zu reproduzieren.

Auswirkungen der Oberstufenreform. Wie viele andere Reformvorhaben in der Bundesrepublik Deutschland stagniert seit Ende der 70er Jahre auch die Oberstufenreform. Das liegt sowohl in den teils politisch, teils finanziell bedingten Restriktionen als auch in ihrem System und Konzept selbst begründet. Die Enttäuschung darüber ist vielfach auch deshalb so herb, weil die gut begründeten Reformpläne der 60er Jahre große Hoffnungen weckten und auf viele wie eine Befreiung von den Restitutionsbestrebungen der ersten Jahrzehnte nach dem Zusammenbruch des „Dritten Reiches" gewirkt hatten und eine wirkliche Innovation versprachen: Vergrößerung der Chancen für sozial Benachteiligte, bessere Vorbereitung auf die Berufsausbildung, Vertiefung des Lernens durch Schwerpunktsetzung, stärkere Berücksichtigung von Interessen und Neigungen durch individuelle Auswahl aus mehreren parallelen Angeboten, Leistungsnachweise in konkreten Arbeits- und Lernzusammenhängen anstelle von nur einer oder zwei Abschlußprüfungen, weitgehende Gleichberechtigung aller Schulfächer als Abiturfach.

Diese Erwartungen wurden bisher nicht erfüllt. So sind viele musikbezogene Themen vor allem der Leistungskurse in einem verengten Sinne theorielastig, wohl um dem Prinzip der Wissenschaftlichkeit zu genügen, außerdem so speziell und anspruchsvoll, daß die damit verbundenen Anforderungen nur von solchen Schülern erfüllt werden können, die entsprechend musikalisch vorgebildet sind. Viele Kursthemen lassen auch auf einen mißverstandenen Wissenschaftsbegriff schließen: nicht Kennenlernen und Erproben von Methoden der Theoriebildung auf der Grundlage eigener konkreter Erfahrungen zur besseren Lebensbewältigung, sondern abstrakte Theorie, oft genug Musiktheorie und Aspekte der Musikwissenschaft – gleichsam „Musik aus dritter Hand". Die damit verbundene Spezialisierung birgt die Gefahr einer Verengung, aber auch einer Selbstüberschätzung. Ein einseitiges „Theoretisieren" im Musikunterricht bietet zudem kaum Chancen für solche Schüler, die vielfältige und differenzierte musikpraktische Erfahrungen außerhalb der Schule und jenseits des etablierten bürgerlichen Musikbetriebs gesammelt haben. So spricht der Musikunterricht in vielen Fällen nur bestimmte Schüler an, und deren Anzahl ist so gering, daß sie meistens gerade einen Musikkurs bilden können. Damit aber entfallen alternative Angebote und Wahlmöglichkeiten. Verschärft wird die Situation durch die von fachlichen Vorlieben und Abneigungen des Lehrers beeinflußte Themenauswahl, aber auch durch den Zwang, Leistungspunkte zu sammeln für die Zensur, die wiederum ein wichtiger Bestandteil der Durchschnittsnote des Abiturzeugnisses sein kann; und diese entscheidet über Ausbildungs-, Berufs- und Lebenschancen mit. Deshalb treten auch im Musikunterricht die aus anderen Fächern bereits bekannten Phänomene auf: Anpassung, Verweigerung, Versagen.

Tendenzen der Oberstufenreform für den Musikunterricht. Die zum Erreichen der Reformziele erforderliche Schulorganisation droht zur Überorganisation zu wuchern, die den angestrebten Spielraum einschränkt. So entsteht bei organisatorischer Verselbständigung der Schulstufen die Gefahr einer inhaltlichen Isolierung; damit geht aber auch das Bewußtsein verloren, Teil und Funktion eines größeren Ausbildungszusammenhangs zu sein. Die Binnenstruktur wird „vereinfacht": Vorsemester und Prüfungssemester entfallen, die Versetzung nach Klasse 12 wird wieder eingeführt, wo die noch verbliebenen vier Kurssemester beginnen; vielversprechende, von der KMK geförderte Schulversuche wie das Bielefelder Oberstufen-Kolleg werden amputiert (obligatorische Abiturprüfung anstelle eines alternativen Zugangs zum Studium).

Ähnliches ist auf der Hochschulebene zu beobachten. Die steigenden Studentenzahlen hatten eine erhebliche Vermehrung der Stellen zur Folge, die nach Fachrichtungen differenziert besetzt wurden, nachdem vielfach jahrzehntelang die Musiklehrerausbildung von nur einem oder zwei schulerfahrenen Dozenten geleitet oder betrieben worden war. Ausweitung und Arbeitsteilung aber machen die Integration der Ausbildungskomponenten noch dringender. Dennoch ist bisher, wenn man von den zuvor erwähnten neuen Ansätzen absieht, nirgends eine neue, angemessene Konzeption erkennbar; vielmehr gibt es noch immer Schulmusikabteilungen, in denen sogar die didaktische Ausbildung am Rande und fakultativ betrieben wird. Leidtragende sind die Studenten, während ihrer Ausbildung und später als Lehrer: Sie müssen ihr in immer kürzerer (Regel-)Studienzeit erworbenes, immer stärker spezialisiertes Wissen zu einer einheitlichen Vorstellung integrieren, um in der Unterrichtspraxis handlungsfähig zu sein – ein fast aussichtsloses Unterfangen. Und wirkliche Alternativen wie der Oldenburger Modellversuch zur einphasigen Lehrerausbildung wurden nicht zuletzt aus politischen Gründen gestoppt, bevor sie überhaupt Gelegenheit hatten, über einen angemessenen Zeitraum hinweg sich in der Praxis konkurrierend zu bewähren.

In Schule und Unterricht erwarten den

Lehrer ständig steigende fachliche Anforderungen und erzieherische Schwierigkeiten. Dem sind viele nicht gewachsen, auch weil das Studium sie darauf nicht vorbereitet und ihnen keine Lösungen an die Hand gegeben hat. Deshalb weichen nicht wenige Lehrer auf theoretische Themen aus, deren Lernergebnisse angeblich meßbar sind und die sich mit der Forderung nach Wissenschaftspropädeutik begründen lassen. Andere beschwören schon wieder die musische Erziehung mit der Begründung, die Lernzieldiskussion der 70er Jahre habe versagt. Dabei meint man, sich auf dieses von einer breiten Öffentlichkeit, vor allem von Elternverbänden immer lautstärker vertretene (wenn auch sachfremde) Schlagwort berufen zu können, bemerkt aber nicht, wie sehr die Abkehr von Reformen in einen reaktionären Konservatismus umzuschlagen droht, zumal umfangreiche Forschungen nachgewiesen haben, daß die musische Erziehung – unbeabsichtigt – mit ihrer antirationalen, antiintellektuellen, antitechnischen, theoriefeindlichen und antidemokratisch-elitären Programmatik und Praxis faschistoide Tendenzen in sich barg.

Perspektiven der Oberstufenreform für den Musikunterricht. Solchen Tendenzen gilt es zu begegnen, fachdidaktisch nach innen und fachpolitisch nach außen. Die *Fachdidaktik* sollte dafür sorgen, daß die Befriedigung des offenkundig starken Verlangens Jugendlicher nach aktivem Musizieren nicht auf Spezialgruppen (Schulchor, -orchester, Bands) oder auf ihren Freizeitbereich beschränkt bleibt, sondern in den Unterricht des Klassen- oder Kursverban-

des einbezogen wird. Dieser Unterricht muß sich stärker als bisher orientieren an der Musik der Schüler, aber auch alternative musikpraktische Erfahrungen ermöglichen; er muß, vor allem auf diesem Wege, Emotionen und Affekte wecken und den Wunsch danach befriedigen, jedoch nicht, wie die Musische Erziehung, bar jeder kritischen Reflexion und jenseits der musikalischen Wirklichkeit, sondern auf die gesellschaftliche Realität hin und durch den Filter kritischer Reflexion hindurch. Ziel muß das Erleben von Musik sein, aber auch die Einsicht in ihren Gebrauchswert. Dabei sollten Interaktionen und gruppendynamische Prozesse wichtiger sein als stoff- und inhaltsbezogene Zielsetzungen. Darauf muß die Musiklehrerausbildung gezielt vorbereiten; desgleichen muß die Lehrerfortbildung für die schon praktizierenden Lehrer ausgebaut und umgestellt werden, und zwar stärker in der Form eines Zusammenwirkens von Schule und Hochschule.
Die *Fachpolitik* sollte auf die öffentlich erhobene Forderung nach mehr künstlerischem Unterricht – als Ausgleich von Leistungsdruck und Schulstreß – mit verstärkter Aufklärung über Ziele und Verfahren eines Musikunterrichts für alle reagieren und sich nicht darauf beschränken, immer nur auf musikalische Erfolge weniger, besonders geförderter Schüler bei musikalischen Wettbewerben oder in Jugendorchestern hinzuweisen. Sie muß aber auch, nicht zuletzt mit Hilfe musikpädagogischer Forschung, Öffentlichkeit und Bildungspolitiker aufklären über systembedingte Fehlerquellen, die nur durch politische Entscheidungen zu beseitigen sind.

BOJANOWSKI, A./GÜNTHER, U. (Hg.): Musikunterricht in der Sekundarstufe II, Königstein 1979. BRAUN, G.: Die Schulmusikerziehung in Preußen von den Falkschen Bestimmungen bis zur Kestenberg-Reform, Kassel/Basel 1957. BUCHHOFER, B. u. a.: Musik und Sozialstruktur. Theoretische Rahmenstudie und Forschungspläne, Köln 1974. DEUTSCHER BILDUNGSRAT (Hg.): Strukturplan für das Bildungswesen. Empfehlungen der Bildungskommission, Stuttgart 1970. GÜNTHER, U.: Die Schulmusikerziehung von der Kestenberg-Reform bis zum Ende des Dritten Reiches, Darmstadt 1967. GÜNTHER, U./RAUHE, H.: Musiklehrerausbildung an der

Universität. Ein Konzept in der Diskussion, Stuttgart 1974. HÖHNEN, H. W. u. a. (Hg.): Entwicklung neuer Ausbildungsgänge für Lehrer der Sekundarstufen I und II im Fach Musik, Regensburg/Mainz 1978. JOST, E.: Sozialpsychologische Faktoren der Popmusik-Rezeption, Mainz 1976. KESTENBERG, L.: Musikerziehung und Musikpflege, Leipzig 1921. KMK: Vereinbarung zur Neugestaltung der gymnasialen Oberstufe in der Sekundarstufe II. Beschluß vom 7. 7. 1972, Neuwied 1972. KNOLLE, N.: Populäre Musik in Freizeit und Schule, Diss., Oldenburg 1979. PAPE, W.: Musikkonsum und Musikunterricht. Ergebnisse, Analysen und Konsequenzen einer Befragung von Hauptschülern, Düsseldorf 1974.

Ulrich Günther/Hermann J. Kaiser

Unterricht: Naturwissenschaften

Zur Geschichte des naturwissenschaftlichen Unterrichts. Bis weit in das 19. Jahrhundert hinein war der naturwissenschaftliche Unterricht an den Gymnasien an der Fundierung der philosophischen Unterweisung und des Unterrichts in der angewandten Mathematik orientiert. Die Industrieschulen hingegen erfüllten ihre Funktion der Disziplinierung der Kinder der Bevölkerung der unteren Stände im Hinblick auf repetitive Teilarbeit in der Manufaktur und Industrie durch Einübung in wenige Fertigkeiten und – durch Kinderarbeit – in den Status ökonomischer Abhängigkeit. Vereinzelte Ansätze zu einem naturwissenschaftlichen Unterricht, der die Leistungsfähigkeit naturwissenschaftlich-technischer Arbeit thematisierte und damit an der Verwertung im bürgerlichen (und militärischen) Leben interessiert war, zeigten sich in den Ritterakademien und bei der Gründung von Realschulen (1708 in Halle, 1747 in Berlin). Die fortschreitende industrielle Entwicklung des 19. Jahrhunderts förderte zwar mit der Gründung technischer Fachschulen und der Überführung von Lateinschulen in Realschulen den naturwissenschaftlichen Unterricht; er blieb jedoch auf die Fundierung technischer Einzelkenntnisse in Spezialgebieten beschränkt; anders als in Frankreich, das an der École Polytechnique die Stimulierung der modernen technologischen Entwicklung durch einen wissenschaftsorientierten Unterricht zum didaktischen Prinzip machte (vgl. BLANKERTZ 1969, S. 21 ff.), blieb die schulische Vorbereitung auf gewerblich-technische Berufe in Deutschland auf die Einführung in bereits entwickelte Techniken beschränkt.

Die Realschulen wiederum orientierten ihren naturwissenschaftlichen Unterricht im Kampf um die zu Beginn des 20. Jahrhunderts erreichte Anerkennung der Gleichwertigkeit mit den Gymnasien an deren Prinzipien von allgemeiner Bildung. Diese Anpassung mußte die didaktische Begründung des naturwissenschaftlichen Unterrichts notwendig in einen Widerspruch zur realen Entwicklung der Naturwissenschaften selbst bringen. Denn wenn zwar die Beschäftigung mit der Natur als eine die Persönlichkeitsentwicklung fördernde Ergänzung der humanistischen Bildung interpretiert werden konnte, so mußte jedenfalls der auf aktive Beherrschung der Natur zielende Impetus der Naturwissenschaften ausgeblendet, ja als nicht vorhanden erklärt werden: Der naturwissenschaftliche Unterricht schien nur legitimierbar zu sein, wenn er – wie vorgeblich auch seine Bezugswissenschaften – allein auf Erkenntnis, nicht auf technologisch-ökonomische und berufliche Verwertung ausgelegt war. Die didaktische Schwäche dieses Programms begünstigte ein pädagogisch wenig ergiebiges, da material-szientistisches Bildungsverständnis, das die Ziele des naturwissenschaftlichen Unterrichts allein aus den Fachwissenschaften abgeleitet wissen wollte. Besonders prägnant fand sich diese Auffassung noch in der

1958 vorgelegten Denkschrift der AR-BEITSGEMEINSCHAFT DEUTSCHE HÖHERE SCHULE: „Bildungsauftrag und Bildungspläne der Gymnasien". Sie stand, ohne daß die Autoren sich dessen bewußt waren, im Widerspruch zur neuhumanistischen Bildungstheorie, die – wie vage auch immer – für das Gymnasium beansprucht wurde. Der doppelte Widerspruch – zur gesellschaftlichen Funktion der Naturwissenschaften *und* zur bildungstheoretischen Legitimation des Gymnasiums – ließ fruchtbare Perspektiven für eine Fachdidaktik kaum zu. Das mag dazu beigetragen haben, daß 1960 die Neuordnung der gymnasialen Oberstufe durch die Saarbrücker Rahmenvereinbarungen (vgl. KMK 1963) eine erhebliche Kürzung des naturwissenschaftlichen Unterrichts in der gymnasialen Oberstufe nach sich zog.

Indessen ist die Förderung des naturwissenschaftlich-technischen Unterrichts, die Mitte der 60er Jahre mit der Förderung der naturwissenschaftlichen Curriculumentwicklung einsetzte und mit einem Beschluß der Ständigen Konferenz der Kultusminister der Länder in der Bundesrepublik Deutschland (vgl. KMK 1978) das Unterrichtsvolumen in den naturwissenschaftlichen Fächern der Gymnasien wieder ausweitete, nicht durch eine veränderte Einstellung zum Bildungswert der Naturwissenschaften für die Persönlichkeitsentwicklung des Jugendlichen begründet, sondern durch den Wandel der gesellschaftlichen Qualifikationsanforderungen. Für die Praxis des naturwissenschaftlichen Unterrichts blieben diese veränderten didaktischen Argumentationsmuster jedoch relativ unbedeutend: Der Unterricht wird nach wie vor mit einer gewissen zeitlichen Verzögerung gemäß den disziplinären Hochschulcurricula strukturiert; die Reduktion der „Stoffülle" orientiert sich an der verfügbaren Unterrichtszeit. Entsprechend führte erst die Vereinbarung der KMK zur Neugestaltung der gymnasialen Oberstufe in der Sekundarstufe II 1972 zu einer umfassenden Revision des naturwissenschaftlichen Unterrichts. Die Einführung von fünf- bis sechsstündigen Leistungskursen in den Naturwissenschaften anstelle des in der Regel dreistündigen Wahlpflichtunterrichts verursachte – nicht zuletzt durch die Notwendigkeit einer schriftlichen Leistungsüberprüfung – die Entwicklung von Rahmenrichtlinien und Lehrer-Handreichungen für die naturwissenschaftlichen Unterrichtsfächer, die sich nun noch enger an den Hochschuldisziplinen orientieren konnten.

Im *beruflichen Schulwesen* ist die Einführung und Verstärkung des naturwissenschaftlichen Unterrichts an den Grad der Systematisierung und Wissenschaftsorientierung der Ausbildung gebunden. Im mittleren und höheren Fachschulwesen für technische Berufe gab es von Anfang an naturwissenschaftlichen Unterricht als notwendige Fundierung für technologische Disziplinen, wenn auch didaktisch oft unverbunden und insofern der Situation im allgemeinbildenden Schulwesen vergleichbar. Ganz anders verlief die Entwicklung der Berufsausbildung für Facharbeiter, Gesellen und Gehilfen. Die Ausbildung der Lehrlinge wurde vom Beginn ihrer Rekonstruktion (Gewerbeordnung 1869) bis zur vollen Durchsetzung des „dualen Systems" (etwa 1930) nicht wesentlich von der großen Industrie geprägt, sondern orientierte sich aus mittelstandspolitischen Erwägungen an dem restaurierten Ideal handwerklicher Ausbildung. Naturwissenschaftlicher Unterricht hatte hierbei keine Funktion; soweit praktische Ausbildung im gewerblich-technischen Bereich fachtheoretisch ergänzt wurde, genügte die Mitteilung von einzelnen Regeln, deren naturwissenschaftliche Fundierung nicht Gegenstand der Unterweisung war. Erst die in der modernen Organisation großindustrieller Arbeitsprozesse möglich gewordene Ablösung der Ausbildung vom Produktionsprozeß impliziert für den absolut und relativ zur Zahl der Beschäftigten kleinen Anteil der Auszubildenden in der Großindustrie eine systematische wissenschaftsorientierte Ausbildung. Diese Ausbildung ist durch betrieblichen fachtheoretischen Unterricht und praktische Unterweisung in Lehrwerkstätten gekennzeichnet. Der begleitende schulische Unterricht an den Pflichtberufsschulen folgt diesem Trend; insbesondere in die Fachkunde der Ausbildungsberufe der Chemie (Facharbeiter und Laboranten) und Elektrotechnik (Stufenausbildung der Industrie) sind umfangreiche naturwissenschaftliche Anteile (Chemie und Physik) integriert (vgl. BLANKERTZ 1969, BRÜGGEMANN 1967).

Curriculumentwicklung für den naturwissenschaftlichen Unterricht. Der naturwissenschaftliche Unterricht in der Sekundarstufe II wird im gymnasialen Bereich in die Fächer Biologie, Chemie und Physik differenziert. Im beruflichen Schulwesen dominieren zum Teil berufsbezogene Differenzierungen in Teildisziplinen (wie analytische Chemie oder Akustik), zum Teil übergreifende Fachbezeichnungen (wie etwa Technologie oder Fachkunde), unter die jeweils bestimmte Teilgebiete der naturwissenschaftlichen Disziplinen in unterschiedlichem Umfang subsumiert werden.

Die Curriculumentwicklung in Anlehnung an die länderspezifischen Rahmenrichtlinien ist in erster Linie Aufgabe des einzelnen Lehrers und in ihrer Wirkung auf den individuellen Unterricht beschränkt. Eine zentralisierte Curriculumentwicklung in der Bundesrepublik Deutschland begann in den 60er Jahren mit der Analyse und Adaptation angelsächsischer naturwissenschaftlicher Curricula (vgl. HÄUSSLER 1976). Ähnlich wie die Zentralisation der US-amerikanischen Curriculumentwicklung legitimiert wurde mit dem Hinweis auf einen durch die russischen Erfolge in der Raumfahrt entstandenen

nationalen Notstand, der durch verstärkte nationale Anstrengungen überwunden werden müßte, erschien auch in der Bundesrepublik Deutschland die Curriculumentwicklung als eine Antwort auf die diagnostizierte nationale Bildungskatastrophe (vgl. PICHT 1964). Parallel zu einer überwiegend disziplinspezifischen Curriculumentwicklung für die Sekundarstufe I setzte eine vom Institut für die Pädagogik der Naturwissenschaften (IPN) organisatorisch und inhaltlich unterstützte naturwissenschaftsdidaktische Diskussion möglicher Konzepte eines integrierten naturwissenschaftlichen Unterrichts ein.

Die Subsumtion nahezu der gesamten konzeptionellen fachdidaktischen Arbeit der 70er Jahre unter den Begriff des „Integrierten Naturwissenschaftlichen Unterrichts" ist mißverständlich. Es handelt sich keinesfalls um Planungen eines Großfaches „Naturwissenschaften", in dem die nach Gegenständen, Methoden und Theorien spezialisierten Disziplinen unter den Kriterien einer Superwissenschaft „Fachdidaktik der Naturwissenschaften" verschmolzen werden sollten. Zwar wurden, aufbauend auf dem „Sachkundeunterricht" der Primarstufe, vereinzelt Bausteine für einen die naturwissenschaftlichen Fächer integrierenden Unterricht im Rahmen des disziplinären Unterrichts in den Fächern Biologie, Chemie und Physik in der Sekundarstufe I entwickelt, jedoch wurde früh auf die Interdependenz von spezialisierten Inhalten und korrespondierenden Methoden verwiesen, der zufolge Interdisziplinarität erst vor dem Hintergrund disziplinärer Erkenntnisse und Arbeitsweisen fruchtbar werden könne (vgl. JUNG 1974). Insgesamt diente der Slogan vom „Integrierten Naturwissenschaftlichen Unterricht" vielmehr zur Einstimmung auf genuin fachdidaktische Arbeit unter Zurückweisung der vordem praktizierten disziplinären Abbilddidaktik.

Denn nachdem der herausragende, bildungstheoretisch begründete Versuch zur Konzeptionierung einer Pädagogik des naturwissenschaftlichen, insbesondere physikalischen Unterrichts durch WAGENSCHEIN (vgl. 1976) praktisch folgenlos geblieben war, mußte zunächst ein neuer Anfang der Fachdidaktik gesucht werden. Er wurde in ROBINSOHNS (vgl. 1967) Ansatz zur Curriculumrevision gefunden: Unter Fixierung auf öffentliche und private Lebenssituationen, die stark durch die naturwissenschaftlich-technische Entwicklung geprägt sind, wurden besondere Qualifikationsanforderungen identifiziert und zur Begründung von Lerninhalten des naturwissenschaftlichen Unterrichts herangezogen. Zwar unterblieb fast durchgängig eine Einordnung der Vermittlung naturwissenschaftlich-technischer Qualifikationen in die vom Gesamtcurriculum erhoffte Kompetenzentwicklung der Jugendlichen, indessen öffnete der auf den naturwissenschaftlich-technischen Bereich konzentrierte Ansatz zur Curriculumrevision den Blick auf benachbarte Disziplinen. Das Kriterium der Interdisziplinarität wurde zunächst auf die Naturwissenschaften selbst beschränkt – gemeinsame Konzepte, empirisch-analytische Methoden –, indessen gab die metatheoretische Reflexion auf naturwissenschaftlich-technische Lebens- und Arbeitssituationen den Blick auch frei auf technologische, ökonomische und politische Bedingungen und Folgen naturwissenschaftlicher Arbeit: Die „fachimmanenten Integrationsansätze" wurden durch „fachübergreifende Integrationsansätze" ergänzt (vgl. QUITZOW 1977).

Insbesondere in der Biologiedidaktik sind Unterrichtskonzepte entworfen worden, die sich von den Strukturen der Hochschullehre ablösen und spezifische gesellschaftliche Bedingungen und Implikationen biologischer Forschung und Entwicklung als zentrale didaktische Kriterien einbringen, so der humanbiologische Ansatz (vgl. KATTMANN 1977)

und der ökologische Ansatz (vgl. DRUTJONS 1973, EULEFELD 1975). Spezifische Aspekte physikalisch-technologischer Entwicklung werden beispielhaft in den Physik-Unterrichtseinheiten für die Klassen 9 und 10 des IPN-Curriculums Physik bearbeitet. Dabei bleibt allerdings die Auswahl des jeweils betonten Aspekts innerhalb der Bezugsfelder von Individuum, Wissenschaft und Gesellschaft relativ beliebig. Demgegenüber wird im Entwurf des Curriculums „Natur und Produktion im Unterricht" (PROJEKTGRUPPE PINC 1978) eine bildungspolitisch und bildungstheoretisch begründete Entscheidung getroffen: Integrationsschlüssel der Curriculumkonstruktion ist der Bezug zur Produktion als der generalisierten zukünftigen Lebenssituation der Schüler. Eine solche Generalisierung ist notwendig, um im Unterricht der Sekundarstufe I Spezialisierungen auf Tätigkeitsfelder oder -stufen einzelner gesellschaftlicher Gruppen zu vermeiden. Über diesen Bezugspunkt sollen den Schülern historische Bedingungen gegenwärtiger Produktionsformen und ihre Folgen für kollektive und individuelle Lebens- und Arbeitsbedingungen deutlich werden; sie sollen den aktuellen Stand der naturwissenschaftlich-technischen Entwicklung kennen und den Beitrag der Naturwissenschaften zur Entwicklung eines rationalen Weltbildes einschätzen lernen. Eine disziplinspezifische Systematisierung der Lerninhalte der Biologie, Chemie und Physik und deren Teildisziplinen erscheint den Autoren als notwendige, aber keinesfalls hinreichende Bedingung für das Erreichen ihrer Ziele. Hinreichende Bedingungen versuchen die Autoren durch den Aufbau von Lernsequenzen zu erfüllen, die in globaler Anlehnung an die historische Entwicklung von Produktionsformen eine kontinuierliche Verknüpfung naturwissenschaftsimmanenter Lerninhalte mit technischen, ökonomischen und politischen Fragestellungen erfordern.

Die naturwissenschaftliche Curriculumentwicklung ist nahezu ausschließlich auf die Orientierungsstufe und die Sekundarstufe I bezogen. Schultypenspezifische Curricula existieren nicht, obwohl der praktische Unterricht nach Ausweis von Lehrplan- und Lehrbuchanalysen sehr wohl differenziert ist (vgl. RIESS 1972). Die übergeordnete fachdidaktische Curriculumdiskussion hat weitgehend auch nicht zwischen dem naturwissenschaftlichen Unterricht der Sekundarstufe I und dem der Sekundarstufe II unterschieden. Das bedeutet, daß die besonderen Fragestellungen des naturwissenschaftlichen Unterrichts in der Sekundarstufe II, abgesehen von der Problematik der Anforderungen an die Abiturprüfung durch Normenbücher (vgl. WESTPHAL 1976), bisher kaum bearbeitet sind.

Für die Planung des naturwissenschaftlichen Unterrichts in der *integrierten Sekundarstufe II* und für die naturwissenschaftsbezogenen doppeltqualifizierenden Bildungsgänge wurde deshalb überwiegend auf die didaktische Diskussion des naturwissenschaftlichen Unterrichts in der Sekundarstufe I und auf die durch Rahmenlehrpläne, Schulbücher und Unterrichtserfahrung verfügbare Kenntnis naturwissenschaftlicher Unterrichtspraxis in der differenzierten Sekundarstufe II zurückgegriffen. So begründet HÖNES (vgl. 1972) sein Konzept eines zugleich berufs- und studienqualifizierenden naturwissenschaftlichen Unterrichts, indem er den gymnasialen Unterricht aus seiner fachsystematischen Theorieorientierung herauslöst und an die Praxis der Labortechnik zurückbindet und zugleich Wissenschaftspropädeutik als Prinzip der beruflichen Bildung der technischen Assistenten in den Fachrichtungen Biologie, Chemie und Physik nachweist.

Demgegenüber wird der naturwissenschaftliche Unterricht an der *Kollegschule NW* zunächst nur in seinen materialen Bildungsinhalten auf die berufliche Orientierung der Bildungsgänge abgestimmt. Das didaktische Kriterium der Wissenschaftsorientierung indessen bezieht sich auf *alle* Lernprozesse; der Grad der Wissenschaftsorientierung, der in der Sekundarstufe II bis zur Wissenschaftspropädeutik angehoben werden kann, kann sehr wohl die beruflichen Qualifikationsanforderungen so weit überschreiten, wie dies für die Lernprozesse der Heranwachsenden förderlich erscheint.

Dies kann an den naturwissenschaftlichen und technologischen Unterrichtsfächern des Schwerpunktes „Naturwissenschaften" (vgl. SCHENK 1982) verdeutlicht werden: Anders als der an generalisierten Lebenssituationen der Erwachsenengesellschaft orientierte naturwissenschaftliche Unterricht in der Sekundarstufe I konzentriert sich der Unterricht im Schwerpunkt Naturwissenschaften der Sekundarstufe II auf ein spezielles Feld gesellschaftlicher Arbeit, nämlich das der naturwissenschaftlich-technischen *Laborarbeit,* die sachlich und personell in einer gewissen Distanz zur Produktion und Distribution angesiedelt ist. Generell wird allen Schülern des Schwerpunktes Naturwissenschaften ein Einblick in die politischen, wirtschaftlichen, technischen und naturwissenschaftlichen Zusammenhänge von Laborarbeit aus globaler Sicht und aus der Sicht der Berufstätigen vermittelt (vgl. BOROWKA/SCHENK 1978). Darüber hinaus jedoch sind die Bildungsgänge gemäß den beruflichen Qualifikationsanforderungen in der Breite naturwissenschaftlich-technischer Bildungsinhalte (Biologie, Chemie, Physik) differenziert. Ein unterschiedlicher Grad der Wissenschaftsorientierung der naturwissenschaftlichen und technologischen Fächer aufgrund der beruflichen Abschlußebenen (Jungwerker, Laboranten, Assistenten) ist nicht vorgesehen, jedoch sind Differenzierungsmaßnahmen gemäß den Lernvoraussetzungen der Jugendlichen möglich. Jugendliche mit der beruflichen Perspektive des Chemielaborjungwerkers oder Chemielaboranten können mithin Kurse in den Fächern „Chemische Technologie", „Chemie" und „Physik" absolvieren, deren Grad der Wissenschaftsorientierung zugleich auf die Vermittlung einer Studienqualifikation ausgerichtet ist. Die Schüler sollen dadurch die Kompetenzen erwerben können, die sie zur Weiterbildung am Arbeitsplatz selbst oder in tertiären und quartären Bildungsinstitutionen befähigen. Die in der heutigen Arbeitswelt geforderte Flexibilität und Mobilität sollen also weniger über das Training bestimmter „Schlüsselqualifikationen" als durch die Vorbereitung auf eine autonome Weiterbildung in den Arbeitsprozessen gesichert werden (vgl. LEMPERT 1979). Hierzu ist es jedoch erforderlich, die materiale Auswahl der Bildungsinhalte eng an künftigen realen Arbeitsprozessen zu orientieren.

So werden etwa im Unterrichtsfach „Chemische Technologie" in den Bildungsgängen der Chemielaborjungwerker, Chemielaboranten und chemischtechnischen Assistenten unter anderem technologische Fragenkomplexe der Petrochemie, von Großsynthesen und von Recycling-Technologien jeweils als Themen von Halbjahreskursen behandelt, wobei sowohl die globalen ökonomischen, ökologischen und politischen Bedingungen und Folgen technologischer Entwicklung wie auch Mitbestimmungsformen und Veränderungen spezieller Arbeitsplätze bearbeitet werden. Da die Entwicklung der Lehre der Chemie im Hochschulbereich deutlicher als die der Biologie und Physik an der großtechnischen Verwertung orientiert ist, kann die Curriculumentwicklung für die Fächer Chemie und Chemische Technologie für den Schwerpunkt Naturwissenschaft relativ eng an Ergebnisse einer Analyse der Hochschuldisziplinen anschließen.

Demgegenüber mußte eine didaktisch analoge Entwicklung des Faches „Physikalische Technologie" für die Bildungsgänge der Werkstoffprüfer, Physiklaboranten und technischen Assistenten für Physik mehr auf Analysen der Lehre in Fachschulen und Fachhochschulen zurückgreifen. Auch hier sind spezifische Arbeitsbereiche (wie Werkstoffprüfung, Halbleiterbauelemente, Kerntechnik) als Kursthemen gewählt worden. In dem eng mit der „Physikalischen Technologie" verzahnten Fach „Physik" wurde an der tradierten fachsystematischen Sequenzierung festgehalten, wobei jedoch die Entwicklung physikalischer Begriffe und Theorien an die im Fach Physikalische Technologie erarbeiteten Techniken anschließt (vgl. SCHENK 1977).

Die hier am Beispiel der Chemie und Physik dargestellte Orientierung des naturwissenschaftlichen Unterrichts auf den Bereich der Laborarbeit könnte den Eindruck vermitteln, als bringe die Konzentration auf *einen* Bereich gesellschaftlicher Arbeit eine Verarmung des traditionellen naturwissenschaftlichen Unterrichts in seiner Breite und Thematik mit sich. Indessen zeigt ein Blick auf das Gesamtsystem der Schwerpunkte in der integrierten Sekundarstufe II, daß im Gegenteil die Verknüpfung beruflicher und studienbezogener Bildung gerade auf die Weiterentwicklung unterschiedlicher didaktischer Konzepte des naturwissenschaftlichen Unterrichts angewiesen ist. So wird etwa der Chemieunterricht im Schwerpunkt „Rohstoffe – Werkstoffe" sich eher an der chemischen Verfahrenstechnik orientieren, der Physikunterricht im Schwerpunkt „Elektrotechnik", soweit er nicht in das technologische Leitfach integriert werden kann, neben allgemeinen physikalischen Grundlagen spezielle Konzepte wie „Schwingungen und Wellen" oder „Energie" fundiert entwickeln können. Insbesondere aber für die Biologiedidaktik ist die Möglichkeit gegeben, in der Orientierung auf Tätigkeitsbereiche auch außerhalb der „Laborarbeit" in den Naturwissenschaften (beispielsweise „Erziehung und Soziales", „Land- und Haushaltswirtschaft", „Nahrungs- und Genußmitteltechnik") die für die Sekundarstufe I in Umrissen entwickelten ökologischen und humanbiologischen Ansätze zu präzisieren.

ARBEITSGEMEINSCHAFT DEUTSCHE HÖHERE SCHULE: Bildungsauftrag und Bildungspläne der Gymnasien, Berlin/Göttingen/Heidelberg 1958. BLANKERTZ, H.: Bildung im Zeitalter der großen Industrie. Pädagogik, Schule und Berufsbildung im 19. Jahrhundert, Hannover 1969. BOROWKA, K./SCHENK, B.: Naturwissenschaftliche Grundbildung. Theorie und Praxis der Laborarbeit. In: SCHENK, B./KELL, A. (Hg.): Grundbildung. Schwerpunktbezogene Vorbereitung auf Studium und Beruf in der Kollegschule, Königstein 1978, S. 90 ff. BRÜGGEMANN, O.: Naturwissenschaft und Bildung, Heidelberg 1967. DRUTJONS, P.: Biologieunterricht, Frankfurt/M. 1973. EULEFELD, G.: Ökologische Konzepte als Strukturierungsansatz für den Biologieunterricht. In: KATTMANN, U./ISENSEE, W. (Hg.): Strukturen des Biologieunterrichts, Köln 1975, S. 125 ff. HÄUSSLER, P.: Ansätze zu einem integrierten Curriculum Naturwissenschaft. In: BLOCH, J. u. a. (Hg.): Curriculum Naturwissenschaft, Köln 1976, S. 36 ff. HÖNES, W. J.: Das berufsbezogene Abitur. Zur Theorie und Praxis der Integration von beruflicher und allgemeiner Bildung. In: D. Dt. Ber.- u. Fachs. 68 (1972), S. 513 ff. IPN: IPN Curriculum Physik, Stuttgart 1970 ff. JUNG, W.: Grenzen der Integration der Naturwissenschaften im Curriculum. Disziplinspezifische Methoden und Theorien. In: FREY, K./BLÄNSDORF, K. (Hg.): Integriertes Curriculum Naturwissenschaft der Sekundarstufe I. Projekte und Innovationsstrategien, Weinheim 1974, S. 56 ff. KATTMANN, U.: Bezugspunkt Mensch, Köln 1977. KMK: Rahmenvereinbarung zur Ordnung des Unterrichts auf der Oberstufe der Gymnasien. Beschluß vom 29. 9. 1960, Neuwied 1963. KMK: Vereinbarung zur Neugestaltung der gymnasialen Oberstufe in der Sekundarstufe II. Beschluß vom 7. 7. 1972, Neuwied 1972. KMK: Zur stärkeren Fächerung des mathematisch-naturwissenschaftlichen Unterrichts in den Gymnasien in der Bundesrepublik Deutschland. Beschluß vom 21. 5. 1970, Neuwied 1978. LEMPERT, W.: Arbeitsteilung, Bildungsprozesse, Sozialisation. In: D. Dt. Ber.- u. Fachs. 75 (1979), S. 178 ff. PICHT, G.: Die deutsche Bildungskatastrophe, Olten/Freiburg 1964. PROJEKTGRUPPE PINC: Natur und Produktion im Unterricht, Weinheim 1978. QUITZOW, W.: Didaktik in den Naturwissenschaften. In: betr. e. 10 (1977), 7, S. 56 ff. RIESS, F.: Zur Kritik des mathematisch-naturwissenschaftlichen Unterrichts. In: D. Dt. S. 64 (1972), S. 702 ff. ROBINSOHN, S. B.: Bildungsreform als Revision des Curriculum, Neuwied/Berlin 1967. SCHENK, B.: Integration von Berufsvorbereitung und Einführung in die Wissenschaft Physik in der Sekundarstufe II. In: D. Dt. Ber.- u. Fachs. 73 (1977), S. 323 ff. SCHENK, B.: Schwerpunktsystem der integrierten Sekundarstufe II. In: Enzyklopädie Erziehungswissenschaft, Bd. 9, Teil 1, Stuttgart 1982, S. 340 ff. WAGENSCHEIN, M.: Die Pädagogische Dimension der Physik, Braunschweig 1976. WESTPHAL, W. (Hg.): Normiertes Abitur? Braunschweig 1976.

Barbara Schenk

Unterricht: Neue Sprachen

Zur Geschichte und zur heutigen Situation des neusprachlichen Unterrichts. Das Bedürfnis, fremde Sprachen zu erlernen, dürfte ebenso alt wie die menschliche Geschichte sein. Die Entwicklung des Fremdsprachenunterrichts in Europa steht im Zusammenhang mit der Entwicklung von Nationalsprachen im Mittelalter und in der Neuzeit. In der Epoche des Humanismus und der Zeit der Reformation traten die Nationalsprachen Italienisch, Französisch, Spanisch und Englisch als Ausdruck nationaler Eigenständigkeit in den Bereichen Handel, Politik, Wissenschaft und Kunst zunehmend an die Stelle des Lateinischen als internationaler Kommunikationssprache. Sprachunterricht wurde im deutschen Sprachraum, soweit er nicht bei Hofe oder in den Handelsstädten auf Privatstundenbasis für einzelne Schüler erteilt wurde, an den Ritterakademien und den Artistenfakultäten der Universitäten erteilt. Das Angebot umfaßte in der Regel Italienisch und Französisch, häufig kamen Englisch und Spanisch hinzu, gelegentlich wurden auch Kurse in portugiesischer, dänischer, schwedischer, polnischer, russischer und jiddischer Sprache angeboten. Fremdsprachlicher Unterricht hatte bis gegen Ende des 18. Jahrhunderts differenzierte Zielsetzungen. Der vorwiegend auf produktives Sprachkönnen („Parlieren") im kommerziellen und politisch-diplomatischen Bereich ausgerichtete Unterricht wurde vielfach von *native speakers* erteilt. Eine auf Leseverstehen (Lektüre theologischer, philosophischer, naturwissenschaftlicher Fachtexte) und/oder Schreiben (Abfassung von Briefen, Urkunden, Billetten) ausgerichtete Unterweisung ging hingegen von der Grammatik aus, folgte weniger der imitierenden, stärker der kontrastiven Methode.

Seit der neuhumanistischen Schulreform zu Beginn des 19. Jahrhunderts war der Unterricht in den *alten* Sprachen wissenschaftspropädeutisch auf die Altertumswissenschaft bezogen. Deshalb dominierten im neuen, nicht mehr an beruflich-gesellschaftlicher Verwertung der Lehrinhalte, sondern nur an allgemein-menschlicher Bildung interessierten Gymnasium zunächst die alten Sprachen. Denn den modernen Sprachen fehlte gerade der reflexive Bezug von Wissenschaftlichkeit; sie wurden gelehrt als „Kunstfertigkeiten" wie Reiten, Tanzen und Fechten. Aber im Laufe des 19. Jahrhunderts entstanden – nach dem Vorbild der klassischen Philologie – auch Wissenschaften der modernen Sprachen, zunächst Germanistik, später Romanistik und Anglistik. In dem Maße, in dem diese modernen Philologien an den Universitäten vertreten wurden, konnten Schulen mit neusprachlichem Unterricht („Realschulen") einen dem

(humanistischen) Gymnasium vergleichbaren Bildungsanspruch stellen. Dadurch orientierte sich aber zugleich die Didaktik des neusprachlichen Unterrichts stark an den Prinzipien des altsprachlichen Unterrichts.

Erst gegen Ende des 19. Jahrhunderts begann eine Reformzeit, die den neusprachlichen Unterricht auf eigene Grundlagen stellte (vgl. VIËTOR 1979). Viëtor versuchte, die Muttersprache im Prozeß des Fremdsprachenerwerbs zurückzudrängen („direkte Methode"). Er beförderte damit die eigenständige Entwicklung des neusprachlichen Unterrichts, die sich als Kritik an der Praxis des altsprachlichen Unterrichts und seiner Didaktik artikulierte. Kritisiert wurden die einseitige Betonung der Reflexion über Sprache, etymologischer Fragen und der Grammatik, der Stellenwert der Übersetzung und der Einbezug der Muttersprache sowie die Ausrichtung auf Leseverstehen bei Vernachlässigung von Sprechen und Hörverstehen und die Dominanz des Literaturunterrichts. Dagegen wurden gefordert: Dominanz der Sprechfertigkeit, Ausschalten der Sprachreflexion und diachronischer Ansätze, strikte Einsprachigkeit und damit ein Abrücken vom Sprachvergleich (vgl. SCHRÖDER 1975, SCHRÖDER/WALTER 1977).

Die weitere Entwicklung des neusprachlichen Unterrichts im 20. Jahrhundert ist durch die beiden Weltkriege geprägt: Die Deutschen mußten die Sprachen der Siegermächte, nach dem Ersten Weltkrieg Englisch und Französisch, nach dem Zweiten Weltkrieg Englisch und Französisch in Westdeutschland, Russisch im sowjetischen Einflußbereich, erlernen. Die Zielsetzung für den neusprachlichen Unterricht war dabei verständlicherweise produktiv auf Sprechen und Schreiben orientiert. Seit den 60er Jahren brachte die starke Ausrichtung der Bundesrepublik Deutschland auf die westliche Welt zugleich eine intensive Rezeption angelsächsischer Wissenschaftsproduktion mit sich. Für den neusprachlichen Unterricht folgte daraus, daß zunächst der amerikanische Strukturalismus und dann die behavioristisch inspirierte audiolinguale und audiovisuelle Methode des neusprachlichen Unterrichts übernommen wurden, mit Pattern Practice, Sprachlabor und starker Dominanz unreflektierter Spracheinübung (Imitation) zu Lasten kognitiver Sprachaneignung und Reflexion. Obwohl in Deutschland, anders als in den USA, die strukturalistisch-behavioristische Pattern Practice vorrangig für den Anfangsunterricht in der Sekundarstufe I entwickelt wurde, wirkte sie auch auf die gymnasiale Oberstufe und den neusprachlichen Unterricht an berufsbildenden Schulen ein.

Die fremdsprachendidaktische und bildungspolitische Auseinandersetzung zwischen den Vertretern der alten Sprachen und denen der neuen Sprachen ist heute beendet. In der Bundesrepublik lernt fast jeder Schüler als erste Fremdsprache Englisch, seit im Hamburger Abkommen von 1964 für die Hauptschulen eine Fremdsprache ab Klasse 5 und für das Abitur mindestens zwei Fremdsprachen vorgesehen sind und dabei dem Englischen ein Vorrang eingeräumt ist. Die Entscheidung darüber, welche Fremdsprachen an öffentlichen Schulen gelehrt werden, ist, unabhängig von ihrer bildungstheoretischen Legitimation, der Ausdruck eines gesellschaftlichen Bedarfs an fremdsprachlichen Kenntnissen. Dabei ist eine deutliche Verzerrung im Hinblick auf die Sprachenvielfalt des europäischen Raumes festzustellen. Englisch und Französisch dominieren zu Lasten von Spanisch, Russisch, Italienisch. 1974 gab es in der Bundesrepublik an Gymnasien zirka 17 000 Englisch- und 12 000 Französischlehrer, aber nur 546 Russisch-, 289 Spanisch- und 185 Italienischlehrer. (Zum Vergleich: Die Zahl der Lateinlehrer betrug 10 000, die der Griechischlehrer 3 500 und die der Deutschlehrer

20 000 – vgl. FINKENSTAEDT u. a. 1977, S. 67.)

Eine berufsschulspezifische Konzeption für den neusprachlichen Unterricht existiert nur in unbedeutenden Ansätzen (vgl. MEISTER 1979, S. 77 ff.). Englisch ist in den vollzeitschulischen Berufsfachschulen obligatorisches Unterrichtsfach. In der teilzeitschulischen Berufsschule wird Unterricht in neuen Sprachen lediglich in kaufmännischen Schulen in wenigen Fachklassen obligatorisch oder fakultativ angeboten (Fachklassen für Reiseverkehrskaufleute, Kaufleute für das Gaststätten- und Hotelgewerbe, Fremdsprachenkorrespondenten – diese allerdings überwiegend an Privatschulen). Englisch dominiert, Französisch- und Spanischunterricht sind selten. Spanisch ist dennoch insgesamt an berufsbildenden Schulen stärker als im Gymnasialbereich vertreten (vgl. FINKENSTAEDT u. a. 1977, S. 67; vgl. HAMBLOCK/WESSELS 1977).

Für die zukünftige sprachenpolitische Entwicklung Europas (und damit auch für die Entwicklung des neusprachlichen Unterrichts) ist die Entscheidung darüber, ob sich trotz der Forderung nach Sprachenvielfalt eine gemeinsame europäische Zweitsprache etablieren wird, sehr bedeutsam. Die besten Aussichten hat dafür – unbeschadet der offensiven französischen Fremdsprachenpolitik – das Englische; es ist damit aber zugleich auch der Gefahr einer Pidginisierung ausgesetzt (vgl. DÉCSY 1973, S. 254).

Didaktik der neuen Sprachen. Aufgabe der Didaktik der neuen Sprachen ist es, sich mit den Bedingungen, den Zielen und Inhalten, den Organisationsformen und Methoden sowie den Medien des neusprachlichen Unterrichts auseinanderzusetzen.

Als allgemeingültiges Ziel des neusprachlichen Unterrichts läßt sich die fremdsprachliche kommunikative Kompetenz, die Beherrschung der fremden

Sprachen, ausweisen. Dieses Ziel ist im Vergleich mit den Zielen anderer Schulfächer relativ stabil. Lehrer wie Schüler können ihre Sprachkompetenz in der Muttersprache für diese Zielbestimmung einbringen: Der neusprachliche Unterricht soll dazu führen, die fremden Sprachen so wie die eigene zur Verfügung zu haben. Dieses Ziel wird jedoch in der Schule fast nie erreicht (vgl. MÜLLER 1979, S. 137).

Parallel zu dieser Zielvorstellung läßt sich eine gleichfalls nie angemessen realisierbare und dennoch konkrete Konzeption der Methodik des neusprachlichen Unterrichts bestimmen. Der Unterricht soll natürliche Lernsituationen schaffen, die es den Schülern ermöglichen, die fremde Sprache so zu erlernen, als ob sie sich unter Angehörigen der fremden Sprache in normalen, selbstmotivierenden Kommunikationssituationen befänden.

Das Ziel der Sprachbeherrschung wird traditionell durch die Aufgabe ergänzt, den Schülern ein Verständnis für die Literatur und Kultur fremder Länder zu vermitteln. Der neusprachliche Unterricht wird darüber hinaus allgemeine schulische Ziele verfolgen, die sich aus fachunabhängigen Überlegungen ergeben und im jeweiligen Fachunterricht realisiert werden müssen: Mündigkeit und Denkfähigkeit, Kritikfähigkeit und Kooperationsbereitschaft (vgl. BLIESENER/SCHRÖDER 1977, S. 10 ff.).

Die Didaktik der Fremdsprachen bezieht sich auf die jeweils entsprechenden Philologien, auf Anglistik, Romanistik, Slawistik, auf Literaturwissenschaft, Linguistik und auf die allgemeine Didaktik. Sie muß die Selektion und Vermittlung der Inhalte der jeweiligen Fachwissenschaft unter dem Gesichtspunkt der gesellschaftlichen Relevanz wie des individuellen Bildungsanspruchs leisten. Die Fachdidaktiken sind in dieser Aufgabe den jeweiligen Einzelwissenschaften insofern übergeordnet, als sie aus ihrem fachdidakti-schen Bezugspunkt heraus Forschungsansätze dieser Wissenschaften analysieren, Wertigkeiten bestimmen und Schwerpunkte setzen können; andererseits sind sie den Inhalten nachgeordnet, insofern sie sich mit deren Aufbereitung im Rahmen von Lernprozessen in der Schule befassen (vgl. SCHRÖDER 1977 a, S. 41).

Im folgenden werden einige der Themen behandelt, die für die Sekundarstufe II besonders wichtig, zugleich aber auch problematisch sind:

- der Begriff der fremdsprachlichen kommunikativen Kompetenz als globaler Zielvorstellung für den neusprachlichen Unterricht,
- Literaturunterricht, Sprachtheorie/Reflexion über Sprache sowie Landeskunde und Kulturkunde,
- Kriterien der Kursplanung, speziell die Möglichkeiten und Grenzen einer Integration beruflicher und allgemeiner Bildung im neusprachlichen Unterricht der Sekundarstufe II.

Zum Begriff der fremdsprachlichen kommunikativen Kompetenz. Das Programm einer Vermittlung fremdsprachlicher kommunikativer Kompetenz (vgl. PIEPHO 1974) schließt neben der Kenntnis des fremden Zeichensystems den gegenüber befremdenden andersartigen Verhaltensweisen aufgeschlossenen Gebrauch diskursiver Vernunft und die Bereitschaft zur Kooperation ein. Die Bedingungen für erfolgreiche Kommunikation sind nun aber im neusprachlichen Unterricht offenkundig stark vom Unterricht in der Muttersprache unterschieden. Die Schüler haben, wenn sie eine Fremdsprache lernen, in ihrer Muttersprache schon eine entwickelte Sprachkenntnis und Kommunikationsfähigkeit und besitzen relativ feste Lerngewohnheiten; die Fremdsprachen müssen jedoch in einem mühsamen, künstlichen Aneignungsprozeß, teilweise gegen das für die Muttersprache internalisierte Sprachvermögen erlernt werden. Diese

609

Schwierigkeiten sind aber nur vordergründig eine Behinderung. Sie können positiv aufgenommen werden, wenn es gelingt, den Schülern in einem Modell der Aufhebung ihrer Kommunikationsbeschränkungen in der Fremdsprache zugleich die Struktur von Sprache überhaupt und die universalen Bedingungen erfolgreicher Kommunikation erfahrbar zu machen. Für die Planung eines zugleich auf Sprachkönnen und Sprachreflexion ausgelegten neusprachlichen Bildungsprogramms kann das Schwergewicht des Unterrichts in einem ersten Schritt darauf liegen, die Schüler zur fremdsprachlichen Äußerung zu befähigen. Man blendet dabei die Tatsache aus, daß jede Äußerung zugleich eine sprachliche Interaktion darstellt und daß jede sprachliche Interaktion, insofern sie auf Konventionen beruht, auch im Diskurs problematisiert werden kann. In einem zweiten Stadium kann das Schwergewicht auf dem Aspekt der Interaktion liegen. Die Schüler lernen, auch in der Fremdsprache zwischen der Äußerung von Sätzen und dem erfolgreichen Vollzug von Sprechakten zu unterscheiden. In einer dritten und letzten Stufe kann dann ein Stadium der fremdsprachlichen Kompetenz angestrebt werden, das die stärkste Angleichung an die muttersprachlich schon bestehende kommunikative Kompetenz mit sich bringt; die Schüler lernen, im Sinne eines reflektierten „foreign speaker"-Verhaltens sprachliche Konventionen, Strategien und Handlungen auch in der Fremdsprache zu beherrschen und nach ihren Bedeutungen zu befragen. Die Erfahrung der eingeschränkten, aber dennoch verläßlichen Kommunikationsfähigkeit in der fremden Sprache kann dann zu einer Reflexion über Sprache und Sprachverwendung befähigen, wie sie ohne den Erwerb einer Fremdsprache nicht möglich wäre.

Wenn zum einen der neusprachliche Unterricht so konzipiert wird, daß über die Fixierung kommunikativer Zielsituationen die Verwertbarkeit des Erlernten für die Schüler einsichtig gesichert wird, und wenn zum anderen die eingeschränkte fremdsprachliche Kommunikationsfähigkeit positiv aufgenommen wird, kann dieser Unterricht der Verwirklichung dessen näherkommen, was W. v. Humboldt als formalen Bildungswert fremder Sprachen ausgewiesen hatte, nämlich die Relativierung des eigenen Standpunktes durch den Erwerb einer anderen Weltansicht im Medium der diese Weltansicht erzeugenden fremden Sprache, damit aber eine reflektierte Kritikfähigkeit im Hinblick auf das eigene, zunächst durch Gewohnheit und Alltagssprache gefangene Denken und Handeln, letztlich individuelle Mündigkeit, Kritikfähigkeit und Kooperationsbereitschaft.

Literaturunterricht, Sprachtheorie, Landeskunde, Kulturkunde.
Literaturunterricht: Es ist von Literatursoziologen kritisiert worden, daß Literatur oft mißbraucht worden sei, um aus der wirklichen Lebenswelt in eine fiktionale Welt zu fliehen, statt Problemlösungen für diese Welt im Medium der literarischen Kommunikation zu thematisieren. Weiter ist kritisiert worden, daß in der gymnasialen Tradition ein literarischer Kanon festgeschrieben wurde, den zu kennen man für die menschliche Bildung notwendig erachtete, aber doch nur den wenigen Schülern der Gymnasien vermitteln konnte und wollte. Literaturunterricht ist deshalb nicht nur im Deutschunterricht, sondern auch im Rahmen des neusprachlichen Unterrichts unter Legitimationsdruck geraten. Eine Ausklammerung der Literatur aus dem Unterricht erscheint dennoch nicht vertretbar, weil jeder Schüler in anderen Fächern und außerhalb der Schule ständig mit Literatur in Berührung kommt; sei es auch nur durch den Konsum von Trivialliteratur, die Teilnahme an einem steril gewordenen Kulturbetrieb oder durch die einseitige Kommunikation am

abendlichen Fernsehschirm (vgl. SCHRÖDER 1977 b, S. 65).

Eine Einigung darüber, wo die Grenze zwischen literarischen und nichtliterarischen Texten zu ziehen sei, wieweit Reklame, Zeitungsartikel, politische Reden, Trivial- und Kinderliteratur gleichberechtigt neben der Literatur im engeren Sinne (Dichtung, Poesie und Theater) im neusprachlichen Literaturunterricht zu behandeln seien, ist in der fachdidaktischen Diskussion nicht in Sicht. Gerade deshalb sollten die Schüler das Phänomen der „Literarität" von Texten erfahren; sie sollten Literatur nicht als einen realitätsfernen ästhetischen Bezirk, sondern als eine kommunikative Dimension erfahren, die in vielen Bereichen menschlicher Verständigung sichtbar gemacht werden kann und damit zur kritischen Distanzierung gegenüber alltäglicher Sprache und Kommunikation befähigt (vgl. RÜCK 1980, S. 140).

Das Dilemma des neusprachlichen Literaturunterrichts ist darin zu sehen, daß die für die Lektüre anspruchsvollerer Literatur erforderliche rezeptive fremdsprachliche Kompetenz und die zur Interpretation in der fremden Sprache erforderliche kommunikativ-produktive Kompetenz der Schüler oftmals nicht ausreichen. Das Resultat ist dann ein auf angeblich einfache literarische Gattungen wie die *short story* reduzierter Literaturunterricht oder eine Überforderung der Schüler, die dazu führt, daß bei der Interpretation fremdsprachlicher Literatur oft in die Muttersprache übergewechselt wird. (Dies Problem stellt sich für die zweite und dritte Fremdsprache stärker als für die erste Fremdsprache.)

Sprachtheorie: Für die linguistische Analyse fremdsprachlicher Texte und kommunikativer Strukturen in der Sekundarstufe II muß zunächst die fremde Sprache als ein Zeichensystem vermittelt werden. Sprachunterricht ist deshalb auf seiner ersten Entfaltungsstufe grammatischer Unterricht, wobei heute selbstverständlich ist, daß grammatische Strukturen in ihrer Funktion für kommunikative Zielsituationen analysiert und vermittelt, nicht aber, wie es früher die Regel war, in isolierten Grammatikstunden ohne Rücksicht auf denkbare Verwertungszusammenhänge abgehandelt werden. Sprachtheorie als Thema des neusprachlichen Unterrichts soll darüber hinaus zur Reflexion über Sprache befähigen. Während nun der Literaturunterricht in der gymnasialen Oberstufe seinen festen Platz hat, ist ein wissenschaftspropädeutisch ausgelegter sprachtheoretischer Unterricht eher die Ausnahme, was auch durch die Aufnahme sprachtheoretischer Anteile in die Curricula und Richtlinien für den neusprachlichen Unterricht nicht wesentlich geändert werden konnte.

Landeskunde, Kulturkunde: Viele Schüler wollen fremde Sprachen erlernen, um die erworbenen Kenntnisse für Auslandsaufenthalte zu nutzen, um die Kultur der fremden Völker intensiver kennenzulernen oder um einmal im Ausland studieren zu können. Landes- und Kulturkunde ist schon von dieser Motivation her als Bestandteil des neusprachlichen Unterrichts nahegelegt. Dennoch ist der landes- und kulturkundliche Unterricht immer problematisch gewesen. Er schwankte in seiner Zielbestimmung zwischen übertriebenem Nationalismus und euphorisch erhoffter Völkerverständigung. Angesichts der heterogenen Erwartungen steht er vor der Schwierigkeit, realistische Zielsetzungen zu fixieren, die Gesamtpalette denkbarer Themen vernünftig einzugrenzen und Kurskonzepte zu erstellen, die nicht nur aus philologischer Sicht, sondern auch unter dem Aspekt der behandelten Sachthemen wissenschaftspropädeutisch akzeptabel und zugleich informativ sind (vgl. CHRIST 1978). Die Gefahr besteht darin, daß der landeskundliche Unterricht über eine thematisch offene Lektüre von Zeitungs- und

611

Magazinartikeln nicht hinauskommt und vorschnelle Pauschalurteile über die fremden Länder vermittelt, statt sie abzubauen.

Kursplanung in der Sekundarstufe II. Kursplanungen für den neusprachlichen Unterricht in der gymnasialen Oberstufe, in beruflichen Schulen und in Schulversuchen haben in den einzelnen Bundesländern sehr unterschiedliche Rahmenbedingungen (vgl. BLIESENER/ SCHRÖDER 1977, S. 29 ff.). Für alle zur Abiturprüfung führenden Bildungsgänge gelten zwar die Vereinbarungen der Ständigen Konferenz der Kultusminister der Länder in der Bundesrepublik Deutschland (vgl. KMK 1972), insbesondere die Nötigung, den Fremdsprachenunterricht in Grundkurs- und in Leistungskursfolgen auszulegen, doch ist den Ländern ein erheblicher Ermessensspielraum verblieben. Die Möglichkeiten bewegen sich zwischen strikter Vorgabe für Themen und Progression der Kurssequenz bis zu extensiv auf Wahlfreiheit und Partizipation der Schüler abhebenden Konzeptionen. Ungeachtet dieser Differenzen lassen sich vier immer wieder genannte Kriterien der Kursplanung ausmachen: fremdsprachliche Fertigkeiten („skills"), Sachbereiche und Themen, Texte und Textsorten, kommunikative Zielsituationen. Die fremdsprachlichen Fertigkeiten des Hörens (Hörverstehens), Sprechens, Lesens (Leseverstehens) und Schreibens werden zunächst isoliert, dann zunehmend integrierend im Unterricht gefördert. Auch wenn die Schüler den „fundamentalen Spracherwerb" abgeschlossen haben, müssen diese Fertigkeiten weiterentwickelt werden, und zwar nicht allein im Zusammenhang von Literaturunterricht oder Landeskunde. Alle Konzepte für die Kursentwicklung in der Sekundarstufe II stimmen darin überein, den Fremdsprachenunterricht auch auf Fertigkeiten zu orientieren. Das erlaubt vor allem bei Grundkursen die Ein-

schränkung des Schriftbereichs, die Betonung unterschiedlicher Lesetechniken, bei Leistungskursen auch die Auslegung auf Fertigkeiten des Übersetzens und Dolmetschens (vgl. BAUSCH 1977, S. 517 ff.). Indessen lassen die von hier aus eröffneten Alternativen noch keine sprachdidaktischen Entscheidungen zu, weil sie erst unter Bezug auf die inhaltliche Schwerpunktsetzung eines Bildungsganges begründet werden können. Noch deutlicher wird das unter dem Kriterium der Sachbereiche und Themen. Für sich genommen sind die Alltagswelt fremder Länder, sind Kultur, Politik, Öffentlichkeit, Literatur, aber auch Wirtschaft, Erziehung, Naturwissenschaften, Technik und Geschichte als Sachbereiche für fremdsprachliche Kurse gleich gut denkbar – daß sie alle im Bildungsgang eines einzelnen Schülers Platz finden könnten, ist hingegen kaum vorstellbar.

Legitime fachdidaktische Entscheidungen setzen also die Gesamtstrukturierung des Curriculums (das heißt aller Fächer des Schülers in der Sekundarstufe II) voraus. Das System der differenzierten, enttypisierten gymnasialen Oberstufe reguliert jedoch die Konstitution individueller Bildungsgänge nur formal über Pflichtbindungen, nicht didaktisch. Entscheidungen im Bereich der beiden hier zunächst angesprochenen Kriterien (fremdsprachliche Fertigkeiten und Sachbereiche) bleiben unter diesen Voraussetzungen ambivalent.

Viele Curricula der Sekundarstufe II stellen deshalb ein drittes Kriterium heraus, dasjenige der Texte und Textsorten. Denn wie auch immer die sonstigen Festlegungen für die Kursentwicklung getroffen werden mögen, kein Zweifel scheint daran zu bestehen, daß der Unterricht Texte sprachlich zu analysieren und zu bearbeiten habe. Diese didaktische Überzeugung hängt mit der Entwicklung der neueren Linguistik zusammen, die Texttheorien hervorbrachte, denen gegenüber die traditionelle Unterscheidung von literarischen Gattungen als unzulänglich verblaßt ist (vgl. WERLICH 1974). Die Ausrichtung der sprachdidaktischen Anstrengungen auf die Linguistik gewährt freilich nur eine begrenzte Entlastung. Denn am Ende stellt sich auch hier heraus, daß die Frage, in welchem Umfang die Kenntnis der wie auch immer linguistisch analysierten Texte rezeptiv oder produktiv verlangt werden kann, abhängig bleibt von der Intention, auf die hin fremde Sprachen unterrichtet werden.

Damit rückt aber das vierte Kriterium der Kursplanung in den Aufmerksamkeitshorizont, nämlich das der kommunikativen Zielsituationen. Auf einer abstrakten Ebene lassen sie sich drei Bereichen zuordnen: der privaten Lebenswelt, der Öffentlichkeit und dem Beruf. Die private Lebenswelt repräsentiert einen Freiraum individueller Neigungen, die Beteiligung am öffentlichen Leben verlangt kommunikative Anforderungen allgemeinverbindlicher Art und die berufliche Orientierung jeweils spezifische Anforderungen, die didaktisch nur über Schwerpunktsetzungen einholbar sind. Da aber das didaktische Dilemma eines auf dem Kurssystem basierenden Oberstufenunterrichts gerade darin besteht, einerseits durch individuelle Wahlentscheidungen zustande kommende Bildungsgänge verantworten zu müssen, andererseits aber aus den Kriterien einzelfachlicher Kursentwicklung keine Perspektive für diese Aufgabe gewinnen zu können, bietet sich auch hier keine Lösung an. Die Notlösung, in Grundkursen das Schwergewicht auf praktisches Sprachkönnen zu legen und in Leistungskursen das Kursprogramm so auszulegen, daß es auf ein neuphilologisches Studium vorbereitet, ist zwar verbreitet, aber nicht legitimierbar. (Die auf

den gesamten Sekundarstufen-II-Unterricht bezogene Problematik der Kursplanung ist für den besonderen Fall des Fremdsprachenunterrichts noch dadurch akzentuiert, daß die undifferenzierte, allgemeine fremdsprachliche Kommunikationsfähigkeit in der Schule nicht erreicht werden kann, eine Gewichtung der Zielsetzungen also faktisch unvermeidbar ist.)

Ausblick. Kurssysteme und Wahlfreiheit in der Oberstufe führen zu curricularer Schwerpunktbildung. Diese Schwerpunktbildung kann eine didaktische Perspektive über die berufliche Orientierung erhalten. Unter dieser Voraussetzung wird es jedenfalls, wie Modellversuche mit integrierten Sekundarstufen-II-Schulen nahelegen, möglich, bildungsgangspezifische kommunikative Zielsituationen für den neusprachlichen Unterricht zu identifizieren und für die didaktische Strukturierung zu nutzen: Doppeltqualifizierende Bildungsgänge, die über eine curriculare Konzentration auf fremdsprachlichen Unterricht zur Abiturprüfung und zugleich zu Korrespondenten- und Übersetzerberufen führen, stellen der Sprachdidaktik andere Aufgaben als Bildungsgänge im sozialwissenschaftlichen oder mathematisch-naturwissenschaftlichen Bereich, in denen die Fremdsprachen begrenztere, teilweise auch korrektive Funktionen zu erfüllen haben (vgl. MEYER 1980). Die Integration beruflicher und allgemeiner Bildung im neusprachlichen Unterricht der Sekundarstufe II läßt sich deshalb als vorrangige Reformaufgabe ausweisen (vgl. BLIESENER/SCHRÖDER 1977, S. 30 ff.). Der gegenwärtig praktizierte neusprachliche Unterricht ist jedoch von diesem Ziel weit entfernt.

BAUSCH, K.-R.: Zur Übertragbarkeit der „Übersetzung als Fertigkeit" auf die „Übersetzung als Übungsform". In: D. N. Spr. 27 (1977), S. 517 ff. BAUSCH, K.-R.: Sprachmittlung: Übersetzen und Dolmetschen. In: ALTHAUS, H. P. u. a. (Hg.): Lexikon der germanistischen Linguistik,

Tübingen 1980, S. 797 ff. BLIESENER, U./SCHRÖDER, K.: Elemente einer Didaktik des Fremdsprachenunterrichts in der Sekundarstufe II, Frankfurt/M. 1977. CHRIST, H.: Text und Kontext als Bezugspunkte einer Didaktik der Landeskunde. In: BAUMGRATZ, G./PICHT, R. (Hg.): Perspektiven der Frankreichkunde II, Tübingen 1978, S. 227 ff. DÉCSY, G.: Die linguistische Struktur Europas, Wiesbaden 1973. FINKENSTAEDT, TH. u. a.: Englischunterricht in der Bundesrepublik. In: SCHRÖDER, K./FINKENSTAEDT, TH. (Hg.): Reallexikon..., Darmstadt 1977, S. 64. ff. HAMBLOCK, D./WESSELS, D.: Englisch in Wirtschaft und Handel, Bd. 1, Essen 1977. HEUER, H. u. a. (Hg.): Dortmunder Diskussionen zur Fremdsprachendidaktik, Dortmund 1979. KMK: Vereinbarung zur Neugestaltung der gymnasialen Oberstufe in der Sekundarstufe II. Beschluß vom 7. 7. 1972, Neuwied 1972. MEISTER, R.: Zum Fremdsprachenunterricht in der kaufmännischen Berufsschule. In: HEUER, H. u. a. (Hg.): Dortmunder Diskussionen..., Dortmund 1979, S. 77 ff. MEYER, M. A. (Hg.): Fremdsprachenunterricht in der Sekundarstufe II, Königstein 1980. MÜLLER, R. M.: Zum Wissenschaftsverständnis der Fremdsprachendidaktik. In: HEUER, H. u. a. (Hg.): Dortmunder Diskussionen..., Dortmund 1979, S. 132 ff. PIEPHO, H.-E.: Kommunikative Kompetenz als übergeordnetes Lernziel im Englischunterricht, Dornburg-Frickhofen 1974. RÜCK, H.: Literarität unter dem Aspekt der Integration beruflicher und allgemeiner Bildung. In: MEYER, M. A. (Hg.): Fremdsprachenunterricht..., Königstein 1980, S. 130 ff. SCHRÖDER, K.: Fremdsprachenunterricht in der Sekundarstufe II, Stuttgart 1975. SCHRÖDER, K.: Didaktik. In: SCHRÖDER, K./FINKENSTAEDT, TH. (Hg.): Reallexikon.., Darmstadt 1977, S. 41 ff. (1977 a). SCHRÖDER, K.: Zu Legitimation und Thematik von Literaturunterricht in den fremdsprachlichen Fächern. In: SCHRÖDER K./WELLER, F.-R. (Hg.): Literatur im Fremdsprachenunterricht, Frankfurt/M. 1977, S. 62 ff. (1977 b). SCHRÖDER K./WALTER, A. v.: Englischunterricht, Geschichtliches. In: SCHRÖDER K./FINKENSTAEDT, TH. (Hg.): Reallexikon der englischen Fachdidaktik, Darmstadt 1977. SCHULZ, H.: Berufsbildende Schulen. In: SCHRÖDER, K./FINKENSTAEDT, TH. (Hg.): Reallexikon..., Darmstadt 1977, S. 27 f. VIËTOR, W.: Quo usque Tandem: Der Sprachunterricht muß umkehren (1882/1886). In: HÜLLEN, W. (Hg.): Didaktik des Englischunterrichts, Darmstadt 1979, S. 9 ff. WERLICH, W.: Typologie der Texte, Heidelberg 1974.

Meinert A. Meyer

Unterricht: Pädagogik – Psychologie

Pädagogik (Erziehungswissenschaft, Erziehungslehre, Erziehungskunde) und Psychologie haben ihren Ursprung und einen festen Ort in bestimmten Feldern beruflicher Bildung. Der Psychologieunterricht tritt später auf, er hat sich aus dem Pädagogikunterricht entwickelt. An allgemeinbildenden Schulen stellen beide junge, noch ungefestigte Fächer dar; sie sind nicht in allen Bundesländern vorgesehen und werden fast ausnahmslos aufgrund einer Wahlentscheidung der Schüler unterrichtet. Die didaktische Entwicklung der Fächer, auch an berufsbildenden Schulen, ist unabgeschlossen und weist für beide Fächer gemeinsame Probleme auf.

Status und Verbreitung. Pädagogik und Psychologie werden an *allgemeinbildenden Schulen* in der Sekundarstufe II unterrichtet. Eine Ausnahme bilden Bayern mit „Erziehungslehre" in den Klassen 8 und 9 der Hauptschule und 10 der Realschule sowie Nordrhein-Westfalen mit Pädagogikkursen im Differenzierungsbereich der Realschule. Teilweise werden Themen beider Disziplinen auch im Rahmen anderer Unterrichtsfächer behandelt.

Die (mögliche) Aufnahme beider Fächer in den Fächerkanon der *gymnasialen Oberstufe* basiert auf der 1972 von der Ständigen Konferenz der Kultusminister der Länder in der Bundesrepublik Deutschland (KMK) getroffenen Vereinbarung zur Neugestaltung der gymnasialen Oberstufe, die allerdings von den einzelnen Ländern in unterschiedlicher Weise ausgefüllt wurde. Pädagogikunterricht (im Kontext des gesellschaftswissenschaftlichen Aufgabenfeldes der reformierten Oberstufe) wird erteilt in den Ländern Bayern, Bremen, Hamburg, Niedersachsen und Nordrhein-Westfalen, am weitesten ist er in Nordrhein-Westfalen verbreitet (vgl. LANGEFELD 1978).

Unterricht in Psychologie wird als Grund- oder Leistungskurs in allen Ländern mit Ausnahme von Niedersachsen, Rheinland-Pfalz und dem Saarland erteilt. Gegenüber dem Pädagogikunterricht ist der Psychologieunterricht vergleichsweise weniger etabliert. Die Zahl der in Psychologie unterrichteten Oberstufenschüler an Gymnasien liegt für das Bundesgebiet erheblich unter der, die Pädagogikunterricht erhalten (vgl. KOWAL u. a. 1979).

Im *berufsbildenden Schulwesen* wird Pädagogikunterricht an hauswirtschaftlich-sozialpflegerischen Berufsfachschulen und an Berufsfachschulen für Kinderpflegerinnen erteilt (meist unter der Bezeichnung Erziehungslehre, Erziehungskunde) sowie an Fachschulen für Sozialpädagogik (Bayern: Fachakademien für Sozialpädagogik) und an den zur Fachhochschulreife führenden Fachoberschulen. Bei den beiden letztgenannten Schulformen ist Psychologie im Regelfall als eigenständiges Unterrichtsfach ausgewiesen. Pädagogik und – soweit gesondert vorhanden – Psychologie werden meist als „theoretische" Fächer im Kontext diverser pädagogischer Praktika und weiterer die Berufspraxis vorbereitender Fächer unterrichtet (Didaktik und Methodenlehre, Spiel, Kinder- und Jugendliteratur). Eine quantitative Übersicht der in Pädagogik und Psychologie unterrichteten Schüler an berufsbildenden Schulen ist schwer zu gewinnen. Im Hinblick auf die Fachschulen für Sozialpädagogik, die zur Tätigkeit als „staatlich anerkannter Erzieher" in Kindergarten, Hort, Heim und außerschulischer Jugendarbeit qualifizieren, gibt V. DERSCHAU (vgl. 1976, S. 187) für das Schuljahr 1974/75 bei 292 Fachschulen im Bundesgebiet eine Zahl von 32 173 Studierenden (mit jeweils zwei bis drei Wochenstunden Pädagogik- und Psychologieunterricht) an. Die gegenwärtige Zahl dürfte gemäß dem weiteren Ausbau der Fachschulen (1978: 310 Fachschulen; vgl. V. DERSCHAU/SCHERPNER 1978) entsprechend höher liegen.

Geschichte. Die Geschichte des Pädagogik- und Psychologieunterrichts läßt sich sinnvoll nicht trennen; beide haben ihre Wurzel in der Berufsbildung. Im Zusammenhang mit der Ausdifferenzierung sozialpädagogischer Berufe mit entsprechend ausgeweiteten Qualifikationsanforderungen etabliert sich neben dem Pädagogikunterricht ein eigenständiger Psychologieunterricht.

Die Entstehung des *berufsqualifizierenden* Pädagogikunterrichts ist eng mit der Ausbreitung gesellschaftlicher Kleinkindererziehung verbunden. Die „Ausbildung" der in Kinderbewahranstalten tätigen Personen erfolgte zunächst durch umgangsbestimmtes Anlernen; noch 1839 hielt ein bayerischer Erlaß die Vorbildung der Erzieher in Seminaren für überflüssig. Im selben Jahr entwickelte Fröbel ein Ausbildungskonzept für Erzieher im „Kindergarten", den er als Bildungs- und nicht als Bewahreinrichtung begriff, für das – auf der Basis einer hohen Allgemeinbildung – ein theoretisch anspruchsvoller Pädagogikunterricht, verbunden mit praxisanleitenden Fächern sowie Übungen in der Praxis, konstitutiv war. (Neben Kindergärtnerinnen sah er die Ausbildung von Kinderpflegerinnen für die Arbeit in Familien vor.) Diese Konzeption mit Pädagogik als theoretischem Kernfach wurde, wenn auch mit zum Teil erheblichen Abstrichen und in vielfältigen Varianten, in der zweiten Hälfte des 19. Jahrhunderts in praktisch allen Ausbildungsstätten für Kindergärtnerinnen

615

bestimmend. Dabei unterlag die Ausbildung der Kindergärtnerinnen der Gewerbeordnung und war nicht immer klar getrennt von der auch auf hauswirtschaftliche Aspekte orientierten Kinderpflegerinnenausbildung. In einer *staatlichen* Ausbildungs- und Prüfungsordnung tauchte Pädagogik als berufsbildendes Schulfach zum erstenmal auf, als in Preußen 1911 im Zuge der Neuordnung der Mädchenbildung die Kindergärtnerinnenausbildung neu geregelt wurde. Erziehungslehre wurde mit drei Wochenstunden in dem einjährigen Fachkurs ausgewiesen, dem ein wenigstens einjähriger Besuch der allgemeinen Frauenschule, ebenfalls mit Pädagogikunterricht, vorauszugehen hatte. Eine zeitliche Ausweitung des Pädagogikunterrichts, der auch entwicklungspsychologische Themen beinhaltete, ergab sich mit der Ausdehnung der Kindergärtnerinnenausbildung auf zwei Jahre und ihrer Zusammenführung mit der Hortnerinnenausbildung 1928 in Preußen. Diese Ausbildungskonzeption galt in ihren Grundzügen bis in die 60er Jahre. Pädagogikunterricht wurde des weiteren an den Ausbildungsstätten für Kinderpflegerinnen erteilt, für die eine 18monatige Ausbildung an hauswirtschaftlich-gewerblichen Schulen 1931 in Preußen erstmalig staatlich festgesetzt wurde, sowie an den seit den 20er Jahren entstandenen, jedoch zahlenmäßig geringen Heimerzieherschulen.

Ein eigenständiger Psychologieunterricht taucht erstmals 1931 in Preußen mit der Ausweitung der (1911 eingerichteten) Jugendleiterinnenausbildung auf. Allerdings findet sich bereits 1870 im Lehrplan eines Kindergartenseminars die Bezeichnung „Erziehungslehre mit Seelenkunde"; auch werden in frühen Stoffplänen für das Fach Erziehungslehre verschiedentlich im engeren Sinne psychologische Themen genannt. Der neben Pädagogik gesonderte Psychologieunterricht ist im Zusammenhang erweiterter Qualifikationsanforderungen in der Jugendleiterinnenausbildung zu sehen, die zur Leitung mehrgliedriger außerschulischer Erziehungseinrichtungen befähigte und eine Kindergärtnerinnenausbildung sowie praktische Bewährung voraussetzte. In der Folgezeit konnte sich der Psychologieunterricht dann auch auf niedrigeren Stufen der Qualifikationshierarchie etablieren.

Die gegenwärtige Regelung der Ausbildungsgänge, für die Pädagogik und Psychologie als berufsbildende Fächer konstitutiv sind, basiert auf der Grundlage der Rahmenvereinbarung über die sozialpädagogischen Ausbildungsstätten vom 16./17. 3. 1967 (vgl. KMK 1969). Die bis dahin getrennten Ausbildungsgänge für Kindergärtnerinnen und Hortnerinnen einerseits und die für Erzieher in Heimen und außerschulischer Jugendarbeit andererseits wurden in einer zweijährigen Fachschulausbildung mit anschließendem einjährigen Berufspraktikum zusammengefaßt. Die Jugendleiterinnenausbildung wurde der höheren Fachschule für Sozialpädagogik zugewiesen (sechs Semester und einjähriges Berufspraktikum), deren erfolgreicher Abschluß zu einer selbständigen Tätigkeit als „staatlich anerkannter Sozialpädagoge" in allen sozialpädagogischen Bereichen führte. Mit der Umwandlung der höheren Fachschulen in Fachhochschulen (1970) gehört der Pädagogik- und Psychologieunterricht an diesen Einrichtungen in den tertiären Bereich. Zugleich wurde mit den seit 1970 gegründeten, zur Fachhochschulreife hinführenden Fachoberschulen für Sozialpädagogik eine neue berufsvorbereitende Sekundarschule mit Pädagogik- und Psychologieunterricht eingerichtet (vgl. v. DERSCHAU 1976, S. 13 ff.). Pädagogikunterricht (und damit im Zusammenhang auch die Unterrichtung bestimmter psychologischer Themen) an allgemeinbildenden Schulen war bis zu Beginn der 60er Jahre auf den Bereich der Mädchenbildung beschränkt und hatte damit ebenfalls eine quasiberufsvorbereitende Funktion. Eingeführt wurde das Fach mit der Gründung der zweijährigen Frauenschule in Preußen (1908), die die zehnklassige höhere Mädchenschule fortsetzte. Pädagogik (zwei Wochenstunden Erziehungslehre sowie vier Wochenstunden Kindergartenunterweisung, verbunden mit praktischen Übungen im Kindergarten) wurde unterrichtet im Kontext einer – von der bürgerlichen Frauenbewegung maßgeblich mitgetragenen – geschlechtsspezifischen Bildungskonzeption („weibliche Kulturaufgabe"), die die Absolventinnen der höheren Mädchenschule auf ihre bürgerliche Frauenrolle als Hausfrau, Mutter und Staatsbürgerin (in ihrer Funktion als ehrenamtliche „Wohlfahrtspflegerin", „Volkserzieherin") vorbereiten sollte (vgl. TORNIEPORTH 1979, S. 175 ff.).

Der geschlechtsspezifische Charakter des Faches, das nach dem Zweiten Weltkrieg wieder in selbständiger Form an Frauenoberschulen unterrichtet wurde, nachdem im Nationalsozialismus pädagogische Fragen lediglich im Rahmen anderer „Fächer des Frauenschaffens" behandelt wurden, trat erst mit der Saarbrücker Vereinbarung vom 29. 9. 1960 (vgl. KMK 1963) zurück. Der darauf fußende vielgestaltige Ausbau des Pädagogikunterrichts, besonders in Nordrhein-Westfalen, zum Teil an zentraler Stelle des Gesamtcurriculums und in der Ausweitung auf Jungen (1961 wird Pädagogik Kernpflichtfach in der 13. Klasse der Frauenoberschule und in den Primen allgemein in Form von Arbeitsgemeinschaften zugelassen; 1965 wird das pädagogisch-musische Gymnasium mit fachgebundener, 1966 das erziehungswissenschaftliche Gymnasium mit allgemeiner Hochschulreife gegründet), war jedoch weniger durch eine entsprechende bildungstheoretische Konzeption motiviert als vielmehr durch den angesichts des Lehrermangels bildungspolitischen Versuch, verstärkt ein Rekrutierungspotential für pädagogische Berufe zu schaffen (vgl. BEYER 1976, S. 9 ff.).

Didaktische Aspekte. Die vergleichsweise lange Tradition von Pädagogik- und Psychologieunterricht an berufsbildenden Schulen könnte vermuten lassen, daß hier didaktische Konzepte am ehesten ausgearbeitet sind. Indessen hat sich die fachdidaktische Diskussion seit etwa 15 Jahren vom allgemeinbildenden Pädagogikunterricht her entwickelt. Für den Psychologieunterricht sind erste Ansätze zu einer Fachdidaktik erkennbar. Umfassende fachdidaktische Konzeptionen sind daraus noch nicht entstanden. Die folgenden Ausführungen beschränken sich daher auf einige vorwiegend auf den allgemeinbildenden Unterricht bezogene Elemente.

Begründungen und Ziele: Korrespondierend dem Einzug der Pädagogik in den gymnasialen Fächerkanon, standen zunächst – im Kontext einer geisteswissenschaftlichen Bildungstheorie – Begründungen und Zielbestimmungen im Vordergrund, die dem Pädagogikunterricht aufgrund der Bedeutung von Erziehung für die moderne Gesellschaft wie für den einzelnen und bei entsprechender Betonung des Wissenschaftscharakters einen Bildungswert als allgemeinbildendes, wissenschaftliches Fach zuerkannten (vgl. DERBOLAV 1978, GROOTHOFF 1978). In dem Maße, in dem die Wissenschaftsorientierung schulischen Lernens für das Gymnasium entmonopolisiert wurde (vgl. DEUTSCHER BILDUNGSRAT 1970) und eine auf die Bewältigung von Lebenssituationen gerichtete Curriculumprogrammatik (vgl. ROBINSOHN 1971) an Einfluß gewann, wurden an den Pädagogikunterricht auch handlungspropädeutisch bestimmte Aufgabenstellungen und Begründungen herangetragen. Die Zuschreibungen reichen dabei von einer kritischen Instanz, in der das auf den Schüler selbst gerichtete Erziehungsgeschehen in Familie und Schule reflektiert werden kann, über einen Ort, an dem auf eine künftige Elternrolle und andere erziehungsrelevante Erwachsenenrollen vorbereitet wird, bis hin zu der Möglichkeit, über Pädagogikunterricht zu einer Humanisierung gesellschaftlicher Verhältnisse beizutragen. Die Pole Wissenschaftspropädeutik, ausgelegt als Studierfähigkeit, und Handlungspropädeutik finden sich auch (mit unterschiedlichen Gewichtungen) in den Zielsetzungen gegenwärtiger Lehrpläne.

Für die Ziele des Psychologieunterrichts werden ebenfalls die Markierungen Wissenschafts- und Handlungspropädeutik, letzteres verstanden als Persönlichkeitsentwicklung, Änderung von Einstellungen und Verhalten, Bewältigung zwischenmenschlicher Probleme, verbunden mit einer Distanzierung von popularpsychologischen Vorstellungen, in Anspruch genommen. Im Gegensatz zu den weitgefächerten Legitimationserörterungen zum Pädagogikunterricht (vgl. BEYER 1978 a) finden sich bisher allerdings kaum Aussagen zu einer breiteren didaktischen Begründung des Faches. Die sich anbahnende fachdidaktische Diskussion scheint weniger von allgemeinen bildungstheoretischen Erwägungen auszugehen, als vielmehr – korrespondierend den Tendenzen der Fachwissenschaft – mit Bezug auf amerikanische Verhältnisse anzusetzen, wo ein – entweder stärker als „precollege" oder im Sinne von „needs"/„mental health" akzentuierter – Psychologieunterricht auf eine vergleichsweise lange Tradition zurückblicken kann.

Theorie-Praxis-Bezug: Ein auf Handlungsfähigkeit zielender Pädagogik- und Psychologieunterricht an allgemeinbildenden Schulen hat unter den gegenwärtigen Bedingungen (keine Praktika) außerhalb sich selbst kein Feld, in dem die entsprechenden Intentionen in kontrollierbarer Weise praktisch werden können. Daher kommt dem Interaktionsgeschehen im Unterricht trotz der Gefahr eines Abgleitens in dilettantische Selbstbespiegelung eine wichtige Funktion als Gegenstand und Prüfstein der Handlungsorientierung zu. Allerdings fehlen didaktische Ansätze, die diese Problematik unter Bezug auf gegebene Unterrichtsbedingungen hinreichend aufnehmen, noch weitgehend. Eine Verbesserung des Theorie-Praxis-Bezugs stellt auch für den berufsbildenden Pädagogik- und Psychologieunterricht eines der vordringlichen Probleme dar. Häufig korrespondiert einem von Schülern und Absolventen erlebten „Praxisschock" auf der Abnehmerseite die Klage über mangelnde Handlungskompetenz. Trotz institutioneller Verknüpfung von theoretischer und praktischer Ausbildung wird auch von den Lehrern in den beruflichen Ausbildungsstätten die inhaltliche Verzahnung beider Bereiche als unzureichend beurteilt (vgl. V. DERSCHAU 1976, S. 301 ff.). Ausbildungskonzepte und – auf konkreter Ebene – curriculare Einheiten unter diesem Anspruch werden in der letzten Zeit verstärkt diskutiert (vgl. FISCHER 1980, KRAUSE 1978).

Didaktische Reduktion: Inwieweit darüber hinaus eine berufspragmatische Orientierung zugleich als didaktisches Reduktionsprinzip für die Auswahl von Inhalten eines wissenschaftspropädeutischen Unterrichts fungieren kann, so daß über einen solchen Bildungsgang die Ziele Studierfähigkeit und berufliche Handlungskompetenz (beispielsweise Qualifikation als Erzieher) gleichermaßen erreicht werden, wird für den Pädagogikunterricht gegenwärtig im Kollegschulversuch des Landes Nordrhein-Westfalen überprüft (vgl. GRUSCHKA 1978). Die zur Vermeidung einer naiven Abbilddidaktik notwendigen didaktischen Reduktionen, soweit sie auf die Sachstruktur der jeweiligen Fachwissenschaft bezogen sind, schließen neben der Frage, welche inhaltlichen Bereiche ausgewählt werden, auch das Problem ein, welche theoretischen Richtungen akzentuiert werden und wieweit disziplinspezifische Arbeitsmethoden (speziell auch erfahrungswissenschaftliche Methoden) vermittelt werden sollen.

Curriculumentwicklung: Die bisherige Curriculumentwicklung ist durch ein pragmatisch ausgerichtetes Vorgehen gekennzeichnet, dergestalt, daß auf zumeist im Sinne von Empfehlungen ausgesprochene kultusministerielle Vorgaben Rückmeldungen aus der Praxis erfolgen, die zu einer Modifikation der Vorgaben führen sollen, allerdings ohne daß der Prozeß Gegenstand einer gezielten wissenschaftlichen Kontrolle wäre. Mit bindenden Richtlinien und Lehrplänen ist in nächster Zukunft zu rechnen (in Nordrhein-Westfalen ab Schuljahr 1979/80). Ein auf den Pädagogikunterricht bezogener früher Versuch, in wissenschaftlich-methodisierter Weise fachdidaktische Konstruktionskriterien zu erstellen und auf die Entwicklung eines Lehrplans zu beziehen, hat sich in dieser Form nicht realisieren lassen (vgl. ADICK u. a. 1978). Wissenschaftlich begleitete Erprobungen von Curriculumelementen und Untersuchungen zu Auswirkungen des Unterrichts auf Schüler liegen erst in Einzelfällen vor (vgl. ADICK u. a. 1978, HEILAND u. a. 1977, KRAAK 1968, SEIFFGE-KRENKE 1978). Im Hinblick auf die Entwicklung von Lehrbüchern und Arbeitsmaterialien, denen eine wichtige Orientierungsfunktion für den faktischen Unterricht zukommt, stellt sich die Situation unterschiedlich dar. Während für den Psychologieunterricht noch keine speziell für die Sekundarstufe II konzipierten größeren Unterrichtswerke existieren oder sich erst in Vorbereitung befinden, sind für Pädagogik in den letzten Jahren verschiedene mehrbändige oder in Form von Reihen angelegte Werke entstanden. Diese Materialien differieren in einer Vielzahl didaktisch relevanter Kategorien und spiegeln die Unabgeschlossenheit fachdidaktischer Konzeptbildung wider (vgl. BONNE 1978, HEILAND 1975, SÜSSMUTH 1977).

Schüler: Pädagogik wie Psychologie wird von Schülern gewählt, ohne daß entsprechende Unterrichtserfahrungen vorausgehen. Gleichwohl kann von bestimmten Vorerfahrungen, Wahlmotiven und Erwartungen an den Unterricht ausgegangen werden, die didaktisch bedeutsam sind. Die bisher vorliegenden Befragungen (vgl. ADICK u. a. 1978, HEILAND u. a. 1977, LANGEFELD/MERBECKS 1977, LEHMEIER 1976) zeigen übereinstimmend stark von lebenspraktischen Bezügen bestimmte Motive und Erwartungen. Im Falle des Pädagogikunterrichts werden – bei allgemeinem Interesse an Erziehungsfragen – vornehmlich Hilfen für die eigene Erziehungssituation, aber auch für eine künftige Elternrolle erwartet; für den Psychologieunterricht ergibt sich ein vergleichbares Bild; bei allgemeinem Interesse an menschlichem Verhalten und zwischenmenschlichen Beziehungen stehen Gesichtspunkte wie Hilfen zur Lösung persönlicher Probleme und Vorbereitung auf Zusammenleben (Freundschaft, Familie) im Vordergrund. Studien- und berufsvorbereitende Aspekte rangieren aus Schülersicht an untergeordneter Stelle. Offenbar im Gefolge solcher Erwartungen an die Fächer wird dem Lehrer verstärkt eine Rolle als Berater und Helfer zugeschrieben. Praktische wie theoretische Vorerfahrungen (Arbeit in Jugendgruppen, Fachliteratur) scheinen die Wahl der Fächer zu begünstigen. Soweit theoretische Vorkenntnisse gegeben sind, muß dabei von einer die Vorstellungen über das Unterrichtsfach beeinflussenden hohen Selektivität des Vorwissens ausgegangen werden (zum Beispiel Dominanz psychoanalytischer Literatur in Psychologie). Die verschiedentlich geäußerte Vermutung, daß Pädagogik und Psychologie als „leichte" Fächer gelten und eher von leistungsschwächeren Schülern gewählt werden oder aus der Absicht heraus, die allgemeine Leistungsposition zu verbessern (Numerus clausus), ist noch nicht hinreichend untersucht.

Lehrer: Den hohen Schülererwartungen an die Berufsrolle von Pädagogik- und Psychologielehrern und den besonderen Anforderungen, die sich bei noch stark in der Entwicklung begriffenen Unterrichtsfächern ergeben, steht eine weitgehend unbefriedigende Aus- und Weiterbildungssituation gegenüber. Teils werden die Fächer auf der Basis der im erziehungswissenschaftlichen/psychologischen Begleitstudium absolvierten Studien unterrichtet, teils kann eine Lehrbefähigung über ein (verkürztes) Zusatzfachstudium erworben werden, teils unterrichten nicht als Lehrer ausgebildete Fachkräfte (beispielsweise Diplompsychologen). Besonders uneinheitlich und unzureichend von den Qualifikationsanforderungen her zeigt sich die Situation im berufsbildenden Pädagogik- und Psychologieunterricht. In bezug auf die Einrichtung ordentlicher Lehramtsstudiengänge für beide Fächer ist die Entwicklung in Nordrhein-Westfalen bisher am weitesten fortgeschritten, indem über ein grundständiges Studium die Lehrbefähigung in Pädagogik für allgemeinbildende, Lehrbefähigungen in Sozialpädagogik und in Psychologie für berufsbildende Schulen der Sekundarstufe II erworben werden können.

Pädagogik- und Psychologieunterricht beziehen sich auf Wissenschaften, die für pädagogische und unterrichtliche Prozesse besondere Kompetenzen beanspruchen; die Hilfestellungen, die beide Bezugswissenschaften für die Didaktik und für das unterrichtliche Handeln bei der Vermittlung ihrer selbst zur Verfügung stellen, werden bei der Weiterentwicklung beider Unterrichtsfächer von großem Interesse sein.

ADICK, C. u. a.: Didaktik des Pädagogikunterrichts, Stuttgart 1978. BEYER, K.: Pädagogikunterricht, Stuttgart 1976. BEYER, K.: Der Stand der fachdidaktischen Diskussion zum Pädagogikunterricht. In: Z. f. P. 24 (1978), S. 853 f. (1978 a). BEYER, K. (Hg.): Reader zur Didaktik des Unterrichtsfaches Pädagogik. Aufsätze 1965–1975, Kastellaun 1978 b. BONNE, L.: Analyse neuer Lehrbücher für den Pädagogikunterricht. In: Z. f. P. 24 (1978), S. 899 ff. DERBOLAV, J.: Pädagogik als Lehrfach an der Höheren Schule. In: BEYER, K. (Hg.): Reader zur Didaktik . . ., Kastellaun 1978, S. 17 ff. DERSCHAU, D. v.: Die Ausbildung der Erzieher für Kindergarten, Heimerziehung und Jugendarbeit an den Fachschulen/Fachakademien für Sozialpädagogik. Entwicklung, Bestandsaufnahme, Reformvorschläge, Gersthofen 1976. DERSCHAU, D. v./ SCHERPNER, M.: Erzieher. In: BUNDESANSTALT FÜR ARBEIT (Hg.): Blätter für Berufskunde, 2–IV A 20, Bielefeld ³1978. DEUTSCHER BILDUNGSRAT (Hg.): Strukturplan für das Bildungswesen. Empfehlungen der Bildungskommission, Stuttgart 1970. FISCHER, H.: Ansätze einer handlungsorientierten Ausbildungsdidaktik für Erzieher. In: N. Prax. 10 (1980), S. 416 ff. GROOTHOFF, H.-H.: Über Pädagogik als Bildungsfach in der modernen Welt. In: BEYER, K. (Hg.): Reader zur Didaktik . . ., Kastellaun 1978, S. 38 ff. GROSS, E. (Hg.): Erziehungswissenschaftlicher Unterricht. Didaktische Perspektiven für die Praxis, Kastellaun 1977. GRUSCHKA, A.: Wissenschaftspropädeutik durch Berufsqualifikation. In: Z. f. P. 24 (1978), S. 871 ff. HEILAND, H.: Analyse von Pädagogik-Lehrbüchern für den Pädagogikunterricht. In: HÜLSHOFF, R. u. a. (Hg.): Pädagogikunterricht in der Sekundarstufe II, Ratingen 1975. HEILAND, H. u. a.: Zur Didaktik des Pädagogikunterrichts in der Sekundarstufe II. In: Vjs. f. w. P. 53 (1977), S. 442 ff. HEINEMANN, M.: Die ,,berufliche Fachrichtung Sozialpädagogik". In: B. u. E. 30 (1977), S. 112 ff. HÜLSHOFF, R. u. a.: Pädagogikunterricht in der Sekundarstufe II, Ratingen 1975. KMK: Rahmenvereinbarung zur Ordnung des Unterrichts auf der Oberstufe der Gymnasien. Beschluß vom 29./30. 9. 1960, Neuwied 1963. KMK: Rahmenvereinbarung über die sozialpädagogischen Ausbildungsstätten. Beschluß vom 16./17. 3. 1967 in der Fassung vom 6. 2. 1969, Neuwied 1969. KMK: Vereinbarung zur Neugestaltung der gymnasialen Oberstufe in der Sekundarstufe II. Beschluß vom 7. 7. 1972, Neuwied 1972. KOWAL, S. u. a.: Zur Situation des Psychologie-Unterrichts an Gymnasien. In: Psych. Rsch. 30 (1979), S. 251 ff. KRAAK, B.: Auswirkungen von Psychologieunterricht auf soziale und pädagogische Vorurteile, Weinheim/Berlin/Basel 1968. KRAUSE, H.-J.: Zur Aus- und Fortbildung von Erzieherinnen. Berichte und Materialien zur sozialpädagogischen Ausbildung und Praxis, Bd. 1, Marburg 1978. LANGEFELD, J.: Pädagogik als Unterrichtsfach des allgemeinbildenden Schulwesens. In: Z. f. P. 24 (1978), S. 835 ff. LANGEFELD, J./MERBECKS, B.: Warum wählen Schüler der gymnasialen Oberstufe das Fach Erziehungswissenschaft? In: N. Uprax. 10 (1977), S. 415 ff. LAUCKEN, U./ SCHICKA. (Hg.): Didaktik der Psychologie, Stuttgart 1977. LEHMEIER, H.: Psychologieunterricht in der Sekundarstufe II, Frankfurt/M. 1976. PANIBRATZEWA, S. M.: Methodik des Psychologieunterrichts. Psychologische Beiträge 18, Berlin (DDR) 1977. ROBINSOHN, S. B.: Bildungsreform als Revision des Curriculum. In: RÖHRS, H. (Hg.): Didaktik, Frankfurt/M. 1971, S. 229 ff. SEIFFGE-KRENKE, I.: Psychologieunterricht in der Sekundarstufe II: Eine Konzeption. In: N. Uprax. 11 (1978), S. 210 ff. SEIFFGE-KRENKE, I.: Psychologieunterricht in der Sekundarstufe II. In: Psych. i. E. u. U. 26 (1979), S.154 ff. (1979 a). SEIFFGE-KRENKE, I.: Probleme der Evaluation von Psychologieunterricht in der Sekundarstufe II. In: ECKENSBERGER, L. H. (Hg.): Bericht über den 31. Kongreß der deutschen Gesellschaft für Psychologie in Mannheim 1978, Bd. 2, Göttingen 1979, S. 32 ff. (1979 b). SÜSSMUTH, R.: Neuere Materialien für den Pädagogikunterricht. in: Vjs. f. w. P. 53 (1977), S. 467 ff. TORNIERPORTH, G.: Studien zur Frauenbildung. Ein Beitrag zur historischen Analyse lebensweltorientierter Bildungskonzeptionen, Weinheim/Basel 1979.

Wolfgang Tietze

Unterricht: Philosophie

Philosophie kann in der reformierten gymnasialen Oberstufe durchgehend als Grundkurs- und als Leistungskursfolge unterrichtet werden. Damit besteht seit 1972 ein organisatorischer Rahmen für den Philosophieunterricht, wie es ihn seit Beginn des 19. Jahrhunderts nicht gegeben hat. Prognosen über die langfristige Entwicklung des Philosophieunterrichts in den Ländern der Bundesrepublik Deutschland sind trotzdem nur schwer zu erstellen. Die Entwicklung hängt zunächst einmal von mehreren externen Bedingungen ab: von der Entwicklung der Philosophie an anderen Lernorten, vor allem an den Hochschulen, vom Stellenwert des Philosophieunterrichts als Ersatzfach für diejenigen Schüler, die sich vom Religionsunterricht abmelden, und von politischen Erwartungen an diesen Unterricht, die zugleich konservativer wie progressiver Natur sein können (als Rückbesinnung auf die abendländische Kultur und Moral oder als Instrument zur Vorbereitung gesellschaftlich-politischer Veränderungen). Vor allem wird jedoch die zukünftige Entwicklung des Philosophieunterrichts davon abhängen, ob es gelingen

wird, das Fach curricular so auszulegen, daß es im Kurssystem der gymnasialen Oberstufe in Konkurrenz zu anderen Fächern bestehen und zugleich seine Eigenständigkeit artikulieren kann.

Die Forderung, Philosophieunterricht für *alle* Schüler der Sekundarstufe II, also auch für die Berufsschüler, zu institutionalisieren, entspricht zwar einem legitimierten Selbstverständnis von Philosophie (vgl. FISCHER 1979), erscheint aber zur Zeit kaum realisierbar.

Zur Funktionsbestimmung des Philosophieunterrichts. Die fachlichen Erwartungen an den Philosophieunterricht sind vielschichtig: Viele Lehrer und Fachdidaktiker verstehen den Unterricht als eine *philosophische Propädeutik,* also als die Vorbereitung auf ein philosophisches Studium. Von Paulsen ist zu Anfang unseres Jahrhunderts in diesem Sinne vorgeschlagen worden, die Schüler in die Geschichte der Philosophie und die Grundgedanken eines philosophischen Systems, in Logik, Psychologie und Ethik einzuführen (vgl. KLEMM 1978, S. 71; vgl. PAULSEN 1912, S. 330 ff.). Das Curriculum Philosophie für Nordrhein-Westfalen (1973) sieht Wissenschaftstheorie, Ethik als philosophische Theorie des Handelns, philosophische Aspekte der Politik, Anthropologie als philosophische Reflexion über den Menschen und Philosophie und Geschichte als Kursthemen vor. Bei einer Konzeption der Schulphilosophie als philosophischer Propädeutik stellt sich aber auch die Frage, ob nicht etwas anderes als die Beschäftigung mit philosophischen Problemen die beste Vorbereitung auf die Universitätsphilosophie sei. Die philosophischen Grenzgebiete Denkpsychologie und Logik einerseits, das Studium der alten Sprachen andererseits sind hierfür im 19. Jahrhundert vorgeschlagen worden; in der Humboldt-Süvernschen Reform des preußischen Gymnasiums (1812/1816) wurde Philosophie als selbständiges Unterrichtsfach nicht vorgesehen. Eine im Rückblick unglückliche Konsequenz dieses Propädeutik-Konzeptes war, daß bis in die Gegenwart das Fach Philosophie immer wieder aus dem Fächerkanon der gymnasialen Oberstufe ausgeschlossen worden ist.

Eine zweite Vorstellung über die Funktion der Philosophie ist ebenso verbreitet wie das Propädeutik-Konzept: Der Philosophieunterricht müsse als ein *Refugium* in der durch Leistungsdruck und Konkurrenz geprägten Schullandschaft konzipiert werden, als ein Bereich, in dem man sich selbst entfalten, individuellen Neigungen nachgehen, weiter diskutieren kann, wenn in anderen Fächern der Lehrer die Diskussion längst abgebrochen und mit dem nächsten Thema begonnen hätte. Es versteht sich, daß diese Vorstellung dem didaktischen Programm offener Curricula nahesteht und ähnliche Möglichkeiten wie auch vergleichbare Probleme hervorruft.

Von vielen Lehrern und Fachdidaktikern wird noch eine dritte Funktionsbestimmung der Philosophie herausgestellt. Für den Fall, daß es in anderen Fächern Probleme gibt, die sich fachimmanent nicht bewältigen lassen, fordert man eine Lösung der Probleme durch Einschübe von Philosophieunterricht in diesen Unterricht oder durch Delegation an den selbständigen Philosophieunterricht, um die Probleme in einer *philosophischen Vertiefung* gründlicher zu analysieren und zu diskutieren. Der Philosophieunterricht soll die verlorene Mitte darstellen, die die divergierenden Einzelfächer in der gymnasialen Oberstufe nicht mehr den Schülern vermitteln können und deren Fehlen sie zu einem zusammenhanglosen Erwerb beliebiger Kenntnisse und Kompetenzen aus verschiedenen Bereichen nötigt. Philosophieunterricht wird also nicht nur als selbständiges Fach gewünscht, die Beschäftigung mit philosophischen Fragen soll zugleich ein durchgängiges *Unterrichtsprinzip* sein. Dieser Erwartung entspricht die Bestimmung in der Vereinbarung der Ständigen Konferenz der Kultusminister der Länder in der Bundesrepublik Deutschland (KMK) zur Neugestaltung der gymnasialen Oberstufe aus dem Jahre 1972, daß bei der Auslegung der Kurse in den drei Aufgabenfeldern philosophische Fragen, die diese Aufgabenfelder durchziehen, berücksichtigt werden sollen.

Interdisziplinarität. Seit Ende des vorigen Jahrhunderts wurde die interdisziplinäre Ergänzungsfunktion des Philosophieunterrichts immer wieder vor allem für den Deutschunterricht herausgestellt. Paulsen und andere haben daran gedacht, den Philosophieunterricht im Rahmen des Deutschunterrichts zu erteilen. Diese enge Verknüpfung hat auch heute noch Tradition (vgl. etwa das Lehrbuch für den Deutschunterricht in der Sekundarstufe II, WORT UND SINN 1971, das fast nur philosophische Texte enthält). Die Verknüpfung läßt sich für das Fach Deutsch, aber auch für die fremdsprachlichen Fächer sachlich begründen. Etwa im Griechisch- und Lateinunterricht werden Platon, Cicero und andere Philosophen gelesen; die Behandlung der Klassik im Deutschunterricht verlangt auch eine Auseinandersetzung mit dem Deutschen Idealismus, vor allem mit der Philosophie Kants; die Lektüre von Arbeiten Sartres oder Camus' verweist auf den Existentialismus, den diese Autoren selbst verkörpern; und wenn im Deutschunterricht Brecht gelesen wird, kann eine Auseinandersetzung mit dem Marxismus eigentlich nicht ausbleiben. Die Verknüpfung der Philosophie mit den Sprachfächern wird durch methodische Gemeinsamkeiten begünstigt: Eine überwiegend philologisch-hermeneutische Textinterpretation kennzeichnete sowohl den Deutsch- und Fremdsprachen- wie auch den Philosophieunterricht.

In letzter Zeit ist nun eine Akzentverschiebung in Richtung auf gesellschaftstheoretische Fragestellungen festzustellen, die ihre Gründe in der Entwicklung der Philosophie selbst hat – als kennzeichnend hierfür sei die breite Rezeption der Kritischen Theorie (Adorno, Horkheimer, Habermas u. a.) genannt –, die aber zugleich auch durch die Strukturreform der gymnasialen Oberstufe und eine gesamtgesellschaftliche Interessenverlagerung befördert wurde. Die Philosophie wird nun vor allem in ihrer gesellschaftskritischen, politischen Funktion gesehen. Dementsprechend rücken Themen wie Freiheit und Gerechtigkeit, Individuum und Gesellschaft, Marxismus und Neomarxismus in den Vordergrund. Auf methodischer Ebene entspricht dieser Akzentverschiebung, daß das Philosophieren vor allem als Diskutieren konzipiert wird, als methodische Argumentation mit der Absicht, vermeintliche Sachzwänge und Voreingenommenheiten zu durchschauen, Änderungsvorschläge zu konzipieren und zu begründen, und zwar gerade zu solchen Themen, die unser gesellschaftliches Miteinanderleben bestimmen.

Die dritte identifizierbare Variante der interdisziplinären Funktionsbestimmung des Philosophieunterrichts zielt auf eine stark wissenschaftstheoretische Orientierung – an den Naturwissenschaften, der Mathematik und Logik einschließlich der diesem Bereich zuzuordnenden technologischen Anwendungsbereiche. Die Fähigkeiten der Schüler zur Modellbildung, die Präzisierung der Argumentation und die Denkschulung sollen besonders gefördert werden; Wissenschaftstheorie ist Mittelpunkt des Philosophieunterrichts, und die Beschäftigung mit der lange diskreditierten Logik wird als „Vorschule des vernünftigen Redens" (KAMLAH/LORENZEN 1967) rehabilitiert. Die interdisziplinäre Verknüpfung mit der Mathematik ist allerdings – trotz vieler Ansätze in der Tradition – nur unzureichend entwickelt, obwohl gerade diese Verbindung besonders positive Integrationsaspekte eröffnet (vgl. MEYER u. a. 1979).

Der Aufklärungsanspruch der Philosophie. Die erläuterte dreifache Orientierung des Philosophieunterrichts auf Sprache und Literatur, auf gesellschaftswissenschaftliche Disziplinen und auf das mathematisch-naturwissenschaftlich-technische Aufgabenfeld muß systematisch begründet werden. Die Option für nur *eine* der drei Varianten erscheint curricular nicht angemessen, wenn Philosophie auf Horizonterweiterung, auf Vermittlung des Disparaten und auf Reflexion des Verhältnisses von Sachproblemen und individuellen Interessen verpflichtet ist. Es fragt sich also, was der umfassendere Anspruch der Philosophie für die Bildung der Schüler in der Sekundarstufe II sein kann.

Es besteht ein Konsens darüber, daß Philosophie als methodische Bemühung um *Aufklärung* zu verstehen ist, als Aufklärung der Jugendlichen über sich selbst, über ihr Wissen, ihre Handlungsmuster und Handlungsmöglichkeiten in einer sich ständig verändernden Welt. Es besteht auch ein Konsens darüber, daß der Ausgangspunkt dieser philosophischen Aufklärung nur die eigene *Er-*

fahrung sein kann – derjenige Wirklichkeitshorizont also, der Schülern wie Lehrern offensteht, ihre tagtäglich erfahrene Wirklichkeit in Schule, privater Welt und politisch-gesellschaftlicher Öffentlichkeit.

Beide Eckpfeiler für diese Konzeption des Philosophieunterrichts verweisen auf den Deutschen Idealismus und die Philosophie Kants. Kant hat herausgestellt, daß das *Philosophieren* zu *lernen* wichtiger sei als die Kenntnis philosophischer Systeme, daß in der philosophischen Lehre vor allem vermieden werden müsse, die Jugend unter Vormundschaft zu setzen. Entwicklung kritischer Vernunft sei nur möglich, wenn die Jugend von Anfang an die *eigene* Kraft des Denkens erfahre und sich gegen Blendwerke erfolgreich durchzusetzen lerne (vgl. KANT 1787, B 782 ff.).

Für einen derartig bestimmten Philosophieunterricht kann weder die Option für eine der drei genannten Varianten noch eine Entfaltung der Philosophie im Durchgang durch ihre Geschichte, noch die Entfaltung der heutigen Philosophie in ihrer Systematik ausreichen. Vielmehr muß das Curriculum für diesen Unterricht eine im engeren Sinne *philosophiedidaktische* Struktur ausweisen, deren Erarbeitung insofern erleichtert wird, als sich die Philosophie schon immer auch als didaktisch verstanden hat – man denke etwa an die Gestalt des Sokrates. Diese immanente Philosophiedidaktik mit ihrem Anspruch, die Verständigung mit Nichtphilosophen zu suchen, ist aber heute im institutionalisierten Hochschullehrbetrieb oft nicht mehr erkennbar; Philosophie ist hier weitgehend durch Esoterik, Spezialisierung und unhinterfragte Selbstverständlichkeiten geprägt. Im Philosophieunterricht am Gymnasium gelingen die glaubwürdige Demonstration philosophischer Kommunikation und Bewältigung konkreter Lebensprobleme kaum besser. Eine didaktische Vermittlung der Philosophie ist deshalb trotz der These

von der immanenten Philosophiedidaktik wichtiger denn je (vgl. HEINTEL 1979).

Im folgenden Referat verschiedener philosophiedidaktischer Positionen soll für diese Aufgabe ein curricularer Rahmen skizziert werden.

Der Bildungssinn der Philosophie. Derbolav fragte im Horizont der Geisteswissenschaftlichen Pädagogik nach dem „Bildungssinn" der Philosophie. Er ging davon aus, daß diese didaktische Grundfrage der Philosophie gar nicht äußerlich sein könne, daß sie vielmehr aus ihrem Begriff und Selbstverständnis selbst erfließen muß (vgl. DERBOLAV 1964, S. 7).

Dieses Selbstverständnis der Philosophie bestimmte Derbolav als zugleich aporetisch und systematisch in dialektischer Vermittlung: als Aporie der einen Philosophie (philosophischen Position) und der vielen (konkurrierenden) philosophischen Systeme, weiter als Aporie von geschichtlich offener und auf den Begriff gebrachter eindeutiger Philosophie, letztlich als Aporie zwischen Philosophieren als Tätigkeit, das heißt als aporetischem Offenhalten philosophischer Probleme und dem Philosophieren als der Entwicklung philosophischer Systeme. Dialektisch ist diese Beziehung, weil es die philosophischen Aporien nur angesichts des Systemanspruchs gibt, weil die philosophischen Probleme auf eine systematische Lösung drängen und doch in der Geschichte der Philosophie alle Systeme letztlich immer wieder als dogmatisch und unhaltbar erwiesen worden sind. Was über die Jahrhunderte bleibt, ist allein der philosophische „Problemstand". Derbolav sieht deshalb den Bildungssinn des Philosophieunterrichts darin, die philosophische Schülerfrage auf der Ebene der philosophischen Aporetik zur Entfaltung zu bringen: „[. . .] denn das aporetische Denken entspricht seiner Struktur nach ziemlich genau jenem Anspruch, den die wissenschaftliche Grundbildung der gymnasialen Oberstufe ihren Schülern zumutet. Sich in philosophische Probleme denkend einzulassen, ihre Spannungen nach allen Seiten und Richtungen experimentell auszuloten, ihren inneren Zusammenhang zu begreifen suchen, heißt zwar noch nicht selber systematisch philosophieren – solches würde den Schüler in der Tat überfordern –, wohl aber eine Vorahnung von dem gewinnen, was systematische Ordnung und Entwicklung philosophischer Gedanken bedeutet. Denn auch der Problemstand der Philosophie trägt ja immer schon jenes ‚Gerüst und Gerippe‘ ordnungsmäßiger Durchgliederung in sich, das seinen notwendigen Rückbezug auf die Fassung im System erkennen läßt." Geeignet zur Erfüllung dieser Aufgabe sei gerade die Interpretation von Texten aus der Geschichte der Philosophie, weil hier dem Schüler die Philosophie in ihrer individuellen Vielgestaltigkeit begegnet, „ohne daß sie ihm die Verbindlichkeit einer Nachfolge aufnötigt" (DERBOLAV 1964, S. 31 f.).

Derbolavs philosophiedidaktischer Ansatz erscheint aus heutiger Sicht reflexiv-kontemplativ. Aufgabe des Philosophieunterrichts sind Weltdeutung und Selbstvergewisserung der Schüler im Medium philosophischer Texte. Auch wenn diese reflexiv-kontemplative Komponente heute nicht überholt sein kann, so ist doch der handlungsorientierende Wert des Philosophieunterrichts noch nicht ausreichend bestimmt. Dieser Aspekt steht im nachfolgenden didaktischen Konzept im Vordergrund.

Philosophieren als Bildungsprozeß. Heintel schreibt in einem Aufsatz aus dem Jahre 1979, die Fachdidaktik Philosophie erhalte dann einen neuen, über die bisherige geschichtlich prinzipiell philosophieimmanente Stellung hinausgehenden Sinn, „wenn man Philosophie ihrem Prinzip nach zu *verwirklichen,* im Sinne von Bildungsprozessen praktisch zu organisieren und zu verallgemeinern sucht" (HEINTEL 1979, S. 12).

Die Forderung Kants, statt philosophische Dogmen zu lehren, den Jugendlichen zu ermöglichen, das Philosophieren zu lernen, wird hier also noch wesentlich radikaler als bei Derbolav gefaßt. Bei der Beantwortung der Frage, wie dieser Bildungsprozeß aussehen könnte, zeigt sich, daß der Selbstbestimmung der Schüler im kommunikativen Unterrichtsprozeß eine konstitutive Funktion zukommen muß. Dies wird in der „dialogisch-pragmatischen Philosophiedidaktik" von MARTENS (1979) erarbeitet. Martens bezieht sich dabei auf die platonische Gestalt des Sokrates, auf Kant und auf neuere philosophische Ansätze, vor allem auf die Zeichentheorie des Pragmatisten Peirce.

Nach Peirce stehen Sätze als Zeichenkombinationen in einer Relation zu ihren Interpreten und damit in der dialogischen Kommunikationssituation und zugleich in einem realen Bezug zu den intendierten Objekten, den zu lösenden Problemen. Philosophie ist als eine dialogische, sprachvermittelte Tätigkeit zu verstehen, die sich unter einem realen Problemdruck auf die technische und moralisch-praktische Gestaltung der Wirklichkeit bezieht. Philosophie ist ein „problemorientierter Verständigungsprozeß" (MARTENS 1979, S. 48 ff.). Wenn unsere Denkgewohnheiten und die ihnen entsprechenden Verhaltensweisen in der konkreten Situation, in der wir uns befinden, nicht mehr ausreichen, fangen wir an zu denken. Denken ist deshalb Lernen, und das heißt: Lernen ist „die Änderung eines Zeichen- oder Interpretationssystems gemeinsamer Handlungsregeln aufgrund seiner gemeinsam erfahrenen Unvereinbarkeit mit neuen Erfahrungen, entweder im unmittelbaren oder mittelbaren, auf mögliche Erfahrung bezogenen Zweifel. Jede Lehr-Lernsituation steht daher im doppelten Bezug von Dialog und Handlung" (MARTENS 1979, S. 64).

Sofern die Peircesche Definition für jeden Lernprozeß gilt, ist sie philosophieunspezifisch. Sie erhält jedoch philosophiedidaktisch eine zentrale Funktion, sobald man das philosophische Denken als eine prinzipiell selbstreflektierte, theoretische Tätigkeit begreift und dementsprechend die Reflexion auf die triadische Zeichenrelation zu einer zentralen Aufgabe des Philosophieunterrichts macht und mit der Artikulation der Schülerinteressen an spezifischen konkreten Problemen vermittelt. Die so konstituierte Philosophiedidaktik läßt sich dann als „Wissen und Können gemeinsamer Selbstbestimmung" fixieren (MARTENS 1979, S. 73 ff.). Martens formuliert deshalb drei dialogisch-pragmatisch motivierte Kriterien für den Philosophieunterricht. Erstens: „Ein Philosophieunterricht mit dem Ziel gemeinsamer Problemlösung kann auf das Mittel klaren Sprechens und Denkens nicht verzichten [. . .]" Zweitens: „Ein Philosophieunterricht, der den Anspruch allgemeinen Interesses erhebt, muß auch tatsächlich etwas inhaltlich Wichtiges zu sagen haben und nicht lediglich als Gegenstand präsentieren, wie man über wichtige Gegenstände reden könnte oder sollte [. . .]" Martens fordert dann drittens, „[. . .] daß die Gemeinsamkeit der Problemlösung nicht bloß universalistisch behauptet, sondern für jeden einzelnen vermittelt werden müsse" (MARTENS 1979, S. 127 ff.).

Das Problem eines solchen schülerorientierten Ansatzes ist, daß Vorschläge für die inhaltliche Fixierung im Unterricht zu behandelnder Probleme zunächst einmal relativ vage bleiben müssen. Fachdidaktisch vertretbar ist eigentlich nur die Darstellung von Beispielen geglückten Unterrichts (vgl. MARTENS 1979, S. 148 ff.; vgl. MARTENS u. a. 1974). Es stellt sich deshalb abschließend die Frage, ob nicht doch für das Philosophieren als einem problemorientierten Verständigungsprozeß Anhaltspunkte fixiert werden können, die es

den Schülern erlauben, über die Artikulation von Tagesaktualitäten hinaus zur Behandlung bildender Langzeitprobleme fortzuschreiten. Diese Anhaltspunkte werden im dialogisch-pragmatischen Ansatz von Martens gefordert, etwa in der „Dialogspirale" des Zuhörens (Texte, Referate . . .), des Verarbeitens und des freien Selbstdenkens und in der Vermittlung des Schülerinteresses für Philosophie mit dem Interesse der Gesellschaft an der Philosophie und dem Fachinteresse der Philosophie selbst (vgl. MARTENS 1979, S. 114 ff.).

Es gibt zwei zentrale Problembereiche, die an sich noch nicht philosophisch sind, die es aber gerade deshalb ermöglichen, das Philosophieren in der Schule zu beginnen und ihm eine Perspektive zu geben. Diese sind die Thematisierung der Alltagswelt und der Welt der Wissenschaften. In der philosophischen Reflexion, die sich im Diskurs (im Dialog) artikuliert und die auf für die Schüler relevante Probleme bezogen sein muß, sollte es gelingen, zwischen dem persönlich erlebten Alltag und den Wissenschaften, die in der heutigen Welt eben diesen Alltag maßgeblich prägen, eine produktive Vermittlung zu realisieren und in eben dieser Vermittlung die wechselseitige Kritik beider Bereiche zu artikulieren (vgl. MEYER u. a. 1979).

Philosophische Reflexion im Spannungsfeld von Alltagswelt und Wissenschaften. Die Alltagswelt ist die zunächst für Schüler wie Lehrer universelle, unbefragt hingenommene und verstandene Basis des tagtäglichen Denkens und Handelns, ist die didaktische Konkretion dessen, was in der philosophischen Tradition unter dem Begriff der „Lebenswelt" intendiert und im Peirceschen Pragmatismus sprachanalytisch als Einheit von Denken und Handeln identifiziert worden ist. Der Philosophieunterricht sollte versuchen – von Beschreibungen und Problematisierungen der Alltagswelt ausgehend –, das Selbstverständnis und die Handlungsorientierungen, die sich in eben dieser Welt artikulieren, aus ihrer präreflexiven Unhinterfragtheit herauszuholen, um sie einer philosophischen Bearbeitung zu unterziehen, die zu begründeten Analysen der eigenen Situation und zu legitimierten Handlungsorientierungen führen kann. Dabei wäre jede Festschreibung unterschiedlicher philosophischer Positionen, Schulen oder Teildisziplinen unangemessen. Sie widerspräche dem Prinzip, nicht die dogmatische Lehre, sondern den aporetischen Problemstand der Philosophie in den Mittelpunkt des Unterrichts zu rücken. Dennoch wird – wiederum nur in einer dialektisch lösbaren Aporie – erst derjenige Philosophieunterricht einen Bildungsprozeß der Schüler anregen können, in dem der Lehrer seine eigene Position deutlich macht und in dem auch die Schüler philosophisch Position beziehen können.

Die philosophische Reflexion aus der Alltagswelt heraus wäre heute ein naives Unterfangen, wenn sie nicht die Wissenschaften konstitutiv ins Spiel brächte, die das methodisch ausgewiesene Instrument der Welterkenntnis darstellen und derart unsere wissenschaftlich-technologisch geprägte Lebenswelt bestimmen. Ohne Bezug auf die Wissenschaften kann Philosophie ihrem Aufklärungsanspruch nicht genügen. Eben dies liegt der traditionellen Forderung nach Interdisziplinarität im Philosophieunterricht letztlich zugrunde. Der philosophische Selbstverständigungsprozeß muß deshalb auch dazu führen, daß die Schüler sich mit der wissenschaftspropädeutischen Funktion des Unterrichts in anderen Schulfächern auseinandersetzen, daß sie ein Verständnis für die Funktion der Wissenschaften in unserer arbeitsteiligen Welt erhalten und daß sie die Verzerrungen durchschauen, die zwangsläufig durch die Transformation der Wissenschaften in den schulischen Unterricht entstehen, etwa durch die statische Vorstellung von den Wissenschaften als „Lieferanten" gesicherter Erkenntnisse.

Zusammenfassend läßt sich formulieren: Sowohl die Wissenschaften als auch die Philosophie legitimieren sich letztlich durch ihre Relevanz für die Bewältigung praktischer Probleme und Aufgaben. Die Art und Weise, in der der Beitrag hierfür geleistet wird, ist jedoch charakteristisch verschieden. In den Einzelwissenschaften geht es um methodisch gesicherte Erkenntnisse, in der Philosophie geht es dagegen um individuell wie gesamtgesellschaftlich akzeptable Weltdeutung, Selbstvergewisserung und Handlungsorientierung. Der Philosophieunterricht in der Sekundarstufe II wird nur dann langfristig erfolgreich sein, wenn es ihm gelingt, über eine aporetische Selbstbestimmung der Philosophie das Philosophieren offenzuhalten, wenn er dabei die Selbstbestimmung der Schüler im Unterricht positiv aufzunehmen vermag und wenn er in dieser philosophischen Selbstbestimmung zur Identifikation und Bearbeitung von Problemen führt, die sich im Spannungsfeld von Alltagswelt und Wissenschaften als bedeutsam erweisen lassen.

DERBOLAV, J.: Selbstverständnis und Bildungssinn der Philosophie. In: DERBOLAV, J. (Hg.): Die Philosophie im Rahmen der Bildungsaufgabe des Gymnasiums, Heidelberg 1964, S. 7 ff. FEY, E. (Hg.): Beiträge zum Philosophie-Unterricht in europäischen Ländern, Münster 1978. FISCHER, W.: Die berufliche Bildung vor dem Anspruch allgemeiner Menschenbildung. In: Z. f. P. 25 (1979), S. 807 ff. HEINTEL, P.: Fachdidaktik Philosophie. In: Z. f. Did. d. Phil. 1 (1979), S. 8 ff. KAMLAH, W./LORENZEN, P.: Logische Propädeutik oder Vorschule des vernünftigen Redens, Mannheim 1967. KANT, I.: Kritik der reinen Vernunft, Riga 1787. KLEMM, G.: Geschichte des deutschen Philosophie-Unterrichts. In: FEY, E. (Hg.): Beiträge zum Philosophie-Unterricht ..., Münster 1978, S. 57 ff. KMK: Vereinbarung zur Neugestaltung der gymnasialen

Oberstufe in der Sekundarstufe II. Beschluß vom 7. 7. 1972, Neuwied 1972. MARTENS, E.: Dialogisch-pragmatische Philosophiedidaktik, Hannover 1979. MARTENS, E. u. a. (Hg.): Diskussion – Wahrheit – Handeln. Materialien für die Sekundarstufe II/Philosophie, Hannover 1974. MEYER, M. A.: Überlegungen zur curricularen Konstruktion des Schwerpunktes 1 in der Kollegschule NW, „Mathematik-Philosophie" aus der Sicht der Philosophie. In: STEINER, H. G. (Hg.): Zum Verhältnis von Mathematik und Philosophie im Unterricht der Sekundarstufe II/Kollegschule, Bielefeld 1978. MEYER, M. A. u. a.: Philosophie und Alltag. In: Z. f. Did. d. Phil. 2 (1979), S. 94 ff. PAULSEN, F.: Pädagogik, Stuttgart/Berlin ⁴/⁵1912. WORT UND SINN. Lesebuch für den Deutschunterricht. Oberstufe 2, bearbeitet durch K. Gründer, Paderborn 1971.

Meinert A. Meyer

Unterricht: Politik

Bildungspolitisch-schulorganisatorische Verankerung. Mit den Bezeichnungen Staatsbürgerkunde, Gemeinschaftskunde, Reichskunde, Sozialkunde, Gesellschaftslehre sind Fächer und fächerübergreifende Prinzipien gemeint, die sich teils additiv, teils integrativ zu anderen „Gesinnungsfächern" verhalten. Hinter diesen unterschiedlichen Bezeichnungen, wie sie vor allem seit der Französischen Revolution in wechselnden politischen Systemen relevant wurden, verbergen sich Programme, die entweder stärker inhaltlich auf Verhaltensbeeinflussung (Bürgerkunde) oder mehr formal auf Einsicht in Organisations- und Funktionszusammenhänge (Gesetzeskunde) abzielen können und die im engen Anschluß an staatstragende Ideologien entwickelt wurden. In einem Austauschverhältnis steht politische Bildung zum Fach Geschichte, das entweder die Funktion staatsbürgerlicher Erziehung mit übernehmen konnte oder im Falle einer Entpolitisierung des Geschichtsunterrichts politische Bildung als weltanschauliches Komplementärfach geradezu erzwang (vgl. SCHÖRKEN 1978). Im Zeichen der Auflösung ständischer und feudaler Bindungen wurde politische Bildung als über Bewußtseinsprozesse zu ermöglichende Integration nationaler, staatsloyaler und wirtschaftlicher Interessen interpretiert. Die Staatsschule bürgerlich-industrieller Gesellschaften und das Anliegen politischer Bildung bedingen einander.

Daß das Fach Politik spätestens seit Mitte der 60er Jahre den Spannungsreichtum gruppenspezifischer Auseinandersetzungen und emanzipatorischer Bewegungen aufzunehmen versuchte, bedeutete eine Thematisierung der Diskrepanz Staat und Gesellschaft und antizipierte einen „mündigen" Bürger, der durch ein formales Demokratiegebot noch nicht geschaffen war. In gewisser Weise ist das Fach allerdings von dieser Spannung entlastet durch die derzeitige Trennung von Geschichte und politischer Bildung – also durch seine *Ahistorizität* –; durch den Schulstufenbezug (zum Beispiel politische Bildung in der Sekundarstufe I und Sozialwissenschaft in der Sekundarstufe II) – das heißt durch seine *Alters- und Lehrplanspezifik* –; durch den Schultypenbezug (unterschiedliche Fachbezeichnung und Struktur in Gymnasien und Berufsschulen) – das heißt durch seine *Schichtspezifik.* Es gibt kein einheitliches Fach und auch kein einheitliches Fachverständnis für politische Bildung. Es gibt aber auch keine Praxis der Einübung in politisches und soziales Handeln innerhalb des Schulfaches, so daß es Lernstoff mit Leistungsbezug bleibt und damit kaum eine ausgleichende Funktion zwischen kognitivem und sozialem Lernen haben kann (vgl. FRITZ 1977, GIESECKE u. a. 1971, RUMPF 1976; vgl. SCHMIEDERER 1977, S. 7 ff.).

Die Einordnung in die Lern- und Aufgabenfelder der Oberstufe (gesellschaftswissenschaftliches Aufgabenfeld) bringt einen Facettenreichtum in den verschiedenen Aspekten (Wirtschaft, Verkehr, Recht, Staat, Geschichte, Religion) hervor, aber auch eine subjektiv zu handhabende Zersplitterung, so daß die Leitschiene eines bewußten politischen Denkens und Handelns leicht zugunsten von weiterer wissenschaftlicher Ausdifferenzierung verlassen werden kann. Das gebrochene politische Bewußtsein in der Bundesrepublik Deutschland im Hinblick auf staatliche Diskontinuität, soziale Umschichtungsprozesse, importierte Demokratie als Frucht der Niederlage zweier Weltkriege schlägt auch auf die mangelnde Eindeutigkeit einer politischen Bildung durch, die seit der Nachkriegszeit bildungspolitisch vehement im Sinne eines Demokratisierungsinstruments verlangt wurde, schulorganisatorisch aber wie aufgesetzt wirkt. Dies belegt nicht nur das Schwanken zwischen Einzelfach und Unterrichtsprinzip für alle Fächer und Schularten zwischen 1950 und 1970, sondern auch die Angriffe auf das Integrationsfach Gesellschaftslehre der hessischen Rahmenrichtlinien von 1973 und das „Einfrieren" der nordrhein-westfälischen Richtlinien-Politik auf die Sekundarstufe I. Es wird eine Unsicherheit in der Bewertung politischer Erziehung und Umerziehung sichtbar, die formal als Konkurrenzdenken schulischer Fächer, inhaltlich aber auch als Flucht vor der Aufarbeitung von Vergangenheit gewertet werden kann.

In die Jahrgangsstufen 12 und 13 der gymnasialen Oberstufe hat politische Bildung seit den 60er Jahren in der Version als *Gemeinschaftskunde* (Verbindung von Geschichte, Geographie, Sozialkunde) Eingang gefunden. Der vorbelastete Gemeinschaftsbegriff auf der einen Seite und die additive Lösung ohne integrierendes Curriculumkonzept auf der anderen Seite vermochten aber die eigene Zielvorstellung, Vermittlung von übergreifenden geistigen Gehalten als Metaebene der Orientierung zu sein, nicht einzulösen.

Für die Sekundarstufe II signalisiert die unterschiedliche inhaltliche Ausgestaltung der politischen Bildung den Unterschied zwischen Berufsschul- und Gymnasialbildung und damit die beiden mehr oder weniger getrennten Traditionsstränge einer gegenwartskundlich-pragmatischen Orientierung für Schüler ohne Gymnasialbildung und einer humanistisch-historischen Orientierung für Schüler mit Gymnasialbildung. Die Zweckgebundenheit politischer Bewußtseinsbildung im Sinne von Systemerhaltung und -festigung durch eine informierende, interpretierende und legitimierende Inhaltlichkeit für Schüler ohne Gymnasialbildung zielt mehr auf „gefährdete" Schichten, die, als sozial unterprivilegiert und „lethargisch" bis oppositionell eingeschätzt, für den Staat gewonnen werden sollen: so in der staatsbürgerlichen Erziehung Wilhelms II. gegen sozialdemokratische Einflüsse; der Konzeption der Arbeitsschulerziehung KERSCHENSTEINERS (vgl. 1931) gegen eine abstrakt geeinte Industriearbeiterschaft mit Klassenbewußtsein; der Sozialkunde im Sinne der Konzeption OETINGERS (vgl. 1956; Pseudonym für Theodor Wilhelm) gegen antagonistische Tendenzen durch das Modell einer Partnerschaftserziehung.

Inhaltlicher Auftrag. Was sollen politische Bildung oder die jeweils entsprechenden Integrationsfächer oder fächerübergreifenden Prinzipien angesichts dieser Problematik einer äußerst heterogenen Fachtradition eigentlich lehren? Ende des 18. Jahrhunderts waren es staatserhaltende, auf bürgerliche Freiheiten gerichtete, aufklärerische, handlungsrelevante Prinzipien, die über Erziehung aktualisiert werden sollten. Im 19. Jahrhundert standen Nationalerziehung, Arbeitsethos und Verinnerlichung von selbstregulierenden Werten (Deutscher Idealismus; „Weg nach innen") im Vordergrund. Der Weg historisch-sozialer Erfahrung im 19. Jahrhundert ver-

lief über das Erlebnis der Befreiungs-
kriege (Abwehr der Napoleonischen
Herrschaft in Überdeckung der Postulate der Französischen Revolution), der
48er Revolution (Versuch einer völkisch
orientierten großdeutschen Lösung in
Überdeckung regionaler und gruppenspezifischer Entwicklungen), der
„Reichsgründung" von 1871 (Beschränkung auf die kleindeutsche Lösung in
Überdeckung des großdeutschen nationalen Rahmens und der revolutionären
plebiszitären Ansätze). Das staatliche
Schulwesen und die Schulfächer, die
Träger politischer Bildung waren, stellten sich mehr oder weniger auf diese offiziellen Linien ein, ohne daß eine Dek-
kungsgleichheit von politischem und
kulturellem System bestand. In
Deutschland zehrten die Diskussionen
um den inhaltlichen Auftrag politischer
Bildung von der Dialektik der französischen Ideen und schulpolitischen Entscheidungen. Diese schwankten zwischen *Individualerziehung* als Forderung
nach uneingeschränktem Bürgerrecht
bei reiner Hilfsfunktion des Staates zur
Unterstützung selbstregulierender Kräfte (Condorcet) und *Staatserziehung* als
uneingeschränktem Staatsmonopol für
unterrichtliche Veranstaltungen, wie sie
ihren Ausdruck in der Konzeption einer
„Université Imperiale" fand, für die
Napoleons instrumentalistische Auffassung galt: „d'avoir un moyen de diriger
les opinion politiques et morales" (zitiert nach A. FLITNER 1957, S. 36 ff.). Im
Wechselspiel dieser Ideen geriet eine hu-
manistisch-klassizistische Persönlichkeitsbildung, von der Schiller und Humboldt ausgingen, schnell in den Sog einer Staatstotalität, wie sie Fichte und
Hegel vertraten, für die der einzelne um
des übergeordneten Ganzen willen da
war und nicht umgekehrt. In diesen Zusammenhang gehört die Hinwendung
zum Realen und Volkstümlichen (Realerziehung) in der Lehrervereinsbewe-
gung (Diesterweg), weil für eine politische Bildung hier in Absage an Antike

und romanische „Überfremdung" die
nationalen bürgerlichen Tugenden wie
etwa Häuslichkeit, Gründlichkeit, Na-
turgefühl, Gemütsbildung und Wehrwil-
le maßgeblich werden (vgl. GROSS
1966).
Die politische Bildung des 20. Jahrhunderts verarbeitet diese drei Entwick-
lungsstränge des 19. Jahrhunderts: *Individualerziehung* (funktional zu der Prämisse allseitiger Erschließung menschlicher Fähigkeiten), *Staatserziehung*
(funktional zu der Subordination des
einzelnen unter ein organisiertes übergeordnetes Ganzes), *Realerziehung* (funktional zu praktischen Bedürfnissen der
bürgerlich-industriellen Gesellschaft),
wobei für den Inhaltsaspekt in einer
spätbürgerlichen Gesellschaft die Tendenz zu einer Materialisierung idealisti-
scher Parolen charakteristisch wird
(Partnerschafts- bis Partizipationsmodelle, Diskurs- bis Konfliktmodelle).
Gegenüber einer Allgemeinbildung
Humboldtscher Tradition erhielt staatsbürgerliche Erziehung durch KER-
SCHENSTEINER (vgl. 1965) den Akzent
des Arbeitsschulgedankens, bei dem Berufsbildung zu Charakterbildung und
Erfahrungswissen und damit zu Hand-
lungs- und Entscheidungsorientierung
führen sollte. Eigenes Vorwärtskom-
men, soziale Integration und Sittlichkeit
sollten dabei einander bedingen. Nicht
die kultur- und sozialkritische Abstand-
nahme von bestehenden Verhältnissen
innerhalb der gymnasialen Erziehung,
sondern die Nutzung gegebener Staats-
und Wirtschaftsformen (monarchisch
oder republikanisch, protektionistisch
oder liberalistisch) zu pragmatisch-utili-
taristischen Lösungen, die durchaus auf
idealistischen Vorstellungen von Staat
und Gesellschaft aufruhen konnten, ermöglichten eben jenes Effektivierungs-
und Maximierungsdenken, zu dem der
brauchbare Staatsbürger erzogen werden sollte. Im sogenannten Dritten
Reich vollendeten sich die Einpassungs-
prozesse systemfunktionalistischer Art

auf der Basis von Totalitarismus, Nationalismus und Rassismus. Sie haben eine affirmative politische Bildung endgültig diskreditiert.

Seit dem Zusammenbruch des Nationalsozialismus gelingt es nicht mehr, das in West und Ost auseinandergefallene Deutschland einheitlich und naturwüchsig in politischer Bildung zu begründen, da auch die Geschichte in verschiedene Traditionsstränge zerfällt und die konkurrierenden Systeme verunsichernd wirken. Die Tatsache des Grundgesetzes als konstitutiver Faktor für die Bundesrepublik Deutschland erlaubt nur eine systemtheoretisch ausgelegte politische Bildung einerseits (formalistisch wertneutrale Position) oder eine kritisch-dialektische andererseits (inhaltlich wertende Position), wobei Weber für die eine und Marx für die andere Richtung sozialwissenschaftlich Pate stehen.

Verhältnis zu den Sozialwissenschaften. Politische Bildung, die im 19. Jahrhundert noch unter Ökonomik, Technologie, Statistik gefaßt wird, hat zahlreiche Bezugswissenschaften aus dem wirtschafts-, rechts-, sozial- und geisteswissenschaftlichen Bereich und wird erst zu einer Zeit eigenständig programmatisch, zu der auch der politische Sektor in Absetzung zu anderen Subsystemen fragwürdig wird. Eine einseitig politikwissenschaftliche Begründung trägt allerdings weder auf dem Sektor der Lehrerausbildung noch über eine linear abbildende fachdidaktische Vermittlung in der Schule. Deshalb liegt die Integration verschiedener Fächer unter einer gemeinsamen Bezeichnung wie Gemeinschaftskunde oder Gesellschaftslehre nahe. War die Pädagogik im 19. Jahrhundert noch gegenüber Staatsrecht und Nationalökonomie, aber auch Geschichte dominant, so werden im 20. Jahrhundert Soziologie, Politologie, aber auch Wirtschaftswissenschaft, Geographie und Jurisprudenz zu Trägerwissenschaften politischer Bildung.

Die Kultusministerkonferenz regte 1950 zur Förderung von „Gemeinsinn, Mitverantwortung, Völkerverständigung" die Errichtung von Hochschullehrerstellen und die Erteilung von Lehraufträgen für Politik und Sozialwissenschaft an, wobei auf Arbeitszusammenhänge des Bewerbers, der „wissenschaftliches Ansehen mit politischer Erfahrung verbinden" sollte, Rücksicht genommen wurde. Wenig später soll der Hochschullehrer für Politik unabhängig von Tagespolitik die politischen Kräftebewegungen erforschen und zu einer Theorie der Politik kommen. Politikwissenschaft sollte innerhalb der Sozialwissenschaft aber nicht einfach die gesellschaftlichen Gesetzmäßigkeiten bloßlegen, sondern eine gegen politische Apathie, Demokratiefeindlichkeit und Nazi-Relikte gerichtete Gegenstrategie möglich machen (vgl. BORCHERDING 1965, S. 69 ff.; vgl. GIESECKE 1979, S. 209 ff.).

Insofern vertritt Politik als Fach und fächerübergreifendes Prinzip strategisch-taktisch ein offensives Anliegen und verdankt seine Bedeutung nicht so sehr interner sozialwissenschaftlicher Ausdifferenzierung als vielmehr dem Bedürfnis nach Standortbestimmung und Wertorientierung angesichts eines nationalen und politischen Identitätsverlusts innerhalb der deutschen Nachkriegsgeschichte. Was allerdings im sozialwissenschaftlichen Kontext nicht erreicht wurde, war ein Zusammengehen politischer Theorie und Praxis. Eine Politisierung Jugendlicher wurde nicht über Politiklehrstühle und Politikunterricht erreicht, vielmehr war im Zuge der Studentenbewegung und der außerparlamentarischer Opposition der 60er Jahre eben jenes Klima politischer Sensibilisierung geschaffen, das sozial- und politikwissenschaftliche Initiativen konträr zu bestehenden Einrichtungen ermöglichte.

Die Esoterik der Theorie-Diskussion hat leider nicht die angloamerikanische Konkretheit der „civics", „economics",

„politics", „social studies" erreicht und blieb für Handlungsrelevanz relativ folgenlos.

Verhältnis zu einer Didaktik politischer Bildung. Didaktisch-curricular stellt sich für politische Bildung die Frage, wie sie ihren inhaltlichen Auftrag unter den verschiedenen Akzentsetzungen eines interdisziplinären Integrationsfachs, das keine gefestigte und homogene Fachtradition für sich in Anspruch nehmen kann, zu erfüllen vermag. Wenn die amerikanische Curriculumforschung nach Zielvorstellungen, Lernerfahrungen, Effizienz von Unterricht und Erfahrungssicherung durch Evaluation fragt, so mag dies pragmatisch vordergründig erscheinen, aber die kategoriale Beschwörung von Stichwörtern politischer Bildung wie Konflikt, Konkretheit, Macht, Recht, Interesse, Solidarität (vgl. GIESECKE 1979) oder Selbst- und Mitbestimmung (hessische Rahmenrichtlinien) oder Kritikfähigkeit, Handlungsalternativen, kommunikative Strategien, Durchsetzungsvermögen (Richtlinien für den politischen Unterricht Nordrhein-Westfalen) bedeutet noch keine Umsetzung in realisierbare Unterrichtskonzeptionen.

Man hat wissenschaftstheoretische Ansätze und didaktische Konzeptionen politischer Bildung selber wieder politisch einzuschätzen versucht, indem man unterteilte in: national-konservative Harmoniemodelle (vgl. LEMBERG 1964), altliberale Modelle humanistischer Bildungstradition (vgl. OETINGER 1956), linksliberale Konfliktmodelle (vgl. GIESECKE 1979), sozialistisch-antagonistische Gesellschaftsmodelle (vgl. GOTTSCHALCH 1970); daneben existieren weitere Modellvorstellungen, die nicht sozialstrukturell analysiert sind (vgl. HOLTMANN 1970, S. 10 ff.; vgl. WULF 1978). Zeitgeist- und ideologiegeschichtliche Forschung könnte hier zeigen, wie Begriffsbildung und Bedürfnisstrukturen einer Gesellschaft korrelieren, wobei die idealtypischen Zielvorstellungen noch nicht die tiefenstrukturellen Zusammenhänge zu benennen brauchen: Zum Beispiel kann das Stichwort Klassenantagonismus ein politisches Entlastungsschema bedeuten, wenn konkrete Veränderung weder möglich ist noch gewollt wird.

Dreierlei muß eine Didaktik politischer Bildung im Auge haben: die konkrete historische Situation (Zeitanalyse), die sprachlichen Formulierungen, die meist ein Sein-Sollendes einholen wollen (Verbaldeklarationen) und die strukturellen Verbesserungen, die erreicht werden können (Verhaltensdispositionen). Ein wissenschaftlich kontrolliertes curriculares Verhältnis zwischen den drei Faktoren herzustellen ist dann Aufgabe der Didaktik. Eine fundierte Theorie politischer Bildung ist auch gebunden an eine Theorie der Schule und des Unterrichts, die ihrerseits in gesellschaftstheoretischen Einbindungen stehen müßte, um von dieser umfassenden Perspektive aus praktisch zu werden.

Für eine speziell die Sekundarstufe II ins Auge fassende Didaktik politischer Bildung besteht das Problem, daß sie ohne Bezug auf einen selbständigen Geschichtsunterricht nur im Berufsschulsektor anwendbar wäre; wenn man aber den Sachbezug zwischen Politik und Geschichte ins Auge faßt, wirken sowohl die additive Lösung als auch die Trennung erschwerend für eine perspektivisch über das jeweilige Fachsystem hinausreichende Konzeptbildung. Ein curricularer Beitrag zur Überwindung dieser Trennung liegt in dem Konzept zur didaktischen Strukturierung des obligatorischen Lernbereichs innerhalb des Kollegschulmodells NW vor; hier wird über einen historisch-politisch-sozialwissenschaftlichen Zugriff auf Inhalte der Fächer Deutsch, Gesellschaftslehre und Religion versucht, hinsichtlich sozialer Integration möglicher Identitätsbildung und Verortung von Einzelwissen eine umfassendere Einordnungs-

perspektive zu entwickeln (vgl. KUL-
TUSMINISTER NORDRHEIN-WESTFALEN
1972, ARBEITSKREIS OBLIGATORIK
1979).
Von den Anliegen einer gesellschaftswissenschaftlich integrierten politischen
Bildung her läßt sich sagen, daß für die
Sekundarstufe II eine Mehrfachverstär-
kung, die über die Fächer Geschichte,
Staatsbürgerkunde, polytechnische Bildung geht, so wie die DDR sie in har-
monisierender Absicht versucht, nicht
nötig ist, wohl aber bei bestehender Fä-
cherspezialisierung ein integrierendes

Prinzip mit Vergangenheits-, Gegen-
warts- und Zukunftsaspekt, wie es England ansatzweise in einer Demokratie-
erziehung als „political", „community",
„urban education" erprobt hat (vgl.
KNOLL u. a. 1972). Die Erziehungsre-
ports zeigen hier eine Beachtung chan-
cenverbessernder Maßnahmen und ein
konkretes Aufdecken von Mängeln, so
wie im Wissenschaftsbereich die Untersuchungen der London School of Economics and Political Science kritisch-
konstruktiv politische Postulate praktisch wirksam werden lassen möchten.

ARBEITSKREIS OBLIGATORIK: Strukturskizze für den Obligatorischen Lernbereich. Materialien
des Kollegschulversuchs NW, Neuss 1979. BORCHERDING, K.: Wege und Ziele politischer Bil-
dung in Deutschland. Eine Materialsammlung zur Entwicklung der politischen Bildung in den
Schulen 1871–1965, München 1965. FLITNER, A.: Die Politische Erziehung in Deutschland.
Geschichte und Probleme 1750–1880, Tübingen 1957. FRITZ, J.: Methoden des sozialen Lernens, München 1977. GIESECKE, H.: Didaktik der politischen Bildung, München [11]1979. GIE-
SECKE, H. u. a.: Politische Aktion und politisches Lernen, München [2]1971. GOTTSCHALCH, W.:
Zur Soziologie der politischen Bildung, Frankfurt/M. 1970. GROSS, E.: Erziehung und Gesell-
schaft im Werk Adolph Diesterwegs, Weinheim 1966. HOLTMANN, A.: Die Anforderungen der
politischen Didaktik an die Entwicklung von Lehr- und Lernmitteln. In: BUNDESZENTRALE
FÜR POLITISCHE BILDUNG (Hg.): Lehr- und Lernmittel im politischen Unterricht, Bonn 1970,
S. 10 ff. KERSCHENSTEINER, G.: Staatsbürgerliche Erziehung der deutschen Jugend (1901), Er-
furt [10]1931. KERSCHENSTEINER, G.: Begriff der Arbeitsschule, München/Stuttgart 1965. KER-
SCHENSTEINER, G.: Der Begriff der staatsbürgerlichen Erziehung, München/Stuttgart 1966.
KNOLL, J. H. u. a.: Politische Bildung und Erziehung. In: KERNIG, C. D. (Hg.): Sowjetsystem
und Demokratische Gesellschaft, Bd. 5, Freiburg 1972, S. 106 ff. KULTUSMINSTER NORDRHEIN-
WESTFALEN (Hg.): Kollegstufe NW. Strukturförderung im Bildungswesen des Landes Nordrhein-Westfalen, Heft 17, Ratingen/Kastellaun/Düsseldorf 1972. LEMBERG, E.: Nationalismus, 2 Bde., Hamburg 1964. OETINGER, F.: Partnerschaft, Stuttgart [3]1956. RUMPF, H.: Unterricht und Identität. Perspektiven für ein humanes Lernen, München 1976. SCHMIEDERER, R.:
Zur Kritik der Politischen Bildung. Ein Beitrag zur Soziologie und Didaktik des politischen
Unterrichts, Frankfurt/M. 1971. SCHMIEDERER, R.: Politische Bildung im Interesse der Schüler, Frankfurt/M. 1977. SCHÖRKEN, R. (Hg.): Zur Zusammenarbeit von Geschichts- und Politikunterricht, Stuttgart 1978. WULF, CH.: Politische Bildung. In: WULF, CH. (Hg.): Wörterbuch
der Erziehung, München [4]1978, S. 450 ff.

Anneliese Mannzmann

Unterricht: Rechtskunde

Definition. Eine „Rechtskunde" oder
ein „Rechts(kunde)unterricht" hat als
selbständiges Schulfach erst in der zweiten Hälfte des 20. Jahrhunderts im Fächerkatalog allgemeinbildender Schulen
Berücksichtigung gefunden. Anders als

im Bereich der beruflichen Erstausbildung, in der vor allem im schulischen
Teil die zur Bewältigung der Berufspraxis jeweils erforderlichen Rechtsgebiete
spätestens seit der Steuerung der Berufsausbildung durch Ausbildungsordnungen funktionsbezogen – wenn auch
nicht immer als ein gesondertes Fach

„Rechtskunde" in der Stundentafel ausgewiesen – vermittelt werden, sind die Ziele, die didaktische Konzeption und der Stellenwert einer „Rechtskunde" als „allgemeinbildendes" Fach umstritten. Deshalb ist eine präzise Definition dessen, was intentional und thematisch unter „Rechtskunde" verstanden wird, noch nicht möglich. Eine Umschreibung der „Rechtskunde" läßt sich mit Bezug auf die zentrale Zielsetzung des Faches, über die ein breiter Konsens besteht, nämlich der „Rechtsfremdheit" entgegenzuwirken, dahin gehend formulieren, daß an ausgewählten Rechtsgebieten, die die Interessen und Erfahrungsbereiche von Bürgern berühren, elementare Kenntnisse der Rechtsordnung und Einsichten in die Zusammenhänge von Recht, Staat und Gesellschaft vermittelt werden sollen.

Entwicklung. Für die zu konstatierende Rechtsfremdheit und die auf deren Überwindung gerichteten Bemühungen gibt es mehrere Ursachen. Sie liegen einmal in der Entwicklung der deutschen Rechtswissenschaft im 19. Jahrhundert und der damit verbundenen Professionalisierung juristischer Tätigkeiten. Während es noch um die Wende vom 18. zum 19. Jahrhundert eine „gemeinnützige Rechtslehre" in zahlreichen allgemeinen oder speziellen Schulbüchern gab (vgl. PAULUS 1812, SEILER 1797, SUAREZ/GOSSLER 1973), trat durch eine Wendung zum wissenschaftsorientierten „Kunstrecht" eine Rechtsentwicklung ein, die zu einer weitgehenden Isolierung zwischen professionellen Juristen und juristischen Laien führte. In der Auseinandersetzung zwischen der aus den Freiheitskriegen erwachsenen Forderung nach einem „allgemeinen bürgerlichen Recht für Deutschland", wie sie von dem Heidelberger Rechtslehrer Thibaut (1814) vertreten wurde, und der Gegenposition Savignys (1814), die auf eine Rezeption und Verarbeitung des Römischen Rechts gerichtet war (Pan-

dektistik), setzte sich letztere durch und stellte die „nationale" Rechtspolitik des gesamten 19. Jahrhunderts unter diese Zielsetzung (vgl. HATTENHAUER 1973). In der Weimarer Republik wurde die Forderung nach einem Rechtsunterricht im Kontext der allgemeinen politischen Bildung, wie sie im Artikel 148, Abs. 3 der Reichsverfassung andeutungsweise grundgelegt worden ist, für die allgemeinen und beruflichen Schulen erhoben (vgl. FLECK 1935, FRAENKEL 1973, HERSCHEL 1934). Die Ansätze dazu wurden jedoch mit der Machtübernahme der Nationalsozialisten 1933 abgebrochen, weil der nationalsozialistischen Ideologie ein abstraktes Normenrecht „volksfremd" war und ein Rechtsunterricht schon deshalb nicht in Frage kam, weil damit Ansprüche des einzelnen Rechtssubjekts eigenständige Behandlung erfahren hätte und deutlich geworden wäre, daß es Ansprüche einzelner Individuen gegen den Staat gäbe. Ein derart angelegter Rechtskundeunterricht hätte im krassen Widerspruch zur Disziplinierung der Rechtspflege gestanden, wie sie in den berüchtigten „Richterbriefen" zum Ausdruck gekommen ist.

Nach dem Ende des Zweiten Weltkrieges fand die veränderte Einstellung zum Verhältnis von Bürger und Staat und zur Zielsetzung der politischen Bildung ihren Niederschlag im Grundgesetz und in den Länderverfassungen. Vor diesem Hintergrund vertraten bereits 1950 die rechts- und staatswissenschaftlichen Fakultäten auf einer Konferenz in Bad Königstein den Standpunkt, „daß bereits den Schülern der Volks-, Mittel- und Berufsschulen die grundlegenden Begriffe und wichtigsten Zusammenhänge des Rechts- und Staatslebens nahegebracht werden sollten und daß die Einführung einer entsprechenden ,Rechts- und Staatskunde' als Pflichtfach auf diesen Schulen dem natürlichen Bedürfnis der Gegenwart entspricht, die die junge Generation zum selbständig und verantwortlich denkenden Staatsbürger auf der Grundlage der westlichen Kultur erziehen will" (zitiert nach WITTKÄMPER/STANZEL 1976, S. 122). Während sich Juristen daraufhin dafür einsetzten, in einer Forschungskooperation zwischen Pädagogik, Philosophie und Jurisprudenz die Grundlagen für einen schulischen Rechtsunterricht zu erarbeiten (vgl. FECHNER 1951, S. 257 ff.), blieben diese Anregungen im Beschluß der Ständigen Konferenz der Kultusminister der Länder in der Bundesrepublik Deutschland (KMK) zur politischen Bildung vom 15. 6. 1950 unberücksichtigt – es wurde darin lediglich empfohlen, allenfalls den Besuch von Gerichten vorzusehen (vgl. WITTKÄMPER/STANZEL 1976).

Anfang der 60er Jahre änderte sich die Situation aufgrund der rechts- und bildungspolitischen Entwicklung, was sich nachhaltig auf das Verhältnis von „Rechtskunde" und „politischer Bildung" auswirkte. Die Voraussetzungen für eine neue „zweckdienliche Auswahl von Unterrichtsgegenständen" wurden dann durch die „Saarbrücker Rahmenvereinbarungen" der KMK 1961 geschaffen. Hinzu kam die Einsicht, daß die seinerzeit heranwachsende Generation ein neues Selbstverständnis entwickelte, mit dem ein verändertes Verhältnis zum Rechts- und Sozialstaat einherging. Die Initiative zur Berücksichtigung eines Faches Rechtskunde im Rahmen der politischen Bildung ging vor diesem Hintergrund von den Juristen aus: Der Deutsche Richterbund und der Deutsche Anwaltsverein setzten sich bei den Justizverwaltungen für einen intensiven Ausbau des Rechtskundeunterrichts an Schulen ein und begannen damit, eine „Fachvorstellung zur Rechtskunde" zu entwickeln. Vor allem befaßte sich die 35. Justizminister-Konferenz in Köln 1967 mit den bis dahin gewonnenen Erfahrungen, setzte einen Ausschuß ein, der gemeinsame Richtlinien für die Lehrplangestaltung im Fach Rechtskunde vorbereitete und die Herausgabe einer Rechtsfibel ins Auge faßte. Die 36. Justizminister-Konferenz beschloß dann im Oktober 1968, den Ländern zu empfehlen, die Rechtskunde in den Fächerkatalog der allgemeinbildenden Schulen aufzunehmen (vgl. DEUTSCHER ANWALTSVEREIN 1968; vgl. KONFERENZ DER JUSTIZMINISTER UND -SENATOREN DER LÄNDER 1968, S. 381). In besonderem Maße wurde das Anliegen des Rechtskundeunterrichts durch drei Tagungen der Theodor-Heuss-Akademie gefördert: 1971 zu „Recht und Schule", 1972 zu „Schule und Rechtsbewußtsein" und 1974 zu „Lernziele des Rechtsunterrichts". Zu den Lernzielen wurde insbesondere festgestellt: „Das Recht ist mit den gesellschaftlichen Verhältnissen veränderbar. Deshalb muß das Unterrichtswerk offen sein für zukünftige Entwicklungen. Der Schüler muß befähigt werden, an der Veränderung des Rechts mitzuwirken" (zitiert nach KRAMER/VULTEJUS 1974, S. 87). Diese Empfehlungen machten sich auch der Deutsche Richterbund und die Justizminister-Konferenz zum Teil zu eigen, und sie versuchten, entsprechend diesen Zielvorstellungen den rechtskundlichen Unterricht im Rahmen der Empfehlungen der Kultusminister-Konferenz zur Neugestaltung der gymnasialen Oberstufe einzubringen.

Lernziele und didaktische Konzeptionen. Durch die zögernde Einführung rechtlicher Inhalte in die Lehrpläne für Sozialkunde und Politik hat sich ein bundesweiter Konsens über die Ziele und die didaktischen Konzeptionen für den Rechtskundeunterricht noch nicht gebildet, und die Entwicklung einer Fachdidaktik Recht ist auch in Ansätzen noch nicht sichtbar. Es liegen zwar Lehrpläne für Teilbereiche vor, so in Niedersachsen, wo es bereits 1958 Richtlinien für die politische Erziehung und Bildung an Schulen mit einer Empfehlung zur Aufnahme des Rechtskundeunterrichts gab und wo diese Richtlinien durch „Handreichungen" für einen Grundkurs Recht in der Sekundarstufe II konkretisiert worden sind, und in Hamburg, wo ab 1967 in der Beobachtungsstufe der Grundschule sowie in den Klassen 7 bis 10 der Haupt- und Realschule Juristen einen Rechtskundeunterricht erteilten; aber erst Anfang der 70er Jahre fand in allen Bundesländern einschließlich West-Berlins die Rechtkunde in den Fächerkatalog der Schulen Eingang. Allerdings wurden sowohl hinsichtlich der Lernziele wie der thematischen Schwerpunkte von Bundesland zu Bundesland verschiedene Auffassungen vertreten (vgl. KEIMER-ENGEL 1975, S. 51 ff.). Nur in Nordrhein-Westfalen liegen systematisch erhobene Erfahrungen aus einer Erprobungsphase und ausführlichere Begründungen, die aus einer Kooperation zwischen Kultus- und Justizverwaltung entstanden sind, vor (vgl. BETTECKEN u. a. 1978, HÄUSSLING u. a. 1976,). Da gerade die Rechtskunde als Unterrichtsfach mit dem jeweiligen Verständnis von Staat, Gesellschaft und deren Recht verbunden ist, kann eine einheitliche didaktische Konzeption für alle Bundesländer nicht erwartet werden. Ob „die geltende Rechtsordnung in ihren historischen und gesellschaftlichen Bezügen" dem Schüler in einem Rechtskundeunterricht erklärt werden soll, um in ihm „das kritische Verständnis dafür zu wecken, daß im Rahmen der Wertvorstellungen des Grundgesetzes auch andere Regelungen denkbar und durchführbar sind" (zitiert nach KEIMER-ENGEL 1975, S. 55), und daraus gefolgert wird, daß „die Vermittlung von Sachwissen hinter der Bewußtmachung der Veränderbarkeit des Rechts" zurückzutreten hat (ROTHENPIELER 1979, S. 111), ist durchaus nicht unbestritten. Die Lernziele einer auf solche Bezugspunkte gerichteten Rechtskunde lassen sich dann nur schwer in eine eigene Fachdidaktik für Rechtskunde einbringen; eher schon wären rechtsrelevante Themen, die auf die Bildung eines Rechtsbewußtseins gerichtet sind, im Kontext der politischen Bildung auf allen Stufen und allen Schularten zu vermitteln. Denn die Erfahrung, daß das Recht als ein gesellschaftlicher Bereich dem sozialen und kulturellen Wandel unterliegt, läßt sich anders kaum an den Schüler heranbringen. Er erlebt bereits in seinem unmittelbaren Existenzbereich, insbesondere der Schule, eine um sich greifende Verrechtlichung aller Lebensbezüge, er stößt auf Normen, die sein Verhalten rechtlich kanalisieren und regeln. Gerade diese Erfahrung muß in die Entwicklung seines eigenen Rechtsbewußtseins eingebunden werden. Anders als in der Deutschen Demokratischen Republik, wo der Rechtskundeunterricht einen zentralen Platz bei der Interiorisierung sozialistischer Normen einnimmt (vgl. HÄUSSLING 1975, 1976), kann in einer pluralistischen Gesellschaft eine einzige Zielvorstellung gar nicht einem Rechtsunterricht im Schulbereich zugrunde gelegt werden. Die Unsicherheit von Zielvorstellungen und Zuordnungen der Rechtskunde spiegelt zum Teil also nur wider, was insgesamt das Selbstverständnis der Gesellschaft der Bundesrepublik kennzeichnet: die Ununterscheidbarkeit einer Grenze zwischen Recht und Politik, zwischen Rechtsgeltung und sozialem Interesse, letztlich für den hier angesichts einer Rechtskunde analysierten Schulbereich zwischen der Aufgegebenheit eines Normwissens und der bloßen Vorgegebenheit eines Faktenwissens. Daß sich die Schule bereits diesem Dilemma stellt und die Rechtskunde dem gesellschaftswissenschaftlichen Aufgabenfeld zuordnet, um „die repräsentative Funktion der Rechskunde für den gesamten gesellschaftswissenschaftlichen Bereich" herauszustellen (KULTUSMINISTER NW 1977, S. 10), gehört zum notwendigen Bildungsabenteuer, das unsere Schulen in dieser Demokratie auf sich nehmen müssen.

BETTECKEN, H. u. a.: Ausbildung des Rechtsbewußtseins bei Hauptschülern (10. Schuljahr) und Oberschülern (13. Schuljahr), hg. vom Minister für Wissenschaft und Forschung des Landes NW, Düsseldorf 1978. BRAND, J.: Der Unterricht des Rechts an den Schulen, Diss., Köln 1972. DEUTSCHER ANWALTSVEREIN: Materialien zum Rechtskundeunterricht, Mimeo, Hamburg 1968. FECHNER, E.: Der politische Unterricht in der Schule. In: Jurztg. 6 (1951), S. 257 ff. FLECK, R.: Ist Rechtsunterricht in Schulen möglich? In: Jur. Wochschr. 64 (1935), 49, S. 85 ff. FRAENKEL, E.: Gewerkschaftlicher Rechtsunterricht (1925). In: FRAENKEL, E.: Gewerkschaftlicher Rechtsunterricht (1925). In: FRAENKEL, E.: Reformismus und Pluralismus, hg. v. F. Esche/F. Grube, Hamburg 1973, S. 51 ff. HATTENHAUER, H. (Hg.): Thibaut und Savigny. Ihre programmatischen Schriften, München 1973. HÄUSSLING, J. M.: Die Jugend im Recht der Deutschen Demokratischen Republik, Berlin 1975. HÄUSSLING, J. M.: Absicherung des Staates oder die Rekonstruktion einer berufsständischen Klassengesellschaft durch das sozialistische Recht der DDR, Berlin 1976. HÄUSSLING, J. M. u. a.: Rechtsunterricht an allgemein- und berufsbildenden Schulen, 2 Bde., hg. vom Minister für Wissenschaft und Forschung des Landes NW, Düsseldorf 1976. HERSCHEL, W.: Recht und Volk, Erfurt 1934. KEIMER-ENGEL, A.: Rechtskunde in Schulen, Karlsruhe 1975. KONFERENZ DER JUSTIZMINISTER UND -SENATOREN DER LÄNDER: 36. Sitzung. In: Dt. Riztg. 18 (1968), S. 381 ff. KRAMER, H./VULTEJUS, K.: Lernziele des Rechtsunterrichts. In: R. u. Gesellsch. 4 (1974), S. 87 ff. KULTUSMINISTER NW: Schulreform NW – Sekundarstufe II – Arbeitsmaterialien und Berichte, Heft 32: Rechtskunde, Düsseldorf 1977. PAULUS, H. G.: Allgemeines Lesebuch für den Bürger und Landmann, Bamberg/Würzburg 1812. REUTER, L.: Rechtsunterricht als Teil der Gesellschaftslehre, Saarbrücken 1975. ROTHENPIELER, F. W.: Recht als Thema politischer Erziehung. In: Pol.Stud., Sonderheft 2, 1979, S. 109 ff. SANDMANN, F.: Didakt der Rechtskunde, Paderborn 1975. SEILER, J. F.: Allgemeines Lesebuch für den Bürger und Landmann, vornehmlich zum Gebrauch in Stadt- und Landschulen, Erlangen ⁹1797. SUAREZ, K. K./GOSSLER, C.: Unterricht über die Gesetze für Einwohner des preußischen Staates, Berlin 1793. WITTKÄMPER, G. W./STANZEL, J. G.: Politik und Recht, Kronberg 1976. THEODOR-HEUSS-AKADEMIE: Fachkonferenz C 33/71 – Recht und Schule, Mimeo, Gummersbach 1971.

Josef M. Häußling

Unterricht: Religion

Zu Geschichte und Selbstverständnis des Religionsunterrichts. Die Geschichte des schulischen Religionsunterrichts ist eng verbunden mit der Geschichte des Schulwesens überhaupt. Das mittelalterliche System der Dom-, Stifts- und Klosterschulen, das den antiken Lehrkanon der „septem artes liberales" übernommen und streng auf das Studium der Theologie bezogen hatte, war auch ohne selbständigen Religionsunterricht ganz auf den Glauben ausgerichtet. Das ergab sich schon allein daraus, daß die kleine Minorität der Jugend, die eine schriftliche Bildung erhielt, zum Kleriker bestimmt war. Einen ausdrücklichen schulischen Religionsunterricht gibt es erst seit der Reformation. Das reformatorische Argument, jeder Christ müsse selber das Wort Gottes lesen können, sowie die gegenreformatorische Reaktion auf die Glaubensspaltung waren das erste Motiv für den Aufbau eines allgemeinen und öffentlichen, alle Kinder des Volkes erfassenden Schulwesens. Tatsächlich konzentrierten die Vorläufer der Volksschulen ihren Unterricht bis tief in das 18. Jahrhundert fast ausschließlich auf Bibel, Katechismus und Gesangbuch, das heißt, Schulunterricht und Religionsunterricht waren identisch. Aber auch in den Gelehrtenschulen, die ihrem Ideal zufolge eine Verbindung von Humanismus und Frömmigkeit anstrebten, festgehalten in der klassischen Formel „sapiens atque eloquens pietas", überwog ein auf kirchliche Zwecke abgestellter Lateinunterricht.

Die aufklärungspädagogische Wendung zum Realismus und zur schulisch angelegten Berufsvorbereitung, vor allem aber der durch die Industrialisierung im 19. Jahrhundert bewirkte Transformationsprozeß, der die von und auf dem Lande lebende europäische Bauernbevölkerung in verstädterte Massengesellschaften verwandelte, ließ die modernen, religiös indifferenten Wissenschaften zu den wichtigsten Orientierungspunkten für Schulfächer und Unterrichtsinhalte werden (vgl. BLANKERTZ 1969). Je stärker sich die Säkularisierung des Schulunterrichts durchsetzte, desto wichtiger wurde für die Kirchen die Sicherung eines von ihnen abhängig bleibenden schulischen Religionsunterrichts. In Deutschland war dieses Interesse aufgehoben in der zäh umkämpften, in ihren Resten erst durch die Weimarer Reichsverfassung von 1919 aufgehobenen geistlichen Schulaufsicht. An deren Stelle traten dann rechtliche Absicherungen des Religionsunterrichts. Diese Sicherungen wurden, nicht zuletzt als Folge der kirchenfeindlichen Politik des Nationalsozialismus, in der Bundesrepublik noch verstärkt: Der Artikel 3 des Grundgesetzes, die Verfassungen der Bundesländer (außer Bremen), Staatsverträge mit den evangelischen Landeskirchen und Konkordate mit der katholischen Kirche legen fest, daß Religionsunterricht in allen öffentlichen Schulen ordentliches Lehrfach ist und in Übereinstimmung mit den Grundsätzen der Religionsgemeinschaften erteilt werden muß. Ungeachtet dieser weitgehenden juristischen Sicherungen und einer Privilegierung der katholischen und evangelischen Kirche im staatlichen Bildungswesen wird die sozialstrukturelle Situation einer von Christentum und Kirche emanzipierten Gesellschaft als „Verunsicherung aller Bedingungsfaktoren des Religionsunterrichts" (FEIFEL 1971, S. 421) gedeutet, ja die Religionslehre erscheint geradezu als das „ungesicherte Fach" (vgl. EXELER 1976, S. 21 ff.). Dem stehen gegenüber lang anhaltende pastorale und didaktische Bemühungen von Religionslehrern und Religionspädagogen für alle Schulstufen und Schularten. Wer, von der „Weisheit des Glaubens" her reflektierend, die gegenwärtige Lage des Religionsunterrichts als ordentliches Lehrfach analysiert, spricht von „Erfahrungen der Zuversicht" im Rahmen eines religiösen Lernens (vgl. FEIFEL 1979). Wer von der „Integrität der Lehre" her argumentiert, fordert einen Katechismus, um „der weitverbreiteten Unwissenheit in Glaubensfragen und der Unsicherheit vieler Eltern, Lehrer und Erzieher besser als bisher begegnen zu können" (Erzbischof Debenhardt, Paderborn; vgl. BARTHOLOMÄUS 1978, S. 294; vgl. COMMISSIONE EPISCOPALE PER LA DOTTRINA DELLA FEDE 1979). Wer von einer noch immer problematischen Glaubenssituation bei den jungen Menschen überzeugt ist, versteht die Anstrengungen um den Religionsunterricht der letzten Jahrzehnte als Suchprojekte menschlicher Erfahrung im Horizont christlichen Glaubens.

Tatsächlich läßt sich die Geschichte des Religionsunterrichts als ein Ringen um das Selbstverständnis des Faches rekonstruieren (vgl. WEGENAST 1979): Ausgangspunkt für die religionspädagogische Diskussion in der Bundesrepublik Deutschland war das Konzept der „evangelischen Unterweisung", das, lose orientiert an der Position der Dialektischen Theologie und aus dem Widerstand der „Bekennenden Kirche" gegen den Nationalsozialismus herausgewachsen, bis etwa 1960 durchgehalten werden konnte (Jungmann, Tilmann, Hammelsbeck, Kittel). Diesem Ansatz zufolge sollte der Religionsunterricht seinen Gegenstand weder in der „Religion" haben, weil, einer Formulierung Barths zufolge, „Gottes Offenbarung als Aufhebung der Religion" zu verstehen sei, noch sollte er „Unterricht" sein, weil der Versuch eines pädagogisch-didaktischen Eingriffs in die Botschaft vom Heil in Jesus Christus eine Anmaßung des Menschen ausdrückt. Insofern schien die unterweisende Verkündigung, in der der Lehrer als Bekenner und zugleich als Vertreter der Gemeinde fungiert, die einzig legitime Lösung zu sein. Auf die in der geschichtlichen Lage des „Unglaubens" kaum einlösbaren Voraussetzungen dieses Konzeptes ist schon früh aufmerksam gemacht worden (vgl. WENIGER 1957). Aber erst ab 1960 setzte sich als Alternative ein hermeneutisch-bibelorientierter Unterricht durch (Stallmann, Stock, Dreher, Stachel), bald schon weitergeführt und abgelöst (ab 1968) von einem stark gesellschaftspolitisch engagierten, ideologiekritischen Religionsunterricht (Halbfas, Vierzig). Von da aus schien aber sowohl der appellativ-verkündende als auch der exegetisch-bibelzentrierte Unterricht das Interesse am anthropologisch und soziologisch wichtig erscheinenden Sachverhalt „Religion" nicht einholen zu können. Der Versuch, biblische Aussagen mit moderner Lebens- und Welterfahrung zu konfrontieren, führte zum themen- oder problemorientierten Unterricht (Nipkow, Kaufmann, Stachel), auch zu Versuchen mit dem Religionsunterricht als Daseins- und Traditionsunterricht (Baudler, Esser). Eine andere Konsequenz aus der angedeuteten Schwierigkeit führte dazu, aus dem Religionsunterricht einen Unterricht *in* Religion zu machen, um die Kirche von der Position des Subjektes in die des Objektes von Unterricht zu versetzen, von wo aus der Schritt zu einem therapeutisch-interaktionellen (Stoodt), aber auch zu einem rein phänomenologischen Unterricht (Schiffer) nicht mehr weit ist (zu den verschiedenen Positionen und Phasen vgl. ESSER 1970 ff., FEIFEL 1973 ff., NASTAINCZYK 1978). Alle neueren Varianten der Religionsdidaktik sind mehr oder weniger stark mitbestimmt von der Position Tillichs, der den von ihm als unergiebig erachteten Konflikt zwischen der neoorthodoxen Dialektischen Theologie und der liberal-humanitären Theologie zu überwinden

sucht mit dem Programm eines religiösen Sozialismus (vgl. DI CHIO 1975). So steht der Religionsunterricht nach wie vor im Spannungsfeld von Religion/Glaube und Gesellschaft/Staat. In diesem Zusammenhang weist ein Beschluß der Gemeinsamen Synode der Bistümer in der Bundesrepublik Deutschland von 1974 (vgl. LANGE 1976) einen Weg zur Bündelung der genannten Konzepte auf, ebenso wie ähnliche Entscheidungen der Kirchen in anderen Ländern. Zugleich geben sie auch Impulse für die weitere Diskussion (vgl. EXELER 1976, ISTITUTO DI CATECHETICA 1977, NIPKOW 1975): Religionsunterricht soll einerseits das Spezifische dieses Faches innerhalb des schulischen Lehrkanons vertreten, andererseits aber dieses Spezifische so auslegen, daß sein allgemeiner Wert deutlich wird. Dies scheint nur dann möglich, wenn er von der Mitte des Glaubens her weltoffen und gesellschaftsbezogen am Menschen orientiert ist. Determinante für einen solchen Religionsunterricht bleibt die Kirche, doch nicht unvermittelt (wie im Religionsunterricht als Glaubensunterweisung), sondern eingestellt in den Zusammenhang von Zielen der Schule und Bedürfnissen der Schüler. Als Lerngemeinschaft im Glauben braucht die Kirche heute kein „neues Buch" zu schreiben, um die Unwissenheit der Gläubigen und die Beliebigkeit der Glaubensinterpretationen zu beheben. Die Entwicklung des Religionsunterrichts der letzten 30 Jahre ist vielmehr für aufmerksame Christen selber schon ein „Katechismus". Dann ist darin nicht primär ein Karussell wechselnder Theoreme zu sehen, sondern es sind theologische und pädagogische Hypothesen aus dem Geist der Korrelation von Glaube und Kultur, von christlicher Utopie und didaktischer Planung zu entdecken: Das zeugt von echter katechetischer Sensibilität (vgl. FEIFEL 1979, WEGENAST 1979). Die Rekonstruktion dieses Selbstverständnisses ist auch für die Pädagogik von einem hohen allgemeinen Interesse. Denn der Religionsunterricht hat den langen Marsch durch die Curriculumtheorie konsequenter als andere Schulfächer zurückgelegt, angefangen bei den raffinierten Vermittlungstechnologien der Zielfelderpläne und Strukturgitter bis hin zu den bescheideneren, aber fruchtbaren Versuchen einer Elementarisierung der Inhalte (vgl. COMENIUS-INSTITUT 1975, 1977), der biographischen Differenzierung der Lernziele (vgl. FEIFEL 1977, 1979; vgl. OFFICE DE CATÉCHÈSE DU QUÉBEC 1973 ff., STACHEL 1979) und der Begleitung und Neuformulierung operationalisierbarer Lernmomente (vgl. STACHEL 1976, 1979).

Religionsunterricht in der gymnasialen Oberstufe und in beruflichen Schulen. Die Neuordnung der gymnasialen Oberstufe durch die Vereinbarung der Ständigen Konferenz der Kultusminister der Länder in der Bundesrepublik Deutschland (KMK) von 1972 hat dem Religionsunterricht durch veränderte unterrichtsorganisatorische Strukturen eine gegenüber der Vergangenheit neue strategische Position verschafft. In den letzten Jahren vor der Reform befand sich der Religionsunterricht der Oberstufe in einer prekären Situation: Einerseits handelte es sich um ein Nebenfach, über das die Meinung vorherrschte, man könne in ihm leicht gute Noten erreichen, andererseits waren die hier erbrachten Lernleistungen innerschulisch kaum etwas wert, weil die Religionsnote bei der Berechnung einer Durchschnittsnote für die Abiturprüfung nicht berücksichtigt werden durfte; weiter erschien der Religionsunterricht einerseits als besonders privilegiert, insofern die den Amtskirchen gegenüber servile Bundesrepublik ihn zum *ordentlichen Lehrfach* an allen öffentlichen Schulen erklärt hatte – ein einzigartiger Vorzug, den nicht einmal der Deutschunterricht, der in den Lehrplänen mancher Berufsschul-Richtungen fehlt, für sich beanspruchen darf –, andererseits konnte sich der religionsmündige Oberstufenschüler von diesem Unterricht „abmelden", was ihm bei keinem anderen „ordentlichen Unterrichtsfach" seiner Schullaufbahn gestattet war.

Die KMK-Reform veränderte diese Situation nun zunächst einmal dadurch, daß sie den Religionsunterricht wie jedes andere Oberstufenfach behandelte. Das Grundprinzip der Reform bestand darin, den festen Lehrkanon der einzelnen Oberstufentypen preiszugeben, den Klassenunterricht durch das Kurssystem zu ersetzen, das Fächerangebot zu vergrößern und zugleich für den einzelnen Schüler die Konzentration des Lernens auf weniger Fächer als früher zu ermöglichen. Besonderer Ausdruck für die schwerpunktmäßige Konzentration des Lernens ist die Wahl, die der Oberstufenschüler für zwei „Leistungskursfächer" zu treffen hat. Auch die Religionslehre (katholisch und evangelisch) *kann* als ein solches während der ganzen Oberstufe durchzuhaltendes, sechsstündiges Leistungsfach gewählt werden; Religionslehre tritt dann auch als Leistungsfach in der Abiturprüfung dieses Schülers auf. Didaktisch gesehen liegt in dieser unterrichtsorganisatorisch eröffneten Möglichkeit eine große Herausforderung. Als Leistungsfach muß sich nun der herkömmliche, mit einem nur sehr begrenzten Stundendeputat versehene Religionsunterricht zu einer theologischen Propädeutik auslegen, die quantitativ und qualitativ noch über dem Niveau früherer „Hauptfächer" liegt. Diese Herausforderung teilt der Religionsunterricht mit allen Disziplinen, die sich vor der Oberstufenreform mit dem Status von „Nebenfächern" begnügen mußten. Nun wird der Religionsunterricht in der gymnasialen Oberstufe freilich nicht nur als Leistungsfach angeboten. Religionslehre kann ebenso zum dreistündigen Grundkursfach werden. Als solches ist sie durchgängig in allen Halbjahren zu belegen, wenn sie als drittes oder viertes Abiturfach gewählt wird. Indessen ist es mit dieser Zweiteilung noch nicht getan. Denn die verfassungsrechtliche Normierung der Religionslehre als „ordentliches Unterrichtsfach" wurde so ausgelegt, daß für diejenigen Oberstufenschüler, die Religionslehre weder als Leistungsfach noch als Grundkursfach für das dritte oder vierte Abiturfach wählen, doch wenigstens zwei Grundkurse in den Jahrgangsstufen 12 oder 13 als Pflichtunterricht verbindlich sind – es sei denn, der Schüler meldet sich vom Religionsunterricht ab.

Aufgrund dieser Organisationsstruktur muß der Religionsunterricht der gymnasialen Oberstufe in drei unterschiedlichen Curricula ausgelegt sein, nämlich erstens in die Leistungskursfolge als theologische Propädeutik, zweitens in die Grundkursfolge als systematisch fortschreitender Religionsunterricht und drittens in die mehr oder weniger für sich stehenden Grundkursangebote des Pflichtunterrichts. Die mit dieser dreifachen Differenzierung gestellte didaktische Aufgabe wird von den Religionspädagogen gesehen und als Chance akzeptiert, gelöst ist sie indessen noch nicht.

Die Lösung der Aufgabe wird nun allerdings noch von weiteren Bedingungen der neugestalteten Oberstufe mitbeeinflußt. Die dem Schüler eröffnete Möglichkeit zu Fächerwahl und individueller Schwerpunktbildung wird reguliert durch eine Fülle von Pflichtbindungen. Die wichtigste Pflichtbindung besteht darin, daß die vom Schüler zu wählenden vier Abiturfächer drei Aufgabenfelder abdecken müssen. Zur administrativen Handhabung dieser Regel ist jedes Oberstufenfach einem von drei Aufgabenfeldern zugeordnet worden. Für die Religionslehre hat die KMK-Vereinbarung offengelassen, ob dieses Fach einem Aufgabenfeld zu subsumieren sei oder nicht. Einige Länder (Baden-Württemberg, Nordrhein-Westfalen, Rhein-land-Pfalz, Saarland) haben Religionslehre keinem Aufgabenfeld zugeordnet; Schleswig-Holstein hat Religionslehre gemeinsam mit dem Fach Philosophie außerhalb der Aufgabenfelder plaziert; andere Länder aber haben Religionslehre dem Katalog der gesellschaftswissenschaftlichen Fächer eingefügt (Bayern, Hamburg, Hessen, Niedersachsen). Wenn Religionslehre keinem Aufgabenfeld angehört, im Falle der Wahl als Abiturfach aber wie die Repräsentation eines Aufgabenfeldes gewertet wird, kann der Schüler damit eine „Abwahl" vornehmen, die ihm keine andere Kombination erlaubt, etwa die Vermeidung eines mathematisch-naturwissenschaftlichen Faches in der Abiturprüfung – im Schülerjargon gesprochen: Religion ist ein „Joker". Dies alles zusammengenommen und noch verbunden mit dem Umstand, daß der Schüler bis zu fünf Religionskurse in die für die Zulassung zur Abiturprüfung erforderliche Gesamtqualifikation einbringen kann, macht die „strategische Aufwertung" des Religionsunterrichts in der gymnasialen Oberstufe aus.

Allen Religionslehrern ist klar, daß diese administrativ und organisatorisch bewirkte Aufwertung nur dann längerfristig halten wird, wenn eine qualitative Antwort auf die didaktische Herausforderung gelingt. Ausgehend von den in der didaktischen Diskussion stehenden Modellen der Curriculumentwicklung (Robinsohn/Knab, Blankertz, Flechsig), wurden sowohl im katholischen als auch im evangelischen Bereich Versuche unternommen, um für die Religionslehre der neuen Situation entsprechende Lehrpläne zu gewinnen (vgl. KNAB/STAPEL 1975, NIPKOW 1975, TRUTWIN 1974). Leitendes Interesse dieser Versuche sind theologische „Repräsentanz" und „Lebensrelevanz" der Inhalte. Mit großem Aufwand haben einige Theologen „fachdidaktische Strukturgitter" für den Religionsunterricht entworfen (vgl. BIEMER/BIESINGER 1976). Curriculare

Leistungen dieser Art zeigen fast alle deutliche Schwächen, die nicht so sehr den Autoren anzulasten sind, vielmehr auf strukturelle Grenzen der gestellten Aufgabe verweisen: Es muß ein Konzept von *Wissenschaftspropädeutik* und *Interdisziplinarität* verwirklicht werden für ein Unterrichtsfach, welches zwischen schulpädagogischer Isolierung, Pochen auf verfassungsrechtlichen Garantien, überzogenen Ansprüchen an Gesinnung und Abstraktionsniveau und einer beflissenen Anbiederung an Modeerscheinungen jahrzehntelang hin und her geschwankt hat.

Der *Religionsunterricht an berufsbildenden Schulen* trug schon sehr viel früher als der der gymnasialen Oberstufe einigen Faktoren Rechnung, die sich später ganz allgemein in der religionspädagogischen Diskussion in den Vordergrund schoben. Unter dem Gesichtspunkt einer Orientierung an Problemen des einzelnen Menschen und denen der Gesellschaft kann man den Religionsunterricht der beruflichen Schulen als exemplarisch bezeichnen. Denn was hier lange als nur oberflächlich und rein pragmatisch abgesichert galt (vgl. NORDMANN 1957), erwies sich dann doch als didaktisch und theologisch begründbar: Der Berufsschulunterricht stützte sich im Fach Religion von Anfang an auf eine Situationsanalyse des Schülers. In das Unterrichtskonzept wurden einbezogen: die soziale Herkunft der Schüler mit den sie bestimmenden Faktoren (Gefühl der Abhängigkeit, der die Möglichkeiten der Selbstgestaltung einschränkende Arbeitsvollzug, die Erwachsenenzentriertheit des familiären Raums, die Eigenart des Sprachverhaltens), weiter die Anforderungen der Berufswelt (mit den desillusionierenden Realitätserfahrungen, dem eingeschränkten Freiraum zur Bewältigung der Identitätsprobleme), dann die Schwierigkeiten bei der Sinn- und Wertorientierung und schließlich die skeptische Haltung gegenüber Kirchentum, Religion, Kirche und Moral (vgl. ASCHENBRENNER/GLOY 1973). Dementsprechend gehen Lehrpläne und curriculare Entwürfe für den Religionsunterricht an berufsbildenden Schulen von einer Konzeption aus, die an die Selbsterfahrung, an die Fremderfahrung sowie an das Berufsrollenverständnis anknüpft und die darin enthaltenen Dimensionen theologisch zu deuten versucht. Religionsunterricht wird besonders in seiner *sozialintegrativen Funktion* verstanden, nämlich als Hilfestellung bei der Verbalisierung eigener Konflikte, als Förderung von Kontakt- und Kommunikationsfähigkeit in Schule, Beruf, Freizeit und als Ausgleich gegen Leistungsdruck, Anpassungszwang und Rollenkonflikte (vgl. ASCHENBRENNER/GLOY 1973, S. 378 f.). Was diesem Unterricht aber mangelt, ist der durchgehende Bezug auf eine theologische Propädeutik.

Modelle der integrierten Sekundarstufe II und deren Konsequenzen für den Religionsunterricht. Die Frage, ob Vorzüge und Defizite des Religionsunterrichts in der gymnasialen Oberstufe und in berufsbildenden Schulen durch Zusammenarbeit im Positiven verstärkt, im Negativen aufgehoben werden könnten, lenkt den Blick auf Modellversuche zur Integration der Sekundarstufe II. Von besonderem Interesse erscheint hier der nordrhein-westfälische Kollegschulversuch. Denn die verwirrende, nur von der Organisationsstruktur her begreifliche Differenzierung in verschiedene Kursfolgen „Religionslehre", wie sie für die gymnasiale Oberstufe angezeigt wurde, erhält hier aufgrund der Verbindung studienbezogener und berufsqualifizierender Bildungsgänge eine konstruktive Wendung: Das Gesamtvolumen des Sekundarstufen-II-Unterrichts ist in curricular vorstrukturierte „Lernbereiche" gegliedert: „Schwerpunktbereich" – „Obligatorik" – „Wahlbereich". Dem Schüler, der in der gymnasialen Oberstufe das Leistungsfach „Religionslehre" wählen würde, wird in der Kollegschule im Schwerpunktbereich der studienbezogene Bildungsgang „Theologie" (vgl. KOORDINIERUNGSSTELLE SEKUNDARSTUFE II 1977) angeboten, ein Bildungsgang, der unter Berücksichtigung aller Pflichtbindungen der gymnasialen Oberstufe zugleich eingestellt ist in den berufsqualifizierenden Zusammenhang „Erziehung und Soziales" (vgl. HEURSEN u. a. 1978) und damit in das kirchliche Engagement für sozialberufliche Ausbildung. Die theologische Propädeutik des Leistungsfachs „Religionslehre" kann so vom Curriculum des gesamten Bildungsganges her ihren Beitrag zur Sinnvergewisserung sozialen Handelns leisten durch die Konfrontation mit innerweltlichen Heilslehren, wie sie sich als Wissenschaftsgläubigkeit, Sozialtechnologie und Auffassungen von unbegrenzter Soziobestimmtheit des Menschen darstellen. Die enge didaktische und unterrichtsorganisatorische Verbindung des Bildungsganges „Theologie" mit sozialberuflichen Ausbildungsgängen erscheint für beide Seiten überaus perspektivenreich: Der strukturelle Konflikt zwischen Offenbarungsglauben und gesellschaftlicher Praxis muß in den Feldern konkreten sozialen Handelns durchgehalten werden. In der sozialberuflichen Ausbildung ist dieser Konflikt ein konstitutives Moment, beispielhaft belegt durch die Diakonie, die Dienstpflicht des Christen für den Mitmenschen. Gerade die Kirchlichkeit der Diakonie, ihre biblische Grundlage, gottesdienstliche Bindung und eschatologische Ausrichtung, verbunden mit ihrer weltlichen Wirksamkeit, wie sie auch dem religiös Indifferenten und Ungläubigen sichtbar wird, zeugen für den Sinn dieser Spannung. Der Religionsunterricht in der Sekundarstufe II, soweit er als Leistungsfach auf theologische Propädeutik ausgelegt werden muß, wird gut beraten sein, sich auch unabhängig vom nordrhein-westfälischen Kollegschulversuch auf diese Spannung einzustellen. Denn ohne Rückbindung an regulative sozialberufliche Ausbildung wird die theologische Propädeutik ihre Chance mit der Suche nach Wissenschaftsorientierung auf hohem Reflexions- und Abstraktionsniveau vorwiegend nur formal einlösen und dabei notwendigerweise etwas verlieren, was doch die bewegende Kraft der religionspädagogischen Entwicklung der letzten drei Jahrzehnte war.

Das Integrationsmodell der Sekundarstufe II gibt der Didaktik des Religionsunterrichtes aber nicht nur Impulse für die theologische Propädeutik, sondern auch für das Minimum des Pflichtunterrichts. In der gymnasialen Oberstufe handelt es sich weithin um atomisierte Einzelkurse, die keinen Zusammenhang mit den individuell differenzierten Curricula der einzelnen Schüler herstellen können; in den berufsbildenden Schulen ist der Unterricht zwar auf die Lebens- und Arbeitssituation der Schüler bezogen, doch kann er sich an vielen Stellen, besonders in der Pflichtberufsschule, aufgrund seines geringen Stundendeputats kaum entfalten. Die Kollegschule hat hierfür ein didaktisches Angebot entwickelt, welches über die speziellen Aufgaben des Schulversuchs hinausweist: Das Lernbereichskonzept „Obligatorik" (vgl. LENZEN 1975) gibt den drei in allen Bildungsgängen der Sekundarstufe II (studienbezogene, berufsqualifizierende und doppeltqualifizierende) gleichermaßen verbindlichen Fächern Gesellschaftslehre, Deutsch und Religion eine gemeinsame curriculare Struktur, die ermüdende Überschneidungen, ungute Konkurrenz und gegenseitige Verdrängungstendenzen beseitigt. Aus der Gegenüberstellung von „gesellschaftlichen Teilsystemen" (Wirtschaft, Kultur, Politik) und „Umweltkomponenten" (Natur, Individuum, Sozialbeziehungen) lassen sich Rahmenaspekte erarbeiten, die von allen drei Fächern in der je spezifischen Weise aufgenommen werden können. Die Religionsdidaktik hat das Lernbereichskonzept „Obligatorik" so mitgestaltet, daß sie die den drei Fächern gemeinsame thematische und intentionale Ausgangsbasis im Sinne einer theologischen Konzentration der Glaubensinhalte thematisieren konnte. Dabei wurden sogenannte Grundthemen formuliert: Schöpfung und Umwelt, der Christ in der Welt, Glaube als Motivation des Handelns, Religion und Wissenschaft, Jesus Christus – Gott und Mensch, religiöse Tradition und kulturelle Entwicklung, Strukturen der Kirche, Leben in der Kirche, Mission und Ökumene. Diese Konzentration konnte dann auf eine relevante Vielfalt von Kursinhalten ausgeweitet und unterrichtsorganisatorisch in Verbindung zu den von den zwei anderen Fächern vorgeschlagenen Inhalten gebracht werden. Ein solcher Dialog

ermöglicht dem Religionsunterricht, die Isolation im schulischen Fächerkanon zu durchbrechen und die Bedeutung des christlichen Glaubens für die Interpretation und die Gestaltung der Wirklichkeit aufzuzeigen.

Religionsunterricht als eine an die Felder sozialen Handelns rückgebundene theologische Propädeutik und als christliche Interpretation der Wirkkräfte der heutigen Welt liegt in der hier aufgewiesenen Logik der religionsdidaktischen Entwicklungslinie, ihrer verschiedenen Phasen und Positionen. Gleichwohl ist ein Punkt erreicht, an dem die für dieses Fach unverzichtbare Dynamik sehr zugespitzt sichtbar wird: Auf diesem Wege könnte Religionsunterricht in den Schulen der Sekundarstufe II zu einer Alternative werden für die in allen anderen religionsdidaktischen Entwürfen vorausgesetzte therapeutische Dimension der Religion.

ASCHENBRENNER, D./GLOY, H.: Der Religionsunterricht an beruflichen Schulen. In: FEIFEL, E. (Hg.): Handbuch der Religionspädagogik, Bd. 1, Zürich 1973, S. 372 ff. BARTHOLOMÄUS, W.: Vermittlung zentraler Inhalte des Glaubens im Religionsunterricht. In: Theol. Quartschr. 158 (1978), S. 294 ff. BIEMER, G./BIESINGER, A.: Theologie im Religionsunterricht, München 1976. BLANKERTZ, H.: Bildung im Zeitalter der großen Industrie, Hannover 1969. COMENIUS-INSTITUT (Hg.): Elementarisierung theologischer Inhalte und Methoden, 2 Bde., Münster 1975/1977. COMMISSIONE EPISCOPALE PER LA DOTTRINA DELLA FEDE (Hg.): Catechismo per la vita cristiana – 5. Il Catechismo dei giovani: „Non di solo pane", Roma 1979. DI CHIO, V.: Didaktik des Glaubens, Zürich/Köln 1975. ESSER, W. G. (Hg.): Zum Religionsunterricht morgen, 6 Bde., München 1970 ff. EXELER, A. (Hg.): Umstrittenes Lehrfach Religion, Düsseldorf 1976. FEIFEL, E.: Religionsunterricht. In: WILLMANN-INSTITUT MÜNCHEN/WIEN (Hg.): Lexikon der Pädagogik, Bd. 3, Freiburg/Basel/Wien 1971, S. 420 ff. FEIFEL, E.: (Hg.): Handbuch der Religionspädagogik, 3 Bde., Zürich 1973 ff. FEIFEL, E. (Hg.): Welterfahrung und christliche Hoffnung, Donauwörth 1977. FEIFEL, E.: Identitätsfindung und Sinnfrage im schülergerechten Religionsunterricht. In: Katech. Bl. 104 (1979), S. 142 ff. HEURSEN, H. u. a.: Die sozialberufliche Grundbildung. In: SCHENK, B./KELL, A. (Hg.): Grundbildung, Königstein 1978, S. 195 ff. ISTITUTO DI CATECHETICA (Hg.): Insegnare Religione oggi, Bd. 2, Turin 1977. KMK: Vereinbarung zur Neugestaltung der gymnasialen Oberstufe in der Sekundarstufe II. Beschluß vom 7. 7. 1972, Neuwied 1972. KNAB, D./STAPEL, G.: Fachspezifische und fächerübergreifende Curricula und Curriculumprojekte: Katholische Religion. In: FREY, K. (Hg.): Curriculum-Handbuch, Bd. 3, München/Zürich 1975, S. 500 ff. KOORDINIERUNGSSTELLE SEKUNDARSTUFE II: Profilkonzept katholische Religion (bzw. evangelische)/Allgemeine Hochschulreife im Schwerpunkt 15 „Erziehung und Soziales", Mimeo, Düsseldorf 1977. LANGE, G.: Der Religionsunterricht in der Schule. In: EMEIS, D./SAUERMOST, B. (Hg.): Synode – Ende oder Anfang? Düsseldorf 1976, S. 93 ff. LENZEN, D. (Hg.): Curriculumentwicklung für die Kollegschule: Der obligatorische Lernbereich. Studien zur Kollegschule, Frankfurt/M. 1975. LINK, CH.: „Religionsunterricht". In: FRIESENBAHN, E. u. a. (Hg.): Handbuch des Staatskirchenrechts der Bundesrepublik Deutschland, Berlin 1975, S. 503 ff. NASTAINCZYK, W.: Religion unterrichten,

Freiburg/Basel/Wien 1978. NIPKOW, K. E.: Grundfragen der Religionspädagogik, 2 Bde., Gütersloh 1975. NORDMANN, W.: Der werktätige junge Mensch und sein evangelischer Religionsunterricht in der Berufsschule, Frankfurt/M. 1957. OFFICE DE CATÉCHÈSE DU QUÉBEC (Hg.): Des rues et des hommes, 3 Bde., Montreal 1973 ff. OTTO, G.: Schule – Religionsunterricht – Kirche, Göttingen 1961. STACHEL, G. (Hg.): Die Religionsstunde – beobachtet und analysiert, Zürich 1976. STACHEL, G. (Hg.): Religiöse Sozialisation – Individuation und Glaubenserfahrung, Zürich 1979. TRUTWIN, W. u. a. (Hg.): Religion – Sekundarstufe II, Düsseldorf ²1974. WEGENAST, K.: Geschichte der Religionspädagogik – wozu eigentlich? In: d. ev. erz. 31 (1979), S. 33 ff., S. 79 ff. WENIGER, E.: Glaube, Unglaube und Erziehung (1949). In: WENIGER, E.: Die Eigenständigkeit der Erziehung in Theorie und Praxis, Weinheim 1957, S. 99 ff.

Vito Arnaldo Di Chio

Unterricht: Sport

Begriff. Turnen, Leibesübungen, Leibeserziehung und Sportunterricht sind verschiedene Namen für ein Unterrichtsfach, das in allen öffentlichen Schulen vorgesehen ist. Diese Namen kennzeichnen einerseits die unterschiedlichen Tendenzen, die das Fach im Laufe einer 100jährigen Geschichte prägten, andererseits werden sie synonym gebraucht, so daß sie keine eindeutigen Rückschlüsse auf Ziele und Inhalte gestatten.

Von der zweiten Hälfte des 19. Jahrhunderts an, in der die offizielle Einführung dieses Unterrichtsfaches in das öffentliche Schulwesen Preußens und anderer deutscher Länder gelang, bis in die 20er Jahre unseres Jahrhunderts dominierte die Bezeichnung „Turnen". Zu dieser Zeit wurde durch reformpädagogische Strömungen das von Spieß geprägte Schulturnen inhaltlich und vor allem didaktisch-methodisch erneuert. Die Ausdehnung der Spiel- und Sportbewegung führte dazu, daß neben dem Begriff Turnen die Bezeichnung Leibesübungen auftauchte, um das mit Spielen und leichtathletischen Übungen erweiterte Turnangebot zu charakterisieren. Während der Zeit des Nationalsozialismus setzte sich der Begriff Leibeserziehung für das an den politischen Zielvorstellungen von Kraft, Zucht, Volk und Rasse ausgerichtete Unterrichtsfach durch. In den 50er und 60er Jahren wurden Turnen, Leibesübungen und Leibes-

erziehung in den Lehrplänen und Stundentafeln nahezu synonym gebraucht. Erst seit Beginn der 70er Jahre verbreitete sich die Bezeichnung „Sportunterricht". Damit ist aber nicht nur ein neuer Sammelbegriff für die alten Namen gemeint. Mit der neuen Bezeichnung geht vielmehr die Aufnahme neuer Sportarten für den Schulsport einher. Die sozialen Tugenden und persönlichkeitsbildenden Merkmale, die traditionell mit diesem Unterrichtsfach verbunden waren (wie Mut, Wille, Fairneß, Kameradschaft), und besonders ihre Transferwirkung auf andere Verhaltensbereiche werden zurückhaltender eingeschätzt als früher. Das Motiv der Gesunderhaltung und die sozialerzieherischen Funktionen dieses Unterrichtsfaches sind demgegenüber als konstant zu bezeichnen. Sie wurden jedoch in der Lehrplangeschichte des Faches Sport für allgemeinbildende und berufliche Schulen sehr unterschiedlich ausgelegt.

Schulsportmisere. In seiner „Denkschrift über die Leibeserziehung an den deutschen Schulen und Hochschulen" zog der Deutsche Sportbund (DSB) 1955 eine erste Bilanz über die Entwicklung der schulischen Leibeserziehung nach dem Zweiten Weltkrieg. Das Ergebnis war sehr ungünstig. So wurden in den Volksschulen nur 0,9 Wochenstunden Leibesübungen erteilt gegenüber zwei bis drei Stunden Mitte der 20er Jahre (vgl. WOLF 1974, S. 25). Nicht viel besser war die Situation für die Leibeserziehung an höheren Schulen und beruflichen Schulen. Knapp ein Jahr später, 1956, verabschiedete die Ständige Konferenz der Kultusminister der Länder in der Bundesrepublik Deutschland (KMK), der DSB und die kommunalen Spitzenverbände gemeinsam die „Empfehlungen zur Förderung der Leibeserziehung in den Schulen" (vgl. WOLF 1974). Darin einigten sich die drei Träger auf eine Maxime, die in den nachfolgenden zehn Jahren vom DSB immer wieder als pädagogische Begründung für die Förderung der Leibeserziehung zitiert wurde: „Die Leibeserziehung gehört zur Gesamterziehung der Jugend; Bildung und Erziehung sind insgesamt in Frage gestellt, wenn sie nicht oder nur unzureichend gepflegt werden. Turnerische und sportliche Betätigung ist daher zur Gesunderhaltung der Jugend nötig" (WOLF 1974, S. 46). Die „Empfehlungen" schrieben für alle allgemeinbildenden Schulen ab der dritten Klasse drei Wochenstunden Leibesübungen vor, dazu einen zweistündigen Sportnachmittag pro Woche. Die Lehrpläne der Berufsfachschulen und Fachschulen sollten an diese Regelungen angepaßt werden, und in den Berufsschulen sollte ein Angebot an Leibesübungen für den freiwilligen Besuch gemacht werden. Als Fernziel galt – wie schon während der reformpädagogischen Bewegung – die tägliche Turnstunde für alle Schüler. Die Forderungen blieben nicht ohne Wirkung. So konnte der DSB vier Jahre später feststellen, daß in einigen Bundesländern neue Lehrpläne für allgemeinbildende Schulen nicht nur zwei bis drei Wochenstunden Leibesübungen vorschrieben, sondern daß tatsächlich mehr Unterrichtsstunden erteilt wurden (vgl. WOLF 1974, S. 60 f., S. 102 ff.). Wenn trotz dieser positiven Anzeichen Daume als Vertreter des DSB 1961 der KMK „geistige Säkularisation" der „Empfehlungen zur Förderung der Leibeserziehung" vorwarf, so hatte das einen anderen Grund: In der von der KMK nach

1956 getragenen und mitverantworteten Schulpolitik, besonders bei der Erneuerung des Gymnasiums, sei das Anliegen der schulischen Leibeserziehung doch wieder vergessen worden (vgl. WOLF 1974, S. 134 f.). Die KMK bekräftigte daraufhin erneut ihre Bereitschaft, für die Verwirklichung der „Empfehlungen" einzutreten. Eine vom DSB 1965 vorgelegte Analyse über den Stand der schulischen Leibeserziehung zeigte dennoch ein negatives Ergebnis: An beruflichen Schulen gab es, von einigen Ausnahmen abgesehen, noch immer kein Angebot an Leibesübungen; die Gymnasien schnitten im Vergleich zu den anderen allgemeinbildenden Schulen zwar noch am besten ab, aber auch hier wurde von den in den „Empfehlungen" als Minimalziel gesetzten drei Unterrichtsstunden im Durchschnitt kaum mehr als eine Stunde wirklich erteilt (vgl. WOLF 1974, S. 145 ff.).

Dieses Ergebnis charakterisiert einen ersten Entwicklungsabschnitt der Leibeserziehung in Gymnasien und beruflichen Schulen. Paschen prägte dafür einige Jahre später den Begriff der „Schulsportmisere".

Als Maßstab für die pädagogische Wertschätzung der Leibeserziehung in den Schulen galt das tatsächlich erteilte Stundenvolumen. Lernziele, Lerninhalte und Lehrwege waren demgegenüber unwichtig. Sie waren in dieser Zeit (1955–1965) problemlos, weil es keine divergierenden Auffassungen über fachbezogene Lernziele gab und der Kanon der Unterrichtsinhalte, das Übungsgut, traditionell war und blieb. Als fortschreitende Zielsetzungen galten das Erlernen, Üben und Trainieren von Sportarten, und diese Sportarten waren Turnen, Gymnastik, Leichtathletik, Schwimmen und große Sportspiele. Dieses Unterrichtsprogramm war für alle Schüler mehr oder weniger Pflichtpensum. Der Lehrweg orientierte sich an entwicklungspsychologischen Phasenlehren für motorisches Lernen und an methodischen Grundsätzen wie „vom Leichten zum Schweren" und „vom Einfachen zum Komplexen" (vgl. KURZ 1977, S. 14 ff.). Inhaltlich wurde die Unterrichtspraxis weit mehr von den „Bundesjugendspielen" geprägt als von den neuen Lehrplänen und Richtlinien, die nach den „Empfehlungen" entwickelt wurden. Das gilt besonders für den Oberstufenunterricht an den Gymnasien. Denn jeder Primaner mußte das „Sportabitur" ablegen, das in der Regel einen leichtathletischen Vierkampf sowie Bodenturnen und Geräteturnübungen umfaßte. Die fachdidaktische Diskussion setzte erst Anfang der 60er Jahre ein. Es standen jedoch nicht Fragen nach den Zielsetzungen, Lerninhalten oder Lehrmethoden im Vordergrund – dazu bedurfte es aus der Sicht der Unterrichtspraxis gar keiner Hilfestellung. Einerseits war es die Randstellung der Leibeserziehung im Kanon der Unterrichtsfächer, die es quantitativ zu verbessern galt; andererseits stellten die Bestrebungen, ein unaustauschbarer Bildungsfaktor und Teil der Gesamterziehung zu werden, an die Fachdidaktik der Leibeserziehung die Anforderung, der schulischen Leibeserziehung ihre bildungstheoretische Legitimation zu geben (vgl. KURZ 1977, S. 24 f.; vgl. MESTER 1969, S. 68 ff.). Zwei Positionen bildeten sich heraus: eine „objektivistische" Richtung, welche die bildenden Gehalte der Leibeserziehung aus den Sachstrukturen des Übungsgutes ableitete, und eine „anthropozentrische" Richtung, welche die bildenden Gehalte des Faches aus anthropologischen und pädagogischen Zielvorstellungen begründete (vgl. BERNETT 1971). Aber beide Positionen wirkten sich auf die Entwicklung der schulischen Leibeserziehung kaum aus. Einfluß auf den Unterricht hatte vielmehr die methodische Literatur, die bezüglich der einzelnen Sportarten die verschiedenen Vermittlungswege für das Erlernen, Üben und Trainieren erläuterte.

Talentförderung. Der DSB, weiterhin „objektive Macht" für die Entwicklung der schulischen Leibeserziehung, setzte in seiner 1966 verabschiedeten „Charta des deutschen Sports" neue Akzente. Als neue Bildungsziele, die jetzt als Begründung für die Förderung der Leibeserziehung genannt wurden, werden ihr Beitrag zu einer sinnvollen Freizeitbeschäftigung, ihre geselligkeitstiftende Funktion und die Bildung sozialer Tugenden genannt (vgl. WOLF 1974, S. 161 f.). Diese neuen Ziele führten in den nachfolgenden Jahren aber nicht zu einer entsprechenden didaktischen Reformierung des Unterrichtsfaches. Der Kanon der traditionellen Schulsportarten wurde durch „freizeitrelevante" Sportarten zwar inhaltlich erweitert (etwa durch Tennis, Tischtennis, Badminton, Judo oder Rudern), und die Schüler konnten nun auch durch die Wahl von Neigungsgruppen häufiger ihre Lieblingssportart wählen. Als weitere organisatorische Veränderung kam die innere und äußere Differenzierung des Unterrichts je nach Leistungsvermögen und motorischem Können der Schüler hinzu. Die Zielsetzungen des Unterrichtsfaches selbst blieben aber von diesen inhaltlichen und organisatorischen Veränderungen nahezu unberührt, da Differenzierung und Neigungsgruppenwahl an dem Interesse nach Intensivierung und Optimierung motorischer Fertigkeiten gekoppelt blieben. Die Unterrichtspraxis in den gymnasialen Oberstufen wurde jedoch vor allem durch zwei Dinge geprägt: erstens durch das nachlassende Interesse vieler Schüler an den Leibesübungen, weil der Unterricht sich nicht mit ihren eigenen Vorstellungen und Interessen deckte (vgl. GROTEFENT 1971) und zweitens durch die sportpolitischen Maßnahmen, den Leistungssport stärker zu fördern. Talentsuche und Talentförderung wurden zu den Aufgabenstellungen schulischer Leibeserziehung erklärt, und diese Ziele bestimmten die Schulsportwirklichkeit bis in die 70er Jahre hinein weit mehr als die am Breitensport orientierten neuen Bildungsziele, wie sie in der „Charta" genannt waren. Auf sportlichem Sektor bahnte sich einerseits durch die Erfolge der DDR (Medaillenausbeute bei internationalen Wettbewerben, eigene Olympiamannschaft, Anerkennung der DDR-Sportverbände), andererseits durch die Vergabe der Olympischen Spiele für das Jahr 1972 nach München ein Systemvergleich an. Pläne zur Förderung des Leistungssports wurden in mehreren Bundesländern entwickelt. Auf Schul-, Kreis-, Bezirks- und Landesebene wurden Landessportfeste der Schulen zur Sichtung sportlicher Talente eingeführt, und ein neuer Bundeswettbewerb verdrängte die alten „Bundesjugendspiele" in ihrer Bedeutung: „Jugend trainiert für Olympia." Im Zuge dieser Entwicklung Ende der 60er Jahre rückte das Gymnasium in den Vordergrund des Interesses – die Belange der Leibeserziehung an den beruflichen Schulen gerieten für einige Jahre in Vergessenheit. So forderte der DSB 1967 in seiner „Resolution zur Förderung des Leistungssports", teilweise am Vorbild der Talentförderung in den Kinder- und Jugendschulen der DDR orientiert, die Einrichtung von Sportgymnasien.

Die Diskussion über die Einrichtung von Sportgymnasien hatte unterschiedliche Konturen. Im Blickpunkt des Interesses stand das Bemühen, jugendlichen Spitzensportlern und Nachwuchstalenten die Möglichkeit zu bieten, die Anforderungen von Training und Wettkampf mit einem erfolgreichen Schulbesuch besser verbinden zu können. Ende der 60er und Anfang der 70er Jahre wurden die ersten Schulen als Internate oder Teilinternate eingerichtet. Diese Schulen werden hauptsächlich von Sportverbänden getragen oder finanziell unterstützt. Lehrpläne und Pflichtpensen entsprechen den herkömmlichen Regelungen; es bestehen lediglich schulorganisatorische Unterschiede, die

durch die Trainings- und Wettkampfverpflichtungen der Schüler bedingt sind. Eine zweite Strömung in der Diskussion verband mit dem Begriff Sportgymnasium die Einrichtung von Sportzügen. In Anlehnung an die Gymnasialtypen und ihre Lehrpläne sollten von der Sexta an bis zur Oberprima „sprachlich-sportliche" oder „mathematisch-sportliche" Züge eingerichtet werden (vgl. GROTEFENT 1968). In diesen Sportzügen sollten sieben bis acht Wochenstunden Leibesübungen erteilt werden, ohne das Unterrichtsangebot in den wissenschaftlichen Fächern zu reduzieren und die allgemeine Hochschulreife zu gefährden. Ab 1967/68 wurden solche Sportzüge in mehreren Bundesländern eingerichtet (vgl. BERGNER/GABLER 1976, S. 31 ff.), hauptsächlich mit der Begründung, sportlich begabten Schülern dadurch individuelle Förderung und Chancengleichheit bieten zu können. Kritiker dieses Sportgymnasiums forderten statt dessen als Spezifikum eines Sportgymnasiums unter anderem zwei Wochenstunden „Theorie der Leibeserziehung", in denen zum Beispiel sportgeschichtliche, sportmedizinische und sportsoziologische Themen behandelt werden sollten (vgl. KREIDLER 1968, S. 129; vgl. MENZE 1968, S. 4 ff.). Das private Paul-Schneider-Gymnasium in Meisenheim war die erste Schule, die 1968 einen solchen sportbezogenen Oberstufentyp eröffnete. Ab der neunten Klasse konnten die Schüler in einen Sportzug eintreten, der anstelle einer dritten Fremdsprache Sport als schriftliches Hauptfach für das Abitur vorsah. Ein ähnlicher Versuch wurde in Nordrhein-Westfalen ab 1970 mit drei Gymnasien als „Schulversuch Sportgymnasium" durchgeführt. Hier wurden von der elften Klasse an sieben Stunden praktischer Unterricht und eine Stunde „Sporttheorie" erteilt. Biologie wurde ab der neunten Klasse neben Deutsch, Mathematik und einer Fremdsprache schriftliches Hauptfach für das Abitur (vgl. EULERING/HIERSEMANN 1974). Diese und andere Entwicklungen im Oberstufenunterricht wurden nach der Neugestaltung der gymnasialen Oberstufe im Jahre 1972 unter veränderten Rahmenbedingungen weiterverfolgt.

Sport als Abiturfach. In der KMK-Vereinbarung zur Neugestaltung der gymnasialen Oberstufe von 1972 wurde der Sportunterricht dem Pflichtbereich zugeordnet.

Unter bestimmten schulorganisatorischen Voraussetzungen kann Sport – wie jedes andere Fach – als zweites *Leistungsfach* für das Abitur gewählt werden. Ein Leistungsfach Sport muß „sportwissenschaftliche Teile" enthalten, und zur Abiturprüfung gehört eine schriftliche Arbeit. Sofern alle drei Aufgabenfelder mit den Abiturprüfungsfächern abgedeckt sind, kann Sport als *Grundkurs* auch viertes Prüfungsfach sein.

In der Abiturprüfung werden dann neben sportpraktischen Fertigkeiten sporttheoretische Kenntnisse mündlich geprüft. Das ehemalige „Sportabitur" als Pflichtübung für alle Primaner wurde mit dieser Neuordnung abgeschafft.

Die Rahmendaten der KMK-Vereinbarungen brachten für das Fach Sport eine Gleichstellung mit den anderen Fächern, die in den 50er und 60er Jahren stets angestrebt, jedoch nie erreicht wurde. Auf der Grundlage der KMK-Vereinbarung wurden in den Bundesländern neue Lehrpläne und Richtlinien entwickelt. Nordrhein-Westfalen und Bayern legten erste Entwürfe vor, an denen sich andere Bundesländer orientierten. Nachdem die Curriculumdiskussion auch für den Sportunterricht die fachdidaktische Diskussion der 60er Jahre abgelöst hatte (vgl. LANGE 1975), bewirkte sie vor allem die Operationalisierung und Hierarchisierung von Lernzielen und Lerninhalten in den administrativen Regelungen für den neuen Oberstufensport. Neben dieser äußerlichen Gemeinsamkeit sind die inhaltlichen Bestimmungen für den Leistungskurs und besonders für den Grundkurs von Bundesland zu Bundesland unterschiedlich. Nur einige gemeinsame Strukturmerkmale sind in den meisten Lehrplänen wiederzufinden:

Der Leistungskurs besteht aus drei zweistündigen Kurssegmenten. Neben vier Wochenstunden praktischem Unterricht (eine Schwerpunktsportart, die bis zum Abitur immer belegt werden muß, und wechselweise mehrere Ergänzungssportarten) werden ab der Jahrgangsstufe 11.2 zwei Wochenstunden „allgemeine Sporttheorie" unterrichtet. In diesem Theorie-Unterricht werden solche Themen angesprochen, die sich an der gängigen Einteilung sportwissenschaftlicher Arbeitsgebiete orientieren (wie 11.2 Sportbiologie, 12.1 Sportsoziologie). Im Grundkurs muß der Schüler, wenn er Sport als viertes Prüfungsfach wählt, mehrere Sportarten wechselweise belegen. Im Hinblick auf die mündliche Abiturprüfung muß in den gewählten Sportarten eine theoretische Unterweisung stattfinden. Dieser Unterricht soll vor allem Kenntnisse über Techniken und Bewegungsabläufe sowie Taktik und Regelkunde umfassen, die „sportartspezifische Theorie". Für die unterrichtliche Organisation der sportpraktischen und -theoretischen Teile im dreistündigen Grundkurs gibt es verschiedene Vorschläge (vgl. GESSMANN 1977).

Die skizzierten Strukturmerkmale sind typisch für eine erste Entwicklungsphase des neuen Oberstufenunterrichts. Dabei wurde der durch die Förderung des Leistungssports geprägte Sportunterricht oft nur an die neuen organisatorischen und rechtlichen Regelungen der Oberstufe angepaßt und der neue Theorie-Unterricht in Anlehnung an ein Sportstudium strukturiert. Während dieser Phase (etwa 1972–1975) wurden auch lokale Schulversuche mit dem Leistungsfach eingeleitet (vgl. ADOLPH u. a. 1977), die in der KMK-Reform von

1972 eine fachdidaktische Herausforderung sahen. Die schulnah entwickelten Modelle für den Praxis- und Theorie-Unterricht im Leistungsfach boten Alternativen zu den gängigen Lehrplanregelungen. Doch während solche Ansätze in einigen Schulen erarbeitet und erprobt wurden und die Fachdidaktik der Herausforderung der Oberstufenreform allmählich Aufmerksamkeit schenkte (vgl. HAAG 1974), wurde mit den von der KMK 1975 verabschiedeten „Einheitlichen Prüfungsanforderungen für die Abiturprüfung Sport" (Normenbuch Sport) bereits die Konzeption für den Leistungskurs und den Grundkurs so festgeschrieben, wie sie in den ersten fachdidaktisch unbefriedigenden Lehrplanregelungen vorgesehen war (vgl. KMK 1976). In der Auseinandersetzung über das „Normenbuch Sport" wurde dies neben der Unvergleichbarkeit von Prüfungsleistungen in den verschiedenen Sportarten besonders kritisiert (vgl. KURZ/GRUPE 1977, NAUL 1977).

In einer zweiten Entwicklungsphase (etwa ab 1975) wurden – zunächst ebenso pragmatisch motiviert und ohne weitreichende fachdidaktische Überlegungen – Materialien für den Theorie-Unterricht des Leistungsfaches erstellt (vgl. GRÖSSING/WUTZ 1976, KOCH 1976, QUANZ u. a. 1975 ff.). Materialien für die den sportpraktischen Unterricht begleitende „sportartspezifische Theorie" sind ebenfalls erschienen (vgl. GESSMANN/ZIMMERMANN 1978 ff., GRUPE 1978).

Drei zentrale fachdidaktische Fragestellungen sind damit in den Blickpunkt gerückt (vgl. BERGNER 1977, MARTIN 1977, ZIEGLER 1977):

– Welche Inhalte sollen im Theorie-Unterricht vermittelt werden?
– Ob und inwieweit ist wissenschaftspropädeutisches Lernen im Sport möglich?
– Wie kann der praktische Sportunterricht mit dem Theorie-Unterricht als eine didaktische Einheit strukturiert werden?

Schließlich bleibt festzustellen, daß auch die Zielsetzung des praktischen Unterrichts, die Optimierung sportmotorischer Fertigkeiten, aus fachdidaktischer Sicht ebenso relativiert werden müßte wie die Spezialisierung auf nur zwei oder drei Sportarten.

Wiederentdeckter Berufsschulsport. Die Belange des Schulsports an den beruflichen Schulen gerieten unterdessen viele Jahre in Vergessenheit. Erst ab 1977 gewann der Sportunterricht an beruflichen Schulen – eingeleitet durch die neunte Werkwoche des DSB – wieder mehr Beachtung. So lautet das Ergebnis der Bestandsaufnahme, die SCHWIDDER (vgl. 1978) für die 70er Jahre vorlegte. Die meisten Teilzeitschüler erhalten keinen Sportunterricht, und nur zu 25 bis 50 % wird das Stundensoll an den Vollzeitschulen erfüllt, das heißt, im Durchschnitt werden lediglich 0,35 Wochenstunden Sport an allen beruflichen Schulen erteilt.

Als Hauptursachen für die fortdauernde Misere können nach BLOSS (vgl. 1973) drei Gründe genannt werden:

– fehlende oder unzureichende administrative Regelungen,
– mangelnde Integration des Studienfaches Sport in die Ausbildungs- und Prüfungsordnungen für Gewerbelehrer und Diplom-Handelslehrer,
– Sportdefizit und fehlende Sachausstattung der Schulen.

Zu den Förderungsmöglichkeiten für ein vermehrtes Sportangebot für Berufsschüler zählt der Betriebssport, den vor allem Großbetriebe ihren Auszubildenden anbieten können (vgl. BRECHT 1978).

Die sportpädagogische Auseinandersetzung über den Berufsschulsport hat Ende der 70er Jahre noch eine andere Wendung genommen. So ist der sportberuflichen Ausbildung in Berufsfachschulen und Fachschulen durch die Entwicklungsarbeiten an einer integrierten Sekundarstufe II (Kollegschule) Aufmerksamkeit geschenkt worden. Sport-berufliche Bildungsgänge wie „Gymna-stiklehrer" und „Sportlehrer im freien Beruf" sind Sportberufe mit Tradition. Allerdings zeichnen sich in den letzten fünf Jahren zunehmend Schwierigkeiten ab, den Absolventen dieser Bildungs-gänge ihre Beschäftigungsmöglichkeiten im öffentlichen Schulwesen zu sichern. Nicht zuletzt deshalb gehen die ver-schiedenen Reformbestrebungen in den betreffenden Fachschulen und Berufs-fachschulen dahin, die für Gymnastik-lehrer und Sportlehrer im freien Beruf ursprünglich immer vorgesehenen au-ßerschulischen Beschäftigungsorte wie-der zu antizipieren und die Ausbil-dungsinhalte entsprechend zu revidieren oder zu ergänzen. Das Beispiel der Gymnastiklehrerausbildung zeigt, daß dabei sogar ein neues Berufsbild, das des „Motopäden", entstehen kann (vgl. POERSCHKE u. a. 1979). In diesem Zu-sammenhang muß auch die Umgestal-tung des alten Bildungsganges „Sport-lehrer im freien Beruf" zum „Freizeit-sportleiter" im Modellversuch Kolleg-schule Nordrhein-Westfalen gesehen werden.

Bereits 1970 forderte der DSB in seinem Entwurf für das „Aktionsprogramm für den Schulsport" die Einrichtung einer integrierten Oberstufe mit sportlichem Schwerpunkt. In der zwei Jahre später dann auch von der KMK verabschiede-ten Fassung des Aktionsprogramms ist dieser Gedanke konkretisiert worden: Berufs- und studienorientierte Bildungs-gänge sollen mit einem Leistungsfach Sport eingerichtet werden (vgl. WOLF 1974, S. 173 ff.).

Diese Überlegungen sind in den didak-tisch-curricularen Entwicklungsarbeiten für die Kollegschule zu einem doppelt-qualifizierenden Bildungsgang weiter-verfolgt worden, der neben dem stu-dienorientierten Abschluß der allgemei-nen Hochschulreife die Berufsqualifika-tion „Freizeitsportleiter" verleiht (vgl. NAUL 1978). Die zentralen Fächer dieser „Doppelqualifikation Sport" sind Bio-logie und Sport als Leistungsfächer; Er-ziehungswissenschaft und eine Fremd-sprache sind als Grundkurse die beiden anderen Abiturprüfungsfächer. Die Fä-cher Sport, Biologie und Erziehungswis-senschaft sind themenzentriert und in-haltlich so miteinander verknüpft wor-den, daß, über das Leistungsfach Sport hinausgehend, studienorientiertes und berufsqualifizierendes Lernen miteinan-der verbunden worden sind. In einem „Fundamentum" werden dazu didak-tisch-methodische Inhalte vermittelt, um verschiedene Adressatengruppen später sportpädagogisch betreuen zu können. Zu dem Bildungsgang gehören Hospi-tationen und Praktika, die in enger Ver-bindung zu den didaktisch-methodi-schen Kursen des „Fundamentums" ste-hen. Dieser Bildungsgang wird wissen-schaftlich begleitet und evaluiert, und es wird unter anderem die Fragestellung verfolgt, inwieweit die Integration stu-dienorientierten und berufsqualifizie-renden Lernens im Sport eine fachdi-daktische Struktur für das Leistungsfach Sport bietet, um den praktischen Sport-unterricht mit dem Theorie-Unterricht zu integrieren.

ADOLPH, H. u. a.: Leistungskurs Sport in der gymnasialen Oberstufe, 4 Bde., Kassel 1957.
BERGNER, K.: Die Verschränkung von Theorie und Praxis im Sportunterricht der gymnasialen Oberstufe. In: AUSSCHUSS DEUTSCHER LEIBESERZIEHER (Hg.): Sport – Lehren und Lernen, Schorndorf 1977, S. 296 ff. BERGNER, K./GABLER, H.: Modelle und Maßnahmen zur Förde-rung des Schul- und Leistungssports. In: GABLER, H. (Hg.): Schulsportmodelle in Theorie und Praxis, Schorndorf 1976, S. 25 ff. BERNETT, H.: Zum gegenwärtigen Entwicklungsstand der Fachdidaktik der Leibeserziehung. In: Sportw. 1 (1971), S. 65 ff. BLOSS, H.: Berufstätige Ju-gend und Sport. In: GRUPE, O. u. a. (Hg.): Sport in unserer Welt – Chancen und Probleme, Berlin 1973, S. 170 f. BRECHT, J.: Sport mit Auszubildenden in der BASF AG Ludwigshafen. In: DSB (Hg.): Sport für Jugendliche in Berufsbildenden Schulen und in Betrieben, Frank-

furt/M. 1978, S. 96 ff. EULERING, J./HIERSEMANN, D.: Vom „Schulversuch Sportgymnasium" zum Leistungsfach Sport in Nordrhein-Westfalen. In: sportu. 23 (1974), S. 333 ff. GESSMANN, R.: Die Konzeption der Grundkurse im Sport der Oberstufe allgemeinbildender Schulen. In: EVANGELISCHE AKADEMIE HOFGEISMAR (Hg.): Sport und Oberstufenreform (Protokoll Nr. 119, 1977), Hofgeismar 1977, S. 23 ff. GESSMANN, R./ZIMMERMANN, H. (Hg.): Sport – Sekundarstufe II, Düsseldorf 1978 ff. GRÖSSING, ST./WUTZ, E.: Theorie im Leistungskurs Sport, Schorndorf 1976. GROTEFENT, R.: Zweite Stellungnahme des Bundesverbandes Deutscher Leibeserzieher (e. V.) zur Frage einer starken Förderung sportlich begabter Kinder und Jugendlicher. In: d. Leibese. 17 (1968), S. 121 ff. GROTEFENT, R.: Probleme der Motivation im Sportunterricht der gymnasialen Oberstufe. In: ADL (Hg.): Motivation im Sport, Schorndorf 1971, S. 221 ff. GRUPE, O. (Hg.): Sport. Theorie in der gymnasialen Oberstufe, Schorndorf 1978. GRUPE, O. u. a.: Sport und Sportunterricht in der Sekundarstufe II. In: DEUTSCHER BILDUNGSRAT (Hg.): Spiel und Kommunikation in der Sekundarstufe II, Stuttgart 1974, S. 109 ff. HAAG, H.: Leistungskurs Sport, Schorndorf 1974. KMK: Vereinbarung zur Neugestaltung der gymnasialen Oberstufe in der Sekundarstufe II. Beschluß vom 7. 7. 1972, Neuwied 1972. KMK: Einheitliche Prüfungsanforderungen in der Abiturprüfung Sport, Neuwied 1976. KOCH, K. (Hg.): Sportkunde für den Kursunterricht in der Sekundarstufe II, Schorndorf 1976. KREIDLER, H. D.: Zur pädagogischen Begründung des „Sportgymnasiums". In: d. Leibese. 17 (1968), S. 127 ff. KURZ, D.: Elemente des Schulsports, Schorndorf 1977. KURZ, D./GRUPE, O.: Die Abiturprüfung im Fach Sport. In: FLITNER, A./LENZEN, D. (Hg.): Abitur-Normen gefährden die Schule, München 1977, S. 123 ff. LANGE, J.: Zur gegenwärtigen Situation der Sportdidaktik. In: Sportw. 5 (1975), S. 217 ff. MARTIN, D.: Das Prinzip des Theorie-Praxis-Bezugs im Theorieunterricht. In: STÜNDEL, H./UNTING, P. (Hg.): Theorie im Sportunterricht der Sekundarstufe II, Gießen 1977, S. 2 ff. MENZE, C.: Das „Sportgymnasium", Köln 1968. MESTER, L.: Grundfragen der Leibeserziehung, Braunschweig 1969. NAUL, R.: Das Normenbuch Sport und seine Folgen für die Reform der Sekundarstufe II. In: Sportw. 26 (1977), S. 184 ff. NAUL, R.: Analyse, Konstruktion und Evaluation eines doppeltqualifizierenden Schwerpunktprofils in der Kollegschule, Diss., Münster 1978. POERSCHKE, M. u. a.: Der Motopäde, Dortmund 1979. QUANZ, D. u. a. (Hg.): Thema: Sport, Düsseldorf 1975 ff. SCHWIDDER, D.: Zur Situation des Sportunterrichts in den berufsbildenden Schulen der Bundesrepublik Deutschland. In: DSB (Hg.): Sport..., Frankfurt/M., 1978, S. 21 ff. WOLF, N.: Dokumente zum Schulsport, Schorndorf 1974. ZIEGLER, H. J.: Zum Problem der Wissenschaftspropädeutik im Theorieunterricht des Sports der gymnasialen Oberstufe. In: STÜNDEL, H./UNTING, G. (Hg.): Theorie..., Gießen 1977, S. 42. ff.

Roland Naul

Unterricht: Technik

Widerstände. Die Technik ist im Bildungswesen der Bundesländer ein umstrittener Lehrgegenstand. In den Lehrplänen der allgemeinbildenden Schulen taucht sie in der Regel nicht als ein selbständiges Fach auf. Sie wird eingebracht in Fächern wie Sachunterricht, Technisches Werken und Arbeitslehre/Polytechnik, in denen eine didaktische Verschmelzung technisch orientierter Lerninhalte und Lernziele mit solchen der Werkerziehung, Wirtschaftskunde und politischen Bildung angestrebt wird. In den Lehrplänen der Gymnasien ist ein Lehrfach Technik oder Technologie im Bereich der Pflichtfächer nur ausnahmsweise bei besonderen Schulformen zu finden. Erst in den Lehrplänen der beruflichen Schulen und der Hochschulen nimmt die Technik breiten Raum ein, nunmehr in der Form von Fachtechniken und deren Spezialisierungen. Wenn es stimmt, daß das Bildungsverständnis unserer bürgerlichen Gesellschaft sich seit dem Beginn des vorigen Jahrhunderts am klarsten im Lehrplan der gymnasialen Oberstufe widerspiegelt, dann hat die Technik bis heute keinen günstigen Platz in deren Bildungsverständnis. Die Ursache für die Diskreditierung der Technik und die Randposition des Technikunterrichts liegt in der Verachtung des Nützlich-Wirtschaftlichen, die in der klassischen Philosophie und im

Humanismus eine immer wieder erneuerte und in der kulturtragenden Schicht eine einflußreiche Tradition besitzt. Diese Verachtung vereinigt sich mit moderner Technikfeindlichkeit, mit Zivilisationspessimismus, Technokratiekritik und Wachstumsskepsis zu einem nur schwer auflösbaren Syndrom. Daher ist es noch ein weiter Weg bis zu der allgemeinen Erkenntnis (und den entsprechenden didaktischen Konsequenzen), daß pauschale Ablehnung und Ignoranz gegenüber der Technik zu dem Leben in einer demokratischen Industriegesellschaft in einem paradoxen Verhältnis stehen. Die radikale Gegenposition zu dem tradierten allgemeinen Bildungsideal, das der technisch-naturwissenschaftlichen, beruflichen und praktischen Lebenswelt de facto abgewandt ist, wurde von der Internationalen Erziehungskommission der UNESCO formuliert (vgl. FAURE u. a. 1973). Diese hält es für wesentlich, Wissenschaft und Technik zu universellen und grundlegenden Elementen jedes Erziehungsvorhabens zu machen. Technologie soll in alle Erziehungsaktivitäten mit Kindern, Jugendlichen und Erwachsenen eingehen, um ihnen zu ermöglichen, nicht nur die Natur- und Produktivkräfte zu kontrollieren, sondern auch die sozialen Prozesse, und so die Herrschaft über sie selbst, ihre Entscheidungen und Handlungen zu gewinnen.

Didaktische Defizite. Die andauernde Diskreditierung der Technik in der Unterrichtstradition hat die didaktische Entfaltung von Technikunterricht entscheidend behindert. Deshalb ist es zu Fehlentwicklungen und didaktischen Defiziten gekommen. In den allgemeinbildenden Schulen wird ein ausdrücklich technikorientierter Unterricht vorwiegend im Hauptschulbereich angeboten. Dadurch besteht die Gefahr, daß er zu einem „Schichtspezifikum" wird und der berufsvorbereitende Aspekt andere wichtige Zielsetzungen in den Hinter

grund drängt. In den *beruflichen Schulen* und *Fachschulen* herrscht eine Lehrpraxis vor, die durch strenge Fächertrennung sowie durch spezialisierte fachsystematische und anwendungsorientierte Lehrgänge gekennzeichnet ist. Hierzu tritt eine starke Dominanz lehrerzentrierter Methoden. Fächerisolierte und fremdbestimmte Lehre zeitigt aber – wie empirische Untersuchungen übereinstimmend darlegen (vgl. TAUSCH/ TAUSCH 1973, S. 204 ff.) – eine ganze Reihe nachteiliger Wirkungen beim Lernenden, wie Rezeptivität, Kreativitätsschwäche, Unfähigkeit gegenüber komplexen Problemen, Artikulationsschwierigkeiten. Dadurch ist derzeitig der Absolvent beruflich-technischer Ausbildungsgänge hinsichtlich seiner sprachlichen Ausdrucksfähigkeit und der geistigen Mobilität gegenüber dem Absolventen studienorientierter Ausbildungsgänge unterlegen.

Neue Ansätze. Die bisherigen Betrachtungen zum Stand des Technikunterrichts haben eine unbefriedigende Situation gezeigt. Versucht man, die Fehlentwicklungen zu überwinden und Ansätze für eine Neuentwicklung sichtbar zu machen, dann ist – in prinzipieller Übereinstimmung mit bildungspolitischen Postulaten nationaler und internationaler Gremien zur Reform technischer Bildung – eine Reihe von Forderungen durchzusetzen: Die in der überkommenen Bildungstheorie hervorgehobene Polarität zwischen ästhetisch-geisteswissenschaftlicher Bildung und technisch-wirtschaftlicher Berufsqualifikation ist als undemokratische, bildungsfeindliche Ideologie in offensiver Argumentation zu bekämpfen und durch operative curriculare Entscheidungen mit schulpraktischen Folgen im Sinne eines allgemeinverbindlichen Technikunterrichts zu konterkarieren. Für den Lernbereich Technik sollte aus sprachlogischen und semantischen Gründen sodann die Bezeichnung „Technologie" gewählt werden. „Technik" deutet den eingeschränkten Sinn des gegenständlichen Machens an, „Technologie" bezeichnet darüber hinausgehend die systematische Erfassung der anwendbaren technischen Möglichkeiten und die Reflexion von Wirkungszusammenhängen. Das Verhältnis von Technologie und Technik ist demnach durch unterschiedliche Rationalitätsstufen gekennzeichnet. Deren unterste, die mit überlieferten Handwerksregeln, einfachen Erfahrungen und dem Prinzip des Vor- und Nachmachens auskommt, läßt sich als naive Rationalität bezeichnen. Darüber befindet sich die Stufe der Zweckrationalität, die Ebene der wissenschaftlich erforschten, systematisch dargestellten Sachzusammenhänge. Ein weiterer Schritt wiederum ist erforderlich, um im Technologieunterricht die Zweckrationalität und die in ihr wirkende instrumentelle Vernunft auf ihre Sinnhaftigkeit hin zu befragen. In dieser Ebene, der kritischen Rationalität, geht es um die Abschätzung der Folgen zweckrationalen Handelns, um Distanz zu den Sachsystemen, auch um die Erörterung von Zweifeln an bestimmten Technostrukturen. Kritische Rationalität allein ist jedoch unfruchtbar. Daher ist bewußt und gezielt innovatorische Rationalität zu entwickeln, ist auch im Zusammenhang mit technologischer Bildung Kreativität zu fördern und die Suche nach besseren, zukunftsorientierten, alternativen Technologien anzustellen (Prinzip: Jugend forscht). Faßt man diese Überlegungen zusammen, dann lassen sie sich in folgender Abbildung wiedergeben:

Abbildung 1: Rationalität und Technologie

Rationalitätsstufen in der Technologie	
4	innovatorische Rationalität
3	kritische Rationalität
2	Zweckrationalität
1	naive Rationalität

Es wäre ein Fehler, die hier analytisch getrennten Stufen auch im Technologieunterricht isoliert zu berücksichtigen oder wertend zu hierarchisieren. Es ist im Gegenteil ihre prinzipielle Gleichwertigkeit und Gleichzeitigkeit sicherzustellen und zu erkennen, daß die eine Form der Rationalität nicht ohne die andere sinnvoll bestehen kann. Mit den skizzierten Stufen der Rationalität läßt sich – wenn man die beiden ersten Stufen (naive Rationalität und Zweckrationalität) als innerlich verwandte zu „instrumenteller Rationalität" zusammenfaßt – eine „Drei-Ebenen-Theorie" der Technik in Beziehung setzen. In ihr werden drei unterschiedliche Bedeutungsaspekte unterschieden, nämlich Technik
– im Sinne gegenständlicher Technik als Summe der in unserer Umwelt vorfindlichen Werkstoffe, Geräte, Apparate, Maschinen und Anlagen (gegenständlicher Aspekt, Realtechnik);
– im Sinne zweckgerichteter Verfahren, der kognitiven Strukturierung und Steuerung von funktionalen Prozessen, von Arbeits- und Entscheidungsverfahren (verfahrensorientierter Aspekt, Technik als Methode);

– im Sinne eines universalen Prinzips menschlicher Bedürfnisbefriedigung und von Menschen verursachter materieller und immaterieller Lebens- und Umweltveränderung (gesellschaftlicher Aspekt, Technik als soziales und politisches Phänomen). Beiden skizzierten Schichtungsmodellen ist gemeinsam, daß die ersten Stufen mehr von einer Sachorientierung bestimmt werden, während die letzten Stufen stärkere Humanorientierung zeigen. Die Verknüpfung beider Schichtungsmodelle unter Berücksichtigung dieser Überlegung zeigt die folgende Abbildung:

Abbildung 2: Verknüpfung der Schichtungsmodelle „Rationalität" und „Technik"

innovatorische Rationalität	Human-Orientierung	gesellschaftliche Aspekte
kritische Rationalität		Methoden- und Verfahrensaspekte
instrumentelle Rationalität	Sach-Orientierung	gegenständliche Aspekte

Der Technologieunterricht wird sich zukünftig auf allen Schulstufen und allen Schularten – mehr als bisher – um eine Integration der unterschiedlichen Ebenen und Orientierungen bemühen müssen. Weiterhin ist es besonders in der berufsorientierten Technologie erforderlich, einen didaktischen Verbund unterschiedlicher Lernbereiche und Lernorte herbeizuführen, wie es die Abbildung 3 verdeutlicht:

Abbildung 3: Didaktischer Verbund der Lernbereiche und -orte

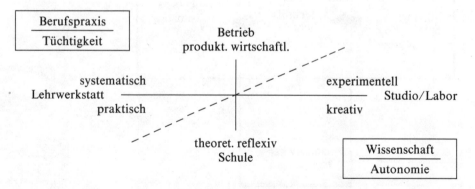

Es handelt sich darum, einerseits sich in der Praxis berufliche Tüchtigkeit anzueignen. Die hierfür geeigneten Lernorte sind der Betrieb, in dem es um produktive und wirtschaftliche Arbeit geht, und die Lehrwerkstatt, in der die Praxiskompetenz systematisch erworben wird. Andererseits geht es im Bereich von Schule und Studio oder Labor um theoretische und kreative Fähigkeiten, die

655

zur Selbstbestimmung befähigen und die Grundlagen für berufliche oder wissenschaftsorientierte Weiterbildung schaffen. Diese doppelte Aufgabenstellung – berufliche Tüchtigkeit und weiterreichende Dispositionsfähigkeit – exakter zu beschreiben und näher zu konkretisieren ist die derzeit wichtigste zu leistende didaktische Arbeit in der Entwicklung eines Technologieunterrichts für den Bereich der Sekundarstufe II.

Didaktische Struktur. In der erziehungswissenschaftlichen Literatur zur Theorie der Didaktik zeichnet sich Übereinstimmung darüber ab, daß vom Entwurf einer genuin didaktischen Struktur allge-mein erst gesprochen werden kann, wenn neben den entsprechenden fachwissenschaftlichen Inhalten spezifisch normativ-pädagogische, human-lebenspraktische und lehrmethodisch-pragmatische Gesichtspunkte einbezogen werden. Es müssen sich also Argumentationsstränge verschiedener Richtungen quasi miteinander verweben, bis eine didaktische „Struktur" (= Schichtung) entsteht.

Die folgende Skizze versucht diese Erkenntnis zu veranschaulichen, indem sie die vier erwähnten, prinzipiell unterschiedlichen didaktischen Ausgangspunkte miteinander in Beziehung setzt, also strukturiert:

Abbildung 4: Didaktische Struktur der Techniklehre

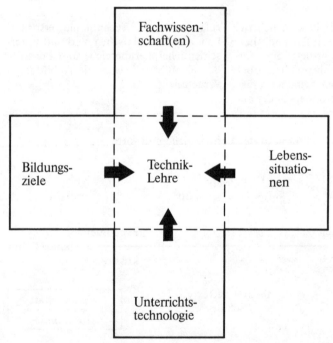

Es soll versucht werden, dieses allgemeine Strukturschema mit den bisherigen Überlegungen zu einer Technologiedidaktik zu verbinden.

Die Überlegungen beginnen mit dem Feld „Bildungsziele". Für den Lehr-Lern-Bereich Technologie lautet das prinzipielle Lernziel „Handlungskompetenz". Das heißt, daß die pädagogisch-normative Forderung nach Selbstbestimmung des Menschen hier festzumachen ist als eine auf kritischer Überlegung begründete Handlungsfähigkeit. Sie soll zur praktischen Beherrschung bisher unverstandener technischer Prozesse befähigen. Dieses komplexe Verständnis von Handlungskompetenz könnte man daher (in Anlehnung an Bernstein) als „elaborierte Handlungskompetenz" bezeichnen. Sie umschließt solche Fähigkeiten wie Sachkompetenz, Kommunikation und Interessenartikulation, Fähigkeit zur Kooperation und Kreativität. Sie faßt auch die bisher analytisch getrennt aufgeführten Kategorien der innovatorischen, der kritischen und instrumentellen Vernunft zusammen. Damit ist vernünftiges technisches Handeln zu beziehen auf den kritisch reflektierten gesellschaftlich-politischen Zusammenhang und zugleich auf sachlogisches, zweckrationales Handeln.

Beginnt man nun diesen pädagogisch orientierten Argumentationsstrang zu verschränken mit dem spezifisch technikwissenschaftlichen, dann erscheint in einem ersten Durchgang die Heranziehung der „Drei-Ebenen-Theorie" der Technik sinnvoll. Sie besagt, wie zuvor dargestellt, daß sich Technologie in drei Ebenen darstellt und problematisiert: In der ersten Ebene geht es um den gegenständlichen Bereich der Technik, um Werkstoffe, Werkzeug, Maschinen, Apparate, Geräte. In der zweiten Ebene sind es Fragestellungen technologischer Verfahren, Methoden spezifisch technischer Systeme (im engeren Sinne) und Prozesse. Die dritte Ebene schließlich betrifft den gesellschaftlich-politischen, neuerdings besonders auch den ökologischen Aspekt von Technik und philosophischen und anthropologischen Fragen. Konkretisierungen dieser Ebenen bleiben den schulart- und schulstufenspezifischen Fachcurricula vorbehalten (vgl. SCHOENFELDT 1983).

Im Bedingungsfeld „Lebenssituationen" ergibt sich eine erste didaktische Differenzierung aus der Frage, in welchen Lebensbereichen die Technik dem Menschen konkret begegnet. Angesichts der Allgegenwart der modernen Technik bereitet diese Frage Schwierigkeiten. Trotzdem erscheint eine Gliederung wie die hier vorgesehene sinnvoll, weil sie die häufig vorgenommene Fixierung allein auf die betriebliche Produktionstechnik vermeidet. Technik ist eben nicht nur im Zusammenhang mit betrieblich-beruflicher Tätigkeit ein Bewährungsfeld, sondern daneben auch im sozialen Primärraum (privat), zum Beispiel in Haustechnik, Wohnung, „Freizeitindustrie", und im sozialen Sekundarraum (öffentlich), zum Beispiel in Verkehrstechnik, Versorgung/Entsorgung und Umweltgestaltung.

Der Begriff „Bewährung in Lebenssituationen" bezieht sich im Technologieunterricht auch auf den betrieblichen Bereich und die in ihm erforderlichen beruflichen Qualifikationen. Hinzuweisen ist schließlich darauf, daß der Bereich internationaler Kooperation immer größere Bedeutung gewinnt und im Technologieunterricht Eingang finden sollte durch die Behandlung von Fragen der technischen Entwicklungshilfe, des Technologietransfers und der angepaßten und alternativen Technologie.

Im Entscheidungsfeld „Unterrichtstechnologie", wo es um pragmatische didaktische Kategorien geht, stehen für die Auswahl von technologischen Lerninhalten neben den üblichen lehrplantypischen Entscheidungen der Fachsystematik und Berücksichtigung der Schulorganisation folgende Fragen im Mittelpunkt: didaktisch-methodisch-mediale Umsetzbarkeit von Arbeitsprojekten im schulischen Unterricht, Eignung für prinzipielle Einsichten und Übertragbarkeit auf andere Problemstellungen (horizontaler und vertikaler Transferwert), lernzieltaxonomische Ausgewogenheit der didaktischen Elemente untereinander.

Ansatzpunkte für interdisziplinäre Kooperation sind:
- unterschiedliche Lernorte im Technologiebereich,
- andere Lernbereiche in der Schule,
- außerschulische Kontaktstellen (Prinzip der Aktualität, des Bezugs zu aktuellen wirtschaftlichen oder politischen Problemen im Technologiebereich; Möglichkeit zur Schaffung von selbstbestimmten Aktionsräumen der Jugendlichen).

FAURE, E. u. a.: Wie wir leben lernen. Der UNESCO-Bericht über Ziele und Zukunft unserer Erziehungsprogramme, Reinbek 1973. HABERMAS, J.: Technik und Wissenschaft als Ideologie, Frankfurt/M. 1968. HORTLEDER, G.: Das Gesellschaftsbild des Ingenieurs. Zum politischen Verhalten der Technischen Intelligenz in Deutschland, Frankfurt/M. 1970. LITT, TH.: Das Bildungsideal der deutschen Klassik und die moderne Arbeitswelt, Bonn 1955. ROBINSOHN, S. B.: Bildungsreform als Revision des Curriculum, Neuwied/Berlin 1967. SCHILLING, E. G.: Von der Fachkunde zur Technologie. In: D. Dt. Ber.- u. Fachs. 71 (1975), S. 118 ff. SCHOENFELDT, E.: Unterricht: Bautechnik. In: Enzyklopädie Erziehungswissenschaft, Bd. 9, Teil 2, Stuttgart 1983, S. 521 ff. SCHULZ, W.: Aufgaben der Didaktik. In: KOCHAN, D. (Hg.): Allgemeine Didaktik, Fachdidaktik, Fachwissenschaft, Darmstadt 1970, S. 403 ff. TAUSCH, R./TAUSCH, A.: Erziehungspsychologie, Göttingen 1973. TRAEBERT, W. E./SPIEGEL, H. (Hg.): Technik als Schulfach, 2 Bde., Düsseldorf 1979. TUCHEL, K.: Herausforderung der Technik, Bremen 1967.

Helmut Nölker

Unterricht: Technisches Zeichnen

Geschichte und Bedeutung. "Engineering drawing has played and is playing a key role in our civilization. With roots in art, science and mathematics, it has been both the servant and master of engineering, affecting and being affected by changing technology and organization" (BOOKER 1963, S. XVI). Die in diesem Zitat getroffene Feststellung, einer Darstellung der *Geschichte* des technischen Zeichnens entnommen, daß dem technischen Zeichnen eine für unsere Kultur bedeutsame Funktion in Vergangenheit und Gegenwart zukomme, legt die Frage nahe, aufgrund welcher Qualität die technische Zeichnung diese Schlüsselrolle besitzt.

Wenn unter der technischen Zeichnung ganz allgemein die Zeichnung eines technischen Gebildes verstanden wird, dann kann es diese Zeichnungen frühestens seit der Zeit geben, als technische Gebilde ersonnen, zu Papier (oder auf einen anderen Träger) gebracht und gegebenenfalls auch produziert wurden. Mit diesem weiten Begriff ist allerdings die Geschichte des technischen Zeichnens nur schwer aufzuhellen; weiter hilft vielmehr die Frage nach den Gründen, die bestimmend dafür waren, daß für den Prozeß der Herstellung von technischen Gegenständen (Werkzeugen, Geräten, Apparaten, Maschinen) ein schriftlich fixiertes, eigenständiges Kommunikationsmittel, die technische Zeichnung als die „Sprache der Technik", entwickelt werden mußte. Als Hauptursachen, denen hier im einzelnen nicht nachgegangen werden kann, kommen in Frage (vgl. LIPSMEIER 1971):
- Arbeitsteilung: Der Produzent der Idee, der Konstrukteur, sondert sich von dem Produzenten des technischen Gegenstandes, dem Handwerker, ab.
- Ortsteilung: Die Idee entsteht (notwendigerweise, zufälligerweise) an einem Orte, an dem das technische Gebilde (beispielsweise Brücke) nicht gebaut werden kann oder gebaut werden soll.
- Ideentransport: Die Idee eines techni-

schen Gebildes soll räumlich oder zeitlich überliefert werden.

– Verkomplizierung: Der technische Gegenstand ist so kompliziert, daß er ohne Produktionshilfen (technische Zeichnungen, Vorrichtungen oder Schablonen) nicht produziert werden kann.

Diese verschiedenen Ursachen für das Entstehen der technischen Zeichnung legen zugleich auch die verschiedenen *Funktionen,* die sie zu erfüllen hat, offen. Der Kontext dieser technischen Zeichnung bleibt jedoch zunächst noch eingeengt auf die klassische, nämlich die gegenständliche Technik: Die technische Zeichnung ist eine Strichzeichnung eines technischen Gegenstandes (Abbild) oder einer technischen Idee eines dreidimensionalen Gegenstandes (Entwurf) in einer dem Zwecke der Fertigung dienenden Darstellungsweise mit allen erforderlichen Angaben, also kurz gesagt: eine Fertigungszeichnung (früher auch Werkstattzeichnung genannt). Das Aufkommen der Elektrotechnik führte auch zur Begriffserweiterung: Nach der Deutschen Industrie-Norm (DIN 199) sind vier Unterschiedsmerkmale wesentlich, nämlich die Art der Darstellung (etwa eine Skizze), die Art der Anfertigung (beispielsweise eine Tuschezeichnung), der Inhalt (wie der einer Schemazeichnung) und der Zweck (wie etwa bei einer Patentzeichnung).

Obwohl die technische Zeichnung, die Sprache der Technik, sowohl als Konstruktions- als auch als Fertigungszeichnung an Bedeutung verliert beziehungsweise durch andere Informationsträger, besonders die rechnerunterstützte Zeichnungserstellung und die programmgesteuerte Fertigung, ergänzt wird (vgl. BUSCHHAUS 1978) und obwohl das klassische Einsatzfeld der technischen Zeichnung, der Maschinenbau, durch das Aufkommen anderer Industrien wie der Chemie und Elektronik mit ihren eigenen Sprachen und durch die Verschiebung in der Beschäftigungsstruktur vom produktiven Sektor hin zum Dienstleistungssektor nicht mehr den Stellenwert in Technik und Wirtschaft hat wie im 19. Jahrhundert und in den ersten Jahrzehnten unseres Jahrhunderts, kann man dennoch feststellen, daß die technische Zeichnung (im oben definierten Sinne) in den nächsten Jahrzehnten wesentliches Element der Technik bleiben wird.

Qualifizierungs- und Vermittlungsproblematik. Seit es technische Zeichnungen, aus welchen Gründen und für welche Zwecke auch immer, gibt, muß diese Sprache der Technik erlernt werden. Die Berufsdifferenzierungen brachten es schon früh, so beispielsweise auf der mittelalterlichen Bauhütte, mit sich, daß sich Berufe bildeten, die diese Zeichnungen erstellen können mußten (Architekten, Baumeister, Konstrukteure, Ingenieure, Vorarbeiter), und solche, die lediglich nach diesen Zeichnungen, teils in vereinfachten Varianten (verbalgraphische Anweisungen), arbeiten können mußten. Diese beiden Qualifikationen können Zeichenfertigkeit (genauer: Zeichnungserstellungsfähigkeit) und Zeichnungslesefähigkeit genannt werden (vgl. LIPSMEIER 1971). Diese vertikale Berufsdifferenzierung ist für die Qualifizierungsprozesse von großer Bedeutung, besonders seit der Industrialisierung, als in ihrem Gefolge zu Anfang des 19. Jahrhunderts das berufliche Schulwesen sich ebenfalls vertikal in höhere, mittlere und niederere gewerblich-technische Lehranstalten differenziert entwickelte.

Der erste, der erkannte, daß mit der Industrialisierung die technische Zeichnung eine völlig neue Ausprägung bekommen müsse und dann erst eine Schlüsselfunktion für die Technik übernehmen könne, war der Mitbegründer der Pariser École Polytechnique, Monge (1746–1818). Seine Forderung, in der Ausbildung der Arbeiter die Lehrinhalte auf solche Objekte zu konzentrieren, die sich durch Exaktheit auszeichneten, ist zu werten als die Erkenntnis, daß das technische Zeichnen eigene, neue Gesetze habe. Für die technische Zeichnung bedeutete das, daß sie rationaler, exakter, technischer, allgemeiner werden mußte, um zur „Sprache des Ingenieurs" werden zu können, denn die technischen Zeichnungen der vorindustriellen Epoche vereinigten in ihrer Weitschweifigkeit oft Bild und Text, häufig als plastisch wirkende Gesamtdarstellung und unmittelbar verstehbare Arbeitsanleitung.

Sichtbarster Ausdruck für den neuen Weg im technischen Zeichnen wurde um 1800 die darstellende Geometrie, gleichsam zur rechten Zeit von Monge bereitgestellt für eine bildhaft nicht mehr darstellbare technische Wirklichkeit, für die die Abstraktion, die strenge Projektionszeichnung, erforderlich geworden war. Mit der didaktischen Aufbereitung der wissenschaftlichen darstellenden Geometrie zum *elementaren Projektionszeichnen,* ein Prozeß, der über das gesamte 19. Jahrhundert andauerte und an dem viele bekannte Praktiker aus den Betrieben und Theoretiker der Hochschulen, vor allem jedoch viele Schulleute beteiligt waren, wurde für den – kompliziert gewordenen – Fertigungsprozeß eine lehr- und lernbare „Sprache der Technik" bereitgestellt. Die darstellende Geometrie (an den höheren und mittleren beruflichen Schulen) sowie das elementare Projektionszeichnen (an den niederen Schulen) wurden nach 1830 zu zentralen Unterrichtsfächern, und das um so mehr, als man erkannte, daß man mit ihrer Hilfe die intellektuellen Fähigkeiten der Menschen, insbesondere das räumliche Vorstellungsvermögen als Voraussetzung für den Umgang mit der zweidimensionalen Zeichnung und deren Transponierung in die dreidimensionale Gegenständlichkeit, vorzüglich ausbilden und schulen könne.

Auch die allgemeinen Schulen, insbesondere die Volksschulen und die Realschulen, versuchten schon im 19. Jahrhundert, sich didaktisch für das technische Zeichnen zu öffnen, allerdings ohne durchschlagende Erfolge (vgl. LIPSMEIER 1971, S. 264 ff.), ein Befund, der ja bis heute noch weitgehend – trotz der sich allmählich durchsetzenden Arbeitslehre – seine Gültigkeit hat.

In der heutigen Berufsschule ist der Unterricht im technischen Zeichnen für die gewerblich-technischen Berufe etwa gleichartig strukturiert und mit einem vergleichbaren Stellenwert versehen. Dieser Stellenwert hat sich allerdings im Laufe der Berufsschulgeschichte gewandelt. Während noch bis um 1900 das Fachzeichnen, also das angewandte berufsbezogene technische Zeichnen, wegen einer noch unentwickelten Fachkunde das berufs- und praxisnächste Fach der Fortbildungsschule und dementsprechend der „Hauptgegenstand" war, wurde es mehr und mehr die „Dienerin der Fachkunde" (MÖLLER 1952, S. 15) beziehungsweise „eine Fachkunde auf zeichnerischer Grundlage" (GEISSLER 1950, S. 16).

Zwar wird in den heutigen Berufsschullehrplänen die Zeichenfertigkeit der Schüler – entsprechend den beruflichen Anforderungen – nicht zum obersten Ziel erklärt; der Unterricht soll vielmehr die Zeichnungslesefähigkeit vermitteln. Doch als zu beschreitender Weg wird proklamiert: „Durch das Anfertigen von Zeichnungen soll der Schüler Zeichnungen lesen lernen" (KULTUSMINISTER DES LANDES NIEDERSACHSEN 1967, S. 26). Diese Darbietungsweise kann als „indirekte Methode" bezeichnet werden. Auch die DDR-Didaktik bekennt sich zu diesem Prinzip; sie läßt allerdings der systematischen Phase (Lehrgangsunterricht in den Klassen 7 und 8) eine produktionsgebundene Phase folgen (vgl. LIPSMEIER 1973, S. 11 ff.).

In der Berufsschule wird also das Zeichnungslesen-Lernen über das Zeichnen-Lernen in einem systematisch aufgebau-

ten Lehrgang vermittelt, der zunächst keinen oder nur einen geringen Bezug zu den anderen Unterrichtsfächern (besonders Technologie, Technische Mathematik) hat; erst in der zweiten Bildungsstufe, der Fachstufe, steht innerhalb eines Gesamtunterrichts – je nach Struktur des Berufes – das „Ganzstück", der (freilich simulierte) betriebliche Arbeitsauftrag oder Kundenauftrag im Mittelpunkt der Schularbeit (vgl. KULTUSMINISTER NORDRHEIN-WESTFALEN 1964). Diese *didaktische Konzeption* ist schon recht alt und folgt heute noch überwiegend dem gleichen Schema (Modell 1):
– zeichnerische Grundfertigkeiten und geometrische Grundkonstruktionen,
– elementares Projektionszeichnen,
– Fachzeichnen,
– Gesamtunterricht.
Daneben gab es schon früh Bemühungen, den Unterricht im technischen Zeichnen gleich mit dem Fachzeichnen beginnen zu lassen (Modell 2). Die ausgeprägteste und bekannteste Form hat diese Richtung in der in den 30er Jahren entwickelten „Frankfurter Methodik" gefunden, die folgenden Stufenaufbau hat (vgl. BOTSCH u. a. 1971, S. 9):
– Ansichten flacher Werkstücke,
– Ansichten prismatischer und zylindrischer Werkstücke,
– Ansichten pyramiden- und kegelförmiger Werkstücke,
– Schnitte von Werkstücken,
– Ansichten und Schnitte von Werkstücken mit Durchdringungen und Gehrungen,
– Abwicklungen, Umklappungen und Verstreckungen von Werkstücken.

Abweichend von diesem überkommenen und gängigen indirekten Weg des Zeichnungslesen-Lernens über das Zeichnen-Lernen, präferiert STEIN (vgl. 1965) den direkten Weg der Schulung des gegenständlichen Vorstellungsvermögens, und zwar dadurch, daß es den Schülern durch die organisatorische Vereinigung von Werkstattausbildung und Schule ermöglicht wird, „Änderungsübungen am Werkstück" auszuführen, also ein Modell, das Theorie und Praxis zu integrieren versucht.
Wenn auch zugestanden werden muß, daß diese direkte Methode sowohl wenig erprobt als auch unterrichtlich weniger gut (vor allem aus organisatorischen und finanziellen Erwägungen) durchführbar ist, so ist doch erstaunlich, daß die dieser Methode zugeordneten Lehrgriffe „Modellieren" und „Werkstattübungen" sehr selten in den Lehrbüchern empfohlen werden. Die meisten Lehrgänge variieren mehr oder weniger stark die indirekte Methode (vgl. LIPSMEIER 1972, S. 968). Dementsprechend sind auch die diesem Unterricht durchaus übertragbaren Ziele wie Förderung des konstruktiv-technischen Denkens, des funktional-technischen Denkens, der Kreativität und der Kommunikationsfähigkeit sowohl in den Lehrbüchern wie auch in den Lehrplänen unterrepräsentiert, obwohl gerade diese Dimensionen den Zeichenunterricht in die allgemeinen Ansprüche eines wissenschaftspropädeutischen Lernens auf der Sekundarstufe II heben und die Verbindungen zu anderen Fächern (Technik, Mathematik, Linguistik, Ästhetik/Kunst) öffnen würden (vgl. LIPSMEIER 1970).

BOOKER, P. J.: A History of Engineering Drawing, London 1963. BOTSCH, B. u. a.: Methodik des Unterrichts im Technischen Zeichnen für Metallberufe. Ergänzung zur 8. Auflage, Weinheim/Berlin/Basel 1971. BUSCHHAUS, D.: Problemanalyse zur Neuordnung der Berufsausbildung für Technische Zeichner, Teil 2, Berlin 1978. GEISSLER, L.: Methodik des gewerblichen Zeichnens in der Berufsschule, Weinheim ³1950. KULTUSMINISTER DES LANDES NIEDERSACHSEN: Richtlinien für den Unterricht an Gewerblichen Berufsschulen des Landes Niedersachsen, Hannover 1967. KULTUSMINISTER NORDRHEIN-WESTFALEN: Lehrpläne für gewerblich-technische Berufsschulen, Ratingen 1964. LIPSMEIER, A.: Die kategoriale Funktion des technischen Zeichnens für die Berufsausbildung und für die Arbeitslehre der Hauptschule. In: didactica 4 (1970), S. 95 ff. LIPSMEIER, A.: Technik und Schule. Die Ausformung des Berufsschulcurriculums unter dem Einfluß der Technik als Geschichte des Unterrichts im technischen Zeichnen, Wiesbaden 1971. LIPSMEIER, A.: Die Lehrbuchanalyse als Instrument der mittelfristigen Curriculumforschung. Beispiel: Technisches Zeichnen. In: D. Dt. Ber.- u. Fachs. 68 (1972), S. 960 ff. LIPSMEIER, A.: Die Konzeption des Unterrichts im technischen Zeichnen der DDR. In: Zeichn. in Tech., Archit., Vermess. 11 (1973), S. 10 ff. MÖLLER, F.: Unterrichtslehre für Berufsschulen, Braunschweig ³1952. STEIN, W.: Experimentelle Werkkunde für Berufsschulen (Maschinenbau), Braunschweig 1965.

Antonius Lipsmeier

Unterricht: Textil- und Bekleidungstechnik

Die Lehrgegenstände des Textilunterrichts betreffen Textilproduktion und Textilverbrauch; sie entstammen komplexen Systemen, die konkrete Lebensaufgaben umfassen. Eine einzelne Bezugswissenschaft kann nicht genannt werden. Die Didaktik des Textilunterrichts hat die Entstehung von Textilien, ihre Nutzung und ihren Stellenwert innerhalb diverser Lebensbereiche zu beachten. Weitgefächerte Wissensgebiete müssen dem Textilunterricht zugeordnet werden: aus Chemie, Ökonomie, Produktionswissenschaften, Geschichte und Kunst.

Handwerkliche und industrielle Textilproduktion vollziehen sich in mehreren Stufen mit jeweils eigenen Technologien und Gestaltungsaufgaben. Ihnen entsprechen besondere Zweige des Handels (vgl. GESAMTTEXTIL 1970, 1978). Textil- und Bekleidungsproduktion, Textil- und Bekleidungshandel sowie die damit verbundenen Wirtschaftszweige nehmen in allen europäischen Ländern einen bedeutenden Platz ein, sie sind ein besonderer Faktor der Weltwirtschaft (vgl. KOCH/SALTOW 1965).

In berufsqualifizierenden Bildungsgängen existiert Textilunterricht im Sekundarbereich II

– innerhalb der Handwerks- und Industrieausbildungen (vgl. BUNDESANSTALT FÜR ARBEIT 1974 ff.) und des Handels in dualer (Betrieb und Be-

rufsschule wechseln ab) oder in vollzeitschulischer Form (auch als Berufsgrundbildungsjahr),

– in Berufsfach-, Fachschulen, Fachoberschulen und Fachgymnasien mit der Fachrichtung Textil/Bekleidung sowie als Unterrichtsfach in den entsprechenden Schulen mit der Fachrichtung Hauswirtschaft (hier als Textilkunde und Textile Fertigung mit zwei bis fünf Wochenstunden pro Schuljahr) sowie im tertiären Bereich und

– an Fachhochschulen, pädagogischen Hochschulen und einzelnen Universitäten in den Ingenieurwissenschaften, der Chemie, der Kunst oder den Lehrerstudiengängen.

Je nach Berufsziel wird Textillehre mehr oder weniger ausdifferenziert, auf Grundlagenstudien aufgebaut und der Anwendung entsprechend mit Nachbargebieten verbunden: mit Natur- und Arbeitswissenschaften, Ökonomie, Kunst, Ästhetik.

Den verschiedenen Ausbildungszweigen für Textil/Bekleidung steht eine relativ kleine Zahl von Auszubildenden/Schülern/Studierenden gegenüber.

Neue Werkstoffe, Technologien, Verbraucherforderungen und wirtschaftliche Gegebenheiten verursachen ständig Veränderungen im gesamten Textilbereich. Die Bundesrepublik Deutschland – 1977 größter Textilexporteur und -importeur (vgl. GESAMTTEXTIL 1978) – hat ihre Textil- und Bekleidungsproduktion in allen Sparten hochgradig mechanisiert. Daraus resultieren spezielle Ausbildungsformen, Lerninhalte und Ziele der beruflichen Bildung. Für die Spinnerei und für die Weiterverarbeitung der Garne gibt es neben den Ausbildungen in *Industrie*berufen nur noch drei in *Handwerks*berufen: für Seiler, Weber und Stricker. Bei den Ausbildungen für die Textilindustrie ist die fachspezifische Qualifikation mit einer technischen gekoppelt und die Lehrzeit in Stufen gegliedert; zum Beispiel wird man nach zweijähriger Ausbildung mit anschließender Prüfung Textilmaschinenführer Spinnerei oder Weberei, nach einem weiteren Ausbildungsjahr Textilmechaniker Spinnerei oder Weberei (vgl. BUNDESMINISTER FÜR WIRTSCHAFT 1978, BUNDESMINISTER FÜR WIRTSCHAFT UND FINANZEN 1971 a). Im Bereich der Weiterverarbeitung der Textilien existieren mehr *Handwerks*berufe: Damenschneider(in), Herrenschneider(in), Modist(in), Wäscheschneider(in), Stricker. Die der Damenschneider entsprechende Berufsausbildung in der Bekleidungsindustrie ist in drei einjährige, aufeinander aufbauende Stufen gegliedert und führt zu den Berufen Bekleidungsnäher, Bekleidungsfertiger, Bekleidungsschneider (vgl. BUNDESMINISTER FÜR WIRTSCHAFT UND FINANZEN 1971 b).

Wie bei allen *Industrie*ausbildungen wird das Einüben in den Umgang mit Maschinen zu einer Hauptaufgabe. Die *handwerkliche* Ausbildung (Entwicklung von fachlicher Sensibilität und von Arbeitsmethoden für die Ansprüche der Modellfertigung) reicht zur Existenzsicherung nur aus, wenn weitere Fertigkeiten und Kenntnisse folgen. Ohne organisatorisches, pädagogisches oder verwaltungstechnisches Können sind leitende oder kontrollierende Positionen weder im Handwerks- noch im Industriebetrieb erreichbar. Dem tragen die neuen Ausbildungsregeln Rechnung.

Verordnungen über *Berufsausbildungen im Textilbereich* mit Rahmenlehrplänen für verschiedene Industrieausbildungen wurden aufgrund des Berufsbildungsgesetzes von 1969 und dessen Änderung in den 70er Jahren erstellt. Sie sind verbindlich für die Ausbildungsbetriebe, sie regeln die Prüfungen und weisen dem Berufsschulunterricht die zu vermittelnden Lehrstoffe zu. An diesen Plänen, wie beispielsweise dem Rahmenlehrplan der Ständigen Konferenz der Kultusminister der Länder in der Bundesrepublik Deutschland (vgl. KMK 1978) und der Verordnung über die Berufsausbildung in der Textilveredlungsindustrie (vgl. BUNDESMINISTER FÜR WIRTSCHAFT 1976), lassen sich die allgemeinen Intentionen in der beruflichen Ausbildung im Textilbereich ablesen:

– Auswahl des Lehrstoffes unter pädagogischem und systematischem Aspekt mit eindeutiger Angabe der Lernziele, der zu vermittelnden Kenntnisse und Fertigkeiten,
– Einführung der Auszubildenden in die Situation am Arbeitsplatz und dessen Umfeld durch Informationen über Arbeitsschutz/Unfallverhütung, betriebliche Arbeitsorganisation und sozialökonomische Inhalte,
– Vermittlung eines breiten fachlichen Fundamentums,
– Verwendung von naturwissenschaftlich-technischen und ökonomischen Elementarkenntnissen,
– Aneignung einer wissenschaftsorientierten Fachsprache und
– Hinwendung zu Methodenwissen, Verstehen von Sachzusammenhängen.

Die Ausbildung in den fachlichen Grundlagen beinhaltet immer eine Übersicht über die Erzeugung und die Eigenschaften der Faserstoffe und deren Weiterverarbeitung (Produktionsstufen) bis zu dem für den Ausbildungsberuf relevanten Produkt. Außerdem vermittelt sie die für den Beruf wesentlichen Fertigungstechniken, dazu Kenntnisse über Funktion und Wirkungsweise der Maschinen, über die fachrelevanten physikalischen und chemischen Vorgänge, über die fachbezogene technische Mathematik und das Fachzeichnen. Bestimmte Ausbildungen enthalten Grundlagen der Modelehre, der ästhetischen Gestaltung, des Textil-Designs.

Diese auf geistige Mobilität angelegte, für verschiedene Positionen vorbereitende inhaltliche Breite der beruflichen Ausbildung hat die Lehrzeit anspruchsvoller gemacht. Von den Ausbildungsbetrieben wird das Zurückstecken ihrer ökonomischen Interessen (vgl. BERUFS- BILDUNGSAUSSCHÜSSE ... 1973), von der Berufsschule eine Revision des Unterrichts und von den Lernenden wird mehr Theorie, die Aneignung der Fachsprache, Sprachgewandtheit und Kenntnis von Gebieten, die nicht durch Übung im Betrieb abgestützt werden, verlangt. Damit ist ein Bildungswille vorausgesetzt, der bisher lediglich für die studienbezogenen Bildungsgänge oder für die gehobenen beruflichen Ausbildungsstätten galt. Es besteht die Gefahr, daß die jeweils erste Stufe der beruflichen Ausbildung noch für relativ viele erreichbar ist, die letzte Stufe (nach dreijähriger Industrieausbildung) denen vorbehalten bleibt, die eine Fortbildung zum Meister, Techniker oder ein Hochschulstudium von vornherein anstreben. Die neuen Bildungsabsichten werden nur dann mehr Jugendlichen zugute kommen, wenn die Abstimmung zwischen betrieblicher Ausbildung und den Rahmenlehrplänen der Berufsschulen gelingt, wenn die Unterrichtsmethodik und die Ausstattung der Berufsschulen mehr als bisher den Schülern gerecht wird, wenn also Lernen und Unterricht erlebnisreicher gemacht werden. Die Schüler brauchen Selbstbestätigung, das allgemeine Lerninteresse muß gestützt werden. Kommunikationsschwierigkeiten und Hemmungen im Umgang mit Ungewohntem sollen sich verringern. Anstelle vorwiegend verbaler Information und als Ergänzung zur angewandten Fachkunde in den Labors der Schule sind Möglichkeiten für eigenes Entdecken, für Experimente, selbständige Erkundungen erforderlich. Die Lernorte sollten wechseln, Bildungsangebote von Museen, Bibliotheken oder Zusammenarbeit mit Hochschulen und Universitäten sollten gesucht werden. Wichtig sind Gruppenarbeit und die Übung darin, andere auf verschiedene Weise zu informieren und mit ihnen ins Gespräch zu kommen.

Für Fachschulen und Fachoberschulen der Fachrichtung Textiltechnik/Bekleidung gelten ähnliche Forderungen. Auch hier muß eine breite fachliche Basis, müssen Problembewußtsein, Übersichtswissen, Verständnis für größere Zusammenhänge und die Fähigkeit zum selbständigen Aneignen von Kenntnissen und Fertigkeiten im Vordergrund stehen. Die Notwendigkeit, in Klasse 11 in etwa 30 Wochenstunden und in Klasse 12 in etwa zwölf Wochenstunden fachpraktischer Ausbildung mit fachbezogenem Unterricht (vgl. KMK 1972 a) einen erheblichen Umfang an Arbeitsmethoden und Fertigkeiten anzueignen, verlangt rasches Aufnehmen und intensives Üben von den Fachoberschülern. Auf dem Sektor Bekleidungsfertigung können dabei lediglich handwerkliche Verfahren vermittelt und Grundfragen mit exemplarischen Beispielen industrieller Bekleidungsproduktion behandelt werden. Das relativ knappe Erfahrungswissen und das noch nicht voll ausgebildete sensumotorische Können beeinträchtigen oft die selbstauferlegten hohen Ansprüche an das Arbeitsergebnis. Die Werkstücke von Fachoberschülern entsprechen dem Standard von Meisterprüfungen. Nur die Beschränkung der fachpraktischen Aufgaben auf ein angemessenes Leistungsniveau und Zeitdeputat kann verhindern, daß der theoretische Fachunterricht zu kurz kommt. Die didaktischen Probleme der Kurse in Textil/Bekleidung an beruflichen Schulen entsprechen denen der Gymnasien. Beide Schulformen bieten die gleichen Grund- und Leistungskurse in Technologie des Textilwesens an und verweisen insofern auf Möglichkeiten für eine integrierte Sekundarstufe II (vgl. KULTUSMINISTER NORDRHEIN-WESTFALEN 1972, 1976).

Die allgemeinbildenden Schulen in der Bundesrepublik sahen Textilunterricht für die Sekundarstufe II nur an bestimmten Fachgymnasien für Frauenbildung vor. Hier war Textilunterricht Teil der musischen oder der hauswirtschaftlichen Bildung. Der Unterricht sollte für Tätigkeiten in der Textil- und Bekleidungsbranche, im Kunsthandwerk, für Modeentwerfer oder für Lehrberufe mit entsprechenden Fächern motivieren, oder er sollte allgemein die Lernbereitschaft entwickeln. Die neugestaltete gymnasiale Oberstufe ermöglichte es demgegenüber, „neue Fächer, vor allem des technischen und des wirtschaftlichen Bereichs, in das gymnasiale Curriculum einzuführen und so in pragmatischer Weise die Kooperation von allgemeinen und berufsbezogenen Bildungsgängen einzuleiten [. . .]" (KMK 1972 b). Inzwischen sind in einzelnen Ländern Pläne für Kurse in Technologie des Textilwesens entwickelt, von den Kultusministerien genehmigt und veröffentlicht worden (vgl. NIEDERSÄCHSISCHER KULTUSMINISTER 1973, 1975, 1978). Es gilt, gymnasialer Schulung der Erkenntniskräfte mit breitem Faktenwissen, formalisierter Sprache, Modellvorstellungen, abstraktem und formallogischem Denken gerecht zu werden. Gleichzeitig ist aber vom gegenstandsbezogenen Denken, von durch Erfolg motiviertem Handeln auszugehen, um die Lust an Aktivität, das Organisationsvermögen, die Wachheit für das Machbare und die freundliche menschliche Zuwendung zu erhalten. Die bisher vorgelegten *Kursvorschläge* verbinden Textilchemie, -physik und Lehrgebiete der Berufsfach-, Fach- und Fachoberschulen:

– Technologie der Faserstoffe, der Garn- und Flächenherstellung einschließlich Textilveredelung,
– Methodenlehre der Bekleidungsfertigung mit arbeitswissenschaftlichen Problemen,
– Textiltechnik im sozialen und ökonomischen Kontext,
– Bekleidungsphysiologie,
– Gestaltungslehre sowie Gestaltungsversuche mit textilen Materialien und Verfahren,
– Modelehre als Geschichte der Kleidung und Modesoziologie,
– historische und ethnologische Studien zur Textiltechnik,
– Fragen des Textilverbrauchs, des Konsumentenverhaltens und des speziellen Bedarfs.

Noch liegen keine befriedigenden Vorschläge für wissenschaftspropädeutische Kurse vor. Anspruchsvollere Konzepte verlangen zumeist die Kooperation mit Lehrern für Chemie, Physik, Kunst oder Geschichte. Dort, wo der Textilunterricht vorwiegend „musisch-kultureller Bildung" dienen soll, also der visuellen Kunst zugeordnet wird, ist eine Doppelqualifikation in Kunstpädagogik und Textiltechnik für die Lehrer erforderlich. Immer braucht Textilunterricht viele, spezielle Materialien, dazu Apparaturen und Labors für Textiluntersuchungen. Die Entwicklung der Technologie des Textilwesens innerhalb des studienbezogenen Unterrichts muß als langfristige Aufgabe gesehen werden, die zunächst einer gewissen Toleranzvorgabe bedarf. Technologien vertreten in der Schule einen besonderen Lebensbereich, eine spezielle Art der Arbeit: die Produktion. Textil- und Bekleidungsproduktion vollzieht sich heute als Zusammenwirken unterschiedlicher, hochspezialisierter Leistungen. Der Textilunterricht muß dementsprechend kooperativ, projektartig organisiert werden. Die Daseinsberechtigung der Technologien im studienbezogenen Sekundarbereich leitet sich nicht davon ab, daß sie dasselbe leisten wie andere Unterrichtsfächer, sondern daher, daß sie alternatives Lernen ermöglichen. Gegner der neuen Unterrichtsgebiete und -formen mögen bedenken, daß einseitig intellektuelle Förderung die Gefahr birgt, Prosperität und Lebenskraft verfallen zu lassen. Eine von den Verfechtern des Textilunterrichts zitierte Erfahrung: „Viele letzte Entscheidungen sind an sich non-logisch-intuitiv und werden von denen getroffen, die nicht viel von den Dingen wissen, sondern viel damit tun können" (VAN DER VEN 1972, S. 227), muß ergänzt werden durch die Aussage, daß dem Entscheidungsprozeß heute immer mehr Vorphasen vorausgehen, in denen wissenschaftliche Erkenntnisse die Hauptrolle spielen (vgl. VAN DER VEN 1972, S. 226).

BERUFSBILDUNGSAUSSCHÜSSE DES BUNDESVERBANDES BEKLEIDUNGSINDUSTRIE UND DES GESAMTVERBANDES TEXTILINDUSTRIE IN DER BUNDESREPUBLIK DEUTSCHLAND: Berufsgrundbildungsjahr Berufsfeld Textil und Bekleidung, Bonn/Frankfurt/M. 1973. BUNDESANSTALT FÜR ARBEIT (Hg.): Beruf aktuell, Wiesbaden 1974 ff. BUNDESMINISTER FÜR WIRTSCHAFT: Verordnung über die Berufsausbildung in der Textilveredelungsindustrie, Bonn 1976. BUNDESMINISTER FÜR WIRTSCHAFT: Verordnung über die Berufsausbildung in der Weberei-Industrie, Bonn 1978. BUNDESMINISTER FÜR WIRTSCHAFT UND FINANZEN: Verordnung über die Berufsausbildung in der Spinnerei-Industrie, Bonn 1971 a. BUNDESMINISTER FÜR WIRTSCHAFT UND FINANZEN: Verordnung über die Berufsausbildung in der Bekleidungsindustrie, Bonn 1971 b. GESAMTTEXTIL (Gesamtverband der Textilindustrie in der Bundesrepublik Deutschland): Die Textilindustrie in Europa und in der Welt, Frankfurt/M. 1970. GESAMTTEXTIL: Informationsschriften zur Textilindustrie, Frankfurt/M. 1978. KMK: Rahmenvereinbarung über die Fachoberschule. Beschluß vom 6. 2. 1969 in der Fassung vom 13. 4. 1971, Neuwied 1972 a. KMK: Vereinbarung zur Neugestaltung der gymnasialen Oberstufe in der Sekundarstufe II. Beschluß vom 7. 7. 1972, Neuwied 1972 b. KMK: Rahmenlehrplan für den berufsfeldbezogenen Lernbereich im Berufsgrundbildungsjahr – Berufsfeld Textiltechnik und Bekleidung. Beschluß vom 19. 5. 1978, Neuwied 1978. KOCH, P. A./SALTOW, G. (Hg.): Großes Textil-Lexikon, Stuttgart 1965. KULTUSMINISTER NORDRHEIN-WESTFALEN (Hg.): Kollegstufe NW. Strukturförderung im Bildungswesen des Landes Nordrhein-Westfalen, Heft 17, Ratingen/Kastellaun/Düsseldorf 1972. KULTUSMINISTER NORDRHEIN-WESTFALEN (Hg.): Schulversuch Kollegstufe NW. Strukturförderung im Bildungswesen des Landes Nordrhein-Westfalen, Heft 31, Köln 1976. NIEDERSÄCHSISCHER KULTUSMINISTER: Handreichungen für den Sekundarbereich II, mathematisch-naturwissenschaftlich-technisches Aufgabenfeld, C, Hannover 1973/1975/1978. VAN DER VEN, F.: Sozialgeschichte der Arbeit, München 1972.

Ursula Meinken

Unterricht: Verwaltungslehre

Sachanalyse. Als Teil der Staatsgewalt ist auch die öffentliche Verwaltung der jeweils herrschenden Staatsauffassung unterworfen, nach der sich die staatspolitische Grundorientierung der Gesellschaft bestimmt. Während sich noch der liberale Rechtsstaat des 19. Jahrhunderts im wesentlichen auf die Aufgaben der öffentlichen Ordnung und Sicherheit beschränkte, hat sich nach dem Scheitern des Liberalismus der sogenannte Nachtwächterstaat zum Sozialstaat, hat sich die Verwaltung von der Eingriffsverwaltung zur Leistungsverwaltung mit umfassenden wirtschaftlichen und sozialen Funktionen im Bereich der Daseinsvorsorge gewandelt. Die Verlagerung von der rechtsanwendenden Verwaltung zur planenden, lenkenden und fördernden Leistungsverwaltung wurde getragen und begleitet von einem zunehmenden Anteil der Staatsausgaben am Sozialprodukt, einem erheblichen Anstieg der Beschäftigtenzahl des öffentlichen Dienstes und nicht zuletzt einem wachsenden Einfluß des Staates auf Wirtschaft und Gesellschaft.

Die Verwaltungswissenschaft hat diesen Struktur- und Funktionswandel der öffentlichen Verwaltung in Forschung und Lehre bisher nicht angemessen nachvollzogen. Bis in die Gegenwart ist die Verwaltungswissenschaft eine juristisch-dogmatische Disziplin geblieben, die das Erfahrungsobjekt Verwaltung fast ausschließlich unter dem Aspekt des Verwaltungsrechts untersucht. Zweifellos ist die Rechtmäßigkeit der Verwaltung ein wesentliches Element des Rechtsstaates, die rechtlichen Zusammenhänge mögen auch für die bloß rechtsanwendende Eingriffsverwaltung von primärer Bedeutung sein; für die heute vorherrschende Leistungsverwaltung ist die rechtlich-normative Betrachtung jedoch zu eng, um die Komplexität des Verwaltungshandelns zureichend zu erfassen. Neuere Ansätze sehen in der Verwaltungswissenschaft daher ein ausdifferenziertes System von Einzelwissenschaften und untersuchen die Verwaltung aus rechtlicher, soziologischer, ökonomischer und politischer Sicht; die Synthese zu einer interdisziplinären Wissenschaft ist jedoch bisher nicht gelungen.

Der Stand der Verwaltungswissenschaft im Hochschulbereich hat sich mit dem institutionellen „time-lag" auf den Sekundarbereich II des Bildungssystems übertragen. Die traditionell juristische Betrachtung hat hier dazu geführt, daß sich in der (schulischen) Berufsausbildung im öffentlichen Dienst die Verwaltungslehre nicht als eigenständiges Unterrichtsfach etablieren konnte. Vielmehr werden im Rahmen des Faches Rechtskunde zugleich Grundlagen des allgemeinen Verwaltungsrechts vermittelt, während die auf den jeweiligen Verwaltungsträger bezogenen Elemente des besonderen Verwaltungsrechts (wie Kommunalrecht, Sozialversicherungsrecht) je nach Ausbildungsberuf additiv angeboten werden. Verwaltungslehre beinhaltet demnach als Teil der Rechtskunde fast ausschließlich allgemeines und besonderes Verwaltungsrecht, gelegentlich ergänzt durch eine Verwaltungskunde, in der die organisatorischen und büromäßigen Abläufe in der Verwaltung angesprochen werden.

Didaktische Analyse. Eine Fachdidaktik der Verwaltungslehre, auf die hier zurückgegriffen werden könnte, existiert nicht. Es können hier daher nur einige didaktische Bezugspunkte genannt und diskutiert werden, die die curriculare Auslegung des Unterrichtsfaches Verwaltungslehre strukturieren und bedingen.

Versteht man unter Didaktik die Theorie der Bildungsinhalte – ihrer Struktur und Auswahl –, dann geht es zunächst um die Abgrenzung und Beschreibung der Verwaltung und der hieraus ableitbaren Lerninhalte des Unterrichtsfaches. Noch immer gilt hierbei die Feststellung Forsthoffs, nach der sich Verwaltung im Hinblick auf die Vielfalt der Verwaltungszweige und -tätigkeit zwar beschreiben, nicht aber definieren läßt. Gleichwohl ist es für die *didaktische Konzeption* des Unterrichtsfaches unerläßlich, die Komplexität der Verwaltung (von der Eingriffsverwaltung zur Leistungsverwaltung, von der Staats- zur Selbstverwaltung, von der Bundes- über die Landes- bis zur Kommunalverwaltung) zu reduzieren. Hierfür bietet sich ein systemanalytischer Ansatz an, ohne freilich einer bestimmten Systemtheorie verpflichtet zu sein. Für eine didaktische Analyse erscheinen die in den Sozialwissenschaften vorherrschenden Systemtheorien ohnehin zu komplex und praxisfern, um die erforderliche didaktische Reduktion leisten zu können, ganz abgesehen von dem Ideologievorwurf, der aus der starken Gewichtung der Funktions- und Überlebensfähigkeit des Systems abgeleitet werden könnte.

(Soziales) System wird hier verstanden als ein Gesamtzusammenhang von gesellschaftlichen Elementen, die durch gegenseitige Verschränkung aufeinander verweisen und dadurch das System stabilisieren. Eine Reduktion von Komplexität ermöglicht dieser Ansatz im Rahmen einer Didaktik der Verwaltungslehre vor allem dadurch, daß Verwaltung als ein gesellschaftliches Teilsystem angesehen wird, das durch die Verschränkung mit anderen Teilsystemen (gesamt-) gesellschaftliche Funktionen erfüllt. Damit wird der zwar reduzierende, aber unzulässig verengende verwaltungs-rechtliche Ansatz aufgegeben und Verwaltung als Teil des rechtlichen, politischen und ökonomischen Systems aufgefaßt; das bedeutet zugleich die Ablösung der Leitdisziplin Recht durch ein System von Bezugswissenschaften (Rechtswissenschaft, Politische Wissenschaft, Wirtschaftswissenschaft), die für die jeweilige Erkenntnisrichtung den Charakter von Leitdisziplinen annehmen.

Ist insoweit die didaktische Frage nach der *Struktur* der Lerninhalte systemanalytisch gelöst, wird sich die *Auswahl* der Lerninhalte an den Qualifikationen orientieren müssen, durch die Schüler befähigt werden, Lebenssituationen im gesellschaftlichen und beruflichen Bereich zu bewältigen. Die damit angesprochene gesellschaftliche und fachliche Kompetenz wird im wesentlichen auf drei Lernzielebenen erworben:

- *Orientierungsfähigkeit* als reproduktiv-verstehende Kompetenz wird im Rahmen der Verwaltungslehre vermittelt durch die systemanalytische Betrachtung und Darstellung der Verwaltung. Statt einer mehr additiven Aneinanderreihung der verschiedenen Verwaltungszweige, -träger und -aufgaben wird Verwaltung in ihrer Verschränkung mit dem rechtlichen, politischen und ökonomischen System gesehen, um im Interesse einer Orientierungsfähigkeit die gesellschaftliche Relevanz des Teilsystems Verwaltung aufzuzeigen.

- *Entscheidungs- und Handlungsfähigkeit* beinhaltet als produktive Kompetenz die Fähigkeit zum problemlösenden Denken und anwendungsbezogenen Entscheiden sowie die Beherrschung der für diese Fähigkeit erforderlichen Techniken und Verfahren. Im Hinblick auf Anforderungsniveau und Tätigkeitsbereiche der Schüler, die im Rahmen der Sekundarstufe II eine Teilqualifikation für den mittleren Dienst (vgl. ROHLFING 1983) erwerben, wird sich die curriculare Auslegung primär an Mittel- (statt Ziel-) Entscheidungen beziehungsweise an ausführenden (statt planenden) Tätigkeiten ausrichten. Die Lerninhalte werden hier vorwiegend aus den Bezugswissenschaften Recht und Ökonomie „abzuleiten" sein.

- *Urteils- und Kritikfähigkeit* als emanzipatorische Kompetenz wird vor allem die politische Bedingtheit und Relevanz des Verwaltungshandelns einbeziehen müssen, um Verwaltung einerseits als Herrschaftsinstrument zu begreifen, andererseits aber auch die politischen Gestaltungsmöglichkeiten in der Selbstverwaltung, vor allem aber in der Ministerialbürokratie bei der Vorbereitung der politischen Willensbildung, zu erkennen. Für den Auszubildenden enthält die politische Dimension des Verwaltungshandelns darüber hinaus auch einen unmittelbaren Praxisbezug: Emanzipatorische Kompetenz schließt die Bereitschaft des Verwaltungsangehörigen ein, die erworbene Fachkompetenz nicht bloß im Sinne eines Verwaltungsfachmannes oder -technikers zu nutzen, sondern in einer demokratisch verwalteten Gesellschaft aufklärend und beratend die Belange der Bürger wahrzunehmen und sie in Verwaltungspraxis umzusetzen. Erst durch eine derartige Verbindung von fachlicher und gesellschaftlicher Kompetenz wird Verwaltung als „Herrschaft im Alltag" (Weber) entbürokratisiert und (im weiteren Sinne) demokratisch legitimiert.

Die curriculare Auslegung des Unterrichtsfaches. Die in der didaktischen Analyse begründete Konzeption bedeutet für die curriculare Auslegung, daß die bisherige juristische Betrachtung der Verwaltung im Rahmen der Rechtskunde aufgegeben und ein eigenständiges Unterrichtsfach Verwaltungslehre institutionalisiert werden muß. An die Stelle einer am Verwaltungsrecht orientierten Abbilddidaktik tritt dann eine systemanalytisch begründete Fachdidaktik, die Verwaltung als Teil des Sozialsystems oder einzelner Subsysteme betrachtet, zugleich aber die für die Sekundarstufe II erforderliche didaktische Reduktion zuläßt.

– Verwaltung im politischen System: Als Institution der Exekutive ist Verwaltung (neben der Regierung) Teil der Staatsgewalt. Sie ist damit einerseits Instrument politischer Herrschaft – gewissermaßen die Nahtstelle, an der der Bürger die Ausübung staatlicher Macht unmittelbar erfährt –, andererseits erbringt die Verwaltung einen wesentlichen Teil der Leistungen des politischen Systems (als ordnende, fördernde, wirtschaftende Verwaltung), womit zugleich das Gesamtsystem stabilisiert wird. Verwaltung als politische Herrschaft unterliegt dem Postulat der *Legitimität;* sie wird in einer demokratisch verfaßten Gesellschaft zunächst durch die Abhängigkeit der Verwaltungstätigkeit von der politischen Führung (Regierung), die ihrerseits parlamentarisch verantwortlich ist, nachgewiesen; Demokratisierung und Legitimität in einem weiteren Sinne sind freilich erst dann realisiert, wenn von den im öffentlichen Dienst Tätigen die Rolle als Sachwalter der Bürger bewußt und engagiert wahrgenommen wird. Im Rahmen der Ausbildung des Verwaltungsnachwuchses

hat Verwaltungslehre hier eine über die Vermittlung einer Fachkompetenz hinausgehende innovatorische gesellschaftliche Funktion, die zu einer Reduzierung des immer wieder beklagten Bürokratismus in der Verwaltung beitragen kann. Hierzu gehört auch die bereits angedeutete Abkehr von einer bloß staatsrechlichen Betrachtung der Verwaltung mit ihrer einseitigen Betonung der öffentlich-rechlichen Hoheitsfunktionen. Die Analyse der Verwaltung als Instrument und Leistung des politischen Systems vollzieht im übrigen die in den Sozialwissenschaften längst aufgegebene Vorstellung einer Trennung von Staat und Gesellschaft nach; die isolierende Sicht des Staates (und damit der Verwaltung) als historischer und juristischer Begriff hatte sich als ungeeignet erwiesen, die Verzahnung von Politik und Staat durch Parteien, Interessenverbände und andere gesellschaftliche Einflußfaktoren zureichend zu erfassen.

– Verwaltung im Rechtssystem: Verwaltung (im ursprünglichen Sinne als Funktion) ist ein Ergebnis der Arbeitsteilung, in deren Verlauf sich Verwaltung zunehmend verselbständigt hat. In betriebswirtschaftlicher Hinsicht erfüllt die Verwaltung eine Hilfsfunktion für die eigentlichen Aufgaben und Leistungen eines Betriebes; sie ist gewissermaßen eine innerbetriebliche Leistung der internen Steuerung, deren Auswirkungen sich auf den jeweiligen Betriebsbereich beschränken. Demgegenüber ist *öffentliche* Verwaltung der „Prototyp selbständiger, funktionsreiner Verwaltung" (LUHMANN 1965, S. 310). Ihre Entscheidungen haben Öffentlichkeitswirkung, indem für „Außenstehende" verbindliche Entscheidungen zur Regelung öffentlicher Angelegenheiten getroffen werden. Die verbindliche Öffentlichkeitswirkung unterwirft die (öffentliche) Ver waltung dem rechtsstaatlichen Grundsatz der Gesetzmäßigkeit der Verwaltung. *Legalität* des Verwaltungshandelns (als ein wesentliches Unterscheidungsmerkmal zur betriebswirtschaftlichen Verwaltung) verweist die öffentliche Verwaltung an die Vorgaben des öffentlichen Rechts, wobei neben dem Verfassungsrecht insbesondere das Verwaltungsrecht Träger, Inhalt (Verwaltungsakt) und Kontrolle (Verwaltungsgerichtsbarkeit) der Verwaltung regelt.

Die rechtsstaatliche Forderung nach Gesetzmäßigkeit der Verwaltung bedeutet zugleich, daß die Vielfalt des Verwaltungshandelns möglichst weitgehend von Rechtsnormen eingefangen wird. Verstärkt wird diese Tendenz zur Verrechtlichung des Verwaltungshandelns durch den ebenfalls rechtsstaatlichen Grundsatz der Gleichheit (der Bürger) vor dem Gesetz. Rahmengesetze gefährden dabei nach rechtsstaatlicher Auffassung leicht den Gleichheitsgrundsatz, weil die weite Fassung von Generalklauseln und unbestimmten Rechtsbegriffen der Verwaltung ein Ermessen einräumen, das zu einer örtlich oder regional unterschiedlichen Entscheidungspraxis führen kann.

Die Kehrseite dieser rechtsstaatlichen beziehungsweise legalistischen Grundhaltung ist ein Hang zum Gesetzesperfektionismus, der den Entscheidungsspielraum der Verwaltung durch eine Gesetzeskasuistik ersetzt, die jeden denkbaren Einzelfall vorwegnehmen und reglementieren will, ergänzt und verstärkt durch eine gleichgerichtete Erlaßpraxis der obersten Verwaltungsbehörden, die den ohnehin begrenzten Handlungsrahmen der unteren und mittleren Dienststellen im Interesse eines gleichartigen Verwaltungsverfahrens zusätzlich einschränken. Das Ergebnis wird möglicherweise ein Umschla-

gen von rechtsstaatlicher in rechtsformale Verwaltung sein: Der Zwang, jede Entscheidung rechtlich abzusichern, kann bei der Gesetzes-, Verordnungs- und Erlaßflut zu einer Verwaltungsgesinnung führen, die die eigentliche Zielsetzung des Verwaltungshandelns aus den Augen verliert. Aus der materiellen Gestaltung öffentlicher Angelegenheiten wird dann die bloß formale Rechtsanwendung.

Die curriculare Auslegung der Verwaltungslehre wird diese juristische Ebene der Berufsausbildung und Tätigkeit in der Verwaltung berücksichtigen und sich zugleich bemühen müssen, den beschriebenen Tendenzen zur totalen Reglementierung durch eine Stärkung der Eigeninitiative der Mitarbeiter in der Verwaltung entgegenzuwirken.

– Verwaltung im ökonomischen System: Mit dem Wandel der Verwaltung von der hoheitlichen Eingriffsverwaltung (mit der dem Liberalismus entsprechenden wirtschafts- und sozialpolitischen Abstinenz) zur Leistungsverwaltung mit der Aufgabe einer sozialstaatlichen Daseinsvorsorge für den Bürger erlangten die hierfür erforderlichen produktiven und ökonomischen Mittel der Verwaltung eine zunehmende Bedeutung. Indem die Verwaltung Leistungsträger wurde, übernahm sie schließlich auch Teilfunktionen des ökonomischen Systems: die Befriedigung von Bedürfnissen durch ein System produktiver Faktoren. Traditioneller Schwerpunkt sind dabei die Kollektivbedürfnisse, die wegen ihrer Unteilbarkeit nicht marktwirtschaftlich befriedigt werden können, sondern einheitlich und gemeinsam durch einen öffentlichen Träger gedeckt werden müssen (wie öffentliche Sicherheit oder Verkehrs- und Raumplanung). Mit der abnehmenden Möglichkeit des einzelnen zur privaten Vorsorge in der von

Dynamik gekennzeichneten Industriegesellschaft hat sich der Bereich der öffentlichen Bedarfsdeckung zunehmend und vor allem um wichtige Individualbedürfnisse wie soziale Sicherheit, Gesundheitsfürsorge und Bildung erweitert. Ergänzt wird dieser Komplex (betriebs)wirtschaftlicher Aufgaben durch eine globale (gesamt-) wirtschaftliche Zielrichtung, der die Verwaltung im Interesse eines gesamtwirtschaftlichen Gleichgewichts in besonderem Maße verpflichtet ist: Vollbeschäftigung, Preisstabilität, stetiges und angemessenes Wachstum und außenwirtschaftliches Gleichgewicht.

Freilich zeigt sich in Art und Gegenstand öffentlicher Bedarfsdeckung durch die Verwaltung im Vergleich zu den privatwirtschaftlichen Betrieben ein spezifischer Unterschied: Objekt der Leistungserstellung im gewerblichen Bereich der Wirtschaft ist die Hervorbringung von materiellen und immateriellen *Realgütern* (Sachgüter und Dienstleistungen). Dieser eigentliche Produktionsprozeß wird begleitet oder überlagert von einem Informationsstrom, mit dessen Hilfe die Kombination der Produktionsfaktoren gesteuert wird. In der öffentlichen Verwaltung wird demgegenüber der *Informationsstrom* zum Kern der Leistungserstellung. Die Informationsverarbeitung verliert hier ihre sekundär-dienende Funktion für die eigentliche Produktion von Realgütern. Indem Informationen zu Entscheidungen verdichtet werden, wird der Entscheidungsprozeß zum eigentlichen Inhalt dieser informationellen Leistungserstellung. Soweit in der Verwaltung Realgüter beschafft und verbraucht werden, dienen sie primär dazu, den Entscheidungsprozeß materiell zu ermöglichen oder zu organisieren.

Das besondere Wesensmerkmal der Leistungserstellung durch die Verwaltung als Teil des ökonomischen Systems zeigt sich demnach in einem vom Realgüterstrom losgelösten Informationsstrom, der von einem Entscheidungsprozeß begleitet wird. Die Verwaltung erbringt dadurch eine spezielle Dienstleistung, deren Kern die Herstellung verbindlicher Entscheidungen zur Regelung öffentlicher Angelegenheiten ist. Der Entscheidungsprozeß unterliegt dabei wie jede zielgerichtete Tätigkeit dem *Rationalitäts- oder Wirtschaftlichkeitsprinzip;* gleichzeitig muß die Bedingung des finanziellen Gleichgewichts (Liquidität) erfüllt werden, die allerdings nicht marktwirtschaftlich durch Erlöse und Kosten, sondern aufgrund der Abgabenhoheit des Staates durch Zwangsabgaben (Steuern, Beiträge und Gebühren) eingehalten werden kann.

Damit lassen sich die in der Betriebswirtschaftslehre erarbeiteten systemindifferenten Tatbestände des Betriebes (Faktorkombination, Wirtschaftlichkeitsprinzip und finanzielles Gleichgewicht), in gleicher Weise auf die öffentliche Verwaltung übertragen, der demnach Betriebscharakter zukommt. Dennoch haben die Wirtschaftswissenschaften mit ihrer Ausrichtung auf die (privatwirtschaftliche) Unternehmung und auch auf gesamtwirtschaftliche Zusammenhänge die öffentliche Verwaltung als Erkenntnisobjekt weitgehend vernachlässigt. Eine an den Anforderungen der Verwaltungspraxis orientierte Verwaltungslehre wird jedoch die ökonomischen Systemleistungen der Verwaltung durch eine an den Wirtschaftswissenschaften orientierte Verwaltungsbetriebslehre aufnehmen müssen.

Die Verwaltungslehre wird damit zum tragenden Unterrichtsfach für die Berufsausbildung im öffentlichen Dienst. Als Integrationsfach für eine politische, juristische und ökonomische Betrach-

671

tung und Analyse der Verwaltung könnte es dazu beitragen, einer bürokratischen und formalrechtlichen Erstarrung der Verwaltung institutionell und curricular entgegenzuwirken.

ELLWEIN, TH.: Regieren und Verwalten, Opladen 1976. LUHMANN, N.: Grenzen einer betriebswirtschaftlichen Verwaltungslehre. Verwaltungsarchiv 56 (1965), S. 303 ff. LUHMANN, N.: Theorie der Verwaltungswissenschaft, Köln/Berlin 1966. ROHLFING, G.: Der Entscheidungsprozeß in der öffentlichen Verwaltung aus betriebswirtschaftlicher Sicht, Diss., Göttingen 1973. ROHLFING, G.: Berufsausbildung (Öffentlicher Dienst). In: Enzyklopädie Erziehungswissenschaft, Bd. 9, Teil 2, Stuttgart 1983, S. 128 ff. SIEDENTOPF, H. (Hg.): Verwaltungswissenschaft, Darmstadt 1976. WOLFF, H. J.: Verwaltungsrecht, München 1968.

Gerd Rohlfing

Unterricht: Volkswirtschaftslehre

Begründung volkswirtschaftlicher Bildungsentwürfe. Forderungen nach volkswirtschaftlicher Bildung aller Bevölkerungsschichten sind so alt wie die nationalökonomische Wissenschaft selbst. Ihre Begründungen sind jedoch unterschiedlich. Sie hängen sowohl von gesellschaftstheoretischen, bildungstheoretischen und sozialethischen Erwägungen als auch von bestimmten Grundauffassungen über die Beschaffenheit des Erkenntnisobjektes der Nationalökonomie und deren Struktur ab.

Der Unterweisung in ökonomischen Dingen wurde insbesondere von den frühen Nationalökonomen, die wissenschaftliche Erkenntnis, Gesellschaftsgestaltung und Erziehung noch als eine Einheit sahen, eine hohe Bedeutung zugemessen. Hinter allem ökonomischen Räsonieren stand die Auffassung, daß in den gesellschaftlichen Vorgängen eine höhere Vernunft walte, deren Gesetze dem menschlichen Geiste erkennbar seien (vgl. HESSE 1979, S. 270). Erkenntnisgegenstand der Nationalökonomie waren damit nicht tatsächlich existierende Wirtschaftsverfassungen, sondern jene – denknotwendigen – ökonomischen Gesetze und die aus ihnen abzuleitende *Idealordnung*. Diese ideale, natürliche oder göttliche Ordnung könnte sich jedoch nur dann gesellschaftsgestaltend durchsetzen, wenn sich die Mitglieder der Gesellschaft bei dem Bestreben, ihre Bedürfnisse zu befriedigen, von der Einsicht in die ökonomischen Gesetzmäßigkeiten leiten und sie damit wirksam werden ließen. Notwendige Voraussetzung eines solchen Verhaltens aber wäre eine verbreitete Kenntnis wirtschaftlicher Gesetzmäßigkeiten.

In säkularisierter Form reicht diese Begründung bis in die Gegenwart, so zum Beispiel, wenn mit der Forderung nach *ökonomisch* richtigem Verhalten ein Handeln verlangt wird, das den einer politisch gewollten Wirtschaftsordnung zugrunde gelegten theoretischen Verhaltensannahmen entspricht. So kann beispielsweise eine marktwirtschaftliche Ressourcenallokation nur dann zum Zuge kommen, wenn jeder Bürger die Marktgesetze bei seinem Handeln beachtet (vgl. ECONOMIC EDUCATION IN THE SCHOOLS 1970). Die Annahme eines göttlichen Planes wurde zwar fallengelassen, nicht aber die Vorstellung, daß über die quasi mechanistische Beschaffenheit der ökonomischen Beziehungen die „unsichtbare Hand" wirksam sei.

Hinter den meisten der gegenwärtigen gesellschaftsbezogenen Begründungen steht – nach dem Abbruch der metaphysischen Tradition der Wissenschaften und der zunehmenden Verwissenschaftlichung aller Lebensbereiche – die Einsicht in die prinzipielle Wandelbarkeit politischer und gesellschaftlicher Systeme. Zwar wird die Existenz ökonomischer Gesetzmäßigkeiten nicht bestritten, doch geht es nicht mehr darum, sich ihnen handelnd anzupassen, sondern sie in den Dienst der Gestaltung volkswirtschaftlicher Prozesse zu stellen. Ökonomisches Wissen ist zum Steuerungswissen geworden. Aber auch dessen Wirksamkeit hängt mit davon ab, daß sich die Bürger ökonomisch rational verhalten, daß sie „effective citizen" (DUNNING 1970, S. 203) sind.

Viele dieser gesellschaftsphilosophischen Begründungen haben ein Pendant in individuellen Qualifikationsbeschreibungen. Dabei nehmen bildungstheoretische Argumente einen breiten Raum ein. Im Zuge der Auseinandersetzung um die Unterscheidung von Allgemeinbildung und beruflicher Bildung ging mit der Entwicklung einer eigenständigen Wirtschaftspädagogik der explizite Bezug auf nationalökonomische Theorien weitgehend im Begriff des Wirtschaftlichen (vgl. GECK 1967, S. 17) und seinen verschiedenen Verwendungsformen unter. Zwischen Wirtschaft als institutioneller Gegebenheit und Wirtschaft als Gegenstand wissenschaftlicher Aussagen wurde nicht mehr unterschieden. Wirtschaftliches Wissen sollte der Bewältigung von Wirtschaft als Lebens- und Schicksalsmacht unter anthropologischen und religiösen Zielsetzungen dienen wie der Sicherung des sozial-ethisch-verantwortlichen Handelns des Individuums. Auch die ersten Begründungsversuche für eine ökonomische Bildung an Gymnasien knüpften an ähnliche Denkmuster an, so W. Flitners Vorstellung von einer sozial-ökonomischen Grunderfahrung, Derbolavs Hinweis auf das „Allgemeine" des Ökonomischen als menschenbildendes Element oder Köstels Fundierung des Wirtschaftsgymnasiums auf der Grundlage der katholischen Soziallehre (vgl. BOKELMANN 1964, S. 48 ff.).

Bei den Begründungen für die Aufnahme der Volkswirtschaftslehre in die Curricula der Sekundarstufe II sind drei Argumentationsansätze erkennbar. Sie beziehen sich auf allgemeine kulturelle Ziele, auf Prinzipien der formalen Bildung oder auf utilitaristische Zwecksetzungen.

In Begründungen von allgemeinen, kulturellen Zielen wird ökonomisches Wissen als Moment einer philosophisch-anthropologischen Grundbildung gewertet (vgl. RUST 1972, S. 26). Diese Grundbildung umfaßt Ziele wie „Verständnis für die Welt, in der wir leben", „Fähigkeit, die ökonomischen Ereignisse des täglichen Lebens zu verstehen", „Verantwortung als Staatsbürger zu tragen" bis hin zu ökonomisch-moralischen Qualifikationen wie Denken in „Welfare"-Kategorien (RUST 1972, S. 33).

Vielfach wird dabei dem ökonomischen Wissen ein aufklärender Gehalt zugeschrieben, der allerdings inhaltlich von dem Gesellschaftsmodell her bestimmt wird, das den aufklärerischen Absichten zugrunde liegt. So wird von harmonistisch-mechanistischen Vorstellungen her Aufklärung in Form von Einsicht in ökonomische Gesetzmäßigkeiten gefordert, um über daran angepaßtes Handeln die Wohlfahrt zu vermehren, während von dem Gestaltungsproblem einer sittlichen Wirtschaftsordnung her eben diese „Reduktion des Menschen auf den Homo oeconomicus als Herausforderung erkannt" werden (BLANKERTZ 1975, S. 68) und ökonomisches Wissen unter kritisch-emanzipatorischer Aufbereitung zu einer politischen, humanen und ethischen Zielsetzung beitragen soll (vgl. BRAKEMEIER/LISOP 1975, S. 57). In konflikttheoretischen Konzeptionen erhält ökonomisches Wissen als Bestandteil einer ideologiekritischen Reflexion der vorhandenen Klassenstruktur seine orientierende Funktion (vgl. GURLEY 1975, S. 431).

Die Annahme, daß mit ökonomischem Wissen ein Erwerb von intellektuellen

Fähigkeiten wie Denkzucht, rationales Handeln, Entscheidenkönnen und – entwickelt am Opportunitätskostenprinzip – Denken in Alternativen verbunden ist, bildet die Basis der auf *formale Bildung* ausgerichteten Begründungen. In neueren bildungstheoretischen Konzeptionen dient diese Annahme unter anderem zur Begründung der Forderung nach *Wissenschaftsorientierung* des Unterrichts. Es werden aber auch gesellschaftspolitische Erwartungen mit ihr verbunden, da über ökonomisches Wissen erworbene Fähigkeiten als nützlich zur Förderung toleranter Verhaltensweisen (vgl. RUST 1972, S. 17) oder als Voraussetzung für das Wirksamwerden demokratischer Prinzipien angesehen werden.

Bei den utilitaristischen Begründungen wird davon ausgegangen, daß jeder Haushaltsvorstand in westlichen Industriegesellschaften ein Ökonomist sei (vgl. RUST 1972, S. 9) und ökonomische Kenntnisse sich als nützlich für die Führung des eigenen Haushalts oder für „richtiges" Konsumentenverhalten erweisen.

In vielen europäischen Ländern gilt ökonomisches Wissen auch als Teil der beruflichen Qualifikation (vgl. RUST 1972, S. 20). Die ökonomische Theorie dient dabei weitgehend eher der Einführung, als daß sie als beruflich-instrumentelles Wissen vermittelt wird. Die in allen europäischen Ländern vorfindliche Trennung von allgemeiner und beruflicher Bildung bei gleichzeitiger Mindereinschätzung der beruflichen (vgl. RUST 1972, S. 15) kann nach den Vorstellungen des Deutschen Bildungsrates dadurch überwunden werden, daß auch die berufliche Bildung wissenschaftsorientiert ausgerichtet wird. Nach dieser Konzeption sind vor allem die *formalen* Bildungseigenschaften der Ökonomie für die Berufsausbildung wichtig.

Die curriculare Situation. Im Gegensatz zu den vielfältigen Forderungen, volks-

wirtschaftliche Kenntnisse in allen Schulen zu lehren, wurden entsprechende Inhalte nur zögernd in den Fächerkanon aufgenommen (vgl. RUST 1972, S. 15 ff.). Inzwischen sind ökonomische Inhalte jedoch Bestandteil der Lehrpläne für die Sekundarstufe II in fast allen europäischen Ländern geworden. Die Struktur der Inhalte ist allerdings je nach den zugrunde liegenden Zielvorstellungen verschieden. So wird in England entsprechend dem dort vorrangig angestrebten Ziel des intellektuellen Trainings die reine ökonomische Theorie bevorzugt. In Frankreich erfolgt, von dem Ziel der Culture Générale ausgehend, eine Kombination mit den Sozialwissenschaften. Andere Länder wie Schweden entwickelten ein am praktischen Handeln orientiertes Curriculum. Entsprechend unterschiedlich werden auch die einzelnen ökonomischen Aussagenbereiche gewertet. Trotz vieler Differenzen finden sich einige allgemeine Themen in den meisten europäischen Lehrplänen wieder. Am verbreitetsten sind die Bereiche Geschichte der Ökonomie, allgemeine Grundbegriffe, Knappheit und Wahl, gefolgt von Produktion, makroökonomischer Theorie, Geld und Kredit, Preistheorie, Nationaleinkommen, staatlicher Wirtschaftspolitik, internationaler Wirtschaft, Wirtschaftsorganisation. Inhalte aus dem Bereich der Verteilungstheorie sind am wenigsten häufig vertreten (vgl. RUST 1972, S. 45).

Die Situation des Ökonomieunterrichts in der Bundesrepublik Deutschland wird ebenfalls von einer Ziel- und Themenvielfalt bestimmt. Zwar ist nach der Reform der gymnasialen Oberstufe eine Behandlung wirtschaftswissenschaftlicher Gegenstände im Unterricht grundsätzlich möglich, doch wird dieses Fach in den einzelnen Bundesländern sehr unterschiedlich gewichtet, je nachdem, ob eigenständige Kurse vorhanden sind (Bayern, Hamburg), thematische Schwerpunkte im „Gesellschaftswissenschaftlichen Aufgabenfeld" angeboten werden können (Hessen), Schwerpunkte innerhalb anderer Fächer (Geschichte) vorgesehen sind (Rheinland-Pfalz) oder entsprechende Fragestellungen in Themen anderer Fächer integriert werden (Berlin). Die Themenbereiche entsprechen weitgehend den vom Council of Europe zusammengestellten (vgl. RUST 1972).

In der beruflichen Bildung sind volkswirtschaftliche Inhalte mit geringem Umfang entweder im politischen Unterricht und unter dessen Lernzielen oder innerhalb der Qualifikationsmuster einiger kaufmännischer Ausbildungsberufe vorgesehen. Lediglich in Bundesländern, in denen Bestrebungen vorhanden sind, den berufsbildenden Teil in die Sekundarstufe II zu integrieren, ist eine Tendenz vorhanden, volkswirtschaftliche Inhalte in einem eigenständigen Fach oder Kurs zu vermitteln.

Didaktische Probleme. Die Dimensionen des von einer Didaktik für den volkswirtschaftlichen Unterricht zu beachtenden Ziel- und Begründungsrahmens reichen von der rational-aufklärerisch verstandenen Funktionalisierung des Individuums auf der Basis mechanistischer Interpretationen wirtschaftlicher Beziehungen bis hin zu seiner Selbstbestimmung in soziologisch-historischen Deutungsmustern, von dem *individuell-instrumentellen Nutzen* ökonomischer Kenntnisse bis zum *politisch-verantwortlichen Handeln* im Lichte solcher Kenntnisse, von *beruflich nutzbaren Fertigkeiten* bis zu *allgemeinen intellektuellen Fähigkeiten* im Sinne einer formalen Bildung. Die Mehrzahl dieser Dimensionen basiert auf kausalistischen Wirkungshypothesen oder auf Transferannahmen, über deren Bestätigungsgrad entweder noch keine Ergebnisse vorliegen oder deren Testbarkeit überhaupt bestritten wird (vgl. WHITEHEAD 1977, S. 48). Neben der Geltung der Zielannahmen wird die Leistungsfähig-

keit der Ökonomie im Lernprozeß bezweifelt. So hängt der Beitrag der Volkswirtschaftslehre zur *beruflichen Qualifikation* davon ab, ob eine Entsprechung zwischen speziellen Qualifikationsanforderungen und bestimmten fachlich-wissenschaftlichen Aussagen festgestellt werden kann.

Unter Aspekten der Legitimation und der Effizienz ist auch die in der fachdidaktischen Literatur, insbesondere der angelsächsischen, und in den meisten Lehrplänen getroffene Entscheidung für die ökonomische Theorie neoklassischer Prägung zu beurteilen: Das die Praxisferne ökonomischen Denkens kennzeichnende „beständige Paradoxon" vom großen Prestige der „hohen Theorie" und ihrer (geringen) politischen Relevanz (vgl. HUTCHISON 1977, S. 2) erweist die ökonomische Theorie als weitgehend unpassend zu allen auf Orientierung in der Gesellschaft bezogenen Zielen, es sei denn, sie wird, wie es in einigen Lehrplänen auch geschieht, in ihrer instrumentellen oder ideologischen Verwendungsweise in der praktischen Politik herausgestellt. In der Wissenschaftspropädeutik führt die Beschränkung auf die herrschende Lehre zu einer Verkürzung der wissenschaftspropädeutischen Perspektive, die bei einer weiten Auslegung von Wissenschaftspropädeutik auch über und unter der „normalen Wissenschaft" (vgl. KUHN 1973) liegende Ebenen des Wissenschaftsprozesses umfassen müßte. Über die partiellen Legitimationsprobleme hinaus hat sich die Didaktik mit der zentralen Frage zu befassen, ob die vom Wirtschaftsunterricht erwartete Doppel- oder Dreifachqualifikation (vgl. BERKE 1978, S. 65; vgl. ZABECK 1975, S. 16 f.) überhaupt mit einer einheitlichen Wissenschaftsstruktur erreicht werden kann oder ob, je nach Lehrziel, auf unterschiedliche Bereiche der Ökonomie, auch auf Dogmengeschichte, Methodenlehre und Wissenschaftstheorie, die in den Lehrplänen weitgehend fehlen, zurückgegriffen wer-

675

den muß und eine Verbindung der verschiedenen Zielebenen nur über eine Art von ökonomischem Studium generale ermöglicht werden kann.

BERKE, R.: Das Wirtschaftscurriculum – eine problemorientierte Konkretisierung. In: Wirtsch. u. E. 30 (1978), S. 63 ff. BLANKERTZ, H.: Bildungstheorie und Ökonomie. In: KUTSCHA, G. (Hg.): Ökonomie an Gymnasien, München 1975, S. 59 ff. BOKELMANN, H.: Die ökonomisch-sozialethische Bildung, Heidelberg 1964. BRAKEMEIER, H./LISOP, I.: Wirtschaftspädagogische Fragen im Oberstufenunterricht des Gymnasiums. In: KUTSCHA, G. (Hg.): Ökonomie an Gymnasien, München 1975, S. 39 ff. DUNNING, K.: What Economics Should We Teach? In: Econ. 8 (1970), S. 199 ff. ECONOMIC EDUCATION IN THE SCHOOLS. A Report of the National Task Force on Economic Education. In: CALDERWOOD, J. D. u. a.: Economics in the Curriculum, New York 1970, S. 149 ff. GECK, H.: Zur Grundlegung der Wirtschaftspädagogik (1932). In: RÖHRS, H. (Hg.): Die Wirtschaftspädagogik – eine erziehungswissenschaftliche Disziplin? Frankfurt/M. 1967, S. 16 ff. GURLEY, J. G.: Some Comments on the Principles Course. In: The Am. Econ. Rev. 65 (1975), Suppl., S. 431 ff. HESSE, G.: Staatsaufgaben. Zur Theorie der Legitimation und Identifikation staatlicher Aufgaben, Baden-Baden 1979. HUTCHISON, T. W.: Knowledge and Ignorance in Economics, Oxford 1977. KUHN, TH. S.: Die Struktur wissenschaftlicher Revolutionen, Frankfurt/M. 1973. RUST, B. W.: Economics. European Curriculum Studies Nr. 7, hg. v. Council of Europe, Strasbourg 1972. RYBA, R./DRAKE, K.: Towards a Taxonomy of Educational Objectives for Economics? In: WHITEHEAD, D. J. (Hg.): Curriculum Development in Economics, London 1974, S. 1 ff. WHITEHEAD, D. J.: Should Economics be Taught to All Secondary Pupils? In: ROBINSON, K./WILSON, R. (Hg.): Extending Economics Within the Curriculum, London 1977, S. 45 ff. ZABECK, J.: Zum Problem einer Didaktik der Wirtschaftslehre. In: DECKER, F. (Hg.): Wirtschaftsdidaktische Konzepte, Ravensburg 1975, S. 9 ff.

Klaus Anderseck

Unterricht: Werkstoffwissenschaft

Definition. Unter der Sammelbezeichnung „Werkstoffe" werden üblicherweise alle festen Stoffe verstanden, aus denen durch Be- und Verarbeitung technisch-funktionelle Gegenstände im weitesten Sinne, aber beispielsweise auch Kunstgegenstände hergestellt werden. Im Gegensatz zu den Hilfs- und Nebenstoffen (zum Beispiel Wasser oder Klebstoff) sowie Treib- und Brennstoffen steht bei den Werkstoffen die formende, konstruktive Verwendung im Vordergrund (vgl. NEUMÜLLER 1977, S. 750). Die Werkstoffwissenschaft ist die Lehre vom Aufbau, von den Eigenschaften und den Verarbeitungsmöglichkeiten der Werkstoffe; als werkstoffwissenschaftlicher Unterricht ist dann die Gesamtheit der organisierten Vermittlung von Kenntnisbeständen der Werkstoffwissenschaft einschließlich der Werkstoffbearbeitung aufzufassen.

Stand der Vermittlung werkstoffwissenschaftlicher Inhalte. In verschiedener Form und auf unterschiedlichem didaktischen Niveau findet die Behandlung von Werkstoffen auf allen Stufen der Institution Schule statt, beginnend bei Kindergarten, Vorschule, Grundschule und Hauptschule über alle Typen weiterführender Schulen bis in den Bereich universitärer Lehre bei unterschiedlicher Bezeichnung des Unterrichtsfaches, wie zum Beispiel Basteln, Handarbeit, Werken, Technisches Werken, Arbeitslehre, Polytechnischer Unterricht, Werkstoffkunde, Technologie, Technikunterricht, Fachkunde sowie Chemie, Physik, Biologie (naturwissenschaftlicher Unterricht).

Der Sekundarbereich II umfaßt einerseits Bildungsgänge, die zur Hochschulreife führen, andererseits solche, die für eine unmittelbar anschließende Berufsausübung qualifizieren. Für die zuerst genannten Bildungsgänge sieht die Vereinbarung der Ständigen Konferenz der Kultusminister der Länder in der Bundesrepublik Deutschland (KMK) zur Reform der gymnasialen Oberstufe in der Sekundarstufe II von 1972 unter anderem als ein obligatorisches Lerngebiet das mathematisch-naturwissenschaftlich-technische Aufgabenfeld vor (vgl. KMK 1972). Diesem Aufgabenfeld können mathematisch-naturwissenschaftliche Fächer zugeordnet werden, die an den Hochschulen gelehrt werden: Biologie, Chemie, Mathematik und Physik. Als weitere Möglichkeiten bieten sich nach Genehmigung durch die zuständigen Kultusverwaltungen Fächer wie Astronomie, Geologie, Informatik, Technologie und Werkstoffkunde beziehungsweise werkstoffwissenschaftlicher Unterricht an. Generell ist jedoch bei Überprüfung der Rahmenlehrpläne festzustellen, daß die Vermittlung werkstoffwissenschaftlicher Inhalte in den studienbezogenen Bildungsgängen der Sekundarstufe II in den Physikunterricht in Form von Festkörper- und Werkstoffphysik eingebunden ist. Insofern besitzt der werkstoffwissenschaftliche Unterricht nur eine bedingte Selbständigkeit in Form einer eigenen Fachdidaktik.

Der unmittelbar berufsqualifizierende Bereich der Sekundarstufe II greift naturwissenschaftlich-technische Disziplinen auf, wo sie eine plausible Bedeutung für das Berufsfeld haben, so etwa die Physik in den Berufsfeldern Metalltechnik und Elektrotechnik oder die Chemie im Berufsfeld Chemie, Physik, Biologie sowie Ernährung und Hauswirtschaft.

Werkstoffe spielen in verschiedenen Berufsfeldern eine wichtige Rolle, die Bearbeitung und Prüfung werkstoffwissenschaftlicher Themen kann unter Umständen von zentraler Bedeutung für die Curriculumentwicklung sein. Erwähnt seien die Werkstoffe Kupfer für das Berufsfeld Elektrotechnik, Holz für das Berufsfeld Holztechnik, Metalle und Kunststoffe für das Berufsfeld Metalltechnik. Schließlich sei noch auf die Verarbeitung von Steinen, Stahl, Kunststoffen, Glas und Holz im Berufsfeld Bautechnik und die wichtige Rolle von Kunststoffen im Berufsfeld Textiltechnik und Bekleidung hingewiesen. Die Auswahl der Unterrichtsthemen erfolgt im berufsbildenden Bereich meist unter dem Gesichtspunkt einer kompletten Vermittlung von berufsfeld- oder gar berufsspezifischem Grund- und Fachwissen. In diesem Bereich kann von einem homogenen und inhaltlich vergleichbaren werkstoffwissenschaftlichen Unterricht nicht die Rede sein. Curriculare Materialien für die Ausbildung von Werkzeugmachern, Kunststoffschlossern und Tischlern unterscheiden sich grundsätzlich wegen einer auf das Ausbildungsziel bezogenen inhaltlichen Differenzierung in (wenig) grundlegende und (überwiegend) spezielle Inhalte – entsprechend den Anforderungen des jeweiligen Facharbeiterberufes. Zusammenfassend kann gesagt werden, daß werkstoffwissenschaftliche Inhalte in Form von spezialisierten Lehrgängen dargeboten werden, ohne daß es bisher zu einer angemessenen didaktischen Legitimation und curricularen Reflexion gekommen ist.

Didaktik. Die Didaktik eines Unterrichtsfaches präsentiert sich in sehr unterschiedlicher Weise, so auch in den zur Verfügung stehenden Lehrbüchern. Der didaktische Aufbau einschlägiger werkstoffkundlicher/-wissenschaftlicher Lehrbücher spiegelt in der Regel die Gliederung der Bezugswissenschaft wider. Entsprechend der recht jungen Geschichte der Festkörperphysik unterliegt der Lehrstoff und seine Anordnung notwendigerweise einer ständigen Überarbeitung. Abgesehen von werkstoffkundlichen Lehrbüchern für technische Berufe blenden Unterrichtswerke der Festkörperphysik den Zusammenhang dieser Disziplin zu bestehenden Technologien aus. Diese überwiegend theoretische Ausrichtung muß kritisiert werden. Während die experimentelle Komponente der Festkörperphysik nur in Ausnahmefällen Berücksichtigung findet (vgl. KITTEL 1976), ist die praktische Werkstoffprüfung beinahe zum festen Bestandteil werkstoffkundlicher Lehrbücher geworden (vgl. WEISSBACH 1979).

Wie eingangs erwähnt, sieht sich derjenige enttäuscht, der nach ausgearbeiteten Didaktiken oder Curriculummodellen des werkstoffwissenschaftlichen Unterrichts sucht. Es gilt hier nun, auf die Didaktiken der naturwissenschaftlich-technischen Fächer, insbesondere auf die der Physik, auszuweichen.

Innerhalb der Physik nimmt neben der Physik der Erscheinungen seit jeher die Physik von der Materie eine entscheidende Rolle ein. Zu ihr gehört als ein in den letzten Jahrzehnten erheblich angewachsener Bereich die Physik der Festkörper. Materialeigenschaften fester Körper werden in der Physik häufig zusammenhanglos betrachtet. So werden Festkörpereigenschaften am jeweiligen Phänomenbegriff orientiert abgehandelt, zum Beispiel elektrische und magnetische Eigenschaften in der Elektrodynamik, thermische Eigenschaften in der Wärmelehre und mechanische Eigenschaften in der Mechanik. „Man erhält [hierbei jedoch] nur ein verzerrtes Bild vom Festkörper, wenn man seine Eigenschaften nach Untersuchungsmethoden aufteilt, also z. B. fragt, welche magnetischen Eigenschaften hat ein Körper. Er hat nämlich keine vom Ganzen abtrennbaren magnetischen Eigenschaften. [...] In Wirklichkeit sind mit seinen magnetischen Eigenschaften seine mechanischen, thermischen, optischen und elektrischen unabtrennbar verbunden. Die Vereinfachung der Darstellung läßt die den Festkörper eigentlich ausmachende Komplexheit verloren-gehen" (WEITZEL 1976, S. 284). Diese Verfahrensweise gibt Anlaß zur Kritik. „Die Physik der festen Körper hat in den letzten Jahrzehnten zunehmend an Bedeutung gewonnen. Dennoch ist sie im Gegensatz zur Kernphysik oder Weltraumforschung weder in das Bewußtsein größerer Bevölkerungsschichten noch hinreichend in die neuen Physikcurricula eingedrungen" (BRUHN 1976, S. 584). Daß die Festkörperphysik im Schulunterricht stärker berücksichtigt und vor allem didaktisch besser aufbereitet werden sollte, ist kein neuer Gedanke. Bereits Mitte der 60er Jahre wurden entsprechende Forderungen erhoben und konkrete curriculare Vorstellungen entwickelt. Nach HECHT (vgl. 1967, S. 161 ff.) muß versucht werden, die sonst sporadisch mitgeteilten Stoffeigenschaften in einem Kurs zusammenzustellen, der die Grundlagen behandelt, aufgrund deren man zu einem Verständnis für den Aufbau der Materie, hier: der festen Körper, gelangen kann. Hecht denkt also nicht an eine Werkstoffkunde, die dem Praktiker Einzelheiten über die Verwendung von Stoffen geben kann. Es soll nicht darauf ankommen, in erster Linie die gegenwärtig aktuellen Forschungsgebiete der Physik in den Vordergrund zu rücken, sondern einen Weg zu finden, der gerade dem späteren Nichtspezialisten begreiflich macht, warum man sich heute zum Beispiel in der physikalischen Forschung mit Halbleitern beschäftigt. Dieser eher für den allgemeinbildenden Schulbereich zugeschnittene Ansatz stellt die Notwendigkeit des Praxisbezugs in Frage. Seine Prämisse ist das Wissenschaftlichkeitsprinzip, das zu seiner Legitimation den vermeintlichen Tatbestand eines unüberbrückbaren Gegensatzes zwischen Technik (Werkstoffkunde) und Wissenschaft (Festkörperphysik) geradezu bedarf. ULLRICH (vgl. 1978, S. 164) sieht bei aller Kritik an solcher Einseitigkeit am Hechtschen Ansatz dennoch insofern einen produktiven Aspekt, als zwischen den verschiedenen Festkörpereigenschaften und sonstigen physikalischen Größen Zusammenhänge aufgezeigt werden, die im traditionellen Unterricht üblicherweise unberücksichtigt bleiben.

Auch neuere didaktische Entwürfe schlagen fachsystematische, disziplinorientierte Kurskonzepte vor. Nach PAGNIA (1976, S. 195) hat im Schulunterricht der Festkörperphysik „die Fachsystematik stets im Vordergrund [zu] stehen". Diese didaktische Prämisse führt gezwungenermaßen zu einer Übernahme der in der Standardliteratur zur Festkörperphysik etablierten Gliederungsprinzipien. Dieses Konstrukt des fachsystematischen Unterrichts vermag jedoch nicht die eigentlich intendierte gemeinsame Vermittlung von Wissenschaftsorientierung und Praxisbezug zu gewährleisten (vgl. ULLRICH 1978, S. 161).

Erst wenn nicht das Fachgebiet selbst, sondern der *Gegenstand* im weitesten Sinne, also Werkstoffe mit ihren wesentlichen Eigenschaften zum Lernobjekt werden, kann Wissen mit dem Ziel auf Einsicht in und Beherrschung von modernen Technologien vermittelt werden. Stellt man die physikalisch-technischen Eigenschaften fester Stoffe in den Mittelpunkt, also den Werkstoff selbst, der ja wesentliches Objekt der gesellschaftlichen Arbeit ist und im täglichen Leben eines jeden einzelnen eine mehr oder minder wichtige Rolle spielt, so ließen sich sowohl studien- als auch berufsqualifizierende Ziele erreichen. Über die konsequente Verfolgung des didaktischen Prinzips der Schülerbetroffenheit, die sich im Gymnasialbereich durch die Berücksichtigung des aktuellen Schülerinteresses und im Berufsschulbereich durch eine berufsbezogene Stoffauswahl erreichen ließe, wäre ein praxisorientierter Unterricht auszugestalten. Daß dieses Konzept oder zumindest Ansätze dazu in der Tat im Berufsschulbereich be-

sonders etabliert ist, wird schon an der häufig gewählten Unterrichtsfachbezeichnung Werkstoff*kunde* deutlich. „Kunde" bedeutet hier eine vorwissenschaftliche Lehre, die sich, empirisch vorgehend, an der praktischen Erfahrung mit Regeln und Normen orientiert. Mechanische Werkstoffeigenschaften stehen dabei deutlich im Vordergrund, entsprechend ihrer augenfälligen ökonomischen Bedeutung für das produzierende Gewerbe. Hiernach ist dann auch in der Ausbildung im Berufsfeld Metalltechnik etwa mit absoluter Priorität die Rede von Stahl und in der Ausbildung im Berufsfeld Holztechnik von Holz. Diese Reduzierung der Festkörperphysik-Didaktik auf eine „Schmalspur-Werkstoffkunde" muß aber als unzureichende Auslegung des Anspruchs auf Praxisbezug gewertet werden. Es erscheint daher unabdingbar, die unterrichtliche Behandlung der Werkstoffe weniger als *Kunde* denn als *Lehre* mit der Darstellung von Bezügen und Gesetzmäßigkeiten zu gestalten. ULLRICH (vgl. 1978, S. 165) sieht in der Aufhebung disziplinärer Grenzen durch eine Verzahnung von Festkörperphysik und Werkstoffkunde einen gangbaren Weg zu einer stimmigen Vermittlung fachspezifischer *und* fachübergreifender Inhalte. Dieser Ansatz einer *integrativen* Vermittlung wissenschafts- und praxisorientierter Inhalte dürfte sowohl für die studienbezogenen als auch für die berufsqualifizierenden Bildungsgänge der Sekundarstufe II ein besseres Konzept darstellen als jede Form einseitig disziplinorientierter Didaktik.

Besonderheiten des Lehrgegenstandes Werkstoffe. Der Lehrstoffkomplex Werkstoffe ist didaktisch dadurch gekennzeichnet, daß ein sehr hoher Anteil an Fakten und relativ wenig Gesetzmäßigkeiten zu vermitteln sind. Die Besonderheiten des Lehrgegenstandes und die Beziehung des Lernenden dazu müssen in die unterrichtsmethodischen Überlegungen einfließen. Im Vordergrund der Betrachtung steht dabei die Methode, mit der man in der Physik Fragen nach dem Aufbau und den Eigenschaften der Materie beantworten kann. Es bietet sich an, ,,dem Lernenden eine tragfähige Modellvorstellung vom Geschehen im Werkstoffinnern zu vermitteln, mit deren Hilfe möglichst viele werkstoffkundliche Phänomene gewissermaßen von innen heraus selbstverständlich werden. Gelingt es so, das Geschehen durchschaubar zu machen, dann wird beispielsweise den Wärmebehandlungsverfahren der Ruch einer ,schwarzen Kunst' zu nehmen sein – der Schüler wird die Verfahren als beherrschbare Technologien einzuordnen lernen" (KELLER 1977, S. 9).

Neben dieser theorieorientierten Methode bietet sich ein eher praxisorientierter Weg als gangbare Alternative. Über das Experiment (zum Beispiel in Form von praktischer Werkstoffprüfung) und den direkten Umgang mit Werkstoffen (etwa als technisches Werken) können Eigenschaften von Werkstoffen auf besonders anschauliche Weise zugänglich gemacht werden.

Auch in bezug auf die Methodik des werkstoffwissenschaftlichen Unterrichts zeigt das Literaturstudium, daß es bisher kaum eine fachliche Diskussion gegeben hat und Kontakte zur Erziehungswissenschaft nahezu fehlen. Es bleibt zu wünschen, daß dem hohen Stellenwert der Werkstoffe in der vom Menschen gestalteten Umwelt durch eine adäquate Einbeziehung in die Curriculumforschung in absehbarer Zeit Rechnung getragen wird.

BRUHN, J.: Festkörperphysik in der Sekundarstufe I. In: DAHNCKE, H. (Hg.): Zur Didaktik der Physik und Chemie, Hannover 1976, S. 584 ff. HECHT, K.: Einführung in die Physik des festen Körpers. In: ORGANIZATION FOR ECONOMIC COOPERATION AND DEVELOPMENT (OECD) (Hg.): Physikunterricht heute, Frankfurt/M. 1967, S. 161 ff. KELLER, S.: Hartkugelmodell – Bausatz zur Darstellung von Metall-Kristallgittern. In: Contact 6 (1977), 18, S. 9 ff. KITTEL, CH.: Einführung in die Festkörperphysik, München [4]1976. KMK: Vereinbarung zur Neugestaltung der gymnasialen Oberstufe in der Sekundarstufe II. Beschluß vom 7. 7. 1972, Neuwied 1972. NEUMÜLLER, O.-A.: Basis-Römpp. Taschen-Lexikon der Chemie, ihrer Randgebiete und Hilfswissenschaften, 2 Bde., Stuttgart 1977. PAGNIA, H.: Quanteneffekte der Festkörperphysik – Ein Thema für den Schulunterricht. In: physica didact 3 (1976), S. 195 ff. ULLRICH, D.: Werkstoffphysik. Curriculare und didaktische Grundlagen für einen Fortgeschrittenenkurs zur Festkörperphysik in der Lehrerausbildung. In: physica didact 5 (1978), S. 147 ff. WEISSBACH, W.: Werkstoffkunde und Werkstoffprüfung, Braunschweig [7]1979. WEITZEL, H.: Festkörperphysik. In: LÜSCHER, E./JODL, H. (Hg.): Physik – einmal anders. Moderne Aspekte einer Wissenschaft, Bd. 1, München 1976, S. 243 ff.

Volker Paul

Verhalten, abweichendes

Als abweichendes Verhalten wird soziales Verhalten von einzelnen und Gruppen bezeichnet, das Verhaltensdifferenzen zu den jeweils gesellschaftlich geltenden Normen aufweist. In der Soziologie wird soziales Verhalten als orientiertes Verhalten verstanden, das eine gewisse interne Regelmäßigkeit zeigt. Es wird im allgemeinen von einem Prozeßcharakter der Anpassung an soziale Normen und des abweichenden Verhaltens ausgegangen, bei dem sich auch durch abweichendes Verhalten Normen verändern und weiterentwickeln. Subjektiv kann sich abweichendes Verhalten nicht nur als pathologischer Zustand darstellen, sondern auch stabilisierend wirken, zum Beispiel durch Anerkennung in einer kriminellen Subkultur. Abweichendes Verhalten ist aber auch dort gegeben, wo innerhalb eines kulturellen Systems von Werten und Normen subkulturelles gruppenkonformes Verhalten vorliegt, das jedoch vom Gesamtsystem abweicht. Abweichendes Verhalten kann also nicht ausschließlich individuell oder personal festgemacht werden. Andererseits ist es der einzelne, der in Gruppen wie im kulturellen Gesamtsystem handelt. Ihm gibt das kulturelle System Normen vor, die sich in Rollensystemen manifestieren und das Zusammenleben regeln. Auf diese Weise entsteht ein individuelles und kollektives Interesse an konformem Verhalten und eine negative Einstellung zu abweichendem Verhalten. Mit spezifischen Bezeichnungen und Abgrenzungen für unterschiedliche menschliche Erscheinungs- und Verhaltensformen von abweichendem Verhalten (Kriminalität, Suizid, psychische Krankheit oder Behinderung) stellen sich Stigmatisierungseffekte ein, wenn diese Bezeichnungen gegenüber den Trägern solcher Phänomene verwendet werden. Dadurch wird abweichendes Verhalten nicht nur definiert, sondern fixiert (primäres Abweichen) und reproduziert (sekundäres Abweichen). Abweichendes Verhalten unterliegt kulturellem, historischem und gesellschaftlich-ökonomischem Wandel ebenso wie normkonformes Verhalten. In der Gegenwart ist erhebliche Normunsicherheit auf der Basis von Normrelativierung und Auflösung tradierter Verhaltensmuster und Lebensformen zu beobachten. Wertvorstellungen und Handlungsmuster werden heute krisenhaft in Frage gestellt, zumal zwischen idealtypischen Ansprüchen (wie Autonomie, Demokratie, Emanzipation, soziale Gerechtigkeit und soziale Sicherheit) und den Sachzwängen einer Massengesellschaft eine Kongruenz nur schwer zu erzielen ist, und zwar sowohl in kapitalistischen als auch in sozialistischen Gesellschaftsordnungen. Der hohe Anspruch an die Legitimierung von Normen und die geringe Bereitschaft zur aktiven Durchsetzung von Wertvorstellungen schaffen eine diskrepante Situation, in der dissoziales Verhalten (nicht nur als definierte Kriminalität) in erhöhtem Maße auftritt und initiiert wird.

Die Entstehung des abweichenden Verhaltens wird von verschiedenen Ansätzen her erklärt. Neben der kulturkritischen Ausgangsposition existieren Erklärungsmuster verschiedener Wissenschaften. *Soziologisch* werden im allgemeinen Diskrepanzen zwischen personalen, sozialen und kulturellen Strukturen angenommen. Solche Diskrepanzen werden auf unterschiedliche Ursachen zurückgeführt: Abweichendes Verhalten kann einerseits Ausdruck einer grundsätzlichen und globalen Ablehnung des gesamtgesellschaftlichen Normensystems sein, andererseits aber auch – entsprechend den Annahmen *anomietheoretischer Konzepte* zum Beispiel bei DURKHEIM (vgl. 1964) oder MERTON (vgl. 1969) – aus einem besonderen Druck zur Anpassung an soziale Normen bei unterschiedlicher Verteilung von Handlungschancen zur Realisierung normadäquaten Verhaltens resultieren. (Das ist zum Beispiel dann der Fall, wenn Angehörigen der Unterschicht die notwendigen materiellen und immateriellen Mittel fehlen, um sozial generalisierten Normen der Mittel- und Oberschicht gerecht werden zu können.) In bezug auf Gesellschaften mit stark ausgeprägtem Gruppen- und Wertepluralismus gehen Vertreter der sogenannten *Theorie der differentiellen Assoziationen* (vgl. SUTHERLAND 1968) von der Hypothese aus, daß abweichendes Verhalten durch die Bevorzugung – zumeist subkulturell definierter – nonkonformer statt öffentlich legitimierter konformer Interaktionsbeziehungen zustande kommt. Unter Aspekten gesellschaftlicher Entwicklungsprozesse gesehen, ist die Bestimmung von Verhaltensmustern als „konform" oder „nonkonform" abhängig vom jeweiligen Bezugssystem, das der Beurteilung zugrunde liegt. So gibt es Ansätze im Rahmen der *strukturellfunktionalen Theorie* (vgl. PARSONS 1968), die abweichendes Verhalten als Wegbereiter sozialen Wandels untersuchen, aber auch statisch orientierte Betrachtungsweisen, die durch das Absolutsetzen sozialer Normen zur Diskriminierung und Stigmatisierung von Minderheiten beitragen und damit gerade das verstärken, wofür in der Soziologie vielfach die gesellschaftlichen Macht- und Herrschaftsverhältnisse haftbar gemacht werden.

Im Interesse einer differenzierten Betrachtung und Einordnung abweichenden Verhaltens müßten soziologische Untersuchungen durch *(sozial)psychologische Analysen* ergänzt werden, um auch die den manifesten Verhaltensmustern zugrunde liegenden Abwehr- und Ausweichmechanismen erfassen und in Verstehens- respektive Erklärungsversuche einbeziehen zu können. Die Frage nach verhinderter Selbstrealisation (Identitätsfindung), individuell ererbten oder erworbenen Charaktermerkmalen und Schädigungen (zum Beispiel Organ-

minderwertigkeit) und ihrer Bedeutung für abweichendes Verhalten ist noch nicht genügend geklärt. Krankheit zum Beispiel kann Ursache für alternative Lebensbewältigung, aber auch Ursache abweichenden Verhaltens sein. Inwieweit ein Verhalten in bestimmten sozialen Situationen als abweichend definiert wird, hängt nicht zuletzt vom Toleranzniveau der Beteiligten und der Gesamtgesellschaft ab.

Für sozialpolitisches (makrosoziologisches) und sozialpädagogisches Handeln ist abweichendes Verhalten und dessen theoretische Aufklärung von großer Bedeutung. Sozialstrukturen haben stets einen positiven oder negativen Stellenwert im Hinblick auf die Entstehung abweichenden Verhaltens von einzelnen und Gruppen. Deshalb kann abweichendes Verhalten immer nur im Zusammenhang mit einer Änderung der sozialen Umweltbedingungen wirkungsvoll behandelt werden,

– indem Selbstrealisation, Befriedigung sinnvoller Lebensansprüche und Karrieren kritisch-konformen Verhaltens zugelassen oder sogar gefördert werden;

– indem Einengung, strukturelle Gewalt, Macht- und Herrschaftsausübung von Gruppen zugunsten einer sozialqualifizierten Demokratie reduziert oder beseitigt werden;

– indem abweichendes Verhalten soweit irgend möglich toleriert und konstruktiv behandelt oder nicht isolierend unterdrückt wird;

– indem durch sozialpolitisches Handeln und durch (sozial)pädagogische Systeme einer nachwachsenden Generation Normorientierung und Verhaltensmuster sowie -strategien angeboten werden, die abweichendes Verhalten sowohl individuell als auch gruppenspezifisch reduzieren, überflüssig machen oder in gesellschaftlich zu tolerierende Formen bringen;

– indem „Tugenden" wie Toleranz, Solidarität und soziales Engagement nicht nur sozialpolitisch gefordert und gefördert, sondern als Verhaltens- und Rollenmuster gelernt werden, um abweichendes Verhalten in seiner jeweils existenten Realität human zu bewältigen;

– indem sowohl Gesetze und „Spielregeln" (makrosoziologisch) als auch Modelle und Initiativen (mikrosoziologisch) positives Reagieren auf abweichendes Verhalten vorführen (zum Beispiel bei Drogentherapie oder Übungs- und Erfahrungskursen mit straffälligen Jugendlichen);

– indem die Definitionsmacht nicht nur der Instanzen sozialer Kontrolle, sondern auch des Alltagsumgangs und deren Wirkungen auf die Herstellung, die Fixierung und Eskalierung abweichenden Verhaltens bewußtgemacht wird.

Für den Umgang mit abweichendem Verhalten sind sozialpädagogische Anstrengungen erforderlich, die noch wenig entwickelt sind. Mit methodischen Rezepten und Lerntechniken allein läßt sich abweichendes Verhalten kaum reduzieren oder beseitigen. Vertrauen in helfende Bezugspersonen, eine problemlösende Gemeinschaft und ein therapeutisches Klima sind ebenso zu entwickeln wie ein Gemeinwesen, das auch von den abweichenden einzelnen und von abweichenden Gruppen bergend, ermutigend und lebenswert erlebt wird. Hierbei hat eine zugleich kritische, empirische und normative Erziehungswissenschaft einen wesentlichen Beitrag zu leisten.

BECKER, H. S.: Außenseiter, Frankfurt/M. 1974. DREITZEL, H. P.: Die gesellschaftlichen Leiden und das Leiden an der Gesellschaft, Stuttgart 1968. DURKHEIM, E.: The Division of Labor in Society, New York 1964. GOFFMANN, E.: Stigma. Über die Techniken zur Bewältigung beschädigter Identität, Frankfurt/M. 1972. MERTON, R. K.: Social Theory and Social Structure, Glencoe (Ill.) 1969. OPP, K. D.: Abweichendes Verhalten und Gesellschaftsstruktur, Darmstadt 1974. PARSONS, T.: Beiträge zur soziologischen Theorie, Neuwied/Berlin 1968. SACK, F./KÖNIG, R. (Hg.): Kriminalsoziologie, Frankfurt/M. 1968. SUTHERLAND, E. H.: Die Theorie der differentiellen Kontakte. In: SACK, F./KÖNIG, R. (Hg.): Kriminalsoziologie, Frankfurt/M. 1968, S. 395 ff.

Max Busch

Verwissenschaftlichung

Funktionen von Wissenschaft. Wissenschaft ist sowohl ein besonderes Gebiet gesellschaftlicher Arbeitsteilung mit zugehörigen Institutionalisierungen (Einrichtungen der Forschung und der akademischen Ausbildung) als auch eine besondere Form des gesellschaftlichen Bewußtseins. Sie ist sowohl Produktivkraft als auch Instrument der Entscheidungshilfe und des Handelns. Im Gegensatz zum lediglich akkumulierenden, ungeordneten Erfahrungswissen stellt Wissenschaft ein System der Erkenntnisse über Eigenschaften, Zusammenhänge, Ursachen und Wirkungen sowie Gesetzmäßigkeiten von Erscheinungen der Natur, auch der menschlichen, der Gesellschaft und des Verhaltens, Fühlens und Denkens der Menschen bereit. Insoweit sie darauf zielt, die Beherrschung der natürlichen und gesellschaftlichen Lebensprozesse zu erweitern und zu verbessern, bemißt sich der Wahrheitsgehalt ihrer Aussagen nicht nur an den Regeln der Logik und an der Stimmigkeit und Angemessenheit der Methoden. Er wird zusätzlich und vor allem durch die *Praxis* evaluiert. Sie ist Gegenstand und Möglichkeitsbedingung wissenschaftlichen Arbeitens zugleich. Die Praxis führt auch zu Veränderungen in der Absteckung der Gegenstandsbereiche von Wissenschaft (Objektgebiete und Disziplinen) und deren Beziehungen zueinander sowie zu einer Dynamik der möglichen Fragen über die Wirklichkeit, der Methoden ihrer Erforschung und der Fixierung der Erkenntnisse in Begriffen, Kategorien, Gesetzen und Theorien.

Aus der existentiellen Bedeutung der Wissenschaft als Produktivkraft und Handlungsinstrument folgt die Notwendigkeit, Wissenschaft in Erziehung und Unterricht so zu berücksichtigen, daß die heranwachsende Generation deren Potential nutzen und weiterentwickeln kann. Aus der Tatsache, daß Wissenschaft eine besondere Form des gesellschaftlichen Bewußtseins ist, ergibt sich, daß die Erziehungs- und Bildungsprozesse in pädagogischen Institutionen selber von wissenschaftlichen Denkweisen und Methoden geprägt sind. Verwissenschaftlichung bezieht sich auf beide Aspekte. Hierzu zwei Komplexe als Beispiel: Verwissenschaftlichung des Curriculums und der Lehrertätigkeit.

Verwissenschaftlichung des Curriculums. Seit es Wissenschaft und Gelehrsamkeit gibt, kennt die Pädagogik „gelehrten Unterricht", der die in und durch Wissenschaft geordneten Erkenntnisse, Denk- und Arbeitsmethoden tradiert – freilich nur an eine kleine Zahl Privilegierter, die das wissenschaftliche Erbe weiterzuentwickeln hatten oder sich seiner Ergebnisse sollten bedienen können. Gelehrte Bildung für alle wurde erst denkmöglich, als der Zwang zur Produktivitätssteigerung im Merkantilismus wirtschaftliche, soziale und arbeitstechnische Veränderungen verlangte, die Aufklärung und Bildung auch der Massen der Arbeitenden voraussetzten. Deren Zugang zu den besonderen Schulen gelehrter Bildung, den Gymnasien, blieb bis nach dem Zweiten Weltkrieg abhängig von den Zufällen persönlicher und materieller Förderung. Die Verwirklichung eines breiteren Zugangs zur

gelehrten Bildung wurde begünstigt durch die Einführung der allgemeinen Grundschulpflicht nach dem Ersten Weltkrieg (1919), die formaljuristisch allen Kindern die gleichen Voraussetzungen in der Vorbildung verschaffte, und durch die Abschaffung des Schulgeldes nach dem Zweiten Weltkrieg. Dennoch blieb die Wissenschaftlichkeit des Unterrichts an besondere Bildungsinstitutionen gebunden. Erst 1970 wurde sie im „Strukturplan für das Bildungswesen" des DEUTSCHEN BILDUNGSRATS als Element und Charakteristikum *aller* Bildungsgänge gefordert. Die Begründung spiegelt sich in der bildungspolitischen Diskussion wider, die Anfang der 60er Jahre begann.

Als die Bundesrepublik zu dieser Zeit in eine wirtschaftliche Wachstumskrise geriet, wurde die aus den angelsächsischen Ländern stammende These von der Wachstumswirkung insbesondere der gehobenen Ausbildungsgänge aufgegriffen. Unter dem Schlagwort „Deutsche Bildungskatastrophe" begann eine intensive Erörterung über notwendige Reformen, die vor allem eine Expansion in denjenigen Bildungssektoren erbrachte, die zu mittleren und höheren Abschlüssen führten. Neben die Argumentationen, die ökonomisches Wachstum von einem möglichst hohen Grad an Bildung abhängig sahen, traten solche, die „höhere", das heißt an den Wissenschaften orientierte Bildung zur Sicherung der parlamentarischen Demokratie und zugleich als Ausdruck der in ihr zu verwirklichenden Gleichheit und Gerechtigkeit sahen.

Die Erörterung der Funktion von Wissenschaft in der Sekundarstufe II begann mit der Reflexion der Funktion der Gymnasien im Bildungs- und Gesellschaftssystem. Es bestand weitgehend Einmütigkeit darin, daß die Gymnasien allgemeine und nicht berufsspezifische Bildung zu vermitteln hätten. Zwar seien sie insofern ausbildungs- und berufsbezogen, als sie zum Studium führten; jedoch nicht fachspezifisch, sondern in einem für alle Studienrichtungen grundlegenden, allgemeinen Sinne, nämlich dem, die Wissenschaften als besondere Formen des verstehenden sowie handelnd-bewältigenden Zugriffs auf die Welt zur Kenntnis zu bringen. Von daher erörterte man den Fächerkanon, das heißt die Auswahl und Gruppierung, Abgrenzung und Integration der Schulfächer (zum Beispiel Gemeinschaftskunde und ihre Elemente Politikwissenschaft, Geographie und Geschichte), in seinem Bezug zu den wissenschaftlichen Disziplinen, diese wiederum in ihrer Beispielhaftigkeit oder Besonderheit für Weltbewältigung. Die curricularen Entscheidungen, also die über Fächer(gebiete), deren Gegenstände und über Methoden, sollten beides ausgewogen berücksichtigen und zusätzlich garantieren, daß mit den je charakteristischen wissenschaftlichen Fragestellungen und Methoden vertraut gemacht würde.

Wissenschaftspropädeutik wurde demzufolge Einführung in die Wissenschaft sowohl in hermeneutischer, das heißt verstehender, als auch in technischer Absicht. Damit die Curricula diesen Ansprüchen genügten, wurde ihre Konstruktion selbst abhängig von wissenschaftlichen Theorien und Instrumentarien, die neu und vielfältig entwickelt wurden. Dieser Doppelaspekt nun von Wissenschaft, über dessen Berücksichtigung in der Diskussion um die Aufgaben der Gymnasien Einmütigkeit bestand, wurde zum Katalysator für die Klärung der gesellschaftspolitischen Hintergründe curricularer Reformdiskussionen. Ihre Zuspitzung erfuhr diese für den Bereich der Sekundarstufe II in der Forderung nach der Integration allgemeiner und beruflicher Bildung beziehungsweise allgemeiner und beruflicher Bildungsgänge. Die im Strukturplan, der Magna Charta liberaler, demokratischer Bildungsreform, geforderte Wissenschaftsorientiertheit beziehungsweise Rückbindung an die Wissenschaft für *alle* Bildungsinstitutionen erfuhr in der Integration allgemeiner und beruflicher Bildungsgänge ihre konsequente strukturelle und didaktische Umsetzung. Es hatte sich nämlich gezeigt, daß aufgrund der hierarchisch arbeitsteiligen Verfaßtheit von Produktion und Distribution trotz hochgradiger technischer und ökonomischer Verkomplizierung der Arbeitsprozesse bei weitem nicht von allen Beschäftigten, ja eher von einer immer geringeren Zahl, am Arbeitsplatz wissenschaftliche oder wissenschaftsbezogene Qualifizierung verlangt wurde. Technologisch betrachtet, erwies sich Wissenschaftspropädeutik demnach als eine didaktische Vorstufe lediglich der wissenschaftlichen Berufsausbildung. Konsequenterweise gab es in der bildungspolitischen Diskussion Stimmen, die dafür plädierten, die Wissenschaftspropädeutik aus dem Schulwesen herauszunehmen und organisatorisch den Hochschulen zuzuordnen, wie beispielsweise in den USA. Gymnasien brauche es nicht zu geben. Deren vorgebliche Doppelaufgabe, allgemeine Bildung zu vermitteln und grundlegende akademische Bildung zu betreiben, also Zulieferfunktion für die Hochschulen zu haben, könnte dann entkoppelt werden. Dadurch werde im schulischen Institutionengefüge Wissenschaftsorientierung als grundlegendes Bildungsziel für alle freigesetzt, könne sie auch didaktisch beziehungsweise curriculumtheoretisch gezielter reflektiert und verwirklicht werden.

Die gesellschaftspolitische Funktion wissenschaftspropädeutischer Bildung für *alle* wurde demnach eindeutig und offensichtlich, als die technologische Rechtfertigung nur mehr für eine gehobene, spezielle und privilegierte Ausbildung zutraf. Es wurde klar, daß es darüber hinaus darum gehen mußte, allen Volksschichten zugänglich zu machen, was in den ständischen, nicht demokratisch verfaßten Gesellschaften das Vorrecht nur weniger Gebildeter war, nämlich: die Menschen, ihr Verhalten und ihre Lebensäußerungen zu verstehen (auch in ihren dinglichen und geistigen Produkten) und darüber reflektierend zu kommunizieren. Ein Ziel übrigens, das der humanistischen Tradition des Bildungswesens entspricht, nun aber alle Schulen in diese Tradition rückt.

Von den Grundannahmen des freiheitlichen und sozialen Rechtsstaates her betrachtet und von seinen Verfassungspostulaten Freiheit (was geistiges und psychisches Vermögen zu ihrer Nutzung einschließt) und Gerechtigkeit aus gesehen, ist Wissenschaftspropädeutik *für alle* ein unverzichtbarer Anspruch, denn die parlamentarisch verfaßte Demokratie lebt von der kommunikativen Partizipation und der Beteiligung aller Bürger am Prozeß der Gestaltung von Wirtschaft, Politik, Kultur und anderen Bereichen des öffentlichen Lebens. Mit der Reaktion gegen Wissenschaftlichkeit wird vielfach unterstellt, sie gefährde Demokratie und Lebensqualität. Auch fehlt es nicht an polemischen Beschwörungen, in denen Wissenschaftlichkeit als subversive Kraft – als „rote Gefahr“ – gebrandmarkt wird. Dabei wird übersehen oder bewußt verschwiegen, daß der Demokratie ganz andere Gefahren drohen, nämlich solche, die sich aus der Verselbständigung der aus Verantwortung und Kontrolle entlassenen wissenschaftlich-technischen Rationalität ergeben. Als zentrales Problem stellt sich in diesem Zusammenhang die Frage, wie gewährleistet werden kann, daß Wissenschaft und Technik dem Dienst an einer humanen, menschliche Lebensmöglichkeiten nicht zerstörenden, freiheitlichen und demokratischen Zukunft verpflichtet bleiben. Die Gefahren der Verwissenschaftlichung, deren Anfälligkeit für technologische Systemblindheit und Mißbrauch zu Herrschaftszwecken, können nicht durch Verzicht auf Wissenschaftsorientiertheit des Lernens, sondern – wenn überhaupt – nur unter

der Voraussetzung der Wissenschaftsorientiertheit *allen* Lernens überwunden werden. Das gilt jedoch nur, wenn eine wesentliche Bedingung erfüllt ist, so, wie sie für den Schulversuch Kollegschule in Nordrhein-Westfalen gefordert wird (vgl. KULTUSMINISTER NORDRHEIN-WESTFALEN 1972, S. 22 f.): daß Wissenschaftsorientiertheit des Lernens gleichzeitig Kritik und politische Reflexion einschließt. Inwieweit dieser didaktische Grundsatz pädagogisch, das heißt im Interesse der Mündigkeit der Heranwachsenden, legitimiert werden kann, hängt ab von der wissenschaftstheoretischen Grundposition und der mit dieser einhergehenden Ausblendung oder Einbeziehung gesellschaftspolitischer Wertvorstellungen.

Verwissenschaftlichung der Lehrertätigkeit. Spätestens seit Veröffentlichung des Strukturplans des Deutschen Bildungsrats wird die Tätigkeit der Lehrer nicht mehr bloß als unterrichtende, lediglich ausführende gesehen. Erziehen, Beraten, Beurteilen und Reformieren gehören zu den pädagogischen Aufgaben des Lehrers; sie schließen die Kompetenz ein, das Ursachen- und Determinantengefüge von Erziehungs- und Unterrichtssituationen zu analysieren und zu den Zielen in Verbindung zu setzen. Lehrertätigkeit ist demzufolge notwendig theoretisch rückvermittelt, weil nur über wissenschaftliche Theoriebildung das komplexe Ursachen-Wirkungs-Gefüge von Entstehungsbedingungen, Verlaufformen und Wirkungen pädagogisch relevanter Einflußgrößen systematisch erfaßt werden kann.

Die Verwissenschaftlichung der Lehrertätigkeit (die sich unter anderem in der Diskussion um die Professionalisierung des Lehrerberufs niederschlägt) wird wie die der curricularen Reform aus technologischer und gesellschaftspolitisch-humanistischer Sicht erörtert. In das Umfeld der rein ökonomisch-technologischen Ausrichtung gehören die kybernetische Pädagogik beziehungsweise die informationstheoretische Didaktik, der programmierte und computerunterstützte Unterricht sowie alle Konzepte von Unterricht, deren Erkenntnis- und Handlungsinteressen auf technische und ökonomische Effizienz ausgerichtet sind. In den technologischen Konzepten erfolgt eine Gleichsetzung von „wissenschaftlich" und „objektiv". Besonders prägnant kommt dies bei der Operationalisierung von Lernzielen und in der Anwendung psychometrischer Prüfungsverfahren sowie in der Erziehung durch Verhaltensmodifikation zum Ausdruck. Rein formal betrachtet, beanspruchen die objektivierten Verfahren, Ziele und Ergebnisse von Unterricht auch und gerade im Interesse der Lernenden eindeutig zu formulieren und für Vergleichszwecke kommunizierbar zu machen. „Objektiv" bedeutet in diesem Zusammenhang, daß im Unterricht subjektive Willkür, insbesondere individuelle Interpretationen durch den Lehrer, dessen Vorurteile, Vorlieben, Einseitigkeiten, Irrtümer und Unaufgeklärtheiten ausgeschaltet werden.

Dem wird entgegengehalten, daß der Entpersönlichung auf seiten der Lehrertätigkeit eine Entpersönlichung der Lernenden entspreche. Mit welcher Intentionalität zum Beispiel ein Thema behandelt, ein Grobziel ausdifferenziert wird, bestimmen zwar nicht mehr die einzelnen Lehrer, aber noch weniger die Lernenden selbst. Deren Vorwissen, Fähigkeiten, Bedürfnisse, Motivationen, mit denen sich der Lehrer, wäre er „Bezugsperson", auseinanderzusetzen hätte, werden gleichfalls „objektiviert". Die „objektivierten" Schüler sind nicht mehr die in Wirklichkeit vorfindlichen, in einer Klasse sitzenden Individuen, sondern (auch nur im Glücksfall) die über empirische Verfahren wie Tests und Befragungen gewonnenen Durchschnitts- oder Normalschüler. Besonders verhängnisvoll wirkt sich dies dort aus, wo die Verfahren der sogenannten objektivierten Leistungsmessung auch auf informelle Prüfungen, Übungsarbeiten und Klassenarbeiten angewandt werden. Sie bewirken eine Zufallsauslese und verlieren den Charakter der *helfenden* Kontrolle, weil die *individuellen* Befähigungen nicht mehr entfaltet und genutzt werden können. Objektivität beziehungsweise Wissenschaftlichkeit werden damit ihrem Ziel entfremdet, stehen für sich selbst und geraten so zur Unvernunft.

Dieses Argument gilt auch hinsichtlich der objektivierten Verfahren, die auf der Grundlage der Verhaltenstheorie entwickelt werden, und zwar mit dem Zweck, Erziehungsprobleme im Unterricht, vor allem Verhaltensschwierigkeiten und -störungen, zu überwinden. Die erfahrungswissenschaftlich konzipierten und empirisch-experimentell überprüften Verfahren der Verhaltenstheorie zielen fast ausschließlich auf die Veränderung der beobachtbaren Lernumwelt ab und berücksichtigen nicht die Ereignisse im Innern der an Lehr- und Lernprozessen beteiligten Personen. Verhaltensmodifikation, soweit sie sich am klassischen Konzept der Verhaltenstheorie orientiert, steht deshalb in Verdacht, Dressur und Manipulation zu begünstigen. Die Verabsolutierung des Wissenschaftsverständnisses im Sinne der Anwendung empirisch-quantitativer Verfahren läßt die Praxis trotz oder gerade wegen ihrer formal einwandfreien Methoden ins Vorwissenschaftlich-Unaufgeklärte zurückfallen. Im Extremfall wird dabei die Tätigkeit des Lehrers derjenigen in gehobenen Technikerpositionen vergleichbar, reduziert auf „human engineering". Wo es aber nur mehr darum geht, technische Verfahren – wie wissenschaftlich sie auch konstruiert sein mögen – zu handhaben, wird die Notwendigkeit des Wissenschaftsbezugs für die Ausführenden stark vermindert, wenn nicht hinfällig; denn sie haben selbst nichts mehr aus Theorie heraus zu entscheiden und zu entwickeln.

BECKER, M. u. a.: Kritik der Verhaltenstherapie, Frankfurt/M. 1979. DEUTSCHER BILDUNGSRAT (Hg.): Strukturplan für das Bildungswesen. Empfehlungen der Bildungskommission, Stuttgart 1970. ECKERLE, G.: Zur Geschichte wissenschaftlicher Grundbildung. In: N. Samml. 17 (1977), S. 434 ff. KULTUSMINISTER NORDRHEIN-WESTFALEN (Hg.): Kollegstufe NW. Strukturförderung im Bildungswesen des Landes Nordrhein-Westfalen, Heft 17, Ratingen/Kastellaun/Düsseldorf 1972. KUTSCHA, G.: Wissenschaftliche Grundbildung – ein ungelöstes Problem in Praxis und Theorie der gymnasialen Oberstufe. In: P. Rsch. 32 (1978), S. 452 ff. LINGELBACH, K. CH. (Hg.): Materialien zur Reform der Sekundarstufe II, Kronberg 1975. REESE, J. u. a.: Gefahren der informationstechnologischen Entwicklung, Frankfurt/M. 1979.

Ingrid Lisop

Volljährigkeit

Definitionen. Volljährigkeit bedeutet die Altersstufe, mit der ein junger Mensch geschäftsfähig wird und damit uneingeschränkt selbständig handelnd am Rechtsverkehr teilnehmen darf. Im Staatsbürgerverhältnis tritt mit der Volljährigkeit auch die volle Wahlfähigkeit ein, wobei bis 1970 das aktive Wahlrecht mit 21 und das passive mit 25 Jahren erworben wurden (vgl. Art. 38 des Grundgesetzes – GG).

Umgangssprachlich wird die Volljährigkeit mit Mündigkeit gleichgesetzt. Während jedoch bei der Mündigkeit eher Assoziationen an die individuelle Fähigkeit naheliegen, für sich selbst zu entscheiden und selbständig zu handeln (Freiheit von einer „Munt"), ist im Volljährigkeitsbegriff das schematisierende Element der Zählung nach Jahren unüberhörbar. Wie jede Stichtagsregelung macht diese Schematisierung einerseits den Rechtsverkehr klarer und sicherer, andererseits kann sie in Einzelfällen zu unbilligen Ergebnissen führen. Dem trug bereits bis zur generellen Herabsetzung der Volljährigkeitsgrenze die Möglichkeit vorzeitiger Volljährigkeitserklärung Rechnung, die vor dem 21., aber nach Vollendung des 18. Lebensjahres ausgesprochen werden konnte (vgl. §§ 3 bis 5 BGB). Seit dem 1. 1. 1975 tritt die Volljährigkeit in der Bundesrepublik Deutschland nicht mehr wie zuvor mit 21 Jahren, sondern mit der Vollendung des 18. Lebensjahres ein.

In der DDR wurde die auch in der Sowjetunion und anderen sozialistischen Staaten geltende 18-Jahres-Grenze bereits 1950 eingeführt. Andere Rechtssysteme kennen teilweise andere Grenzen, so das 19. Lebensjahr in Österreich oder das 20. in der Schweiz.

Wer noch nicht volljährig ist, ist *minderjährig* und damit entweder rechtlich *handlungsunfähig* (bis zur Vollendung des 7. Lebensjahres, vgl. §§ 104, 828 BGB) oder in der rechtlichen Handlungsfähigkeit *beschränkt* (vom vollendeten 7. bis zum vollendeten 18. Lebensjahr, vgl. §§ 106, 828 BGB).

Der *beschränkt Geschäftsfähige* kann Rechtsgeschäfte nur mit Zustimmung, also mit vorheriger Einwilligung oder nachträglicher Genehmigung seines gesetzlichen Vertreters, in der Regel damit wohl seiner Eltern, schließen, soweit sie ihm nicht ausschließlich rechtliche Vorteile bringen. Ausnahmen gelten für die Verwendung von Taschengeld und Arbeitsverdienst und für weitere Sonderfälle (vgl. §§ 110 bis 113 BGB).

Der *beschränkt Deliktsfähige* ist für angerichteten Schaden nur nach dem Maß seiner individuellen Einsichtsfähigkeit verantwortlich (vgl. § 828 BGB).

Mit der Volljährigkeit tritt auch die *Ehemündigkeit* ein (vgl. § 1 des Ehegesetzes); in Einzelfällen kann das Vormundschaftsgericht einen der beiden künftigen Ehepartner schon vom 16. Lebensjahr an für ehefähig erklären.

Neben der Volljährigkeit stehen einige weitere rechtliche Altersstufen, die auf

Sondergebieten *vorzeitige Teilmündigkeiten* bewirken oder ausnahmsweise die Konsequenzen des Erwachsenenstatus hinausschieben. Hierzu gehört vor allem die *strafrechtliche Verantwortlichkeit,* die mit Vollendung des 14. Lebensjahres beginnt (vgl. § 19 des Strafgesetzbuches – StGB; vgl. §§ 1 bis 3 Jugendgerichtsgesetzes – JGG). Nach dem Vorbild des § 1 JGG sind auch in anderen Jugendgesetzen, wenn auch nicht in den Volljährigkeitsregeln des BGB, die Altersgruppen so definiert, daß Minderjährige unter 14 Jahren „Kinder", über 14 Jahre „Jugendliche" heißen (vgl. § 1, Abs. 3 des Gesetzes zum Schutze der Jugend in der Öffentlichkeit – JSchÖG; vgl. § 2 des Jugendarbeitsschutzgesetzes – JArbSchG). Im Jugendstrafrecht heißen auch Volljährige zwischen 18 und 21 Jahren noch „Heranwachsende". Mit Vollendung des 14. Lebensjahres tritt die *Religionsmündigkeit* ein; mit der des 16. Lebensjahres die *Eides- und Testierfähigkeit* (vgl. §§ 393, 455 der Zivilprozeßordnung; vgl. § 60 der Strafprozeßordnung, § 2229 BGB).

Von der mit der Volljährigkeit eintretenden unbeschränkten Handlungsfähigkeit, die nun aber nicht nur Geschäfts-, sondern auch Deliktsfähigkeit bedeutet, ist die *Rechtsfähigkeit* zu unterscheiden, die bereits mit der Geburt eintritt. Sie hat nichts mit der Fähigkeit zu selbständigem Handeln zu tun, sondern bezeichnet die Möglichkeit, Rechtsträger zu sein, wie beispielsweise Eigentümer oder Erbe.

Geschichte. Der Gedanke, die Handlungsfähigkeit und damit den vollen Erwachsenenstatus an ein bestimmtes Alter zu knüpfen und den jungen Menschen bis dahin zu bevormunden, ist allen bekannten Rechtssystemen gemeinsam. Im einzelnen ergeben sich dabei jedoch einige Unterschiede:

Das römische und das auf ihm basierende gemeine Recht in Deutschland kannte eine 25-Jahres-Grenze für die Ge-schäftsfähigkeit. Sie konnte in Einzelfällen auf 20 Jahre (Männer) beziehungsweise 18 Jahre (Frauen) herabgesetzt werden, war aber im römischen Recht dadurch eingeschränkt, daß die väterliche Gewalt in gewisser Hinsicht lebenslang dauerte, falls der Vater das Kind nicht aus seiner Gewalt entließ (emancipatio). Nach gemeinem Recht in Deutschland endete die väterliche Gewalt mit der Errichtung einer selbständigen Wirtschaft durch den Sohn beziehungsweise mit der Heirat durch die Tochter. Schwangen im römisch-rechtlichen System also Gedanken einer geistigen und sozialen Reife und Verantwortung mit, kam es hingegen nach alten germanischen Rechtsauffassungen zunächst allein auf die faktische körperliche Reife an, wie etwa die Fähigkeit zum Waffentragen bei Knaben. Im Mittelalter wurde die Zuerkennung des Erwachsenenstatus einerseits von individuellen Reifeproben wie der Fähigkeit, zu messen, zu zählen oder zu wägen, abhängig gemacht, andererseits wurden aber auch in der Standeszugehörigkeit Differenzierungskriterien gesehen: So wurden etwa junge Adlige erst mit 20 oder 21 Jahren mündig, junge Bürgersöhne aber bereits mit 15 Jahren. Darin zeigt sich eine jahrhundertealte Tendenz zu einer mit steigender sozialer Stellung ausgedehnteren Adoleszenzphase, die damals sogar rechtlich festgelegt war und bis heute noch in unterschiedlich langen Bildungsgängen nachwirkt. In Preußen trat die Volljährigkeit mit dem 24. Lebensjahr ein, im Deutschen Reich seit 1875 mit dem 21. Lebensjahr, ebenso unter dem Einfluß des französischen Code civil in zahlreichen europäischen Staaten.

Gesellschaftliche und pädagogische Bedeutung des Minderjährigen-Status. Der durch die Volljährigkeitsgrenzen geschaffene Minderjährigen-Status hängt in entwickelten Rechtssystemen mit zahlreichen weiteren rechtlichen Sonderregelungen für Jugendliche zusammen und geht letztlich auf die in verschiedenen Gesellschaftssystemen unterschiedlich aufgefaßten Kategorien „Kindheit" und „Jugend" zurück. Abgesehen von der schon früh besonders geregelten zivilrechtlichen Handlungsfähigkeit und der Ehemündigkeit wurden Kinder und Jugendliche auf vielen anderen Rechtsgebieten bis weit in die Neuzeit hinein als kleine Erwachsene aufgefaßt und demgemäß wie Erwachsene behandelt: so insbesondere auf den Gebieten des Strafrechts und des Arbeitsrechts. Seit dem 19. Jahrhundert, zum Teil aber auch mit dem beginnenden 20. Jahrhundert bricht immer stärker der Gedanke durch, daß junge Menschen rechtlich schutzbedürftig sind. In diesem Zusammenhang stehen vor allem Aspekte des Jugendstrafrechts wie die 1890 auf dem Deutschen Jugendgerichtstag beschlossene Heraufsetzung der Strafmündigkeitsgrenze auf das 14. Lebensjahr und Maßnahmen des Jugendarbeitsschutzes, die allerdings nur sehr zögernd rechtlich verankert werden konnten. So wurde beispielsweise erst allmählich die Altersgrenze des absoluten Beschäftigungsverbots vom 9. auf das 15. Lebensjahr heraufgesetzt, eine Entwicklung, die markiert wird durch das Arbeitsschutzgesetz von 1891, das Kinderschutzgesetz von 1903, das Jugendarbeitsschutzgesetz von 1976. Daneben haben sich spezielle Jugendschutzbereiche für bestimmte Altersstufen entwickelt, die auch jeweils eigenen rechtlichen Regelungen wie etwa dem Gesetz zum Schutze der Jugend in der Öffentlichkeit, dem Gesetz über die Verbreitung jugendgefährdender Schriften oder dem Gesetz über den strafrechtlichen Jugendschutz im Sexualbereich und im Bereich von Fürsorge-, Erziehungs- und Unterhaltspflichten (vgl. §§ 143, 170 b, 170 d, 221 b, 223 b, 174 bis 184 StGB) unterliegen. In vielen dieser Fälle endet das Schutzalter bereits vor dem 18. Lebensjahr. Eine besonders häufige Grenze bildet dabei die Vollendung des 16. Lebensjahres (Jugendschutz in der Öffentlichkeit, einige Sexualdelikte, Pflegekinderschutz und Heimaufsicht nach §§ 27 ff. des Jugendwohlfahrtsgesetzes – JWG). In Einzelfällen gelten auch Altersgrenzen von 14 (sexueller Mißbrauch von Kindern, vgl. § 176 StGB), 12 und 6 Jahren (Kinoverbote, vgl. § 6 JSchÖG).

Vielen dieser besonderen Altersregelungen des Jugendrechts ist mit den zivilrechtlichen Regelungen über die Handlungsfähigkeit eine *Ambivalenz von Schutzfunktion und Entrechtung* gemeinsam, die objektiv, vor allem aber auch subjektiv im Bewußtsein des Jugendlichen, problematisch und konflikthaft werden kann: Wenn der Jugendliche durch verweigerte elterliche Zustimmung etwa vor einem übereilten Kaufentschluß bewahrt wird, erlebt er dies zunächst als Beschränkung seiner Entschließungs- und Betätigungsfreiheit. Entsprechendes gilt für die Jugendschutznormen, vor allem für das Rauchverbot und die verschiedenen Besuchsverbote (Gaststätten, Tanzveranstaltungen) des Gesetzes zum Schutze der Jugend in der Öffentlichkeit.

Unterstützt von ökonomischen Entwicklungen unter dem Einfluß der Massenmedien und durch die damit einhergehenden Veränderungen im öffentlichen Bewußtsein, gehen neuere Tendenzen im Jugendschutz dahin, Schutzzonen für ältere Jugendliche zunehmend abzubauen und den Akzent auf Kinderschutzgesichtspunkte zu verlagern.

Die Vorverlegung der Volljährigkeitsgrenze auf das 18. Lebensjahr seit 1975 ist Teil dieser Entwicklung; sie wurde charakteristischerweise gerade durch Parallelentwicklungen in solchen öffentlich-rechtlichen Bereichen gefördert, für die der individuelle Schutzgedanke nicht die gleiche Rolle spielte wie sonst im Zivil-, Straf-, Arbeits- und Jugendschutzrecht (Wehrpflicht ab dem 18. Lebensjahr; Vorverlegung des aktiven

Wahlrechts auf das 18. Lebensjahr seit 1970). Systematisch und politisch erschien es dann unstimmig, dem 18jährigen zwar schon Mitbestimmung für das Gemeinwesen, aber noch nicht für sich selbst zuzusprechen. Den mit Herabsetzung der Volljährigkeitsgrenze einhergehenden Abbau des Schutzes vor eigenen folgenreichen Entscheidungen hat der Gesetzgeber bewußt in Kauf genommen und nur noch auf dem Gebiet des Jugendstrafrechts ein nunmehr fast systemwidrig wirkendes Hinausschieben schonungsloser Volljährigkeit beibehalten. Hier findet nach wie vor das mildere Jugendstrafrecht Anwendung auf „Heranwachsende" zwischen 18 und 21 Jahren, soweit sie in ihrer individuellen Reife Jugendlichen gleichstehen.

Verhältnis des Minderjährigen zu seinen Eltern. In der bis zum 31. 12. 1979 geltenden Fassung des § 1626 BGB stand das minderjährige Kind unter „elterlicher Gewalt". Vordergründige Polemiken gegen diesen alten „Gewalt"-Begriff gingen zwar insofern fehl, als es sich hier nicht notwendig um Gewalt im Sinne körperlichen Zwanges oder gar um handgreifliche Manifestationen von „Gewalttätigkeit", sondern zunächst nur um die Beschreibung eines personenrechtlichen Zuordnungs-(Status-) Verhältnisses handelte. Angesichts der mit dem Gewaltbegriff verbundenen Assoziationen ist er aber bei der Neuregelung des Rechts der „elterlichen Sorge" (so der neue Gesetzesbegriff) bewußt vermieden worden. Im Gegensatz zu der früheren, pädagogisch problematischen Beschreibung eines statischen Eltern-Kind-Verhältnisses betont die am 1. 1. 1980 in Kraft getretene Neufassung der §§ 1626 ff. BGB den Prozeßcharakter der Erziehung: „Bei der Pflege und Erziehung berücksichtigen die Eltern die wachsende Fähigkeit und das wachsende Bedürfnis des Kindes zu selbständigem verantwortungsbewußtem Handeln. Sie besprechen mit dem Kind, so-

weit es nach dessen Entwicklungsstand angezeigt ist, Fragen der elterlichen Sorge und streben Einvernehmen an" (§ 1626, Abs. 2 BGB – neue Fassung). Weitergehende Reformbestrebungen konnten sich nicht durchsetzen, insbesondere nicht die gesetzliche Verankerung einer 14-Jahres-Grenze, oberhalb deren die Eltern Bildungs- und Berufswegentscheidungen mit dem Kinde hätten erörtern und im Konfliktfall den Rat eines Berufs- und Bildungsberaters einholen müssen. In seiner Neufassung schreibt der § 1631 a nur vor, daß die Eltern bei Zweifeln über Eignung und Neigung des Kindes den Rat eines Lehrers oder einer anderen geeigneten Person einholen sollten; nehmen sie „offensichtlich keine Rücksicht auf Eignung und Neigung des Kindes und wird dadurch die Besorgnis begründet, daß die Entwicklung des Kindes nachhaltig und schwer beeinträchtigt wird, so entscheidet das Vormundschaftsgericht" (§ 1631 a, Abs. 2 BGB – neue Fassung). Damit tritt zu der bisherigen Eingriffsnorm des § 1666 BGB eine zweite, die im Gegensatz zu dieser mehr auf Fernwirkungen elterlicher Fehlentscheidungen abgestellt ist. Beide Eingriffsnormen konkretisieren das in Art. 6, Abs. 2, Satz 2 GG normierte staatliche Wächteramt und die Pflichtbindung der Elternfunktion, die sich ihrerseits aus Personenwürde und Selbstentfaltungsrecht des Kindes ergibt (vgl. Entscheidungen des Bundesverfassungsgerichts, Bd. 31, S. 204 f.).

Die 14-Jahres-Grenze. Zu einer echten Teilmündigkeit hat sich die 14-Jahres-Grenze bisher nur auf dem Gebiet der religiösen Erziehung verfestigt: Nach § 5 des Gesetzes über religiöse Kindererziehung von 1921 besteht nach Vollendung des 14. Lebensjahres volle Religionsmündigkeit, die als „annus discretionis" bereits 1751 in einem Conclusum Corporis Evangelicorum anerkannt war. Nach Vollendung des 12. Lebensjahres gilt bereits eine beschränkte Religionsmündigkeit, so daß beispielsweise ein Konfessionswechsel nicht erzwungen werden kann.

Die Neuregelung der elterlichen Sorge hat die 14-Jahres-Grenze zwar nicht im Sinne weiterer Teilmündigkeiten für gewisse Entscheidungsbereiche konkretisiert, aber an diese Altersgrenze doch neue prozessuale Eigenrechte geknüpft und damit eine im bisherigen Recht schon angebahnte Entwicklung fortgesetzt. Schon früher hatte der über 14jährige ein selbständiges Beschwerderecht in eigenen Angelegenheiten (vgl. § 59, Abs. 2 des Gesetzes über die Angelegenheiten der freiwilligen Gerichtsbarkeit – FGG), ein Recht auf Bekanntgabe und Zustellung von Beschlüssen über Erziehungsbeistandsschaft und Fürsorgeerziehung (vgl. § 57, Abs. 4 und § 65, Abs. 3 JWG) und – als Mündel – ein Recht auf Anhörung im vormundschaftsgerichtlichen Genehmigungsverfahren (vgl. § 1827 BGB). Dazu kommen jetzt für den über 14jährigen Jugendlichen ein Recht auf Anhörung in allen vormundschaftsgerichtlichen Verfahren über ihn betreffende Sorgerechtsentscheidungen (vgl. § 50 b, Abs. 2 FGG – neue Fassung) und ein eigenes Vorschlagsrecht für eine vom Elternvorschlag abweichende Sorgerechtsregelung bei Ehescheidung der Eltern. Alle diese prozessualen Eigenrechte sollen verhindern, daß der Jugendliche nur Verfahrens- und Entscheidungsobjekt ist; sie tragen damit gleichzeitig dem Gedanken einer schrittweisen Hinführung zur Mündigkeit Rechnung.

Elterliche Unterhaltspflicht für Volljährige. Die Unterhaltspflicht der Eltern ist keineswegs auf die Phase der Minderjährigkeit beschränkt, sondern besteht grundsätzlich unabhängig hiervon als eine Form der allgemeinen Unterhaltspflicht von Verwandten: Wer außerstande ist, sich selbst zu unterhalten, hat unabhängig vom Lebensalter einen Unterhaltsanspruch gegen seine Verwandten in gerader Linie (aufsteigend: Eltern, Großeltern; absteigend: Kinder, Enkel), sofern diese nicht durch die Unterhaltsgewährung ihren eigenen angemessenen Unterhalt gefährden würden (vgl. §§ 1601 bis 1603 BGB). Lediglich in einigen Einzelheiten reicht die Unterhaltspflicht von Eltern gegenüber ihren unverheirateten minderjährigen Kindern weiter (vgl. § 1602, Abs. 2 und § 1603, Abs. 2 BGB) oder ist wie bei unverheirateten, auch volljährigen Kindern mit einem Bestimmungsrecht über die Art des Unterhalts verbunden (vgl. § 1612, Abs. 2 BGB: beispielsweise Unterhalt in Geld oder durch Naturalien im elterlichen Haushalt). Im übrigen bestimmt sich das Maß des Unterhalts nach der Lebensstellung des Bedürftigen; der Unterhalt umfaßt den gesamten Lebensbedarf einschließlich der Kosten einer angemessenen Vorbildung zu einem Beruf (vgl. § 1610 BGB). Innerhalb dieser Grenzen liegt die Entscheidung über den angestrebten Beruf und den hierfür einzuschlagenden Ausbildungsweg allein bei dem jungen Erwachsenen. Insofern ist der volkstümliche Grundsatz „wer zahlt, schafft an" hierauf nicht übertragbar. So können Eltern auch für eine Ausbildung in Anspruch genommen werden, die sie selbst mißbilligen. Die Herabsetzung der Volljährigkeitsgrenze auf das vollendete 18. Lebensjahr in Verbindung mit durchschnittlich längerer und qualifizierterer Ausbildung für breite Bevölkerungsschichten verstärkt die hier angelegte konflikthafte Problematik beträchtlich.

Das Bundesausbildungsförderungsgesetz (BAFöG – ursprünglich vom 26. 8. 1971, jetzt gültige Fassung vom 13. 7. 1981 – BGBl. I, S. 625) sucht dieser Problemlage durch folgende Grundkonstruktion Rechnung zu tragen: Grundsätzlich wird Jugendlichen und jungen Erwachsenen (Altersgrenze im Regelfall 35 Jahre bei Förderungsbeginn) ein Rechtsanspruch gegen den

Staat auf individuelle Förderung einer Ausbildung zuerkannt, die sich nach Neigung, Eignung und Leistung bestimmt. Dieser Anspruch setzt voraus, daß dem Auszubildenden andere Mittel nicht zur Verfügung stehen. Der Bedarf ist in Regelsätzen typisiert; die Unterhaltspflicht der Eltern geht der staatlichen Förderung vor, jedoch bleibt das elterliche Einkommen bis zu bestimmten (familienabhängigen) Freibeträgen anrechnungsfrei. Wenn Eltern ihren hiernach anzurechnenden typisierten Unterhaltsbeitrag nicht leisten, erhält der Auszubildende den vollen Förderungsbetrag, sein Unterhaltsanspruch gegen die Eltern wird in Höhe des Anrechnungsbeitrages vom Amt für Ausbildungsförderung auf das Land übergeleitet und auf diesem Wege ohne weitere Mitwirkung des Auszubildenden durchgesetzt (vgl. §§ 36, 37 BAFöG). Dadurch bleibt dem jungen Erwachsenen der Konflikt erspart, entweder einen Unterhaltsprozeß gegen seine Eltern selbst zu führen oder aber seine eigenen Ausbildungswünsche und damit seine Autonomie für die eigenverantwortliche Lebensplanung den abweichenden Vorstellungen seiner Eltern unterordnen zu müssen.

ARIÈS, P.: Geschichte der Kindheit, München/Wien 1975. DANZIG, H.: Kindschaftsrecht, Neuwied/Berlin 1974. GERNHUBER, J.: Lehrbuch des Familienrechts, München ³1978. GÖHRING, H.: Das Recht des Kindes und der Eltern, München ⁴1976. LUTHER, G.: Ehemündigkeit – Volljährigkeit – Strafmündigkeit, Berlin/Neuwied 1961. SCHÄFER, H.: Die Herabsetzung der Volljährigkeit. Anspruch und Konsequenzen, München 1977.

Wolfgang Perschel

Wahlbereich

Begriff. Der Begriff „Wahlbereich" bedeutet zweierlei. *Inhaltlich* ist damit ein Lernbereich in den Schulformen der Sekundarstufe II gemeint, der eine Reihe von Unterrichtsfächern umfaßt, die vom Schüler nach seinen individuellen Lerninteressen gewählt werden können. Diese Wahlmöglichkeiten sind aber durch das Abdecken von Aufgabenfeldern für die Abiturprüfung (gymnasiale Oberstufe) oder berufsspezifische Fächer oder sonstige Pflichtwahlen (berufliche Schulen, integrierte Sekundarstufe II) zum Teil eingeschränkt. *Organisatorisch* wird ein gewisses Stundendeputat als Wahlbereich (im Durchschnitt acht bis zwölf Wochenstunden) umschrieben, das dem Schüler für die Fächerwahlen zur Verfügung steht.

Wahlbereich in der gymnasialen Oberstufe. Die Entwicklung und Zielsetzung dieses Lernbereichs ist mit der Reformierung der gymnasialen Oberstufe verknüpft. Die Ständige Konferenz der Kultusminister der Länder in der Bundesrepublik Deutschland (vgl. KMK 1963) hat in ihrer Saarbrücker Rahmenvereinbarung den Kanon der Unterrichtsfächer für die Oberstufe gelockert. Für die Oberstufen der drei *Gymnasialtypen* (altsprachlich, neusprachlich, mathematisch-naturwissenschaftlich) wurden jeweils vier Kernpflichtfächer festgelegt und für die Klassen 12 und 13 ein Wahlpflichtfach eingeführt. Dieses Wahlpflichtfach mußte entweder eine Fremdsprache oder eine Naturwissenschaft sein (vgl. SCHEUERL 1962, S. 163). Der DEUTSCHE AUSSCHUSS FÜR DAS ERZIEHUNGS- UND BILDUNGSWESEN (vgl. 1966, S. 556 f.) kritisierte diese eingeschränkte Wahlmöglichkeit in seinen Empfehlungen zur Neuordnung der höheren Schule 1964 und forderte, daß alle Unterrichtsfächer, die bis zum Ende der Obersekunda unterrichtet worden sind, dem Schüler für ein Wahlleistungsfach

zur Auswahl stehen sollten. Die fortschreitende Ausdifferenzierung neuer gymnasialer Oberstufentypen ab Mitte der 60er Jahre (vgl. SCHEUERL 1969, S. 67 ff.) war dann ein weiterer Schritt, in den Klassen 11 bis 13 verschiedene Fächerkombinationen als individuelle Lernschwerpunkte einzurichten. Doch erst mit der Vereinbarung zur Neugestaltung der gymnasialen Oberstufe (vgl. KMK 1972) wurde das gesamte Unterrichtsangebot in zwei Lernbereiche gegliedert: in einen Pflichtbereich und in einen Wahlbereich. Der *Pflichtbereich* bedeutet für alle Schüler verbindlichen Unterricht in drei Aufgabenfeldern, in Religionslehre und Sport. Aus dem *Wahlbereich* kann der Schüler nach seinen persönlichen Neigungen und Lerninteressen Unterrichtsfächer wählen. Diese Fächer bilden in Verbindung mit den Fächern des Pflichtbereichs den individuellen Lernschwerpunkt des Schülers. „Die Fächer des Wahlbereichs stellen im Regelfall Teilgebiete aus den drei Aufgabenfeldern dar. In ihnen soll der Schüler in den Sachbereich, die Methode und die Fachsprache der jeweiligen Wissenschaft eingeführt werden. Der Wahlbereich bietet auch Raum für Anwendung (z. B. Kunst- oder Musikausübung, Anwendung der Mathematik in der Datenverarbeitung) und für berufsbezogene Kurse. Im Grundsatz können allen Wissenschaften Unterrichtsgegenstände entnommen werden. Dadurch ist eine Erweiterung des Fächerangebots in der Schule möglich" (KMK 1972, S. 15). Zu der Erweiterung des Fächerangebotes gehören vor allem Psychologie, Soziologie, Rechtskunde und Technologie, Ökonomie, Statistik, Informatik. Es handelt sich also um Lernbereiche, die es als schulische Unterrichtsfächer vorher nicht gab oder die nur an beruflichen Schulen unterrichtet worden sind. Damit enthält der Wahlbereich außer dem Aspekt der individuellen Fächerwahl noch eine spezifisch didaktisch-curriculare Zielsetzung: „Der Wahlbereich öffnet das neue System der gymnasialen Oberstufe für weitere Entwicklungen. Hier können die herkömmlichen Fächer des Gymnasiums vertieft und didaktisch differenziert werden. Hier ist auch der Platz, neue Fächer, vor allem des technischen und wirtschaftlichen Bereichs, in das gymnasiale Curriculum einzuführen und so in pragmatischer Weise die Kooperation von allgemeinen und berufsbezogenen Bildungsgängen einzuleiten und eine mögliche spätere Integration zu erproben" (KMK 1972, S. 10).

Wahlbereich in der integrierten Sekundarstufe II. Diese Funktion des Wahlbereichs ist in den Empfehlungen und Planungstexten zu einer integrierten Sekundarstufe II aufgegriffen und konzeptionell weiterverfolgt worden (vgl. DEUTSCHER BILDUNGSRAT 1974, S. 55 ff.; vgl. KULTUSMINISTER NORDRHEIN-WESTFALEN 1972, S. 49 ff.; vgl. KULTUSMINISTER NORDRHEIN-WESTFALEN 1976, S. 296 ff.). Der Lernbereich für die Wahl des individuellen Lernschwerpunktes erhält in der integrierten Sekundarstufe II jedoch den Namen „Schwerpunkt". Hinter dieser Namensänderung verbirgt sich aber ein wesentlicher Unterschied zur gymnasialen Oberstufe: In der gymnasialen Oberstufe wählt der Schüler zwischen einzelnen Fächern, die er beliebig zusammenstellen und kombinieren kann – nur die drei Aufgabenfelder müssen dabei im Hinblick auf die Abiturprüfung abgedeckt werden. In der integrierten Sekundarstufe II, der Kollegschule, wählt der Schüler aus einem Angebot von durchstrukturierten Bildungsgängen einen Bildungsgang aus, der dann mehrere Fächer verbindlich macht und diese Fächer in einen didaktisch curricularen Zusammenhang stellt (zum Beispiel Elektrotechnik, Naturwissenschaften, Erziehung und Soziales). Die Idee des Wahlbereichs ist also in der integrierten Sekundarstufe II mit der Einrichtung des neuen Lernbereichs „Schwerpunkt" weiterentwickelt worden.

Aber auch in den Modellvorschlägen für eine integrierte Sekundarstufe II ist noch ein eigenständiger Wahlbereich vorgesehen. Seine Funktionsbestimmung ist vielfältig und nicht ganz eindeutig: In dem Planungskonzept für die Kollegstufe NW soll dieser Lernbereich zur „Beförderung der individuellen, nicht unmittelbar funktionsbezogenen Anlagen des Individuums" (KULTUSMINISTER NORDRHEIN-WESTFALEN 1972, S. 34) dienen. Ähnliche Vorstellungen im Zusammenhang mit der Einrichtung eines neuen Lernortes „Studio" artikuliert auch der DEUTSCHE BILDUNGSRAT (1974, S. 19): „Das Studio eröffnet dem Lernenden für den Wahlbereich neuartige Lernmöglichkeiten im Bereich des kreativen, ästhetischen und in diesem Zusammenhang auch des sozialen Lernens."

Doch die konkreten Vorschläge zur Nutzung des Wahlbereichs fügen diesen Empfehlungen weitere Möglichkeiten hinzu, die mit dem zunächst genannten Konzept nicht übereinstimmen. Denn dieser Lernbereich soll vor allem zum Nachholen und zur Erweiterung von Qualifikationen und zur Stützung und Vervollkommnung des Lernens im Lernbereich „Schwerpunkt" beziehungsweise im gewählten Bildungsgang beitragen (vgl. DEUTSCHER BILDUNGSRAT 1974, S. 62; KULTUSMINISTER NORDRHEIN-WESTFALEN 1972, S. 58). Der Wahlbereich in der integrierten Sekundarstufe II dient in erster Linie als ein zusätzliches Stundendeputat für einen erfolgreichen Abschluß des Bildungsganges. Dieses Verständnis hat sich auch schulpolitisch bei den Reformversuchen durchgesetzt. So gelang etwa im Kollegschulversuch Nordrhein-Westfalen die Integration von studienbezogenen und berufsqualifizierenden Bildungsgängen zunächst nur unter Beanspruchung des Stundendeputats für den Wahlbereich. Daraus ergab sich ein gewisser Widerspruch zwischen der didaktisch definierten Nutzungsmöglichkeit des Wahlbereichs und der faktischen Aushöhlung dieses Lernbereichs zu einem Stundenreservoir für die Abdeckung von Pflichtbindungen. Diese Aushöhlung wird damit begründet, daß es eben „freie Wahl" des Schülers sei, die Doppelqualifikation, das heißt innerhalb der normalen Verweildauer in der Oberstufe sowohl eine Studien- als auch eine Berufsqualifikation, anzustreben: Wer die Abiturprüfung mit dem Leistungsfach Physik und gleichzeitig die Prüfung als Technischer Assistent für Physik, wer die Abiturprüfung mit dem Leistungsfach Erziehungswissenschaft und gleichzeitig die Prüfung als Erzieher ablegen will, der hat damit seine „Wahl" getroffen.

Diese Argumentation hat eine gewisse Plausibilität, weil sich die Konzeption didaktisch durchstrukturierter und alternativ wählbarer Bildungsgänge aus dem ursprünglichen Ansatz eines Wahlbereiches entwickelt hat. Gleichwohl können die Überlegungen damit nicht beendet sein. Denn die Programmatik der Empfehlungstexte für eine integrierte Sekundarstufe II legt die darüber hinausgehende Frage nach einem Wahlbereich neben der Wahl schwerpunktbezogener Bildungsgänge nahe. Künstlerisches Gestalten, literarische Versuche, musische und sportliche Betätigung und andere Spielhandlungen hätten in einem solchen neuen Wahlbereich einen sinnvollen Ort als Qualifikation für ein handlungsorientiertes Lernen, welches die auf Wissenschaftspropädeutik und berufliche Qualifizierung gerichteten Anstrengungen im Schwerpunktbereich und im obligatorischen Lernbereich kontrastieren könnte. Die Modellversuche zur integrierten Sekundarstufe II sind bildungspolitisch primär an dem Konzept der doppeltqualifizierenden Bildungsgänge interessiert – in ihrer pädagogischen Intention liegt indessen auch die Frage, ob und in welchem Umfang der Wahlbereich für ein solches alternatives Lernen in kontrastierenden Lernbereichen erschlossen werden kann.

DEUTSCHER AUSSCHUSS FÜR DAS ERZIEHUNGS- UND BILDUNGSWESEN: Empfehlungen für die Neuordnung der höheren Schulen (1964). In: DEUTSCHER AUSSCHUSS FÜR DAS ERZIEHUNGS- UND BILDUNGSWESEN: Empfehlungen und Gutachten des Deutschen Ausschusses für das Erziehungs- und Bildungswesen 1953–1965 (Gesamtausgabe), Stuttgart 1966, S. 527 ff. DEUTSCHER BILDUNGSRAT: Zur Neuordnung der Sekundarstufe II. Konzept für eine Verbindung von allgemeinem und beruflichem Lernen. Empfehlungen der Bildungskommission, Stuttgart 1974. KMK: Rahmenvereinbarungen zur Ordnung des Unterrichts auf der Oberstufe der Gymnasien. Beschluß vom 29./30. 9. 1960, Neuwied 1963. KMK: Vereinbarung zur Neugestaltung der gymnasialen Oberstufe in der Sekundarstufe II. Beschluß vom 7. 7. 1972, Neuwied 1972. KULTUSMINISTER NORDRHEIN-WESTFALEN (Hg.): Kollegschule NW. Strukturförderung im Bildungswesen des Landes Nordrhein-Westfalen, Heft 17, Ratingen/Kastellaun/Düsseldorf 1972. KULTUSMINISTER NORDRHEIN-WESTFALEN (Hg.): Schulversuch Kollegschule NW. Strukturförderung im Bildungswesen des Landes Nordrhein-Westfalen, Heft 31, Köln 1976. SCHEUERL, H.: Probleme der Hochschulreife. Bericht über die Verhandlungen zwischen Beauftragten der KMK und der Westdeutschen Rektorenkonferenz 1958 bis 1960 „Tutzinger Gespräche" I bis III, Heidelberg 1962. SCHEUERL, H.: Die Gliederung des deutschen Schulwesens, Stuttgart 1969.

Roland Naul

Wirtschaftssystem – Wirtschaftspolitik

Theoretische Ansätze und Probleme. Das wirtschaftliche Leben vollzieht sich in bestimmten geordneten Zusammenhängen. Die vielfältigen Unterschiede in der Organisation wirtschaftlichen Handelns in verschiedenen Ländern und historischen Entwicklungsepochen lassen sich auf bestimmte wesentliche Merkmale zurückführen, zu deren Rekonstruktion historische und analytische Theorieansätze entwickelt wurden. In historischer Betrachtung können die unterschiedlichen Produktions- und Reproduktionsbedingungen im Zusammenhang mit den Eigentumsverhältnissen (zum Beispiel durch die Stufenfolge Feudalismus, Kapitalismus, Sozialismus) charakterisiert werden. Angesichts der Komplexität moderner Wirtschaftssysteme hebt die sogenannte reine Theorie demgegenüber auf bestimmte Organisationsmerkmale unabhängig von ihrem historischen Entstehungszusammenhang ab (zum Beispiel mit den Analysekategorien Plan/Markt). Da eine Verknüpfung der analytisch orientierten Theorie mit den historischen Ansätzen noch nicht vorliegt, kann von einer einheitlichen Theorie der Wirtschaftssysteme nicht gesprochen werden.

Vorherrschendes Kennzeichen moderner Volkswirtschaften mit hochentwickelter Produktionstechnik, hochgradiger Spezialisierung und intensiver Arbeitsteilung ist die Tatsache, daß die reinen Systemelemente, wie sie in der Theorie beschrieben und analysiert werden, immer in bestimmten Mischungen auftreten. Für westliche Marktwirtschaften ist die enge Verzahnung von Staat und Privatwirtschaft charakteristisch. Sie soll im folgenden in bezug auf drei Problembereiche erörtert werden, und zwar betreffend

– den Zusammenhang von sozialer Integration und den grundlegenden wirtschaftlichen Institutionen,
– die Produktions- und Investitionsentscheidungen (Allokations- und Akkumulationsprobleme),
– die Verteilungsfrage.

Soziale Integration und wirtschaftliche Institutionen. Für die soziale Integration des überwiegenden Teils der Bevölkerung ist mittelbar oder unmittelbar ihre eigene Arbeit maßgeblich. Für kapitalistische Marktwirtschaften ist charakteristisch, daß die Arbeitsleistung gegen ein Entgelt erfolgt. Die Verfügung über die Arbeitsergebnisse liegt dann bei dem jeweiligen Arbeitgeber. Da Lohnarbeit in dieser Form nicht genügend soziale Integrationskraft entfaltet, kann Stabilität des Arbeitsmarktes nur durch das Entstehen zusätzlicher Integrationsmomente garantiert werden, so etwa durch das Recht auf kollektive Interessenvertretung, die Mitbestimmung, die soziale Sicherung bei Krankheit und im Alter. All diese Maßnahmen beseitigen zwar nicht den im Lohnarbeitsverhältnis begründeten Interessenkonflikt, verlagern aber seine Austragung vom eigentlichen Arbeitsverhältnis selbst auf vielfältige andere Felder. Da die zusätzlichen Regulierungsmaßnahmen beispielsweise in Form von gesetzlichen Bestimmungen im politischen Willensbildungs- und Entscheidungsprozeß zustande kommen, enthält das Lohnarbeitsverhältnis dadurch auch eine politische Komponente.

Produktions- und Investitionsentscheidungen. Grundlage der Produktions- und Investitionsentscheidungen in einer kapitalistischen Marktwirtschaft ist die Institution des Privateigentums. Nach der klassischen Lehre ist ein System privater dezentraler Entscheidungen auf dieser Grundlage deshalb so effektiv, weil die von den jeweiligen Eigentümern zu tragende Verantwortung für die Resultate ihrer Entscheidungen dafür sorgen wird, daß die jeweils beste Entscheidungsalternative gesucht und durchgeführt wird. Den Maßstab für die privaten Entscheidungen bildet der Gewinn. Der größtmögliche Gewinn der Unternehmen kann jedoch nur unter zwei Bedingungen auch mit dem gesellschaftlichen Reichtum gleichgesetzt werden: Einmal gilt dies nur, soweit sich der Reichtum überhaupt in monetären Größen ausdrücken läßt. Vielfältige soziale und natürliche Bedingungen, die für den Wohlstand einer Nation ebenfalls maßgeblich sind, wie zum Beispiel Bildung, werden in einem rein monetären Maß aber nicht berücksichtigt. Zum anderen bezieht dieses Kriterium die große Zahl der unselbständig Beschäftigten nicht ein.

Eine Reihe weiterer Momente hat in der Entwicklung des kapitalistischen Wirtschaftssystems zur Einschränkung der Marktsteuerung beigetragen: Nach dem klassischen Gedanken der „unsichtbaren Hand" (A. Smith) werden die vielfältigen Wirtschaftspläne der einzelnen privaten Wirtschaftseinheiten am besten über den Markt koordiniert, indem sich die Wirtschaftseinheiten an vom Markt ausgehenden Preis- und Mengensignalen orientieren. In dynamischer Betrachtungsweise, in die die sich im Wettbewerbsprozeß durchsetzenden technischen und sozialen Wandlungen einbezogen werden, erscheint eine solche Annahme jedoch als problematisch. Denn die entscheidende Koordinationsaufgabe bezieht sich auf die Zukunft. Bei langen Planungs- und Ausreifungszeiten und hohem spezifischen Kapitaleinsatz, wie sie für viele Industrieprodukte typisch sind, ergibt sich die Notwendigkeit einer Vorabkoordination, die sich an Marktsignalen nicht orientieren kann, da solche noch gar nicht vorliegen. Als Ersatz dafür versuchen die Wirtschaftseinheiten durch Erweiterung ihres Einflußbereiches zum Beispiel im Rahmen der horizontalen und vertikalen Konzentration sich zusätzliche Koordinationsinstrumente zu verschaffen und die zukünftige Marktentwicklung

an ihre Unternehmensplanung anzupassen. Wirtschaftspolitische Maßnahmen haben das Entstehen von Marktmacht daher nicht verhindern können.

Häufig sind auch staatliche Instanzen in privatwirtschaftliche Absicherungsstrategien einbezogen. Insbesondere gilt dies für große Unternehmungen; denn die Abhängigkeit größerer Bevölkerungsgruppen von der wirtschaftlichen Entwicklung solcher Unternehmen veranlaßt die politisch Verantwortlichen zu Eingriffen mit dem Zweck der Sicherung von Arbeitsplätzen. Im Zusammenhang mit solchen Maßnahmen wird oft von einer Asymmetrie gesprochen: Privatisierung der Gewinne, aber Sozialisierung von Verlusten. Angesichts des hohen staatlichen Anteils am Sozialprodukt ist eine Neutralität des Staates in bezug auf die Allokationsentscheidungen jedoch ohnehin nicht gewährleistet. Andererseits fußt die Dynamik der volkswirtschaftlichen Entwicklung in hohem Maße auf privat-dezentralen Investitionsentscheidungen. Diese Entscheidungen haben vielfältige Auswirkungen auf den gesamtwirtschaftlichen Prozeß und damit auch wieder Rückwirkungen auf das staatliche Handeln. Eine Asymmetrie kann auch darin gesehen werden, daß staatliche Maßnahmen erst in Korrektur und nachfolgend zu den privatwirtschaftlichen Akkumulationsentscheidungen erfolgen. Dies wird insbesondere von den Vertretern des Gedankens der Investitionslenkung kritisiert, die für eine staatlich beeinflußte Vorabkoordination der Investitionspläne eintreten. Damit ist generell die Frage der Grenzziehung von Politik und Ökonomie angesprochen. Wie bedeutend der staatliche Einfluß auf den Wirtschaftsablauf ist, läßt sich auch am steigenden Anteil der staatlichen Verfügung über das Sozialprodukt ablesen. Darüber hinaus sind bestimmte private Produktionsbereiche entweder ganz in staatlichem Eigentum oder unterliegen besonderen staatlichen Kontrollen oder beziehen sich fast ausschließlich auf staatliche Nachfrage. In all diesen Fällen vermischen sich ökonomische Entscheidung und auf den Staat einwirkende Interessen über die politische Willensbildung zu einem Konglomerat. Im Hinblick auf Militärausgaben wird deshalb von einem militärisch-industriellen Komplex und im Hinblick auf soziale Ausgaben wie Gesundheit und Umweltschutz von einem sozial-industriellen Komplex gesprochen.

Bezogen auf alle diejenigen wirtschaftlichen Vor- oder Nachteile, die auf bestimmte wirtschaftliche Transaktionen zurückgehen, in diesen aber nicht verrechnet werden, muß das marktwirtschaftliche Rechnungssystem versagen. Dies gilt zum Beispiel für Umweltschäden, die von anderen als den Verursachern getragen werden müssen, oder für die Vorteile der besseren Infrastrukturausstattung in Zentralregionen, die nicht entsprechend entgolten werden müssen. Solche über den Marktpreis nicht berechneten externen Effekte dienen innerhalb der marktwirtschaftlichen Logik als Begründung für korrigierende wirtschaftspolitische Maßnahmen. Neben die Forderung nach gleichmäßiger Ausstattung der Wirtschaftsräume mit Infrastruktur (Verkehrswege, Ausbildungsstätten und anderes) tritt die Forderung nach „Internalisierung" der externen Vor- oder Nachteile. Da eine solche Internalisierung aber wegen der häufig auftretenden Bewertungs- und Zuordnungsprobleme kaum möglich ist, läßt sich damit folgerichtig auch die Forderung nach einer politischen Steuerung solcher Wirtschaftsbereiche begründen.

Einkommensverteilung. Entsprechend der sozialen Integration über den Arbeitsmarkt kommt der Einkommens- und mittelbar auch der Vermögensverteilung in diesem Zusammenhang eine erhebliche Bedeutung zu. Die marktwirtschaftliche Verteilungsregel „Verteilung nach dem Leistungsbeitrag" wirft Bewertungsprobleme auf. Denn der Versuch der ökonomischen Theorie, den Leistungsbeitrag durch eine Marginalanalyse zu bestimmen (Leistungsbeitrag = zusätzliche Produktionseinheit, die durch zusätzlichen Einsatz erreicht werden kann), muß in einem komplexen interdependenten System der Arbeitsteilung versagen, weil alle Leistungsbeiträge zumindest qualitativ aufeinander angewiesen sind. Damit kehrt sich die marktwirtschaftliche Bewertungsregel leicht um: Die von bestimmten Berufsgruppen historisch erreichten Verteilungspositionen werden als ihr Leistungsbeitrag ausgegeben. Insofern bedarf eine auf soziale Integration zielende Verteilungspolitik zusätzlicher Verteilungsnormen.

Die Verteilungsentscheidungen erfolgen primär durch die Tarifverhandlungen zwischen Arbeitgebern und Gewerkschaften und die Preispolitik der Unternehmen, werden jedoch durch die Umverteilungsmaßnahmen des Staates oder staatsähnlicher Institutionen verändert. Diese dienen dem Einkommensausgleich zwischen Personen, Regionen, Arbeitenden und Nichtarbeitenden oder Familien mit und ohne Kinder(n). Umverteilungsmaßnahmen setzen sowohl bei der Aufbringung öffentlicher Mittel an (progressive Einkommensteuer) wie bei öffentlichen Ausgaben (Subventionen, Transferausgaben). Da der Erfolg solcher Maßnahmen auf dem Saldo von Belastungen und Transfer beruht, wird die Wirksamkeit vieler dieser Maßnahmen mit Recht angezweifelt.

HEDTKAMP, G.: Wirtschaftssysteme, München 1974. HOFMANN, W.: Grundelemente der Wirtschaftsgesellschaft, Hamburg 1969. ZINN, K. G.: Allgemeine Wirtschaftspolitik als Grundlegung einer kritischen Ökonomie, Stuttgart 1974.

Wolfgang Pfaffenberger

Wirtschaftswachstum

Probleme des Wirtschaftswachstums.
Unter Wirtschaftswachstum wird die Zunahme der volkswirtschaftlichen Produktion pro Kopf der Bevölkerung verstanden. Wirtschaftswachstum in diesem Sinne setzt voraus, daß die Produktivität der insgesamt in einer Volkswirtschaft eingesetzten Arbeit, etwa infolge von Rationalisierungsmaßnahmen, steigt. Um wirtschaftliches Wachstum messen zu können, benötigt man einen Maßstab, der von der Vielfalt der Güterarten unabhängig ist. Im gesamtwirtschaftlichen Rechnungswesen findet deshalb der monetäre Maßstab Anwendung. Hiermit ist jedoch ein erheblicher Informationsverlust verbunden; denn in dieses Maß können nur solche Größen eingehen, die auf Markttransaktionen beruhen. So bleiben wichtige Teile der gesamtwirtschaftlichen Produktionsleistung (etwa Dienstleistungen im Haushalt) sowie die gesamten externen Effekte der Produktion (wie zum Beispiel Umweltschäden) außer Betracht. Aus diesen Gründen kann Wirtschaftswachstum, sofern es sich auf die Steigerung des in Geldwerten ausgedrückten Sozialprodukts bezieht, nicht mit wachsendem Wohlstand gleichgesetzt werden. Ohnehin lassen sich die vielfältigen Probleme des volkswirtschaftlichen Wachstums nicht an einer quantitativen Skala erfassen. Für das Wachstum sind gerade jene Veränderungen charakteristisch, die sich durch qualitative Eigenschaften auszeichnen.

In historischer Perspektive stellt sich der Wachstumsprozeß als Abfolge der Entwicklungsstufen von der Agrarwirtschaft über die Industriewirtschaft zur Dienstleistungswirtschaft dar. Im Verlauf dieser Entwicklung verändert sich der soziale Status der Mehrheit der Bevölkerung von Selbständigen hin zu abhängig Beschäftigten. Gleichzeitig wächst mit steigender Unternehmenskonzentration die Verfügungsmacht über den Wirtschaftsprozeß bei einer kleinen Zahl von Personen. Ob und in welcher Form sich Gegenmachtpositionen herausbilden und durchsetzen können, ist abhängig von der Form des Wirtschafts- und Gesellschaftssystems.

Wirtschaftliches Wachstum basiert darauf, daß technisch-organisatorische Veränderungen durchgeführt werden, die Ertragssteigerungen ermöglichen. Als überaus mächtiger Wachstumsimpuls hat sich dabei das Gewinnmotiv erwiesen. Allerdings gewährleistet die Orientierung an der Gewinnerzielung, das heißt am Zuwachs des eingesetzten Kapitals, als Prinzip wirtschaftlicher Organisation nicht oder nur eingeschränkt wirtschaftliche Prosperität. Da auch der aus dem Kapitaleinsatz erwirtschaftete Gewinn selbst zu großen Teilen wieder gewinnbringend angelegt wird, kann sich Wachstum als Selbstzweck gegen gesellschaftliche und individuelle Bedürfnisse verselbständigen.

Der technisch-organisatorische Wandel verändert die Qualifikationsanforderungen an die Arbeitskräfte. Erworbene Qualifikationen werden überflüssig, während neue Qualifikationen gefordert werden. Damit bedeutet Wachstum ständig eine Statusbedrohung für bestimmte Berufsgruppen, die sich nur dann nicht auswirken muß, wenn die Nachfrage nach Arbeitskräften im Wachstumsprozeß insgesamt so stark wächst, daß auch alle Dequalifizierten wieder für qualifizierte Tätigkeiten eingesetzt werden müssen. Ob und inwieweit diese Entwicklung eintritt, hängt vom Tempo des technischen Fortschritts, der (immer nur schwer vorherzubestimmenden) Rate der Investitionen der Unternehmen sowie von der Bevölkerungs- und Arbeitszeitentwicklung ab. Insofern entsteht ein gewisser Spiraleneffekt: Wachstum bedeutet aufgrund steigender Produktivität Freisetzung von Arbeitskräften und Überflüssigwerden bestimmter Qualifikationen, mehr Wachstum kann diese negativen Effekte jedoch ausgleichen. Damit ergibt sich ein abgeleitetes Interesse an der Aufrechterhaltung von Wachstum, das sich in der gesellschaftlichen Diskussion über die Notwendigkeit und Wünschbarkeit wirtschaftlichen Wachstums mit dem originären Wachstumsinteresse an einer ungehemmten Gewinnerzielung vermischt.

Mit der Entwicklung neuer Produkte, neuer Grundstoffe und neuer Verfahren verlieren bestimmte Produkte und Grundstoffe an relativer oder sogar absoluter Bedeutung, so daß sich im Zuge des Wachstums die Anteile der Wirtschaftssektoren verschieben müssen. Jeder Wirtschaftszweig, dessen Produktivitätsfortschrittsrate seine Wachstumsrate übersteigt, wird dann per Saldo Arbeitskräfte freisetzen, während jeder Wirtschaftszweig, dessen Wachstum seinen Produktivitätszuwachs übersteigt, per Saldo zusätzliche Arbeitskräfte nachfragen wird. Der volkswirtschaftliche Beschäftigungsgrad als Verhältnis von Angebot und Nachfrage von Arbeitskräften wird damit Resultat eines komplexen strukturellen Wandels.

Für ein einzelnes Unternehmen ist Wachstum nicht nur durch produktivitäts- oder kapazitätssteigernde Investitionen möglich, sondern auch durch „externes" Wachstum, wenn Marktanteile und Kapazitäten anderer Unternehmungen übernommen werden. Der technische Fortschritt wirkt sich in vielen Industriezweigen so aus, daß die wirtschaftliche Mindestgröße schneller wächst als die Nachfrage, so daß externes Wachstum dieser Art Voraussetzung für die Durchführung des technischen Fortschritts wird. Daraus ergibt sich eine wachsende wirtschaftliche Macht der konzentrierten Unternehmen, die die Funktionsmechanismen der Marktwirtschaft in Frage stellt.

Die Unternehmen orientieren ihre Investitionspläne an den Gewinnerwartungen. Werden diese nicht erfüllt, weil das durch die Investitionen geschaffene Angebotspotential nicht durch eine entsprechende wachsende Nachfrage ausgeschöpft wird – und dies ist ohne eine Vorabkoordination der Investitionspläne immer wieder zu erwarten –, so kommt es aufgrund der nun rückläufigen Investitionen zu einem Rückgang der wirtschaftlichen Aktivität insgesamt. Zu einer Belebung der wirtschaftlichen Aktivität kann es erst wieder kommen, wenn die Rentabilität der Investitionen sich verbessert und die Aussicht besteht, die Produktionskapazitäten wieder auszulasten. Daraus folgt, daß das wirtschaftliche Wachstum nicht regelmäßig, sondern in Form von Konjunkturzyklen verläuft.

Wachstumspolitik. Aus den vielen Ungleichgewichten, die durch das privatwirtschaftlich motivierte Wirtschaftswachstum entstehen, ergibt sich für die Wirtschaftspolitik eine Reihe von Gestaltungsaufgaben, da ungesteuertes Wachstum mit den heute vorfindlichen gesellschaftlichen Normen nicht mehr vereinbar ist.

Da im Zuge des Wachstums neue Qualifikationsanforderungen entstehen, während herkömmliche Qualifikationen und Berufe überflüssig werden, kann sich eine vorausschauende Ausbildungspolitik nicht darauf beschränken, Ausbildungsangebote auf der Grundlage der gegenwärtig nachgefragten Qualifikationen bereitzustellen, sondern muß vielmehr auch dafür sorgen, daß der wachstumsnotwendige Qualifikationswandel von den Betroffenen positiv verarbeitet werden kann. Da der Wachstumsvorteil (Produktivitätssteigerung) allgemeiner Art ist, ist es nicht zu vertreten, den vom Qualifikationswandel jeweils negativ Betroffenen die Wachstumsnachteile anzulasten. Es erscheint allerdings fraglich, ob dies ohne Aufgabe der traditionellen Berufsvorstellung möglich ist, die durch eine flexible Berufskonzeption zu ersetzen wäre. Wegen der Schwierigkeiten quantitativer Prognosen über

701

zukünftige Ausbildungsanforderungen und der Schwerfälligkeit des Ausbildungssystems, sich an geänderte Bedarfe anzupassen, ist kaum damit zu rechnen, daß die Ausbildungspolitik die jeweiligen Anforderungen zutreffend antizipiert. Daraus ebenso wie aus der Länge der Ausbildungszeiten ergibt sich die Notwendigkeit eines Voreilens der Qualifikation vor den Anforderungen. Insofern muß zwischen dem „Bürgerrecht auf Bildung" und den wirtschaftlichen Ausbildungsanforderungen kein Gegensatz entstehen.

Bildungspolitische Maßnahmen verursachen Aufwand in Form von Investitionen, laufendem Personal- und Sachaufwand sowie dem Ausfall von Arbeitszeit durch die Verlängerung der Ausbildungszeit der Auszubildenden.

Betrachtet man diese Kosten als Investition in die Zukunft, so müssen sie sich durch Erträge rechtfertigen, die durch höhere Qualität der Arbeit als Produktivitätszuwachs anfallen sollen. Innerhalb der Bildungsökonomie ist jedoch auch diskutiert worden, Kosten der Bildung als Beitrag zum Lebensstandard (Bildung als Konsum) zu begründen.

Als Wachstumsvoraussetzung werden heute weiterhin die vielen Bereiche der materiellen Infrastruktur betrachtet (z. B. Energieversorgung, Verkehrswege). Auch in diesen Bereichen ist dem Staat die Aufgabe zugewachsen, die Infrastruktur vorausschauend im Hinblick auf zukünftige privatwirtschaftliche Investitionen zu gestalten. Damit ist das Problem der Koordination beider Bereiche aufgeworfen. Der strukturelle Wandel hat darüber hinaus zu einer Vielzahl von staatlichen Eingriffen in Form von Subventionen und anderen Umverteilungsmaßnahmen geführt, die jedoch wachstumspolitisch nur zu rechtfertigen sind, wenn sie tatsächlich auf Anpassung und nicht auf Strukturkonservierung zielen.

Die Konjunkturschwankungen begründen den Ruf nach einer Verstetigung des Wirtschaftsablaufs durch konjunkturpolitische Maßnahmen. Im Rahmen der Globalsteuerung sollen hoher Beschäftigungsgrad bei stabilem Preisniveau, angemessenes Wirtschaftswachstum und außenwirtschaftliches Gleichgewicht erreicht werden. Dies ist jedoch bisher nicht gelungen. Da die Einkommensverteilung zwischen Kapital und Arbeit im Konjunkturverlauf Schwankungen unterliegt, weil die Gewinne dem Konjunkturzyklus stärker folgen als die Löhne, steht die Konjunkturpolitik vor dem Dilemma, Einkommensverteilung und Nachfrageentwicklung miteinander in Einklang zu bringen. Je höher das gesamtwirtschaftliche Wachstum ausfällt, um so geringer wird sich dieses Dilemma auswirken, weil in einer wachsenden Volkswirtschaft der Verteilungskonflikt quasi in die Zukunft verschoben werden kann. Hingegen steigen bei langsamerem Wachstum die Anforderungen an den Staat in bezug auf soziale Umverteilungsmaßnahmen, während die Mittel zur Realisierung dieser Anforderungen zurückgehen („Krise des Steuerstaates"). Schließlich erfordert wirtschaftliches Wachstum ein Bündel sozialpolitischer Stabilisierungsmaßnahmen zugunsten der von dem mit dem Wachstumsprozeß einhergehenden sozialen Wandel negativ Betroffenen.

Wirtschaftliches Wachstum als Ziel der Wirtschaftspolitik wird zunehmend stärker angezweifelt. Grenzen des wirtschaftlichen Wachstums zeigen sich insbesondere in den vielfältigen Naturschäden, die sich als (Neben-)Ergebnis der Produktion einstellen, auf die Menschen zurückwirken und die Steigerung des materiellen Wohlstands durch Wachstum in Frage stellen. Andererseits entstehen gerade aufgrund der Umweltbeeinträchtigungen profitabel wachsende Wirtschaftszweige, deren Produktion auf die Reduzierung oder Beseitigung von Umweltschäden gerichtet ist.

GIERSCH, H.: Konjunktur- und Wachstumspolitik in der offenen Wirtschaft, Wiesbaden 1977. HOFMANN, W.: Theorie der Wirtschaftsentwicklung. Vom Merkantilismus bis zur Gegenwart. Sozialökonomische Studientexte, Bd. 3, Berlin 1971. KOMMISSION FÜR WIRTSCHAFTLICHEN UND SOZIALEN WANDEL: Wirtschaftlicher und sozialer Wandel in der Bundesrepublik Deutschland, Göttingen 1977.

Wolfgang Pfaffenberger

Wissenschaftspropädeutik

Begriffsgeschichtliches. Die Bezeichnung „Propädeutik" ist alt, Wissenschaftspropädeutik hingegen jung. Propädeutisch wurde in der Antike derjenige Unterricht genannt, der entweder in „propaideumata", das sind vorangehende Lehrfächer, inhaltlich auf die eigentliche Bildung beziehungsweise auf die sich anschließende Aneignung rhetorisch-politischer Tüchtigkeit vorbereitete oder der in eher formaler Weise der Entwicklung von geistigen Fähigkeiten beim jungen Menschen diente. So waren beispielsweise für PLATON (vgl. 1962, S. 536 D) das Rechnen, die Geometrie, ja alle im Jugendalter lernend zu absolvierenden Wissensgebiete propädeutisch. Sie machten gleichsam wie ein Proömium die unerläßliche Vorbildung aus, ehe zum allein bildenden Philosophieren vorangeschritten werden konnte. Während es nun dessen Aufgabe war, die Voraussetzungen aller Künste und Disziplinen aufzusuchen und „aufzuheben", um begrifflich Rechenschaft ablegen und „das Eine" bedenken zu können, oblag es den propädeutischen Studien, den Heranwachsenden neben der Nützlichkeit der zu erwerbenden Kenntnisse zunächst einmal aus seinen Verstrickungen in Meinungen und von den Verhaftungen an Erscheinungen zu befreien. Es galt, die Vernunft propädeutisch, das heißt „reinigend und wieder belebend", in ihre Rechtsame einzusetzen; „denn allein sie vermag [später dann] die Wahrheit zu schauen" (PLATON 1962, S. 527 D, E).

Die programmatische Verbindung von Propädeutik und Wissenschaft in päd-agogischen Überlegungen taucht deutlich zu Beginn des 19. Jahrhunderts auf, und zwar in Schleiermachers periodischer Gliederung der Erziehung samt den von ihm beschriebenen „Stufen der Bildung". Nach der Familienerziehung und im Anschluß an einen gemeinsamen Unterricht aller Kinder in der Volksschule besuchen die Zöglinge, die das Zeug zur künftigen Regierung und „Korrektion der Gesellschaft" in sich zu haben versprechen, das Gymnasium. In ihm muß ihnen „die Wissenschaft irgendwie nahegebracht, vorgeführt werden"; denn alles „höhere tätige Leben" beruht auf leitenden Prinzipien, die vom „wissenschaftlichen Geist" hervorgebracht werden. Dieser selbst kann jedoch erst auf den Universitäten „entwickelt" werden; schulischer Unterweisung entzieht er sich. Insofern verbleibt den Gelehrtenschulen die Aufgabe, an die Wissenschaft „von ihrer historischen Seite" her heranzuführen, und „in dieser Rücksicht" sind sie „nur propädeutisch" (SCHLEIERMACHER 1966, S. 154). Die Wissenschaft, von der bei Schleiermacher die Rede ist und von der her sich der propädeutische, studienbefähigende Auftrag des Gymnasiums versteht, hat allerdings nichts mit den Einzel- oder Berufswissenschaften zu tun, deren Spezialcharakter, wenn er dominiert, ein höheres Banausentum „ohne politisches Bewußtsein" (SCHLEIERMACHER 1966, S. 161) und ohne die Erkenntnis der richtigen Maßstäbe „zur Verbesserung der bürgerlichen Gesellschaft" befördert. Gedacht ist vielmehr an die Philosophie. In ihr werden die Prinzipien und ein Grundriß alles Wissens zur Anschauung gebracht; die Beschäftigung mit ihr besorgt, daß keinem, der einen leitenden Beruf anstrebt, die spekulativen Ideen der Geschichte, der Sittlichkeit, der Natur in ihrem Zusammenhang fremd bleiben. Es ist mithin der schöne Traum einer wissenschaftlichen, positiven Metaphysik in den Artistenfakultäten der Universitäten als der höchsten Bildungssphäre zu pflegen, für den die Gymnasien wissenschaftspropädeutisch sein wollen.

Zur Gegenwartslage. Im Zuge einer für erforderlich gehaltenen Reform des Gymnasiums, dessen Zustand vor allem aufgrund immer umfangreicher gewordener „Stoffpensen" bei gleichzeitigem „Ausfall an tieferem Verstehen" als krank bezeichnet wurde, griff nach 1950 der Gedanke um sich, die „Maturität für echte universitäre Studien" als „grundlegende wissenschaftliche Geistesbildung" (W. FLITNER 1959, S. 27 ff.) neu zu bestimmen. Unter Berücksichtigung dessen, daß die Universitätsstudien sofort mit spezialwissenschaftlichem Unterricht beginnen, müsse auf der Oberstufe eine „Schulung" erfolgen, „welche nicht nur der Form, sondern dem Gehalt nach wissenschaftliches Forschen, Fragen und Denken ermöglicht" (FLITNER 1959, S. 38). Der „wissenschaftspropädeutische Charakter" war also nicht als Vorwegnahme der Anfangskapitel der Einzelwissenschaften konzipiert, sondern als didaktisch-methodisch einzulösende Hinwendung des jugendlichen Geistes zur szientistisch geprägten Kultur überhaupt, damit unvergeßliche „innere Erfahrungen" für das Fachstudium und die spätere verantwortliche Tätigkeit in akademischen Berufen gemacht werden können. Diese von der geisteswissenschaftlich-hermeneutischen Pädagogik geprägte und von deren Grundentscheidungen abhängige Auffassung (vgl. KUTSCHA 1978) klingt noch nach, wenn in den Empfehlungen der Ständigen Konferenz der Kultusminister der Länder in der Bundesrepublik Deutschland (KMK) vom 2. Dezember 1977 „zur Arbeit in der gymnasialen Oberstufe" deren wissenschaftspropädeutisches Ziel sowohl als Ausprägung übertragbarer geistiger Strukturelemente (wie Begriffe, Methoden, Operationen, Gesetze) erläutert wie auch in einen engen Zusammenhang mit der Förderung ethisch fundierten Verhaltens qua sozialer Verantwortung gestellt wird. Wissenschaftspropädeutik meint mithin mehr als eine den „Bedingungen des Lebens in der modernen Gesellschaft" Genüge leistende Wissenschaftsorientierung der Bildung, die nach einer Formulierung des Deutschen Bildungsrates bedeutet, „daß [alle] Bildungsgegenstände" „auf jeder Altersstufe" „in ihrer Bedingtheit und Bestimmtheit durch die Wissenschaften erkannt und entsprechend vermittelt werden" (DEUTSCHER BILDUNGSRAT 1970, S. 33). Sie meint vielmehr darüber hinausgehend eine „Vorbereitung auf die Methoden wissenschaftlichen Arbeitens" als Hinführung zur modernen Wissenschaftlichkeit in ihrer Maßgeblichkeit, Zuständigkeit, aber auch Bedenklichkeit.

Die hiermit angedeutete Differenz zwischen einem wissenschaftsorientierten und einem wissenschaftspropädeutischen Unterricht wird im Rahmen der Begründung des Kollegstufenversuchs in Nordrhein-Westfalen besonders von Blankertz thematisiert. Die Orientierung an den Wissenschaften heißt zunächst inhaltlich, nichts lehren zu dürfen, was wissenschaftlich unhaltbar und prinzipiell der kritischen Rückfrage nach der Quelle des Wissens entzogen ist. Außerdem gibt sie das einigende Prinzip ab, in dem die traditionelle Trennung in volkstümliche und gelehrte, in studien- und berufsbezogene Bildung überwunden und die Kontinuität in allen Stufen des Lernens verbürgt ist. Diese Bindung des Unterrichts an die Wissenschaften hat sich in der Sekundarstufe II so verdichtet, daß es nun geboten ist, sie in der Form der Wissenschaftspropädeutik als dem „didaktischen Kern aller Bildungsgänge" (BLANKERTZ 1972, S. 11) systematisch zur Sprache zu bringen. „Wissenschaftspropädeutik ist [...] jene spezifische Akzentuierung von Wissenschaftsorientiertheit", in der „die für das wissenschaftliche Arbeiten und Erkennen typischen Probleme der Objektivierung und der Abstraktion im Medium der jeweiligen Sachfragen" selber zum Unterrichtsgegenstand werden (KULTUSMINISTER ... 1972, S. 28 f.). Das erschöpft sich nicht in den zu behandelnden beziehungsweise zu vermittelnden Aspekten wissenschaftlicher Methoden, wissenschaftlicher Attitüden und politisch-gesellschaftlicher Voraussetzungen wissenschaftlicher Theorie und Praxis. Ausschlaggebend für die der Wissenschaftspropädeutik angewiesene „dominierende didaktische Funktion" ist vielmehr in Anbetracht eines heute nicht mehr möglichen begründungsfähigen Fächerkanons, dem die Bildung des Menschen zugeschrieben wird, daß der auf ein spezielles Studiengebiet oder auf ein spezielles berufliches Tätigkeitsfeld auszulegende Unterricht in der Kollegstufe subjektiv nicht der „Fachborniertheit" den Weg ebnet und objektiv nicht verkennt, daß dem Prozeß fortschreitender Differenzierung der Wissenschaften durchaus „übergreifende Strukturen" zugrunde liegen. Diese einsichtig zu machenden Strukturen „repräsentieren das ‚Allgemeine'", soweit es heute formulierbar ist und formuliert werden muß: Die fällige „metawissenschaftliche, philosophische Rückfrage", einzubringen in das Lehren und Lernen des je Besonderen, ist also „als ‚Bildung'" zu begreifen; denn in der „Einübung" von Spezialisierung ist gleichzeitig deren „Überwindung" in der Freigabe des Menschen zu Urteil und Kritik intendiert (BLANKERTZ 1972, S. 12). Das ist in den vorangehenden Schulstufen als das durchgängig maßgebliche didaktische Moment noch nicht möglich. An den Hochschu-

len wiederum begegnet den Studierenden die wissenschaftspropädeutische Problematik in der Regel höchstens als Begleitthema ihrer fachwissenschaftlichen Bemühungen, in der Berufspraxis und der üblichen (dualen) Berufsausbildung begegnet sie den Auszubildenden überhaupt nicht oder nur zufällig. Darum müssen nach Blankertz die integrierte Sekundarstufe II und in ihr die Wissenschaftspropädeutik das „Hauptthema" sein, damit das Fragen aller Lernenden auf unterschiedlich anspruchsvolle Weise zu solchen Bedingungen vorstößt, die ihnen „die Möglichkeit des Widerspruchs gegen die [ihnen] zugemutete Intentionalität offen [läßt]" oder allererst eröffnet (KULTUSMINISTER ... 1972, S. 23).

Kritisches. Gegen ein der Wissenschaftsorientierung und Wissenschaftspropädeutik didaktisch verpflichtetes Unterrichten in der Schule sind Bedenken und Einwände erhoben worden. Eher realistisch und auf curriculare Verbesserungen drängend verdienen Argumente genannt zu werden, die sich auf die Erfahrung oder Vermutung berufen, daß nicht wenige Schüler den mit fachlichen Lernzielen nicht evidentermaßen verbundenen, gehobenen theoretischen Anforderungen kaum gewachsen sein werden. Für sie wird „das Bildungsangebot [...] zum Bildungsdruck" (ECKERLE 1977, S. 447), und das optimistisch vom wissenschaftspropädeutischen Lernen erwartete mündige und kritische Bewußtsein wird leicht zum verdrossenen. Solche und andere empirische Kritik, die etwa auf die Überforderung eines Teils der Lehrer oder darauf verweist, daß die praktische Berufstätigkeit für viele Menschen nicht aus verwissenschaftlichten Arbeitsvollzügen besteht und daher zweckmäßigerweise besser durch schlichte, fachliche Qualifikation zu fördern sei, trifft ohne weiteres nicht die Legitimationsbasis zugunsten des didaktischen Prinzips der Wissenschaftspropädeutik. Ihr gegenüber wäre vielmehr skeptisch zu fragen, ob die der Wissenschaftspropädeutik vorangehende Stufe der Wissenschaftsorientierung allen organisierten Lehrens und Lernens nicht unterstellt (und womöglich suggeriert), die immer mehr ausgreifende neuzeitliche Wissenschaftlichkeit sei – wenigstens in ihrem Fortschreiten – imstande, unsere Lebensprobleme zu lösen. Damit ist nicht einer törichten, modischen Aversion gegen die Wissenschaften oder einer hochstilisierten pädagogischen Alltagswende und schon gar nicht der Restitution einer den Primat innehabenden Gesinnungsbildung, die das Ende mitteilbarer positiver Metaphysik verschlafen hat, das Wort geredet. Aber die Wissenschaften haben ihre Grenze an der ihnen eigenen Objektivität, und die unter objektivierenden Methoden erbrachten Erkenntnisse erschöpfen nicht, was es mit den Dingen, mit der Welt, mit dem Menschen und mit der Menschlichkeit auf sich hat. Darum könnte ein exklusiv wissenschaftsbestimmter Unterricht einer Ideologisierung von Wissenschaftlichkeit Nahrung geben, und der Glaube an die Wissenschaften ist ein Aberglaube. Genau als gegen solche Gefahren gerichtet, könnte die allererst „Bildung" erschließende didaktische Intention der Wissenschaftspropädeutik verstanden werden, wenn sie allerdings nicht bei der Vermittlung von Methoden, Attitüden, generellen Strukturen haltmacht und auch mehr als die – gar wiederum sozialwissenschaftlich orientierte oder auf normative Vorgaben bezogene – Erörterung gesellschaftlicher Voraussetzungen und Folgelasten der Wissenschaften ist. Zu fragen wäre jedoch, ob die Beschränkung auf wissenschaftstheoretische Reflexionen beziehungsweise auf die Problematik eines den Wissenschaften innewohnenden „Allgemeinen" pädagogisch nicht zu kurz greift. Wenn hiermit das Philosophieren als (transzendentale) Analyse und Kritik der unbewiesen hingenommenen Beweisunterlagen wissenschaftlicher Sätze und Satzsysteme angesprochen ist, dann sollte es prinzipiell allem zugewandt sein, was dem Menschen widerfährt und worauf er sich eingelassen hat. Hierzu gehören auch die Wissenschaften als geschichtlich aufgekommene Weisen „wahren" Erkennens und als Bestimmungsstück unseres Daseins. Aber wie es um deren Sinn, deren Leistung, Grenze und Nutzen bestellt ist, das verweist uns auf die Frage nach *der* Wahrheit und dem Ganzen, die nicht nur die Voraussetzungen der Wissenschaften sind. Damit ist natürlich nicht gemeint, Wissenschaftsorientierung und Wissenschaftspropädeutik in den Schulen „um die Ausbildung von Fertigkeiten und die Erziehung zu Haltungen, die in unserer Gesellschaft als sinnvoll und wünschenswert angesehen werden", zu ergänzen (MENZE 1980, S. 187).

BLANKERTZ, H.: Kollegstufenversuch in Nordrhein-Westfalen – das Ende der gymnasialen Oberstufe und der Berufsschule. In: D. Dt. Ber.- u. Fachs. 68 (1972), S. 2 ff. DEUTSCHER BILDUNGSRAT (Hg.): Strukturplan für das Bildungswesen. Empfehlungen der Bildungskommission, Stuttgart 1970. ECKERLE, G.: Zur Geschichte wissenschaftlicher Grundbildung. In: N. Samml. 17 (1977), S. 434 ff. FLITNER, W.: Hochschulreife und Gymnasium. Vom Sinn wissenschaftlicher Studien und von der Aufgabe der gymnasialen Oberstufe, Heidelberg 1959. KULTUSMINISTER NORDRHEIN-WESTFALEN (Hg.): Kollegstufe NW. Strukturförderung im Bildungswesen des Landes Nordrhein-Westfalen, Heft 17, Ratingen/Kastellaun/Düsseldorf 1972. KUTSCHA, G.: Wissenschaftliche Grundbildung – ein ungelöstes Problem in Praxis und Theorie der gymnasialen Oberstufe. In: P. Rsch. 32 (1978), S. 452 ff. MENZE, C.: Wissenschaft und Schule – Zur Wissenschaftsorientierung als Problem der Schule. In: Vjs. f. w. P. 56 (1980), S. 177 ff. PLATON: Politeia, Oxford 1962. SCHLEIERMACHER, F.: Pädagogische Schriften, hg. v. E. Weniger, Bd. 1, Düsseldorf/München 1966.

Wolfgang Fischer

Zivildienst

Die Einführung des Zivildienstes (früher: „Ersatzdienst") beruht auf dem im Grundgesetz (GG) der Bundesrepublik Deutschland verfassungsmäßig abgesicherten Recht, daß niemand gegen sein Gewissen zum Kriegsdienst an der Waffe gezwungen werden darf (vgl. Art. 4, Abs. 3 GG). Er kann statt dessen zu einem Ersatzdienst verpflichtet werden, der die Dauer des Wehrdienstes nicht überschreiten darf (Art. 12 a, Abs. 2 GG).

Der Zivildienst wird überwiegend im sozialen Bereich abgeleistet in eigens dazu anerkannten Dienststellen (Krankenhäusern, Heimen, aber auch in Form ambulanter Dienste im Rahmen der Rehabilitierung).

Bei der Frage nach der Funktion des Zivildienstes wird darauf verwiesen, daß sie sich nicht lediglich aus der Anerkennung eines Individualrechts (Gewissensfreiheit des einzelnen) ergibt, sondern darüber hinaus auf grundlegenden Verfassungsprinzipien, besonders dem Friedensgedanken, beruht. Art. 4, Abs. 3 GG müsse sowohl im Zusammenhang mit Art. 26 GG (Strafandrohung bei Handlungen, die das friedliche Zusammenleben der Völker stören) als auch mit Art. 24 GG (Wahrung des Friedens) gesehen werden. Das Grundrecht der Kriegsdienstverweigerung sei daher auch „ein kollektives politisches Schutz- und Widerstandsrecht gegen einen Mißbrauch der Verfassung entgegen der ursprünglichen antimilitaristischen Zielsetzung" (MANNHARDT/SCHWAMBORN 1977, S. 33). Erhärtet wird diese Interpretation von diesen Autoren im Verweis auf die Diskussionen zu Art. 4, Abs. 3 im Parlamentarischen Rat. Sie erwähnen den sozialdemokratischen Abgeordneten Eberhardt, der in der Diskussion zu diesem Artikel hervorhob: „Ich glaube, wir haben hinter uns einen Massenschlaf des Gewissens. In diesem Massenschlaf haben die Deutschen zu Millionen gesagt: Befehl ist Befehl und haben getötet. Dieser Absatz [vgl. Art. 4, Abs. 3 GG] kann eine große pädagogische Wirkung haben, und wir hoffen, er wird sie haben" (zitiert nach MANNHARDT/SCHWAMBORN 1977, S. 33 f.).

Die *pädagogische Wirkung* des Zivildienstes erstreckt sich auf den individuellen und den kollektiven Aspekt des Rechts auf Kriegsdienstverweigerung. Gemeinsam ist beiden Sichtweisen der Verweis auf den Zivildienst als Friedensdienst.

In *kollektiver* Hinsicht kann die pädagogische Funktion sicher im permanenten Verweis auf alternative Formen der Friedenssicherung gesehen werden. Die militärische Form der Friedenssicherung fußt auf der Formel „Frieden durch Abschreckung" oder „Gleichgewicht der Kräfte"; aus der Sicht des Kriegsdienstverweigerers dagegen wird Frieden nur durch pazifistische Handlungsweise als erreichbar angesehen.

Unter *individuellem* Aspekt besteht die pädagogische Funktion des Zivildienstes in der Tatsache, daß er primär sozialer Dienst ist, der zwar dem einzelnen von außen (qua Gesetz) auferlegt ist, der jedoch eine Einstellung positiver Zuwendung zu den Aufgaben seines Handlungsfeldes verlangt. Dies jedoch wahrscheinlich nur unter der Voraussetzung, daß die Entscheidung tatsächlich auf Gewissengründen beruht und nicht darauf, sich einem ansonsten allgemein verpflichtenden Dienst zu entziehen.

Um die Lauterkeit der Berufung auf das Gewissen als Instanz bei jedem Kriegsdienstverweigerer feststellen zu können, ist ein Verfahren zur Gewissensprüfung eingeführt worden. Die Prozedur, mit der das Gewissen erfaßt werden soll, ist – moralphilosophisch beurteilt – Unsinn: Das Gewissen ist per definitionem dem Tribunal der Gesellschaft entzogen. Keine Prüfung kann die Differenz zwischen der Innerlichkeit des Gewissens und der Äußerlichkeit des Verhaltens überspringen. Sie kann nicht aus Verhaltensäußerungen (und nur diese sind prüfbar) mit Sicherheit auf die Motivation des Antragstellers schließen. Daher ist die Gewissensprüfung eher Ausdruck des Mißtrauens in die Lauterkeit der Beweggründe für den Antrag. Mit institutionalisiertem Mißtrauen kann man aber nicht hoffen, den zu Prüfenden vor den Horizont seines eigenen Gewissens zu bringen, wie umgekehrt die handlungsbestimmende Kraft einer wirklichen Gewissensentscheidung unabhängig bleibt von Bewilligung oder Ablehnung eines Antrages auf Kriegsdienstverweigerung. Insofern ist die „Gewissensprüfung" auch pädagogisch abzu-

lehnen. Tatsächlich hat das Prüfverfahren primär die politische Funktion, die Zahl der Kriegsdienstverweigerer in Grenzen zu halten, eine Argumentation, die sich das Bundesverfassungsgericht bei der Feststellung der Verfassungswidrigkeit einer Aufhebung des Prüfverfahrens zu eigen gemacht hat (vgl. Entscheidungen des Bundesverfassungsgerichts, Bd. 48, S. 127 ff.). Dafür aber müßte der freiheitlich-demokratische Rechtsstaat andere, nämlich aufrichtige Mittel anwenden, vorab dieses: die Republik der Jugend als verteidigenswert erscheinen zu lassen.

LENTZ, R.: Kriegsdienstverweigerung – eine Bilanz. In: Pol. B. 7 (1974), 1, S. 24 ff. MANN-HARDT, K./SCHWAMBORN, W.: Zivildienst – ein Handbuch, Köln 1977. SCHIERHOLZ, H.: Friedensforschung und politische Didaktik, Opladen 1977.

Arnim Kaiser

Abkürzungsverzeichnis
der zitierten Zeitschriften

a) deutschsprachige Zeitschriften

Amtl. Nachr. d. Bundesanst. f. Arb.	– Amtliche Nachrichten der Bundesanstalt für Arbeit
a. pol. u. zeitgesch.	– aus politik und zeitgeschichte
Arbschulung.	– Arbeitsschulung
arb. u. ber.	– arbeit und beruf
Ausb. u. Berat. in Land- u. Hauswirtsch.	– Ausbildung und Beratung in Land- und Hauswirtschaft
BDK-Mitt.	– BDK-Mitteilungen
Berb. Infobull.	– Berufsbildung Informationsbulletin
Berb. in W. u. Prax.	– Berufsbildung in Wissenschaft und Praxis
Ber. u. B.	– Beruf und Bildung
betr. e.	– betrifft erziehung
B. u. E.	– Bildung und Erziehung
Bundesarbbl.	– Bundesarbeitsblatt
D. Arg.	– Das Argument
D. berb. S.	– Die berufsbildende Schule
D. Dt. Ber.- u. Fachs.	– Die Deutsche Berufs- und Fachschule
D. Dt. S.	– Die Deutsche Schule
D. E.	– Die Erziehung
D. Erdku.	– Der Erdkundeunterricht
d. ev. erz.	– der evangelische erzieher
D. Fortbs.	– Die Fortbildungsschule
d. höh. s.	– die höhere schule
Did. – Arb., Tech., Wirtsch.	– Didaktik – Arbeit, Technik, Wirtschaft
Disk. Dt.	– Diskussion Deutsch
d. Leibese.	– die Leibeserziehung
D. N. Gesellsch.	– Die Neue Gesellschaft
D. N. Spr.	– Die Neueren Sprachen
D. Samml.	– Die Sammlung
dt. jug.	– deutsche jugend
Dt. Riztg.	– Deutsche Richterzeitung
Ew. u. Ber.	– Erziehungswissenschaft und Beruf
Gem. Amtsbl. d. Kultusminist. u. d. Minist. f. W. u. Fo. d. Ld. Nordrh.-Westf.	– Gemeinsames Amtsblatt des Kultusministers und des Ministers für Wissenschaft und Forschung des Landes Nordrhein-Westfalen
Geogr. Rsch.	– Geographische Rundschau
Geogr. u. i. Did.	– Geographie und ihre Didaktik
Gesch. in W. u. U.	– Geschichte in Wissenschaft und Unterricht
Gesellsch., Staat, E.	– Gesellschaft, Staat, Erziehung
Gess.-Info.	– Gesamtschul-Informationen
Gewerksch. Bpol.	– Gewerkschaftliche Bildungspolitik
Hauswirtsch. B.	– Hauswirtschaftliche Bildung

Hauswirtsch. u. W.	– Hauswirtschaft und Wissenschaft
Heim u. Anst.	– Heim und Anstalt
Info. – B. u. W.	– Informationen – Bildung und Wissenschaft
Int. Z. f. Ew.	– Internationale Zeitschrift für Erziehungswissenschaft
Jurztg.	– Juristenzeitung
Jur. Wochschr.	– Juristische Wochenschrift
Katech. Bl.	– Katechetische Blätter
Krit. Justiz	– Kritische Justiz
Kunst u. U.	– Kunst und Unterricht
Mat. a. d. Arbmarkt.- u. Berfo.	– Materialien aus der Arbeitsmarkt- und Berufsforschung
Mitt. a. d. Arbmarkt.- u. Berfo.	– Mitteilungen aus der Arbeitsmarkt- und Berufsforschung
N. Prax.	– Neue Praxis
N. Samml.	– Neue Sammlung
N. Uprax.	– Neue Unterrichtspraxis
Pol. B.	– Politische Bildung
Pol. Stud.	– Politische Studien
Pol. u. Kult.	– Politik und Kultur
P. Rsch.	– Pädagogische Rundschau
psych. heute	– psychologie heute
Psych. in E. u. U.	– Psychologie in Erziehung und Unterricht
Psych. Rsch.	– Psychologische Rundschau
Quintess. a. d. Arbmarkt.- u. Berfo.	– Quintessenzen aus der Arbeitsmarkt- und Berufsforschung
R. d. J. u. d. Bwes.	– Recht der Jugend und des Bildungswesens
R. u. Gesellsch.	– Recht und Gesellschaft
Sexualmed.	– Sexualmedizin
Soz. Welt	– Soziale Welt
sportu.	– sportunterricht
Sportw.	– Sportwissenschaft
Stud. Ling.	– Studium Linguistik
Tech. E.	– Technische Erziehung
Th. u. Prax. d. soz. Arb.	– Theorie und Praxis der sozialen Arbeit
Theol. Quartschr.	– Theologische Quartalsschrift
Uw.	– Unterrichtswissenschaft
Vjs. f. Soz.- u. Wirtschgesch.	– Vierteljahresschrift für Sozial- und Wirtschaftsgeschichte
Vjs. f. w. P.	– Vierteljahrsschrift für wissenschaftliche Pädagogik
Westerm. P. Beitr.	– Westermanns Pädagogische Beiträge
Wirtsch. u. Ber.-E.	– Wirtschaft und Berufs-Erziehung
Wirtsch. u. E.	– Wirtschaft und Erziehung
Wirtsch. u. Stat.	– Wirtschaft und Statistik
WSI – Mitt.	– WSI – Mitteilungen
Zeichn. in Tech., Archit., Vermess.	– Zeichnen in Technik, Architektur, Vermessung
Z. f. Berbfo.	– Zeitschrift für Berufsbildungsforschung
Z. f. Did. d. Phil.	– Zeitschrift für Didaktik der Philosophie

Abkürzungsverzeichnis

Z. f. P.	– Zeitschrift für Pädagogik
Z. f. phil. Fo.	– Zeitschrift für philosophische Forschung
Z. f. Sportp.	– Zeitschrift für Sportpädagogik
Z. f. Strvollz. u. Strfällhi.	– Zeitschrift für Strafvollzug und Straffälligen- hilfe

b) englischsprachige Zeitschriften

Ann. Rev. of Psych.	– Annual Review of Psychology
Ch. Dev.	– Child Development
Comp. Pol. Stud.	– Comparative Political Studies
Econ.	– Economics
Int. Lab. Rev.	– International Labour Review
J. of Persty.	– Journal of Personality
J. of Persty. and Soc. Psych.	– Journal of Personality and Social Psychology
Pers. and Guid. J.	– Personnel and Guidance Journal
S. rev.	– School review
The Am. Econ. Rev.	– The American Economic Review
The Am. J. of Psychiat.	– The American Journal of Psychiatry

c) französischsprachige Zeitschriften

Act. de la. Rech. en. Sc. Soc.	– Actes de la Recherche en Sciences Sociales
L'E.	– L'Education
Le Monde de l'E.	– Le Monde de l'Education
Le Nouv. Ec.	– Le Nouvel Economiste
Orientations. Ess. et Rech. en E.	– Orientations. Essais et Recherche en Education
Rech. Péd.	– Recherches Pédagogiques

Register

Namenregister

Das Namenregister enthält alle in diesem Doppelband genannten Namen von Personen und Institutionen, wie Berufsvereinigungen, Fachverbände, nationale und internationale Kooperationen, Kommissionen und weitere Zusammenschlüsse im Bildungsbereich. Es ist grundsätzlich jede Seite aufgenommen worden, wo der Name genannt wird.

Bei einem Namen, dem kursive Seitenzahlen folgen, handelt es sich um den Namen eines Autors dieses Doppelbandes. Die kursiven Seitenzahlen verweisen auf seinen Beitrag.

Ein → findet sich hinter der Abkürzung von Institutionennamen. Er verweist auf die vollständigen Namen der Institution, unter dem sich die Seitenangaben befinden.

Sachregister

Das Sachregister enthält Verweise auf die Titel der Lexikonbeiträge und auf alle Textstellen sowohl des Handbuch- als auch des Lexikonteils, die Auskünfte über das betreffende Stichwort enthalten.

Auf lexikalische Artikel, die ein Stichwort gesondert behandeln, wird durch Fettdruck des Stichwortes und kursiv gesetzte Seitenangaben besonders hingewiesen.

Institutionen, wie Berufsvereinigungen, Fachverbände, nationale und internationale Kooperationen, Kommissionen und weitere Zusammenschlüsse im Bildungsbereich enthält das Namenregister.

Ein ↗ verweist auf verwandte Begriffe, die in einem inhaltlichen Zusammenhang mit dem bereits genannten Terminus stehen.

Ein → bedeutet, daß die gesuchte Information nicht unter diesem, sondern unter einem anderen Stichwort gegeben wird.

Namenregister

ABB → Arbeitsstelle für Betriebliche Berufs-
ausbildung
Abel, H. **9.1**: 189, 191, 193, 196, 198, 325,
331, 337; **9.2**: 377
Abraham, K. **9.1**: 176, 197 f.; **9.2**: 190, 192
Achtenhagen, F. **9.1**: 224, 236, 248, 304,
318; **9.2**: 284
Adelmann, G. **9.1**: 179, 198
Adelson, J. **9.1**: 56, 63
Adick, C. **9.2**: 619 f.
ADL → Ausschuß deutscher Leibeserzieher
Adler, S. **9.2**: 25
Adler, T. **9.2**: *22–25*
Adolph, H. **9.2**: 649, 651
Adorno, Th. W. **9.2**: 295 ff., 498, 500, 592, 623
Akademie der pädagogischen Wissenschaf-
ten der Deutschen Demokratischen Repu-
blik **9.2**: 168 f.
Akademie für Deutsches Recht **9.1**: 186, 198
Albers, W. **9.2**: 36
Albers-Wodsack, G. **9.2**: 55
Albrecht, E. **9.2**: 116, 122
Albrecht, P.-A. **9.2**: 350 f.
Alex, L. **9.2**: 148
Alfken, H. **9.1**: 192, 198
Allerbeck, K. **9.1**: 43 f., 56, 62; **9.2**: 337
Allgemeiner Deutscher Frauenverein **9.2**:
266, 270
Althaus, H. P. **9.2**: 613
Althoff, H. **9.1**: 205, 211 ff., 224
Alt-Stutterheim, W. v. **9.1**: 151
Altvater, E. **9.1**: 109, 128, 197, 199
Amelang, M. **9.2**: 433
Ampère, A. M. **9.2**: 547
Anderseck, K. **9.2**: *672–676*
Anweiler, O. **9.1**: 154, 169 f.
Anzinger, W. **9.1**: 249
Apel, H. **9.2**: 103 f., 182
Apelt, O. **9.1**: 41
Arbeiterwohlfahrt (AWO) **9.1**: 83 f.
Arbeitsausschuß für Berufsausbildung **9.2**:
84
Arbeitgeberverband Gesamtmetall **9.2**: 582
Arbeitsgemeinschaft der Berufsbildungswer-
ke **9.2**: 152, 154
Arbeitsgemeinschaft der Evangelischen Ju-
gend **9.2**: 368
Arbeitsgemeinschaft Deutsche Höhere Schu-
le **9.2**: 600, 606
Arbeitsgemeinschaft für Jugendhilfe **9.2**: 361
Arbeitsgruppe Deutsch für Berufsschüler **9.2**:
543

Arbeitskreis Obligatorik **9.2**: 633
Arbeitsstelle für Betriebliche Berufsausbil-
dung **9.2**: 57, 72, 74 ff., 142 ff., 150, 389,
392
Ardelt, E. **9.1**: 64
Arditti, C. **9.1**: 271, 284
Ariès, Ph. **9.2**: 693
Aristoteles **9.1**: 45; **9.2**: 280, 519
Arlt, F. **9.1**: 248
Armbruster, W. **9.1**: 224, 298, 318
Arnhold, W. **9.2**: 21 f., 196 f., 490
Arnold, K. **9.2**: 142, 144
Asche, H. **9.2**: 433
Aschenbrenner, D. **9.2**: 642, 644
Aschrott, F. **9.2**: 342
Asendorf-Krings, I. **9.2**: 95, 242 f., 443, 445
Assmann, K. **9.1**: 180, 199
Aufermann, E. **9.2**: 536
Aurin, K. **9.2**: 195 ff.
Ausschuß deutscher Leibeserzieher (ADL)
9.2: 651 f.
Ausubel, D. P. **9.1**: 43, 48–52, 55, 62
AWO → Arbeiterwohlfahrt
Axelsson, R. **9.1**: 385

BA → Bundesanstalt für Arbeit
Baacke, D. **9.1**: 47, 52, 57 f., 62, 70, 84; **9.2**:
304, 307, 336, 338, *511–515*
Babanskij, J. K. **9.1**: 170
Bach, H. **9.2**: 154
Back, H.-J. **9.2**: *468–471*
Bacon, F. **9.1**: 181
Bader, R. **9.1**: 353, 360; **9.2**: 584 ff.
Badura, B. **9.1**: 59, 62
Baethge, M. **9.1**: 109, 128, 197 ff., 223 f., 235,
248, 343, 359; **9.2**: 152, 321, 455, 457,
461
Bahro, H. **9.2**: 432 f.
BAK → Bundesassistentenkonferenz
Bales, R. F. **9.2**: 273, 276
Ballauf, Th. **9.1**: 24, 26, 32, 34, 40 f.; **9.2**:
295, 297, 396
Baltzer, I. **9.2**: 405 f.
Balzer, B. **9.2**: *352–355*, 541, 543
Balzert, H. **9.2**: 590 f.
Bammé, A. **9.1**: 223, 225
Barabas, F. **9.2**: 212, 302 f., 318
Bärsch, W. **9.2**: 154, 195, 197
Barschack, E. **9.1**: 231, 248
Bartel, W. **9.1**: 202, 338
Bartels, D. **9.2**: 555, 558 f.
Barth, D. **9.2**: 41, 43
Barth, H. **9.1**: 192, 199
Barth, K. **9.2**: 638
Bartholomäus, W. **9.2**: 638, 644

Sachregister

Sachregister

Jugend (Gesichtspunkte der Betrachtung) **9.1:** 67
Jugendhilfe 9.2: 211, 301, 313–316, 325 f., 332, 343, *344–348,* 351, 361, 368–372
Jugend (juristische Apsekte) **9.1:** 21; **9.2:** 302, 316, 326, 356
Jugendkriminalität 9.2: 331 ff., 340, 342, *348–351,* 356 ↗ **Jugenddelinquenz** ↗ **Verhalten, abweichendes**
Jugendkultur **9.1:** 55; **9.2:** 329 f.
Jugendkunde **9.1:** 53; **9.2:** 335, 337
Jugendleiter(innen)ausbildung **9.2:** 616
Jugendliche 9.1: 28, 35 f., 43; **9.2:** 306 f., 336, 689
Jugendliche (Apsekte der Psychologie, Soziologie und der interdisziplinären Sozialisationsforschung) **9.1:** 42 ff.
Jugendliche, ausländische **9.2:** 350, 375, 447
Jugendliche, behinderte 9.2: 152 f., *352–355,* 446
Jugendliche (ohne Hauptschulabschluß) **9.2:** 446 f.
Jugendliche (Sexualverhalten) → **Sexualverhalten (Jugendlicher)**
Jugendmythos **9.2:** 330
Jugendpflege **9.2:** 313, 315
Jugendphase **9.1:** 28, 30, 47; **9.2:** 304
Jugendpsychologie **9.1:** 45–54, 62, 68, 84
Jugendrecht 9.2: 351, *355–358*
Jugendrichter **9.2:** 340, 342 f.
Jugendschutz **9.2:** 309, 345, 371, 690 f.
Jugendsozialarbeit 9.2: *359 ff.*
Jugendsoziologie **9.1:** 21, 44, 53–58, 62
Jugendstrafanstalt **9.2:** 362, 364 f.
Jugendstrafe **9.2:** 343 f., 362
Jugendstraffälligkeit **9.2:** 348
Jugendstrafrecht **9.1:** 83 f.; **9.2:** 340 ff., 356, 691 ff.
Jugendstrafvollzug 9.2: *362 ff.*
Jugendstrafvollzug (Ausbildung) 9.2: 362, *364–367*
Jugendstrafvollzugsgesetz **9.2:** 340
Jugendsubkultur → **Subkulturen, jugendliche**
Jugendtheorie, pädagogische **9.1:** 19 ff., 31–36
Jugendverbände 9.2: 316 f., 339, *368 f.* ↗ **Jugendbewegung**
Jugendwohlfahrtsausschuß (JWA) **9.2:** 313, 371
Jugendwohlfahrtsgesetz (JWG) 9.2: 212, 300 f., 313, 315 ff., 325 f., 331, 340, 342, 345, 357 f., 368, *369–373,* 690
Jugendwohnkollektive 9.2: 347, *373 f.*
Jugendzeit **9.1:** 25, 27; **9.2:** 335 ↗ Adoleszenz

Jungangestellte **9.2:** 375
Jungarbeiter 9.2: 317, *375 ff.*
Jungarbeiterproblematik **9.1:** 216
JWA → Jugendwohlfahrtsausschuß
JWG → **Jugendwohlfahrtsgesetz**

Kammern **9.1:** 207; **9.2:** 51, 57, 63, 65, 79, 84, 136, 140, 147 f., 491 ↗ Handwerkskammern
Kammerprüfung **9.1:** 343 f.; **9.2:** 209
Kanon → Fächerkanon → Lehrkanon → Maturitätskanon
Karrieremobilität **9.2:** 258
Kathetersozialisten **9.1:** 188
Kernpflichtfächer **9.2:** 440
Kestenberg-Reform **9.2:** 591 f., 596
Kind **9.1:** 21, 69; **9.2:** 689
Kindergärtnerin **9.2:** 615
Kindergärtnerinnenausbildung **9.2:** 616
Kindergartenunterweisung **9.2:** 617
Kinderpflegerinnenausbildung **9.2:** 616
Kindesalter **9.1:** 30
Kindheit **9.1:** 23 ff., 27, 43, 47, 60 ↗ paideia
Klassenprinzip **9.2:** 382
Klassensystem **9.2:** 382
KMK-Rahmenvereinbarung **9.2:** 242, 251
KMK-Reform **9.1:** 130 ff.; **9.2:** 288
Koedukation **9.2:** 270 f.
Kolleg **9.1:** 74; **9.2:** 100 f., 202 f., 294, 434 ff., 593
Kollegschule 9.1: 74, 344, 348, 356; **9.2:** 46, 165, 201, 215, 289, *378–381,* 392 f., 470, 576, 583, 618, 632, 643, 651
Kollegstufe **9.2:** 440, 506 f.
Kollegstufenempfehlung **9.2:** 392
Kollegstufenkonzept **9.2:** 394
Kommunikationsfähigkeit **9.2:** 609 f.
Kommunikationsstörung **9.1:** 61
Kommunikation, visuelle **9.2:** 572
Kompensatorik → Erziehung, kompensatorische
Kompetenz, fachliche **9.1:** 345
Kompetenz, fremdsprachliche **9.2:** 609 ff.
Kompetenz, kommunikative **9.1:** 59, 356; **9.2:** 305, 539 f., 542, 609 f.
Komplexunterricht **9.1:** 155
Konvergenzsystem **9.2:** 379
Konzentration, berufliche **9.1:** 218
Konzentration (des Lernens) **9.2:** 382
Kredit-System **9.1:** 140
Kreishandwerkerschaften **9.2:** 296, 299
Kriegsdienstverweigerer **9.2:** 306, 513, 708 f.
Kriegsdienstverweigerung **9.2:** 707
Kriminalität (Jugendlicher) → **Jugendkriminalität** ↗ **Jugenddelinquenz**

Sachregister

Autorenverzeichnis

Die mit (H) gekennzeichneten Beiträge sind Artikel des Handbuchs.

Adler, Tibor; Bundesinstitut für Berufsbildung – Berlin: *Abstimmung (Duales System)*.

Anderseck, Klaus; Prof. Dr.; Fernuniversität Hagen: *Unterricht: Volkswirtschaftslehre*.

Baacke, Dieter; Prof. Dr.; Universität Bielefeld: *Subkulturen, jugendliche*.

Back, Hans-Jürgen; Dipl. Volkswirt; Institut für Regionale Bildungsplanung Hannover: *Schul-/Ausbildungszentren*.

Balzer, Brigitte; Dr.; Universität Tübingen: *Jugendliche, behinderte* (mit Rauschenbach und Hörster).

Benner, Hermann; Dr.; Bundesinstitut für Berufsbildung – Berlin: *Ausbildungsberuf, Ausbildungsordnung*.

Berke, Rolf; Prof. Dr.; Universität Erlangen-Nürnberg: *Schulen, kaufmännische*.

Bettelhäuser, Hans-Jörg; Dr.; Freie Universität Berlin: *Unterricht: Deutsch* (mit Meyer).

Blankertz, Herwig; Prof. Dr.; Universität Münster: *Die Sekundarstufe II – Perspektiven unter expansiver und restriktiver Bildungspolitik* (H), *Neuhumanismus* (mit Matthiessen), *Realgymnasium – Oberrealschule, Unterricht: Geschichte* (mit Mannzmann).

Blinkert, Baldo; Dr.; Universität Freiburg: *Bildungsweg, zweiter*.

Bockow, Jörg; Dipl.-Päd.; Universität Münster: *Drogenkonsum*.

Bojanowski, Arnulf; M. A.; Wissenschaftliche Begleitung „Modellversuche Sekundarstufe II in Hessen" – Kassel: *Unterricht: Kunst*.

Brinkmann, Dörte; Dr.; Universität Hamburg: *Unterricht: Betriebswirtschaftslehre*.

Busch, Max; Prof. Dr.; Universität – Gesamthochschule – Wuppertal: *Jugendstrafvollzug (Ausbildung); Verhalten, abweichendes*.

Butschkau, Udo; Dr.; Berggewerkschaftskasse Bochum: *Berufsausbildung (Bergbau)* (mit Gelhorn).

Derbolav, Josef; Prof. Dr.; Universität Bonn: *Grundbildung*.

Di Chio, Vito; Dr.; Wissenschaftliche Begleitung Kollegstufe NW – Münster: *Unterricht: Religion*.

Drewek, Peter; Dr.; Ruhr-Universität Bochum: *Zur sozialen Funktion der gymnasialen Oberstufe* (mit D. K. Müller) (H).

Dürr, Walter; Prof. Dr.; Freie Universität Berlin: *Betriebspädagogik*.

Ebermann, Herbert; Berufsbildungswerk Hamburg: *Berufsbildungswerke* (mit Wittwer).

Elbers, Doris; Prof. Dr.; Universität Dortmund: *Berufsausbildung (Behinderte)*.

Faulstich, Peter; Priv.-Doz. Dr.; Gesamthochschule Kassel: *Oberstufenzentren, berufsbezogene*.

Fingerle, Karlheinz; Prof. Dr.; Gesamthochschule Kassel: *Jugendbildung in der industrialisierten Gesellschaft* (H), *Aufgabenfelder (Gymnasiale Oberstufe); Bildungsgänge, doppeltqualifizierende; Gymnasium, berufliches; Numerus clausus, Oberstufentypen; Sozialisation, berufliche*.

Fischer, Wolfgang; Prof. Dr.; Universität – Gesamthochschule – Duisburg: *Jugend als pädagogische Kategorie* (H), *Wissenschaftspropädeutik*.

757

Franzke, Reinhard; Dr.; Universität Hannover: *Berufsausbildung (Industrie – Handel), Qualifikation – Qualifikationsforschung, Rationalisierung.*

Geißler, Karlheinz; Prof. Dr.; Hochschule der Bundeswehr – München: *Ausbilder* (mit K. Müller), *Ausbildung (Ausbilder)* (mit K. Müller), *Berufsbildungsforschung.*

Gelhorn, Peter; Ing. grad.; Ruhrkohle AG: *Berufsausbildung (Bergbau)* (mit Butschkau).

Georg, Walter; Prof. Dr.; Fernuniversität Hagen: *Berufsaufbauschule, Fachhochschulreife, Fachoberschule, Fachoberschulreife.*

Glowka, Detlef; Prof. Dr.; Universität Münster: *Alternativen in Europa: UdSSR – Allgemeinbildung, Hochschulreife und Hochschulstudium* (H).

Grüner, Gustav; Prof. Dr.; Technische Hochschule Darmstadt: *Berufsfachschule, Berufsschule, Fachschule, Fachschulreife; Schulen, gewerbliche.*

Günther, Ulrich; Prof. Dr.; Universität Oldenburg: *Unterricht: Musik* (mit H. J. Kaiser).

Hallwachs, Henning; Dr.; Berufsförderungswerk Hamburg: *Berufsförderungswerke* (mit Wittwer).

Hansen, Georg; Prof. Dr.; Universität Münster: *Ausbildungsplatzstruktur, regionale; Schulentwicklungsplanung.*

Hard, Gerhard; Prof. Dr.; Universität Osnabrück: *Unterricht: Geographie.*

Harder, Wolfgang; Stud. Prof.; Oberstufenkolleg Bielefeld: *Abitur, Oberstufen-Kolleg.*

Harney, Klaus; Dr.; Ruhr-Universität Bochum: *Chancengleichheit, Fortbildungsschule.*

Häußling, Josef; Prof. Dr.; Universität – Gesamthochschule – Wuppertal: *Jugendgerichtsbarkeit, Jugendrecht, Unterricht: Rechtskunde.*

Heimann, Klaus; Dr.; Bundesministerium für Bildung und Wissenschaft – Bonn: *Berufsbildungspolitik.*

Heller, Kurt; Prof. Dr.; Universität Köln: *Abiturientenberatung, Bildungsberatung, Schullaufbahnberatung.*

Henke, Jürgen; Dr.; Universität Hamburg: *Sexualverhalten (Jugendlicher)* (mit Scarbath).

Herrlitz, Hans-Georg; Prof. Dr.; Universität Göttingen: *Geschichte der gymnasialen Oberstufe – Theorie und Legitimation seit der Humboldt-Süvernschen Reform* (H).

Hörster, Reinhard; Dipl.-Päd.; Universität Tübingen: *Jugendliche, behinderte* (mit Balzer und Rauschenbach).

Jenschke, Bernhard; Dr.; Landesarbeitsamt Berlin: *Berufsberatung.*

Jordan, Erwin; Universität Münster: *Bundesjugendplan, Jugendarbeit, Jugendberichte, Jugendfreizeiteinrichtungen, Jugendverbände, Jugendwohnkollektive.*

Jüttner, Egon; Prof. Dr.; Hochschule der Bundeswehr – München: *Alternativen in Europa: Schweden – Gliederung der Oberstufe eines Gesamtschulsystems* (H).

Kaiser, Arnim; Priv.-Doz. Dr.; Universität Bonn: *Die didaktische Struktur der gymnasialen Oberstufe – Entwicklungen nach der KMK-Reform von 1972* (H), *Aditur, Jahrgangsstufe 11, Kurssystem, Militärdienst, Zivildienst.*

Kaiser, Günter; Prof. Dr.; Max-Planck-Institut für ausländisches und internationales Strafrecht – Freiburg: *Jugenddelinquenz, Jugendkriminalität, Jugendstrafvollzug.*

Kaiser, Hermann J.; Prof. Dr.; Universität Münster: *Unterricht: Musik* (mit Günther).

Kaiser, Manfred; Dr.; Bundesanstalt für Arbeit – Institut für Arbeitsmarkt- und Berufsforschung – Nürnberg: *Flexibilität, berufliche.*

Karr, Werner; Dr.; Bundesanstalt für Arbeit – Institut für Arbeitsmarkt- und Berufsforschung – Nürnberg: *Erwerbstätigkeits-/Berufsstruktur.*

Käseborn, Hans-Günther; Prof. Dr.; Universität Dortmund: *Unterricht: Betriebliches Rechnungswesen.*

Kell, Adolf; Prof. Dr.; Universität – Gesamthochschule – Siegen: *Das Berechtigungswesen zwischen Bildungs- und Beschäftigungssystem* (H), *Berufsgrundbildung, Berufsvorbereitungsjahr.*

Kemper, Herwart; Priv.-Doz. Dr.; Universität Münster: *Latinum – Graecum.*

Kiepe, Heinz; Prof. Dr.; Universität – Gesamthochschule – Siegen: *Ausbildungsförderung.*

Kutscha, Günter; Prof. Dr.; Universität – Gesamthochschule – Duisburg: *Das System der Berufsausbildung* (H), *Berufsbildungsgesetz, Blockunterricht.*

Kutt, Konrad; Dipl.-Hdl.; Bundesinstitut für Berufsbildung – Berlin: *Ausbildungsberatung* (mit Tilch).

Lenzen, Dieter; Prof. Dr.; Freie Universität Berlin: *Normenbücher.*

Lipsmeier, Antonius; Prof. Dr.; Fernuniversität Hagen: *Die didaktische Struktur des beruflichen Bildungswesens* (H), *Berufsschullehrer, Unterricht: Technisches Zeichnen.*

Lisop, Ingrid; Prof. Dr.; Universität Frankfurt: *Verwissenschaftlichung.*

Mair, Helmut; Dr.; Universität Münster: *Jugendsozialarbeit.*

Mannzmann, Anneliese; Prof. Dr.; Universität Münster: *Unterricht: Geschichte* (mit Blankertz), *Unterricht: Politik.*

Mattern, Cornelia; Dr.; Fernuniversität Hagen: *Ausbildungsfinanzierung.*

Matthiessen, Kjeld; Prof. Dr.; Universität Münster: *Gymnasium, humanistisches; Neuhumanismus* (mit Blankertz), *Unterricht: Alte Sprachen.*

Meinken, Ursula; Prof.; Universität Bremen: *Unterricht: Textil-/Bekleidungstechnik.*

Meyer, Meinert A.; Dr.; Universität Münster: *Unterricht: Deutsch* (mit Bettelhäuser), *Unterricht: Neue Sprachen, Unterricht: Philosophie.*

Müller, Detlef K.; Prof. Dr.; Ruhr-Universität Bochum: *Zur sozialen Funktion der gymnasialen Oberstufe* (mit Drewek) (H).

Müller, Kurt; Prof. Dr.; Hochschule der Bundeswehr – München: *Ausbilder* (mit Geißler), *Ausbildung (Ausbilder)* (mit Geißler).

Müller, Walter; Dr.; Universität – Gesamthochschule – Duisburg: *Entschulung* (mit Vogel), *Jugendbewegung.*

Münch, Joachim; Prof. Dr.; Universität Kaiserslautern: *Jungarbeiter.*

Naul, Roland; Prof. Dr.; Universität – Gesamthochschule – Essen: *Unterricht: Sport, Wahlbereich.*

Nölker, Helmut; Prof. Dr.; Gesamhochschule Kassel: *Berufsausbildung (Entwicklungsländer)* (mit Schoenfeld), *Unterricht: Technik.*

Pätzold, Günter; Dr.; Ruhr-Universität Bochum: *Ausbildungsmedien, Auszubildender, Berufsausbildungsverhältnis, Lehrwerkstatt, Lernorte, Stufenausbildung.*

Paul, Volker; Dr.; Bundesinstitut für Berufsbildung – Berlin: *Unterricht: Werkstoffwissenschaft.*

Perschel, Wolfgang; Prof. Dr.; Universität – Gesamthochschule – Siegen: *Berufsschulpflicht, Volljährigkeit.*

Petry, Ludwig; Ministerialrat; Kultusministerium des Landes Nordrhein-Westfalen – Düsseldorf: *Studio.*

Pfaffenberger, Wolfgang; Prof. Dr.; Universität Oldenburg: *Wirtschaftssystem – Wirtschaftspolitik, Wirtschaftswachstum.*

Ploghaus, Günter; Regierungsdirektor; Bundesministerium für Bildung und Wissenschaft – Bonn: *Modellversuche (Sekundarbereich II)*.

Pravda, Gisela; Dipl.-Hdl.; Bundesinstitut für Berufsbildung – Berlin: *Fernlehrwesen*.

Priester, Karin; Prof. Dr.; Universität Münster: *Frauenarbeit, Frauenbildung, Geschlechtsrolle*.

Rauschenbach, Thomas; Dr.; Universität Tübingen: *Jugendliche, behinderte* (mit Balzer und Hörster).

Reisse, Wilfried; Dr.; Bundesinstitut für Berufsbildung – Berlin: *Eignung – Eignungsprüfung, Prüfungswesen*.

Richter, Ingo; Prof. Dr.; Universität Hamburg: *Berufsausbildungsrecht, Selbstverwaltung (Wirtschaft)*.

Rohlfing, Gerd; Dr.; Gesamtseminar Detmold: *Berufsausbildung (Öffentlicher Dienst), Unterricht: Verwaltungslehre*.

Ruhloff, Jörg; Prof. Dr.; Universität – Gesamthochschule – Wuppertal: *Allgemeinbildung – Berufsbildung, Halbbildung; Lernbereich, obligatorischer*.

Rützel, Josef; Dr.; Universität Dortmund: *Lernen, tätigkeitsorientiertes*.

Scarbath, Horst; Prof. Dr.; Universität Hamburg: *Sexualverhalten (Jugendlicher)* (mit Henke).

Schefer, Gerwin; Prof. Dr. †; Gesamthochschule Kassel: *Gymnasiallehrer*.

Schenk, Barbara; Dr.; Wissenschaftliche Begleitung Kollegstufe NW – Münster: *Schwerpunktsystem der integrierten Sekundarstufe II (H), Äquivalenz (Lerninhalte), Assistentenausbildung, Kollegschule, Polyvalenz (Lerninhalte), Unterricht: Elektrotechnik, Unterricht: Naturwissenschaften*.

Schilling, Ernst-Günter; Dr.; Universität Hamburg: *Unterricht: Maschinenbautechnik*.

Schmiel, Martin; Prof. Dr.; Universität Köln: *Berufsausbildung (Landwirtschaft); Schulen, landwirtschaftliche; Unterricht: Landwirtschaft*.

Schober, Karen; Bundesanstalt für Arbeit – Institut für Arbeitsmarkt- und Berufsforschung – Nürnberg: *Jugendarbeitslosigkeit, Problemgruppen (Beschäftigungssystem)*.

Schoenfeldt, Eberhard; Prof. Dr.; Gesamthochschule Kassel: *Berufsausbildung (Entwicklungsländer)* (mit Noelker), *Unterricht: Bautechnik*.

Scholz, Dietrich; Bundesinstitut für Berufsbildung – Berlin: *Industriemeister*.

Schriewer, Jürgen; Prof. Dr.; Universität Frankfurt: *Alternativen in Europa: Frankreich – Lehrlingsausbildung unter dem Anspruch von Theorie und Systematik* (H).

Schubert, Helmut; Dr.; Deutscher Handwerkskammertag – Bonn: *Berufsausbildung (Handwerk)*.

Schulze, Hermann Joachim; Bundesanstalt für Arbeit – Institut für Arbeitsmarkt- und Berufsforschung – Nürnberg: *Arbeitsmarkt-/Berufsforschung, Arbeitsverwaltung*.

Schurer, Bruno; Dr.; Technische Hochschule Aachen: *Befähigungsnachweis, Handwerksordnung, Meisterlehre – Meisterprüfung*.

Schweitzer, von, Rosemarie; Prof. Dr.; Universität Gießen: *Unterricht: Hauswirtschaft*.

Sengling, Dieter; Prof. Dr.; Universität Münster: *Heimerziehung, Jugendamt, Jugendberatung, Jugendgerichtshilfe, Jugendhilfe, Jugendwohlfahrtsgesetz*.

Sobotka, Margarete; Prof. Dr.; Fachhochschule Münster: *Berufsausbildung (Hauswirtschaft)*.

Stegmann, Heinz; Dr.; Bundesanstalt für Arbeit – Institut für Arbeitsmarkt- und Berufsforschung – Nürnberg: *Berufswechsel*.

Sträßer, Rudolf; Dr.; Universität Bielefeld: *Unterricht: Mathematik.*

Stratmann, Karlwilhelm; Prof. Dr.; Ruhr-Universität Bochum: *Geschichte der beruflichen Bildung – Ihre Theorie und Legitimation seit Beginn der Industrialisierung* (H), *Berufs-/Wirtschaftspädagogik.*

Tietze, Wolfgang; Prof. Dr.; Universität Münster: *Unterricht: Pädagogik – Psychologie.*

Tilch, Herbert; Dr.; Bundesinstitut für Berufsbildung – Berlin: *Ausbildungsberatung* (mit Kutt).

Vogel, Peter; Dr.; Universität – Gesamthochschule – Duisburg: *Demokratisierung (Bildungswesen), Entschulung* (mit W. Müller).

Wagner-Blum, Brigitte; Dr.; Berufsbildende Schule Dietz/Lahn: *Unterricht: Ernährungslehre – Nahrungsmitteltechnologie.*

Werner, Peter; Schulverwaltungsamt der Stadt Duisburg: *Ausbildungsdauer, Berufsausbildung.*

Wilbert, Jürgen; Dr.; Universität Bonn: *Der jugendliche Mensch – Aspekte der Psychologie, Soziologie und der interdisziplinären Sozialisationsforschung* (H), *Identität, Jugendforschung.*

Winterhager, Wolfgang-Dietrich; Prof. Dr.; Freie Universität Berlin: *Statistik (Sekundarbereich II).*

Wittwer, Ulrich; Berufsförderungswerk Hamburg: *Berufsbildungswerke* (mit Ebermann), *Berufsförderungswerke* (mit Hallwachs).

Zabeck, Jürgen; Prof. Dr.; Universität Mannheim: *Berufsakademien.*

Register (Korrigierte Fassung)

Namenregister

Das Namenregister enthält alle in diesem Doppelband genannten Namen von Personen und Institutionen, wie Berufsvereinigungen, Fachverbände, nationale und internationale Kooperationen, Kommissionen und weitere Zusammenschlüsse im Bildungsbereich. Es ist grundsätzlich jede Seite aufgenommen worden, wo der Name genannt wird.

Bei einem Namen, dem kursive Seitenzahlen folgen, handelt es sich um den Namen eines Autors dieses Doppelbandes. Die kursiven Seitenzahlen verweisen auf seinen Beitrag.

Ein → findet sich hinter der Abkürzung von Institutionennamen. Er verweist auf die vollständigen Namen der Institution, unter dem sich die Seitenangaben befinden.

Sachregister

Das Sachregister enthält Verweise auf die Titel der Lexikonbeiträge und auf alle Textstellen sowohl des Handbuch- als auch des Lexikonteils, die Auskünfte über das betreffende Stichwort enthalten.

Auf lexikalische Artikel, die ein Stichwort gesondert behandeln, wird durch Fettdruck des Stichwortes und kursiv gesetzte Seitenangaben besonders hingewiesen.

Institutionen, wie Berufsvereinigungen, Fachverbände, nationale und internationale Kooperationen, Kommissionen und weitere Zusammenschlüsse im Bildungsbereich enthält das Namenregister.

Ein ↗ verweist auf verwandte Begriffe, die in einem inhaltlichen Zusammenhang mit dem bereits genannten Terminus stehen.

Ein → bedeutet, daß die gesuchte Information nicht unter diesem, sondern unter einem anderen Stichwort gegeben wird.

Namenregister

Röttger, E. **9.2**: 571, 577
Rousseau, J.-J. **9.1**: 19, 24 ff., 29, 31, 41, 73; **9.2**: 269, 335, 419, 422, 571, 577
Rudolph, H. **9.2**: 392
Rück, H. **9.2**: 611, 614
Rücklin, F. **9.2**: 167
Rüger, S. **9.2**: 398 f.
Ruhloff, J. **9.2**: *27–30,* 220, *295 ff., 392–396*
Rumpf, H. **9.1**: 61 f., 64, 148, 151, 284; **9.2**: 218, 220, 307, 628, 633
Runde, P. **9.2**: 355
Rust, B. W. **9.2**: 673–676
Rützel, J. **9.2**: *396–399*
Ryba, R. **9.2**: 676

Sachse, Ch. **9.2**: 302 f.
Sachsenmeier, P. **9.1**: 170
Sachverständigenkommission Kosten und Finanzierung der beruflichen Bildung **9.1**: 210, 213, 221 f., 226; **9.2**: 64 ff., 68, 73, 75
Sack, E. **9.2**: 683
Saint-Martin, M. de **9.1**: 270, 284
Saldern, A. v. **9.1**: 179, 192, 201
Sallust **9.2**: 385, 517
Saltiel, M. **9.1**: 271, 285
Saltow, G. **9.2**: 662, 666
Samuels, M. S. **9.2**: 559 f.
Sandmann, F. **9.2**: 637
Sanfleber, H. **9.2**: 548
Sartre, J.-P. **9.2**: 623
Sass, J. **9.2**: 310
Sauer, B. **9.2**: 272
Sauermost, B. **9.2**: 644
Savigny F. K. v. **9.2**: 634
Scarbath, H. **9.1**: 68 f., 71, 85; **9.2**: *493–497*
Schaefer, F. K. **9.2**: 554, 559
Schaefer, J. **9.2**: 140
Schäfer, H. **9.2**: 693
Schäfer, H. P. **9.2**: 335, 337 f.
Schaffstein, F. **9.2**: 343 f., 356, 358, 364
Schaller, K. **9.1**: 41
Scharf, Th. **9.2**: 166 f.
Scharmann, A. **9.2**: 548
Scharmann, T. **9.2**: 501
Scheel, W. **9.2**: 409, 413
Scheer, W. **9.2**: 298, 300
Schefer, G. **9.2**: *284–287*
Schefold, W. **9.2**: 369
Schelsky, H. **9.1**: 21, 24, 41, 54, 64, 96, 107, 308, 319; **9.2**: 319, 321, 337 f.
Schenk, B. **9.1**: 246 f., 249, 319, 338, *340–360;* **9.2**: *30–33, 40–43,* 165 f., 215 f., 284, *378–381,* 443 ff., *544–548,* 586, *600–606,* 644

Schenk, J. **9.2**: 220, 222, 224
Schepp, H.-H. **9.1**: 107
Scherpner, M. **9.2**: 615, 620
Scheu, U. **9.2**: 275 f.
Scheuch, E. K. **9.1**: 71, 85
Scheuerl, H. **9.1**: 105, 107, 151, 328, 338; **9.2**: 17, 19, 44 ff., 284, 290 f., 437, 439 f., 441, 694, 696
Schick, A. **9.2**: 621
Schiefele, H. **9.1**: 21, 41
Schierholz, H. **9.2**: 708
Schiersmann, Ch. **9.2**: 263, 265
Schiffer, J. **9.1**: 64; **9.2**: 639
Schiller F. v. **9.2**: 420, 571, 577, 630
Schilling, E.-G. **9.1**: 353, 360; **9.2**: *581–586,* 658
Schindler, I. **9.1**: 107, 111, 129; **9.2**: 18 f.
Schlaffke, W. **9.1**: 249; **9.2**: 155, 157
Schlegel, F. W. v. **9.1**: 180
Schleiermacher, F. E. D. **9.1**: 26; **9.2**: 228, 280, 284, 292, 703, 706
Schlieper, F. **9.1**: 249; **9.2**: 87, 89, 142, 144
Schlottmann, U. **9.2**: 498, 501
Schmale, W. **9.1**: 239, 249; **9.2**: 583, 586
Schmeizel, M. **9.1**: 92, 107
Schmidt, G. **9.1**: 49, 65; **9.2**: 494–497
Schmidt-Wellenburg, A. **9.1**: 60, 64; **9.2**: 337 f.
Schmiederer, R. **9.2**: 628, 633
Schmiel, M. **9.2**: 80, 116, *125–128,* 300, *479–483, 578–581*
Schmitter, P. C. **9.1**: 252, 257, 285
Schmitz, E. **9.2**: 192 f.
Schmitz, K. **9.1**: 151
Schmoller, G. **9.1**: 180, 188 f., 191, 201
Schmuck, R. **9.1**: 57, 64
Schneider, Ch. **9.2**: 118, 122, 550, 553, 570
Schneller, I. **9.1**: 191, 199
Schober, K. **9.2**: *318–321, 445–449*
Schober-Gottwald, K. **9.1**: 220, 226
Schoenfeldt, E. **9.2**: *109–114,* 148, *521–526,* 657 f.
Schofield, M. **9.2**: 497
Scholz, D. **9.2**: 308 ff.
Scholz, F. **9.2**: 160
Scholz, J. F. **9.2**: 159
Schön, B. **9.2**: 214, 216
Schönharting, W. **9.1**: 186, 201
Schörken, R. **9.2**: 561, 564, 628, 633
Schopenhauer, A. **9.1**: 40
Schorsch, E. **9.2**: 497
Schriewer, J. **9.1**: 14, *250–285*
Schröder, K. **9.2**: 607, 609, 611–614
Schründer, A. **9.1**: 11; **9.2**: 9
Schubert, H. **9.2**: *115 f.*

Sachregister

Sachregister

418

Sachregister

Leistungskontrolle → Lernleistungskontrolle, fortlaufende
Leistungskurs **9.1**: 137; **9.2**: 383, 436
Leistungsmessung **9.2**: 196, 436
Leistungsprinzip **9.1**: 59, 97 f., 301; **9.2**: 188
Leistungsselektion **9.1**: 59, 328
Leistungssport **9.2**: 647 ff. ↗ Leibeserziehung ↗ Sportabitur ↗ **Unterricht (Sport)**
Leitdisziplin **9.1**: 348 f., 352, 358
Lernanreiz (von Zertifikaten) **9.2**: 302 f.
Lernaufgabe **9.1**: 50
Lernbehinderung **9.2**: 101 f., 352, 446 ↗ **Berufsausbildung (Behinderte)** ↗ **Jugendliche, behinderte**
Lernbereich **9.1**: 344 f.
Lernbereich, obligatorischer **9.1**: 345, 355; **9.2**: 378, 380, *392–396*, 632, 643 f.
Lernbereich (Schwerpunkt) **9.1**: 345; **9.2**: 378 f.
Lernen **9.1**: 28; **9.2**: 595
Lernen, alternatives **9.2**: 230 f.
Lernen, berufsqualifizierendes **9.1**: 336
Lernen, curricular strukturiertes **9.1**: 32
Lernen, Einheitlichkeit des beruflichen **9.1**: 191
Lernen, exemplarisches **9.2**: 283
Lernen (im Arbeitsprozeß) **9.2**: 397
Lernen (Individualisierung und Konzentration) **9.2**: 382 f.
Lernen, lebenslanges **9.1**: 75, 246 f., **9.2**: 146, 582
Lernen, soziales **9.2**: 274 f., 302
Lernen, tätigkeitsorientiertes **9.2**: *396–399*
Lernen, wissenschaftspropädeutisches **9.1**: 144; **9.2**: 292 ↗ **Wissenschaftspropädeutik**
Lerninhalte **9.2**: 71
Lerninhalte (Äquivalenz) → **Äquivalenz (Lerninhalte)**
Lerninhalte (Polyvalenz) **9.2**: 31 f. ↗ **Polyvalenz (Lerninhalte)**
Lernleistungskontrolle, fortlaufende **9.2**: 63
Lernmotivation **9.1**: 335, 345; **9.2**: 177, 268
Lernorte **9.1**: 190 f., 196, 205, 209, 214, 244, 251; **9.2**: 22 f., 59 f., 100, 230, *399–402*, 415
Lernort (Ausbildungswerkstatt) **9.1**: 244
Lernort (Betrieb) **9.2**: 129 f., 400, 402
Lernort (Schule) **9.2**: 129, 378, 400, 402
Lernpsychologie **9.1**: 190, 242; **9.2**: 222
Lernschwerpunkt **9.1**: 335; **9.2**: 694
Lerntheorie **9.2**: 595
Lernziel **9.2**: 162, 594
Literaturunterricht **9.2**: 538, 541 f., 614 f.
Lohnarbeitsverhältnis **9.2**: 697

Lokomotion, soziale **9.1**: 47
Lübecker Vereinbarung **9.1**: 147, 149
lycée **9.1**: 253, 257, 262
lycée d'enseignement professionnel (LEP) **9.1**: 262, 264
lycée technique **9.1**: 262

Mädchenbildung **9.2**: 268, 565 f., 616 f.
Mädchenbildungsstätte **9.2**: 438, 565
Mädchen (im Ausbildungssektor) **9.1**: 195 f.; **9.2**: 59, 151, 213, 326
Mädchen (im Beschäftigungssystem) **9.2**: 41, 447 f.
Mädchenschulbesuch (am Gymnasium) **9.1**: 115
Mädchenschulwesen **9.2**: 269 f.
Mädchen (Unterrepräsentation in der beruflichen Ausbildung) **9.1**: 211; **9.2**: 375, 447 f.
Manufaktur **9.2**: 459, 600
Maschinenbau **9.1**: 352; **9.2**: 251, 581
Maschinenbautechnik **9.1**: 352 f.
Maschinenbautechnik (Unterricht) → **Unterricht (Maschinenbautechnik)**
Maschinensystem **9.2**: 581, 584
Maßnahmen, offene **9.2**: 360
Maßnahmen, ordnungspolitische **9.2**: 59
Maßnahmen, sozialpädagogische **9.2**: 359
Mathematik **9.1**: 349 f., **9.2**: 586 ff.
Mathematik – Philosophie (Schwerpunkt) **9.1**: 348–351
Mathematikunterricht (Fachoberschule) **9.2**: 587 f. ↗ **Unterricht (Mathematik)**
Mathematikunterricht (Gymnasiale Oberstufe) **9.2**: 588
Mathematikunterricht, projektorientierter **9.2**: 590
Maturität **9.1**: 89, 91, 93–98, 102–106, 299; **9.2**: 15, 704
Maturitätskanon **9.1**: 91, 97, 103, 105 f.
Maturitätskatalog **9.1**: 91–94, 96 f., 105; **9.2**: 15
Maturitätskatalog, Tutzinger → Tutzinger Maturitätskatalog
Mechanisierung **9.2**: 123, 459 f.
Medien **9.2**: 73, 505
Medienbank **9.2**: 75
Medienforschung **9.2**: 73 f., 143
Mehrmediensystem **9.2**: 74 f.
meirakískoi **9.1**: 32
Meister **9.1**: 176, 183 f., 187, 191 f., 206, 297, 300; **9.2**: 46, 49 f., 83, 87, 403 ↗ **Hauswirtschaftsmeister** ↗ **Industriemeister** ↗ Stufengang (Lehrling – Geselle – Meister)

Sachregister

Sachregister